LE CHOIX DU SUCCES®

Collection dirigée par Franck ATTELAN

LA BIBLE DU TAGE MAGE

14e édition
mise à jour et augmentée

Admissions 2024

Franck ATTELAN

STAGES INTENSIFS AURLOM

Offre exceptionnelle réservée aux lecteurs de ce livre

En tant que détenteur de cet ouvrage, vous bénéficiez d'une **offre privilégiée* et exceptionnelle sur les stages intensifs de préparation au Tage Mage** en partenariat avec la Prépa Aurlom, institut leader en France pour la préparation des concours d'entrée en école de commerce et de management. Réservations sur www.aurlom.com

PRÉPA ANNUELLE
AST 2
1 500 €
au lieu de ~~1800~~ €
Avec le code
AST224

CYCLE CONTINU
Tage Mage
700 €
au lieu de ~~960~~ €
Avec le code
CCTM24

SEMAINE INTENSIVE
Tage Mage
550 €
au lieu de ~~800~~ €
Avec le code
SEMTM24

WEEKEND INTENSIF
Tage Mage
200 €
au lieu de ~~350~~ €
Avec le code
WETM24

**Offre valable du 01/08/2023 au 31/06/2024 dans la limite des places disponibles.*

A Meirav, Shalom, Tamar et Jonas.

A mon ami Ben.

FRANCK ATTELAN

Je suis né à Aubervilliers en Seine-Saint-Denis. J'ai grandi à Saint-Denis, à la Courneuve et au Blanc-Mesnil avant de rencontrer la femme exceptionnelle qui partage ma vie et qui m'a offert trois merveilleux enfants.

Après l'obtention d'un baccalauréat scientifique, j'ai fait mes armes en classes préparatoires HEC à Paris. J'ai alors intégré l'ESSEC où j'ai suivi un cursus en marketing (chaire LVMH), en stratégie d'entreprise et en japonais.

C'est en 1998 que j'entends parler du Tage Mage pour la première fois. J'ai 20 ans et le directeur d'INTÉGRALE à Paris, qui a eu vent de mes performances à la très difficile épreuve de tests psychotechniques du concours d'entrée à l'ESSEC, me demande d'enseigner ce test que personne ne connaît vraiment... à des élèves alors plus âgés que moi ! C'est le début d'une formidable aventure qui donne rapidement naissance au tout premier livre sur les tests de logique et de mathématiques aux concours des écoles de commerce que j'écris à l'âge de 22 ans et qui devient rapidement un best-seller vendu à plusieurs dizaines de milliers d'exemplaires. J'écrirai ensuite plus de 50 ouvrages dont LA BIBLE DU TAGE MAGE, déjà écoulée à plus de 45 000 exemplaires.

Avant de créer le GROUPE AURLOM ÉDUCATION en 2006, j'occupe des postes en marketing dans l'industrie de l'hygiène beauté au sein des groupes SHISEIDO, LVMH et L'ORÉAL au Japon, aux États-Unis puis en France. J'y apprends à être polyvalent, tenace et rigoureux. J'y apprends aussi à travailler en équipe et à m'adapter à tout type d'interlocuteur. J'y développe bien sûr ma créativité. Mais par-dessus tout, j'y convoque un sens aigü du produit, du service et du client. Autant de facultés que j'essaie de solliciter aujourd'hui encore aux côtés de mes équipes et des 3500+ étudiants qui nous font confiance chaque année pour la préparation des examens, tests et concours de l'enseignement supérieur.

Passionné de langues vivantes (je parle couramment le français, l'anglais, l'espagnol, l'italien, l'hébreu, l'arabe et le japonais), de boxe, de Pedro Almodóvar, d'échecs et de backgammon, je suis aussi un lecteur assidu du Talmud de Babylone, de Platon, Hannah Arendt ou encore Catherine Chalier.

TABLE DES MATIÈRES

DEUXIÈME PARTIE

TESTS BLANCS TAGE MAGE

PREFACE

Ceux qui sèment dans les larmes, moissonneront dans la joie.

Extrait du Livre des Psaumes

Chers lecteurs,

Je suis très heureux de vous présenter cette quatorzième édition de *La Bible du Tage Mage* enrichie et mise à jour pour les concours et admissions 2024.

Le Tage Mage est assurément un test qui tend à être de plus en plus difficile et sélectif. Récemment, des candidats fort bien préparés à Aurlom ont dû batailler très dur pour décrocher des scores supérieurs à 450 sur 600 ! Mais ne vous détrompez pas. Si vous vous préparez sérieusement et de façon régulière alors, dépasser les 450 sera tout à fait possible.

A titre personnel, je crois que cette difficulté croissante est bienvenue car le nombre de candidats aux concours parallèles des Ecoles de commerce et aux admissions en Mastères Spécialisés ne cesse d'augmenter (et ce, plus vite que le nombre de places offertes) et le Tage Mage se doit donc d'assumer son caractère sélectif et discriminant.

Cette douzième édition enrichie et mise à jour intègre les dernières nouveautés du Tage Mage. Certains « morceaux » de cours ont été revisités afin d'intégrer les nouvelles difficultés du test. Surtout, nous n'avons pas hésité à placer la barre très haut en vous proposant désormais pas moins de 15 tests blancs complets, composés de questions inspirées de celles auxquelles les candidats ont dû faire face au cours des toutes dernières sessions. Ajoutez à cela des focus sur les points de cours difficiles et surtout un nombre important de méthodes, savoir-faire et astuces pour chacune des épreuves… Vous l'aurez compris, nous avons fait le choix de ne rien laisser au hasard et de vous donner accès au contenu le plus exhaustif qui soit.

En plus des cours complets pour tous les sous-tests du Tage Mage, vous trouverez dans cet ouvrage de nombreuses applications et bien sûr les 16 tests blancs complets. Au total plus de 2 000 questions pour vous entraîner et vous évaluer ! Vous n'avez donc plus d'autre choix que de réussir et espérons vivement que vous décrocherez un excellent score au Tage Mage ! Ce score qui vous permettra d'intégrer la formation de vos rêves.

En choisissant de se préparer avec ce que l'on appelle maintenant « *La Bible* », des dizaines de milliers de candidats m'ont témoigné leur confiance.

J'ai reçu de nombreux mails de félicitations et d'encouragement. J'ai aussi reçu des commentaires toujours constructifs sur certains passages de l'ouvrage, et, plus rarement des mails – et même quelques appels ! – de candidats souhaitant s'entretenir de quelque notion difficile à comprendre.

Je tiens à remercier sincèrement tous mes lecteurs. Vos questions, vos remarques, vos éclairages me sont précieux. Ce contact privilégié que j'ai l'honneur de tisser avec vous me pousse à vous offrir un contenu qui répond toujours mieux à vos attentes.

Je ne peux donc que vous encourager à me communiquer à votre tour vos remarques, questions et commentaires portant sur cette nouvelle édition de *La Bible du Tage Mage*.

Travaillez dur, le jeu en vaut la chandelle. Il y va de votre avenir.

Je suis convaincu que vos efforts vous mèneront tout droit au succès.

Bonne lecture à toutes et tous, bon courage et bonne réussite !

Franck Attelan

Directeur de la Collection ***Le Choix du Succès***
Directeur de la **Prépa Aurlom**
Fondateur d'**High Learning**

FICHE 1
PRESENTATION DU TAGE MAGE

Le Tage Mage a été créé en 1996 par la Fondation nationale pour l'enseignement de la gestion des entreprises (FNEGE). En moins de 15 ans, le Tage Mage est devenu un outil de sélection incontournable pour les candidats souhaitant se former au sein des meilleures Ecoles de commerce et de gestion françaises.

Trois publics différents sont régulièrement amenés à passer le Tage Mage :

(1) Les candidats qui souhaitent intégrer en admission parallèle (*i.e.* au niveau Licence 3, M1, M2 ou plus) les *programmes Grande Ecole* des prestigieuses HEC Paris, ESCP Europe, ESSEC, EM Lyon, Audencia, Grenoble EM, NEOMA Business School, EM Strasbourg, SKEMA, KEDGE Business School, Toulouse Business School ou encore EM Normandie.

(2) Les candidats à l'admission en Mastère Spécialisé (MS) de HEC Paris, ESSEC, ESCP Europe, EM Lyon, Audencia Nantes, SKEMA ou encore les candidats aux cursus MBA et EMBA de certaines Ecoles de commerce françaises.

(3) Les candidats français et étrangers ayant acquis *a minima* une licence à l'étranger, qui souhaitent intégrer les *programmes Grande Ecole* d'HEC Paris, de l'ESCP Europe, de l'EM Lyon, d'Audencia et de SKEMA par le biais du Service des admissions internationales (SAI), de l'Essec MBA par le biais du concours Join a School in France ou encore du concours ECRICOME.

Les questions qui composent le Tage Mage sont créées par des professeurs reconnus pour leur expertise du test, des psychologues et des logiciens. Elles sont renouvelées chaque année par la FNEGE.

[Le Tage Mage est un test d'aptitudes]

Le Tage Mage ne repose pas sur des connaissances spécifiques (littérature, droit, histoire, économie…) mais sur des compétences, des aptitudes générales de nature mathématique, linguistique et logique. Il permet en outre de sélectionner des candidats de formations diverses. C'est ainsi que des étudiants issus de filières comme le Droit, l'Economie, les Langues, la Médecine, la Musicologie, les Sciences politiques, la Pharmacie, les Lettres modernes, l'Histoire, la Philosophie ou encore les Mathématiques appliquées se retrouvent chaque année autour de ce test dont l'ambition est de permettre à chacun de le passer avec les mêmes chances de réussite. La filière d'origine du candidat n'a donc pas d'impact sur ses chances de succès. Si un ingénieur ou un économiste aura, *a priori,* plus de facilités à aborder l'épreuve de calcul ou de conditions minimales, l'étudiant en droit ou en sciences politiques fera quant à lui preuve d'une plus grande aisance pour déchiffrer les textes de l'épreuve de raisonnement/argumentation ou d'expression. Cela étant, ces aspérités sont gommées dès lors que les candidats prennent connaissance des spécificités relatives à chacune des épreuves du test et qu'ils entreprennent une préparation personnelle sérieuse et assidue visant à mettre en pratique des stratégies efficaces pour chacune des épreuves.

[Le Tage Mage : un outil de sélection ambitieux]

Le Tage Mage se propose de vérifier que le candidat possède bien les qualités irréductibles de tout dirigeant (maîtrise de la langue française et de ses rouages, capacités de calcul endurcies, agilité à conduire un raisonnement logique fluide et « straight to the point »), qu'il est capable de gérer le temps mis à sa disposition, qu'il sait contenir son stress et surtout qu'il parvient à s'adapter rapidement à des situations nouvelles tout en maintenant un très haut niveau de concentration.

6 épreuves, 90 questions, 5 choix de réponses, 2 heures, 600 points

[6 épreuves]

Le Tage Mage évalue *via* 6 épreuves, vos aptitudes verbales, vos aptitudes à la résolution de problèmes ainsi que vos aptitudes au raisonnement logique.

Epreuve 1 : **compréhension de textes** {aptitudes verbales}

Epreuve 2 : **calcul** {aptitudes à la résolution de problèmes}

Epreuve 3 : **raisonnement & argumentation** {aptitudes au raisonnement logique}

Epreuve 4 : **conditions minimales** {aptitudes à la résolution de problèmes}

Epreuve 5 : **expression** {aptitudes verbales}

Epreuve 6 : **logique** {aptitudes au raisonnement logique}

[2 heures pour 90 questions]

Chacune des 6 épreuves du Tage Mage est composée de **15 questions** et le temps alloué à chaque épreuve est de **20 minutes**. Vous disposez donc au total de 2 heures (6 × 20 minutes) pour résoudre un total de 90 questions (6 × 15 questions).

Mais attention ! Vous n'avez pas la possibilité d'utiliser le temps alloué comme bon vous semble. Ainsi, si vous avez terminé, disons, l'épreuve de compréhension de textes en 15 minutes, vous devez attendre la fin des 20 minutes allouées à l'épreuve avant de pouvoir passer à l'épreuve suivante de calcul ou à toute autre épreuve. De même, si vous terminez par exemple l'épreuve d'expression en 15 minutes, vous ne pouvez revenir sur l'une des épreuves précédentes ni ne pouvez avancer sur la dernière épreuve de logique.

Enfin, vous devez savoir que le test débute par 10 minutes d'explication sur la façon dont vous devez remplir la grille de réponses. Vous disposez également de 3 ou 4 minutes entre les épreuves pendant lesquelles le responsable de salle lit les consignes de l'épreuve suivante.

En conclusion, le Tage Mage dure au total **2 heures et 30 minutes** si l'on prend en compte le temps consacré aux différentes explications relatives au bon fonctionnement du test et les temps de lecture des consignes des épreuves.

[5 choix de réponses]

Le Tage Mage se présente sous la forme d'un QCM. Vous n'aurez absolument rien à rédiger. Vous devrez seulement cocher des cases. Chaque question comporte 5 choix de réponses possibles : A, B, C, D et E. **Une seule est bonne.**

[Score minimal : –150 points / Score maximal : 600 points]

Au Tage Mage, les bonnes réponses sont créditées de 4 points, les mauvaises réponses font perdre 1 point et vous obtenez 0 lorsque vous ne répondez pas.

Bonne réponse :	+4
Mauvaise réponse :	–1
Pas de réponse :	0

Comme il y a 6 batteries de 15 questions, soit 90 questions, vous pouvez donc potentiellement obtenir entre –90 et +360. Le score total sur 360 points est ensuite ramené sur 600 points (100 points par épreuve donc) pour une meilleure lisibilité. Pour votre information, si vous souhaitez convertir un score sur 360 en un score sur 600, **il vous suffit simplement de multiplier le score sur 360 par 5/3.** Ainsi, si vous obtenez par exemple 294/360 (c'est tout le mal que nous vous souhaitons !), alors votre score sur 600 sera égal à (294 × 5) / 3, soit 490 sur 600.

Votre score final établi sur un total de 600 points est détaillé par catégories d'aptitudes (aptitudes verbales, résolution de problèmes et raisonnement logique). Il est ainsi possible pour certaines Ecoles (dans le cas des admissions en Mastère spécialisé notamment) d'effectuer des évaluations relativement fines en fonction des profils de recrutements souhaités.

FICHE 2
LE TAGE MAGE EN PRATIQUE

Quand et auprès de qui s'inscrire au Tage Mage ?

Il vous est possible de passer le Tage Mage à tout moment de l'année. De très nombreuses dates vous seront proposées, en France comme à l'étranger, vous offrant ainsi une souplesse très appréciable pour organiser au mieux vos révisions.

Vous devez cependant respecter deux contraintes.

Tout d'abord, pour que votre test soit pris en compte, vous devez vous renseigner sur les dates des concours des Ecoles que vous visez puisqu'elles imposent toujours une date limite au-delà de laquelle il ne vous est plus possible de leur communiquer votre score.

Ensuite, vous ne pouvez passer le Tage Mage que deux fois par an.

Depuis le 1er juillet 2014, vous pouvez désormais passer le test Tage Mage deux fois par an au lieu d'une fois comme c'était le cas jusqu'à présent.

Vous avez donc la possibilité de passer le test Tage Mage deux fois (et pas une de plus !) au cours d'une année civile : une fois au cours du semestre 1, de juillet à décembre, et une seconde fois au semestre 2, de janvier à juin.

Concernant la procédure d'inscription, cette dernière est aujourd'hui totalement dématérialisée et se fait obligatoirement sur le site **tagemage.fr**

A savoir !

Vous êtes actuellement en Bac +2 (Licence 2, en deuxième année de BTS ou DUT…) ? Alors il vous est possible de passer le **Tage Mage 3 fois** en vue des concours d'entrée aux Grandes Ecoles accessibles à Bac +3 !

Les scores obtenus au Tage Mage étant valables deux ans, vous pouvez en effet le passer une première fois au second semestre (entre janvier et juin 2019) de votre deuxième année d'études (à Bac +2 donc), une seconde fois au premier semestre (entre juillet à décembre

2019) à Bac +3 et une troisième fois au premier semestre de votre année à Bac +3 (entre janvier et juin 2020). A vous ensuite de communiquer le meilleur score aux écoles !

Ce que dit la Fnege :
Le test est valable 2 ans (années civiles : année N et année N + 1).
Exemple : un score Tage Mage 2022 (obtenu entre le 1er janvier 2022 et le 31 décembre 2022) sera valable jusqu'au 31 décembre 2023.

Il n'est ainsi pas rare que nos étudiants à Aurlom préparent déjà le Tage Mage en mars ou avril de leur année d'études à Bac +2 pour le passer une première fois au cours de la dernière session de juin proposée par la Fnege. Certains obtiennent d'ailleurs parfois de très bons scores à l'issue de ce premier essai, ce qui les dédouane de travailler leur Tage Mage à Bac +3. « Débarrassés » de leur Tage Mage, ils peuvent alors se consacrer pleinement à leur Toeic et à la constitution / rédaction de leurs dossiers de candidature.

Où passer les épreuves ?

L'organisation des épreuves est assez souple puisque l'on trouve de nombreux centres en France, mais également un peu partout dans le monde. Si vous devez voyager dans les mois qui précèdent votre intégration dans une Ecole, sachez que vous pouvez même passer le test à l'étranger. Vous trouverez la liste complète de ces lieux sur le site officiel : **tagemage.fr**

Il faut aussi savoir que certaines Ecoles de commerce proposent de passer ce test dans leur enceinte. C'est notamment le cas de l'Essec pour ses recrutements en Mastères spécialisés (MS).

Pas de brouillon, pas de calculatrice

Pendant l'épreuve, vous aurez le droit d'avoir avec vous un ou deux stylos… Et c'est tout ! Pas de brouillon, ni de calculatrice. Votre seul et unique brouillon sera votre livret lui-même qui, il faut l'avouer, contient suffisamment de place pour y gribouiller calculs et autres schémas.

Voici un précieux retour de Ludovic Buzaglo, ancien élève à AURLOM, aujourd'hui diplômé d'HEC Paris, qui a réussi l'exploit d'obtenir le score inégalé de 576 au Tage Mage.

« J'ai passé le Tage Mage jeudi dernier. Cela s'est déroulé de la manière suivante :

Convocation à 13 h 30, pour un début d'épreuve prévu à 14 h. Chacun prend place (les noms sont étiquetés sur les tables), le surveillant vérifie les identités, fait signer la fiche de présence. Il distribue ensuite un cahier scellé contenant les 6 épreuves du Tage Mage. Le format du cahier est un peu plus grand qu'un A4 et ce dernier est scellé à l'aide d'un bout de scotch qui empêche ainsi son ouverture avant le début officiel du test. La feuille sur laquelle on coche ses réponses est distribuée de façon séparée et est donc indépendante du cahier (feuille volante).

Une fois les cahiers distribués, le surveillant nous explique comment remplir la feuille de réponses et comment reporter nos nom et numéro d'identifiant sur la feuille de réponses.

Au premier signal, tout le monde ouvre alors son cahier à la première page sur laquelle figurent les consignes de la première épreuve (compréhension de textes). Le surveillant lit alors les consignes, puis déclenche le chrono, et on a alors 20 minutes pour répondre aux questions de l'épreuve. Ce qui est appréciable et tout aussi stressant, c'est que le surveillant annonce successivement "Il vous reste 10 minutes", "Il vous reste 5 minutes" et "Il vous reste 2 minutes". Stressant donc… Mais également très stimulant.

Une fois le temps écoulé, le surveillant nous dit de passer à la page sur laquelle figurent les consignes de l'épreuve suivante (l'épreuve de calcul), les lit, déclenche le chrono… Et ainsi de suite jusque la sixième et dernière épreuve du test.

Lorsque l'on travaille sur une épreuve, on n'a le droit ni de passer à l'épreuve suivante, ni de revenir sur une épreuve précédente sous peine d'expulsion. Et si on a fini avant les 20 minutes, et bien… on attend l'épreuve suivante !

*La grande question que je me posais avant d'entrer en salle était : comment fait le surveillant pour vérifier que les dizaines de candidats qui passent le test sont bien à la bonne page et que personne ne triche ? Et bien en fait, vous verrez que dans le cahier, tout en haut de la première épreuve, il y a une rangée de gros / / / / / / / / ou §§§§§§§§ (je ne sais plus vraiment mais peu importe !), pour la deuxième épreuve, ce sont des * * * * * * * *. Etc. Ainsi, en un coup d'œil, le surveillant peut vérifier si quelqu'un est ou non en train de travailler sur la bonne épreuve. Pas de triche possible donc !*

Pour ce qui est du brouillon, tout se passe sur le cahier. Vous aurez largement la place d'écrire ce que vous voulez ! Et même si les cahiers sont ramassés par le surveillant à la fin du test, personne ne s'amuse à lire votre cahier et vos brouillons car les cahiers sont immédiatement détruits.

Enfin, il n'y a pas de pause durant le test. Les seules "pauses" sont celles qu'il y a entre une épreuve et une autre, et il s'agit en fait du temps pendant lequel le surveillant lit les consignes d'une épreuve (à ce propos, pendant qu'il lit les consignes, vous n'avez pas le droit de travailler sur une épreuve !!). Comptez entre 2 et 3 minutes à chaque fois qu'il lit les consignes, soit le temps de boire un peu d'eau, d'avaler un morceau de chocolat et de souffler un coup !

Bon courage à toutes et à tous ! »

Ludovic Buzaglo, diplômé HEC Paris, score de 576 au Tage Mage.

Si vous souhaitez obtenir davantage d'informations pratiques relatives à l'organisation pratique du Tage Mage, nous vous invitons à consulter tout d'abord le site **tagemage.fr** puis le site **aurlom.com**

Avant de passer le test

Comment s'inscrire ?	Sur le site www.tagemage.fr
Quel est le coût ?	En 2022 : • 70 € pour les sessions organisées en France. • 140 € pour les sessions organisées à l'étranger. Les inscriptions se font via Internet avec paiement en ligne sécurisé. Les tarifs des tests et le calendrier des épreuves sont fixés chaque année et annoncés pour chaque session.
Conseil	Lors de votre inscription à une session de Tage Mage, choisissez la possibilité que les écoles consultent votre score en ligne en cochant la totalité des écoles de la liste proposée par la FNEGE. Cela vous offre ainsi plus d'opportunités de candidature.
Combien de fois par an puis-je passer le Tage Mage ?	Vous pouvez passer le Tage Mage 2 fois par an, plus précisément 1 fois par semestre : 1 fois entre janvier et juin inclus et 1 fois entre juillet et décembre inclus.
Conseils	Repérez sur Google Maps la localisation précise de votre centre d'examen, ainsi que le moyen de vous y rendre. Prévoyez bien d'y être AU MOINS 30 min d'avance.

Le jour du Tage Mage

Documents nécessaires	Votre convocation à l'examen et votre carte d'identité.
Matériel autorisé	Stylo-bille noir et montre digitale avec un chronomètre silencieux à votre poignet. Sachez toutefois que la FNEGE vous oblige souvent à utiliser un stylo qu'ils mettent à votre disposition.
Matériel interdit	Calculatrice, brouillon, surligneur, effaceur, typex, téléphone…
Les surveillants	Pour chaque sous-test, le surveillant lit les consignes (généralement au micro) donne l'autorisation de commencer un sous-test, annonce à haute voix le temps restant (au bout de 10 minutes, puis 5 minutes, puis 2 minutes) et enfin annonce la fin du sous test.
En cas de triche	Toute triche est évidemment éliminatoire. Les surveillants ne laissent rien passer et sont même plutôt du genre à faire du zèle… Il y a déjà eu par le passé plusieurs scandales où des candidats ont été poursuivis en justice par la FNEGE pour avoir triché… C'est vous dire.
Déroulement	Pendant toute la durée d'un sous-test (disons que vous planchez sur le sous-test de calcul par exemple) il est interdit de revenir au sous-test précédent (compréhension de textes dans le cas présent) ou de commencer le sous-test suivant (raisonnement et argumentation).

FICHE 3
QUEL SCORE VISER POUR QUELLE ECOLE ?

Quel est le score minimum moyen que vous devez obtenir au Tage Mage pour être admissible ?

Attention, il s'agit ici de scores minimum moyens. Autrement dit, ce sont les scores qu'il faut viser – et dépasser surtout – pour espérer être admissible dans ces écoles.

Sachez toutefois que le Tage Mage n'est qu'une partie d'un tout dans une candidature. Vous pouvez ainsi très bien obtenir 360 au Tage Mage et ne pas être admissible à EM LYON du fait d'un CV « vide » ou d'un dossier affichant des résultats jugés insuffisants. A l'inverse, un bon / très bon dossier de candidature assorti d'un CV solide et d'une lettre de motivation rédigée avec brio peut tout à fait compenser un Tage Mage défaillant. Il n'est ainsi pas rare que certains candidats soient déclarés admissibles à l'ESSEC avec un Tage Mage à 320 et à EM LYON avec un Tage Mage à 290. Il ne faut toutefois pas jouer avec le feu et votre ambition doit être sans appel : décrocher le meilleur score possible pour mettre toutes les chances de votre côté.

Et si vous obtenez un mauvais score au Tage Mage ?

Et bien déjà dites-vous qu'il n'y a pas d'école aujourd'hui qui exige un score minimal en dessous duquel vous seriez éliminé. **Donc pas de score éliminatoire ! C'est plutôt une bonne nouvelle, non ?**

Ceci étant dit, vous pensez bien qu'avec un score de 200 ou 220 au Tage Mage, vos chances de réussite s'amoindrissent comme peau de chagrin et qu'il faudra que votre dossier de candidature et votre score TOIEC (si on vous en demande) soient absolument excellents.

Ma longue expérience m'oblige à vous prodiguer ce conseil qui me semble très important : dans le cas où vos obtenez un score inférieur à 230, ne stoppez pas tout net vos actes de candidature. Surtout pas.

Bien sûr, si votre dossier est mauvais (CV avec zéro stage, zéro expérience à l'étranger, zéro petit job, zéro associatif et que votre relevé de notes comporte plusieurs rattrapages), alors arrêtez l'hémorragie. Mais si votre dossier est très bon voire juste bon, alors foncez ! Les processus d'admission en Grande Ecole ne sont pas toujours très rationnels et il y a parfois de belles surprises à l'arrivée.

Si vous obtenez un score inférieur à 230 et que vous pensez que cela est dû à un accident (vous étiez malade, dans un mauvais jour, etc.) **alors mon conseil est sans appel : prenez le temps de le justifier** et joignez une lettre dans laquelle vous expliquez qu'en dépit de vos efforts et de votre travail assidu de préparation, vous avez trébuché et que le score que vous avez obtenu ne reflète pas votre niveau. Ainsi, si votre dossier est bon alors il y a des chances que le jury en charge de votre candidature fasse preuve de clémence.

Scores moyens que vous devez obtenir pour optimiser vos chances d'être admis en Master Grande Ecole

(sur la base d'un échantillon de plus de 1 000 étudiants passés par AURLOM)

HEC Paris	390	**NEOMA**	300
ESSEC	370	**KEDGE**	300
ESCP	350	**Toulouse BS**	290
EM LYON	330	**SKEMA**	290
EDHEC	330	**TAE d'Aix**	280
Grenoble EM	320	**Rennes BS**	300
Audencia	310	**Passerelle 2** (autres écoles)	260
HEC ESSEC ESCP EM LYON EDHEC Mastères Spécialisés	Entre 280 et 350 Selon le MS	**Masters Universitaires**	Entre 250 à 330 Selon le Master

Répartition des scores au Tage Mage

Score	< 250	250-290	290-330	330-370	370-420	420-470	> 470
% des candidats	14 %	19 %	21 %	23 %	13 %	8 %	2 %

Voici un exemple de document avec votre résultat au test que vous recevez après avoir passé le Tage Mage :

TEST D'APTITUDE AUX ETUDES SUPERIEURES DE GESTION

TAGE MAGE®

XXX XXX

Résultat au test
TAGE MAGE 2017 - Semestre 2

Nom :	XXX	
Prenom :	XXX	Date de naissance : XX/XX/1996

Session de test	N° d'inscription
07/12/2017	XXX-XXXXXX

Score final : 477 sur 600

Résolution de problèmes	Aptitudes verbales	Raisonnement logique
50 sur 60	40 sur 60	53 sur 60

Toute déclaration fausse, erronée, falsification de documents, attestation de résultats TAGE MAGE ® entraînera des poursuites pénales. Il est ainsi rappelé que toute personne effectuant une fausse déclaration ou falsifiant les attestations délivrées par la FNEGE est susceptible d'être poursuivie des chefs d'escroquerie, faux et usage de faux conformément aux dispositions des articles 313-1 et 441-1 du Code Pénal.

FNEGE - 2, avenue Hoche 75008 Paris
www.tagemage.fr

FICHE 4
3 IDEES REÇUES SUR LE TAGE MAGE

Idée reçue numéro 1 : je suis nul en maths. Je n'ai aucune chance d'obtenir un bon score au Tage Mage.

Ceci est faux bien sûr ! Le Tage Mage évalue certes vos aptitudes calculatoires (Calcul et Conditions minimales) mais aussi vos aptitudes verbales (Compréhension de textes et Expression) et logiques (Raisonnement et argumentation et Logique). Les « nuls » en maths conservent donc assurément toutes leurs chances. Et puis soyons honnêtes : les notions convoquées en calcul au Tage Mage relèvent du programme de mathématiques de troisième. Tout cela n'a rien de bien méchant. Aussi, avec une bonne préparation, toutes les ambitions sont permises, et il n'est d'ailleurs pas rare que des étudiants d'AURLOM issus de filières littéraires performent mieux (voire beaucoup mieux) que leurs camarades matheux ! C'est dire…

Idée reçue numéro 2 : je passe le Tage Mage dans 20 jours et je n'y connais rien. Je n'ai aucune chance.

Ceci est encore faux bien évidemment ! Il n'est pas prouvé qu'il faille nécessairement réviser le Tage Mage des centaines d'heures pour atteindre un bon score. L'expérience montre qu'il est tout à fait possible d'être au point en 2 ou 3 semaines si tant est qu'on s'impose un programme de préparation ambitieux et rigoureux, à hauteur disons de 4 à 5 heures par jour pendant 15 jours (de 7 h à 8 h puis de 19 h 30 à 23 h par exemple ;) N'oubliez jamais que les notions, formules, méthodes, techniques et astuces qui sont utilisées au Tage Mage sont accessibles à tous… Vraiment à tous. Ayez confiance. C'est mon expérience de 15 ans en tant que professeur et coach auprès de plusieurs milliers d'élèves qui parle !

Idée reçue numéro 3 : le jour J, il est conseillé d'être très prudent et de ne répondre que lorsque l'on est sûr de son coup.

Il est vrai que le fait qu'une réponse fausse donne lieu à une pénalité est plutôt dissuasif. Ceci étant dit, mes meilleurs étudiants – ceux qui obtiennent des scores de l'ordre de 540 sur 600 au Tage Mage, c'est-à-dire des scores exceptionnels – sont unanimes sur le sujet. Il faut être prêt à prendre quelques risques pour aller chercher un score de champion au Tage Mage ! Cela ne souffre d'aucun doute. Et ceci vaut bien évidemment aussi pour celles et ceux d'entre vous qui visent un joli 350 ou un très beau 420. **Mon conseil est donc le suivant :** construisez dans un premier temps votre score pour assurer vos arrières et faites de votre mieux pour accumuler entre 8 et 10 bonnes réponses par sous-test. Ensuite, sur les questions qui restent, et bien si vous hésitez entre 2 réponses (les plus téméraires diront 3 !), offrez donc à votre feeling toute la place qu'il mérite et répondez au hasard. Vous verrez, en travaillant sur les tests blancs, cette stratégie est très souvent payante.

FICHE 5
COMMENT FRANCHIR LA BARRE DES 400 POINTS AU TAGE MAGE ?

Objectif 600 ? Non ! Objectif 400 ? Oui !!!

L'expérience montre qu'il n'est pas toujours nécessaire d'obtenir un score égal à 480 ou 500 sur 600 au Tage Mage (encore moins 600 !) pour être admis dans l'Ecole de commerce de ses rêves.

Tout d'abord parce que ce score n'a jamais été atteint et que surtout, les candidats qui terminent majors de concours (*i.e.* 1ers sur les listes d'admission) obtiennent en moyenne des scores avoisinant plutôt 430 ou 450 sur 600. Ensuite parce que ce n'est pas stratégique de se fixer comme objectif d'atteindre ce score maximal.

Est-ce à dire qu'il faille se contenter de 400 ou de 420 ? Certainement pas !

Nous espérons bien que vous vous êtes procurés cet ouvrage avec la ferme et sincère intention de viser les meilleurs scores (et pourquoi pas 500 ou 550 !!).

Seulement, il faut se rendre à l'évidence : rares sont les candidats qui dépassent les 400 sur 600. Ce n'est d'ailleurs pas un hasard si la barre d'admissibilité d'un concours sélectif comme celui de l'EM Lyon en admission sur titre en deuxième année avoisine les 11 sur 20, avec des scores Tage Mage de l'ordre de 350 à 370 *en moyenne* pour les candidats admissibles.

Inutile donc de s'imposer une pression démesurée pour obtenir un 480 ou un 500 au Tage Mage alors qu'en réalité, vous pourrez très bien être admis à l'EM Lyon, à Audencia, à Neoma Business School, à Grenoble EM, à Skema ou en MS à HEC avec un « très bon » 390 ! En partant du principe, bien sûr, que vous réussissez correctement les autres épreuves des concours auxquels vous vous présentez (dossiers de candidature, TOEIC, entretiens de personnalité, etc.).

Pourquoi se fixer un premier objectif de 400 ?

En visant dans un premier temps 400 sur 600 au Tage Mage, vous vous fixez des objectifs réalistes sur la base desquels il vous est possible de construire les meilleurs scores.

Retenez bien que viser 400 au Tage Mage, c'est viser 10 réponses justes sur 15 (en partant du principe que vous ne répondez pas aux 5 autres questions). Autrement dit, en ne répondant « qu'à » 10 questions sur 15 en moyenne à chacune des épreuves du Tage Mage, vous vous assurez le score de 400 au Tage Mage !

Cette stratégie est riche d'enseignements :

(1) **Tout d'abord, vous vous fixez un premier objectif réaliste : les statistiques montrent en effet clairement qu'il y a davantage de chances que vous répondiez, en moyenne, juste à 10 questions sur 15 qu'à 13 ou 14 !**

Surtout, vous vous fixez un objectif qui, si vous l'atteignez, vous apportera, épreuve après épreuve, une grande satisfaction. Sans objectif, vous demeurerez toujours insatisfaits et aigris. Aigris de ne pas avoir fait un « sans faute ». Alors que si vous parvenez à atteindre votre premier objectif de 10 bonnes réponses sur 15, alors vous saurez que vous êtes dans un bon « mood » et que vous aurez une chance réelle d'obtenir un très bon score, *i.e.* un score avoisinant les 400 sur 600.

(2) **Ensuite, vous prenez le luxe de ne répondre en moyenne qu'aux 10 questions pour lesquelles vous êtes sûrs de votre réponse.**

Une question de géométrie trop longue et alambiquée à votre goût ? Vous ne la faites pas ! (Dans un premier temps en tout cas.) Une question de raisonnement pour laquelle vous hésitez terriblement ? Ouste ! Vous la reverrez à la fin de l'épreuve, une fois que vous aurez validé votre quota de 10 bonnes réponses.

(3) **Enfin, cela signifie que vous avez le droit d'avoir une épreuve faible… A condition bien sûr de l'assumer et de ne pas baisser les bras à la première incartade.**

Ce qui suit est très important ! Nous avons malheureusement vu certains étudiants manquer le coche au Tage Mage en obtenant des scores qui ne reflètent pas leur vraie valeur. Pourquoi cela ? Et bien tout simplement parce qu'ils ont « paniqué » et qu'ils n'ont pas été en mesure de **construire leur score tout au long du test, épreuve après épreuve.** Arrivés à l'épreuve de calcul ou de raisonnement, ils « rataient » l'une ou l'autre de ces deux épreuves difficiles et baissaient alors les bras… Pire encore, ils s'improvisaient alors kamikazes et répondaient sans conviction (sans vraiment réfléchir, trop déçus d'avoir « planté » une épreuve) à de nombreuses questions des épreuves suivantes.

Suivez donc le scenario suivant :

Compréhension	Calcul	Raisonnement	Cond. Min.	Expression	Logique
9	5	10	11	12	13

La seconde ligne indique, vous l'avez compris, le nombre de réponses justes. **Rappel :** nous partons du principe que vous ne répondez pas au hasard (car qui dit répondre au hasard, dit perdre du temps sur une question, temps que vous pourriez plutôt utiliser à bon escient pour résoudre une autre question, plus facile).

Comme vous le voyez, ce scénario nous dit simplement que vous démarrez le test Tage Mage doucement… Doucement mais sûrement… en ne répondant juste « qu'à » 9 questions sur 15 à une épreuve où il est pourtant courant d'obtenir raisonnablement 11 ou 12 réponses justes à l'issue d'un entraînement sérieux. **Mais bon, vous ne prenez pas de risque et vous avez raison,** car vous savez que répondre faux à UNE question représente un manque à gagner potentiel de 8,33 points sur 600 !! Donc autant éviter !

Cela étant, vous n'avez aucune raison de vous inquiéter puisque vous gravitez autour de votre premier objectif moyen de 10 réponses justes sur 15.

Vous planchez alors sur l'épreuve de calcul et là… C'est le drame ! Vous espériez sincèrement obtenir 8 ou 9 réponses justes (parce que vous avez travaillé dur pour cela), mais vous avez paniqué. Cela étant, comme vous avez lu les conseils et les astuces contenus dans cet ouvrage, vous avez quand même réussi à résoudre 2 questions faciles et 3 questions classiques que vous avez faites et refaites pendant votre entraînement. Résultat : vous avez quand même répondu juste à 5 questions seulement. **Et c'est justement maintenant qu'il ne faut pas baisser les bras !** Car vous savez mieux que quiconque que le Tage Mage se construit épreuve après épreuve et que si le calcul est votre bête noire, et bien soit ! Vous ferez avec.

Vous relevez donc les manches, respirez un grand coup et attaquez l'épreuve de raisonnement avec une motivation sans faille. Et, bien entendu, vous ne prenez pas de risque, car cette épreuve est difficile et que souvent, on est amené à hésiter entre deux propositions. Cela étant dit, vous vous êtes bien préparés et êtes donc capables de repérer les questions que vous savez faire. Résultat : 10 bonnes réponses sur 15. Vous avez le droit de vous féliciter.

Suivent enfin les épreuves de conditions minimales, d'expression et de logique où **vous êtes bien déterminés à faire parler votre classe et votre talent** (bon, parce que ce n'est pas tout, mais il en faut quand même un peu de talent pour décrocher son 400+ au Tage Mage !) Consciencieux et méthodiques, vous appliquez alors vos méthodes et vos techniques de résolution pour décrocher successivement 11, 12 et 13 bonnes réponses (non ! n'ouvrez pas les yeux grand comme cela ! Il est possible d'avoir 13 bonnes réponses en logique… Et c'est d'ailleurs certainement la seule épreuve où l'on peut même raisonnablement viser 15 bonnes réponses sur 15 !).

Résultat final : vous obtenez 400 sur 600 au Tage Mage et conservez ainsi intactes toutes vos chances d'être déclarés admissibles aux différents concours auxquels vous vous êtes portés candidats.

Surtout, ne pas se limiter à 400 !

Nous espérons qu'après avoir lu ce scénario, vous ne vous limiterez pas pour autant à 400 ! Surtout que (1) nombreux sont les cas à la Prépa Aurlom où nos étudiants dépassent les 430 ou 450 au Tage Mage (comme quoi, c'est faisable !), et que (2) cet ouvrage vise clairement comme objectif de vous faire atteindre des sommets.

Pour dépasser les 400 et côtoyer les 500, vous devrez identifier et combler petit à petit vos lacunes. Vous devrez aussi parfois travailler dur pour progresser de sorte que votre 9 en compréhension passe à 11, que votre 5 en calcul passe à 8 et que votre 10 en raisonnement passe à 12… Et dans ce cas de figure, vous serez déjà à 447 sur 600 !

A vous maintenant d'écrire la suite…

FICHE 6

LES SECRETS D'UNE PREPARATION REUSSIE

Si vous souhaitez obtenir un excellent score au Tage Mage, vous devez absolument tout mettre en oeuvre pour que rien ne soit laissé au hasard. Et cela commence par une organisation de tous les instants.

Je souhaite vous livrer ici les meilleurs usages que l'on peut faire de ***La Bible du Tage Mage***.

Un grand merci à Paul et Eden, deux de mes étudiants à Aurlom qui ont respectivement obtenu 497 et 513 sur 600 au Tage Mage et qui ont partagé avec moi leur expérience de préparation et leurs conseils pour exploiter au mieux le potentiel de mon livre. J'ai justement demandé à Eden (admise à l'Essec, l'ESCP Europe, l'EM Lyon et l'Edhec) de nous parler de son expérience. C'est un peu long à lire mais cela vaut le coup ;)

« Je ne faisais pas partie des meilleures étudiantes à la fac mais j'étais assez constante d'une année sur l'autre. Environ 12 de moyenne dans toutes les matières. Je suis très travailleuse et régulière dans les efforts que je fais mais j'ai du mal à décrocher d'excellentes notes. Je pensais que cela allait être pareil avec le Tage Mage (beaucoup de travail pour un résultat autour de 300 ou 320...) mais la grosse différence qu'il y a entre le Tage Mage et la macroéconomie par exemple c'est que pour le Tage Mage, il est clairement possible d'en venir à bout ! J'avais acheté la Bible fin septembre et je m'étais donnée 4-5 mois pour la travailler avec au milieu un stage d'un weekend à Aurlom. J'avais prévu de passer le Tage Mage une première fois en décembre et une seconde fois en février pour pouvoir rendre mes dossiers de candidature début mars et me concentrer sur mon Master. J'ai donc commencé à travailler le Tage Mage début octobre ***en me fixant une règle immuable : 1 heure par jour quoiqu'il arrive et 4 heures en bibliothèque le vendredi après-midi*** *car je n'avais pas cours. Au début, je me suis dit que je n'en viendrai jamais à bout mais j'ai compris très vite qu'avec beaucoup de travail et de révisions ça irait. Le premier score que j'ai obtenu au Tage Mage était de 341 et le second était de 513. Ce qui m'a permis de faire un bond aussi énorme entre la première et la seconde fois, c'est une meilleure gestion de mon stress (ma façon d'aborder les questions n'avait rien à voir avec la première fois où j'avais passé le test en décembre), une bonne prise de recul sur les questions et surtout une petite prise de risque quand j'hésitais, ce qui m'a aidé à dépasser les 500.*

Ce qui m'a permis d'atteindre dès la première fois un bon score (j'ai d'ailleurs failli ne pas repasser le Tage Mage une seconde fois), ***c'est qu'à la différence de mes amis***

> ***qui travaillaient le Tage Mage en même temps que moi, j'avais tout misé sur la qualité plutôt que la quantité.*** *Clairement, je n'ai jamais fini la Bible et je n'ai fait que 9 ou 10 tests blancs au total. Au lieu de faire des tests blancs à répétition, j'ai privilégié le cours, j'ai essayé de détricoter les énoncés et j'ai passé un temps fou à approfondir chaque question sur laquelle je travaillais. Je pense que c'est ça qui a payé. J'ai creusé très profond dans mon cerveau et au final, plus aucune question ne me perturbait et je me sentais vraiment en position de force face au test.*
>
> *Donc si j'ai trois conseils à donner aux étudiants pour travailler au mieux sur la Bible, ce serait les suivants :* ***(1) se faire un programme de travail et s'y tenir, (2) donner la priorité au cours, (3) travailler les tests de façon très approfondie en privilégiant la qualité à la quantité.***
>
> *Voila, je souhaite à tous les futurs candidats une très bonne réussite au Tage Mage et d'intégrer une top école ! »*

Conseil # 1 : fixez-vous des temps d'étude

Je crois sincèrement que vous n'avez que très peu de chances d'obtenir un excellent score au Tage Mage si vous ne prenez pas la décision ferme d'y consacrer un temps fixe chaque jour. Bien sûr, nombreuses seront les occasions de trouver de bonnes excuses pour zapper votre séance quotidienne de travail. Les excuses, je ne les connais que trop pour avoir accompagné depuis 20 ans des milliers d'étudiants qui préparent le Tage Mage. La nature humaine est ce qu'elle est : on se trouve toujours de bonnes excuses pour ne pas avoir à affronter certaines difficultés.

Or la clé de la réussite réside justement dans votre force et votre détermination à fixer des temps d'étude et à ne pas les modifier au gré des aléas de votre vie quotidienne.

Idéalement, je vous conseillerais d'inscrire votre préparation au Tage Mage sur 3 ou 4 mois, pas plus. Selon moi, commencer à se préparer 12 ou 18 mois à l'avance ne présente vraiment aucun intérêt. Si vous avez du temps à tuer en L1 ou L2 à la fac, alors autant consacrer votre temps libre à des petits jobs qui prouveront votre intérêt pour les métiers du commerce et de la vente, à l'apprentissage d'une nouvelle langue avec une bonne méthode telle qu'Assimil pour prouver votre désir d'international, ou encore à une association dans laquelle vous essaierez de jouer un rôle moteur. 3 ou 4 mois de préparation suffisent amplement pour faire le tour de la question... à condition toutefois que vous fixiez ces fameux temps d'étude quotienne.

Si vous inscrivez votre préparation sur 3 ou 4 mois, mon conseil est de consacrer entre 1 heure et 1 heure 15 par jour au Tage Mage. 1h pour celles et ceux qui ont des facilités dans les épreuves calculatoires, 1h15 pour les autres. Ajoutez à cela un ou deux créneaux plus importants de 4 heures (un créneau pour celles et ceux

qui consacrent plutôt 4 mois à leur préparation, un seul créneau pour ceux qui y consacrent 3 mois ou moins).

Pour respecter ce temps fixe d'étude, certains étudiants prennent la décision de modifier leur rythme de vie durant quelques mois en se levant par exemple chaque jour plus tôt ou en se couchant chaque jour plus tard. Leur force consiste à fixer leur temps d'étude entre 7h et 8h chaque matin par exemple ou entre 21h et 22h chaque soir. Ils organisent ainsi leur vie autour de cette séance quotidienne de Tage Mage. J'ai toujours eu beaucoup d'admiration pour mes étudiants qui se levaient à 7h ou 7h30 et qui changeaient radicalement leurs habitudes en se levant chaque matin à 6 heures pour se laver, s'habiller, déjeûner et travailler ensuite leur Tage Mage entre 6h30 et 7h45 avant de filer en cours. Et je suis encore plus admiratif quand je vois comment ils s'organisaient la veille pour être au lit à une heure décente et s'assurer ainsi qu'ils n'aient pas de difficulté à se réveiller le lendemain. **Le plus important est que cette séance de travail soit fixe dans le temps. Je ne crois pas à l'efficacité des séances de travail quotidiennes nichées dans certains trous de la journée quand bien même ces trous seraient fixes.** Je crois beaucoup plus en une organisation qui privilégie toujours le même créneau, chaque jour le même.

Pour ce qui est du ou des deux créneaux plus longs de 4 heures, vous devez là aussi trouver des créneaux fixes. Certains étudiants privilégient un 16h-20h tous les mardis ou un 8h-12h tous les mercredis par exemple car ils n'ont jamais cours à ce moment-là ou bien un 14h-18h le vendredi ou le samedi ou encore un 8h-12h le dimanche. Naturellement ce ou ces créneaux de 4 heures ne doivent pas empiéter sur votre heure quotidienne ou la phagocyter. Votre heure quotidienne fixe de préparation ne doit jamais disparaitre, jamais !

Conseil # 2 : planifiez le contenu de vos temps d'étude

Les créneaux d'1h (ou 1h15) doivent être consacrés au cours, aux applications et à la revue en profondeur des questions étudiées dans le cadre d'un test blanc. Quant aux créneaux hebdomadaires de 4 heures, ceux-ci seront consacrés aux tests blancs.

> Les trois premières semaines de travail ne seront consacrées qu'au cours et à ses applications, car vous n'aurez pas encore commencé à travailler sur un test blanc.

Je vous imagine surpris en lisant les quelques lignes précédentes : « *3 semaines sans toucher à un test blanc ??!! Sérieux ??* ». Et oui, vous devez savoir que je déconseille très fortement à mes étudiants de commencer à travailler sur un test blanc avant trois semaines, car je suis convaincu que vos trois premières semaines de préparation doivent être exclusivement consacrées au cours et à ses applications. Et avec ***La Bible du Tage Mage***, vous ne serez pas en reste étant donné que près de 500 pages du livre sont justement consacrées au cours et à ses applications.

Alors comment organiser vos séances de travail durant les trois premières semaines de cours ? Et bien c'est très simple, vous devez planifier vos séances grâce à la table des matières très détaillée qui figure en début de livre. Le but étant de finir le cours en 3 semaines. Pour ce qui est du ou des créneaux hebdomadaires de 4 heures, ceux-ci doivent être consacrés pendant les 3 premières semaines à la révision de tout ce qui a été vu précédemment ainsi qu'à la rédaction de vos fiches.

Voici le programme que je préconise (programme indicatif bien sûr) en partant du principe que vous commencez un lundi et que vous fixez le vendredi après-midi comme étant le jour avec le créneau additionnel de 4 heures.

1. **Lundi jour 1 :** cours de compréhension de textes + présentation de l'épreuve de calcul.
2. **Mardi jour 2 :** cours de calcul : arithmétique et manipulation des nombres + applications.
3. **Mercredi jour 3 :** cours de calcul : opération usuelles, pourcentages, moyennes, proportionnalité.
4. **Jeudi jour 4 :** cours de calcul : équations, vitesse-temps-distance, unités et conversions.
5. **Vendredi jour 5 :** cours de calcul : progressions arithmétiques, temps de travail, géométrie.
   + Créneau de 4 heures : fiches en compréhension de textes et calcul + applications.
6. **Samedi jour 6 :** cours de calcul : notions de mathématiques financières, combinatoire et probabilités.
7. **Dimanche jour 7 :** cours de calcul : applications + chapitre méthode de lecture & techniques d'approche et de résolution des questions.

---

8. **Lundi jour 8 :** cours de calcul : applications + chapitre méthode de lecture & techniques d'approche et de résolution des questions.
9. **Mardi jour 9 :** cours de calcul : relire le chapitre méthode de lecture & techniques d'approche et de résolution des questions + chapitre des techniques et des astuces.
10. **Mercredi jour 10 :** terminer les applications que vous n'avez pas eu le temps de faire.
11. **Jeudi jour 11 :** cours de raisonnement et argumentation : étudier le chapitre sur les questions de raisonnement avec l'étude des 10 cas.
12. **Vendredi jour 12 :** écrire sur une feuille blanche par coeur toutes les formules de cours vues en calcul (inclus : carrés, cubes, nombres premiers).
    + Créneau de 4 heures : refaire vos fiches en calcul en les allégeant, c'est-à-dire en éliminant tout ce qui a été parfaitement compris + terminer toutes les applications de calcul + faire une fiche sur les 10 cas de questions de raisonnement vues la veille.
13. **Samedi jour 13 :** cours de raisonnement et argumentation : les questions d'argumentation.
14. **Dimanche jour 14 :** cours de conditions minimales : présentation de l'épreuve et conseils préliminaires.

---

15. **Lundi jour 15 :** cours de conditions minimales : chapitre méthodologie.
16. **Mardi jour 16 :** cours de conditions minimales : chapitre questions ouvertes et questions fermées.
17. **Mercredi jour 17 :** cours d'expression : chapitre présentation de l'épreuve et méthodes et stratégies de réponses.
18. **Jeudi jour 18 :** cours d'expression : fondamentaux de la langue française : les 25 règles à connaître.
19. **Vendredi jour 19 :** cours d'expression : vocabulaire et style.
    + Créneau de 4 heures : tableaux de conjugaison, proverbes, dictons et expression + 250 applications d'entrainement + fiche en raisonnement & argumentation + fiche en conditions minimales.
20. **Samedi jour 20 :** cours de logique : présentation de l'épreuve et séries doubles de lettres.
21. **Dimanche jour 21 :** séries doubles de chiffres et séries graphiques.

Comme vous le voyez, à chaque jour suffit sa peine ! En 3 semaines, vous aurez réussi à travailler l'entièreté des cours relatifs aux 6 sous-épreuves du Tage Mage et vous pourrez être fiers de vous.

C'est psychologiquement très stimulant de se dire que « *ça y est...* » vous avez une vue globale de toutes les notions à connaître pour aborder sereinement les différentes questions qui composent les tests blancs. Et puis durant ces 3 semaines, vous aurez même déjà commencé à faire quelques fiches !

Vous allez maintenant pouvoir travailler sur vos tests blancs. Le problème, c'est que si l'on suit le programme décrit précédemment, votre prochaine séance consacrée à un test blanc est vendredi. Alors que faire du lundi (jour 22) au vendredi ? La réponse est très simple, vous allez réviser en accéléré votre cours et faire de nouvelles fiches encore plus allégées.

Cela peut donner :

22. **Lundi jour 22 :** cours de calcul : révision accélérée de tous les chapitres et fiches allégées.
23. **Mardi jour 23 :** cours de raisonnement & argumentation et de conditions minimales : révision accélérée et fiches allégées.
24. **Mercredi jour 24 :** cours d'expression : révision accélérée et fiches allégées.
25. **Jeudi jour 25 :** cours de logique : révision accélérée et fiches allégées.
26. **Vendredi jour 26 :** révision de toutes les fiches allégées.
    + Créneau de 4 heures : premier test blanc

Remarque : si votre créneau hebdomadaire est un samedi ou un dimanche, et bien faites encore quelques révisions globales accélérées sur vos différents chapitres de cours.

Vous aurez donc remarqué que vous ne commencerez à travailler sur un test blanc qu'à partir de votre 26e jour de préparation. Cela peut vous paraître long 26 jours sans faire le moindre test blanc, mais faites-moi confiance, l'expérience montre que comme dans tout sport de haut niveau (et le Tage Mage est un test de haut niveau), vous devez absolument passer par une phase d'échauffement et d'entrainement avant d'aller au combat, il n'y a rien de plus normal à cela !

Je vais vous apprendre à présent à tirer le meilleur profit des tests blancs.

FICHE 7
LA VEILLE DU TAGE MAGE

1. **Relaxez-vous !** Mais relaxez-vous vraiment (sport, cinéma, séries TV…)

2. **Désacralisez !** Au pire vous vous plantez et vous le repassez. Et puis la candidature est un tout, ne l'oubliez jamais ! Vous pourrez compenser un score moyen ou faible avec un super TOEIC ou un super dossier.

3. **Préparez bien tous les documents dont vous aurez besoin.**

4. **Calculez à la minute près** le temps de trajet qu'il vous faut pour vous rendre au centre d'examen.

5. **Réveillez-vous très tôt la veille** et suffisamment tôt aussi le Jour J.

6. **Ne vous couchez pas tard** (mais si vous suivez le point 5 et que vous vous réveillez tôt vous serez clairement fatigué plus tôt que d'habitude !)

7. **Mangez light :** légumes, fruits, poissons, viandes blanches… Ce conseil est très sérieux.

8. **Si ça vous rassure,** relisez vos fiches mais surtout ne faites plus d'exos.

9. **Projetez-vous mentalement** dans la salle d'examen et prenez le temps d'imaginer comment ça va se passer le lendemain, sous-test après sous-test.

10. **Et puis n'oubliez pas de sourire et de respirer :)** ça va bien se passer !

FICHE 8
APPRENEZ A GERER VOTRE TEMPS ET VOTRE STRESS

La gestion du temps comme la gestion du stress sont bien sûr essentielles à l'obtention d'un excellent score au Tage Mage. Temps et stress sont intimement liés : qui sait gérer son temps sait gérer son stress... et inversement !

Une chose est sûre : vous manquerez de temps au Tage Mage et vous serez forcément un peu stressés. C'est normal, le test a été conçu de telle sorte qu'il est quasiment impossible de répondre à toutes les questions et le score que vous allez y obtenir aura une influence certaine sur l'appréciation de vos dossiers de candidature.

Donc arrêtons dès à présent de tourner en rond en croyant que vous pourrez tenir votre stress en respect tout au long du test et essayons plutôt de réfléchir à des mécanismes qui permettront de le neutraliser.

Règle # 1

Arrivez très en avance sur le lieu du test, au moins 1 heure avant l'heure de la convocation

Il n'est pas question d'être en proie au moindre stress lié à des embouteillages ou à un bus, métro ou RER en retard ou à l'arrêt. Prenez donc vos dispositions en vous couchant tôt la veille, en vous levant tôt le matin et ce, même si le test se déroule l'après-midi.

Portez des vêtements amples et confortables. Arrivez à l'avance, idéalement une heure avant l'heure à laquelle vous serez convoqué. Pendant cette attente, écoutez de la musique, remémorez-vous toutes les règles d'or que vous devrez appliquer pour chaque épreuve puis hydratez-vous et mangez un petit en-cas sucré avant d'entrer en salle. Pensez enfin à des choses positives, des choses qui vous font plaisir (la sortie que vous ferez avec des amis le weekend qui arrive ou le film que vous irez voir au cinéma juste après). Il est important que vous vous mettiez dans de bonnes dispositions.

Règle # 2

Pas de paranoia : tous les candidats manqueront de temps et seront stressés... Pas juste vous !

Cela doit vous rassurer. Vous ne serez pas seul à manquer de temps, à être stressé ou à trouver certaines questions difficiles ou infaisables. Pour peu que vous ayez bien travaillé, appris votre cours, planché sur 8 à 10 tests blancs et appris à appliquer consciencieusement les méthodes et astuces expliquées dans ce livre, alors soyez certain que si c'est dur pour vous, nul doute c'est dur pour tout le monde... et pas juste pour vous :)

Aussi, il est essentiel que vous soyez capable de surmonter une difficulté rencontrée en cours d'épreuve en redoublant d'effort et de concentration, car seuls ceux parmi vous qui réussiront à dépasser une première difficulté, puis une deuxième, puis une troisième se verront récompenser par un excellent score.

Règle # 3

Apprenez à respirer

Il est connu que pendant un test ou un examen où le temps joue un rôle important, vous êtes amené à oublier de respirer à certains moments où vous êtes stressé. En respirant moins, votre cerveau est moins oxygéné et vous diminuez par conséquent automatiquement vos capacités de réflexion et de concentration.

Cela peut avoir des conséquences catastrophiques sur votre réussite au Tage Mage. Il est donc essentiel que vous ayez le réflexe de penser à respirer le jour J.

Je vous conseille de prendre l'habitude d'inspirer profondément à chaque fois que vous découvrez une nouvelle question en faisant entrer une bonne quantité d'air dans votre ventre. Bloquez alors cet air 3 ou 4 secondes et relâchez-le lentement.

Bien respirer est essentiel car cela permet d'une part d'être toujours bien oxygéné et d'être au top de ses capacités mentales mais aussi de neutraliser ce temps qui semble régulièrement vous échapper tout au long du test.

Règle # 4

Plus vous serez lents et plus vous irez vite !

Alors que vous avez l'habitude de vous précipiter sur une épreuve en tournant les pages frénétiquement et en lisant les énoncés à toute allure, osez prendre le contrepied de ce comportement qui ne porte malheureusement pas ses fruits.

En prenant l'habitude de diviser votre vitesse de lecture des énoncés par deux, autrement dit en lisant vos énoncés lentement, voire très lentement, vous profitez au mieux du temps qui vous est imparti.

Il n'y a rien de pire que de lire vite le jour J. Les risques de sauter des mots, de mal lire une question, de devoir relire une deuxième voire une troisième fois le même énoncé sont en effet nombreux. Veillez donc à convoquer à chaque fois une certaine forme de lenteur qui, vous le verrez avec l'expérience, vous aidera à dépasser régulièrement les 400 au Tage Mage.

Règle # 5

Apprenez à gérer le temps qui précède le début de chaque sous-épreuve

Comme vous le savez, vous aurez une pause d'environ 3-4 minutes avant le début de chaque sous-épreuve. Durant cette pause, une personne dans la salle aura pour mission de lire à voix haute ou au micro les consignes relatives à la sous-épreuve sur laquelle vous devrez plancher. Inutile de vous dire que vous connaîtrez ces consignes par coeur et que vous n'aurez donc aucun intérêt à les écouter.

Pendant ces 3-4 minutes, saisissez l'opportunité qui vous est offerte pour vous remémorer les règles d'or relatives à la sous-épreuve qui va suivre, pensez au fait que vous devrez bien respirer avant de lire un énoncé ou que vous devrez lire lentement pour aller vite. Et puis, 3 ou 4 minutes, c'est long. **Aussi, je vous conseille d'en profiter pour effectuer l'exercice de relaxation suivant :**

- Assis, la tête et le dos bien droits, les pieds bien à plat sur le sol, tirez les épaules vers l'arrière puis, levez les bras vers l'avant à hauteur de la poitrine.
- Fléchissez les coudes pour que les avant-bras forment un angle droit avec les bras.
- En inspirant lentement par le nez, écartez les bras vers l'extérieur, comme si vous ouvriez une fenêtre.
- Gardez l'air dans les poumons pendant quelques secondes, puis ramenez les bras, toujours fléchis devant vous en expirant par la bouche comme si vous refermiez la fenêtre.
- Recommencez trois fois, avant de relâcher les bras.

Cet exercice est d'une efficacité redoutable pour bien se détendre avant de commencer une nouvelle sous-épreuve.

Pour terminer, je sais d'expérience que vous pensez que ces conseils sont un peu «pipo» ou sur-réalistes. Croyez-moi pourtant, nombreux sont mes étudiants à avoir réussi à augmenter très sensiblement leur score en appliquant ces règles. D'ailleurs, appliquez-les quand vous plancherez sur les tests blancs et vous pourrez ainsi librement en juger par vous-mêmes !

FICHE 9
CHOISISSEZ AURLOM POUR PRÉPARER VOS CONCOURS

En tant que Directeur de la Prépa AURLOM, je ne peux évidemment que vous recommander AURLOM pour vous préparer au Tage Mage et plus généralement aux épreuves écrites et orales des concours d'entrée des Grandes Ecoles.

AURLOM est depuis 2007 l'institut numéro 1 pour la préparation des concours d'entrée des Grandes Ecoles accessibles via les admissions parallèles. Numéro 1 par le caractère exceptionnel de ses résultats (72 % de ses étudiants admis dans au moins une école du TOP 5 et 96 % de ses étudiants admis dans au moins une école du TOP 10 ; 372 sur 600 de moyenne au Tage Mage, 26% des étudiants qui dépassent le score de 400 sur 600, 931 sur 990 de moyenne au TOEIC) mais aussi numéro 1 par le taux de satisfaction de ses étudiants qui atteint 18,3 sur 20 en 2022 !

Choisir AURLOM pour ses résultats

AURLOM est depuis 2007 la première prépa de France pour les admissions parallèles aux grandes écoles de commerce et de management.

Sur les 3 dernières années, ce sont :

- **613 étudiants** qui ont rejoint les bancs de l'EM Lyon, de l'EDHEC, d'Audencia (Nantes) ou de Grenoble EM.
- **935 étudiants** qui ont rejoint les bancs des écoles du concours PASSERELLE, TREMPLIN ou encore de SKEMA ou Toulouse Business School.
- **189 étudiants** qui ont rejoint les bancs d'HEC, ESSEC ou ESCP Europe.

Au total : 96 % de réussite pour l'ensemble des étudiants qui ont choisi de préparer les concours parallèles avec Aurlom.

Choisir AURLOM pour sa parfaite connaissance des épreuves et de leurs rouages

AURLOM s'est forgée une réputation exceptionnelle dans son expertise et sa connaissance pointue des épreuves écrites et orales des concours. Les professeurs qui interviennent à AURLOM sont des auteurs d'ouvrage à succès, concepteurs de sujets, correcteurs ou encore membres de jurys de concours et sont reconnus par leurs pairs comme les meilleurs spécialistes de leur épreuve.

Soucieux de suivre les moindres évolutions des épreuves, ils prodiguent année après année les méthodes, conseils et astuces qui permettent de viser les meilleurs scores aux concours.

Choisir AURLOM pour ses méthodes pédagogiques

AURLOM, c'est l'alliance parfaite de méthodes d'enseignement traditionnelles éprouvées par des milliers d'étudiants (cours en classe), avec les techniques d'apprentissage les plus innovantes (intranet).

- Cours en classe.
- Cours à distance.
- Des vidéos pédagogiques de qualité : idéales pour apprendre dès qu'on a 5 ou 10 minutes de libre en journée.
- Un Intranet, espace de préparation en ligne, accessible dès l'inscription. Annales, extraits d'ouvrage, exercices, revues de presse, vidéos, devoirs à rendre… Tout est mis en œuvre pour vous accompagner dans votre préparation.
- Une disponibilité totale de l'équipe pédagogique par mail, téléphone et même WhatsApp !

Choisir AURLOM pour son réseau d'alumni

AURLOM a accueilli depuis sa création plus de 18 000 étudiants dans des classes à taille humaine pour favoriser la proximité élèves-professeurs ainsi qu'un suivi individualisé. En vous préparant avec AURLOM, vous rejoignez une communauté active et solidaire d'étudiants avec laquelle vous échangez régulièrement.

Les prochaines sessions de préparation

Pour la saison des concours 2022-2023, AURLOM vous accueille dans le cadre de ses CYCLES CONTINUS, de ses SEMAINES INTENSIVES ou de ses WEEKENDS INTENSIFS dès le mois de septembre 2022.

Cycles continus

Les préparations qui s'étalent sur plusieurs weekends ou soirs en semaine à partir du mois de septembre 2022.

Semaines intensives

Préparations intensives sur 5 jours en été ou pendant les vacances d'été, de la Toussaint, de Noël, d'Hiver ou de Printemps. Inclus : 3 tests blancs Tage Mage inédits dans les conditions du jour J.

Weekends intensifs

Préparations intensives sur 2 ou 3 jours pendant les weekends (vendredi, samedi et dimanche ou samedi et dimanche). Plusieurs weekends au choix tout au long de l'année. Inclus : un test blanc Tage Mage inédit dans les conditions du jour J.

FICHE 10
POUR ALLER PLUS LOIN

Restons en contact !

Vous avez des questions au sujet du Tage Mage ou de toute autre épreuve ? Un point de cours qui vous résiste ? Une question sur un exercice ? Remonter une erreur que vous avez croisée dans l'ouvrage ? Ou alors vous voulez juste m'envoyer un mot gentil ? Et bien n'hésitez pas à me contacter. Je me ferai un plaisir de vous répondre dans les meilleurs délais.

ECRIVEZ-MOI !

franck.attelan@aurlom.com

J'anime régulièrement des lives sur mon compte INSTAGRAM ou sur TIKTOK. Je réponds à toutes les questions que vous vous posez sur le Tage Mage bien sûr mais également sur les ADMISSIONS PARALLELES (programmes Grande école et MS).

INSTAGRAM DE L'AUTEUR

Franck Attelan

(lives thématiques et conseils)

TIKTOK

Aurlom

(entraide, partages d'expériences, questions à l'auteur, tests d'entraînement)

Vidéos

Retrouvez sur YouTube des vidéos de conseils et astuces en calcul et en logique.

VIDEOS DE CONSEILS
Youtube

high-learning.com

Si vous souhaitez vous entraîner à tout moment de la journée **sur des milliers de tests corrigés** (et pas qu'en Tage Mage !) et comparer vos résultats avec des milliers d'autres candidats, alors rendez-vous sans plus tarder sur high-learning.com

TEST EN LIGNE GRATUITS
high-learning.com

PREMIÈRE PARTIE

COURS FONDAMENTAUX / APPLICATIONS CLES / METHODES / SAVOIR-FAIRE / ASTUCES

1. COMPRÉHENSION DE TEXTES

I. PRESENTATION DE L'EPREUVE

L'épreuve de compréhension de textes est **la première épreuve du Tage Mage.**

Ce n'est pas l'épreuve la plus difficile mais ce n'est pas non plus celle où vous ferez un sans faute.

L'épreuve est exigeante : elle avantage en effet les candidats habitués à lire beaucoup, vite et bien ! Elle avantage encore celles et ceux qui sont dotés d'excellentes capacités de mémoire et de concentration car l'épreuve comporte son lot de pièges et d'énoncés alambiqués et il n'est pas permis de perdre du temps sur la lecture des textes et des questions.

Le format de l'épreuve est toujours le même : vous devrez lire 2 ou 3 textes et répondre à un total de 15 questions en 20 minutes. Pour chaque question, 5 choix de réponses vous sont proposés et, comme toujours au Tage Mage, **une seule réponse est correcte.** Bien entendu, vous êtes autorisé à revenir sur les textes tout au long de l'épreuve.

A noter : les épreuves de compréhension de textes sur lesquelles les candidats ont planché ces dernières années étaient majoritairement composées de 3 textes.

5 questions étaient associées à chacun des 3 textes et il faut savoir que parfois le texte numéro 2 et le texte numéro 3 se suivaient (ils étaient en effet extraits d'un seul et même texte).

Comme pour toutes les épreuves du Tage Mage, **une bonne réponse** rapporte 4 points, une **mauvaise réponse** fait perdre 1 point et **aucune réponse** ne fait gagner ni ne fait perdre de point.

1. Pourquoi une épreuve de compréhension de textes ?

Si vous passez le Tage Mage, c'est parce que vous vous destinez à des carrières de directeurs, de managers, de décideurs. Il n'est pas donné à tout le monde d'endosser de telles fonctions ! Parmi les nombreuses responsabilités du manager, on trouve en première position la planification et l'organisation du travail. **Or la planification et l'organisation du travail sont intimement liées à la collecte et à la gestion efficace de l'information** ainsi qu'à l'utilisation optimale des savoirs et compétences. Aujourd'hui encore, cette information est surtout accessible via des documents qui se présentent sous forme écrite.

Le manager est ainsi condamné à lire un nombre très important de documents divers et variés : livres, articles de journaux et de périodiques, rapports d'études, analyses économiques, analyses stratégiques, contrats, conventions, partenariats, plans stratégiques à 5 ans, etc.

Aussi, à chaque fois qu'il prend une décision consécutive à la lecture de ces documents, le manager engage sa responsabilité ainsi que celle de la société dont il défend les intérêts. Il ne peut alors raisonnablement s'affranchir de l'interprétation la plus juste qui soit des textes qu'il lit.

L'épreuve de compréhension de textes remplit donc bien son rôle puisqu'elle vous invite à faire montre de qualités endurcies de lecture rapide, de compréhension et d'interprétation de textes portant sur des sujets variés et ce, dans un climat de fortes contraintes de temps et de stress. Comme dans la vraie vie, vous devrez vous décider vite après avoir lu un texte et mesurer le risque que vous prenez en choisissant une réponse plutôt qu'une autre.

2. A quoi ressemblent les textes ?

Les textes sur lesquels vous serez amené à travailler sont de longueur variable, **entre 300 et 500 mots** (soit un texte qui occupe environ 60 à 100 % d'une page de format A4 avec une police *Times* de taille 12).

Les textes traitent de tous les sujets : vins du Nouveau Monde, gestion de la crise, avenir de l'industrie métallurgique, jeux vidéos et impact sur le développement de l'adolescent, suicide au travail, questions d'éthique, mécénat, responsabilité sociale des entreprises, formation continue, prix des matières premières, place de l'Europe dans le monde, cinéma, arts de la table, histoire de l'automobile, maladies neurologiques, rôle de l'Inde dans le secteur informatique, etc.

Il est à noter cependant que **la majorité des textes sur lesquels les candidats planchent le jour J sont liés de près ou de loin à l'actualité des entreprises et plus généralement à l'actualité économique et politique française et internationale.**

Vous travaillerez principalement sur des **articles d'actualité, des interviews, des textes argumentatifs** et **des discours.**

3. A quoi ressemblent les questions ?

[Les questions de détail et de repérage]

Exemple

En quoi les salariés allemands sont-ils particulièrement remarquables ?
Ils (...)

1. acceptent, si nécessaire, la mobilité géographique.
2. déploient beaucoup d'efforts pour s'adapter et se motiver.
3. savent s'organiser spontanément et collectivement.

(A) 1 + 3
(B) 1 + 2
(C) Uniquement 1
(D) Uniquement 2
(E) Ni 1, ni 2, ni 3

[Les questions de titre]

Exemple 1

Quel est le meilleur titre pour ce texte ?

(A) Entreprises citoyennes et entreprises responsables.
(B) Les entreprises n'ont que faire d'un contre-pouvoir coopératif.
(C) Les entreprises à la recherche d'une impossible légitimité démocratique.
(D) Comment passer de l'entreprise responsable à l'entreprise citoyenne ?
(E) La responsabilité sociale des entreprises en question.

Exemple 2

Question 1. Quel est le meilleur titre pour cette interview ?

Question 2. Quel est le meilleur sous-titre pour cette interview compte tenu du titre choisi dans la question précédente ?

Comme vous le voyez dans le dernier exemple, certaines questions peuvent être interdépendantes.

[Les questions de source]

Exemple 1

Ce texte est extrait :

(A) d'un essai autobiographique.
(B) d'un livre sur l'art de la guerre.
(C) d'une revue militaire des années 1930.
(D) d'une thèse universitaire.
(E) d'une analyse historique de la Seconde Guerre mondiale.

Exemple 2

Qui est l'auteur de ce texte ?

(A) Un homme politique.
(B) Un consultant.
(C) Un essayiste.
(D) Un journaliste.
(E) Un professeur d'économie.

[Les questions de conclusion]

Exemple 1

Finalement, pourquoi les grandes entreprises américaines ont-elles perdu beaucoup de leur attrait en ce début de siècle ?

Exemple 2

Si l'on devait ajouter une conclusion à ce texte, laquelle choisiriez-vous ?

[Les questions de résumé]

Exemple

Quel est le meilleur résumé de ce texte ?

II. METHODES ET TECHNIQUES

Les épreuves de compréhension de textes ne sont jamais très difficiles ; certains textes sont même agréables dans leur contenu ou dans leur forme. Pourtant, vous devez appliquer la même rigueur dans la marche à suivre.

Les conseils qui suivent vous aideront à adopter les bons réflexes pour être performant le jour J.

1. Gérez efficacement votre temps

Vous disposez de 20 minutes pour une épreuve complète. Le calcul est donc simple :

- **10 minutes par texte s'il y a 2 textes** (6-7 minutes pour la lecture et 3-4 minutes pour répondre aux questions).
- **6 ou 7 minutes par texte s'il y a 3 textes** (4 minutes pour la lecture et 2-3 minutes pour répondre aux questions).

Vous devez être très discipliné et ne pas « déborder » sur le temps imparti, faute de quoi vous risquez de ne pas avoir le temps pour travailler sur le texte suivant. Aussi, si vous êtes en difficulté sur une question, vous devez la sauter sans trop attendre pour ne pas hypothéquer vos chances. Concrètement, cela signifie que vous devez prendre l'habitude de regarder votre montre toutes les 2 minutes et être très attentif aux signaux des surveillants qui décompteront le temps au fur et à mesure de l'épreuve.

[Un conseil (très) important]

Pour celles et ceux d'entre vous qui lisent lentement et qui ont du mal avec cette épreuve, nous vous conseillons de vous limiter à deux textes lorsque l'épreuve en contient trois. Vous devez penser que nous manquons d'ambition mais l'expérience montre malheureusement que de nombreux lecteurs « lents » obtiennent souvent des scores très faibles à cette épreuve parce qu'ils passent un temps conséquent sur le premier texte (entre 9 et 10 minutes et répondent à 3 ou 4 questions sur 5 seulement) puis se précipitent sur les deux derniers textes en les bâclant et en répondant juste à 3 ou 4 questions seulement sur les 10 restantes. Ainsi, dans bien des cas, ces lecteurs obtiennent un score moyen de 18-20 sur 60 (30-33 sur 100) alors qu'ils auraient pu raisonnablement obtenir un score de 32 ou 33 sur 60 (53 ou 55 sur 100) en ne travaillant que sur 2 des 3 textes proposés. Quand on sait que des candidats manquent d'être admissibles à l'EM Lyon ou à l'Essec à cause de 10 points sur 600 au Tage Mage, cela oblige à se poser les bonnes questions avant le jour J et à adopter les bons comportements.

Sachez que lorsque les lecteurs lents suivent ce conseil, ils terminent généralement les deux premiers textes en 17-18 minutes et disposent ensuite de 2-3 minutes pour le troisième texte. Que font-ils alors pendant les 2-3 minutes qui restent ? Et bien ils se concentrent sur 1 ou 2 questions de « repérage » (les plus faciles) du troisième texte et parviennent à grappiller quelques derniers points précieux. Il n'est pas rare alors de constater qu'ils obtiennent finalement de très bons scores (environ 40-42 sur 60 soit 66-70 points sur 100).

2. Lisez les questions avant les textes

Il est tentant de se jeter sur la lecture du texte, mais non ! Vous pensez gagner du temps, mais en fait vous en perdez.

Vous devez toujours lire les questions en premier.

En revanche, il est inutile, à ce stade, de lire toutes les propositions, surtout si elles sont longues comme celles où l'on vous demande par exemple de résumer un texte.

Vous devez chercher :

- **Les questions qui vous demandent de trouver la phrase ou la proposition exacte / juste / inexacte / fausse / bonne / mauvaise / la pire / la meilleure.**
- **Les questions de titre, de conclusion ou de résumé.**

  Ces questions sont particulières car elles vous demandent d'avoir une vision globale du texte. Vous allez devoir prendre un peu de hauteur pour trouver la bonne réponse. Autrement dit, vous ne pourrez pas, pour ce texte, vous contenter de rechercher les éléments de réponse ; il faudra comprendre l'ensemble du texte. Cela aura des conséquences sur la façon dont vous lirez le texte.
- **Et bien sûr tous les mots-clés que vous pouvez souligner / entourer et que vous espérez retrouver en lisant le texte.**

3. Stylo à la main : soulignez, entourez !

Après avoir lu les questions, vous devez lire **EN ENTIER** le texte. Nous disons bien en entier.

Il est hors de question de répondre à une question, aussi simple vous paraît-elle, alors que le texte n'a pas été lu dans son intégralité. Pourquoi ? Parce que souvent (c'est-à-dire pour au moins un tiers des questions) la bonne réponse est éparpillée dans divers endroits du texte. Il serait beaucoup trop simple d'élaborer des questions dont les réponses se situent dans un seul passage du texte. Le piège habituel utilisé par le concepteur consiste donc à trouver une question qui semble faire référence à un passage bien précis du texte que vous identifiez grâce aux mots-clés alors qu'en fait une partie de la réponse se trouve à un autre endroit, endroit où le concepteur a utilisé un synonyme du mot utilisé dans le texte pour la question !

Cette lecture du texte dans son intégralité s'accompagne toujours d'**un mouvement vif et précis de votre main qui entoure et souligne des mots et phrases repérés dans les questions lues au tout début.** Si vous aviez identifié une question de résumé ou de reformulation, vous devez alors trouver l'idée principale de chaque paragraphe et la noter en marge du document.

Enfin, nous vous conseillons de toujours entourer l'ensemble des **connecteurs logiques** : *en outre, non seulement, mais encore, de surcroît, soit … soit, tantôt … tantôt, seulement … mais encore, l'un … l'autre, en effet, effectivement, comme, étant donné que, grâce à, à cause de, en dépit de, quoique, certes, bien sûr, évidemment, pour peu que, à supposer que, en supposant que, par conséquent, si bien que, tant et si bien que, enfin, ainsi, aussi, d'ailleurs, cependant, or, en revanche, uniquement, simplement, etc.*

4. A la recherche de la bonne réponse

Vient enfin le moment où vous allez répondre aux questions.

Commencez par les questions qui vous semblent faciles, celles dont vous êtes sûr d'avoir déjà la réponse.

Lisez toutes les propositions, ne vous arrêtez jamais aux premières qui peuvent vous sembler séduisantes.

Forcez-vous à verbaliser la réponse (c'est-à-dire à parler à haute voix… dans votre tête).

Pour les questions (fréquentes) où il faut trouver la bonne (ou la mauvaise) réponse, procédez ainsi :

Exemple

Question : Quelle action le chat de Simone ne fait-il pas ?

(A) Chasser les souris blanches à la cave.
(B) Jouer avec la pelote de laine angora.
(C) Faire ses griffes après sa sieste sur le fauteuil Voltaire.
(D) Ronronner sur les genoux de M. Hubert, tous les lundis, quand il vient en visite.
(E) Sauter fréquemment de la chaise rouge au canapé.

Vous devez vérifier que le chat fait, ou ne fait pas les actions suivantes : chasser, jouer, faire ses griffes, ronronner, sauter.

Mais surtout, vous devez vous intéresser à tous les compléments d'objet, de lieu, de temps, tous les adverbes et les adjectifs présents dans les réponses :

(A) Chasser les souris blanches à la cave.

Le texte parle-t-il de souris ?
Sont-elles blanches ?
L'action se déroule-t-elle à la cave ?

(B) Jouer avec la pelote de laine angora.

Le chat joue-t-il avec une pelote ?
Est-elle bien en laine ?
Est-ce de la laine angora ?

(C) Faire ses griffes après sa sieste sur le fauteuil Voltaire.

L'action se déroule-t-elle après la sieste ?
Est-ce bien sur un fauteuil ?
Le fauteuil est-il de type Voltaire ?

(D) Ronronner sur les genoux de M. Hubert, tous les lundis, quand il vient en visite.

Le chat ronronne-t-il sur les genoux ?
La personne est-elle bien M. Hubert ?
M. Hubert vient-il tous les lundis ?

(E) Sauter fréquemment de la chaise rouge au canapé.

Saute-t-il fréquemment ?
Saute-t-il d'une chaise ?
Est-elle rouge ?
Atterrit-il sur le canapé ?

Evidemment, il faut vérifier en ayant en tête tous les synonymes possibles : Canapé/Sofa ; Fréquemment/Souvent ; Rouge/Ecarlate…

Cela peut vous sembler long mais, en fait, vous faites cette vérification assez rapidement, lorsque vous avez compris que **la différence se niche surtout dans les compléments, les adverbes et les adjectifs.**

Une fois la phrase vérifiée, vous lui mettez un V si elle donne des informations exactes par rapport au texte ou un F si l'information est inexacte.

Par exemple, vous avez découvert, dans le texte, que M. Hubert vient, en fait, le mardi. Vous noterez :

(A) Chasser les souris blanches à la cave **V**.
(B) Jouer avec la pelote de laine angora **V**.
(C) Faire ses griffes après sa sieste sur le fauteuil Voltaire **V**.
(D) Ronronner sur les genoux de M. Hubert, tous les lundis, quand il vient en visite **F**.
(E) Sauter fréquemment de la chaise rouge au canapé **V**.

Tout va bien, vous n'avez qu'une réponse fausse donc vous pouvez cocher la proposition D en n'oubliant pas de vérifier votre raisonnement en verbalisant la question et la réponse :

- Quelle action le chat de Simone ne fait-il pas ?
- Il ne ronronne pas sur les genoux de M. Hubert tous les lundis, car M. Hubert n'est pas là le lundi.

Et si vous ne trouvez aucune phrase fausse ?

Vous devez alors recommencer, vous avez sans doute oublié un détail ou une partie du texte, ou vous n'avez pas vu que 2 mots ne sont pas exactement synonymes.

Par exemple, Amérique n'est pas synonyme d'Etats-Unis, ni Europe d'Union européenne…

Nous savons que c'est agaçant mais certaines questions sont basées sur ce genre de distinction, d'où l'absolue nécessité de passer en revue **tous** les mots de la proposition.

Et si vous trouvez plus d'une phrase fausse ?

Vous réexaminez les phrases fausses, et justement, vous avez sans doute été trop rigide dans les synonymes.

Pour vous, « fréquemment » n'est pas synonyme de « souvent ». Ou bien vous pensez qu'un canapé et un sofa, ce n'est pas la même chose.

Vous avez peut-être raison, mais visiblement, pour le correcteur (et une grande partie de la population), ces mots sont des synonymes.

Le problème vient donc essentiellement des synonymes. Il existe très peu de vrais synonymes dans la langue française.

Un mot approchant pourra être considéré comme synonyme par certaines personnes et non par d'autres.

5. Pensez comme le concepteur de l'épreuve !

« Dans le cadre de cette sous-épreuve, le problème de la lecture est encore compliqué par le fait que les candidats doivent prendre en compte ***l'interprétation d'un premier lecteur*** *: le concepteur de l'épreuve. Ils doivent donc s'efforcer de* ***prendre en compte ce niveau supplémentaire de la lecture*** *».*

Ces propos sont extraits de *Réussir le test Tage Mage* édité par la FNEGE. Ils expliquent clairement que l'action du concepteur n'est pas neutre. Vous le constaterez particulièrement **quand vous répondrez aux questions de titre ou de résumé.**

Pour ces deux types de questions, le problème est identique car le titre n'est jamais qu'un « super résumé ». Comme il est impossible, par définition, d'avoir toutes les informations dans un résumé, ce dernier ne comporte que les informations essentielles. Oui, mais essentielles aux yeux de qui ?

Pour limiter les risques, utilisez la méthode suivante qui consiste à procéder par élimination :

- Vous pouvez éliminer facilement les propositions qui comportent une erreur factuelle (mais elles sont rares).
- Puis, vous laissez de côté les résumés trop brefs, ou qui passent sous silence toute une partie du texte. Dans ce cas, c'est souvent la fin du texte qui est volontairement omise, car c'est une façon de vous piéger : vous lisez le début, qui est tout à fait exact, et bien précis, et vous pensez que c'est la bonne réponse, alors qu'un bon résumé doit résumer l'ensemble du texte.
- Vous éliminez aussi celui qui utilise un ton, un champ lexical qui trahit le texte.
- Ces propositions éliminées, il vous reste généralement 2 résumés qui vous semblent tous les deux « corrects ». Ce qui permet de faire pencher la balance en faveur d'un résumé plutôt que l'autre est souvent assez léger. On vous donne comme justificatif : « plus détaillé », « plus précis », « respecte mieux l'esprit du texte »… Il faut reconnaître que, dans certains exercices (très peu nombreux cependant), il existe un brin de subjectivité, ce que les concepteurs nomment pudiquement : **« l'interprétation du premier lecteur »**… Sauf que les concepteurs n'expliquent pas comment le candidat doit « s'efforcer de prendre en compte ce niveau supplémentaire de lecture » !!! C'est pour cela que parfois, il faudra vous résoudre à répondre au hasard lorsque vous hésiterez entre DEUX propositions (DEUX, pas plus ! Car au-delà de deux, cela ne s'appelle plus hésiter). En espérant que vous saurez lire dans la tête du concepteur…

Bon courage à toutes et à tous !

FICHE 11

7 CONSEILS POUR L'ÉPREUVE DE COMPREHENSION DE TEXTES

1. **Commencez par lire le premier texte**
Ne perdez pas de temps à choisir le premier texte sur lequel vous allez travailler. Vous ne saurez pas vraiment s'il y en a un plus facile qu'un autre avant d'y avoir passé du temps. Commencez donc par le premier texte et c'est tout !

2. **Lire les questions avant le textes**
Lisez les questions avant de lire votre texte. Pas les 5 propositions de réponses qui vont avec, juste les questions.

3. **Lisez lentement**
Divisez votre vitesse de lecture habituelle par 2 ! Cela vous permettra ainsi de prendre le temps de bien comprendre les nuances qui se cachent derrière les lignes du texte.

4. **Soulignez des éléments de réponses sur la marge**
Privilégiez les dates, les données statistiques mais aussi les adjectifs qui offrent très souvent une bonne indication des partis-pris de l'auteur.

5. **Titrez !**
Donnez un titre et un sous-titre à chacun des paragraphes de votre texte. Cela vous obligera assurément à bien comprendre les thèmes abordés tout au long du texte.

6. **Evitez les réponses extrêmes**
La Fnege propose des textes avec des questions qui ne sont pas censées créer quelque polémique que ce soit. Aucun risque donc de tomber sur des réponses où il est question de positions extrêmes.

7. **Répondez au hasard si...**
Si après avoir éliminé des propositions de réponses, vous hésitez encore entre deux réponses, alors faites confiance à votre instinct et répondez au hasard !

2. CALCUL

2.1. PRESENTATION DE L'EPREUVE ET COURS FONDAMENTAL APPLIQUE

I. PRESENTATION DE L'EPREUVE ET CONSEILS PRELIMINAIRES

1. Une épreuve stratégique

L'épreuve de calcul du Tage Mage convoque des aptitudes et des réflexes que vous avez généralement peu sollicités au cours de vos études supérieures. Pour beaucoup, les derniers calculs de vitesses/temps/distances ou de volumes de cylindres et autres parallélépipèdes remontent à la classe de troisième… Sans parler du fait que pour une grande majorité d'entre vous, poser une division, une multiplication ou un produit en croix est source d'anxiété et constitue un défi en soi.

Et bien, ne comptez pas sur nous pour vous plaindre !

Vous allez rencontrer dans les pages qui suivent un cours de mathématiques et de calcul complet et dense avec ce qu'il faut de formules, d'applications clés et d'astuces en tous genres… De grâce, ne les fuyez pas et ne les regardez jamais d'un mauvais œil ! Dites-vous toujours que ces pages ont été écrites *pour votre bien* et que la réussite à l'épreuve de calcul vous permettra assurément de prendre le large en engrangeant de précieux points d'avance. Notre but est et sera toujours de vous aider à obtenir les meilleurs scores au Tage Mage, et sachez dès maintenant que nous avons la ferme intention de mener notre tâche à bien. Il faut ce qu'il faut pour intégrer les meilleures Ecoles de commerce et de gestion, non ?

1. Le calcul au cœur de la vie des affaires

Vous vous êtes certainement déjà demandés pourquoi les premiers concepteurs du Tage Mage avaient inclus dans le test une épreuve de calcul… Et bien la réponse est simple : le calcul est au cœur de la vie des affaires. Si vous souhaitez créer votre entreprise ou travailler comme analyste en fusions acquisitions chez JP Morgan ; si vous rêvez d'occuper le poste de directeur marketing de la filiale brésilienne de Total ; ou si vous rêvez d'être la future directrice des achats de la division produits de luxe du groupe L'Oréal… Alors vous êtes condamné à être bon en calcul !

Le calcul est partout dans la vie des affaires et partout il sera. Voyez donc ! Vous démarrez votre carrière en tant que chef de produit marketing chez Danone, et bien vous devrez très rapidement estimer le potentiel de chiffre d'affaires de la nouvelle crème dessert dont vous êtes responsable. Et pour cela, vous devrez combiner beaucoup d'informations comme le nombre de consommateurs potentiels, le niveau de consommations moyen de crèmes desserts annuel, mensuel, hebdomadaire ; le chiffre d'affaires en volume et en valeur du marché des crèmes desserts, les parts de marché de vos concurrents… Et surtout, vous devrez faire des hypothèses de ventes moyennes hebdomadaires, de pourcentage de points de vente qui référenceront votre produit, des hypothèses de parts de marché, des hypothèses de proportions de produits non vendus parce qu'ils auront dépassé la date de péremption. Bref, il sera question de moyennes, de pourcentages, de produits en croix, de divisions, de multiplications et même parfois… d'équations ! Alors, oui, vous aurez souvent une calculatrice sous la main… mais pas toujours ! En plein déjeuner d'affaires, il ne fait jamais bon sortir une calculatrice pour estimer ce que valent les 6 % de commission que vous devrez verser à votre invité pour avoir réalisé un chiffre d'affaires de 250 000 euros.

Si le calcul est un prérequis nécessaire au chef de produit marketing d'une multinationale ou au responsable des achats d'une jeune PME, imaginez donc combien **le calcul investit le quotidien du gestionnaire de patrimoine ou de l'analyste financier** qui modélise en continu sur Excel des simulations de valorisation d'entreprise dans le cadre d'une acquisition ou d'une fusion ; mais aussi celui de directeur des ressources humaines qui doit veiller à ce que la masse salariale de l'entreprise ne dépasse jamais les 18,2 % du CA net réalisé par la société. Le calcul est partout et vous ne pourrez jamais y échapper.

Pour terminer, **intéressons-nous de plus près aux premiers mois qui vont suivre votre intégration au sein de l'Ecole de vos rêves.** Ce n'est pas franchement compliqué à imaginer : vous allez tout bonnement et simplement étudier des disciplines comme la comptabilité, la gestion, la finance, l'optimisation sous contraintes, la théorie des jeux, la stratégie d'entreprise, la logistique, le marketing, les études de marché, la microéconomie, le droit des affaires, la fiscalité… Vous devez savoir que toutes ces matières incluent des calculs mathématiques, souvent de base certes, mais des calculs mathématiques quand même. Alors, avouez que c'est finalement normal (pour ne pas dire responsable) si les Ecoles de commerce exigent des étudiants qui seront amenés à rejoindre leurs bancs qu'ils maîtrisent les notions de base du calcul et qu'ils sachent jongler avec elles.

Voilà, nous espérons sincèrement avoir convaincu les plus réticents d'entre vous à faire la paix (ou à faire le deuil) avec le calcul et à apprendre dès maintenant à vivre et à composer avec Pythagore, V=D/T, le carré de 12 et le cube de 8 !

Sachez en tout cas que de notre côté, **nous ferons tout pour vous donner envie de calculer, calculer et calculer encore !** Dans la joie et dans la paix !

2. Le format de l'épreuve de calcul

- 15 questions à résoudre en 20 minutes.
- Bonne réponse : +4 ; mauvaise réponse : –1 ; pas de réponse : 0.
- Les questions ne sont jamais classées par ordre de difficulté.
- La calculatrice est interdite et vous n'avez pas de feuille de brouillon.

3. Une épreuve de rapidité

1 minute et 20 secondes : c'est le temps moyen dont vous disposez pour répondre à une question de calcul au Tage Mage. C'est court et c'est long quand on sait que deux facteurs entrent en effet en ligne de compte. Le premier, c'est bien entendu le **caractère relatif du temps** dont chacun dispose. Le second, c'est **le type de questions.**

Intéressons-nous au caractère relatif du temps dont vous disposez.

Comment expliquez-vous que certains candidats mettent montre en main 20 secondes pour répondre à une question comme « Que vaut 20 % du double du cube de 4 ? » quand d'autres candidats mettent, toujours montre en main, près de 2 minutes (soit 6 fois plus de temps que les premiers !) ? Sans parler de ceux qui n'ont aucune idée de la façon dont il faut s'y prendre pour y répondre et qui passent à la question suivante… La raison est simple : **il est question de cours et d'automatismes en calcul.** Ceux qui savent, instantanément, que le cube de 4 vaut 64, que le double de 64 vaut 128 et que 20 % de 128 vaut 0,2 multiplié par 128 soit 25,6 mettent montre en main entre 20 et 25 secondes pour répondre à la question. Mais ces 20 secondes peuvent durer près de 2 minutes pour ceux qui doivent passer 40 secondes pour retrouver ce que vaut le cube de 4, puis encore 20 secondes pour calculer le double de 64 et encore 50 secondes pour calculer la valeur de 20 % de 128.

Nous insisterons donc tout au long de ce chapitre sur l'impératif catégorique que constitue l'**apprentissage rigoureux et par cœur du cours** accompagné d'un **entraînement intensif et régulier** sur les grandes questions clés.

Mais vous devez savoir également qu'objectivement, **toutes les questions de calcul du Tage Mage ne se ressemblent pas en termes de difficulté.** Certaines questions seront courtes et faciles et exigeront que vous y passiez entre 15 et 20 secondes. Certaines, au contraire, seront plus longues ou plus difficiles et vous mettrez vraisemblablement entre deux et trois minutes pour en venir à bout. A vous donc d'identifier ces questions faciles pour les traiter en priorité et **libérer ainsi du temps additionnel** pour celles qui sont difficiles.

2. Deux conseils préliminaires essentiels

Nous ne saurions que trop vous conseiller de lire scrupuleusement les deux conseils qui suivent si vous souhaitez réussir votre épreuve de calcul, et ce, quel que soit votre niveau initial.

1. Un : apprenez votre cours. Deux : comprenez-le !

Si vous avez la ferme intention d'obtenir les meilleurs scores aux épreuves de calcul et de conditions minimales du Tage Mage, alors vous n'avez pas le choix : vous devez apprendre votre cours sur le bout des doigts pour être ensuite en mesure de le comprendre parfaitement.

Nous tenons à faire ici la distinction entre apprendre et comprendre.

Apprendre son cours convoque un effort de mémoire qui consiste à lire puis à retenir un ensemble de définitions, de formules et autres cas particuliers. Il est certain que lorsqu'il est question de retenir les dates d'anniversaire de vos proches ou les noms de vos amis sur Facebook, cela ne vous pose pas trop de problèmes. En revanche, quand il est question de réciter d'un trait la liste de vos 20 premiers carrés entiers, celle des 50 premiers nombres premiers ou encore toutes les formules relatives aux questions de vitesse, temps et distance… alors là, cela devient tout de suite moins évident.

Et pourtant ! Que vous soyez à l'origine bons ou mauvais en calcul et en mathématiques, cela n'a pas d'importance.

Vous êtes tous égaux devant l'apprentissage par cœur des définitions et des formules mathématiques. Car le fait d'apprendre dans un premier temps n'exige pas que vous compreniez quoi que ce soit ! Il suffit juste de lire et de répéter (bêtement), répéter (simplement) et répéter (inlassablement) encore et toujours… Chaque jour s'il le faut, comme une récitation. **Faites donc des fiches ! Des fiches qui vous ressemblent et qui rassemblent l'ensemble des notions qui vous font défaut.**

Le but final est que toutes les définitions et formules mathématiques soient définitivement ancrées dans votre esprit, une bonne fois pour toutes ! Et ce, afin que vous puissiez les convoquer de façon quasi instantanée le jour du test.

Et vous allez nous dire à présent qu'il faut quand même comprendre ce que l'on apprend si l'on souhaite résoudre les questions proposées. La réponse est « oui » bien sûr, mais pas forcément. Car ce qui est assez « bluffant » au Tage Mage, c'est qu'il vous sera possible de résoudre certains énoncés sans pour autant comprendre votre cours, mieux encore, sans comprendre vraiment ce que l'on vous demande de trouver. Cela étant dit, comme votre objectif est, nous l'espérons, d'obtenir d'excellents scores au Tage Mage (des scores supérieurs à 400-420 sur 600), vous allez nécessairement devoir comprendre ce que vous apprenez afin d'être à la hauteur de toutes les situations auxquelles vous serez confrontés.

Prenons donc cette question qui est tombée telle quelle au Tage Mage.

Que vaut le tiers de 27^4 ?

(A) $27^{\frac{4}{3}}$

(B) 3^{11}

(C) 3^{20}

(D) 9^4

(E) 27^3

Il s'agit ici d'une simple question de cours ! Et il y a de fortes chances que vous résolviez cette question en 20 secondes, montre en main. En effet, vous avez appris par cœur quatre choses – que vous n'avez pas forcément eu besoin de comprendre.

(1) $27^4 = (3^3)^4$ car vous avez appris que 27 était le cube de 3 ($27 = 3^3$)

(2) $(3^3)^4 = 3^{12}$ car vous avez appris que $(A^B)^C = A^{B\times C}$

(3) Enfin : le tiers de 3^{12} vaut $3^{12}/3 = 3^{12}/3^1 = 3^{12-1} = 3^{11}$ car vous avez appris que $\frac{A^B}{A^C} = A^{B-C}$

Et le tour est joué !

2. Dopez votre calcul mental

Comme vous le savez, **la calculatrice est strictement interdite** au Tage Mage.

Aussi, vous ne pourrez espérer viser un score maximal si vous n'adoptez pas dès maintenant les réflexes que tous les champions du Tage Mage acquièrent très tôt au cours de leur entraînement à ce test.

[Réflexe 1 : vous devez connaître vos tables de multiplication]

Pour commencer, apprenez sur le bout des doigts vos **tables de multiplication de 1 à 20** (voir cours). Nous comprenons aisément que cela peut vous paraître un peu « sauvage », mais croyez-nous, cela vous permettra de gagner énormément en rapidité de calcul et surtout d'arriver au test avec des repères calculatoires plus larges et plus denses que ceux définis par les tables de 1 à 10. Il faut ce qu'il faut pour avoir un score de champion, non ?

[Réflexe 2 : apprenez vos tables de carrés et de cubes]

Apprenez enfin vos tables de carrés (de 1 à 20) et vos tables de cubes (de 1 à 10) par cœur (voir cours). Ces tables vous seront utiles non seulement pour l'épreuve de calcul mais encore pour les épreuves de conditions minimales et de logique dans lesquelles les carrés de 12 ou 18 et les cubes de 5 ou 7 jouent régulièrement les *guest stars*. Vous verrez surtout que ces tables représenteront un atout de taille pour gagner en dextérité et en agilité calculatoire.

[Réflexe 3 : calculez de tête dès que vous en avez l'occasion et abandonnez définitivement l'utilisation de la calculatrice]

Toute occasion, toute situation est bonne pour calculer de tête.
Que ce soit au supermarché, au bureau de tabac, à la banque ou au café, **entraînez-vous inlassablement à tout calculer de tête.** Vous conduisez et êtes coincés dans les embouteillages ? Tant mieux ! Profitez-en pour multiplier entre eux les nombres qui figurent sur les plaques d'immatriculation des voitures qui sont devant vous… De tête bien sûr. On ne vous le répétera jamais assez, toute occasion est bonne à prendre pour doper son cerveau.

[Réflexe 4 : quand les calculs sont complexes, posez proprement vos multiplications et autres divisions]

Posez proprement vos additions, vos multiplications, vos divisions lorsqu'un calcul de tête n'a pas été concluant. Soyez combatifs et ne lâchez rien.

Si vous ne savez plus poser une division, tapez « poser une division » sur Google et tout rentrera vite dans l'ordre. Surtout, ne baissez jamais les bras quand bien même la division comporte des chiffres après la virgule ou que vos multiplications vous paraissent plus longues que prévues. C'est l'entraînement qui paie et soyez certains que le Tage Mage fait partie de ces tests standardisés pour lesquels un entraînement rigoureux et intensif porte toujours ses fruits.

II. COURS FONDAMENTAL ET APPLICATIONS CLES

1. Arithmétique et manipulation des nombres

Il est souvent question de manipuler des chiffres et des nombres pendant l'épreuve de calcul du Tage Mage. Des nombres divers et variés, aux propriétés bien définies. **Rassurez-nous !** Vous ne vous aventureriez quand même pas à déchiffrer une partition de musique sans connaître au préalable la signification précise des signes sibyllins que sont les pauses, les demi-soupirs, les blanches, les rondes et autres clés de sol. Il en est de même en arithmétique. Il n'est pas question une seconde que vous vous aventuriez à résoudre les questions qui vous sont posées au Tage Mage sans maîtriser parfaitement au préalable l'ensemble des définitions et formules relatives à ce chapitre.

Nous vous invitons à apprendre sans plus tarder absolument toutes les définitions, formules et propriétés dont vous aurez besoin le jour J pour répondre à une belle majorité de questions.

Nous attirons enfin votre attention sur le fait que **ce chapitre est assurément le plus important du cours fondamental de calcul et de mathématiques.**

1. Rappels sur les nombres

[Chiffres ou nombres ?]

Il n'existe que dix chiffres : **0, 1, 2, 3, 4, 5, 6, 7, 8 et 9.**

En revanche, on dit qu'il existe une infinité de nombres (124, 67 615 273 ou encore 17 387 837 929). Les nombres s'écrivent donc avec un ou plusieurs chiffres et vous aurez donc compris que si les chiffres sont considérés comme des nombres (ainsi 3 est un chiffre mais aussi un nombre), les nombres eux, ne sont pas tous des chiffres !

[Entiers naturels]

Il s'agit de l'ensemble des nombres entiers positifs, 0 inclus : 0, 1, 2, 3, 4... 100 050, 185 175 719 617, etc. il y en a une infinité ! C'est avec l'ensemble des entiers naturels que nous avons tous appris à compter.

[Entiers relatifs]

L'ensemble des nombres entiers relatifs contient l'ensemble des nombres entiers naturels ***plus*** l'ensemble des nombres entiers naturels précédés du signe « – » (ce sont des nombres entiers *négatifs*).

Exemples : 918 ; –12 ; –2 232 ; –11 ; 176 516 ; –10 013 303 ; etc. Là encore, il en existe une infinité.

[Nombres décimaux]

Un nombre décimal est un nombre possédant un développement décimal **limité (*i.e.* que le nombre éventuel de chiffres après la virgule est limité)** et pouvant s'écrire sous la forme $a \times 10^p$ (où a et p sont des entiers relatifs).

Ainsi, des nombres comme –12,87 ; 1,783 ; 8,819716517 ou tout simplement 10 003 sont des nombres décimaux.

> Le nombre pi n'est pas un nombre décimal car il possède un développement décimal illimité. En revanche, il existe des approximations dites décimales de pi telles que 3,14 ; 3,14159 ou encore 3,1415926.

[Nombres rationnels]

Il s'agit de l'ensemble des nombres qui s'écrivent sous forme fractionnaire p/q avec p et q des entiers relatifs, q étant naturellement toujours différent de 0. Ces nombres admettent un développement décimal **illimité.**

Ainsi : 1/3, 3/4, 2/7, ou encore –12/11 sont des nombres rationnels.

> Les nombres rationnels présentent une particularité qui vous est peut-être déjà familière, à savoir que leur écriture sous la forme de nombres décimaux donne après la virgule une séquence finie de chiffres se répétant continuellement. Ainsi, si vous prenez par exemple la fraction 2/7, vous remarquerez que son écriture décimale donne : 0,285714**285714**28571428… et qu'ici la séquence finie de chiffres qui se répètent continuellement est précisément 285714.

[Nombres irrationnels]

Il s'agit de l'ensemble des nombres **que l'on ne peut écrire** sous la forme fractionnaire p/q avec p et q des entiers relatifs (q étant différent de 0).

Les premiers nombres irrationnels découverts sont les racines carrées des entiers qui ne sont pas des carrés parfaits. Vous noterez ainsi que les racines de 2, de 7 ou encore de 11 sont des nombres irrationnels. Mais ce n'est pas tout. D'autres nombres tels que **pi** ou **e** (nombre exponentiel) sont également des nombres irrationnels puisqu'ils ne peuvent s'écrire, eux non plus, sous formes de fractions.

[Nombres réels]

L'ensemble des nombres réels est l'ensemble le plus large sur lequel on peut vous demander de travailler aux concours. Cet ensemble contient notamment l'ensemble des nombres entiers naturels et relatifs, des nombres décimaux mais encore l'ensemble des nombres rationnels et irrationnels.

En résumé :

L'ensemble des **nombres rationnels** contient l'ensemble des **nombres décimaux** qui contient **l'ensemble des nombres entiers.**

L'ensemble des **nombres rationnels** et l'ensemble des **nombres irrationnels** ne contiennent aucun élément commun, mais, ensemble, ils forment **l'ensemble des nombres réels.**

[Les nombres premiers]

Un nombre premier est un nombre qui n'est divisible **que par lui-même et par 1.**

1 n'est pas considéré comme un nombre premier et 2 est le seul nombre premier pair.

Apprenez par cœur vos premiers nombres premiers jusqu'à 101 !

2, 3, 5, 7, 11, 13, 17, 19, 23, 29, 31, 37, 41, 43, 47, 53, 59, 61, 67, 71, 73, 79, 83, 89, 97, 101.

2. Décomposition unique en un produit de facteurs premiers

Vous venez d'apprendre vos nombres premiers (n'est-ce pas ?) et vous n'allez pas le regretter puisque nous allons aborder ici *le* théorème fondamental de l'arithmétique, à savoir la décomposition de tout nombre entier en un produit unique de facteurs premiers.

Si les nombres premiers sont des nombres entiers incassables, transparents… qui n'ont rien à cacher, les autres nombres entiers ont pour leur part *tous* une histoire à raconter. Et pour connaître leur histoire, il suffit de les décomposer en produits uniques de facteurs premiers.

Tout nombre entier peut se décomposer comme un produit unique de facteurs premiers.

Autrement dit, 91 par exemple, se décompose en 7×13 avec 7 et 13 qui sont des nombres premiers.

Si l'on qualifie cette décomposition d'**unique,** c'est parce qu'aucun autre nombre ne peut se décomposer de la même façon. On dit ainsi qu'il existe une **correspondance parfaite** entre [7 × 13] et 91. Pour utiliser une jolie image, on pourrait dire que 7 × 13 représente le noyau, l'ADN, l'oxygène de 91.

3. Divisibles par… et multiples de…

Si A est divisible par B alors A est un multiple de B et B est un diviseur de A

Prenons à présent le nombre 42. Si l'on décompose 42 en un produit unique de facteurs premiers, cela nous donne : **42 = 2 × 3 × 7** avec 2, 3 et 7 des nombres premiers.

Comme vous l'aurez deviné, il y a d'autres façons d'écrire 42 en un produit de nombres entiers, mais *une seule* en un produit de nombres premiers. Voici toutes les façons d'écrire 42 comme un produit de nombres entiers :

(1) 42 = 1 × 42
(2) 42 = 6 × 7
(3) 42 = 2 × 21
(4) 42 = 2 × 3 × 7
(5) 42 = 3 × 14

Si l'on dresse à présent la liste de tous les nombres qui permettent de décomposer 42 en un produit de nombres entiers, cela nous donne : **1, 2, 3, 6, 7, 14, 21 et 42.**

On dira alors que 42 **est divisible par** 1, 2, 3, 6, 7, 14, 21 et 42 puisque la division de 42 par l'un de ces nombres donne un nombre entier.

On dira également que 42 **est un multiple de** 1, 2, 3, 6, 7, 14, 21 et 42 puisqu'il est possible d'écrire 42 comme le produit de l'un des nombres « 1, 2, 3, 6, 7, 21, 42 » par un autre nombre entier.

En règle générale, on dit qu'**un nombre entier A est un multiple d'un nombre entier B s'il existe un entier C tel que** A = B × C.

On dit également qu'**un nombre entier A est divisible par un nombre entier B si le reste de la division de A par B donne un quotient entier et un reste nul.** Cette dernière règle constitue une excellente transition pour notre prochain point : la division euclidienne.

4. Division euclidienne

Si A et B sont deux entiers naturels, B différent de 0, il existe des entiers Q et R déterminés de manière unique par les conditions suivantes :

A = B × Q + R avec R compris entre 0 et B – 1

Q s'appelle le quotient de la division de A par B et R s'appelle le reste de cette division. Si le reste est nul, cela signifie qu'il existe un entier Q tel que A = B × Q. On dit alors que B divise A, ou encore que A est un multiple de B.

Exemple : si A = 15 et B = 7, alors Q = 2 et R = 1. Et bien sûr, R est bien compris entre **0** et B – 1 = **6**

5. PPCM et PGCD

Le Plus Petit Commun Multiple (PPCM) de deux entiers naturels A et B est le plus petit entier naturel qui soit à la fois multiple de A <u>**et**</u> de B.

[Exemple 1 : quel est le PPCM de 30 et 84 ?]

Prenons les nombres 30 et 84 et décomposons-les en produits de facteurs premiers. Cela nous donne : 30 = **2 × 3 × 5** et 84 = 2 × 2 × 3 × 7 = $\mathbf{2^2 \times 3 \times 7}$

Pour calculer le PPCM de ces deux nombres, **nous allons sélectionner les facteurs qui figurent au moins une fois dans l'un des produits. Si ces facteurs figurent avec des exposants, nous leur attribuerons leur plus grand exposant et nous effectuerons alors le produit de tous ces nombres.**

Pour le nombre premier 2, le plus grand exposant est 2. Pour les nombres premiers 3, 5 et 7, le plus grand exposant est 1.

On trouve alors PPCM [30, 84] = $2^2 \times 3 \times 5 \times 7 = 420$

[Exemple 2 : quel est le PPCM 72 et 132 ?]

Prenons nos deux nombres et décomposons-les en produits de facteurs premiers. Cela nous donne : 72 = 2 × 2 × 2 × 3 × 3 = $\mathbf{2^3 \times 3^2}$ et 132 = 2 × 2 × 3 × 11 = $\mathbf{2^2 \times 3^1 \times 11^1}$

Pour le nombre premier 2, le plus grand exposant est 3. Pour le nombre premier 3, le plus grand exposant est 2 ; et pour le nombre premier 11, le plus grand exposant est 1.

On trouve alors : PPCM [72, 132] = $2^3 \times 3^2 \times 11 = 8 \times 9 \times 11 = 792$

Entraînez-vous à présent à trouver le PPCM des nombres suivants :
[36 et 24] ; [100 et 12] ; [144 et 81] puis [18 et 16]

[36 et 24] : 72 ; [100 et 12] : 300 ; [144 et 81] : 1 296 ; [18 et 16] : 144

Le Plus Grand Commun Diviseur (PGCD) de deux entiers naturels A et B est le plus grand entier naturel qui divise à la fois A **et** B.

[Exemple : quel est le PGCD de 72 et 132 ?]

La décomposition de ces deux nombres en produits de facteurs premiers nous donne :
$72 = 2 \times 2 \times 2 \times 3 \times 3 = \mathbf{2^3 \times 3^2}$ et $132 = 2 \times 2 \times 3 \times 11 = \mathbf{2^2 \times 3^1 \times 11^1}$

Pour calculer le PGCD de ces deux nombres, **nous allons sélectionner les facteurs communs (*i.e.* présents dans les deux produits). S'ils figurent avec des exposants, nous leur attribuerons leur plus petit exposant et nous effectuerons alors le produit de tous ces nombres.**

On trouve alors : PGCD [72, 132] = $2^2 \times 3^1 = 4 \times 3 = 12$

Entraînez-vous à présent à trouver le PGCD des nombres suivants :
[36 et 24] ; [100 et 12] ; [144 et 81] puis [18 et 16]

[36 et 24] : 12 ; [100 et 12] : 4 ; [144 et 81] : 9 ; [18 et 16] : 2

6. Critères de divisibilité

Vous devez savoir que les épreuves de **calcul** et de **conditions minimales** font largement appel à votre maîtrise parfaite du calcul mental : vous serez en effet souvent amené à faire des calculs simples mais rapides de tête (additions, multiplications, puissances, simplification de fractions). Souvenez-vous que vous n'avez jamais le droit à la calculatrice et que vous serez condamné à identifier rapidement si tel nombre est divisible par 4 ou si tel autre est divisible par 6.

Connaître vos critères de divisibilité est également un prérequis nécessaire si vous souhaitez décomposer rapidement un nombre en un produit de facteurs premiers ou si vous souhaitez simplifier une fraction. Sachez enfin que reconnaître en **logique** (épreuve numéro 6 du Tage Mage) une série composée de nombres qui sont tous divisibles par 9 ou 11 vous permettra de gagner très facilement des points ô combien précieux.

[Critère de divisibilité par 2]

Un nombre N est divisible par 2 si, et seulement si, il se termine par les chiffres 0, 2, 4, 6 ou bien 8… Autrement dit, si, et seulement si, il est pair.

Exemples de nombres divisibles par 2 : **0 ; 14 ; 898 ; 123456.**

[Critère de divisibilité par 3]

Un nombre N est divisible par 3 si, et seulement si, la somme de ses chiffres est divisible par 3.

Exemples de nombres divisibles par 3 : **0 ; 12 ; 45 ; 99 ; 111 ; 189 ; 768 ; 123456.**

[Critère de divisibilité par 4]

Un nombre N est divisible par 4 si, et seulement si, il se termine par 2 chiffres AB constituant un nombre divisible par 4.

Exemples de nombres divisibles par 4 : **0 ; 12 ; 96 ; 144 ; 2028 ; 162536 ; 7115308.**

[Critère de divisibilité par 5]

Un nombre N est divisible par 5 si, et seulement si, il finit par 0 ou 5.

Exemples de nombres divisibles par 5 : **0 ; 10 ; 125 ; 121175 ; 1971860.**

[Critère de divisibilité par 6]

Un nombre N est divisible par 6 si, et seulement si, il est divisible par 2 et par 3.

Exemples de nombres divisibles par 2 : **0 ; 42 ; 54 ; 114 ; 594 ; 612 ; 6172194.**

[Critère de divisibilité par 9]

Un nombre N est divisible par 9 si, et seulement si, la somme de ses chiffres est divisible par 9.

Exemples de nombres divisibles par 9 : **0 ; 18 ; 54 ; 117 ; 234 ; 504 ; 927 ; 617891751.**

[Critère de divisibilité par 10]

Un nombre N est divisible par 10 si, et seulement si, il se termine par 0.

Exemples de nombres divisibles par 10 : **0 ; 10 ; 110 ; 278270.**

[Critère de divisibilité par 11]

Critère général : un nombre N est divisible par 11 si, et seulement si, la différence entre la somme de ses chiffres de rang impair et celle de ses chiffres de rang pair est un multiple de 11 (0, 11, 22, etc.). Ainsi, le nombre 1 485 est divisible par 11 puisque l'on a bien $(1 + 8) - (4 + 5) = 9 - 9 = 0$

Exemples de nombres divisibles par 11 : **0 ; 22 ; 88 ; 99 ; 275 ; 451 ; 704 ; 814 ; 72556.**

Attention ! Erreur fréquente : 111 ou 333 ne sont pas divisibles par 11.

7. Pair ou impair ?

Un nombre pair est un entier positif qui se termine par 0, 2, 4, 6 ou 8.

Un nombre impair est un entier positif qui se termine par 1, 3, 5, 7 ou 9.

[Addition de nombres pairs / impairs]

Soit P un nombre pair et I un nombre impair ; on a :

P + P = P P + I = I I + I = P

[Multiplication de nombres pairs / impairs]

Soit P un nombre pair et I un nombre impair ; on a :

P × P = P P × I = P I × I = I

8. Nombres consécutifs

On dit que deux nombres entiers sont consécutifs s'ils… se suivent ! Ainsi : 3 et 4 sont consécutifs, de même que 167 et 168.

On dit également que 9, 10, 11 et 12 sont des **nombres entiers consécutifs croissants,** tandis que 19, 18, 17, 16 et 15 sont des **nombres entiers consécutifs décroissants.**

On dit enfin que 22, 24, 26, 28 et 30 sont des **nombres entiers pairs consécutifs croissants** et que 87, 85, 83 et 81 sont des **nombres entiers impairs consécutifs décroissants.**

Concernant les nombres consécutifs, nous vous invitons à connaître les propositions suivantes qui pourront vous être utiles dans les épreuves de calcul et de conditions minimales au Tage Mage :

(1) La somme de deux nombres entiers consécutifs (croissants ou décroissants) est toujours **impaire.** Ainsi, 16 + 17 = 33 et 224 + 223 = 447. **Rappel : P + I = I.**

(2) La somme de quatre nombres entiers consécutifs (croissants ou décroissants) est toujours **paire.** Ainsi, 2 + 3 + 4 + 5 = 14. **Rappel : P + I + P + I = I + I = P.**

(3) La moyenne de trois nombres entiers consécutifs (croissants ou décroissants) est égale au deuxième d'entre eux. Ainsi, la moyenne des nombres 3, 4 et 5 est égale à 4 et la moyenne de 98, 97 et 96 est égale à 97.

(4) Le produit de deux nombres entiers consécutifs (croissants ou décroissants) est toujours **pair. Rappel : P × I = P.**

9. Jargon arithmétique

Dans certains énoncés du Tage Mage, vous aurez affaire à du jargon arithmétique qui pourra parfois s'avérer quelque peu déstabilisant.

Si vous savez en effet ce que signifie « le double de », « le triple de » ou le « le quadruple de », vous hésitez parfois sur la signification des mots « quintuple », « nonuple » ou « décuple ».

– Quadruple	4 fois	– Nonuple	9 fois
– Quintuple	5 fois	– Décuple	10 fois
– Sextuple	6 fois	– Dodécuple ou Duodécuple	12 fois
– Septuple	7 fois	– Centuple	100 fois
– Octuple	8 fois		

10. Tables de multiplication, de carrés et de cubes

Aussi bizarre que cela puisse vous paraître, vous devez absolument connaître par cœur vos carrés de 1 à 20 et vos cubes de 1 à 10, absolument par cœur ! **Et oui, que ce soit en calcul, en conditions minimales ou en logique, vous devrez dans de nombreux cas faire appel à eux pour gagner en rapidité et en efficacité.**

Prenez donc cette question tombée au Tage Mage dans l'épreuve de conditions minimales dont l'énoncé commençait par : « Y est un cube de trois chiffres. Que vaut Y ? ». Et bien, dans la salle, il y avait ceux qui connaissaient leurs cubes par cœur et qui en un coup de crayon, notaient sur le sujet : 125, 216, 343, 512 et 729 ; et il y avait les autres… qui s'évertuaient à calculer à la main 6 × 6 × 6 ou 9 × 9 × 9.

Ainsi, pendant qu'ils terminaient de calculer le cube de 9, les plus malins étaient déjà passés à la question suivante. Ce type de détails peuvent vous paraître dérisoires, mais croyez-moi, si vous avez la ferme intention d'obtenir un excellent score et de figurer parmi les meilleurs candidats, vous comprendrez que gagner 45 secondes dans une épreuve de 20 minutes est clairement ce qui peut vous permettre de faire la différence le jour du test. D'ailleurs, si l'on réfléchit un peu, gagner 45 secondes dans une épreuve de 20 minutes, c'est comme gagner 9 minutes dans une épreuve de dissertation ou de synthèse de 4 heures. Avouez quand même que parfois, on rêverait bien de pouvoir « gratter » 9 minutes supplémentaires pour terminer la rédaction de sa conclusion, non ? Assez parlé. Au travail maintenant ! **Tournez la page et apprenez sans plus tarder vos tables de multiplication, vos cubes et vos carrés.**

FICHE 12
MES ASTUCES POUR DOPER VOS CAPACITES EN CALCUL MENTAL

Astuce 1 : arrondir à la dizaine ou centaine au-dessus

Quand votre calcul comprend un nombre qui est proche d'un chiffre rond, vous pouvez l'arrondir en prenant soin de bien retenir le nombre que vous ajoutez. Faites alors votre calcul simplifié, sans oublier d'ôter ce que vous aurez rajouté plus tôt.

Pour exemple, si vous devez additionner 918 + 130, ajoutez 2 à 918, ce qui vous fera calculer 920 + 130 = 1050. C'est plus simple à retenir.

Retirez ensuite au résultat obtenu le 2 que vous avez ajouté : 1050 – 2 = 1048.

Astuce 2 : décomposer vos opérations

Dans le cas où vous devez faire par exemple l'opération 13 × 29, il est plus facile mentalement de faire (10 + 3) × 29, ce qui veut dire (10 × 29) + (3 × 29). Le premier calcul entre parenthèses donne 290 et le second, 87. Le résultat est alors la somme additionnée de 290 + 87 ce qui donne 377.

Cette technique s'utilise aussi pour décomposer les pourcentages, car ces calculs reviennent à effectuer une multiplication. Suivez alors les mêmes étapes que pour les multiplications.

Si vous devez calculer 15 % de 40, songez qu'au 10 % de 40, vous devez ajouter ensuite 5 % qui sont alors égaux à la moitié de ces 10 %. Cela donne donc 4 pour les 10 % de 40 et 2 pour les 5 %. Nous savons donc que le résultat 15 % de 40 est égal à 6.

Astuce 3 : calculer les carrés de nombres qui se terminent par 5

Pour calculer le carré d'un nombre qui se termine par **5,** il suffit dans un premier temps d'isoler le chiffre ou le nombre qui se trouve avant le dernier chiffre (5, donc) et de le multiplier par son suivant. Et il suffit ensuite d'associer au résultat obtenu le nombre 25.

Premier exemple : si vous désirez calculer 25^2, il suffit de multiplier le premier chiffre (qui vaut 2) par son suivant (qui vaut 3) : $2 \times 3 = \underline{6}$ puis d'associer **25** à $\underline{6}$ pour obtenir $\underline{6}$**25**. Ainsi, 25 au carré est égal à 625.

Deuxième exemple : calculons 115^2 (pourquoi pas !). Pour cela, on multiplie 11 par son suivant (12) pour obtenir $11 \times 12 = 132$ et on associe ensuite 25 à 132 soit 13 225 et on trouve donc que le carré de 115 est égal à 13 225.

Astuce 4 : calculer des carrés consécutifs

$$(N + 1)^2 = N^2 + 2N + 1$$

Si vous connaissez le carré d'un entier **N,** il suffit d'**ajouter 2N + 1** à ce carré pour trouver la valeur du carré de l'entier suivant.

Ainsi, si vous connaissez le carré de 20 (soit $N = 20$ et $N^2 = 400$) alors il est très facile de trouver le carré de 21 qui vaut $400 + \mathbf{(2 \times 20 + 1)} = 441$.

Astuce 5 : jouer les écarts !

$$(A - B) \times (A + B) = A^2 - B^2$$

Cette astuce est absolument géniale !

En fait, lorsque vous connaissez vos carrés par cœur, il devient très facile de calculer certains produits de nombres entiers.

Exemple 1 : si vous connaissez par exemple le carré de 12, alors 12×13 ne doit plus avoir de secret pour vous puisqu'il suffit d'ajouter 12 au carré de 12. En effet : $12 \times 13 = 12 \times (12 + 1) = 12^2 + 12 = 144 + 12 = 156$. Mais ce n'est pas tout.

Exemple 2 : disons que vous souhaitiez calculer à présent 13 × 17.

Dans ce cas, vous devez constater que 13 comme 17 sont « écartés » de 15 de façon égale (17 = **15** + 2 et 13 = **15** – 2) pour conclure que 13 × 17 = 221. Il suffit en effet de constater simplement que $13 \times 17 = (15 - 2) \times (15 + 2) = 15^2 - 2^2 = 225 - 4 = 221$.

Exemple 3 : Calculons à présent 19 × 21.

19 et 21 sont « écartés » de 20 de façon égale. On peut donc appliquer l'astuce des écarts puisque $19 \times 21 = (20 - 1) \times (20 + 1) = 20^2 - 1^2 = 400 - 1 = 399$.

Quelques applications pour terminer :

13 × 14

$13 \times 14 = 13^2 + 13 = 169 + 13 = 182$

12 × 16

$12 \times 16 = 14^2 - 4 = 196 - 4 = 192$

23 × 27

$23 \times 27 = 25^2 - 4 = 625 - 4 = 621$

26 × 34

$26 \times 34 = 30^2 - 16 = 900 - 16 = 884$

97 × 103

$97 \times 103 = 100^2 - 9 = 10\,000 - 9 = 9\,991$

17 × 19

$17 \times 19 = 18^2 - 1 = 324 - 1 = 323$

FICHE 13
TABLES DE MULTIPLICATION, CARRÉS ET CUBES

Il n'est malheureusement pas rare que mes étudiants hésitent quand on leur demande de dire combien font 4 × 9 ou 7 × 8. D'autres éprouvent quelques difficultés aussi à calculer de tête un produit comme 18 × 15 ou 17 × 12. Bien évidemment, il n'y a rien de honteux à cela. Si vous faites partie de ceux qui rencontrent des difficultés en calcul mental, dites-vous qu'il n'est jamais trop tard pour combler vos lacunes.

Pour ce qui concerne le tableau qui suit, c'est très simple :

(1) Apprenez par cœur en récitant à voix haute vos tables de multiplication de 1 à 10.

(2) Calculez de tête les résultats des tables de 11 à 20 et soyez un peu joueur en cachant les cases du tableau pour essayer de trouver la bonne réponse par vous-même. Prenez votre temps et surtout, ne lâchez rien.

Tables de multiplication, carrés et premiers nombres premiers

[Tables de 1 à 10]

	1	**2**	**3**	**4**	**5**	**6**	**7**	**8**	**9**	**10**
1	**1**	**2**	**3**	4	**5**	6	**7**	8	9	10
2	**2**	**4**	6	8	10	12	14	16	18	20
3	**3**	6	**9**	12	15	18	21	24	27	30
4	4	8	12	**16**	20	24	28	32	36	40
5	**5**	10	15	20	**25**	30	35	40	45	50
6	6	12	18	24	30	**36**	42	48	54	60
7	**7**	14	21	28	35	42	**49**	56	63	70
8	8	16	24	32	40	48	56	**64**	72	80
9	9	18	27	36	45	54	63	72	**81**	90
10	10	20	30	40	50	60	70	80	90	**100**

[Tables de 11 à 20]

	11	12	13	14	15	16	17	18	19	20
1	11	12	13	14	15	16	17	18	19	20
2	22	24	26	28	30	32	34	36	38	40
3	33	36	39	42	45	48	51	54	57	60
4	44	48	52	56	60	64	68	72	76	80
5	55	60	65	70	75	80	85	90	95	100
6	66	72	78	84	90	96	102	108	114	120
7	77	84	91	98	105	112	119	126	133	140
8	88	96	104	112	120	128	136	144	152	160
9	99	108	117	126	135	144	153	162	171	180
10	110	120	130	140	150	160	170	180	190	200
11	**121**	132	143	154	165	176	187	198	209	220
12	132	**144**	156	168	180	192	204	216	228	240
13	143	156	**169**	182	195	208	221	234	247	260
14	154	168	182	**196**	210	224	238	252	266	280
15	165	180	195	210	**225**	240	255	270	285	300
16	176	192	208	224	240	**256**	272	288	304	320
17	187	204	221	238	255	272	**289**	306	323	340
18	198	216	234	252	270	288	306	**324**	342	360
19	209	228	247	266	285	304	323	342	**361**	380
20	220	240	260	280	300	320	340	360	380	**400**

Table de carrés

1^2	1	6^2	36	11^2	121	16^2	256	21^2	441
2^2	4	7^2	49	12^2	144	17^2	289	22^2	484
3^2	9	8^2	64	13^2	169	18^2	324	23^2	529
4^2	16	9^2	81	14^2	196	19^2	361	24^2	576
5^2	25	10^2	100	15^2	225	20^2	400	25^2	625

Table de cubes

1^3	1	4^3	64	7^3	343	10^3	1 000
2^3	8	5^3	125	8^3	512	11^3	1 331
3^3	27	6^3	216	9^3	729	12^3	1 728

2. Arithmétique : 20 applications clés

Les applications clés qui suivent ont pour objectif de vous familiariser avec l'ensemble des notions exposées dans le point de cours précédent. N'oubliez jamais qu'un excellent score au Tage Mage se gagne avec une agilité et une dextérité qui doit toujours résister à l'épreuve du temps. Ne négligez donc jamais ces applications.

Rappel : vous n'avez jamais le droit à la calculatrice. Essayez donc autant que possible de répondre aux questions qui suivent en faisant vos calculs de tête.

1. Parmi les nombres suivants, soulignez ceux qui sont divisibles par 7 :
1 484 – 786 – 128 – 429 – 567 – 111 – 198 – 81 – 91 – 101 – 113 – 1 897 – 896

2. Parmi les nombres suivants, soulignez ceux qui sont divisibles par 13 :
716 – 403 – 123 – 373 – 918 – 767 – 818 – 156 – 838 – 119 – 8 163 – 91

3. Que vaut 9 999 + 99 + 9 999 ?

4. Que vaut 654 – 98 ?

5. Décomposez 716, 123, 365 et 868 en produits uniques de facteurs premiers.

6. Que vaut la somme de tous les entiers naturels qui divisent 28 hormis lui-même ? Que remarquez-vous ?

7. Parmi les nombres suivants, lesquels sont divisibles par 11 ?
222 – 465 – 909 – 671 – 704 – 869 – 99 – 4 404 – 3 212 – 8 107 – 817 – 762

8. Que vaut la somme de tous les diviseurs de 220 ? Et que vaut la somme de tous les diviseurs de 284 ? Que remarquez-vous ?

9 Vous avez 6 minutes pour effectuer les opérations suivantes, et pas une de plus !

25	+	7	=	25	+	8	=	51	+	73	=
42	×	59	=	56	+	13	=	79	+	14	=
58	+	69	=	77	+	9	=	76	+	67	=
41	+	63	=	90	+	77	=	42	+	49	=
22	+	24	=	62	+	19	=	20	+	63	=
66	+	74	=	46	+	16	=	100	+	43	=
62	+	13	=	86	×	88	=	65	×	80	=
47	+	82	=	93	+	45	=	32	+	21	=
55	+	9	=	9	+	12	=	68	+	46	=
98	+	86	=	87	+	67	=	55	+	31	=
100	+	34	=	72	×	5	=	46	×	33	=
20	+	28	=	60	+	58	=	56	+	4	=
78	+	23	=	99	+	56	=	37	+	25	=
32	+	27	=	88	+	40	=	42	+	39	=
70	+	20	=	81	+	66	=	82	+	6	=
44	×	71	=	32	+	9	=	53	+	13	=
13	+	71	=	39	+	39	=	96	+	40	=
27	×	25	=	86	+	59	=	6	×	63	=
38	+	7	=	48	+	16	=	61	+	53	=
28	+	23	=	56	+	60	=	92	+	47	=
65	+	88	=	58	+	44	=	20	+	61	=
6	×	78	=	24	+	77	=	95	+	46	=
79	+	19	=	48	×	73	=	67	×	53	=
18	+	24	=	11	+	15	=	27	+	76	=
80	+	8	=	19	+	34	=	81	+	23	=
86	+	6	=	76	+	19	=	64	+	56	=
9	+	10	=	85	+	54	=	27	+	64	=
73	×	9	=	98	+	30	=	63	+	60	=
103	+	56	=	8	+	23	=	63	+	75	=
56	+	55	=	37	+	70	=	63	+	37	=

10 Le signe « : » signifie « divisé par » et vous avez 8 minutes, et pas une de plus, pour effectuer les opérations suivantes.

100	:	5	=	60	–	3	=	63	:	7	=
144	:	12	=	84	:	12	=	60	:	10	=
36	:	2	=	33	:	11	=	14	:	7	=
36	:	4	=	72	×	6	=	80	×	8	=
84	×	12	=	64	:	8	=	100	:	10	=
88	:	8	=	54	:	9	=	16	×	8	=
16	–	4	=	21	:	7	=	45	:	5	=
99	×	9	=	27	×	3	=	91	:	13	=
60	:	12	=	132	:	12	=	30	:	5	=
38	:	2	=	28	:	7	=	50	×	21	=
77	:	11	=	14	–	2	=	36	:	4	=
120	:	12	=	14	:	1	=	22	×	2	=
35	+	7	=	36	:	9	=	12	:	4	=
132	:	11	=	24	×	8	=	121	:	11	=
96	:	12	=	77	:	11	=	48	:	12	=
40	:	10	=	40	–	8	=	27	:	9	=
42	–	6	=	60	:	10	=	132	:	12	=
28	×	4	=	65	:	13	=	66	:	11	=
36	:	9	=	66	:	11	=	10	:	5	=
10	:	5	=	121	:	11	=	42	:	6	=
110	:	10	=	60	×	19	=	16	:	4	=
72	×	12	=	42	:	7	=	77	:	7	=
143	:	13	=	48	:	12	=	88	:	22	=
60	:	10	=	54	:	6	=	35	:	7	=
56	–	7	=	100	–	10	=	36	:	4	=
81	:	9	=	40	:	4	=	22	:	11	=
108	:	9	=	12	:	2	=	65	:	13	=
34	:	2	=	24	:	3	=	24	×	4	=
20	:	4	=	40	:	8	=	56	:	7	=
50	:	5	=	70	:	10	=	30	:	2	=

11 Que vaut le reste de la division euclidienne de 12 718 par 17 ?

12 Que vaut le quotient de la division euclidienne de 12 345 par 12 ?

13 Que vaut le PPCM de 102 et 124 ?

14 Que vaut le PGCD de 36 et 54 ?

15 Ecrivez trois nombres qui sont à la fois des carrés et des cubes.

16 Que vaut 15 × 17 ?

17 Que vaut 18 × 22 ?

18 Que vaut le carré de 23 sachant que le carré de 22 vaut 484 ?

19 Le carré de 64 est-il plus grand ou plus petit que le cube de 16 ?

20 Parmi les nombres suivants, soulignez ceux qui sont égaux à trois fois la valeur d'un cube entier :
2 187 – 3 – 91 – 192 – 75 – 648 – 865 – 325 – 24 – 375 – 81 – 1 024 – 1 029
Ne sortez pas la calculatrice ! Non ! Rangez-la immédiatement.

Corrigés

1. **1 484** – 786 – 128 – 429 – **567** – 111 – 198 – 81 – **91** – 101 – 113 – **1 897** – **896**
S'il existe bien un critère de divisibilité par 7, nous éviterons bien sûr de l'utiliser dans le cadre du Tage Mage. L'application de ce critère sur des nombres à trois chiffres prend plus de temps qu'une simple division à la main ou qu'un calcul mental à tâtons (voir la question suivante pour ce qui concerne la technique de calcul mental à tâtons).

2. 716 – **403** – 123 – 373 – 918 – **767** – 818 – **156** – 838 – 119 – 8 163 – **91**
Pour savoir si un nombre est multiple de 13, nous allons raisonner à tâtons. Autrement dit, pour savoir si 716 est multiple de 13, nous allons commencer par multiplier 13 par 10 (ce qui nous donne 130), multiplier ensuite 130 par 5 pour obtenir 650 et remarquer enfin que pour aller de 650 à 716, il faut ajouter 66, autrement dit un nombre qui n'est pas divisible par 13 (puisque les premiers multiples de 13 sont : 13, 26, 39, 52, 65, 78…). En conclusion 716 ne pouvant s'écrire du début à la fin comme une **composition** de nombres multiples de 13, ce nombre n'est donc pas multiple de 13. En revanche, vous aurez noté que 715 est bien un multiple de 13 puisque 715 = 13 × 10 × 5 + 65 (soit une composition de nombres divisibles par 13).

3. Que vaut **9 999 + 99 + 9 999** ?
Il suffit ici d'ajouter 1 à chacun des trois nombres et on retranchera 3 du total facilement obtenu.
Soit : 10 000 + 100 + 10 000 – 3 = 20 100 – 3 = 20 097

4. Que vaut **654 – 98** ?
On ajoute 2 à chaque nombre, ce qui ne change rien au résultat.
Soit 656 – 100 = 556

5. 716 = 2 × 358 = 2 × 2 × 179. Stop ! Car 179 est un nombre premier.
123 = 3 × 41. Stop ! Car 41 est un nombre premier.
365 = 5 × 73. Stop ! Car 73 est un nombre premier.
868 = 2 × 434 = 2 × 2 × 217 = 2 × 2 × 7 × 31. Stop ! Car 31 est un nombre premier.
Toute la question est maintenant de savoir comment on reconnaît un nombre premier autre que ceux que l'on connaît déjà par cœur.
Et bien il suffit en fait de tester la divisibilité de ce nombre par les nombres premiers inférieurs ou égaux à la racine carrée du premier carré entier supérieur à ce nombre (ouf !).
Ainsi, pour 179, le premier carré supérieur est 196 et la racine carrée de 196 vaut 14. On teste alors la divisibilité de 179 par les nombres premiers inférieurs à 14, soit 13, 11, 7, 5, 3 et 2. Pour cela, il suffit d'appliquer quand c'est possible les différents critères de divisibilité ou de poser tout simplement une division. Ici, la division de 179 par 13 ne donne pas un nombre entier (179 n'est donc pas divisible par 13) et l'application des critères de divisibilité par 11, 7, 5, 3 et 2 nous permet de conclure que 179 n'est divisible par aucun de ces nombres. 179 est par conséquent un nombre premier !

6. Que vaut la somme de tous les entiers naturels qui divisent 28 (hormis lui-même) ?
Les entiers naturels qui divisent 28 sont (hormis lui-même) : 1, 2, 4, 7 et 14.

Vous remarquez alors que 1 + 2 + 4 + 7 + 14 = **28.** Autrement dit, 28 est égal à la somme de ses diviseurs. On dit alors que 28 est un **nombre parfait.**
Autres nombres parfaits : 6 ; 496 ; 8 128 ou encore 33 550 336.

7. Parmi les nombres suivants, lesquels sont divisibles par 11 ?
222 – 465 – 909 – <u>**671**</u> – <u>**704**</u> – <u>**869**</u> – <u>**99**</u> – 4 404 – <u>**3 212**</u> – <u>**8 107**</u> – 817 – 762

8. **220** a pour diviseurs : 1, 2, 4, 5, 10, 11, 20, 22, 44, 55 et 110. La somme de tous ces nombres est égale à **284.**
284 a quant à lui pour diviseurs : 1, 2, 4, 71 et 142 dont la somme est égale à **220.**
Vous ne remarquez toujours rien ?

9. Si vous avez répondu juste à moins de 75 % des opérations, alors cela signifie que vous avez du mal en calcul ! Entraînez-vous encore et encore, chaque jour, sans cesse en calculant tout de tête.

10. A vos calculatrices pour vérifier ! Si vous avez répondu juste à plus de 60 % des opérations, alors vous avez toutes les chances de réussir à conduire de nombreux calculs de tête le jour du test, ce qui est de bonne augure pour vous !

11. 12 718 = 17 × 748 + **2**. Le reste est donc égal à 2.

12. 12 348 = 1 028 × 12 + 9. Le quotient est donc égale à 1 028.

13. PPCM [102 ; 124] = 6 324

14. PPCM [36 ; 54] = 18

15. **0, 1 et 64** ! En effet, 0 est le carré et le cube de 0 ; 1 est le carré et le cube de 1 et 64 est le carré de 8 et le cube de 4.

16. Que vaut **15 × 17** ?
$15 \times 17 = (16 - 1) \times (16 + 1) = 16^2 - 1 = 255$

17. Que vaut **18 × 22** ?
$18 \times 22 = (20 - 2) \times (20 + 2) = 20^2 - 2^2 = 400 - 4 = 396$

18. **Rappel :** deux carrés entiers consécutifs N^2 et $(N + 1)^2$ sont distants de 2N + 1 unités.
Ici, N = 22 et 22^2 et 23^2 sont donc distants de 2 × 22 + 1 soit 45.
En conclusion : $23^2 = 484 + 45 =$ **529**

19. Le carré de 64 est-il plus grand ou plus petit que le cube de 16 ?
Voici des jeux d'écriture. Très Tage Mage !
$16^3 = (2 \times 8)^3 = 2^3 \times 8^3 = 8 \times 8^3 = 8^4$
$64^2 = (8^2)^2 = 8^{2 \times 2} = 8^4$
En conclusion : le carré de 64 est EGAL au cube de 16 !

20. Parmi les nombres suivants, soulignez ceux qui sont égaux à trois fois la valeur d'un cube entier :
<u>**2 187**</u> – <u>**3**</u> – 91 – <u>**192**</u> – 75 – <u>**648**</u> – 865 – 325 – <u>**24**</u> – <u>**375**</u> – <u>**81**</u> – 1 024 – <u>**1 029**</u>

3. Opérations usuelles

Au Tage Mage, les opérations usuelles recouvrent les fractions, les puissances, ainsi que les racines carrées. Si vous êtes condamnés à maîtriser parfaitement ces opérations, c'est parce que l'on vous demandera ici et là de simplifier la fraction 91/14, de donner une expression équivalente à 27^9, de calculer le quart du douzième du cube de 6 ou encore de vous servir de l'inégalité $\sqrt{a+b} \leq \sqrt{a} + \sqrt{b}$ avec a et b des nombres réels positifs non nuls. Nous comptons sur vous pour connaître ces opérations **par cœur !**

1. Fractions

[A retenir !]

Dans la fraction $\frac{a}{b}$, a est appelé **numérateur** et b est appelé **dénominateur.**

Soient a, b, c et d des nombres entiers non nuls, alors :

$$\frac{a}{b} = \frac{c}{d} \Leftrightarrow a \times d = b \times c$$

Soient a, b et x des nombres entiers non nuls, alors :

$$x = a \times b \Leftrightarrow a = \frac{x}{b} \Leftrightarrow b = \frac{x}{a} \Leftrightarrow \frac{a}{x} = \frac{1}{b} \Leftrightarrow \frac{b}{x} = \frac{1}{a}$$

[Manipulations fondamentales]

Soient a, b, x et y des nombres entiers non nuls.

(1) $\frac{a}{b} + \frac{x}{y} = \frac{a \times y + b \times x}{b \times y}$

(2) $a \times \frac{x}{y} = \frac{a \times x}{y}$

(3) $\frac{a}{b} \times \frac{x}{y} = \frac{a \times x}{b \times y}$

(4) $\frac{1}{\frac{1}{a}} = a$

(5) $\frac{\frac{a}{b}}{x} = \frac{a}{b \times x} = \frac{a}{b} \times \frac{1}{x}$

(6) $\frac{\frac{a}{b}}{\frac{x}{y}} = \frac{a}{b} \times \frac{y}{x}$

[Simplifier une fraction]

Simplifier une fraction consiste à transformer une fraction en une autre **avec un numérateur et un dénominateur qui sont les plus petits possibles.**

Si les fractions 2/3 ou 13/7 ne sont pas simplifiables (2 et 3 comme 13 et 7 n'ont pas de facteur commun), des fractions comme 14/4 ou 21/105 en revanche le sont !

Pour simplifier une fraction, on utilise le principe suivant :

On ne change pas la valeur d'une fraction si l'on divise ou multiplie le numérateur et le dénominateur par un même nombre non nul.

$$\frac{14}{4} = \frac{\cancel{2} \times 7}{\cancel{2} \times 2} = \frac{7}{2} \quad \text{et} \quad \frac{21}{105} = \frac{\cancel{7} \times 3}{\cancel{7} \times 15} = \frac{3}{15} = \frac{\cancel{3} \times 1}{\cancel{3} \times 5} = \frac{1}{5}$$

$\frac{7}{2}$ et $\frac{1}{5}$ sont appelées **fractions irréductibles,** c'est-à-dire que l'on ne peut simplifier davantage.

2. Puissances

Soit n un entier naturel supérieur ou égal à deux et A un nombre réel.

$$A^n = A \times A \times \ldots \times A \text{ (n fois)}$$

A^n est lu « A puissance n » ou « A exposant n ». En particulier, le **carré** et le **cube** sont des puissances d'exposant 2 et 3 respectivement.

[Manipulations fondamentales]

Soient A, B et C des nombres réels non nuls ; soient n et p des entiers naturels.

(1) $A^0 = 1$

(2) $A^{-n} = \frac{1}{A^n}$

(3) $A^n \times A^p = A^{n+p}$

(4) $\frac{A^n}{A^p} = A^{n-p}$

(5) $(A^n)^p = A^{n \times p}$

(6) $\frac{A^n}{B^n} = \left(\frac{A}{B}\right)^n$

(7) $\sqrt{A} = A^{\frac{1}{2}}$ (A positif)

(8) $A^n \times B^n \times C^n = (A \times B \times C)^n$

(9) $A^n \times A^{-n} = 1$

(10) $\sqrt[n]{A^p} = A^{\frac{p}{n}}$

(1) Notez bien que $0^0 = 1$

(2) Si vous tombez sur la notation : $\sqrt[3]{64}$, pas de panique ! Il vous suffit de comprendre que l'on vous demande de trouver la racine cubique de 64. Et comme 64 est le cube de 4, vous répondez donc que $\sqrt[3]{64} = 4$. Profitons-en pour comprendre la formule : $\sqrt[n]{A^p} = A^{\frac{p}{n}}$.
Dans notre cas présent : $\sqrt[3]{64} = \sqrt[3]{4^3} = 4^{\frac{3}{3}} = 4^1 = 4$

(3) Si vous tombez sur l'expression $X^5 \times X^3$, vous savez désormais que vous pouvez la simplifier en écrivant : $X^5 \times X^3 = X^{5+3} = X^8$. Mais si vous tombez disons sur : $X^5 - X^3$ et bien il n'y a malheureusement aucune formule qui permet de simplifier cela. Sachez toutefois qu'il existe un lot de consolation qui peut s'avérer très utile dans certaines questions. En effet, vous devez savoir qu'il vous est possible de factoriser $X^5 - X^3$ de la façon suivante : $X^5 - X^3 = X^3\,(X^2 - 1)$. Mais ce n'est pas fini car comme vous le découvrirez juste après : $X^2 - 1 = (X - 1)(X + 1)$. En conclusion, l'expression $X^5 - X^3$ s'écrit aussi : $X^3\,(X - 1)(X + 1)$. Pas mal non ?

[Identités remarquables]

Trois petites égalités à connaître par cœur !

Soient A et B des nombres réels.

(1) $(A + B)^2 = A^2 + B^2 + 2AB$ **(2)** $(A - B)^2 = A^2 + B^2 - 2AB$

(3) $(A - B)(A + B) = A^2 - B^2$

3. Racines carrées

La racine carrée d'un nombre réel positif A est le nombre positif dont le carré vaut A. Ainsi, la racine carrée de 9 est 3 car 3 au carré est bien égal à 9.

[Manipulations fondamentales]

Soient A et B deux nombres réels positifs non nuls et C un nombre réel quelconque.

(1) $\sqrt{C^2} = C$ **si C est positif ou** $-C$ **si C est négatif**

(2) $\sqrt{A} = A^{\frac{1}{2}}$

(3) $\sqrt{A} \times \sqrt{B} = \sqrt{A \times B}$

(4) $\dfrac{\sqrt{A}}{\sqrt{B}} = \sqrt{\dfrac{A}{B}}$

(5) $(\sqrt{A})^n = A^{\frac{n}{2}}$

(6) $\sqrt{A + B} < \sqrt{A} + \sqrt{B}$

(7) $\sqrt[n]{A^p} = A^{\frac{p}{n}}$

Quelques approximations pour terminer :

$\sqrt{2} \approx 1{,}414$ $\sqrt{3} \approx 1{,}732$ $\sqrt{5} \approx 2{,}236$ $\sqrt{7} \approx 2{,}646$ $\sqrt{10} \approx 3{,}162$

4. Arithmétique : 50 applications pour vous entraîner

Les 50 applications qui suivent sont selon moi absolument essentielles. La manipulation des fractions, par exemple, est un exercice que vous devez maîtriser avec une grande dextérité car les fractions sont et demeureront toujours partout dans les épreuves de calcul et de conditions minimales du Tage Mage.

N'oubliez pas en outre que l'utilisation de la calculatrice est interdite. Vous devrez donc être capable d'additionner, soustraire, multiplier et diviser des fractions à la main, sans faire la moindre erreur. Si vous pensez que vous êtes déjà un champion des fractions alors lancez-vous le défi de résoudre ces 50 premières applications en moins de 10 minutes. Vous verrez que cet entraînement vous fera progresser énormément.

1 Que vaut $\frac{1}{3} + \frac{2}{3}$?

2 Que vaut en fraction $1 + \frac{1}{2}$?

3 Que vaut en fraction $2 + \frac{1}{3}$?

4 Que vaut en fraction $4 - \frac{1}{5}$?

5 Que vaut en fraction $\frac{1}{2} + \frac{1}{2}$?

6 Que vaut en fraction $\frac{1}{4} + \frac{1}{2}$?

7 Que vaut en fraction $\frac{1}{3} - \frac{1}{6}$?

8 Que vaut en fraction $\frac{3}{4} + \frac{1}{2}$?

9 Que vaut en fraction $\frac{1}{4} + \frac{2}{5}$?

10 Que vaut en fraction $\frac{1}{3} + \frac{1}{7}$?

11 Que vaut en fraction $\frac{2}{9} + \frac{1}{18}$?

12 Que vaut en fraction $\frac{1}{12} - 3$?

13 Que vaut en fraction $12 + \frac{11}{12}$?

14 Que vaut en fraction $13 - \frac{11}{2}$?

15 Que vaut en fraction $3 \times \left(\frac{1}{4} - \frac{1}{2}\right)$?

16 Que vaut en fraction $\dfrac{\frac{3}{4}}{\frac{5}{6}}$?

17 Que vaut en fraction $4 \times \left(\frac{2}{3} - \frac{7}{2}\right)$?

18 Que vaut en fraction $\dfrac{\frac{3}{2}}{\frac{9}{2}}$?

19 Que vaut en fraction $\frac{3}{2} \times \left(\frac{9}{4} - \frac{13}{3}\right)$?

20 Que vaut en fraction $\dfrac{1}{\frac{3}{7}}$?

21 Quel nombre est le plus grand : $(-25)^2$ ou $(-25)^3$?

22 Calculer l'expression suivante : $(A + B)^2 \times (A - B)^2$.

23 Calculer : $\frac{2}{3} - 4 \times \frac{1}{\sqrt{2}} + \sqrt{8} + 1$.

24 Calculer : $(A^2)^3 - (A^3)^2$.

25 Calculer : $(A^2)^3 - A^2 \times A^3$.

26 Trouver A tel que pour tout nombre n, $A^n = A$.

27 Quel nombre est le plus grand : $(-45\,635)^3$ ou $(-3)^3$?

28 Soit x un nombre réel. Que vaut $(2 + x)^2 - 4x$?

29 Calculer $3^6 - 12^2$ en utilisant une identité remarquable.

30 Soient A et B deux nombres positifs, quel est le signe de $(A - B)^2 - (A^2 + B^2)$?

31 Je possède une somme d'argent égale à la racine carré de la somme que possède ma sœur, qui correspond au triple d'un sixième de 200 €. Quelle somme d'argent ai-je donc ?

32 Que vaut $(\sqrt{16})^4$?

33 Quel est le triple du double de la racine carrée de 225 ?

34 Calculer : $\left(\frac{22}{6}\right)^{-1} + \frac{23}{13}$.

35 Que vaut un tiers de sept douzièmes de la racine carrée de 144 ?

36 Simplifier l'expression suivante : $(\sqrt{16})^3 \times 100^{3/2}$.

37 Que vaut $\sqrt{147} + 4\sqrt{3}$?

38 Calculer $\frac{91}{14} + 3^3$.

39 Soient A et B deux réels positifs, peut-on écrire que $\frac{A^2 + B^2}{2AB} \leq 1$?

40 Quel est le carré de l'inverse de l'opposé de la racine carrée de 81 ?

41 La consommation d'essence d'une voiture est proportionnelle à sa vitesse. Sachant qu'elle consomme 12 litres pour 100 km lorsqu'il roule à 140 km/h, quelle sera sa consommation s'il roule à 210 km/h ?

42 La consommation d'essence d'une voiture est proportionnelle à sa vitesse. Sachant qu'elle consomme 14 litres pour 100 km lorsqu'il roule à 52 km/h, quelle sera sa consommation s'il roule à 39 km/h ?

43 La consommation d'essence d'une voiture est proportionnelle à sa vitesse. Sachant qu'elle consomme 10 litres pour 100 km lorsqu'il roule à 60 km/h, quelle sera sa consommation s'il roule à 120 km/h ?

44 La consommation d'essence d'une voiture est proportionnelle à sa vitesse. Sachant qu'elle consomme 7 litres pour 100 km lorsqu'il roule à 120 km/h, quelle sera sa consommation s'il roule à 144 km/h ?

45 La consommation d'essence d'une voiture est proportionnelle à sa vitesse. Sachant qu'elle consomme 6 litres pour 100 km lorsqu'il roule à 150 km/h, quelle sera sa consommation s'il roule à 100 km/h ?

46 La consommation d'essence d'une voiture est proportionnelle à sa vitesse. Sachant qu'elle consomme 8 litres pour 100 km lorsqu'il roule à 90 km/h, quelle sera sa consommation s'il roule à 135 km/h ?

47 Si je gagne 4 200 € en trois mois, alors que vais-je gagner en 5 mois ?

48 Si je gagne 2 700 € en trois mois, alors que vais-je gagner en 7 mois ?

49 Si je gagne 4 000 € en quatre mois, alors que vais-je gagner en 26 mois ?

50 Si je gagne 5 500 € en onze mois, alors que vais-je gagner en 5 mois ?

Corrigés

1. $\frac{1}{3}+\frac{2}{3}=\frac{(1+2)}{3}=\frac{3}{3}=1$

2. $1+\frac{1}{2}=\frac{2}{2}+\frac{1}{2}=\frac{(2+1)}{2}=\frac{3}{2}$

3. $2+\frac{1}{3}=\frac{6}{3}+\frac{1}{3}=\frac{7}{3}$

(comme toujours, on cherche toujours à mettre les deux fractions sur un même dénominateur).

4. $4-\frac{1}{5}=\frac{20}{5}-\frac{1}{5}=\frac{19}{5}$

5. $\frac{1}{2}+\frac{1}{2}=\frac{2}{2}=1$

6. $\frac{1}{4}+\frac{1}{2}=\frac{1}{4}+\frac{2}{4}=\frac{3}{4}$

7. $\frac{1}{3}-\frac{1}{6}=\frac{2}{6}-\frac{1}{6}=\frac{1}{6}$

8. $\frac{3}{4}+\frac{1}{2}=\frac{3}{4}+\frac{2}{4}=\frac{5}{4}$

9. $\frac{1}{4}+\frac{2}{5}=\frac{5}{20}+\frac{8}{20}=\frac{13}{20}$

10. $\frac{1}{3}+\frac{1}{7}=\frac{7}{21}+\frac{3}{21}=\frac{10}{21}$

11. $\frac{2}{3}+\frac{1}{18}=\frac{4}{18}+\frac{1}{18}=\frac{5}{18}$

12. $\frac{1}{12}-3=\frac{1}{12}-\frac{36}{12}=-\frac{35}{12}$

13. $12+\frac{11}{12}=\frac{144}{12}+\frac{11}{12}=\frac{155}{12}$

14. $13-\frac{11}{2}=\frac{26}{2}-\frac{11}{2}=\frac{15}{2}$

15. $3\times\left(\frac{1}{4}-\frac{1}{2}\right)=3\times\left(\frac{1}{4}-\frac{2}{4}\right)=3\times\left(-\frac{1}{4}\right)=-\frac{3}{4}$

16. $\dfrac{\frac{3}{4}}{\frac{5}{6}} = \dfrac{3}{4} \times \dfrac{6}{5} = \dfrac{(3 \times 6)}{(4 \times 5)} = \dfrac{18}{20} = \dfrac{9}{10}$

17. $4 \times \left(\dfrac{2}{3} - \dfrac{7}{2}\right) = 4 \times \left(\dfrac{4}{6} - \dfrac{21}{6}\right) = 4 \times \left(-\dfrac{17}{6}\right) = 2 \times \left(-\dfrac{17}{3}\right) = -\dfrac{34}{3}$

18. $\dfrac{\frac{3}{2}}{\frac{9}{2}} = \dfrac{3}{2} \times \dfrac{2}{9} = \dfrac{6}{18} = \dfrac{1}{3}$

19. $\dfrac{3}{2} \times \left(\dfrac{1}{4} - \dfrac{13}{3}\right) = \dfrac{3}{2} \times \left(\dfrac{27}{12} - \dfrac{52}{12}\right) = \dfrac{3}{2} \times \left(-\dfrac{25}{12}\right) = -\dfrac{75}{24}$

20. $\dfrac{1}{\frac{3}{7}} = \dfrac{7}{3}$

21. Le carré d'un nombre négatif est un nombre positif, alors que le cube d'un nombre négatif est un nombre négatif. Donc $(-25)^2 > (-25)^3$.

22. $(A + B)^2 \times (A - B)^2 = [(A + B)(A - B)]^2 = (A^2 - B^2)^2 = A^4 + B^4 - 2(AB)^2$.

23. $\dfrac{2}{3} - 4 \times \dfrac{1}{\sqrt{2}} + \sqrt{8} + 1 = \dfrac{2}{3} - \dfrac{\sqrt{2} \times \sqrt{2} \times 2}{\sqrt{2}} + 2\sqrt{2} + 1 = \dfrac{2}{3} - 2\sqrt{2} + 2\sqrt{2} + 1 = \dfrac{2}{3} + 1 = \dfrac{5}{3}$.

24. $(A^2)^3 - (A^3)^2 = A^{2\times 3} - A^{3\times 2} = A^6 - A^6 = 0$.

25. $(A^2)^3 - A^2 \times A^3 = A^{2\times 3} - A^{2+3} = A^6 - A^5 = A^5(A - 1)$.

26. La bonne réponse est $A = 1$. Attention, $A = 0$ ne fonctionne pas, car $0^0 = 1$.

27. C'est $(-3)^3$ bien sûr !

28. $(2 + x)^2 - 4x = 4 + x^2 + 2 \times 2x - 4x = 4 + x^2$.

29. $3^6 - 12^2 = (3^3 - 12)(3^3 + 12) = (27 - 12)(27 + 12) = 15 \times 39 = 15 \times (40 - 1) = 600 - 15 = 585$.

30. $(A - B)^2 - (A^2 + B^2) = A^2 + B^2 - 2AB - A^2 - B^2 = -2AB$

Sachant que A et B sont positifs, $-2AB$ est négatif et donc $(A - B)^2 \leq 0$.

31. Un sixième de 200 € s'écrit $\dfrac{200}{6}$.

Le triple de cette somme s'écrit donc : $3 \times \dfrac{200}{6}$.

Je possède donc : $\sqrt{3 \times \dfrac{200}{6}} = \sqrt{\dfrac{3 \times 200}{6}} = \sqrt{\dfrac{600}{6}} = \sqrt{100} = 10$ €.

32. $(\sqrt{16})^4 = (\sqrt{16})^2 \times (\sqrt{16})^2 = 16 \times 16 = 256$.

33. $\sqrt{225} = 15$

$15 \times 2 \times 3 = 90$

La réponse est donc 90 !

34. $\left(\frac{22}{6}\right)^{-1} + \frac{23}{13} = \frac{6}{22} + \frac{23}{13} = \frac{3}{11} + \frac{23}{13} = \frac{3 \times 13}{11 \times 13} + \frac{23 \times 11}{13 \times 11} = \frac{39 + 253}{143} = \frac{292}{143}$

La fraction est irréductible, donc on s'arrête ici !

35. $\sqrt{144} = 12$

$\frac{7}{12} \times 12 = 7$

$\frac{1}{3} \times 7 = \frac{7}{3}$.

36. $(\sqrt{16})^3 \times 100^{3/2} = 16^{3/2} \times 100^{3/2} \times = (16 \times 100)^{3/2} = 1\,600^{3/2}$.

37. $\sqrt{147} + 4\sqrt{3} = \sqrt{49 \times 3} + 4\sqrt{3} = 7\sqrt{3} + 4\sqrt{3} = 11\sqrt{3}$.

38. $\frac{91}{14} + 3^3 = \frac{7 \times 13}{7 \times 2} + 27 = \frac{13}{2} + \frac{54}{2} = \frac{67}{2}$.

39. Non, en effet $(A - B)^2 \geq 0$,

donc $A^2 + B^2 + 2AB \geq 0$,

donc $A^2 + B^2 \geq 2AB$ et comme A et B sont positifs, 2AB l'est aussi,

donc $\frac{A^2 + B^2}{2AB} \geq \frac{2AB}{2AB}$ soit $\frac{A^2 + B^2}{2AB} \geq 1$.

40. La racine carrée de 81 est 9. Son opposé est donc – 9. L'inverse de – 9 est $-\frac{1}{9}$. Et $\left(-\frac{1}{9}\right)^2 = \frac{1}{81}$.

41. Elle consommera $12 \times \left(\frac{210}{140}\right) = 12 \times 1{,}5 = 18$ litres pour 100 km.

42. Elle consommera $14 \times \left(\frac{39}{52}\right) = 14 \times 0{,}75 = 10{,}5$ litres pour 100 km.

43. Elle consommera $10 \times \left(\frac{120}{60}\right) = 10 \times 2 = 20$ litres pour 100 km.

44. Elle consommera $7 \times \left(\frac{144}{120}\right) = 7 \times 1{,}2 = 8{,}4$ litres pour 100 km.

45. Elle consommera $6 \times \left(\frac{100}{150}\right) = 6 \times \frac{2}{3} = 4$ litres pour 100 km.

46. Elle consommera $8 \times \left(\frac{135}{90}\right) = 8 \times 1{,}5 = 12$ litres pour 100 km.

47. Je vais gagner $4\,200 \times \left(\frac{5}{3}\right) = 7\,000$ €.

48. Je vais gagner $2\,700 \times \left(\frac{7}{3}\right) = 6\,300$ €.

49. Je vais gagner $4\,000 \times \left(\frac{26}{4}\right) = 26\,000$ €.

50. Je vais gagner $5\,500 \times \left(\frac{5}{11}\right) = 2\,500$ €.

5. Pourcentages

1. Les trois définitions du pourcentage

[Un pourcentage est une fraction]

Un pourcentage permet d'exprimer un nombre comme une fraction de cent, généralement en utilisant le signe « % ». Un pourcentage permet alors de comparer une quantité par rapport à la quantité de référence 100 :

$$X\ \% = \frac{X}{100}$$

Ainsi, n'oubliez jamais qu'un pourcentage est d'abord une fraction. Justement, transformez donc **80 %, 72 %, 36 %, 44 %** en fractions irréductibles (*i.e.* en fractions qui ne peuvent pas être simplifiées davantage).

$$80\ \% = \frac{80}{100} = \frac{(\cancel{4} \times 4 \times \cancel{5})}{(\cancel{4} \times 5 \times \cancel{5})} = \frac{4}{5} \qquad 72\ \% = \frac{72}{100} = \frac{(9 \times 2 \times \cancel{4})}{(5 \times 5 \times \cancel{4})} = \frac{18}{25}$$

$$36\ \% = \frac{36}{100} = \frac{(\cancel{4} \times 9)}{(\cancel{4} \times 25)} = \frac{9}{25} \qquad 44\ \% = \frac{44}{100} = \frac{(\cancel{4} \times 11)}{(\cancel{4} \times 25)} = \frac{11}{25}$$

[Un pourcentage est une part]

Le pourcentage représente une proportion, une part d'un ensemble.

Le total est en fait ramené à 100 et le pourcentage représente donc le rapport d'un *sous-ensemble* à son ensemble :

$$\text{Pourcentage} = \left(\frac{\text{Part}}{\text{Total}} \times 100\right)\ \%$$

Une galette des rois est coupée en 16 parts. Joe prend 2 parts de galette.
Quel pourcentage de la galette Joe a-t-il mangé ?

$$2 \text{ parts} = \frac{2}{16} \times 100\ \% = \frac{1}{8} \times 100\ \% = \frac{100}{8}\ \% = \frac{50}{4}\ \% = 12{,}5\ \%$$

Dans une classe de 30 élèves, il y a 12 garçons. Quel pourcentage de la classe, les garçons représentent-ils ?

Part des garçons $= \frac{12}{30} \times 100\ \% = \frac{12 \times 10}{3}\ \% = 4 \times 10\ \% = 40\ \%$

[Un pourcentage est un nombre décimal]

Le pourcentage est un **nombre décimal** compris entre 0 et 1 lorsque le pourcentage est inférieur à 100 %, et au-dessus de 1 lorsque le pourcentage est supérieur à 100 %.

Transformez 25 % ; 112 % ; 72 % ; 0,5 % en nombres décimaux.

25 % = 0,25 ; 112 % = 1,12 ; 72 % = 0,72 ; 0,5 % = 0,005

2. Tableau fondamental de correspondances

Voici les principales correspondances pourcentages / fractions / nombres décimaux que vous devez absolument connaître sur le bout des doigts et entre lesquelles vous serez amenés à jongler régulièrement en calcul !

N'oubliez jamais qu'un bon candidat est un candidat qui sait en une fraction de seconde que 1/8 est égal à 12,5 % et que 80 % est égal à 4/5 ! C'est à ce prix que l'on devient une « bête » dans les épreuves de calcul des concours.

$1\ \% = \frac{1}{100} = 0{,}01$	$2\ \% = \frac{1}{50} = 0{,}02$	$4\ \% = \frac{1}{25} = 0{,}04$
$5\ \% = \frac{1}{20} = 0{,}05$	$10\ \% = \frac{1}{10} = 0{,}1$	$12{,}5\ \% = \frac{1}{8} = 0{,}125$
$16{,}66\ \% \approx \frac{1}{6} \approx 0{,}166$	$20\ \% = \frac{1}{5} = 0{,}2$	$25\ \% = \frac{1}{4} = 0{,}25$
$33{,}33\ \% \approx \frac{1}{3} \approx 0{,}333$	$40\ \% = \frac{2}{5} = 0{,}4$	$50\ \% = \frac{1}{2} = 0{,}5$
$60\ \% = \frac{3}{5} = 0{,}6$	$66{,}6\ \%\ldots = \frac{2}{3} = 0{,}66\ldots$	$70\ \% = \frac{7}{10} = 0{,}7$
$75\ \% = \frac{3}{4} = 0{,}75$	$80\ \% = \frac{4}{5} = 0{,}8$	$100\ \% = 1$
$200\ \% = 2$	$250\ \% = 2{,}5$	$1\,000\ \% = 10$

- **Doubler** revient à multiplier par **2** ou à ajouter **100 %.**
- **Tripler** revient à multiplier par **3** ou à ajouter **200 %.**
- **Quadrupler** revient à multiplier par **4** ou à ajouter **300 %.**
- **Décupler** revient à multiplier par **10** ou à ajouter **900 %.**
- Augmenter du **cinquième** revient à ajouter **20 %** ou à multiplier par **1,2.**
- Diminuer du **cinquième** revient à baisser de **20 %** ou à multiplier par **0,8.**
- Augmenter du **quart** revient à ajouter **25 %** ou à multiplier par **1,25.**
- Diminuer du **quart** revient à baisser de **25 %** ou à multiplier par **0,75.**

3. Les grands classiques du Tage Mage

[Appliquer une augmentation ou une baisse en pourcentage]

Si on **augmente** X (ex. : un prix) de a %, alors on obtient une valeur X^+ telle que :

$$X^+ = \left(1 + \frac{a}{100}\right) \times X$$

X^+ signifie que l'on a fait subir à X une augmentation en pourcentage.

Retenez ainsi par exemple qu'augmenter X de 35 % revient à multiplier X par 1,35 et qu'augmenter X de 12,8 % revient à multiplier X par 1,128.

Si on **diminue** X (ex. : un prix) de a %, alors on obtient une valeur X^- telle que :

$$X^- = \left(1 - \frac{a}{100}\right) \times X$$

X^- signifie que l'on a fait subir à X une baisse en pourcentage.

Retenez ainsi par exemple que diminuer X de 35 % revient à multiplier X par 0,65 et que diminuer X de 12,8 % revient à multiplier X par 0,872.

L'action d'une entreprise cotée à 42 € en ouverture du marché gagne 5 % lors de la séance. Quelle est la cote de l'action à la clôture ?

42 € + 5 % × 42 € = 42 € × 1,05 = 42 € + 2,1 € = 44,1 €

[Appliquer des augmentation(s)/baisse(s) successives en pourcentages]

Lors d'augmentations ou de baisses successives en pourcentages, **les pourcentages se multiplient entre eux, mais ne s'ajoutent pas !**

Augmentations successives :

Si on **augmente** X de a % et qu'on **augmente** ensuite la quantité obtenue de b %, alors on obtient une valeur X^{++} telle que :

$$X^{++} = \left(1 + \frac{a}{100}\right) \times \left(1 + \frac{b}{100}\right) \times X$$

Baisses successives :

Si on **diminue** X de a % et qu'on **diminue** ensuite la quantité obtenue de b %, alors on obtient une valeur X^{--} telle que :

$$X^{--} = \left(1 - \frac{a}{100}\right) \times \left(1 - \frac{b}{100}\right) \times X$$

Augmentation et baisse successives :

Si on **augmente** X de a % et qu'on **diminue** ensuite la quantité obtenue de b %, alors on obtient une valeur X^{+-} telle que :

$$X^{+-} = \left(1 + \frac{a}{100}\right) \times \left(1 - \frac{b}{100}\right) \times X$$

Si on applique à X une **augmentation** de a % suivie d'une **baisse** de b %, suivie d'une **baisse** de c %, suivie d'une **hausse** de d %, alors on obtient une valeur X^{+--+} telle que :

$$X^{+--+} = \left(1 + \frac{a}{100}\right) \times \left(1 - \frac{b}{100}\right) \times \left(1 - \frac{c}{100}\right) \times \left(1 + \frac{d}{100}\right) \times X$$

> Dans des augmentations/baisses successives en pourcentages, l'ordre des variations n'importe pas. Cela revient ainsi strictement au même d'appliquer une hausse de a % suivie d'une hausse de b % que l'inverse (*i.e.* une hausse de b %, puis une hausse de a %). Aussi, cela revient strictement au même d'appliquer une baisse de a % suivie d'une hausse de b % que l'inverse (*i.e.* une hausse de b % suivie d'une baisse de a %).

Par exemple, si vous effectuez une hausse de 10 % suivie d'une baisse de 20 % en partant d'une valeur égale à 100, alors les deux ordres possibles sont :

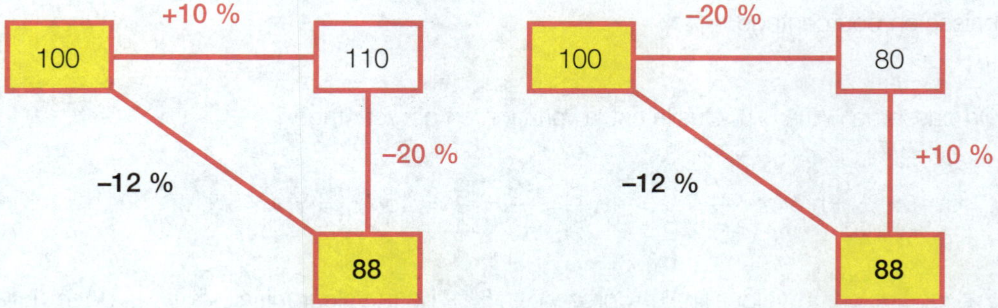

[Trouver un pourcentage d'augmentation ou de baisse]

Un problème classique aux concours consiste à vous demander de calculer l'évolution en pourcentage d'une valeur. La variation en pourcentage d'une valeur est égale à :

$$\left(\frac{V_f - V_i}{V_i} \times 100\right) \%$$

Avec **V_f la valeur finale** (après la baisse ou l'augmentation en pourcentage) et **V_i la valeur initiale** (avant la baisse ou l'augmentation en pourcentage).

Si $V_f > V_i$ alors on trouvera un pourcentage d'augmentation.

Si $V_f < V_i$ alors on trouvera un pourcentage de baisse.

Et si $V_f = V_i$ alors cela signifiera qu'il n'y a eu aucune évolution ; ni baisse, ni augmentation.

Hier, le prix du litre d'essence à la pompe était égal à 1,40 €. Aujourd'hui, il est égal à 1,428 €. Quel est le pourcentage d'augmentation du prix du litre d'essence entre hier et aujourd'hui ?

Ici, $V_f = 1{,}428$ et $V_i = 1{,}4$

Le pourcentage d'augmentation est donc égal à :

$$\left(\frac{1{,}428 - 1{,}4}{1{,}4} \times 100\right) \% = \left(\frac{0{,}028}{1{,}4} \times 100\right) \% = \frac{2{,}8}{1{,}4} \% = 2 \%$$

Astuce ! Lorsque vos valeurs *finale* et *initiale* V_f et V_i sont des fractions, nous vous conseillons de calculer le rapport $\frac{V_f}{V_i}$ puis d'en déduire la valeur de l'augmentation ou de la baisse en pourcentage.

On passe de 5/6 à 3/8. Quelle est la variation en pourcentage ?

C'est –55 %. En effet : $\frac{V_f}{V_i} = \frac{\frac{3}{8}}{\frac{5}{6}} = \frac{3}{8} \times \frac{6}{5} = \frac{18}{40} = \frac{9}{20} = 45\ \% \Leftrightarrow V_f = 45\ \% V_i$

En conclusion, la valeur finale représente 45 % de la valeur initiale et il y a donc une baisse de 55 % (100 % - 45 %).

Rappel : si $\frac{1}{20} = 5\ \%$, alors $\frac{9}{20} = 45\ \%$

[Retrouver une quantité d'origine]

Nous attirons ici votre attention sur une erreur terrible que nous continuons de rencontrer régulièrement en tant que professeurs. Cette erreur consiste à penser curieusement que si l'on diminue X de a % et que l'obtient ainsi une valeur Y, alors il suffit d'augmenter Y de a % pour retrouver la valeur X.

Cette erreur n'est pas acceptable ! Imaginez en effet que vous perdiez **50 %** des 100 € que vous possédez, alors il vous reste 50 €, n'est-ce pas ? A présent, augmentez ces 50 € de **50 %,** quelle somme retrouvez-vous ? Vous ne retrouvez certainement pas les 100 € que vous aviez au départ, mais la somme de 75 € puisque 50 € + 50 % × 50 € = 50 € + 25 € = 75 €. Attention donc à ne pas tomber dans ce vieux piège…

- **Si vous retranchez $\frac{1}{N}$ à une valeur, alors vous devez rajouter $\frac{1}{N-1}$ pour retrouver la valeur d'origine.** (N étant ici un entier naturel strictement plus grand que 1)
- **Si vous ajoutez $\frac{1}{N}$ à une valeur, alors vous devez retrancher $\frac{1}{N+1}$ pour retrouver la valeur d'origine.** (N étant ici un entier naturel strictement plus grand que 1)

Une action perd 25 % à la clôture ce mardi. Combien l'action devra-t-elle gagner mercredi en pourcentage pour effacer ses pertes de la veille ?

Vous avez appris grâce au tableau fondamental de correspondances que 25 % est égal à $\frac{1}{4}$. Autrement dit, l'action a perdu $\frac{1}{4}$ de sa valeur et N = 4. Aussi, pour effacer ses pertes, l'action devra regagner $\frac{1}{(4-1)} = \frac{1}{3}$ de sa valeur, autrement dit environ 33,33 %.

Le problème maintenant c'est lorsqu'une action perd 23,2 % par exemple, il ne nous est plus possible d'appliquer l'astuce vue précédemment. En effet, cette dernière s'applique avec efficacité lorsque l'on est en mesure de transformer un pourcentage en fraction dont le numérateur est 1. (ex. : 20 % = $\frac{1}{5}$ ou 10 % = $\frac{1}{10}$, etc.)

Voici donc comment nous ferons avec les pourcentages qui ne figurent pas dans le tableau fondamental de correspondances :

Soit X le prix initial et *Y* le prix final (*i.e.* après la baisse ou l'augmentation de *a* %).

L'énoncé vous donne les valeurs de a et de Y. Vous résoudrez alors les équations :

$X = \frac{Y}{1 - \frac{a}{100}}$ **dans le cas où X a subi une baisse en pourcentage.**

$X = \frac{Y}{1 + \frac{a}{100}}$ **dans le cas où X a subi une augmentation en pourcentage.**

Après une **baisse** de 15 %, un produit coûte 89,70 €. Quel était son prix initial (à l'unité près) ?

Soit X le prix initial, Y = 89,70 et a % = 15 % = 0,15.

On pose $X = \frac{Y}{1 - \frac{a}{100}} = \frac{89{,}70}{1 - 0{,}15} = \frac{89{,}70}{0{,}85} = \frac{8\,970}{85}$ = 105,53 € soit 106 € à l'unité près.

[Calculer des pourcentages de pourcentages]

15 % de la population française habite en Ile-de-France. Parmi les habitants d'Ile-de-France, 20 % habitent Paris intra-muros. Quel est le pourcentage de la population française qui habite Paris intra-muros ?

Le pourcentage de Français franciliens est égal à 20 % de 15 %, soit : 20 % × 15 % $= \frac{1}{5} \times 15\,\% = \frac{15\,\%}{5} = 3\,\%$ (facile non, quand on connaît son tableau de correspondances ;)

6. Pourcentages : 20 applications pour vous entraîner

1. Complétez :
Diviser par 2 revient à baisser de … %.

2. Des chaussures valaient 120 €, mais aujourd'hui elles sont en promotion à – 20 %. Quel est leur nouveau prix ?

3. En deux ans, ma taille a augmenté de 10 %. Avant je mesurais 1 m 40. Quelle taille fais-je aujourd'hui ?

4. Pour calculer des augmentations ou des baisses successives, doit-on additionner les pourcentages entre eux, ou les multiplier ?

5. Vrai ou faux : si un prix augmente de 10 % puis de 10 % à nouveau, alors il aura augmenté de 20 % au total.

6. Une chemise vendue 100 € voit son prix augmenter de 10 %, puis baisser de 5 %. Quel est son nouveau prix ?

7. Le prix du litre d'essence, qui est de 1,50 €, va subir une augmentation de 20 % cette année puis de 10 % l'année suivante. Quel sera alors son prix ?

8. Quelle hausse est la plus grande : une seule de 30 % ou bien deux hausses successives de 15 % chacune ?

9 Vrai ou faux : augmenter un prix de 10 % puis le baisser de 20 % revient à commencer par baisser le prix de 20 % puis à l'augmenter de 10 % ?

10 Si j'augmente le prix d'un produit de 10 % puis le baisse ensuite de 10 %, est-ce que je reviens au prix initial ?

11 Quel prix sera le plus faible : si je baisse deux fois de 10 % ou bien une seule fois de 20 % ?

12 Si un produit est vendu d'abord au prix A puis au prix B, quelle est la formule permettant de connaître la variation en pourcentage ?

13 Hier, une tonne de sucre valait 42 €. Aujourd'hui elle en vaut 49. Quel est le pourcentage d'augmentation du prix de la tonne de sucre ?

14 Il y a 20 ans, un café au restaurant valait 1,50 €. Aujourd'hui, il vaut 2,50 €. Quel est le pourcentage d'augmentation du prix du café ?

15 Après avoir acheté des actions, ma participation dans l'entreprise passe de cinq huitièmes à cinq sixièmes. Quelle est la variation de ma participation en pourcentage ?

16 J'augmente une quantité de $\frac{1}{N}$ et j'obtiens donc une nouvelle quantité. Si je veux retrouver ma quantité d'origine, alors quelle fraction de ma nouvelle quantité dois-je retirer ?

17 Je diminue une quantité de $\frac{1}{N}$ et j'obtiens donc une nouvelle quantité. Si je veux retrouver ma quantité d'origine, alors quelle fraction de ma nouvelle quantité dois-je rajouter ?

18 Quelle est la hausse en pourcentage quand je passe de $\frac{2}{3}$ à $\frac{3}{4}$?

19 Lorsqu'un prix passe de 120 € à 95 €, il subit une baisse de … % ?

20 Si le prix d'un produit baisse de 20 %, de combien faudra-t-il l'augmenter pour revenir au prix initial ?

Corrigés

1. Diviser par 2 revient à baisser de 50 %.

2. Baisser de 20 %, c'est multiplier par 0,8. Ainsi, les chaussures coûtent maintenant : 120 × 0,8 = 96 €.

3. Augmenter de 10 %, c'est multiplier par 1,1. Ainsi, je mesure maintenant : 140 × 1,1 = 154 cm, soit 1 m 54 !

4. On doit les multiplier, et surtout pas les additionner !

5. Faux, on ne peut additionner les pourcentages ! Augmenter de 10 % c'est multiplier par 1,1, donc deux hausses de 10 % successives correspondent à une multiplication par 1,1 × 1,1 = 1,21. C'est donc une hausse de 21 % !

6. Son nouveau prix se calcule en effectuant l'opération suivante : 100 × 1,1 × 0,95 = 110 × 0,95 = 104,50 €.

7. Le nouveau prix sera de : 1,5 × 1,2 × 1,1 = 1,8 × 1,1 = 1,98 €.

8. Il n'y a pas besoin de faire de calculs, deux hausses de 15 % sont supérieures à une seule hausse de 30 %, car leur effet est supérieur à la simple addition de leurs taux !

9. Vrai, augmenter de 10 % puis baisser de 20 % revient à multiplier par 1,1 × 0,8, ce qui est exactement la même chose que multiplier par 0,8 × 1,1 !

10. Non. Exemple : si le prix est de 100 €, en augmentant de 10 % j'obtiens 100 × 1,1 = 110 €, et en baissant de 10 % j'obtiens 110 × 0,9 = 99 € !

11. Prenez en effet une base de 100 €. Si je baisse deux fois de 10 %, cela donne : 100 € x 0,9 = 90 € et 90 € x 0,9 = 81 €. On perd donc 19 €. Et si je baisse une fois de 20 % cela donne : 100 € x 0,8 = 80 € et on perd donc 20 €.

12. La formule est : $\frac{B - A}{A} \times 100\ \%$.
On remarque que si B < A, la variation est négative !

13. Le pourcentage d'augmentation est égal à :
$\frac{49 - 42}{42} \times 100\ \% = \frac{7}{42} \times 100\ \% = \frac{1}{6} \times 100\ \% = 16{,}6666\ldots\ \%$.

14. $\frac{2{,}50}{1{,}50} = \frac{5}{3} = 1 + \frac{2}{3} = 1 + 66{,}66~\%$ soit une augmentation de 66,66 %.

15. Pour ces évolutions, nous vous conseillons de calculer le rapport entre la participation finale et la participation initiale puis d'en déduire la variation :

$\frac{\frac{5}{6}}{\frac{5}{8}} = \frac{5}{6} \times \frac{8}{5} = \frac{8}{6} = \frac{4}{3} = 1{,}333$. La variation est donc de 33 % !

16. Il faut retirer $\frac{1}{(N + 1)}$.

17. Il faut rajouter $\frac{1}{(N - 1)}$.

18. $\frac{\frac{3}{4}}{\frac{2}{3}} = \frac{3}{4} \times \frac{3}{2} = \frac{9}{8} = 1 + \frac{1}{8}$ soit une hausse de $\frac{1}{8}$, autrement dit une hausse de 12,5 %.

19. La baisse est de 25 € soit, en pourcentage : $\frac{25}{120} = \frac{5}{24} = 21~\%$ environ.

20. Le prix baisse de 20 %, c'est-à-dire d'un cinquième. Aujourd'hui il vaut donc $\frac{4}{5}$ du prix initial, et il va donc devoir reprendre $\frac{1}{5}$ du prix initial, soit $\frac{\frac{1}{5}}{\frac{4}{5}} = \frac{1}{5} \times \frac{5}{4} = \frac{1}{4}$ de son prix actuel.

7. Moyennes

1. Moyennes arithmétiques

[Définition]

La **moyenne arithmétique** est par définition, la somme des valeurs numériques divisée par le nombre de ces valeurs numériques :

$$\text{Moyenne arithmétique} = \frac{\text{somme des termes}}{\text{nombre de termes}}$$

Trois amies vont faire du shopping : la première dépense 50 €, la deuxième 70 € et la troisième 120 €. Combien ces trois amies ont-elles dépensé en moyenne ?

Ici, on vous demande de calculer une moyenne arithmétique.

La somme des dépenses est égale à 50 + 70 + 120 = 240. La dépense moyenne (moyenne arithmétique) est donc égale à : (50 + 70 + 120) / 3 = 80 €.

[Deux corollaires de la moyenne arithmétique à connaître par cœur !]

$$\text{Somme des termes} = \text{moyenne arithmétique} \times \text{nombre de termes}$$

$$\text{Nombre de termes} = \frac{\text{somme des termes}}{\text{moyenne arithmétique}}$$

La moyenne des âges des frères de David est 23 ans. David a trois frères.
Quelle est la somme des âges des frères de David ?

Pour trouver la somme des âges des frères de David, il suffit d'appliquer le corollaire de la moyenne arithmétique suivant :

Somme des âges = moyenne × nombre de frères = 23 × 3 = 69

2. Moyennes pondérées

[Définition]

Soient N termes T_1, T_2, T_3, …, T_N, auxquels on associe des poids respectifs P_1, P_2, P_3, …, P_N. Alors la moyenne (M) pondérée des N termes est égale à :

$$M = \frac{T_1 \times P_1 + T_2 \times P_2 + T_3 \times P_3 + \ldots + T_N \times P_N}{P_1 + P_2 + P_3 + \ldots + P_N}$$

Au cours du dernier trimestre, Frédéric a obtenu la moyenne de 12 en maths, 11 en français, 11 en histoire et 15 en anglais. Sachant que les coefficients des matières sont respectivement 6, 4, 2 et 2 en maths, français, histoire et anglais, quelle est la moyenne générale de Frédéric au dernier trimestre ?

$$\text{Moyenne} = \frac{(12 \times 6 + 11 \times 4 + 11 \times 2 + 15 \times 2)}{(6 + 4 + 2 + 2)} = \frac{168}{14} = 12$$

[L'approche par la notion de barycentre]

En géométrie, la moyenne pondérée prend le nom de **barycentre. Le barycentre est le centre de gravité de plusieurs points auxquels des poids différents ont été associés.**

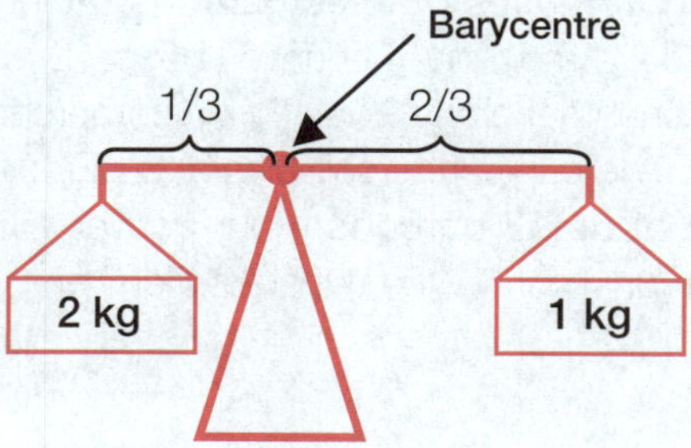

Comme vous le voyez sur ce schéma, le barycentre (appelé aussi point d'équilibre ou point moyen) est situé à 1/3 de la distance du poids de 2 kg et 2/3 de la distance du poids de 1 kg. En d'autres termes, pour atteindre le point d'équilibre, le poids de 1 kg doit compenser le poids de 2 kg par un écart de distance au point d'équilibre deux fois plus grand.

Par une approche analogue, le barycentre permet de trouver une moyenne pondérée grâce aux écarts à la moyenne de chaque terme et en comparant les poids des termes entre eux.

1. Dans une classe de 42 élèves, les garçons ont obtenu 12 de moyenne à un contrôle et les filles ont obtenu 15 de moyenne au même contrôle. La moyenne générale de la classe s'élève à 14. Combien y a-t-il de filles dans la classe ?

Raisonnons à partir de la notion du barycentre.
Le barycentre est ici égal à 14 (c'est la moyenne générale, **le point d'équilibre** de la classe pour ce qui concerne ce contrôle). La moyenne des filles étant plus proche de la moyenne générale que ne l'est celle des garçons, on en déduit que les filles seront plus nombreuses que les garçons. Plus précisément, elles seront **deux fois plus nombreuses** que les garçons. **En effet, comme elles sont deux fois plus proches de la moyenne générale que ne le sont les garçons, elles sont donc deux fois plus nombreuses** (elles pèsent deux fois plus « lourd » que les garçons !). En d'autres termes, **il faut deux filles pour un garçon,** soit : **28 filles et 14 garçons.** Pour trouver 28 et 14, on a simplement multiplié 2 (filles) et 1 (garçon) par 14… Le but étant d'arriver à un nombre total d'élèves égal à 42 !

2. Dans une classe de 30 élèves, les garçons ont obtenu 9 de moyenne à un contrôle et les filles ont obtenu 14 de moyenne au même contrôle. La moyenne générale de la classe s'élève à 12. Combien y a-t-il de filles dans la classe ?

Raisonnons à nouveau à partir de la notion du barycentre.
Le barycentre est ici égal à 12. La moyenne des filles étant plus proche de la moyenne générale que ne l'est celle des garçons (ah ! les filles !), on en déduit là encore que **les filles seront plus nombreuses que les garçons.** Etant donné que la moyenne des filles est à 2 points de la moyenne générale (**14** vs 12) et que celle des garçons est à 3 points de la moyenne générale (**9** vs 12), on comprend qu'**il va falloir 3 filles pour 2 garçons** pour que le barycentre soit bien à 12. En conclusion, **la classe est composée de 18 filles et de 12 garçons.** Pour trouver 18 et 12, on a simplement multiplié 3 (filles) et 2 (garçons) par 6… Le but étant d'arriver à un nombre total d'élèves égal à 30 !

8. Moyennes : 20 applications pour vous entraîner

1. Au mois de mai, j'ai lu en moyenne 67 pages par jour. Combien de pages ai-je lu au total ?

2. Mes sœurs ont dépensé en moyenne 31,14 € pour mon cadeau d'anniversaire. Elles m'ont fait un cadeau d'une valeur de 155 € et 70 centimes. Combien ai-je de sœurs ?

3. Au cours de mes 20 premières années, j'ai pris 49 fois l'avion. Combien de fois l'ai-je pris par an en moyenne ?

4. Quelle est la moyenne de 17 ; 0,2 ; 13 et – 200 ?

5. Quelle est la moyenne de $\frac{1}{2}, \frac{1}{4}, \frac{1}{3}, \frac{1}{8}$?

6. Quelle est la moyenne de 6, 89 et – 13,3 ?

7. Dans un livre il y a en moyenne environ 32,86 pages par chapitres, et il y a au total 756 pages. Combien y a-t-il de chapitres ?

8. Dans une classe de 23 élèves, les 12 filles ont 13,5 de moyenne, et les garçons 12,8. Quelle est la moyenne générale de classe ?

9. Voici mes notes : 13 à un contrôle de coefficient 3, 11 à un contrôle de coefficient 1, et 18 à une interrogation de coefficient 0,5. Quelle est ma moyenne ?

10. Mes 4 frères me prêtent 53 € chacun, et mes 3 sœurs seulement 35 €. Combien d'argent me prêtent-ils tous en moyenne ?

11. La moyenne de 8 nombres vaut 11. Si je retire un nombre, la moyenne tombe à 10. Quel nombre ai-je retiré ?

12 Dans le village il y a 254 femmes et 270 hommes. Les femmes pèsent en moyenne 61,2 kg, et les hommes 83,67. Quel est le poids moyen dans le village ?

13 J'ai deux jeans à 76 € et un jean à 134 €.
Quelle est la valeur moyenne de mes jeans ?

14 Les six filles mesurent en moyenne 1 m 65, et le seul garçon mesure 1,88. Quelle est la taille moyenne ?

15 Thomas a eu un 17 coefficient 4, un 12 coefficient 2 et un 8 coefficient 5. Quelle est sa moyenne ?

16 Eleonore a eu un 16 coefficient 1, un 20 coefficient 2, et un 0 coefficient 4 car elle était absente. Quelle est sa moyenne ?

17 Daniel achète trois cravates à 38 euros chacune et deux ceintures à 67 euros chacune. Combien lui coûte un objet en moyenne ?

18 Du lundi au vendredi je cours 7 km par jour, et le week-end je cours 15 km par jour. Quelle est ma distance de course moyenne par jour ?

19 Au lycée, les 65 filles ont une moyenne générale de 14. Les 49 garçons ont quant à eux une moyenne générale de 16. Quelle est la moyenne générale du lycée ?

20 Deux tiers des trains mesurent 100 mètres de long, et un tiers seulement 85 mètres. Quelle est la longueur moyenne d'un train ?

Corrigés

1. Somme des termes = Nombre de termes × Moyenne = 31 × 67 = 2 077 pages au total.

2. Nombre de termes = $\dfrac{\text{Somme des termes}}{\text{Moyenne}} = \dfrac{155{,}7}{31{,}14}$ = 5 sœurs !

Bien évidemment ici, il n'était pas nécessaire de simplifier consciencieusement votre fraction. Comme nous cherchions un nombre entier et bien rond de sœurs, le bon sens nous engageait à répondre ni 4, ni 6 mais bien 5.

3. $M = \dfrac{49}{20}$ = 2,45 fois par an en moyenne.

4. $M = \dfrac{17 + 0{,}2 + 13 + (-200)}{4} = 42{,}45.$

5. $M = \dfrac{1/2 + 1/4 + 1/3 + 1/8}{4} = 0{,}30.$

6. $M = \dfrac{6 + 89 + (-13{,}3)}{3} = 27{,}2333\ldots$

7. Nombre de termes = $\dfrac{\text{Somme des termes}}{\text{Moyenne}} = \dfrac{756}{32{,}86}$ = 23 chapitres.

8. $M = \dfrac{12 \times 13{,}5 + 11 \times 12{,}8}{23}$ = 13,16 de moyenne générale.

9. $M = \dfrac{13 \times 3 + 11 \times 1 + 18 \times 0{,}5}{3 + 1 + 0{,}5}$ = 13,11 de moyenne.

10. $M = \dfrac{4 \times 53 + 3 \times 35}{4 + 3}$ = 45,29 € chacun en moyenne.

11. Il suffit d'appliquer le corollaire de la moyenne arithmétique :

- La somme des 8 nombres vaut : 11 × 8 = **88**
- La somme des 7 nombres après en avoir enlevé un vaut : 10 × 7 = **70**

On en déduit alors que le nombre que l'on a retiré n'est autre que **18** (*i.e.* 88 – 70)

12. $M = \dfrac{254 \times 61{,}2 + 270 \times 83{,}67}{254 + 270}$ = 72,78 kg en moyenne.

13. $M = \dfrac{2 \times 76 + 1 \times 134}{2 + 1}$ = 95,33 € en moyenne.

14. $M = \dfrac{6 \times 1{,}65 + 1 \times 1{,}88}{6 + 1}$ = 1 m 68.

15. $M = \dfrac{17 \times 4 + 12 \times 2 + 8 \times 5}{4 + 2 + 5}$ = 12 de moyenne.

16. $M = \dfrac{16 \times 1 + 2 \times 2 + 0 \times 4}{1 + 2 + 4}$ = 8 de moyenne.

17. $M = \dfrac{38 \times 3 + 67 \times 2}{3 + 2}$ = 49,6 euros par objet en moyenne.

18. $M = \dfrac{7 \times 5 + 15 \times 2}{5 + 2} = 9{,}28$ km en moyenne par jour.

19. $M = \dfrac{65 \times 14 + 49 \times 16}{65 + 49} = 14{,}86$ de moyenne générale.

20. $M = \dfrac{100 \times 2/3 + 85 \times 1/3}{2/3 + 1/3} = 95$ mètres de long en moyenne.

9. Proportionnalité

Les questions de proportionnalité sont fréquemment posées au Tage Mage. Soyez donc attentifs aux notions qui vont suivre.

On dit que deux grandeurs sont proportionnelles à partir du moment où l'on peut trouver un « *facteur de proportionnalité* » les liant.

Rien de mieux qu'un exemple pour illustrer cela :

> On dit souvent que la consommation d'essence C tous les 100 km d'une voiture est **proportionnelle** à sa vitesse V. C'est-à-dire que l'on peut trouver un « facteur de proportionnalité » F tel que C = V × F. Imaginons que F soit égal à 0,1. Alors si la voiture roule à 100 km/h, elle consommera C = 0,1 × 100 = 10 L tous les 100 km. Si elle roule à 200 km/h, elle consommera C = 0,1 × 200 = 20 L tous les 100 km, et ainsi de suite.

Ainsi, lorsque deux grandeurs sont proportionnelles, il suffit de connaître la valeur de l'une pour immédiatement connaître la valeur de l'autre, à condition de connaître le facteur de proportionnalité.

La question qui vient alors naturellement est : **que faire si l'on ne connaît pas ce fameux facteur par lequel il faut multiplier une grandeur pour obtenir la valeur de l'autre ?** C'est là qu'intervient la très célèbre *règle de trois*.

1. La règle de trois ou « produit en croix »

Reprenons l'exemple de la consommation d'essence C proportionnelle à la vitesse V. Imaginons que l'on ne vous donne pas la valeur de F mais que l'on vous présente les choses ainsi :

> Une voiture parcourt la distance de Paris à Marseille. Sa consommation d'essence est proportionnelle à sa vitesse. Sachant qu'elle consomme 10 L tous les 100 km lorsqu'elle roule à 100 km/h, quelle sera sa consommation d'essence si elle roule à 125 km/h ?

Vous savez ici que les deux grandeurs sont proportionnelles mais vous ne connaissez pas la valeur du facteur de proportionnalité F. Qu'à cela ne tienne, calculons-le !

Première approche : sachant que V et C sont proportionnelles, il existe un réel F tel que C = V × F. En remplaçant C et V par leur valeur dans la première ligne du tableau vous trouvez : 10 = 100 × F, soit F = 10 / 100 = 0,1

Ayant la valeur de F, il ne vous reste plus qu'à écrire que :

C = 125 × 0,1 = 12,5 L tous les 100 km.

Seconde approche : heureusement, il existe une méthode beaucoup plus systématique et rapide pour s'en sortir dans ce genre de situations. En effet, la situation peut se représenter ainsi :

Vitesse	Consommation
100	10
125	*C*

La règle de trois nous dit que les produits des cases diagonales doivent être égaux. Soit : 10 × 125 = 100 × C ; soit : C = 125 × 10 / 100 = 12,5 L

2. La proportionnalité « multiple »

Ce que l'on appelle **proportionnalité multiple** est la mise en parallèle de trois grandeurs proportionnelles deux à deux dont il faut trouver la valeur de l'une d'entre elles. Autrement dit, vous allez devoir modifier la valeur de deux grandeurs pour obtenir la troisième, alors que les deux premières varient déjà l'une en fonction de l'autre ! Un vrai casse-tête ? Pas vraiment !

Prenons un exemple :

Un camion consomme 8 litres aux 100 km quand il roule à 80 km/h. Consommation et vitesse sont proportionnelles. Sachant qu'il a consommé 32 litres en roulant à la vitesse de 40 km/h, quelle distance ce camion a-t-il parcourue ?

En retranscrivant la situation dans un tableau, cela donne :

Vitesse	Consommation	Distance
80 km/h	8 L	100 km
40 km/h	32 L	**?**

Vous commencez à saisir la difficulté de la chose : pour passer de la première à la seconde ligne, il faudrait diviser la vitesse par 2 (de 80 à 40 km/h) et par conséquent la consommation aussi :

Vitesse	Consommation
80 km/h	8 L
40 km/h	4 L

Mais celle-ci passerait alors à 4 L et non pas 32 L. Il suffirait alors de multiplier le tout par 8 pour tomber sur la bonne consommation :

Vitesse	Consommation
80 km/h	8 L
320 km/h	32 L

Mais la vitesse deviendrait alors égale à 320 km/h ! On tourne en rond.

> Pour résoudre ce problème, il faut se dire que pour consommer 8 fois plus, il suffit de rouler 8 fois plus vite… Ou encore rouler sur 8 fois plus de distance (à la même vitesse bien sûr). La clé de la proportionnalité multiple est donc de **toujours changer deux grandeurs en laissant la troisième fixe.**

Dans notre exemple, nous allons d'abord diviser la vitesse du camion par 2 et impacter cela sur la consommation. La distance, elle, ne bouge pas. Si je roule 2 fois moins vite **sur la même distance,** le camion consomme 2 fois moins d'essence.

Vitesse	Consommation	Distance
40 km/h	4 L	100 km

Enfin, **s'il roule à la même vitesse** mais consomme 8 fois plus d'essence, c'est qu'il a alors roulé sur 8 fois plus de distance. Réponse : 800 km.

Vitesse	Consommation	Distance
40 km/h	32 L	800 km

10. Équations

1. Opérations autorisées sur les équations et inéquations

1. Dans une équation, vous avez le droit de :

- **Ajouter** la même quantité aux deux membres : $X + Y = Z \Leftrightarrow X + Y + 2 = Z + 2$
- **Soustraire** la même quantité aux deux membres : $X + Y = Z \Leftrightarrow X + Y - 7 = Z - 7$
- **Multiplier** les deux membres par la même quantité : $X + Y = Z \Leftrightarrow 2 \times (X + Y) = 2 \times Z$
- **Diviser** les deux membres par la même quantité non nulle : $X + Y = Z \Leftrightarrow \frac{X+Y}{21} = \frac{Z}{21}$

En revanche, attention, dans une inéquation, vous devez prendre vos précautions au moment de multiplier ou diviser. En effet, réaliser ce genre d'opérations avec une quantité négative **inversera** le sens de l'inégalité alors qu'une quantité positive conservera celui-ci.

2. Aussi, vous pouvez appliquer des opérations entre les équations elles-mêmes. En effet, dans un système vous avez le droit de :

- **Sommer** deux équations
- **Soustraire** deux équations
- **Multiplier** deux équations
- **Diviser** deux équations à condition que les membres soient non nuls

En revanche, une seule opération est autorisée sur des inéquations : vous ne pouvez que **sommer** deux inéquations, à condition qu'elles soient **dans le même sens.** Par exemple, vous avez :

$$\begin{cases} X + Y \leq Z \\ X - Y \leq 2Z \end{cases} \Leftrightarrow \begin{cases} X + Y + X - Y \leq Z + 2Z \\ X - Y \leq 2Z \end{cases} \Leftrightarrow \begin{cases} 2X \leq 3Z \\ X - Y \leq 2Z \end{cases}$$

Bien évidemment, la dernière opération autorisée dans une équation (et jamais dans une inéquation) est de remplacer une inconnue par sa valeur dans une autre équation. Par exemple :

$$\begin{cases} X + Y = Z \\ Y = 2X \end{cases} \Leftrightarrow \begin{cases} X + 2X = Z \\ Y = 2X \end{cases}$$

Vous voici avec toutes les cartes en main pour résoudre un système : des inconnues intelligemment posées, des mises en équations raisonnées et une liste d'opérations autorisées et maîtrisées. Il ne vous reste plus qu'à appliquer une méthode…

2. Résolution d'un système d'équations

La première des choses que vous devez déterminer est la classification de votre système : combien d'inconnues, combien d'équations, combien de contraintes (à partir de maintenant les inéquations seront considérées comme des contraintes) ?

A partir de là, vous pouvez en tirer quelques règles :

- **Si le système a plus d'inconnues que d'équations et aucune contrainte, vous ne pourrez pas trouver une unique valeur pour toutes les inconnues (mais peut-être pour certaines).**
- **Si le système a autant d'équations que d'inconnues et aucune contrainte, alors vous pourrez trouver une unique valeur pour toutes les inconnues à condition que les équations soient toutes indépendantes.**
- **Si le système a plus d'équations que d'inconnues, c'est que deux équations au moins sont forcément liées.**

Grâce à ces observations, vous pourrez aisément vous débarrasser du superflu si vous avez trop d'informations, ou au contraire vous concentrer sur les inconnues les plus importantes si vous savez que toutes n'auront pas une valeur unique.

Le deuxième point capital est celui des contraintes : elles peuvent être très puissantes. N'oubliez jamais que, par exemple, dire que $A \times B = 2$ signifie qu'il existe une infinité de valeurs possibles pour A comme B, **alors que si l'on précise** que A et B sont des entiers naturels, et bien il ne nous reste plus que deux couples de solutions possibles à savoir : $A = 1$ et $B = 2$ ou $A = 2$ et $B = 1$. Ainsi, des contraintes apparemment insignifiantes peuvent limiter de façon drastique le nombre de solutions et vous amener à trouver la solution en deux coups de cuillère à pot ! Ne négligez donc jamais ces contraintes.

Enfin, dernier point, et pas des moindres : il va falloir résoudre votre système de façon intelligente, à savoir en faisant en sorte de trouver en priorité la valeur des inconnues que vous recherchez.

Roland va au marché. Il achète 10 pommes et 7 bananes, et paye un montant total de 24 €. S'il avait acheté 4 pommes et 12 bananes, il aurait payé 28 €. Combien coûte une banane ?

Le système correspondant à cette question est :

$$\begin{cases} 10P + 7B = 24 \\ 4P + 12B = 28 \end{cases}$$

Méthode de résolution par substitution :
Sachant que nous cherchons la valeur de B, nous allons tenter d'y arriver le plus rapidement possible en exprimant P en fonction de B dans la seconde équation :

$$\begin{cases} 10P + 7B = 24 \\ 4P + 12B = 28 \end{cases} \Leftrightarrow \begin{cases} 10P + 7B = 24 \\ 4P = 28 - 12B \end{cases} \Leftrightarrow \begin{cases} 10P + 7B = 24 \\ P = 7 - 3B \end{cases}$$

Il ne vous reste plus qu'à remplacer P par sa valeur dans la première équation pour obtenir :

$$\begin{cases} 10 \times (7 - 3B) + 7B = 24 \\ P = 7 - 3B \end{cases}$$

Votre première équation ne comporte donc plus qu'une inconnue (B). Etant donné que c'est celle que vous cherchez, vous pouvez à présent faire abstraction de la seconde équation. En faisant l'inverse, c'est-à-dire en exprimant B en fonction de P dans la seconde, le calcul aurait duré deux fois plus longtemps : il aurait fallu trouver la valeur de P (dont on n'a pas besoin) puis la remplacer dans la seconde équation pour obtenir B.

Vous trouvez donc au final : $70 - 30B + 7B = 24 \Leftrightarrow -23B = -46 \Leftrightarrow B = 2$ €

3. Equation du second degré

Même si les équations du second degré se font de plus en plus rare au Tage Mage, voici ce que vous devez savoir :

1. Soit A un nombre réel positif tel que : $X^2 = A$. On a alors : $X = \sqrt{A}$ ou $-\sqrt{A}$.

Exemple : Si $X^2 = 4$, alors $X = \sqrt{4}$ ou $-\sqrt{4}$, soit encore $X = 2$ ou -2.

2. Soient a, b et c, trois nombres réels. L'équation : $aX^2 + bX + c = 0$ est appelée équation du second degré.

Pour résoudre cette équation, vous devez d'abord calculer son discriminant **D**, qui est égal à : $D = b^2 - 4 \times a \times c$

Trois cas se présentent alors à vous :

(1) **$D < 0$**
Dans ce cas, l'équation $aX^2 + bX + c = 0$ n'admet **aucune solution réelle.**

(2) **$D = 0$**
Dans ce cas, l'équation $aX^2 + bX + c = 0$ admet une **solution** réelle **unique.**

Cette solution unique vaut : $\frac{-b}{2a}$

(3) **$D > 0$**
Dans ce cas, l'équation $aX^2 + bX + c = 0$ admet **deux solutions réelles distinctes.**

La première solution vaut : $\frac{-b + \sqrt{D}}{2a}$

Et la seconde solution vaut : $\frac{-b - \sqrt{D}}{2a}$

11. Vitesses, temps et distances

1. Trois lettres : V, T et D

On considère les trois variables suivantes :

- **V**, la vitesse d'un objet pendant une durée **T** pour parcourir une distance **D**.
- **T**, le temps/la durée mis par l'objet pour parcourir une distance **D** à la vitesse **V**.
- **D**, la distance parcourue par objet à une vitesse **V** pendent un temps/une durée **T**.

Les problèmes VTD s'appuient sur **les trois formules suivantes** :

(1) $V = \frac{D}{T}$ **(2) $D = V \times T$** **(3) $T = \frac{D}{V}$**

Dans chaque problème, posez-vous d'abord la question suivante : quelle est précisément la variable que je cherche ?

- Si vous cherchez une vitesse, utilisez la formule (1).
- Si vous cherchez une distance, utilisez la formule (2).
- Si vous cherchez un temps, utilisez la formule (3).

Ensuite, **soyez toujours attentifs aux unités** avant d'utiliser ces formules, et assurez-vous toujours que les unités soient bien homogènes (identiques) au sein de la formule. Par exemple, si la vitesse est exprimée en km/h, alors le temps doit être exprimé en heures et la distance en kilomètres.

Un avion reliant Paris à New York a parcouru la distance de 5 200 km en 6 heures et 30 minutes. Quelle a été sa vitesse de vol ?

Ici, vous cherchez une vitesse et vous devez donc bien sûr appliquer la formule :

$V = \frac{D}{T} = \frac{5\,200 \text{ km}}{6{,}5 \text{ h}} = 800 \text{ km/h}$ (Attention ! 6 h 30 = 6,5 h… Pas 6,3 h !

Un marcheur parcourt 13 km à la vitesse de 4 km/h. Combien de temps a-t-il mis pour parcourir cette distance ?

On remplace tout simplement la distance et la vitesse dans la formule :

$T = \frac{D}{V} = \frac{13 \text{ km}}{4 \text{ km/h}} = 3{,}25 \text{ h} = 3 \text{ h } 15 \text{ min}$. Rappel : $0{,}25 \text{ h} = \frac{1}{4} \text{ h} = 15 \text{ min}$

Une voiture roule pendant 2 h 20 min à 90 km/h. Quelle distance a-t-elle parcourue ?

Vous devez convertir les minutes en heures (ici $2 \text{ h } 20 = \frac{7}{3} \text{ h}$) puis appliquer la formule :

$D = V \times T = \frac{7}{3} \text{ h} \times 90 \text{ km/h} = 210 \text{ km}$.

[Conversion des km/h en m/s]

Pour passer des m/s aux km/h, on multiplie les m/s par 3,6.

Pour passer des km/h aux m/s, on divise les km/h par 3,6.

2. Le tableau VTD

Le tableau VTD est un outil très utile pour simplifier la compréhension d'un énoncé. Il n'est pas obligatoire pour résoudre une question, mais il s'avère souvent utile pour celles et ceux qui ont besoin de « tout mettre à plat ». Voici ce tableau :

	V	T	D
Acteur 1	V_1	T_1	D_1
Acteur 2	V_2	T_2	D_2

Ce tableau VTD va nous servir dans les parties suivantes.

3. Les grands classiques du Tage Mage

[Le cas de rattrapage]

Deux objets quittent un même lieu à deux moments différents et avec deux vitesses différentes. Ils se dirigent vers le même endroit. L'un des objets est parti en avance et le second rattrape le premier, et ce, grâce à une vitesse supérieure. **Dans un cas de rattrapage, vous devez appliquer l'équation clé :**

$$D_1 = D_2$$

Exemple :

Jeanne part en voiture de la ville A en direction de la ville B à 12 h à la vitesse de 48 km/h. A 13 h, Jean part de la ville A en direction de la ville B à la vitesse de 60 km/h. A quelle heure Jean va-t-il rattraper Jeanne ?

Utilisons dans un premier temps un tableau VTD.

On applique l'égalité $D_1 = D_2$. On sait en outre que comme Jean part avec une heure de retard par rapport à Jeanne : $T_{Jean} = T_{Jeanne} - 1$. En effet Jean dispose d'une heure de moins que Jeanne pour parcourir la distance qui la sépare du point de rencontre (cette distance étant la même pour Jean que pour Jeanne).

	V	T	D
Jeanne	48 km/h	$T_{Jean} + 1$	$D_{rattrapage}$
Jean	60 km/h	T_{Jean}	$D_{rattrapage}$

Pour trouver T_{Jeanne}, on applique l'égalité suivante :

$D_{Jean} = D_{Jeanne} \Leftrightarrow V_{Jean} \times T_{Jeanne} = V_{Jeanne} \times T_{Jeanne} \Leftrightarrow \mathbf{60T_{Jean} = 48(T_{Jean} + 1)}$

Par conséquent, $12T_{Jean} = 48$; $T_{Jean} = \frac{48}{12} = 4h$ et $T_{Jeanne} = T_{Jean} + 1 = 4 + 1 = 5h$.

Réponse : Jean rattrape Jeanne à 17h (13h + 4 heures).

Astuce : vous auriez pu également raisonner autour de la vitesse de rattrapage.

Jean va à la vitesse de 60 km/h et Jeanne à la vitesse de 48 km/h. Par conséquent, la vitesse de rattrapage est de 12 km/h (60 – 48 = 12). Cela signifie qu'en 1 heure, Jean rattrape Jeanne de 12 km. Etant donné que Jeanne a 48 km d'avance sur Jean (la distance parcourue par Jeanne à la vitesse de 48 km/h pendant 1 heure), il faut 4 heures ($\frac{48}{4} = 12$) à Jean pour rattraper Jeanne. Jean rattrape donc bien Jeanne à 17 h.

[Le cas croisement]

Deux acteurs partent de deux endroits éloignés d'une distance D_{Total}.

Dans un cas de croisement, vous devez résoudre l'équation clé suivante :

$$D_{Total} = D_1 + D_2$$

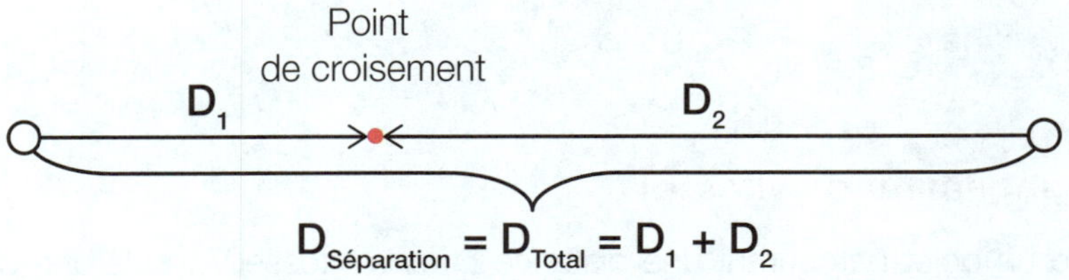

Un train part d'Auxerre à 10 h et roule à la vitesse de 200 km/h. A la même heure, un train part de Marseille et roule à 300 km/h. A quelle distance de Marseille les trains se croisent-ils, sachant que les deux villes sont éloignées de 700 km ?

Vous cherchez ici la distance entre le point de rencontre des deux trains et la ville de Marseille, soit la distance $D_{Marseille}$. Utilisez là encore un tableau VTD :

	V	T	D
Auxerre	200 km/h	$T_{Auxerre}$	$700 - D_{Marseille}$
Marseille	300 km/h	$T_{Marseille}$	$D_{Marseille}$

Les deux trains se croisent au même moment, soit $T_{Auxerre} = T_{Marseille}$, ou encore :

$$\frac{D_{Auxerre}}{V_{Auxerre}} = \frac{D_{Marseille}}{V_{Marseille}} \Leftrightarrow \frac{700 - D_{Marseille}}{200} = \frac{D_{Marseille}}{300}$$

Après résolution, vous obtenez $D_{Marseille} = 420$ km.

[Le cas aller-retour]

On considère un objet effectuant l'aller d'un parcours à une vitesse V_1, puis le retour du même parcours à la vitesse V_2.

Alors la vitesse moyenne de l'objet sur l'aller-retour est donnée par :

$$\textbf{Vitesse moyenne} = H = \frac{2 \times V_1 \times V_2}{V_1 + V_2}$$

Cette vitesse moyenne est également appelée **moyenne harmonique.**

Un coureur part de Paris pour aller à Versailles, puis revient par le même chemin. Il effectue l'aller à 8 km/h et le retour à 14 km/h. Quelle est la vitesse moyenne du coureur sur l'ensemble du parcours ?

La vitesse moyenne du coureur aller-retour Paris Versailles est égale à :

$$\text{Vitesse moyenne} = \frac{2 \times 8 \times 14}{8 + 14} \approx 10{,}2 \text{ km/h}$$

[Le cas changement de vitesse]

On considère un objet parcourant une distance D_1 à la vitesse V_1, puis une distance D_2 à une vitesse V_2. On étudie donc l'impact d'une accélération, ou d'une décélération, sur une vitesse moyenne. La vitesse moyenne de l'objet sur la distance $D_1 + D_2$ est égale à la moyenne harmonique des vitesses, donnée par la formule suivante :

$$\textbf{Vitesse moyenne} = \frac{D_1 + D_2}{\frac{D_1}{V_1} + \frac{D_2}{V_2}}$$

Une voiture roule pendant 1 heure à la vitesse de 80 km/h, puis accélère et roule pendant 60 km à la vitesse de 120 km/h. Quelle est la vitesse moyenne de l'automobiliste sur l'ensemble du parcours ?

L'automobiliste a effectué dans un premier temps 80 km à la vitesse de 80 km/h, puis dans un second temps 60 km à la vitesse de 120 km/h. Il a roulé au total 1,5 heure pour parcourir une distance totale de 140 km. La vitesse moyenne est donc égale à 140/1,5 ≈ 93,33 km/h.

La vitesse moyenne était aussi directement calculable *via* la formule suivante :

$$\text{Vitesse moyenne} = \frac{80 + 60}{\frac{80}{80} + \frac{60}{120}} \approx 93{,}33 \text{ km/h}$$

12. Vitesses, temps et distances : 20 applications pour vous entraîner

1 Une voiture a parcouru 810 km en 9 heures. Quelle a été sa vitesse ?

2 J'ai couru pendant 1 h 45 à la vitesse de 10 km/h. Quelle distance ai-je parcouru ?

3 Les avions volent à 1 200 km/h entre Rotterdam et Rio, distantes de 10 000 km. Quelle est la durée du vol ?

4 Un cargo avance de 1 200 km par jour. Quelle est sa vitesse en km/h ?

5 Une navette spatiale volant à 5 000 km/h a besoin de trois jours et huit heures pour atteindre la lune. Quelle est la distance entre la Terre et la lune ?

6 Un sprinter peut courir à la vitesse moyenne de 36 km/h. De combien de temps a-t-il besoin pour effectuer 200 m ?

7 Un cycliste roule pendant quatre heures et demie et effectue 180 kilomètres. A quelle vitesse a-t-il roulé ?

8 Un coureur de fond a couru pendant 3 h 20 à la vitesse moyenne de 15 km/h. Quelle distance a-t-il parcouru ?

9 Un skieur descend une piste de slalom en 2,25 km à la vitesse moyenne de 25 m/s. Quelle est la durée de la descente ?

10 Une balle de pistolet touche une cible située à 100 m en 0,125 s. Quelle est sa vitesse en km/h ?

11 Les oiseaux migrateurs volent pendant 3 jours d'affilée à la vitesse de 40 km/h. Quelle distance parcourent-ils ?

12 De combien de temps a besoin un cheval galopant à 56 km/h pour finir une course de 7 km ?

13 Une formule 1 a fait le tour d'un circuit de 12 km en seulement 3 minutes 12 secondes.
Quelle est sa vitesse ?

14 La lumière du soleil, qui avance à 300 000 km/s, met 8 minutes à atteindre la terre. Quelle est la distance terre/soleil ?

15 Je parcours 500 km à la vitesse moyenne de 120 km/h.
Combien de temps dure mon trajet ?

16 Un objet tombe du haut de la tour Eiffel (300 m) en 20 s.
Quelle est sa vitesse en km/h ?

17 Un avion volant à la vitesse du son (340 m/s) vole pendant 2 h.
Quelle distance (en km) parcourt-il ?

18 Un escargot avançant à la vitesse de 1,2 m/h essaie de rejoindre un buisson situé à 12,3 m. Combien de temps va-t-il mettre ?

19 Je nage pendant 36 minutes et parcours 2,4 km.
Quelle est ma vitesse ?

20 Un athlète court à une vitesse de 20 km/h pendant 2 h 03.
Quelle distance parcourt-il ?

Corrigés

1. $V = \frac{D}{T} = \frac{810}{9} = 90$ km/h.

2. $D = V \times T = 10 \times 1,75 = 17,5$ km !

3. $T = \frac{D}{V} = \frac{10\,000}{1\,200} = \frac{100}{12} = \frac{50}{6} = \frac{25}{3} = \frac{24}{3} + \frac{1}{3} = 8 + \frac{1}{3} = 8$ heures $+ \frac{1}{3}$ d'heure soit 8 heures et 20 minutes.

4. $V = \frac{D}{T} = \frac{1\,200}{24} = 50$ km/h.

5. Trois jours et huit heures font 80 h.
   $D = V \times T = 5\,000 \times 80 = 400\,000$ km.

6. 36 km/h = 0,6 km/min = 0,01 km/s = 10 m/s.
   $T = \frac{D}{V} = \frac{200}{10} = 20$ s.

7. $V = \frac{D}{T} = \frac{180}{4,5} = 40$ km/h.

8. $15 \times \left(\frac{10}{3}\right) = \frac{150}{3} = 50$ km.
   Retenez bien que 3 heures et 20 minutes sont équivalentes 3 heures $+ \frac{1}{3}$ d'heure soit $3 + \frac{1}{3} = \frac{9}{3} + \frac{1}{3} = \frac{10}{3}$.

9. $T = \frac{D}{V} = \frac{2\,250}{25} = 90$ s = 1 min 30 s.

10. Commençons par trouver la vitesse en km/s.
    $V = \frac{D}{T} = \frac{0,1}{0,125} = 0,8$ km/s.
    Et $0,8 \times 3\,600 = 2\,880$. Elle va donc a 2 880 km/h.

11. Calculons à présent la distance : $D = V \times T = 40 \times 72 = 2\,880$ km.

12. $T = \frac{D}{V} = \frac{7}{56} = \frac{1}{8}$ h = 7 min 30 s.

13. 3 min 12 s = 3,2 min.
    $V = \frac{D}{T} = \frac{12}{3,2} = 3,75$ km/min $= 2,75 \times 60$ km/h = 225 km/h.

14. $D = V \times T = 300\,000 \times 480 = 144\,000\,000$ km.

15. $T = \frac{D}{V} = \frac{500}{120} = \frac{100}{24} = \frac{25}{6} = \frac{24}{6} + \frac{1}{6} = 4 + \frac{1}{6}$ autrement dit : 4 heures $+ \frac{1}{10}$ d'heure soit 4 heures et 10 minutes.

16. $V = \frac{D}{T} = 300/20 = 15$ m/s = 54 km/h.

17. $D = V \times T = 0,34 \times 7\,200 = 2\,448$ km.

18. $T = \frac{D}{V} = \frac{12,3}{1,2} = 10,25$ h, soit 10 h 15 minutes.

19. 36 min = 0,6 h. $V = \frac{D}{T} = \frac{2,4}{0,6} = 4$ km/h.

20. 2 h 03 min = 2,05 h. D = V × T = 20 × 2,05 = 41 km.

13. Unités et conversions

1. Les unités de longueur

Les unités de longueur sont utilisées pour mesurer une distance entre deux points.

km	Kilomètre	1 000 m
hm	Hectomètre	100 m
dam	Décamètre	10 m
m	Mètre	1 m
dm	Décimètre	0,1 m
cm	Centimètre	0,01 m
mm	Millimètre	0,001 m
nm	Nanomètre	10^{-9} m

Les multiples vont de 10 en 10 car l'unité légale (le mètre) est de dimension 1 (à la puissance 1).

2. Les unités d'aire

L'aire est la mesure d'une surface et l'unité légale d'aire est le mètre carré dans le système métrique.

km^2	Kilomètre carré	10^6 m^2
hm^2	Hectomètre carré	10^4 m^2
dam^2	Décamètre carré	10^2 m^2
m^2	Mètre carré	1 m^2
dm^2	Décimètre carré	10^{-2} m^2
cm^2	Centimètre carré	10^{-4} m^2
mm^2	Millimètre carré	10^{-6} m^2

Les multiples vont de 10^2 (100) en 10^2 (100) car l'unité légale (le mètre carré) est de dimension 2 (à la puissance 2). Retenez bien que les mètres carrés sont des mètres multipliés par des mètres.

3. Les unités agraires

Vous serez parfois confrontés aux unités agraires pour mesurer des surfaces agricoles. L'unité de base est l'are (a), qui possède comme seul multiple l'hectare (ha), principalement utilisé. Les équivalences avec les mesures d'aire du système métrique sont les suivantes :

1 are = 1 a = 100 m² **1 hectare = 1 ha = 10 000 m²**

Rangez par ordre décroissant :

2 m² 0,00002 km² 0,02 ha 2 000 cm²

Convertissez toutes les surfaces en m² pour pouvoir comparer les expressions :

2 m² 0,00002 km² = **20 m²** 0,02 ha = **200 m²** 2 000 cm² = **0,2 m²**

En conclusion : 0,02 ha > 0,00002 km² > 2 m² > 2 000 cm²

4. Les unités de volume

Le volume d'un objet est son « extension dans l'espace ». L'unité de base du volume est le mètre cube.

km³	Kilomètre cube	10^9 m³
hm³	Hectomètre cube	10^6 m³
dam³	Décamètre cube	10^3 m³
m³	Mètre cube	1 m³
dm³	Décimètre cube	10^{-3} m³
cm³	Centimètre cube	10^{-6} m³
mm³	Millimètre cube	10^{-9} m³

Les multiples vont de 10^3 (1 000) en 10^3 (1 000) car l'unité légale (le mètre cube) est de dimension 3 (à la puissance 3).

5. Les unités de capacité

Le litre est une unité de contenance. Elle est utilisée pour mesurer un volume de liquide ou de gaz contenu dans un récipient.

hL	L'hectolitre	100 L
daL	Le décalitre	10 L
L	Le litre	1 L
dL	Le décilitre	0,1 L
cL	Le centilitre	0,01 L
mL	Le millilitre	0,001 L

Par convention, le litre est défini comme la capacité de contenance d'un cube de 10 cm de côté, soit un volume de 1 dm^3.

Retenez les correspondances litre/mètre cube suivantes :

1 kL = 1 m^3 = 1 000 L **1 L = 1 dm^3 = 1 000 cm^3** **1 mL = 1 cm^3**

6. Les unités de masse

Le tableau ci-dessous résume les principaux multiples et sous-multiples de la masse.

kg	Kilogramme	1 000 g
hg	Hectogramme	100 g
dag	Décagramme	10 g
g	Gramme	1 g
dg	Décigramme	0,1 g
cg	Centigramme	0,01 g
mg	Milligramme	0,001 g

Dans l'industrie et le commerce, il arrive d'utiliser la tonne (T) et le quintal (q) pour exprimer une masse.

1 q = 100 kg **1 T = 1 000 kg**

7. Les unités de temps

Pour les unités de temps, à la place des multiples et des sous-multiples habituels, on utilise des heures, des minutes et des secondes qui suivent une base 60.

1 h = 60 min   1 min = 60 s   1 h = 3 600 s

Dans les conversions heures/minutes/secondes, la méthode essentielle consiste à former des ensembles de 60 minutes et de 60 secondes pour les convertir ensuite respectivement en heures et en minutes.

Le tableau suivant vous rappelle les principales correspondances heures / minutes / secondes / jours à connaître par cœur :

1 h = 60 min	1 h = 3 600 s	1 j = 24 h = 1 440 min	0,1 h = 6 min
1/6 h = 10 min	1/5 h = 12 min	1/4 h = 15 min	1/3 h = 20 min
1/2 h = 30 min	1 an = 365 jours (366 pour les années bissextiles)		

Convertissez les données suivantes :

72 min en h	192 s en min	84 s en min	1,4 h en min
1,2 j en min	36 min en h	1 h 06 min en s	4 j 4 h en h

72 min = 1,2 h
192 s = 3,2 min
84 s = 1,4 min
1,4 h = 1 h 24 min = 84 min
1,2 j = 1 728 min
36 min = 0,6 h
1 h 06 min = 3 960 s
4 j 4 h = 100 h

14. Progressions arithmétiques et géométriques

1. Progression arithmétique

[Définition]

Soit U_n une suite arithmétique, définie par $\mathbf{U_n = U_0 + n \times r}$

U_0 est le premier terme de la suite U_n, **n** le nombre de termes de la suite U_n et **r** la raison de la suite U_n.

Exemple : dans la suite $U_n = 4 + 3n$, le premier terme vaut 4, et la raison vaut 3.

Ainsi, la suite progressera de la façon suivante : **4 – 7 – 10 – 13 – 16 – 19 – 22...**

[Somme des termes d'une suite arithmétique]

La somme des termes d'une suite arithmétique vaut :

$$\frac{1}{2} \times \text{(premier terme + dernier terme)} \times \text{nombre de termes}$$

Ainsi, si l'on vous demande de calculer par exemple la somme de tous les nombres suivants : 7, 13, 19, 25, 31, 37, 43, 49, 55, 61 et bien c'est très simple puisqu'il vous suffit de remarquer que le premier terme de cette suite de nombre est 7, que le dernier est 61 et qu'il y en a 10.

Ce qui nous donne : $\frac{1}{2} \times (7 + 61) \times 10 = \frac{1}{2} \times 68 \times 10 = \frac{680}{2} = 340$

[Un cas particulier : la somme des N premiers entiers naturels]

La somme des N premiers entiers naturels est égale à : $\frac{N \times (N + 1)}{2}$

2. Progression géométrique

[Définition]

Soit U_n une suite géométrique, définie par $\mathbf{U_n = U_0 \times q^n}$

U_0 est le premier terme de la suite U_n, **n** le nombre de termes de la suite U_n et **q** la raison de la suite U_n.

Exemple : dans la suite $U_n = 5 \times 3^n$, le premier terme vaut 5, et la raison vaut 3.

Ainsi, la suite progressera de la façon suivante : **5 – 15 – 45 – 135 – 675 – 3 375 ...**

[Somme des termes d'une suite géométrique]

La somme des termes d'une suite géométrique vaut :

$$\textbf{Premier terme} \times \frac{q^{\text{nombre de termes}} - 1}{(q-1)}$$

Ainsi, si l'on vous demande de calculer par exemple la somme de tous les nombres suivants : 8, 40, 200, 1 000, 5 000, 25 000 et bien c'est encore très simple puisqu'il vous suffit de remarquer que le premier terme de cette suite de nombre est 8, que la raison vaut 5 et qu'il y a 6 nombres (ou termes) différents.

Ce qui nous donne : $8 \times \frac{5^6 - 1}{5 - 1} = \cancel{8} \times \frac{15\,625 - 1}{\cancel{4}} = 2 \times 15\,624 = 31\,248$

Dans ce cas précis, il est vrai que l'on aurait fait plus vite de calculer de tête la somme 8 + 40 + 200 + 1 000 + 5 000 + 25 000… Mais bon, au moins maintenant, vous savez comment appliquer cette formule !

15. Temps de travail

Pour connaître le temps T que vont mettre N personnes **ensemble** pour réaliser un travail, il vous suffit d'appliquer la formule suivante :

$$\frac{1}{T} = \sum_{k=1}^{N} \frac{1}{T_k} = \frac{1}{T_1} + \frac{1}{T_2} + \ldots + \frac{1}{T_N}$$

Avec T_1, T_2, …, T_N sont les temps respectifs mis par les N personnes pour réaliser ce même travail, **mais** seules.

Sacha doit ranger sa chambre. Il sait que tout seul, cela lui prendra 3 h. Son ami Jonas, qui vient l'aider, est capable de ranger la chambre en 2 h sans l'aide de personne. S'ils s'y mettent ensemble, la formule vous indique qu'ils mettront un temps total T de :

$$\mathbf{\frac{1}{T}} = \frac{1}{3} + \frac{1}{2} = \frac{2}{6} + \frac{3}{6} = \mathbf{\frac{5}{6}}$$

Soit : $T = \frac{6}{5} = 1{,}2$ h = 1 h 12

Attention à ne pas vous dire que si l'un met 2 h et l'autre 3 h, alors ensemble ils mettront 2 h 30, soit plus de temps que Jonas tout seul !

Ainsi, si vous connaissez le temps mis indépendamment par chacun des membres du groupe pour réaliser la tâche, vous pouvez en déduire le temps total mis par le groupe s'ils la réalisent tous ensemble. Et réciproquement, vous pouvez déduire le temps mis seul par une personne parmi le groupe à condition de connaître le temps de tous les autres membres, ainsi que le temps total mis par le groupe.

16. Géométrie

1. Présentation des figures usuelles et de leurs caractéristiques

[Cercle]

Courbe formée de points situés à la même distance *r* (appelée « rayon ») d'un point nommé « centre ». La longueur *2r* est appelée « diamètre du cercle ». Un arc de cercle est la portion d'un cercle, définie par un angle. Dans la figure ci-dessous, *a* représente l'angle relatif à la portion du cercle.

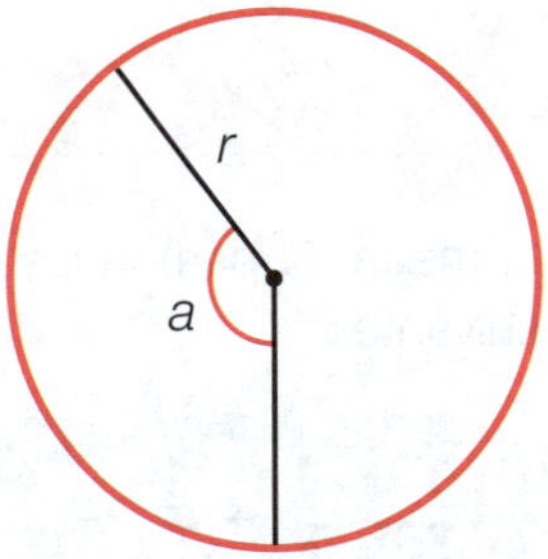

[Triangle]

Figure à 3 côtés.

- **Triangle rectangle :** triangle possédant un angle droit.
- **Triangle isocèle :** triangle possédant 2 côtés égaux.
- **Triangle équilatéral :** triangle possédant 3 côtés égaux et 3 angles égaux, chacun égal à 60°.

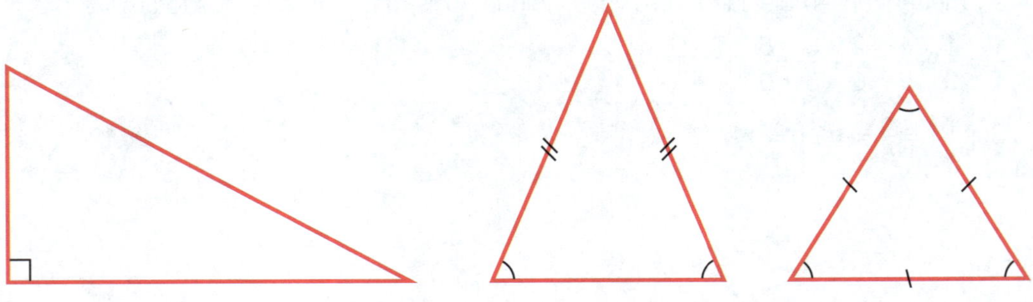

[Quadrilatère]

En géométrie plane, un quadrilatère (parfois appelé ou tétragone) est un polygone à quatre côtés. Les trapèzes, parallélogrammes, losanges, rectangles, carrés et cerfs-volants sont des quadrilatères particuliers.

- **Trapèze :** quadrilatère possédant 2 côtés opposés parallèles.

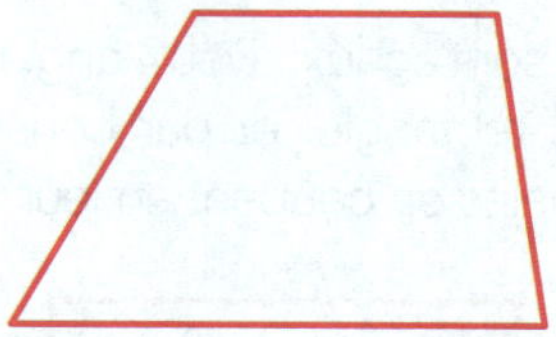

- **Parallélogramme :** un parallélogramme est un quadrilatère dont les côtés opposés sont parallèles deux à deux. Les diagonales du parallélogramme se coupent en leur milieu.

- **Losange :** un losange est un parallélogramme particulier ayant deux côtés consécutifs de même longueur. Notez aussi que ses diagonales se coupent en leur milieu et qu'elles sont perpendiculaires.

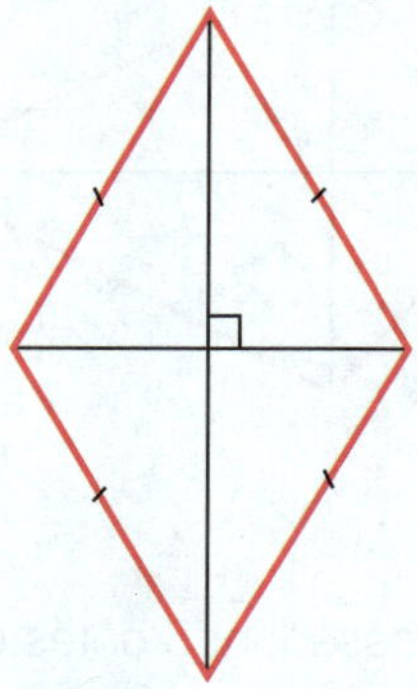

- **Rectangle :** quadrilatère qui possède quatre angles droits.

- **Carré :** rectangle dont les 4 côtés sont égaux, avec 4 angles droits. C'est donc un quadrilatère qui est à la fois un losange, un rectangle, et par conséquent aussi un parallélogramme particulier. Notez que ses diagonales se coupent en leur milieu en formant un angle droit.

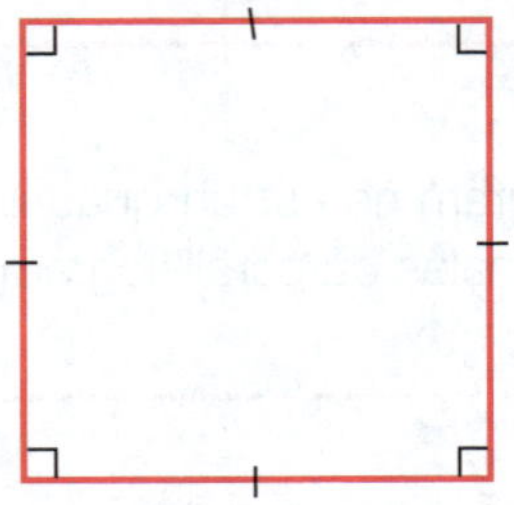

- **Cerf-volant :** le cerf-volant est un quadrilatère dont une des diagonales est un axe de symétrie. La diagonale qui est un axe de symétrie, divise le cerf-volant en deux triangles isométriques (identiques). Cette diagonale est la médiatrice de l'autre diagonale (une médiatrice étant une droite passant par le milieu d'un segment et qui est perpendiculaire à ce même segment). Vous noterez enfin que si tous les côtés du cerf-volant sont de même longueur, le cerf-volant est alors un losange.

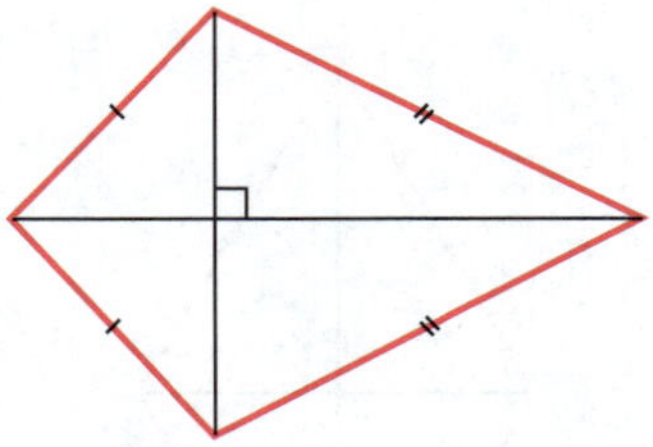

[Autres figures]

- **Pentagone :** figure à 5 côtés.
- **Pentagone régulier :** pentagone possédant 5 côtés égaux.
- **Hexagone :** figure à 6 côtés.
- **Hexagone régulier :** hexagone possédant 6 côtés égaux.
- **Heptagone :** figure à 7 côtés.
- **Heptagone régulier :** heptagone possédant 7 côtés égaux.
- **Octogone :** figure à 8 côtés.
- **Octogone régulier :** octogone possédant 8 côtés égaux.

2. Périmètres, aires, volumes : définitions, formules et méthodes

[Périmètres]

- Triangle isocèle de base b et de côté c : $b + 2c$
- Triangle équilatéral de côté c : $3c$
- Parallélogramme de largeur l et de longueur L : $2 \times (l + L)$
- Losange de côté c : $4c$
- Rectangle de largeur l et de longueur L : $2 \times (l + L)$
- Carré de côté c : $4c$
- Cercle de rayon r : $2\pi r$
- Arc de cercle de rayon r et d'angle a : $2\pi r \times \dfrac{a}{360}$

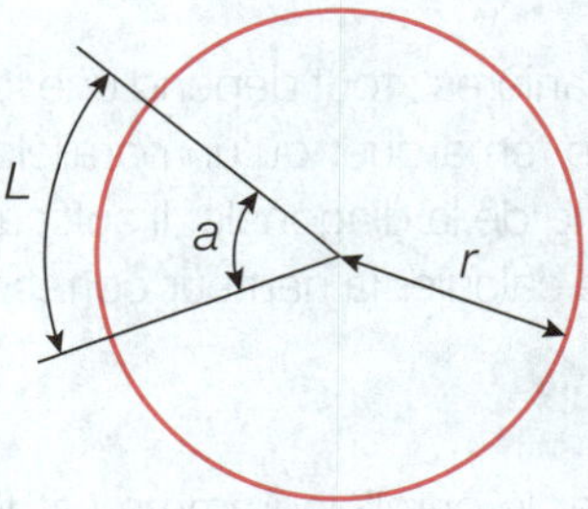

Longueur d'un arc de cercle de rayon r et d'angle a

[Aires]

1. Les triangles

La formule à retenir est, en toutes lettres :

Base fois hauteur divisé par 2

Attention cependant au terme de **base** : dans un triangle quelconque, quel côté doit être considéré comme la base ? La réponse est simple : à vous de choisir en fonction des longueurs dont vous disposez ! Une chose est sûre : **la base est perpendiculaire à la hauteur.** Et selon le sens dans lequel vous aurez orienté votre triangle, l'aire pourra se calculer de deux façons différentes, comme le montrent les deux figures ci-dessous :

Base choisie : *c*

$$\text{Aire} = \frac{h_1 \times c}{2}$$

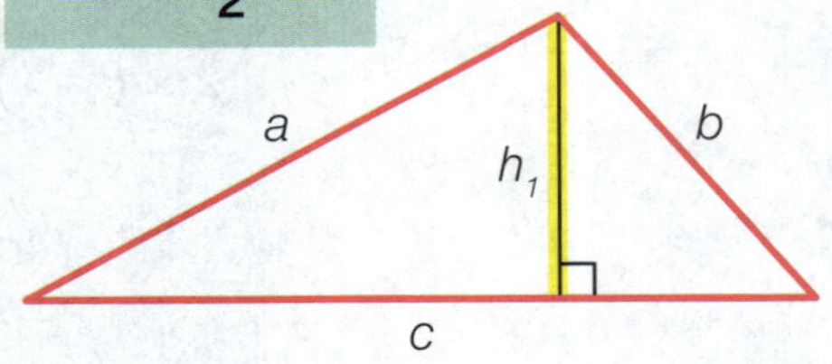

Base choisie : *b*

$$\text{Aire} = \frac{h_2 \times b}{2}$$

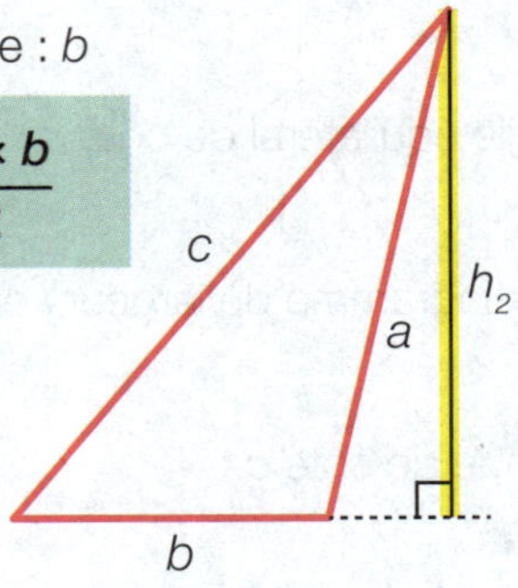

Les cas particuliers des triangles rectangle et isocèle sont remarquables :

• Dans un **triangle rectangle,** la hauteur est confondue avec l'un des deux côtés de l'angle droit, l'autre jouant le rôle de base. Vous pouvez également remarquer qu'un triangle rectangle est la moitié d'un rectangle et retrouver ainsi le résultat.

• Dans un **triangle isocèle,** à condition de choisir la bonne base (aucun des deux côtés égaux), la hauteur sera également la bissectrice, la médiane et la médiatrice de la base. Cela peut servir.

2. Les parallélogrammes

L'aire d'un parallélogramme se calcule de diverses manières : tout dépend une fois de plus des longueurs dont vous disposez. Le plus simple est de remarquer qu'un parallélogramme peut se séparer en deux triangles égaux en coupant le long de la diagonale. Il suffit alors de choisir une base (la diagonale ou l'un des deux côtés) et de calculer la hauteur correspondante.

La formule qui en découle est alors **Base × Hauteur.**

Cette formule vient de [2 × (Base × Hauteur)] / 2 car le parallélogramme est formé de deux triangles égaux comme nous l'avons déjà fait remarquer.

3. Les rectangles

Un rectangle de longueur *L* et de largeur *l* est certes un parallélogramme, mais le fait qu'il possède des angles droits permet de calculer encore plus facilement son aire à l'aide de la formule ***L* × *l*.**

On peut bien évidemment la retrouver en considérant qu'un rectangle est formé de deux triangles rectangles de base *L* et de hauteur *l*.

4. Les losanges

Pour les losanges, vous aurez remarqué qu'ils sont constitués de quatre triangles rectangles réunis. L'aire d'un losange est égale au produit des diagonales divisé par deux, autrement dit avec d la petite diagonale et D la grande diagonale, l'aire est égale à $\frac{d \times D}{2}$.

5. Les trapèzes

Ici, pas beaucoup de choix en ce qui concerne le sens à donner à votre figure : un trapèze aura toujours une petite base b et une grande base B, qui sont les deux côtés parallèles. La formule de l'aire d'un trapèze est : $\frac{h \times (b + B)}{2}$.

6. Les disques et portions de disques

L'aire d'un disque de rayon r est égale à πr^2 tandis que l'aire d'une portion de disque de même rayon et d'angle a est donnée par la formule $\pi r^2 \times \frac{a}{360}$

[Volumes et aires latérales]

Si vous savez ce qu'est un « volume », vous ignorez parfois ce qu'est l'aire latérale d'une figure. L'**aire latérale** d'une figure est égale à la somme des aires de tous les côtés de la figure.

1. Parallélépipède rectangle (pavé droit)

Volume = $L \times l \times h$

Aire latérale = $2 \times (L \times l + l \times h + L \times h)$

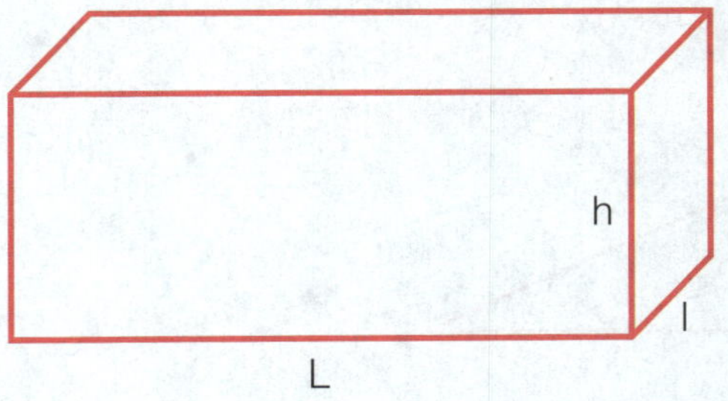

2. Cône

Volume = $\frac{1}{3} \times \pi r^2 h$

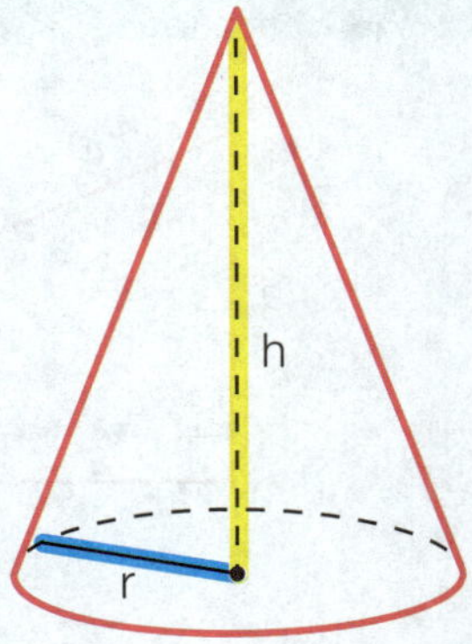

3. Sphère

Volume = $\frac{4}{3} \times \pi r^3$

Aire latérale = $4\pi r^2$

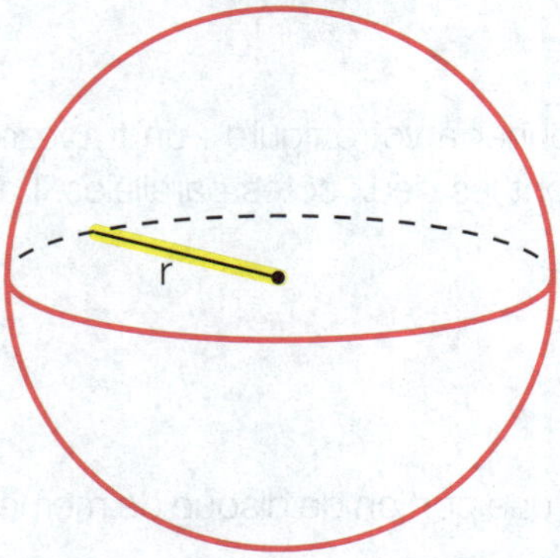

4. Cylindre

Volume = $\pi r^2 h$

Aire latérale = $2\pi r(r + h)$

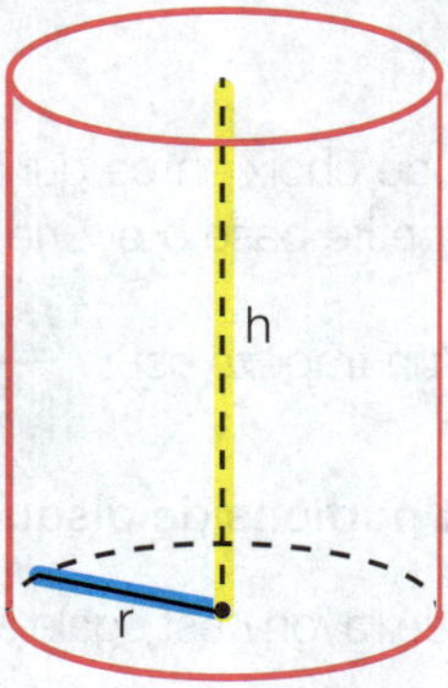

3. Quelques formules très pratiques

[Théorème de Pythagore et triangles pythagoriciens]

Dans un triangle rectangle, la somme des carrés des côtés de l'angle droit est égale au carré de l'hypoténuse. Autrement dit :

$$a^2 + b^2 = c^2$$

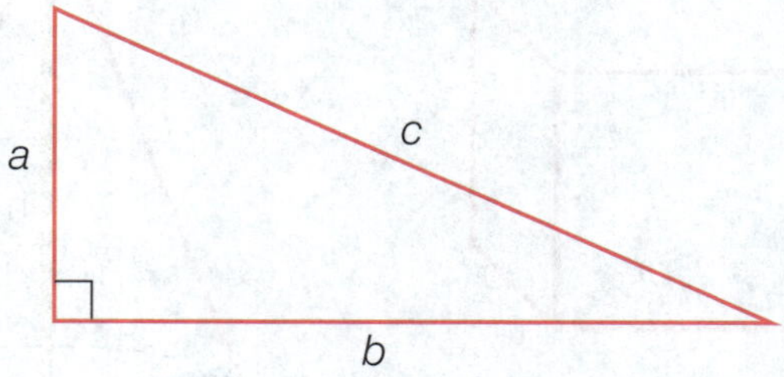

Triangles pythagoriciens

Les triangles pythagoriciens sont des triangles dont les longueurs des côtés sont des entiers naturels.

Les 4 triangles pythagoriciens à connaître par cœur sont les suivants :

1. [$a = 3$, $b = 4$, $c = 5$]
2. [$a = 6$, $b = 8$, $c = 10$]
3. [$a = 5$, $b = 12$, $c = 13$]
4. [$a = 8$, $b = 15$, $c = 17$]

[Pythagore et les triangles équilatéraux]

Sachez qu'un triangle équilatéral est totalement défini par la longueur de l'un de ses côtés. Il est alors possible d'en déduire la totalité des informations souhaitées (aire, périmètre, hauteur, médiane, bissectrice, médiatrice…). En effet, comme le montre la formule suivante, on a :

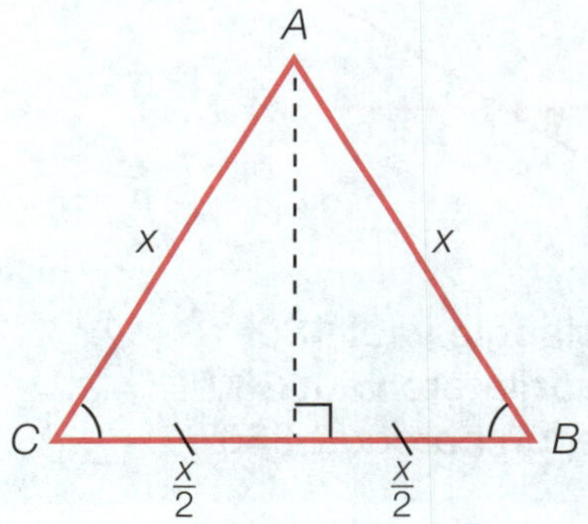

Hauteur = Médiatrice = $\frac{x\sqrt{3}}{2}$

Aire = $\frac{\sqrt{3}}{4} \times x^2$

Périmètre = $3x$

[Théorème de Thalès]

Toute droite parallèle au côté d'un triangle sépare ce dernier en un triangle de mêmes proportions.

$$\frac{AD}{AC} = \frac{AE}{AB} = \frac{DE}{CB}$$

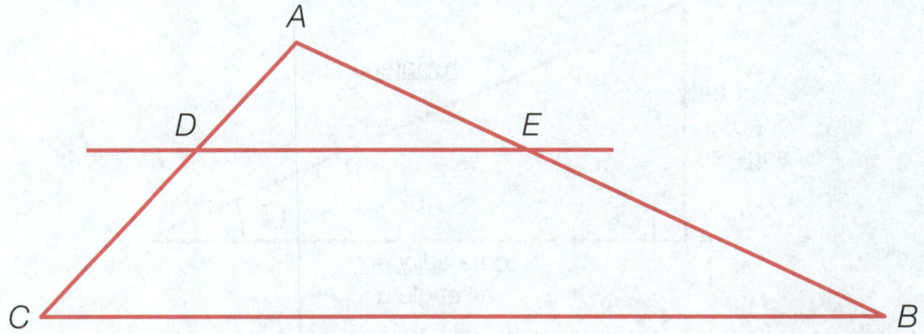

[Angles]

Les angles alternes internes

Si deux droites parallèles sont toutes deux coupées par une même autre droite, les angles formés sont égaux deux à deux.

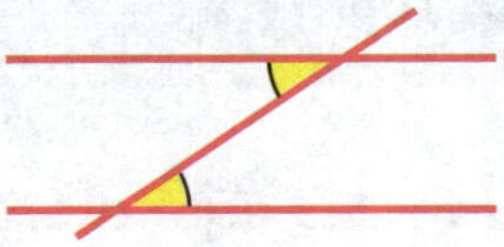

Les angles opposés par le sommet

Lorsque deux droites se croisent, elles forment des angles opposés par le sommet égaux deux à deux. On peut le voir sur la figure :

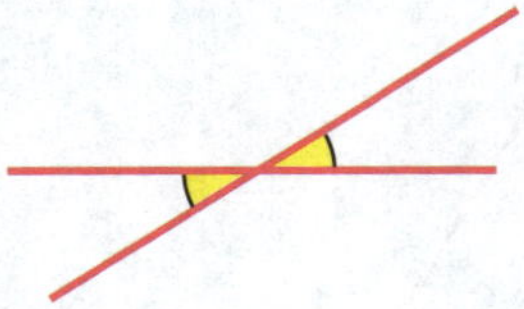

La somme des angles d'un triangle vaut 180°.
La somme des angles d'un quadrilatère vaut 360°.
D'un point à l'autre d'un cercle, on parcourt 360°.

[Cosinus, Sinus, Tangente]

Les formules de cosinus, sinus et tangente figurent au programme de la classe de Troisième et peuvent donc faire l'objet de questions au Tage Mage, notamment dans le cadre de l'épreuve de conditions minimales.

Soit un triangle rectangle ABC rectangle en A.

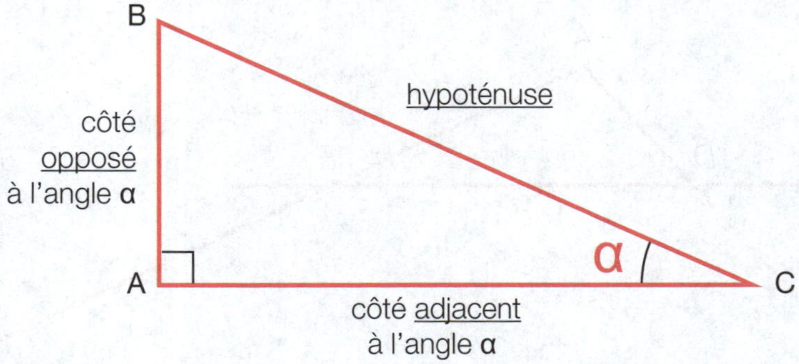

Soit α l'angle $\widehat{ACB}$.

On a :

$$\cos \alpha = \frac{AC}{BC} \qquad \sin \alpha = \frac{AB}{BC} \qquad \tan \alpha = \frac{AB}{AC}$$

Retenez bien que ces formules ne s'appliquent que dans le cadre d'un triangle **rectangle**.

Astuce : SOH – CAH – TOA

avec H : hypoténuse ; O : opposé ; A : adjacent.

- SOH : sinus $= \frac{\text{opposé}}{\text{hypoténuse}}$
- CAH : cosinus $= \frac{\text{adjacent}}{\text{hypoténuse}}$
- TOA : tangente $= \frac{\text{opposé}}{\text{adjacent}}$

[Le théorème de Pythagore généralisé]

Dans le cas des triangles non rectangles, les cosinus nous sont encore d'une grande aide pour calculer une longueur d'un triangle.

Le célèbre mathématicien Al-Kashi nous propose en effet de nous appuyer sur son théorème de Pythagore généralisé que voici :

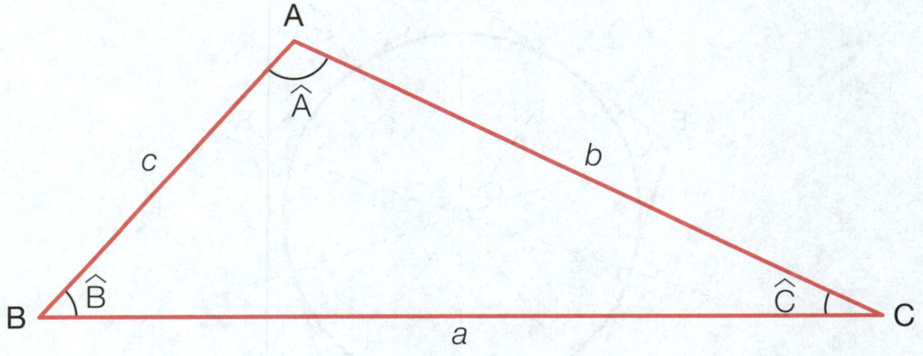

$$a^2 = b^2 + c^2 - 2bc\cos(\widehat{A})$$

Bien évidemment, ce théorème vous sera d'une grande utilité dans le sous-test 4 : Conditions minimales.

[Cercles particuliers]

Tout **triangle** et tout **polygone régulier** admettent un cercle inscrit.

Le centre du cercle inscrit dans un triangle est le point de rencontre des **bissectrices** de ses angles intérieurs.

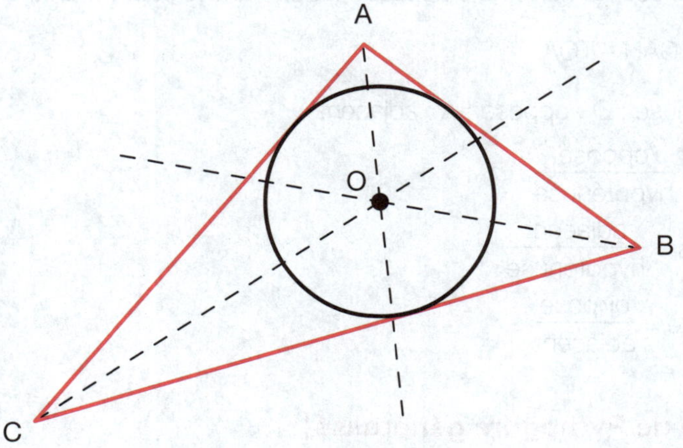

Le centre du cercle inscrit dans un polygone régulier est le point de rencontre des **médiatrices** de ses côtés.

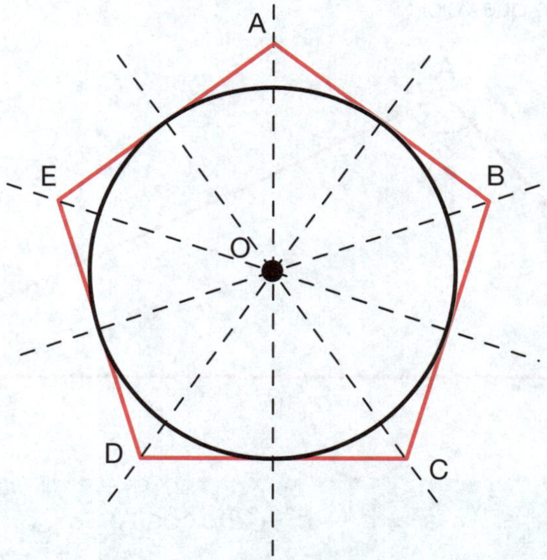

Equation cartésienne d'un cercle :

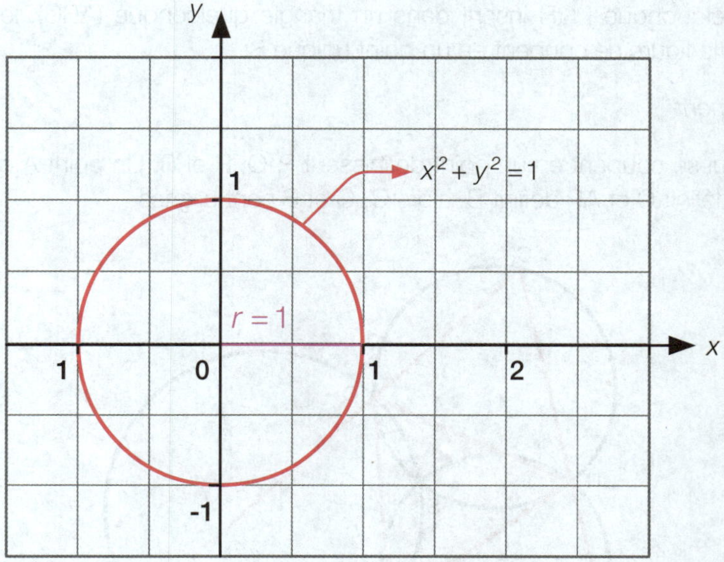

Corde et deux cercles

- M est positionné n'importe où sur la circonférence d'un deuxième cercle.
- Les sécantes MA et MB passent pas les deux intersections des cercles.
- La corde AB a une longueur constante.

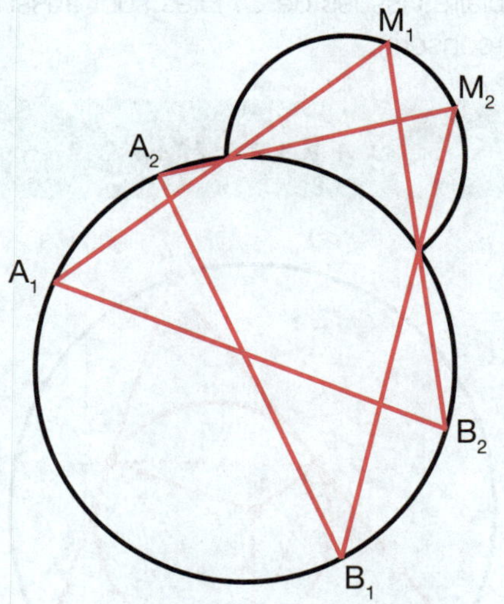

Théorème de Miquel - Théorème des trois cercles

Un triangle quelquonque PQR inscrit dans un triangle quelconque (ABC), les trois cercles circonscrits de la figure se coupent en un point unique S.

ou réciproquement :

Trois cercles qui se coupent en un point définissent P, Q, R et S. Un point A quelconque sur un cercle. AR définit C et AP définit B, alors C, Q et B sont alignés.

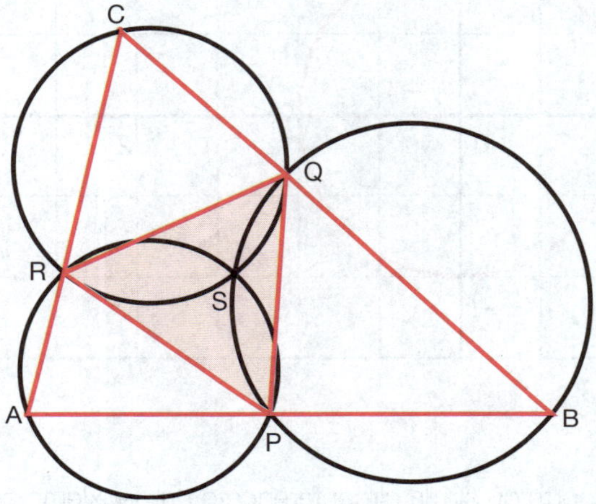

Théorème de Carnot

Soit un triangle ABC. Le cercle circonscrit de centre O et de rayon R et le cercle **inscrit** de rayon *r*. Les trois perpendiculaires issues de O. Elles sont aussi les **médiatrices** (formant le lieu du centre O du cercle circonscrit).

$$x + y + z = R + r$$

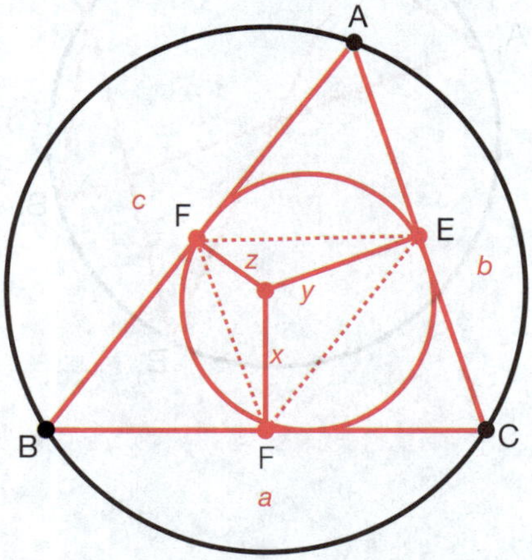

17. Géométrie : 50 applications pour vous entraîner

Je sais que vous avez sûrement un peu la flemme (pardonnez-moi l'expression !) de vous attaquer à ces 50 applications... Mais faites-moi confiance : en travaillant dessus, je suis convaincu que les plus réfractaires à la géométrie finiront enfin par y voir clair et seront désormais en mesure de se frotter sereinement à n'importe quelle question de géométrie dans l'épreuve de calcul comme dans celle de conditions minimales. Bon courage à vous !

1. Que vaut la somme des mesures des angles d'un triangle ?

2. Que vaut la somme des mesures des angles d'un quadrilatère ?

3. Quel est le périmètre d'un cercle de rayon 4, avec $\pi = 3$?

4. Quel est le périmètre d'un carré de côté $c = 6$?

5. Quel est le périmètre d'un parallélogramme de longueur $L = 6$ et de largeur $l = 3$?

6. Quel est le périmètre d'un rectangle de longueur $L = 8$ et de largeur $l = 5$?

7. Quel est le périmètre d'un losange de côté $c = 5$?

8. Quelle est l'aire d'un triangle rectangle dont les côtés adjacents à l'angle droit mesurent respectivement 6 cm et 3 cm ?

9. Quelle est l'aire du triangle ci-dessous ?

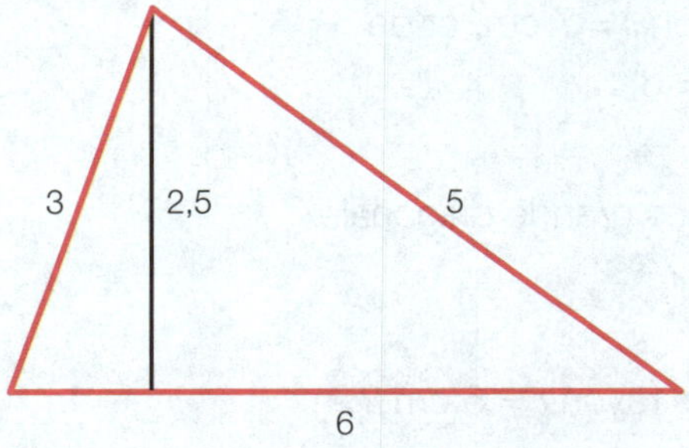

10 Quelle est l'aire d'un rectangle de longueur $L = 8$ cm et de largeur $l = 6$ cm ?

11 Quelle est la surface du losange ci-dessous ?

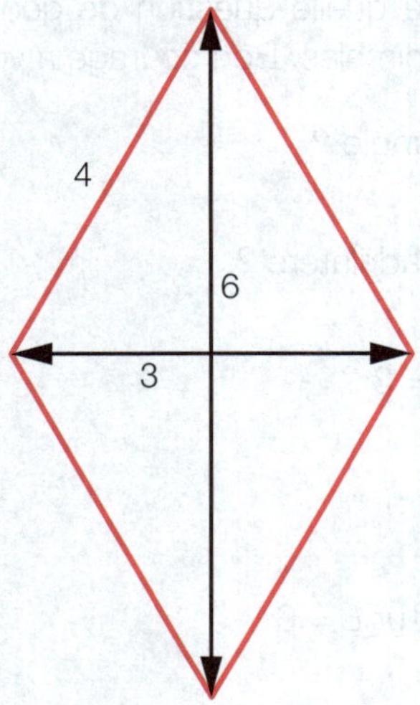

12 Quel est le volume d'un parallélépipède rectangle de longueur $L = 7$ cm, de largeur $l = 5$ cm et de hauteur $h = 6$ cm ?

13 Quel est le volume d'un cône dont le rayon de la base est $r = 4$ cm et la hauteur $h = 6$ cm ? Nous prendrons $\pi = 3$.

14 Quel est le volume d'une sphère de rayon $r = 3$ cm ? Nous prendrons $\pi = 3$.

15 Quel est le volume d'un cylindre de rayon $r = 7$ cm, et de hauteur $h = 9$ cm ? Nous prendrons $\pi = 3$.

16 Quel est le volume d'un cube dont la plus grande diagonale intérieur vaut $5\sqrt{3}$?

17 Quelle est l'aire latérale d'une sphère de rayon $r = 5$ cm ? Nous prendrons $\pi = 3$.

18 Quelle est l'aire latérale d'un cylindre de rayon $r = 5$ cm et de hauteur $h = 6$ cm ? Nous prendrons $\pi = 3$.

19 Que vaut la longueur c dans le triangle rectangle ci-dessous ?

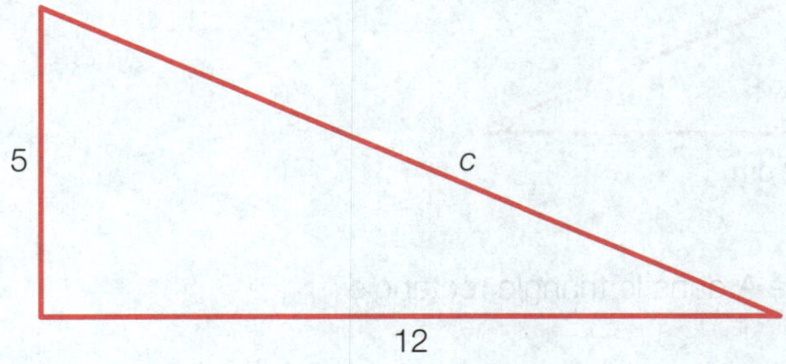

20 Compléter les longueurs manquantes dans les triangles Pythagoriciens suivants :

$a = 3$; $b = 4$; $c = \ldots$

$a = 6$; $b = \ldots$; $c = 10$

21 Ecrire le théorème de Thalès pour la figure suivante :

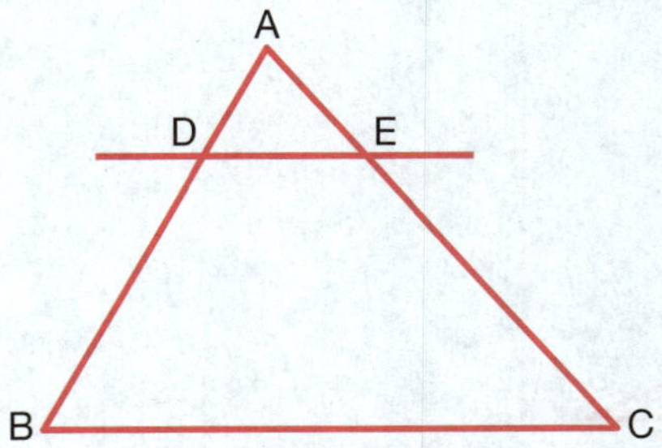

22 Un triangle est à la fois isocèle et rectangle.
Quelle est la mesure de ses deux angles non droits ?

23 Indiquer la longueur de la diagonale du carré ci-dessous.

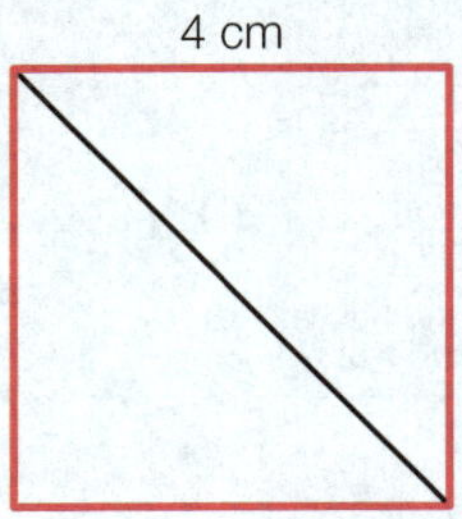

24 Que vaut le cosinus de l'angle A dans le triangle rectangle ci-dessous ?

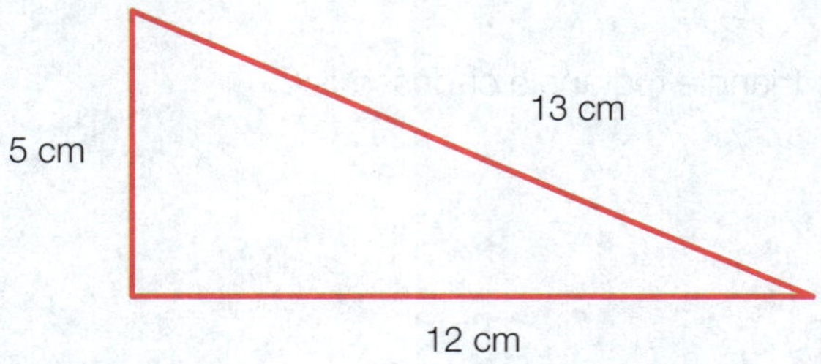

25 Que vaut le sinus de l'angle A dans le triangle rectangle ci-dessous ?

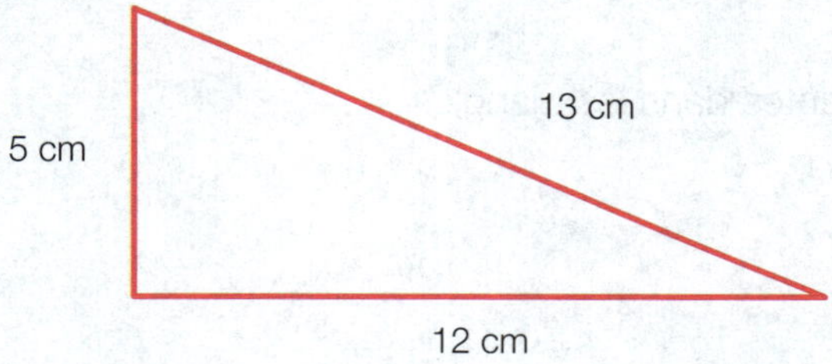

26 Que vaut la tangente de l'angle A dans le triangle rectangle ci-dessous ?

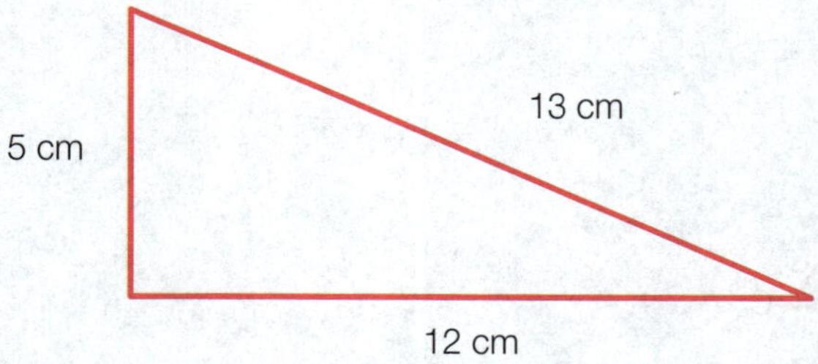

27 Un triangle possède un angle de 70° et un angle de 85°. Quelle est la mesure de son troisième angle ?

28 L'angle A = 75° est-il aigu ou obtus ?

29 L'angle B = 107° est-il aigu ou obtus ?

30 Quelle est la mesure des angles d'un triangle équilatéral ?

31 Les angles A = 45° et B = 55° sont-ils complémentaires ?

32 Les angles A = 105° et B = 75° sont-ils supplémentaires ?

33 Un parallélogramme a un angle mesurant 40°. Peut-on déterminer la mesure de ses autres angles ?

34 Qu'est-ce qu'un parallélogramme qui a ses quatre angles droits ?

35 Qu'est-ce qu'un parallélogramme qui a ses quatre côtés égaux ?

36 Qu'est-ce qu'un losange qui a ses quatre angles droits ?

37 Qu'est-ce qu'un rectangle qui a ses quatre côtés égaux ?

38 Vrai ou faux : les diagonales d'un rectangle ont même longueur ?

39 Vrai ou faux : les diagonales d'un losange ont même longueur ?

40 Vrai ou faux : les diagonales d'un losange sont perpendiculaires ?

41 Combien de côtés possède un heptagone ?

42 Comment appelle-t-on une figure qui possède 5 côtés ?

43 Quel est le périmètre d'un triangle équilatéral de côté $c = 12$ cm ?

44 Quelle est l'aire d'un carré de côté $c = 10$ cm ?

45 Quel est le périmètre d'un cercle de diamètre $d = 10$ cm ? On prendra $\pi = 3$.

46 Quel est le périmètre d'un cercle de rayon $r = 6$ cm ?
On prendra $\pi = 3$.

47 Quelle est l'aire d'un disque de rayon $r = 8$ cm ?
On prendra $\pi = 3$.

48 Quelle est l'aire d'un disque de diamètre $d = 4$ cm ?
On prendra $\pi = 3$.

49 Quel est le volume d'un cube dont l'arête vaut 5 ?

50 Quelle est l'aire latérale d'un cube de côté $c = 5$ cm ?

Corrigés

1. 180°.

2. 360°.

3. $2\pi r = 2\pi \times 4 = 2 \times 3 \times 4 = 24$.

4. $P = 4 \times c = 4 \times 6 = 24$.

5. $P = 2\,(L + l) = 2 \times (6 + 3) = 18$.

6. $P = 2\,(L + l) = 2 \times (8 + 5) = 26$.

7. $P = 4 \times c = 4 \times 5 = 20$.

8. $A = \frac{1}{2} \times b \times h = \frac{1}{2} \times 6 \times 3 = 9$ cm².

9. $A = \frac{1}{2} \times b \times h = \frac{1}{2} \times 6 \times 2{,}5 = 7{,}5$.

10. $A = L \times l = 8 \times 6 = 48$ cm².

11. L'aire d'un losange est égale à la moitié du produit des longueurs de ses diagonales, ainsi $A = 6 \times \frac{3}{2} = 9$ cm².

12. $V = L \times l \times h = 7 \times 5 \times 6 = 210$ cm³.

13. $V = \frac{(\pi r^2 \times h)}{3} = 3 \times 4^2 \times \frac{6}{3} = 96$ cm³.

14. $V = \frac{4}{3} \times \pi \times r^3 = \frac{4}{3} \times 3 \times 3^3 = 108$ cm³.

15. $V = \pi r^2 h = 3 \times 7^2 \times 9 = 1\,323$ cm^3.

16. Sachant que la plus grande diagonale intérieure d'un cube d'arête X a pour longueur $X\sqrt{3}$ on en déduit par identification que l'arête a pour longueur 5 et que le volume du cube est donc égal à 5 au cube soit 125.

17. Aire latérale $= 4\pi r^2 = 4 \times 3 \times 5^2 = 300$ cm^2.

18. Aire latérale $= 2\pi r \times (r + h) = 2 \times 3 \times 5 \times (5 + 6) = 330$ cm^2.

19. D'après le théorème de Pythagore, c'est tel que : $c^2 = 5^2 + 12^2$.
Donc : $c^2 = 25 + 144 = 169$. Donc : $c = 13$ cm.

20. $a = 3$; $b = 4$; $c = 5$
$a = 6$; $b = 8$; $c = 10$.

21. D'après le théorème de Thalès, comme les droites (DE) et (AB) sont parallèles :
$\frac{AD}{AB} = \frac{AE}{AC} = \frac{DE}{BC}$.

22. La somme des mesures des angles d'un triangle est de 180°. Comme ce triangle est isocèle et a un angle droit, on en déduit donc que la somme des mesures de ses deux angles égaux vaut 180 – 90 = 90°. Comme ils sont égaux, chacun vaut par conséquent 90/2 = 45°.

23. D'après le théorème de Pythagore, le carré de la longueur de la diagonale vaut la somme des carrés de deux côtés. Donc $d^2 = 4^2 + 4^2 = 32$.
Donc $d = \sqrt{32} = 4\sqrt{2}$ cm, soit environ 5,6 cm.

24. $\cos A = \frac{AB}{AC} = \frac{12}{13} = 0{,}92$.

$\sin A = \frac{BC}{CA} = \frac{5}{13} = 0{,}38$.

25. $\tan A = \frac{CB}{AB} = \frac{5}{12} = 0{,}42$.

26. Son troisième angle mesure 180° – 70° – 85° = 25°.

27. A est un angle aigu, car sa mesure est inférieure à 90°.

28. B est un angle obtus, car sa mesure est supérieure à 180°.

29. Un triangle équilatéral a ses trois angles égaux, donc ils mesurent chacun 180°/3 = 60°.

30. Non, car leur somme fait 100°, et pas 90°.

31. Oui, car leur somme fait 180°.

32. Oui, car les angles d'un parallélogramme sont égaux deux à deux. Il a donc un autre angle de 40°. Et comme la somme des angles d'un quadrilatère mesure 360°, la somme de ses deux autres angles est 360 – 40 – 40 = 280°. Les deux derniers angles mesurent donc 140° chacun.

33. C'est un rectangle.

34. C'est un losange.

35. C'est un carré.

36. C'est un carré.

37. Vrai.

38. Faux.

39. Vrai.

40. 7 côtés !

41. Un pentagone.

42. $P = 3 \times c = 3 \times 12 = 36$ cm.

43. $A = c^2 = 10^2 = 100$ cm^2.

44. Le diamètre est le double du rayon, donc $r = 5$ cm, et ainsi :
$P = 2\pi r = 2 \times 3 \times 5 = 30$ cm.

45. $P = 2\pi r = 2 \times 3 \times 6 = 36$ cm.

46. $A = \pi r^2 = 3 \times 8^2 = 192$ cm^2.

47. Le diamètre est le double du rayon, donc $r = 2$ cm.
Ainsi, $A = \pi r^2 = 3 \times 2^2 = 12$ cm^2.

48. $V = 5 \times 5 \times 5 = 125$

49. Un cube possède six faces identiques, donc son aire latérale vaut 6 fois l'aire d'une de ses faces.
$A = 6 \times c^2 = 6 \times 5^2 = 150$ cm^2.

50. Comme le volume d'un cube est égal au cube de la longueur du côté c, on cherche c tel que :
$c^3 = 512$. Donc $c = 8$ cm.

18. Quelques notions de mathématiques financières

Lorsque vous placez votre argent sur un compte bancaire, quatre variables entrent en jeu dans le calcul du capital final et des intérêts obtenus :

- **Le capital initialement placé,** ou la somme d'argent de départ notée C_0.
- **La durée du placement,** qui correspond au nombre de périodes de capitalisation noté **n**.
- **La valeur acquise par le capital de départ au bout de n périodes** de placement notée C_n.
- **Le taux d'intérêt fixe du placement** noté **r**, souvent exprimé en pourcentage.

1. Les intérêts simples

Un capital est placé à intérêts simples lorsque les intérêts sont calculés en fin de placement proportionnellement au capital, au taux et à la durée du placement. Dans le cas simple, les intérêts ne sont pas capitalisés au cours des périodes suivantes, et par conséquent ils ne rapportent pas d'intérêts supplémentaires. La valeur acquise C_n du capital initial C_0 est définie par :

$$C_n = C_0 \times (1 + n \times r)$$

Les intérêts sont dits « simples » car à chaque période, les intérêts se calculent par la formule :

$$I = r \times C_0$$

Remarquez que les intérêts sont toujours constants d'une période à l'autre, qu'ils soient calculés à la première ou à la $n^{\text{ième}}$ période.

La somme des intérêts reçus au cours de n périodes vaut :

$$I = n \times r \times C_0 = C_n - C_0$$

Comprenez bien que dans le cas des intérêts simples, les intérêts ne sont pas réinvestis aux périodes suivantes et sont en fait « mis sur un compte séparé non rémunéré ». En résumé, comme les intérêts simples ne sont pas placés, **il n'y a pas d'intérêts sur les intérêts.**

On place 1 000 € sur un compte rémunéré à 10 % par an pendant 8 ans. Que vaut la somme au bout de 8 ans de placement ?

$C_8 = C_0 \times (1 + n \times r) = 1\,000\text{ €} \times (1 + 8 \times 10\,\%) = 1\,000\text{ €} \times 1{,}8 = 1\,800\text{ €}$

2. Les intérêts composés

Un placement est dit à intérêts composés **lorsque le montant des intérêts produits à la fin de chaque période de capitalisation s'ajoute au capital placé pour devenir lui-même productif d'intérêts à la période suivante.** La valeur acquise C_n par le capital initial C_0 au bout de n périodes de placement est telle que :

$$C_{n+1} = C_n \times (1 + r) \quad \text{et} \quad C_n = C_0 \times (1 + r)^n$$

Dans le cas des intérêts composés, les intérêts produits à chaque période augmentent la base à partir de laquelle on calcule les intérêts par la suite. Il faut bien comprendre que contrairement au cas des intérêts simples, les intérêts restent sur le compte bancaire, et par conséquent les intérêts obtenus sont croissants période après période.

On place 1 000 € à un taux d'intérêt de 10 % par an pendant 3 ans. Que vaut la somme placée au bout de 3 ans de placement ?

$C_3 = C_0 \times (1 + r)^3 = 1\,000\text{ €} \times (1 + 10\,\%)^3 = 1\,000\text{ €} \times 1{,}331 = 1\,331\text{ €}$

19. Analyse combinatoire

La FNEGE a dernièrement remis l'analyse combinatoire et les probabilités au goût du jour… pour le plus grand malheur des candidats ! N'ayez crainte cependant, les concepts qui suivent seront à votre portée.

1. Cardinal d'un ensemble

[Définition]

Soit E un ensemble fini de n éléments. On appelle cardinal de l'ensemble E, noté Card(E), le nombre d'éléments de E.

[Propriétés]

- Si E et F sont deux ensembles finis, alors :

$$\mathbf{Card(E \cup F) = Card(E) + Card(F) - Card(E \cap F)}$$

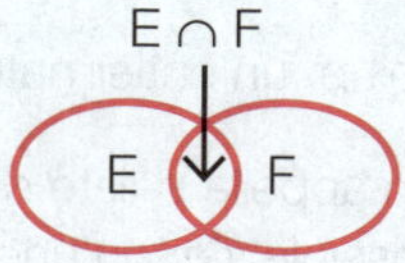

- Si E et F sont des ensembles finis disjoints, alors :

$$\mathbf{Card(E \cup F) = Card(E) + Card(F)}$$

car dans ce cas $(E \cap F) = \varnothing$ donc $Card(E \cap F) = 0$.

Dans une classe de 35 étudiants auxquels on a proposé de faire du sport (choix possibles : judo et karaté), 10 ont choisi de pratiquer le judo, 18 du karaté et 6 ont choisi de pratiquer les deux sports.

Combien d'étudiants ont choisi de ne pratiquer aucun sport ?

(A) 25 (B) 13 (C) 19 (D) 17 (E) 12

Soit E l'ensemble fini des étudiants ayant choisi de pratiquer le judo et F l'ensemble fini des étudiants ayant choisi de pratiquer le karaté. D'après l'énoncé :

$Card(E) = 10$, $Card(F) = 18$ et $Card(E \cap F) = 6$

Commençons par calculer $Card(E \cup F)$, c'est-à-dire le nombre d'étudiants qui font du sport. On pourra ainsi en déduire le nombre d'étudiants qui ont choisi de ne rien faire car leur nombre sera égal à : tous les étudiants *moins* ceux qui font du sport.

$Card(E \cup F) = Card(E) + Card(F) - Card(E \cap F) = 10 + 18 - 6 = 22$

Par conséquent, le nombre d'étudiants qui ont décidé de ne pratiquer **aucun** sport est égal à 35 – 22 c'est-à-dire 13. **Réponse B.**

Dans toute la suite du cours de combinatoire, on désignera par E_n, un ensemble fini de n éléments.

2. *p*-listes

[Définition]

Soit p, un entier naturel non nul.

On appelle p-liste d'éléments de E_n, une liste ordonnée de p éléments de E_n, avec répétition possible (*i.e.* qu'une p-liste peut contenir plusieurs fois le même élément).

[Nombre de *p*-listes]

Soit n et p, des entiers naturels non nuls.

Le nombre de p-listes d'éléments de E_n est égal à n^p.

Combien y a-t-il de nombres de 7 chiffres ne comportant aucun 0 ?

(A) 4 782 969 (B) 4 799 563 (C) 4 893 675 (D) 4 981 654 (E) 4 999 990

Un nombre de 7 chiffres ne comportant aucun zéro est une 7-liste d'éléments de : E = {1, 2, 3, 4, 5, 6, 7, 8, 9}.

Card(E) = 9 et il y a donc 9^7 = 4 782 969 nombres de 7 chiffres ne comportant aucun zéro. **Réponse A.**

Astuce : ne vous amusez surtout pas à calculer précisément la valeur de 9^7, vous perdriez trop de temps ! Ecrivez juste que $9^7 = 9^2 \times 9^2 \times 9^2 \times 9 = 81 \times 81 \times 81 \times 9$ et déduisez-en que le nombre résultat sera un nombre qui terminera nécessairement par 9 ! (8**1** × 8**1** × 8**1** × **9**) Et seule la réponse A donne un nombre dont le dernier chiffre est 9 et c'est donc la bonne réponse ! Ne cherchez pas plus loin : **Réponse A.**

3. Permutations

[Définition]

On appelle permutation de E_n tout arrangement de n éléments de E_n.

On parle aussi d'« anagramme » au Tage Mage pour désigner une permutation.

Ainsi, les anagrammes ou permutations de AIMER sont : MARIE, ARIME, AREMI, EIMAR, etc.

[Propriété]

Le nombre de permutations de E_n est noté n! et est égal à :

$$n! = n \times (n-1) \times \ldots \times 2 \times 1$$

Exemple : $5! = 5 \times 4 \times 3 \times 2 \times 1$

Combien d'anagrammes au total (ayant un sens ou non) peut-on former avec les lettres du mot CLAMER ?

(A) 360 (B) 520 (C) 640 (D) 680 (E) 720

CLAMER est un mot de 6 lettres. Une anagramme est une permutation des 6 lettres qui composent ce mot soit : $6! = 6 \times 5 \times 4 \times 3 \times 2 \times 1 = 720$. **Réponse E.**

Combien d'anagrammes qui ont un sens ou non pouvez-vous composer avec le mot PAS ?

Nombre d'anagrammes avec le mot PAS : $\mathbf{3! = 3 \times 2 \times 1}$.

Combien d'anagrammes qui ont un sens ou non pouvez-vous composer avec le mot PASSE ?

Nombre d'anagrammes du mot PASSE : $\frac{5!}{2!} = \frac{5 \times 4 \times 3 \times 2 \times 1}{2 \times 1} = 60$

On divise ici par 2! car il y a 2 fois la lettre S dans le mot PASSE.

Combien d'anagrammes qui ont un sens ou non pouvez-vous composer avec le mot PASSEES ?

Nombre d'anagrammes du mot PASSEES : $\frac{7!}{(3! \times 2!)}$

On divise par 3! et 2! soit par $(3! \times 2!)$ car il y a 3 fois la lettre S et 2 fois la lettre E dans le mot PASSEES.

4. Arrangements

[Définition]

Soit p, un entier naturel non nul, tel que p soit inférieur ou égal à n.

On appelle arrangement de p éléments de E_n une p-liste d'éléments de E_n *où les éléments de la p-liste sont deux à deux distincts.*

[Nombre d'arrangements]

Le nombre d'arrangements de p éléments de E_n, noté A_n^p, est tel que :

$$A_n^p = \frac{n!}{(n-p)!} = n \times (n-1) \times (n-2) \times \ldots \times (n-p+1)$$

Combien y a-t-il de nombres de 7 chiffres ne comportant aucun zéro *et* ayant 7 chiffres différents ?

(A) 185 875 (B) 181 444 (C) 187 764 (D) 167 872 (E) 181 440

Un nombre de 7 chiffres ne comportant aucun zéro et ayant 7 chiffres différents est un arrangement de 7 éléments de E = {1, 2, 3, 4, 5, 6, 7, 8, 9}. Il y a donc :

$A_9^7 = \frac{9!}{2!} = \frac{9 \times 8 \times 7 \times 6 \times 5 \times 4 \times 3 \times 2 \times 1}{2 \times 1} = 9 \times 8 \times 7 \times 6 \times 5 \times 4 \times 3 = 181\,440$ nombres qui répondent aux contraintes énoncées dans la question. **Réponse E.**

Astuce : il faut remarquer ici que le produit 9 × 8 × 7 × 6 × 5 × 4 × 3 donne un nombre qui finit nécessairement par 0 puisque le sous produit **5 × 4** est égal à 20 et que tout multiple de 20 donne un nombre qui finit par 0.

De combien de façons peut-on former un comité de direction composé d'un Directeur général, d'un Directeur marketing et d'un Directeur commercial sachant que 14 personnes sont aptes à pourvoir un de ces postes et que l'on ne peut bien entendu pas cumuler les fonctions ?

(A) 3 200 (B) 2 184 (C) 1 960 (D) 320 (E) 4 014

On veut former un comité composé de 3 personnes à choisir parmi 14 personnes. Pour ce faire, il faut compter le nombre d'arrangements possibles, soit :

$A_{14}^3 = \frac{14!}{11!} = \frac{14 \times 13 \times 12 \times 11!}{11!} = 14 \times 13 \times 12 = 2\,184$ arrangements possibles pour former ce comité de direction. **Réponse B.**

5. Combinaisons

[Définition]

Soit p un entier naturel, tel que p soit inférieur ou égal à n. On appelle combinaison de p éléments de E_n un sous ensemble de p éléments **(2 à 2 distincts)** de E_n.

[Propriété]

Le nombre de combinaisons de p éléments de E_n, noté C_n^p est égal à :

$$C_n^p = \frac{n!}{p!(n-p)!}$$

On désire constituer un jury composé de 2 experts-comptables et 5 avocats. On peut choisir les membres du jury parmi 6 experts comptables et 7 avocats. De combien de façons peut-on constituer le jury en sachant que n'importe quel expert-comptable et n'importe quel avocat peut être choisi ?

(A) 420 (B) 380 (C) 315 (D) 210 (E) 180

Il y a C_6^2 combinaisons de 2 experts-comptables pris parmi 6, puis pour chacune de ces combinaisons, C_7^5 combinaisons de 5 avocats pris parmi 7… soit : $C_6^2 \times C_7^5$ façons de constituer un jury composé de 2 experts-comptables et 5 avocats.

Ce qui donne : $\frac{6!}{2!\,4!} \times \frac{7!}{5!\,2!} = \frac{\cancel{6} \times 5}{\cancel{2}} \times \frac{7 \times \cancel{6}}{\cancel{2}} = 3 \times 5 \times 7 \times 3 = 15 \times 21$ = 315 combinaisons. **Réponse C.**

6. Modèles d'urnes

Imaginons une urne contenant n boules numérotées de 1 à n (chacune des boules s'interprète comme un élément de E_n) et supposons que nous tirons p boules dans cette urne. Voici les 3 modèles d'urnes les plus classiques :

[Tirages successifs et avec remise]

On tire au hasard une boule dans l'urne, puis on la remet dans l'urne avant d'opérer le tirage suivant. Si on effectue p tirages avec remise entre chaque tirage, le résultat global s'interprète comme une p-liste et il y a donc n^p tirages avec remise (de p éléments) possibles.

[Tirages successifs et sans remise]

On tire au hasard une boule dans l'urne que l'on conserve : la boule n'est donc pas remise dans l'urne qui contient ainsi après chaque tirage une boule de moins. Si on effectue ainsi p tirages sans remise (p inférieur ou égal à n), le résultat global s'interprète comme une p-liste d'éléments deux à deux distincts ou encore comme un arrangement de p éléments de E_n. Il y a donc A_n^p tirages sans remise (de p éléments) possibles.

[Tirages simultanés]

On tire simultanément p boules de l'urne (l'ordre de tirages des boules est donc sans importance). Un tel tirage s'interprète comme un sous-ensemble de E_n et donc comme une combinaison de p éléments de E_n. Il y a donc C_n^p tirages simultanés (de p éléments) possibles.

20. Probabilités

1. Définition d'une probabilité

Dans toute la suite, l'univers Ω représente l'ensemble de tous les résultats possibles (ou éventualités) liés à une expérience ; et P(Ω) représente l'ensemble des sous-ensembles de Ω (on dit aussi que P(Ω) représente l'ensemble des événements – ***un événement étant un ensemble de résultats possibles d'une expérience****).*

[Définition]

On appelle probabilité sur Ω, une application P de P(Ω) dans [0 ; 1] qui vérifie :

- $P(\Omega) = 1$
- Si A et B sont deux événements incompatibles (*i.e.* $A \cap B) = \varnothing$, $\varnothing$ étant l'événement impossible) alors :

$$P(A \cup B) = P(A) + P(B)$$

[Propriétés]

- Pour tout événement A, $0 \leq P(A) \leq 1$
- $P(\varnothing) = 0$
- Pour tout événement A, on note $\overline{A}$, l'événement contraire de A et on a :

$$P(\overline{A}) = 1 - P(A)$$

- Si A_1, A_2, …, A_n sont des événements **incompatibles (on dit aussi disjoints) deux à deux**, alors :

$$P(A_1 \cup A_2 \cup \ldots \cup A_n) = P(A_1) + P(A_2) + \ldots + P(A_n)$$

- Si A et B sont deux événements, alors :

$$P(A \cup B) = P(A) + P(B) - P(A \cap B)$$

2. Probabilité conditionnelle

[Définition]

Considérons deux événements A et B avec $P(B) \neq 0$.

On note P(A/B) la **probabilité conditionnelle de A sachant B**, telle que :

$$P_B(A) = P(A/B) = \frac{P(A \cap B)}{P(B)}$$

On dit que les événements A et B sont **indépendants** si :

$$P(A \cap B) = P(A) \times P(B)$$

[Formule des probabilités totales]

Soit A_1, A_2 et A_3 un système complet d'événements, alors pour tout événement B :

$$P(B) = P(A_1) \times P(B/A_1) + P(A_2) \times P(B/A_2) + P(A_3) \times P(B/A_3)$$

3. Notion d'équiprobabilité

[Propriété fondamentale]

Dans la cas d'équiprobabilité (ceci signifie que chacun des résultats possibles de l'expérience a la même probabilité/chance de se réaliser) des événements élémentaires, si A est un événement quelconque, on a :

$$P(A) = \frac{\text{nombre des cas favorables}}{\text{nombre des cas possibles}}$$

Une urne contient 9 boules numérotées de 1 à 9.

La probabilité de tirer simultanément 2 boules qui portent des numéros de même parité (*i.e.* 2 boules avec numéros pairs, ou 2 boules avec numéros impairs.) est égale à…

(A) $\frac{2}{9}$ (B) $\frac{3}{4}$ (C) $\frac{4}{9}$ (D) $\frac{1}{9}$ (E) $\frac{5}{6}$

On associe à chaque tirage une combinaison de 2 éléments de E = {1, 2, 3, …, 9}. Toutes ces combinaisons sont équiprobables, donc :

$P = \frac{\text{nombre des cas favorables}}{\text{nombre des cas possibles}}$ et il y a $C_9^2 = 36$ cas possibles.

Dénombrons maintenant les cas favorables. Il y a $C_5^2 = 10$ combinaisons de 2 nombres impairs de E et $C_4^2 = 6$ combinaisons de deux nombres pairs possibles.

D'où : $P = \frac{10 + 6}{36} = \frac{16}{36} = \frac{4}{9}$. **Réponse C.**

Une urne contient 9 boules numérotées de 1 à 9.

La probabilité de tirer 2 boules qui portent des numéros de même parité en remettant dans l'urne la première boule tirée avant de tirer la deuxième est égale à…

(A) $\frac{41}{81}$ (B) $\frac{1}{2}$ (C) $\frac{11}{21}$ (D) $\frac{5}{9}$ (E) $\frac{13}{27}$

On associe à chaque tirage un couple de 2 éléments de E = {1, 2, 3,…, 9}. Tous ces couples sont équiprobables, donc :

$P = \frac{\text{nombre des cas favorables}}{\text{nombre des cas possibles}}$ et il y a donc $9^2 = 81$ cas possibles.

Dénombrons maintenant les cas favorables :

Il y a 5^2 couples de nombres impairs de E et 4^2 de couples de nombres pairs de E.

En conclusion : $P = \frac{25 + 16}{81} = \frac{41}{81}$. **Réponse A.**

4. Arbre de probabilités

[Propriété fondamentale]

Les arbres de probabilités peuvent faire l'objet de questions au Tage Mage dans les épreuves de calcul mais aussi de conditions minimales.

Ses arbres ne sont évidemment pas nouveaux pour vous. Vous les avez en effet étudiés dans le cadre de votre scolarité au lycée.

Voici un arbre de probabilités qui représente le lancer d'une pièce de monnaie à deux reprises.

Et voici les propriétés relatives aux arbres de probabilités que vous devez absolument connaître :

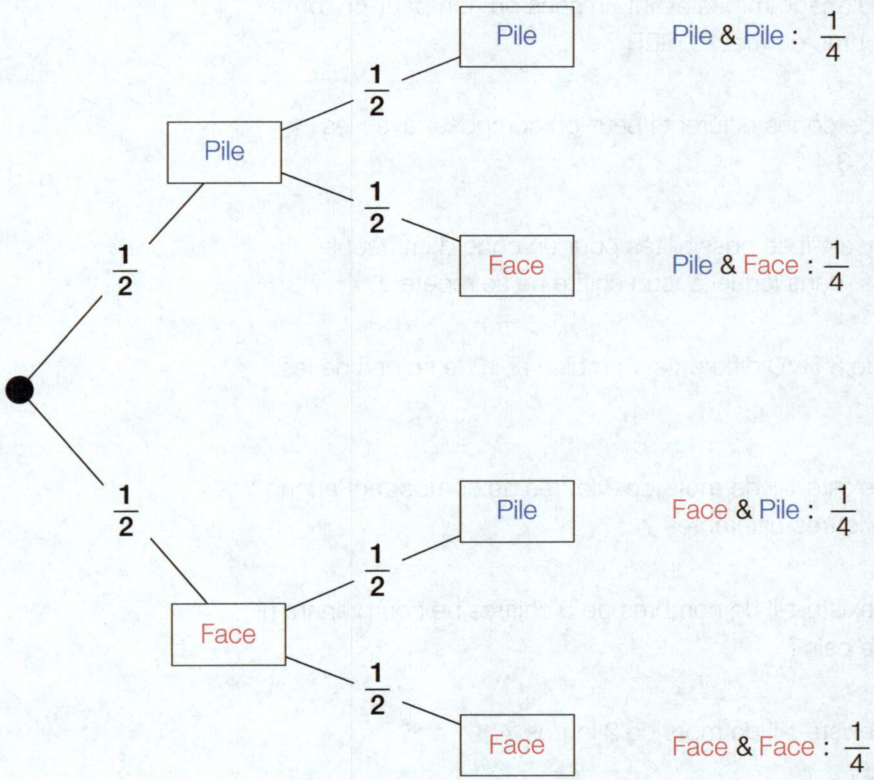

- la somme des valeurs (probabilités) associées aux arêtes issues d'un même sommet donne 1,
- la probabilité d'un chemin est le produit des probabilités associées aux arêtes qui le composent,
- la valeur de l'arête qui va du sommet S1 au sommet S2 est la probabilité conditionnelle de l'évènement S2 sachant que l'évènement S1 est déjà réalisé.

21. Combinatoire et probabilités : 20 applications pour vous entraîner

1 Dans une classe de 15 élèves, 10 pratiquent du football, 7 du tennis, et 6 font les deux sports. Combien ne pratiquent aucun sport ?

2 Parmi 30 acteurs, 20 ont déjà joué pour Spielberg, 16 pour Cameron et 9 avec les deux. Combien n'ont tourné avec aucun de ces deux réalisateurs ?

3 Combien d'anagrammes ayant un sens ou non peut-on former avec les lettres du mot POSER ?

4 Combien de codes différents peut-on composer avec les chiffres 1 2 3 4 ?

5 Combien y a-t-il de possibilités pour un code d'immeuble à 5 chiffres, dans lequel aucun chiffre ne se répète ?

6 Je possède 8 DVD différents, combien ai-je de façons de les empiler ?

7 Combien existe-t-il de mots de 3 lettres ne comportant aucun Y et ayant 3 lettres différentes ?

8 Combien existe-t-il de nombres de 5 chiffres ne comprenant ni 0, ni chiffre pair ?

9 Combien existe-t-il de mots de 2 lettres ?

10 Combien existe-t-il d'anagrammes ayant un sens ou non du mot APPARAT ?

11 Combien existe-t-il de nombres à 3 chiffres qui ne contiennent pas le chiffre 0 et dont tous les chiffres sont distincts deux à deux ?

12 Lors d'une réunion, les 15 membres présents se serrent tous la main une fois. Combien de poignées de mains sont échangées ?

13 Pour le tournoi de football du lycée, toutes les équipes se sont affrontées une fois, et il y a eu 45 matchs au total. Combien d'équipes y avait-il ?

14 Combien de groupes de trois élèves peut-on constituer dans une classe de 8 élèves ?

15 Je possède 6 chemises. Pour partir en voyage, je dois en emporter 4. De combien de façons puis-je composer ma valise ?

16 Je possède 6 chemises et 4 polos. Pour mon voyage, je dois prendre 3 chemises et 3 polos. De combien de façons puis-je composer ma valise ?

17 Je tire au hasard une boule dans une urne contenant 10 boules différentes, note son numéro, puis la remets dans l'urne, et ce, cinq fois de suite. Combien de listes différentes de 5 numéros puis-je tirer ?

18 Je plonge ma main dans une urne contenant 12 boules et en sort 7 d'un seul coup. Combien existe-t-il de possibilités de tirages différents ?

19 De combien de façons les élèves d'une classe de 9 élèves peuvent-ils se mettre en file indienne ?

20 Combien d'équipes de pétanque différentes de 4 individus peut-on créer avec les 9 membres de notre club ?

Corrigés

1. 10 – 6 = 4 élèves font seulement du foot. 7 – 6 = 1 élève fait seulement du tennis, et 6 font les deux. 4 + 1 + 6 = 11 élèves font du sport. Donc 15 – 11 = 4 élèves ne font aucun sport.

2. 20 – 9 = 11 ont juste tourné avec Spielberg, 16 – 9 = 7 ont juste tourné avec Cameron et 9 ont tourné avec les deux. Donc 11 + 7 + 9 = 27 acteurs ont tourné avec au moins l'un des deux. Donc 30 – 27 = 3 n'ont tourné avec aucun des deux.

3. Il y a 5 lettres, donc il y a 5! anagrammes.
5! = 5 × 4 × 3 × 2 × 1 = 120 anagrammes !

4. Comme il y a 4 chiffres, on peut faire 4! = 4 × 3 × 2 × 1 = 24 codes différents.

5. C'est le nombre d'arrangements de 5 éléments d'un ensemble de 10 éléments. Il y a donc :
$$A_{10}^{5} = \frac{10!}{5!} = \frac{10 \times 9 \times 8 \times 7 \times 6 \times 5 \times 4 \times 3 \times 2 \times 1}{5 \times 4 \times 3 \times 2 \times 1} = 10 \times 9 \times 8 \times 7 \times 6$$
= 30 240 codes possibles.

6. C'est une permutation d'un ensemble à 8 éléments. J'ai donc 8! façons de les empiler, soit :
8 × 7 × 6 × 5 × 4 × 3 × 2 × 1 = 40 320 possibilités !

7. C'est un arrangement de 3 éléments de l'ensemble E qui est l'alphabet sans Y, et qui a donc 25 éléments. Il y a donc :
$$A_{25}^{3} = \frac{25!}{22!} = 25 \times 24 \times 23 = 13\,800 \text{ mots possibles.}$$

8. C'est le nombre de 5-listes d'éléments de {1; 3; 5; 7; 9}, qui possède lui-même 5 éléments. Il y a donc : 5^5 = 3 125 nombres de 5 chiffres qui ne comprennent aucun chiffre pair !

9. C'est le nombre de 2-listes de lettres de l'alphabet. Comme il y a 26 lettres dans l'alphabet, on en déduit qu'il y a 26^2 = 676 mots de 2 lettres !

10. APPARAT est composé de 7 lettres dont 3 identiques (le A) et encore 2 identiques (le P). Il existe donc : $\frac{7!}{3! \times 2!} = \frac{7 \times 6 \times 5 \times 4 \times 3 \times 2 \times 1}{3 \times 2 \times 1 \times 2 \times 1}$ = 420 anagrammes.

11. C'est le nombre d'arrangements de 3 éléments de l'ensemble {1; 2; 3; 4; 5; 6; 7; 8; 9} qui contient 9 éléments.
Il y a donc : $A_{9}^{3} = \frac{9!}{6!} = 9 \times 8 \times 7$ = 504 nombres à trois chiffres qui ne contiennent pas le chiffre 0 et dont tous les chiffres sont distincts deux à deux.

12. Il y a 15 × 14/2 = 105 poignées de mains !

13. Pour N équipe, il y a $N \times \frac{(N-1)}{2}$ = 45 rencontres. Donc N × (N – 1) = 90. Donc N = 10 équipes !

14. C'est le nombre de combinaisons de 3 élèves parmi 8. Il y a donc : $C_8^3 = \frac{8!}{5! \times 3!} = \frac{8 \times 7 \times 6}{3 \times 2 \times 1} = 56$ groupes différents possibles.

15. C'est le nombre de combinaisons de 4 chemises parmi 6. Il y a donc : $C_6^4 = \frac{6!}{4! \times 2!} = \frac{6 \times 5}{2 \times 1} = 15$ façons de composer ma valise !

16. C'est le produit du nombre de combinaisons de 3 parmi 6 et de 3 parmi 4. Il y a donc :
$C_6^3 \times C_4^3 = \frac{6!}{3! \times 3!} \times \frac{4!}{3! \times 1!} = \frac{6 \times 5 \times 4}{3 \times 2 \times 1} \times \frac{4}{1} = 80$ façons de composer ma valise !

17. Je cherche en fait le nombre de 5-listes d'un ensemble de 10 éléments.
Il y en a $10^5 = 100\,000$!

18. On tire en fait 7 éléments d'un ensemble de 12 éléments.
Il y a donc : $C_{12}^7 = \frac{12!}{7! \times 5!} = \frac{12 \times 11 \times 10 \times 9 \times 8}{5 \times 4 \times 3 \times 2 \times 1} = 792$ possibilités de tirages différents !

19. Nous cherchons le nombre de permutations qui est donc égal à 9!
Il y a ainsi $9 \times 8 \times 7 \times 6 \times 5 \times 4 \times 3 \times 2 \times 1 = 362\,880$ façons de mettre ces élèves en file indienne.

20. On cherche le nombre de façons de prendre 4 éléments parmi 9.
Il y a donc : $C_9^4 = \frac{9!}{4! \times 5!} = \frac{9 \times 8 \times 7 \times 6 \times \cancel{5} \times \cancel{4} \times \cancel{3} \times \cancel{2} \times \cancel{1}}{4 \times 3 \times 2 \times 1 \times \cancel{5} \times \cancel{4} \times \cancel{3} \times \cancel{2} \times \cancel{1}} = \frac{9 \times 8 \times 7 \times 6}{4 \times 3 \times 2 \times 1} = 126$ équipes possibles.

2.2. METHODES, TECHNIQUES, SAVOIR-FAIRE ET ASTUCES

I. METHODE DE LECTURE & TECHNIQUES D'APPROCHE ET DE RESOLUTION DES QUESTIONS

Comme vous le savez à présent, trop de candidats échouent à l'épreuve de calcul du fait que le cours a été appris à la va-vite et de façon superficielle. Mais l'expérience montre que les candidats échouent par-dessus tout à cause d'un manque évident de méthode dans l'approche et la résolution des questions qui leur sont posées.

Ce chapitre va donc nous permettre d'aborder précisément les méthodes d'approche et de résolution des questions de l'épreuve de calcul **car il est possible d'augmenter très sensiblement son score au Tage Mage en adoptant les comportements des champions,** ceux qui parviennent à répondre à au moins 12 ou 13 questions sur 15 en moyenne aux différentes épreuves du test.

1. Lire le sujet dans son intégralité

Si ce savoir-faire apparaît aux premières loges de ce chapitre, c'est parce que nous constatons avec regret que les élèves que nous préparons chaque année au Tage Mage font de la résistance et s'entêtent terriblement à ne jamais l'appliquer !

Vous vous souvenez pourtant que dès la classe de troisième au collège, vos professeurs de mathématiques vous conseillaient avec plus ou moins de fermeté de « parcourir » tout le sujet avant de vous lancer tête baissée dans sa résolution. Sans parler des professeurs que vous avez eus en terminale qui vous ont forcément conseillé de procéder ainsi afin de gagner du temps et de limiter nombre d'erreurs qui résultent souvent d'une précipitation injustifiée.

Alors pourquoi êtes-vous si nombreux à résister ?

Notre expérience montre que c'est souvent parce que vous redoutez la montre ; que le temps d'une épreuve, le temps devient sacré et vous avez le sentiment que si vous ne démarrez pas à toute vitesse, comme dans une course de Formule 1, alors vous perdez toute chance de terminer le sujet. Sauf que c'est là que vous vous trompez, parce qu'à la veille d'une guerre comme à la veille d'une course de Formule 1, les protagonistes font du repérage : quels sont les contours du champ de bataille ? Qui sont les autres pilotes de la course ? A quel endroit faudra-t-il tenter de doubler un concurrent ? Dans quelle région faudra-t-il éviter de se battre ? Et à quel moment de la bataille faudra-t-il craindre l'adversaire ?... Vous n'iriez pas en guerre sans connaître les contours du champ de bataille, n'est-ce pas ? Vous ne participeriez pas non plus à une course de Formule 1 sans découvrir au préalable le parcours qui vous attend.

Et bien au Tage Mage, c'est pareil ! Il faut faire du repérage ! C'est là un impératif catégorique. **Il faut impérativement parcourir un sujet de calcul au Tage Mage avant de s'attaquer à la résolution d'une question.** Repérez les questions courtes, les questions longues, les questions qui vous font peur, celles qui vous semblent *a priori* faciles, celles qui vous rappellent vaguement une question déjà vue dans un livre ou pendant un stage de préparation, celles encore que vous ne ferez pas (souhaitons qu'il n'y en ait jamais plus de 2 !), par choix et non parce que vous manquerez de temps à l'approche des 20 minutes fatidiques… Autant de raisons donc de prendre 1 minute pour faire du repérage. Pendant ces 60 secondes, et 60 secondes, c'est long (faites le test lorsque vous travaillerez sur les tests blancs de la deuxième partie de cet ouvrage), vous serez en mesure de lire les questions en diagonale, d'entourer celles que vous ferez en premier ou encore celles que vous ferez en dernier, s'il vous reste du temps ! Vous verrez, vous pouvez espérer améliorer très sensiblement votre score en procédant ainsi. A bon entendeur…

2. Ne jamais rester bloqué plus de 2 minutes sur une question

Il peut être tentant au Tage Mage de se battre corps et âme avec une question, surtout lorsque l'on croit que l'on tient la réponse ; qu'elle est là, tout près… Bien sûr, on veut bien croire que vous finirez par venir à bout de cette question. Mais la question est « quand ? ». Quand finirez-vous par résoudre cette question ?

Il ne fait pas de doute que si vous disposiez en moyenne de 5 ou 6 minutes par question, vous réussiriez à coup sûr à résoudre quasiment toutes les questions d'une épreuve. **Le problème, c'est que vous ne disposez que de 1 minute et 20 secondes en moyenne** et que dès lors que vous passez plus de 2 minutes et 30 secondes sur une question, vous mettez sérieusement en péril vos chances de répondre à une majorité de questions. Ne restez donc jamais bloqué plus de 2 minutes et 30 secondes sur une question.

3. Comment lire une question de calcul au Tage Mage ?

Notre expérience dans l'enseignement du Tage Mage à Aurlom nous a montré que les candidats abordent l'épreuve de calcul dans un étrange état d'excitation et de frénésie, prêts à en découdre, comme si tout le test se jouait au terme de cette épreuve. On découvre ainsi malheureusement trop souvent des comportements qui n'ont pas leur place ici : précipitation extrême où l'on passe d'un énoncé à l'autre à toute vitesse, lecture partielle des énoncés où l'on réalise après coup que l'on est passé à côté de la question parce que l'on a sauté un mot-clé ou parce que l'on a confondu un mot avec un autre, découragement total cinq minutes après le début de l'épreuve… Tous ces comportements et ces erreurs sont bien sûr à bannir au Tage Mage et **s'il y a bien une erreur qu'il vous est strictement interdit de commettre durant l'épreuve, c'est de vous précipiter… d'aller trop vite.**

Acceptez donc le paradoxe suivant : **plus vous irez lentement dans la lecture et la résolution des questions, et plus vous irez vite !**

Voici deux réflexes qui vous permettront assurément d'améliorer votre score. Veillez bien à adopter ces réflexes en toutes circonstances.

- Lire le plus lentement possible chacune des questions de l'épreuve.
- Injecter, pendant la lecture, un maximum de valeur ajoutée.

[Réflexe 1 : lire le plus lentement possible chacune des questions de l'épreuve]

Le plus lentement possible signifie ici que **vous devez lire votre question comme si cette dernière devait disparaître de votre vue à la fin d'une première et unique lecture.**

L'expérience montre que les candidats abordent trop souvent les questions posées de façon superficielle, en les lisant vite ; ce comportement s'expliquant par la pression du temps alloué à l'épreuve (seulement 20 minutes pour 15 questions à résoudre).

Nous pensons que la meilleure façon de comprendre au mieux la question qui vous est posée est de la lire le plus lentement possible, **mot à mot, comme si vous n'étiez autorisé à lire la question qu'une seule fois.** Ainsi, vous serez sûr de ne perdre aucune information en cours de route et de disposer de tous les éléments nécessaires à la bonne résolution de la question.

Surtout, en lisant lentement la question, vous n'aurez plus besoin de la relire une deuxième ou une troisième fois car c'est précisément pendant ces moments de relecture que l'on panique à la vue du temps qui file et que l'on perd vraiment du temps. N'oubliez donc jamais qu'à vouloir aller trop vite, vous brûlerez assurément vos chances de répondre juste à une majorité de questions.

[Réflexe 2 : injecter un maximum de valeur ajoutée pendant la lecture]

A la lecture trop rapide des énoncés vient s'ajouter une erreur que commettent beaucoup de candidats pendant qu'ils lisent la question, à savoir la retranscription quasi automatique des informations contenues dans l'énoncé, et ce, dès les premiers mots qui sont lus. Ainsi, un énoncé qui débuterait par exemple par : « *Aurélie est actuellement âgée de 8 ans…* » est immédiatement retranscrit sur le brouillon en « *Aurélie : 8 ans* » ou en « *A = 8* » et ce, en plein pendant la lecture.

Alors, est-ce bien grave de faire cela ? Non, évidemment, ce n'est pas très grave en soi, mais l'expérience montre que les meilleurs candidats, ceux qui obtiennent des scores supérieurs à 450 au Tage Mage, ne lisent pas leurs énoncés comme les autres… **Les meilleurs candidats injectent en effet au cours de leur lecture une valeur ajoutée exceptionnelle qui**

consiste à « *traduire* », « *raffiner* » et « *mettre en relation* » l'ensemble des informations des éléments mis en avant dans la question.

Ce que vous devez comprendre, c'est qu'écrire sur son brouillon « *Aurélie : 8 ans* » ou « *A = 8* » quand l'énoncé dit « *Aurélie est actuellement âgée de 8 ans* », ou encore « *X > 0* » quand l'énoncé dit « *X est un nombre réel strictement positif* » **n'apporte aucune valeur ajoutée à votre lecture** et c'est la raison pour laquelle vous devez éviter ce type de retranscription frénétique sur votre brouillon.

La bonne attitude à adopter est en fait la suivante : **en lisant lentement votre énoncé, vous devez être capable « de convoquer dans le même temps un maximum de connaissances et injecter de la valeur ajoutée » à ce que vous lisez.**

Ainsi, par exemple, quand vous lisez un énoncé qui débute par « *Le périmètre d'un carré de 24 cm est découpé en 2 rectangles* », vous devez immédiatement faire une pause afin de comprendre mentalement absolument tout ce que cette phrase implique. Autrement dit, ici, vous devez mobiliser, de tête, le fait que le périmètre d'un carré est égal à $4a$ avec a la longueur d'un côté et que si $4a = 24$, alors $a = 6$ cm. Il s'ensuit donc que si ce carré est découpé en 2 rectangles, alors ces 2 rectangles auront nécessairement deux de leurs côtés dont la longueur sera égale à 6 cm.

Vous admettrez que l'on est beaucoup mieux armé ainsi pour découvrir la suite de l'énoncé que si l'on avait simplement dessiné dans un coin de notre brouillon un carré séparé en 2 rectangles avec écrit à côté : « P = 24 cm ».

Nous terminerons ce chapitre par l'analyse d'un nouvel énoncé, tombé tel quel au Tage Mage, lu sous l'influence de nos deux réflexes. Voici l'énoncé :

Dans une école, 65 % des élèves sont des filles. Parmi les garçons, 75 % ont l'âge normal pour leur classe ; 15 % sont en avance et 20 garçons sont en retard scolaire. Quel est le pourcentage de garçons en retard scolaire par rapport au nombre total d'élèves ?

(A) 25 % (B) 15 % (C) 10,5 %
(D) 3,5 % (E) 0,3 %

En lisant lentement cet énoncé et en y injectant un maximum de valeur ajoutée, vous allez voir qu'il est possible de le résoudre **de tête** en moins de 40 secondes et sans trop d'efforts. En gras, en italiques et entre crochets, la valeur ajoutée injectée de tête pendant que l'on lit l'énoncé.

Dans une école, 65 % des élèves sont des filles ***[j'en déduis que (100 – 65) % = 35 % sont des garçons]***. Parmi les garçons ***[qui représentent donc 35 % de l'école]***, 75 % ont l'âge normal pour leur école ; 15 % sont en avance et 20 garçons sont en retard scolaire ***[ces 20 garçons en retard scolaire représentent donc (100 – 75 – 15) % = 10 % des garçons de l'école]***. Quel est le pourcentage de garçons en retard scolaire par rapport au nombre total d'élèves ? ***[On me demande donc en fait de calculer ce que vaut 10 % de 35 %, soit 10 % × 35 % = 0,1 × 35 % = 3,5 %, et un rapide coup d'œil sur les réponses m'apporte la satisfaction espérée puisque 3,5 % figure parmi les réponses proposées !]***

4. Analyse des différents types de questions

Nous vous proposons ici de lister tous les types de questions qui peuvent vous être proposées dans une épreuve de calcul au Tage Mage.

Les questions courtes

Qu'elles soient posées sous une forme textuelle ou numérique, les questions courtes (une à deux lignes au maximum) trouvent régulièrement leur place au sein d'une épreuve de calcul au Tage Mage. D'un niveau relativement facile, elles permettent aux candidats de trouver leurs marques et d'éviter ainsi un flop total en assurant un score « minimal ». Malheureusement, ces questions courtes et faciles demeurent assez minoritaires dans une épreuve classique de calcul.

Nous pensons clairement que **ces questions doivent être traitées en priorité,** puisqu'elles ne laissent pas de place à quelque tergiversation que ce soit. Autrement dit, *on sait* ou *on ne sait pas* ! Et c'est pour cette raison qu'il faut « aller les chercher » où qu'elles se trouvent – pour rappel : au Tage Mage, les questions ne sont jamais posées par ordre de difficulté croissante ou décroissante et il est donc possible de trouver une question courte et facile en début, en milieu ou en fin d'épreuve.

Voici quelques exemples de questions courtes d'un niveau facile…

Que vaut la moyenne de 2 008 et 8 002 ?

La moyenne de 2 008 + 8 002 est égale à :

$$\frac{2\,008 + 8\,002}{2} = \frac{2\,000 + 8\,000 + 10}{2} = \frac{1\,000}{2} + \frac{8\,000}{2} + \frac{10}{2} = 5\,005$$

Que vaut le quart du tiers de vingt-quatre ?

Le quart du tiers de vingt-quatre est égal à $\frac{1}{4} \times \frac{1}{3} \times 24 = 2$

La somme de trois nombres entiers consécutifs est égale à 9. Que vaut le plus petit de ces trois nombres ?

Si la somme de trois nombres A, B et C est égale à 9, on a alors $A + (A + 1) + (A + 2) = 9$, le plus petit des nombres vaut donc 2.

Que vaut l'octuple du cinquième de 135 ?

135 divisé par 5 donne 27. L'**octuple** de 27 est égal à 27 × **8** = 216

Quel est le 1er terme, représenté par le point d'interrogation, dans cette série ?

?	4	6	10	18

On a une succession de +2, +4, +8 entre les nombres : on comprend que **l'écart entre les nombres est multiplié par deux à chaque itération**. Il faut donc un écart de +1 entre le premier et le deuxième nombre, on aura donc le nombre 3 au début de la suite.

Comme vous le voyez, les questions de l'épreuve de calcul mettent déjà en scène des notions diverses et variées : calcul mental, arithmétique, calcul de moyenne, progressions géométriques. Attendez-vous donc à tomber sur à peu près tout et… n'importe quoi ! Dans la limite du programme bien sûr !

Si vous venez de découvrir – avec une joie à peine dissimulée – un échantillon de questions courtes d'un niveau facile, nous attirons à présent votre attention sur le fait que **certaines questions courtes peuvent être difficiles, voire très difficiles.**

Ne modifiez pas pour autant votre stratégie d'approche des questions et essayez de les traiter en priorité, car elles ont le mérite d'être courtes et ne sont pas gourmandes en temps de lecture. Vous serez ainsi très vite fixés sur le sort que vous leur réserverez.

Voici quelques exemples de questions courtes d'un niveau assez difficile :

Dans la multiplication SM × NZ = 840, S, N, M et Z sont dans cet ordre des chiffres consécutifs croissants. Que vaut N ?

Pour ce type de questions, **testez des réponses à partir de la première réponse possible**, S = 1. Si S = 1, on a la multiplication 13 × 24 qui donne 312 et pas 840. En revanche, si on a S = 2, on a l'équation 24 × 35 qui donne bien 840. Le nombre N est le deuxième des quatre nombres consécutifs, il vaut 3.

A est un entier positif non nul et strictement inférieur à 7.
Quelle est la valeur de H sachant que $H^2 - A^3 = A^2$?

Ici encore, on teste les différentes réponses possibles pour A compris entre 1 et 6. On a l'équation $H^2 = A^3 + A^2$.
$A^3 + A^2$ vaut 12, 36, 80, 150, 252 pour A qui vaut respectivement 2, 3, 4, 5 ou 6. Seul le nombre 36 est un carré de nombre : **on a donc forcément A = 3 et H = 6**.

Après avoir scié 5 bûches en deux, un bûcheron se retrouve avec 22 bûches. Combien avait-il de bûches au départ ?

Si le bûcheron scie 5 bûches en deux, **il se retrouve avec 5 bûches de plus qu'initialement**. Comme il a 22 bûches après ce travail, on en conclut qu'il avait donc 22 – 5 = 17 bûches au départ.

Les questions longues

Si les questions longues ne sont pas forcément les plus difficiles, elles exigent en revanche toujours **une lecture lente, attentive et efficace.**

Nous vous conseillions un peu plus haut de lire lentement les énoncés de calcul, très lentement même, comme si vous divisiez votre vitesse de lecture par deux. Et bien ce conseil est encore plus valable pour les questions longues. Il n'est en effet pas question que vous relisiez 2 ou 3 fois un énoncé long… Vous risqueriez de perdre beaucoup de temps et de vous priver alors des précieuses minutes nécessaires à la résolution des autres questions.

En plus de lire lentement les énoncés des questions longues, nous ne saurions que trop vous conseiller de convoquer **une lecture critique et sélective** devant ces questions qui contiennent parfois des informations périphériques qui ne vous seront d'aucune utilité… Pire, ces informations peuvent même parfois vous faire perdre du temps.

Voici deux exemples de questions longues :

1. Valérie, Yaëlle et Danielle entrent dans une bijouterie du cours Mirabeau à Aix-en-Provence. Danielle achète 2 broches et 1 collier. Le collier coûte 520 €. Yaëlle achète 1 broche et 1 bague. Elle a dépensé plus que Danielle. La bague coûte 1 100 €. Valérie achète 3 broches et 1 bracelet. Valérie a dépensé plus que Danielle. Le bracelet coûte 110 €. Sachant que toutes les broches sont au même prix, parmi les 5 propositions suivantes, quelle est la seule qui pourrait correspondre au prix d'une broche ?

(A) 570
(B) 590
(C) 610
(D) 630
(E) 690

2. Deux automobilistes partent en même temps, l'un de la ville A vers la ville B, l'autre de la ville B vers la ville A. Ces deux villes sont distantes de 8 km. Le premier roule à 20 km/h et le second à 60 km/h.

Une mouche volant à 100 km/h part en direction de B en même temps que le premier automobiliste. Arrivée à destination, elle repart en sens inverse. Elle continue ainsi à faire la navette entre les deux villes jusqu'à ce que les deux automobilistes se rencontrent. Quelle distance en tout la mouche aura-t-elle parcourue ?

(A) 5 km
(B) 8 km
(C) 10 km
(D) 12 km
(E) 15 km

Ces deux questions sont riches d'enseignement.

La première **illustre l'exigence d'une lecture critique et sélective** visant à mettre de côté certaines informations périphériques parasitaires. La seconde question illustre quant à elle la nécessité de lire lentement les énoncés afin de procéder aux bons calculs du premier coup.

1. Vous aurez remarqué ici que la mise en scène est digne d'un court métrage avec son lot de petits détails tels que les prénoms des trois jeunes filles qui entrent dans la bijouterie. Mais attention, pas n'importe quelle bijouterie, puisqu'il s'agit quand même de celle du cours Mirabeau à Aix !

Vous aurez compris ici que de tels détails ne vous sont absolument d'aucune utilité et que **vous devez par conséquent être capables de faire le tri entre les informations utiles et les informations parasitaires.**

Si l'on s'attache à présent à la résolution de la question, on remarque que l'on nous demande de choisir, parmi les 5 propositions données, celle qui est la seule à pouvoir correspondre au prix d'une broche, sachant que toutes les broches sont au même prix. **Et bien c'est là qu'une lecture lente et critique prend tout son sens** puisque certains d'entre vous auront remarqué que l'on n'a que faire des achats de Valérie et du fait que cette dernière a dépensé plus que Danielle. Il est en effet possible ici de répondre à la question sur la seule base des informations suivantes : « Danielle achète 2 broches et 1 collier. Le collier coûte 520 €. Yaëlle achète 1 broche et 1 bague. Elle a dépensé plus que Danielle. La bague coûte 1 100 € », que l'on peut traduire par l'inéquation : B + 1 100 > 2B + 520 soit B < 580. Réponse A.

Attention donc à ne pas vous laisser distraire par des mises en scène farfelues. Attention également à ne pas toujours chercher à exploiter absolument toutes les informations fournies par un énoncé long.

2. Cette question est *a priori* assez difficile. Vous allez pourtant voir que grâce à une lecture lente et « digérée » de l'énoncé, la situation décrite est somme toute assez simple à comprendre. Sachez de toute façon que mon expérience des questions de l'épreuve de calcul du Tage Mage nous conduit à affirmer sans l'ombre d'un doute que **vous disposez objectivement d'un temps suffisant à la résolution des 15 questions de l'épreuve.** Autrement dit, les questions ne sont pas « impossibles » à résoudre et n'exigent jamais que l'on sorte l'artillerie lourde pour en venir à bout.

Bon alors, quelle réponse avez-vous trouvée ?

Il y a en fait deux choses à trouver ici : l'heure de rencontre des automobilistes, puis la distance parcourue par la mouche. Les deux automobilistes roulent à une vitesse conjuguée de 60 + 20 = 80 km/h. Autrement dit, en s'appuyant sur la formule T = D/V, on déduit qu'en 8/80 = 1/10 d'heure, soit 6 minutes, ils auront parcouru à eux deux les 8 km séparant les deux villes. Et de conclure qu'en 6 minutes, la mouche aura parcouru une distance égale à D = V × T = 100 km/h × (6/60) h = 100 km/h × 1/10 h = 10 km.

Les questions où les réponses proposées sont plus importantes que les énoncés…

Ce qu'il y a d'intolérable et de très dur à accepter dans une question à choix multiples avec réponse unique, **c'est que la réponse est devant vous, sous vos yeux !** On ne vous la cache jamais… Et c'est bien là le problème.

Lorsque malgré tous vos efforts, vous ne parvenez pas à répondre à une question de calcul (ce que nous allons dire s'applique tout aussi bien à une question de raisonnement, de logique ou d'expression), vous vous retrouvez alors soudainement, et malgré vous, dans un incontrôlable état émotionnel qui résulte de l'empêchement à atteindre votre but ultime qui n'est autre que répondre juste à la question qui vous est posée… Pour faire simple, **vous développez ce que l'on appelle un sentiment de frustration** et ça, c'est très dur à vivre !

Alors au lieu d'accumuler ces inutiles sentiments de frustration, efforcez-vous plutôt d'acquérir les quelques réflexes développés dans cet ouvrage. Ces réflexes vous permettront assurément de gagner en confiance et de déjouer ainsi la majorité des difficultés et pièges qui vous seront tendus... Surtout, même si par le plus grand des malheurs vous ne parvenez pas à répondre à une question, pire encore, si vous répondez faux, vous aurez au moins gagné le sentiment d'avoir mis tout en œuvre pour y arriver (bon, évitez tout de même de gagner ce type de sentiments trop souvent !).

Savoir que l'on a tout mis en œuvre pour parvenir à ses fins n'a pas de prix car s'il y a bien un impératif catégorique à respecter le jour du test, c'est de préserver son moral au beau fixe pendant toute la durée des épreuves.

Dans le chapitre 1 « Comment lire une question de calcul ? », vous avez abordé deux réflexes essentiels qui consistent à lire vos questions très lentement et à apporter à votre lecture un « supplément d'âme » qui se traduit par une lecture active, valorisée, raffinée. **A présent, nous allons étudier un nouveau réflexe très important, celui qui consiste à regarder attentivement les réponses qui accompagnent l'énoncé.**

En identifiant en amont (*i.e.* avant d'entamer quelque résolution que ce soit) le type des réponses proposées ou encore leur format, vous gagnerez assurément du temps.

Vous pourrez en effet parfois éliminer certaines réponses absurdes ou impossibles et ainsi mieux conduire votre raisonnement. Vous verrez également qu'en vous attardant par exemple sur le dernier chiffre d'une réponse, vous aurez vite fait de mettre un terme à vos calculs et de passer à la question suivante.

Voyez donc les exemples qui suivent !

J'ai acheté une collection de disques au prix de 845,75 € sur laquelle il y avait une réduction de 13 %. Quel était le prix initial de cette collection ?

(A) 921,36 € (B) 943,61 € (C) 955,09 €
(D) 964,11 € (E) 972,13 €

Pour résoudre cette question, on peut par exemple poser une règle de trois. Soit :

X €	100 % [prix normal]
845,75 €	87 % [du prix normal (100 % – 13 %)]

Sachant que 100 % = 1 et 87 % = 0,87, on pose alors la division à la main suivante :

$$X = \frac{845{,}75 \times 1}{0{,}87}$$

Cette division avec des virgules vous semble compliquée ? Et bien ne vous inquiétez pas. Regardez plutôt ! Tout d'abord, vous transformez (845,75 × 1) / 0,87 en 84 575 / 87. Vous prenez ensuite 845 que vous divisez par 87. Pas besoin de calculer ce que cela vaut puisque cela vaut 9. Et oui, regardez vos réponses ! Elles commencent toutes par le chiffre 9 ! Le chiffre des centaines du résultat ne peut donc valoir que 9. Ensuite, vous calculez 9 × 87, qui vaut 783 et vous faites 845 – 783 = 62. Vous abaissez alors 5 et vous divisez 625 par 87… Et cela y va 7 fois. Et maintenant, **STOP !**

Vous savez en effet que le chiffre des centaines de votre résultat vaut 7 et que la seule et unique solution qui démarre par les chiffres 9 et 7 est la solution E. La division est donc déjà terminée et cela nous a pris entre 30 et 40 secondes.

Nous espérons que cela vous donne envie à présent de regarder un peu mieux à quoi ressemblent vos réponses avant de commencer à faire quelque calcul que ce soit. Quelqu'un qui n'avait pas regardé les réponses serait encore en train de résoudre la division à l'heure où vous lisez ces lignes… Et croyez-nous : un jour de test, où vous êtes stressés par le temps qui passe à toute allure, une simple division peut vite devenir un cauchemar tant il y a de chances que vous vous emmêliez les pinceaux… Alors autant en faire le moins possible et assurer un maximum de bonnes réponses.

Important : vous n'aurez peut-être pas toujours des réponses qui commencent toutes avec le même chiffre, mais vous aurez certainement des solutions avec des chiffres des dizaines ou des unités différents… Tout concepteur de tests qui se respecte (et nous en faisons partie) n'oublie jamais de favoriser l'étudiant qui aura eu la lucidité de regarder attentivement ses réponses.

Le produit de 3 entiers consécutifs est 2 184. Que vaut la somme des deux plus grands entiers ?

(A) 24 (B) 25 (C) 26
(D) 27 (E) 28

La question que l'on vous pose ici est « que vaut la somme des deux plus grands entiers ? ». Ces deux plus grands entiers sont, comme le dit l'énoncé, consécutifs. Or si l'on regarde de plus près deux nombres consécutifs, on remarque qu'il y en a toujours un qui est pair quand l'autre est impair (prenez 7 et 8 ou 12 et 13). **Aussi, la somme de deux nombres consécutifs est-elle nécessairement un nombre impair !**

Si vous regardez à présent attentivement vos réponses, il n'y en a que deux qui sont impaires : **25** et **27.** Vous éliminez donc sans vous poser de question les réponses A, C et E.

Si la bonne réponse est 25, alors cela veut dire que les deux nombres sont 12 et 13. Le troisième, qui est le plus petit, vaut alors 11, et 11 × 12 × 13 n'est pas égal à 2 184 mais à un nombre qui finit par 6 (nous vous expliquerons un peu plus tard comment on arrive à savoir que c'est un nombre qui finit par 6… soyez patients).

Nous concluons donc par élimination que la bonne réponse n'est pas 25 mais 27 et qu'encore une fois, en prenant le temps de regarder soigneusement les réponses proposées, nous sommes parvenus à raisonner sans équations ni calculs superflus et à répondre rapidement à la question.

En conclusion, n'oubliez jamais que vos réponses contiennent des informations qui valent de l'or et qui sont tout aussi importantes (sinon plus importantes) que votre énoncé lui-même. Apportez-leur donc toute l'attention qu'elles méritent !

II. DES TECHNIQUES ET DES ASTUCES

1. Le « *Backsolving* » ou comment résoudre une question en testant les réponses proposées

Le *backsolving* est une technique fondamentale très utile pour résoudre efficacement certaines questions du Tage Mage.

En tant que concepteurs, nous aimons beaucoup cette technique que nous utilisons fréquemment dans le cadre de la création de questions de calcul du Tage Mage, du TAGE 2, ou encore du SCORE IAE MESSAGE.

Le *backsolving* consiste à **trouver la bonne réponse en testant avec méthode les réponses qui vous sont proposées.**

En plus de vous expliquer la façon dont vous devez vous y prendre pour tester vos réponses, nous tenterons d'identifier dans quelle mesure il est possible, sinon fortement recommandé, d'utiliser la technique du *backsolving*.

Appliquons la technique du *backsolving* sur un premier exemple :

Une somme de 6 500 € est composée de 79 billets de 50 et 100 €.
Quel est le nombre de billets de 100 € ?

(A) 30 (B) 35 (C) 42
(D) 51 (E) 55

A première vue, nous avons affaire à un problème qui peut se résoudre en posant un système de deux équations à deux inconnues… A première vue !

Un rapide coup d'œil sur nos réponses indique qu'elles donnent le nombre de billets de 100 € et que l'on peut ainsi en déduire le nombre de billets de 50 €. En effet, s'il y a 51 billets de 100 €, alors il y a 79 – 51 = 28 billets de 50 €.

Posons-nous à présent la question suivante : peut-on dans cette question tester nos réponses pour trouver *la* bonne réponse ? La réponse est *oui* !

Souvenez-vous que dans une question de calcul, **il est recommandé de tester les réponses lorsque vous êtes en mesure de vérifier quelque chose.**

Ici, en testant les réponses, vous êtes en mesure de vérifier que vous obtiendrez au final la somme de 6 500 € (51 × 100 + 28 × 50 = 6 500).

Comment tester les réponses ?

La méthode est simple :

1. Vous classez vos réponses par ordre croissant (ce qui sera déjà souvent le cas au Tage Mage).
2. Vous commencez toujours par ***tester la réponse du milieu,*** autrement dit, la réponse C.

   2.1. La réponse C est la bonne réponse ? *Vous passez à la question suivante.*

   2.2. La réponse C n'est pas la bonne réponse ? Dommage. Mais rien d'inquiétant puisque vous allez tester à présent l'une des deux réponses qui se trouvent « au-dessus » de la réponse C (la A ou la B) ou « en dessous » de la réponse C (la D ou la E). Imaginons que vous testiez une réponse d'au-dessus comme la A par exemple, alors deux cas de figure se présentent à vous : (1) la A est la bonne réponse, tant mieux et vous passez à la question suivante ; (2) la A n'est pas la bonne réponse, mais par élimination, vous en déduisez que la bonne réponse est nécessairement la B.

> **A retenir !**
>
> Grâce à cette méthode efficace de résolution, vous effectuez au mieux une seule vérification (quand la bonne réponse est la C) et au pire seulement deux.
>
> Autrement dit, vous n'avez jamais besoin de vérifier toutes les réponses une à une lorsque vous testez les réponses. Et c'est en cela que cette méthode est efficace.
>
> La seule difficulté consistera à choisir quelles réponses tester après avoir vérifié que la réponse C n'est pas la bonne réponse : les réponses d'au-dessus ou les réponses d'en dessous ?

Levons cette difficulté en appliquant cette méthode à notre premier exemple.

Comme vous le savez maintenant, nous devons tester dans un premier temps la réponse C. Supposons donc qu'il y ait effectivement 42 billets de 100 € (4 200 €). Cela signifie alors qu'il y a 79 – 42 = 37 billets de 50 € (1 850 €).

Nous obtenons ainsi la somme de 4 200 € + 1 850 € = 6 050 € et concluons que la somme de 6 500 € n'est pas vérifiée. La réponse C n'est donc pas la bonne réponse et il faut aller chercher du côté des réponses d'en dessous (les réponses D et E). En effet, pour passer de 6 050 € à 6 500 € avec un nombre total de billets identique, il faut « charger » un peu plus en billets de 100 € (*i.e.* avoir **plus** de billets de 100 € et **moins** de 50 €).

Nous testons donc la réponse D qui marche alors parfaitement puisque s'il y a 51 billets de 100 €, alors il y a :

79 – 51 = 18 billets de 50 € et 51 × 100 + 28 × 50 = 5 100 + 1 400 = 6 500 € !

Une remarque importante : si nous avions testé la réponse E, nous aurions trouvé une somme de 6 700 € avec 55 billets de 100 € et 79 – 55 = 24 billets de 50 € et nous aurions alors conclu que la bonne réponse était nécessairement la D.

Entraînez-vous sur ce deuxième exemple :

Un concours comporte 20 questions. Chaque bonne réponse rapporte 2 points mais chaque mauvaise réponse fait perdre 1 point. Danielle a passé ce concours et a obtenu 19 points. Elle a répondu à toutes les questions mais est sûre de s'être trompée au moins une fois. A quel intervalle appartient le nombre de réponses fausses ?

(A) [0 ; 2] (B) [2 ; 4] (C) [5 ; 8]
(D) [10 ; 13] (E) [14 ; 16]

Si l'on regarde de près les réponses que l'on a sous les yeux, on remarque que le nombre de réponses fausses appartient à un intervalle de nombres entiers. Ainsi, la réponse D dit par exemple que le nombre de mauvaises réponses est compris entre 10 et 13 et que Danielle a répondu à 10, 11, 12 ou 13 mauvaises réponses.

Testons nos réponses en commençant par la réponse C. Le nombre de mauvaises réponses est dans ce cas compris entre 5 et 8.

Si c'est 5, alors le nombre de bonnes réponses est 15 (20 – 5) et le score total obtenu est : 15 × 2 – 5 × 1 = 25.

Si c'est 8, le nombre de bonnes réponses est 12 (20 – 8) et le score total obtenu est : 12 × 2 – 8 × 1 = 16.

Conclusion : la solution C nous dit que le nombre total de points obtenus par Gladys est compris entre 16 et 25. Or comme Gladys a obtenu 19 et que 19 est bien compris entre 16 et 25, c'est que la réponse C est la bonne réponse. Et c'est terminé.

Une remarque très importante

Il n'y a jamais qu'une et une seule façon de répondre à une question de calcul au Tage Mage.

Si le *backsolving* était ici une technique bienvenue, il n'en demeurait pas moins qu'une méthode de résolution plus classique (mais en même temps plus confidentielle) était possible. Ainsi, la notion de « score absolu » permettait de fournir ici une résolution élégante de cette question. En effet, une bonne réponse apporte +2 points et une mauvaise réponse apporte –1 point. Le score maximal (meilleur score) est donc potentiellement égal à 20 × 2 = 40 points et le score minimal (pire score) égal à 20 × (–1) = –20 points. Vous avez donc dans l'absolu un stock de 60 points à gérer. Et ce que vous devez comprendre, c'est que lorsque vous répondez faux à une question, vous perdez effectivement 1 point, mais en réalité, vous vous en privez de 3 (les 2 points que vous auriez pu avoir en répondant juste *plus* le point que l'on vous retire). En conclusion : si Gladys a obtenu 19 points sur un total maximal de 40, c'est qu'elle s'est privée de 40 – 19 = 21 points, soit l'équivalent de 21/3 = 7 questions. Elle a donc répondu faux à 7 questions. Et comme 7 appartient à l'intervalle [5 ; 8], c'est que C est bien la bonne réponse.

Si nous vous avons recommandé de lire le sujet dans son intégralité avant de démarrer la résolution des questions, de résoudre en priorité les questions courtes ou encore d'utiliser la technique du *backsolving* pour ne pas rester pantois face à une question à l'allure délicate, et bien nous devons à présent vous apprendre à **minimiser le temps passé sur chacune des questions que vous traiterez,** car n'oubliez jamais qu'au Tage Mage, votre principal adversaire s'appelle le temps.

Les astuces qui suivent sont reconnues pour être redoutablement efficaces dans bon nombre de situations et il est relativement facile de reconnaître le moment où il va falloir les utiliser. Notez toutefois que ces astuces ne sauraient se suffire à elles seules pour venir à bout d'une question. Une excellente maîtrise du cours et une lecture attentive des chapitres précédents sont en effet indispensables au bon apprentissage de ce qui va suivre.

2. La technique du dernier chiffre

Le dernier chiffre du produit de deux nombres est le même que le dernier chiffre du produit des derniers chiffres des deux nombres en question.

Prenons par exemple le produit de 12 673 267 et 7 812 763 789.

En notant X le dernier chiffre du produit de deux nombres, la phrase en gras devient, après traduction :

X est égal au dernier chiffre du produit des derniers chiffres des deux nombres.

Dans notre cas, les deux nombres dont nous cherchons le produit sont 12 673 267 et 7 812 763 789, soit après une nouvelle traduction : **X est égal au dernier chiffre du produit des derniers chiffres de 12 673 267 et 7 812 763 789.** Soit enfin : **X est égal au dernier chiffre du produit de 7 et 9.**

Et comme le produit de 7 et 9 est 7 × 9 = 63, on conclut que X est égal au dernier chiffre de 63… *i.e.* : **3** !!!

Retenez donc la méthode à appliquer pour trouver le dernier chiffre du produit de deux nombres :

(1) Isolez les derniers chiffres des deux nombres dont vous souhaitez faire le produit.

(2) Calculez ensuite le produit de ces deux derniers chiffres.

(3) Identifiez enfin le dernier chiffre de ce produit.

Jean a décidé de repeindre les quatre murs de son sous-sol. Les quatre murs sont hauts de 2,6 mètres. Deux murs ont pour largeur 13,7 mètres et deux autres murs ont pour largeur 11,9 mètres. Sachant qu'il faut 0,3 litre de peinture pour 1 mètre carré de mur à peindre, quelle quantité de peinture Jean utilisera-t-il pour repeindre les murs de son sous-sol ?

(A) 33,713 litres (B) 37,768 litres (C) 38,874 litres
(D) 39,936 litres (E) 40,762 litres

Il n'est pas question ici de calculer précisément la quantité de peinture dont Jean a besoin pour repeindre les murs de son sous-sol. Nous remarquons en effet – comme par hasard – que les derniers chiffres de nos solutions sont tous différents. Nous allons donc appliquer l'astuce du dernier chiffre et trouver la bonne réponse en… 15 secondes !

Surface totale des quatre murs à peindre : $\underline{\mathbf{2}} \times 2{,}\underline{\mathbf{6}} \times 13{,}\underline{\mathbf{7}} + \underline{\mathbf{2}} \times 2{,}\underline{\mathbf{6}} \times 11{,}\underline{\mathbf{9}}$.

En appliquant l'astuce du dernier chiffre, on trouve que $\underline{\mathbf{2}} \times 2{,}\underline{\mathbf{6}} \times 13{,}\underline{\mathbf{7}}$ se termine par le chiffre **4** [$\underline{\mathbf{2}} \times \underline{\mathbf{6}}$ se termine par 2 et un nombre qui se termine par 2 fois un nombre qui se termine par $\underline{\mathbf{7}}$ est un nombre qui se termine par 4] et que $\underline{\mathbf{2}} \times 2{,}\underline{\mathbf{6}} \times 11{,}\underline{\mathbf{9}}$ se termine par le chiffre **8**.

La somme $\underline{\mathbf{2}} \times 2{,}\underline{\mathbf{6}} \times 13{,}\underline{\mathbf{7}} + \underline{\mathbf{2}} \times 2{,}\underline{\mathbf{6}} \times 11{,}\underline{\mathbf{9}}$ se termine donc par le dernier chiffre de **4 + 8**, c'est-à-dire 2. Il ne nous reste plus qu'à multiplier 2, le dernier chiffre de la surface totale des quatre murs, par 3 (le dernier chiffre de 0,3) pour trouver 6. Et on sait à présent avec certitude que le nombre de litres de peinture dont Jean a besoin pour repeindre son sous-sol est un nombre dont le dernier chiffre est 6. Réponse D.

Cette astuce vous permet donc de gagner des secondes précieuses et d'abréger rapidement vos souffrances. Mais ce n'est pas tout. **Car ce qui est prodigieux avec cette astuce, c'est qu'elle fonctionne également dans l'autre sens,** c'est-à-dire lorsque vous cherchez non pas le dernier chiffre du produit de deux nombres mais celui de l'un des (ou même des deux) nombres que vous multipliez entre eux.

Que vaut N + P sachant que le produit des nombres à trois chiffres 48N et 87P est égal à 42 853 ?

(A) 16 (B) 13 (C) 10

(D) 8 (E) 7

Lorsque l'on vous demande de trouver les chiffres N et P sachant que le nombre de trois chiffres **48N** multiplié par le nombre de trois chiffres **87P** vaut **42 853,** votre premier réflexe doit être de vous dire que le produit N × P se termine nécessairement par le chiffre 3. Vous obtenez alors les valeurs suivantes pour N et P :

N	P	Dernier chiffre de N × P
1	**3**	3
3	**1**	3
7	**9**	3
9	**7**	3

L'on comprend donc que pour obtenir un nombre qui se termine par 3 en faisant le produit de deux nombres, ces deux nombres doivent nécessairement et respectivement se terminer par 1 et 3 ou 3 et 1 ou 7 et 9 ou 9 et 7.

La somme N + P vaut donc 1 + 3 = **4** ou 7 + 9 = **16**. Réponse A (16) !

Surtout ne nous inquiétez pas, vous n'aurez jamais deux réponses possibles au Tage Mage puisque le format même de ce test consiste à n'avoir qu'une seule et unique réponse possible à une question. Autrement dit, ici, parmi les réponses proposées, il ne pouvait y avoir que 4 ou que 16, mais pas les deux en même temps !

3. La technique des inconnues entières

Arrêt sur lecture : l'astuce des inconnues entières est tout simplement géniale, alors suivez bien ce qui va suivre.

S'il y a bien un type de questions sur lesquelles vous devez vous arrêter particulièrement, ce sont celles où les inconnues sont entières. En effet, avec des nombres entiers comme inconnues, et à condition bien sûr de connaître son cours sur le bout des doigts (ce dont nous ne doutons pas, n'est-ce pas ?), il est possible de traiter certaines questions en un temps éclair grâce aux astuces relatives aux inconnues entières.

Mais d'abord, une inconnue entière, c'est quoi ?

Une majorité de questions au Tage Mage vous demandent de trouver la valeur d'une inconnue : *Que vaut X ? Quel est l'âge de Robert ? Quel est le prix d'une figue ? Que vaut* $R^2 - G^3$ *? Quelle somme a été placée sur le compte C ? A quelle heure les deux trains se croiseront-ils ?…*

Quelle que soit l'inconnue, vous devrez toujours vous demander si cette dernière est entière ou non ; car si elle est entière, vous pourrez dans la majorité des cas, appliquer l'une des astuces qui suivent. Si l'on vous demande par exemple de trouver l'âge d'un adulte, et bien vous devez savoir que vous êtes face à une inconnue entière.

Nous voyons déjà les puristes parmi vous allumer leur ordinateur pour trouver nos coordonnées et nous indiquer qu'une faute s'est glissée dans le livre : oui, vous avez raison, un âge peut être un nombre à virgule si l'on considère qu'avoir 10,5 ans revient à avoir 10 ans et demi. Mais ce n'est pas le cas au Tage Mage. Eteignez donc votre ordinateur et permettez-nous de dresser une liste non exhaustive d'inconnues entières sur lesquelles vous pouvez être amenés à travailler. Cette liste est le fruit d'un long travail d'analyse des questions tombées au Tage Mage.

- Les êtres et les objets sont toujours des inconnues entières : des hommes, des femmes, des voitures, des chats, des chiens, des chaussettes, des abeilles, des bonbons, des enfants, des livres…
- Les âges : toujours entiers (10 ans, 37 ans).
- Les distances : très souvent entières (30 km ; 200 m).
- Les vitesses : très souvent entières (12 km/h ; 5 m/s).
- Les aires et les volumes : très souvent entiers (34 m^2 ; 100 m^3).
- Les sommes d'argent : très souvent entières (1 200 euros ; 432 yens).

En plus de cette liste, vous devez retenir une règle majeure qui s'applique en particulier aux prix et aux distances : **si toutes les données de l'énoncé ainsi que les réponses proposées sont entières, c'est que les données implicites le sont aussi.**

Prenons un exemple : si l'on vous parle de trois amis, Pierre, Paul et Jacques, qui ont commandé au restaurant des plats différents avec des prix différents et qui ont réglé à eux trois une addition s'élevant à 124 euros ; que l'inconnue est le prix du plat commandé par Paul et que les cinq propositions sont des nombres entiers, alors vous pouvez, sans prendre trop de risque, en déduire que les prix respectifs des plats commandés par Pierre et par Jacques sont, eux aussi, des nombres entiers.

Et si les inconnues ne sont pas entières ?

Si votre énoncé ne contient pas d'inconnues entières, pourquoi vous priveriez-vous d'en créer vous-mêmes ?

En effet, si l'on vous parle d'une distance de 12,56 km, personne ne vous empêche de convertir cette distance en 12 560 m. Si vous découvrez qu'un coureur a mis 1 h 45 pour parcourir un chemin, pourquoi ne pas vous dire tout simplement qu'il a mis 105 min pour faire ce parcours ? Nous vous invitons donc à bien vous imprégner du cours de mathématiques relatif aux conversions heures/minutes, mètres/kilomètres, etc. Cela vous sera très utile pour transformer si nécessaire vos inconnues en inconnues entières.

Entrons à présent dans le vif du sujet : **pourquoi le fait que vos énoncés contiennent des inconnues entières va vous permettre de gagner des secondes précieuses tout au long de l'épreuve ?**

Tables de multiplication

Vos pires ennemies sont de retour, sorties tout droit de vos livres de primaire : les tables de multiplication ! Mais bon, nous sommes sûrs qu'elles vous sont à présent plus douces et plus dociles et qu'elles sont même en passe de devenir vos meilleures amies…

Si l'on vous dit par exemple que $A \times B = 42$ et qu'il vous faut trouver la valeur de la somme $A + B$ et ce, sans aucune précision particulière, il est tout simplement impossible ne serait-ce que de se rapprocher de la solution du fait qu'il en existe une infinité. En revanche, si l'on vous précise dans l'énoncé de la question que les nombres A et B sont des nombres entiers, alors dans ce cas, le nombre de possibilités diminue considérablement. Voyez donc !

A	B	A	B
1	42	7	6
2	21	14	3
3	14	21	2
6	7	42	1

Et voilà comment d'une infinité de valeurs possibles pour A et B nous sommes passés à seulement 8 valeurs possibles. Il ne vous reste plus qu'à trouver parmi les 5 réponses proposées la seule qui vaut 43 (1 + 42), 23 (2 + 21), 17 (3 + 14) ou 13 (6 + 7).

Une autre application :

Si vous devez résoudre l'équation du second degré suivante : $N^2 - N - 42 = 0$, au lieu de calculer le discriminant delta et tout ce qui s'ensuit, écrivez tout simplement que $N^2 - N - 42 = 0$ équivaut à $N (N - 1) = 42$ et déduisez-en alors que les seuls nombres consécutifs (N – 1 et N sont consécutifs) dont le produit vaut 42 sont 6 et 7 et –7 et –6. Ainsi N = –6 ou N = 7.

Critères de divisibilité

Tout comme vos tables de multiplication, il vous faut connaître vos critères de divisibilité sur le bout des doigts pour espérer augmenter votre vitesse de résolution des questions.

Prenons un exemple :

Un libraire a liquidé ce mois-ci tous ses livres. Un tiers des livres vendus a été payé en chèques, trois dixièmes par carte bancaire et les 704 livres restants ont été payés en espèces. Combien de livres le libraire a-t-il vendus ?

(A) 1 803 (B) 1 920 (C) 2 242
(D) 2 565 (E) 3 110

La méthode classique consiste à poser et résoudre l'équation :

$\mathbf{N = \frac{1}{3}N + \frac{3}{10}N + 704.}$ Nous ne voulons pas de cette méthode, trop longue et trop risquée en termes de calculs, et nous vous proposons donc de résoudre la question en appliquant vos critères de divisibilité.

Sachant qu'un livre est un nombre entier (on ne peut pas acheter de quart ou de tiers de livre… non, même en déchirant les pages, oubliez !), **il faut bien que le nombre de livres payés en chèque soit lui même un nombre entier,** autrement dit qu'un tiers de N soit un nombre entier et que N soit donc divisible par 3.

En appliquant le même raisonnement aux livres payés par carte bancaire, vous trouvez que N doit être divisible par 10.

Si vous regardez à présent les réponses proposées : 1 803, 1 920, 2 242, 2 565 et 3 110, vous en avez terminé puisqu'il n'y en a qu'une **qui est à la fois divisible par 3** (la somme des chiffres du nombre proposé en réponse doit être divisible par 3) **et par 10** (le dernier chiffre du nombre proposé en réponse doit être égal à 0)… 1 920 ! Et c'est donc la bonne réponse.

Alors, ils ne sont pas beaux nos nombres entiers ?

4. Techniques de dénombrement de figures géométriques

Combien de rectangles ?

Pour cette question, il existe une astuce qui permet de calculer directement le nombre de rectangles différents qu'il y a dans le grand rectangle.

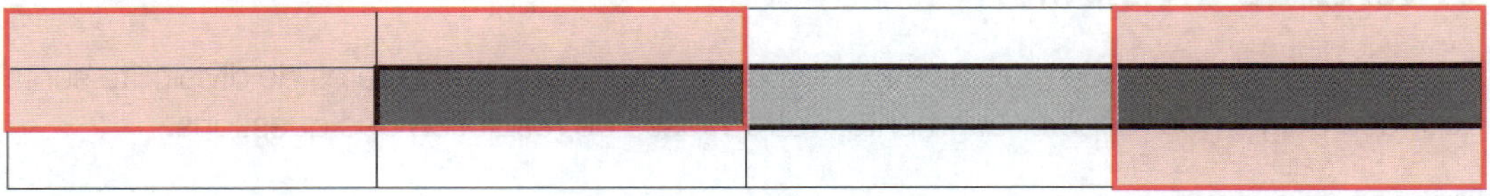

Soit *C* le nombre de colonnes et *L* le nombre de lignes qu'il y a dans le grand rectangle. Le nombre total de rectangles différents est égal à :

$$\frac{C \times (C+1) \times L \times (L+1)}{4}$$

Ici, $C = 4$ et $L = 3$, ce qui nous donne : $\frac{4 \times (4+1) \times 3 \times (3+1)}{4} = 60$ rectangles différents.

Oui, oui ! Vous avez bien lu : 60 rectangles différents.

Combien de carrés ?

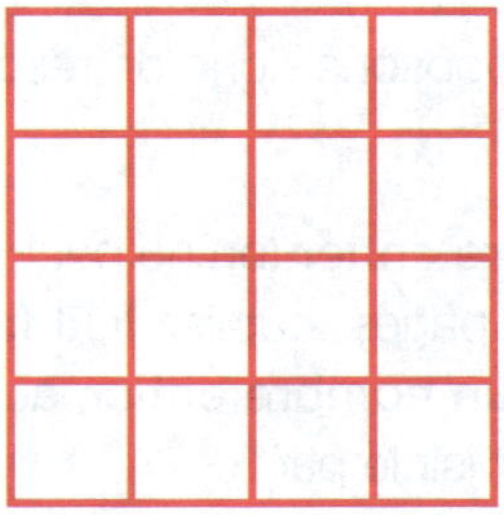

Si l'on vous demande de calculer le nombre de carrés différents qu'il y a dans cette figure, il vous suffit de compter le nombre n de petits carrés qu'il y a sur une colonne et d'appliquer la formule suivante :

$$\text{Nombre total de carrés différents} = \frac{n \times (n + 1) \times (2n + 1)}{6}$$

Combien de triangles ?

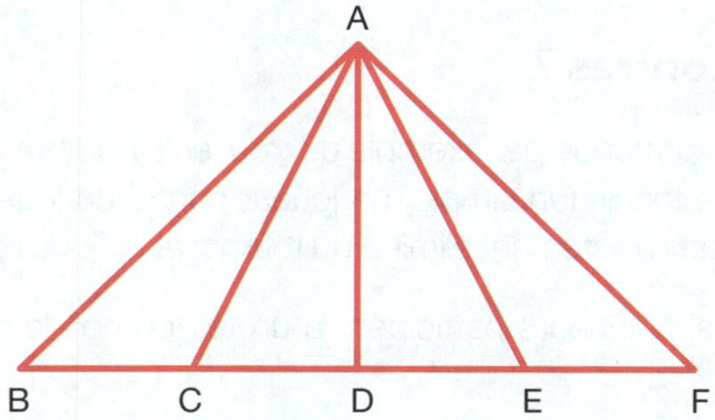

Si l'on vous demande de calculer le nombre de triangles différents qu'il y a dans cette figure, il vous suffit de compter le nombre n de points qui relient à la base du triangle qui relient le sommet A du triangle.

$$\text{Nombre de triangles différents} = \frac{n \times (n - 1)}{2}$$

Cette formule n'est valable bien sûr que pour cette configuration de triangles.

5. Techniques de dénombrement de salutations et de rencontres

Combien de salutations ?

Imaginons que l'on vous demande de trouver le nombre de salutations que s'échangent N personnes (en supposant bien sûr qu'une personne ne salue toutes les autres personnes qu'une seule fois), ou encore le nombre de matchs que se disputent N équipes de football (en supposant là encore qu'une équipe ne rencontre toutes les autres équipes qu'une seule fois), ou enfin le nombre de couples différents qu'il est possible de constituer au cours d'une soirée parmi N personnes.

Alors vous devez savoir que le nombre total de salutations échangées ou encore le nombre total de matchs disputés est égal à :

$$\frac{N \times (N - 1)}{2}$$

Ainsi, si vous allez à une soirée où il y a 22 invités, en supposant que chacun des invités salue une fois tous les autres invités, il y aura eu au total :

$\frac{22 \times (22 - 1)}{2} = 231$ salutations.

Combien de rencontres ?

Imaginons que l'on vous demande par exemple de trouver le nombre total de matchs disputés au cours d'un tournoi de tennis (en simple, un joueur contre un joueur) où dès qu'un joueur perd un match, celui-ci est directement éliminé du tournoi et ne joue alors plus à aucun match.

Vous devez savoir que si *N* joueurs participent à un tel tournoi, le nombre total de matchs disputés est égal à :

$$N - 1$$

Ainsi, si 128 joueurs participent à un tournoi de tennis (comme c'est le cas par exemple lors du premier tour du tournoi simple hommes ou simple dames de Roland-Garros), alors un total de 127 matchs auront été disputés au cours du tournoi.

A présent, que se passe-t-il si 17 joueurs participent à un tournoi ? Et bien le raisonnement sera le même et vous trouverez un total de 17 – 1 = 16 matchs disputés. En effet, lorsqu'il y a 17 joueurs, il n'y aura eu que 8 matchs disputés au premier tour éliminatoire car le « 17e » joueur devra sagement attendre qu'une place se libère pour entrer dans la compétition. Au deuxième tour, les 8 joueurs sortis gagnants à l'issue du premier tour se rencontrent et on compte alors 4 matchs. Au troisième tour, les 4 joueurs sortis gagnants à l'issue du deuxième tour se rencontrent et on compte alors 2 matchs. Au quatrième tour, les 2 joueurs sortis gagnants à l'issue du troisième tour se rencontrent et on compte alors 1 match et c'est là que le 17e joueur (veinard) entre dans la partie et rencontre en finale le joueur sorti gagnant au quatrième tour, ce qui nous fait un dernier match à comptabiliser.

Faisons nos comptes : premier tour : 8 matchs ; deuxième tour : 4 matchs ; troisième tour : 2 matchs ; quatrième tour : 1 match ; finale : 1 match.

On retrouve bien un total de 16 matchs.

FICHE 14
FORMULAIRE DE CALCUL

NOMBRES PREMIERS
(Divisibles que par 1 et eux-mêmes)

2, 3, 5, 7, 11, 13, 17, 19, 23, 29, 31, 37, 41, 43, 47, 53, 59, 61, 67, 71, 73, 79, 83, 89, 97, 101

CARRÉS
(de 1 à 20)

1, 4, 9, 16, 25, 36, 49, 64, 81, 100, 121, 144, 169, 196, 225, 256, 289, 324, 361, 400

CUBES
(de 1 à 10)

1, 8, 27, 64, 125, 216, 343, 512, 729, 1000

POURCENTAGES

1 = 100%	2/3 = 67%
1/2 = 50%	1/3 = 33%
1/4 = 25%	1/5 = 20%
1/6 = 17%	1/7 = 14%
1/8 = 12,5%	1/10 = 10%
p/100 = p%	

- Produit payé Y € dont 22% de remise… **alors** Prix **sans remise** : Y / (1 – 0,22) = Y / 0,78
- Faire +20 revient à faire x 1,2
- Faire -30% revient à faire x 0,7
- Doubler c'est faire x 2 ou +100%

PUISSANCES

$a^0 = 1$ $\qquad \frac{a^n}{a^m} = a^{n-m}$

$a^{-n} = \frac{1}{a^n}$ $\qquad a^{m+n} = a^m \times a^n$

$a^{\frac{n}{m}} = \sqrt[m]{a^n}$ $\qquad a^{m \times n} = (a^m)^n$

IDENTITÉS REMARQUABLES

$(A + B)^2 = \mathbf{A^2 + B^2 + 2AB}$

$(A - B)^2 = \mathbf{A^2 + B^2 - 2AB}$

$(A - B)(A + B) = \mathbf{A^2 - B^2}$

FACTORIELLE

$n! = n(n - 1)(n - 2) \times \ldots \times 2 \times 1$

PROPORTIONS

Si AD || BE || CF alors $\frac{AB}{DE} = \frac{BC}{EF}$ et de même $\frac{AB}{AC} = \frac{DE}{DF}$

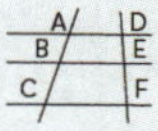

TRIANGLES

L'aire d'un triangle de base a et de hauteur h est égale à : $\frac{a \times h}{2}$

Théorème de Pythagore :
Dans un triangle rectangle ABC (voir figure ci-contre) s'applique la loi suivante :
$AC^2 = AB^2 + BC^2$

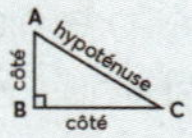

Dans tout triangle rectangle dont les angles mesurent 30°, 60° et 90°, la longueur du côté opposé à l'angle de 30° vaut la moitié de l'hypoténuse.

POLYGONES

L'aire d'un rectangle de longueur a et de largeur b est a × b

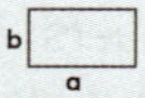

L'aire d'un trapèze de grande base a, de petite base b et de hauteur h est $\frac{(a + b) \times h}{2}$

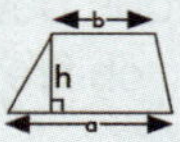

Angles internes d'un polygone de n côtés :

a. La somme des angles est (180n – 360) degrés.

b. Dans un polygone régulier, chaque angle interne mesure $\left(180 - \frac{360}{n}\right) = \left(\frac{180\,n - 360}{n}\right)$ degrés

CERCLE

L'aire d'un cercle de rayon r est πr^2 (π = 3,14…)

Le périmètre d'un cercle de rayon r est $2\pi r$

L'aire d'un secteur angulaire intercepté par un angle au centre de x° est $\pi r^2 \times \frac{x}{360}$

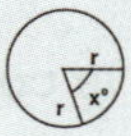

PAVÉ, CUBE

Le volume d'un pavé de longueur a, de largeur b et de hauteur c est a × b × c

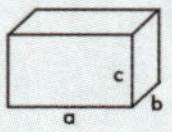

L'aire totale du pavé est 2ab + 2bc + 2ac

Dans un **cube**, a = b = c

CYLINDRE, CÔNE, PYRAMIDE

L'aire latérale d'un cylindre de rayon r et de hauteur h est $2\pi r \times h$

L'aire totale du cylindre est $2\pi r^2 + 2\pi r \times h = 2\pi r\,(r + h)$

Le volume du cylindre est $\pi r^2 \times h$

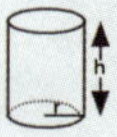

Le volume d'un cône de rayon r et de hauteur h est $\frac{\pi r^2 \times h}{3}$

Le volume d'une pyramide dont l'aire de la base est S et dont la hauteur est h est $\frac{S \times h}{3}$

TRINÔMES

$\mathbf{a}X^2 + \mathbf{b}X + \mathbf{c} = 0$

$D = b^2 - 4ac$

- Si D < 0 alors aucune sol réelle
- Si D = 0 alors 1 sol réelle : -b/2a
- Si D > 0 alors 2 sol réelles : $\frac{-b - \sqrt{D}}{2a}$ et $\frac{-b + \sqrt{D}}{2a}$

MOYENNES

- Somme des termes = moyenne arithmétique x nombre de termes
- Moyenne pondérée = $\frac{N_1K_1 + N_2K_2}{K_1 + K_2}$
- Moyenne harmonique = $\frac{2V_1V_2}{V_1 + V_2}$

VTD

D = V x T $\quad$ **T** = D / V $\quad$ **V** = D / T

K Minutes = K/60 Heures

K Heures = 60 x K Minutes

1m/s = 3,6 km/h

Cas RATTRAPAGE : $\mathbf{D_1 = D_2}$

Cas PARKING / GARES : $\mathbf{D_1 + D_2 = D_{Séparation}}$

PROBABILITÉS

- **Pour tout événement A et tout événement B :**
  $P(A \cup B) = P(A) + P(B) - P(A \cap B)$
  $P(\bar{A}) = 1 - P(A)$
  $\overline{A \cup B} = \bar{A} \cap \bar{B}$, $\overline{A \cap B} = \bar{A} \cup \bar{B}$
- **Probabilité conditionnelle :**
  $P_B(A) = P(A/B) = \frac{P(A \cap B)}{P(B)}$
- **Probabilités totales :** soit $A_1, A_2, \ldots, A_n$ des évènements de probabilité formant une partition de l'univers Ω
  Alors, pour tout évènement B :
  $P(B) = P(B \cap A_1) + P(B \cap A_2) + \ldots + P(B \cap A_n)$

AUTRES FORMULES

- **Somme des n premiers entiers naturels :** (1+2+…+n) = n(n + 1) / 2
- **Problèmes de rendement**
  $\frac{\text{quantité de travail}}{\text{temps}}$ = rendement
- **Partage du travail**
  $\mathbf{1/T_{Ensemble} = 1/T_1 + 1/T_2 + \ldots + 1/T_N}$
- N personnes se saluent toutes une fois ou N équipes se rencontrent toutes une fois au cours d'un championnat de foot ? Alors, comptez : **N(N – 1)/2** salutations/matchs.

FICHE 15
5 REGLES D'OR EN CALCUL

1 **Choisir ses combats**
Sélectionnez les questions avant de démarrer l'épreuve et commencez toujours par les questions courtes (celles qui font entre une et deux lignes max.) et celles qui vous sont familières.

2 **Vous n'avez qu'une chance de bien lire votre question**
Lisez la question une première fois sans rien écrire, très lentement, très calmement, comme si vous ne pouviez la lire qu'une fois. Essayez alors de résoudre de tête. Sinon, relisez lentement en prenant quelques notes.

3 **Appliquez vos formules et méthodes**
On vous dit que l'aire d'un rectangle vaut 21 et que longueur et largeur sont des nombres entiers ? Ne réfléchissez pas des heures. $L = 7$ et $l = 3$ ou $L = 21$ et $l = 1$. Vous devez terminer un calcul un peu long, pensez à la technique du dernier chiffre ? Des proportions, des moyennes, pensez au barycentre.

4 **Ne désespérez jamais**
N'oubliez jamais qu'il n'y a pas qu'une seule et unique façon de résoudre une question.
De tête / Mise en équation / En testant les solutions par dichotomie / En lisant la question à l'envers.

5 **Le cours, le cours, le cours !**
Bien entendu, apprenez votre cours sur le bout des doigts. On ne vous le dira jamais assez.

3. RAISONNEMENT ET ARGUMENTATION

I. PRESENTATION DE L'EPREUVE

L'épreuve de **Raisonnement et argumentation** est sans aucun doute la plus originale du Tage Mage. La variété des questions posées (variété dans les contenus, dans les formats et dans le niveau de difficulté) oblige le candidat à se préparer de façon très méticuleuse et à développer des réflexes indispensables pour venir à bout de cette épreuve exigeante.

Comme pour les deux premières épreuves du Tage Mage, l'épreuve de Raisonnement & argumentation comporte 15 questions que vous devez résoudre en 20 minutes.

Les bonnes réponses rapportent 4 points, les mauvaises en retirent 1 et l'absence de réponse ne modifie pas votre score (0 point). Pour chaque question, 5 réponses sont proposées et il n'y a qu'une seule réponse juste.

Comme le suggère le nom de cette épreuve, vous devrez travailler le jour J sur deux grandes familles de questions : les **questions de raisonnement** et les **questions d'argumentation.**

1. Les questions de raisonnement

Les questions de raisonnement sont généralement très appréciées des candidats. Souvent, après une épreuve difficile de calcul, ils prennent plaisir à travailler sur des questions qui s'apparentent dans une certaine mesure à des énigmes et qui convoquent une mécanique intellectuelle proche de celle que l'on développe dans les jeux de logique.

Il sera question de travailler sur des **thèmes très variés** : *relations d'ordre, placements, menteurs, diagrammes, séries de raisonnement, énigmes classiques, cohérence, calendriers, liens parentaux, optimisation, etc.*

Ce qui peut étonner le candidat en raisonnement, c'est surtout la **variété du format des questions posées** et de leur **niveau de difficulté**. Là encore, l'objectif visé par les concepteurs est clairement affiché : tester votre capacité à vous adapter à des situations complexes ainsi que votre aptitude à décrypter des énoncés sur lesquels vous n'êtes pas habitués à travailler.

[Variété des thèmes abordés]

Il ne faut pas avoir froid aux yeux si l'on veut venir à bout des questions de raisonnement ! De très nombreux thèmes peuvent être abordés et notre objectif sera clairement de vous donner pour chacun d'entre eux des méthodes d'approche et des astuces qui permettent assurément de gagner du temps.

Voyez donc à partir de ces 3 exemples comme les questions peuvent être variées !

Lors d'un même mois, trois lundis sont des jours pairs. Quel jour de la semaine tombe le vingt du mois ?

(A) Lundi (B) Mardi (C) Mercredi
(D) Jeudi (E) Vendredi

Vous êtes face ici à une question de « calendrier ».
Ce que l'on teste au travers de cette question, c'est votre capacité à développer une approche pragmatique d'une situation somme toute assez banale. Il n'y a pas de formule particulière à appliquer et il vous faudra donc avoir déjà travaillé sur ce type de questions avant le Jour J pour ne pas être surpris.

Il suffit ici de se dire ici que le premier lundi pair dans un mois donné est le **lundi 2**.

Le lundi pair suivant sera alors le **lundi 16** et le dernier lundi pair du même mois sera le **lundi 30.**

Remarque : si le premier lundi pair du mois est le lundi 4, on aboutit à un scénario impossible puisque le lundi pair suivant est le lundi 18 et que le dernier lundi du même mois est le lundi 32…

Le seul scénario envisageable est donc bien : lundi 2 / lundi 16 / lundi 30 et de conclure que le 20 du mois est un **vendredi**.

Cinq athlètes courent un 100 mètres. Pauline dit : « J'ai terminé dernière, Véra a gagné », Lucie dit : « Pauline a gagné, je suis deuxième », Isabelle dit : « Pauline est deuxième, moi quatrième », Estelle dit : « Je suis deuxième, Pauline troisième », Véra dit enfin : « Chacune des 4 autres concurrentes vous a donné un seul renseignement correct sur les deux ; l'autre est faux ».

Sachant que Véra a dit la vérité, on peut affirmer sans aucun doute que :

(A) Isabelle est arrivée quatrième

(B) Véra a terminé dernière

(C) Pauline a gagné

(D) Lucie est arrivée troisième

(E) Estelle a gagné

Dans cette question de cohérence qui appartient au thème des « menteurs », vous devez faire une hypothèse sur Pauline. Supposons que Pauline dit la vérité sur la première partie de sa phrase. Dans ce cas, Pauline est arrivée 5e (**5P**). On en déduit par conséquent, et pour rester cohérent, que Lucie ment sur la première partie de sa phrase et dit la vérité sur l'autre. On en déduit que Lucie est arrivée en 2e position (**2L**). Isabelle ment alors aussi sur la première partie et dit la vérité sur la deuxième et on en déduit qu'elle est arrivée 4e (**4I**).

Enfin, pour le cas d'Estelle, on conclut qu'elle ment sur les deux parties de sa phrase puisqu'elle ne peut être deuxième (c'est Lucie qui l'est) et Pauline ne peut être 3e, car selon notre hypothèse de départ elle est 5e ! On arrive donc dans une impasse et l'on comprend que notre hypothèse de départ était fausse.

On tient à présent pour sûr que Pauline ment sur la première partie de sa phrase et dit la vérité sur la seconde. Tout tombe ensuite comme dans un château de cartes et obtient les résultats suivants : 1-V, 2-L, 4-I, 3-P, 5-E. La bonne réponse est donc la A.

James est … Didier. Didier est … de Sam. Nous en déduisons donc que Sam peut être … de James. Par quel mot <u>ne peut-on pas</u> remplacer les points de suspension ?

(A) l'ami de

(B) le frère de

(C) le père de

(D) le beau-frère de

(E) l'ennemi

Cette dernière question de cohérence qui appartient au thème des « relations de parenté » est assez simple. En testant les réponses une à une, on comprend vite que la bonne réponse est la C puisque techniquement, si James est le père de Didier et Didier le père de Sam, Sam **ne peut alors être** le père de James !

[Variété des formats]

Selon le thème abordé par la question, les questions peuvent être très courtes ou au contraire très longues !

Voici un exemple de question courte (thème : **séries de raisonnement**) avec un format particulier puisqu'il faut compléter une série :

> Complétez la série suivante :
>
> SALADE – SAFRAN – ARCHANGE – PARTENAIRE – ?
>
> (A) SABOTER
> (B) LAPEREAU
> (C) FARANDOLE
> (D) MARJOLAINE
> (E) ANTICHAMBRE
>
> La bonne réponse est ANTICHAMBRE ici car les lettres A (communes à tous les mots de la série) sont progressivement « séparées » par un nombre croissant de lettres : SA**L**ADE, SA**FR**AN, A**RCH**ANGE, PA**RTEN**AIRE, A**NTICH**AMBRE.

Voici à l'inverse une question relativement longue qui appartient au thème des **« coupables »**.

> Hier, dimanche, Henri est resté chez lui. En fin d'après-midi, il constate que son téléphone portable a disparu. Après une vaine recherche, il est persuadé qu'il a été victime d'un vol. L'après-midi, Pierre-Manuel, François-Xavier, Patrick et Vladimir sont passés le voir.
>
> Par recoupement et analyse, il en arrive aux cinq conclusions suivantes :
>
> (1) Si François-Xavier est coupable, alors il a un et un seul complice.
> (2) Si Patrick est innocent, alors Vladimir est innocent.
> (3) S'il y a deux coupables et deux seulement, alors François-Xavier est l'un des deux.
> (4) Si Vladimir est innocent, alors Patrick est innocent.
> (5) Pierre-Manuel est innocent.

Quel est ou quels sont les coupables ?

(A) Aucun des quatre.

(B) Patrick seul.

(C) Tous les quatre coupables.

(D) Patrick et François-Xavier.

(E) François-Xavier et Vladimir.

Réponse A : aucun des quatre.
Cette question sera corrigée en détail dans le *Chapitre II : Les questions de raisonnement.*

[Variété des niveaux de difficulté]

Les questions de raisonnement sont d'un niveau très variable. A cela s'ajoute que certains candidats seront, sans pouvoir vraiment l'expliquer, plus à l'aise sur des questions de « relations d'ordre » que sur des questions de « placement ». Il n'en demeure pas moins qu'il y aura toujours des questions plus faciles que d'autres et que vous devrez vous assurer de ne jamais passer à côté d'elles.

Voici un exemple de question facile :

Qui peut être la tante de l'oncle de ma sœur ?

(A) Mon grand-père.

(B) Ma grand-mère.

(C) La cousine de mon grand-père.

(D) Mon arrière-grand-mère.

(E) La sœur de ma grand-mère.

Réponse E

… Et un exemple de question plutôt difficile :

Quel nombre faut-il écrire en toutes lettres à la place des points d'interrogation pour que l'énoncé soit conforme au contenu ?

« La phrase suivante comporte ? consonnes. La phrase précédente comporte ? voyelles. »

(A) vingt-trois et dix-huit

(B) vingt-et-un et quinze

(C) vingt-deux et seize

(D) vingt-cinq et dix-neuf

(E) dix-sept et dix-sept

Réponse C (cette question sera corrigée en détail dans le *Chapitre II : Les questions de raisonnement*)

2. Les questions d'argumentation

Les questions d'argumentation sont assez différentes des questions de raisonnement en ce sens qu'**elles sont plus littéraires** et qu'elles s'appuient sur des textes divers et variés, relativement longs pour la plupart d'entre eux.

Il est toutefois toujours possible de trouver des ponts entre les questions de raisonnement et les questions d'argumentation car la structure logique de certains textes d'argumentation convoque un esprit critique capable de segmenter, compartimenter pour mettre ensuite en relation les différentes idées / arguments mis en avant dans les textes. Comme pour les questions de raisonnement, il va donc falloir vous prêter au « jeu ».

Lorsque vous travaillerez sur des tests d'argumentation, vous devrez répondre à des questions comme :

- **« Quelle est la meilleure conclusion au propos ci-dessus ? »**
- **« Quelle proposition renforce le propos ci-dessus ? »**
- **« Quelle proposition est la plus en contradiction avec le proverbe ci-dessus ? »**
- **« Parmi ces cinq proverbes, lequel a un sens opposé aux autres ? »**
- **« Quel présupposé soutient le mieux ce texte ? »**
- **« Quel type d'argumentation est utilisé dans le propos ci-dessus ? »**
- **« Quelle proposition affaiblit le propos ci-dessus ? »**
- **« Quelle proposition correspond le mieux au propos ci-dessus ? »**

- **« Quelle est la proposition qui correspond le moins au propos ci-dessus ? »**
- **« Quelle cause soutient le moins la conclusion du propos ci-dessus ? »**

Prenons quelques minutes pour définir les termes utilisés dans ces questions. Certes, des termes comme propos, conclusion, soutenir, renforcer vous sont *a priori* familiers mais il faut se méfier de l'eau qui dort et prendre la mesure des définitions qu'ils renferment afin d'en saisir toutes les nuances.

Faisons confiance au *Larousse* et découvrons les définitions.

PROPOSITION	- Au sens simple, une proposition est l'expression d'une idée, d'une affirmation. - En logique, assertion fondamentale jugée trop élémentaire pour être qualifiée de théorème. Sa caractéristique essentielle est d'être susceptible de recevoir une valeur de vérité.
PROPOS	Paroles dites, mots prononcés au cours d'une conversation.
PRÉSUPPOSÉ	- Un présupposé, c'est ce qui est supposé vrai, préalablement à une action, une démonstration. - C'est ce qui, dans un énoncé, est une supposition préalable nécessaire à sa validité logique. *Par exemple, l'énoncé Le roi de France est chauve a pour présupposé « Il existe un roi de France » et pour posé « Il est chauve ».*
CONCLUSION	- Développement marquant la fin d'un discours, d'un texte et en dégageant éventuellement la synthèse ou la morale. - Conséquence déduite d'un raisonnement, d'une observation. - En logique, proposition qui se déduit d'autres propositions, les prémisses.
RENFORCER	- Donner à quelque chose une vigueur, une intensité accrue. - Rendre quelque chose plus certain, plus évident. - Confirmer quelqu'un dans son opinion, constituer pour lui un motif supplémentaire de croire quelque chose.
AFFAIBLIR	Diminuer la résistance, l'importance, la valeur de quelque chose.
SOUTENIR	Être du côté de quelqu'un, adhérer à la cause d'un groupe, combattre en leur faveur, les défendre.
CORRESPONDRE	- Être lié à quelque chose par un rapport nécessaire. - Être lié à quelque chose par un rapport de conformité ; coïncider avec.

Je vous conseille vivement de prendre le temps de bien lire ces définitions. Elles vous aideront assurément à comprendre au mieux les questions qui vous seront posées dans cette épreuve.

Rentrons donc à présent dans le vif du sujet avec deux exemples qui illustrent bien ce que sont les questions d'argumentation.

La plupart de nos propos font plus appel à nos émotions qu'à notre raison. Ainsi, une dame qui avait été mordue par un chat a exprimé à la télévision l'opinion suivante : « J'aime les chats, ils sont obéissants, mais là, je suis tombée sur un chat désobéissant ».

Quel type d'argumentation, fausse logiquement, est utilisé dans le propos ci-dessus ?

(A) Si A, alors B, pas B alors.

(B) Tous les A sont des B, il existe des A qui ne sont pas B.

(C) A plus grand que B et B plus petit que C.

(D) Tous les « a » appartiennent à la catégorie A, tous les « b » appartiennent à la catégorie A.

(E) A est à B ce que C est à D.

Il faut bien sûr être très attentif à la phrase « J'aime les chats, ils sont obéissants, mais là, je suis tombée sur un chat désobéissant ». Seule la réponse B respecte la même structure argumentaire. C'est donc la bonne réponse.

La mondialisation est vécue comme une opportunité par les habitants des pays émergents et une menace pour leur mode de vie par les habitants des pays riches. Qui est perdant et qui est gagnant au jeu de la mondialisation ? Pour les domaines économiques et technologiques, les pays riches augmentent leurs exportations vers les pays émergents. Pour l'industrie de main-d'œuvre c'est clairement l'inverse. Quelle est la meilleure conclusion à ce propos ?

(A) Les pays émergents sont gagnants au jeu de la mondialisation.

(B) Les pays riches sont gagnants au jeu de la mondialisation.

(C) Tous les pays sont perdants au jeu de la mondialisation.

(D) Le monde s'enrichit globalement grâce à la mondialisation.

(E) Le monde s'appauvrit globalement depuis une dizaine d'années.

Concentrons-nous sur : Pour les domaines économiques et technologiques, les pays riches augmentent leurs exportations vers les pays émergents. Pour l'industrie de main-d'œuvre c'est clairement l'inverse.

Pour les domaines économiques et technologiques les pays riches augmentent leurs exportations vers les pays émergents :

Les pays riches augmentent leurs exportations vers les pays émergents.

Pour l'industrie de main-d'œuvre c'est clairement l'inverse :

Les pays émergents augmentent leurs exportations vers les pays riches.

En conclusion, le monde s'enrichit globalement grâce à la mondialisation. Réponse D.

Il était naturellement sous-entendu qu'« augmentation des exportations » et « enrichissement » étaient synonymes. Il vous faudra toujours « entrer » dans la peau du concepteur pour intégrer toutes ces subtilités.

Une remarque importante :

Cette question est très intéressante car elle demande de bien faire la différence entre « l'inverse » et « le contraire ».

En effet, inverser signifie qu'au lieu d'aller de **A vers B** vous allez de **B vers A**. C'est ce schéma de pensée que nous avons suivi pour répondre à la question.

En revanche, si le texte disait : *Pour l'industrie de main-d'œuvre c'est clairement le **contraire,*** vous auriez alors compris :

Les pays riches *diminuent* leurs exportations vers les pays émergents.

Nous allons à présent nous concentrer sur les différents types de questions de raisonnement et d'argumentation que vous pouvez avoir au Tage Mage et vous proposer pour chacune d'entre elles des méthodes et des astuces destinées à vous faire gagner du temps et à gagner en efficacité.

II. LES QUESTIONS DE RAISONNEMENT

Les questions de raisonnement peuvent être segmentées en 10 thèmes distincts :

(1) Menteurs

(2) Familles et liens de parenté

(3) Placements

(4) Relations d'ordre

(5) Optimisation

(6) Diagramme d'Euler-Venn

(7) Séries de raisonnement

(8) Coupable !

(9) Calendriers

(10) Les inclassables

1. Menteurs

Les questions traitant de « menteurs » sont toujours les mêmes au Tage Mage. Ces questions reposent en effet sur un principe simple : lorsque quelqu'un dit « Je mens », alors il faut prendre quelques précautions puisque <u>tout dépend de la nature de la personne</u> qui prononce cette phrase.

En effet, si je suis un menteur (M), et bien quand je dis **« Je mens »**, vous comprenez en fait que je ne mens pas, autrement dit que « Je dis vrai » (V). De la même façon, si je suis quelqu'un qui dit la vérité (V), et bien quand je dis **« Je mens »**, vous comprenez en fait que je mens vraiment (M).

Il se produit ici un phénomène que l'on appelle le ***« Switch »*** : si je dis *« aujourd'hui, je mens »* alors M devient V et V devient M.

.... Je comprends qu'en vérité, cette personne ne ment pas !
M → V

* Autrement dit, je dis la vérité.

.... Je comprends que cette personne ment effectivement.
V → M

[Application]

Harry ment le lundi, le mardi et le mercredi mais il dit la vérité le jeudi, le vendredi, le samedi et le dimanche. Harry dit à Aline :

« Hier j'ai menti. » et « Je mentirai encore deux jours après demain. »

Quel jour sommes-nous ?

(A) Jeudi (B) Lundi (C) Samedi
(D) Mercredi (E) Dimanche

Pour résoudre une telle question, il faut lister les jours de la semaine en écrivant en dessous de chaque jour la « nature » de Harry. Cela nous donne :

Jour	Dimanche	Lundi	Mardi	Mercredi	Jeudi	Vendredi	Samedi
Nature	V	M	M	M	V	V	V

Pour trouver le jour que nous sommes, il faut vérifier que le discours de Harry est bien cohérent avec sa « nature » en sachant qu'il dit « hier, j'ai menti » et « je mentirai encore deux jours après demain. »

Astuce : pour trouver rapidement les jours qui fonctionnent quand Harry dit « hier, j'ai menti », il faut repérer les « Switch », autrement dit les séquences **V/M** ou **M/V**. Dans cette question, il s'agit de **lundi** et de **jeudi**. En effet, quand on est lundi (M) et que je dis « hier, j'ai menti », je dois naturellement retrouver un V la veille, ce qui est bien le cas. De même, quand on est jeudi (V) et que je dis « hier, j'ai menti », je dois retrouver un M la veille, ce qui est encore le cas.

Tout se joue donc entre **lundi** et **jeudi**.

La seconde condition nous dit « je mentirai deux jours après demain ». Là encore il faut repérer un « Switch » de type V/M ou M/V et ce « Switch » ne fonctionne que pour la journée de lundi (M) où effectivement, deux jours après demain (jeudi) on retrouve bien un V – alors que pour la journée de jeudi (V) on retrouvait deux jours après demain (dimanche) encore un V… La réponse est donc bien lundi !

2. Familles et liens de parenté

Les questions de famille et de liens de parenté sont généralement assez simples à résoudre. Ces questions s'appuient en effet sur le type de relation qui existe entre plusieurs membres d'une famille ou encore entre les membres de deux générations.

[Un peu de vocabulaire !]

COUPLE	Le couple est l'union de deux personnes, mariées ou équivalents (union libre, PACS). Trois possibilités donc : homme/femme, homme/homme et femme/femme.
FAMILLE	Une famille est une communauté de personnes réunies par des liens de parenté. Au Tage Mage, il s'agit cependant dans la majorité des cas d'une communauté composée d'un père, d'une mère et d'au moins un enfant. Ceci étant, une famille peut naturellement inclure d'autres membres : les grands-parents, les oncles, les cousins, les beaux-parents, etc. Soyez donc très attentifs aux énoncés des questions pour bien comprendre de quel type de famille on parle précisément.
FRATRIE	La fratrie représente l'ensemble des frères et sœurs d'une famille. Soyez attentifs aux mots utilisés dans les énoncés : même si dans le langage courant, on confond souvent « frère » et « demi-frère » ou « sœur » et « demi-sœur », il faudra bien veiller à faire la distinction au Tage Mage entre les frères et les demi-frères, et entre les sœurs et les demi-sœurs.

GENDRE	Le mari de la fille de quelqu'un.
BRU	La femme du fils de quelqu'un.
GRAND-ONCLE	Le grand-oncle est le frère d'un des quatre grands-parents d'une personne. L'équivalent féminin est la grand-tante.

[Attention aux prénoms épicènes]

Dans certains énoncés, un piège consiste à glisser dans les prénoms des personnes qui composent une famille ou une fratrie un ou plusieurs prénoms épicènes, autrement dit des prénoms qui désignent indifféremment l'un ou l'autre sexe. Les prénoms épicènes les plus courants sont les suivants : Camille, Dominique, Maxime et Claude.

[Astuce : les lignes de générations]

Certains tests peuvent se résoudre très facilement en utilisant ce que l'on appelle les « lignes de générations ».

Dans le schéma qui suit, si je suis la personne de référence (MOI), alors voici comment se positionnent les autres membres de ma famille.

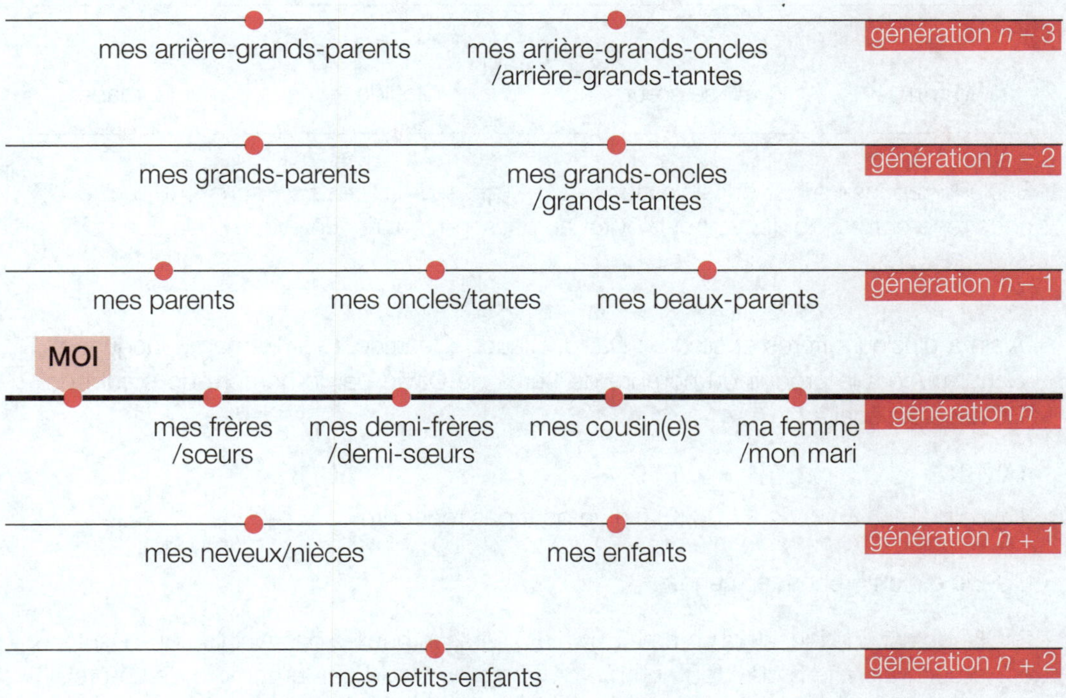

[Deux applications]

Marin mesure 20 cm de plus que sa sœur. Clotilde mesure 5 cm de moins que Romane sa cousine. Romane a la même taille que sa tante Eve. Eve est la sœur d'Axel et Clotilde est la cousine de Marin. Parmi ces 5 propositions quelle est la seule qui peut être vraie ?

(A) Romane est la sœur de Marin

(B) Clotilde est la sœur d'Eve

(C) Eve est la cousine de Marin

(D) Clotilde n'a pas de cousin

(E) Axel est le frère de Romane

On cherche **la seule solution qui peut être vraie.**

Bien entendu, les tailles des membres de cette famille n'ont ici aucun intérêt. Traçons des lignes de générations pour trouver la bonne réponse.

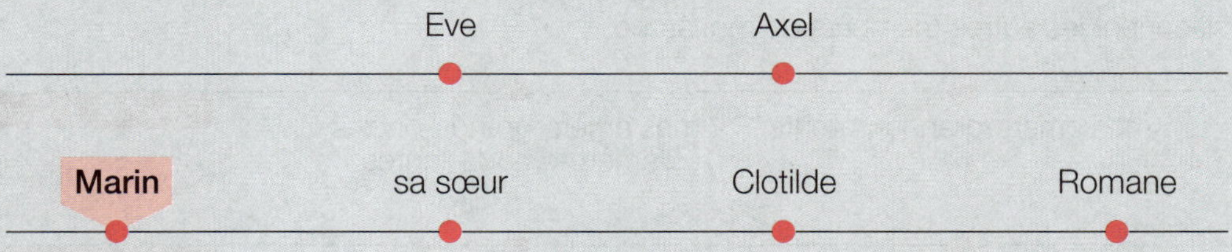

Seule la réponse A est possible donc et les lignes de génération nous ont permis de nous repérer très rapidement et d'éviter au passage tout risque éventuel de confusion.

Alain a plusieurs frères et sœurs : David, Claude, Béatrice, Léa, Bernard, Jacques et Sandra. Alors le produit du nombre de frères de David par le nombre de sœurs de Béatrice est égal à :

(A) 12 (B) 9 (C) 8

(D) 6 (E) On ne peut pas répondre

Claude est un prénom épicène.

Si Claude est une fille, alors comme David a 3 frères (n'oubliez pas Alain) et que Béatrice a 3 sœurs, alors le produit du nombre de frères de David par le nombre de sœurs de Béatrice est égal à : $3 \times 3 = 9$ (réponse B).

Si Claude est un garçon, alors comme David a 4 frères et que Béatrice a 2 sœurs, et bien le produit du nombre de frères de David par le nombre de sœurs de Béatrice est égal à : $4 \times 2 = 8$ (réponse C). Autrement dit, on ne peut pas répondre à la question !

3. Placements

Les questions de placement aiment les schémas ! Ces derniers aident en effet souvent à visualiser clairement la situation exposée dans l'énoncé.

Voici deux applications : une première qui ne peut raisonnablement se passer de schéma et une seconde qui peut se résoudre sans… si seulement on a pris soin d'éviter les différents pièges posés ici et là dans ce type de question.

Au cours d'une réunion à l'ONU, six représentants de leur pays négocient autour d'une table hexagonale. Le Français n'est pas en face du Belge. Le Danois et le Chypriote ne sont pas voisins du Français. Le Danois est en face de l'Américain, le Français a l'Espagnol à sa droite. Qui est à droite du Danois ?

(A) L'Américain

(B) Le Belge

(C) Le Chypriote

(D) Le Français

(E) L'Espagnol

Pour résoudre ce type de question, rien ne vaut un bon vieux schéma.

Votre premier réflexe consiste à trouver l'information la plus sûre à exploiter. Ici, il s'agit du Danois qui se trouve en face de l'Américain.

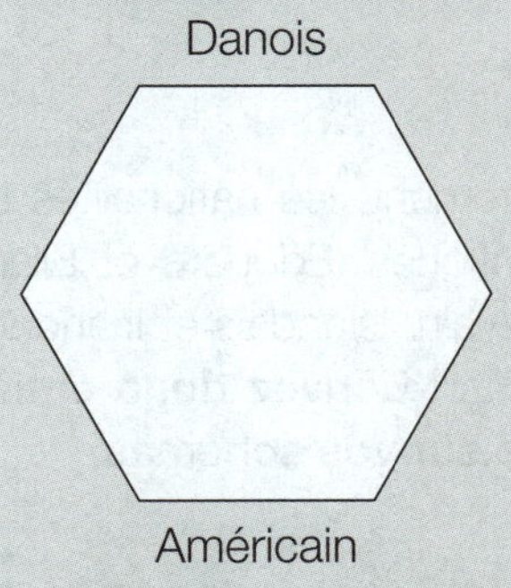

Ensuite, vous devez exploiter une seconde information. Si l'on se penche sur celle qui nous dit que le Français a l'Espagnol à sa droite, alors il y a deux possibilités : ou bien le Français et l'Espagnol se trouvent dans l'hémisphère gauche de la table ou bien ils se trouvent dans l'hémisphère droit. Cependant, nous savons que le Danois et le Français ne sont pas voisins. On en déduit donc que le Français et l'Espagnol se trouvent dans l'hémisphère droit de la table.

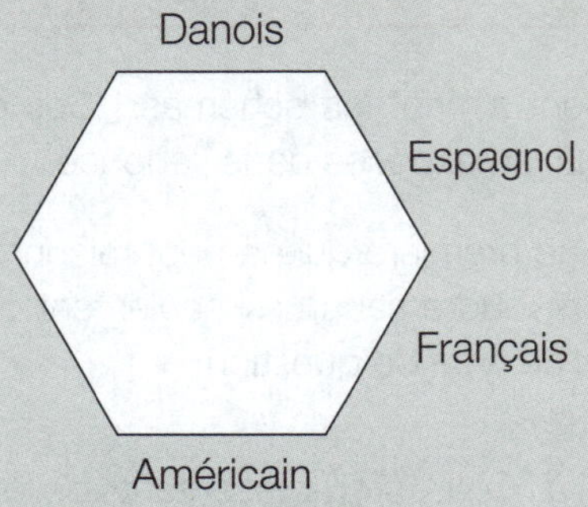

Pour terminer, il ne nous reste plus qu'à placer le Chypriote et le Belge en sachant que le Français ne se trouve pas en face du Belge.

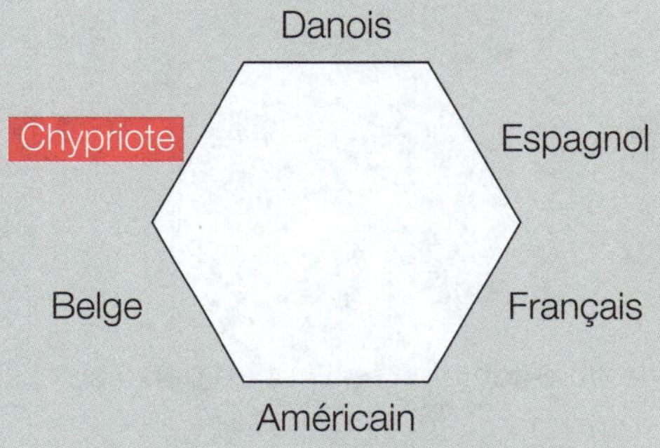

On garde donc la réponse C : le Chypriote.

Une remarque importante :

Dans certaines questions de placement, les nationalités ou les prénoms des personnes à table possèdent des initiales identiques (Edouard et Eliane, Français et Finlandais) ou se ressemblent (Joan et Jean, Ali et Alain, Islandais et Irlandais). Attention donc aux confusions et de grâce ne soyez pas fainéants ! **Ecrivez donc entièrement les nationalités ou les prénoms des personnes à table sur vos schémas.**

On a aligné trois boîtes contenant chacune un objet : une pièce, un coquillage, un dé. La boîte rouge est à droite du coquillage. La boîte verte est à gauche de la bleue. Le dé est à droite de la boîte rouge. La pièce est à gauche du dé. Où est la pièce ?

(A) Dans la boîte rouge

(B) Dans la boîte verte

(C) Dans la boîte bleue

(D) On ne peut pas savoir

(E) Les quatre conditions sont incompatibles

Vous devez être très vigilants face à ce type de question.

Tout d'abord, l'information **« trois boîtes contenant chacune un objet »** signifie que chaque boîte contient nécessairement un objet et un seul et qu'un objet se trouve nécessairement dans une boîte et une seule !

Si vous aviez eu affaire à l'information « trois boîtes contenant trois objets » au lieu de « trois boîtes contenant chacune un objet », et bien l'interprétation aurait été complètement différente puisque « trois boîtes contenant trois objets » peut signifier plusieurs choses :

- Il y a un et un seul objet dans chacune des boîtes.
- Il y a deux objets dans une boîte, un objet dans une autre boîte et une boîte vide.
- Il y a trois objets dans une boîte et deux boîtes vides.

Ensuite, vous devez faire attention aux termes « à gauche » et « à droite » qu'il ne faut pas confondre avec « juste à gauche » / « juste à droite » ou encore « précisément à gauche » / « précisément à droite ».

Exemple :

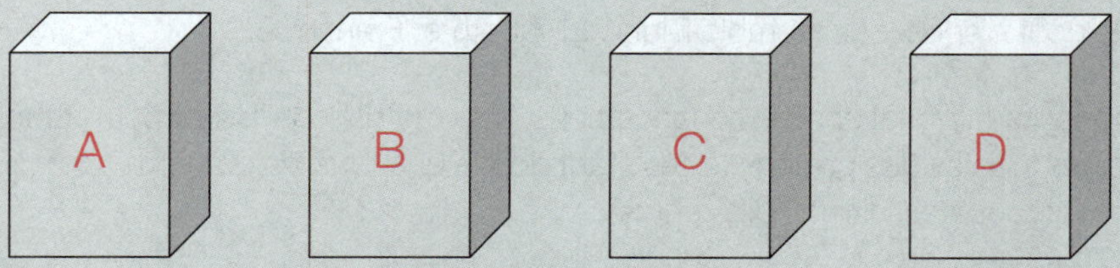

Quelles boîtes se trouvent à droite de la boîte B ? La C et la D bien sûr ! En revanche, juste à droite de la boîte B, il n'y a qu'une seule boîte : la C !

Bon, quelle est donc la réponse ?
Le fait qu'il existe ici une bijection (*i.e.* une correspondance parfaite) entre le nombre de boîtes et le nombre d'objets (une boîte pour un et un seul objet, et un objet pour une et une seule boîte) nous épargne de faire appel à un schéma. En effet, si « la boîte rouge est à droite du coquillage » c'est que le **coquillage n'est pas dans la boîte rouge.**

De façon analogue, si « le dé est à droite de la boîte rouge » c'est que **le dé n'est pas non plus dans la boîte rouge.** En conclusion, ni le coquillage, ni le dé ne sont dans la boîte rouge. C'est donc la pièce qui s'y trouve !

4. Relations d'ordre

André et Bertrand disposent à eux deux d'une somme d'argent supérieure à celles dont disposent à elles deux Claire et Didier. Par ailleurs, Claire et Elisabeth disposent à elles deux d'une somme d'argent supérieure à celle dont dispose à eux deux Françoise et Bertrand. Quelle est parmi ces cinq propositions la seule dont on peut être certain qu'elle soit vraie ?

(A) André et Bertrand disposent à eux deux d'une somme d'argent supérieure à celle dont disposent ensemble Didier et Françoise.

(B) Didier et Elisabeth disposent à elles deux d'une somme d'argent supérieure à celle dont disposent ensemble Claire et Françoise.

(C) André et Elisabeth disposent à eux deux d'une somme d'argent supérieure à celle dont disposent ensemble Didier et Françoise.

(D) Didier et Françoise disposent à elles deux d'une somme d'argent supérieure à celle dont disposent ensemble André et Claire.

(E) André, Bertrand et Claire disposent à eux trois d'une somme d'argent supérieure à celle dont disposent ensemble Didier, Elisabeth et Françoise.

Traduisons les informations de l'énoncé sous la forme d'inégalités et permettons-nous d'utiliser les initiales des prénoms cités étant donné que tous les prénoms sont différents et qu'ils ont tous des initiales différentes.

$A + B > C + D$

$C + E > F + B$

En sommant ces deux inégalités (on peut le faire car le signe d'inégalité est le même (<) pour les deux inégalités) on obtient :

$A + B + C + E > C + D + F + B$

Soit en simplifiant à gauche et à droite de l'inégalité :

$A + \not B + \not C + E > \not C + D + F + \not B$

$A + E > D + F$

Réponse C !

Samuel est plus riche que Monica et Philippe est plus pauvre que Samuel.

Qui est le plus pauvre des trois sachant qu'ils ont chacun une richesse différente des deux autres ?

(A) Monica ou Philippe

(B) Samuel ou Jacques

(C) Philippe

(D) Marilyne

(E) Samuel

Attention ici à ne pas utiliser les initiales des prénoms pour traduire l'énoncé en inégalités.

Le fait qu'ils « ont chacun une richesse différente des deux autres » exclut toute possibilité d'égalité de type Richesse de Philippe = Richesse de Monica.

On sait que Samuel > Monica et Philippe < Samuel.

Autrement dit :

Monica < Samuel

Philippe < Samuel

Si l'on sait assurément que Samuel est le plus riche des trois, il nous est en revanche impossible de savoir qui de Monica ou de Philippe est le plus pauvre ! Il convient donc de choisir ici la réponse A : Monica ou Philippe.

5. Optimisation

Dans une urne se trouvent en vrac trois boules bleues, cinq boules noires, deux boules vertes, sept boules jaunes et quatre boules grises. Combien de boules au minimum Pierre doit-il tirer pour être sûr d'obtenir une paire de boules de couleur identique ?

(A) 2
(B) 4
(C) 6
(D) 8
(E) 10

Pour résoudre efficacement les questions d'optimisation, **la meilleure astuce qui soit est de se mettre dans la peau d'un poissard !** Oui, oui, d'un poissard ! Autrement dit, vous ne tirez jamais les bonnes boules ou les bonnes chaussettes et vous cherchez alors toujours à vous prémunir de tout risque d'échec en prenant le nombre minimal de boules et de chaussettes nécessaires à l'atteinte de vos objectifs.

Pour cette question, votre objectif est simple : vous voulez tirer 2 boules de même couleur. Testez donc les réponses !

Si vous tirez 2 boules (réponse A) et que vous êtes poissard, alors il se peut naturellement que vous tiriez disons une boule noire et une boule grise… Ce qui n'est pas bon. **Si vous tirez 4 boules** (réponse B), le poissard ou la poissarde que vous êtes vous amène à tirer par exemple une boule noire, une grise, une boule verte et une boule bleue. Ce qui ne va toujours pas. En revanche, **dès lors que vous tirez 6 boules (réponse C), ça roule !** En effet, le pire du pire des cas est que lorsque vous tirez 5 boules, vous tirez une boule de chaque couleur (il y a 5 couleurs). Toutefois, dès que vous tirez une 6e boule, vous êtes sûr et certain que cette 6e boule se mariera (« couleurement » parlant) avec une des 5 couleurs existantes et obtiendrez ainsi à coup sûr une paire de boules de même couleur. Réponse C.

Bon, et si la question avait été : **« Combien de boules au minimum Pierre doit-il tirer pour être sûr d'obtenir une paire de boules de couleurs différentes ? »**. Qu'auriez-vous répondu ?

Et bien c'est simple ! Tout poissard que vous êtes, si vous prenez 7 boules et bien vous allez tomber sur… les 7 boules jaunes (et mince !) et vous ne pourrez alors former un couple de boules de couleurs différentes. Aussi devrez-vous tirer au minimum 8 boules (la 8e sera forcément d'une autre couleur que la couleur jaune) pour être sûr et certain d'atteindre votre objectif.

6. Diagrammes d'Euler-Venn

Aucun lecteur n'est pessimiste. Je suis pessimiste. Que peut-on en déduire ?

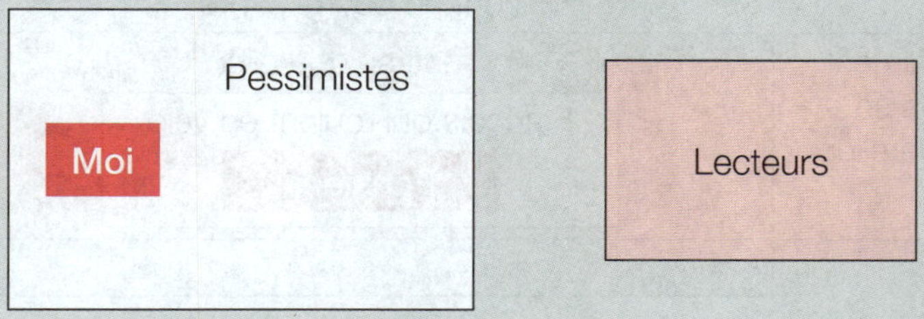

Cette représentation sous forme de diagramme n'est pas indispensable ici mais elle permet toutefois de « planter le décor » et de vous inciter à transformer un énoncé à l'aide de diagrammes.

On déduit de cet énoncé que je ne suis pas un lecteur !

Tous les managers sont des tyrans. Quelques managers ne sont pas stressés. Que peut-on en déduire ?

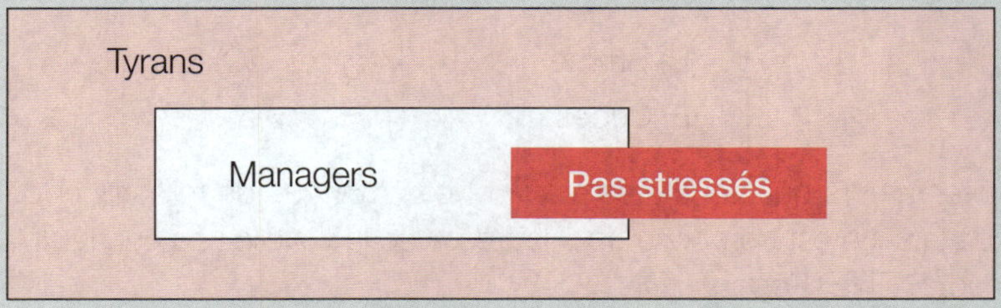

On en déduit ici que parmi les gens stressés, certains sont des tyrans.

Le parisien roule en vélo. Les Français qui n'aiment pas se quereller ont horreur de rouler en vélo. Les français qui aiment se quereller sont en bonne santé. Que peut-on en déduire ?

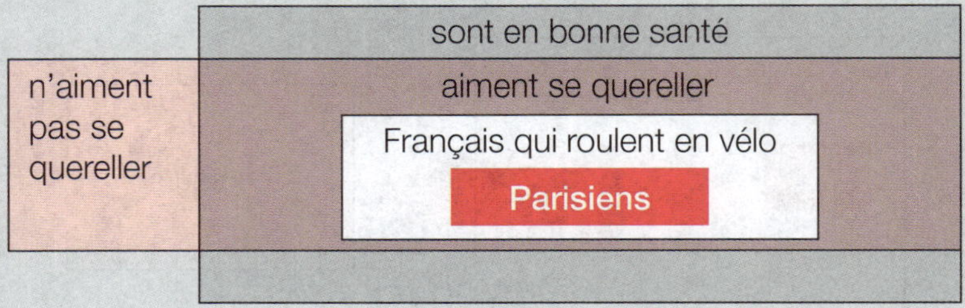

Il est possible de déduire ici que les Parisiens sont en bonne santé.

7. Les séries de raisonnement

Les séries de raisonnement peuvent faire l'objet de questions au Tage Mage dans l'épreuve de raisonnement & argumentation.

Compléter la série suivante : POILU, TRIER, PLIER, (…)

(A) Inoui (B) Brume (C) Enigme
(D) Reine (E) Cepes

Les fins observateurs que vous êtes n'auront pas manqué de remarquer que chacun des mots de la série est composé de 5 lettres avec la voyelle I au centre. Il fallait donc trouver le mot REINE. Réponse D.

Complétez la série suivante : CLAMEUR ; DERNIER ; ENROBER ; (…)

(A) HUITRES (B) HESITER (C) FREINER
(D) DRAINER (E) FRAPPER

Les premières lettres se suivent, tout comme les lettres centrales : **C**LA**M**EU*R*, **D**ER**N**IE*R*, **E**NR**O**BE*R*, **F**RA**P**PE*R*. Enfin, la dernière lettre est toujours un R. Réponse E.

Complétez la série suivante : PRATIQUE ; PRIERE ; PLUVIEUX ; (…)

(A) PARODIE (B) PAPA (C) PAMPA

(D) PARTICIPATION (E) PARLEMENTAIRE

La bonne réponse est PAPA puisque dans chacun des mots de la série, la première lettre est un P (oui, oui) et **le nombre de consonnes est exactement égal au nombre de voyelles.** Réponse B.

Nous ne vous conseillons pas de vous entraîner outre mesure sur ce type de question qui demeure minoritaire au Tage Mage. Ceci dit, si vous deviez tomber sur ce type de question, nous vous invitons à être tout particulièrement attentifs aux éléments suivants :

- Le nombre de lettres
- Le nombre de consonnes
- Le nombre de voyelles
- Les lettres communes à tous les mots
- Le nombre de lettres récurrentes
- La position des consonnes
- La position des voyelles
- Les premières lettres
- Les dernières lettres
- Les lettres centrales
- Le nombre de syllabes
- Le genre des mots (masculin / féminin / neutre)
- La nature grammaticale des mots (verbes, adjectifs, adverbes, etc.)
- L'appartenance des mots à un même champ lexical

8. Coupable !

Hier, dimanche, Henri est resté chez lui. En fin d'après-midi, il constate que son téléphone portable a disparu. Après une vaine recherche, il est persuadé qu'il a été victime d'un vol. L'après-midi, Pierre-Manuel, François-Xavier, Patrick et Vladimir sont passés le voir. Par recoupement et analyse, il en arrive aux cinq conclusions suivantes :

(1) Si François-Xavier est coupable, alors il a un et un seul complice.

(2) Si Patrick est innocent, alors Vladimir est innocent.

(3) S'il y a deux coupables et deux seulement, alors François-Xavier est l'un des deux.

(4) Si Vladimir est innocent, alors Patrick est innocent.

(5) Pierre-Manuel est innocent.

Quel est ou quels sont les coupables ?

(A) Aucun des quatre.

(B) Patrick seul.

(C) Tous les quatre sont coupables.

(D) Patrick et François-Xavier.

(E) François-Xavier et Vladimir.

Réponse A : aucun des quatre.

Les conclusions (2) et (4) signifient que Patrick et Vladimir sont **ou bien coupables ensemble, ou bien innocents ensemble.** L'un ne peut être coupable quand l'autre est innocent !

En effet, si A implique B alors (non B) implique (non A). Autrement dit « Si Patrick est innocent, alors Vladimir est innocent » est équivalent à « Si Vladimir est coupable, alors Patrick est coupable ». De la même façon, « Si Vladimir est innocent, alors Patrick est innocent » est équivalent à « Si Patrick est coupable, alors Vladimir est coupable ».

Testons les solutions à présent ! Et commençons par la B, facile à tester. Patrick ne peut être le seul coupable, car l'on vient de voir que s'il est coupable, Vladimir doit l'être aussi. On en déduit que les réponses D et E sont elles aussi impossibles et de conclure que la bonne réponse est la A puisque la C est naturellement impossible (cf. conclusion n° 5).

9. Calendriers

Vous pouvez tomber au Tage Mage sur des questions où vous devez trouver un jour de la semaine, une date ou un nombre de jours écoulés entre une date et une autre.

Lorsque vous travaillerez sur de telles questions, vous devrez toujours faire attention aux points suivants :

- **Mois et nombre de jours :**

Janvier : 31 jours, février : 28 ou 29 jours (29 jours si année bissextile, 28 jours sinon), mars : 31 jours, avril : 30 jours, mai : 31 jours, juin : 30 jours, juillet : 31 jours, août : 31 jours (attention donc ! juillet et août se suivent et ces deux mois comptent 31 jours), septembre : 30 jours, octobre : 31 jours, novembre : 30 jours et décembre : 31 jours.

- **Années bissextiles :**

Une année bissextile est une année qui compte 366 jours au lieu de 365, c'est-à-dire une année comprenant un 29 février (les autres années, le mois de février ne compte que 28 jours). 2008, 2012, 2016, 2020,... sont des années bissextiles. Depuis l'instauration du calendrier grégorien, sont bissextiles les années soit divisibles par 4 mais non divisibles par 100 soit divisibles par 400.

Nous sommes lundi. Quel jour serons-nous dans 261 jours ?

(A) Lundi

(B) Mardi

(C) Mercredi

(D) Jeudi

(E) Vendredi

En divisant 261 par 7, vous obtenez **261 = 7 × 37 + 2**.

Or 7 × 37 signifie que vous l'on a compté 37 semaines pleines de 7 jours, autrement dit 37 semaines au terme desquelles on retombera inexorablement sur un lundi !! (Et peu importe que l'on soit en été, en hiver, que l'on soit une année bissextile ou que l'on suive le calendrier lunaire, on aura toujours un mardi après un lundi et un mercredi après un mardi !).

Aussi 261 = 7 × 37 + 2 signifie que l'on a compté 37 semaines pleines et qu'il reste encore 2 jours à compter, c'est-à-dire ici, mardi et mercredi. En conclusion, si nous sommes un lundi, dans 261 jours nous serons un mercredi !

Dans un mois de trente et un jours, on compte trois lundis dont les dates sont des nombres impairs. Quel(s) jour(s) tombe(nt) le 18 de ce mois ?

(A) Lundi.

(B) Mardi.

(C) Samedi ou dimanche.

(D) Mardi ou jeudi.

(E) Mercredi ou dimanche.

Réponse D.

Il n'y a que deux scénarios possibles ici :

1. **Lundi 1 / Lundi 15 / Lundi 29** ⇒ le 18 de ce mois tombe un **jeudi.**
2. **Lundi 3 / Lundi 17 / Lundi 31** ⇒ le 18 de ce mois tombe un **mardi.**

10. Les inclassables

Les éliminations

Gérard a trois collègues : Annie, Béa et Carole. Il aime au moins l'une des trois. S'il aime Annie et pas Carole alors il aime Béa. Soit il aime à la fois Carole et Béa, soit il n'aime aucune des deux. Enfin, s'il aime Carole, alors il aime Annie. Qui aime-t-il ?

(A) Gérard aime Carole et Béa mais pas Annie.

(B) Gérard aime Carole et Annie mais pas Béa.

(C) Gérard les aime toutes les trois.

(D) Gérard aime Annie et Béa mais pas Carole.

(E) Gérard n'aime aucune des trois.

Voici une jolie méthode pour résoudre ce type de question. Soit A : Gérard aime Annie et $\overline{A}$: Gérard n'aime pas Annie, B : Gérard aime Béa et $\overline{B}$: Gérard n'aime pas Béa puis C : Gérard aime Carole et $\overline{C}$: Gérard n'aime pas Carole.

Il existe 8 scénarios possibles.

ABC

$\bar{A}BC$ $\bar{A}\bar{B}C$

$A\bar{B}C$ $A\bar{B}\bar{C}$

$AB\bar{C}$ $\bar{A}B\bar{C}$

$\bar{A}\bar{B}\bar{C}$

Une fois ces 8 scénarios listés, la résolution de la question se fait en quelques secondes.

Dans un premier temps, on supprime deux scénarios. En effet, le fait que Gérard aime au moins une des trois collègues nous permet d'éliminer $\bar{A}\bar{B}\bar{C}$ ($\bar{A}\bar{B}\bar{C}$ signifie en effet que Gérard n'aime aucune de ses trois collègues). Aussi, le fait que s'il aime Annie et pas Carole alors il aime Béa nous amène à éliminer $A\bar{B}\bar{C}$.

ABC

$\bar{A}BC$ $\bar{A}\bar{B}C$

$A\bar{B}C$ ~~$A\bar{B}\bar{C}$~~

$AB\bar{C}$ $\bar{A}B\bar{C}$

~~$\bar{A}\bar{B}\bar{C}$~~

L'information « soit il aime à la fois Carole et Béa, soit il n'aime aucune des deux » signifie que l'on doit éliminer tous les scénarios qui ne contiennent pas BC ou $\bar{B}\bar{C}$.

ABC

$\bar{A}BC$ ~~$\bar{A}\bar{B}C$~~

~~$A\bar{B}C$~~ ~~$A\bar{B}\bar{C}$~~

~~$AB\bar{C}$~~ ~~$\bar{A}B\bar{C}$~~

~~$\bar{A}\bar{B}\bar{C}$~~

Pour terminer, « s'il aime Carole, alors il aime Annie » nous amène à éliminer un dernier scénario : $\overline{A}BC$. Il ne nous reste plus qu'un scénario : ABC qui signifie simplement que Gérard aime ses trois collègues ! Réponse C.

ABC

~~$\overline{A}BC$~~ ~~$\overline{A}\overline{B}C$~~

~~$A\overline{B}C$~~ ~~$\overline{A}\overline{B}\overline{C}$~~

~~$AB\overline{C}$~~ ~~$\overline{A}B\overline{C}$~~

~~$\overline{A}\overline{B}\overline{C}$~~

Les déductions logiques

Je regarde un portrait et vous me demandez « Qui regardez-vous ? ». Je vous réponds : « Le père de l'homme que je regarde est le fils de mon père ». Je n'ai ni frère ni sœur. Qui est l'homme dont je regarde le portrait ?

(A) Moi-même

(B) Mon fils

(C) Mon père

(D) Mon grand-père

(E) Mon oncle

Si cette question à la formulation alambiquée peut faire peur au premier abord, elle n'en demeure pas moins assez facile à résoudre.

Il suffit en fait d'interpréter ici morceau par morceau la réponse **« Le père de l'homme que je regarde est le fils de mon père ».** En effet, « le fils de mon père » ne peut être que moi-même ou mon frère. Or, l'énoncé précise bien que je n'ai ni frère ni sœur. « Le fils de mon père », c'est donc moi !

La réponse devient donc : **« Le père de l'homme que je regarde, c'est moi. »**, ce qui donne en bon français : **« Je suis le père de l'homme que je regarde. »** Autrement dit, l'homme que je regarde n'est autre que mon fils. Réponse B.

Quel nombre faut-il écrire en toutes lettres à la place des points d'interrogation pour que l'énoncé soit conforme au contenu ?

« La phrase suivante comporte ? consonnes. La phrase précédente comporte ? voyelles. »

(A) vingt-trois et dix-huit

(B) vingt et quatorze

(C) vingt-deux et seize

(D) vingt-cinq et dix-neuf

(E) dix-sept et dix-sept

Cette question vise à évaluer votre capacité à assurer à la cohérence de phrases sur lesquelles vous devez toujours porter un regard hautement critique.

En « injectant » les mots figurant en réponses dans les deux phrases **« La phrase suivante comporte ? consonnes. La phrase précédente comporte ? voyelles. »**, vous modifiez structurellement le nombre de consonnes et de voyelles contenues initialement dans ces deux phrases.

Au départ, « La phrase suivante comporte ? consonnes. » contient **13 voyelles**. Quant à « La phrase précédente comporte ? voyelles. », cette dernière phrase contient **20 consonnes**.

En injectant les mots figurant dans les réponses proposées, vous allez modifier les nombres de consonnes et de voyelles. Votre objectif est dès lors de faire en sorte que vos phrases demeurent cohérentes !

En testant les réponses, il ressort que la bonne réponse est la C. En effet, en injectant les mots de la réponse C. On obtient :

« La phrase suivante comporte vingt-deux consonnes. La phrase précédente comporte seize voyelles. »

Un nouveau décompte nous apprend que « La phrase suivante comporte vingt-deux consonnes. » contient **16 voyelles** (ce qui est cohérent avec la phrase suivante) et que « La phrase précédente comporte seize voyelles. » contient **22 consonnes**, ce qui est cohérent avec la phrase précédente.

C'est sûr qu'il ne faut pas se perdre à ce jeu de chassé-croisé. Mais si vous demeurez bien concentré tout au long de cette troisième épreuve du Tage Mage alors nul doute que vous saurez venir à bout de ce type de questions qui demeurent somme toute assez amusantes à résoudre ! N'est-ce pas ?

Les séries

Complétez la série suivante :

MOITEUR (4) - PROIE (3) - TOUX (2) - AÏOLI (?)

(A) 1
(B) 2
(C) 3
(D) 4
(E) 5

Il faut compter ici le nombre de voyelles qu'il y a dans chacun des mots. AÏOLI contient 4 voyelles. C'est donc la réponse D.

Ne soyez pas inquiet, ce type de question est plutôt rare au Tage Mage. Sachez juste que vous devrez explorer aussi bien la forme des mots (nombre de lettres, nombres de consonnes, de voyelles, positions des consonnes et des voyelles dans le mot, lettre qui change de position d'un mot à l'autre, épicènes, anagrammes ou encore palindromes...) que leur sens (champs lexicaux principalement).

Trouvez l'intrus :

CLARA - DOMINIQUE - CAMILLE - CLAUDE - SACHA

(A) DOMINIQUE
(B) CLAUDE
(C) CLARA
(D) SACHA
(E) CAMILLE

Il faut éliminer CLARA ici, le seul prénom qui n'est pas épicène. En effet, DOMINIQUE, CAMILLE, CLAUDE et SACHA sont des prénoms aussi bien attribués à des filles qu'à des garçons (et leur orthographe ne vous permet pas de trancher !).

Complétez la phrase suivante :

Si ESOPE RESTE ICI ET SE REPOSE alors KARINE ALLA EN ?

(A) IRAK
(B) KAYAK
(C) LIBYE
(D) VOITURE
(E) AFRIQUE

Il s'agit ici de palindromes, ces fameux mots ou phrases qui peuvent se lire pareillement de gauche à droite comme de droite à gauche (comme ELLE, ICI RADAR ou ROTOR). Il fallait donc répondre ici IRAK car la phrase entière est palindrome. En effet ESOPE RESTE ICI ET SE REPOSE tout comme KARINE ALLA EN IRAK se lisent pareillement de gauche à droite (en commençant par KARINE) que de droite à gauche (en commençant par le K de IRAK).

Les figures en 3D

18 cubes blancs, gris ou noirs sont empilés en deux couches carrées de 9 cubes chacune et forment un pavé. Les figures ci-dessous montrent le pavé et la disposition des cubes blancs et des cubes noirs. Comment sont disposés les cubes gris ?

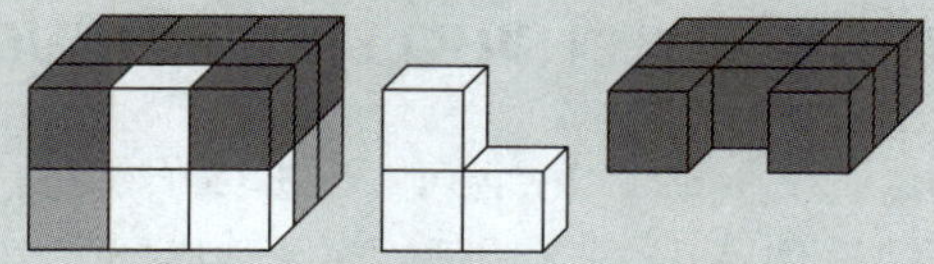

(A) 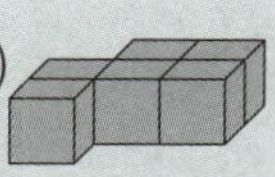 (B) 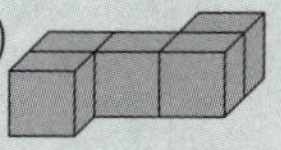 (C) 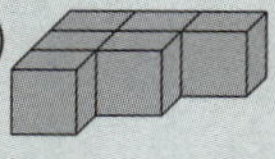 (D) 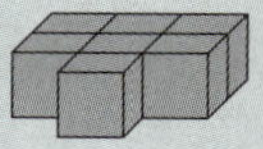 (E) 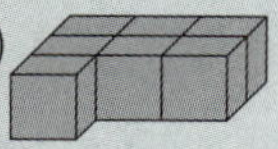

Là, on arrive vraiment sur un type de question très rare… Mais comme ce livre se veut être une “bible” il ne faut rien oublier !

Les cubes noirs sont tous dans la couche du dessus. Tous les cubes gris sont dans la couche de 9 cubes du dessous. Les autres cubes de cette couche sont 2 cubes blancs qui sont côte à côte. Les 7 cubes gris sont donc disposés comme dans le dessin de la réponse E.

Un cube 3×3× 3 est formé de petits cubes 1×1 ×1 blancs, gris ou noirs, comme montré sur la première figure. Les deux autres figures montrent la partie blanche et la partie noire du cube.

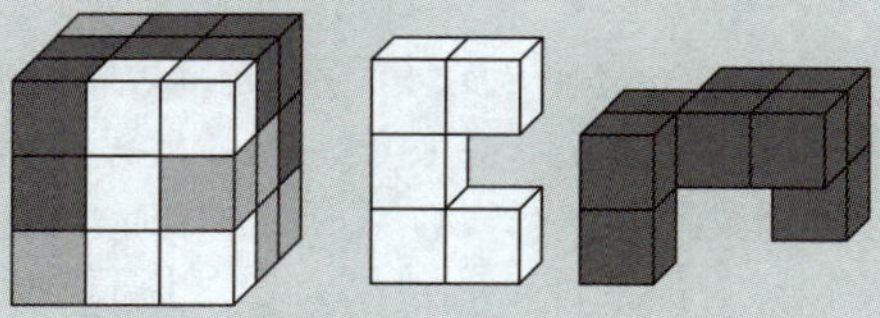

Laquelle des figures suivantes montre la partie grise du cube ?

(A) 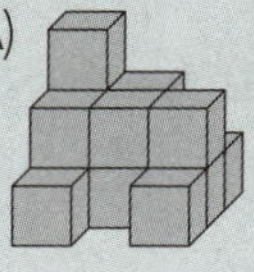 (B) 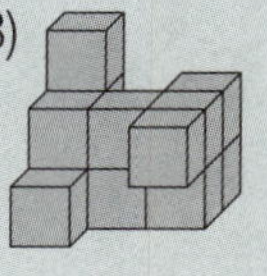 (C) 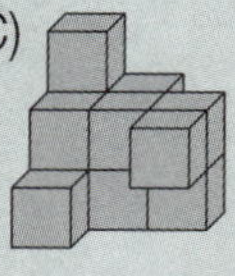 (D) 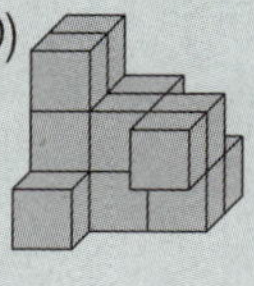 (E) 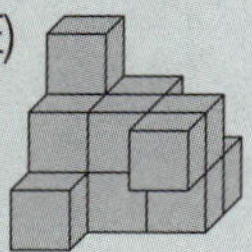

Tous les petits cubes blancs et noirs sont visibles sur la figure du grand cube et donc tous les cubes invisibles du grand cube sont gris. C’est la figure de la réponse E qui montre donc la partie grise. Et c’est par conséquent la bonne réponse.

Vous aurez remarqué que l’on peut éliminer les figures A, B, C et D en ne regardant que leurs petits carrés gris qui seraient visibles à la surface du grand cube.

Les représentations

Assis et regardant dans le miroir un panneau placé derrière lui, Louis voit écrit **LOUIS**.

Que voit-il écrit sur le panneau s'il se retourne ?

(A) **LOUIS** (B) **⅃OUIS** (C) **SIUO⅃** (D) **ƧIUOL** (E) **ƧIUO⅃**

C'est la réponse E qui montre le symétrique de LOUIS. Pour exclure A, B, C et D, on peut remarquer que la barre du bas du L doit rester du côté du O et que le S ne peut être écrit S sur le panneau.

Six bandes de papier sont tressées comme le montre le dessin ci-dessous.

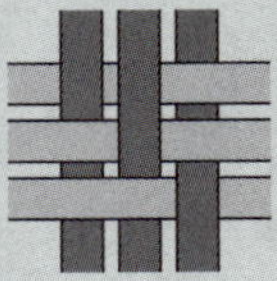

Que voit-on quand on regarde le tressage de l'autre côté?

(A)

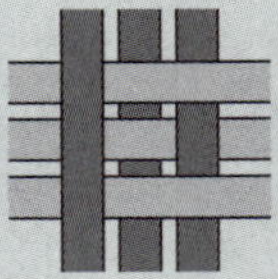

(B)

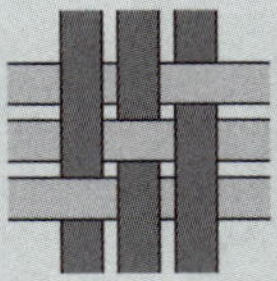

(C)

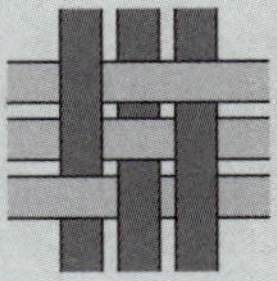

(D)

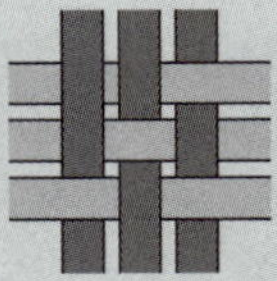

(E)

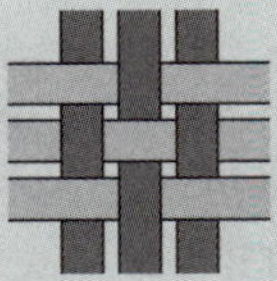

Supposons qu'on ait retourné la tresse en échangeant gauche et droite. Regardée de l'autre côté, la bande de gauche, alors à droite, est, en partant du haut : dessous, dessus, dessus. C'est donc le tressage B ou C. La bande du milieu (dessous, dessous, dessus, après retournement) montre que ce n'est pas la B mais la C. Et on vérifie que la bande de droite, alors à gauche, est bien : dessus, dessus, dessous. On ne peut pas avoir retourné la tresse en échangeant haut et bas ; la bande gris foncé du milieu ne correspondrait en effet à aucune réponse. Réponse C.

Les cartes

Jeanne a trois sortes de cartes : pomme, cerise et raisin. Dans une série de 5 cartes, elle veut que les cartes représentant le même fruit soient les unes à côté des autres. Pour cela, elle doit choisir deux cartes et échanger leurs places. Avec quelle série cela n'est-il pas possible ?

(A)  (B)  (C) 

(D) 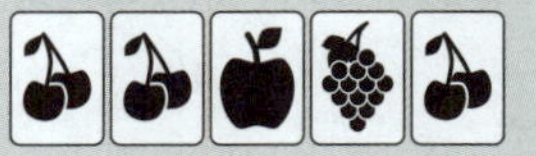 (E) 

Jeanne peut y arriver en échangeant :

- les cartes 1 et 3 (par exemple) dans la série A ;
- les cartes 2 et 5 (par exemple) dans la série B ;
- les cartes 3 et 4 (par exemple) dans la série C ;
- les cartes 3 et 5 dans la série D.

Avec la série E, elle ne peut pas rapprocher à la fois les pommes et les raisins en un seul échange.

III. LES QUESTIONS D'ARGUMENTATION

1. Cours, méthodes et astuces

Avant d'entrer dans le détail de chacun des différents types de questions, faisons un rappel des lois de logique formelle, qui ne nécessitent pas selon la FNEGE, une « connaissance approfondie ».

Cours fondamental de logique formelle

Les quelques lois qui suivent doivent être sues sur le bout des doigts. Elles vous permettront de mieux appréhender les énoncés des questions d'argumentation.

[Les principes de la logique aristotélicienne]

L'héritage d'Aristote en logique formelle est précieux. Il nous a légué trois principes fondamentaux pleins de bon sens qui servent de base aux concepteurs de questions d'argumentation du Tage Mage.

A. Le principe d'identité

Ce principe énonce que ce qui est, est ! Si je suis Franck et que je suis en train de vous écrire, et que s'il existe d'autres Franck en train de vous écrire, alors aucun de ces autres Franck n'est moi ! Le principe d'identité est l'exigence fondamentale du discours rationnel. Il assure la stabilité des êtres et des choses mentionnés dans les énoncés des questions d'argumentation. Et heureusement que ce principe existe, faute de quoi il serait impossible de dire quoi que ce soit sur qui ou quoi que ce soit… Autrement dit on passerait notre temps à toujours tout remettre en question !

B. Le principe de non contradiction

Ce principe est également très important. Concernant ce principe, Aristote écrit « une même chose ne peut pas, en même temps et sous le même rapport, être et ne pas être dans un même sujet ». Autrement dit, par exemple, je ne peux dire d'une voiture qu'elle est rouge *et en même temps,* qu'elle ne l'est pas ! Je ne peux être *en même temps* coupable et non coupable…

C. Le principe du tiers exclu

Le principe du tiers exclu permet de mieux comprendre encore le principe de non contradiction puisque ce troisième principe nous dit qu'**il n'existe pas de valeur intermédiaire entre**

l'être et le non être. Autrement dit, concernant mon éventuelle culpabilité, je suis coupable ou non coupable… Et je ne peux en aucun cas être « à moitié coupable », « un peu coupable », « un peu innocent »… Et je ne peux pas non plus n'être « ni coupable, ni non coupable » ! Retenez donc que l'on ne peut attribuer que deux états à une chose : un état ou son contraire. Et c'est tout.

[La double négation]

La négation de « Non *A* » est « *A* » : $\overline{\overline{A}} \equiv A$

(≡ signifie « équivalent à » en logique formelle.)

Exemple : la négation de « Jean n'est pas coupable » est : « Jean est coupable ».

[La transitivité]

Si A implique B et que B implique C, alors A implique C.

$$\text{Si } A \Rightarrow B \text{ et } B \Rightarrow C \text{ alors } A \Rightarrow C$$

[La contraposition]

Si A implique B, alors si B est faux, A est faux aussi.

$$A \Rightarrow B \equiv \overline{B} \Rightarrow \overline{A}$$

> L'erreur fréquente que font les candidats au Tage Mage consiste à croire que si « *A* implique *B* » alors « *non A* implique *non B* ». Ceci n'est pas toujours vrai ! En fait, la seule chose qui est toujours vraie, c'est de dire que si « *A* implique *B* » alors on a « *non B* implique *non A* ».

Prenons un exemple que les matheux apprécieront.

Soit *A* : « *N* est un entier divisible par 9 » et *B* : « *N* est un entier divisible par 3 ».

On peut alors écrire sans soucis que *A* implique *B*. En effet si un nombre est divisible par 9 alors il est aussi toujours divisible par 3. Peut-on déduire de cette implication que (Non *A*) implique (Non *B*) ? La réponse est non car si *N* n'est pas divisible par 9 alors on ne peut pas toujours dire que *N* n'est pas divisible par 3 (prenez $N = 13$ et $N = 15$). En revanche on peut déduire de *A* implique *B* que (Non *B*) implique (Non *A*). En effet, il est toujours vrai que si *N* n'est pas divisible par 3 alors *N* n'est pas divisible par 9.

Et voici un autre exemple pour les littéraires.

Soit A : « Je suis Français » et B : « Je suis Européen ».

Il est clair que A implique B. Si je suis Français alors je suis bien Européen. On vérifie alors que la contraposée est exacte puisque si je ne suis pas Européen ($\overline{B}$), alors aucune chance que je sois Français ($\overline{A}$) ! En revanche, vous constatez aisément que $\overline{A} \Rightarrow \overline{B}$ n'est pas toujours vrai.

[L'équivalence]

A est *B* équivaut à *A* implique *B* et *B* implique *A*. Autrement dit, par exemple, **une rose est équivalente à une fleur** si le fait d'être une rose implique nécessairement d'être une fleur ET le fait d'être une fleur implique nécessairement le fait d'être une rose.

$$A \Leftrightarrow B \equiv [A \Rightarrow B \text{ ET } B \Rightarrow A]$$

[Les lois de Morgan]

$$\text{Loi 1 : } \overline{A \text{ et } B} \equiv \overline{A} \text{ ou } \overline{B}$$

> Cette loi est importante. Trop de candidats font l'erreur de croire que **la négation** de « *Alicia, ce soir, je vais t'offrir un diamant de 5 carats et une liasse de 100 billets de 500 euros* » est : « *Alicia, ce soir, je ne t'offrirai ni le diamant de 5 carats ni la liasse de 100 billets de 500 euros… sous entendu, rien !* ».

En réalité, la promesse « *Alicia, ce soir, je vais t'offrir un diamant de 5 carats et une liasse de 100 billets de 500 euros* » **n'est plus vraie à partir du moment où l'un des deux cadeaux n'est pas offert.**

Il n'est donc pas nécessaire qu'aucun des deux cadeaux ne soit offert pour qu'Alicia soit déçue et que la phrase « *Alicia, ce soir, je vais t'offrir un diamant de 5 carats et une liasse de 100 billets de 500 euros* » soit fausse. Il suffit qu'au moins un cadeau ne soit pas offert pour que la phrase soit fausse. Et *a fortiori* donc, si les deux cadeaux ne sont pas offerts, la phrase est tout aussi fausse !

> La proposition $\overline{A \text{ et } B}$ est vraie dans les trois cas suivants :
>
> - *A* est vrai et *B* est faux
> - *A* est faux et *B* est vrai
> - *A* et *B* sont faux

Loi 2 : $\overline{A \text{ ou } B} \equiv \overline{A} \text{ et } \overline{B}$

[Quelques pièges classiques]

Attention à ces exemples qui provoquent souvent des erreurs au Tage Mage :

(1) La négation de « *Tous les garçons de cette classe sont bruns* » n'est pas « *Aucun garçon de cette classe n'est brun* » ou plus farfelu « *Tous les garçons de cette classe sont blonds* »… **MAIS** « *Il existe dans cette classe au moins un garçon qui n'est pas brun* » ou encore « *Certains garçons de cette classe ne sont pas bruns* » (et il convient alors de comprendre « certains » comme « un ou plusieurs »).

(2) La négation de « *Certains jours en été sont pluvieux* » n'est pas « *Certains jours en été ne sont pas pluvieux* » **MAIS** « *Aucun jour n'est pluvieux en été* ».

(3) La négation de « *Charles a plus d'argent que Paul ($C > P$)* » n'est pas « *Charles a moins d'argent que Paul ($C < P$)* » **MAIS** « *Charles a moins d'argent que Paul, voire autant ($C \leq P$)* ».

Méthodes, techniques et astuces en argumentation

Voici quelques méthodes, techniques et autres astuces – **à appliquer dans cet ordre** – qui doivent vous permettre de gagner des points précieux à l'épreuve de Raisonnement & argumentation du Tage Mage.

[Lire la question avant toute chose]

Lire la question avant toute chose vous permettra de lire le texte de l'énoncé avec une « idée derrière la tête ». En effet, en lisant vos textes, vous ne serez pas sensibles aux même détails selon que la question sera : « *Quelle est la proposition qui correspond le mieux à ce propos ?* », « *Quelle est la conclusion la meilleure ?* » ou « *Quelle proposition soutient le moins ce propos ?* ».

Surtout en lisant d'abord la question, vous aurez un niveau de concentration maximal et prendrez soin de ne pas vous tromper dans la lecture de la question en confondant « *… qui soutient le plus* » avec « *… qui soutient le moins* », « *… laquelle est vraie ?* » avec « *… laquelle est fausse ?* » ou encore « *Quelle est la meilleure conclusion ?* » avec « *Quelle est la moins bonne conclusion ?* ». Faites très attention à cela ! Chaque année, certains de nos étudiants à Aurlom perdent des points au Tage Mage, convaincus d'avoir répondu juste alors qu'ils avaient mal lu la question !

Astuce : soulignez proprement la question et entourez les deux ou trois mots-clés avant de lire le texte de l'énoncé.

[Lire lentement les textes des énoncés. Très lentement]

Cette méthode est essentielle à la réussite des questions d'argumentation. Les énoncés des questions d'argumentation sont parfois denses et alambiqués. Ils contiennent un nombre non négligeable d'informations. **Aussi convient-il de lire vos textes très lentement, comme si vous ne pouviez les lire qu'une seule fois.**

Prenez donc votre temps, **divisez votre vitesse de lecture par deux et faites des pauses à chaque fin de phrase pour vous assurer que vous comprenez bien ce que vous lisez.** Cette technique est absolument géniale car elle vous évite d'avoir à relire vos textes une deuxième fois. Et comme en calcul, relire un long texte à une ou deux reprises vous fait courir le risque de perdre du temps, de paniquer et de répondre ensuite à la va-vite, sous l'emprise du stress.

Appliquez les points 1 (lire la question avant toute chose) et 2 (lire lentement les textes des énoncés) à la question suivante. **CHRONOMETREZ-VOUS !**

Les partisans de la voiture électrique soutiennent que lorsque les problèmes techniques liés à la conception de sa batterie seront résolus, ces voitures seront utilisées par le plus grand nombre.

De plus, parce qu'elles ne produisent pas de gaz polluants, elles permettront de réduire la dégradation de l'environnement due à l'émission de dioxyde de carbone par les véhicules. Cependant, à moins de construire plus de barrages sur les rivières, l'électricité permettant de charger ces batteries proviendra directement d'usines nucléaires ou de centrales à charbon, des sources d'énergie qui endommagent considérablement l'environnement.

En conséquence, la voiture électrique ______________________________.

Laquelle des propositions suivantes fournit la suite la plus logique à ce propos ?

Si vous avez mis entre 20 et 30 secondes pour lire la question et le texte de l'énoncé, c'est que vous lisez trop vite ! Vraiment trop vite. Divisez donc votre vitesse de lecture par 2 et faite une pause à chaque fin de phrase pour bien comprendre et enregistrer ce que vous lisez.

Allez, recommencez et chronométrez-vous !

Si cette fois-ci vous avez mis entre 45 et 50 secondes c'est parfait. La lecture lente est votre atout principal pour les questions d'argumentation. Ne négligez pas cette technique.

[Devinez vous-même la réponse !]

Souvent, vous pensez avoir bien lu et compris le texte de l'énoncé alors que vous êtes en fait passés complètement à côté de l'essentiel.

Deviner vous-même la réponse **comme si les 5 propositions de réponses n'existaient pas** vous oblige à résumer au plus juste le texte de l'énoncé que vous venez de lire. Deviner vous-mêmes la réponse ne doit pas vous prendre plus de 5 ou 10 secondes. Selon les questions que vous aurez, vous verrez qu'il n'est pas toujours possible de deviner la réponse mais ce n'est pas grave ! Essayez quand même de deviner. Justement, essayez de deviner la réponse à la question que vous avez lue précédemment.

> **Nous vous déconseillons formellement de regarder ou de lire les 5 propositions de réponses avant d'avoir** 1. Lu la question, 2. Lu l'énoncé lentement et 3. Deviné vous-même la réponse.

En effet, les concepteurs de tests font tout pour vous faire tomber dans leurs pièges avec des réponses qui sont hors sujet, des réponses qui ont tout l'air d'être justes mais qui en fait extrapolent, ou encore des réponses sujettes à une interprétation subjective de la situation. Cachez donc dans un premier temps les 5 propositions de réponses avec votre main.

[Choisissez la bonne réponse par dichotomie.]

Voici une **méthode redoutable** pour venir à bout des questions d'argumentation.

Choisir une réponse par dichotomie consiste à **comparer les réponses deux à deux** pour finalement n'en retenir qu'une. Cela ne vous prendra que 20 ou 30 secondes.

Cette méthode est parfaitement adaptée aux questions d'argumentation qui présentent la difficulté de vous proposer 3 choix de réponses (parmi les 5 proposées) qui sont relativement difficiles à distinguer les unes des autres. En choisissant votre réponse par dichotomie, vous serez davantage capable de faire le tri entre les réponses. En comparant les réponses deux à deux, vous limitez énormément les risques de confusion car n'oubliez jamais que **vous devez généralement trouver la meilleure réponse,** pas LA réponse mais la meilleure, autrement dit la meilleure parmi les 5 proposées. Une réponse est donc bonne parce qu'elle est meilleure que les autres. Votre réponse ne sera jamais unique, parfaite… Elle sera juste meilleure que les autres ! Et c'est déjà pas mal.

Voici comment on procède par dichotomie :

(1) On cache les réponses C, D et E pour ne lire que les réponses A et B.

(2) Si, **par exemple** : A > B (A > B signifie que A est meilleure que B) alors on garde A.

(3) On compare ensuite A avec C. Si A > C. On garde encore A.

(4) On compare ensuite A avec D. Si D > A. On garde D.

(5) On compare enfin D et E. Si D > E, la bonne réponse est la D.

Appliquons cette méthode à la question que vous avez lue précédemment :

Les partisans de la voiture électrique soutiennent que lorsque les problèmes techniques liés à la conception de sa batterie seront résolus, ces voitures seront utilisées par le plus grand nombre.

De plus, parce qu'elles ne produisent pas de gaz polluants, elles permettront de réduire la dégradation de l'environnement due à l'émission de dioxyde de carbone par les véhicules. Cependant, à moins de construire plus de barrages sur les rivières, l'électricité permettant de charger ces batteries proviendra directement d'usines nucléaires ou de centrales à charbon, des sources d'énergie qui endommagent considérablement l'environnement.

En conséquence, la voiture électrique ______________________________.

Laquelle des propositions suivantes fournit la suite la plus logique à ce propos ?

(A) demeurera probablement moins populaire que les autres types de voitures.

(B) aura des effets sur l'environnement pires que ce que ses partisans imaginent.

(C) nécessite que ses problèmes purement techniques soient résolus avant qu'elle puisse réellement percer.

(D) augmentera le niveau global d'émission de gaz plutôt que de le baisser.

(E) polluera certainement plus que les autres types de voitures.

On cherche une conclusion ici (« En conséquence… »).

On cache les réponses C, D et E et on se concentre sur les réponses A et B.

B > A : en effet, la B est recevable. Est-ce la meilleure ? On ne le sait pas encore.

La réponse A est hors sujet. La question de la popularité (autrement dit du succès) de la voiture électrique n'est pas abordée dans l'énoncé. Ce sont les effets que la voiture a sur l'environnement qui sont en jeu, pas son succès.

B > C : en effet, la C est également hors sujet car elle traite du progrès de la science et des implications que cela peut avoir sur le succès de la voiture électrique.

B > D : sans commentaire.

Enfin, **B > E** car la E est une conséquence que nous ne sommes pas en mesure d'évaluer en nous basant sur ce qui est décrit dans l'énoncé. Surtout, ce n'est pas la voiture électrique elle-même qui polluera mais les sources d'énergie comme le nucléaire ou le charbon.

La bonne réponse est donc la B !

2. Applications

Les applications qui suivent doivent vous permettre de prendre la mesure de la variété des questions d'argumentation qui peuvent vous être posées au Tage Mage. Essayez d'appliquer pour chacune d'entre elles les méthodes et techniques vues précédemment.

La langue tchèque est la langue officielle de la République tchèque. Ce qui n'empêche pas quelques Tchèques de parler très mal cette langue.

Quelle est la meilleure conclusion à ce propos ?

(A) La langue tchèque n'est pas une caractéristique essentielle de la nationalité tchèque.

(B) Etre Tchèque et parler tchèque ne sont pas totalement synonymes.

(C) Dans un proche avenir, la plupart des pays n'auront plus de langue officielle.

(D) La République tchèque est un pays multilingue.

(E) La plupart des Tchèques parlent en famille une autre langue que le tchèque.

Rappel :

(1) On commence par lire la question. On cherche la meilleure conclusion.

(2) On lit très lentement l'énoncé de la question.

(3) On essaie de trouver soi-même la réponse à la question, comme s'il s'agissait d'une question ouverte.
Ici, l'énoncé de cette question ne présente aucune ambigüité. On nous dit que quand bien même la langue officielle de la République tchèque est le tchèque, il existe des Tchèques qui parlent très mal cette langue. Autrement dit, ce n'est pas parce que l'on est Tchèque que l'on parle forcément bien la langue officielle du pays.

(4) On essaie de trouver soi-même la réponse à la question, comme s'il s'agissait d'une question ouverte.

B > A : on retrouve bien en effet dans la réponse B la conclusion que l'on a esquissée après avoir lu l'énoncé de la question.
La A apporte un jugement de valeur. Savoir si la langue tchèque est une caractéristique essentielle de la nationalité tchèque n'est pas le propos et est ici hors sujet.

B > C : soyez attentifs aux éléments farfelus de certaines propositions de réponses. Ici, « Dans un proche avenir » vous permet d'éliminer la réponse C sans trop de difficulté.

B > D : certes !

B > E : E n'est pas une conclusion mais plutôt un présupposé.

La bonne réponse est la B.

Dans la vie, on obéit à ses passions ou non. Si on les suit, on le regrette souvent et on est malheureux. Si on ne les suit pas, on risque alors de ressentir une profonde frustration et de grands regrets. Quelle est la proposition qui résume le mieux le propos ci-dessus ?

(A) Il faut suivre ses passions.

(B) Le malheur est une vue de l'esprit.

(C) Dans la vie, il faut oublier ses passions.

(D) On accède au bonheur avec sa raison et non avec ses passions.

(E) La vie est un long chemin parsemé de malheurs.

On cherche ici la proposition qui résume le mieux le propos.

Si l'on tente de deviner soi-même le résumé de l'énoncé (et qu'on s'en tient strictement à ce qui est dit dans l'énoncé bien sûr), on peut affirmer que quoiqu'on fasse dans la vie (qu'on obéisse ou non à ses passions), on est malheureux / on a des regrets / on est frustré… Un tableau plutôt sombre de la vie !

A > B : on préfère la A la mort dans l'âme. Mais il faut se rendre à l'évidence. Aucune des deux propositions n'est franchement satisfaisante. La A nous propose une injonction très douteuse. Pourquoi faudrait-il suivre ses passions ??!? Quant à la B elle nous dit que le malheur est une vue de l'esprit. Cette affirmation est intéressante dans l'absolu, mais hors sujet.

A = C : si l'on choisit la A, il faut aussi choisir la C. Il n'y a pas plus de raisons de suivre que d'oublier ses passions étant donné qu'au final on est malheureux / on regrette.

(A et C) > D : en effet la D extrapole et introduit l'idée de raison qui est hors sujet au propos décrit dans l'énoncé.

E > (A et C) : la E est bien la meilleure des 5 propositions. D'abord parce qu'elle a l'allure d'un « résumé » et non d'une « solution » ou d'un « remède ». Ensuite parce qu'elle résume assez bien ce qui est dit dans l'énoncé (quoiqu'on fasse dans la vie (qu'on obéisse ou non à ses passions), on est malheureux / on a des regrets / on est frustré). Alors, oui, il est vrai que l'on fait l'amalgame entre « regrets / frustrations » et « malheurs », mais encore une fois, **il convient d'insister sur le fait que l'on cherche la meilleure réponse, pas LA réponse idéale.**

Parmi ces cinq proverbes, lequel est le plus proche du proverbe « Il y a loin de la coupe aux lèvres » ?

(A) Si jeunesse savait, si vieillesse pouvait.

(B) Il faut faire ce qu'on fait.

(C) Il ne faut pas vendre la peau de l'ours avant de l'avoir tué.

(D) Il vaut mieux plier que rompre.

(E) Advienne que pourra.

Ce type de question peut tomber au Tage Mage ! Il faut trouver ici le proverbe dont le sens est le plus proche du proverbe « Il y a loin de la coupe aux lèvres » (attention, parfois, on pourra vous demander de trouver le proverbe dont le sens est le plus éloigné).

Que veut donc dire « Il y a loin de la coupe aux lèvres » ? La coupe est un récipient utilisé pour boire. Mais ce n'est pas tout. Il est souvent question de symboles dans les proverbes et le symbole ici est celui de la royauté. La coupe est le récipient que les rois utilisent pour boire, notamment lors de leur sacre.

« Il y a loin de la coupe aux lèvres » signifie qu'entre le projet (comme celui d'être sacré roi) et sa réalisation, il peut se passer beaucoup de choses. En procédant par dichotomie, on conserve bien sûr la réponse C dont le sens est proche de notre proverbe puisque « Il ne faut pas vendre la peau de l'ours avant de l'avoir tué » signifie qu'il ne faut pas considérer une chose comme acquise avant de l'avoir en sa possession. Réponse C !

Le débat portant sur les aides sociales est un débat qui est à la fois moral et économique. Dans les deux domaines, il y a, comme c'est toujours le cas d'ailleurs dans un débat, les pour et les contre. Au plan moral, les pour évoquent le droit à la dignité et le fait que les gens pauvres ne sont pas responsables mais victimes de leur situation. Les contre évoquent pour leur part l'importance du mérite, de la responsabilité des personnes dans leur réussite ou dans leur échec social. Au plan économique, les pour évoquent la paix sociale, le réinvestissement immédiat des aides dans la consommation qui doperait la croissance. Les contre, pour leur part, évoquent la perte de la valeur travail, le creusement des déficits de la dette et la baisse de la compétitivité économique.

Parmi ces cinq propositions, quelle est celle qui soutient le mieux ce propos ?

(A) Les aides sociales ont des effets pervers sur l'économie.

(B) La suppression des aides sociales provoquerait l'explosion de la pauvreté.

(C) Les aides sociales devraient être augmentées pour atteindre le niveau des salaires les plus bas.

(D) Les aides sociales ont des bienfaits mais doivent être limitées et conditionnées.

(E) Les comparaisons prouvent que les pays dont les aides sociales atteignent un faible niveau sont les économies les plus dynamiques.

Il faut être attentif à la question ici. On ne nous demande de trouver ni conclusion, ni résumé, mais la proposition qui **soutient** le mieux le propos.

Le Larousse nous dit que ***soutenir*** signifie, entre autres choses : *maintenir quelque chose dans une position grâce à un support, lui servir de support, d'appui.* Autrement dit, on cherche une proposition qui permet au propos de se maintenir ; **une proposition qui sert d'appui** au propos décrit dans l'énoncé de notre question.

Aussi nous efforcerons-nous de retenir une proposition de réponse qui sert d'appui (autant que possible) aux « pour » comme aux « contre ».

Comme vous voyez, dans cette question, on ne cherche pas vraiment à appliquer la méthode qui consiste à deviner la réponse, ce serait beaucoup trop difficile ! En revanche, anticiper le type de réponse que l'on est en droit d'attendre constitue un « plus » qui vous permettra toujours de limiter la casse et de choisir la bonne réponse de façon plus efficace.

A comme B ne vont pas. Ces propositions de réponse ne soutiennent que partiellement le propos. La A se range du côté des « contre » et la B du côté des « pour ».

C > (A et B). Même si la C n'est franchement pas une réponse satisfaisante (elle ne sert principalement d'appui qu'aux « pour »), elle peut laisser croire que les « contre » sont quelque peu pris en considération du fait de la limitation des aides qui est évoquée dans la réponse, des aides plafonnées au niveau des salaires les plus bas. En cela, la réponse C est meilleure que les réponses A et B.

D > C. La D est plus équilibrée que la C et en cela elle est meilleure. Elle sert en effet d'appui aussi bien aux « pour » (« Les aides sociales ont des **bienfaits** ») qu'aux « contre » (« mais doivent être **limitées** et **conditionnées** »).

D > E. La E ne soutient que les « contre ». Réponse D !

Une revue scientifique a publié une étude traitant de l'influence des maladies cardiovasculaires sur la qualité de la vue. L'étude a révélé que le taux de porteurs de lunettes parmi les malades souffrant du cœur examinés est plus élevé que le taux de porteurs de lunettes dans la population générale. Guy a lu cette étude et en a conclu que les maladies cardiovasculaires nuisent à la vue.

Lequel des faits suivants peut-il affaiblir la conclusion de Guy ?

(A) En dehors des problèmes de vue, on n'a pas découvert de facteurs différenciant le groupe des malades souffrant du cœur du groupe des malades ne souffrant pas du cœur.
(B) L'étude a été effectuée au Mexique, où le taux de porteurs de lunettes est très élevé.
(C) Tous les malades souffrant du cœur porteurs de lunettes examinés pour l'étude étaient des danseurs, et l'on sait que la danse nuit à la vue.
(D) Les malades souffrant du cœur examinés pour l'étude étaient pour la plupart jeunes, et l'on sait que la vue s'affaiblit avec l'âge.
(E) Les malades souffrant du cœur sont majoritairement des personnes âgées.

Pour terminer, nous voici face à une question où il nous est demandé de trouver un fait qui affaiblit une conclusion.

Selon *Le Larousse*, affaiblir signifie : *diminuer la résistance, l'importance, la valeur de quelque chose*.

Nous devons donc trouver une proposition de réponse qui diminue la valeur de la conclusion de Guy. Sa conclusion est limpide : **Maladies cardiovasculaires** $\Rightarrow$ **Mauvaise vue**.

La bonne réponse est ici la C. En effet, le fait que les personnes examinées étaient des danseurs et que l'on tient pour sûr que **Danseurs** $\Rightarrow$ **Mauvaise vue** diminue considérablement la valeur de la conclusion de Guy car il est à présent impossible de conclure quoi que ce soit pour ce qui concerne l'influence des maladies cardiovasculaires sur la qualité de la vue.

FICHE 16
5 REGLES D'OR EN RAISONNEMENT & ARGUMENTATION

1. **Révisez les classiques en raisonnement**
   Connaissez vos classiques en raisonnement sur le bout des doigts. N'y passez pas non plus des heures car une fois que vous avez compris les concepts et techniques engagées, soyez sûr que vous ne les oublierez pas de sitôt.

2. **Attentions aux termes de la question**
   En argumentation, attention à bien réfléchir et à vous attarder à la question qui est posée et à bien comprendre le sens des termes « Conclusion », « Soutenir », « Renforcer », « Affaiblir », etc.

3. **Devinez vous-même la réponse !**
   En argumentation : faites l'effort dans un premier temps de deviner vous-même la réponse avant de découvrir les solutions proposées.
   Il s'agit en effet d'une technique redoutable que les meilleurs étudiants utilisent au Tage Mage afin de s'obliger à comprendre parfaitement ce que dit l'énoncé mais aussi pour éviter de se faire avoir par des réponses pièges.

4. **Ne soyez pas trop exigeant avec les réponses proposées en argumentation**
   N'oubliez jamais qu'il n'y a pas de réponse parfaite en argumentation mais qu'une réponse est juste parce qu'elle est meilleure que les autres. Elle peut donc être imparfaite, mais tant qu'elle est meilleure que les autres, alors c'est la bonne réponse.

5. **Faites systématiquement appel à la dichotomie**
   Toujours en argumentation, éliminez les mauvaises réponses par dichotomie.

4. CONDITIONS MINIMALES

4.1. PRESENTATION DE L'EPREUVE ET METHODOLOGIE APPLIQUEE

I. PRESENTATION DE L'EPREUVE CONSEILS PRELIMINAIRES

1. Une épreuve au format original...

L'épreuve de conditions minimales est une épreuve originale que l'on retrouve dans le test Tage Mage et dans son équivalent anglo-saxon le GMAT – où elle est connue sous le nom de *Data Sufficiency*. Comme pour toutes les épreuves du Tage Mage, elle est composée de 15 questions, chacune accompagnée de 5 choix de réponses possibles. Vous disposez comme toujours de 20 minutes pour répondre à ces 15 questions. Une seule réponse est possible. La calculatrice est interdite.

Très déstabilisante lorsqu'on la découvre pour la première fois, il ne fait aucun doute que cette épreuve est celle qui peut faire perdre beaucoup de points aux candidats peu ou mal préparés.

Si son caractère original en fait donc une épreuve à part, **cette dernière n'en demeure pas moins très abordable à condition de se forger une méthode efficace de résolution et surtout de s'y tenir.** Car il est tentant « d'y aller au flair » dans cette épreuve et de répondre à toutes les questions puisque l'on ne vous demande pas, comme en calcul, de trouver une réponse précise à une question, mais de dire s'il est possible ou non de répondre à la question… Et si oui… comment. Et comme l'on ne vous demande jamais de justifier officiellement votre choix de réponse (le format étant un QCM), et bien vous êtes malheureusement nombreux à vous faire régulièrement avoir en imaginant qu'avec un peu de feeling, vous pourrez vous prononcer avec succès sur la façon dont la question peut être résolue.

[Important : le format d'une question de conditions minimales]

Une question de conditions minimales **se présente toujours de la même façon :**

> Un **énoncé {E}** ponctué d'une question vous est toujours proposé avec **deux informations** – information **(1)** et information **(2)** –, qui servent de base à votre réflexion.

Exemple de question :

X est un nombre entier à 2 chiffres. Que vaut X ?	{Enoncé}
(1) La somme des chiffres de X est égale à 4	{Première information}
(2) X est un nombre premier	{Seconde information}

Votre mission : déchiffrer et explorer les informations (à la lumière de l'énoncé) afin de déterminer si elles vous permettent ou non de répondre à la question posée.

Ce qui est très particulier dans cette épreuve, c'est que les **cinq réponses proposées sont toujours les mêmes, et ce, pour les 15 questions qui vous sont posées.**

Ces cinq réponses représentent en fait cinq façons différentes de dire comment les informations vous aident – ou non – à répondre à la question.

En choisissant la réponse **A**, vous direz ainsi que seule l'information (1) permet de répondre à la question mais pas la (2). En répondant **B**, vous direz cette fois-ci que seule l'information (2) permet de répondre à la question mais pas la (1). En répondant **D**, vous direz que l'information (1) comme l'information (2) permettent à elles seules de répondre à la question. En répondant **C**, vous admettrez dans un premier temps qu'aucune des deux informations ne permet à elle seule de répondre à la question mais qu'ensemble, elles permettent d'y répondre. Enfin en répondant **E**, vous direz que quand bien même on considère les deux informations ensemble, cela ne permet toujours pas de répondre à la question posée.

On récapitule. Une question est composée des 3 éléments suivants...

Un énoncé

Une première information (1)

Une seconde information (2)

... Et de 5 choix de réponses, qui seront toujours les mêmes ! Vous répondrez :

(A) Si l'information (1) permet à elle seule de répondre à la question, et si l'information (2) à elle seule ne permet pas de répondre à la question.

(B) Si l'information (2) permet à elle seule de répondre à la question, et si l'information (1) à elle seule ne permet pas de répondre à la question.

(C) Si les deux informations (1) et (2) ensemble permettent de répondre à la question, et aucune séparément ne le peut.

(D) Si chaque information permet séparément de répondre à la question.

(E) Si les deux informations ensemble ne permettent pas de répondre à la question.

2. … avec trois règles fondamentales à respecter !

Avant de développer la méthode de résolution consacrée aux questions de conditions minimales, nous vous invitons à découvrir trois grandes règles à respecter tout au long de l'épreuve.

Notez bien que ce n'est pas simplement un conseil que nous vous donnons en vous demandant de respecter ces règles. Vous **devez** respecter ces règles et les appliquer scrupuleusement, sinon vous tomberez assurément dans les nombreux pièges que tend régulièrement cette épreuve.

1. De grâce, ne terminez pas vos calculs

Contrairement à l'épreuve de calcul où il est vous est demandé de trouver une réponse précise à une question, l'épreuve de conditions minimales n'exige jamais que vous trouviez précisément la réponse à la question posée **mais plutôt si vous êtes en mesure de trouver cette réponse et si oui, comment.**

En fait, imaginez qu'un jour l'un de vos collègues vous demande de lui donner la valeur du PIB (produit intérieur brut) par habitant du Brésil en 2011. Et imaginez à présent que pour lui répondre, vous disposez de la valeur du PIB du Brésil en 2010, du pourcentage d'augmentation de la valeur du PIB du Brésil entre 2010 et 2011, ainsi que du nombre d'habitants au Brésil en 2011. Alors on est d'accord que vous serez parfaitement en mesure de répondre à la question, n'est-ce pas ?

Et bien si vous êtes d'accord avec cela, **vous percevez déjà la frontière qui existe entre l'épreuve de calcul et celle de conditions minimales**. Dans l'épreuve de calcul, vous devez trouver précisément la valeur du PIB par habitant du Brésil en 2011 alors que dans l'épreuve de conditions minimales, peu importe ce que vaut précisément ce PIB par habitant… Tant que vous pouvez le trouver.

Ce qui importe par-dessus tout, donc, c'est de savoir si vous êtes en mesure de trouver cette valeur à partir des éléments contenus dans l'énoncé et les deux informations qui l'accompagnent ; et si oui, comment.

Prenons un exemple :

Que vaut l'aire du rectangle ABCD ?

(1) Si on multiplie la longueur du rectangle ABCD par 3 et sa largeur par 4 alors l'aire obtenue est égale à 228 cm^2.

(2) La largeur du rectangle ABCD représente 10 % de sa longueur.

Dans cet exemple, l'énoncé ne comporte aucune zone d'ombre et demande simplement que l'on fournisse la valeur de l'aire d'un rectangle. Votre connaissance du cours vous amène à écrire dans un coin de votre brouillon : **A = *l* × L** avec A l'aire du rectangle ABCD, *l* sa longueur et *L* sa largeur.

N'oubliez pas qu'en conditions minimales, ce qui importe, c'est de savoir **si l'on peut répondre à la question et si oui, comment.**

La bonne réponse est la A.

Si la seconde information ne permet guère de répondre à la question (savoir que $L = 10\ \% \times l$ ne vous permet pas de trouver la valeur de l'aire du rectangle), la première vous permet en revanche à elle seule de répondre à la question puisque si vous la traduisez sous forme d'équation, vous obtenez : $3l \times 4L = 228$ avec $3l$ la nouvelle longueur du rectangle et $4L$ sa nouvelle largeur soit : $3 \times 4 \times (l \times L) = 228$.

Arrivés là, vous devez vous arrêter tout net car vous êtes en mesure de répondre précisément à la question posée. En effet, il est possible d'isoler $l \times L$ (autrement dit l'aire du rectangle) dans l'équation $3 \times 4 \times (l \times L) = 228$ et de trouver alors sa valeur : $l \times L = 228 / (3 \times 4)$.

Il est par conséquent absolument hors de question ici de calculer ce que vaut exactement $228 / (3 \times 4)$.

Nous savons bien que cela vous démange de trouver précisément cette valeur – surtout que ce calcul n'a rien de franchement dissuasif –, mais n'oubliez jamais que ce n'est pas ce que l'on vous demande. Attention donc à ne pas perdre de temps dans cette épreuve où le temps vient souvent à manquer.

2. Cachez tour à tour l'information (2) puis l'information (1)

Cette règle est fondamentale. Vous devez savoir que nombreux sont les candidats qui commettent l'erreur courante d'analyser l'information (1) à la lumière de l'information (2) ou l'information (2) à la lumière de l'information (1).

Cette erreur n'est pas acceptable puisqu'elle peut conduire par exemple, sans que l'on s'en rende compte, à répondre la réponse C à la place de la réponse B, ou encore la réponse D à la place de la réponse C. C'est ainsi que chaque année, des candidats qui sont quasiment sûrs d'obtenir à l'issue du test un bon score en conditions minimales ont finalement la mauvaise surprise de décrocher un tout petit 11 sur 60. Et comme vous allez le voir dans l'exemple qui suit, il arrive parfois que l'on se fasse piéger sans s'en rendre compte une seconde !

ABC est un triangle dont la base AB est égale à 10 cm. Que vaut son aire ?

(1) ABC est rectangle en A.

(2) La longueur AC est égale à 5 cm.

Après avoir lu et analysé l'énoncé, vous vous attaquez naturellement à la première information. Vous dessinez alors sur votre brouillon un triangle ABC rectangle en A dont la base vaut 10 cm et concluez alors que l'information est insuffisante pour trouver l'aire du triangle (l'aire du triangle ABC rectangle en A est en effet égale à la base AB multipliée par la hauteur AC, le tout divisé par 2… Or il nous manque la valeur de AC !).

Vous vous attaquez ensuite à la seconde information et continuez, sans vous en rendre compte, à travailler sur le joli triangle rectangle précédemment esquissé dans le cadre de la première information. Et, sûrs de vous, vous concluez que cette seconde information est suffisante puisque vous vous dites que vous disposez à présent de la valeur de AC et que vous pouvez donc trouver l'aire du triangle ((10 × 5) / 2 = 25)… **SAUF QUE… <u>Lorsque vous travaillez sur la seconde information, vous devez faire abstraction de la première information</u>** et vous devez donc travailler à partir d'un triangle quelconque, pas un triangle rectangle ; ce qui change tout, puisque si le triangle est quelconque, il est tout bonnement impossible de connaître son aire, quand bien même nous connaissons la valeur de la base du rectangle et de l'un de ses côtés. La seconde information est donc, à elle seule, insuffisante pour répondre à la question.

Comme vous le voyez, il est facile de se faire piéger, notamment lorsque vous êtes amenés à dessiner des schémas sur votre brouillon.

[Ne vous faites pas avoir !]

Faire comme si une information n'a jamais existé est plus facile à dire qu'à faire.

Notre conseil est donc le suivant : pendant l'épreuve de conditions minimales, cachez **<u>mentalement</u>** et **<u>physiquement</u>** l'information (2) quand vous travaillez sur l'information (1) puis cachez **<u>mentalement</u>** et **<u>physiquement</u>** l'information (1) quand vous travaillez sur l'information (2) seule.

Cacher **<u>mentalement</u>** signifie qu'au moment où vous analysez l'information (1), vous devez absolument **oublier** ce qui est dit dans l'information (2) et qu'au moment où vous analysez l'information (2), vous devez **oublier** toutes les données et conclusions issues de l'analyse de l'information (1).

Et si nous vous conseillons également de cacher **<u>physiquement</u>** ces informations, c'est parce que l'expérience montre qu'en les cachant avec votre <u>règle</u>, votre <u>stylo</u> ou encore votre <u>main</u>, vous diminuez nettement le risque de vous laisser influencer.

3. Attention à la réponse C !

Retenez que la réponse C ne s'envisage qu'en fin d'analyse, jamais en début !

Comme vous le verrez dans le chapitre suivant consacré à la méthode de résolution des questions de conditions minimales, l'analyse conjointe des informations (1) et (2), que nous noterons d'ailleurs « (1) & (2) » tout au long de cet ouvrage, **n'intervient que lorsque vous avez constaté au préalable que les informations (1) et (2) prises seules, *i.e.* indépendamment l'une de l'autre, ne permettent pas de répondre à la question.**

Si nous insistons sur ce point, c'est parce que de nombreux candidats sont tentés chaque année d'envisager la réponse C à un stade prématuré de leur analyse, anéantissant alors pratiquement toute chance de répondre juste à la question posée.

[En résumé]

(1) **Soyez très familiers avec le format original de l'épreuve.**

(2) **Comme en calcul, la maîtrise du cours fondamental de mathématiques et de calcul est un prérequis nécessaire à la bonne réussite de cette épreuve.**

(3) **Pensez « efficace » et ne terminez pas vos calculs.**
Pensez toujours en termes de minimalité et de suffisance. Contrairement à l'épreuve de calcul, on ne vous demande pas ici de trouver un résultat particulier mais de dire si vous êtes en mesure d'aboutir à ce résultat, si vous êtes capables de répondre à la question et si oui, comment !

(4) **Cachez tour à tour vos informations… Cachez-les vraiment !**

(5) **Méfiez-vous de la réponse C comme de la peste !**

II. METHODOLOGIE

1. Une méthode de résolution efficace en 4 étapes

L'épreuve de **conditions minimales** convoque une méthode systématique et rigoureuse d'approche et d'analyse des questions.

Systématique, parce que la méthode est la même, quelle que soit la question, qu'elle soit courte ou longue, facile ou difficile. **Rigoureuse,** parce qu'elle ne laisse aucune place à quelque talent ou improvisation que ce soit. Retenez donc que si vous respectez scrupuleusement la méthode qui suit, vous devriez en toute logique obtenir un bon score à cette épreuve très discriminante – l'épreuve de conditions minimales fait partie, avec l'épreuve de calcul, des deux épreuves les moins bien réussies au Tage Mage.

Je vais donc vous proposer **une méthode de résolution en 4 étapes, toutes aussi importantes les unes que les autres**. Je n'ai pas la prétention de vous livrer quelque formule magique que ce soit, mais je peux néanmoins vous certifier que si vous appliquez scrupuleusement cette méthode, alors plus aucune question de conditions minimales ne saura raisonnablement vous résister !

Etape 1 : analysez l'énoncé {E}

Nous noterons {E} l'étape qui consiste à analyser l'énoncé de la question.

Très souvent, l'énoncé constitue une mine d'or pour la résolution de votre question. Qu'il soit court ou long, il vous donnera systématiquement des informations sur les différentes inconnues et leurs contraintes.

[Les inconnues]

Quelles sont les inconnues et que représentent-elles ?

Qu'il s'agisse de trouver la valeur du périmètre d'un triangle ou le montant de la somme placée sur un compte rémunéré à 4 % l'an, vous devez à chaque fois identifier et lister très précisément l'inconnue ou les inconnues sur lesquelles on vous demande de travailler.

Y a-t-il des inconnues implicites ?

On vous demande de trouver la valeur de l'aire d'un triangle ? Et bien si votre inconnue est certes l'aire de ce triangle, il n'empêche que cette aire est égale à la moitié de la base du triangle multipliée par sa hauteur et que vous serez certainement amenés à travailler sur les deux inconnues implicites que sont la hauteur et la base du triangle. On vous demande de trouver la distance parcourue par un marathonien ? N'oubliez pas alors de penser aux deux inconnues implicites que sont la vitesse moyenne de ce marathonien et le temps qu'il met pour parcourir la distance.

[Les contraintes]

En réfléchissant aux contraintes de vos inconnues, vous balisez parfaitement les questions qui vous sont posées. Vous avez ainsi toutes les chances de prendre en compte les différents cas de figure possibles.

Certaines inconnues sont naturellement contraintes comme l'âge d'une personne, qui est nécessairement un entier naturel différent de zéro, une date, une heure ou encore un jour de la semaine qui ne peut être que lundi, mardi, mercredi, jeudi, vendredi, samedi ou dimanche. D'autres inconnues ne sont pas contraintes. Ainsi, si l'on vous demande « Que vaut X ? » alors X est par défaut un nombre réel et peut potentiellement être égal à tout ce qui peut vous passer par la tête.

D'autres inconnues sont encadrées par les énoncés des questions. Ainsi, on vous dira par exemple que « X est un cube entier à trois chiffres » ou « X est un nombre réel strictement inférieur à 30 ». Dans le premier cas, vous devrez lister tous les cubes entiers à trois chiffres que vous connaissez (125, 216, 343, 512 et 729). Dans le second cas, vous n'oublierez pas d'écrire que $X < 30$ et c'est tout.

Dans tous les cas, vous devrez vous demander si les inconnues étudiées sont soumises à une ou plusieurs contraintes ou si, au contraire, elles ne sont soumises à aucune contrainte. Cette étape est cruciale car elle vous incite toujours à stimuler votre esprit critique et vous évite d'oublier de prendre en compte les différents cas de figure possibles.

Pour terminer, **retenez bien que vous ne devez jamais lire les informations qui accompagnent l'énoncé pendant que vous travaillez sur ce dernier.**

Etape 2 : analysez l'information 1

Nous noterons {1} l'étape qui consiste à analyser l'information (1).

Souvenez-vous que pendant que vous analysez l'information (1), vous devez penser à cacher mentalement et physiquement l'information (2) afin de ne pas vous laisser influencer par cette dernière.

Si au terme de votre analyse, vous jugez que l'information (1) vous permet de répondre à la question, autrement dit qu'elle est suffisante, alors **vous devez éliminer les réponses B, C et E et conserver les réponses A et D.**

Si vous jugez en revanche que l'information (1) ne vous permet pas de répondre à la question, autrement dit qu'elle est insuffisante, **alors vous devez éliminer les réponses A et D et conserver les réponses B, C et E.**

Etape 3 : analysez l'information 2

Nous noterons {2} l'étape qui consiste à analyser l'information (2).

Souvenez-vous que pendant que vous analysez l'information (2), vous devez penser à cacher mentalement et physiquement l'information (1) afin de ne pas vous laisser influencer par cette dernière.

N'oubliez pas que vous devez faire comme si l'information (1) n'avait jamais existé. Vous devez donc faire comme si la dernière chose que vous venez de faire est l'analyse de l'énoncé (étape 1).

Si au terme de votre analyse, vous considérez l'information (2) comme étant suffisante et que l'information (1) est également suffisante, **alors la réponse est D** et l'exercice est terminé.

Si au terme de votre analyse, vous considérez l'information (2) comme étant suffisante et que l'information (1) n'est pas suffisante, **alors la réponse est B** et l'exercice est terminé.

Si au terme de votre analyse, vous considérez l'information (2) comme étant insuffisante et que l'information (1) est suffisante, **alors la réponse est A** et l'exercice est terminé.

Si au terme de votre analyse, vous considérez l'information (2) comme étant insuffisante et que l'information (1) est également insuffisante, **alors vous devez passer à la dernière étape : combiner les deux informations.**

Etape 4 : combinez les deux informations

Nous noterons {&} l'étape qui consiste à combiner les deux informations dans le cas où les deux informations ont été au préalable considérées comme étant insuffisantes.

Cette dernière étape est probablement la plus simple car elle n'impose pas de masquer les informations. Vous devez mettre en parallèle tous les renseignements obtenus au cours de trois étapes précédentes et, comme cela a été décrit lors des étapes {1} et {2}, vous demander si ces deux informations prises ensemble – autrement dit combinées – permettent ou non de répondre à la question.

Si les deux informations ensemble permettent de répondre à la question, alors la **réponse est C** et l'exercice est terminé.

Si les deux informations ensemble ne permettent toujours pas de répondre à la question, alors la **réponse est E** et l'exercice est terminé.

Eliminez les réponses au fur et à mesure de votre analyse !

Le jour du test, notez sur votre livret (rappel : vous n'avez pas de brouillon mais vous avez votre livret sur lequel vous avez beaucoup de place) **à gauche ou juste au dessus de la question** une ligne avec les lettres **A, B, C, D et E** (*i.e.* les 5 réponses possibles, qui sont toujours les mêmes).

Vous pourrez ainsi pour chaque question faire clairement état de votre processus d'élimination et de choix de réponses, **en barrant au fur et à mesure les réponses que vous souhaitez éliminer.**

Un avantage certain que l'on peut tirer de cette astuce est que si vous avez initié la résolution d'une question mais que vous peinez à trouver la réponse (ex : vous n'avez aucun problème avec la première information, mais la seconde vous résiste), et bien lorsque vous reviendrez sur la question en fin d'épreuve, vos saurez parfaitement où vous en êtes et ce sur quoi, précisément, vous devrez continuer à travailler.

FICHE 17
L'ARBRE DE DÉCISION

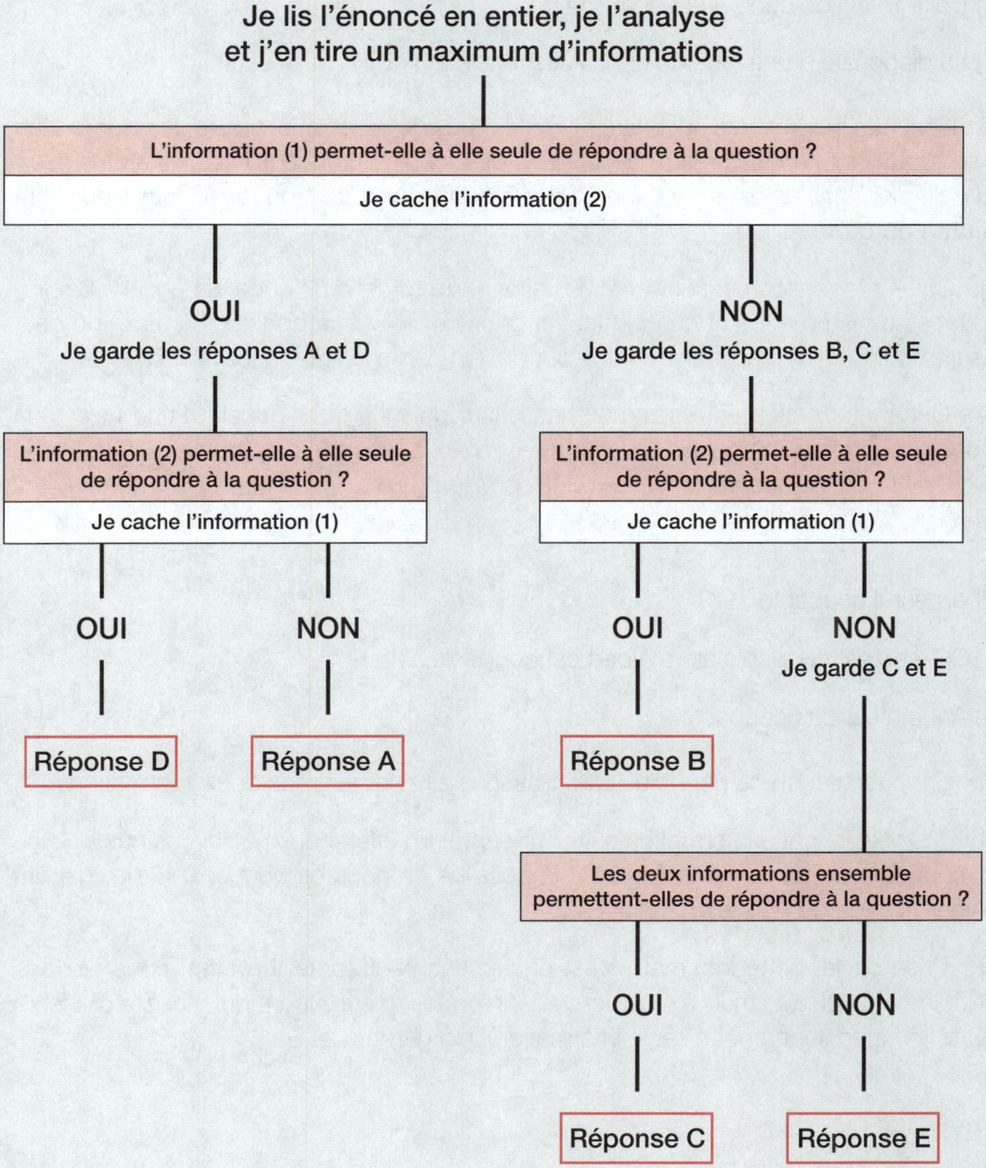

2. Quelques applications clés

De grâce, lorsque vous découvrez au fil de cet ouvrage des applications corrigées et commentées, ne vous jetez pas à corps perdu sur le corrigé ! Prenez le temps de la réflexion et essayez de trouver la réponse par vous-même dans un premier temps. Nous disons cela pour votre bien !

Que vaut le volume du cube A ?

(1) L'aire totale du cube A est égale 54.

(2) La diagonale d'une face du cube A est égale à $3\sqrt{2}$.

{E} : L'énoncé ne présente aucune ambigüité. Vous devez en effet trouver le volume d'un cube A qui vaut précisément $\boldsymbol{a^3}$ avec a une des arêtes du cube (toutes les arêtes étant naturellement égales dans un cube). **Il nous suffit donc de trouver *a* pour trouver le volume du cube A.**

{1} : Cette information est suffisante. En effet, l'aire totale d'un cube est égale à $6a^2$ (il y a 6 faces dans un cube et chaque face a pour aire a^2). On a donc $6a^2 = 54$ et on peut assurément trouver une valeur unique pour a. On garde les réponses A et D.

{2} : Cette information est également suffisante puisque la diagonale d'une face d'un cube – autrement la diagonale d'un carré – vaut $a\sqrt{2}$ avec a le côté du carré. On a donc $a\sqrt{2} = 3\sqrt{2}$ soit, par identification, $a = 3$. Réponse D !

Albert est-il coupable ?

(1) Si Anne est coupable alors Albert est coupable.

(2) Anne n'est pas coupable.

{E} : L'énoncé est on ne peut plus clair. Passons directement aux deux informations.

{1} : Prise seule, cette information est insuffisante. En effet, nous ne savons pas si Anne est coupable ou non. Il nous est donc impossible de nous prononcer sur la culpabilité d'Albert. On garde B, C et E.

{2} : Prise seule, cette information est également insuffisante. En effet, nous n'avons absolument aucune – mais alors aucune ! – information sur Albert (qui n'existe d'ailleurs pas si l'on s'en tient à cette seule information). On garde C et E.

{&} : Analysons à présent les deux informations ensemble. Nous savons qu'Anne n'est pas coupable. Peut-on pour autant en déduire qu'Albert est coupable ou innocent ? La réponse est non. Il faut en effet faire attention à ne pas tomber dans le piège qui consiste à croire que comme on a : « Si Anne *est* coupable alors Albert *est* coupable » alors on aurait : « Si Anne *n'est pas* coupable alors Albert *n'est pas* coupable ». Si Anne n'est pas coupable, Albert peut être coupable (pour d'autres raisons) ou bien innocent. On ne peut donc répondre à la question et ce, même en combinant les deux informations. Réponse E !

Rappel : Si « A implique B » alors c'est « (non B) qui implique (non A) », *et pas* « (non A) qui implique (non B) » !!!

Quel âge avait Romain quand Johann avait 23 ans ?

(1) Six fois l'âge de Romain il y a huit ans divisé par 3 fois le produit des âges de Romain et Johann donne le double de l'inverse de l'âge de Romain.

(2) La somme des âges de Romain et Johann est égale à 108.

Une très jolie application !

{E} : Soit **R** et **J,** les âges respectifs de Romain et Johann **aujourd'hui.** Soit **X,** l'âge de Romain lorsque Johann avait 23 ans. **Nous cherchons X bien sûr.**

Nous pouvons alors écrire l'équation suivante : **R – X = J – 23** avec R – X le nombre d'années vécues par Romain entre le moment où Johann avait 23 ans et aujourd'hui, et J – 23, le nombre d'années vécues par Johann entre le moment où il avait 23 ans et aujourd'hui. Cette équation s'écrit également : **X = R – J + 23.** Autrement dit, et c'est là une remarque très importante, il vous suffit, pour trouver la valeur de X, de trouver la valeur de **(R – J)**, et pas forcément les valeurs respectives de R et de J.

{1} : Cette information alambiquée vous donne justement une équation liant R et J :

$$\frac{6 \times (R-8)}{3 \times R \times J} = \frac{2}{R}$$

Prenez l'habitude de vous méfier des équations dans lesquelles une inconnue se répète (c'est ici le cas de R) et veillez à tout bien développer pour vérifier si vous ne vous retrouvez pas, au final, avec la valeur qui vous intéresse, soit ici celle de X (i.c. R – J).

Si vous multipliez par 3 × R × J les numérateurs des membres de gauche et de droite de l'équation, vous obtenez l'équation : 6 × (R – 8) = 2 × 3 × J, soit encore en divisant par 6 à gauche et à droite de l'égalité : R – 8 = J, soit enfin : R – J = 8.

Vous vous retrouvez donc avec la valeur de R – J, c'est-à-dire celle de X, et pouvez par conséquent répondre à la question posée. La première information vous permet à elle seule de répondre à la question et vous pouvez éliminer les réponses B, C et E.

{2} : Cette information vous donne l'équation R + J = 108 et il ne vous est pas possible d'en déduire la valeur de R – J (alias X).

La seconde information ne permet donc pas, à elle seule, de répondre à la question. On élimine donc la réponse D et on répond A !

Vous l'avez compris, cette application illustre bien le fait que l'on ait souhaité vous faire prendre la direction de la réponse C en vous laissant miroiter deux belles équations à deux inconnues.

Qui est la plus âgée : Jeanne, Stéphanie ou Marie ?

(1) Marie est la sœur aînée de Stéphanie.

(2) Jeanne est la tante de Stéphanie.

{E} : L'énoncé ne fait qu'introduire trois inconnues : J, S et M, représentant les âges respectifs de Jeanne, Stéphanie et Marie. Nous attirons votre attention sur le fait qu'il n'est pas demandé de trouver la valeur de leur âge respectif, mais simplement de savoir laquelle est la plus âgée des trois. Le nombre de réponses « possibles » est donc limité à trois : J, S ou M. C'est ce que l'on appelle une question semi-ouverte (elle est ouverte car il y a plus de deux réponses possibles, mais elle est en même temps fermée, puisque l'énoncé fait clairement état des réponses possibles).

{1} : Tout ce que nous dit cette information est que M > S. N'ayant aucun renseignement sur J, il est impossible de conclure : l'information est insuffisante à elle seule et il faut éliminer les réponses A et D.

{2} : Attention ici avec les idées préconçues : on peut très bien être plus âgé que sa propre tante ! En effet, on peut très bien devenir parent une fois de plus après être devenu grand-parent. Vous suivez ?!

Cette information est donc à elle seule insuffisante et nous éliminons la réponse B.

{&} : En combinant enfin les deux informations, il nous est toujours impossible de répondre à la question ; la seconde information ne nous permettant pas d'établir aucune relation entre les âges de Jeanne et de Stéphanie. Réponse E !

Dans cette application, nous avons souhaité mettre l'accent sur la nécessité de déployer un regard critique sur les éléments qui vous sont présentés dans chacune des informations d'une question de conditions minimales.

Dans ce groupe où les couples mariés sont monogames, y a-t-il plus d'hommes ou de femmes ?

(1) Chacun des hommes est marié avec une femme qui aime les hommes qui aiment le chocolat.

(2) Une femme qui n'aime pas les hommes qui aiment le chocolat est la sœur d'un homme qui n'aime pas le chocolat.

{E} : L'énoncé est original de prime abord et il vous faut plus que jamais l'analyser au mieux. On vous introduit d'abord **deux inconnues** : H et F, qui représentent respectivement le nombre d'hommes et de femmes présents dans le groupe.

On vous dit ensuite que ce groupe est **monogame** : cela signifie qu'un homme ne peut avoir plusieurs femmes et réciproquement. Ce type d'information est vital et sert surtout à savoir que nous sommes en situation de **bijection :** une femme n'est mariée qu'avec un seul homme et un homme n'est marié qu'avec une seule femme.

Dernière remarque : on ne demande pas les valeurs de H et F mais lequel des deux nombres est le plus grand. Il s'agit donc ici d'une question fermée.

{1} : Cette information est assez curieuse mais son interprétation est simple. La voici : si CHACUN des hommes est marié (peu importent les goûts de sa femme), c'est qu'il y a **au plus** autant d'hommes que de femmes, soit $H \leq F$. En effet, si l'on avait plus d'hommes que de femmes, alors il serait impossible que chacun de ces hommes soit marié – une femme ne pouvant être mariée avec plus d'un homme en même temps.

L'information ne permet pas à elle seule de répondre à la question car $H \leq F$ signifie que nous pouvons fournir deux réponses possibles : $H < F$ ou $H = F$. On élimine donc les réponses A et D.

{2} : Cette information vous dit qu'il y a dans le groupe au moins une femme « qui n'aime pas les hommes qui aiment le chocolat ». Certes… Mais vous ne pouvez pas pour autant répondre à la question sur la base de cette seule information qui ne fournit pas suffisamment d'éléments pour répondre à la question. On élimine la réponse B.

{&} : En combinant les deux informations, vous trouvez d'une part que tous les hommes sont mariés avec une femme « qui aime les hommes qui aiment le chocolat » **et** qu'il y a dans le groupe au moins une femme « qui n'aime pas les hommes qui aiment le chocolat », autrement dit une femme non mariée (puisque souvenez-vous que dans ce groupe plutôt louche, les hommes n'épousent que des femmes qui **aiment** les hommes qui aiment le chocolat !).

En conclusion, il y a **nécessairement** plus de femmes que d'hommes ; soit $F > H$ et on peut répondre à la question ! Réponse C.

Une dernière application !

On choisit un nombre entier positif. On le multiplie par l'entier naturel X puis on lui soustrait 7. On multiplie ensuite le nombre obtenu par l'entier naturel Y et on ajoute 5 au dernier nombre obtenu. On trouve alors le nombre $7 \times (1 - Y)$. Quel était l'entier positif choisi au départ ?

(1) Le produit de X par Y est égal à 1.

(2) X est égal à Y.

La bonne réponse est la D.

{E} : On vous donne trois inconnues ici : **P,** l'entier positif recherché, **X,** et **Y,** deux entiers positifs quelconques. On vous donne également une équation liant ces trois inconnues :

$(P \times X - 7) \times Y + 5 = 7 \times (1 - Y) = 7 - 7 \times Y$

Soit :

$P \times X \times Y - 7 \times Y + 5 = 7 - 7 \times Y$

Soit encore, après simplification :

$P \times X \times Y = 2$

Sachant que P, X et Y sont des entiers naturels et que 2 est un nombre premier, le nombre de solutions pour P, X et Y s'en retrouve très limité.

Vous pouvez en effet avoir 3 cas de figure :

P = 1, X = 1, Y = 2

P = 1, X = 2, Y = 1

P = 2, X = 1, Y = 1

Ainsi, P ne peut prendre que deux valeurs : 1 ou 2.

Avouez quand même que l'on peut extraire beaucoup de choses à partir d'un énoncé en conditions minimales ! Efforcez-vous donc de ne jamais lire l'énoncé du coin de l'œil mais de prendre tout le temps nécessaire à sa bonne compréhension, et du temps, normalement, vous en disposerez en conditions minimales si vous appliquez à la lettre notre méthode !

{1} : Cette information est à elle seule suffisante et vous permet, grâce à l'équation $P \times X \times Y = 2$ de trouver que P = 2. On garde A et D.

{2} : Vous n'avez ici aucune information sur les valeurs respectives de X et Y… Sauf que, en vous penchant sur les 3 cas de figure énoncés ci-avant, il n'y a qu'un seul cas où X = Y (mais ça, à dire vrai, on le savait déjà grâce au fait que X et Y sont des entiers naturels) – celui où X = 1 et Y = 1 – et qu'alors dans ce cas, P = 2.

Cette seconde information vous permet donc également de répondre à elle seule à la question. Réponse D !

4.2. QUESTIONS OUVERTES ET QUESTIONS FERMEES

I. LE CAS DES QUESTIONS OUVERTES

L'épreuve de conditions minimales est truffée de pièges. Ce chapitre consacré aux questions ouvertes vous invite à adopter les bons réflexes et à développer un esprit critique aiguisé, ce même esprit qui vous permettra d'engranger de précieux points d'avance et de prendre plusieurs longueurs d'avance sur vos concurrents !

[Qu'est-ce qu'une question ouverte ?]

En conditions minimales, les **questions ouvertes** sont celles qui vous invitent à donner une valeur à des variables telles que l'âge d'une maman, le prix d'une bouteille de vin, la valeur d'un portefeuille d'actions, le périmètre d'un champ rectangulaire, la valeur d'un nombre entier, d'un carré entier, d'un cube entier, ou tout simplement la valeur de X, une variable réelle.

1. QORU : question ouverte, réponse unique

Une Question Ouverte appelle une Réponse Unique

Il s'agit là d'un réflexe qui doit vous suivre tout au long de l'épreuve de conditions minimales. Car c'est de ce réflexe que dépend votre stratégie de réponse.

Dès que vous êtes face à une question ouverte, votre réflexe, votre obsession même, doit être de **trouver une et une seule réponse, autrement dit une réponse unique à la question qui vous est posée.** Ainsi, si vous trouvez une réponse unique à la question posée après l'étude d'une information, alors cette information sera considérée comme étant suffisante. En revanche, si vous trouvez deux réponses possibles – ou plus – à la question posée après étude d'une information, alors cette dernière sera considérée comme étant insuffisante.

Vous comprendrez donc à présent que lorsque l'on vous demande de trouver l'âge d'une maman, et bien si vous trouvez 35 ans après l'étude d'une information et que vous êtes sûrs qu'il s'agit là de la seule réponse possible pour l'âge de cette maman, alors vous affirmerez sans coup férir que l'information étudiée est suffisante.

En revanche, si après avoir étudié une information, vous trouvez que la maman a 35 ou 37 ans (selon les cas), ou encore que son âge est compris entre 33 et 37 ans inclus, alors vous affirmerez dans ce cas-là que l'information étudiée est insuffisante.

Faites preuve de rigueur et d'honnêteté intellectuelle !

Nous tenons à attirer votre attention ici sur ce que nous appelons l'honnêteté intellectuelle du candidat. En effet, notre longue expérience dans l'enseignement du Tage Mage nous a montré que de nombreux candidats ne prennent jamais le temps de **« prouver » le caractère suffisant ou insuffisant des informations étudiées.** Certes, il s'agit d'un QCM et personne n'ira chercher comment vous vous y êtes pris pour trouver la réponse. Mais en conditions minimales, vous devrez quand même vous prouver, **à vous-mêmes**, que l'information que vous étudiez est ou n'est pas suffisante.

Nous avons remarqué au cours de nos stages de préparation qu'il est fréquent que certains étudiants analysent l'information (1) et en déduisent qu'elle est insuffisante sans même avoir pris le temps de trouver au moins deux réponses possibles à la question posée. Or c'est précisément parce que vous aurez pris le temps de trouver au moins deux réponses possibles à la question posée que vous pourrez écarter sereinement les réponses A et D et avancer ainsi dans l'épreuve avec confiance.

Ne vous y trompez pas ! L'épreuve de conditions minimales n'est pas de tout repos et apporte tout comme l'épreuve de calcul son lot de stress, de pièges et de difficultés. **Trop de candidats font encore largement appel à leur feeling durant cette épreuve** *(« Mais c'est juste évident que cette information est insuffisante !! » ; « J'ai mis insuffisant parce que… Parce que… Parce qu'en fait je ne sais pas vraiment ! » ; « J'ai répondu suffisant car je ne vois pas d'autre réponse possible… Vraiment pas ! »)* alors que cette épreuve est tout sauf une affaire d'impression. Bien au contraire, il s'agit sans aucun doute de l'épreuve la plus technique du Tage Mage tant elle convoque en plus d'une concentration de tous les instants, une approche on ne peut plus méthodique des énoncés (question & informations) et surtout un questionnement rigoureux de tous les termes de la question afin de n'oublier aucun cas, aucune situation, aucune configuration.

Alors que les choses soient claires une bonne fois pour toutes.

Vous affirmez que l'information est suffisante… Pas de problème !! Prouvez-le en montrant que la réponse à la question posée est unique.

Vous affirmez que l'information est insuffisante… Pas de problème non plus !! Prouvez-le simplement en trouvant au moins deux réponses (*i.e.* deux réponses ou plus) à la question posée.

On résume

(1) J'étudie une information et je trouve une réponse unique : **l'information est suffisante.**

(2) J'étudie une information et je trouve deux réponses possibles (ou plus) : **l'information est insuffisante.**

Examinons à présent les différents types de questions ouvertes qui peuvent vous être posées au Tage Mage puis analysons leurs spécificités ainsi que les pièges qui peuvent se cacher derrière elles.

2. Une liste type de questions ouvertes

Voici les différents types de questions ouvertes que vous pourrez trouver dans l'épreuve de conditions minimales du Tage Mage.

Nous ne listons ici que les énoncés des questions elles-mêmes (pas les informations).

> En lisant cette longue liste de questions, efforcez-vous d'en analyser précisément les termes. Listez les éventuelles contraintes et inconnues cachées.

(1) Que vaut X ?

(2) Quelle est la valeur de X ?

(3) Dans un lycée français, quel est le pourcentage de garçons ?

(4) On a interrogé des entreprises sur les compétences clés exigées dans le cadre de leurs futurs recrutements. 20 % d'entre elles exigent à la fois des compétences en informatique et des compétences rédactionnelles. Quel pourcentage des entreprises interrogées n'exigent ni compétences en informatique, ni compétences rédactionnelles ?

(5) Dans une PME exclusivement composée de techniciens supérieurs, de cadres moyens et de cadres supérieurs, quelle est la proportion de techniciens supérieurs ?

(6) Quelle part des revenus des ménages français est consacrée à l'épargne ?

(7) Sur un parcours circulaire, Yaël roule à la vitesse de 12 km/h. Quelle est la vitesse de Ethan ?

(8) E est un cube entier de 3 chiffres. Le chiffre des unités de E est un entier impair. Que vaut la somme des chiffres de E ?

(9) Quel est le périmètre d'un champ rectangulaire ABCD ?

(10) Quel est le prix d'une baguette de pain en janvier 2011 ?

(11) H est un entier naturel. Que vaut H ?

(12) Bob, Arnaud et Cynthia parcourent le même trajet en automobile. Bob roule à la vitesse de 120 km/h. Quel est le plus rapide des trois ?

(13) P est un nombre entier à 3 chiffres. Que vaut le chiffre des dizaines de P ?

(14) Quelle est l'aire du triangle isocèle MNO ?

(15) Que vaut A + B ?

(16) Une fratrie est composée de trois enfants d'âges différents. Quel est l'âge du plus jeune ?

(17) Une somme de 500 000 euros a été investie pendant un an à un taux d'intérêt simple annuel égal à *p* % a rapporté 40 000 euros d'intérêts. Quelle somme doit être investie pendant un an à un taux d'intérêt annuel égal à *k* % si l'on veut que cette somme rapporte également 40 000 euros d'intérêts ?

(18) Quelle est la température moyenne observée sur les six premiers mois de l'année 2012 ?

(19) Dans la bibliothèque d'un collège, 8 000 livres sont à la disposition des élèves. Parmi ces livres, on compte 2 400 fictions et 2 300 livres écrits en anglais. Combien de livres de fiction sont écrits en anglais ?

(20) Que vaut le périmètre du rectangle ABCD ?

(21) Un cycliste parcourt une piste strictement circulaire. Quel est le rayon de cette piste ?

(22) Une baignoire a deux robinets séparés : un robinet d'eau chaude et un robinet d'eau froide. Les deux robinets ont des vitesses de débit différentes. Si l'on ouvre les deux robinets en même temps, la baignoire se remplit entièrement en 43 minutes. En combien de temps la baignoire se remplirait-elle si l'on n'ouvrait que le robinet d'eau chaude ?

(23) Des compositions florales sont vendues sous deux versions. La première comprend deux roses et la seconde trois. Combien a-t-on vendu de compositions de chaque version ?

(24) Quelle somme d'argent Diane a-t-elle dépensé en mars 2020 ?

(25) La valeur de la surface d'un parallélogramme ABCD est égale à 24 mètres carrés. La hauteur du parallélogramme qui coupe la longueur AB en M et la longueur CD en N est égale au tiers de la longueur AB. Que vaut le périmètre du trapèze MBCN ?

(26) Que vaut le volume du cylindre H dont la hauteur est égale à 75 centimètres ?

(27) Que vaut $X^2 - Y^2$?

(28) Dans une mallette de bois en forme de pavé droit de base 22,5 cm × 37,5 cm, on place des boules de pétanque que l'on peut empiler en hauteur. Combien la mallette contient-elle de boules ?

(29) Quelle est la valeur du produit *xyzt* ?

(30) Combien la famille Potier compte-elle d'enfants ?

3. Questions ouvertes : règles et principaux pièges

Règle 1 : une valeur doit toujours être constante et unique

1. Que vaut X ?
2. Quelle est la valeur de X ?

Ces deux questions ne doivent jamais prêter à confusion. Que ce soit « Que vaut X ? » ou « Quelle est la valeur de X ? », on attend de vous que vous attribuiez à X une valeur **constante** et **unique**.

Mais que signifie exactement « attribuer à X une valeur **constante** et **unique** » ?

Et bien cela signifie d'abord que X doit être une valeur **constante**, autrement dit –4 ; 2/3 ; 6,57 ; pi ou encore racine de 2. Vous retiendrez ainsi par exemple que si l'étude d'une information vous amène à écrire que X est égal à Y + 2, alors il ne sera jamais question pour vous de considérer Y + 2 comme étant une valeur possible pour X puisque Y + 2 est une variable et non une constante. Et vous direz naturellement que cette information est insuffisante.

Vous remarquerez ici que toutes les valeurs constantes sont permises pour X. En effet, la question ne fixe *a priori* aucune contrainte pour X, qui est donc par défaut un nombre réel.

Ensuite, X doit être une valeur **unique.** Aussi, si une information vous dit par exemple que $X^2 = 4$, alors vous en déduisez que X est égal à –2 ou 2 et que cette information est par conséquent insuffisante.

Souvenez-vous que pour que l'information soit considérée comme suffisante, vous devez être en mesure de fournir une valeur **unique** pour X, ce qui n'est pas le cas ici puisque vous avez le choix entre les valeurs –2 et 2.

Règle 2 : pourcentages et proportions

1. Dans un lycée français, quel est le pourcentage de garçons ?
2. On a interrogé des entreprises sur les compétences clés exigées dans le cadre de leurs futurs recrutements. 20 % d'entre elles exigent à la fois des compétences en informatique et des compétences rédactionnelles. Quel pourcentage des entreprises interrogées n'exigent ni compétences en informatique, ni compétences rédactionnelles ?
3. Dans une PME exclusivement composée de techniciens supérieurs, de cadres moyens et de cadres supérieurs, quelle est la proportion de techniciens supérieurs ?
4. Quelle part des revenus des ménages français est consacrée à l'épargne ?

Vous aurez remarqué ici que l'on ne vous demande pas de trouver un nombre précis de garçons (question 1), d'entreprises (question 2) ou encore de techniciens supérieurs (question 3), mais des pourcentages et une proportion. Et bien que cela ne vous pose pas de problème métaphysique ! En effet, des réponses comme 15 % ; 22,25 % ou encore 100 % pour les pourcentages et 1/3 ; 3/4 ou encore 2/7 pour les proportions seront des réponses tout à fait recevables en conditions minimales. Votre travail consistera donc, comme toujours dans le cas des questions ouvertes, à trouver un pourcentage/une proportion **unique** pour affirmer que l'information est suffisante.

Règle 3 : bien faire la différence entre vitesse constante et vitesse moyenne

1. Sur un parcours circulaire, Yaël roule à la vitesse de 42 km/h. Quelle est la vitesse de Ethan sur ce même parcours ?
2. Bob, Arnaud et Cynthia parcourent le même trajet en automobile. Bob roule à 120 km/h. Quel est le plus rapide des trois ?

En voici des questions pièges ! En conditions minimales, dès qu'il est question de vitesse, vous devez absolument opérer une distinction entre vitesse constante et vitesse moyenne. Toute la question est donc de savoir dans quel cas une vitesse est constante et dans quel cas une vitesse est moyenne.

Mais avant tout, deux petits rappels.

> Une **vitesse constante** est une vitesse qui, théoriquement, ne varie pas d'un point A à un point B, et ce, sur absolument toute la durée du trajet. Alors bien sûr, dans la vraie vie, il n'est pas possible de démarrer un trajet d'un point A à la vitesse de 100 km/h et de le terminer en un point B à la même vitesse, mais on pourrait quand même très bien imaginer un cas où l'on observe une machine parfaitement calée à la vitesse de 100 km/h entre un temps X et un temps Y et auquel cas, la vitesse mesurée est bien constante.
>
> Une **vitesse moyenne** est une vitesse que l'on mesure dans le cas où l'on vous dit par exemple qu'une voiture parcourt un trajet de 50 km en 40 minutes et que par conséquent la vitesse moyenne sur l'ensemble du parcours est de 50 / (2/3) = 75 km/h. On dit que cette vitesse est moyenne car l'on suppose que la vitesse de la voiture n'est pas rigoureusement la même en chaque point du trajet. La voiture peut en effet faire quelques stops à des feux rouges, accélérer ou encore freiner à certains moments du trajet…

Alors comment distinguer au Tage Mage une vitesse constante d'une vitesse moyenne ?

Et bien c'est très simple. Si l'on vous parle de « vitesse » sans aucune autre précision, alors vous devez comprendre vitesse constante. Mais si l'on vous parle de « vitesse moyenne », alors vous devez comprendre… vitesse moyenne ! Et c'est précisément lorsqu'il s'agit de vitesse moyenne que vous devez redoubler de prudence puisque si l'on vous dit par exemple que Jeanne parcourt 10 km à la vitesse moyenne de 8 km/h, alors vous ne devez surtout pas vous limiter au cas où sa vitesse est égale à 8 km/h sur toute la durée du parcours. En effet, la vitesse de Jeanne peut être égale à 18 km/h sur le premier tiers du parcours et à 3 km/h sur les deux derniers tiers du parcours… Comme il se peut que sa vitesse soit égale à 8,1 km/h sur la première moitié du parcours et à 7,9 km/h sur la seconde moitié du parcours. **Veillez donc toujours à stimuler votre esprit critique** !!

Pour terminer, vous aurez compris que lorsque dans la question 12, on vous dit que Bob roule à la vitesse de 120 km/h, il s'agit là d'une vitesse constante. Autrement dit, à n'importe quel instant où l'on mesure la vitesse de Bob sur le trajet qu'il effectue en automobile, sa vitesse est égale à 120 km/h.

Règle 4 : les âges sont des entiers, les tailles d'êtres humains des centièmes de mètres et les sommes d'argent des centièmes d'euros...

Une fratrie est composée de trois enfants d'âges différents. Quel est l'âge du plus jeune ?

Il convient de préciser que lorsqu'il sera question d'âges, et bien **ces âges seront nécessairement des nombres entiers naturels** (on ne peut avoir 32,4 ans en conditions minimales) et que dans la question, « l'âge du plus jeune » ne pourra en aucun être égal à… 0, tout nouveau-né qu'il soit !

Vous retiendrez en outre que **les tailles** d'êtres humains seront exprimées en centièmes de mètres : 1,12 mètre, 178 centimètres, mais en aucun cas 1,67152 mètre. Enfin, les sommes d'argent seront des centièmes d'euros, de dollars, de livres… mais bon, tout cela fait quand même appel au bon sens puisqu'une majorité des devises en circulation sont, pour des raisons pratiques, subdivisées en centièmes de la devise légale (centimes d'euros, cents de dollars…) **et que sauf indication contraire, vous raisonnerez par défaut sur la base de l'euro.**

Pour votre information, certaines devises comme le dinar tunisien sont subdivisées en millièmes de la devise légale et d'autres comme le yen n'ont aucune subdivision (la plus petite pièce de monnaie étant 1 yen).

Règle 5 : analyser rigoureusement l'énoncé et maîtriser parfaitement son cours

Analysez en profondeur les 3 questions suivantes :

1. E est un cube entier de 3 chiffres. Le chiffre des unités de E est un entier impair. Que vaut la somme des chiffres de E ?
2. Si $A^2 = B$, que vaut A ?
3. La valeur de la surface d'un parallélogramme ABCD est égale à 24 mètres carrés. La hauteur du parallélogramme qui coupe la longueur AB en M et la longueur CD en N est égale au tiers de la longueur AB. Que vaut le périmètre du trapèze MBCN ?

Si dans l'épreuve de conditions minimales, environ un énoncé sur deux est plutôt long et dense, et exige donc que vous le lisiez lentement pour ne rien laisser passer, vous devez aussi vous méfier des questions courtes qu'il ne faut jamais lire trop vite, au risque de passer à côté de ce que l'on attend de vous.

Notre conseil est donc le suivant : quelle que soit la question qui vous est posée, prenez toujours le temps d'analyser rigoureusement l'énoncé avant de passer à la lecture des informations qui l'accompagnent. A cet effet, nous ne saurions que trop vous recommander de maîtriser votre cours de mathématiques et de calcul dans les moindres détails et ce, afin d'être capable de prendre la pleine mesure de la question qui vous est posée.

Nous ne répéterons jamais assez que l'épreuve de conditions minimales exige que vous conduisiez une analyse poussée de l'énoncé et que vous sollicitiez dans le même temps votre connaissance intime du cours, le tout – et c'est en cela que l'exercice est difficile – en 1 minute et 20 secondes (en moyenne).

> **1 minute et 20 secondes** est le temps moyen dont vous disposez pour résoudre une question au Tage Mage, quelle que soit l'épreuve.

Ainsi, lorsque l'on vous dit dans la question 1 que « E est un cube entier de 3 chiffres », et bien vous devez **instantanément** écrire que E peut être égal à 125, 216, 343, 512 ou encore 729. Et si l'on ajoute à cela que le chiffre des unités de E est un entier impair, alors les valeurs de E se réduisent à 125, 343 et 729. Arrivé là, vous êtes en mesure d'aborder l'analyse des informations qui accompagnent l'énoncé sous les meilleurs auspices.

Comprenez bien qu'au Tage Mage, la compétition entre les candidats est devenue telle qu'il ne vous est plus permis de faire l'impasse sur quelque notion de cours que ce soit et qu'apprendre par cœur ses formules de calcul, ses carrés et ses cubes n'est plus un « plus » mais une **nécessité.**

La question 2 est courte, mais elle n'en est pas moins riche d'informations. En lisant l'équation $A^2 = B$, vous devez d'abord noter qu'*a priori* A et B sont des nombres réels (on ne nous dit rien sur la nature des nombres A et B… ce sont donc par défaut des nombres réels). Mais vous devez noter ensuite que B est nécessairement nul ou positif du fait qu'il est égal à A^2 (et qu'un carré ne peut être que nul ou positif). Enfin, vous devez penser au fait que si A^2 est effectivement positif ou nul, A peut être, quant à lui, négatif, positif ou nul.

Comme vous voyez, une question aussi courte que la question 2 exige quand même que vous y passiez un peu de temps pour l'analyser sous toutes ses coutures.

Pour terminer, nous vous laissons analyser la question 3, et de conclure que si vous ne connaissez pas sur le bout des doigts les propriétés et les formules d'aires des parallélogrammes, des rectangles et autres trapèzes, alors il est inutile d'espérer quoi que ce soit au Tage Mage… Il y a en effet malheureusement de fortes chances que vous passiez finalement à côté de l'épreuve.

II. LE CAS DES QUESTIONS FERMEES

[Qu'est-ce qu'une question fermée ?]

En conditions minimales, les questions dites fermées vous invitent à **répondre de façon binaire.** Ainsi, à la question « X est-il positif ? » ou « Est-ce Jean qui a le plus d'argent ? », la réponse peut être « oui » ou « non ». Quant à la question « L'entier P est-il pair ou impair ? », la réponse ne peut être que « pair » ou « impair ». C'est pour cela que l'on parle de réponse binaire.

En fait, c'est assez simple : dans le cas des questions fermées, si après avoir étudié une information vous êtes en mesure de répondre assurément à la question – sans douter un instant ! – « oui », « non », « pair », « impair », etc., alors c'est que cette information est suffisante. En revanche, si après avoir étudié une information, vous concluez par un « je ne sais pas » (autrement dit, par exemple : « je ne sais pas si la réponse est *oui* ou *non* » ou encore « je ne sais pas si la réponse est *pair* ou *impair* »), et bien c'est que cette information est insuffisante.

1. QFRF : question fermée, réponse ferme

Retenez toujours qu'une Question Fermée appelle une Réponse Ferme

Il s'agit là encore d'un réflexe qui vous suivra tout au long de l'épreuve de conditions minimales. Si votre obsession pour les questions ouvertes était de trouver une réponse unique pour affirmer qu'une information est suffisante, et bien dans le cas des questions fermées, **votre obsession sera de vous assurer que votre réponse est ferme, autrement dit qu'elle est toujours la même.**

Comprenez le fait que pour que votre information soit suffisante, votre réponse doit être « sûre et certaine », c'est-à-dire qu'**elle doit être donnée sans l'ombre d'un doute.** L'enjeu n'est donc pas de savoir si la réponse est « oui » ou « non », « pair » ou « impair », « blanc » ou « noir »… Car peu importe la nature de la réponse que vous apportez à la question ! Ce que vous devez retenir, c'est qu'en conditions minimales, **une information est jugée suffisante si la réponse est toujours la même**, et ce, quels que soient les différents cas de figure étudiés.

Prenons un premier exemple :

X est-il positif ?

(1) 2X + 3 > 1

(2) X + 9 > 2

{E} : question fermée où l'on doit répondre si, oui ou non, X est positif. Souvenons-nous simplement que « positif » ne signifie pas « strictement positif » et que si X = 0, alors X est positif…

{1} : l'information (1) est insuffisante puisque que l'on a 2X > –2 soit **X > –1.** Autrement dit, on ne peut connaître avec certitude le signe de X, qui peut très bien être négatif si X vaut par exemple –0,5 mais qui peut également très bien être positif si X vaut par exemple 10. On garde B, C et E.

{2} : le même raisonnement s'applique lorsqu'on analyse l'information (2), et cette dernière est donc insuffisante. On garde C et E.

{&} : prises ensemble, les informations ne permettent pas non plus de répondre à la question puisqu'en additionnant les termes des deux inégalités, on obtient : 3X + 12 > 3, soit X > –3. Autrement dit, X peut être égal à –2 (et l'on répond alors « non ») comme il peut être égal à 20 (et l'on répond alors « oui »). Et comme vous l'avez compris à présent, **le fait de ne pouvoir répondre assurément, sans aucun doute, sans aucune hésitation, « oui » ou « non » à la question, fait que prises ensemble, les informations sont encore insuffisantes. Réponse E.**

Puis un second exemple, relativement simple :

A-t-on X < Y ?

(1) X + Y = 1

(2) X = Y + 1

{E} : il s'agit ici d'une question fermée pour laquelle nous devons dire si **oui** ou **non** X est strictement plus grand que Y.

{1} : l'information (1) ne nous permet pas de répondre à la question puisque dans le cas où, par exemple, X = 0 et Y = 1 on a X < Y (on répond alors « oui »), et dans le cas où X = 1 et Y = 0 alors X > Y (et on répond alors « non »). Il ne nous est donc pas possible de répondre assurément « oui » ou « non » à la question. Par conséquent, l'information (1) à elle seule ne nous permet pas de répondre à la question. On élimine les réponses A et D et on conserve les réponses B, C et E.

{2} : l'information (2) nous permet en revanche de répondre à la question puisqu'il est possible d'affirmer que quelle que soit la valeur de Y, X est plus grand que Y d'une unité. En effet, si Y vaut 0, alors X vaut 1 ; si Y vaut –10, alors X = –9 et si Y vaut 100 alors X vaut 101. Autrement dit, **dans tous les cas, nous répondons avec certitude « non » à la question** (« X n'est jamais strictement plus petit que Y »). Et comme nous sommes en mesure d'apporter une réponse ferme à la question qui est posée (cette réponse n'est pas discutable !), et bien nous concluons que la seconde information est suffisante.

Au final, nous éliminons les réponses C et E et gardons la réponse B puisque l'information (2) permet à elle seule de répondre à la question tandis que l'information (1) ne permet pas, à elle seule, de répondre à la question.

Là encore, l'honnêteté intellectuelle est de rigueur

Que les choses soient claires : si vous pensez qu'une information est insuffisante, alors vous devez le prouver en trouvant un cas où votre réponse est « oui » / « pair » / « blanc »… **ET** un autre cas où votre réponse est « non » / « impair » / « noir », etc. C'est pour vous l'unique garantie comme quoi vous pouvez être sûrs de votre réponse.

On résume

(1) J'étudie une information et je suis sûr que la réponse que je peux apporter est toujours la même (oui, non, pair, impair, blanc, noir…) :
l'information est suffisante.

(2) J'étudie une information et je ne peux choisir entre deux réponses (je peux répondre oui comme je peux répondre non, je peux répondre blanc comme je peux répondre noir…) :
l'information est insuffisante.

2. Une liste de questions-types fermées

Voici les différents types de questions fermées que vous pourrez trouver dans l'épreuve de conditions minimales du Tage Mage.

Nous ne listons ici que les énoncés des questions elles-mêmes (pas les informations).

(1) A est un entier naturel. A est-il un carré ?

(2) Jacques et John font une course en vélo. Qui a été le plus rapide des deux ?

(3) Halim et Colette sont deux amis. Qui est le plus âgé des deux ?

(4) Jérôme est l'oncle de Daniel. Lequel des deux habite Paris ?

(5) A est-il plus grand que B ?

(6) X est un entier naturel non nul. X est-il premier ?

(7) Si $M^2 = C$, est-ce que la valeur de M est comprise entre 0 et 1 ?

(8) H est-il divisible par 12 ?

(9) La valeur de la surface d'un triangle ABC est égale à 16 centimètres carrés. Ce triangle est-il rectangle ?

(10) Une pile de jetons est exclusivement composée de jetons blancs et noirs. Quelle est la couleur du jeton qui se trouve à la base de la pile ?

(11) *p* est-il pair ?

(12) Si Elise ment alors Diane dit la vérité. Si Delphine dit la vérité, alors Samantha ment. Ludivine dit-elle la vérité ?

(13) X est un nombre à trois chiffres. Ces trois chiffres sont-ils des nombres premiers ?

(14) A-t-on $A + B < C + D$?

(15) La somme des chiffres du nombre à trois chiffres Z est-elle égale à 10 ?

A votre disposition pour répondre à vos questions :
franck.attelan@aurlom.com

FICHE 18
5 REGLES D'OR EN CONDITIONS MINIMALES

1. **Analysez l'énoncé en profondeur avant de lire les informations**
Analysez l'énoncé de fond en comble et essayez d'en tirer un maximum d'informations, et ce, avant d'attaquer la lecture des deux informations qui accompagnent la question.

2. **Essayez de deviner les informations**
Posez-vous les bonnes questions : que me demande-t-on de chercher très exactement ?
(Si on vous demande de trouver l'aire d'un rectangle, on vous demande de trouver ($l \times L$), *i.e.* pas forcément l ou L précisément). Quelles sont mes contraintes ? Mes nombres sont-ils entiers ou réels ? On me demande de trouver une distance, alors j'écris $D = V \times T$, etc.

3. **Utilisez des contre-exemples**
Avant de conclure qu'une information est insuffisante, donnez donc des contre-exemples !
Dans le cas des questions ouvertes, trouvez au moins deux valeurs possibles et dans le cas des questions fermées, trouvez un cas où la réponse est oui et un autre cas où la réponse est non.

4. **N'oubliez pas de cacher les informations une à une**
Surtout, cachez (cacher = ne pas se laisser influencer) bien l'information 2 quand vous travaillez sur l'information 1 et cachez bien l'information 1 quand vous travaillez sur l'information 2.

5. **Ne terminez pas vos calculs**
Souvenez-vous que vous ne devez pas trouver précisément la valeur d'une inconnue, mais que vous devez en revanche dire s'il est possible de trouver cette valeur et si oui, comment. **Ne terminez donc pas vos calculs !**

5. EXPRESSION

5.1. PRESENTATION DE L'EPREUVE / METHODES ET STRATEGIES

I. PRESENTATION DE L'EPREUVE ET CONSEILS GENERAUX DE PREPARATION

1. Présentation de l'épreuve

L'épreuve d'Expression est la cinquième épreuve du Tage Mage.

Vous devez vous méfier de cette épreuve comme de la peste !

De nombreux candidats se font régulièrement prendre au piège en répondant vite et « au feeling » à de nombreuses questions, terminant alors l'épreuve en seulement 12 ou 13 minutes au lieu des 20 minutes qui sont accordées.

Ces mêmes candidats se disent souvent que s'il y a bien une épreuve où ils peuvent facilement « prendre des points », c'est l'épreuve d'Expression du Tage Mage.

Malheureusement, il n'en est rien ! Même si l'expérience montre que cette épreuve est relativement mieux réussie que les autres, il n'en demeure pas moins qu'y obtenir 14 ou 15 réponses justes constitue en soi un exploit. En effet, dans de nombreux cas, vous devrez parvenir à **identifier *la* meilleure réponse** parmi d'autres réponses qui semblent convenir au premier coup d'œil.

Pourquoi une épreuve d'expression ?

S'il y a une épreuve du Tage Mage dont l'intérêt met tout le monde d'accord parmi les candidats, c'est bien l'épreuve d'Expression.

Tout bon manager qui se respecte est **condamné à manier la langue de Molière de la façon la plus juste et précise qui soit.** En tant que donneur d'ordre, il doit veiller à ne pas galvauder sa pensée, à ne pas la travestir, à ne laisser aucune place à quelque interprétation hasardeuse que ce soit. Les mails qu'il envoie, les contrats qu'il rédige, les partenariats qu'il signe sont autant d'actes qui l'engagent dans sa fonction première de responsable, de dirigeant. Un manager doit utiliser le mot juste en toute situation. Il ne peut se permettre de profaner la langue française en l'affublant d'improbables fautes d'usage, de grammaire ou de conjugaison.

Les responsables de département, les dirigeants d'entreprise, les entrepreneurs (que vous serez bientôt !) ont tous pour obsession de **minimiser les risques.** Aussi comprendrez-vous aisément que la relecture pointilleuse et minutieuse des documents et courriers que vous serez amené à signer (promesse d'embauche, projets de partenariat, procédures internes, définition des fonctions d'un employé, mail de mise au point destiné à un collaborateur « distrait », etc.) s'impose en toute circonstance.

Mais ce n'est pas tout !

Tout bon manager se doit aussi d'être un bon communicant. Ses messages doivent être vifs et clairs. Le style de ses messages doit être adapté aux différents publics auxquels ils sont adressés. Vous l'aurez compris, en vous testant sur des questions d'expression française, le Tage Mage évalue votre potentiel de manager.

Quels types de questions ?

Les questions sur lesquelles vous travaillerez dans le cadre de l'épreuve d'Expression seront de nature et de difficulté variées. Vous devrez *notamment* :

- Trouver le synonyme d'un ou plusieurs mots dans une phrase.
- Trouver la paraphrase la plus juste à une phrase ou à un morceau de phrase.
- Compter le nombre de fautes d'usage que contient un texte.
- Choisir parmi cinq phrases celles qui ne contiennent aucune faute d'orthographe, de grammaire ou d'usage.
- Compléter des phrases à trous avec des adverbes et autres conjonctions de sorte que les articulations logiques soient respectées et que les phrases conservent un maximum de cohérence.
- Compléter des phrases à trous avec le(s) mot(s) le(s) plus juste(s).
- Trouver parmi cinq phrases celle qui respecte la structure d'une figure de style classique.
- Trouver parmi cinq expressions celle qui se rapproche ou s'éloigne le plus du proverbe qui est présenté dans l'énoncé.
- Choisir la meilleure formulation d'une partie de phrase soulignée en vérifiant la correction grammaticale et en valorisant l'élégance stylistique.
- Trouver parmi plusieurs propositions celle qui ne comporte pas de patronyme ?

Tout un programme donc ! Mais ne vous inquiétez pas : le mémento de langue française contient toutes les notions que vous devez réactiver et connaître sur le bout des doigts pour espérer obtenir un score maximal à l'épreuve d'Expression du Tage Mage.

Comme pour les autres épreuves du Tage Mage, **l'épreuve d'Expression dure 20 minutes.** Vous devrez répondre à **15 questions en 20 minutes.** Pour chaque question, cinq réponses vous sont proposées et une seule réponse est juste.

2. Quatre grandes typologies de questions

L'épreuve d'Expression du Tage Mage est traditionnellement composée de questions qu'il est possible de classer en 4 catégories :

(1) Les questions de **synonymie et d'effets de sens.**

(2) Les questions de **correction grammaticale, orthographique et lexicale.**

(3) Les questions de **cohérence textuelle.**

(4) Les **autres questions.**

1. Les questions de synonymie et d'effets de sens

Dans ces questions, un ou plusieurs mots sont soulignés. Ce sont même parfois des morceaux entiers de phrases qui sont soulignés.

A chaque fois, il sera question de trouver la meilleure façon d'exprimer le ou les mots soulignés… En prenant en compte naturellement **le contexte dans lequel s'inscrit la phrase !**

Ce type d'exercices est très intéressant car il vous oblige à « traduire » de la façon la plus juste le ou les mots soulignés tout en prenant en compte le contexte. Ces questions seront celles où votre **maîtrise du vocabulaire** sera définitivement mise à l'épreuve.

Exemple :

La crainte d'un développement autarcique des quartiers verts commence à poindre.

(A) esseulé	naître
(B) en autosuffisance	apparaître
(C) indépendant	se dévoiler
(D) autonome	se faire remarquer
(E) isolé	se profiler

Nous vous laissons le soin de réfléchir à cette question ainsi qu'aux questions suivantes. Une correction détaillée vous sera proposée dans le chapitre II : *Méthodes et stratégies de réponses.*

2. Les questions de correction grammaticale, orthographique et lexicale

En général, vous aimez bien ce type de questions ! Chasse aux fautes d'orthographe, questions de reformulation, questions où il vous est demandé de trouver la seule phrase grammaticalement correcte parmi les cinq propositions… Nul doute que pour ces questions de correction grammaticale, orthographique et lexicale, **seuls ceux qui connaîtront parfaitement leur cours pourront raisonnablement s'en sortir avec un sans faute !**

Exemples :

Combien de fautes d'orthographe et/ou d'usage l'annonce ci-après contient-elle ?

« Medium réputé exerce dans le quartier depuis cents ans ! Si vous aussi vous n'arrivez pas à trouver l'amour, prenez vite rendez-vous avec moi ! Très à l'écoute, je suis un travailleur chevroné, et je ne laisse aucune personne quittée mon officine sans croire à mes méthodes. Je formule pour vous mes vœux les plus sincères. »

(A) 1 faute
(B) 2 fautes
(C) 3 fautes
(D) 4 fautes
(E) 5 fautes

Trouvez parmi les cinq phrases ci-dessous les deux seules qui soient orthographiquement et/ou grammaticalement incorrectes.

1. Les fosses septiques sont infestées de microbes en tous genres.
2. Cette personne est criticable : ses mœurs sont vraiment dissolus.
3. Vous trouverez ci-jointes les cinq déclarations des témoins.
4. Ce film est né presqu'en même temps que notre premier enfant.
5. La profession agricole doit faire face à une importante pénurie de main d'œuvre.

(A) phrase 2 et phrase 4
(B) phrase 1 et phrase 3
(C) phrase 3 et phrase 4
(D) phrase 1 et phrase 5
(E) phrase 2 et phrase 5

3. Les questions de cohérence textuelle

Dans les questions de cohérence textuelle, un ou plusieurs mots d'une phrase ou d'un texte sont masqués. Vous trouverez ainsi en début, en milieu ou en fin de phrase trois petits points entre parenthèses **(…)** que vous devrez remplacer par un ou plusieurs mots proposés en solution.

L'exercice n'est pas de tout repos : les mots masqués seront des mots de vocabulaire recherchés et très précis, des connecteurs logiques, des adjectifs, des adverbes… Et plus généralement des mots qui devront assurer la meilleure cohérence au sein du texte qui vous sera présenté en énoncé.

Comme toujours, le contexte joue un rôle important et il faudra veiller à chaque fois à le prendre en compte pour distinguer la bonne réponse des autres.

Exemples :

(…) de la qualité des études, le ministre de l'Education annonce la parution d'instructions nouvelles portant (…) sur les apprentissages des langues régionales, les mathématiques, les sciences de la nature et la géographie.

(A) A propos	notablement
(B) Dissertant	nominalement
(C) S'agissant	notamment
(D) Evoquant	communément
(E) Réagissant	constamment

(…) que son attirance pour le théâtre n'était (…) éphémère passion de jeunesse, (…) d'apprendre qu'il (…) de comédie et de mise en scène.

(A) Comme je pensais je n'ai pas été surpris	qu'une s'occupe aujourd'hui encore
(B) Comme je pensais je n'ai pas été surpris	pas seulement une ne s'occupe pas aujourd'hui
(C) Si j'avais pensé j'aurais été surpris	qu'une ne s'occupe pas aujourd'hui
(D) Comme je pensais j'ai été surpris	pas seulement une ne s'occupe pas aujourd'hui
(E) Ce que je pensais c'est car j'ai été surpris	pas une sincère et s'occupait

4. Les autres questions

Chaque année, la FNEGE propose de nouvelles questions d'expression qui ne s'appuient pas sur les trois types de questions présentées précédemment.

Attendez-vous donc à découvrir le jour du test des questions où vous devrez travailler entre autres sur des **extraits de poèmes, des analogies, des proverbes français et étrangers, des expressions courantes de la langue française ou encore des figures de style.**

Exemples :

Dans laquelle des propositions ci-dessous, les phrases suivantes extraites de *La Fille du capitaine,* de Pouchkine sont-elles placées dans un ordre logique ?

1. Non, Macha est une petite poltronne.
2. Et lorsqu'il y a deux ans Ivan Kouzmitch, eut l'idée, pour ma fête, de tirer notre canon, c'est tout juste si la peur ne l'a pas expédiée dans l'autre monde, la chère enfant.
3. Brave, Macha ? répondit sa mère.
4. Depuis lors, certes nous ne tirons plus de ce maudit canon.
5. Jusqu'à maintenant elle ne peut entendre un coup de fusil sans trembler de tous ses membres.

(A) 1 – 2 – 3 – 4 – 5
(B) 3 – 1 – 2 – 4 – 5
(C) 3 – 1 – 4 – 5 – 2
(D) 3 – 1 – 5 – 2 – 4
(E) 2 – 3 – 1 – 5 – 4

L'euphémisme est un procédé consistant à dire les choses d'une façon que tout ce qui est désagréable, triste, choquant sera atténué (exemple : « il nous a quitté » pour signifier le décès d'une personne). Parmi les cinq phrases ci-dessous, une seule ne comporte pas d'euphémisme. Laquelle ?

(A) Il a connu plusieurs femmes dans sa vie, et ce même après son mariage.
(B) Le traitement réservé par certains hôpitaux aux personnes du troisième âge n'est pas très enviable.
(C) Bien qu'il se soit investi pleinement dans son travail, il a été remercié hier car ses résultats ont été jugés insuffisants par la direction.
(D) Il a perdu son père la semaine dernière : ce fut un choc terrible pour lui.
(E) Même s'il venait à décéder prématurément, ce ténor laissera une empreinte indélébile dans l'histoire de la musique.

3. Quelques conseils de préparation personnelle

1. Lire, lire, lire !

Ne vous contentez pas d'apprendre les règles de grammaire ou les listes de mots d'origine grecque ou latine qui figurent dans le Mémento de langue française de cet ouvrage ! LISEZ !

Lisez tout ce qui vous tombe sous la main (*Le Monde*, *Sciences & Vie, Capital, Courrier International*, *Le Canard enchaîné*, *GEO, Challenges,* etc.) et surtout faites l'effort de reporter sur un carnet les mots pour lesquels vous ne seriez pas capables d'apporter rapidement une définition juste et précise.

Nous pensons qu'en période de préparation de concours, il est absolument indispensable de lire sérieusement et chaque jour **AU MOINS UN** article de presse quotidienne (nous recommandons *Le Monde)* ou spécialisée (*Historia*, *Sciences & Vie, Le Monde Diplomatique*). Outre le besoin de renforcer vos aptitudes en expression française, lire au quotidien doit vous aider à développer une culture générale solide pour les épreuves de synthèse, de dissertation et bien sûr, d'entretien de motivation et de personnalité.

2. Soyez proactifs !

Lorsque vous lisez un article extrait de la presse quotidienne ou d'un magazine spécialisé, munissez-vous de votre carnet et notez précieusement les mots de vocabulaire dont vous ignorez **totalement ou partiellement** le sens ainsi que des mots de vocabulaire **dont vous connaissez la définition mais que vous n'utilisez pratiquement jamais.**

Ensuite, et c'est là que cela devient intéressant, faites l'effort de **définir au mieux les mots que vous avez listés.** Evidemment, lorsqu'il s'agit de mots que vous ne connaissez pas du tout, aidez-vous d'un bon dictionnaire en ligne – la référence étant selon nous le ***Larousse.fr***. Mais ce n'est pas tout, car en plus de définir vos mots, **vous devrez également faire l'effort d'en donner un ou plusieurs synonymes** ainsi qu'une **expression** dans laquelle ce mot est fréquemment utilisé ou encore une **phrase inventée par vos soins.**

C'est à ce prix que vous accuserez des progrès sensibles en expression. **Ce travail de prises de notes paie toujours.** Nos étudiants à Aurlom en savent quelque chose. Non seulement ce travail leur est utile pour le Tage Mage mais il leur permet surtout de renforcer leurs compétences rédactionnelles pour les épreuves de synthèse ou de dissertation… Sans parler des épreuves orales d'entretien où l'éloquence passe aussi par une bonne maîtrise de la langue française.

Vous imaginez bien qu'il est illusoire d'apprendre par cœur des listes entières de mots de vocabulaire. Cela ne servirait à rien tant la probabilité que vous avez de tomber sur ces mots au Tage Mage est faible. En revanche, faire l'effort intellectuel de définir ces mots et de leur trouver des synonymes, des antonymes et des expressions dans lesquelles ils sont utilisés vous permettra de vous adapter avec souplesse et sérénité à toute nouvelle situation que vous serez amenés à rencontrer le jour J.

Application : imaginons que vous lisiez ce texte, extrait d'une déclaration de M. François Fillon, alors ministre des Affaires sociales, du Travail et de la Solidarité, sur la gestion des conséquences de la canicule et notamment la prise en charge des personnes âgées (Paris le 15 septembre 2003.)

> La crise a souligné une évolution de notre société, que tout le monde connaît bien, soit à titre personnel ou familial, soit à la lecture de nombreux travaux d'expertise. Notre société vieillit rapidement et **inéluctablement.** En 2003, 1 million de personnes sont âgées de plus de 85 ans. Elles seront 4,5 millions en 2040.
>
> Cette tendance démographique, déjà préoccupante par elle-même, est accentuée par l'isolement d'une grande partie de ces personnes âgées : l'évolution de l'organisation du travail et la mobilité géographique qui l'accompagne se traduisent par la séparation résidentielle de générations qui vivaient il y a quelques décennies encore sous le même toit. Cette séparation a toutes les chances de s'accentuer avec l'arrivée à l'âge de la vieillesse des familles séparées ou éclatées d'aujourd'hui. C'est un fait de société qu'il n'y a pas lieu de juger, mais qu'il convient de prendre en compte dans une démarche d'anticipation des besoins.
>
> [...]
>
> Des causes organisationnelles contribuent aussi à expliquer l'ampleur de cette crise. J'ai déjà signalé l'absence ou le retard des mécanismes d'alerte. D'autres ont évoqué une moindre continuité de l'encadrement et une **raréfaction** de l'offre de service infirmière ou ménagère au mois d'août en raison de l'insuffisant étalement des congés dans un domaine où la permanence de l'assistance médico-sociale devra de plus en plus s'harmoniser avec la continuité des soins hospitaliers.
>
> De même, les modalités de prise en charge des personnes âgées en amont et en aval des urgences hospitalières me paraissent un axe d'amélioration de la filière **gériatrique**. Les efforts à réaliser dans ce domaine seront analysés conjointement avec mon collègue, Jean-François Mattei, ministre de la Santé, de la Famille et des Personnes handicapées.
>
> Au-delà des besoins financiers et organisationnels, la canicule a révélé aussi la **fragmentation** des compétences administratives et institutionnelles, ainsi que la complexité des modalités de financement et de tarification des établissements et services.
>
> [...]
>
> Cette **balkanisation** des responsabilités et cet **enchevêtrement** de compétences sont contraires aux besoins d'un pilotage de proximité, notamment en cas de crise.
>
> C'est pourquoi le projet de loi portant sur la **décentralisation** proposera de confier aux conseils généraux l'élaboration du schéma départemental gérontologique et, à terme, de simplifier les procédures d'autorisation et de tarification.

Sortez vos carnets !

Sur la page « vocabulaire », notez les mots en gras (ceux qui ont besoin d'être définis) :

	Définition	Synonymes	Expression
INELUCTABLE / INELUCTABLEMENT	Inéluctable : contre quoi on ne peut lutter.	nécessairement inexorablement, fatalement, immanquablement.	La chute du Mur de Berlin était inéluctable.
RAREFACTION	Diminution sensible de la quantité disponible d'une marchandise.	diminution, épuisement, tarissement.	La raréfaction des matières premières est inquiétante.
GERIATRIE	Discipline médicale consacrée aux maladies dues au vieillissement.	gérontologie / la gériatrie est une composante de la gérontologie.	Le nombre de centres gériatriques en France augmentera inéluctablement dans les années à venir.
FRAGMENTATION	Partager, réduire quelque chose, en fragments, en multiples morceaux.	division, morcellement, fractionnement, segmentation.	La fragmentation du bloc communiste.
BALKANISATION	Diviser en Etats autonomes un ensemble territorial ou politique, afin de profiter des divisions ainsi créées / Fractionner une administration et la rendre inefficace.	fragmentation, atomisation.	La balkanisation de l'empire ottoman.
ENCHEVETREMENT	Ensemble confus, incohérent, désordonné.	emmêlement, désordre, fouillis.	« La politique, hélas ! est une jungle, trop souvent une brousse fétide, l'enchevêtrement des intérêts brouille la perspective. » (Charlotte Savary)
DECENTRALISATION	Système d'organisation des structures administratives de l'Etat dans lequel l'autorité publique est fractionnée et le pouvoir de décision remis à des organes autonomes régionaux ou locaux.	autonomie, régionalisme.	Dans la plupart des pays, il faut un équilibre convenable entre centralisation et décentralisation pour assurer un fonctionnement efficace du gouvernement.

A savoir !

Les définitions qui figurent dans le tableau précédent ainsi que de nombreuses définitions que vous trouverez tout au long de cet ouvrage sont extraites du *Larousse.fr*, qui est selon nous LE site de référence pour toutes vos recherches de définitions, synonymes et autres expressions.

Sur la page « expressions à retenir », notez les morceaux de phrases soulignés :

- *Souligner une évolution*
- *Cette tendance démographique est accentuée par*
- *La séparation résidentielle des générations*
- *Qu'il convient de prendre en compte dans une démarche d'anticipation des besoins*
- *Un pilotage de proximité*

Ce travail quotidien de prises de notes ne vous prendra pas plus de 15 minutes et vous permettra assurément de progresser rapidement.

NB : bien entendu, cet exercice est très personnel et chacun trouvera ici et là les mots de vocabulaire, les tournures grammaticales et les expressions qui **lui font défaut**. Ne négligez pas ce travail de lecture et de prises de notes.

3. Faites des dictées.

Et oui ! Pour notre dernier conseil, nous vous proposons de vous remettre aux dictées ! On n'a encore rien trouvé de mieux pour tester sa maîtrise de la grammaire et de l'orthographe.

Vous trouverez pléthore de sites Internet dédiés aux dictées mais nous vous conseillons quand même de visiter en priorité ces deux sites de référence en la matière :

(1) Les dictées audio du Bescherelle pour ceux qui ont un niveau relativement faible en expression (faible = on vous reproche régulièrement de faire de nombreuses fautes d'orthographe).

https://bescherelle.com/dictees-audio

(2) Les fameuses dictées d'Archibald ! Contemporaines et parfaitement adaptées aux exigences de l'épreuve de compréhension et d'expression écrite en français.
Nous aimons beaucoup ce site car il est possible de saisir la dictée que l'on entend et de consulter ensuite son score et la correction.

https://dictee.tv5monde.com/

II. METHODES ET STRATEGIES DE REPONSES

1. Méthode générale de résolution des questions

(1) Lisez bien les consignes qui accompagnent les questions.

(2) Lisez lentement mais sûrement.

(3) Dans la mesure du possible, devinez vous-même la réponse.

(4) Choisissez la bonne réponse en procédant par dichotomie.

1. Lisez bien les consignes qui accompagnent les questions

Les questions d'expression sont souvent accompagnées de consignes complètes et claires. **Il n'est pas acceptable que vous bâcliez la lecture de ces consignes,** encore moins que vous passiez à côté de certaines d'entre elles, sous prétexte que vous vous êtes préalablement bien entraîné.

La FNEGE est claire à ce sujet et précise bien dans ses Annales que *« les types d'exercices proposés ne doivent pas être considérés comme intangibles. De nouveaux exercices peuvent apparaître d'une session à l'autre. Nous recommandons donc aux candidat(e)s de prêter beaucoup attention aux consignes qui sont données (…) »*.

2. Lisez lentement mais sûrement !

Comme pour les autres épreuves du Tage Mage, **nous vous recommandons plus que jamais de lire vos énoncés le plus lentement possible,** et ce, afin de ne pas avoir à les relire une deuxième ou une troisième fois. Si une seconde lecture peut parfois s'avérer utile, une troisième voire une quatrième lecture finit toujours par semer le doute dans votre esprit et conduit alors souvent à des réponses fausses.

Efforcez-vous de ne lire vos énoncés qu'une seule fois. Votre niveau de concentration sera ainsi maximal. Surtout, comme on dit souvent : « La première impression est toujours la bonne ». Aussi en ne lisant vos énoncés qu'une seule fois, mais lentement, il y a de fortes chances que vous trouviez la bonne réponse du premier coup.

3. Dans la mesure du possible, devinez vous-même la bonne réponse

Pendant la lecture du texte, **cachez vos réponses avec vos mains et essayez de deviner par vous-même la bonne réponse.** Bien entendu, cette technique ne s'applique pas à toutes les questions mais elle fait des miracles !

Vous pourrez appliquer cette technique notamment pour les questions de **synonymie** et de **cohérence textuelle**.

4. Choisissez la bonne réponse en procédant par dichotomie

Comme pour les questions d'argumentation dans la troisième épreuve de Raisonnement & Argumentation, vous devez procéder par dichotomie pour choisir la bonne réponse.

En d'autres termes, commencez par comparer les réponses A et B. Si la A vous semble meilleure alors comparez-la à la C. Si la C est meilleure que la A, alors conservez la C et comparez-la maintenant avec la D. Si la C est toujours meilleure que la D, gardez-la et comparez-la pour terminer avec la réponse E. A vous de voir alors si la réponse C est meilleure ou moins bonne que la réponse E.

L'avantage de cette technique saute aux yeux !

Il n'est jamais question de trouver LA BONNE réponse **mais LA MEILLEURE réponse** parmi les cinq propositions. Vous n'avez donc pas d'autre choix que de procéder **par comparaison.** Or l'expérience montre que si vous comparez de façon frontale les 5 propositions de réponses (c'est-à-dire en même temps, d'un seul coup d'œil), vous risquez de rencontrer de grandes difficultés pour distinguer la meilleure réponse. En revanche, en les comparant deux à deux, vous serez en mesure de séparer aisément le bon grain de l'ivraie.

2. Stratégies de réponses pour chacun des types de questions de l'épreuve d'expression

1. Les questions de synonymie et d'effets de sens

Choisissez la reformulation dont le sens se rapproche le plus du passage souligné.

Il faut éviter toute confusion entre l'idéologie et la géopolitique, celle-ci étant fondée sur la réalité de la géographie physique et humaine et sur les déterminismes qui en découlent.

(A) hypothèses fortes
(B) raisonnements infalsifiables
(C) enchaînements inéluctables
(D) hasards implacables
(E) libertés très relatives

Application de la méthode générale de résolution.

(1) Lecture de la consigne. On vous demande un sens qui se rapproche le plus. On ne cherche donc pas *a priori* de réponse parfaite. Il faut ici reformuler « les déterminismes ».

(2) Lecture lente du texte.

(3) **Essayez de deviner la réponse.** Cette étape est fondamentale car elle vous oblige à reformuler le mot qui est souligné. Le déterminisme s'oppose à la liberté, au hasard. Les déterminismes, ce sont les enchaînements de cause à effet qui se produisent entre deux ou plusieurs phénomènes. On ne peut empêcher ces enchaînements, ils se produisent immanquablement.

(4) En procédant par dichotomie, vous retenez alors sans trop de difficulté la réponse C : « enchaînements inéluctables ».

Choisissez la reformulation dont le sens se rapproche le plus des passages soulignés.

La crainte d'un développement autarcique des quartiers verts commence à poindre.

(A) esseulé	naître
(B) en autosuffisance	apparaître
(C) indépendant	se dévoiler
(D) autonome	se faire remarquer
(E) isolé	se profiler

Dans cette question, vous devez reformuler deux termes : « autarcique » et « poindre ».

Essayez de deviner la réponse (n'oubliez pas que si vous souhaitez réussir au mieux cette épreuve, vous devez absolument appliquer cette technique dès que l'occasion se présente).

Pour un pays, vivre en « autarcie », c'est vivre indépendamment des autres pays, d'un point de vue économique. C'est, notamment, ne pas faire appel aux importations pour nourrir la population.

Pour être très précis, selon *Le Larousse*, l'autarcie est « la situation d'un pays qui tend volontairement à se suffire à lui-même sur le plan économique. Cette situation peut résulter de la volonté d'un Etat de modifier la structure sociale et économique à l'abri des influences étrangères ou, en vue de la préparation à la guerre, du refus de toute dépendance économique à l'égard de l'étranger ».

Pour ce qui est de « poindre », on utilise généralement ce mot lorsque l'on parle du soleil ou du jour qui point à l'horizon pour dire qu'il commence à paraître.

En procédant par dichotomie, vous gardez donc la **réponse B** qui convient parfaitement ici.

Celles et ceux d'entre vous qui auraient répondu la C doivent être attentifs à ne pas surinterpréter ou surjouer le verbe « poindre ». « Se dévoiler » est bien trop poétique ici et casse avec le contexte factuel / économique. Et puis, il faut revenir à la signification première des mots dans cette épreuve : « se dévoiler » signifie précisément « enlever le voile, le masque ». Aussi, « indépendant » n'allait pas. Non seulement parce que l'interprétation de la phrase est ambiguë [développement indépendant (DE QUOI ?) des quartiers verts **VS** développement (COMMENT ? DE QUEL TYPE ?) indépendant des quartiers verts] mais encore parce que l'indépendance n'est qu'une résultante de la situation d'autarcie.

Retenez bien que lorsque deux passages sont soulignés, vous pouvez vous en sortir en ne connaissant le sens que d'un seul des deux passages.

Choisissez la reformulation dont le sens se rapproche le plus du passage souligné.

A l'issue de la réunion entre le patronat et les syndicats, les partenaires sociaux ont signé un document qui consigne les résolutions d'un accord sur la durée du travail hebdomadaire.

(A) un protocole
(B) un formulaire
(C) un contingent
(D) une procédure
(E) un traité

Il s'agit ici d'une question de synonymie / définition. Autrement dit, on vous demande de retrouver le mot dont la définition la plus proche est : « un document qui consigne les résolutions d'un accord ».

Il s'agit d'un **protocole (réponse A).** En effet, même si « un document qui consigne les résolutions d'un accord » **n'est pas la définition exacte** du mot **protocole**, il n'en demeure pas moins que parmi les cinq réponses proposées, c'est celle qui convient le mieux et c'est cela qui est important au Tage Mage : **trouver LA MEILLEURE** réponse.

Pour votre information :

- Le *Larousse* définit le **protocole** comme un procès-verbal relatant les résolutions d'une assemblée, d'une conférence ou encore ces résolutions elles-mêmes. Exemple : un protocole d'accord.
- Un **formulaire** est un imprimé sur lequel figure une série de questions administratives auxquelles l'intéressé doit répondre / Un questionnaire / Un modèle d'acte juridique n'allait pas ici.
- Un **contingent** est une quantité attribuée à quelqu'un ou qu'il fournit (ex. : une école qui n'a pas reçu son contingent habituel de fournitures.) / Une part qui incombe à une collectivité locale et qui fixe sa contribution au financement de certaines dépenses / Une troupe fournie par un Etat, un territoire / Un ensemble des jeunes qui, au cours d'une même année civile, sont appelés au service national actif ou à la journée d'appel de préparation à la défense (A.P.D.), dans le cadre de la réforme du service national.
- Une **procédure** est un ensemble de règles qui doivent être respectées pour la reconnaissance de certains droits ou le règlement de certaines situations juridiques (successions, partages, licitations, etc.). C'est aussi la marche à suivre, l'ensemble de formalités, de démarches à accomplir pour obtenir tel ou tel résultat. Ex. : Procédure à suivre pour obtenir un passeport.
- Enfin, un **traité** est un accord entre deux ou plusieurs sujets du droit international (Etats, organisations internationales), conclu par écrit et régi par le droit international.

2. Les questions de correction orthographique, grammaticale et lexicale et les questions de reformulation

Combien de fautes d'orthographe et/ou d'usage l'annonce ci-après contient-elle ?

« Medium réputé exerce dans le quartier depuis cents ans ! Si vous aussi vous n'arrivez pas à trouver l'amour, prenez vite rendez-vous avec moi ! Très à l'écoute, je suis un travailleur chevroné, et je ne laisse aucune personne quittée mon officine sans croire à mes méthodes. Je formule pour vous mes vœux les plus sincères. »

(A) 1 faute (B) 2 fautes (C) 3 fautes
(D) 4 fautes (E) 5 fautes

Voici les fautes :

- « medium » est bien orthographié. C'est un mot d'origine latine. On peut donc l'écrire avec ou sans accent aigu sur le « e ».
- faute #1 : on écrit « cent ans ». Vous mettez un « s » à « cents » lorsque vous écrivez par exemple « trois-cents ans ».
- faute #2 : « si vous non plus n'arrivez pas », et non : « si vous aussi n'arrivez pas ». Cette faute d'usage est fréquente. Soyez-y donc attentifs !
- faute #3 : chevronné avec 2 « n » !
- faute #4 : « je ne laisse aucune personne quitter » (remplacez « quitter » par « partir » pour vous en convaincre).
- faute #5 : « je forme pour vous mes vœux les plus sincères ». Là encore une faute d'usage à laquelle vous devez être attentifs (c'est la présentation des vœux qui se formule, oralement ou par écrit, mais les vœux eux-mêmes, on les forme.)

Il y avait donc 5 fautes. Réponse E.

Trouvez parmi les cinq phrases ci-dessous les deux seules qui soient orthographiquement et/ou grammaticalement incorrectes.

1. Les fosses septiques sont infestées de microbes en tous genres.
2. Cette personne est criticable : ses mœurs sont vraiment dissolus.
3. Vous trouverez ci-jointes les cinq déclarations des témoins.
4. Ce film est né presqu'en même temps que notre premier enfant.
5. La profession agricole doit faire face à une importante pénurie de main d'œuvre.

(A) phrases 2 et 4 (B) phrases 1 et 3 (C) phrases 3 et 4
(D) phrases 1 et 5 (E) phrases 2 et 5

Lisez bien les consignes !

Il vous est expressément demandé ici de trouver parmi les cinq phrases ci-dessous **les deux seules** qui soient orthographiquement et/ou grammaticalement **incorrectes.**

- Phrase 1 : il ne faut pas confondre « septique » et « sceptique ». « Sceptique », avec un c, est un adjectif se rapportant à une personne qui met en doute une théorie, une idée. « Septique », sans c, signifie « qui produit la putréfaction ». La phrase 1 est donc correcte.

- Phrase 2 : « criticable » n'existe pas. Il faut écrire « critiquable ». « Critiquable » est un adjectif dérivé d'un verbe en « -quer », qui appartient à une famille de mots ne comprenant pas de substantif en « -ation » (il n'existe pas de mot « critication »). C'est pourquoi on écrit « critiquable » et non « criticable ». On écrit aussi de la même façon « attaquable » et « immanquable ».
  En revanche, les adjectifs en « -able » dérivés de verbes se terminant en « -quer » s'écrivent avec un « c » lorsque leur famille de mots comprend un nom en « -cation ». Exemples : explicable (expliquer / explication) ; évocable (évoquer / évocation).

- Phrase 4 : attention ! « presque », adverbe, ne s'élide jamais **sauf dans « presqu'île**. » On écrit donc : « presque en même temps », « presque ici », « presque au même moment ».

Choisissez la meilleure formulation pour la partie soulignée en vérifiant la correction orthographique et/ou grammaticale et en valorisant l'élégance stylistique.

<u>J'irai au nord de la France, à Boulogne-sur-Mer, quoique cela me déplaise. Car il ne fait jamais beau à Boulogne-sur-Mer et rares sont les jours où il est possible d'y aller se baigner.</u>

(A) J'irai au nord de la France, à Boulogne-sur-Mer, quoique cela me déplaise. Car il ne fait jamais beau à Boulogne-sur-Mer et rares sont les jours où il est possible d'y aller se baigner.

(B) Il ne fait jamais à beau dans le nord de la France, à Boulogne-sur-Mer et rares sont les jours où l'on peut s'y baigner. Je m'y rendrai, bien que cela me déplaise.

(C) Je me rendrai au nord de la France, à Boulogne-sur-Mer, bien que cela me déplaise. La météo n'y est en effet guère favorable et il n'y a que peu de jours où l'on peut aller se baigner.

(D) J'irai dans le nord de la France, à Boulogne-sur-Mer, bien que cela me déplaise. En effet, il n'y fait jamais beau et rares sont les jours où l'on peut aller s'y baigner.

(E) J'irai en France, dans le nord, à Boulogne-sur-Mer, bien que cela me déplaise. Il n'y fait certes jamais beau et les jours où l'on peut aller se baigner sont rares.

Dans ce type de question, vous devez toujours vous demander dans un premier temps si la phrase de l'énoncé est « juste » dans l'absolu (c'est-à-dire sans la comparer aux propositions de réponses). Si la phrase vous semble juste et que rien ne vous gêne alors il y a des chances pour que cela soit la bonne réponse (et vous répondrez alors la réponse A qui reprend mot pour mot la phrase de l'énoncé). Sinon, si un ou plusieurs éléments de la phrase vous paraissent « suspects », entourez-les et soyez-y attentif au moment où vous devrez comparer les réponses.

Comme le précise la consigne, la première proposition de réponse reprend à l'identique la phrase proposée dans l'énoncé. **C'est donc cette phrase qui vous servira d'étalon.**

- Si parmi les propositions B, C, D ou E, il y en a une que vous jugez meilleure que la A alors vous devrez la choisir.

- Si aucune des réponses B, C, D ou E n'est meilleure que la A, alors vous gardez la A.

Comment savoir si une des propositions B, C, D ou E est meilleure que la A (la phrase de l'énoncé) ?

La réponse est simple. **<u>Partez du principe que la phrase A est la meilleure</u>**. Après tout, même si elle contient quelques anomalies, elle peut quand même être la meilleure n'est-ce pas ?

Si une des propositions B, C, D ou E **apporte une correction ou une amélioration au niveau de l'orthographe, de la grammaire, de la ponctuation ou encore du style** alors cette proposition est meilleure que la A et vous devez la choisir.

Tentons de trouver la bonne réponse à cette question. A la lecture de l'énoncé, on peut être gêné par « au nord de la France » ainsi que par la conjonction de coordination « car » qui n'est jamais franchement bienvenue en début de phrase. A noter que « Quoique » est à sa place et joue bien son rôle d'opposition. A part cela, RAS !

Procédons par dichotomie.

B > A

Même si la structure de la phrase étalon est assez chamboulée dans la proposition B, cette dernière apporte une correction importante au niveau du sens. En effet, Boulogne-sur-Mer **n'est pas au nord de la France** mais dans le nord de la France. Au nord de la France, il y a la Belgique, Maastricht, Londres ou encore le Luxembourg mais pas Boulogne-sur-Mer qui se trouve **dans le nord de la France.**

A retenir !
Le SENS de la phrase A PRIORITE SUR LE STYLE de la phrase !

B > C, toujours pour cette question de sens qu'il faut préserver (au nord / dans le nord de France). En outre, il faut être attentif au glissement de sens qu'il y a dans la réponse C. Le fait que la météo n'est pas favorable ne signifie pas pour autant qu'il ne fait pas beau. Tout est une question de point de vue.

D > B

- le sens « au nord de » / « dans le nord de » est corrigé.
- les synonymes utilisés sont parfaits :
  - bien que = quoique
  - en effet > car (« en effet » est préférable à « car » en début de phrase).
  - où il est possible d'y aller se baigner = où l'on peut aller s'y baigner.
- le style est amélioré.

D > E

« Certes » ne va pas. « Car » marque une explication, qui n'est pas rendue par « certes ». En outre, la phrase E ne va pas au niveau du style. L'accumulation « J'irai en France, dans le nord, à Boulogne-sur-Mer, bien que cela me déplaise » offre en effet une lecture différente du texte initial. La bonne réponse est donc la D.

3. Les questions de cohérence textuelle

Complétez en choisissant la solution optimale.

(...) de la qualité des études, le ministre de l'Education annonce la parution d'instructions nouvelles portant (...) sur les apprentissages des langues régionales, les mathématiques, les sciences de la nature et la géographie.

(A) A propos	notablement
(B) Dissertant	nominalement
(C) S'agissant	notamment
(D) Evoquant	communément
(E) Réagissant	constamment

Pour commencer, il était possible ici d'éliminer facilement les réponses B, D et E, et ce, en nous appuyant sur le premier passage masqué.

En effet, il est impossible de dire « Evoquant de la qualité... », « Réagissant de la qualité... » ou encore « Disserter de la qualité... ». Il est possible de dire en revanche : « Evoquer la qualité de... », « Réagir à propos de la qualité de / Réagir sur la question de la qualité de... » et « Disserter sur la qualité de... » dans le sens de « parler longuement de la qualité de... ».

« S'agissant de... » et « A propos de... » étant de parfaits synonymes de « En ce qui concerne... », tout va se jouer entre « notablement » et « notamment ».

- « notablement » signifie « beaucoup / extrêmement / grandement ». Exemples : Alain est notablement intéressé dans cette affaire / Il a été notablement lésé dans cette affaire.

- « notamment » signifie « d'une manière qui mérite d'être notée » et est donc à retenir ici d'autant plus que le but est justement de mettre l'accent sur la liste des disciplines évoquées.

Complétez en choisissant la solution optimale.

(…) que son attirance pour le théâtre n'était (…) éphémère passion de jeunesse, (…) d'apprendre qu'il (…) de comédie et de mise en scène.

(A) Comme je pensais / qu'une / je n'ai pas été surpris / s'occupe aujourd'hui encore

(B) Comme je pensais / pas seulement une / je n'ai pas été surpris / ne s'occupe pas aujourd'hui

(C) Si j'avais pensé / qu'une / j'aurais été surpris / ne s'occupe pas aujourd'hui

(D) Comme je pensais / pas seulement une / j'ai été surpris / ne s'occupe pas aujourd'hui

(E) Ce que je pensais c'est / pas une sincère et / car j'ai été surpris / s'occupait

Cette question est typiquement une question de cohérence. Quatre passages sont masqués. Vous devez retrouver ces passages en vous assurant que le texte conserve un maximum de cohérence. Cet exercice exige généralement beaucoup de concentration et il ne faut donc pas baisser les bras.

La bonne réponse est la D. En effet, la phrase s'écrit alors : « **Comme je pensais** que son attirance pour le théâtre **n'était pas seulement une** éphémère passion de jeunesse, **j'ai été surpris** d'apprendre **qu'il ne s'occupe pas aujourd'hui** de comédie et de mise en scène. »

Pour répondre juste à cette question, il faut faire montre d'une bonne maîtrise de la concordance des temps et surtout, il ne faut se laisser déstabiliser par les formules négatives (« n'était pas seulement » / « qu'il ne s'occupe pas aujourd'hui »).

> **Pour réussir à répondre juste à ce type de questions où quatre passages sont masqués, il ne faut pas hésiter à reformuler dans votre tête et avec vos mots ce que dit le texte.**

Il pensait que sa passion n'était pas éphémère ⇒ il s'attend donc à ce qu'il s'occupe d'une façon ou d'une autre de théâtre. C'est donc normal qu'il soit surpris d'apprendre qu'il ne s'occupe pas aujourd'hui de comédie ou de mise en scène.

Complétez en choisissant la solution optimale.

Votre déclaration (…) il est urgent de vendre mon appartement m'inquiète.

(A) selon quoi (B) d'après qui (C) au vu de quoi
(D) suivant qui (E) après quoi

Une question facile ! Cela fait du bien de temps en temps.

Idéalement, vous auriez aimé lire : « Votre déclaration selon laquelle il est urgent de vendre mon appartement m'inquiète ».

Vous retenez donc la réponse A – « selon quoi » – qui est la plus proche de la formulation idéale, et qui est surtout « la moins pire » des cinq solutions proposées !

4. Les autres questions

Les concepteurs sont connus pour glisser ici et là – en plus des questions classiques vues précédemment qui forment la majorité du test d'expression – quelques questions originales et inattendues au Tage Mage. On parle de très peu de questions originales à chaque fois certes (entre 1 et 3) mais je vous conseille quand même de vous y entraîner car n'oubliez jamais que tous les points sont bons à prendre au Tage Mage !

Voici quelques exemples de questions.

L'euphémisme est un procédé consistant à dire les choses d'une façon que tout ce qui est désagréable, triste, choquant sera atténué (exemple : « il nous a quitté » pour signifier le décès d'une personne).

Parmi les cinq phrases ci-dessous, une seule ne comporte pas d'euphémisme. Laquelle ?

(A) Il a connu d'autres femmes pendant son premier mariage. Ceci explique cela.

(B) Le traitement réservé par certains hôpitaux aux personnes du troisième âge n'est pas très enviable.

(C) Bien qu'il se soit investi pleinement dans son travail, il a été remercié hier. Ses résultats ont été jugés insuffisants par la direction.

(D) Il a perdu son père la semaine dernière à la suite d'une longue maladie : ce fut un choc terrible pour lui.

(E) Même s'il venait à décéder prématurément, ce chanteur laissera une empreinte indélébile dans l'histoire de la musique.

Point d'inquiétude concernant les figures de style ! Nous vous avons dressé une liste des principales figures de style accompagnées d'exemples dans le *Mémento de langue française.*

Attention à la consigne ! On cherche une phrase **qui ne contient pas** d'euphémisme.

- Phrase A : « Il a connu » est un euphémisme à peine voilé pour dire qu'il a eu des aventures avec d'autres femmes pendant son premier mariage.
- Phrase B : « les personnes du troisième âge » est un euphémisme servant à désigner les vieilles personnes, « les vieux ». Un autre euphémisme pour désigner « les vieux » est « les séniors ».
- Phrase C : « il a été remercié » pour « il a été viré / licencié… »
- Phrase D : deux euphémismes pour cette seule phrase ! « Il a perdu son père » pour « son père est décédé » et « une longue maladie » pour désigner « une maladie grave comme un cancer ».
- Phrase E : pas d'euphémisme ici. « Décéder » n'est pas un euphémisme de « Mourir » !

C'est donc la bonne réponse.

Les ressources humaines en entreprise sont parfois troublantes. Martine dont la réputation de gentillesse était reconnue a ainsi été la première licenciée lors du dernier plan social. Quelle proposition illustre le mieux ce propos ?

(A) qui se fait brebis est mangé par le loup.
(B) qui ne tente rien n'a rien.
(C) qui se donne les moyens atteint son but.
(D) l'homme est un loup pour l'homme.
(E) la chevrette n'a pas peur des cornes de sa mère.

Pour celles et ceux d'entre vous qui auraient répondu la D, il faut bien comprendre ici le sens de « L'homme est un loup pour l'homme ». Cette citation de Hobbes signifie en effet que l'homme est le pire ennemi de sa propre espèce… Et cela marcherait donc dans les deux sens (Martine ⇒ RH et RH ⇒ Martine). Or Martine n'a rien à se reprocher… Il s'agit de la réponse A.

Dans laquelle des propositions ci-dessous, les phrases suivantes extraites de *La fille du capitaine* de Pouchkine sont-elles placées dans un ordre logique ?

1. Non, Macha est une petite poltronne.
2. Et lorsqu'il y a deux ans Ivan Kouzmich, eut l'idée, pour ma fête, de tirer notre canon, c'est tout juste si la peur ne l'a pas expédiée dans l'autre monde, la chère enfant.
3. Brave, Macha ? répondit sa mère.
4. Depuis lors, certes, nous ne tirons plus de ce maudit canon.
5. Jusqu'à maintenant elle ne peut entendre un coup de fusil sans trembler de tous ses membres.

(A) 1 – 2 – 3 – 4 – 5
(B) 3 – 1 – 2 – 4 – 5
(C) 3 – 1 – 4 – 5 – 2
(D) 3 – 1 – 5 – 2 – 4
(E) 2 – 3 – 1 – 5 – 4

Réponse D

Dans la question suivante, quels sont les mots dont l'interversion pourrait améliorer la compréhension de l'énoncé ? Il est demandé de ne pas prendre en compte les modifications orthographiques et/ou grammaticales que l'interversion des mots peut provoquer.

L'éducation est le niveau grâce auquel on accède à une meilleure méthode de connaissances.

(A) éducation	niveau
(B) éducation	méthode
(C) niveau	connaissances
(D) éducation	connaissances
(E) niveau	méthode

Surprenant comme question, non ?

En intervertissant « niveau » et « méthode », cela donne : « L'éducation est la méthode grâce à laquelle on accède à un meilleur niveau de connaissances. ». Peu importe s'il est possible de dire, dans l'absolu, que « l'éducation est une méthode » ! Ce qui compte c'est que la compréhension de la phrase soit meilleure, comme le demande l'énoncé. Réponse E.

5.2. LES FONDAMENTAUX DE LA LANGUE FRANÇAISE

I. GRAMMAIRE ET ORTHOGRAPHE : LES 20 REGLES A CONNAITRE

1. Aussi

- S'emploie dans les comparatifs d'égalité de l'adjectif ou de l'adverbe.
  Il est aussi élégant que toi. Il conduit aussi vite qu'elle.

- Au sens de « également », **aussi** s'emploie dans des phrases affirmatives. Dans les phrases négatives, on emploie **non plus.**
  Tu l'as vu ? Moi aussi. / Tu ne l'as pas vu ? Moi non plus.

- Quand il indique un très haut degré, **aussi** entraîne le subjonctif avec inversion du sujet. *Aussi petit soit-il…* Sans inversion du sujet, on emploie **aussi… que.** *Aussi petit qu'il soit…*

- Comme conjonction, au sens de « c'est pourquoi », **aussi** entraîne l'inversion du sujet en langue soutenue.
  J'ai oublié mon téléphone chez moi, aussi n'ai-je pas pu travailler aujourd'hui.

2. Demi

- Le préfixe **demi-,** toujours suivi d'un trait d'union, est invariable : *un demi-hectare, une demi-heure, trois demi-hectares, trois demi-journées.*

- Les mots composés avec **demi-** prennent la marque du pluriel sur le second élément : *des demi-livres, des demi-cercles, des demi-mètres, des demi-douzaines, des demi-finales, des demi-frères, des demi-maux, des demi-mesures, des demi-pensions, des demi-teintes, des demi-tours.*

- **Et demi, et demie** indiquent que l'on ajoute la moitié d'une unité. L'accord se fait en genre (masculin et féminin), mais l'expression reste au singulier : *trois mètres et demi, deux bouteilles et demie* (= deux bouteilles plus la moitié d'une bouteille). On écrit *midi et demi, minuit et demi.*

- **A demi** est invariable. L'expression s'emploie sans trait d'union devant un adjectif ou un participe : *des coupes à demi pleines, à demi remplies* ; et avec un trait d'union devant un nom : *parler à demi-mot, une entrée à demi-tarif.*

3. Les noms des jours

- **Les noms des jours** s'écrivent sans majuscule.
  Venise, mercredi 8 mars.

- Ils prennent la marque du pluriel. *Tous les lundis.* Mais on écrit *les mardi et samedi de la semaine* (= il n'y a qu'un mardi et qu'un samedi dans la semaine).

- Les mots **matin, midi, après-midi, soir** restent invariables.
  Tous les dimanches matin (= au matin).

4. Leur / Leurs

- *Je leur indique. Indique-leur.*

> **Astuce :** Remplacer « leur » par « lui ». Si cela fait sens, alors c'est bien « leur » et non « leurs ».

- *Ce sont leur voiture.* Chacun n'a qu'une voiture donc on écrit « leur ».

- *Ce sont leurs enfants* signifie qu'ils en ont plusieurs.

5. Accord du verbe avec un nombre décimal

Avec un nombre décimal inférieur à deux, le verbe s'accorde obligatoirement au singulier :

- 1,65 million d'euros **sera économisé** grâce à cette mesure.

Notez que le nom auquel se rapporte le nombre décimal se met lui aussi au singulier :

- Il a acheté sa maison 1,2 **million** d'euros.

6. Sans

- *Il est venu sans son fils. Il est arrivé sans. Ils s'en vont sans rien dire.*

- **Sans que** est suivi du subjonctif.
  Il est venu sans qu'on l'entende, sans que rien le trahisse…
  (On n'écrit donc jamais « Il est venu sans qu'on ne l'entende… ».)

- Les noms composés avec **sans** prennent un trait d'union et sont invariables : *un/des sans-abri, un/des sans-cœur, un/des sans-le-sou, un/des sans-grade, un/des sans-papiers.*

[Singulier ou pluriel après *sans* ?]

Lorsque *sans* introduit un complément du nom sans déterminant, il faut faire appel à la logique et au bon sens pour savoir si le nom est au singulier ou au pluriel.
Un chemisier sans col et sans manches.

Dans bien des cas, on a le choix.
Un ciel sans nuage (= il n'y a pas un seul nuage dans le ciel).
Un ciel sans nuages (= s'il y en avait, il y en aurait plusieurs).

[Locutions figées]

Il faut retenir certaines locutions figées dans lesquelles le nom précédé de *sans* est toujours au singulier.

sans arrêt	sans crainte	sans exception	sans suite
sans cesse	sans délai	sans fin	
sans conteste	sans encombre	sans pareil	

Lorsque *sans faute* (« absolument »), *sans façon* (« simplement ») et *sans doute* (« peut-être ») sont employés comme adverbes, ils s'écrivent toujours au singulier.

Elle fera ses devoirs ce dimanche sans faute et pourra sans doute t'aider à faire les tiens.

7. Quand plusieurs noms commandent l'accord

- Si les noms sont tous au masculin, l'accord se fait au masculin pluriel.
Emmanuel, Philippe et Paul sont souriants. Il a un pardessus et un pull neufs.

- Si les noms sont tous au féminin, l'accord se fait au féminin pluriel.
Salima, Marie et Antoinette sont souriantes.

- Si les noms sont au masculin et au féminin, l'accord se fait au masculin pluriel.
Salima, Marie et Emmanuel sont souriants.

- Si les noms sont synonymes, l'accord se fait avec le dernier.
Donnez-moi un indice, une piste sérieuse.

- Si les noms sont repris par un mot qui résume, l'accord se fait avec celui-ci.
Les murs, le mobilier, la décoration, tout était rénové… / La maison entière était rénovée.

8. Inversion du sujet

Il y a **inversion du sujet** quand le sujet est placé après le verbe alors que l'ordre habituel est sujet-verbe.
Elle parlera. – Parlera-t-elle ?

- Dans les tournures poétiques.
  Vienne l'automne, souffle le vent.

- Dans des formes de la phrase interrogative.
  Comment vas-tu ? Est-ce vous ?

- Dans l'incise.
  « Il te parle.
  – J'ai entendu », rétorqua Philippe.

- Après certains adverbes ou locutions adverbiales.
  Encore faut-il que… Toujours est-il que… Tout au plus ai-je… A peine avait-elle ouvert les yeux que…

- Dans les subordonnées relatives.
  Ce sont des conditions que connaissaient déjà nos aïeux.

[Trait d'union et liaison dans l'inversion du sujet]

- Lorsqu'il y a inversion du sujet, le pronom sujet est lié au verbe par un trait d'union.
  Viens-tu ?

- Si le verbe se termine par *-e* ou *-a,* on ajoute un *-t* pour permettre la liaison.
  Aime-t-il le caramel ?
  A-t-on besoin de tout ceci ?

- Si le verbe se termine par *-d* ou *-t,* on fait la liaison en prononçant [t].
  Perd-il son temps ?
  Aiment-ils le caramel ?

9. Quelque ou quel que ?

Il ne faut pas confondre **quelque,** déterminant indéfini, qui ne varie pas en genre, et **quel(le)… que,** déterminant interrogatif, qui précède un verbe au subjonctif.

- Déterminant indéfini
  Quelque décision que tu prennes, je ne cèderai pas.
  Quelque choix que tu fasses, je ne cèderai pas.

- Déterminant interrogatif
  Quelle que soit ta décision, je ne cèderai pas.
  Quel que soit ton choix, je ne cèderai pas.
  Quelles que soient mes envies, tu dois les combler.

10. Accord des adjectifs de couleur

- Seuls s'accordent les adjectifs de couleur constitués d'un seul mot s'ils ne sont pas dérivés d'un nom (comme par exemple : beige, bleu, vert, etc.).
- Les adjectifs de couleur dérivés de noms employés comme adjectifs (comme par exemple : bistre, brique, carmin, crème, garance, grenat, indigo, marron, nacre, noisette, orange, pastel, pervenche, sépia, turquoise, vermillon, etc.) ne s'accordent jamais, sauf dans le cas de quelques exceptions qu'il faut connaître (comme par exemple : châtain, écarlate, rose, vermeille, violet, fauve).
  Notez : « pourpre », « mauve », « rose », « écarlate », « fauve », « incarnat » devenus de véritables adjectifs varient s'ils sont employés seuls (*Il avait les joues écarlates*).
- La couleur châtain est une double exception, car cette couleur peut prendre la marque du pluriel, mais peut aussi ne pas systématiquement prendre la marque du féminin (une chevelure châtain).
- Les adjectifs de couleur dérivés de langues étrangères (comme par exemple : auburn, kaki, etc.) sont invariables.
- Les adjectifs de couleur constitués de plusieurs mots (comme par exemple : bleu-vert, bleu clair, gorge-de-pigeon, etc.) ne s'accordent jamais, sauf éventuellement dans le cas d'une exception : les adjectifs de couleur unis par la conjonction de coordination « et » restent invariables lorsqu'il s'agit d'une seule et même indication (par exemple : des oiseaux vert et bleu), mais s'accordent lorsqu'il s'agit de deux indications distinctes (par exemple : des plumes vertes et bleues, autrement dit des plumes vertes et des plumes bleues).

11. Adverbes

- **Les adjectifs employés comme adverbes**

Certains adjectifs s'emploient au masculin singulier comme des adverbes. Ils sont alors invariables.
Ces stylos sont chers (adjectif). / *Ces stylos coûtent cher* (adverbe invariable).

- **La formation des adverbes en *-ment, -amment, -emment***

Les adverbes en *-ment, -amment, -emment* se forment à partir de l'adjectif.
L'adverbe en *-ment* se forme le plus souvent à partir du féminin de l'adjectif.

Fier	Fière	Fièrement
Vif	Vive	Vivement
Grand	Grande	Grandement
Doux	Douce	Doucement
Lent	Lente	Lentement
Fou	Folle	Follement

[Remarques]

- Si l'adjectif masculin se termine déjà par *-e,* on ajoute *-ment* : *logique/logiquement, propre/proprement*. Mais le -e peut prendre l'accent aigu : *aveugle/aveuglément*, *intense/intensément*.
- Si l'adjectif masculin se termine par *-é*, *-i* ou *-u*, on ajoute *-ment* : *aisé/aisément*, *poli/poliment*, *vrai/vraiment* (mais *gai/gaiement*), *absolu/absolument* (mais *assidu/assidûment*, *cru/crûment*).
- L'adverbe en *-amment* ou en *-emment* (toujours prononcé [a]) se forme à partir du masculin de l'adjectif en *-ant* ou en *-ent.*

Bruyant	Bruyamment	Différent	Différemment
Brillant	Brillamment	Prudent	Prudemment
Courant	Couramment	Violent	Violemment

12. Conjonctions

Une conjonction est un mot invariable qui sert à « joindre » deux mots, deux groupes ou deux propositions.

- **Les conjonctions de coordination *mais, ou, et, donc, or, ni, car***

Elles relient deux mots, deux groupes de mots ou deux propositions qui ont la même fonction dans la phrase.
Robert aime le thé et le café. (« et » relie deux noms COD.)
Robert et moi sommes de la partie. (« et » relie un nom et un pronom sujets.)
Robert parle et Jean écoute. (« et » relie deux propositions.)

N'écrivez pas « mais donc », « et donc », « or donc », etc. Il n'est en effet pas possible d'écrire deux conjonctions de coordination l'une à la suite de l'autre.

A retenir : lorsque vous travaillerez sur des questions de reformulation, vous devrez choisir des phrases qui conservent le meilleur style. Aussi devez-vous savoir qu'il n'est pas bienvenu (bien que cela soit toléré) de débuter un phrase avec une conjonction de coordination.

- **Les conjonctions de subordination**

Elles relient une proposition subordonnée à une autre proposition dont elle dépend.

Les principales conjonctions de subordination sont : *que, quand, parce que, puisque, si, comme,* etc.

13. Accord du participe passé employé avec l'auxiliaire *avoir*

Le participe passé conjugué avec l'auxiliaire *avoir* ne s'accorde jamais avec le sujet. Il s'accorde avec le complément d'objet direct (COD) quand celui-ci est placé devant le verbe. Sinon, il reste invariable.

Sans accord	Avec accord
Ils ont couru.	Quelles belles fleurs tu as dessinées !
Ils nous ont menti.	Ces fleurs, je les ai dessinées pour toi.
	Cette lettre, je l'ai rédigée.
	Les fleurs que j'ai dessinées pour toi sont belles.
	Tu nous as vus ? (= des garçons ou des garçons et des filles)
	Tu nous as vues ? (= des filles)

Le pronom transmet le genre (masculin ou féminin) et le nombre (singulier ou pluriel) de ce qu'il représente.

[Cas particuliers]

- Avec le pronom *en,* le participe passé est le plus souvent invariable.
  As-tu cueilli des cerises ? – Oui, j'en ai cueilli. (= de cela).
  Des romans comme ça, je n'en ai jamais lu !
  Mais il peut s'accorder si c'est l'idée de pluriel qui prédomine.
  Tant de disques ! Combien en as-tu achetés ?

- Avec le pronom *l'*, le participe est invariable si le pronom représente une phrase.
  Elle est plus craintive que je l'avais imaginé.

- Suivi d'un infinitif, le participe passé s'accorde logiquement avec son complément d'objet direct, mais pas avec celui de l'infinitif.
  Marie, je l'ai vue danser. (= J'ai vu Marie qui dansait.)

14. Accord du participe passé des verbes pronominaux

Le participe passé des verbes pronominaux s'accorde avec le sujet (comme normalement avec l'auxiliaire *être*) sauf si le pronom réfléchi est complément d'objet indirect (COI). Dans ce cas, il suit les règles d'accord du participe conjugué avec l'auxiliaire *avoir* : il reste invariable ou il s'accorde avec le COD placé avant.

- **Accord avec le sujet (comme avec l'auxiliaire *être*)**

<u>Le pronom réfléchi ne représente rien.</u>
Elles se sont perdues.
Ils se sont emparés du pays.
Elle s'est aperçue de sa méprise.
Ses livres se sont bien vendus.

<u>Le pronom réfléchi est COD. Il représente le sujet.</u>
Elle s'est vue dans la glace. (= elle-même)
Ils se sont aimés. (= l'un l'autre)
Il s'agit de verbes transitifs directs (avec COD) employés à la forme pronominale : *observer, aimer, habiller, laver,* etc.

- **Participe toujours invariable (comme avec l'auxiliaire *avoir*)**

Il n'y a pas de COD et le pronom réfléchi est COI.
Ils se sont parlé. (= l'un à l'autre)
Les employés qui se sont succédé. (= l'un a succédé à l'autre qui a succédé à l'autre, etc.)
Il s'agit de verbes transitifs indirects employés à la forme pronominale : *parler, mentir, nuire, plaire, succéder à quelqu'un,* etc.

Il y a un COD placé après le verbe.
Elles se sont offert <u>des fleurs</u>.
COI COD

Ils se sont écrit des lettres.
Elle s'est permis de partir en avance.
Elle s'est lavé les mains.
Il s'agit de verbes transitifs à deux compléments, l'un direct, l'autre indirect, employés à la forme pronominale : *donner, offrir, dire, écrire, demander quelque chose à quelqu'un,* etc., ou

de constructions analogues : *se casser une jambe, se laver les mains.* Le complément d'objet direct suit le verbe, donc il n'y a pas d'accord.

- **Accord avec le COD placé avant le verbe (comme avec l'auxiliaire *avoir*)**

Quelles fleurs elles se sont offertes !
COD verbe

Les lettres qu'ils se sont écrites.
Les privilèges qu'elles se sont arrogés.
Quelle jambe s'est-elle cassée ?
Il s'agit le plus souvent de verbes transitifs à deux compléments employés à la forme pronominale : *donner, offrir, dire, écrire, demander, acheter quelque chose à quelqu'un,* ou de constructions analogues : *la jambe qu'il s'est cassée.* Le complément d'objet direct est placé avant le verbe, donc le participe passé s'accorde.

Il ne faut pas confondre : *elle s'est lavée* (= elle-même ; *s'est* COD) et *elle s'est lavé les mains* (= les mains à elle, *s'est* COI).

Remarque : le participe passé des locutions verbales est variable ou invariable selon les cas. Seul le recours au dictionnaire permet de lever la difficulté.
Elle s'est rendu compte de son oubli (= invariable).
Elle s'est rendue maître des événements (= variable).

15. Participe présent

Le participe présent d'un verbe est toujours terminé par *-ant,* quelle que soit la conjugaison de ce verbe.
1er groupe *chantant*
2e groupe *finissant*
3e groupe *cueillant, concluant, mourant, vivant,* etc.

Le participe présent peut s'employer seul.
Nous recherchons un collaborateur parlant le russe.

Ou après la préposition *en,* on parle alors du **gérondif.**
Ils sont partis en riant.

- **Participe présent et adjectif verbal**

On appelle **adjectif verbal** l'adjectif formé à partir du participe présent.
Le participe présent est toujours invariable, l'adjectif verbal est variable ; il s'accorde en genre (masculin ou féminin) et en nombre (singulier ou pluriel) avec le nom auquel il se rapporte.

Participe présent
Vivant à l'étranger, elle n'était pas au courant de la nouvelle.

Adjectif verbal
C'était une jeune femme très vivante.

- **Participe présent invariable ou adjectif verbal variable ?**

Le gérondif, participe présent précédé de *en,* est toujours invariable.
Elle est partie en riant et en chantant.

La forme en *-ant* est un participe présent invariable :
– s'il y a un sujet (exprimé ou non) ou un complément (on peut remplacer le participe présent par une forme conjuguée)
Les élèves obéissant à leurs maîtres attendaient sagement (= les élèves qui obéissent à leurs maîtres…).
– si l'on peut l'encadrer avec la négation *ne… pas*
Ne croyant pas pouvoir arriver à l'heure, elle a préféré décommander.

La forme en *-ant* est un adjectif verbal variable :
– si l'on peut l'employer comme attribut (après le verbe *être*)
Ces élèves sont obéissants.
– si l'on peut lui substituer un autre adjectif
Une jeune fille croyante (= dévote).
– si l'on peut l'employer avec des adverbes comme *très*
C'est une chanson très apaisante.

> Quelquefois, adjectif verbal et participe présent n'ont pas la même orthographe tout en ayant la même prononciation.

Verbes en *-ger, -guer, -quer* :

Verbe	Participe présent	Adjectif verbal
Diverger	divergeant	divergent
Négliger	négligeant	négligent
Fatiguer	fatiguant	fatigant
Naviguer	naviguant	navigant
Communiquer	communiquant	communicant
Suffoquer	suffoquant	suffocant

Autres verbes :

Verbe	Participe présent	Adjectif verbal
Adhérer	adhérant	adhérent
Equivaloir	équivalant	équivalent
Influer	influant	influent
Résider	résidant	résident

Vous retiendrez que pour le verbe trafiquer, le participe présent (en trafiquant) s'écrit de la même façon que l'adectif verbal (un trafiquant de drogue).

16. Le subjonctif

Le subjonctif permet d'exprimer :

- Un souhait
  Je désire que tu viennes. *J'aimerais que tu viennes.*
  Vive le roi ! (= que le roi vive) *Puisses-tu dire vrai !*
- L'obligation ou l'ordre
  Il faut que tu lui répondes. *Qu'il y aille !*

Dans cet emploi, le subjonctif à la 3e personne remplace l'impératif.

D'une manière plus générale, le subjonctif indique le doute, le virtuel, le possible, alors que l'indicatif indique ce qui est réel, sûr, effectif.
C'est ainsi que l'on dira :
– à l'indicatif : *Je suis certain qu'il changera d'avis.*
– au subjonctif : *Je ne suis pas certain qu'il change d'avis.*

Remarque : le subjonctif s'emploie aussi obligatoirement après des conjonctions de subordination telles que *pour que, avant que, bien que,* etc.

17. Des terminaisons inattendues

- **Des noms masculins qui se terminent par un -e**

Des noms masculins terminés par **-ée :** *un athée, un caducée, un camée, un apogée, un hyménée, un lycée, un mausolée, un musée, un pygmée, un scarabée, un trophée…*
Des noms masculins terminés par **-ie :** *un amphibie, un génie, un incendie, un parapluie, un sosie, le foie…*

Des noms masculins terminés par **-oire :** *un accessoire, un auditoire, un conservatoire, un interrogatoire, l'ivoire, un laboratoire, un observatoire, un pourboire, un réfectoire, un territoire…*
Des noms masculins terminés par **-eure :** *le beurre, un leurre.*
Un nom masculin terminé par **-ette :** *un squelette.*

- **Des adjectifs au masculin qui se terminent par un -*e***

Les adjectifs au masculin terminés par le son **[il]** s'écrivent **-ile :** *habile, débile, futile, sénile, immobile…*
Exceptions : *civil, puéril, subtil, vil, volatil, tranquille.*

- **Des terminaisons inattendues pour des mots au singulier**

Certains noms au singulier se terminent par **-s** : *un croquis, le cambouis, une fois, un héros, un legs, un poids, un puits, un compromis, un remords, un relais, un tiers, un concours, un discours, un parcours, un recours, le velours…*

Certains noms au singulier se terminent par **-x** : *une croix, un crucifix, une faux, le flux, une noix, la paix, une perdrix, le prix, la toux, la voix…*

Tous les adjectifs masculins terminés par le son **[eü]** s'écrivent **-eux,** même au singulier : *ambitieux, mystérieux, précieux, respectueux, chanceux, honteux…*
Exceptions : *un bleu de travail / des bleus de travail ; un pneu de moto / des pneus de moto.*

- **Des terminaisons inattendues pour des mots féminins**

Les noms féminins terminés par le son **[tje]** s'écrivent **-tié.** Ils ne prennent jamais de -*e* final : *la pitié, l'amitié, la moitié, la piété…*

Quatre noms féminins terminés par le son **[y]** s'écrivent **-u,** sans -*e* final : *la bru, la glu, la tribu, la vertu.*

Les noms féminins terminés par le son **[te]** s'écrivent **-té,** sans -*e* final : *la beauté, la cité, la gaieté, la fierté, l'humanité, la quantité, la propriété, la satiété…*

Exceptions : *la butée, la dictée, la jetée, la montée, la nuitée, la pâtée, la portée, la tétée* ; les noms qui expriment un contenu : *une assiettée, une platée, une potée…*

- **Les noms feminins sans -*e***

Les noms de cette liste sont féminins. Ils se terminent par un « son » voyelle, mais s'écrivent sans -*e* final, contrairement à la majorité des noms féminins.

la brebis	la glu	la paroi	la tribu
la bru	la loi	la perdrix	la vertu
la clé	la nuit	la souris	
la foi	la paix	la toux	

18. Masculin, féminin, épicène

Dit-on *un* ou *une astérisque* ? Voici une liste de noms sur lesquels les erreurs sont les plus nombreuses.

- **Masculin :** acolyte, amalgame, arcane, aromate, astérisque, cerne, épilogue, interstice, intervalle, obélisque.
- **Féminin :** acné, agora, anagramme, arrhes, épithète, équivoque, obsèques, orbite, pléthore, réglisse.
- **Epicènes :** se dit d'un mot dont la forme ne change pas avec le genre qu'il désigne. Du grec *epikoinos,* « possédé en commun ».

Exemples : *cartouche* (une cartouche = une cartouche d'encre ou de cigarettes / un cartouche = un symbole hiéroglyphique ou encore un ornement de pierre taillée portant une inscription gravée), *critique, garde, greffe, livre, manche, mémoire, mode, moule, mousse, page, pendule, platine, poste, somme, tour, vase, voile.*

Il existe également quelques **prénoms épicènes** comme : *Claude, Maxime, Camille* et *Dominique.*

19. L'écriture des adjectifs numéraux cardinaux et ordinaux

- **Les adjectifs numéraux cardinaux**

On met normalement un trait d'union dans les composés inférieurs à cent sauf s'ils sont coordonnés par *et* : *vingt-deux* mais *vingt et un.*

Les adjectifs numéraux cardinaux sont invariables sauf *un, cent* et *vingt.*
- *Un* s'accorde en genre (masculin ou féminin). *J'ai lu trente et un paragraphes. J'ai lu trente et une pages.*
- *Cent* prend un *-s* quand il est multiplié : *deux cents livres,* sauf quand il est suivi d'un autre numéral : *deux cent trois livres,* ou quand il est employé comme ordinal : *page deux cent* (= la deux centième page).
- *Vingt* ne prend un *-s* que dans le nombre *quatre-vingts* : *il a quatre-vingts euros,* sauf quand il est suivi d'un autre numéral : *il a quatre-vingt-cinq ans* ou quand il est employé comme ordinal : *ouvrez vos manuels page quatre-vingt* (= la quatre-vingtième page).

Mille est toujours invariable : *cinq mille hommes.*

> *Million* et *milliard* ne sont pas des adjectifs mais des noms. Ils prennent donc la marque du pluriel : *six milliards et cinq cents millions de personnes.*

- **Les adjectifs numéraux ordinaux**

Ces adjectifs indiquent le rang, l'ordre. Ils sont formés d'un numéral cardinal auquel on ajoute la terminaison *-ième* : *deuxième, cinquième, trente et unième.*

Les adjectifs numéraux ordinaux s'accordent en nombre.
Ils sont huitièmes ex-æquo.

Les adjectifs *premier* et *second* s'accordent aussi en genre.
C'est le premier, c'est la première. Ils sont premiers, elles sont premières.

> Lorsque deux adjectifs numéraux se rapportent au même nom au pluriel, ils restent au singulier : *les dix-septième* et *dix-neuvième siècles.*

20. Pluriels particuliers

- La plupart des noms qui ont une terminaison en *-ail* ont un pluriel régulier en *-s.* Ils s'écrivent donc *-ails* au pluriel : *un portail/des portails, un caravansérail/des caravansérails.*

Cas particuliers

Certains noms font leur pluriel en *-aux.* Parmi les plus courants, on trouve :

un bail – des baux	un travail – des travaux
un corail – des coraux	un vantail – des vantaux
un émail – des émaux	un vitrail – des vitraux
un soupirail – des soupiraux	

- Seuls sept noms en *-ou* font leur pluriel en *-x.* Il faut les connaître.

des bijoux	des genoux
des choux	des joujoux
des hiboux	des poux
des cailloux	

II. VOCABULAIRE & STYLE

1. Vocabulaire : les pièges à éviter

Vous aurez à faire à des questions dites de reformulation au Tage Mage dont l'objectif est d'évaluer votre niveau de maîtrise de la langue française et de ses subtilités. Soyez donc attentifs à tous ces pièges classiques du vocabulaire français.

1. Homophones

Les homophones sont une catégorie particulière d'homonymes. Ce sont des mots qui se prononcent de la même manière, mais dont l'orthographe et le sens sont différents.

Au Tage Mage, ces homophones sont très prisés des concepteurs qui les utilisent dans le cadre des questions de reformulation mais aussi de correction orthographique.

[Homophones : les pièges les plus courants]

- Un abord / Les abords
  Un abord : façon d'aborder quelqu'un ou de s'introduire auprès de quelqu'un. / Les abords (toujours au pluriel) : ce qui donne accès à un lieu, les alentours.
- Un acquis / Acquit
  Un acquis : qui a été gagné, une conquête, un héritage. / Acquit : qui a été payé.
- Une ballade / Une balade
  Une ballade : un poème (souvent mis en musique). / Une balade : une promenade (les dérivés de balade s'écrivent aussi avec un seul l).
- Censé / Sensé
  Censé : supposé être. / Sensé : qui a du bon sens.
- Décrépi / Décrépit
- Différent / Différend
  Différend : désaccord.
- Une session / Une cession
  Session : réunion, séance / cession : abandon, vente.

[Tableau des homophones courants]

	Peut être remplacé par…		Peut être remplacé par…		Peut être remplacé par…
a - as		**à**			
3e / 2e P.S. du présent de l'ind. du verbe avoir	par l'imparfait « avait / avais » en mettant la phrase au passé	préposition		*Autres homophones :* *Ah ! / ha !*	
ça		**sa**		**çà**	
pron. dém. familier	« cela » ou « cette chose-là »	déterminant possessif 3e P.S. fém.	- « mon » ou « ton » en changeant la personne - « la sienne »	adverbe de lieu	- dans l'expression « çà et là » - dans l'interj. « Ah çà ! »
ce		**se**		**ceux**	
adj. démonstratif masc. sing.	par « cette » devant un nom féminin	pron. pers. de 3e P.S.	par un autre pron. pers. (ex. : « me » ou « te »)	pron. dém. masc. plur.	par « les hommes » ou par « celles » au féminin
ces		**ses**			
adj. démonstratif masc./ fém. plur.	par « ce », « cette » ou « cet » en mettant la phrase au singulier	adj. poss. masc./ fém. plur.	- par « son » ou « sa » en mettant la phrase au singulier - par « les siens »		
c'est		**s'est**			
présentatif « ce(la) » + est	par l'imparfait « c'était » en mettant la phrase au passé	pron. pers. 3e P.S. + verbe être 3e P.S.	- par un autre pron. pers. (ex. : je me suis, tu t'es) - par « se sont » en mettant la phrase au pluriel		
davantage		**d'avantage**			
adverbe de quantité	« plus »	préposition de + nom commun avantage	« profit(s) » ou « intérêt(s) »		
donc		**dont**			
pronom relatif	« duquel », « de qui »	conj. de coordination	« par conséquent »	*Autres homophones :* *don*	
entrain		**en train**			
nom commun	« ardeur, gaieté »	locution prépositionnelle qui indique une action en cours			

et		**est**			
conj. de coordination	« et puis » ou « et également »	3e P.S. du présent de l'ind. du verbe être	par l'imparfait « était » en mettant la phrase au passé	*Autres homophones : haie/ hais / hait*	
la		**sa**		**çà**	
- art. défini fém. sing. - pron. pers. complt. F. sing.	- seulement devant un nom - avant ou après le verbe	Adverbe de lieu	« ici » ou « là-bas »	pron. pers. élidé + 3^{e} P.S. du présent de l'ind. du verbe avoir	par l'imparfait « avait » en mettant la phrase au passé
les		**l'es / l'est**		**l'ai**	
article défini pluriel	« des » (art. indéf. plur.)	pron. pers. élidé l' + 2^{e} / 3e P.S. du présent de l'ind. du verbe être	par l'imparfait « l'étais » ou « l'était » en mettant la phrase au passé	pron. pers. élidé + 1re P.S. du présent de l'ind. du verbe avoir	par l'imparfait « avais » en mettant la phrase au passé
leur		**leurs**			
- déterminant possessif sing. - pron. pers. complt.	- « son » ex. : Leur gazon est vert => son gazon. - « à eux / pour eux » (ex. : Il leur parla)	- déterminant possessif plur.	« ses » (ex. : Leurs cousins viendront. => Ses cousins)	*Autres homophones : L'heure / leurre*	
leur		**leurs**			
- déterminant possessif sing. - pron. pers. complt.	- « son » ex. : Leur gazon est vert => son gazon. - « à eux / pour eux » (ex. : Il leur parla)	- déterminant possessif plur.	« ses » (ex. : Leurs cousins viendront. => Ses cousins)	*Autres homophones : L'heure / leurre*	
même		**mêmes**			
- dét. / adj. indéfini sing. - pron. indéfini sing. - adverbe	- Ex. : Le même problème. / moi-même - Ex. : Je veux le même. « aussi » ou « de plus » Ex. : Même mes parents criaient.	- dét./adj. indéfini plur. - pron. indéfini plur.	- Ex. : Les mêmes problèmes. / eux-mêmes - Ex. : Je veux les mêmes	*Autres homophones : m'aime(s)(nt)*	
mon		**m'ont**			
déterminant possessif 1re P.S.	- « ton » ou « son » en changeant de personne - « le mien »	pron. pers. élidé m' + 3^{e} P.P. du présent de l'ind. du verbe avoir	par l'imparfait « m'avaient » en mettant la phrase au passé	*Autres homophones : mont*	

ni		**mêmes**			
conj. de coordination négative	par « et » lorsqu'on met la phrase à la forme affirmative Ex. : *Je ne bois ni thé ni café.* => *Je bois du thé et du café.*	1°- adv. de négation élidé n' + adverbe de lieu y — 2°- adv. de négation élidé *n'* + pronom personnel *y*	« ne » ; Ex. : *Je n'y vais pas cette année* (= Je ne vais pas là.) — « ne » ; Ex. : *Il n'y pense déjà plus.* (= Il ne pense plus à cela)	*Autres homophones : nid / nid / nie / nies*	
on		**on n'**		**ont**	
pron. pers. 3e P.S.	par « il » ou « quelqu'un »	par « il » ou « quelqu'un » ne / n'		3e P.P. du présent de l'ind. du verbe avoir	par l'imparfait « avaient » en mettant la phrase au passé
or		**hors**			
conj. de coordination	« et » ou « mais »	adverbe ou préposition de lieu	« en dehors de » ou « loin de »	*Autres homophones : or*	
ou		**où**			
Conj. de coordination indiquant un choix	« ou bien »	indique le lieu (temps) - Adv. interrogatif - Pron. relatif adverbial	« à l'endroit où » « au moment où »		
peut		**peu**			
verbe avoir à la 3e P.S. du présent de l'indicatif	« il est capable » ou « il a la possibilité de »	adverbe de quantité			
peut-être		**peut être**			
adverbe de possibilité	probablement	3e P.S. du présent de l'ind. du verbe pouvoir + verbe être à l'infinitif	par l'imparfait « pouvait être » en mettant la phrase au passé		
plutôt		**plus tôt**		A remplacer par « à peine… que » dans l'expression « ne…pas…plus tôt…que » ; ex. : Il n'était pas plus tôt sorti que. = Il était à peine sorti.	
adverbe	« assez » (devant un adj.) ou « au lieu de » (devant *que*)	locution adverbiale	« auparavant » ou « avant »		
près		**prêt**			
adverbe ou préposition de lieu	« proche » ou « à côté de »	adj. qual. qui s'accorde en genre et en nb. avec le nom auquel il se rapporte	« disposé à » ou par le féminin de l'adjectif « prête »	*Autres homophones : pré*	

quand		**quant**		**qu'en**	
conj. de temps	« lorsque »	fait partie de la locution prépositionnelle *quant à*	« en ce qui concerne »	1°- pronom interrogatif	« qu'est-ce que » Ex. : *Qu'en pense-t-il ?*
				2° - qu' restrictif et en pron. pers.	« seulement » Ex. : *On ne lui parle qu'en anglais*
quel(les)		**qu'elle**			
adjectif interrogatif ou exclamatif	- si quel précède un nom, c'est un adj. interrogatif ou exclamatif - si quel précède un verbe, et que je ne peux pas le remplacer par *qu'il*, c'est un adj. interrogatif	pron. relatif ou conj. de subordination élidée qu' accompagné du pron. pers. fém. de 3e P.S. *elle*	par « qu'il » en mettant la sujet au masculin	∩ *Autres homophones : camp*	*Autres homophones : sang / sens / sens / sent* ∪
quoique		**quoi que**			
conj. de sub. introduisant une concession	« bien que » (se trouve devant le sujet d'un verbe au subj. ou devant un adj.)	pron. relatif indéfini	« quelle que soit la chose que » (se trouve tjs. devant le sujet d'un verbe au subj.)		
sans		**s'en**		**c'en**	
préposition	« avec »	pron. pers. élidé de 3e P.S. + pron. pers. invariable en	par la 1re ou 2e P.S. : « m'en » ou «t'en» (ex. Il s'en va. // Je m'en vais ; tu t'en vas)	pron. démonstratif élidé + pron. pers. invariable en	*« cela en » ou *« ça en »
si		**s'y**		**s'il**	
1°- adverbe de quantité	« tellement »	1°- s' est pron. pers., y est adv. de lieu (Ex. : *Il s'y rend tous les ans.*)	« m'y » ou « se »	conj. hypothétique si + pron. pers. il	« en supposant qu'il »
2°- conj. hypothétique	« en supposant que »	2°- s' est pron. pers., y est pron. pers. (Ex. : *Il s'y prend mal.*)	« m'y » ou « se »	*Autres homophones : scie / six / cil*	

son		**sont**			
déterminant possessif 3e P.S.	par « mon » ou « ton » en changeant de personne	3e P.P. du présent de l'ind. du verbe être	par l'imparfait « étaient » en mettant la phrase au passé		
surtout		**sur tout**			
adverbe	« principalement » ou « particulièrement »	préposition sur + pron. indéfini *tout*	« sur chaque chose »		
tant		**t'en**		**temps**	
1°- adverbe de quantité	« tellement »	pron. pers. élidé + pron. pers. en	« m'en »	nom commun	« climat » ou « moment »
2°- conj. hypothétique	« aussi longtemps que »			*Autres homophones : taon*	
ton		**t'ont**			
déterminant possessif 2e P.S.	par « mon » ou « son » en changeant de personne	pron. pers. élidé t' + 3e P.P. du présent de l'ind. du verbe avoir	par l'imparfait « t'avaient » en mettant la phrase au passé	*Autres homophones : thon / tonds / tond*	
tout		**tous**		**Tout(s) plur. rare**	
- déterminant / adj. / pron. indéfini singulier	Ex. : Tout l'immeuble… / Tout est dit.	- déterminant / adj. / pron. indéfini pluriel	Ex. : Tous les soirs. / Tous s'en vont…	nom commun	« total », « somme » ou « totalité »
- adverbe indéfini	« complètement » ou « totalement » Il se trouve devant un adj. : il est invariable Ex. Ils sont tout contents. Mais : Elles sont toutes pâles.				

** tournures incorrectes en français à n'utiliser que pour déterminer l'homophone à choisir.*
complt. = complément

2. Mots de sens proche et paronymes

Le jour de l'épreuve, on vous demandera dans certaines questions de choisir entre *officiel* et *officieux*, entre *cohérence* et *cohésion* ou encore entre *transparent* et *translucide*. Tout dépendra du contexte bien sûr mais sachez d'ores et déjà que ces questions sont réputées pour vous tendre quelques pièges auxquels vous pouvez pourtant échapper si vous vous donnez la peine de vous attarder sur la liste qui suit !

Analogue Qui présente quelques similarités, qui est semblable.	**Identique** Qui est en tous points pareil à autre chose.
Assurer Certifier, garantir.	**Promettre** S'engager envers quelqu'un, garantir, certifier (mais ne doit être employé que pour faire référence au futur).
Ceci Se réfère à ce qui va être dit.	**Cela** Se réfère à ce qui a été dit.
Cohérence Union étroite d'idées qui s'accordent entre elles.	**Cohésion** Attribut d'un ensemble dont les parties sont solidaires.
Colorer Donner de la couleur (nom dérivé : coloration)	**Colorier** Appliquer des couleurs sur une surface (nom dérivé : coloriage).
La découverte Elle consiste à faire connaître ce qui existe mais qui était occulté ou ignoré jusque-là.	**L'invention** Elle consiste à concevoir une technique ou un appareil qui n'existait pas jusque-là.
Dédicacer Signer l'exemplaire d'une œuvre dont on est l'auteur.	**Dédier** Mettre une œuvre sous le patronage de quelqu'un.
Affleurer Qui sort légèrement de la surface (de l'eau ou du sol).	**Effleurer** Le fait de toucher légèrement quelque chose.
Affliger Causer une grande douleur morale (mauvaise nouvelle). La triste nouvelle nous a tous affligés.	**Infliger** Faire subir quelque chose de pénible à quelqu'un. Le tribunal a infligé une amende de 10 000 € à M. Martin.
Une collision Un choc provoqué par deux choses qui se rencontrent. Ce matin, un camion est entré en collision avec un train.	**Une collusion** Entente entre un groupe de personnes pour faire du mal à quelqu'un.

Consommer Accorder, donner	**Consumer** Brûler
Dénudé Mis à nu, dépouillé Elle est dénudée. Fermez les yeux !	**Dénué** Qui manque de… Les explications de Méline étaient totalement dénuées de sens.
Une effraction Le fait de forcer une clôture, une serrure, une porte (casser). Les voleurs sont entrés dans le magasin par effraction.	**Une infraction** Le fait de ne pas respecter le règlement. En roulant trop vite, Pierre a fait une infraction au code de la route.
Un émigré Une personne qui quitte son pays.	**Un immigré** Une personne qui arrive dans un pays (un étranger).
Enduire Recouvrir une surface avec une autre matière.	**Induire** Avoir pour conséquence, entraîner.
Esquiver Eviter adroitement.	**Esquisser** Dessiner sans donner de détails.
Infecter Prolonger dans le temps.	**Infester** Envahir en grand nombre.
Subvenir Donner à quelqu'un ce qui est vital.	**Survenir** Arriver brusquement.
Coasser Crier pour la grenouille.	**Croasser** Crier pour le corbeau.
Une affectation Un poste, une fonction, une destination.	**Une affection** Attachement, tendresse.
L'excès Ce qu'il y a en trop.	**L'accès** L'entrée.
Désaffecté Qui ne remplit plus le rôle qui lui était attribué.	**Désinfecté** Au sens de retirer une infection.
Des bribes Des petits morceaux.	**Une bride** Pièce du harnais qui permet de diriger un cheval. Expressions : Lâcher la bride à quelqu'un : laisser plus de liberté. Avoir la bride au cou : manquer de liberté.
Compréhensible Qui peut être compris facilement (se dit d'une chose).	**Compréhensif** Qui peut facilement comprendre (se dit d'une personne). Mon père a été compréhensif sur le fait que je ne souhaitais pas venir avec lui.

Décerner Accorder, donner.	**Discerner** Apercevoir, se rendre compte.
Différencier Faire la différence entre plusieurs choses.	**Différer** Reporter à plus tard. Etre différent de…
Elucider Comprendre, clarifier.	**Eluder** Eviter adroitement. Eluder une question : ne pas répondre à une question adroitement.
Eminent Grand, supérieur, remarquable, exceptionnel.	**Imminent** Se dit de quelque chose qui va se produire bientôt.
Une éruption Une apparition soudaine de quelque chose.	**Une irruption** Une entrée brusque dans une pièce.
Evoquer Parler de…	**Invoquer** Appeler à l'aide (une divinité, un saint…).
Prolongation Prolonger dans le temps.	**Prolongement** Prolonger dans l'espace.
Conserver Garder quelque chose en bon état.	**Converser** Parler, discuter.
Une altitude Une hauteur par rapport au niveau de la mer.	**Une attitude** Une manière de se tenir, un comportement.
Affluence Rassemblement d'un grand nombre de gens.	**Influence** Action qu'une personne exerce sur une autre.
Une proposition Action de proposer.	**Une préposition** Mot invariable placé devant un complément.
Un accident Gros évènement ayant des conséquences.	**Un incident** Petit événement ayant peu de conséquence.
Une allocation Une somme attribuée à quelqu'un.	**Une allocution** Un discours.
Inculpé Accusé, suspect.	**Inculqué** Apprendre, enseigner.
Une illusion Une apparence trompeuse, une erreur d'appréciation visuelle.	**Une allusion** Un sous-entendu, un propos qui évoque quelque chose.
Acétique Qui a rapport au vinaigre, à l'acide acétique.	**Ascétique** Austère, rigoriste.

Allogène D'une origine différente de celle de la population autochtone, et installé tardivement dans le pays. Se dit d'un cours d'eau issu d'une région lui imprimant certains caractères.	**Halogène** Chacun des éléments chimiques faisant partie de la colonne VII du tableau de Mendeleïev qui comprend en particulier le chlore. Lampe (à halogène).
Ancrer Retenir (un navire) en jetant l'ancre. Fixer solidement. Fixer avec une ancre, par un procédé d'ancrage.	**Encrer** Enduire d'encre (typographique, lithographique).
Cantique Chant religieux.	**Quantique** Qui est relatif aux quanta, repose sur la théorie des quanta.
Cilice Chemise, ceinture de crin ou d'étoffe rude et piquante, portée par pénitence, par mortification.	**Silice** Oxyde de silicium, corps solide de grande dureté, blanc ou incolore, très abondant dans la nature.
Déférer Porter (une affaire), traduire (un accusé) devant l'autorité judiciaire compétente.	**Déferrer** Dégarnir (qqch.) du fer qui y avait été appliqué.
Placage Application sur une matière d'une plaque de matière plus précieuse ; cette plaque.	**Plaquage** Action de plaquer un adversaire, au rugby.
Taulier Propriétaire ou gérant d'un hôtel.	**Tôlier** Celui qui fabrique, travaille ou vend la tôle.
Tribu Groupe social et politique fondé sur une parenté ethnique réelle ou supposée, chez les peuples à organisation primitive.	**Tribut** Contribution forcée, imposée au vaincu par le vainqueur.

[Autres couples à risque : entraînez-vous à les distinguer !]

- Délivrer / Libérer
- Démythifier / Démystifier
- Dessécher / Assécher
- L'égalité / L'équité
- Emménager / Aménager
- Enfantin / Infantile
- Ephémère / Provisoire
- Gourmand / Gourmet
- La graduation / La gradation
- Hiberner / Hiverner
- Illettré / Analphabète
- Imminence / Immanence
- Immoral / Amoral
- L'inclination / L'inclinaison

- L'intégration / L'assimilation
- L'intégrité / L'intégralité
- Jadis / Naguère
- Judiciaire / Juridique
- La justesse / La justice
- Légal / Légitime
- Marin / Maritime
- La maturité / La maturation
- Médiéval / Moyenâgeux
- La médisance / La calomnie
- Le mobile / Le motif
- Mutuel / Réciproque
- Neuf / Nouveau
- Notable / Notoire
- Officiel / Officieux
- Oppresser / Opprimer
- Original / Originel
- Partial / Partiel
- Pédestre / Piétonnier
- Possible / Probable
- La prévoyance / Une prévision
- La prolongation / Le prolongement
- Le racisme / La xénophobie
- Raisonnable / Rationnel
- Transparent / Translucide
- Vivable / Viable

3. Pléonasmes

L'objectif visé ici est de ne pas redoubler des mots de même sens.

Eviter les pléonasmes demande une bonne appréciation du vocabulaire : on doit être capable de reconnaître que deux mots sont porteurs du même sens afin de ne pas les employer ensemble.

- Abolir entièrement
- Allumer la lumière
- Commémorer un souvenir
- Comparer ensemble, comparer entre eux
  Comparer signifie déjà « mettre en relation, confronter plusieurs choses entre elles ».
- Se dévisager mutuellement (ou l'un l'autre)
- Divulguer publiquement
- Une dune de sable
- Un hasard imprévu
- Avoir le monopole exclusif
- La panacée universelle
- La première priorité
- Se relayer tour à tour
- Retenir d'avance
- Solidaires l'un de l'autre
- Assez suffisant
- A l'unanimité de tous les présents
- Opposer son veto

4. Synonymes

On dit de deux mots qu'ils sont **synonymes** lorsqu'ils ont le même sens ou à peu près le même sens, un sens voisin, un sens proche.

Ainsi, des termes comme *gendre* et *beau-fils* / *confondre* et *démasquer* / *naviguer* et *voguer* / *diminuer* et *décroître* sont synonymes.

Toutefois, il n'existe pas vraiment de mots que l'on puisse substituer les uns aux autres dans une synonymie parfaite. Tout dépend du contexte d'emploi du mot.

Manger, se sustenter, se nourrir, bouffer ou *becter* désignent la même action mais ne s'emploient pas dans les mêmes circonstances. On peut *confondre* ou *démasquer* un coupable, mais on ne peut pas *démasquer* le sel avec le sucre.

La plupart des synonymes ne sont synonymes d'un mot que pour l'un de ses emplois et il y a presque toujours une nuance ou un degré d'intensité différent.

Exemples :

- *Un bon musicien* : un musicien doué/talentueux/créatif.
- *De bons amis* : des amis chers/loyaux/proches.
- *Un bon rôti* : un rôti excellent/exquis/délicieux.
- *Un homme bon* : un homme altruiste/aimable/charitable, etc.

5. Mots de liaison

Ces listes peuvent s'avérer utiles tant pour l'épreuve de Compréhension de textes que celles d'Expression ou de Raisonnement et argumentation.

[Comment exprimer…]

- **La conséquence**
  Alors, Ainsi, C'est pourquoi, D'où, Dans ces conditions, De sorte que, Donc, En conséquence, Par conséquent
- **La terminaison**
  Ainsi, Etant donné, Puisque
- **L'introduction**
  D'abord, En premier lieu
- **L'addition**
  Aussi, De même, De plus, Encore, Et, Egalement

- **L'énumération**
  D'abord, Enfin, Ensuite
- **La liaison, la transition**
  Bref, D'ailleurs, Donc, Ensuite, En somme, En outre, Or, Par ailleurs, Puis
- **L'explication**
  Car, C'est-à-dire, En effet, Effectivement, Etant donné que, Puisque
- **L'illustration**
  Entre autres, Notamment, Par exemple
- **L'opposition**
  Au contraire, Néanmoins, Par contre, En revanche, Pourtant, Quoique, Toutefois

[Synonymes des mots de liaison]

- **A notre avis**
  En ce qui nous concerne, Pour notre part, Quant à nous
- **Au sujet de**
  A cet égard, A propos de, En ce qui a trait, Pour ce qui est de, Quant à, Relativement à, Sur ce point
- **Car (dans une phrase)**
  En effet, C'est qu'en effet, De fait
- **De plus**
  En outre, De surcroît
- **De toute façon**
  De toute manière, Quoi qu'il en soit
- **D'ailleurs**
  D'un autre côté, Par contre, En revanche, Du reste
- **D'une part… d'autre part**
  A première vue… mais toute réflexion faite, mais à bien considérer les choses, Non seulement… mais encore, mais aussi, mais en outre, Tout d'abord… ensuite
- **En réalité**
  A vrai dire, Effectivement
- **En résumé**
  Au fond, Bref, Dans l'ensemble, En d'autres termes, En définitive, En somme, Essentiellement, Somme toute, Tout compte fait

- **Enfin**
  Finalement, En dernier lieu, En fin de compte

- **Par conséquent**
  Ainsi, Ainsi donc, Aussi, C'est pourquoi, Donc, En conséquence, Partant de ce fait, Pour cette (ces) raison(s)

- **Pourtant**
  Cependant, Néanmoins, Toutefois

6. Associations à éviter

Il est important de retenir ces associations peu élégantes afin de répondre au mieux aux questions de « reformulation » de l'épreuve d'expression du Tage Mage.

- **D'avance, avant…** sont incompatibles avec les verbes composés du préfixe, **pré-** qui expriment déjà une action anticipée : *prédire, prévenir, préparer, prévoir…*

- **Ensemble** est incompatible avec les verbes qui expriment déjà la mise en commun, l'action commune : *collaborer, se concerter, débattre, joindre, mélanger, se réunir…*

- **Encore** est incompatible avec les verbes comportant déjà le préfixe de répétition **re-** : *recommencer, refaire, redemander…*

- **Faire en sorte** est inutile et doit être supprimé après les verbes *tâcher, s'efforcer…*

- **Mutuellement, les uns les autres, réciproquement, ensemble…** sont incompatibles avec les verbes composés du préfixe **entre-** qui expriment déjà une action mutuelle : *s'entre-déchirer, s'entremêler, s'entretuer, s'entretenir…*

- **Ne… que** est incompatible avec **seulement, uniquement, juste…** On ne doit pas employer les deux tournures en même temps.

- **Ne… que** et **seulement** sont incompatibles avec les verbes exprimant déjà la restriction : *se borner à, se résumer à, se limiter à, s'en tenir à, se contenter de…*

- **Pouvoir** est incompatible avec **(im)possible** puisque *(im)possible* signifie déjà « (ne pas) pouvoir ».

- **Ou** est incompatible avec **sinon.** On n'emploiera donc pas les deux mots ensemble.

- **Permettre de…** est à éviter avec **pouvoir.**

- **Le superlatif** *(le plus, le moins)* ainsi que **très, entièrement…** sont incompatibles avec des adjectifs qui ont déjà une valeur de superlatif : *excellent, immense, imminent, omniprésent, maximum, minimum, supérieur…*

- **Préférer** est incompatible avec **plutôt, plus, mieux…**
- **Il suffit de** est à éviter avec **simplement.**
- **Trop** est incompatible avec les mots qui expriment déjà l'abus, la quantité excessive : *abuser, exagérer, excessif, extrême…*

7. Reformuler avec élégance

Dans les questions de l'épreuve d'Expression, vous êtes régulièrement amené à vous prononcer sur le style d'une phrase. Aussi devez-vous vous efforcer de « raffiner » certaines expressions parmi les plus courantes.

Un conseil : cachez la colonne de droite et essayez de deviner vous-mêmes la formulation proposée pour améliorer le style.

Avoir une profession	**Exercer** une profession
Avoir des revenus	**Disposer** de revenus
Avoir mal	**Souffrir**
Avoir l'air heureux	**Sembler,** paraître heureux
Le sportif a du courage	Le sportif **est courageux**
Dire une histoire	**Raconter** une histoire
Dire un secret	**Confier** un secret
Dire l'avenir	**Prédire** l'avenir
Dire des mensonges	**Mentir**
Dire en plus	**Ajouter**
Faire un meuble	**Fabriquer** un meuble
Faire un bijou	**Confectionner** un bijou
Faire un procès	**Intenter** un procès
Faire des projets	**Projeter**
Faire des progrès	**Progresser**

8. Figures de style

Les figures de style ont récemment fait leur apparition dans les épreuves d'Expression au Tage Mage avec des questions mettant en scène des figures telles que la métonymie, la périphrase ou encore la synecdoque. Ce ne sont pas forcément les questions les plus difficiles, mais elles peuvent être déroutantes si l'on n'a pas revu ne serait-ce qu'une fois les figures de style les plus classiques. Soyez donc attentifs aux définitions qui vont suivre.

[Allégorie]

Personnification d'une idée abstraite.

Exemple : un squelette armé d'une faux pour représenter la mort.

[Allitération]

Répétition d'une ou de plusieurs consonnes dans un groupe de mots.

Exemple : « Pour qui sont ces serpents qui sifflent sur vos têtes »

[Anaphore]

Répétition d'une même expression ou d'un même mot en début de phrase ou de vers.

Exemple :

« Rome, l'unique objet de mon ressentiment !
Rome, à qui vient ton bras d'immoler mon amant !
Rome qui t'a vu naître, et que ton cœur adore !
Rome enfin que je hais parce qu'elle t'honore ! »

[Antithèse]

Rapprochement, à l'intérieur d'une structure syntaxique binaire et équilibrée, de deux termes de même nature qui s'opposent sémantiquement.

Exemples : « Paris est le plus délicieux des monstres : là, vieux et pauvre ; ici, tout neuf comme la monnaie d'un nouveau règne. » ; « Es-tu si las de vivre ? As-tu peur de mourir ? »

[Assonance]

Répétition d'une même voyelle dans un groupe de mots.

Exemple : « Tout m'afflige et me nuit et conspire à me nuire »

[Chiasme]

Structure en croix qui associe deux termes deux à deux sans qu'ils aient nécessairement un rapport de sens.

Exemples : « Ayant le feu pour père, et pour mère la cendre. » ; « La neige fait au nord ce qu'au sud fait le sable. » ; « Rester dans le paradis, et y devenir démon, rentrer dans l'enfer, et y devenir ange ! » ; « Il faut manger pour vivre et non pas vivre pour manger. » (Molière)

[Enumération]

Figure de style dans laquelle on trouve une suite de mots ou de propositions qui sont de même nature (noms, verbes) et de même fonction (sujets, compléments). Les éléments de l'énumération sont parfois séparés par d'autres mots.

Exemple : « Tout l'hiver va rentrer dans mon être : colère, haine, frissons, horreur, labeur dur et forcé. »

[Euphémisme]

Cette figure de style consiste à adoucir ou atténuer une idée déplaisante en ayant recours principalement à une litote ou une périphrase.

Exemples : les non-voyants (pour les aveugles) ; il nous a quitté (pour il est mort) ; les pays du sud (pour les pays sous-développés) ; le troisième âge (pour les vieux).

[Gradation]

Succession de mots ou d'expressions de sens voisins et dont l'ordre suit une progression croissante ou décroissante.

Exemples : « Va, cours, vole, et nous venge. » ; « C'en est fait ; je n'en puis plus ; je me meurs ; je suis mort ; je suis enterré. »

[Hyperbole]

Consiste à exagérer l'expression d'une idée ou d'une réalité afin de la mettre en exergue.

Exemple : « C'est un géant ! » pour désigner quelqu'un de grande taille.

[Litote]

La litote est une figure de style qui consiste à déguiser sa pensée de façon à la faire deviner dans toute sa force. Autrement dit, caractériser une expression de façon à susciter chez le récepteur un sens beaucoup plus fort que n'aurait fait la même idée exprimée en toute simplicité. La litote « a une orientation de valeur inverse de celle de l'euphémisme, qui cherche à amoindrir l'information. » L'effet de la litote est principalement produit soit par un vocabulaire « neutralisé », soit par la négation d'un contraire ou autre tournure de contournement (source : *Wikipedia*).

Exemple : « Va, je ne te hais point » (pour je t'aime)

[Métaphore]

Figure de style fondée sur l'analogie et/ou la substitution. C'est un type particulier d'image sans outil de comparaison qui associe un terme à un autre appartenant à un champ lexical différent afin de traduire une pensée plus riche et plus complexe que celle qu'exprime un vocabulaire descriptif concret (source : *Wikipedia*).

Exemples : « Je me suis baigné dans le poème de la mer. » ; « La littérature : un coup de hache dans la mer gelée qui est en nous. » ; « Les lois sont des toiles d'araignées, à travers lesquelles passent les grosses mouches et restent les petites. » ; « Vieil Océan, ô grand célibataire ».

[Métonymie]

Phénomène par lequel un concept est désigné par un terme désignant un autre concept qui lui est relié par une relation nécessaire (source : *Larousse*).

Exemples : une bonne plume pour un bon écrivain ; boire un verre ; faire du piano, jouer aux cartes ; lire un bon Balzac.

[Oxymore]

Figure de style qui consiste à rapprocher deux termes (un nom et un adjectif) que leur sens devrait éloigner, dans une formule en apparence contradictoire. L'oxymore permet de décrire une situation ou un personnage de manière inattendue, suscitant ainsi la surprise (source : *Wikipedia*).

Exemples : une obscure clarté, « A travers la noirceur de l'ombre, qui cache la mer et les cieux, Une clarté blafarde et sombre, fait voir l'une et l'autre à nos yeux » ; aigre-doux ; une réalité virtuelle, « Le soleil noir de la mélancolie ».

[Périphrase]

Consiste à remplacer un mot par sa définition ou par une expression plus longue, mais équivalente.

Exemples : la capitale de la France (pour dire Paris) ; la langue de Goethe (pour dire l'allemand) ; la langue de Molière (pour dire le français) ; le toit du monde (pour l'Himalaya), le billet vert (pour le dollar) ; le roi des animaux (pour désigner le lion) ; le pays des droits de l'homme (pour dire la France).

[Personnification]

Attribuer des qualités humaines à un objet inanimé.

Exemples : « Berlin, Vienne, étaient ses maîtresses » ; « L'habitude venait me prendre dans ses bras, comme un petit enfant. »

[Pléonasme]

Répétition de termes ou expressions ayant le même sens.

Exemples : monter en haut ; descendre en bas ; une bonne aubaine ; s'avérer vrai ; une petite camionnette ; un campus universitaire…

[Synecdoque]

Remplacer un mot par un autre ayant une relation d'inclusion avec celui-ci (la partie pour le tout ou le tout pour la partie). C'est un cas particulier de la métonymie.

Exemples :
Le tout pour la partie : Lille a gagné la finale (pour « l'équipe de foot de Lille »…)
La partie pour le tout : je quitterai bientôt ces murs / Je quitterai bientôt ce toit (pour dire je quitterai bientôt cette maison).

9. Liste de mots difficiles

Mots	Définitions
Abhorrer	Eprouver de l'aversion pour quelque chose ou quelqu'un ; détester, exécrer
Abject	Qui inspire le dégoût, le mépris, par sa bassesse, sa dégradation morale ; ignoble
Annihiler	Anéantir un ensemble abstrait, le détruire, le ruiner complètement
Bougon	Qui a l'habitude de bougonner, de maugréer
Carcéral	Relatif aux prisons : le monde carcéral
Cataclysme	Désastre, bouleversement complet dans la situation d'un Etat, d'un groupe, d'une personne ; catastrophe
Chimère	Animal fabuleux ayant la tête et le poitrail d'un lion, le ventre d'une chèvre et la queue d'un serpent / Projet séduisant, mais irréalisable ; idée vaine qui n'est que le produit de l'imagination ; illusion : poursuivre des chimères
Colloque	Entretien entre deux ou plusieurs personnes / Réunion visant à l'étude d'une question scientifique ou à la discussion de problèmes diplomatiques, économiques, politiques, etc. ; congrès
Commensal	Personne qui mange (habituellement) à la même table qu'une autre ; hôte / Animal qui pratique le commensalisme. (Exemple le pluvian avec le crocodile, le pique-bœuf avec les bovins)
Courroux	Vive colère, emportement
Dextérité	Adresse de la main dans l'exécution de quelque chose, adresse d'esprit, ingéniosité dans l'accomplissement d'une action ; habileté
Diatribe	Critique amère et violente ; pamphlet

Egide	Couche égide, couche d'un faisceau qui est exploitée la première, pour assurer une détente des terrains et éventuellement faciliter leur dégazage
Emoluments	Acte de quelqu'un qui, dans le domaine artistique ou littéraire, donne pour sien ce qu'il a pris à l'œuvre d'un autre
Emphase	Exagération pompeuse dans le ton, le geste, dans les termes employés ; enflure, grandiloquence : parler avec emphase / Mise en relief d'un des constituants de la phrase par l'intonation ou par l'ordre des mots
Episode	Partie d'une œuvre s'intégrant à un ensemble mais ayant ses caractéristiques propres / Evénement qui fait partie d'une action plus générale et qui se distingue par tel ou tel caractère ; circonstance, péripétie
Equinoxe	Epoque de l'année (20 ou 21 mars, 22 ou 23 septembre) où le Soleil, dans son mouvement propre apparent sur l'écliptique, traverse l'équateur céleste et qui correspond à l'égalité de durée du jour et de la nuit
Esclandre	Manifestation bruyante faite en public contre quelqu'un ou quelque chose ; scandale
Euphémisme	Atténuation dans l'expression de certaines idées ou de certains faits dont la crudité aurait quelque chose de brutal ou de déplaisant
Exsangue	Qui a perdu beaucoup de sang / Qui est d'une grande pâleur, livide
Fallacieux	Qui cherche à tromper, à nuire ; perfide
Gallicisme	Idiotisme propre à la langue française (Ce sont des expressions comme se mettre en quatre, être sur les dents ou des constructions comme il y a, c'est lui qui, etc.) / Construction ou forme particulière à la langue française introduite abusivement dans une autre langue
Geôle	Cachot, prison
Gouailleur	Qui gouaille, dénote un esprit railleur ; narquois
Harangue	Littéraire : discours solennel prononcé devant une assemblée, une personnalité importante, des troupes, etc. / Familier : discours quelconque, ou discours pompeux, ennuyeux ou moralisateur
Hécatombe	Massacre, destruction d'un grand nombre de personnes ou d'animaux : les hécatombes des deux guerres mondiales / Grand nombre de personnes atteintes ou éliminées par quelque chose : l'hécatombe annuelle des blessés de la route
Héraldique	Discipline ayant pour objet la connaissance et l'étude des armoiries
Impécunieux	Qui a peu d'argent
Incriminer	Mettre quelqu'un, quelque chose en cause, les dénoncer comme responsable d'une action ou d'une situation blâmable ou dommageable
Indigène	Originaire du pays où il vit

Inextinguible	Qu'il est impossible d'éteindre. Qu'on ne peut apaiser, arrêter
Infléchir	Incliner quelque chose, le plier de façon à produire une courbe / Influer sur l'évolution de quelque chose en en modifiant le cours
Insulaire	Relatif aux îles
Intempestif	Qui est fait à contretemps, se produit mal à propos ou apparaît comme inconvenant
Irascible	Qui est prompt à s'irriter
Irrévérencieux	Qui manque de respect
Lilliputien	Personne très petite
Malthusien	Relatif à la doctrine de Malthus ; partisan de cette doctrine
Matrimonial	Relatif au mariage
Moiteur	Etat de quelque chose qui est moite, humide
Morbide	Qui relève de la maladie, la caractérise ou en résulte : état morbide / Qui a un caractère malsain, anormal : curiosité morbide. Une littérature morbide
Morigéner	Réprimander quelqu'un en lui faisant une leçon de morale ; sermonner
Népotisme	Abus de quelqu'un qui use de son autorité pour procurer des avantages à sa famille
Obséquieux	Qui manifeste, qui marque un excès de respect, d'égards
Onirique	Relatif au rêve
Onomatopée	Processus permettant la création de mots dont le signifiant est étroitement lié à la perception acoustique des sons émis par des êtres animés ou des objets
Ostracisme	Action de tenir quelqu'un qui ne plaît pas à l'écart d'un groupe, d'une société, d'une manière discriminatoire et injuste
Paupérisme	Phénomène social caractérisé par un état de pauvreté endémique d'une partie de la population
Pédant	Personne qui fait étalage d'une science souvent superficielle ; cuistre
Pittoresque	Qui, par sa disposition originale, son aspect séduisant, est digne d'être peint / Qui a du relief, de la couleur, qui fait image
Plagiat	Acte de quelqu'un qui, dans le domaine artistique ou littéraire, donne pour sien ce qu'il a pris à l'œuvre d'un autre
Posthume	Qui ne se produit qu'après la mort de la personne intéressée
Quolibet	Raillerie, moquerie
Rasséréner	Rendre sa sérénité, son calme

Rebut	Ce qu'il y a de plus mauvais dans quelque chose et qui est laissé de côté / Ce qu'il y a de plus vil, de plus méprisable dans un groupe
Sarcasme	Action de railler avec méchanceté
Sévices	Mauvais traitements exercés sur quelqu'un qu'on a sous son autorité ou sous sa responsabilité
Solécisme	Construction qui n'est pas conforme aux règles de la syntaxe d'une langue à une époque donnée ou qui n'est pas acceptée dans une norme ou un usage jugé correct
Subterfuge	Moyen habile et détourné pour se tirer d'embarras
Succédané	Produit de remplacement
Surseoir	Différer une action, une décision
Tergiverser	User de détours, de faux-fuyants, pour éviter de dire nettement quelque chose, pour retarder une décision
Torpeur	Etat de quelqu'un chez qui l'activité psychique et physique, la sensibilité sont réduites
Tribulations	Suite d'aventures plus ou moins désagréables, de revers, d'obstacles surmontés
Usurper	S'approprier indûment une dignité, un bien
Velléitaire	Qui est incapable de s'en tenir à une décision prise

Nota bene : Cette liste de mots difficiles est bien entendu loin d'être exhaustive. Je compte sur vous pour la compléter au gré de vos lectures.

III. 20 TABLEAUX DE CONJUGAISON

Conjuguer parfaitement les verbes de la langue française est un prérequis nécessaire à tout manager soucieux de **rédiger correctement ses mails** ou de faire mouche **en apportant à ses courriers officiels toute la précision que ces derniers méritent.**

L'usage du futur antérieur, du présent ou de l'imparfait du subjonctif, mais encore de l'impératif, est bien plus fréquent que l'on ne peut l'imaginer. On croit souvent savoir conjuguer des verbes couramment utilisés dans la langue française ; mais il n'en est souvent rien. Alors **testez-vous sans plus attendre sur les 20 verbes suivants** que nous avons sélectionnés pour vous avec soin afin que vous passiez au travers des pièges qui vous seront tendus au Tage Mage.

NB : les verbes entre parenthèses ont une conjugaison similaire aux verbes en gras.

(1) **Avoir**
(2) **Etre**
(3) **Chanter** (souhaiter, penser, rester, demander, aimer, donner, hésiter, trouver, passer, parler, travailler, intéresser, arriver, profiter, continuer, etc.)
(4) **Jeter** (appeler, projeter, renouveler, harceler, rejeter, s'atteler, amonceler, etc.)
(5) **Finir** (choisir, réfléchir, définir, subir, investir, garantir, fournir, avertir, réunir, réjouir, remplir, aboutir, nourrir, agir, s'agir, etc.)
(6) **Aller**
(7) **Cueillir**
(8) **Devoir**
(9) **Faire** (satisfaire, défaire, parfaire, refaire, contrefaire, etc.)
(10) **Prendre** (comprendre, apprendre, surprendre, entreprendre, se méprendre, etc.)
(11) **Savoir**
(12) **Valoir**
(13) **Venir** (tenir, prévenir, soutenir, devenir, obtenir, entretenir, appartenir, etc.)
(14) **Voir**
(15) **Vouloir**
(16) **Connaître** (paraître, apparaître, reconnaître, méconnaître, transparaître, etc.)
(17) **Acquérir** (requérir, s'enquérir, conquérir, etc.)
(18) **Pouvoir**
(19) **Mettre** (permettre, soumettre, transmettre, commettre, admettre, compromettre, émettre, remettre, omettre, etc.)
(20) **Falloir**

[Avoir – Auxiliaire]

INDICATIF

Présent	Imparfait	Passé simple	Futur
J'ai	J'avais	J'eus	J'aurai
Tu as	Tu avais	Tu eus	Tu auras
Il a	Il avait	Il eut	Il aura
Nous avons	Nous avions	Nous eûmes	Nous aurons
Vous avez	Vous aviez	Vous eûtes	Vous aurez
Ils ont	Ils avaient	Ils eurent	Ils auront

Passé composé	Plus-que-parfait	Passé antérieur	Futur antérieur
J'ai eu	J'avais eu	J'eus eu	J'aurai eu
Tu as eu	Tu avais eu	Tu eus eu	Tu auras eu
Il a eu	Il avait eu	Il eut eu	Il aura eu
Nous avons eu	Nous avions eu	Nous eûmes eu	Nous aurons eu
Vous avez eu	Vous aviez eu	Vous eûtes eu	Vous aurez eu
Ils ont eu	Ils avaient eu	Ils eurent eu	Ils auront eu

SUBJONCTIF

Présent	Passé	Imparfait	Plus-que-parfait
Que j'aie	Que j'aie eu	Que j'eusse	Que j'eusse eu
Que tu aies	Que tu aies eu	Que tu eusses	Que tu eusses eu
Qu'il ait	Qu'il ait eu	Qu'il eût	Qu'il eût eu
Que nous ayons	Que nous ayons eu	Que nous eussions	Que nous eussions eu
Que vous ayez	Que vous ayez eu	Que vous eussiez	Que vous eussiez eu
Qu'ils aient	Qu'ils aient eu	Qu'ils eussent	Qu'ils eussent eu

CONDITIONNEL / IMPERATIF

Présent (Conditionnel)	Passé (Conditionnel)	Présent (Impératif)	Passé (Impératif)
J'aurais	J'aurais eu	Aie	Aie eu
Tu aurais	Tu aurais eu	Ayons	Ayons eu
Il aurait	Il aurait eu	Ayez	Ayez eu
Nous aurions	Nous aurions eu		
Vous auriez	Vous auriez eu		
Ils auraient	Ils auraient eu		

INFINITIF / PARTICIPE

Présent (Infinitif)	Passé (Infinitif)	Présent (Participe)	Passé (Participe)
Avoir	Avoir eu	Ayant	Eu, ayant eu

[Etre – Auxiliaire]

INDICATIF

Présent	Imparfait	Passé simple	Futur
Je suis	J'étais	Je fus	Je serai
Tu es	Tu étais	Tu fus	Tu seras
Il est	Il était	Il fut	Il sera
Nous sommes	Nous étions	Nous fûmes	Nous serons
Vous êtes	Vous étiez	Vous fûtes	Vous serez
Ils sont	Ils étaient	Ils furent	Ils seront

Passé composé	Plus-que-parfait	Passé antérieur	Futur antérieur
J'ai été	J'avais été	J'eus été	J'aurai été
Tu as été	Tu avais été	Tu eus été	Tu auras été
Il a été	Il avait été	Il eut été	Il aura été
Nous avons été	Nous avions été	Nous eûmes été	Nous aurons été
Vous avez été	Vous aviez été	Vous eûtes été	Vous aurez été
Ils ont été	Ils avaient été	Ils eurent été	Ils auront été

SUBJONCTIF

Présent	Passé	Imparfait	Plus-que-parfait
Que je sois	Que j'aie été	Que je fusse	Que j'eusse été
Que tu sois	Que tu aies été	Que tu fusses	Que tu eusses été
Qu'il soit	Qu'il ait été	Qu'il fût	Qu'il eût été
Que nous soyons	Que nous ayons été	Que nous fussions	Que nous eussions été
Que vous soyez	Que vous ayez été	Que vous fussiez	Que vous eussiez été
Qu'ils soient	Qu'ils aient été	Qu'ils fussent	Qu'ils eussent été

CONDITIONNEL

Présent	Passé
Je serais	J'aurais été
Tu serais	Tu aurais été
Il serait	Il aurait été
Nous serions	Nous aurions été
Vous seriez	Vous auriez été
Ils seraient	Ils auraient été

IMPERATIF

Présent	Passé
Sois	Aie été
Soyons	Ayons été
Soyez	Ayez été

INFINITIF

Présent	Passé
Etre	Avoir été

PARTICIPE

Présent	Passé
Etant	Eté, ayant été

[Chanter – 1er Groupe]

INDICATIF

Présent	Imparfait	Passé simple	Futur
Je chante	Je chantais	Je chantai	Je chanterai
Tu chantes	Tu chantais	Tu chantas	Tu chanteras
Il chante	Il chantait	Il chanta	Il chantera
Nous chantons	Nous chantions	Nous chantâmes	Nous chanterons
Vous chantez	Vous chantiez	Vous chantâtes	Vous chanterez
Ils chantent	Ils chantaient	Ils chantèrent	Ils chanteront

Passé composé	Plus-que-parfait	Passé antérieur	Futur antérieur
J'ai chanté	J'avais chanté	J'eus chanté	J'aurai chanté
Tu as chanté	Tu avais chanté	Tu eus chanté	Tu auras chanté
Il a chanté	Il avait chanté	Il eut chanté	Il aura chanté
Nous avons chanté	Nous avions chanté	Nous eûmes chanté	Nous aurons chanté
Vous avez chanté	Vous aviez chanté	Vous eûtes chanté	Vous aurez chanté
Ils ont chanté	Ils avaient chanté	Ils eurent chanté	Ils auront chanté

SUBJONCTIF

Présent	Passé	Imparfait	Plus-que-parfait
Que je chante	Que j'aie chanté	Que je chantasse	Que j'eusse chanté
Que tu chantes	Que tu aies chanté	Que tu chantasses	Que tu eusses chanté
Qu'il chante	Qu'il ait chanté	Qu'il chantât	Qu'il eût chanté
Que nous chantions	Que nous ayons chanté	Que nous chantassions	Que nous eussions chanté
Que vous chantiez	Que vous ayez chanté	Que vous chantassiez	Que vous eussiez chanté
Qu'ils chantent	Qu'ils aient chanté	Qu'ils chantassent	Qu'ils eussent chanté

CONDITIONNEL / IMPERATIF

Présent (Conditionnel)	Passé (Conditionnel)	Présent (Impératif)
Je chanterais	J'aurais chanté	Chante
Tu chanterais	Tu aurais chanté	Chantons
Il chanterait	Il aurait chanté	Chantez
Nous chanterions	Nous aurions chanté	
Vous chanteriez	Vous auriez chanté	
Ils chanteraient	Ils auraient chanté	

INFINITIF / PARTICIPE

Présent (Infinitif)	Passé (Infinitif)	Présent (Participe)	Passé (Participe)
Chanter	Avoir chanté	Chantant	Chanté, ayant chanté

[Jeter – 1er Groupe]

INDICATIF

Présent	Imparfait	Passé simple	Futur
Je jette	Je jetais	Je jetai	Je jetterai
Tu jettes	Tu jetais	Tu jetas	Tu jetteras
Il jette	Il jetait	Il jeta	Il jettera
Nous jetons	Nous jetions	Nous jetâmes	Nous jetterons
Vous jetez	Vous jetiez	Vous jetâtes	Vous jetterez
Ils jettent	Ils jetaient	Ils jetèrent	Ils jetteront

Passé composé	Plus-que-parfait	Passé antérieur	Futur antérieur
J'ai jeté	J'avais jeté	J'eus jeté	J'aurai jeté

SUBJONCTIF

Présent	Passé	Imparfait	Plus-que-parfait
Que je jette	Que j'aie jeté	Que je jetasse	Que j'eusse jeté
Que nous jetions	Que nous ayons jeté	Qu'il jetât	Qu'il eût jeté
		Que nous jetassions	Que nous eussions jeté

CONDITIONNEL / IMPERATIF

Présent (Conditionnel)	Passé (Conditionnel)	Présent (Impératif)
Je jetterais	J'aurais jeté	Jette
Nous jetterions	Nous aurions jeté	Jetons
		Jetez

INFINITIF / PARTICIPE

Présent (Infinitif)	Passé (Infinitif)	Présent (Participe)	Passé (Participe)
Jeter	Avoir jeté	Jetant	Jeté, ayant jeté

[Finir – 2e Groupe]

INDICATIF

Présent	Imparfait	Passé simple	Futur
Je finis	Je finissais	Je finis	Je finirai
Tu finis	Tu finissais	Tu finis	Tu finiras
Il finit	Il finissait	Il finit	Il finira
Nous finissons	Nous finissions	Nous finîmes	Nous finirons
Vous finissez	Vous finissiez	Vous finîtes	Vous finirez
Ils finissent	Ils finissaient	Ils finirent	Ils finiront

Passé composé	Plus-que-parfait	Passé antérieur	Futur antérieur
J'ai fini	J'avais fini	J'eus fini	J'aurai fini

SUBJONCTIF

Présent	Passé	Imparfait	Plus-que-parfait
Que je finisse	Que j'aie fini	Que je finisse	Que j'eusse fini
Qu'il finisse	Qu'il ait fini	Qu'il finît	Qu'il eût fini
Que nous finissions	Que nous ayons fini	Que nous finissions	Que nous eussions fini

CONDITIONNEL

Présent	Passé
Je finirais	J'aurais fini

IMPERATIF

Présent
Finis
Finissons
Finissez

INFINITIF

Présent	Passé
Finir	Avoir fini

PARTICIPE

Présent	Passé
Finissant	Fini, ayant fini

[Aller – 3e Groupe]

INDICATIF

Présent	Imparfait	Passé simple	Futur
Je vais	J'allais	J'allai	J'irai
Tu vas	Tu allais	Tu allas	Tu iras
Il va	Il allait	Il alla	Il ira
Nous allons	Nous allions	Nous allâmes	Nous irons
Vous allez	Vous alliez	Vous allâtes	Vous irez
Ils vont	Ils allaient	Ils allèrent	Ils iront

Passé composé	Plus-que-parfait	Passé antérieur	Futur antérieur
Je suis allé	J'étais allé	Je fus allé	Je serai allé

SUBJONCTIF

Présent	Passé	Imparfait	Plus-que-parfait
Que j'aille	Que je sois allé	Que j'allasse	Que je fusse allé
Qu'il aille	Qu'il soit allé	Qu'il allât	Qu'il fût allé
Que nous allions	Que nous soyons allés	Que nous allassions	Que nous fussions allés

CONDITIONNEL

Présent	Passé
J'irais	Je serais allé

IMPERATIF

Présent
Va
Allons
Allez

INFINITIF

Présent	Passé
Aller	Etre allé

PARTICIPE

Présent	Passé
Allant	Allé, étant allé

[Cueillir – 3e Groupe]

INDICATIF

Présent	Imparfait	Passé simple	Futur
Je cueille	Je cueillais	Je cueillis	Je cueillerai
Tu cueilles	Tu cueillais	Tu cueillis	Tu cueilleras
Il cueille	Il cueillait	Il cueillit	Il cueillera
Nous cueillons	Nous cueillions	Nous cueillîmes	Nous cueillerons
Vous cueillez	Vous cueilliez	Vous cueillîtes	Vous cueillerez
Ils cueillent	Ils cueillaient	Ils cueillirent	Ils cueilleront

Passé composé	Plus-que-parfait	Passé antérieur	Futur antérieur
J'ai cueilli	J'avais cueilli	J'eus cueilli	J'aurai cueilli

SUBJONCTIF

Présent	Passé	Imparfait	Plus-que-parfait
Que je cueille	Que j'aie cueilli	Que je cueillisse	Que j'eusse cueilli
Qu'il cueille	Qu'il ait cueilli	Qu'il cueillît	Qu'il eût cueilli
Que nous cueillions	Que nous ayons cueilli	Que nous cueillissions	Que nous eussions cueilli

CONDITIONNEL / IMPERATIF

Présent	Passé	Présent
Je cueillerais	J'aurais cueilli	Cueille
		Cueillons
		Cueillez

INFINITIF / PARTICIPE

Présent	Passé	Présent	Passé
Cueillir	Avoir cueilli	Cueillant	Cueilli, ayant cueilli

[Devoir – 3e Groupe]

INDICATIF

Présent	Imparfait	Passé simple	Futur
Je dois	Je devais	Je dus	Je devrai
Tu dois	Tu devais	Tu dus	Tu devras
Il doit	Il devait	Il dut	Il devra
Nous devons	Nous devions	Nous dûmes	Nous devrons
Vous devez	Vous deviez	Vous dûtes	Vous devrez
Ils doivent	Ils devaient	Ils durent	Ils devront

Passé composé	Plus-que-parfait	Passé antérieur	Futur antérieur
J'ai dû	J'avais dû	J'eus dû	J'aurai dû

SUBJONCTIF

Présent	Passé	Imparfait	Plus-que-parfait
Que je doive	Que j'aie dû	Que je dusse	Que j'eusse dû
Qu'il doive	Qu'il ait dû	Qu'il dût	Qu'il eût dû
Que nous devions	Que nous ayons dû	Que nous dussions	Que nous eussions dû

CONDITIONNEL

Présent	Passé
Je devrais	J'aurais dû

IMPERATIF

Présent
Dois
Devons
Devez

INFINITIF

Présent	Passé
Devoir	Avoir dû

PARTICIPE

Présent	Passé
Devant	Dû, ayant dû

[Faire – 3e Groupe]

INDICATIF

Présent	Imparfait	Passé simple	Futur
Je fais	Je faisais	Je fis	Je ferai
Tu fais	Tu faisais	Tu fis	Tu feras
Il fait	Il faisait	Il fit	Il fera
Nous faisons	Nous faisions	Nous fîmes	Nous ferons
Vous faites	Vous faisiez	Vous fîtes	Vous ferez
Ils font	Ils faisaient	Ils firent	Ils feront

Passé composé	Plus-que-parfait	Passé antérieur	Futur antérieur
J'ai fait	J'avais fait	J'eus fait	J'aurai fait

SUBJONCTIF

Présent	Passé	Imparfait	Plus-que-parfait
Que je fasse	Que j'aie fait	Que je fisse	Que j'eusse fait
Qu'il fasse	Qu'il ait fait	Qu'il fît	Qu'il eût fait
Que nous fassions	Que nous ayons fait	Que nous fissions	Que nous eussions fait

CONDITIONNEL

Présent	Passé
Je ferais	J'aurais fait

IMPERATIF

Présent
Fais
Faisons
Faites

INFINITIF

Présent	Passé
Faire	Avoir fait

PARTICIPE

Présent	Passé
Faisant	Fait, ayant fait

[Prendre – 3e Groupe]

INDICATIF

Présent	Imparfait	Passé simple	Futur
Je prends	Je prenais	Je pris	Je prendrai
Tu prends	Tu prenais	Tu pris	Tu prendras
Il prend	Il prenait	Il prit	Il prendra
Nous prenons	Nous prenions	Nous prîmes	Nous prendrons
Vous prenez	Vous preniez	Vous prîtes	Vous prendrez
Ils prennent	Ils prenaient	Ils prirent	Ils prendront

Passé composé	Plus-que-parfait	Passé antérieur	Futur antérieur
J'ai pris	J'avais pris	J'eus pris	J'aurai pris

SUBJONCTIF

Présent	Passé	Imparfait	Plus-que-parfait
Que je prenne	Que j'aie pris	Que je prisse	Que j'eusse pris
Qu'il prenne	Qu'il ait pris	Qu'il prît	Qu'il eût pris
Que nous prenions	Que nous ayons pris	Que nous prissions	Que nous eussions pris

CONDITIONNEL

Présent	Passé
Je prendrais	J'aurais pris

IMPERATIF

Présent
Prends
Prenons
Prenez

INFINITIF

Présent	Passé
Prendre	Avoir pris

PARTICIPE

Présent	Passé
Prenant	Pris, ayant pris

[Savoir – 3e Groupe]

INDICATIF

Présent	Imparfait	Passé simple	Futur
Je sais	Je savais	Je sus	Je saurai
Tu sais	Tu savais	Tu sus	Tu sauras
Il sait	Il savait	Il sut	Il saura
Nous savons	Nous savions	Nous sûmes	Nous saurons
Vous savez	Vous saviez	Vous sûtes	Vous saurez
Ils savent	Ils savaient	Ils surent	Ils sauront

Passé composé	Plus-que-parfait	Passé antérieur	Futur antérieur
J'ai su	J'avais su	J'eus su	J'aurai su

SUBJONCTIF

Présent	Passé	Imparfait	Plus-que-parfait
Que je sache	Que j'aie su	Que je susse	Que j'eusse su
Qu'il sache	Qu'il ait su	Qu'il sût	Qu'il eût su
Que nous sachions	Que nous ayons su	Que nous sussions	Que nous eussions su

CONDITIONNEL

Présent	Passé
Je saurais	J'aurais su

IMPERATIF

Présent
Sache
Sachons
Sachez

INFINITIF

Présent	Passé
Savoir	Avoir su

PARTICIPE

Présent	Passé
Sachant	Su, ayant su

[Valoir – 3e Groupe]

INDICATIF

Présent	Imparfait	Passé simple	Futur
Je vaux	Je valais	Je valus	Je vaudrai
Tu vaux	Tu valais	Tu valus	Tu vaudras
Il vaut	Il valait	Il valut	Il vaudra
Nous valons	Nous valions	Nous valûmes	Nous vaudrons
Vous valez	Vous valiez	Vous valûtes	Vous vaudrez
Ils valent	Ils valaient	Ils valurent	Ils vaudront

Passé composé	Plus-que-parfait	Passé antérieur	Futur antérieur
J'ai valu	J'avais valu	J'eus valu	J'aurai valu

SUBJONCTIF

Présent	Passé	Imparfait	Plus-que-parfait
Que je vaille	Que j'aie valu	Que je valusse	Que j'eusse valu
Qu'il vaille	Qu'il ait valu	Qu'il valût	Qu'il eût valu
Que nous valions	Que nous ayons valu	Que nous valussions	Que nous eussions valu

CONDITIONNEL

Présent	Passé
Je vaudrais	J'aurais valu

IMPERATIF

Présent
Vaux
Valons
Valez

INFINITIF

Présent	Passé
Valoir	Avoir valu

PARTICIPE

Présent	Passé
Valant	Valu, ayant valu

[Venir – 3e Groupe]

INDICATIF

Présent	Imparfait	Passé simple	Futur
Je viens	Je venais	Je vins	Je viendrai
Tu viens	Tu venais	Tu vins	Tu viendras
Il vient	Il venait	Il vint	Il viendra
Nous venons	Nous venions	Nous vînmes	Nous viendrons
Vous venez	Vous veniez	Vous vîntes	Vous viendrez
Ils viennent	Ils venaient	Ils vinrent	Ils viendront

Passé composé	Plus-que-parfait	Passé antérieur	Futur antérieur
Je suis venu	J'étais venu	Je fus venu	Je serai venu

SUBJONCTIF

Présent	Passé	Imparfait	Plus-que-parfait
Que je vienne	Que je sois venu	Que je vinsse	Que je fusse venu
Qu'il vienne	Qu'il soit venu	Qu'il vînt	Qu'il fût venu
Que nous venions	Que nous soyons venus	Que nous vinssions	Que nous fussions venus

CONDITIONNEL

Présent	Passé
Je viendrais	Je serais venu

IMPERATIF

Présent
Viens
Venons
Venez

INFINITIF

Présent	Passé
Venir	Etre venu

PARTICIPE

Présent	Passé
Venant	Venu, étant venu

[Voir – 3e Groupe]

INDICATIF

Présent	Imparfait	Passé simple	Futur
Je vois	Je voyais	Je vis	Je verrai
Tu vois	Tu voyais	Tu vis	Tu verras
Il voit	Il voyait	Il vit	Il verra
Nous voyons	Nous voyions	Nous vîmes	Nous verrons
Vous voyez	Vous voyiez	Vous vîtes	Vous verrez
Ils voient	Ils voyaient	Ils virent	Ils verront

Passé composé	Plus-que-parfait	Passé antérieur	Futur antérieur
J'ai vu	J'avais vu	J'eus vu	J'aurai vu

SUBJONCTIF

Présent	Passé	Imparfait	Plus-que-parfait
Que je voie	Que j'aie vu	Que je visse	Que j'eusse vu
Qu'il voie	Qu'il ait vu	Qu'il vît	Qu'il eût vu
Que nous voyions	Que nous ayons vu	Que nous vissions	Que nous eussions vu

CONDITIONNEL

Présent	Passé
Je verrais	J'aurais vu

IMPERATIF

Présent
Vois
Voyons
Voyez

INFINITIF

Présent	Passé
Voir	Avoir vu

PARTICIPE

Présent	Passé
Voyant	Vu, ayant vu

[Vouloir – 3e Groupe]

INDICATIF

Présent	Imparfait	Passé simple	Futur
Je veux	Je voulais	Je voulus	Je voudrai
Tu veux	Tu voulais	Tu voulus	Tu voudras
Il veut	Il voulait	Il voulut	Il voudra
Nous voulons	Nous voulions	Nous voulûmes	Nous voudrons
Vous voulez	Vous vouliez	Vous voulûtes	Vous voudrez
Ils veulent	Ils voulaient	Ils voulurent	Ils voudront

Passé composé	Plus-que-parfait	Passé antérieur	Futur antérieur
J'ai voulu	J'avais voulu	J'eus voulu	J'aurai voulu

SUBJONCTIF

Présent	Passé	Imparfait	Plus-que-parfait
Que je veuille	Que j'aie voulu	Que je voulusse	Que j'eusse voulu
Qu'il veuille	Qu'il ait voulu	Qu'il voulût	Qu'il eût voulu
Que nous voulions	Que nous ayons voulu	Que nous voulussions	Que nous eussions voulu

CONDITIONNEL

Présent	Passé
Je voudrais	J'aurais voulu

IMPERATIF

Présent
Veux / Veuille
Voulons / Veuillons
Voulez / Veuillez

INFINITIF

Présent	Passé
Vouloir	Avoir voulu

PARTICIPE

Présent	Passé
Voulant	Voulu, ayant voulu

[Connaître – 3e Groupe]

INDICATIF

Présent	Imparfait	Passé simple	Futur
Je connais	Je connaissais	Je connus	Je connaîtrai
Tu connais	Tu connaissais	Tu connus	Tu connaîtras
Il connaît	Il connaissait	Il connut	Il connaîtra
Nous connaissons	Nous connaissions	Nous connûmes	Nous connaîtrons
Vous connaissez	Vous connaissiez	Vous connûtes	Vous connaîtrez
Ils connaissent	Ils connaissaient	Ils connurent	Ils connaîtront

Passé composé	Plus-que-parfait	Passé antérieur	Futur antérieur
J'ai connu	J'avais connu	J'eus connu	J'aurai connu

SUBJONCTIF

Présent	Passé	Imparfait	Plus-que-parfait
Que je connaisse	Que j'aie connu	Que je connusse	Que j'eusse connu
Qu'il connaisse	Qu'il ait connu	Qu'il connût	Qu'il eût connu
Que nous connaissions	Que nous ayons connu	Que nous connussions	Que nous eussions connu

CONDITIONNEL / IMPERATIF

Présent	Passé	Présent (Impératif)
Je connaîtrais	J'aurais connu	Connais
		Connaissons
		Connaissez

INFINITIF / PARTICIPE

Présent	Passé	Présent (Participe)	Passé (Participe)
Connaître	Avoir connu	Connaissant	Connu, ayant connu

[Acquérir – 3e Groupe]

INDICATIF

Présent	Imparfait	Passé simple	Futur
J'acquiers	J'acquérais	J'acquis	J'acquerrai
Tu acquiers	Tu acquérais	Tu acquis	Tu acquerras
Il acquiert	Il acquérait	Il acquit	Il acquerra
Nous acquérons	Nous acquérions	Nous acquîmes	Nous acquerrons
Vous acquérez	Vous acquériez	Vous acquîtes	Vous acquerrez
Ils acquièrent	Ils acquéraient	Ils acquirent	Ils acquerront

Passé composé	Plus-que-parfait	Passé antérieur	Futur antérieur
J'ai acquis	J'avais acquis	J'eus acquis	J'aurai acquis

SUBJONCTIF

Présent	Passé	Imparfait	Plus-que-parfait
Que j'acquière	Que j'aie acquis	Que j'acquisse	Que j'eusse acquis
Qu'il acquière	Qu'il ait acquis	Qu'il acquît	Qu'il eût acquis
Que nous acquérions	Que nous ayons acquis	Que nous acquissions	Que nous eussions acquis

CONDITIONNEL

Présent	Passé
J'acquerrais	J'aurais acquis

IMPERATIF

Présent
Acquiers
Acquérons
Acquérez

INFINITIF

Présent	Passé
Acquérir	Avoir acquis

PARTICIPE

Présent	Passé
Acquérant	Acquis, ayant acquis

[Pouvoir – 3e Groupe]

INDICATIF

Présent	Imparfait	Passé simple	Futur
Je peux	Je pouvais	Je pus	Je pourrai
Tu peux	Tu pouvais	Tu pus	Tu pourras
Il peut	Il pouvait	Il put	Il pourra
Nous pouvons	Nous pouvions	Nous pûmes	Nous pourrons
Vous pouvez	Vous pouviez	Vous pûtes	Vous pourrez
Ils peuvent	Ils pouvaient	Ils purent	Ils pourront

Passé composé	Plus-que-parfait	Passé antérieur	Futur antérieur
J'ai pu	J'avais pu	J'eus pu	J'aurai pu

SUBJONCTIF

Présent	Passé	Imparfait	Plus-que-parfait
Que je puisse	Que j'aie pu	Que je pusse	Que j'eusse pu
Qu'il puisse	Qu'il ait pu	Qu'il pût	Qu'il eût pu
Que nous puissions	Que nous ayons pu	Que nous pussions	Que nous eussions pu

CONDITIONNEL / IMPERATIF

Présent	Passé	Présent (Impératif)
Je pourrais	J'aurais pu	-
		-
		-

INFINITIF / PARTICIPE

Présent	Passé	Présent (Participe)	Passé (Participe)
Pouvoir	Avoir pu	Pouvant	Pu, ayant pu

[Mettre – 3e Groupe]

INDICATIF

Présent	Imparfait	Passé simple	Futur
Je mets	Je mettais	Je mis	Je mettrai
Tu mets	Tu mettais	Tu mis	Tu mettras
Il met	Il mettait	Il mit	Il mettra
Nous mettons	Nous mettions	Nous mîmes	Nous mettrons
Vous mettez	Vous mettiez	Vous mîtes	Vous mettrez
Ils mettent	Ils mettaient	Ils mirent	Ils mettront

Passé composé	Plus-que-parfait	Passé antérieur	Futur antérieur
J'ai mis	J'avais mis	J'eus mis	J'aurai mis

SUBJONCTIF

Présent	Passé	Imparfait	Plus-que-parfait
Que je mette	Que j'aie mis	Que je misse	Que j'eusse mis
Qu'il mette	Qu'il ait mis	Qu'il mît	Qu'il eût mis
Que nous mettions	Que nous ayons mis	Que nous missions	Que nous eussions mis

CONDITIONNEL

Présent	Passé
Je mettrais	J'aurais mis

IMPERATIF

Présent
Mets
Mettons
Mettez

INFINITIF

Présent	Passé
Mettre	Avoir mis

PARTICIPE

Présent	Passé
Mettant	Mis, ayant mis

[Falloir – Verbe impersonnel]

INDICATIF

Présent	Imparfait	Passé simple	Futur
Il faut	Il fallait	Il fallut	Il faudra

Passé composé	Plus-que-parfait	Passé antérieur	Futur antérieur
Il a fallu	Il avait fallu	Il eut fallu	Il aura fallu

SUBJONCTIF

Présent	Passé	Imparfait	Plus-que-parfait
Qu'il faille	Qu'il ait fallu	Qu'il fallût	Qu'il eût fallu

CONDITIONNEL / IMPERATIF

Présent	Passé	Présent	Passé
Il faudrait	Il aurait fallu	(inusité)	(inusité)

INFINITIF / PARTICIPE

Présent	Passé	Présent	Passé
Falloir	Avoir fallu	(inusité)	Fallu, ayant fallu

IV. PROVERBES, DICTONS ET EXPRESSIONS

Les proverbes, dictons et expressions qui suivent n'ont pas été consignés dans cet ouvrage pour faire de la figuration. Il est fréquent au Tage Mage que ces derniers nourrissent les énoncés de questions ardues. Ne prenez donc pas ce chapitre à la légère...

160 proverbes et dictons

Les proverbes et dictons font régulièrement l'objet de questions dans les épreuves de raisonnement & argumentation et d'expression. Nous ne doutons pas un instant que vous connaissez la majorité des proverbes et dictons qui suivent ; mais sauriez-vous donner pour chacun d'entre eux une explication précise ? **A vous de jouer** !

(1) **A bon chat bon rat.**
Se dit quand celui qui attaque trouve un adversaire capable de lui résister.

(2) **A beau mentir qui vient de loin.**
Celui qui vient d'une contrée lointaine peut, sans craindre d'être démenti, raconter des mensonges.

(3) **Abondance de biens ne nuit pas.**
On accepte souvent, par mesure de prudence, une chose dont on a déjà une quantité suffisante.

(4) **A bon vin point d'enseigne.**
Ce qui est de qualité se recommande de soi-même.

(5) **A chaque jour suffit sa peine.**
Supportons les difficultés d'aujourd'hui sans penser par avance à celles que peut nous réserver l'avenir.

(6) **A cœur vaillant rien d'impossible.**
Avec du courage, on peut venir à bout de tout.

(7) **L'air ne fait pas la chanson.**
L'aspect n'est pas la réalité.

(8) **A l'impossible nul n'est tenu.**
On ne peut attendre de quiconque ce qu'il lui est impossible de faire.

(9) **A l'œuvre on connaît l'artisan.**
C'est par la valeur de son ouvrage que l'on juge celui qui l'a réalisé.

(10) **Après la pluie, le beau temps.**
La joie fait souvent suite à la tristesse, et le bonheur succède souvent au malheur.

(11) **A père avare, enfant prodigue.**
Les enfants contrebalancent souvent les défauts de leurs parents en développant les qualités qui leurs sont opposées.

(12) **L'appétit vient en mangeant.**
Plus on a, plus on veut avoir.

(13) **L'argent est un bon serviteur et un mauvais maître.**
L'argent participe au bonheur de celui qui sait l'employer mais fait le malheur de celui qui se laisse dominer par l'avarice ou la cupidité.

(14) **A méchant ouvrier, point de bon outil.**
Le mauvais ouvrier fait toujours du mauvais travail et met ses erreurs sur le compte de ses outils.

(15) **L'argent n'a pas d'odeur.**
Certains ne se soucient guère de la façon dont ils gagnent de l'argent pourvu qu'ils en gagnent.

(16) **A tout seigneur, tout honneur.**
Il faut faire honneur à chacun suivant son rang.

(17) **Au royaume des aveugles, les borgnes sont rois.**
Avec un mérite ou un savoir médiocre, on brille parmi les sots et les ignorants.

(18) **Autant en emporte le vent.**
Se dit en parlant de serments auxquels on n'ajoute pas foi, ou qui ne se sont pas réalisés.

(19) **Autres temps, autres mœurs.**
Les mœurs évoluent d'une époque à l'autre.

(20) **Aux grands maux les grands remèdes.**
Il faut prendre des mesures énergiques contre les maux graves et dangereux.

(21) **Avec des « si », on mettrait Paris en bouteille.**
A se limiter à des conjectures, tout semble possible mais on perd le sens du réel.

(22) **A vieille mule, frein doré.**
On décore et embellit une vieille bête pour mieux la vendre ; se dit aussi de femmes âgées qui abusent d'artifices et de parures.

(23) **Beaucoup de bruit pour rien.**
Titre d'une comédie de Shakespeare, devenu un proverbe exprimant que telle affaire a pris des proportions sans rapports avec sa (faible) importance.

(24) **Les beaux esprits se rencontrent.**
Se dit plaisamment lorsqu'une même idée, un même raisonnement, une même vérité, est énoncée simultanément par deux personnes.

(25) **Bien faire, et laisser dire.**
Il faut faire son devoir sans s'inquiéter des critiques.

(26) **Bien mal acquis ne profite jamais.**
On ne peut jouir en paix du bien obtenu par des moyens illégitimes.

(27) **Bonne renommée vaut mieux que ceinture dorée.**
Mieux vaut bénéficier de l'estime publique que d'être riche.

(28) **Bon sang ne peut mentir.**
Qui est d'une noble race ne saurait s'en montrer indigne.

(29) **Les bons comptes font les bons amis.**
Pour rester amis, il ne faut pas laisser subsister de dettes entre l'un et l'autre.

(30) **La caque sent toujours le hareng.**
On porte toujours en soi des traces de son origine, de son passé.

(31) **Ce que femme veut, Dieu le veut.**
Les femmes parviennent toujours à leurs fins.

(32) **C'est en forgeant qu'on devient forgeron.**
A force de s'exercer à une chose, on y devient compétent.

(33) **C'est le ton qui fait la chanson.**
C'est la façon dont il dit les choses qui marque l'intention véritable du locuteur.

(34) **C'est l'hôpital qui se moque de la Charité.**
Se dit de celui qui rit de la misère d'autrui, bien qu'il soit lui-même aussi misérable.

(35) **Chacun pour soi et Dieu pour tous.**
Il faut penser à soi, et laisser à Dieu le soin de s'occuper des autres.

(36) **Charbonnier est maître chez soi.**
Le maître de maison est en droit d'agir comme il le souhaite dans sa propre demeure.

(37) **Charité bien ordonnée commence par soi-même.**
Avant de se préoccuper des autres, il faut songer à soi.

(38) **Chat échaudé craint l'eau froide.**
On craint même l'apparence de ce qui vous a déjà nui.

(39) **Le chat parti, les souris dansent.**
Quand maîtres ou chefs sont absents, écoliers ou subordonnés tirent parti de leur liberté.

(40) **Les chiens aboient, la caravane passe.**
Qui est sûr de ses choix ne s'en laisse pas détourner, même par la désapprobation la plus bruyante.

(41) **Chose promise, chose due.**
On est tenu de faire ce que l'on a promis.

(42) **Cœur qui soupire n'a pas ce qu'il désire.**
Les soupirs que l'on pousse prouvent que l'on n'est pas heureux.

(43) **Comme on connaît les saints on les honore.**
On traite chacun selon sa personnalité.

(44) **Comme on fait son lit on se couche.**
Il faut s'attendre, en bien ou en mal, à vivre ce que l'on s'est préparé à soi-même par sa conduite.

(45) **Comparaison n'est pas raison.**
Une comparaison ne prouve rien.

(46) **Les conseilleurs ne sont pas les payeurs.**
Méfions-nous parfois des conseilleurs ; ni leur personne ni leur bourse ne courent le risque qu'ils recommandent.

(47) **Contentement passe richesse.**
Le bonheur vaut mieux que la fortune.

(48) **Les cordonniers sont les plus mal chaussés.**
On néglige souvent les avantages dont on pourrait disposer de par sa condition.

(49) **Dans le doute, abstiens-toi.**
Maxime qui vaut pour le doute pratique pour le doute purement spéculatif.

(50) **De deux maux, il faut choisir le moindre.**
Adage que l'on attribue à Socrate, qui aurait ainsi expliqué pourquoi il avait épousé une femme de très petite taille.

(51) **Défiance (ou méfiance) est mère de sûreté.**
Il ne faut pas être trop confiant, si l'on ne veut pas être dupé.

(52) **De la discussion jaillit la lumière.**
Des opinions débattues contradictoirement se dégage la vérité.

(53) **Déshabiller saint Pierre pour habiller saint Paul.**
Contracter une dette pour en acquitter une autre ; se tirer d'une difficulté en s'en créant une nouvelle.

(54) **Deux avis valent mieux qu'un.**
On fait bien, avant d'agir, de solliciter plusieurs avis.

(55) **Donner un œuf pour avoir un bœuf.**
Faire un petit présent dans l'espoir d'en recevoir un plus conséquent.

(56) **L'eau va à la rivière.**
L'argent va aux riches.

(57) **En avril, n'ôte pas un fil ; en mai, fais ce qu'il te plaît.**
Il ne faut pas mettre de vêtements légers en avril ; on le peut en mai.

(58) **L'enfer est pavé de bonnes intentions.**
Les bonnes intentions ne suffisent pas si elles ne sont pas réalisées ou ne produisent que des résultats fâcheux.

(59) **Entre l'arbre et l'écorce, il ne faut pas mettre le doigt.**
Il ne faut pas s'immiscer dans une dispute entre proches.

(60) **Erreur n'est pas compte.**
Tant que demeure une erreur, un compte n'est pas définitif.

(61) **L'exception confirme la règle.**
Cela même qui est reconnu en tant qu'exception constate une règle, puisque sans la règle, point d'exception.

(62) **La faim chasse le loup hors du bois.**
La nécessité oblige les hommes à faire des choses qui ne sont pas de leur goût.

(63) **Faute de grives, on mange des merles.**
Faute de mieux, il faut savoir se contenter de ce que l'on a.

(64) **La fête passée, adieu le saint.**
Une fois une satisfaction obtenue, on oublie à qui on la doit.

(65) **La fin justifie les moyens.**
Principe d'après lequel un objectif justifierait les entreprises coupables consenties pour l'atteindre.

(66) **La fortune vient en dormant.**
Le meilleur moyen de s'enrichir est d'attendre passivement un heureux coup du sort.

(67) **Des goûts et des couleurs, il ne faut pas discuter.**
Chacun est libre de ses préférences et affectations.

(68) **Les grandes douleurs sont muettes.**
La profonde souffrance morale ne fait entendre aucune plainte.

(69) **L'habit ne fait pas le moine.**
Il ne faut pas juger les autres sur la base de leur apparence.

(70) **L'habitude est une seconde nature.**
L'habitude dirige nos actions aussi profondément que nos instincts naturels.

(71) **Heureux au jeu, malheureux en amour.**
Qui l'emporte souvent au jeu est rarement heureux en ménage.

(72) **Il faut battre le fer pendant qu'il est chaud.**
Lorsqu'une affaire est en bonne voie, il faut poursuivre et persévérer activement.

(73) **Il faut que jeunesse se passe.**
On doit pardonner les fautes que l'insouciance fait commettre aux jeunes.

(74) **Il faut qu'une porte soit ouverte ou fermée.**
Il faut décider dans un sens ou dans un autre.

(75) **Il faut rendre à César ce qui appartient à César, et à Dieu ce qui est à Dieu.**
Il faut donner ou attribuer à chacun ce qui lui est dû.

(76) **Il faut tourner sa langue sept fois dans sa bouche avant de parler.**
Avant de prendre la parole, il faut bien peser ses propos.

(77) **Il ne faut jamais jeter le manche après la cognée.**
Il ne faut jamais se décourager.

(78) **Il ne faut jurer de rien.**
Il ne faut jamais tenir le futur pour certain.

(79) **Il ne faut pas dire : « Fontaine, je ne boirai pas de ton eau. »**
Nul ne peut garantir qu'il ne recourra jamais à une personne ou à une chose.

(80) **Il n'est pire eau que l'eau qui dort.**
Ce sont des personnes d'apparence calme et inoffensive qu'il faut le plus se méfier.

(81) **Il n'est point de sot métier.**
Toutes les professions méritent d'être respectées.

(82) **Il n'y a pas de fumée sans feu.**
Derrière les rumeurs et les apparences, il y a toujours quelque chose de vrai.

(83) **Il n'y a que la vérité qui blesse.**
Les seuls reproches vraiment douloureux sont ceux que l'on a mérités.

(84) **Il n'y a que le premier pas qui coûte.**
Le plus ardu en toute chose est de commencer.

(85) **Il vaut mieux aller au moulin qu'au médecin.**
Se soigner coûte plus cher encore que s'alimenter.

(86) **Il vaut mieux avoir affaire à Dieu qu'à ses saints.**
Il vaut mieux converser directement avec le maître qu'avec ses subalternes.

(87) **Il vaut mieux tenir que courir.**
La possession est préférable à l'espérance.

(88) **Il y a loin de la coupe aux lèvres.**
Il peut se produire beaucoup entre l'élaboration d'un projet et sa réalisation.

(89) **Le jeu ne vaut pas la chandelle.**
Le but dont on parle ne vaut pas la peine que l'on se donne pour l'obtenir.

(90) **Les jours se suivent et ne se ressemblent pas.**
Les circonstances évoluent avec le temps.

(91) **Loin des yeux, loin du cœur.**
L'absence détruit ou fragilise les affections.

(92) **Les loups ne se mangent pas entre eux.**
Les méchants ne se nuisent pas les uns aux autres.

(93) **Mains froides, cœur chaud.**
La froideur des mains indique un caractère amoureux.

(94) **Mauvaise herbe croît toujours.**
Un enfant de mauvais caractère (« mauvaise graine ») grandit toujours vite.

(95) **Mettre la charrue avant les bœufs.**
Caractérise l'acte de commencer par où l'on devrait finir.

(96) **Le mieux est l'ennemi du bien.**
On court le risque de perdre ce qui est bien en voulant obtenir mieux.

(97) **Mieux vaut tard que jamais.**
Il vaut mieux agir tardivement que ne pas agir du tout.

(98) **Morte la bête, mort le venin.**
Une fois mort, un adversaire ou un méchant, ne peut plus nuire.

(99) **Les murs ont des oreilles.**
Lors d'une discussion confidentielle, il faut toujours se méfier de ce qui vous entoure.

(100) **Nécessité fait loi.**
En cas de besoin ou de péril extrême, on peut s'exonérer de toutes les obligations conventionnelles.

(101) **Ne fais pas à autrui ce que tu ne voudrais pas qu'on te fît.**
Règle de conduite qui constitue la base d'une morale élémentaire.

(102) **N'éveillez pas le chat qui dort.**
Il ne faut pas raviver une affaire pénible, une menace assoupie.

(103) **La nuit porte conseil.**
La nuit est propice à nous inspirer de sages considérations.

(104) **La nuit, tous les chats sont gris.**
De nuit, il est malaisé de bien distinguer les personnes et les choses.

(105) **Nul n'est prophète en son pays.**
Personne n'est estimé à sa juste valeur là où il vit habituellement.

(106) **L'occasion fait le larron.**
L'occasion suscite des actions répréhensibles auxquelles on n'aurait pas songé.

(107) **L'oisiveté est mère de tous les vices.**
N'avoir rien à faire, c'est être en butte à toutes les tentations.

(108) **On ne fait pas d'omelette sans casser d'œufs.**
On n'atteint pas un objectif sans difficultés ni sacrifices.

(109) **On ne prête qu'aux riches.**
On n'offre d'aide qu'à ceux qui sont en état de la rétribuer ; on attribue volontiers certains actes à ceux qui ont pour habitude de les faire.

(110) **On reconnaît l'arbre à ses fruits.**
C'est à la hauteur de ses actes que l'on évalue la valeur d'un homme.

(111) **Paris ne s'est pas fait en un jour.**
Les grandes choses, les grands projets mettent longtemps à se réaliser.

(112) **Pauvreté n'est pas vice.**
Il n'y a pas de déshonneur à être pauvre.

(113) **Petit à petit, l'oiseau fait son nid.**
A force de persévérance et d'opiniâtreté, on vient à bout d'une entreprise.

(114) **Petite pluie abat grand vent.**
Souvent, il suffit de peu de choses pour apaiser une grande colère.

(115) **Les petits ruisseaux font les grandes rivières.**
Les petits profits engrangés finissent par produire de grands bénéfices.

(116) **Pierre qui roule n'amasse pas mousse.**
On ne fait pas fortune en changeant souvent d'état ou de pays.

(117) **La pluie du matin réjouit le pèlerin.**
La pluie du matin signifie souvent que la journée sera belle.

(118) **La plus belle fille du monde ne peut donner que ce qu'elle a.**
Nul ne peut donner ce qu'il ne possède pas.

(119) **Plus on est de fous, plus on rit.**
La gaîté et les rires sont d'autant plus vifs que ceux qui les partagent sont nombreux.

(120) **Point de nouvelles, bonnes nouvelles.**
En l'absence de nouvelles de quelqu'un, on peut présumer qu'il ne lui est rien arrivé de grave.

(121) **Quand on veut noyer son chien, on dit qu'il a la rage (ou la gale).**
Quand on veut nuire à quelqu'un, on l'accuse faussement.

(122) **Qui a bu boira.**
On ne se débarrasse jamais complètement d'un défaut devenu une habitude.

(123) **Qui aime bien châtie bien.**
L'amour véritable est celui qui n'a pas peur de recourir à une sage sévérité.

(124) **Quiconque se sert de l'épée périra par l'épée.**
Celui qui use de violence mourra par la violence.

(125) **Qui donne aux pauvres prête à Dieu.**
Celui qui fait la charité en sera récompensé dans l'au-delà.

(126) **Qui dort dîne.**
Dormir permet d'apaiser / de faire passer la faim.

(127) **Qui ne dit mot consent.**
Ne pas formuler d'objection, c'est donner son approbation.

(128) **Qui ne risque rien n'a rien.**
Il n'y a pas de victoires sans risques.

(129) **Qui paye ses dettes s'enrichit.**
En réglant ses dettes, on accroît son crédit et sa réputation.

(130) **Qui peut le plus peut le moins.**
Celui qui a les moyens de faire une chose difficile, coûteuse, etc., dispose *a fortiori* des moyens de faire une chose plus aisée, moins coûteuse.

(131) **Qui sème le vent récolte la tempête.**
Quiconque génère le chaos et le désordre ne peut se plaindre de ce qui en découle.

(132) **Qui se ressemble s'assemble.**
Ceux qui ont les mêmes inclinations se recherchent mutuellement.

(133) **Qui se sent morveux se mouche.**
Que celui qui se sent fautif s'applique à lui-même ce qui vient d'être dit.

(134) **Qui s'y frotte s'y pique.**
Celui qui s'y risque le regrette.

(135) **Qui trop embrasse mal étreint.**
Qui entreprend trop de choses à la fois n'en mène à bien aucune.

(136) **Qui va à la chasse perd sa place.**
Qui abandonne sa place doit se préparer à la voir occupée à son retour.

(137) **Qui veut aller loin ménage sa monture.**
Il faut ménager son énergie, ses moyens, etc., si l'on veut tenir, durer longtemps.

(138) **Rira bien qui rira le dernier.**
Qui rit d'autrui pourrait bien se voir moqué à son tour si les circonstances changeaient.

(139) **Rome ne s'est pas faite en un jour.**
Les grandes choses, les grands projets mettent longtemps à se réaliser.

(140) **Tant va la cruche à l'eau qu'à la fin elle se casse (ou qu'enfin elle se brise).**
Toute chose finit un jour par s'user ; à force de s'exposer au danger, on finit par y succomber ; à force de faire la même erreur, on en subit un jour les conséquences.

(141) **Si jeunesse savait, si vieillesse pouvait.**
Les jeunes manquent d'expérience, et les personnes âgées de force et de santé.

(142) **Le soleil luit pour tout le monde.**
Chacun a également droit à ce que la nature offre à tous.

(143) **Tel est pris qui croyait prendre.**
On est souvent victime du mauvais tour que l'on a voulu faire à autrui.

(144) **Tel père, tel fils.**
Les fils tiennent fréquemment de leurs pères.

(145) **Tous les goûts sont dans la nature.**
Se dit lorsque l'on est confronté à une personne dont les goûts sont singuliers.

(146) **Tous les chemins mènent à Rome.**
Il existe de multiples moyens de parvenir à un même but.

(147) **Toute peine (ou travail) mérite salaire.**
Chacun mérite compensation pour sa peine, aussi minime soit-elle.

(148) **Tout est bien qui finit bien.**
Se dit lorsqu'une entreprise réussit après une phase d'incertitude et de doute.

(149) **Toute vérité n'est pas bonne à dire.**
Il n'est pas toujours bon, ou opportun, de dire ce que l'on tient pour vrai.

(150) **Tout nouveau tout beau.**
Ce qui est nouveau a toujours un attrait.

(151) **Un clou chasse l'autre.**
Se dit au sujet de personnes ou de choses qui font suite à d'autres et qui les font oublier.

(152) **Un de perdu, dix de retrouvés.**
Se dit pour assurer que ce qui a été perdu sera aisément remplacé.

(153) **Une fois n'est pas coutume.**
Un acte isolé n'engage pas ; on peut fermer les yeux sur un acte isolé.

(154) **Une hirondelle ne fait pas le printemps.**
Il ne faut pas tirer de conclusions hâtives d'un seul cas ou d'un seul fait.

(155) **Un homme averti en vaut deux.**
Qui a été informé de ce qu'il doit redouter est de ce fait doublement prêt à y faire face.

(156) **Un mauvais arrangement vaut mieux qu'un bon procès.**
S'entendre, sous quelque modalité que ce soit, vaut mieux que d'aller en justice.

(157) **Un tiens vaut mieux que deux tu l'auras.**
Posséder peu (avec certitude) vaut mieux qu'espérer plus (sans garantie de l'obtenir).

(158) **Ventre affamé n'a point d'oreilles.**
Qui est tiraillé par la faim n'entend rien d'autre que son appétit.

(159) **Le vin est tiré, il faut le boire.**
Lorsqu'une entreprise est engagée, il faut en accepter les suites, même déplaisantes.

(160) **Vouloir, c'est pouvoir.**
La volonté est la seule véritable condition de la réussite.

25 expressions historiques tombées dans le langage courant

(1) **Après moi le déluge** !
Se désintéresser de ce qui arrive après soi (même s'il s'agit d'une catastrophe).

(2) **Aller à Canossa**
Se soumettre de façon complète et humiliante aux conditions émises par un adversaire.

(3) **Balkanisation**
Morcellement politique d'une région ou d'un Etat sur des bases instables.

(4) **Boycotter, boycott**
C'est le refus systématique de consommer les produits ou les services d'une entreprise ou d'une nation. On parle aussi de boycott d'élections.

(5) **C'est reparti comme en quatorze** !
Dans un sens ironique, repartir, soit avec entrain, soit au contraire avec résignation, pour la guerre ou une grosse affaire.

(6) **Cheval de Troie**
Don qui s'avère être fatal à celui qui le reçoit ; une ruse de guerre pour s'introduire secrètement chez l'ennemi.

(7) **Coup de Jarnac**
Un coup de Jarnac est un coup violent, habile et imprévu. Il a pris une connotation de coup déloyal qui n'existait pas à l'origine. Dans son sens premier, il s'agit, en escrime, d'un coup à l'arrière du genou ou de la cuisse, rendu célèbre par Gui Chabot de Jarnac, qui le porta lors d'un duel en 1547.

(8) **Coup de Trafalgar**
Accident imprévu et désastreux ; mauvais coup du sort.

(9) **Jacquerie**
Révolte paysanne caractérisée par une grande violence.

(10) **Lapalissade**
La lapalissade, également appelée vérité de La Palice, est une affirmation ridicule énonçant une évidence perceptible immédiatement.
Exemple : « *Certains hommes sont petits, d'autres pas.* » Cette phrase affirme que certains hommes sont petits, ce qui détermine une différence rapportée à une partie de la population. « *D'autres pas* » n'apporte rien de plus à la phrase et ne fait que répéter cette affirmation.

(11) **Ligne Maginot**
L'expression « Ligne Maginot » est aujourd'hui synonyme d'une défense que l'on croit inviolable mais qui s'avère en fait totalement inutile.

(12) **Limoger, limogeage**
Relever un militaire de son commandement ou un fonctionnaire de son poste à titre de sanction.

(13) **Lynchage**
Lyncher signifie exécuter quelqu'un sans l'avoir préalablement jugé. On parle de lynchage dans le cas d'une condamnation suivie d'une exécution sommaire par la foule, en dehors de tout cadre légal.

(14) **Nouveau Grenelle**
Réunion au sommet suivie d'un accord de premier plan entre le gouvernement et des partenaires sociaux ou autres.

(15) **Nouveau plan Marshall**
Plan de financement à grande échelle destiné à résoudre une crise économique à l'échelle internationale.

(16) **Nouvelle affaire Dreyfus**
Décision politique ou judiciaire scandaleusement injuste, reposant sur des présupposés xénophobes et/ou racistes.

(17) **Nouvelle Bastille à prendre**
Abattre le symbole d'un pouvoir tyrannique.

(18) **Opium du peuple**
Croyance qui procure au peuple un bonheur illusoire.

(19) **Paris vaut bien une messe**
Expression utilisée pour justifier une concession plus ou moins déshonorante mais qui permet d'obtenir un succès majeur.

(20) **Pasionaria**
Militante politique extrêmement active.

(21) **Stalinien**
Adjectif péjoratif qui qualifie un régime fondé systématiquement sur la terreur ou des pratiques autoritaires.

(22) **Tirer à la grosse Bertha**
Utiliser l'artillerie lourde ; employer d'importants moyens pour écraser un adversaire.

(23) **Travail de bénédictin**
Minutieux travail d'érudition.

(24) **Travailler pour le roi de Prusse**
Travailler pour rien, ne pas être payé pour ses peines ou sa participation active.

(25) **Watergate**
Scandale politique majeur susceptible de faire chuter un chef d'Etat ou un gouvernement.

15 expressions désuètes

(1) **Sus aux victuailles !**
A table.

(2) **Courir la gueuse**
Draguer.

(3) **Ramer des gencives**
Parler pour ne rien dire.

(4) **N'avoir que son cul et ses dents**
Manquer de personnalité.

(5) **Avoir des trous dans les bas**
Déprimer.

(6) **Ecluser un gorgeon**
Picoler.

(7) **Jeter son bonnet par dessus les moulins**
Se livrer à la débauche.

(8) **A cheval donné on ne regarde pas les dents**
Avoir la politesse élémentaire de ne pas chier là où on mange.

(9) **Au diable-vauvert**
Trifouillis-les-Oies ou le lieu-dit Ronjou, à Saint-Baldoph (Savoie). Loin, quoi !

(10) **Branler dans le manche**
Manquer de stabilité et/ou être défectueux.

(11) **Croquer le marmot**
Poireauter, attendre longtemps.

(12) **Peigner la girafe**
Glander sans scrupules.

(13) **Etre coiffé avec le loquet de la porte**
Etre coiffé n'importe comment (voire pas du tout).

(14) **Brûler la chandelle par les deux bouts**
Sexe, drogue et rock'n'roll…

(15) **Crier haro sur le baudet**
Manifester (bruyamment) son indignation et/ou jeter quelqu'un en pâture à la vindicte populaire.

60 expressions tirées de la Bible et de la mythologie

Les expressions tirées de la mythologie peuvent faire l'objet de questions difficiles au Tage Mage. Pas simple en effet d'improviser le sens d'une expression comme Une voix de Stentor ou Un supplice de Tantale... Allez courage ! C'est bientôt fini.

(1) **Passer sous les fourches caudines**
Subir une épreuve difficile et humiliante.

(2) **Être riche comme Crésus**
Cette expression désigne le fait d'être très riche, d'avoir à sa disposition une fortune considérable.

(3) **Toucher le pactole**
Dans la mythologie grecque, le Pactole était un fleuve où l'on trouvait beaucoup de paillettes d'or. Dionysos promit au roi Midas d'exaucer le vœu de son choix. Le roi lui demanda le pouvoir de transformer tout ce qu'il toucherait en or. Mais cela fit vite son malheur car il ne pouvait plus ni manger ni boire puisque tout ce qu'il touchait se transformait en métal précieux. Il demanda alors à Dionysos d'annuler ce vœu. Pour cela, il dû se laver les mains dans le Pactole, et fut alors l'origine de ces nombreuses pépites d'or que l'on trouvait dans le fleuve. C'est en référence à cet épisode de la mythologie que l'on parle de « pactole » pour désigner une grande richesse.

(4) **Tomber de Charybde en Scylla**
En tentant d'éviter un mal, tomber dans un autre encore plus grand. Synonyme : aller de mal en pis.

(5) **Être narcissique**
Ce terme est issu de la mythologie grecque. Narcisse tombe amoureux de son propre reflet et meurt de cette passion qu'il ne peut assouvir.

(6) **De la cuisse de Jupiter**
La mythologie grecque dit que Jupiter prit Dionysos en sa cuisse pour le protéger d'Héra. Protégé par les Dieux, Dionysos est donc bien né. Quelqu'un qui se croit sorti de la cuisse de Jupiter est donc quelqu'un de bien né, qui se croit supérieur de par sa naissance dans une famille privilégiée.

(7) **Un travail d'Hercule**
Une tâche très rude.

(8) **La tunique de Nessus**
Cette expression fait référence à des passions destructrices.
Blessé par Hercule, le centaure Nessus se vengea en offrant à Déjanire, sa bien-aimée, mais aussi la femme de son ennemi, une tunique sensée ramener son époux infidèle. Mais au lieu de cela, en la revêtant, Hercule se sentit consumé de l'intérieur ; une douleur telle qu'il préféra se brûler lui-même sur le mont Œta.

(9) **Être médusé**
Expression définissant une personne à l'état d'extrême stupéfaction ou qui a peur.

(10) **Une furie**
Femme très méchante et emportée.
Divinité romaine infernale assimilée aux Érinyes.

(11) **Le lit de Procuste**
Un supplice douloureux, une règle mesquine et tyrannique. Une volonté d'imposer un modèle, une uniformisation à tout prix.
Procuste était un terrifiant brigand de l'Attique qui non seulement détroussait ses victimes, mais les faisait étendre sur un lit de fer avant d'étirer leurs membres au moyen de cordages ou leur coupait les pieds pour les mettre à la mesure du lit.

(12) **Le rocher de Sisyphe**
Un travail pénible, mais inutile.
Cette expression mythologique fait allusion à Sisyphe, roi de Corinthe, fils d'Éole, qui fut envoyé aux Enfers et condamné à pousser éternellement un énorme rocher jusqu'au sommet d'une montagne. Chaque fois qu'il y parvenait, le rocher dévalait à nouveau la pente obligeant Sisyphe à sans cesse recommencer ce pénible travail.

(13) **Une égérie**
Conseillère, inspiratrice (d'un homme politique, d'un artiste).

(14) **Se lancer dans une entreprise prométhéenne**
Il s'agit d'une entreprise caractérisée par le goût de l'action et de la foi en l'homme.

(15) **Une voix de Stentor**
Voix forte, retentissante, en parlant de la voix d'un homme uniquement, en référence à Stentor de la mythologie grecque, qui était le crieur de l'armée.

(16) **Mener une vie de Spartiate**
Mener une vie austère.

(17) **Prononcer des paroles sibyllines**
Propos aux sens cachés relevant du mystère. Les sibylles étaient des grandes prêtresses capables de prédire l'avenir aux hommes et de leur faire savoir ce que les dieux allaient leur réserver.

(18) **Avoir une épée de Damoclès au-dessus de la tête**
Être en danger constant.

(19) **Une réponse laconique**
L'adjectif laconique tire son origine de la Laconie, une région de la péninsule du Péloponnèse où était située Sparte, une des cités les plus puissantes de la Grèce antique. Les habitants de cette région étaient reconnus pour être brefs dans leurs propos.

(20) **Renvoyer quelque chose aux calendes grecques**
Les calendes sont le premier jour de chaque mois. Au fil du temps est née l'expression renvoyer aux calendes grecques pour désigner le fait de remettre quelque chose à une date qui n'existe pas.

(21) **Une bacchanale (ou des bacchanales)**
Fêtes débridées que les Romains célébraient en l'honneur de Bacchus.

(22) **Le supplice de Tantale**
Déception d'un individu qui voit ses projets ne pas se réaliser alors qu'il est près du but.
Employée depuis le milieu du XIXe siècle, cette locution fait référence à la mythologie grecque. Tantale, fils de Zeus, était, suite à une punition de son père, condamné à supporter la faim et la soif pour l'éternité. En effet, lorsqu'il s'approchait d'un fruit ou d'une source, le premier se transformait en pierre, quant à la seconde, elle disparaissait. Cette expression symbolise la déception de quelqu'un qui voit ses projets s'envoler si près du but.

(23) **Suivre le fil d'Ariane**
Savoir se diriger, prendre la bonne voie pour arriver à un résultat ou pouvoir s'orienter au milieu des difficultés.

(24) **Perdre le fil**
Perdre les pédales ; s'empêtrer dans un raisonnement ; s'empêtrer dans ses propos ; arrêter de compter ; ne plus savoir la suite ; ne plus savoir où on en est d'un récit.

(25) **Remplir le tonneau des Danaïdes**
Une tâche sans fin, un travail à recommencer sans cesse.
Dans la mythologie grecque, les Danaïdes sont les cinquante filles du roi Danaos. Elles accompagnent leur père à Argos quand celui-ci fuit ses neveux, les cinquante fils de son frère Egyptos. Après qu'ils ont proposé une réconciliation, elles épousent leurs cousins et les mettent à mort le soir même des noces sous l'ordre de leur père. Les Danaïdes sont condamnées, aux Enfers, à remplir sans fin un tonneau sans fond.

(26) **Céder ou succomber au chant des sirènes**
Céder à la tentation ; se laisser séduire ; succomber à la tentation.

(27) **Se perdre dans un dédale**
Se perdre et ne plus savoir se retrouver.
Dédale était un remarquable architecte. C'est lui que le roi de Crète Minos chargea de préparer les plans du labyrinthe, pour y enfermer le Minotaure, monstre carnivore à la tête de taureau. Dédale fut enfermé dans son propre labyrinthe pour avoir dit à Ariane comment sortir du labyrinthe.

(28) **Nettoyer les écuries d'Augias**
Faire un grand nettoyage en employant des méthodes radicales. Le nettoyage des écuries d'Augias était l'un des douze travaux d'Hercule.

(29) **Un monument cyclopéen**
Qualifie un mode de construction primitif, constitué de grosses pierres non équarries.

(30) **Etre en tenue d'Adam et Eve**
Être tout nu

(31) **S'attirer les foudres (de quelqu'un)**
L'expression apparaît au XVIe siècle. La foudre est un phénomène naturel provoquant une décharge électrique importante lors d'un orage. Mais à l'époque, celle-ci apparaît plutôt comme la manifestation de la colère divine. Les foudres renvoient à des reproches importants ou à une condamnation. « S'attirer les foudres de quelqu'un » signifie s'attirer sa colère.

(32) **C'est David contre Goliath**
Combat entre deux personnes de force inégale.

(33) **Pomme de discorde**
Le sujet d'une dispute, le motif d'un désaccord, la source d'une mésentente.

(34) **Un jugement de Salomon**
Un jugement empreint de sagesse et d'équité ; un jugement qui partage les torts entre deux partis.
Le Premier Livre des Rois (3, 16-28) dit que le différend oppose deux femmes ayant chacune mis au monde un enfant, mais l'un était mort étouffé. Elles se disputèrent alors l'enfant survivant. Pour régler ce désaccord, Salomon réclama une épée et ordonna : « Partagez l'enfant vivant en deux et donnez une moitié à la première et l'autre moitié à la seconde ». L'une des femmes déclara qu'elle préférait renoncer à l'enfant plutôt que de le voir mourir. De ce fait, Salomon reconnut la véritable mère de l'enfant. Il lui donna le nourrisson et sauva ainsi la vie de l'enfant.

(35) **La pomme d'Adam**
Caractérise la saillie à l'avant du cou des hommes.
On raconte que si Eve parvint à avaler son morceau de fruit sans aucun mal, celui d'Adam lui, resta coincé dans sa gorge.

(36) **Un jardin d'Eden**
Le jardin d'Éden est défini comme un endroit merveilleux où vivaient Adam et Eve. Il est souvent comparé au Paradis.

(37) **Un tohu-bohu**
Désordre, confusion de choses mêlées.

(38) **Vieux comme Mathusalem**
Souligne la longévité d'une chose ou d'une personne et marque le caractère très ancien du sujet. Elle trouve son origine dans la Bible : Mathusalem est célèbre pour être la personne la plus âgée mentionnée dans l'ancien testament.

(39) **Le péché originel**
Le péché originel, ou péché ancestral pour les orthodoxes, est une doctrine de la théologie chrétienne qui décrit l'état dégradé de l'humanité depuis la Chute, c'est-à-dire la désobéissance d'Adam et Eve, premiers êtres humains créés par Dieu qui, selon le Livre de la Genèse, mangent le fruit défendu de l'arbre de la connaissance du bien et du mal.

(40) **Etre pauvre comme Job**
Pauvre comme la gale ; fauché comme les blés ; très pauvre ; dans un dénuement extrême ; gueux comme un rat d'église

(41) **Etre riche comme Hérode**
Etre très riche.

(42) **Une jérémiade**
Une jérémiade est une forme péjorative utilisée pour qualifier négativement les gémissements, les soupirs d'une personne. L'utilisation de ce terme implique que l'expression des revendications de cette personne serait incompréhensible et inappropriée.

(43) **Etre fort comme Samson**
Etre très fort. Force surhumaine.

(44) **Un colosse aux pieds d'argile**
Puissance, apparemment invulnérable, mais qui présente une faiblesse fatale. Origine : l'interprétation d'un rêve par le prophète Daniel qui annonçait l'effondrement du royaume de Babylone à Nabuchodonosor II.

(45) **Qui va à la chasse perd sa place**
Formule espiègle souvent lancée à celui qui a quitté sa place et pris le risque de ne pas la retrouver à son retour. Cette expression fait référence à l'épisode biblique de la Genèse entre les frères jumeaux Jacob et Esaü.

(46) **Toucher du bois**
Conjurer le sort pour avoir de la chance.

(47) **Œil pour œil dent pour dent**
Cette expression provient de la Loi du Talion, qui apparaît en 1730 avant J.-C. dans le code d'Hammourabi, alors roi de Babylone. Cette loi incitait à la vengeance individuelle, à condition que la peine soit identique au crime commis.

(48) **Ne connaître ni d'Eve ni d'Adam**
N'avoir jamais entendu parler de quelque chose ou de quelqu'un.

(49) **Une tour de Babel**
Lieu où l'on parle toutes sortes de langues. Origine : le récit biblique explique l'existence de nombreuses langues comme étant la punition divine contre les hommes, qui avaient décidé de construire une tour haute jusqu'au Ciel pour atteindre Dieu.

(50) **La terre promise**
Lieu riche, idéal ou idyllique. Origine : le Pays de Canaan ou Terre d'Israël, que Dieu a promise à Abraham et à sa descendance et où coulent le lait et le miel.

(51) **Un exode**
Départ contraint (d'une foule, d'une population ou d'un peuple). Origine : livre du Pentateuque qui raconte la sortie des Hébreux d'Égypte, sous la conduite de Moïse, et leur marche vers la Terre promise.

(52) **La manne**
Don providentiel. Origine : nourriture miraculeusement envoyée aux Hébreux pendant leur traversée du désert vers la Terre promise.

(53) **Un bouc émissaire**
Personne désignée pour porter la responsabilité d'une faute. Origine : le comman-dement divin de Dieu aux Israélites, d'envoyer un bouc dans le désert pour expier leurs fautes.

(54) **Chant du coq**
Allusion aux paroles du Christ annonçant à Pierre que celui-ci le reniera trois fois avant le chant du coq.

(55) **L'Épiphanie**
Fête célébrée le 6 janvier. Origine : commémoration de la première révélation de Jésus et de l'adoration des Mages.

(56) **Vivre un calvaire**
Vivre une épreuve interminable et très douloureuse. Origine : le Christ a été mis à mort au lieu-dit Golgotha, ce qui se traduit par « Crâne » ou « Calvaire ».

(57) **Porter sa croix**
La vie est un calvaire et chacun doit endurer des épreuves. Origine : Jésus a porté sa croix, en tombant plusieurs fois, depuis le palais d'Hérode jusqu'au lieu où il sera crucifié.

(58) **Un chemin de croix**
Épreuve particulièrement éprouvante. Origine : parcours du Christ portant la croix de Jérusalem au Golgotha commémoré chaque vendredi saint au cours d'une cérémonie.

(59) **Le chemin de Damas**
Lieu d'un retournement subit de convictions. Origine : au chapitre 9 des Actes des Apôtres, Saül de Tarse, envoyé à Damas pour persécuter les premiers chrétiens, voit le Christ en apparition, change complètement de point de vue, et deviendra saint Paul « apôtre des Nations ».

(60) **Incrédule comme saint Thomas**
Thomas ne croit pas à la résurrection de Jésus-Christ jusqu'à ce qu'il le voie. « Les autres disciples lui dirent donc : Nous avons vu le Seigneur. Mais il leur dit : Si je ne vois dans ses mains la marque des clous, et si je ne mets mon doigt dans la marque des clous, et si je ne mets ma main dans son côté, je ne croirai point. »

6. LOGIQUE

6.1. PRESENTATION DE L'EPREUVE ET METHODOLOGIE GENERALE

I. PRESENTATION DE L'EPREUVE

[Visez un score maximal !]

L'épreuve de logique est la sixième et dernière épreuve du Tage Mage ; la deuxième du domaine « Raisonnement – Logique ». Cette épreuve souvent redoutée des candidats représente pourtant une **occasion unique de « finir le test en beauté ».** Il est en effet tout à fait envisageable d'obtenir un score compris entre 40 et 50 sur 60, soit 10 à 13 bonnes réponses en logique, et ce, grâce à une bonne préparation. Il vous sera même possible d'obtenir le score maximal de 60 sur 60 (nombreux sont les étudiants d'Aurlom à obtenir ce score au Tage Mage). Profitez-en donc car obtenir 60 sur 60 aux autres épreuves du Tage Mage relève tout simplement de la mission impossible.

1. Pourquoi une épreuve de logique ?

L'épreuve de logique au Tage Mage est certainement celle qui déclenche le plus de polémiques auprès de nos étudiants. *« Mais pourquoi cette épreuve ? » « Quel rapport entre la logique et les études de gestion ? » « Que cherchent-ils à évaluer en nous faisant travailler sur des suites de lettres ou de nombres ? »* Nous comprenons ces questions. Si les épreuves de compréhension, de calcul ou de conditions minimales trouvent toujours grâce aux yeux des étudiants, l'épreuve de logique peine quant à elle, à justifier sa vocation à évaluer les aptitudes à la gestion.

Nous pensons pourtant que l'épreuve de logique a tout à fait sa place au Tage Mage et que sans elle, certaines aptitudes du manager ne seraient pas évaluées. Parmi ces aptitudes ou ces qualités : **l'observation, la rigueur et la combativité.**

L'observation

Il sera question d'observer, de scruter, d'examiner sous toutes les coutures des séries de nombres et de lettres, ainsi que des séries graphiques et spatiales. Le but ultime étant de trouver des liens analogiques entre plusieurs nombres, plusieurs lettres, plusieurs cadres graphiques et figures spatiales.

L'observation est une qualité très recherchée chez tous les profils débutants en entreprise, et ce, quel que soit le métier. En marketing, l'observation fine des comportements du consommateur aide toujours au développement des nouveaux produits. En audit comptable et financier, la détection quasi obsessionnelle d'écarts non conformes est indispensable à la bonne conduite d'une mission. Etre un bon manager, c'est donc aussi être un bon observateur.

Qu'observez-vous donc dans le nombre suivant ?

6152639846166739

Et bien vous remarquez notamment qu'il est long ! Et qu'il contient 16 chiffres. Qu'il est impair. Que son premier chiffre est 6 et que son dernier chiffre est 9. Qu'il contient une majorité de 6. Et qu'il y en a 5 précisément. Qu'il contient autant de chiffres pairs que de chiffres impairs. Que les nombres/séquences 61 et 39 reviennent deux fois. Et que la somme des chiffres est égale à 82 (pour les plus torturés d'entre vous !).

La rigueur

Il sera également question de rigueur en logique puisque vous devrez appliquer un ensemble de critères d'observation dans un ordre précis, et qui sera toujours le même.

Car il ne sera jamais question d'improviser en logique. Vous devrez donc toujours être à même d'appliquer rigoureusement les savoir-faire et les astuces que vous découvrirez ci-après. Plus vous serez rigoureux et meilleures seront vos chances de venir à bout de cette épreuve.

La combativité

S'il est une épreuve où vous devrez redoubler d'effort et de concentration, c'est bien la logique. Ce n'est guère un hasard si cette épreuve est la dernière du Tage Mage.

Et oui, après avoir travaillé sur de la compréhension de texte, du calcul, du raisonnement, des conditions minimales et de l'expression, **on vous demande, dans un dernier souffle, de venir à bout d'une épreuve arbitraire ! Vous devrez trouver LA bonne réponse parmi 5 propositions.**

Il sera donc question de combativité au Tage Mage, et plus précisément dans cette dernière épreuve de logique.

Nous attirons enfin votre attention sur le fait que l'épreuve de logique suit l'épreuve d'expression. Or l'épreuve d'expression vous offrira certainement un petit moment de répit où vous pourrez souffler – la majorité des candidats terminent l'épreuve avant la fin du temps réglementaire. Surtout, ne vous faites pas avoir en relâchant la pression. Gardez votre influx et préparez-vous plutôt à emmagasiner un maximum de points tout au long de l'épreuve de logique.

2. 8 séries doubles et 7 séries graphiques

En logique, vous devrez travailler sur **8 séries doubles et 7 séries graphiques.** Là encore, il s'agira de résoudre **15 questions en 20 minutes.** Et comme toujours, les questions ne sont pas classées par ordre de difficulté.

Les séries doubles seront de deux types : les séries doubles de lettres (4 séries) et les séries doubles de chiffres (4 séries).

Pour faire simple, les **séries doubles** sont composées de deux séries de 4 éléments (les éléments sont des nombres dans le cas des séries doubles de chiffres et des « mots » de plusieurs lettres dans le cas des séries doubles de lettres) qui se croisent en un point d'interrogation. Vous devez alors trouver l'élément manquant commun aux deux séries. Les séries doubles convoquent un sens aigu de l'observation ainsi que l'application quasi mécanique d'une méthode rigoureuse qui devra vous permettre de maximiser le nombre de bonnes réponses.

Les **séries graphiques** sont composées quant à elles de 3 éléments (appelés aussi « cadres »). Vous devez alors trouver le 4e cadre qui complète la série.

Les séries graphiques exigent que vous conduisiez différents types de raisonnements analogiques. En comprenant ce qui se passe dans un cadre et/ou entre les cadres, vous serez capables d'identifier parmi les réponses proposées celle qui complète idéalement la série.

Pour les séries doubles comme pour les séries graphiques, il existe un nombre important de techniques et d'astuces que nous aurons plaisir à vous dévoiler tout au long de ce chapitre. Mais avant cela, penchons-nous sur ce que sont précisément une **série double** et une **série graphique.**

II. PRESENTATION DES SERIES DOUBLES

1. Comment se présentent les séries doubles ?

Une série double est toujours structurée de la façon suivante :

	V_1			
H_1	**?**	H_2	H_3	H_4
	V_2			
	V_3			
	V_4			

Avec V_1, V_2, V_3 et V_4 les éléments de la **série verticale,** et H_1, H_2, H_3 et H_4 les éléments de la **série horizontale.**

La série verticale, que l'on notera toujours **V** dans le présent ouvrage, respecte une règle d'identité (une logique) que vous devrez identifier.

Dans une série de lettres, il s'agira par exemple d'observer que dans un même élément, deux lettres se suivent (ex. : H**BC**, R**MN**) ou que les lettres se suivent d'un élément à l'autre (ex. : **A**GV ; **B**RA ; **C**QP). Dans une série de chiffres, il s'agira encore de remarquer que tous les nombres de la série sont des carrés entiers ou que tous les nombres sont des multiples de 7.

La série horizontale, que l'on notera toujours **H** dans le présent ouvrage, respecte elle aussi une règle d'identité (une logique) que vous devrez identifier.

> Le but de l'exercice, vous l'aurez compris, consiste à trouver l'élément « ? » qui respecte tout à la fois la règle d'identité de la série verticale V et celle de la série horizontale H.

Qu'est-ce qu'une règle d'identité ?

Une règle d'identité est une règle qui « fédère » les différents éléments d'une série sous une règle commune, un trait commun, un caractère particulier.

Bien entendu, il existe une très grande variété de règles d'identité au Tage Mage. Nous en citerons ici quelques-unes qui ne doivent en aucun cas vous effrayer car soyez assurés que nous allons vous transmettre des méthodes très efficaces qu'il vous faudra appliquer religieusement pour sortir vainqueurs de l'épreuve de logique.

Voici donc ces quelques règles :

- « Tous les nombres de la série sont des carrés entiers. »
- « Toutes les deuxièmes lettres des éléments de la série sont des voyelles. »
- « Tous les nombres de la série sont des multiples de 13. »
- « Les deux premiers chiffres des nombres de la série forment un nombre divisible par 9. »
- « Les troisièmes lettres des éléments de la série se suivent d'un élément à l'autre. »
- « La somme des chiffres des nombres de la série est toujours égale à 20. »
- « Les troisième et deuxième lettres de la série se suivent avec un saut de 3 lettres. »
- « Les éléments de la série sont tous des cubes entiers auxquels on a soustrait 1. »
- « Les première et troisième lettres de la série se suivent avec un saut d'une lettre et un mouvement de type gauche/droite. »
- « Les premiers chiffres des nombres de la série multipliés par 7 donnent le nombre composé des deuxième et troisième chiffres. »
- Etc.

Exemple 1 :

23				
678				
?	81	909	36	117
789				
56				

Dans cet exemple, il suffit d'observer que les éléments de H sont tous des multiples de 9. En effet, le critère de divisibilité par 9 nous apprend que si la somme des chiffres d'un nombre est égale à un multiple de 9 (9, 18, 27…), alors ce nombre est lui-même divisible par 9. Quant à la série V, il suffit d'observer que tous les nombres de cette série sont des chiffres consécutifs croissants (23, 678…).

Une solution possible à cette question pourrait ainsi être **45,** qui est bien un nombre qui respecte à la fois la règle d'identité de la série H et celle de la série V.

Exemple 2 :

			RZS	
			BGC	
UHJ	NIB	VJX	**?**	PLO
			LHM	
			VRW	

Dans cet exemple, il suffit d'observer que les deuxièmes lettres des éléments de H (la série horizontale) se suivent d'un élément à l'autre (U**H**J, NIB, V**J**X…).

Quant à la série V (la série verticale), il suffit d'observer qu'au sein d'un même élément, les première et troisième lettres se suivent (**R**Z**S**, **B**G**C**…).

Ainsi, une solution possible à cette question pourrait être **DKE** ou encore **TKU,** qui sont bien deux « mots » qui respectent à la fois la règle d'identité de la série H et celle de la série V.

NB 1 : dans la majorité des cas, la règle d'identité de la série verticale s'avère être différente de la série horizontale.

NB 2 : les séries horizontale et verticale peuvent se croiser en n'importe quel endroit de la série double (dans le 2e exemple, c'est entre H_3 et H_4 puis V_2 et V_3 que les séries se croisent, mais ces dernières pourraient également se croiser entre H_1 et H_2 puis V_3 et V_4). Retenez simplement qu'il y a toujours quatre éléments horizontaux et quatre éléments verticaux, avec des éléments composés de nombres dans le cas des séries doubles de chiffres, et de lettres… dans le cas des séries doubles de lettres !

2. Méthode d'approche des séries doubles

Nous vous proposons ici une méthode simple en 4 étapes, pleine de bon sens et qui a largement fait ses preuves auprès de nos étudiants.

Nous vous conseillons vivement de toujours appliquer ces étapes dans cet ordre. L'expérience montre qu'à vouloir brûler une ou deux étapes, vous finissez par perdre en efficacité et en rapidité de résolution.

Appuyons-nous sur un exemple :

324 81 400 **?** 49

808

763

178

457

(A) 144 (B) 664 (C) 716 (D) 196 (E) 157

Voici les 4 étapes :

1. Choisissez une série

Il revient strictement au même de commencer par raisonner sur H ou sur V. Ce qui importe en revanche, c'est que lorsque vous décidez de vous attaquer à une série, *vous devez absolument ignorer l'autre* et ce, afin de ne pas vous laisser déconcentrer ou influencer par ses éléments.

Dans notre exemple, nous choisissons de commencer par trouver la règle d'identité de V.

2. Trouvez la règle d'identité de la série choisie

Cette deuxième étape est fondamentale. Vous devez considérer un à un chacun des éléments de V et trouver la règle d'identité qui les fédère. C'est là que vous devrez tester dans un ordre bien précis l'ensemble des règles que nous vous exposerons ci-après.

Surtout, lorsque vous travaillez sur V, soyez persévérants et évitez de baisser trop vite les bras en louchant sur H. Tester plusieurs règles prend un peu de temps (moins d'1 minute 30 en moyenne, pas de panique !) et ce temps peut vous paraître long. Ce n'est pas pour autant une raison valable pour « laisser tomber » V et passer vite à H en espérant alors trouver quelque chose.

Dans notre exemple, la règle d'identité de V est la suivante : « La somme des chiffres des nombres de la série est toujours égale à 16. »

3. Parmi les réponses proposées, éliminez celles qui ne suivent pas la règle d'identité trouvée

Une fois que vous avez trouvé la règle d'identité de V, vous devez la tester sur les différentes réponses proposées afin de ne retenir que celles qui suivent la même règle. Vous réduisez ainsi le nombre de réponses possibles. Si vous rencontrez par la suite des difficultés avec la série H, vous pourrez vous appuyer sur les réponses restantes et trouver peut-être une dernière source d'inspiration. Il n'est pas rare que l'inspiration vienne parfois de l'une des réponses pour ce qui concerne la règle d'identité d'une série.

> Dans notre exemple, nous gardons les réponses B (664) et D (196) qui affichent bien des nombres dont la somme des chiffres est égale à 16.

4. Trouvez la règle d'identité de la seconde série et choisissez la bonne réponse !

Pour terminer, il ne vous reste plus qu'à trouver la règle d'identité de la série H. Une fois la règle trouvée, testez-la sur les réponses qui restent et cochez la bonne réponse !

> Dans notre exemple, la règle d'identité de H est la suivante : « Les nombres de la série sont tous des carrés entiers. »
>
> Nous retenons donc la réponse D qui est bien un carré entier (196 est le carré de 14). Réponse D !

III. PRESENTATION DES SERIES GRAPHIQUES

1. Comment se présentent les séries graphiques ?

Une série graphique est composée de 3 cadres. La consigne est simple : trouver le 4e cadre qui complète la série.

Exemple de série graphique :

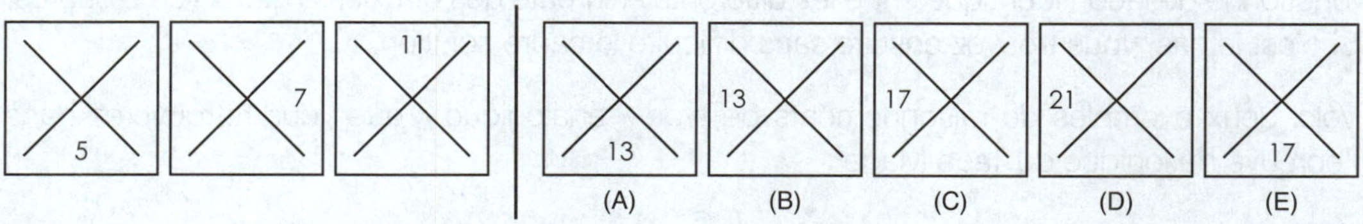

Cet élément s'appelle un cadre.

Les séries graphiques **peuvent être composées d'éléments divers et variés :** lettres, chiffres, nombres, figures géométriques, flèches et signes en tout genre (£, /, €, *, ¥, §, $, &…). Si dans un même cadre, plusieurs signes cohabitent, c'est que chacun des signes joue un rôle différent.

La résolution de ces séries implique **l'identification de critères d'identité** (appartenance à une famille d'éléments) ainsi que deux principaux types de raisonnements : un raisonnement de type **« analogique »** et/ou un raisonnement de type **« déductif »**.

1. L'identification de critères simples d'identité

Certaines séries graphiques sont vraiment très simples à résoudre. Il suffit pour cela d'identifier un critère d'identité de base que l'on retrouve dans chacun des cadres. On déduit alors sans trop de difficulté le 4e cadre qui complète la série.

Voici quelques règles (on dit aussi critères) d'identité qui font régulièrement l'objet de questions au Tage Mage :

- « Chaque cadre contient une lettre à deux barres (L, X, V ou T). Il doit donc en être de même pour le cadre solution. »

- « Chaque cadre contient un nombre qui est le carré d'un entier impair (49, 81, 121, 169, 289, 361). »
- « Chaque cadre contient un nombre dont la somme des chiffres est égale à 13 et les nombres se déplacent dans le sens des aiguilles d'une montre. »

2. Les raisonnements de type « analogique »

Les raisonnements de type « analogique » sont des raisonnements par association d'idées. La démarche est simple puisque vous devez analyser un cadre **en mettant en relation deux ou plusieurs des éléments qui le composent.** Après avoir identifié le lien qui unit deux ou plusieurs éléments d'un même cadre, vous devez vérifier sans plus attendre si ce lien fonctionne de façon identique entre les différents éléments des deuxième et troisième cadres. Si c'est le cas, vous trouvez ensuite sans difficulté le cadre solution.

Voici deux exemples de raisonnements de type « analogique » que vous retrouverez dans l'épreuve de logique du Tage Mage :

1. Eléments : **une figure/un nombre** (qui se trouve par exemple à l'intérieur de la figure).
   - **Raisonnement 1 :** le nombre de côtés de la figure au carré est égal au nombre qui se trouve à l'intérieur de la figure.
   - **Raisonnement 2 :** le nombre de côtés de la figure moins le nombre qui se trouve à l'intérieur de la figure est égal à 3 dans le premier cadre, à 2 dans le deuxième cadre, à 1 dans le troisième cadre et donc à 0 dans le cadre solution.
2. Eléments : **deux lettres/un nombre.**
   - **Raisonnement 1 :** le nombre est égal à la différence, à la somme ou encore au produit des rangs des deux lettres.
   - **Raisonnement 2 :** le nombre est égal à la différence, à la somme ou encore au produit des « barres » des deux lettres.
   - **Raisonnement 3 :** les lettres représentent les initiales du nombre.
   - **Raisonnement 4 :** le nombre est égal au carré de la somme des rangs des deux lettres.

3. Les raisonnements de type « déductif »

Dans l'épreuve de logique du Tage Mage, les raisonnements de type « déductif » concernent ce que l'on appelle communément les **« logiques de mouvement »**.

Ces logiques de mouvement vous sont généralement familières puisque l'on vous en proposait déjà un nombre important lors des tests de QI que vous passiez en classe de sixième.

La démarche est simple : vous devez comprendre comment les éléments d'une série progressent d'un cadre à l'autre pour en déduire la position des éléments dans le cadre solution.

Exemples :

- Une figure subit une rotation de 45 degrés cadre après cadre.
- Une lettre se déplace dans le sens des aiguilles d'une montre.
- Un nombre se déplace dans le sens inverse des aiguilles d'une montre.
- Un nombre suit un mouvement de type gauche/droite.

2. Une règle fondatrice des séries graphiques : les 3 occurrences

Ici, nous attirons votre attention sur certaines séries graphiques, simples au premier abord, se révélant au final nettement plus difficiles à résoudre.

La principale source d'erreur provient du fait que vous extrapolez parfois vos raisonnements de façon erronée ayant pour conséquence de vous faire répondre « à côté » tout en étant persuadés que vous avez raison !

Appuyons-nous sur l'exemple donné au début de ce chapitre.

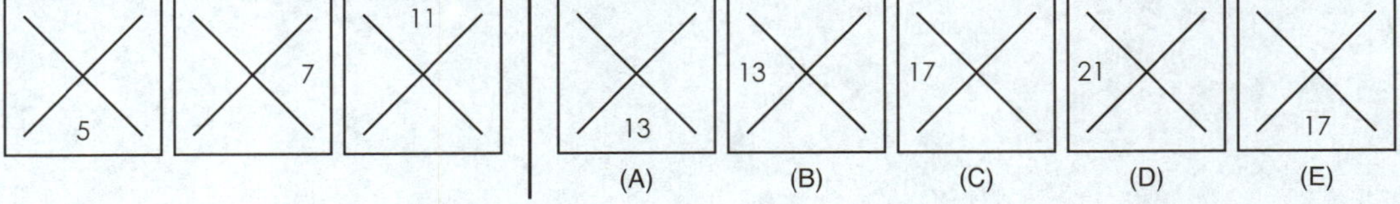

Au niveau de la « logique de mouvement », il n'y a pas de problème majeur. Vous remarquez en effet que les nombres progressent d'un cadre à l'autre dans le sens inverse des aiguilles d'une montre. Il faut donc éliminer les réponses A et E.

Toute la question à présent est : faut-il garder la réponse B, C ou D ?

Lorsque l'on soumet cette série à un groupe de candidats de niveau homogène, l'on obtient des réponses divergentes quoique toujours assumées et justifiées. Il n'existe pourtant qu'une seule réponse si l'on respecte les règles de construction des séries logiques.

En effet, certains parmi vous soutiendront avec ferveur qu'il faut compléter la série avec le nombre 17. Pourquoi ? Parce que de 5 à 7, on progresse en faisant « +2 », de 7 à 11, on progresse en faisant « +4 » (+2, +2) et de 11 à 17, on progresse en faisant « +6 » (+2, +2, +2).

D'autres diront qu'il faut répondre le nombre 19. Pourquoi ? Parce que de 5 à 7, on progresse en faisant « +2 » ($+2^1$), de 7 à 11, on progresse en faisant « +4 » ($+2^2$), et de 11 à 19, on progresse en faisant « +8 » ($+2^3$).

D'autres diront enfin qu'il faut répondre le nombre 13 parce que l'on a ajouté « +2 », « +4 » et de nouveau « +2 ».

Et bien, sachez qu'aucune de ces justifications n'est recevable… **Pour qu'une série logique simple force l'unanimité, elle se doit de contenir au moins 3 occurrences ou « répétitions ».**

Ici, nous n'avons pas assez d'occurrences pour répondre 17. Si nous avions eu la série logique 5 --- 7 --- 11 --- 17 --- ?, alors nous aurions répondu sans hésiter le nombre 25 en solution car il ne fait alors plus aucun doute que la série suit le tempo (+2, +4, +6, +8), les trois occurrences qui initient la série étant ici +2, +4 et +6.

Quelle est donc la solution ?

Et bien, il s'agit de la réponse B (13), mais pas pour la raison citée précédemment. Pour justifier notre réponse et être vraiment sûrs de notre coup, nous devons identifier les trois occurrences. Ici, **les nombres 5, 7 et 11 sont tous les trois des nombres premiers. On remarque en outre que ces nombres premiers se suivent.** Ainsi, la réponse B est la bonne puisque 13 est le prochain nombre premier qui doit figurer sur la liste.

6.2. METHODES, SAVOIR-FAIRE, ASTUCES ET APPLICATIONS FONDAMENTALES

I. LES SERIES DOUBLES DE LETTRES

1. Tout commence avec EJOTY…

Enfin… Presque !

Nous allons vous proposer ici une toute nouvelle méthode que nous avons expérimentée auprès de milliers d'étudiants à la Prépa Aurlom. Cette méthode a largement fait ses preuves et nous y croyons beaucoup. Alors croyez-y aussi !

Cette méthode consiste à convertir systématiquement vos séries doubles de lettres en séries doubles de nombres.

Naturellement, avec l'expérience, vous serez souvent capables – du moins on l'espère – d'identifier certaines règles d'identité du premier coup d'œil, en moins de 5 secondes ! Dans ce cas, inutile de préciser que vous ne devrez surtout pas (même si on parie que vous allez y prendre goût) convertir vos séries de lettres en séries de nombres. Vous n'avez pas une minute à perdre au Tage Mage.

Cela étant dit, il arrivera souvent que vous ne verrez rien du premier coup d'œil, mais alors rien du tout. Aussi, dans ce cas-là, vous n'aurez plus la moindre seconde à perdre et devrez alors convertir votre série, sans vous poser de question, et appliquer l'ensemble des critères que nous allons très bientôt vous exposer.

Le secret réside donc dans la traduction des lettres en nombres. Nous voyons déjà vos mines sceptiques. Nous savons que vous vous dites que ça a l'air un peu long et tiré par les cheveux pour pas grand-chose tout ça… Et bien détrompez-vous ! Avec un peu d'entraînement, convertir une série de 4 × 3 = 12 lettres en nombres deviendra rapidement une vraie partie de plaisir (toutes choses égales par ailleurs bien sûr).

Comme vous le savez déjà certainement, chaque lettre occupe une position précise dans l'alphabet (le A est en 1re position, le N en 14e, le X en 24e, etc.). Ces positions des lettres dans l'alphabet sont également connues sous le terme de **« rangs des lettres ».**

EJOTY va donc précisément nous aider à trouver rapidement les rangs de toutes les lettres de l'alphabet, et ce, afin de **convertir instantanément les séries de lettres en séries de nombres.**

Essayez donc ! Quel est le rang de la lettre N ? Le rang de la lettre N est 14 puisque si le rang de O est 15 alors celui de N est 14 (récitez dans votre tête la mini-séquence … M N **O** P… comme lorsque vous récitez naturellement l'alphabet). Le rang de W ? 23 ! … V W X **Y.** Si le rang de Y est 25 alors celui de W est 23 !

Vous verrez, grâce à EJOTY, vous allez très vite connaître par cœur les rangs de toutes les lettres de l'alphabet. D'ailleurs, quand vous en serez arrivés à ce stade, évitez d'en parler autour de vous, cela peut vite vous faire passer pour quelqu'un de relativement « bizarre ».

E	J	O	T	Y
5	10	15	20	25

Une précision avant de tester EJOTY sur un exemple.

Si ce chapitre démarre par « Tout commence avec EJOTY… Enfin… Presque ! », c'est parce qu'il existe une règle d'identité qui résiste à EJOTY. Heureusement, cette règle est simple et vous ne manquerez donc pas de la tester avant toute conversion : **« toutes les premières lettres des éléments de la série sont des voyelles »,** ou encore : **« toutes les deuxièmes lettres des éléments de la série sont des voyelles ».** On aurait pu vous conseiller d'apprendre les rangs des voyelles… Mais on n'a pas osé. N'oubliez donc pas de tester cette règle d'identité avant de convertir vos séries.

Exemple :

			ATC	
			FLH	
			ILK	
SGY	BOT	UBC	**?**	WSZ
			VDX	

Commençons par convertir la série verticale. Cela nous donne :

1	20	**3**
6	12	**8**
9	12	**11**
?	?	?
22	4	**24**

Vous aurez remarqué ici que les première et troisième lettres des éléments de cette série se suivent avec un saut de deux nombres (c'est-à-dire un saut d'une lettre).

Convertissons ensuite la série horizontale. Cela nous donne :

19	7	25
2	15	**20**
21	2	3
?	?	?
23	19	26

Vous aurez remarqué que les lettres des éléments se suivent d'un élément à l'autre avec un mouvement gauche/droite sur la grande diagonale. Le rang de la troisième lettre de la solution sera donc égal à 22. Autrement dit, il nous faudra un V.

Comme vous l'avez remarqué, nous avons converti la série horizontale de lettres en série verticale de nombres. Suivez donc ce conseil : convertissez toujours vos séries verticales de lettres **en séries verticales de nombres** ET convertissez toujours vos séries horizontales de lettres **en séries verticales de nombres.** En effet, convertir les séries horizontales de lettres en séries verticales de nombres vous permettra de mieux repérer les règles d'identité impliquant un mouvement.

A partir de maintenant, nous ne travaillerons plus dans ce cours qu'avec des séries déjà converties et nous nous concentrerons sur des extraits de séries composés de 3 éléments (cela suffit à comprendre les différentes règles d'identité).

2. Les cas particuliers

Nous vous conseillons de commencer à tester ces quelques critères. Il ne vous prendra que quelques secondes pour les passer toutes en revue.

1. Voyelles

Certaines séries s'appuient sur des voyelles (A, E, I, O, U, Y) qui peuvent se trouver par exemple toutes en première, deuxième ou troisième colonne ou bien se retrouver tantôt à gauche tantôt à droite (mouvement gauche-droite).

Exemple 1	
SKE	SK**E**
ZSY	ZS**Y**
QDI	QD**I**
KBO	KB**O**
GDA	GD**A**

Exemple 2	
YP	**Y**P
WI	W**I**
OC	**O**C
XA	X**A**
UD	**U**D

2. Barres et courbes

Certaines lettres sont considérées comme des lettres à BARRES. Ainsi, le A, le F ou le Z sont des lettres qui contiennent 3 barres. Le W ou le M contiennent quant à elles 4 barres. Le T, le V ou le X contiennent, elles, 2 barres. Quant au I, c'est la seule lettre à 1 barre.

Lettres	Nombre de barres
I	1
L - T - V - X	2
A - F - H - K - N - Y - Z	3
E - M - W	4

Exemple 1 Mouvement gauche droite portant sur des lettres à 3 barres	
AD	**A**D
CZ	C**Z**
RH	**H**R
FX	X**F**
MN	**N**M

Exemple 2 La somme des barres est toujours égale à 5	
YT	**YT**
MI	**MI**
ZL	**ZL**
IE	**IE**
XA	**XA**

Plus rarement, des questions vous demandent de compter le nombre de COURBES d'une lettre.

Lettres	Nombre de courbes
C	1
J	1
O	1
S	1
U	1

D'autres questions, encore plus rares, vous demandent de compter BARRES et COURBES.

Lettres	Nombre de barres	Nombre de courbes
B	1	2
D	1	1
G	2	1
P	1	1
Q	1	1
R	2	1

3. Symétries

Une symétrie est une transformation géométrique qui modélise un « pliage » ou un « effet miroir » : deux figures sont symétriques par rapport à une droite lorsqu'elles se superposent après pliage le long de cette droite.

Lettres avec symétrie horizontale : **B, C, D, E, H, I, O, X**

Lettres avec symétrie verticale : **A, H, I, M, O, T, U, V, W, X, Y**

4. Extrémités

Les extrémités d'une lettre sont les bords d'une lettre qui ne sont pas prolongés par un angle.

Lettres	Nombre d'extrémités	Lettres	Nombre d'extrémités
A	2	**N**	2
B	0	**O**	0
C	2	**P**	1
D	0	**Q**	2
E	3	**R**	2
F	3	**S**	2
G	3	**T**	3
H	4	**U**	2
I	2	**V**	2
J	2	**W**	2
K	4	**X**	4
L	2	**Y**	3
M	2	**Z**	2

[3 exemples]

Trouvez la règle logique qui infère chacune des séries suivantes :

1.	2.	3.
OC	IO	AF
PZ	ER	TC
UD	UB	ER
TW	DS	JY
XO	ZX	XP

1. Le nombre d'extrémités des premières lettres augmente d'un élément à l'autre. O : pas d'extrémité, P : 1, U : 2, T : 3, X : 4.
2. Mouvement inter gauche droite portant sur des éléments exclusivement composées de lettres avec 2 extrémités : I, R, U, S, Z
3. Le nombre total d'extrémités des lettres de chaque élément est toujours égal à 5.

5. Sigles et vrais mots

Exemples de mots/sigles de deux lettres : **BU – AH – LA – JE – MU – NI – NE – RI – TA – US – UT – VS – VA – OU – AG – BO – BD – BP**…

Exemples de mots/sigles de trois lettres : **AME – AIS – AIE – ARC – ARE – ART – BEL – BOA – PDG – ADN – CAC – PIB – IVG**…

2. Rangs et opérations associées

Dans certaines questions, vous devrez utiliser EJOTY et les rangs associées aux lettres pour identifier des opérations de type somme / produit.

Opération	Exemple
Somme constante	DF – IA – EE – CG – BH La somme des rangs de D et F vaut 4 + 6 = 10… De même que pour IA, puisque I = 9 et A = 1 et 9 + 1 = 10 JBH – KCF – JEJ – PBB – MCD La somme des rangs de J, B et H vaut 10 + 2 + 8 = 20… De même que pour KFC (et tous les autres), puisque K = 11, F = 6 et C = 3 et 11 + 6 + 3 = 20

Opération	Exemple
Séparation somme	**H**CE **H**(8) = C(3) + E(5) C**O**L C(3) + L(12) = **O**(15) DF**J** D(4) + F(6) = **J**(10)
Séparation produit	**P**DD **P**(16) = D(4) x D(4) C**L**D C(3) x D(4) = **L**(12) BE**J** B(2) x E(5) = **J**(10)

3. Première famille de règles : les intra

En latin, *intra* signifie « à l'intérieur de ».

Cette première famille de règles s'appuie donc sur ce qui se passe à l'intérieur des éléments d'une même série.

Il existe trois types d'INTRA :

> L'INTRA sur les deux premières lettres.
>
> L'INTRA sur les deux dernières lettres.
>
> L'INTRA entre la première et la dernière lettre.

1. L'INTRA sur les deux premières lettres

1 →	**3**	9
6 →	**8**	4
2 →	**4**	15

Nous dirons ici qu'il y a un **INTRA de +2 sur les deux premières lettres**.

2. L'INTRA sur les deux dernières lettres

5	**12**	**9**
3	**8**	**5**
7	**21**	**18**

Nous dirons ici qu'il y a un **INTRA de –3 sur les deux dernières lettres.**

3. L'INTRA entre la première et la dernière lettre

Exemple 1 :

3	1	**6**
7	9	**10**
17	12	**20**

Nous dirons ici qu'il y a un **INTRA de +3 entre la première et la dernière lettre.**

Exemple 2 :

5	12	**10**
24	8	**3**
7	21	**12**

Nous dirons ici qu'il y a un **INTRA de +5 entre la première et la dernière lettre.**

Nous attirons votre attention sur une particularité de cette série que vous n'aurez pas manqué de noter : 24 + 5 = 3 ! Eh oui ! En effet, n'oubliez pas que derrière ces nombres se cachent des lettres et que :

24 + 1 = 25 = Y
24 + 2 = 26 = Z
24 + 3 = 1 = A
24 + 4 = 2 = B…

Cela s'appelle le **retour dans l'alphabet,** pensez-y !

Exemple 3 :

3	22	**4**
18	12	**20**
13	4	**16**

Nous dirons ici qu'il y a un **INTRA progressif entre la première et la dernière lettre.** En effet, on fait +1 en passant de 3 à 4 ; +2 en passant de 18 à 20 et +3 en passant de 13 à 16.

Vous venez donc de découvrir trois règles d'identité fréquemment posées au Tage Mage. Ces règles propres aux séries doubles de lettres s'appuient sur une **logique dite « statique »**, car elles ne font pas interagir les éléments entre eux.

Nous allons à présent passer aux règles **INTER**, qui s'appuient quant à elles sur une **logique dite « dynamique »**.

4. Deuxième famille de règles : les INTER

En latin, *inter* signifie « entre ».

Il existe neuf types d'**INTER** répartis en trois sous-familles :

1. L'INTER VERTICAL
- Première colonne
- Deuxième colonne
- Troisième colonne

2. L'INTER GRANDE DIAGONALE
- Droite
- Gauche

3. L'INTER PETITE DIAGONALE
- Première-gauche
- Première-droite
- Deuxième-gauche
- Deuxième-droite

1. L'INTER vertical

[Première colonne]

5	12	10
7	8	3
9	21	12

On dira qu'il y a un **INTER vertical de +2 sur la première colonne.**

[Deuxième colonne]

5	**12**	10
1	**7**	3
9	**2**	12

On dira qu'il y a un **INTER vertical de –5 sur la deuxième colonne.**

[Troisième colonne]

5	12	**10**
1	8	**14**
9	21	**18**

On dira qu'il y a un **INTER vertical de +4 sur la troisième colonne.**

2. L'INTER grande diagonale

[Gauche]

2	12	10
7	8	**3**
4	21	12

On dira qu'il y a un **INTER grande diagonale gauche de +1**.

[Droite]

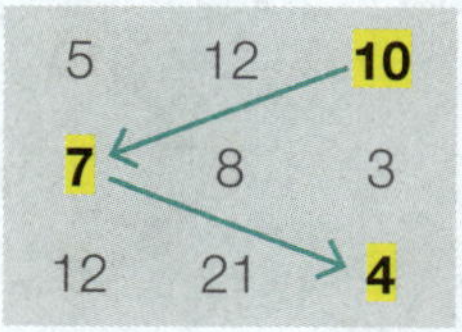

On dira qu'il y a un **INTER grande diagonale droite de –3.**

3. L'INTER petite diagonale

[Première-gauche]

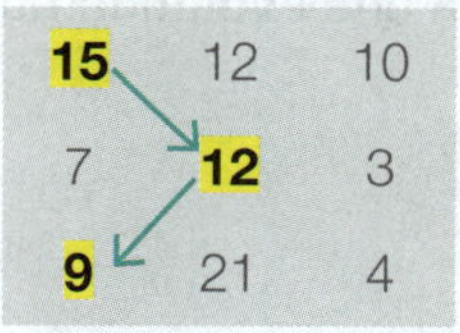

On dira qu'il y a un **INTER petite diagonale première-gauche de –3.**

[Première-droite]

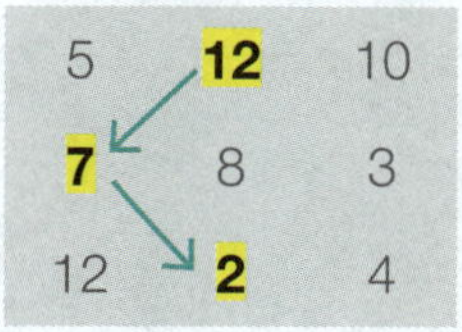

On dira qu'il y a un **INTER petite diagonale première-droite de –5.**

[Deuxième-gauche]

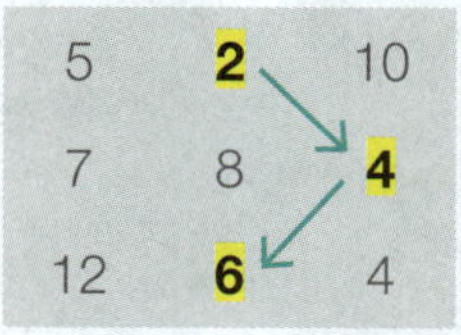

On dira qu'il y a un **INTER petite diagonale deuxième-gauche de +2.**

[Deuxième-droite]

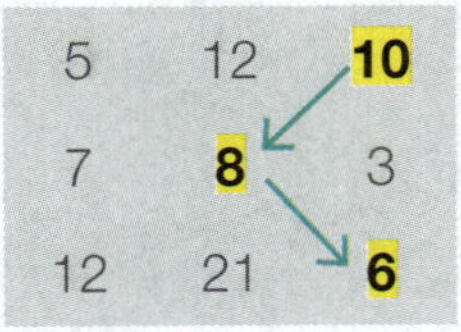

On dira qu'il y a un **INTER petite diagonale deuxième-droite de –2**.

Avant de conclure, nous ajouterons une dernière règle que vous serez amenés à rencontrer : au lieu d'être constantes, les progressions peuvent être évolutives. Autrement dit, vous pourrez vous retrouver avec un **INTER petite diagonale deuxième-droite évolutif.** Là, comme ça, ça peut paraître un peu compliqué, mais ça veut juste dire qu'au lieu d'avoir toujours la même progression de **+2 ; +2 ; +2, on aura une évolution du type +1 ; +2 ; +3.**

II. LES SERIES DOUBLES DE CHIFFRES

Remarque préliminaire : si les éléments d'une série double de lettres sont « stables » pour ce qui concerne le nombre de lettres qui les composent (tous les éléments d'une série sont composés du même nombre de lettres), il n'en est pas de même pour les séries doubles de chiffres dont les éléments peuvent être composés d'un nombre variable de chiffres. Ainsi, dans une même série double de chiffres, il vous sera possible de travailler sur des nombres composés de 1, 2, 3 ou 4 chiffres (exemple : la série de carrés 1, 64, 289, 361).

1. Mouvements de chiffres (logique dynamique)

La **logique dynamique** est aux séries de chiffres ce que les **INTER** sont aux séries de lettres. Notez simplement que cette famille de règles est très simple à tester puisque vos séries sont déjà converties en nombres !

Rappelons les différentes règles et arrêtons-nous sur quelques-unes d'entre elles :

1. L'INTER VERTICAL
- Première colonne
- Deuxième colonne
- Troisième colonne

2. L'INTER GRANDE DIAGONALE
- Droite
- Gauche

3. L'INTER PETITE DIAGONALE
- Première-gauche
- Première-droite
- Deuxième-gauche
- Deuxième-droite

Si nous vous conseillons de convertir vos séries horizontales de lettres en colonnes verticales de nombres, nous ne pensons pas en revanche qu'il soit utile que vous transposiez vos séries horizontales de nombres en colonnes verticales de nombres.

Exemple 1 :

103
462
389

Nous avons ici un **INTER grande diagonale gauche droite**.

Exemple 2 :

167 250 841 432

Nous avons ici un **INTER vertical deuxième colonne**.

Exemple 3 :

613
945
425
169

Nous avons ici un **INTER petite diagonale deuxième-droite**.

Nous terminerons par deux cas devenus très rares au Tage Mage, mais nous nous devons de les signaler. Il s'agit de **l'INTER grande diagonale supérieure** et de **l'INTER grande diagonale inférieure**.

Exemple 4 (INTER grande diagonale supérieure) :

683
155
124
139
209

Exemple 5 (INTER grande diagonale inférieure) :

61**1**

9**2**5

325

1**4**9

16**5**

2. Successions INTRA

Voici un critère très simple : deux ou trois chiffres se suivent au sein de chaque élément. **Attention, ces successions peuvent impliquer tous les chiffres du nombre, comme elles peuvent n'impliquer qu'une partie du nombre.**

Exemple 1 :

456

123

789

Dans cet exemple, tous les chiffres sont impliqués dans la succession. Notez bien que la succession peut être croissante (456) comme décroissante (654).

Exemple 2 :

42**3**

29**1**

85**7**

Dans cet exemple, seuls les premier et dernier chiffres sont impliqués dans la succession. Le deuxième chiffre, lui, ne sert à rien. Il est surtout là pour vous déconcentrer.

3. Ecarts

Il s'agit d'identifier des écarts entre les chiffres d'un nombre. Cette technique est souvent oubliée par les candidats. Alors notez-la bien !

Les différents cas :

Cas 1	Cas 2	Cas 3	Cas 4
69	25	10	3**76**
14	107	64	2**97**
58	96	96	1**41**
36	129	73	3**26**
Ecart constant de 3	Ecart constant en valeur absolue Abs (2 – 5) = 3 Abs (10 – 7) = 3 Abs (9 – 6) = 3 Abs (12 – 9) = 3	Ecart progressif	Ecart progressif en valeur absolue sur une sélection

4. Propriétés des nombres

1. Somme constante / Somme progressive

Somme constante : la somme des chiffres des éléments de la série est toujours la même. Exemple :

124
70
2311

On a : 1 + 2 + 4 = 7 + 0 = 2 + 3 + 1 + 1 = **7**
Nous dirons que l'on a une **somme constante égale à 7**.

Somme progressive : la somme des chiffres d'un élément à l'autre est progressive.

Exemple :

234
55
803

On a : 2 + 3 + 4 = **9** ; 5 + 5 = **10** et 8 + 0 + 3 = **11**.
Nous dirons que l'on a une **somme progressive**.

2. Produit constant / Produit progressif

Produit constant : le produit de tous les chiffres des éléments de la série est le même. Exemple :

234
83
416

On a bien : 2 × 3 × 4 = 8 × 4 = 4 × 1 × 6 = **24**
Nous dirons que l'on a un **produit constant**.

Produit progressif : le produit des chiffres d'un élément à l'autre est progressif. Exemple :

251
1252
325

On a : 2 × 5 × 1 = **10** ; 1 × 2 × 5 × 2 = **20** et 3 × 2 × 5 = **30**
Nous dirons que l'on a un **produit progressif**.

3. Carrés / Cubes

Ici, la règle est simple : tous les éléments de la série sont des carrés, ou, tous les éléments de la série sont des cubes.

Dans certains cas, tous les carrés/tous les cubes de la série seront pairs ou tous les carrés/tous les cubes de la série seront impairs.

Exemples :

Carrés	Carrés impairs	Carrés pairs	Cubes	Cubes pairs	Cubes impairs
121	121	144	1	1000	729
4	169	64	125	8	125
81	289	36	64	216	343

Nous dirons ici que **tous les nombres sont des carrés** ou que **tous les nombres sont des cubes**.

4. Nombres premiers

La règle est simple ici : repérer des nombres premiers. Ils peuvent apparaître en entier (exemple 1) ou bien de façon isolée au sein d'un nombre (exemple 2).

Exemple 1 : 13 – 19 – 29 – 11 – 37

Exemple 2 : 4**11** – 8**29** – 7**07** – 3**17** – 2**23** (ici, bien sûr, ce sont les deux derniers chiffres qui forment un nombre premier).

> Rappel des nombres premiers jusqu'à 97 (vous ne serez interrogé que sur ces nombres-là). Souvenez-vous qu'il y en a 25 : **2, 3, 5, 7, 11, 13, 17, 19, 23, 29, 31, 37, 41, 43, 47, 53, 59, 61, 67, 71, 73, 79, 83, 89 et 97**.

5. Multiples simples (3, 5, 6, 8, 9, 11)

Cette règle nous invite à identifier **des nombres multiples de 3, de 5, de 6, de 8, de 9 ou encore de 11**.

Ces multiples sont dits « simples » car il existe des critères de divisibilité (que vous connaissez maintenant) et qui permettent de vérifier en un rien de temps si un nombre est multiple de l'un de ces entiers.

Exemple 1 :

111
63
117

On dira que l'on a des **multiples de 3.**

Exemple 2 :

1**18**
3**36**
8**12**

Cet exemple est assez difficile. En effet, il faut voir **que seuls les nombres composés des deuxième et troisième chiffres sont à prendre en considération** et remarquer que ce sont des multiples de 6.

6. Multiples complexes (7, 13, 17, 19)

Cette règle nous invite à identifier des **nombres multiples de 7, de 13, de 17 ou de 19.**

Ces multiples sont dits « complexes » car il n'existe pas de critères permettant de vérifier rapidement si les nombres de la série sont multiples de l'un de ces entiers. Rassurez-vous… il existe quand même quelques astuces !

Exemple 1 :

34
153
51

On dira que **tous les nombres sont des multiples de 17.**

Nous sommes donc en présence de nombres multiples de 17. Comment le savons-nous ? Et bien, il existe deux astuces.

La première astuce consiste à identifier d'éventuels écarts égaux à 17. Cette astuce sera très souvent utile au Tage Mage. Ainsi, dans notre exemple, 34 et 51 sont distants de 17, ce qui doit naturellement nous mettre la puce à l'oreille et nous inciter à vérifier que 34 n'est autre que le double de 17 et 51, le triple ! On vérifie enfin que 153 est également multiple de 17, ce qui est naturellement le cas puisque 153 est le triple de 51, un nombre qui est déjà divisible par 17.

La seconde astuce consiste à décomposer le plus petit nombre de la série en un produit unique de facteurs premiers afin de voir émerger un entier complexe. Ici, il fallait écrire que 34 = 2 × 17 pour voir apparaître le multiple complexe 17 et vérifier ensuite que les autres nombres étaient également des multiples de 17.

Exemple 2 :

284
569
143

Dans cet exemple, les nombres en gras et soulignés sont des multiples de 7.

> **Très important**
> N'oubliez pas que vous devez identifier les différentes propriétés sur tout le nombre ou seulement sur une sélection (les deux derniers chiffres, les deux premiers, les chiffres du milieu, etc.).
> N'oubliez pas aussi de lire les nombres ou votre sélection de nombres **à l'envers** (ainsi pouvez-vous tomber sur la série : 46 – 61 – 94 – 52 qui sont des carrés entiers écrits à l'envers).

5. Séparations

1. Séparations somme

Il existe trois types de « séparations somme » :

Séparation par la gauche :	XX/X	ou	XXX/X
Séparation par la droite :	X/XX	ou	X/XXX
Séparation par les côtés :	X/X/X	ou	XX/XX ou X/XX/X

Exemple 1 :

134	⇒	13 / 4	⇒	1	+	3	=	4
6814	⇒	68 / 14	⇒	6	+	8	=	14
257	⇒	25 / 7	⇒	2	+	5	=	7

Nous dirons ici que l'on a une **séparation somme par la gauche**.

Exemple 2 :

4139	⇒	4 / 13 / 9	⇒	4	+	9	=	13
385	⇒	3 / 8 / 5	⇒	3	+	5	=	8
8146	⇒	8 / 14 / 6	⇒	8	+	6	=	14

Nous dirons ici que l'on a une **séparation somme par les côtés**.

[Un cas particulier de séparation somme]

Ce type de séparation fonctionne exactement comme les autres, sauf que le résultat de la somme ou du produit de deux chiffres ne donne pas un chiffre ou un nombre présent dans le même élément, mais un autre totalement extérieur et qui est constant.

Voici un exemple :

178	⇒	**17** / 8	⇒	1	+	7	=	8
807	⇒	**80** / 7	⇒	8	+	0	=	8
352	⇒	**35** / 2	⇒	3	+	5	=	8

Les chiffres 4, 7 et 2 apparaissent en gris car ils sont « laissés pour compte » et ne servent absolument à rien, sinon à vous déconcentrer.

Nous dirons ici que l'on a une **séparation somme constante par la gauche**.

2. Séparations produit

Les « séparations produit » reposent exactement sur le même principe que les « séparations somme ».

Exemple 1 :

632	⇒	6 / 32	⇒	6	=	3	×	2
933	⇒	9 / 33	⇒	9	=	3	×	3
414	⇒	4 / 14	⇒	4	=	1	×	4

Nous dirons ici que l'on a une **séparation produit par la droite**.

Exemple 2 :

2555	⇒	**2** / 55 / **5**	⇒	5	×	5	=	25
4762	⇒	**4** / 76 / **2**	⇒	7	×	6	=	42
2397	⇒	**2** / 39 / **7**	⇒	3	×	9	=	27

Nous dirons ici que l'on a une **séparation produit par les côtés**.

3. Séparations puissance

Les « séparations puissance » fonctionnent sur le même modèle que les séparations sommes et produits :

Exemple 1 :

313	⇒	3 / 1 / **3**	⇒	3 puissance 1	=	**3**
238	⇒	2 / 3 / **8**	⇒	2 puissance 3	=	**8**
329	⇒	3 / 2 / **9**	⇒	3 puissance 2	=	**9**
329	⇒	2 / 2 / **4**	⇒	2 puissance 2	=	**4**

Exemple 2 :

210	⇒	2 / **1** / 0	⇒	2 puissance 0	=	**1**
392	⇒	3 / **9** / 2	⇒	3 puissance 2	=	**9**
441	⇒	4 / **4** / 1	⇒	4 puissance 1	=	**4**
113	⇒	1 / **1** / 3	⇒	1 puissance 3	=	**1**

4. Séparations cachées

Les séparations cachées ne sont pas simples à trouver. Voici deux exemples qui ont fait les malheurs de nos préparationnaires.

Exemple 1 :

246	⇒	24 / 6	⇒	24	=	6	×	<u>4</u>
41	⇒	4 / 1	⇒	4	=	1	×	<u>4</u>
328	⇒	32 / 8	⇒	32	=	8	×	<u>4</u>

Vous remarquez ici que la multiplication par 4 est « cachée ».

Exemple 2 :

103	⇒	10 / 3	⇒	10	–	3	=	<u>7</u>
81	⇒	8 / 1	⇒	8	–	1	=	<u>7</u>
136	⇒	13 / 6	⇒	13	–	6	=	<u>7</u>

Dans cet exemple, vous remarquez qu'il s'agit finalement d'un cas identique à celui du chapitre 3. ECARTS.

III. LES SERIES GRAPHIQUES

[Une règle d'or]

Avant toute chose, nous vous invitons à appliquer systématiquement la règle d'or suivante : **traduisez et inscrivez sous forme numérique le maximum d'informations mises à votre disposition.**

Autrement dit :

- Inscrivez les nombres de côtés des figures.
- Inscrivez les rangs des lettres.
- Inscrivez les nombres de « barres » des lettres.
- Calculez et inscrivez les écarts qu'il y a entre les nombres.
- Calculez et inscrivez les écarts entre les rangs des lettres.
- Calculez et inscrivez les écarts qu'il y a entre les côtés des figures et les nombres.
- **Inscrivez tout !** Plus vous écrirez d'informations autour de vos séries graphiques et plus vous verrez se profiler les règles logiques à trouver.

Efforcez-vous d'appliquer cette règle. **Vous gagnerez beaucoup de temps**.

1. Séries graphiques et figures

Qui dit *figures* dit :

- Inscrire le nom de la figure et l'initiale de son nom.
- Compter le nombre de côtés.
- Compter le nombre de côtés parallèles.
- Compter le nombre d'angles droits.
- Compter le nombre de points d'intersection qu'il y a entre deux figures.

Exemples :

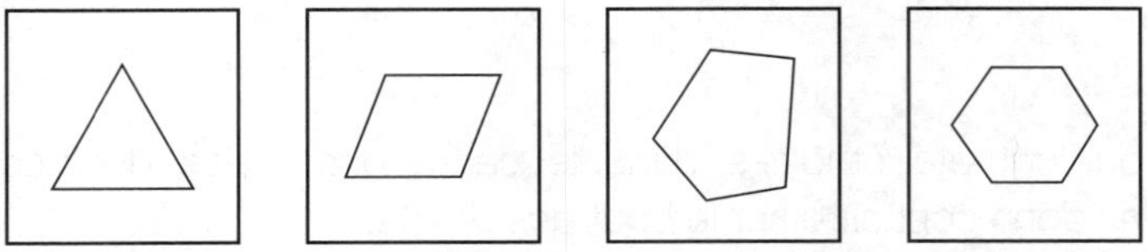

Dans ce premier exemple, le nombre de côtés est simplement croissant : 3 côtés pour le triangle, 4 côtés pour le parallélogramme, etc. Le nombre de côtés peut bien sûr suivre des progressions plus subtiles.

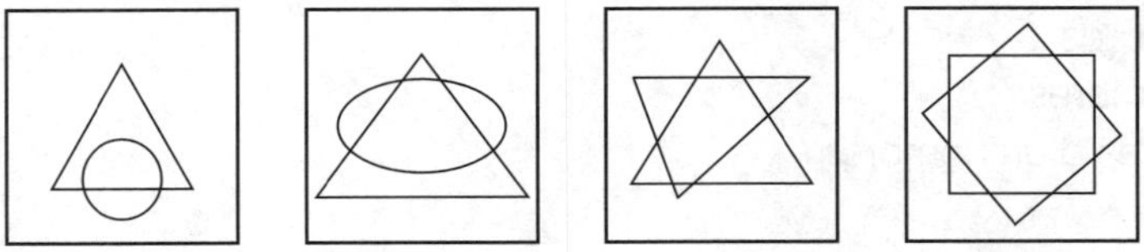

Dans cet exemple, le nombre de points d'intersections entre les deux figures est croissant : 2, puis 4, puis 6 et enfin 8.

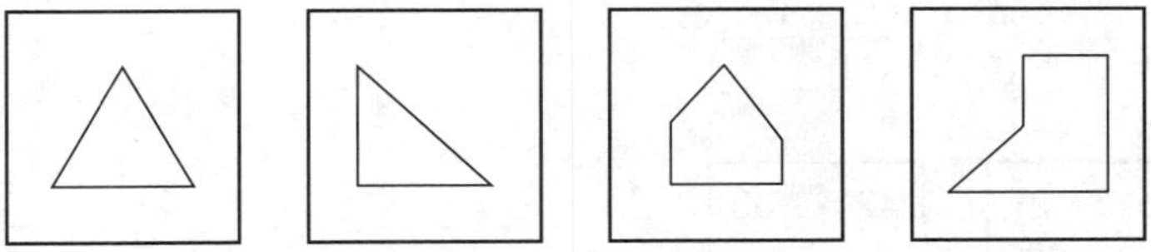

Dans ce dernier exemple, vous observez que le nombre d'angles droits est croissant : d'abord aucun angle droit pour le premier triangle, puis un angle droit pour la deuxième figure, puis 2 et enfin 3. Un rectangle pourrait ainsi compléter la série…

Retenez qu'il est essentiel de tout compter lorsque vous vous retrouvez face aux figures des séries graphiques. Ne laissez rien au hasard !

2. Séries graphiques et nombres

Qui dit *nombres* dit :

- Revoir toutes les règles qui ont été étudiées dans le cadre des séries doubles de chiffres et que vous devez donc connaître sur le bout des doigts.
- Appliquer les opérations suivantes :
  – Somme de chiffres/nombres
  – Différence de chiffres/nombres
  – Produit de chiffres/nombres
  – Quotient de chiffres/nombres
  – Puissance de chiffres/nombres
  – Somme de tous les chiffres d'un nombre
- Attention aux nombres dans leurs formes « séparées ».
- Attention aux sommes et produits des nombres pris « deux à deux » ou « un à trois », « un à quatre »…

Exemple 1 :

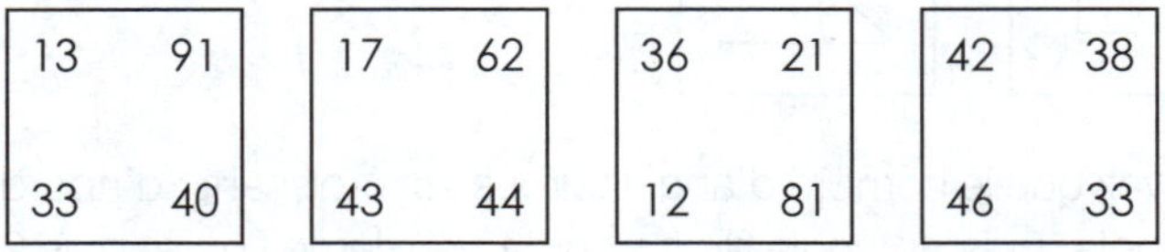

Les nombres sont ici considérés « deux à deux » dans leurs formes « séparées ».

Vous devez donc **séparer** les chiffres de chaque nombre. Dans le premier cadre, sur la diagonale allant du côté en haut à gauche au côté en bas à droite, la somme des chiffres est identique aux deux extrémités de la diagonale : $1 + 3 = 4 + 0$. Sur l'autre diagonale, le produit des chiffres à chaque extrémité est égal : $3 \times 3 = 9 \times 1$. On retrouve cette même somme et ce même produit dans les autres cadres : $1 + 7 = 4 + 4$ et $4 \times 3 = 6 \times 2$, etc.

Exemple 2 :

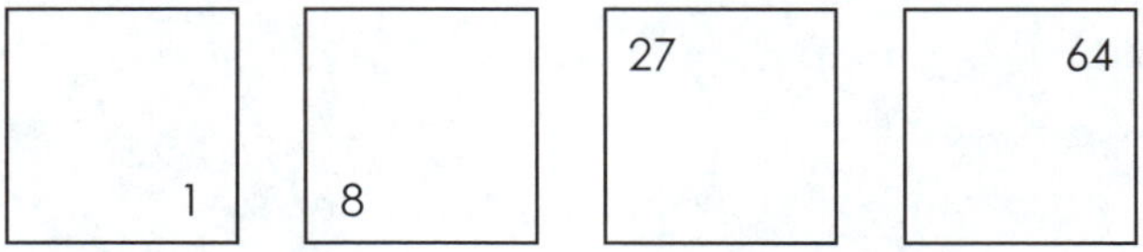

Vous reconnaissez naturellement une suite de cubes.

Exemple 3 :

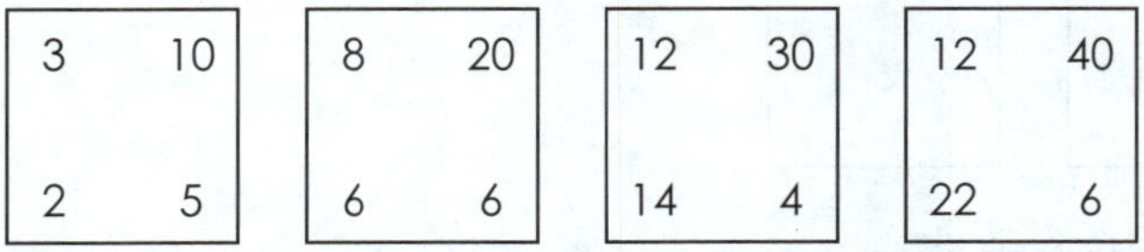

Dans cet exemple, le nombre en haut à droite de chaque cadre est la somme des trois autres nombres. Ainsi, 10 = 3 + 5 + 2 ; 20 = 8 + 6 + 6 ; 30 = 12 + 4 + 14 et enfin 40 = 12 + 6 + 22.

3. Séries graphiques et lettres

Qui dit *lettres* dit :

- Revoir toutes les règles qui ont été étudiées dans le cadre des séries doubles de lettres et que vous devez donc connaître sur le bout des doigts.
- Attention au nombre de « barres » des lettres.
- Attention au « sens » des lettres : les lettres peuvent en effet être des initiales : initiale d'une figure (T pour Triangle), d'un chiffre (S pour 7/Sept), d'une position (H pour Haut, B pour Bas…), d'un symbole (A pour */Astérisque ; D pour #/Dièse, etc.).

Tableau des lettres « à barres » :

Lettres	A	E	F	H	I	K	L	M	N	T	V	W	X	Y	Z
Barres	3	4	3	3	1	3	2	4	3	2	2	4	2	3	3

Exemples :

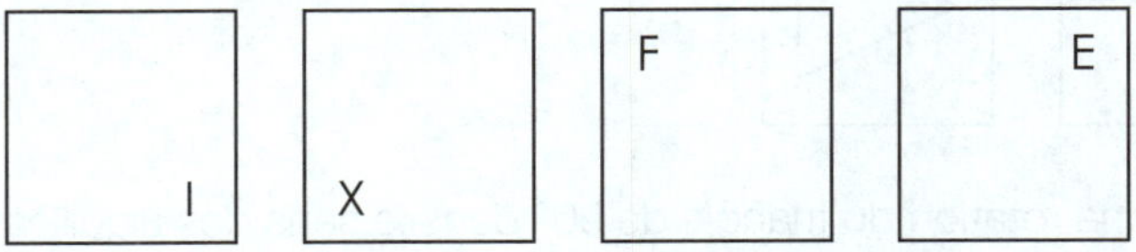

Dans ce premier exemple, le nombre de barres de chaque lettre est croissant : 1 barre pour **I**, 2 barres pour **X**, 3 barres pour **F** et 4 barres pour **E**.

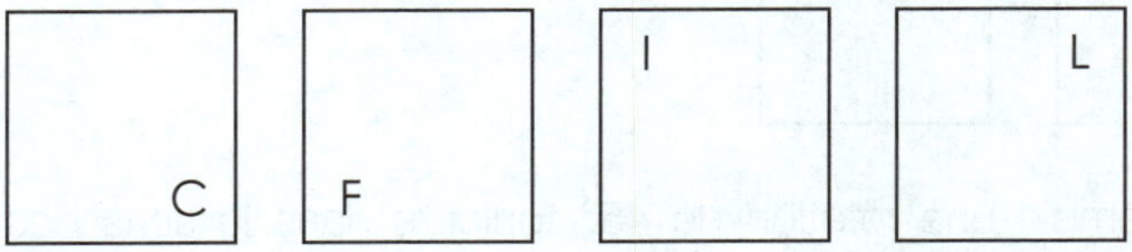

Dans ce deuxième exemple, il y a un saut de deux lettres lorsque l'on passe d'un cadre à l'autre : **C**DE**F**GH**I**JK**L**.

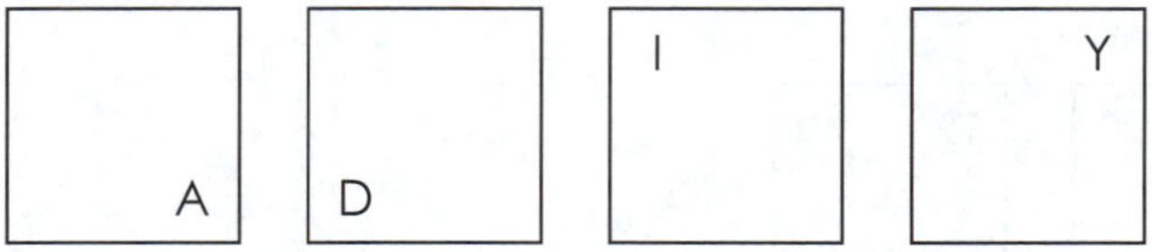

Ici, inscrivez les rangs des lettres au-dessus de chaque cadre : 1 – 4 – 9 – 25. Vous reconnaissez alors la suite des carrés parfaits.

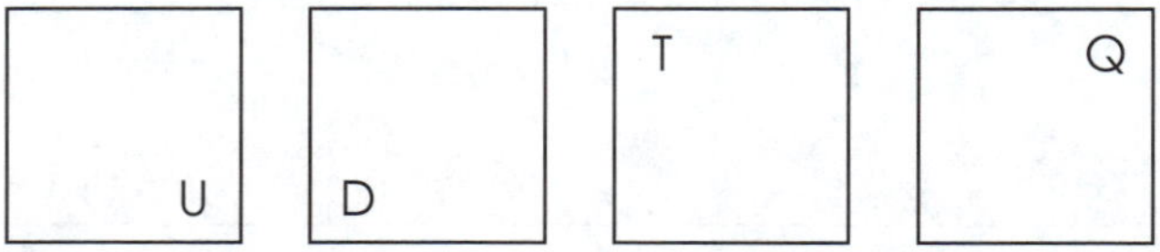

Enfin, vous devez reconnaître ici une suite d'initiales :
U pour Un – D pour Deux – T pour Trois – et Q pour Quatre.

4. Séries graphiques et mouvements

Qui dit *mouvements* dit :

- Mouvements de rotation.
- Mouvements circulaires : sens des aiguilles d'une montre ou sens inverse.
- Mouvements d'alternance : alternances horizontale, verticale, diagonale, centrale et axiale.

Exemples :

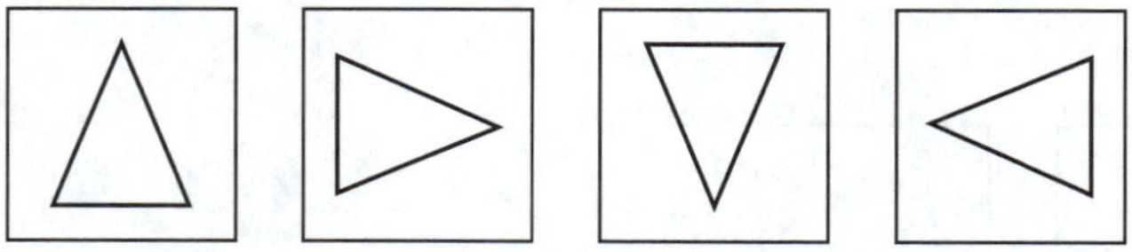

Dans ce premier exemple, il s'agit d'une rotation du triangle de 90° dans le sens des aiguilles d'une montre à chaque nouveau cadre.

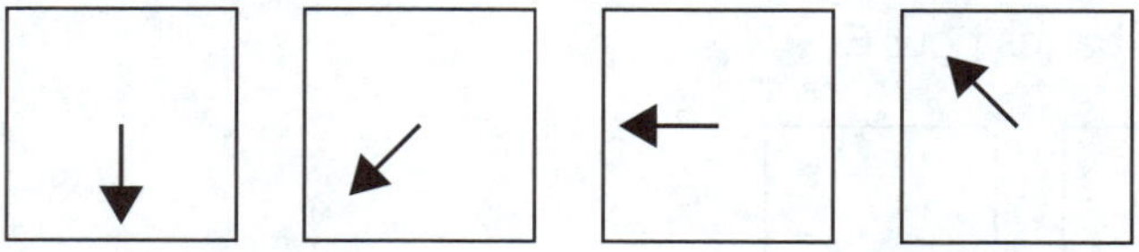

Vous pouvez observer dans cet exemple une rotation de 45° toujours dans le sens des aiguilles d'une montre. Veillez à bien comprendre la notion de rotation : il s'agit d'une rotation sur soi-même, autour du centre de l'objet.

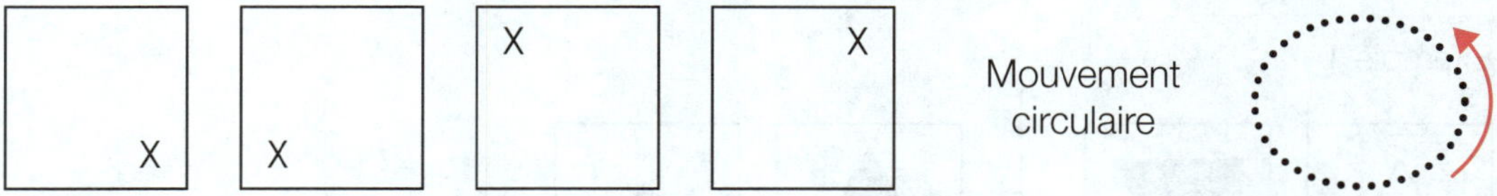

Observez la position du X dans cet exemple : il suit un mouvement de type circulaire dans le sens des aiguilles d'une montre :

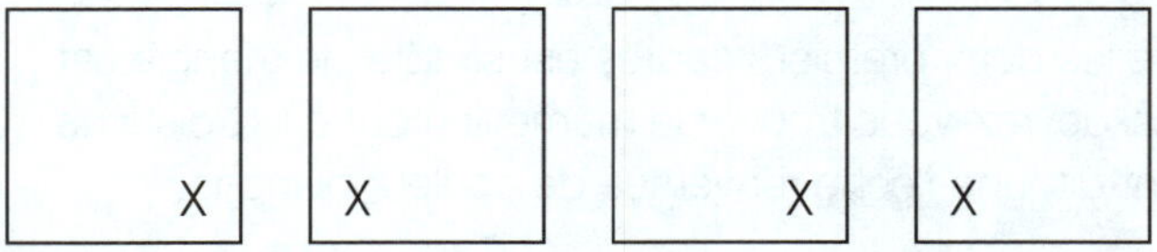

Observez bien les changements de positions du X : il s'agit d'un mouvement alterné horizontal.

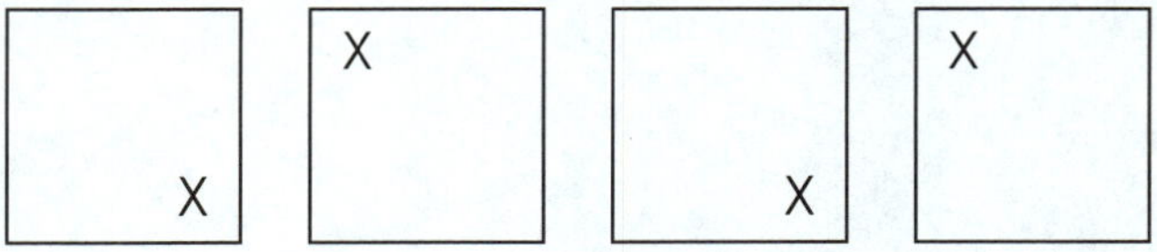

Cet exemple présente un mouvement alterné diagonal.

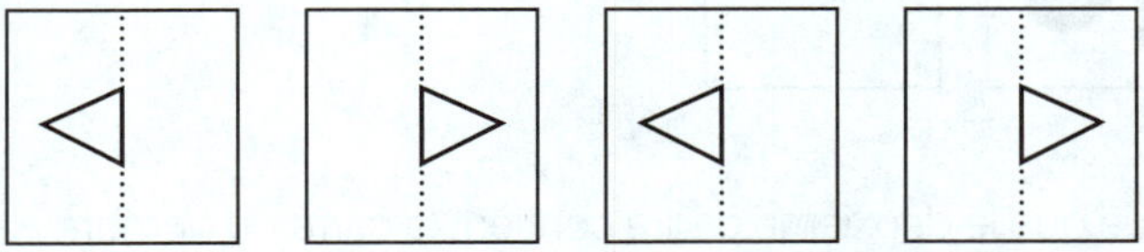

Nous terminons avec le mouvement le moins facile à voir : c'est une alternance le long d'un axe de symétrie (qui sera naturellement invisible au Tage Mage !).

5. Paires de cadres

Une tendance récente au Tage Mage (minoritaire toutefois mais l'objectif d'une *bible* est d'être le plus exhaustif possible) consiste à vous faire réfléchir sur les deux premiers cadres (parmi les trois cadres proposés dans l'énoncé) pour y trouver une logique qui les lie. Il vous faudra alors ensuite appliquer ce lien logique entre le troisième cadre et le cadre solution.

Exemple 1

Dans ce premier exemple, le lien entre les deux premiers cadres est simple : le triangle est renversé et il change de couleur. Aussi devrez-vous trouver le même lien entre le troisième cadre et le cadre solution… Autrement dit, une flèche renversée de couleur blanche.

Nota Bene : vous n'aurez évidemment pas la ligne de démarcation après le deuxième cadre au Tage Mage :)

Exemple 2

Dans ce second exemple, on remarque que le deuxième cadre contient le carré du nombre présent dans le premier cadre. Il faudra donc en solution le carré de 16, autrement dit 256.

FICHE 19
SÉRIES DOUBLES

1. Séries doubles de chiffres

Pour les séries doubles de chiffres, retenez le process de résolution suivant. C'est de loin le plus facile à retenir et surtout le plus efficace !

1. Commencez par repérer les mouvements et les écarts en intra comme en inter.

2. **Puis vérifiez les propriétés des nombres :**
   - sommes, produits ;
   - carrés, cubes, nombres premiers, multiples.

3. **Terminez enfin par les séparations :**
   - sommes, produits, puissances.

4. N'oubliez pas que vous devez identifier les propriétés sur tout le nombre ou sur une sélection.

5. N'oubliez pas aussi de lire les nombres ou votre sélection de nombres à l'envers.

2. Séries doubles de lettres

Pour les séries doubles de lettres, apprenez par cœur ce process de résolution suivant. Vous parviendrez à résoudre ainsi toutes les séries qui se présenteront à vous.

1. **Identifier les cas particuliers :**
   - voyelles, barres, courbes, symétries horizontales et verticales, extrémités, sigles et vrais mots.

2. **Puis travaillez sur les rangs des lettres :**
   - transformer 2 mots en rangs avec EJOTY et vérifiez : sommes, produits, séparations somme, séparations produits.

3. Repérez ensuite les INTRA et INTER avec et sans mouvement.

4. N'oubliez pas que vous devez à chaque étape raisonner sur tout le mot ou sur une sélection de lettres.

5. Pensez aussi aux différents mouvements.

6. Pensez à lire de bas en haut, de haut en bas, de gauche à droite et de droite à gauche.

7. N'oubliez pas enfin le retour dans l'alphabet (après Z, il y a A !).

FICHE 20
SÉRIES GRAPHIQUES

Pour les séries graphiques, voici le process de résolution :

1 Vous voyez des lettres, alors pensez aux :

- barres, courbes, symétries horizontales et verticales, extrémités ;
- initiales ;
- rangs ;
- sigles, mots faisant sens, chiffres romains.

2 Vous voyez des chiffres ou des nombres, alors pensez aux :

- carrés, cubes, nombres premiers, multiples, sommes et produits ;
- séparations.

3 Vous voyez des figures, pensez à :

- compter le nombre de côtés ;
- compter les angles ouverts, fermés et angles droits.

4 Attention aux mouvements :

- gauche/droite, droite/gauche ;
- sens des aiguilles d'une montre et sens inverse ;
- mouvements lents.

5 Mettez tout en relation !

- lettres et nombres, lettres et figures, nombres et figures…

IV. APPLICATIONS FONDAMENTALES

1. La pyramide EJOTY

Une fois n'est pas coutume, nous vous proposons ici une application originale et riche en émotions. Nous souhaitons en effet que vous vous entraîniez à convertir des séries de lettres en séries de chiffres… à toute vitesse !

Votre mission, si vous l'acceptez, est donc de convertir **les 31 lignes qui suivent en 31 minutes… et pas une de plus !**

Mettez-vous en condition ! Eteignez les téléphones portables, les ordinateurs et surtout munissez-vous d'un chronomètre sur lequel vous pouvez jeter un œil sur le temps qui passe.

La « pyramide EJOTY » est une application qui permet de tester à la fois votre endurance et votre rapidité.

Le principe est simple : voici face à vous une pyramide de lettres composée de 31 lignes avec un nombre de lettres croissant puis décroissant. Vous disposez en moyenne d'une minute pour convertir chaque ligne de la pyramide et noter les chiffres sur la pyramide de la page d'en face.

> Si au bout d'une minute vous n'avez pas terminé une ligne, vous vous arrêtez et passez immédiatement à la ligne suivante. De même, si vous terminez une ligne avant la fin de la minute, vous ne devez pas commencer la ligne suivante mais attendre que la minute se soit écoulée avant de continuer.

Le but est donc que vous parveniez à tout convertir en 31 minutes (ou moins). Et si vous réussissez à convertir la seizième ligne formée de 45 lettres en une minute, alors cela veut dire que vous êtes prêts à relever tous les défis avec succès !

Bon courage !

E	J	O	T	Y
5	10	15	20	25

15 lettres.	DGSTCYUEKNCBQHE
17 lettres.	AXSWDYJPCNQHECLQN
19 lettres.	QWPMNQVEUCNQPOHAXUJ
21 lettres.	SLFNCTQPOTBCSDLKANJQN
23 lettres.	AUQBCGMPLJHGWBVSTKENCGT
25 lettres.	MDNCQYENUIGQCEHWMAPCUENDF
27 lettres.	SJWHPLQHEUCVSGWOKRNEYSTCVHP
29 lettres.	AQUEFRGHSTOIJNCGQHRUDXKPQMRNS
31 lettres.	NHWCFSMQWPOYENSTUJDCPQOENCHQJEM
33 lettres.	JHQDENBCGQHUEIRKQPORMLNCHAQFYUHDN
35 lettres.	MQPURNJFGAZLUXCSDHUGJFMQPANECDGQJIU
37 lettres.	KQGETDUCNGQTARZUIOLKNWVCSJEMQPYERBJKS
39 lettres.	FQTEGCNQHUENMJPRKNQTEYCBQGACEPWINRHSFCJ
41 lettres.	GQTAREVCBHWJMOPIUYHENBQFEPCUERTJKMQNCYEKQ
43 lettres.	YHEVSFWJPUNYGRMSONCGQFAEMPCNATIENTKFGSMAINR
45 lettres.	ARWMPVNDGSTQUEMCNQJUEMAPWFECIKFVATMCNQTEJYIBF
43 lettres.	HQYANEMCKIQUENFGHPDIQNEMQNQHEYCUDIQASMLKWJF
41 lettres.	JQUEBCGQFEUIPMLTGEBRHUWIAPSDRGMDNCBWGAPRM
39 lettres.	ATGEKCPSFVHJQPJWOAMEPOCNHQATEYIKFDSPWNT
37 lettres.	IQNSTEVHKMQPOANCXVGEJSKAMQYEXDPSNSKQO
35 lettres.	SYABEGCMQPOENCJQGEJSIPAMSLKQFGWHYJN
33 lettres.	QUANDJREGCYQMOENFJVYGQKSJPWNEJCTQ
31 lettres.	LQHAYCTSGELCPOWNQBEJDITMEISNTGZ
29 lettres.	JQUAYEBDHSJAMPQUENCTQUENJDLQO
27 lettres.	UEJCMPQJEUHGACXWKPTNRUIENQS
25 lettres.	QKPQOYEHBNWGSJFPAZKWINRMD
23 lettres.	RQCETDSYUICOPKNQJHDTQRN
21 lettres.	ATQHENCMQPLENQTYSHDIP
19 lettres.	QGATEUCNQMPEIRNCGQS
17 lettres.	APNETHJQPOICBSYWK
15 lettres.	HXCWGYUEIPSKNQI

E	J	O	T	Y
5	10	15	20	25

15. ______________________
17. ______________________
19. ______________________
21. ______________________
23. ______________________
25. ______________________
27. ______________________
29. ______________________
31. ______________________
33. ______________________
35. ______________________
37. ______________________
39. ______________________
41. ______________________
43. ______________________
45. ______________________
43. ______________________
41. ______________________
39. ______________________
37. ______________________
35. ______________________
33. ______________________
31. ______________________
29. ______________________
27. ______________________
25. ______________________
23. ______________________
21. ______________________
19. ______________________
17. ______________________
15. ______________________

2. La planche de chiffres

Comme vous allez le découvrir, il sera très souvent question de repérage pour les séries doubles de chiffres dans l'épreuve de logique au Tage Mage.

Si nous ne doutons pas une seconde que vous appliquerez consciencieusement et scrupuleusement les différents critères propres aux séries doubles de chiffres, nous doutons en revanche que vous soyez capables à ce stade d'identifier les logiques propres à chacune des séries doubles de chiffres **du premier coup d'œil !**

C'est pour cette raison que nous avons souhaité vous soumettre l'entraînement de spartiate qui suit, et ce, afin de nous assurer que vous serez capables de mobiliser les meilleures capacités de concentration et de résoudre ainsi les questions les plus difficiles du Tage Mage.

La consigne est simple : vous disposez de **25 minutes** pour travailler sur le tableau de chiffres qui suit et repérer une bonne centaine de nombres que vous retrouverez inlassablement dans les épreuves de logique du Tage Mage.

Voici la liste des nombres que vous devez trouver :

- 15 carrés : les carrés des nombres 10, 11, 12, 13, 14, 15, 16, 17, 18, 19, 20, 21, 22, 23, 24, 25 ;
- 10 cubes : les cubes des nombres 3, 4, 5, 6, 7, 8, 9, 10, 11 et 12 ;
- 10 nombres entiers divisibles par 7 compris entre 700 et 850 ;
- 10 nombres premiers compris entre 30 et 80 ;
- 5 nombres entiers divisibles par 13 compris entre 360 et 460 ;
- 5 nombres différents de 3 chiffres avec des chiffres successifs croissants ;
- 5 nombres différents de 3 chiffres avec des chiffres successifs décroissants ;
- 3 nombres différents de 3 chiffres avec des chiffres impairs successifs décroissants ;
- 2 nombres différents de 3 chiffres avec des chiffres pairs successifs croissants.

Remarques :

- Les nombres doivent impérativement être identifiés sur des lignes horizontales et peuvent éventuellement être à cheval sur deux lignes.
- Certains des nombres que vous devez trouver peuvent apparaître plusieurs fois.
- Il ne peut y avoir deux nombres (ou plus) qui se croisent. Ex. : 2**256.**

3455789340056711456780987654234507894679743234567896543248718909775434
3568998100534234676898099776545434389809976764532324917679897765453434
6898861534567898765432345671143451118121456724321345654232538663549735
4673152465135465414247867317864538473784573824755227213564768123064967
7328047665234736451533762183771266333333672413652222912778356712435652
1837281983092170379851263462536827108435484561285581753612137612714434
2178131134157819634561783754267397656718909876098805613145634255325296
5656555222989801090901878716767387767625543752902867571257781551565687
25187626478697471645658100015101413272951651651992730038837735463626633
74635475542255376765767676321283980836172365417370838080313313898163768
12738526543652934793849077235724376712083089381083109837127637576737827
86756765567417284564253129010010109800090809312312321837725615454362172
81897398716898860781738627813317795652435782181273512673620948891554534
67215634521453452143545241110976352748496238704819871535423687294890489
71894791274752615352537183790218082148772546152125471087176214763746376
47364634537748832438746374791259087894673641304987138470757661454365646
3567533697565347349819084786893236347369497677673467346773864783748979
84789374890310010001011729737467364763456356456287576651854351647631289
73746536456253471790314737148362757364756457366745143112324324776476736
24723656546364518346154635487970837483470900000001989843333326365419673
51473346763274656534676347537647575134542100300019108949838746764736475
63455734673647790099984939748140304904956382890666444164619017759738468
51898468387817381735513611573791893771552315371039019397186375153441321
57379183986143518734515376153467173532413251538163614365163819398019301
98386163217283246176381937499013909387257354686279153672156289740157168
12781274971904892184912882135454261571938910371452163791930193091040036
76156145145342185122882787617571768716238207162715652411253513243142315
27889729989819209902190291413412513251442951436751476436714351467354143
67143671816175761287129128102801920120901960190291029014557726154345676
14345670013456543450543234543232112191212340118565657689765678951286765
77767679898787776121913132342242454522734977282566354009055149730209945
20988255133100360363798535659486543300635524097355538434730556186469854
73533274051292951580695925179386354745462534246080429231164189780511760
03966334388704381437253144342108111690693315086957530014654272879421605
10132672395960370352906438759220390703087575894435309284734343651062453
34389916171376510359486041657863969796430346956876874634053669459625718
33232456823559132497504131950977529774164319267661625830207924588366747
45939559725784413966307586540429586876465992534841887981380591469286324
63666731451428335749937893948033213694911827432298648312626979622596276

Corrigés

3455789340056711456780987654234507894679743234567896543248718909775434
3568998100534234676898099776545434389809976764532324917679897765453434
6898861534567898765432345671143451118121456724321345654232538663549735
4673152465135465414247867317864538473784573824755227213564768123064967
7328047665234736451533762183771266333333672413652222912778356712435652 1
8372819830921703798512634625368271084354845612855817536121376127144342
1781311341578196345617837542673976567189098760988056131456342553252965
6565552229898010909018787167673877676255437529028675712577815515656872 5
1876264786974716456581000151014132729516516519927300388377354636266337
4635475542255376765767676321283980836172365417370838080313313898163768 1
2738526543652934793849077235724376712083089381083109837127637576737827 8
6756765567417284564253129010010109800090809312312321837725615454362172
8189739871689886078173862781331779565243578218127351267362094889155453 4
6721563452145345214354524111097635274849623870481987153542368729489048
9718947912747526153525371837902180821487725461521254710871762147637463 7
6473646345377488324387463747912590878946736413049871384707576614543656
4635675336975653473498190847868932363473694976776734673467738647837489
7984789374890310010001011729737467364763456356456287576651854351647631
2897374653645625347179031473714836275736475645736674514311232432477647
6736247236565463645183461546354879708374834709000000001989843333326365 41
9673514733467632746565346763475376475751345421003000191089498387467647 3
6475634557346736477900999849397481403049049563828906664441646190177597
3846851898468387817381735513611573791893771552315371039019397186375153
4413215737918398614351873451537615346717353241325153816361436516381939
8019301983861632172832461763819374990139093872573546862791536721562897
4015716812781274971904892184912882135454261571938910371452163791930193 0
9104003676156145145342185122882787617571768716238207162715652411253513 2
4314231527889729989819209902190291413412513251442951436751476436714351
4673541436714367181617576128712912810280192012090196019029102901455772 6
1543456761434567001345654345054323454323211219121234011856565768976567
8951286765777676798987877761219131323422424545227349772825663540090551
4973020994520988255133100360363798535659486543300635524097355538434730 5
5618646985473533274051292951580695925179386354745462534246080429231164
1897805117600396633438870438143725314434210811169069331508695753001465 4
2728794216051013267239596037035290643875922039070308757589443530928473
4343651062453343899161713765103594860416578639697964303469568768746340
5366945962571833324568235591324975041319509775297741643192676616258308
2079245883667474593955972578441396630758654042958687646599253484188798
1380591469286324636667314514283357499378939480332136949118274322986483
1262697962259627 6

3. Quelques applications

Séries doubles

1

		479		
		366		
		891		
		146		
561	444	**?**	129	606

(A) 255 (B) 192 (C) 684 (D) 144 (E) 721

2

?	KJM	PLR	CGE	VBX
GCT				
BZH				
IPO				
SKJ				

(A) MKF (B) LKN (C) DIF (D) JHD (E) RDM

3

	927			
	523			
	826			
	330			
130	**?**	39	195	91

(A) 312 (B) 413 (C) 431 (D) 156 (E) 800

4

	LTR				
	?	UEZ	GWT	YGT	ZAE
	ETA				
	CVT				
	BAZ				

(A) ZED (B) HSD (C) HFA (D) ASI (E) SMJ

5

		431			
	729	**?**	8	125	1728
		622			
		340			
		267			

(A) 439 (B) 591 (C) 1331 (D) 343 (E) 222

---

1. H : vous remarquez que 5 + 6 + 1 = 4 + 4 + 4 = 1 + 2 + 9 = 6 + 0 + 6 = 12, soit que la somme de tous les chiffres de chaque nombre de la série vaut 12.
   Il s'agit donc d'une somme constante égale à 12 et vous pouvez conserver les réponses (A) et (B), 255 et 192.
   V : Il s'agit d'une **séparation carré par le centre.** En effet, vous avez :
   $\mathbf{4\underline{7}9} : \underline{7}^2 = \mathbf{49}$ $\mathbf{8\underline{9}1} : \underline{9}^2 = \mathbf{81}$
   $\mathbf{3\underline{6}6} : \underline{6}^2 = \mathbf{36}$ $\mathbf{1\underline{4}6} : \underline{4}^2 = \mathbf{16}$
   Le chiffre du centre élevé au carré donne donc les deux chiffres des extrémités mis bout à bout. Parmi les deux réponses restantes, seule (A) respecte ce critère. C'est donc la bonne réponse.

2. Traduisons les deux séries l'une après l'autre, toujours verticalement :

	H	
$\underline{11}$	10	$\underline{13}$
$\underline{16}$	12	$\underline{18}$
$\underline{3}$	7	$\underline{5}$
$\underline{22}$	2	$\underline{24}$

Vous remarquez que 13 – **11** = 18 – **16** = 5 – **3** = 24 – **22** = 2. Il y a donc un écart de +2 entre la première et la dernière lettre et cette série suit une logique d'**INTRA de +2 entre la première et la troisième lettre.**
Seules la (B) et la (C) vérifient cela avec **L** – M – **N** et **D** – E – **F**.

	V	
–	–	**6**
7	3	20
2	26	**8**
9	16	15
19	11	**10**

Comme illustré ci-dessus, vous avez un **INTER grande diagonale droite de +1,** et le rang de la dernière lettre de la solution doit être 6 : il s'agit donc d'un F. Parmi les deux réponses restantes, seule la (C) fonctionne donc.

3. H : on remarque que **tous les nombres sont des multiples de 13** :
130 = 13 × 10 195 = 13 × 15
39 = 13 × 3 91 = 13 × 7
Or, parmi les solutions proposées, seules deux sont des multiples de 13 :
(A) 312 = 13 × 24
(D) 156 = 13 × 12

V : il s'agit d'une **séparation somme par la droite.** En effet, vous avez :
9**27** : **2** + **7** = 9 8**26** : **2** + **6** = 8
5**23** : **2** + **3** = 5 3**30** : **3** + **0** = 3
La somme des deux derniers chiffres donne toujours le chiffre des centaines. Parmi les deux réponses conservées, seule la (A) fonctionne. C'est donc la bonne réponse.
La bonne réponse est donc la (A) : 312.

4.

	H	
–	**19**	–
21	5	26
7	**23**	20
25	7	20
26	**1**	5

La logique de cette série est donc un **INTER petite diagonale première droite de +2.** Le rang de la deuxième lettre de la solution doit par conséquent être 19, ce qui signifie que cette lettre est un S. Seules les réponses (B) et (D) fonctionnent.

	V	
12	20	20
8	–	–
5	20	1
3	22	20
2	1	26

Vous remarquez en partant du bas que le rang de la première lettre augmente :

– de 1 entre 2 et 3 ;

– de 2 entre 3 et 5 ;

– de 7 = 3 + 4 entre 5 et 12.

Ainsi, vous en déduisez que le rang de la lettre manquante doit être 5 + 3 = 8, soit un H, pour convenir à cet **INTER vertical évolutif de –4 à –1 sur la première lettre.** La seule réponse possible est dès lors la (B).

5. H : vous remarquez que **tous les nombres sont des cubes d'entiers** :

$729 = 9^3$ $125 = 5^3$

$8 = 2^3$ $1728 = 12^3$

Cela vous permet de conserver uniquement les réponses (C) et (D) car : $1331 = 11^3$ et $343 = 7^3$

V : vous remarquez que le produit des deux premiers chiffres de chaque nombre est constant égal à 12. En effet :

431 : **4** × **3** = 12 **34**0 : **3** × **4** = 12

622 : **6** × **2** = 12 **26**7 : **2** × **6** = 12

La logique est donc une **séparation produit constante par la gauche, égale à 12.** Or parmi les deux réponses restantes, seule la (D) fonctionne. C'est donc la bonne réponse.

Séries graphiques

Pour chacune des séries graphiques suivantes, trouver la logique commune aux cadres qui la composent.

1

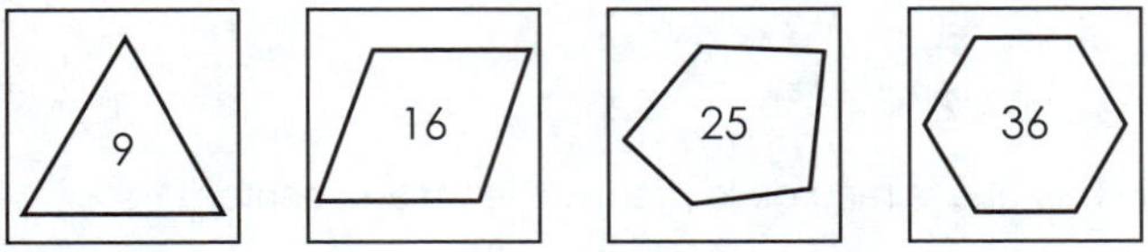

2

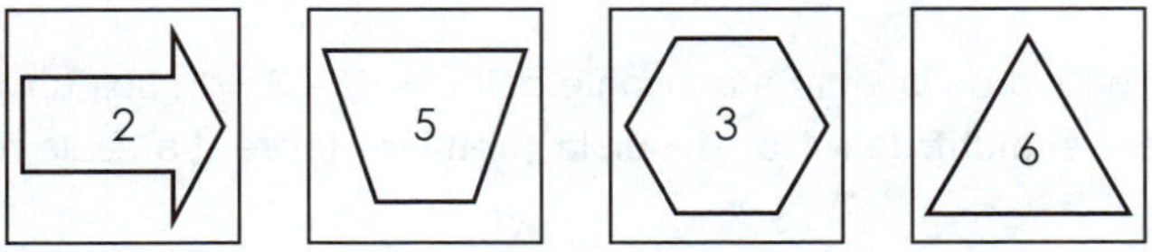

3

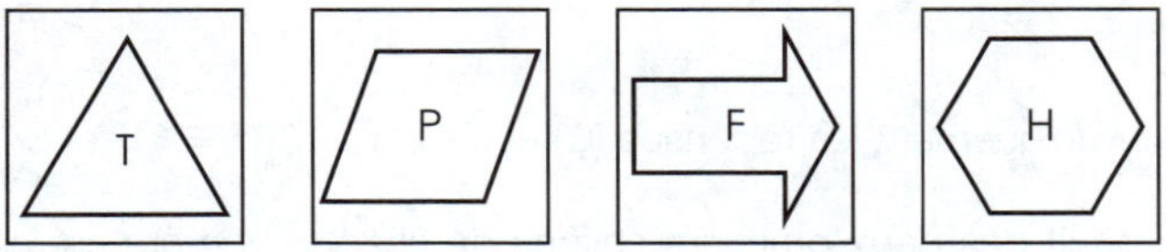

4

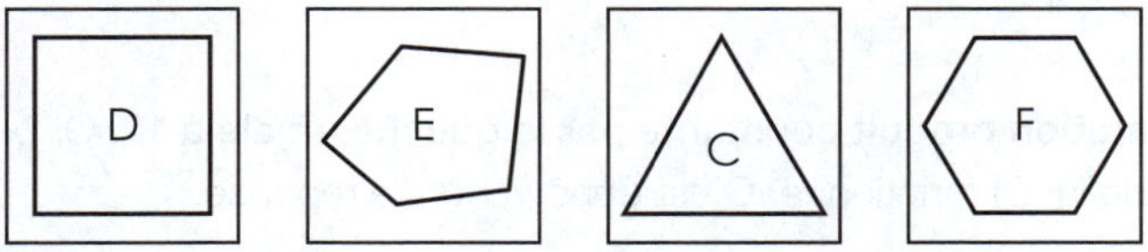

5

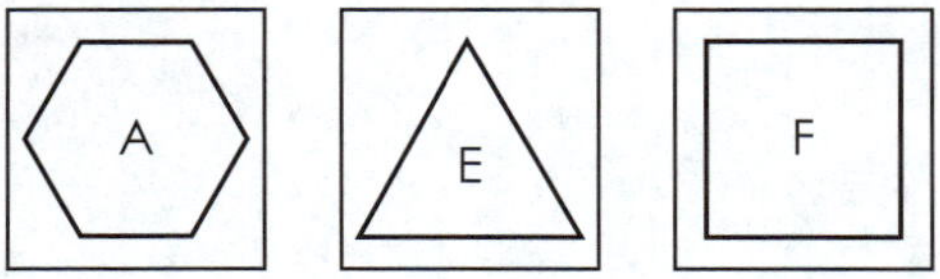

6

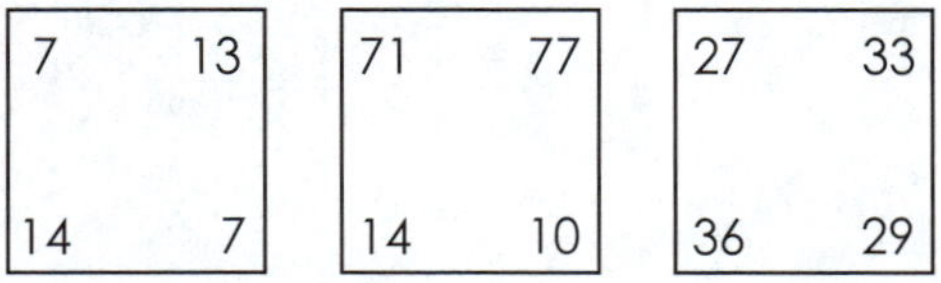

7

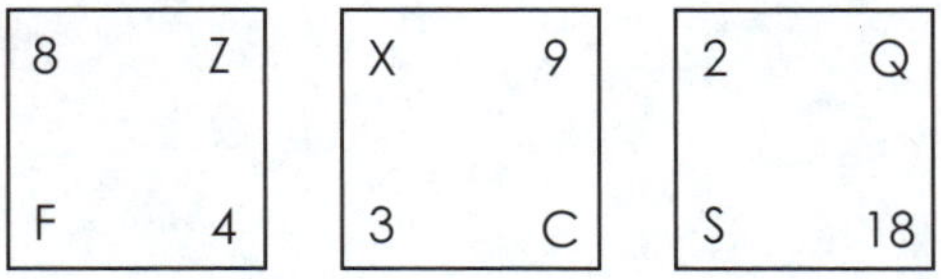

8

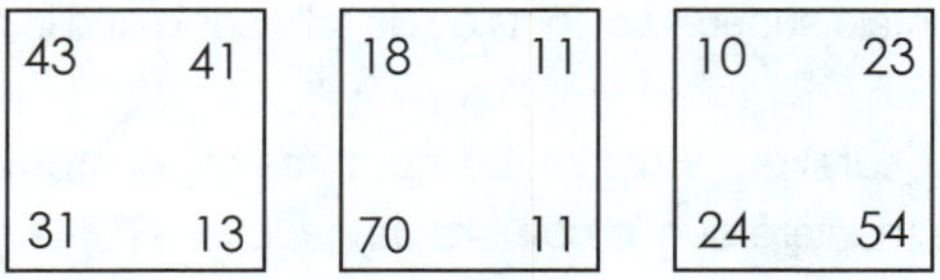

9

10

1. Dans cette application, le nombre de côtés mis au carré est égal au nombre inscrit dans la figure : le triangle a trois côtés et $3^2 = 9$; pour le parallélogramme, $4^2 = 16$, etc.

2. Vous remarquez ici que la somme du nombre de côtés et du nombre inscrit est constante et égale à 9 : 7 + 2 = **9** pour la première figure, 4 + 5 = **9** pour la deuxième figure, 6 + 3 = **9** pour la troisième figure et 3 + 6 = **9** pour la quatrième figure.

3. Nous faisons appel dans cet exemple à la **signification** des lettres : un triangle est inscrit dans le premier cadre et on a écrit un T qui correspond donc à l'initiale de la figure. Un parallélogramme se situe dans le deuxième cadre avec justement un P à l'intérieur. **En conséquence, la lettre correspond à l'initiale du nom de la figure.**

4. Ici, nous associons le nombre de côtés de la figure au rang de la lettre. Dans le premier cadre, le rang de D est égal à 4, ce qui correspond au nombre de côtés du carré. La figure du deuxième cadre est composée de 5 côtés, ce qui correspond au rang de la lettre inscrit dans la figure.

5. En numérisant tout on trouve :
Côtés : 6, 3, 4 **Lettres :** 1, 5, 6
Vous voyez immédiatement qu'aucune des deux séries de trois chiffres ne forme de suite logique. En revanche, testons des combinaisons :
Côtés + Lettres : 6 + 1 = **7** ; 3 + 5 = **8** ; 4 + 6 = **10** ⇒ 7, 8, 10 n'est pas une suite.
Côtés – Lettres : 6 – 1 = **5** ; 3 – 5 = **–2** ; 4 – 6 = **–2** ⇒ 5, –2, –2 n'est pas une suite.
Côtés × Lettres : 6 × 1 = **6** ; 3 × 5 = **15** ; 4 × 6 = **24** ⇒ 6, 15, 24 **est bien une suite avec un écart constant de 9.** On vous laisse proposer la solution de votre choix.

6. Les nombres qui se trouvent sur la ligne horizontale supérieure sont liés de telle sorte que le nombre de gauche + 6 = le nombre de droite.
Ainsi, 7 + 6 = 13 (1er cadre), 71 + 6 = 77 (2nd cadre) etc. Ensuite, les nombres qui se trouvent sur la ligne horizontale inférieure sont liés de telle manière que le nombre de gauche – 7 = le nombre de droite.

7. Cadre 1 : rang de Z + rang de F = 26 + 6 = 32 or 32 c'est aussi le produit des chiffres du cadre (8 x 4).
Cadre 2 : rang de X + rang de C = 24 + 3 = 27 or 27 c'est aussi le produit des chiffres du cadre (9 x 3), etc.

8. Il ne fallait pas lire des nombres ici mais uniquement des chiffres. Ainsi, si l'on fait la somme de tous les chiffres qui se trouvent dans le premier cadre, alors on a : 4 + 3 + 4 + 1 + 3 + 1 + 1 + 3 = 20.
De même pour le second cadre : 1 + 8 + 1 + 1 + 7 + 0 + 1 + 1 = 20, etc.

9. Il n'y a que des lettres à 3 barres et la somme des chiffres vaut successivement 9, 10, 11 puis 12. Vous aurez donc compris qu'il n'y avait aucun lien entre les lettres et les nombres d'un même cadre.

10. Les chiffres à l'intérieur du cercle décrivent la position des voyelles dans le mot. Ainsi dans HIER, les voyelles sont en position 2 et 3, d'où 23. Le mot quant à lui, se déplace, cadre après cadre dans le sens des aiguilles d'une montre.

DEUXIÈME PARTIE

TESTS BLANCS TAGE MAGE

FICHE 21
COMMENT TIRER LE MEILLEUR PROFIT DES TESTS BLANCS ?

Cette fiche est extrêmement importante.

L'erreur que font la majorité de mes lecteurs est de se jeter à corps perdu et beaucoup trop tôt sur les tests blancs en respectant le temps de 20 minutes attribué à chaque sous-épreuve. **C'est une énorme erreur.**

Il est en effet essentiel que les 2 premiers tests blancs de la *Bible du Tage Mage* soient faits sans que vous vous imposiez la moindre limite de temps.

Pourquoi ? Tout simplement, parce que je vous entends trop souvent dire : « *j'ai obtenu un score très moyen ou mauvais aux deux premiers tests blancs à cause du manque de temps* ».

Mes étudiants pensent que le temps constitue un handicap majeur dans leur réussite à obtenir de meilleurs scores au Tage Mage. Vous voulez savoir la vérité ? Et bien c'est complètement faux. Le temps joue un rôle important évidemment mais il n'explique jamais tout.

J'ai plusieurs fois proposé à mes élèves de refaire un test blanc qu'ils avaient raté en leur offrant tout le temps qu'ils voulaient pour le faire. Et bien sachez que dans la grande majorité des cas, les étudiants amélioraient très peu leur score (à peine +20 % de mieux, autrement dit un 290 s'était amélioré en 360 ou 370 mais pas en 550). Et vous savez pourquoi ? Tout simplement parce que même si vous disposiez de tout le temps que vous vouliez, et bien sans une connaissance parfaite du cours, vous ne parviendriez pas à décrocher un top score du fait d'un manque d'expérience à convoquer les bonnes méthodes, les bons réflexes, les bonnes notions indispensables à la résolution des questions qui tombent au Tage Mage.

Aussi, je vous recommande sans détour de faire vos deux premiers tests blancs sans vous limiter au niveau du temps et vous verrez que même avec un temps illimité, il ne vous sera pas toujours aisé d'obtenir un score supérieur à 500.

Donnez-vous par exemple 4 heures pour faire le premier test blanc, autrement dit tout votre créneau de 4 heures hebdomadaires. Consacrez autant de temps que vous voulez aux différentes sous-épreuves de ce premier test blanc. Vous n'avez pas fini au bout de 4 heures ? Ce n'est pas grave, continuez le lendemain sur votre créneau d'1 heure et le surlendemain aussi si nécessaire. **Ce qui est important c'est que vous fassiez un effort intellectuel important qui consiste à aller chercher dans les moindres recoins**

de votre cerveau et de votre mémoire toutes les connaissances acquises durant vos trois premières semaines de préparation. Le but est simple : vous prouver à vous-même que vous êtes capable de résoudre une grande majorité de questions ! Alors oui, ce n'est pas dans les conditions du jour J avec le temps de 20 minutes par sous-épreuve mais c'est extrêmement rassurant et gratifiant de se dire : « Je peux le faire ! ». C'est un peu comme le marathonien débutant qui va finir son premier marathon en 4 ou 5 heures. Alors oui, c'est très long, mais il l'a fait ! Il en est capable et son principal objectif désormais sera d'apprendre à bien gérer le temps et les imprévus pour progresser et tenter d'approcher les 3 heures. Pendant ce temps illimité dont vous disposerez pour faire les deux premiers tests blancs, vous devrez être très concentrés et très appliqués. **En compréhension de textes,** demandez-vous plusieurs fois si votre réponse est juste et vérifiez aussi que les autres sont fausses. **En calcul,** vérifiez bien toutes vos équations et calculs, appliquez les méthodes de lecture lente et de backsolving. **En raisonnement et argumentation,** demandez-vous quels sont les pièges que les concepteurs vous tendent et prenez le temps de lire très lentement les énoncés et d'appliquer consciencieusement la technique de résolution par dichotomie. **En conditions minimales,** appliquez scrupuleusement toutes les étapes de résolution des questions et validez vos réponses à la lumière des exemples et contre-exemples que vous aurez identifiés. **En expression,** appliquez là encore la méthode de résolution par dichotomie ainsi que celle qui consiste à imaginer, avant de les découvrir, les réponses que le concepteur pourrait proposer. **En logique enfin,** appliquez inlassablement et dans l'ordre toutes les techniques de résolution que vous avez pris le temps d'apprendre jusqu'à présent et veillez à n'en oublier aucune.

Généralement, vous avez besoin d'un créneau de 4 heures et d'encore 2 ou 3 séances quotidiennes d'une heure pour terminer un test blanc en temps illimité tant il est vrai qu'au-delà de 6 ou 7 heures sur un test blanc, vous aurez épuisé toutes vos ressources.

À partir du troisième test blanc, passez en mode temps limité.

Souvenez-vous que vous devrez faire vos tests blancs en conditions sur votre créneau hebdomadaire de 4 heures. Pendant les 2 premières heures, vous serez donc en test blanc. Pour être plus précis, pendant les 2 heures 15 minutes car vous devrez prendre comme pour jour J une pause de 3-4 minutes entre chaque sous-épreuve. Pendant ces 3-4 minutes de pause, vous devrez juste attendre patiemment avant de redémarrer sur la sous-épreuve suivante. Vous verrez par la suite que ces 3-4 minutes sont décisives dans la gestion de votre stress.

Pendant un test blanc, veillez à vous mettre dans de bonnes conditions : éteignez votre portable, prévenez votre entourage que vous ne souhaitez pas être dérangé et soyez courageux ! Ne baissez pas les bras à la première difficulté rencontrée. Le Tage Mage teste aussi votre persévérance et votre capacité à ne pas lâcher prise. Alors, même si vous butez sur deux, trois ou quatre questions d'affilée, soyez courageux. Passez vite à une autre question et revenez à la fin sur les questions auxquelles vous n'avez pas répondu s'il vous reste un peu de temps.

Soyez bien attentifs à ce qui va suivre...

Une fois que vous avez terminé votre test blanc, vous devez faire corriger votre grille de réponses par une autre personne. Certes, ce n'est pas toujours pratique et c'est un peu fastidieux, mais si vous voulez vraiment progresser au Tage Mage, alors vous devez faire corriger votre grille par une autre personne que vous-même qui vous dira les numéros des questions pour lesquelles vous avez répondu juste, les numéros des questions auxquelles vous n'avez pas répondu ainsi que les numéros des questions auxquelles vous avez répondu faux.

Cette personne ne devra surtout pas vous dévoiler les réponses qu'il fallait trouver ! Elle devra juste vous donner la liste des questions que vous n'avez pas réussi à résoudre. Ainsi, vous aurez le droit à une seconde chance et pourrez réfléchir à nouveau sur ces questions, cette fois-ci sans limite de temps. Il vous faudra alors être persévérant et vous creuser la tête autant de temps que nécessaire pour venir à bout de ces questions. Vous pourrez bien sûr entamer ce travail non seulement pendant l'heure et demie qu'il vous restera sur votre créneau de 4 heures mais aussi pendant une ou plusieurs séances quotidiennes.

Sachez que les étudiants les plus tenaces sont ceux qui font vérifier une deuxième fois leur grille de réponses par un proche et qui refont encore les questions jusqu'à trouver la réponse juste.

Ce travail qui privilégie la qualité (faire un seul test blanc par semaine mais le faire bien, sous toutes ses coutures) à la quantité est toujours très rémunérateur à terme car c'est au prix d'une persévérance et d'une ténacité de tous les instants que les progrès seront irrésistiblement au rendez-vous.

En résumé :

- Vous faites les deux premiers tests blancs sans aucune limite de temps.
- Vous faites ensuite un test blanc par semaine (sur votre créneau de 4 heures) en temps limité, puis vous prenez ensuite le temps dont vous avez besoin pour refaire les questions auxquelles vous avez eu faux ou que vous n'avez pas eu le temps de faire.
- Entre deux tests blancs, c'est-à-dire pendant les séances quotidiennes d'une heure, vous prenez le temps de revoir les questions du test blanc, de découvrir les corrigés, de les refaire tranquillement, de revoir les points de cours qui sont liés à la question et de peaufiner vos fiches. Aussi, lorsque vous aurez fait 5 ou 6 tests blancs, il pourra être opportun de faire des recoupements entre certaines questions du même type afin d'essayer de développer une vue d'ensemble de tous les types de questions sur lesquelles vous pouvez tomber.

FICHE 22
MES ULTIMES CONSEILS POUR CHACUN DES SOUS-TESTS

Compréhension de textes

1. Avant de lire le texte, **lisez les questions** – pas les 5 propositions de réponses qui vont avec – juste les questions.

2. Quand vous lisez votre texte, **divisez votre vitesse de lecture habituelle par deux,** et ce, afin de prendre le temps de bien comprendre les nuances qui se cachent entre les lignes.

3. Si vous hésitez entre deux réponses, et ça vous arrivera souvent dans cette épreuve, **n'ayez pas peur de prendre quelques risques et répondez au hasard tout en essayant à chaque fois de vous mettre dans la peau du concepteur.**

Calcul

1. Parcourez le sujet dans son entièreté et **commencez toujours par les questions les plus courtes.**

2. Lisez très lentement votre énoncé, **comme si vous ne pouviez les lire qu'une fois** et essayez de résoudre la question de tête, **sans prendre aucune note.** Ensuite, relisez votre énoncé une deuxième fois en posant cette fois-ci vos calculs.

3. Essayez dans un premier temps de résoudre **10 questions sur 15**. Conséquence : si une question vous parait suspecte (énoncé très long ou alambiqué, énoncé qui s'appuie sur un point de cours inconnu ou non maîtrisé) passez votre chemin !

Raisonnement et argumentation

1 En argumentation : faites l'effort de bien vous attarder sur les questions et les termes clés utilisés (conclusion, présupposé, proposition qui renforce ou affaiblit etc.) puis prenez le temps de **deviner vous-même la réponse avant de découvrir les solutions proposées.**

2 Toujours en argumentation, éliminez les réponses par dichotomie. C'est la seule façon de vous en sortir !

3 Comme pour la compréhension de textes, si vous hésitez entre deux réponses, et ça vous arrivera également souvent dans cette épreuve, **n'ayez pas peur de prendre quelques risques et répondez au hasard tout en essayant à chaque fois de vous mettre dans la peau du concepteur.**

Conditions minimales

1 Le must : avant de découvrir les deux informations qui suivent l'énoncé et la question, **essayez de deviner vous-même quelles sont les informations que vous aimeriez trouver.** Cela vous oblige ainsi à comprendre l'énoncé en profondeur et à en extraire la quintessence.

2 Avant de conclure qu'une information est insuffisante, donnez toujours des contre-exemples !
Dans le cas des questions ouvertes, trouvez au moins deux valeurs possibles et dans le cas des questions fermées, trouvez un cas où la réponse est oui et un autre cas où la réponse est non.

3 Surtout, **cachez** (cacher = ne pas se laisser influencer) bien l'information 2 quand vous travaillez sur l'information 1 et cachez bien l'information 1 quand vous travaillez sur l'information 2. Ce réflexe est absolument essentiel.

Expression

1. Pour les questions de synonymie (mots soulignés) ou de phrases à compléter, **n'oubliez pas de deviner d'abord la réponse par vous-même avant de découvrir les cinq propositions.**

2. Eliminez les réponses par **dichotomie** tout en vous rappelant qu'il n'y a pas de réponse parfaite en expression mais juste une réponse meilleure que les autres.

3. **Si vous hésitez entre deux réponses (deux, pas trois, pas quatre… deux), répondez au hasard !** Et si vous n'avez aucune idée de la réponse, passez votre chemin.

Logique

1. Commencez toujours par les **séries graphiques.** Si certaines séries vous échappent, pas de panique, vous y reviendrez à la fin.

2. **Continuez avec les séries de chiffres** et appliquez dans cet ordre ces trois familles de critères : observation des progressions inter et intra et mouvements, propriétés des nombres et séparation.

3. **Terminez avec les séries de lettres.** Transformez votre série en nombres avec la méthode EJOTY puis appliquez dans cet ordre ces trois familles de critères : progressions intra, progressions inter, autres critères (opérations sur les rangs, barres, symétries…).

LES CONSIGNES DU SOUS-TEST 1 DE COMPREHENSION DE TEXTES

Consignes

Cette épreuve comporte trois textes numérotés 1, 2 et 3. Chacun de ces textes est suivi d'une série de questions. Chaque question vous présente cinq propositions qui peuvent porter sur différents niveaux de lecture :

- Informations « isolées » contenues dans le texte ;
- Idées principales, traitées dans un ou plusieurs paragraphes ;
- Position de l'auteur telle qu'elle se reflète dans le texte, etc.

Parmi les cinq propositions présentées dans le cadre de chaque question, certaines sont en contradiction flagrante avec le texte ; d'autres abordent des aspects qui n'y sont pas traités ; d'autres encore se rapprochent plus ou moins de ce qui est exprimé – directement ou indirectement – dans ce même texte.

La seule proposition considérée comme exacte est celle qui se rapproche le plus de ce qui est dit dans le texte. Les quatre autres propositions sont considérées comme fausses. Cette épreuve est constituée de 15 questions. Temps accordé : 20 minutes.

Bareme

Réponse juste :	+ 4	points
Réponse fausse :	– 1	point
Aucune réponse :	0	point

LES CONSIGNES DU SOUS-TEST 2 DE CALCUL

Consignes

L'épreuve de calcul évalue la maîtrise de connaissances simples dans les domaines de l'arithmétique, de la géométrie, de l'algèbre et du calcul. Le niveau de connaissance requis correspond à celui de classe de troisième et pour certaines questions à celui des classes de seconde et de première. Plus précisément, les champs de connaissance requis sont les suivants :

- entiers relatifs, décimaux, nombres réels, puissances, racines carrées ;
- pourcentages et proportions ;
- progressions arithmétique et géométrique ;
- équations du premier et du second degrés, système d'équations ;
- analyse combinatoire simple ;
- propriétés de Thalès et de Pythagore ;
- propriétés élémentaires du triangle, du cercle, du rectangle et du carré.

Cette épreuve est constituée de 15 questions pour lesquelles vous disposez de 20 minutes. Les questions ne sont pas classées par ordre de difficulté.

L'utilisation de la calculatrice n'est pas autorisée.

Bareme

Réponse juste :	+ 4	points
Réponse fausse :	– 1	point
Aucune réponse :	0	point

LES CONSIGNES DU SOUS-TEST 3 DU RAISONNEMENT & ARGUMENTATION

Consignes

Cette épreuve est constituée de 15 questions pour chacune desquelles le candidat doit analyser une situation-problème qui lui est présentée dans un petit paragraphe, avant de répondre à une question. Il s'agit d'une épreuve de raisonnement logique qui ne nécessite pas de connaissance approfondie des principes fondamentaux de la logique formelle.

Les deux formes de raisonnement, inductif et déductif, sont évaluées. Les situations-problèmes présentent des contextes problématiques parfois relativement flous et pour lesquels deux types de bonnes réponses sont proposés. Pour le premier type, la bonne réponse est explicitement unique. Pour le second type – ce qui constitue une situation de prise de décision fréquente dans la vie quotidienne –, plusieurs réponses sont possibles et le candidat doit alors choisir celle qui convient le mieux.

Certaines questions visent la capacité à évaluer la meilleure ou la moins bonne des conclusions possibles ou des illustrations possibles, évaluer le meilleur ou le moins bon parallélisme avec une situation ou raisonnement comparable, à expliciter les sous-entendus qui fondent les affirmations du discours proposé.

Cette épreuve est constituée de 15 questions pour lesquelles vous disposez de 20 minutes. Les questions ne sont pas classées par ordre de difficulté.

L'utilisation de la calculatrice n'est pas autorisée.

Bareme

Réponse juste :	+ 4 points
Réponse fausse :	– 1 point
Aucune réponse :	0 point

LES CONSIGNES DU SOUS-TEST 4 DE CONDITIONS MINIMALES

Consignes

Cette épreuve vise à contrôler la capacité d'analyse de la pertinence d'informations en vue de la résolution d'un problème. Cette épreuve repose sur le même champ de compétence que l'épreuve de calcul.

Chacun des énoncés de cette épreuve comprend des informations initiales (qui à elles seules ne permettent pas de répondre à la question), et deux informations notées (1) et (2) correspondant, chacune, à une information complémentaire. Le candidat doit décider si l'une des propositions (1) ou (2), ou les deux combinées, fournissent des informations suffisantes pour répondre à la question. Plus précisément, le candidat doit choisir l'une des cinq réponses (A), (B), (C), (D) ou (E) définies comme suit :

(A) Si l'information (1) permet à elle seule de répondre à la question, et si l'information (2) à elle seule ne permet pas de répondre à la question.

(B) Si l'information (2) permet à elle seule de répondre à la question, et si l'information (1) à elle seule ne permet pas de répondre à la question.

(C) Si les deux informations (1) et (2) ensemble permettent de répondre à la question, et aucune séparément ne le peut.

(D) Si chaque information permet séparément de répondre à la question.

(E) Si les deux informations ensemble ne permettent pas de répondre à la question.

Cette épreuve est constituée de 15 questions pour lesquelles vous disposez de 20 minutes. Les questions ne sont pas classées par ordre de difficulté.

L'utilisation de la calculatrice n'est pas autorisée.

Bareme

Réponse juste :	+ 4 points
Réponse fausse :	– 1 point
Aucune réponse :	0 point

LES CONSIGNES DU SOUS-TEST 5 D'EXPRESSION

Consignes

L'épreuve d'expression est destinée, notamment, à tester l'aptitude à comprendre une information formulée dans un court message verbal puis à en trouver rapidement soit une reformulation conservant le sens initial, soit une reformulation meilleure par la correction et la précision, soit la suite probable dans le développement d'un message cohérent.

Cette épreuve comporte différents types d'exercices portant notamment sur :

L'évaluation du degré de synonymie dans les reformulations.

Le choix de la meilleure formulation parmi plusieurs proposées ou la formulation qui reprend le mieux l'énoncé initial.

Le choix de mots qui assurent la cohérence du texte.

Attention ! Soyez bien attentif aux consignes de chaque exercice.

Cette épreuve est constituée de 15 questions pour lesquelles vous disposez de 20 minutes. Les questions ne sont pas classées par ordre de difficulté.

L'utilisation de la calculatrice n'est pas autorisée.

Bareme

Réponse juste :	+ 4 points
Réponse fausse :	– 1 point
Aucune réponse :	0 point

LES CONSIGNES DU SOUS-TEST 6 DE LOGIQUE

Consignes

L'épreuve de logique évalue les capacités de raisonnement inférentiel sur des séries d'informations. Concrètement, chaque question est constituée d'une liste de données possédant entre elles un lien logique. Le raisonnement consiste à inférer la règle de ce lien logique. A partir de là, il s'agit pour le candidat de déterminer parmi les cinq réponses qui lui sont proposées celle qui respecte le lien logique qu'il a pu inférer. Les données sont de nature spatiale ou constituées de lettres et de chiffres.

Cette épreuve est constituée de 15 questions (4 séries doubles de chiffres, 4 séries doubles de lettres et 7 séries graphiques) pour lesquelles vous disposez de 20 minutes. Les questions ne sont pas classées par ordre de difficulté.

L'utilisation de la calculatrice n'est pas autorisée.

Bareme

Réponse juste :	+ 4 points
Réponse fausse :	– 1 point
Aucune réponse :	0 point

TEST BLANC TAGE MAGE

1

TEST TAGE MAGE 1 : VOTRE GRILLE DE REPONSES

Sous-test 1
Compréhension de textes

1	A	B	C	D	E
	A	B	C	D	E
2	A	B	C	D	E
	A	B	C	D	E
3	A	B	C	D	E
	A	B	C	D	E
4	A	B	C	D	E
	A	B	C	D	E
5	A	B	C	D	E
	A	B	C	D	E
6	A	B	C	D	E
	A	B	C	D	E
7	A	B	C	D	E
	A	B	C	D	E
8	A	B	C	D	E
	A	B	C	D	E
9	A	B	C	D	E
	A	B	C	D	E
10	A	B	C	D	E
	A	B	C	D	E
11	A	B	C	D	E
	A	B	C	D	E
12	A	B	C	D	E
	A	B	C	D	E
13	A	B	C	D	E
	A	B	C	D	E
14	A	B	C	D	E
	A	B	C	D	E
15	A	B	C	D	E
	A	B	C	D	E

Sous-test 2
Calcul

16	A	B	C	D	E
	A	B	C	D	E
17	A	B	C	D	E
	A	B	C	D	E
18	A	B	C	D	E
	A	B	C	D	E
19	A	B	C	D	E
	A	B	C	D	E
20	A	B	C	D	E
	A	B	C	D	E
21	A	B	C	D	E
	A	B	C	D	E
22	A	B	C	D	E
	A	B	C	D	E
23	A	B	C	D	E
	A	B	C	D	E
24	A	B	C	D	E
	A	B	C	D	E
25	A	B	C	D	E
	A	B	C	D	E
26	A	B	C	D	E
	A	B	C	D	E
27	A	B	C	D	E
	A	B	C	D	E
28	A	B	C	D	E
	A	B	C	D	E
29	A	B	C	D	E
	A	B	C	D	E
30	A	B	C	D	E
	A	B	C	D	E

Sous-test 3
Raisonnement/Argumentation

31	A	B	C	D	E
	A	B	C	D	E
32	A	B	C	D	E
	A	B	C	D	E
33	A	B	C	D	E
	A	B	C	D	E
34	A	B	C	D	E
	A	B	C	D	E
35	A	B	C	D	E
	A	B	C	D	E
36	A	B	C	D	E
	A	B	C	D	E
37	A	B	C	D	E
	A	B	C	D	E
38	A	B	C	D	E
	A	B	C	D	E
39	A	B	C	D	E
	A	B	C	D	E
40	A	B	C	D	E
	A	B	C	D	E
41	A	B	C	D	E
	A	B	C	D	E
42	A	B	C	D	E
	A	B	C	D	E
43	A	B	C	D	E
	A	B	C	D	E
44	A	B	C	D	E
	A	B	C	D	E
45	A	B	C	D	E
	A	B	C	D	E

Sous-test 4
Conditions minimales

46	A	B	C	D	E
	A	B	C	D	E
47	A	B	C	D	E
	A	B	C	D	E
48	A	B	C	D	E
	A	B	C	D	E
49	A	B	C	D	E
	A	B	C	D	E
50	A	B	C	D	E
	A	B	C	D	E
51	A	B	C	D	E
	A	B	C	D	E
52	A	B	C	D	E
	A	B	C	D	E
53	A	B	C	D	E
	A	B	C	D	E
54	A	B	C	D	E
	A	B	C	D	E
55	A	B	C	D	E
	A	B	C	D	E
56	A	B	C	D	E
	A	B	C	D	E
57	A	B	C	D	E
	A	B	C	D	E
58	A	B	C	D	E
	A	B	C	D	E
59	A	B	C	D	E
	A	B	C	D	E
60	A	B	C	D	E
	A	B	C	D	E

Sous-test 5
Expression

61	A	B	C	D	E
	A	B	C	D	E
62	A	B	C	D	E
	A	B	C	D	E
63	A	B	C	D	E
	A	B	C	D	E
64	A	B	C	D	E
	A	B	C	D	E
65	A	B	C	D	E
	A	B	C	D	E
66	A	B	C	D	E
	A	B	C	D	E
67	A	B	C	D	E
	A	B	C	D	E
68	A	B	C	D	E
	A	B	C	D	E
69	A	B	C	D	E
	A	B	C	D	E
70	A	B	C	D	E
	A	B	C	D	E
71	A	B	C	D	E
	A	B	C	D	E
72	A	B	C	D	E
	A	B	C	D	E
73	A	B	C	D	E
	A	B	C	D	E
74	A	B	C	D	E
	A	B	C	D	E
75	A	B	C	D	E
	A	B	C	D	E

Sous-test 6
Logique

76	A	B	C	D	E
	A	B	C	D	E
77	A	B	C	D	E
	A	B	C	D	E
78	A	B	C	D	E
	A	B	C	D	E
79	A	B	C	D	E
	A	B	C	D	E
80	A	B	C	D	E
	A	B	C	D	E
81	A	B	C	D	E
	A	B	C	D	E
82	A	B	C	D	E
	A	B	C	D	E
83	A	B	C	D	E
	A	B	C	D	E
84	A	B	C	D	E
	A	B	C	D	E
85	A	B	C	D	E
	A	B	C	D	E
86	A	B	C	D	E
	A	B	C	D	E
87	A	B	C	D	E
	A	B	C	D	E
88	A	B	C	D	E
	A	B	C	D	E
89	A	B	C	D	E
	A	B	C	D	E
90	A	B	C	D	E
	A	B	C	D	E

REPONSES EN PAGE 515

TEST BLANC TAGE MAGE 1

SOUS-TEST 1 : COMPREHENSION DE TEXTES

15 questions / 20 minutes / Calculatrice interdite
Réponse juste : + 4 points / Réponse fausse : – 1 point
Aucune réponse : 0 point

TEXTE 1

Avec un art consommé de la reconstitution, Disneyland remet au monde époques et cultures qui coexistent en bonne intelligence dans cet espace bienveillant. Et sur les tipis du Peau-Rouge comme sur l'auberge de Cendrillon, une même tonalité à base d'ocre, de rose et de pastel fond les contrées recréées dans une même patine suave et caressante, fabrique de la concorde avec du divers. Dans cette encyclopédie puérile de l'histoire mondiale (où même la nature est réélaborée), les siècles et les nations lointaines peuvent revenir mais dépouillés de leur aspect inquiétant : cet heureux pot-pourri est façonné selon les lois de l'asepsie. Il n'offre que le parfum frelaté des époques révolues, non leur vérité.

L'entreprise d'édulcoration culmine à Fantasyland dans l'attraction « Un tout petit monde », hymne à la douceur des enfants de la planète : il s'agit d'une croisière à bord de bateaux plats sur une rivière souterraine et, de chaque côté de la berge, des poupées vêtues de leur costume national dansent et chantent des ritournelles exaspérantes dans des décors représentant leur pays d'origine. Défilent ainsi les savanes de l'Afrique, la tour Eiffel, Big Ben, le Taj Mahal dans un cosmopolitisme primaire qui a toutes les allures d'un prospectus touristique bon marché. Qu'il s'agisse d'une collection de poncifs n'a d'ailleurs aucune importance : l'essentiel est d'exorciser la violence éventuelle des coutumes distantes, l'essentiel est de célébrer l'étranger sans qu'il paraisse étrange.

[Question 4] puisqu'on les a vidées au préalable, nettoyées de leurs aspérités, réduites à leur aspect folklorique. Ces différences, sources de différends, n'ont plus d'importance et n'arrêtent pas le large courant de sympathie et de bonté ardente qui circule ici. Réduit à merci par le parc à thèmes, le monde extérieur n'est plus qu'une impureté anodine, un déchet puisqu'il en existe un double où la mort, la maladie, la méchanceté sont annulées, où rien ne pèse, rien n'a d'importance. (...)

××××××××××××××××××××××××××××××××××××××
××××××××××××××××××××××××××××××××××××××

Question 1. Selon l'auteur, l'objectif du parc à thèmes est :

(A) de plonger ses visiteurs dans une atmosphère intimidante propre au dépaysement.

(B) de permettre à la jeunesse de s'amuser toute en apprenant.

(C) de combiner le plaisir des adultes à la distraction de leurs enfants.

(D) de créer une atmosphère autarcique décorrelée de la réalité du monde.

(E) d'importer en Europe les concepts de l'Entertainment américain.

Question 2. « *Dans cette encyclopédie puérile de l'histoire mondiale (où même la nature est réélaborée), les siècles et les nations lointaines peuvent revenir mais dépouillés de leur aspect inquiétant : cet heureux pot-pourri est façonné selon les lois de l'asepsie.* » signifie :

(A) que l'intention de Disneyland est de dénaturer et d'offrir une vision simpliste de différents peuples en en enlevant toute âpreté afin de satisfaire son public enfantin.

(B) que l'histoire de l'homme trouve la quintessence de sa représentation dans toute sa pluralité au sein de Disneyland.

(C) que visiter Disneyland, c'est faire un voyage pragmatique et édifiant dans le temps et l'espace à la découverte de nombreuses cultures.

(D) que le parc offre un patchwork naturaliste de la diversité des populations du globe dans le but d'instruire ses jeunes visiteurs.

(E) que la vision purgée et irrévérencieuse des différentes ethnies offerte par Disney interdit au visiteur tout imagination sur l'évolution de l'homme.

Question 3. Comment interpréter la notion « *d'entreprise d'édulcoration* » ?

(A) La détermination d'une philosophie d'instrumentalisation des races.

(B) L'action de dé-diaboliser une abstraction trop violente.

(C) Le choix d'une vision positive et tangible de la société.

(D) La mise en œuvre d'une politique d'adoucissement de la réalité.

(E) Le rejet d'une conception allégorique et fallacieuse des peuples.

××××××××××××××××××××××××××××××××××××××
××××××××××××××××××××××××××××××××××××××

Question 4. Quelle phrase remplacerait le mieux l'espace :

(A) Religions, civilisations et peuples sont désormais inconciliables.

(B) Ces différents peuples en naturelle adéquation ont vu leurs paradigmes inversés.

(C) Disney a gagné son pari de la gentrification.

(D) Le Parc est ainsi devenu un parangon de la diversité des civilisations.

(E) Races, civilisations, croyances, peuplades peuvent se côtoyer sans risques.

Question 5. Quel serait le meilleur résumé pour ce texte ?

(A) En aseptisant la réalité des civilisations, Disneyland entend créer un monde idéal.

(B) À travers ses attractions éducatives, Disneyland souhaite ouvrir les enfants au monde qui les entoure.

(C) La multiculture est une force sur laquelle Disneyland s'appuie pour créer une ambiance unique et divertissante.

(D) Les parcs à thèmes ne sont qu'un travestissement de la réalité dangereux pour l'éducation des enfants.

(E) Aller à Disney, c'est entrer dans un monde merveilleux dans lequel l'imaginaire prend le pas sur le réel.

TEXTE 2 (SUITE DU TEXTE 1)

(...) En apparence, le royaume enchanté marque l'apothéose du conte de fées : on y retrouve nos personnages familiers mêlés à ceux de Walt Disney. Ils sont tous là comme s'ils venaient de sortir de l'écran d'un dessin animé ou des pages d'un livre : ils viennent à notre rencontre, nous esquissons avec eux un pas de danse, rions avec Bambi, Dumbo l'éléphant volant ou les Sept Nains et nous pouvons même nous vêtir comme eux, porter par mimétisme une paire d'oreilles de Mickey, nous déguiser pendant quelques heures en héros de fables. Mais cette familiarité est trompeuse et l'on est aussi loin ici du conte classique européen que du premier Walt Disney, autrement plus corrosif et caustique. Si les fantômes, les reines cruelles, les têtes de mort sont présents, c'est à titre de concession à l'univers de nos légendes : ils ne remettent jamais la bonne humeur en question. Seule règne la logique optimiste du happy end : Pinocchio, Blanche-Neige, le Capitaine Crochet, le Chapelier Fou, le Chat de Chester défilent mais embaumés dans leurs stéréotypes, détachés des histoires de Grimm, Carroll, Perrault, Collodi qui leur donnaient sens et épaisseur. Le conte de fées, comme l'a bien marqué Bruno Bettelheim est le passage de l'angoisse éprouvée à l'angoisse surmontée à travers un récit qui raconte à l'enfant ses propres complexes et pulsions inavouables. C'est

××××××××××××××××××××××××××××××××××××××
××××××××××××××××××××××××××××××××××××××

un guide subtil qui oriente fantasmes et ambivalences vers un dénouement cohérent. En ce sens il a bien une fonction éducative, il discipline le chaos intérieur nonobstant les violences qu'il déploie et qui ont effrayé bien des éducateurs.

Rien de tel dans le domaine magique de Mickey : là tout est lisse, propre, impeccable, toute liaison narrative est oubliée, l'histoire est désarticulée, elle n'est plus qu'une suite d'attractions qui se décomposent en saynètes, petits tableaux, épisodes semés au hasard. La fiction ne peut que se consommer et se contempler, plus se raconter. La force de Disney est d'avoir su, par le biais de cette présentation, recycler toutes les mythologies de l'enfance en une seule, la sienne, depuis *Les Mille et une Nuits* jusqu'à *Lancelot du Lac*. Et ce melting-pot des imaginaires européens et orientaux, en éludant leur ambiguïté, élude aussi leur pouvoir d'envoûtement. C'est donc moins l'enfance qu'exalte ce vaste enclos que l'ensemble des signes et représentations qui se sont fixés sur elle : moins l'enfantin que le puéril.

Question 6. Lesquelles de ces propositions sont exactes ?

1. Disney pioche dans des imaginaires existants.
2. Disneyland respecte l'esprit initial de Disney.
3. Les personnages de Disney sont au cœur du dispositif.

(A) 1 seulement
(B) les trois
(C) 3 seulement
(D) 1 et 2a
(E) 1 et 3

Question 7. Qui est Collodi ?

(A) Un personnage de l'univers Disney
(B) Un conteur italien
(C) Un auteur ayant inspiré Disney
(D) Le « papa » de Pinocchio
(E) Aucune de ces réponses

××
××

Question 8. Bruno Bettelheim considère que :

(A) le conte de fées se doit d'épargner au lecteur des incertitudes traumatisantes.

(B) la peur, dans le conte de fées, est salutaire dans le développement de l'enfant.

(C) l'imaginaire doit guider le lecteur vers la transcendance de ses émotions.

(D) la cohérence narrative n'est pas nécessaire dans un conte de fées.

(E) les contes de fées sont désormais archaïques et dépassés.

Question 9. Quel serait le meilleur résumé pour ce texte ?

(A) Aller à Disneyland, c'est accepter la destruction de nos mythes et légendes et cautionner l'assujettissement des cultures traditionnelles à l'impérialisme américain.

(B) Disneyland détourne l'essence même des contes de fées afin de privilégier une vision uniquement positive plus propice aux gains pécuniaires.

(C) La modernisation de contes et légendes traditionnels trop violents par Disney est désormais approuvée par les éducateurs.

(D) En privilégiant la magie à l'aspect éducatif des contes de fées, Disneyland a gagné le pari de l'appropriation culturel.

(E) À travers sa quête d'enchantement, Disneyland a dénaturé les histoires originales tout en minimisant l'aspect formateur des contes pour enfants.

Question 10. Quel serait le meilleur titre pour ce texte (la question porte sur l'ensemble des textes 1 et 2) ?

(A) Le monde aseptisé de Disneyland

(B) Le danger Disneyland dans le développement des enfants

(C) Disneyland ou la négation de la réalité au service de l'argent

(D) Infantilisation à l'extrême : la recette de Disneyland pour faire rêver

(E) Disneyland, un monde magique mais hypocrite

××
××

TEXTE 3

On n'a pas fini de voir des livreurs à bicyclette, glacière sur le dos, sillonner les rues des grandes villes à l'heure des repas. Selon le cabinet Food Service Vision, le marché de la livraison de plats a frôlé les 5 milliards d'euros de chiffre d'affaires en 2020, un record historique, dopé par les confinements et la fermeture administrative des restaurants qui, comme leurs clients se sont résolument rabattus sur ce mode de consommation pour commander dans l'ordre de préférence : pizzas, burgers et sushis.

[Question 13], le calendrier sportif arrive à la rescousse. Pendant un mois, Benzema, Griezmann, Mbappé et leurs camarades en compétition dans le cadre de la coupe d'Europe de football, vont offrir un sursis à ce marché, en retenant les Français devant leurs écrans les soirs de match. « La baisse d'activité était de 50 % depuis les premiers jours de juin. L'Euro arrive à point nommé, d'autant que les livraisons sont toujours moins nombreuses en été qu'en hiver », indique François Blouin, président de Food Service Vision.

L'Euro est surtout une bonne nouvelle pour ces nouveaux acteurs de la livraison que l'on appelle les dark kitchens (cuisines fantômes). Il s'agit de sites de production de plats, totalement dédiés à la livraison. Le client a l'impression que sa pizza a été préparée dans un petit restaurant de quartier, alors qu'elle provient d'une cuisine moderne, installée en périphérie de la ville, avec un process de fabrication optimisé pour gagner un temps précieux. « Nous venons d'ouvrir une troisième cuisine partagée à Aubervilliers, après celles de Saint-Ouen et Courbevoie. Ces sites accueillent dix enseignes différentes employant de 2 à 6 personnes chacune », révèle Melvina Sarfati, la directrice générale de Deliveroo. Ce modèle balbutiant avant l'épidémie, et lancé par une poignée d'entrepreneurs visionnaires, a pris aujourd'hui une dimension inédite. Deliveroo, qui n'était à l'origine qu'une plateforme de commandes, en a fait un axe majeur de son développement. Il s'agit de devancer les autres enseignes de livraison via une logistique imparable. « On compte 70 sites de production aujourd'hui, qui confectionnent les plats de 500 restaurants en ligne », révèle François Blouin.

L'activité de ces cuisines fantômes dépasse déjà celles d'enseignes telles que Paul ou Burger King, à titre de comparaison. Les experts prévoient que le marché de la livraison devrait doubler à 10 milliards d'euros d'ici à 2024. La clientèle va s'élargir aux familles avec enfants et aux plus de 50 ans. Des cibles qui ne mangeront pas plus qu'avant mais qui sont en train d'ajouter une troisième manière de consommer aux côtés des courses en grandes surfaces et des sorties au restaurant.

××××××××××××××××××××××××××××××××××××××
××××××××××××××××××××××××××××××××××××××

Question 11. Parmi ces propositions quelles sont celles répondant aux critères d'une « dark kitchen » :

1. Produire des plats uniquement destinés à la livraison.
2. Accueillir différentes enseignes.
3. Être installée en périphérie des villes.

(A) 1 seulement
(B) 2 seulement
(C) 3 seulement
(D) 1 et 3
(E) 2 et 3

Question 12. Quelle saison est la plus favorable au secteur de la livraison de repas ?

(A) L'automne
(B) L'hiver
(C) Le printemps
(D) L'été
(E) On ne peut pas savoir

Question 13. Quelle phrase remplacerait le mieux l'espace :

(A) Au moment où les vacances, propices aux fêtes et aux dîners entre amis, s'annoncent,
(B) Mais alors que cette dynamique était en train de mollir en raison de la réouverture des restaurants,
(C) Malgré ces chiffres records pour le secteur,
(D) Après un printemps record durant lequel les internautes ont plus que jamais fait appel aux services de livraison,
(E) Avec la fin annoncée du confinement et la levée des restrictions de déplacement,

Question 14. Melvina Sarfati et François Bloin sont certainement :

(A) concurrents
(B) associés
(C) collaborateurs
(D) amis
(E) On ne peut pas savoir

××
××

Question 15. Quel serait le meilleur titre pour ce texte ?

(A) Deliveroo vs Uber Eats : le match ne fait que commencer

(B) Les « dark kitchens », un phénomène qui interpelle

(C) La livraison à domicile, vrai vainqueur de l'Euro

(D) Les services de livraison face au déconfinement

(E) Le football au service de Uber Eats

Si vous avez terminé, vous n'êtes pas autorisé(e) à revenir sur une épreuve précédente.
Vous n'êtes pas non plus autorisé(e) à travailler sur une épreuve suivante avant la fin du temps imparti.

STOP !

TEST BLANC TAGE MAGE 1

SOUS-TEST 2 : CALCUL

15 questions / 20 minutes / Calculatrice interdite
Réponse juste : + 4 points / Réponse fausse : – 1 point
Aucune réponse : 0 point

Question 16. Mon professeur de musique note de 0 à 5. À mon premier contrôle, j'ai eu 1. Si je travaille dur et que je n'obtiens maintenant que des 5, combien de nouveaux contrôles devrai-je faire pour que ma moyenne soit 4 ?

(A) 2
(B) 3
(C) 4
(D) 5
(E) 6

Question 17. Les 24 animaux de Stéphanie sont de 3 sortes : des vaches, des chats et des lapins. Trois quarts ne sont pas des vaches et deux tiers ne sont pas des chats. Combien Stéphanie a-t-elle de lapins ?

(A) 7
(B) 8
(C) 9
(D) 10
(E) 11

Question 18. Avec ses poires, Salima fait 6 tas égaux. Avec le même nombre de poires, Marine fait 5 tas égaux. Les tas de Marine contiennent chacun deux poires de plus que ceux de Salima. Combien chacune a-t-elle de poires ?

(A) 30
(B) 50
(C) 60
(D) 75
(E) 90

Question 19. Cinq carrés sont disposés comme ci-dessous. Sachant que l'aire du plus petit carré vaut 1, combien vaut la longueur *x* indiquée sur la figure ?

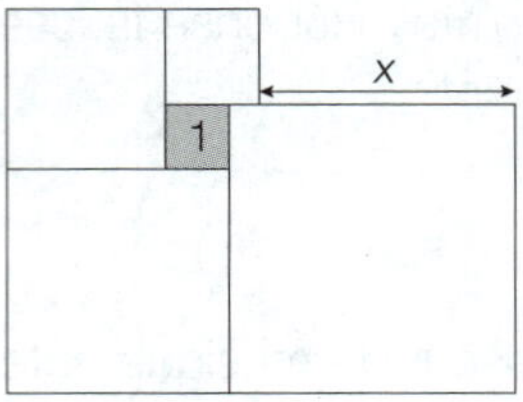

(A) 4,5

(B) 4

(C) 3,75

(D) 3,5

(E) 3

Question 20. Un cageot de pêches contient une pêche pourrie sur trente. Si on considère que trois pêches pourries sur quatre ne peuvent être mises en vente et qu'il y a douze pêches par cageot qui ne peuvent être mises en vente, combien y a-t-il de pêches par cageot ?

(A) 270

(B) 480

(C) 600

(D) 740

(E) 840

Question 21. Les nombres p, q, r et s sont des entiers distincts pris parmi les dix nombres de 1 à 10.

Quelle est la plus petite valeur que peut avoir le nombre $\frac{p}{q} + \frac{r}{s}$?

(A) $\frac{1}{5}$

(B) $\frac{3}{19}$

(C) $\frac{14}{45}$

(D) $\frac{29}{90}$

(E) $\frac{25}{72}$

//
//

Question 22. Aujourd'hui, 40 trains ont circulé entre deux des villes A, B, C, D et E. 10 trains sont partis de A ou arrivés à A. 10 trains sont partis de B ou arrivés à B. 10 trains sont partis de C ou arrivés à C. 10 trains sont partis de D ou arrivés à D. Combien de trains sont partis de E ou arrivés à E ?

(A) 0 (B) 10
(C) 20 (D) 30
(E) 40

Question 23. Françoise joue au basket-ball. Sur vingt tirs, elle en réussit 55 %. Après cinq tirs de plus, son taux de réussite monte à 56 %. Combien de tirs a-t-elle réussis dans les cinq derniers ?

(A) 4 (B) 2
(C) 5 (D) 1
(E) 3

Question 24. Par combien faut-il multiplier le rayon d'un cercle pour tripler sa surface ?

(A) $\sqrt{3}$ (B) 3
(C) $\sqrt{3}\pi$ (D) $\pi\sqrt{3}$
(E) $3\sqrt{3}$

Question 25. Dans un collège, 45 professeurs viennent à vélo, ce qui représente 60 % du total des professeurs. Par ailleurs, 12 % des professeurs viennent en voiture. Combien de professeurs viennent en voiture ?

(A) 4 (B) 6
(C) 7 (D) 9
(E) 10

//
//

Question 26. Il y a trois candidats au poste de délégué. 130 élèves votent pour l'un d'entre eux, et celui des trois qui a le plus grand nombre de voix l'emporte. Le dépouillement est en cours. Salima a 24 voix, Kévin en a 29 et Raoul 37. Combien de voix manquent encore à Raoul pour être sûr d'être élu ?

(A) 13
(B) 14
(C) 15
(D) 16
(E) 17

Question 27. Soit tous les nombres à cinq chiffres que l'on peut écrire avec une permutation de 23468. Combien en comptez-vous dans l'intervalle de 48 300 à 70 000 ?

(A) 26
(B) 28
(C) 30
(D) 32
(E) 34

Question 28. Suzanne et sa mère ont à elles deux 36 ans. Sa mère et sa grand-mère ont à elles deux 81 ans. Quel âge avait sa grand-mère à la naissance de Suzanne ?

(A) 45 ans
(B) 38 ans
(C) 28 ans
(D) 56 ans
(E) 53 ans

Question 29. Le produit de 3 entiers consécutifs est 990. Quelle est la somme des deux plus petits entiers ?

(A) 11
(B) 19
(C) 21
(D) 22
(E) 30

//
//

Question 30. Quelle est la somme des deux angles *x* et *y* marqués sur la figure ?

(A) 150°

(B) 180°

(C) 270°

(D) 320°

(E) 360°

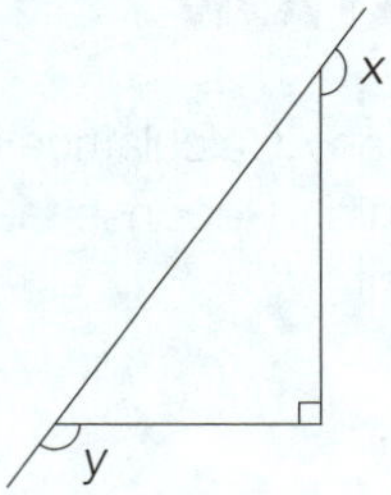

Si vous avez terminé, vous n'êtes pas autorisé(e) à revenir sur une épreuve précédente.
Vous n'êtes pas non plus autorisé(e) à travailler sur une épreuve suivante avant la fin du temps imparti.

STOP !

TEST BLANC TAGE MAGE 1

SOUS-TEST 3 : RAISONNEMENT & ARGUMENTATION

15 questions / 20 minutes / Calculatrice interdite
Réponse juste : + 4 points / Réponse fausse : – 1 point
Aucune réponse : 0 point

Question 31. Dans un lycée, un journaliste a observé des étudiants qui possédaient deux téléphones portables. Il a alors annoncé dans un quotidien qu'aujourd'hui, « les lycéens possèdent tous deux téléphones portables ». Après de nouvelles observations, l'annonce du journaliste se révéla inexacte. Parmi les cinq propositions suivantes, laquelle est sans aucun doute vraie ?

(A) Il n'existe pas de lycéens possédant deux téléphones portables.

(B) Tous les lycéens possèdent soit un téléphone portable, soit deux téléphones portables, voire trois téléphones portables.

(C) Il existe des lycéens qui possèdent un téléphone portable.

(D) Il existe un lycéen qui possède soit un téléphone portable, soit plus de deux téléphones portables, soit pas de téléphone portable du tout.

(E) Il existe des lycéens qui ne possèdent aucun téléphone portable.

Question 32. La boîte de Joseph contient 2000 bonbons de 5 couleurs différentes : 387 blancs, 396 jaunes, 402 rouges, 407 verts et 408 bruns. Joseph procède ainsi pour les manger : il en pioche trois au hasard en fermant les yeux. Si les trois bonbons sont de la même couleur, il les mange ; sinon il les remet dans la boîte. Joseph peut faire cela jusqu'au moment où il ne lui reste plus que deux bonbons de même couleur__________.

(A) blanche

(B) jaune

(C) rouge

(D) verte

(E) brune

Question 33. Olivier, Chloé, Elsa, Elisabeth et Vanessa se mesurent. Olivier est plus grand que Chloé, elle-même plus grande que Vanessa. Elisabeth est plus petite qu'Olivier et Elsa est plus petite que Vanessa. Qui est la plus petite parmi les quatre filles ?

(A) Chloé.

(B) Elsa.

(C) Elisabeth.

(D) Vanessa.

(E) Il n'est pas possible de le savoir.

Question 34. Vincent, Marc et Gautier sont invités à regarder un match de handball à la télévision. Vincent a prévenu qu'il viendrait si son réfrigérateur fonctionne normalement, mais aussi que si son réfrigérateur ne marche pas il est prêt à faire venir un réparateur. Marc a dit qu'il viendrait s'il faisait beau temps. Finalement seul Vincent est venu regarder le match.

Quelle affirmation découle obligatoirement de ces informations ?

(A) Gautier n'était pas invité.

(B) Le temps était pluvieux.

(C) Le réfrigérateur de Vincent était en panne.

(D) Vincent a réparé son réfrigérateur.

(E) Gautier n'a pas trouvé de réparateur.

Question 35. Suite à une étude médicale poussée, des chercheurs ont découvert dans le sang de personnes dépressives une quantité importante de vitamine C. Ils en ont déduit qu'une consommation excessive de jus de fruits qui contiennent une grande quantité de vitamine C, serait à l'origine des dépressions. Quelle autre conclusion ces chercheurs auraient-ils pu évoquer ?

(A) La vitamine C peut se trouver dans le sang des gens qui ne boivent pas de jus.

(B) La vitamine C peut causer d'autres maladies que la déprime.

(C) La dépression augmente la quantité de vitamine C dans le sang.

(D) Dans les jus de fruits, il y a trop de vitamine C, ce qui provoque des dépressions.

(E) Aucune des réponses proposées ne convient.

Question 36. La mauvaise foi est un art qui consiste à utiliser des raisonnements d'apparence rigoureuse mais empreints à des erreurs logiques. C'est ainsi que lors d'une émission télévisée, un syndicaliste, utilisant l'annonce de la mise en examen du patron d'une multinationale affirme que tous les patrons étaient malhonnêtes. Parmi les cinq proverbes suivants, quel est celui qu'aurait dû respecter le syndicaliste ?

(A) Qui a volé un œuf volera un bœuf.

(B) Il n'y a jamais de fumée sans feu.

(C) Bien mal acquis ne profite jamais.

(D) Une hirondelle ne fait pas le printemps.

(E) L'homme est un loup pour l'homme.

Question 37. Nathan est (…) Arthur et Arthur est (…) Inès. Nathan n'est pas (…) d'Inès. Par quelle proposition peut-on remplacer les pointillés entre parenthèses ?

(A) le cousin d'

(B) le frère d'

(C) plus petit qu'

(D) plus grand qu'

(E) dans la même classe qu'

Question 38. Au cours d'une réunion, six représentants de leur pays négocient autour d'une table hexagonale. Le Français n'est pas en face de l'Irakien. L'Américain et le Russe ne sont pas voisins du Français. Le Britannique est en face de l'Américain, le Français a l'Espagnol à sa droite. Qui est à droite de l'Irakien ?

(A) L'Américain.

(B) L'Espagnol.

(C) Le Russe.

(D) Le Britannique.

(E) Le Français.

>>
>>

Question 39. Voici ce que l'on sait sur Patrick, Quentin, Ryad, Samuel et Théodore ; et sur eux seuls : Patrick a échangé une seule poignée de main. Quentin aussi. Les trois autres, Ryad, Samuel et Théodore ont échangé deux poignées de main. On sait que Patrick et Théodore se sont serrés la main. En se basant uniquement sur ces renseignements, on peut affirmer qu'une poignée de main n'a pu avoir lieu. Laquelle ?

(A) Théodore avec Samuel.

(B) Théodore avec Ryad.

(C) Quentin avec Ryad.

(D) Quentin avec Théodore.

(E) Quentin avec Samuel.

Question 40. Dans le but de faire des économies, le gouvernement d'un pays envisage de réduire ses dépenses militaires. Cependant, sans contrats militaires, des industries essentielles au fonctionnement de l'économie pourraient déposer le bilan, ce qui aurait pour conséquence de mettre l'économie en grande difficulté. Aussi, ce même gouvernement qui déciderait de réduire ses dépenses militaires devra finalement financer ces industries pour qu'elles se reconvertissent en temps de paix dans la recherche et développement.

Parmi les conclusions suivantes, quelle est celle qui convient le mieux au passage ci-dessus ?

(A) La nécessité de devoir financer les industries militaires qui pourraient déposer le bilan découragera le gouvernement de réduire ses dépenses militaires.

(B) Si le gouvernement réduit ses dépenses militaires, il sera finalement obligé de mettre un terme à certaines actions de recherche et développement en cours.

(C) Les industries qui recevront des fonds pour déployer des actions de recherche et de développement auront toutes les chances de réussir leur reconversion.

(D) Dans l'éventualité d'une guerre, ce pays ne sera pas prêt à pendre part au conflit.

(E) Réduire ses dépenses militaires dans le but de faire des économies donnera lieu à des augmentations de dépenses d'autres types.

Question 41. Les niveaux de pollution dans les habitats naturels ont tellement augmenté que de nombreux animaux de gibier sauvage ont été dangereusement contaminés. Une nouvelle législation est nécessaire pour réglementer davantage le traitement et la distribution de la viande d'animaux sauvages.

Lequel des arguments suivants, si c'est vrai, renforce le plus cet argument ?

(A) La destruction des habitats représente une menace plus grande pour les populations de gibier que la chasse.

(B) La viande de gibier est inférieure en hormones malsaines et antibiotiques que la viande des animaux élevés commercialement.

(C) La viande de gibier achetée est la principale source de protéines animales pour un nombre important de personnes.

(D) La population d'animaux sauvages a été relativement stable au cours de la dernière décennie.

(E) La rédaction d'une législation appropriée serait un processus long et coûteux.

Question 42. Nous sommes aujourd'hui un mardi. Quel jour serons-nous dans 107 jours ?

(A) Lundi.

(B) Mardi.

(C) Mercredi.

(D) Jeudi.

(E) Dimanche.

Question 43. Dans chaque maison il y a soit un climatiseur soit un ventilateur mais pas les deux. Seuls des ventilateurs sont installés dans les maisons ayant une cuisine aménagée. Que n'y aura-t-il jamais dans une maison ?

(A) Une cuisine aménagée et un climatiseur.

(B) Une cuisine aménagée et un ventilateur.

(C) Une cuisine non aménagée et un ventilateur.

(D) Une cuisine non aménagée et un climatiseur.

(E) Aucune des réponses proposées ne convient.

>>>
>>>

Question 44. Soit deux propositions :

Proposition A : tous les pamplemousses ont une écorce.

Proposition B : tous les fruits ont une écorce rugueuse qui n'est jamais totalement lisse.

Parmi les cinq réponses suivantes, laquelle est forcément vraie ?

(A) La proposition A découle de la proposition B.
(B) La proposition B découle de la proposition A.
(C) Les propositions A et B n'entretiennent aucun lien logique.
(D) Les propositions A et B dépendent l'une de l'autre.
(E) La proposition B influe sur la proposition A.

Question 45. La principale d'un lycée a remarqué que les élèves de terminale scientifique viennent moins en cours que les élèves de première littéraire. La principale en a alors conclu que plus les élèves sont âgés, plus leur motivation pour les études baisse.

Laquelle des affirmations suivantes renforce la conclusion de la principale ?

(A) Les élèves de première littéraire viennent plus souvent en cours que les élèves de seconde.
(B) Dans ce lycée, on a remarqué que les absents étaient chaque jour nombreux.
(C) Les sujets enseignés en terminale scientifique sont plus intéressants que les sujets enseignés en première littéraire.
(D) A cause d'un problème technique, les radiateurs posés dans les classes de terminale scientifique fonctionnent toute l'année même pendant les mois de printemps ou d'été où il fait souvent très chaud.
(E) Que l'on soit en terminale scientifique ou en première littéraire, l'âge importe peu lorsqu'il est question de réussite. C'est la motivation pour les études qui compte avant toute chose.

Si vous avez terminé, vous n'êtes pas autorisé(e) à revenir sur une épreuve précédente.
Vous n'êtes pas non plus autorisé(e) à travailler sur une épreuve suivante avant la fin du temps imparti.

STOP !

TEST BLANC TAGE MAGE 1

SOUS-TEST 4 : CONDITIONS MINIMALES

15 questions / 20 minutes / Calculatrice interdite
Réponse juste : + 4 points / Réponse fausse : – 1 point
Aucune réponse : 0 point

Vous répondrez :

(A) Si l'information (1) permet à elle seule de répondre à la question, et si l'information (2) à elle seule ne permet pas de répondre à la question.

(B) Si l'information (2) permet à elle seule de répondre à la question, et si l'information (1) à elle seule ne permet pas de répondre à la question.

(C) Si les deux informations (1) et (2) ensemble permettent de répondre à la question, et aucune séparément ne le peut.

(D) Si chaque information permet séparément de répondre à la question.

(E) Si les deux informations ensemble ne permettent pas de répondre à la question.

Question 46. Soient M et N deux nombres entiers positifs. Quelle est la valeur de ces deux entiers ?

(1) $M^2 - N^2 = 8$

(2) $M - N - 2 = 0$

Question 47. Soit un triangle ABC, tel que AB = a, BC = b et AC = c. Le triangle ABC est-il rectangle et isocèle en A ?

(1) $\frac{(a + c)^2 - b^2}{4} - \frac{ac}{2}$

(2) La hauteur issue du sommet A couple le triangle en 2 triangles isocèles rectangles.

Question 48. Combien Salima a-t-elle acheté de boîtes de calissons ?

(1) Avec 10 euros de plus, Salima aurait pu acheter 2 boîtes de calissons de plus.

(2) Avec 5 fois plus d'argent, Salima aurait pu acheter 8 boîtes de calissons de plus.

###
###

Vous répondrez :

(A) Si l'information (1) permet à elle seule de répondre à la question, et si l'information (2) à elle seule ne permet pas de répondre à la question.

(B) Si l'information (2) permet à elle seule de répondre à la question, et si l'information (1) à elle seule ne permet pas de répondre à la question.

(C) Si les deux informations (1) et (2) ensemble permettent de répondre à la question, et aucune séparément ne le peut.

(D) Si chaque information permet séparément de répondre à la question.

(E) Si les deux informations ensemble ne permettent pas de répondre à la question.

Question 49. La moyenne de cinq entiers strictement positifs est 20. Combien de ces 5 nombres sont strictement inférieurs à 20 ?

(1) Un des nombres vaut 75.

(2) Les 5 nombres sont différents.

Question 50. Le code de mon appartement est constitué de quatre chiffres distincts qui forment une série croissante (a, b, c, d). Quel est ce code ?

(1) Les 4 chiffres sont impairs.

(2) $a \times b \times c \times d = 105$.

Question 51. Pierre-Emmanuel écrit en toutes lettres sur une feuille un chiffre compris entre un et dix. Quel est ce chiffre ?

(1) Le nombre de lettres que j'ai écrites est un multiple de 3.

(2) Le nombre de lettres que j'ai écrites est un multiple de 2.

Question 52. Si la moyenne des tailles différentes de trois enfants britanniques est égale à 4,46 pieds, est-ce que la taille du plus petit d'entre eux dépasse 3,94 pieds ?

(1) La taille du plus grand des trois enfants est de 4,72 pieds.

(2) Un des enfants mesure 4,59 pieds.

##
##

Vous répondrez :
(A) Si l'information (1) permet à elle seule de répondre à la question, et si l'information (2) à elle seule ne permet pas de répondre à la question.
(B) Si l'information (2) permet à elle seule de répondre à la question, et si l'information (1) à elle seule ne permet pas de répondre à la question.
(C) Si les deux informations (1) et (2) ensemble permettent de répondre à la question, et aucune séparément ne le peut.
(D) Si chaque information permet séparément de répondre à la question.
(E) Si les deux informations ensemble ne permettent pas de répondre à la question.

Question 53. Une caméra est trois fois plus chère qu'un appareil photo. Quel est le prix de cette caméra ?

(1) Si j'utilise un bon de réduction de 150 € applicable sur la caméra, cette dernière revient deux fois plus cher que l'appareil photo.
(2) Si la caméra est soldée avec 50 % de réduction alors elle ne coûte plus qu'une fois et demie plus cher que l'appareil photo.

Question 54. Quel est le poids total de 20 poutres identiques ?

(1) 4 poutres pèsent 90 kg de plus que 2 poutres.
(2) Le tiers d'une poutre pèse 15 kg.

Question 55. Quatre jeunes filles sont soit sœurs soit cousines. Combien ont-elles chacune de sœurs et de cousines ?

(1) Chacune a au moins une sœur.
(2) Chacune a au moins deux cousines.

Question 56. Pour aller manifester à Paris, une association, située à Lorient, loue plusieurs cars. À mi-chemin, un quart des manifestants descend. Peut-on alors placer les trois quarts restant dans trois cars ?

(1) Chaque car est rempli aux deux tiers.
(2) Il y a sept cars.

##
##

Vous répondrez :
(A) Si l'information (1) permet à elle seule de répondre à la question, et si l'information (2) à elle seule ne permet pas de répondre à la question.
(B) Si l'information (2) permet à elle seule de répondre à la question, et si l'information (1) à elle seule ne permet pas de répondre à la question.
(C) Si les deux informations (1) et (2) ensemble permettent de répondre à la question, et aucune séparément ne le peut.
(D) Si chaque information permet séparément de répondre à la question.
(E) Si les deux informations ensemble ne permettent pas de répondre à la question.

Question 57. Quel mois Roger est-il né ?

(1) Il est né un mois pair.
(2) Le jour de sa naissance coïncide avec un changement de saison.

Question 58. Si je choisis au hasard un fruit parmi les fruits qui se trouvent dans le panier en osier, quelle est la probabilité que je prenne une pomme ?

(1) Il y a deux fois moins de pommes que d'oranges dans le panier en osier.
(2) Un tiers des fruits qui se trouvent dans le panier en osier sont des oranges.

Question 59. Elie, David et Laurent consultent le nombre de points qu'il reste à leur permis de conduire. Chacun en a au maximum 12, et aucun n'a le même nombre de points. Combien de points a celui qui en a le moins ?

(1) Ils ont tous un nombre de points impair.
(2) Si on somme leurs nombres de points, on obtient 15.

Question 60. Si x et y sont des nombres premiers, est-ce que le produit $y(x - 3)$ est pair ?

(1) $x > 10$
(2) $y < 3$ et $x > 3$

Si vous avez terminé, vous n'êtes pas autorisé(e) à revenir sur une épreuve précédente.
Vous n'êtes pas non plus autorisé(e) à travailler sur une épreuve suivante avant la fin du temps imparti.

STOP !

TEST BLANC TAGE MAGE 1

SOUS-TEST 5 : EXPRESSION

15 questions / 20 minutes / Calculatrice interdite
Réponse juste : + 4 points / Réponse fausse : – 1 point
Aucune réponse : 0 point

PARTIE 1 : SYNONYMIE

Pour les 5 premières questions, qui forment un ensemble suivi, choisissez le meilleur synonyme du ou des passages soulignés :

Question 61. Ne regrettons pas le temps où quelques riches Anglais habitaient de rares et luxueux palaces à Nice ou à Cannes. Mais nous sommes passés sans transition d'un excès à l'autre, de l'élitisme à la démagogie. Aujourd'hui, la marée humaine arrive en juillet ; chacun veut se loger, s'amuser, se restaurer, ranger son bateau et se faire dorer au soleil.

(A) de la restriction à l'ouverture sans limite
(B) du passe-droit à la démocratisation
(C) de l'exclusivité au grand public
(D) du privilège à la massification
(E) du sectarisme à la flatterie

Question 62. C'est un désir légitime, mais, par défaut d'organisation, c'est un non-sens écologique. Les promoteurs, qui ont depuis longtemps trouvé leur compte dans cette grande transhumance saisonnière, multiplient les programmes immobiliers. On en vient à ouvrir des ports de plaisance artificiels pour justifier l'érection de nouveaux bâtiments, du reste tous plus inesthétiques les uns que les autres.

(A) cette massive migration estivale
(B) cet abondant afflux de visiteurs
(C) cet excessif estivage touristique
(D) ce fourmillant exode vacancier
(E) ce ponctuel arrivage d'estivants

Question 63. Hormis quelques profiteurs, personne ne gagne rien à cette folie. La mer en est la première victime. Or, quelle peut être la qualité de vacances passées au bord d'un cloaque sans vie ? Quel plaisir les vacanciers prennent-ils à voir se multiplier des « murs de la honte » comme celui de Saint-Raphaël, où l'appropriation privée du littoral interdit plus de 1 500 m de côte d'un seul tenant aux non-résidents ?

(A) d'un égout – l'occupation
(B) d'un bourbier – la privatisation
(C) d'un charnier – l'usurpation
(D) d'une décharge – la nationalisation
(E) d'une voirie – la confiscation

Question 64. Il faut arrêter le massacre. Pour cela, les moyens ponctuels ne suffisent pas. Les décisions doivent être nationales et radicales. Il faut multiplier les zones protégées, les réserves naturelles et les parcs. Mais deux mesures, plus que toutes les autres, doivent être arrêtées d'urgence : l'étalement des vacances et l'interdiction absolue de construire dans une bande de 500 m en bord de mer.

(A) les demi-mesures – être prises
(B) les compromis – cesser
(C) les mesures par à coup – être annulées
(D) les décisions régulières – être votées
(E) les résolutions récurrentes – être rejetées

Question 65. Sans étalement des vacances, la situation ne cessera d'empirer. Pour permettre à des millions de personnes de s'entasser comme des sardines sur les plages, entre le 15 juillet et le 15 août, il faudra assassiner la mer, et cela à coup de constructions qui ne serviront qu'un mois par an.

(A) entérinera sa pérégrination – en raison de d'aménagements
(B) continuera de s'aggraver – en bute aux extensions
(C) ne pourra que se détériorer – à cause d'équipements
(D) périclitera – suite aux projets
(E) finira par s'améliorer – grâce aux promoteurs

PARTIE 2 : COHÉRENCE FORMELLE

Pour les 3 questions suivantes, qui forment un ensemble suivi, déterminez le nombre de fautes d'orthographe, de grammaire ou de conjugaison présentes dans le texte :

Question 66. Se trouvera-t-il sous peu un poète pour chanter tes louanges, ô élixir des temps modernes, qui règnes plus que jamais sur un univers en proie à la bougeotte ? Que tu viennes à te raréfier, et tout le monde est à côté de ses pompes. Que le prix de ton baril, quels qu'en soient les pourquois bidon, avoisine les cimes, et ce sont nos porte-monnaies qui côtoient dangereusement l'abime.

(A) 0
(B) 1
(C) 2
(D) 3
(E) 4

Question 67. Que les taxes qui t'alourdisse soient soudain perçues comme indues, et c'est la société toute entière qui entre en ébullition. Ne l'a-t-on pas constaté il y a quelques trois mois, quand, boycottant les stations-service, tu mis le feu à notre vieille Europe ?

(A) 0
(B) 1
(C) 2
(D) 3
(E) 4

Question 68. Si lire était le lot de tous (au grand dam de nos gouvernants, selon qui l'on ne saurait bafouer l'électeur, fût-ce pour un naphte), c'est chez les mariniers, les conducteurs de poids lourds et, bien sûr, dans la gente paysanne que la jacquerie connut son acmé.

(A) 0
(B) 1
(C) 2
(D) 3
(E) 4

Question 69. Parmi les cinq phrases ci-dessous, laquelle ne comporte pas de métonymie ?

(A) C'est un émissaire de l'Élysée.

(B) Socrate a bu la mort.

(C) C'est l'alliance de la faucille et du marteau.

(D) Il est sorti pour boire un verre.

(E) Elle possède la plus belle voix du groupe.

Question 70. Trouvez la meilleure formulation pour exprimer le sens du paragraphe suivant. La réponse A reprend la proposition initiale :

Que tout roman soit témoignage, cela est bien évident. Que le romancier soit un témoin, et particulièrement un témoin de son temps, cela est évident aussi. Et on voit même mal comment il pourrait ne pas l'être.

(A) Que tout roman soit témoignage, cela est bien évident. Que le romancier soit un témoin, et particulièrement un témoin de son temps, cela est évident aussi. Et on voit même mal comment il pourrait ne pas l'être.

(B) Dès lors qu'il difficile de ne pas admettre que le romancier est un témoin de son temps, on doit en conséquence convenir que ses écrits en sont le témoignage.

(C) Les écrits sont la mémoire et la trace du passage de l'homme à travers les âges et les époques.

(D) On ne peut dissocier l'œuvre de son auteur, qui témoigne indéniablement à travers ses écrits de la société dans laquelle il a pu évoluer.

(E) À travers ses créations littéraires, le romancier offre obligatoirement une vision pertinente et fidèle de l'environnement dans lequel il évolue, en permettant ainsi une meilleure appréhension au lecteur.

PARTIE 3 : COHÉRENCE TEXTUELLE

Pour les 5 questions suivantes, qui forment un ensemble suivi, choisissez les mots qui assurent la cohérence du texte :

Question 71. Alors que la pandémie de coronavirus et les mesures gouvernementales prises en conséquence laissaient craindre (...) de la pratique du running en France, il n'en a finalement rien été. Les Français ont su (...) et franchir les barrières mises sur leur route tout au long de cette année 2020 si particulière.

(A) un fléchissement – participer
(B) une augmentation – s'en accommoder
(C) un ralentissement – s'adapter
(D) une accélération – s'acclimater
(E) un relâchement – s'arrêter

Question 72. Mieux, le pays qui compte 27 % de runners a enregistré 1,4 million de coureurs (...) pendant les périodes de confinement, soit une (...) de 12,5 %, selon l'étude « Observatoire du running » réalisée chaque année par Sport Heroes en (...) avec l'Union Sport & Cycle.

(A) débutants – exaltation – opposition
(B) de plus – chute – lien
(C) néophytes – baisse – concurrence
(D) en moins – progression – association
(E) supplémentaires – augmentation – partenariat

Question 73. « Le running s'est imposé comme l'une des (...) pour les Français qui voulaient se mettre en mouvement. Parmi les sources (...) : prendre soin de son corps (54 %), se défouler (43 %), perdre du poids (40 %)... », explique Virgile Caillet, Délégué Général de l'USC.

(A) réponses – de motivation
(B) difficultés – d'inspiration
(C) solutions – de rejet
(D) dérives – d'intérêt
(E) possibilités – d'abandon

Question 74. Par ailleurs, avec (...) de près de 80 % des événements et autres compétitions initialement prévus en 2020, les courses connectées ont rencontré (...). Une nouvelle tendance bien partie pour s'installer dans la durée. En effet, 53 % des runners ont (...) une course connectée l'an passé, tandis que 26 % d'entre eux comptent participer à une course virtuelle lorsque la situation sanitaire se sera améliorée.

(A) la résection – une forte audience – rejeté
(B) la suppression – un franc succès – participé à
(C) l'arrêt – une vive curiosité – assisté à
(D) l'annulation – un regain d'intérêt – regardé
(E) le maintien – un large désintérêt – suivi

Question 75. « Avec l'annulation de courses pendant la crise, le phénomène de la course connectée (...) en 2020 et devrait se poursuivre dans les années à venir », (...) Paul-Emile Saab, CEO de Sport Heroes.

(A) s'est atténué – promet
(B) a diminué – craint
(C) stagne – observe
(D) a explosé – présage
(E) s'est démocratisé – déplore

Si vous avez terminé, vous n'êtes pas autorisé(e) à revenir sur une épreuve précédente.
Vous n'êtes pas non plus autorisé(e) à travailler sur une épreuve suivante avant la fin du temps imparti.

STOP !

TEST BLANC TAGE MAGE 1

SOUS-TEST 6 : LOGIQUE

15 questions / 20 minutes / Calculatrice interdite
Réponse juste : + 4 points / Réponse fausse : – 1 point
Aucune réponse : 0 point

Question 76.

89				
96				
58				
38				
?	44	27	34	25

(A) 63 (B)26 (C) 81 (D) 29 (E) 62

Question 77.

		NVP		
		BHL		
FDW	TWH	?	NGD	XIK
		GJH		
		FSZ		

(A) JBQ (B) BPJ (C) NXQ (D) USY (E) JEO

****
****

Question 78.

	742			
255	?	964	419	628
	534			
	178			
	346			

(A) 173 (B) 237 (C) 653 (D) 773 (E) 892

Question 79.

AG	FC	EE	IB	?
				HA
				IM
				JC
				KD

(A) GF (B) CI (C) HL (D) DA (E) GE

Question 80.

		57		
		66		
90	85	?	66	52
		48		
		93		

(A) 73 (B) 54 (C) 39 (D) 75 (E) 55

****
****

Question 81.

	SXP			
	NUT			
	UAL			
YNH	?	UPX	TQP	GRS
	WFJ			

(A) ELV (B) GBQ (C) KWA (D) COV (E) WOZ

Question 82.

		147		
		661		
		205		
327	263	?	618	236
		943		

(A) 442 (B) 361 (C) 454 (D) 917 (E) 345

Question 83.

		EEM		
		CHJ		
TED	ZYB	?	GAM	LIW
		SXX		
		JAN		

(A) DGA (B) KOQ (C) OPU (D) ROT (E) MPS

****
****

Question 84.

					(A)	(B)	(C)	(D)	(E)
pommes 2,40€	poires 3,30€	oranges 3,40€	?		brugnons 2,60€	pêches 4,20€	bananes 1,10€	raisins 7,60€	abricots 5,50€

Question 85.

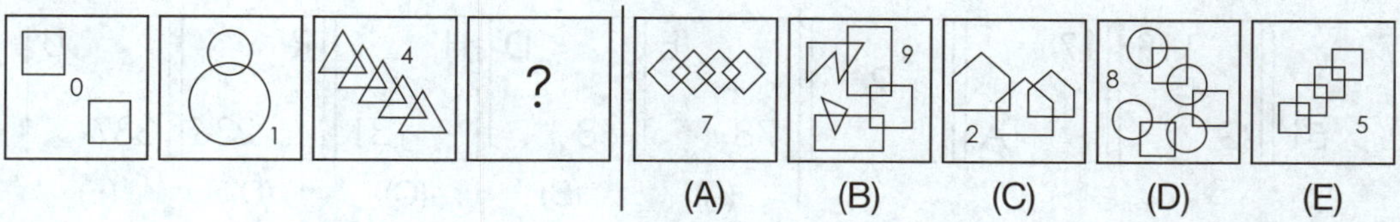

Question 86.

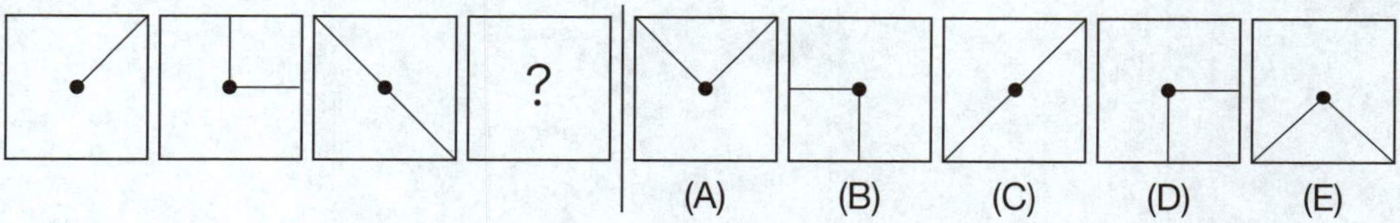

Question 87.

					(A)	(B)	(C)	(D)	(E)
1	6	2	?		9	4	1	3	8

Question 88.

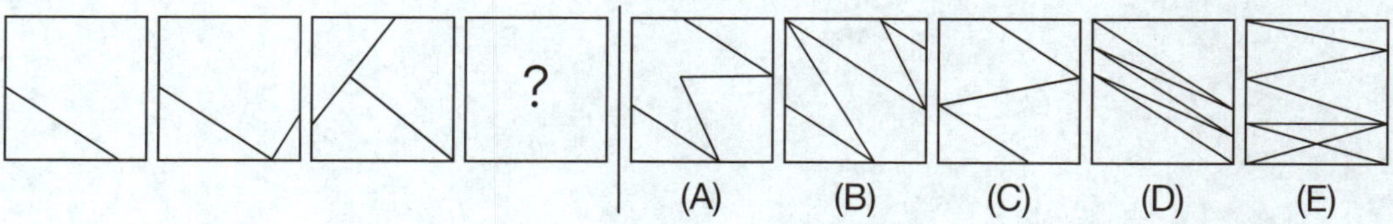

****
****

Question 89.

				(A)	(B)	(C)	(D)	(E)
90	52	94	?	16	46	18	58	80

Question 90.

				(A)	(B)	(C)	(D)	(E)
C 51	119 G	17 A	?	E 78	D 68	H 131	R 236	U 337

TEST TAGE MAGE 1 : VOTRE GRILLE DE REPONSES JUSTES

Sous-test 1 – Compréhension de textes

Question	Réponse
1	D
2	A
3	D
4	E
5	A
6	E
7	C
8	B
9	E
10	D
11	D
12	E
13	B
14	E
15	C

Sous-test 2 – Calcul

Question	Réponse
16	B
17	D
18	C
19	B
20	B
21	C
22	B
23	E
24	B
25	E
26	B
27	E
28	A
29	D
30	C

Sous-test 3 – Raisonnement/Argumentation

Question	Réponse
31	B
32	D
33	E
34	D
35	C
36	D
37	A
38	D
39	D
40	E
41	C
42	D
43	A
44	A
45	C

Sous-test 4 – Conditions minimales

Question	Réponse
46	A
47	B
48	B
49	C
50	C
51	C
52	A
53	A
54	D
55	C
56	C
57	E
58	C
59	E
60	D

Sous-test 5 – Expression

Question	Réponse
61	D
62	A
63	B
64	A
65	C
66	D
67	D
68	C
69	E
70	B
71	C
72	E
73	A
74	B
75	D

Sous-test 6 – Logique

Question	Réponse
76	A
77	A
78	B
79	E
80	D
81	D
82	E
83	B
84	A
85	C
86	B
87	D
88	C
89	C
90	B

CORRIGES

SOUS-TEST 1 : COMPREHENSION DE TEXTES

1

Vous faisiez ici face à un test assez déséquilibré. D'un côté un texte argumentatif découpé en deux parties et, de l'autre, un texte d'actualité assez classique. Toujours dans l'optique d'optimiser votre temps et vos réponses, vous aviez sans doute meilleur compte de commencer par le texte 3 plus facile à comprendre et avec moins d'arguments implicites.

TEXTE 1

Ce premier texte était un texte argumentatif, à savoir un texte dans lequel l'auteur prend position, qui portait sur la stratégie et les messages que veut développer Disney dans son parc à thème Disneyland. Une première lecture des questions nous montrait immédiatement que nous allions avoir majoritairement affaire à des questions d'interprétation et d'analyse.

Question 1. Réponse D

La première question qui vous était posée portait sur l'objectif explicite ou implicite du parc à thème, Disneyland. La réponse à cette question n'était pas forcément présentée à un point précis du texte. Vous deviez analyser le texte dans son ensemble pour tenter d'y répondre. Le principal point qui ressortait de l'avis de l'auteur était une volonté de protéger les visiteurs du monde extérieur en présentant une réalité aseptisée. **Finalement, comme nous l'expliquait le dernier paragraphe, le parc essaye de créer une bulle de « bonheur ».**

Regardons dans les propositions :

- Réponse A : l'idée d'intimidation est liée à la peur, atmosphère que ne veut surtout pas développer le parc.
- Réponse B : à aucun moment le texte n'évoque l'idée d'apprentissage.
- Réponse C : le texte ne fait pas la distinction entre enfants et adultes.
- **Réponse D : l'idée d'autarcie signifiant le repli sur soi et, celle de décorrélation de la réalité soulignant une volonté de créer un monde imaginaire, cette réponse correspond bien.**
- Réponse E : le texte ne parle pas d'Entertainment.

Question 2. Réponse A

Vous aviez ici à analyser et interpréter une phrase précise. La principale difficulté résidait dans l'emploi du mot asepsie. **Ce mot, issu du vocabulaire médical et évoquant une méthode préventive visant à empêcher l'introduction de microbes dans l'organisme,**

n'était bien évidemment pas utilisé au sens propre du terme. C'était une analogie du parc où l'organisme est Disneyland et les microbes les aspects inquiétants de l'histoire mondiale.

Vous pouviez donc comprendre que cette phrase était une critique du parc qui falsifie la réalité des choses pour la rendre plus agréable dans le but de pousser à la consommation.

- **Réponse A : le verbe « dénaturer » correspond bien à la perception négative qui doit ressortir de cette phrase.**
- Réponse B : cette interprétation va à l'encontre du texte. En effet, la quintessence signifie « l'essence même », or il est clair que l'auteur considère que la représentation faite par le parc est erronée.
- Réponse C : comme pour la réponse B, cette proposition ne reflète pas la pensée de l'auteur. Pragmatique étant synonyme de réaliste, cela ne fonctionne pas.
- Réponse D : ici encore, on conserve une idée de réalité qui n'est pas présente dans le texte.
- Réponse E : cette option va trop loin, si la version donnée par le parc est dénaturée, elle n'est pas non plus insultante comme tendrait à le faire comprendre le mot irrévérencieux.

Question 3. Réponse D

Vous restiez dans la même thématique avec la troisième question pour laquelle il fallait commencer par bien définir les termes de l'énoncé. Édulcoration vient du verbe édulcorer, signifiant atténuer la dureté, la rigueur, le caractère acerbe de quelque chose afin de l'adoucir.

Et, en regardant la thématique du texte cette politique d'adoucissement correspondait bien à ce que nous avions vu précédemment, à savoir **rendre la réalité moins violente pour les visiteurs du parc. C'était bien évidemment la réponse D.**

Jetons un œil aux autres propositions :

- Réponse A : dans le texte, les races ne sont pas instrumentalisées puisqu'on cherche justement à atténuer les différences et les nuances.
- Réponse B : l'idée de dé-diaboliser est un peu forte sachant que l'on ne s'attaque pas à une abstraction mais bien à une réalité.
- Réponse C : on ne choisit pas une réalité parmi plusieurs qui s'offrent à nous dans ce texte, mais on modifie à notre guise celle déjà existante.
- Réponse E : à l'inverse, ce texte présente une vision fallacieuse, qui ne correspond pas à la réalité des peuples.

Question 4. Réponse E

Nous avons ici un sujet nécessairement féminin au regard des terminaisons des participes passés. Cet indice purement syntaxique pouvait nous permettre de faire un premier tri en éliminant les réponses A, B et C dont les sujets étaient, au moins en partie, masculins.

Il ne nous restait alors plus qu'à comparer les deux dernières réponses possibles :

- Réponse D : puisqu'on les aurait vidées de leurs aspérités, les civilisations ne présenteraient plus de diversité. Cette phrase est donc un non sens.
- **Réponse E : cette proposition fonctionne car, il semble logique, qu'en étant moins différentes, les civilisations ont forcément moins de mal à cohabiter.**

Question 5. Réponse A

Ce texte ne vous ayant proposé que des questions d'interprétation et d'analyse, il vous a finalement très bien préparé à cette dernière question de résumé. Nous avons pu voir, à travers le travail que nous avons mené pour les questions précédentes, quel était le thème et le message de ce texte.

L'auteur était ainsi focalisé sur le message véhiculé par Disney qu'il considérait négatif. Ce message pourrait se résumer de la manière suivante : **Disneyland crée un monde factice en niant et effaçant les différences des civilisations.**

Il ne vous restait plus qu'à comparer aux propositions :

- **Réponse A : ce résumé respecte bien le message du texte.**
- Réponse B : en leur cachant la réalité, Disney ne peut pas ouvrir les enfants au monde normal.
- Réponse C : Disney cherche au contraire à cacher ce multiculturalisme.
- Réponse D : cette proposition extrapole un peu le message, l'auteur n'évoque pas sa crainte pour l'éducation des enfants.
- Réponse E : ce n'est pas fondamentalement faux, mais ce n'est pas le message principal du texte.

Extrapolation

À travers nos corrigés, vous êtes souvent confronté à ce mot : l'extrapolation. Alors finalement, qu'est-ce que c'est ? Et bien, c'est le fait de tirer des conclusions de données partielles ou non vérifiées.

Concrètement, dans l'épreuve de compréhension de texte, cette notion diffère de l'idée d'implicite. Si cette dernière résulte de l'analyse de données suggérées, elle est parfaitement recevable car elle n'invente aucune information. Elle est finalement au cœur même de l'épreuve.

En revanche, extrapoler, c'est ajouter des informations non présentes qui paraissent logiques pour arriver à une conclusion ou un résultat. Or, le piège c'est que ces informations que vous ajoutez, ne sont aucunement vérifiables et vérifiées. Rien ne vous permet donc de les prendre en compte.

Cette nuance est fondamentale et indispensable à la bonne réussite de cette sous-épreuve.

TEXTE 2

Suite du texte précédent, ce texte est donc nécessairement argumentatif. En règle générale, lorsque vous avez deux textes qui se suivent, vous pouvez partir du principe que la deuxième partie va être plus analytique que la première.

Question 6. Réponse E

La première question de ce texte était une question de vérification. Comme toujours, il vous fallait être très vigilants sur les détails et ne pas prendre pour réelles des informations qui pourraient être suggérées mais qui ne sont pas confirmées. En d'autres termes, faire la différence entre ce qui est explicite et ce qui est extrapolé.

Vous n'aviez plus alors qu'à vérifier les réponses :

- **Proposition 1 :** cette proposition est explicitement confirmée dans le dernier paragraphe, dans la phrase : « la force de Disney est d'avoir su (...) recycler toutes les mythologies de l'enfance en une seule ». **Exacte.**
- **Proposition 2 :** le premier paragraphe précise bien que Disneyland est loin du premier Walt Disney, considéré comme plus corrosif et caustique. **Inexacte.**
- **Proposition 3 :** le texte exprime bien l'importance prise à Disneyland, dans l'accueil des visiteurs, par les personnages et membres de l'imaginaire. **Exacte.**

Question 7. Réponse C

La deuxième question de ce texte pouvait paraître très simple en étant associée à une question de culture générale. Il vous était en effet demandé de trouver qui était une personne citée dans le texte. Alors, bien sûr, si vous avez lu *Pinocchio*, vous savez que Carlo Collodi est le nom de son auteur. Plus précisément, il s'agit du pseudonyme pris par Carlo Lorenzini, un journaliste et écrivain italien, pour écrire ce chef-d'œuvre mondialement connu, repris par Disney pour en faire un film d'animation.

Tout cela vous pouviez effectivement le savoir, en revanche ce n'était pas dans le texte. Nous en avons déjà parlé, mais nous pouvons le répéter ici, ça ne fait pas de mal : **vous ne devez prendre en compte que les informations contenues dans le texte pour répondre aux questions.** Or, ici, le nom Collodi était uniquement cité à travers une énumération d'autres noms, dont nous comprenions qu'ils étaient ceux d'auteurs de contes. Difficile, dès lors, de savoir précisément de qui il s'agit.

Vous pouviez donc vous appuyer sur les propositions et éliminer celles qui étaient trop précises :

- Réponse A : le texte exprime bien qu'il ne s'agit pas d'un personnage.
- Réponse B : si l'on peut accepter le fait qu'il soit conteur, puisqu'il écrit des histoires, rien n'indiquait en revanche qu'il était italien.
- **Réponse C : cette réponse est acceptable. En effet, le texte explique bien que Collodi est un auteur et laisse entendre qu'il a travaillé sur l'un des personnages qui sont cités avant et qui ont été repris par Disney.**
- Réponse D : nous avons une liste de personnages et une liste d'auteurs, rien en revanche, ne peut lier les uns aux autres. De ce que l'on sait, Collodi pourrait ainsi être le père de l'un des autres personnages cités.

CORRIGÉS TEST BLANC 1

Question 8. Réponse B

Pour cette troisième question, vous aviez tout d'abord à identifier le nom de Bruno Bettelheim dans le texte afin de pouvoir, par la suite, étudier ce qu'il a bien pu vouloir dire.

Une fois le nom retrouvé, nous constations que sa pensée et ses théories étaient exprimées à la fin du premier paragraphe. Il ne vous restait plus qu'à les vulgariser et à les résumer. Visiblement psychologue, il expliquait quel était l'intérêt du conte de fées dans le développement psychologique des enfants. **Il précisait notamment que c'était la gestion de l'angoisse, éprouvée puis surmontée, qui participait de la construction de la personnalité des enfants.**

Vous n'aviez plus alors qu'à vérifier les réponses :

- Réponse A : cette proposition va à l'encontre des propos tenus, loin d'épargner les enfants, il veut les confronter à leurs traumatismes.
- **Réponse B : nous retrouvions ici l'idée globale de la théorie de Bettelheim, l'importance pour les enfants de se confronter à la peur dans le conte de fées.**
- Réponse C : ce n'est pas seulement l'imaginaire qui doit guider le lecteur mais c'est l'angoisse qu'il ressent.
- Réponse D : Bettelheim n'aborde pas l'aspect technique de l'écriture du conte de fées mais uniquement sa portée psychologique.
- Réponse E : on peut plutôt comprendre, à travers les propos tenus, que les contes de fées sont justement toujours utiles et pertinents notamment dans l'éducation des enfants.

Question 9. Réponse E

Comme souvent, vous étiez face à une question de résumé à traiter pour ce texte. Il ne fallait prendre en compte que ce texte 2, pas le texte dans son entièreté. Vous pouviez alors regarder précisément ce qui ressortait des deux paragraphes le composant.

- §1 : il explique comment l'interprétation de Disney vide les contes de fées de leur signification et de leur rôle éducatif en les aseptisant.
- §2 : il conclut le texte en synthétisant le message que l'auteur veut laisser à son lecteur : Disney ne valorise pas l'enfance mais la puérilité.

Nous pouvions donc résumer ce texte de la manière suivante : **en voulant aseptiser les contes de fées dont il s'inspirait, Disney les a vidés de leur message éducatif.**

Regardons les propositions :

- Réponse A : là où le texte ne critique que Disneyland, cette proposition critique également les usagers du parc.
- Réponse B : si la première partie de cette proposition est juste, l'aspect pécuniaire n'est pas évoqué.
- Réponse C : s'il concède effectivement que les éducateurs aient pu être effrayés par la violence des contes de fées, rien ne dit que c'est encore le cas.
- Réponse D : la question de l'appropriation culturelle n'est pas véritablement évoquée dans le texte.
- **Réponse E : on retrouve ici le message global passé par le texte.**

Question 10. Réponse D

La difficulté de cette dernière question était qu'elle portait sur les deux textes. Vous aviez donc à vous remémorer ce que vous aviez travaillé dans le cadre des cinq premières questions. Comme toujours, dans un texte argumentatif, le titre doit exprimer le message et le point de vue de l'auteur.

Alors finalement, de quoi parlait ce texte ? C'était une critique de la manière dont Disneyland s'approprie et utilise, de manière incomplète et aseptisée, les civilisations et les contes pour enfants pour créer un monde idéal loin des réalités. Nous pouvions donc choisir comme titre : **Disneyland, un monde merveilleux construit sur une négation de la réalité.**

Comparons aux propositions :

- Réponse A : cette réponse n'est pas fausse mais un peu incomplète.
- Réponse B : parler de Disneyland comme d'un danger semble, malgré la critique, un peu excessif.
- Réponse C : cette proposition pourrait être bonne si il n'y avait pas ce rapport à l'argent qui n'est pas évoqué dans le texte. Bien que l'on puisse comprendre implicitement que l'argent est une des motivations de Disney, le dire dans le titre est exagéré.
- **Réponse D : la notion d'infantilisation est au cœur de la pensée de l'auteur et de la stratégie de Disneyland.**
- Réponse E : ce titre pourrait également être acceptable, mais il est moins pertinent que le précédent.

TEXTE 3

Après ces deux textes argumentatifs, vous aviez ici un texte beaucoup plus classique qui évoquait l'actualité et, plus précisément, les services de livraisons de restauration.

Question 11. Réponse D

Vous commenciez par une question de vérification qui était basée sur une définition, celle des « Dark Kitchen ». Bien évidemment, dans un cas comme celui-ci, il est facile de savoir quoi faire : tenter de définir par soi-même la notion.

En faisant votre travail de repérage, vous identifiiez rapidement que ces « dark kitchen » étaient évoquées dans le troisième paragraphe du texte. **Nous pouvions les définir sommairement comme des sites de production de plats destinés à la livraison.** Une fois cette définition en tête, il ne vous restait plus qu'à chercher plus de précisions à l'aide des propositions.

- **Proposition 1 :** c'est effectivement précisé de manière explicite dès les premières lignes du paragraphe. **Exacte.**
- **Proposition 2 :** à aucun moment il n'est explicitement dit que toutes les dark kitchen accueillent différentes enseignes mais seulement que les sites de Saint-Ouen et de Courbevoie ouverts par Deliveroo le font. **Inexacte.**
- **Proposition 3 :** cette information est également présente explicitement dans le texte. **Exacte.**

Question 12. Réponse E

Ici, il vous était demandé de retrouver la saison la plus favorable au secteur de la livraison de repas. Or, cette information ne vous était pas donnée, en tout cas pas de manière définitive et absolue. En effet, la seule chose qui était évoquée c'est que les livraisons sont moins nombreuses en été qu'en hiver.

Nous pourrions en déduire que l'hiver est la meilleure saison de l'année, c'est sans doute d'ailleurs ce que l'intervenant a en tête, mais cela n'est qu'une hypothèse, réaliste certes, mais une hypothèse tout de même. En effet, cela peut tout aussi bien être un exemple pour évoquer la faiblesse du marché en été. **La seule certitude que nous avions donc est que l'été n'est pas la bonne réponse. En revanche, cela pourrait tout aussi bien être l'automne ou le printemps.**

Soyez rigoureux et ne vous laissez pas piéger par ce type de questions !

Question 13. Réponse B

Pour cette question de remplacement, il vous fallait bien évidemment analyser l'environnement de l'espace à remplacer. **Nous constations immédiatement que cette phrase était en début de paragraphe et précédait une virgule. En lisant alors la deuxième partie de la phrase, il apparaissait qu'elle évoquait l'idée de bonnes nouvelles voire de sauvetage.** Or si un sauvetage est nécessaire, c'est bien il y a une mauvaise nouvelle ou quelque chose de négatif à compenser.

- Réponse A : cette première proposition n'a rien de négatif. Il n'y a rien à compenser, nous ne la retiendrons donc pas.
- **Réponse B : ici, la phrase explique que la dynamique de vente était en train de baisser. Dès lors, avoir besoin d'aide est cohérent.**
- Réponse C : les chiffres donnés dans le premier paragraphe étant bons, il manque dans cette solution une information négative qui expliquait que le secteur ait besoin que l'on lui vienne en aide.
- Réponse D : dans cette réponse, encore une fois, il n'y a pas d'information négative qui justifierait une aide extérieure.
- Réponse E : dans cette proposition, on pourrait comprendre implicitement que la levée des restrictions de déplacement pouvait impacter négativement la livraison. Ceci étant, c'est un peu flou par rapport à la A.

Question 14. Réponse E

Nouvelle question un peu piège, il vous était ici demandé d'analyser les rapports entre les deux intervenants de l'article. À cette question, vous deviez essayer de répondre par vous-même en identifiant les noms dans le texte. Vous pouviez donc identifier François Bloin dans le deuxième paragraphe et Melvina Sarfati, dans le troisième.

Dans les informations qui nous étaient communiquées, nous voyions que le premier était président de Food Service Vision et que la seconde était directrice générale de Deliveroo.

CORRIGÉS TEST BLANC 1

Cela nous assurait donc qu'ils travaillaient tout deux dans le même secteur d'activité, à savoir celui de la restauration et, vu que leurs deux sociétés ont des noms différents, nous pouvions être tentés de croire qu'ils étaient concurrents.

C'est effectivement une possibilité, et sans doute la plus probable. **Mais, on ne vous demande pas d'estimer une possibilité, on vous demande d'avoir une certitude sur la relation qui unit ces deux personnes.** Or, qui vous dit que ces deux sociétés ne sont pas liées ? Qui vous dit par exemple que Food Service Vision n'est pas un sous-traitant de Deliveroo ? Rien. Dans l'absolu, toutes les réponses sont possibles. Donc, par définition, aucune n'est certaine.

Question 15. Réponse C

Dernière question de ce test, l'habituelle question de titre. Nous l'avons constaté, les questions précédentes ne nous ont pas permis véritablement d'entrer dans le fond du sujet. Nous pouvions y répondre sans véritablement lire le texte en entier. Or, pour répondre à la question du titre nous ne devions rien laisser au hasard.

Il vous était donc essentiel de disséquer chacun des paragraphes pour en retirer un mini résumé :

- §1 : il présente la situation extrêmement positive dans laquelle se retrouvent actuellement les services de livraison de nourriture.
- §2 : il présente l'opportunité de marché que représente l'euro de football à une période, où traditionnellement, l'activité est moins forte.
- §3 : il décrit les nouvelles pratiques de ce secteur de marché, et notamment les dark kitchen.
- §4 : il conclut le texte avec une ouverture prévoyant une explosion de ce secteur d'activité.

À travers ces différents paragraphes, nous pouvions donc établir un titre qui pourrait ressembler à : **Entre l'euro et les dark kitchen, la livraison à domicile n'a pas fini d'exploser !**

Il ne restait plus qu'à vérifier les propositions :

- Réponse A : à aucun moment Uber Eats n'est concerné par ce texte.
- Réponse B : si les dark kitchen sont bien un phénomène, elles n'interpellent en revanche pas véritablement l'auteur. En effet il ne réagit pas véritablement, positivement ou négativement, sur leur existence, il reste très informatif.
- **Réponse C : si ce titre est incomplet puisqu'il n'évoque pas les dark kitchen, il reste recevable car il montre bien l'impact positif de l'euro sur ce secteur.**
- Réponse D : le déconfinement n'est pas le sujet du texte.
- Réponse E : si l'euro est bien au service de ce secteur d'activité, encore une fois on ne parle pas d'Uber Eats.

En l'espèce, aucun titre n'était parfait mais rappelez-vous que l'on vous demande. Et quoi qu'il arrive, vous devez choisir.

SOUS-TEST 2 : CALCUL

Question 16. Réponse B

Soit n le nombre de contrôles supplémentaires pour avoir 4 de moyenne.

On a : $1 + 5n = 4(n + 1)$. Soit $1 + 5n = 4n + 4$, soit, $5n - 4n = 4 - 1$, soit : $n = 3$.

Avec, en plus du premier, 3 contrôles avec la note maximale, ma moyenne sera égale à 4.

Question 17. Réponse D

Allez, ce n'était pas bien compliqué.

Un quart des animaux **sont** des vaches, soit 6. Et un tiers **sont** des chats, soit 8. Les autres animaux sont donc les lapins et il y en a 24 – 6 – 8, soit 10.

Question 18. Réponse C

Si x est le nombre de pommes dans chaque tas de Salima, on a :

$$6x = 5(x + 2). \text{ D'où } x = 10.$$

Salima a donc 60 pommes et Marine aussi.

Bon, on peut dire que les trois premières questions de ce sous-test de calcul étaient largement faisables non ?

Question 19. Réponse B

Nous savons que le petit carré a pour côté 1. Soit C le côté du carré un peu plus grand. Alors, les côtés des autres carrés sont successivement $C + 1$, $C + 2$ et $C + 3$.

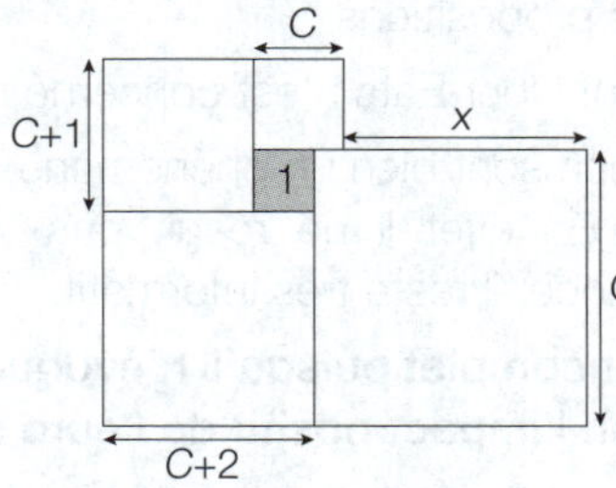

La longueur C est donc telle que $\boldsymbol{C + x = 1 + (C + 3)}$. En simplifiant, les C s'annulent de part et d'autre de l'équation et on en déduit alors que $\boldsymbol{x = 4}$.

Comme vous le voyez, il n'y a jamais de « grosses » équations à poser au Tage Mage mais uniquement des équations assez simples à résoudre (ceci dit, on vous l'accorde, ces équations ne sont pas toujours simples à poser et c'est justement là que se fait la différence entre les bons et les très bons candidats).

CORRIGÉS TEST BLANC 1

Question 20. Réponse B

Testons les réponses et testons donc comme toujours en premier la réponse C. Cette réponse nous indique qu'il y aurait **600 pêches** par cageot.

Si il y a 600 pêches par cageot, cela veut dire qu'un cageot contient $\mathbf{\frac{600}{30} = 20}$ **pêches pourries**. On nous dit ensuite que 3 pêches pourries sur 4 ne peuvent être mises en vente soit dans notre cas $\mathbf{\frac{3}{4} \times 20 = 15}$ **pêches** pourries par cageot qui ne peuvent être mises en vente. Or on nous dit qu'il y a exactement **12 pêches pourries par cageot qui ne peuvent être mises en vente et non 15 !**

On a par conséquent manifestement « trop » de pêches pourries par cageot (15 vs. 12) et cela signifie qu'au total, qu'on a « trop » de pêches par cageot. On doit donc chercher à présent un nombre de pêches par cageot inférieur à 600 et devons nous concentrer sur les réponses A ou B.

On garde bien sûr la réponse B. Déjà parce que c'est la plus vraisemblable quand on la compare à la A mais aussi parce qu'on remarque que si l'on veut passer de 15 pêches pourries par cageot qui ne peuvent être mises en vente à 12, on doit enlever 20 % (15 - 20 % de 15 = 15 - 3 = 12) et c'est précisément 20 % qu'on doit retirer à 600 pour arriver aux 480 pêches par cageot de la réponse B.

Question 21. Réponse C

Pour que les fractions additionnées soient les plus petites possibles, il faut que les numérateurs soient les plus petits possibles et que les dénominateurs soient les plus grands possibles.

Les numérateurs sont donc 1 et 2 et les dénominateurs sont 9 et 10. Aussi, la fraction avec un 2 au numérateur doit être la plus petite possible et, donc, avoir 10 pour dénominateur.

Le nombre le plus petit possible est $\frac{2}{10} + \frac{1}{9}$, soit $\frac{(18+10)}{90}$, soit encore $\frac{14}{45}$.

Question 22. Réponse E

Nous savons déjà que 40 trains ont circulé. Le total des arrivées et des départs est donc de 2 × 40 soit 80. Sachant que le total des arrivées et des départs pour les autres villes que E est 10 + 10 + 10 + 10 soit 40, le total des arrivées et des départs pour Q est de 80 – 40 soit 40.

Question 23. Réponse E

Voici pour commencer une question d'un niveau moyen. La formulation de l'énoncé a de quoi un peu inquiéter mais si vous appliquez mes conseils et notamment celui qui consiste à diviser votre vitesse de lecture par deux afin de bien comprendre ce que l'on vous demande, alors cela devrait aller.

On nous dit que Françoise a d'abord réussi 11 tirs. En effet 55 % de 20 est égal à 0,55 × 20 soit 11 tirs.

Aussi, si elle réussit X tirs sur les 5 suivants, son taux de réussite devient égal à : $\frac{11+X}{25}$. Au numérateur, 11 + X représente le nombre de tirs réussis et au dénominateur, 25 représente le nombre total de tirs effectués.

Or, l'énoncé précise que $\frac{\mathbf{11+X}}{\mathbf{25}} = 56\ \% = \frac{56}{100} = \frac{\mathbf{14}}{\mathbf{25}}$ (on a divisé par 4 au numérateur comme au dénominateur).

On a donc : $\frac{11+X}{25} = \frac{14}{25}$ et par identification, comme les dénominateurs sont égaux, les numérateurs doivent forcément être égaux eux aussi et donc : 11 + X doit être égal à 14 soit 11 + X = 14, soit X = 3.

Conclusion : Françoise a réussi 3 tirs sur les 5 derniers effectués.

A savoir ! Pour celles et ceux d'entre vous qui ont des difficultés à calculer 55 % ce 20, pas de panique. Écrivez 55 % = 0,55 et multipliez ce nombre par 20. Si vous calculez 0,55 × 20, alors sachez que cela revient à calculer 5,5 × 2 (on a multiplié 0,55 par 10 et on a divisé 20 par 10, ce qui ne change rien à notre affaire). Et 5,5 × 2, c'est égal à 5 × 2 + 0,5 × 2 soit 10 + 1, soit 11.

Question 24. Réponse A

La surface d'un cercle est donnée par la formule : $\pi \times r^2$ avec r le rayon du cercle.
On veut tripler cette surface, c'est-à-dire obtenir 3S, soit encore : $3 \times \pi \times r^2$
Aussi, pour passer de $\pi \times r^2$ à $3 \times \pi \times r^2$, il faut multiplier r par $\sqrt{3}$.
En effet, $(\pi r \times \sqrt{3})^2 = \pi r^2 \times (\sqrt{3}) = 3\ \pi r^2 = 3S$

Question 25. Réponse D

12 × 5 = 60. 12 % c'est 5 fois moins que 60 % donc les professeurs qui viennent en voiture sont cinq fois moins nombreux que ceux qui viennent à vélo et ils sont donc $\frac{\mathbf{45}}{\mathbf{5}}$, soit **9**.

Question 26. Réponse E

Restez bien concentré. D'après l'énoncé, il y a 24 + 29 + 37 soit 90 votes déjà dépouillés. Il reste donc 130 – 90 = 40 votes à dépouiller. Raoul a 8 votes d'avance sur Kévin et il y aurait égalité si les 40 votes restants se répartissaient en 16 pour Raoul et 24 pour Kévin. Par contre, si Raoul obtient 17 votes de plus, alors il est sûr d'être élu !

Question 27. **Réponse B**

Nous cherchons à dénombrer tous les nombres de 5 chiffres compris entre 48 300 et 70 000 et que l'on peut écrire avec une permutation de 23468.

Ces nombres peuvent être classés en deux catégories :

- Les nombres commençant par un 6 : 62 348 et tous les nombres obtenus par une permutation des quatre chiffres tous différents : 2, 3, 4 et 8.
  On en dénombre $4! = 4 \times 3 \times 2 \times 1 = 24$.
- Les nombres commençant par un 4 : on en dénombre seulement 4 qui sont supérieurs à 48 300 et qui s'obtiennent avec une permutation des quatre chiffres tous différents 2, 3, 6 et 8 : **48 623, 48 632, 48 326, 48 362**.

Au total, on compte donc **24 + 4 = 28 nombres** comme indiqué dans la réponse B.

Question 28. **Réponse A**

Soit S, M et G les âges de Suzanne, de sa Mère et de sa Grand-mère.
On sait que **S + M = 36** et que **M + G = 81**.

Aussi, la différence **(M + G) – (S + M)**, qui est égale à **81 – 36** soit **45 ans**, est aussi égale à la différence G – S. Et cette différence d'âge entre la grand-mère et Suzanne, qui ne varie pas, est aussi l'âge de la grand-mère à la naissance de Jeanne, qui est donc égal à 45 ans !

Question 29. **Réponse B**

On peut bien sûr tester les réponses ici (ça va vraiment très vite), mais nous souhaitons vous proposer une méthode générale de résolution et vous sensibiliser sur les techniques dites d'approximation qui peuvent s'avérer très utiles au Tage Mage.

Le produit de 3 entiers consécutifs est de la forme : $(N - 1) \times N \times (N + 1)$. Aussi, une bonne approximation de ce produit est tout simplement $N \times N \times N$ soit : $\mathbf{N^3}$ (en gros, l'idée est de se dire que N - 1 est très proche (à 1 unité près) de N et N + 1 aussi est très proche de N et qu'au lieu de travailler sur $(N - 1) \times N \times (N + 1)$, on travaille sur $N \times N \times N = N^3$).

Et puisque 990 est proche de 1 000 (le cube de 10), on en déduit que N = 10.

Les deux plus petits entiers sont donc 9 et 10. Et 9 + 10 = 19. Réponse B.

Question 30. **Réponse C**

Soient X et Y les deux angles aigus du triangle rectangle. Comme la somme des angles d'un triangle est égale à 180° et qu'on connaît déjà la valeur d'un des angles (l'angle droit qui vaut 90°), on en déduit qu'on a : **X + Y = 90°**.

Sachant que $\boldsymbol{x = 180° - X}$ et $\boldsymbol{y = 180° - Y}$, on a :

$$x + y = 2 \times 180° - (X + Y) = 2 \times 180° - 90° = \mathbf{270°}$$

SOUS-TEST 3 : RAISONNEMENT – ARGUMENTATION

Question 31. Réponse B

Ici une seule information est affirmative : elle concerne Marc qui viendra s'il fait beau temps **BEAU TEMPS ⇒ MARC VIENT.**

On en déduit alors la contraposée **MARC NE VIENT PAS ⇒ MAUVAIS TEMPS.** Or comme on sait que seul Vincent est venu, cela signifie que Marc n'est pas venu et que le temps était mauvais… Autrement dit dans le cas qui nous concerne… pluvieux !

Rappel !

Si **A** implique **B** alors **NON B** implique **NON A** ($A \Rightarrow B \equiv \overline{B} \Rightarrow \overline{A}$)

Question 32. Réponse D

Ici les bonbons sont mangés seulement 3 par 3. Donc pour les manger tous, il faut qu'ils soient en quantité divisible par 3. Seuls les bonbons verts ne sont pas divisibles par 3… Il restera donc forcément des bonbons verts à la fin (et en l'occurrence ici, il restera précisément 2 bonbons de couleur verte étant donné que $407 = 135 \times 3 + 2$).

A retenir :
Un nombre entier est divisible par 3 si la somme de ses chiffres est elle-même divisible par 3

Question 33. Réponse E

On a :

(1) Olivier > Chloé > Vanessa > Elsa

ET

(2) Olivier > Elisabeth.

La seule chose que l'on sait, c'est qu'Olivier est le plus grand ! Mis à part cela, il nous est impossible de savoir qui d'Elsa ou d'Elisabeth est la plus petite.

A retenir :
Ecrivez les prénoms en entier ! N'écrivez pas uniquement les initiales. Ainsi vous ne vous tromperez pas entre Elisabeth et Elsa… Entre Pierre et Pierrot ou entre Elise et Elisa…

Question 34. Réponse D

Il faut nier : « Les lycéens possèdent tous deux téléphones portables ».

Bien évidemment, il n'est pas question de tomber dans le piège et de dire que la négation de cette phrase est « Aucun lycéen ne possède deux téléphones portables ». La négation de « Les lycéens possèdent tous deux téléphones portables » est « Il existe au moins un (au moins un = un ou plus) lycéen qui ne possède pas deux téléphones portables », autrement dit au moins un (un ou plus) lycéen qui possède **soit un téléphone portable, soit aucun téléphone portable, soit plus de deux téléphones portables.** La réponse D est donc la seule réponse qui est sans aucun doute vraie !

Question 35. **Réponse C**

Les scientifiques montrent qu'il existe une corrélation entre une grande quantité de Vitamine C dans le sang et un état dépressif. Leur conclusion est alors que la Vitamine C entraîne un état dépressif. Ils auraient également bien pu dire que les dépressions augmentaient la quantité de Vitamine C dans le sang…

Question 36. **Réponse D**

Ici le syndicaliste généralise le cas du patron de la multinationale à tous les patrons. Il aurait donc dû respecter le proverbe qui dit qu'*une hirondelle ne fait pas le printemps*. Ce proverbe signifie en effet qu'il ne faut pas tirer de conclusions hâtives à partir d'un seul cas ou d'un seul fait.

Question 37. **Réponse A**

Il faut ici procéder par élimination.

(A) : Si Nathan est le cousin d'Arthur et si Arthur est le cousin d'Inès, alors Nathan n'est pas forcément le cousin d'Inès. On garde la (A).

(B) : Si Nathan est le frère d'Arthur et qu'Arthur est le frère d'Inès, alors Nathan est le frère d'Inès. On élimine la (B).

(C) : Si Nathan est plus petit qu'Arthur ($N < A$) et si Arthur est plus petit qu'Inès ($A < I$) alors on a $N < A < I$, donc Nathan est plus petit qu'Inès. On élimine la (C).

(D) : Si $N > A$ et si $A > I$ alors $N > I$, on élimine la (D).

(E) : Si Nathan est dans la même classe qu'Arthur qui lui-même est dans la même classe qu'Inès alors Nathan et Inès sont dans la même classe. On élimine la E.

On répond donc (A).

Question 38. **Réponse D**

N'oubliez pas de commencer par inscrire sur votre schéma l'information la plus simple à utiliser, autrement dit le fait que le Britannique se trouve en face de l'Américain. Exploitez ensuite le fait que le Français a l'Espagnol à sa droite en vous souvenant que le Français n'est pas voisin de l'Américain. Et terminez en plaçant l'Irakien de telle sorte qu'il ne soit pas en face du Français. Et c'est fini !

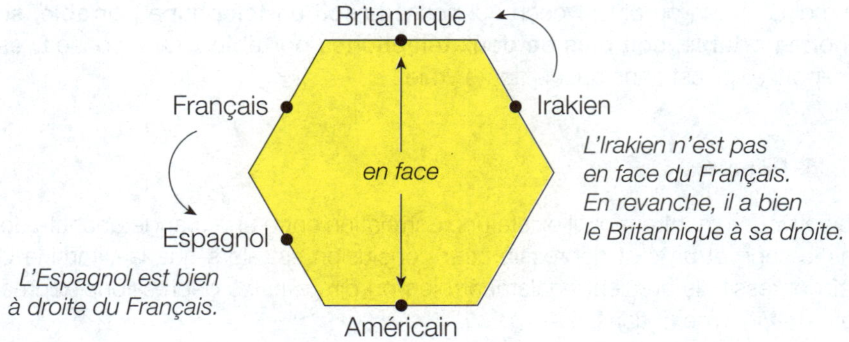

Question 39. **Réponse D**

Nous nous permettons ici d'utiliser les initiales des prénoms des 5 garçons. Nous avons en effet pris soin de constater que les initiales étaient toutes différentes.

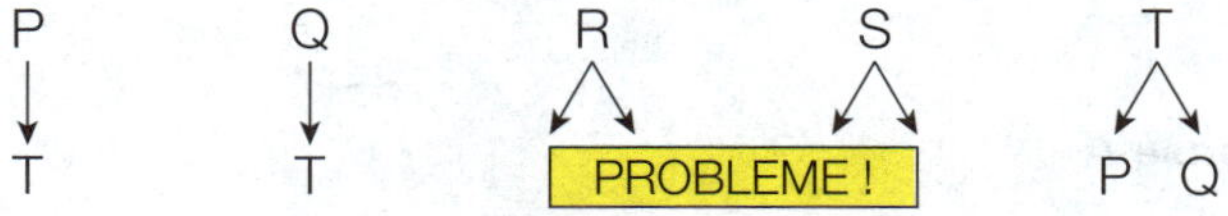

Il faut tester les réponses une à une ici. C'est la façon la plus rapide de résoudre cette question. C'est la poignée Q et T (réponse D) qui n'a pu avoir lieu (voir schéma). En effet, si Q serre la main à T, alors T a serré la main deux fois et il nous faut alors nous intéresser à R et S qui n'auraient pas d'autre choix que de se serrer deux fois la main puisqu'ils ne peuvent plus serrer la main ni à P ni à Q ni à T ! Autrement dit, R et S ne serrent qu'une seule main (R ↔ S), ce qui constitue une contradiction au regard de ce que décrit l'énoncé.

Question 40. **Réponse E**

Dans un premier temps, il s'agit de reformuler (tout en la résumant) l'argumentation de l'auteur. Je vous conseille de reformuler les argumentations autant que possible. Vous pourrez ainsi mieux comprendre l'intention de l'auteur.

L'argumentation de l'auteur est la suivante : un pays désire économiser de l'argent en réduisant ses dépenses militaires. Cependant, si le pays veut empêcher que les industries qui dépendent de contrats militaires ne déposent le bilan, il faudra dépenser de l'argent par ailleurs.

Analysons à présent les réponses proposées :

Réponse A : on pourrait être tenté de choisir la réponse A. En effet, si la réduction des dépenses militaires implique d'autres dépenses par ailleurs, le gouvernement ferait mieux de ne pas toucher aux dépenses militaires. Cependant, cette réponse dépasse le champ de l'argumentation de l'auteur. Nous ne savons guère si le fait de financer les industries militaires promises à un dépôt de bilan découragera de réduire les dépenses militaires. Aussi, nous ne connaissons pas les coûts de financement de la reconversion des industries. Il se peut très bien que les coûts de financement des industries soient bien inférieurs aux montant des économies liées à la réduction des dépenses militaires. Le contenu de la réponse A dépasse donc le champ d'argumentation de l'auteur.

La réponse B est hors sujet. En effet, l'auteur ne mentionne aucun lien entre la réduction des dépenses militaires et l'arrêt de certaines actions de R&D en cours. Le contenu de la réponse B s'inscrit dans un champ étranger au raisonnement lui-même.

Le contenu de la réponse C s'inscrit lui aussi dans un champ étranger au raisonnement. Il est bien entendu probable que les industries qui recevront des fonds pour déployer des actions de recherche et de développement réussiront leur reconversion mais ce n'est pas du tout ce que l'auteur désire mettre en avant dans cette argumentation.

Si vous pensez à la réponse D c'est que ou bien vous pensez trop ou bien vous n'avez pas encore saisi l'objectif des tests de raisonnements qui consiste à vous faire travailler dans un cadre bien précis d'arguments, de prémisses (preuves) et d'hypothèses. En effet, vous pouvez librement avancer le fait qu'un pays qui réduit ses dépenses militaires n'est pas tout à fait prêt à prendre part à un conflit éventuel. Mais cette conclusion ne rentre pas du tout dans le cadre de l'argumentation de l'auteur (il s'agit d'une autre argumentation, d'une autre réflexion). Aussi je vous conseille de NE JAMAIS IMPOSER VOTRE PROPRE VISION, VOTRE PROPRE JUGEMENT OU VOTRE PROPRE PROCESSUS DE PENSEE. Vous devez vous en tenir uniquement à ce qui vous est relaté

Quant à la conclusion de la réponse E, elle peut vous paraître simpliste au premier abord. Elle peut même être perçue comme une conclusion-synthèse de l'argumentation de l'auteur. Pourtant, c'est bien la seule conclusion qui ne va pas au-delà de la pensée de l'auteur, qui ne l'extrapole pas ; et qui s'inscrit totalement dans le champ de l'argumentation de l'auteur.

Question 41. **Réponse C**

La réponse C renforce l'argument car il exclut un contre-argument. Si peu de gens dépendent de l'achat de viande de gibier, alors les règlements sur la vente de viande de gibier n'affecteront que la salubrité alimentaire d'une petite population.

Cependant, si une plus grande population est touchée par la sécurité de la viande de gibier, l'argument pour la réglementation est plus fort.

Question 42. **Réponse D**

Un grand classique des calendriers !

Il suffit ici de diviser 107 par 7. **107 est égal à 15 × 7 + 2.** Autrement dit, dans 107 jours, il y a 15 semaines de 7 jours **plus** 2 jours. Or, ce dont nous sommes sûrs et certains, c'est qu'au terme des 15 semaines de 7 jours, je retomberai inexorablement sur un mardi (peu importe le mois ou l'année où nous sommes, si nous sommes samedi aujourd'hui alors dans 7 jours, nous serons encore samedi et dans 14 jours aussi, et dans 21, 28, 35, 42…, 700 jours… nous serons encore un samedi !). Et comme il faut rajouter deux jours aux 15 semaines de 7 jours pour obtenir 107 jours, on comprend aisément que dans 107 jours, nous serons un jeudi (mardi + 2 jours = jeudi).

Question 43. Réponse A

Testez les réponses une à une. La réponse A est la bonne réponse puisque si seuls des ventilateurs sont installés dans les maisons ayant une cuisine aménagée, alors on ne trouvera jamais dans une maison une cuisine aménagée et un climatiseur.

Question 44. Réponse A

Si tous les fruits ont une écorce (rugueuse, lisse, peu importe) c'est que les pamplemousses, qui sont aussi des fruits, ont également une écorce. La proposition A découle donc directement de la proposition B.

Question 45. Réponse C

- La réponse A affaiblit la conclusion car elle y relate une expérience semblable ayant des résultats différents. Les élèves de première littéraire viennent plus souvent en cours que les élèves de seconde alors qu'ils sont plus âgés.
- La réponse B n'influence pas la conclusion car elle ne traite pas de comparaison entre les différents âges.
- **La réponse C renforce la conclusion car elle réfute l'explication alternative : les élèves de terminale scientifique viennent moins en cours que les élèves de première littéraire alors que les cours de terminale scientifique sont plus intéressants.** C'est la bonne réponse.
- La réponse D fournit une explication alternative au fait que les élèves de terminale scientifique ne viennent pas en classe et affaiblit donc la conclusion.
- Quant à la réponse E, elle affaiblit la conclusion.

SOUS-TEST 4 : CONDITIONS MINIMALES

Question 46. Réponse A

Information (1) : cette information est suffisante. En effet, comme M et N sont deux entiers positifs, **les seules valeurs possibles pour M et N** tel que $M^2 - N^2 = 8$ sont **$M = 3$ et $N = 1$.** On a alors $3^2 - 1^2 = 9 - 1 = 8$. Pour vous en convaincre, dès lors que vous essayerez de tester d'autres valeurs pour M et N vous n'obtiendrez plus $M^2 - N^2 = 8$ car vous prenez par exemple $M = 4$ et $N = 3$, alors $M^2 - N^2 = 7$ et si vous prenez $M = 5$ et $N = 4$ alors $M^2 - N^2 = 9$. Et plus les valeurs de M et N grandissent et plus $M^2 - N^2$ augmente… On garde les réponses A et D.

Information (2) : insuffisante. On en déduit juste en effet de cette information que $M - N = 2$. Aussi, on peut avoir $M = 3$ et $N = 1$ tout comme on peut avoir $M = 7$ et $N = 5$. On ne peut donc pas trouver des valeurs uniques pour M et N et on garde in fine la réponse A.

Question 47. Réponse B

Information (1) : cette première information est insuffisante.
En effet, l'égalité fournie par cette information s'écrit aussi : $2 \times [(a+c)^2 - b^2] = 4ac$, soit encore, en divisant par 2 à gauche et à droite du signe égalité : $(a+c)^2 - b^2 = 2ac$, ce qui s'écrit encore : $(a+c)^2 - b^2 - 2ac = 0$. En développant, on obtient : $a^2 + c^2 + 2ac - b^2 - 2ac = 0$, soit : $a^2 + c^2 - b^2 = 0$, soit enfin : $b^2 = a^2 + c^2$. Et ceci signifie, d'après la réciproque du théorème de Pythagore, que le triangle ABC est rectangle en A. En revanche, impossible de savoir en l'état s'il est isocèle…

Information (2) : cette information est suffisante. Elle signifie en effet que le triangle ABC est rectangle isocèle avec A pour sommet. En effet, si la hauteur coupe le triangle en deux triangles isocèles rectangles, alors nous sommes dans le cas d'une moitié de carré qui est précisément un triangle rectangle isocèle. Réponse B.

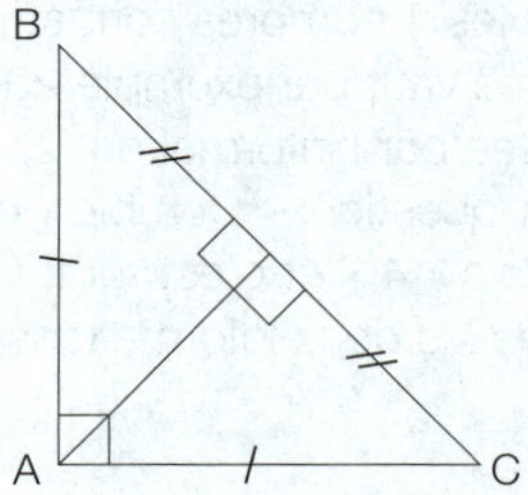

Question 48. Réponse B

Combien Salima a-t-elle acheté de boîtes de calissons ?

(1) Avec 10 euros de plus, Salima aurait pu acheter 2 boîtes de calissons de plus.

(2) Avec 5 fois plus d'argent, Salima aurait pu acheter 8 boîtes de calissons de plus.

Information (1) : cette information nous apprend qu'une boîte de calissons coûte 5 euros. Rien de plus. On garde les réponses C, D et E.

Information (2) : cette information est suffisante. Elle nous dit qu'avec 5 fois plus d'argent, Salima aurait pu acheter 8 boîtes de calissons en plus. Autrement dit, avec 4 sommes d'argent **en plus** elle peut acheter 8 boîtes. Elle peut donc acheter, avec la somme qu'elle a, 2 boîtes. On peut par conséquent répondre à la question et on garde la réponse B.

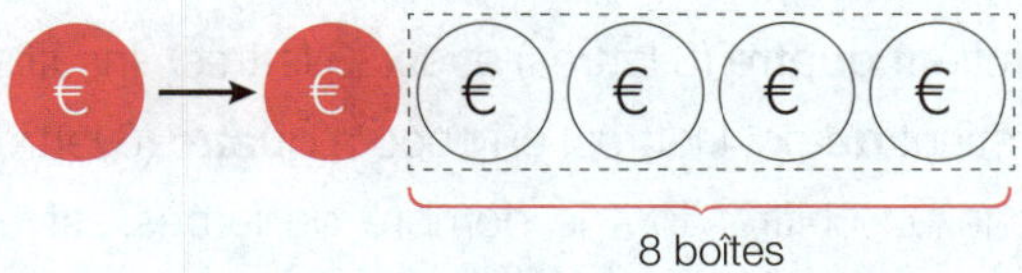

Question 49. Réponse C

Si la moyenne de cinq entiers strictement positifs est 20 alors la somme de ces cinq entiers vaut 5 × 20 = 100 (souvenez-vous que **la somme des termes est égale à la moyenne des termes multipliée par le nombre des termes**).

Information (1) : l'un des termes vaut 75. Cela signifie donc que la somme des 4 autres termes est égale à 100 - 75 = 25. On en déduit que cette information est insuffisante car on peut avoir par exemple (75, 21, 1, 1, 2) et on répond « 3 » à la question posée comme on peut aussi avoir : (75, 19, 3, 2, 1) et on répond « 4 » à la question posée.

Information (2) : on peut avoir (21, 22, 23, 24, 10) et on répond « 1 », comme on peut avoir (1, 2, 3, 4, 90) et on répond alors « 4 » à la question qui nous est posée. Cette information est donc elle aussi insuffisante.

Ensemble, on sait que les 4 nombres sont différents et que leur somme vaut 25. Et bien nous avons à présent la certitude que les 4 nombres sont strictement inférieurs à 20. Car si vous imaginez que l'un de ces nombres vaut par exemple 20 ou 21, alors il vous sera impossible de respecter la contrainte imposée par l'information (2), à savoir que les 5 nombres doivent absolument être différents. A la question « Combien de ces 5 nombres sont strictement inférieurs à 20 ? » on répond donc « 4 » et c'est tout. Cette réponse est unique et on peut donc répondre à la question avec les deux informations étudiées ensemble. Réponse C.

Question 50. Réponse C

Une question facile !

Information (1) : insuffisante. On peut avoir (1, 3, 5, 7) comme (3, 5, 7, 9)

Information (2) : insuffisante également. On peut avoir 1 × 3 × 5 × 7 = 105 comme 3 × 5 × 7 × 1 = 105.

Ensemble, c'est suffisant. On garde en effet (1, 3, 5, 7) qui répond bien aux contraintes des deux informations.

Question 51. Réponse C

Une question facile là encore.
Listons les nombres compris entre un et neuf : **un** (2 lettres), **deux** (4 lettres), **trois** (5 lettres), **quatre** (6 lettres), **cinq** (4 lettres), **six** (3 lettres), **sept** (4 lettres), **huit** (4 lettres), **neuf** (4 lettres).

Information (1) : on retient **quatre** (6 lettres) et **six** (3 lettres). Insuffisant donc.

Information (2) : on retient **deux** (4 lettres) ou encore **quatre** (6 lettres). C'est aussi insuffisant.

Ensemble, on cherche un chiffre dont le nombre de lettres est un multiple de 2 et de 3, autrement dit un multiple de 6. Un seul chiffre répond à l'appel : **quatre** dont le nombre de lettres est 6. Réponse C.

Question 52. Réponse A

{E} : une question fermée qui appelle une réponse ferme. Si la moyenne des tailles des trois enfants est de 4,46 pieds alors le corollaire de la moyenne arithmétique nous dit que : **somme des tailles des trois enfants = 3 × 4,46 = 13,38 pieds.**

{1} : suffisante. Si la taille du plus grand est de 4,72 pieds, alors les deux autres enfants se partagent 13,38 – 4,72 = 8,66 pieds. Cela signifie ainsi que le cadet peut mesurer, au mieux, 4,71 pieds (il ne peut être plus grand que son frère aîné) **et le plus petit mesure alors au pire (*i.e.* au minimum) 3,95 pieds** (13,38 pieds – 4,72 pieds – 4,71 pieds = 3,95 pieds). En conclusion, il est possible de répondre de façon ferme à la question par un OUI. « Oui », la taille du plus petit dépasse (toujours) 3,94 pieds. On garde les réponses A et D.

{2} : à elle seule cette information est insuffisante puisque plusieurs scenarios sont possibles comme : aîné = 4,80 pieds ; cadet = 4,59 pieds et le plus petit = 3,99 pieds (auquel cas on répond OUI à la question de l'énoncé) ou comme : aîné = 5,00 pieds ; cadet = 4,59 pieds et le plus petit = 3,79 pieds (auquel cas on répond NON à la question de l'énoncé). On garde la réponse A.

Rappel : lorsque vous travaillez sur l'information (2) seule, n'oubliez pas que l'information (1) n'existe plus et qu'en aucun cas vous n'êtes autorisés à en tirer quelque élément que ce soit dans le cadre de l'analyse de l'information (2).

Question 53. Réponse A

Soit X le prix d'une caméra et Y le prix d'un appareil photo.

L'énoncé nous dit que X = 3 × Y. On cherche X.

L'information (1) nous dit que si j'utilise un bon de réduction de 150 € applicable sur la caméra alors cette dernière revient deux fois plus cher que l'appareil photo. Autrement dit : X - 150 = 2Y. En remplaçant X par 3Y, on obtient : 3Y - 150 = 2Y, soit 3Y - 2Y = 150, soit Y = 150 euros et X est donc égal à 3Y = 450 euros. Cette information est donc suffisante. On garde les réponses A et D.

L'information (2) nous dit que si la caméra était soldée de 50 % alors elle ne coûterait plus qu'une fois et demie plus cher que l'appareil photo. Autrement dit : 0,5 X = 1,5 Y. De la même façon, on remplace X par 3Y, ce qui nous donne : 0,5 × 3Y = 1,5 Y, soit 1,5 Y = 1,5 Y… Ceci ne nous avance pas et on ne peut trouver les valeurs uniques de X ou de Y. On garde la réponse A.

Question 54. Réponse D

Soit P le poids d'une poutre.

L'information (1) nous dit que 4P = 2P + 90. On trouve 4P - 2P = 90, soit 2P = 90, soit P = 45 kg. On trouve donc que le poids total de 20 poutres est égal à 20 × 45 = 900 kg. Cette information est donc suffisante et on garde les réponses A et D.

L'information (2) est également suffisante. Si le tiers d'une poutre pèse 15 kg alors une poutre pèse 3 × 15 kg = 45 kg et le poids total de 20 poutres est égal à 20 × 45 = 900 kg.

Question 55. Réponse C

Une question intéressante. On s'accroche.

Quatre jeunes filles sont soit sœurs soit cousines. Combien ont-elles chacune de sœurs et de cousines ?

(1) Chacune a au moins une sœur.

(2) Chacune a au moins deux cousines.

L'information (1) est insuffisante. On peut avoir 4 sœurs d'une même famille et chacune d'entre elles a bien au moins une sœur. On répond alors « 3 » et « 0 » à la question posée : 3 sœurs et 0 cousine. Mais on peut aussi savoir 2 sœurs d'une famille et 2 sœurs d'une autre famille de sorte que les 2 sœurs de la première famille soient cousines avec les 2 sœurs de la seconde famille. On répond donc « 1 » et « 2 » à la question posée : 1 sœur et 2 cousines.

L'information (2) est également insuffisante. Rappel : *au moins deux* signifie ici 2 ou 3. On peut avoir 2 sœurs d'une famille et 2 sœurs d'une autre famille de sorte que les 2 sœurs de la première famille soient cousines avec les 2 sœurs de la seconde famille. On répond alors « 1 » et « 2 » à la question posée : 1 sœur et 2 cousines. Mais on peut aussi avoir 4 familles différentes avec une seule fille dans chaque famille et de telle sorte qu'elles sont toutes cousines entre elles. On répond alors « 0 » et « 3 » à la question posée : 0 sœur et 3 cousines.

Ensemble, les deux informations permettent de répondre à la question. Il ne nous reste en effet que le cas de 2 sœurs appartenant à une famille et de 2 autres sœurs appartenant à une autre famille de sorte que les 2 sœurs de la première famille soient cousines avec les 2 sœurs de la seconde famille. On peut donc répondre à la question qui nous est posée de façon unique. Réponse C.

Question 56. Réponse C

Une question intéressante.

Il s'agit d'une question fermée, qui appelle donc une réponse ferme.

Information (1) : insuffisante. Nous connaissons le taux de remplissage, mais pas le nombre de cars. S'il n'y a que deux cars, alors on répond *oui*, mais s'il y en a 155, alors on répond *non*. Il est donc impossible de répondre de façon ferme à la question qui nous est posée.

Information (2) : insuffisante également. Il y a sept cars, donc si les cars sont pleins la réponse est *non*, alors que s'ils sont remplis à 1 %, la réponse est *oui*.

Ensemble, les informations (1) et (2) permettent de répondre à la question de façon ferme. Si les sept cars sont remplis aux deux tiers, le nombre de passagers peut remplir $7 \times \frac{2}{3} = \frac{14}{3}$ cars. Si un quart des passagers descend, il reste un total de $\frac{14}{3} \times \frac{3}{4} = 3{,}5$ cars.

Il est donc impossible de les placer dans trois cars. La réponse est donc *non* et c'est la seule réponse possible. On peut donc répondre à la question. Réponse C.

CORRIGÉS TEST BLANC 1

Question 57. Réponse E

L'information (1) est insuffisante : il y a plusieurs mois pairs dans une année, comme février, avril, juin… L'information (1) permet donc d'éliminer plusieurs mois, mais pas de répondre de façon unique à la question.

L'information (2) est également insuffisante : les premiers jours des mois de septembre, décembre, mars et juin coïncident avec des changements de saison. L'information ne permet pas, là encore, de répondre de façon unique à la question.

Ensemble, il y a deux possibilités : en effet, Roger a pu naître en juin ou en décembre. La combinaison des deux informations ne permet donc toujours pas de répondre de façon unique à la question. Et c'est donc la réponse E.

Question 58. Réponse C

$$\text{Probabilité} = \frac{\text{Nombre d'issues favorables}}{\text{Nombre d'issues possibles}}$$

On cherche ici le nombre total de pommes (les issues favorables) qu'il y a dans le panier ainsi que le nombre total de fruits, pommes incluses (les issues possibles) qu'il y a dans le panier.

Information (1) : cette information est insuffisante.
Elle nous permet d'établir une relation algébrique entre les pommes et les oranges… mais il se peut très bien qu'il y ait d'autres fruits dans le panier. On élimine les réponses A et D. et on garde les réponses B, C et E.

Information (2) : cette information est elle aussi insuffisante à elle seule pour répondre à la question. Elle nous donne en effet la proportion d'oranges qu'il y a dans le panier, ce qui nous permet d'établir la relation algébrique : nombre de pommes = $\frac{1}{3}$ × nombre total de fruits. Cette relation ne nous permet toutefois pas de répondre à la question posée car nous n'avons aucune information sur le nombre de pommes. On garde les réponses C et E.

On considère à présent **ensemble** les deux relations algébriques établies précédemment et nous en déduisons la relation algébrique suivante : nombre de pommes = $\frac{1}{6}$ × nombre total de fruits, soit $\frac{\text{nombre de pommes}}{\text{nombre total de fruits}} = \frac{1}{6}$.

On peut donc répondre à la question. Réponse C.

Question 59. Réponse E

Elie, David et Laurent consultent le nombre de points qu'il reste à leur permis de conduire. Chacun en a au maximum 12, et aucun n'a le même nombre de points. Combien de points a celui qui en a le moins ?

(1) Ils ont tous un nombre de points impair.

(2) Si on somme leur nombre de points, on obtient 15.

L'information (1) est insuffisante. On peut avoir (3, 5, 11) comme on peut avoir (1, 5, 11).

L'information (2) est aussi insuffisante. On peut avoir (4, 5, 6) comme on peut avoir (2, 6, 7).

Ensemble, on peut avoir (3, 5, 7) comme on peut avoir (1, 5, 9). On ne peut toujours pas connaître de façon unique le nombre de points de celui qui en a le moins. Réponse E.

Question 60. Réponse D

Rappel : un nombre premier est un nombre qui n'est divisible que par lui-même et par 1. Attention : 0 et 1 ne sont pas des nombres premiers. 2, 3, 5, 7, 11, etc. sont en revanche des nombres premiers. 2 est le seul nombre premier pair ; tous les autres nombres premiers sont impairs.

Ceci étant dit, considérons **l'information (1).** Cette information nous permet à elle seule de répondre à la question. En effet, si x est un nombre premier strictement supérieur à 10, c'est qu'il vaut 11, 13, 17, etc. x est en tout cas différent de 2 ; x est donc forcément impair. Et si x est impair alors $(x - 3)$ est pair (essayez avec $x = 17$ ou $x = 29$). Aussi, quel que soit y, qu'il soit pair ou impair, le produit $y(x - 3)$ est toujours pair.

Information (2) : y étant premier, $y < 3$ implique que y vaut forcément 2 c'est-à-dire que y pair. Quant à $(x - 3)$, qu'il soit pair ou impair, le produit $y(x - 3)$ lui, sera pair. L'information (2) à elle seule permet de répondre à la question (oui, le produit $y(x - 3)$ est pair).

En conclusion, chaque information permet séparément de répondre à la question. Réponse D.

SOUS-TEST 5 : EXPRESSION

Question 61. Réponse D

Ce texte évoquait le développement du tourisme de masse dans le sud de la France. Dans cette première question, vous aviez à comprendre l'expression **de l'élitisme à la démagogie.** Alors comment l'interpréter ? Hors contexte, « l'élitisme » signifie la sélection des meilleurs et la « démagogie » l'action de flatter les masses populaires. **Nous voyions bien qu'il ne fallait pas prendre ces deux mots au pied de la lettre mais plutôt entendre que le tourisme, qui ne touchait qu'une minorité était aujourd'hui accessible à la majorité.** Le texte voulait avant tout mettre en lumière un phénomène d'explosion de volume.

Rien ne laissait entendre que cette pratique était réservée à certains ou qu'elle était formellement interdite comme signifient les mots **« restriction »** et **« sectarisme »** qui ne convenaient donc pas. Il s'agissait plus d'une sélection spontanée. Nous éliminions A et E.

Ensuite, il fallait garder l'idée d'une grande progression sur le plan numérique mais qui, encore une fois, s'est faite naturellement, sans intervention d'une quelconque autorité (en tout cas, le texte ne l'évoque pas). Ainsi, si l'idée de **« grand public »** induisait le fait que tout le monde pouvait, règlementairement, avoir accès à quelque chose, il ne sous-entendait pas nécessairement que beaucoup de personnes en profitaient. Or, l'image de **« marée humaine »** est très parlante et va se retrouver dans la **« massification »** plus que dans la **« démocratisation »** qui implique davantage l'idée d'un accès équitable à tous les pans d'une société plutôt qu'un arrivage massif.

Question 62. **Réponse A**

La **« transhumance »** se définit initialement comme le déplacement saisonnier d'un troupeau pour rejoindre des terres plus propices à sa subsistance. Nous devions donc ici comprendre que l'on parlait d'un déplacement de foule qui n'avait lieu que lors d'une saison en particulier comme le précisait l'adjectif **« saisonnière »**. Vous deviez donc chercher une réponse soulignant cette idée.

Nous allions vite pouvoir éliminer les réponses C et E. La C puisqu'à aucun moment le texte n'évoquait l'idée que cet arrivage était trop grand comme l'induit le mot **« excessif »** et la E puisqu'elle ne retranscrivait pas l'idée de nombre, essentiel à ce propos.

Restait ensuite à souligner la notion de saisonnier. **Si les questions ne se suivaient pas, nous devrions éliminer les propositions contenant « estival » et « estivage » puisque l'été n'était pas mentionné dans cette question. Cependant, puisqu'il était précisé dans la question 61 que l'arrivage a lieu en juillet, nous pouvions les garder.** Faites bien attention à cela ! Dès lors, la réponse la plus proche et précise était bien évidemment la A.

Question 63. **Réponse B**

Ici vous aviez deux mots séparés à comprendre et remplacer. Le premier **« cloaque »** désigne un endroit particulièrement sale qui peut donc se traduire par « égout », « bourbier » voire « décharge » ou « voirie ». Un « charnier », endroit où l'on entreposait des cadavres ne convenait en revanche pas.

Pour le second, **« appropriation privée »**, c'est la définition même de **« privatisation »**, à savoir rendre privé un lieu public, ce qui est le contraire de la **« nationalisation »**. Quant aux termes **« usurpation »** et **« confiscation »**, ils ajoutaient des notions de vol et de sanction que le texte n'induisait pas. Vous deviez donc choisir la réponse B.

Question 64. **Réponse A**

À l'instar de la question 63, on vous proposait ici deux ensembles séparés à reformuler. **Le premier, « moyens ponctuels », devait se comprendre comme l'absence de politique à moyen et long terme** et n'incluait pas, comme le terme ponctuel pouvait vous le laisser entendre, l'idée de décisions prise de temps en temps. Ainsi, seules les propositions A et C pouvaient être retenues.

Le deuxième élément souligné, **« être arrêtés »**, était également piégeux. Il ne s'agissait surtout pas de comprendre que les mesures devaient **être stoppées**. En effet, lorsque l'on parle ici d'arrêt, on évoque l'idée d'arrêt gouvernemental, de décision politique. Loin de devoir **être annulées**, les décisions doivent au contraire être prises.

Question 65. **Réponse C**

Pour la dernière question de cette partie, vous deviez dans un premier temps vous méfier des négations. Dire qu'une situation **« ne cessera d'empirer »** équivalait à dire qu'elle allait être de pire en pire. Nous gardions donc les réponses B, C et D. Une « pérégrination » étant un voyage, c'était complètement hors sujet.

Le deuxième élément expliquait la cause de cette situation qui empire. **« En bute »** signifiant en opposition, nous ne pouvions retenir la réponse B et le terme **« projets »** étant trop vague, nous éliminions également la D. Il ne restait plus que la C.

Question 66. **Réponse D**

Un piège pour commencer, nous devions bien conjuguer **« régner »** à la deuxième personne du singulier puisque l'auteur interpelle l'élixir et le tutoie (**toi qui règnes**). Ce n'est donc pas une faute.

Des fautes, vous deviez en trouver trois :

- **Pourquois** : en l'espèce, pourquoi est utilisé comme un nom masculin pluriel mais reste un invariable. il n'y a pas de « s ».
- **Porte-monnaies** : le Larousse admet deux manières d'écrire le pluriel de porte-monnaie. Soit l'on conserve la forme composée et il reste invariable, soit on opte pour le mot non composé portemonnaies et il peut s'accorder. Dans les deux cas, la forme proposée ici était erronée.
- **Abime** : vu que l'on évoque ici le gouffre et non le verbe abîmer conjugué à la troisième personne du singulier, on doit mettre un accent circonflexe sur le « i ». En effet, le mot **« abîme »** vient de latin **abismus** et l'accent souligne la disparition de la lettre « s ».

Question 67. **Réponse D**

Nous continuions sur ce même texte avec une question dans laquelle nous trouvions également trois fautes :

- **T'alourdisse** : ce verbe est mal conjugué puisque le sujet est **les taxes**. Vous deviez donc vous apercevoir que le verbe aurait du être conjugué à la troisième personne du pluriel **: qui t'alourdissent.**
- **Toute** : l'adverbe **tout** qui signifie entièrement ou complètement, est invariable lorsqu'il est suivi par un adjectif féminin commençant par une voyelle. Entière entrant dans cette catégorie, il devrait être écrit **tout entière**.
- **Quelques** : quand il signifie environ, **quelque est un adverbe invariable**, il ne doit donc pas y avoir de « s ».

Question 68. **Réponse C**

Dernière question d'orthographe avec cette fois-ci deux fautes à repérer :

- **Lire** : le verbe du troisième groupe sous sa forme indicative n'a strictement aucun sens dans cette phrase. **On ne parle pas ici d'instruction ou de lecture mais bien de colère.** Or, **« l'ire »** est un ancien mot dérivé du latin *ira* qui signifie colère. Vous deviez repérer que c'est ce mot qui aurait dû être écrit.

- **Gente** : encore une formule issue du vieux français. **Il ne fallait pas que vous confondiez « gente », qui signifie gentille et « gent » qui veut dire race ou espèce.** Dans le contexte, la gent veut donc évoquer la « race » paysanne.

Question 69. Réponse E

Pour cette question, il vous était proposé de vous intéresser aux figures de style et plus particulièrement à la métonymie. Si vous ignoriez de quoi il s'agit, il devenait très délicat, mais pas impossible, de répondre à la question.

Nous cherchions donc à trouver des phrases dans lesquelles un être ou un objet était désigné par une notion ou un autre être qui lui est proche.

- Réponse A : l'Élysée ne désigne pas le bâtiment en lui même mais les gens qui y travaillent.
- Réponse B : Socrate n'a pas bu la mort mais un poison (en l'occurrence de la ciguë) qui l'a tué.
- Réponse C : la faucille représente les paysans et le marteau les ouvriers.
- Réponse D : il n'a pas bu un verre à proprement parler mais plutôt ce qu'il contenait.
- **Réponse E : elle peut réellement posséder la plus belle voix, ce n'est pas une figure de style.**

Question 70. Réponse B

Comme vous l'avez déjà vu, on vous demande, dans les questions de reformulation, de comprendre, vulgariser et simplifier un propos.

Dans ce texte, l'auteur partait du postulat qu'un roman était forcément un témoignage et en déduisait donc, par ricochet, que le romancier était un témoin. La réponse A reprenant l'énoncé, elle est forcément juste, reste à voir si elle ne peut pas être formulée plus simplement.

- **Réponse B : l'idée de causalité entre le romancier comme témoin avec ses romans comme témoignage est conservée et mise dans un ordre plus simple. C'est la bonne réponse.**
- Réponse C : cette proposition fait une confusion entre les romans en particulier et les écrits en général.
- Réponse D : le texte n'évoque pas la société en particulier, cette proposition extrapole un peu.
- Réponse E : l'idée de vision pertinente du romancier n'est pas présente dans le texte initial.

Question 71. Réponse C

La locution « **alors** » impliquait une contradiction et les mots « **laissaient craindre** » introduisent forcément un élément négatif. Nous savions donc que les deux éléments à trouver allaient s'opposer, un élément négatif d'abord puis un élément qui l'atténue.

Nous pouvions donc commencer par éliminer les réponses B et D qui commençaient par un élément positif (« **augmentation** » ; « **accélération** »). Ensuite nous testions les réponses qui restaient et une seule réponse était possible, la C.

Question 72. Réponse E

Le premier mot « **mieux** » introduisait nécessairement une information qui allait renforcer la phrase précédente, le premier trou ne pouvait donc être qu'une information positive avec de nouveaux runners. Nous éliminions la D.

L'espace suivant résultait du premier, vu qu'il y avait plus de coureurs, il s'agissait forcément de la réponse A ou E (« **exaltation** » ; « **augmentation** »). Nous éliminions B et C.

Enfin, nous devions terminer par une collaboration entre Sport Heroes et l'Union Sport & Cycle, c'était forcement la réponse E « **partenariat** ».

Question 73. Réponse A

Pour le premier trou, nous testions les réponses et nous éliminions les solutions B et D (« **difficultés** » ; « **dérives** ») puisque nous devions trouver un mot qui corroborait la volonté de **mise en mouvement**.

Ensuite, nous nous apercevions qu'il manquait un mot indiquant pourquoi les Français couraient. Parmi les trois propositions qu'il nous restait, seule la A (**de « motivation »**) correspondait.

Question 74. Réponse B

Une nouvelle question avec trois groupes de mots manquants. Nous pouvions déterminer le premier en nous appuyant sur les mots **compétitions et événements initialement prévus** qui induisaient qu'ils n'étaient plus d'actualité. Nous pouvions donc parler **de « suppression », « d'arrêt » ou « d'annulation »**. En revanche, le **« maintien »** (A), et la **« résection »** (E), terme uniquement médical devaient être écartés.

Les courses connectées étant un palliatif à ces événements et, au regard de la logique du texte elles avaient forcément connu le succès. Nous conservions donc les réponses B et C mais nous éliminions la D, **« regain d'intérêt », car l'idée de regain impliquait qu'elles avaient déjà eu du succès antérieurement,** ce qui est illogique par rapport au texte.

Il ne nous restait que B et C et, si pour le dernier trou, les deux pouvaient syntaxiquement fonctionner, la logique allait bien évidemment vers la B, **participer**.

Question 75. Réponse D

L'avantage du texte suivi c'est qu'il devient plus facile de répondre pour les dernières questions puisque l'on a compris la thèse du texte. **Ainsi, nous avions bien assimilé que les courses connectées fonctionnaient bien. Nous gardions donc D (a « explosé ») et E (s'est « démocratisé »).**

Enfin, pour terminer, **l'intervenant se projettait dans l'avenir, donc il « présage » (prévoir l'avenir) plus qu'il ne « déplore » (regrette le passé).**

SOUS-TEST 6 : LOGIQUE

Question 76. Réponse A

8 + 9 = 17	89				
9 + 6 = 15	96				
5 + 8 = 13	58				
3 + 8 = 11	38				
6 = 3 = 9	63	44	27	34	25
		4 × 4 = 16	2 × 7 = 14	3 × 4 = 12	2 × 5 = 10

À l'horizontale, **le produit des chiffres** progresse (en faisant +2) d'un nombre à l'autre en commençant par le dernier de la ligne, 25.

Il nous faut donc un nombre en réponse dont le produit des chiffres est égal à **18**. On garde les réponses A (63) et D (29).

À la verticale, c'est la **somme des chiffres** qui progresse (en faisant aussi +2) en partant du bas.

Il nous faut donc un nombre en réponse dont la somme des chiffres est égale à 9. On garde la réponse A : 63.

Question 77. Réponse A

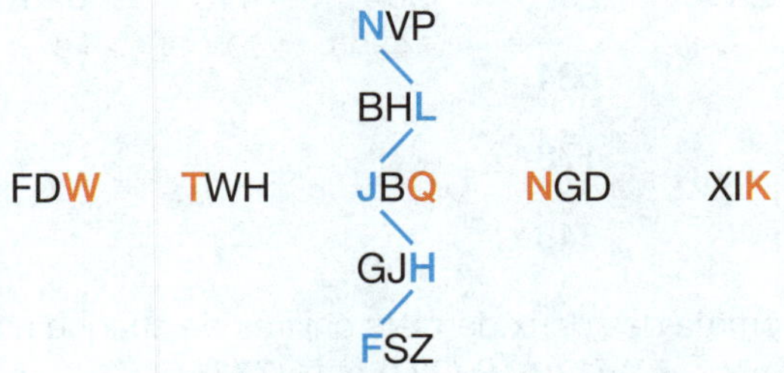

Une question classique.

À l'horizontale : INTER droite - gauche avec saut de deux lettres en partant de XIK.

Si on convertit notre série en nombres, cela donne :

6	4	**23**	
20	23	8	
X	X	**17**	(Q)
14	7	4	
24	9	**11**	

Il nous faut donc la lettre Q en troisième position dans notre réponse et on garde alors les réponses A (JBQ) et C (NXQ).

À la verticale, nous avons aussi une progression en INTER en partant du bas avec un saut d'une lettre à chaque fois que l'on passe d'un élément à l'autre.

14	22	16
2	8	**12**
10	X	X
7	10	**8**
6	19	26

Il nous faut un J en première position. Réponse A.

Question 78. Réponse B

	7 + 2 = 9			
	742			
255	237	964	419	628
5 + 5 = 10		6 + 4 = 10	1 + 9 = 10	2 + 8 = 10
	534			
	178			
	346			

À l'horizontale : la somme des deux derniers chiffres de chaque nombre est toujours égale à 10. On garde les réponses A (173), B (237) et D (773).

À la verticale : la somme des deux chiffres extérieurs (premier chiffre + troisième chiffre) est toujours égale à 9. On garde la réponse B.

Question 79. Réponse E

AG	FC	EE	IB	GE
A + G = 1 + 7	F + C = 6 + 3	E + E = 5 + 5	I + B = 9 + 2	HA
				IM
				JC
				KD

À l'horizontale : la somme des rangs des lettres vaut d'abord **8** (A + G = 1 + 7) puis **9** (F + C = 6 + 3), puis **10** (E + E = 5 + 5), puis **11** (I + B = 9 + 2). Il nous faut donc une réponse dont la somme des rangs des lettres est égale à **12**. On garde les réponses B (CI) et E (GE).

À la verticale : nous avons un INTER sur la première lettre H, I, J, K. Il nous faut donc un G en première lettre dans notre réponse. On garde donc la réponse E : GE.

Question 80. Réponse D

		57	5 + 7 = 12	
		66		
90	85	75	66	52
		48		
		93		

Une question classique.

À l'horizontale : INTER portant sur le premier chiffre des nombres. On a la suite : 9, 8, 7, 6 et 5. On garde les réponses A (73) et D (75).

À la verticale : la somme des chiffres des nombres est toujours égale à 12. On garde la réponse D : 75.

Question 81. Réponse D

	SXP			
	NUT			
	UAL			
YNH	COV	UPX	TQP	GRS
	WFJ			

À l'horizontale : INTER sur la deuxième lettre. Les lettres se suivent sans saut de lettre. On garde les réponses D (COV) et E (WOZ).

À la verticale : INTER gauche - droite en partant du haut avec là aussi des lettres qui se suivent sans saut de lettre. On garde la réponse D : COV.

Question 82. Réponse E

		147		
		661		
		205		
327	263	454	618	236
2 + 7 = 9	6 + 3 = 9		1 + 8 = 9	3 + 6 = 9
		943		

À l'horizontale : la somme des deux derniers chiffres de chaque nombre est toujours égale à 9. On garde les réponses C (454), D (917) et E (345).

À la verticale : nous avons un mouvement droite - gauche en partant du bas formant la suite : 3, 4, 5, 6 et 7. On garde la réponse E : 345.

Question 83. Réponse B

		EEM		
		CHJ		
TED	ZYB	KOQ	GAM	LIW
		SXX		
		JAN		

Transformons nos séries de lettres en séries de nombres.

Série verticale :

5	5	13
3	8	10
X	X	X
19	24	24
10	1	14

Cette série n'est pas simple. Il faut voir ici un INTRA progressif en partant du bas entre les premières et troisièmes lettres.

- Dans **JAN** on passe de J à N en sautant 3 lettres.
- Dans **SXX** on passe de S à X en sautant 4 lettres.
- Dans **CHJ** on passe de C à J en sautant 6 lettres.
- Dans **EEM** on passe de E à M en sautant 7 lettres.

Nous devons donc sauter 5 lettres entre la première et la troisième lettre dans notre réponse et on garde par conséquent les réponses B (KOQ), C (OPU) et E (MPS).

Série horizontale : il ne fallait pas transformer votre série de lettres en série de nombres ici. **Souvenez-vous bien qu'avant de transformer, vous devez d'abord et toujours convoquer le réflexe qui consiste à identifier des voyelles** statiques (toujours en première position par exemple) ou en mouvement. Et c'est précisément ce qu'il fallait voir ici car nous avons bien, dans chacun de nos éléments, des voyelles en deuxième position. On garde donc la réponse B : KOQ.

Question 84. Réponse A

pommes	poires	oranges		brugnons	pêches	bananes	raisins	abricots
2,40€	3,30€	3,40€	?	2,60€	4,20€	1,10€	7,60€	5,50€
				(A)	(B)	(C)	(D)	(E)

En voici une question particulièrement déroutante ! Mais sachez qu'elle a désormais toute sa place au Tage Mage.

En fait, si les pommes coûtent **2,40 €** c'est parce que le mot pommes contient 2 voyelles et 4 consonnes. Ainsi dans cette question, chaque voyelle compte pour 1 euro et chaque consonne compte pour 10 centimes d'euros.

On vérifie bien que cela marche aussi pour les poires et les oranges. Et c'est bien le cas puisque le mot poires contient 3 voyelles et 3 consonnes et que le mot oranges contient 3 voyelles et 4 consonnes.

On garde donc la réponse A : **brugnons / 2,60 €** puisque nous avons bien 2 voyelles et 6 consonnes dans le mot brugnons.

Pas de panique, nous vous avons préparé une série de questions dans le même genre à la fin de ce test dans la section POUR ALLER PLUS LOIN. Vous aurez ainsi de quoi stimuler votre créativité et aiguiser votre sens de l'observation.

Question 85. Réponse C

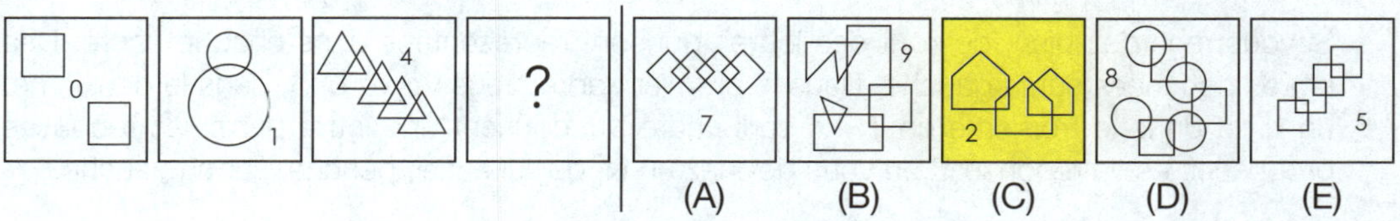

Il faut simplement compter le nombre d'emboîtements qu'il y a entre les figures ici. Et il faut donc garder la réponse C où l'on compte bien deux emboîtements différents.

Question 86. Réponse B

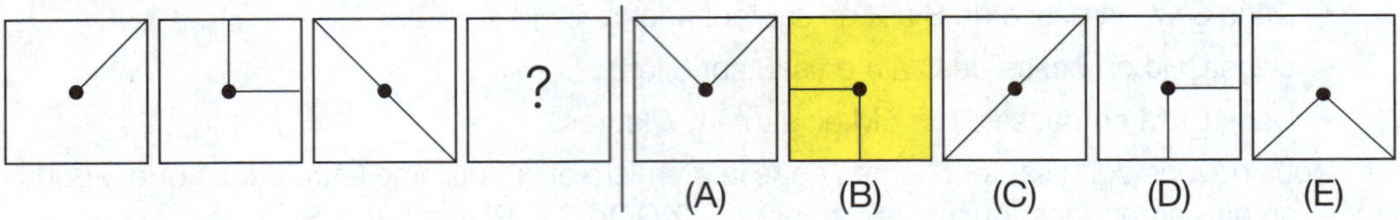

Dans le premier cadre de cette série, deux barres sont en fait confondues. Dans le deuxième cadre, l'une des barres progresse de 45° dans le sens des aiguilles d'une montre et l'autre progresse aussi de 45° mais dans le sens inverse des aiguilles d'une montre. Et cela continue ainsi dans le troisième cadre. Il nous faut donc choisir la réponse B.

Question 87. Réponse D

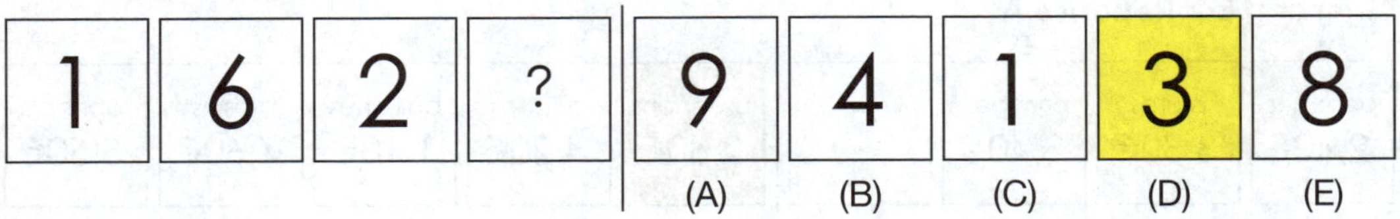

Une série difficile.

- **1** s'écrit **UN**, avec deux lettres. C'est le premier nombre entier qui s'écrit avec deux lettres.
- **6** s'écrit **SIX**, avec trois lettres et c'est le premier nombre entier qui s'écrit avec trois lettres.
- **2** s'écrit **DEUX**, avec quatre lettres et c'est le premier nombre entier qui s'écrit avec quatre lettres.

Nous cherchons par conséquent le premier nombre entier qui s'écrit avec cinq lettres et ce nombre est **3** (**TROIS**) ! Réponse D.

Question 88. Réponse C

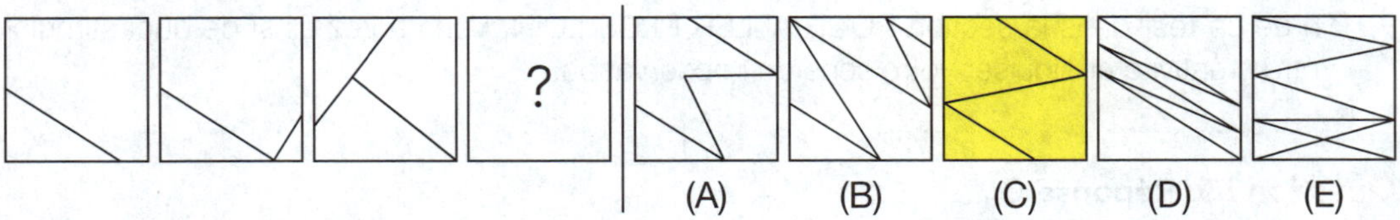

Si vous regardez bien, ce sont des lettres qui sont représentées dans chaque cadre. Des lettres penchées sur la gauche. Dans le premier cadre, vous voyez un **I**, dans le deuxième, un **L**, et dans le troisième un **T**. Le seul cadre qui contient une lettre parmi les réponses proposées est la réponse C où vous devinez un **N**, qui lui aussi, penche, sur sa gauche.

Question 89. Réponse C

90	52	94	?	16	46	**18**	58	80
				(A)	(B)	(C)	(D)	(E)

Si vous avez acquis le réflexe de lire, en logique, vos nombres à l'envers, alors cette série était vraiment facile puisque **90** se lit 09 ou 9 (c'est pareil !) et **9** est le carré de 3. Quant à **52**, il se lit 25 à l'envers, **25** étant le carré de 5. Enfin, **94** se lit 49 à l'envers et **49** est comme vous le savez le carré de 7.

En résumé, nous avons le carré de **3**, le carré de **5** et le carré de **7** écrits à l'envers. Vous l'aurez compris, il nous faut maintenant le carré de **9** - 81 - écrit à l'envers en solution (9, car nous avons une progression à respecter : 3 - 5 - 7 - 9), autrement dit **18** et c'est donc la réponse C.

Si vous avez répondu précipitamment la réponse B qui est le carré de 8 écrit à l'envers, vous comprenez désormais pourquoi vous avez eu faux :(

Question 90. Réponse B

C 51	119 G	17 A	?	E 78	**D 68**	H 131	R 236	U 337
				(A)	(B)	(C)	(D)	(E)

Une question relativement simple pour terminer ce test. Comme vous le savez, l'un des réflexes que l'on vous demande d'avoir en logique est de transformer vos lettres en rang.

- Premier cadre : **C = 3** et 3 × **17** = 51
- Deuxième cadre : **G = 7** et 7 × **17** = 119
- Troisième cadre : **A = 1** et 1 × **17** = 17

Vous l'avez compris bien sûr : on multiplie à chaque fois nos rangs par 17.

On choisit donc la réponse B puisque le rang de **D** est 4 et 4 × 17 est bien égal à **68**.

N'OUBLIEZ PAS DE REMPLIR VOTRE FICHE BILAN EN FIN D'OUVRAGE

TEST BLANC TAGE MAGE 2

TEST TAGE MAGE 2 : VOTRE GRILLE DE REPONSES

Sous-test 1
Compréhension de textes

1	A	B	C	D	E
	A	B	C	D	E
2	A	B	C	D	E
	A	B	C	D	E
3	A	B	C	D	E
	A	B	C	D	E
4	A	B	C	D	E
	A	B	C	D	E
5	A	B	C	D	E
	A	B	C	D	E
6	A	B	C	D	E
	A	B	C	D	E
7	A	B	C	D	E
	A	B	C	D	E
8	A	B	C	D	E
	A	B	C	D	E
9	A	B	C	D	E
	A	B	C	D	E
10	A	B	C	D	E
	A	B	C	D	E
11	A	B	C	D	E
	A	B	C	D	E
12	A	B	C	D	E
	A	B	C	D	E
13	A	B	C	D	E
	A	B	C	D	E
14	A	B	C	D	E
	A	B	C	D	E
15	A	B	C	D	E
	A	B	C	D	E

Sous-test 2
Calcul

16	A	B	C	D	E
	A	B	C	D	E
17	A	B	C	D	E
	A	B	C	D	E
18	A	B	C	D	E
	A	B	C	D	E
19	A	B	C	D	E
	A	B	C	D	E
20	A	B	C	D	E
	A	B	C	D	E
21	A	B	C	D	E
	A	B	C	D	E
22	A	B	C	D	E
	A	B	C	D	E
23	A	B	C	D	E
	A	B	C	D	E
24	A	B	C	D	E
	A	B	C	D	E
25	A	B	C	D	E
	A	B	C	D	E
26	A	B	C	D	E
	A	B	C	D	E
27	A	B	C	D	E
	A	B	C	D	E
28	A	B	C	D	E
	A	B	C	D	E
29	A	B	C	D	E
	A	B	C	D	E
30	A	B	C	D	E
	A	B	C	D	E

Sous-test 3
Raisonnement/Argumentation

31	A	B	C	D	E
	A	B	C	D	E
32	A	B	C	D	E
	A	B	C	D	E
33	A	B	C	D	E
	A	B	C	D	E
34	A	B	C	D	E
	A	B	C	D	E
35	A	B	C	D	E
	A	B	C	D	E
36	A	B	C	D	E
	A	B	C	D	E
37	A	B	C	D	E
	A	B	C	D	E
38	A	B	C	D	E
	A	B	C	D	E
39	A	B	C	D	E
	A	B	C	D	E
40	A	B	C	D	E
	A	B	C	D	E
41	A	B	C	D	E
	A	B	C	D	E
42	A	B	C	D	E
	A	B	C	D	E
43	A	B	C	D	E
	A	B	C	D	E
44	A	B	C	D	E
	A	B	C	D	E
45	A	B	C	D	E
	A	B	C	D	E

Sous-test 4
Conditions minimales

46	A	B	C	D	E
	A	B	C	D	E
47	A	B	C	D	E
	A	B	C	D	E
48	A	B	C	D	E
	A	B	C	D	E
49	A	B	C	D	E
	A	B	C	D	E
50	A	B	C	D	E
	A	B	C	D	E
51	A	B	C	D	E
	A	B	C	D	E
52	A	B	C	D	E
	A	B	C	D	E
53	A	B	C	D	E
	A	B	C	D	E
54	A	B	C	D	E
	A	B	C	D	E
55	A	B	C	D	E
	A	B	C	D	E
56	A	B	C	D	E
	A	B	C	D	E
57	A	B	C	D	E
	A	B	C	D	E
58	A	B	C	D	E
	A	B	C	D	E
59	A	B	C	D	E
	A	B	C	D	E
60	A	B	C	D	E
	A	B	C	D	E

Sous-test 5
Expression

61	A	B	C	D	E
	A	B	C	D	E
62	A	B	C	D	E
	A	B	C	D	E
63	A	B	C	D	E
	A	B	C	D	E
64	A	B	C	D	E
	A	B	C	D	E
65	A	B	C	D	E
	A	B	C	D	E
66	A	B	C	D	E
	A	B	C	D	E
67	A	B	C	D	E
	A	B	C	D	E
68	A	B	C	D	E
	A	B	C	D	E
69	A	B	C	D	E
	A	B	C	D	E
70	A	B	C	D	E
	A	B	C	D	E
71	A	B	C	D	E
	A	B	C	D	E
72	A	B	C	D	E
	A	B	C	D	E
73	A	B	C	D	E
	A	B	C	D	E
74	A	B	C	D	E
	A	B	C	D	E
75	A	B	C	D	E
	A	B	C	D	E

Sous-test 6
Logique

76	A	B	C	D	E
	A	B	C	D	E
77	A	B	C	D	E
	A	B	C	D	E
78	A	B	C	D	E
	A	B	C	D	E
79	A	B	C	D	E
	A	B	C	D	E
80	A	B	C	D	E
	A	B	C	D	E
81	A	B	C	D	E
	A	B	C	D	E
82	A	B	C	D	E
	A	B	C	D	E
83	A	B	C	D	E
	A	B	C	D	E
84	A	B	C	D	E
	A	B	C	D	E
85	A	B	C	D	E
	A	B	C	D	E
86	A	B	C	D	E
	A	B	C	D	E
87	A	B	C	D	E
	A	B	C	D	E
88	A	B	C	D	E
	A	B	C	D	E
89	A	B	C	D	E
	A	B	C	D	E
90	A	B	C	D	E
	A	B	C	D	E

REPONSES EN PAGE 590

TEST BLANC TAGE MAGE 2

SOUS-TEST 1 : COMPREHENSION DE TEXTES

15 questions / 20 minutes / Calculatrice interdite
Réponse juste : + 4 points / Réponse fausse : – 1 point
Aucune réponse : 0 point

TEXTE 1

Chaque été, elles reviennent, et 2011 n'échappera pas à la règle. Les premières algues vertes se répandent sur les côtes bretonnes… et l'exaspération monte chez les autochtones. Quarante ans que cela dure. Des dizaines de milliers de tonnes d'algues s'échouent sur le sable, recouvrant et souillant des plages entières. Le problème n'est pas qu'esthétique : leur décomposition entraîne en quelque jour la libération d'hydrogène sulfuré à l'odeur pestilentielle. Résultat : dans les baies les plus touchées, ces marées vertes affectent le tourisme estival sur lequel repose une partie importante de l'économie locale. Sans compter que l'hydrogène sulfuré est également un gaz toxique : il a entraîné la mort d'un cheval en 2009, et fut suspecté, la même année, d'avoir causé celle d'un homme de 47 ans, victime d'une crise cardiaque alors qu'il manipulait une cargaison d'algues vertes.

En pratique, les communes doivent organiser le ramassage régulier, le transport et la gestion des déchets, sans trop savoir qu'en faire. S'il existe des projets industriels de valorisation des algues vertes, pour les transformer notamment en farines animales ou en biomatériaux, aucun n'a encore abouti. Les algues sont donc rejetées en décharge ou épandues comme engrais sur les champs. Or cette prise en charge représente un coût non négligeable pour certaines petites communes.

La seule véritable solution serait de remonter à la source du problème, intimement lié au développement de l'économie bretonne : l'intensification, dans les années 1970, l'agriculture, dont les pratiques conduisent à des rejets massifs d'azote dans l'océan où ils favorisent la multiplication de ces algues vertes. A la suite des marées vertes d'ampleur exceptionnelle de l'été 2009, l'Etat a dévoilé, en février 2010, un plan de lutte contre les algues vertes, d'un coût de 134 millions d'euros sur cinq ans.

Il prévoit des actions curatives (augmentation des ramassages), mais vise également une réduction des rejets azotés *via* des contrôles réguliers des quantités d'azote utilisées dans les exploitations agricoles et la réhabilitation des zones naturelles. Transformer l'agriculture bretonne, dont le poids économique est considérable, ne sera cependant pas aisé. Et, même si tous les objectifs sont atteints, les premiers effets ne devraient pas se faire sentir avant au moins une dizaine d'années.

××××××××××××××××××××××××××××××××××××××
××××××××××××××××××××××××××××××××××××××

Question 1. Que fait-on des algues vertes ramassées ?

1. Elles sont transformées en farines animales.
2. Elles sont recyclées en biomatériaux.
3. Elles sont rejetées à la décharge.

(A) 1 + 2 + 3
(B) 1 + 2
(C) Uniquement 2
(D) Uniquement 3
(E) 2 + 3

Question 2. Quel titre choisiriez-vous pour ce texte ?

(A) La Bretagne lutte contre les algues vertes
(B) 40 ans de combat contre les algues
(C) La bataille perdue contre les algues vertes
(D) Comme chaque année la bataille reprend contre les algues vertes en Bretagne
(E) Algues vertes 1, Bretagne 0

Question 3. Quelle conséquence n'a pas l'arrivée des algues vertes ?

(A) Un dégagement d'hydrogène sulfuré.
(B) Des mauvaises odeurs.
(C) Une baisse du tourisme.
(D) La mort d'un cheval.
(E) Des plages impropres à la baignade.

××××××××××××××××××××××××××××××××××××××
××××××××××××××××××××××××××××××××××××××

Question 4. Quelles actions vont être menées pour lutter contre les algues vertes ?

1. Il y aura des contrôles sur l'azote utilisé par les agriculteurs.
2. Il y aura une réhabilitation des zones naturelles.
3. Il y aura plus de ramassages.
4. Il y aura une réduction des rejets.

(A) 1 + 2 + 3 + 4
(B) 1 + 3 + 4
(C) 1 + 2 + 3
(D) 2 + 3 + 4
(E) 3 + 4

Question 5. Laquelle de ces informations est fausse ?

(A) La prolifération des algues vertes est liée au développement de l'agriculture.
(B) L'Etat a élaboré un plan pour lutter contre ce phénomène en 2010.
(C) Les algues vertes ont peut-être causé la mort d'une personne.
(D) Le coût du nettoyage pèse sur les finances des collectivités.
(E) Les algues vertes se sont développées dans les années 60.

TEXTE 2

Un dîner secret s'est tenu le 20 juin, à l'abri des oreilles indiscrètes. Souvenez-vous, la soirée était chaude. Trois hommes ont longuement débattu. Stimulés par les cinq excellents vins français qui leur furent servis, ils ont pris deux décisions majeures. Les dettes de tous les Etats vont être reprises par un Trésor fédéral. Et une nouvelle capitale sera créée au bord d'un fleuve symbolique entre deux grands Etats. Ces deux décisions seront soumises au Parlement en juillet, qui les approuvera selon toute probabilité.

Les événements sont bien réels. Mais ils n'ont pas eu lieu lundi dernier à Bruxelles pour trouver enfin une solution à la crise grecque. Ce dîner historique s'est passé… en 1790, de l'autre côté de l'Atlantique. Dans sa demeure de New York, le ministre des Affaires étrangères, Thomas Jefferson, recevait le très influent député de Virginie, James Madison, et le secrétaire au Trésor, Alexander Hamilton. Les deux premiers allaient devenir plus tard présidents des Etats-Unis. Mais, cette fois-ci, le troisième menait le jeu. Fondateur du Parti fédéraliste, Hamilton estimait que la Constitution adoptée trois ans plus tôt devait logiquement

×××××××××××××××××××××××××××××××××××××
×××××××××××××××××××××××××××××××××××××

mener à un pouvoir central fort. Pour lui, l'économie constituait à l'évidence l'un des piliers de ce pouvoir fédéral. Et la dette était un levier idéal, une dette qui avait été gonflée par la guerre d'Indépendance, achevée en 1783. Pensez donc : les Etats devaient au total plus de 50 millions de dollars, dont le cinquième à des créanciers étrangers !

Le débat fut brûlant pendant la première moitié de 1790. Hamilton voulait que l'Amérique s'acquitte de ses dettes pour préserver son crédit - aujourd'hui, on dirait sa notation AAA. Il espérait aussi donner confiance aux riches Américains, les intéresser à la prospérité future du pays. Il tenait enfin à ce que l'Etat fédéral ait une légitimité à taxer les citoyens. Madison, lui, était plus réticent. Originaire de la Virginie agricole, il se méfiait d'un pouvoir fort. Comme l'Allemagne aujourd'hui, il redoutait que les Etats aisés voient leurs finances siphonnées par ceux en difficulté. Le sien avait remboursé ses dettes, ce qui était loin d'être le cas de tous. Et il entendait spolier… les spéculateurs, qui avaient racheté à des Américains patriotes mais désargentés des titres de dette au dixième de leur valeur.

Pour emporter le morceau, Hamilton a dû trouver une concession majeure : la localisation de la capitale. Hamilton accepta de localiser cette nouvelle ville baptisée plus tard Washington au bord du Potomac, entre les deux Etats sudistes qu'étaient la Virginie et le Maryland. Avec la formation d'une dette fédérale assumée par un gouvernement déterminé à rembourser, les Etats devinrent réellement unis. Dotée d'une nouvelle puissance financière, l'Amérique put acheter quinze ans plus tard la Louisiane à la France pour 15 millions de dollars, payés rubis sur l'ongle… en obligations du Trésor.

Les Européens n'en sont pas encore là deux siècles plus tard, même s'il y a eu des progrès ces dernières semaines. Et ce pour au moins trois raisons. D'abord, il manque une vision. On imagine mal José Manuel Barroso recevant à dîner Hermann Van Rompuy et Jean-Claude Juncker pour prendre une telle décision, même s'ils en avaient le pouvoir, même s'ils sont tous trois présidents (Commission, Conseil, Eurogroupe) et même avec d'excellents vins. Ensuite, tout est devenu infiniment compliqué. La décision, de la semaine dernière, de ne plus considérer le futur Mécanisme européen de stabilité comme un créancier prioritaire des pays en difficulté, est ainsi perçue comme un pas décisif vers une forme de fédéralisme budgétaire de la zone euro - on voit bien qu'à ce rythme, il faudra des milliers de pas pour y arriver et presque autant d'années. Enfin, la nation était à la fin du XVIIIe siècle un concept encore en devenir. James Madison disait certes que la Virginie était son pays, mais il a accepté la fusion des dettes publiques. Aujourd'hui, la nation est le cœur de l'action politique, même si c'est un échelon devenu moins pertinent. Si nous ne parvenons pas à la dépasser, l'Union européenne sera condamnée à choisir entre deux voies : l'effilochage ou l'explosion.

××××××××××××××××××××××××××××××××××××××
××××××××××××××××××××××××××××××××××××××

Question 6. Pour quelle(s) raison(s), le sénateur de Virginie était-il réticent à la création d'une dette fédérale ?

(A) Il craignait que les Etats riches aient à payer pour ceux dont les finances étaient moins bonnes, et il désirait punir les spéculateurs.

(B) Il ne voulait pas d'un pouvoir fort et refusait qu'un Etat fédéral taxe les citoyens.

(C) Il refusait que son Etat, la Virginie, qui avait remboursé ses dettes, ait à payer pour les Etats plus dispendieux.

(D) Méfiant face à un pouvoir fort, il refusait même l'idée d'une capitale fédérale.

(E) Il refusait le principe du siphon entre les finances des différents Etats.

Question 7. Quelle phrase est fausse ?

(A) Le ministre des Affaires étrangères reçoit un député de Virginie et Alexander Hamilton.

(B) Alexander Hamilton, fondateur du parti fédéraliste, menait le jeu.

(C) James Madison, secrétaire au Trésor, deviendra président des Etats-Unis.

(D) Thomas Jefferson reçoit dans sa maison de New-York un soir de juin.

(E) Pour Hamilton, l'économie est un pilier du pouvoir fédéral.

Question 8. Pourquoi l'Union européenne ne parvient-elle pas à adopter la même démarche ?

1. A cause de la crise grecque.
2. Parce que l'idée de nation s'est imposée, et qu'il est plus difficile de dépasser cet échelon.
3. Parce qu'il n'y a pas, actuellement, de leader.

(A) 1 + 2

(B) 2 + 3

(C) Uniquement 2

(D) Uniquement 3

(E) 1 + 3

××××××××××××××××××××××××××××××××××××××
××××××××××××××××××××××××××××××××××××××

Question 9. Quel est l'objectif visé par l'auteur de ce texte ?

(A) Prouver que les Américains sont plus pragmatiques que les européens.

(B) Plaider pour la constitution d'une dette fédérale européenne.

(C) Proposer des arguments en faveur d'un gouvernement économique fort dans la zone euro.

(D) Montrer que l'Europe est toujours en retard par rapport aux Etats-Unis.

(E) Expliquer pourquoi l'Union européenne pourrait ne pas réussir à faire ce que les Etats-Unis ont fait il y a déjà deux siècles.

Question 10. Quels sont les arguments d'Hamilton en faveur de la création d'une dette fédérale ?

1. Intéresser les américains aisés à la prospérité de leur pays.
2. Justifier la levée d'éventuels impôts fédéraux.
3. Donner corps à la Constitution votée 3 ans plus tôt.
4. Mettre en place un pouvoir fédéral fort.

(A) 1 + 2 + 4

(B) 2 + 3

(C) 3 + 4

(D) 1 + 2 + 3 + 4

(E) 1 + 2 + 3

TEXTE 3

Fin décembre 2009, *Avatar* imposait son univers visuel et ses hommes bleus sur pas moins de 18 000 écrans de cinéma dont 3 400 aux Etats-Unis. Le résultat fut à la hauteur de ce déploiement : 2,7 milliards de dollars de recettes dont plus des deux tiers engrangés à l'international. Un record, qui, au box-office mondial, place *Avatar* devant … *Titanic,* du même réalisateur James Cameron. Bien sûr, la déclinaison sous forme de jeu vidéo signé Ubisoft amplifiait la vague bleue. De là à faire *d'Avatar* le symbole d'un impérialisme culturel hollywoodien et d'un mondé, actuel ou proche, voué à la seule culture américaine, la tentation est grande… Cette vision d'une uniformisation est battue en brèche par l'écrivain et journaliste Frédéric Martel, qui, fort d'une enquête de terrain longue de cinq années parue en 2010 chez Flammarion sur la « culture *mainstream* » (films, livres, CD, jeux vidéo qui envahissent médias en tout genre et supermarchés), explique que *« la mondialisation*

××××××××××××××××××××××××××××××××××××××
××××××××××××××××××××××××××××××××××××××

ne s'est pas traduite par une destruction des cultures nationales. Elle n'est pas synonyme d'américanisation généralisée. Les cultures nationales se portent bien : les programmes de télévision, pour l'essentiel ; sont propres à chaque pays, il en va de même pour l'information, le marché publicitaire ou encore l'édition et l'industrie du disque. En revanche, face à ces cultures nationales, une autre, elle mondialisée, pour une part standardisée, pour une assez large part américanisée, a pris le contrôle des parts de marché restantes ».

Le cas du secteur florissant des séries illustre bien ce double mouvement. *Via* le câble ou les antennes paraboliques, les mêmes personnages, les mêmes histoires du *Dr House,* des *Experts* ou d'*Amour, gloire et beauté* entrent dans les foyers d'Amérique, d'Asie, du Moyen-Orient ou d'Afrique. Mais, ces séries, produites à Hollywood, mais aussi en Amérique latine ou en Egypte, s'exportent souvent sous forme de « formats ». *« En acquérant les droits,* nuance, dans *Mainstream, une culture qui plaît à tout le monde,* Frédéric Martel, *un producteur peut refaire la série, reprendre son intrigue, ses personnages, tout en ayant la liberté, bien encadrée dans le contrat, de l'adapter localement pour le rendre compatible aux valeurs locales, avec des acteurs nationaux et qui parlent la langue du pays. »*

Là réside l'intelligence commerciale des majors américaines : non pas vendre le même produit à travers la planète, mais le couler dans le moule de chaque pays. Miami est ainsi devenue la capitale d'une musique *mainstream* qui inonde les ondes des radios d'Amérique latine. Et les studios d'Hollywood ont ouvert des bureaux en Chine, au Brésil et en Inde pour produire des films « à la mode de ». Une manière aussi de contourner une censure politique ou économique parfois sévère. La Chine ne délivrant chaque année qu'une vingtaine de visas de distribution aux films étrangers. Néanmoins, même avec une dizaine de *blockbusters* – superproductions taillées pour le succès –, Hollywood capte bon an, mal an la moitié du marché chinois.

Question 11. Comment définir la culture « mainstream » ?

(A) Une culture qui plait à tout le monde.
(B) Une culture qui s'adapte aux usages locaux.
(C) L'hégémonie culturelle américaine.
(D) Un procédé qui permet de contourner la censure.
(E) L'ensemble des produits culturels présents dans les médias et les supermarchés.

××××××××××××××××××××××××××××××××××××××
××××××××××××××××××××××××××××××××××××××

Question 12. Laquelle de ces affirmations est fausse ?

(A) Avatar est le symbole de l'impérialisme culturel d'Hollywood.

(B) Les cultures nationales se portent bien.

(C) Les majors américaines ne cherchent pas à vendre le même produit sur l'ensemble de la planète.

(D) Les autorités chinoises ne délivrent que 20 visas par an pour les films étrangers.

(E) La mondialisation n'a pas détruit les cultures nationales.

Question 13. Une de ces données chiffrées est fausse. Laquelle ?

(A) 18 000 écrans pour Avatar.

(B) Avatar a généré 2,7 milliards de dollars de bénéfice.

(C) Frédéric Martel a enquêté durant 5 ans.

(D) Aux Etats-Unis, 3 400 écrans ont diffusé Avatar.

(E) Il y a environ 10 blockbusters projetés en Chine, chaque année.

Question 14. Qu'est ce qui résiste à la mondialisation ?

1. Les informations.
2. La publicité.
3. Les séries.

(A) 1 + 2 + 3

(B) 1 + 2

(C) 2 + 3

(D) Uniquement 1

(E) Ni 1, ni 2, ni 3

××××××××××××××××××××××××××××××××××××××
××××××××××××××××××××××××××××××××××××××

Question 15. Quel texte résume le mieux cet article ?

(A) Le succès d'Avatar est symptomatique des nouvelles tendances en matière de mondialisation culturelle. Les blockbusters tiennent 50 % du marché et les productions nationales occupent le reste.

(B) Malgré les apparences, les cultures nationales résistent à la mondialisation culturelle et, de fait, américaine. En fait, les majors américaines ont compris qu'il était plus judicieux de développer des partenariats avec les industries culturelles locales, sous forme de « formats », plutôt que de vouloir imposer leurs produits.

(C) La mondialisation culturelle est plus pernicieuse qu'il n'y paraît. Ce ne sont pas tant les blockbusters que les « formats » qui permettent d'envahir les marchés nationaux.

(D) Certes, les majors américaines savent produire des films à grand succès qui, tel Avatar, seront projetés sur les écrans du monde entier, mais cette culture « mainstream » s'exporte davantage par le biais de « formats », c'est-à-dire de trames que chaque pays décline selon sa culture.

(E) Les séries produites à Hollywood font bien plus pour l'américanisation des esprits que les grands succès comme Avatar. Adaptés à chaque pays, ces « formats » répondent aux attentes du public local. Il est parfois nécessaire d'établir des partenariats avec les pays en ouvrant des bureaux pour pouvoir contourner la censure.

Si vous avez terminé, vous n'êtes pas autorisé(e) à revenir sur une épreuve précédente.
Vous n'êtes pas non plus autorisé(e) à travailler sur une épreuve suivante avant la fin du temps imparti.

STOP !

TEST BLANC TAGE MAGE 2

SOUS-TEST 2 : CALCUL

15 questions / 20 minutes / Calculatrice interdite
Réponse juste : + 4 points / Réponse fausse : – 1 point
Aucune réponse : 0 point

Question 16. Laquelle de ces fractions est la plus proche de $\frac{1}{4}$?

(A) $\frac{1}{2}$
(B) $\frac{1}{3}$
(C) $\frac{1}{5}$
(D) $\frac{1}{6}$
(E) $\frac{1}{7}$

Question 17. La moyenne de 6 nombres est égale à 19,5. Si je retire un des 6 nombres la moyenne devient égale à 21. Quelle est la valeur du nombre que j'ai retiré ?

(A) 3
(B) 8
(C) 9
(D) 12
(E) 21

Question 18. Lors d'une partie de fléchettes, vous disposez d'une cible composée de 3 anneaux concentriques qui rapportent respectivement 5, 7 et 13 points pour celui du milieu. Le premier joueur a atteint la cible avec toutes ses fléchettes et a obtenu 43 points.

Le second obtient le même nombre de points en plaçant également toutes ses fléchettes sur la cible mais en réussissant à en mettre une au centre contrairement au premier joueur. Combien de fléchette(s) le premier joueur a-t-il placée(s) respectivement dans les zones à 5 et 7 points ?

(A) 2 et 5
(B) 3 et 4
(C) 4 et 3
(D) 5 et 2
(E) 6 et 1

///
///

Question 19. On cherche à calculer l'efficacité d'un nouveau vaccin sur un échantillon de 100 personnes volontaires. Dans un premier temps, on les vaccine puis, dans un second temps, on les expose au virus. 40 % des personnes ont été vaccinées avec le nouveau vaccin, 60 % sont vaccinées avec l'ancien vaccin. Les personnes ayant reçu le nouveau vaccin sont tombées malades dans 20 % des cas, alors que les autres sont tombées malades dans 30 % des cas. On prend une personne malade au hasard ; quelle est la probabilité qu'elle ait reçu le nouveau vaccin ?

(A) $\frac{2}{5}$

(B) $\frac{3}{7}$

(C) $\frac{4}{13}$

(D) $\frac{5}{11}$

(E) $\frac{7}{13}$

Question 20. Une caisse remplie d'eau au cinquième de sa contenance pèse 560 grammes. La même caisse remplie d'eau aux quatre cinquièmes pèse 740 grammes. Combien pèse la caisse vide ?

(A) 60 g
(B) 112 g
(C) 180 g
(D) 300 g
(E) 500 g

Question 21. Si un nombre est le produit des entiers naturels compris entre 1 et 15 inclus, alors ce nombre ne peut pas être un multiple de :

(A) 84
(B) 65
(C) 72
(D) 57
(E) 99

//
//

Question 22. Combien de litres d'alcool dois-je ajouter à une solution de 100 litres qui contient 15 % d'alcool, si je veux obtenir une solution qui contient 30 % d'alcool ?

(A) $\frac{150}{7}$ litres
(B) $\frac{80}{3}$ litres
(C) 50 litres
(D) 70 litres
(E) $\frac{100}{3}$ litres

Question 23. Lors d'une réunion, des hommes et des femmes se rencontrent. Les hommes se serrent la main et les femmes s'embrassent et on a alors compté au total 18 marques de salutations. Les hommes et les femmes se sont salués d'un simple bonjour et il y avait deux fois plus d'hommes que de femmes. Combien de personnes participaient à la réunion ?

(A) 4
(B) 5
(C) 6
(D) 9
(E) 11

Question 24. Vingt personnes ont assisté à une soirée dansante. Shayna a dansé avec sept hommes, Gaëlle avec huit hommes, Danielle avec neuf hommes et ainsi de suite jusqu'à Nathalie qui a dansé avec tous les hommes présents à la soirée. Combien d'hommes y avait-il à la soirée ?

(A) 11
(B) 12
(C) 13
(D) 14
(E) 15

Question 25. Un père dispose de 44 000 € qu'il désire répartir entre ses deux enfants Jean et Jacques, âgés respectivement de 16 et 17 ans. Les parts sont placées à intérêts composés au taux annuel de 20 %. Quelle est la différence entre la part de Jacques et celle de Jean, sachant que le père souhaite que chacun de ses enfants reçoive la même somme d'argent lorsqu'ils atteindront l'âge de 18 ans ?

(A) 2 800 €
(B) 3 200 €
(C) 3 600 €
(D) 4 000 €
(E) 4 200 €

//
//

Question 26. Dans une entreprise de 3 000 employés, 5 % sont parfois en déplacement. On soumet les employés à un questionnaire : parmi les employés qui ne font jamais de déplacements, 2 % voudraient en faire. Parmi ceux qui se déplacent, 27 voudraient arrêter. On choisit un employé au hasard, quelle est la probabilité qu'il veuille faire des déplacements ?

(A) 0,04 (B) 0,05
(C) 0,06 (D) 0,07
(E) 0,08

Question 27. Mes chats ont 18 pattes de plus que de langues. Combien ai-je de chats ?

(A) 5 (B) 6
(C) 7 (D) 8
(E) 9

Question 28. Un triathlon comporte de la nage, de la course à pied et du vélo. La distance à parcourir en vélo représente les trois quarts de la distance totale et la distance en course à pied un cinquième. La distance à parcourir en nageant est de 2 km. Quel est le nombre total de kilomètres de ce triathlon ?

(A) 10 (B) 20
(C) 38 (D) 40
(E) 60

Question 29. Alain, Basile et Bernard sont des triplés. Leurs frères Yannis et Xavier sont des jumeaux de trois ans de moins. Lequel des nombres ci-dessous peut être la somme des âges des cinq frères ?

(A) 88 (B) 87
(C) 86 (D) 90
(E) 89

//
//

Question 30. La figure ci-dessous est formée de cinq triangles rectangles parfaitement identiques, juxtaposés de façon que les sommets des plus grands des deux angles aigus soient réunis en son centre. On peut juxtaposer un plus grand nombre de ces mêmes triangles de façon que les sommets des plus petits angles soient réunis au centre. Combien faut-il alors de triangles ?

(A) 12
(B) 15
(C) 20
(D) 24
(E) 30

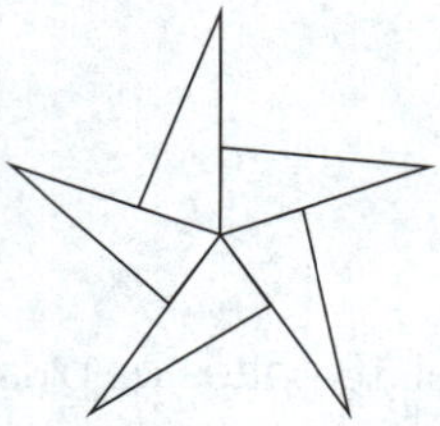

Si vous avez terminé, vous n'êtes pas autorisé(e) à revenir sur une épreuve précédente.
Vous n'êtes pas non plus autorisé(e) à travailler sur une épreuve suivante avant la fin du temps imparti. **STOP !**

TEST BLANC TAGE MAGE 2

SOUS-TEST 3 : RAISONNEMENT & ARGUMENTATION

15 questions / 20 minutes / Calculatrice interdite
Réponse juste : + 4 points / Réponse fausse : – 1 point
Aucune réponse : 0 point

Question 31. Les psychologues ont remarqué que la grande majorité des sociopathes diagnostiqués étaient des jeunes délinquants dans leur jeunesse. Ils émettent l'hypothèse qu'il est plus probable qu'un délinquant juvénile dans la population générale devienne un sociopathe diagnostiqué qu'un adulte, parce que la punition à un jeune âge encourage le comportement antisocial.

Laquelle des affirmations suivantes, si elle est vraie, appuie fortement l'interprétation que font les psychologues du lien entre la punition et le comportement antisocial ?

(A) Le taux d'adultes diagnostiqués comme sociopathes qui n'étaient pas des délinquants juvéniles est quatre fois inférieur au taux d'adultes diagnostiqués des sociopathes qui étaient des délinquants juvéniles.

(B) La corrélation trouvée par les psychologues a été constatée comme vraie pour les psychopathes et ceux à la limite d'un trouble de personnalité.

(C) Presque tous ceux qui ont passé du temps dans une prison pour mineurs en tant qu'adolescent présentent un comportement anormal à l'âge adulte.

(D) La probabilité qu'un délinquant juvénile devienne un sociopathe diagnostiqué plus tard dans sa vie augmente à mesure qu'il / ou elle, reste incarcéré(e).

(E) Moins de la moitié des adultes qui sont diagnostiqués comme sociopathes ont signalé qu'ils ont passé moins d'un an dans les établissements de délinquance juvénile pendant leur jeunesse.

Question 32. Amaury, Stéphane, Romain et Didier pratiquent chacun un sport différent au niveau compétition (cyclisme, natation, tennis ou ski alpin). Amaury et Didier ne supportent ni le froid, ni la neige, Stéphane et Didier font du vélo uniquement pour se promener, Amaury et Stéphane ont horreur de l'eau, enfin Stéphane et Romain ne savent pas servir au tennis. Qui fait du ski alpin de compétition ?

(A) Romain.
(B) Stéphane.
(C) Stéphane ou Romain.
(D) Amaury.
(E) Didier ou Romain.

Question 33. Manon dit : « J'ai deux frères de moins que de sœurs ». Vera, la sœur de Pierre dit : « J'ai un frère de plus que de sœurs ». Pierre dit à Léo et Manon : « J'ai autant de frères et sœurs qu'il n'y a d'enfants chez vous ». Enfin, Léo, le frère de Manon, dit : « J'ai deux fois plus de sœurs que de frères ». Parmi les cinq propositions suivantes, laquelle est vraie ?

(A) Il y a 6 garçons dans la famille de Manon et Léo.
(B) Manon a 8 sœurs.
(C) Il y a 13 enfants dans la famille de Pierre et Vera.
(D) Pierre a 7 sœurs.
(E) Manon a 4 frères.

Question 34. Au cours d'un séminaire d'orientation, les étudiants ont pu rencontrer trois conférenciers : Armand, Bastien et Charles. A la fin du séminaire, on a demandé aux étudiants de classer les trois conférenciers. Voici les résultats : Armand est plus ennuyeux que Charles, Bastien est moins intelligent qu'Armand mais moins ennuyeux que lui et Charles est moins intelligent que Bastien.

Laquelle de ces réponses est forcément vraie ?

(A) Armand est le conférencier le plus intelligent mais aussi le plus ennuyeux.
(B) Charles est plus intelligent que Bastien mais moins ennuyeux que lui.
(C) Bastien est plus ennuyeux que Charles.
(D) Bastien n'est pas le conférencier le plus ennuyeux et il est aussi le conférencier le plus intelligent.
(E) Aucune des réponses proposées ne convient.

>>
>>

Question 35. Bien qu'il connaisse parfaitement le plan de la prison, Eric a décidé de fuir le vendredi soir mais s'est fait attraper le samedi matin.

Quelle est la supposition sous entendue dans ce propos ?

(A) Ne jamais fuir le vendredi soir sous peine de se faire attraper.

(B) Les gens qui connaissent le plan de la prison ont plus de chance de s'échapper.

(C) Celui qui fuit le vendredi est attrapé le samedi.

(D) Les prisonniers qui fuient le vendredi se font attraper même s'ils connaissent le plan de la prison.

(E) Ceux qui connaissent le plan de la prison n'essaient généralement pas de s'échapper le vendredi.

Question 36. Trois amis, musiciens complets, Alexandre, Bruno et Charles, disposent de deux guitares, un piano et une batterie. Ils décident d'exécuter ensemble un morceau avec les contraintes suivantes : si Alexandre est au piano alors Bruno est à la guitare, si Alexandre est à la guitare alors Charles est au piano, si Bruno est à la guitare alors Charles est aussi à la guitare, si Alexandre est à la batterie alors Charles est au piano, si Charles est au piano alors Bruno est à la guitare.

A partir de ces informations, on peut conclure que :

I. Alexandre ne joue pas de la guitare.

II. Bruno joue de la guitare.

III. Charles ne joue pas du piano.

IV. Charles ne joue pas de guitare.

(A) Seules I, II et III sont vraies.

(B) Seules III et IV sont vraies.

(C) Seules I et II sont vraies.

(D) Seules II et III sont vraies.

(E) I, II, III et IV sont vraies.

Question 37. Question 37. Chaque face d'un cube est coloriée d'une couleur différente. Paul, Sergio et Betty tiennent le cube chacun leur tour. Ils annoncent la couleur des trois faces qu'ils voient en face d'eux autour d'un sommet.

– Sergio : « noir, bleu, rouge ».

– Paul : « bleu, blanc, jaune ».

– Betty : « vert, noir, blanc ».

Quelle est la couleur de la face opposée à la blanche ?

(A) Rouge

(B) Bleue.

(C) Noire.

(D) Verte.

(E) Jaune.

Question 38. Dans le *Traité des Pères*, les Sages écrivent : « Qui est savant ? Celui qui apprend de tout homme. » Mais plus tard, dans un autre traité, en réponse à la question posée par Alexandre le Grand, les Sages répondirent que le savant est « celui qui pressent l'avenir ». Le penseur Emmanuel Levinas explique ainsi cette réponse différente : étant donné qu'Alexandre le Grand était un disciple du philosophe Aristote, lequel estimait qu'il n'y a que peu d'hommes érudits dignes qu'on en apprenne quelque chose, les Sages pensèrent qu'Alexandre le Grand ne pourrait accepter leur première réponse et lui en fournirent une autre. Certes, elle ne coïncidait pas non plus avec sa conception mais elle ne lui était pas tout à fait opposée.

D'après ce qui découle du passage, quelle affirmation reflète la position de Levinas concernant les Sages ?

(A) Ils croyaient que même lorsqu'un homme possède une opinion quelconque et y croit de tout son cœur, il doit la modifier lorsqu'il rencontre une personne détenant une autre opinion, non moins correcte.

(B) Ils estimaient que puisqu'un adepte de la philosophie d'Aristote est persuadé qu'il n'y a pas lieu d'apprendre de tout homme, peu importe la réponse qu'on donne à ses questions.

(C) Ils croyaient que cela n'a pas de sens de donner à un homme une réponse qu'il ne peut accepter, mais cela ne signifie pas qu'il faille lui donner une réponse reflétant exactement son opinion.

(D) Ils appliquèrent à la lettre leur croyance selon laquelle le savant est « celui qui apprend de tout homme » par le fait même qu'ils adoptèrent l'opinion d'Alexandre le Grand sur la question « qui est savant ».

(E) Ils pensaient à tort que les hommes érudits en savaient plus sur l'avenir que les hommes non érudits.

>>
>>

Question 39. Charles est le cousin de Paulette. Gérard est le frère de Michelle. Clotaire est le neveu de Gérard. Charles est le cousin de Clotaire. Paulette a un frère et deux sœurs.

Parmi ces 5 affirmations, quelle est la seule qui peut être vraie ?

(A) Clotaire n'a pas d'oncle.

(B) Paulette est la cousine de Gérard.

(C) Paulette est la sœur de Clotaire.

(D) Charles est le frère de Gérard.

(E) Gérard est fils unique.

Question 40. Complétez la série :

TROUER – REFAIT ; NOUVEL – LARCIN ; UNISSONS – SAUGRENU ; ?

(A) ARTILLERIE – EREINTERA

(B) CHANTERA – ARMAGNAC

(C) FETARD – DERECHEF

(D) TORTUERA – ARTHRITE

(E) SERPILLERE – ESCLANDRES

Question 41. Dans sa croisade anti-drogue, le gouvernement français veut maintenir une prohibition totale confondant drogue douce et drogue dure. Pour empêcher la libéralisation du cannabis (dont sont extraits la marijuana et le haschisch), il use de la théorie de l'escalade obligatoire du joint fumé à la seringue. Mais cette théorie n'est pas mieux fondée que celle (…)

(A) de tout preneur de somnifères qui accroîtrait le déficit de la Sécurité Sociale.

(B) de tout buveur de Bourgogne qui sombrerait forcément dans une profonde ivresse.

(C) de tout fumeur qui attraperait automatiquement le cancer de la gorge.

(D) de tout amateur de Beaujolais qui deviendrait un alcoolique virtuel.

(E) de tout fumeur qui porterait inévitablement préjudice à la santé de son voisinage.

>>>
>>>

Question 42. Dans un gros tiroir, se trouvent en vrac les huit paires de chaussures de Pierre-Michel.

Juste au dessous, dans un autre tiroir, se trouvent en vrac ses quatre chaussettes noires, ses six chaussettes grises et ses trois chaussettes bleue marine (une chaussette bleue marine a en effet été perdue !).

Un jour de panne d'électricité, combien Pierre-Michel doit-il attraper respectivement de chaussures et de chaussettes pour être sûr de porter deux chaussures symétriques avec des pieds de la même couleur ?

(A) 8 et 2
(B) 8 et 5
(C) 9 et 3
(D) 9 et 4
(E) 9 et 5

Question 43. Dans un même mois, trois dimanches sont tombés sur des jours pairs. Quel jour de la semaine était le 20e de ce mois-là ?

(A) lundi.
(B) mardi.
(C) mercredi.
(D) jeudi.
(E) vendredi.

Question 44. Depuis vingt ans, on note une augmentation constante de la fréquentation de la montagne. Mais la montagne tue (accidents, malaises cardiaques). Ainsi l'été dernier, 40 décès d'alpinistes en haute montagne ont été dénombrés contre 45 décès de randonneurs qui évoluaient, eux, en moyenne altitude. Bien entendu, ceux qui pratiquent la randonnée sont plus importants en nombre. Mais cela démontre que (…)

(A) la montagne nécessite un minimum de préparation.
(B) la randonnée en montagne ne doit pas être prise à la légère.
(C) les alpinistes sont mieux préparés que les randonneurs.
(D) la randonnée demande moins d'entraînement que l'alpinisme.
(E) la randonnée est moins dangereuse que l'alpinisme de haute montagne.

>>
>>

Question 45. Quelle conclusion découle de la combinaison des trois affirmations suivantes ?

1. 1. Si tu bois de l'eau, tu ne tomberas pas malade.
2. 2. Si tu ne tombes pas malade, tu ne recevras pas de cadeaux.
3. 3. Seul celui qui reçoit des cadeaux est joyeux.

(A) Si tu bois de l'eau, tu es joyeux.
(B) Si tu bois de l'eau, tu ne seras pas joyeux.
(C) Si tu es tombé malade, tu es joyeux.
(D) Si tu es joyeux, c'est signe que tu as bu de l'eau.
(E) Si tu n'as pas reçu de cadeaux, il n'y a aucune chance pour que tu sois joyeux.

Si vous avez terminé, vous n'êtes pas autorisé(e) à revenir sur une épreuve précédente.
Vous n'êtes pas non plus autorisé(e) à travailler sur une épreuve suivante avant la fin du temps imparti.

STOP !

TEST BLANC TAGE MAGE 2

SOUS-TEST 4 : CONDITIONS MINIMALES

15 questions / 20 minutes / Calculatrice interdite
Réponse juste : + 4 points / Réponse fausse : – 1 point
Aucune réponse : 0 point

Vous répondrez :
(A) Si l'information (1) permet à elle seule de répondre à la question, et si l'information (2) à elle seule ne permet pas de répondre à la question.
(B) Si l'information (2) permet à elle seule de répondre à la question, et si l'information (1) à elle seule ne permet pas de répondre à la question.
(C) Si les deux informations (1) et (2) ensemble permettent de répondre à la question, et aucune séparément ne le peut.
(D) Si chaque information permet séparément de répondre à la question.
(E) Si les deux informations ensemble ne permettent pas de répondre à la question.

Question 46. Arthur et Jean sont père et fils. Qui est le père ?

(1) Quand Jean est mort, Arthur était en Inde.
(2) Quand Arthur est né, Jean était en France.

Question 47. Un groupe comprend 400 personnes. Combien de filles y a-t-il dans ce groupe ?

(1) Il y a plus de garçons que de filles dans ce groupe.
(2) Si on enlève 4 garçons, alors il y aura autant de filles que de garçons dans ce groupe.

Question 48. Deux produits A et B, au prix identique, subissent une variation de prix différente. Le produit A subit une augmentation de 20 % alors que le produit B subit une baisse de 5 %. Quelle est la valeur du produit B après l'augmentation.

(1) Après les variations, les deux prix ont un écart de prix de 30 euros.
(2) Après l'augmentation, le produit A vaut 144 euros.

##
##

Vous répondrez :

(A) Si l'information (1) permet à elle seule de répondre à la question, et si l'information (2) à elle seule ne permet pas de répondre à la question.

(B) Si l'information (2) permet à elle seule de répondre à la question, et si l'information (1) à elle seule ne permet pas de répondre à la question.

(C) Si les deux informations (1) et (2) ensemble permettent de répondre à la question, et aucune séparément ne le peut.

(D) Si chaque information permet séparément de répondre à la question.

(E) Si les deux informations ensemble ne permettent pas de répondre à la question.

Question 49. Un garage ne propose que deux modèles de voitures (A et B) vendus à deux prix différents. La voiture de modèle A se vend au prix de 6 000 euros et la voiture de modèle B se vend au prix de 11 000 euros. Ce mois-ci le garage a vendu 25 véhicules. Combien de voitures de modèle A le garage a-t-il vendu ce mois-ci ?

(1) Ce mois-ci, une voiture s'est vendue en moyenne au prix de 8 000 euros.

(2) Le garage a enregistré un chiffre d'affaires de 200 000 euros ce mois-ci.

Question 50. Le code de mon appartement est constitué de quatre chiffres distincts qui forment une série croissante (a, b, c, d). Quel est ce code ?

(1) La somme des quatre chiffres est égale à 11.

(2) Le produit des quatre chiffres est égal à 30.

Question 51. Soit un nombre Z à trois chiffres, multiple de 3, 5 et 11 où le chiffre des dizaines est égal à la somme du chiffre des centaines et du chiffre des unités. Que vaut Z ?

(1) Z est un nombre impair.

(2) Le nombre composé des deux premiers chiffres du nombre Z est le carré d'un nombre premier.

Question 52. Le nombre entier N est-il premier ?

(1) N – 1 est un nombre pair.

(2) N n'admet que deux diviseurs.

##
##

Vous répondrez :

(A) Si l'information (1) permet à elle seule de répondre à la question, et si l'information (2) à elle seule ne permet pas de répondre à la question.

(B) Si l'information (2) permet à elle seule de répondre à la question, et si l'information (1) à elle seule ne permet pas de répondre à la question.

(C) Si les deux informations (1) et (2) ensemble permettent de répondre à la question, et aucune séparément ne le peut.

(D) Si chaque information permet séparément de répondre à la question.

(E) Si les deux informations ensemble ne permettent pas de répondre à la question.

Question 53. S et T sont des entiers naturels différents de 0. Est-ce que S = T ?

(1) $ST = T^2$

(2) $S^2 = T^2$

Question 54. Qui a fini premier du semi-marathon : Alain, Paul ou Jacques ?

(1) Alain a plus doublé Jacques qu'il n'a doublé Paul.

(2) Jacques aurait fini devant Paul s'il avait doublé Alain une fois de plus.

Question 55. A et B sont des entiers naturels pairs non nuls. Le produit A × B est-il divisible par 24 ?

(1) La moyenne de A et B est égale à 24.

(2) Le reste de la division de B par 12 est égal à 0.

Question 56. Quel est le coût moyen de production de la voiture V ?

(1) Le coût de production de 100 voitures V et de 100 voitures W est égal à 2,2 millions d'euros.

(2) Le coût moyen de production d'une voiture V est 2 000 euros plus cher que le coût moyen de production de la voiture W.

##
##

Vous répondrez :

(A) Si l'information (1) permet à elle seule de répondre à la question, et si l'information (2) à elle seule ne permet pas de répondre à la question.

(B) Si l'information (2) permet à elle seule de répondre à la question, et si l'information (1) à elle seule ne permet pas de répondre à la question.

(C) Si les deux informations (1) et (2) ensemble permettent de répondre à la question, et aucune séparément ne le peut.

(D) Si chaque information permet séparément de répondre à la question.

(E) Si les deux informations ensemble ne permettent pas de répondre à la question.

Question 57. Qui est le plus grand de la famille Didier ?

(1) Les filles sont toutes plus petites que les garçons.

(2) Jonas est plus grand que son père et que sa sœur Ella.

Question 58. Est-ce que B est divisible par 70 ?

(1) B est divisible par 2 et par 5.

(2) B est divisible par 2 et par 7.

Question 59. Anne achète des pamplemousses, des bananes et des mangues pour un montant de 11,50 euros. Les pamplemousses coûtent 1,60 euro le kilo. Les bananes coûtent 1,40 euro le kilo. Les mangues coûtent 2,10 euros le kilo. Quel montant consacre-t-elle aux mangues ?

(1) Pour les pamplemousses et les mangues, elle a dépensé 8,7 euros.

(2) Elle a acheté plus de mangues que de pamplemousses.

Question 60. Combien d'euros Aram et Franck ont-ils ensemble ?

(1) Armand a deux fois plus d'argent que Franck.

(2) Franck a 200 € de moins qu'Armand.

Si vous avez terminé, vous n'êtes pas autorisé(e) à revenir sur une épreuve précédente.
Vous n'êtes pas non plus autorisé(e) à travailler sur une épreuve suivante avant la fin du temps imparti.

STOP !

TEST BLANC TAGE MAGE 2

SOUS-TEST 5 : EXPRESSION

15 questions / 20 minutes / Calculatrice interdite
Réponse juste : + 4 points / Réponse fausse : – 1 point
Aucune réponse : 0 point

Questions 61 à 64 : complétez en choisissant la solution optimale.

Question 61. Les rapports entre les Turcs et les Européens furent de très longue date, (…) alternant des périodes de paix et de guerre, de coopération et de rivalité, depuis les croisades jusqu'à la Turquie républicaine, (…).

(A)	avec beaucoup d'amour et un peu de haine	en voguant sur le Bosphore
(B)	complexes et contradictoires	en passant par l'Empire ottoman
(C)	passions et haines confondues	en courant les océans du globe
(D)	tumultueux et sanglants	en construisant l'Europe
(E)	exclusifs et jaloux	en courtisant les Etats-Unis

Question 62. Les musées éventuellement organisés en réseaux, produisent des expositions artistiques temporaires et (…), dont la visibilité (…), tend à prendre le pas sur celle des collections permanentes.

(A)	de grande qualité	sincèrement perfectible
(B)	qui tendent à se sédentariser	artificiellement entretenue
(C)	à vocation itinérante	médiatiquement orchestrée
(D)	à visée éducative	grâce au bouche à oreille
(E)	de qualité moyenne	notoirement insuffisante

Question 63. Les travaux de Mathieu ont (…) l'hypothèse selon laquelle l'espérance de vie des espèces biologiques (…) selon qu'elles se meuvent plus rapidement. Par conséquent, (…) qu'il publie ses résultats sous le titre : *Qui marche (…) meurt jeune.*

(A) détruit / augmente / il est probable / *lentement*

(B) conforté / augmente / il est improbable / *lentement*

(C) détruit / diminue / il n'est pas impossible / *vite*

(D) conforté / diminue / je ne serai pas étonné / *vite*

(E) anéanti / augmente / j'attendrai / *rarement*

Question 64. Demain, le temps sera plus (...) qu'il ne l'était hier, (...). Toutefois, les conditions météorologiques prévues (...) pour une sortie en pleine nature, c'est pourquoi (...) le pique-nique après-demain.

(A) agréable / et dans deux jours il s'améliorera encore / dans une semaine seront particulièrement agréables / il est recommandé de faire

(B) mauvais / et après-demain il sera encore plus déplaisant / dans une semaine seront plutôt bonnes / il est recommandé de faire

(C) agréable / et on prévoit une légère amélioration dans le courant de la semaine / seront alors encore mauvaises / rien n'empêche de faire

(D) mauvais / mais il s'améliorera dans deux jours / seront alors encore mauvaises / il est recommandé de ne pas faire

(E) mauvais / mais il s'améliorera peut-être dans trois jours / seront alors encore meilleures qu'il n'y paraît / il est recommandé de faire

Question 65 : choisissez la meilleure formulation pour le texte souligné, en vérifiant la correction grammaticale et en valorisant l'élégance stylistique. Le choix A reprend la formulation initiale.

Question 65. Les ouvriers ont finalement clôturé cette porte. Dorénavant, les voleurs ne seront plus en mesure de s'introduire dans notre maison.

(A) Les ouvriers ont finalement clôturé cette porte. Dorénavant, les voleurs ne seront plus en mesure de s'introduire dans notre maison.

(B) Les ouvriers ont fini par clôturer cette porte. A partir de maintenant, les voleurs ne pourront plus entrer dans notre maison.

(C) Cette porte a finalement été close par les ouvriers. Désormais, les voleurs ne pourront plus entrer dans notre maison.

(D) Les voleurs ne seront dorénavant plus en mesure de s'introduire chez nous. En effet, les ouvriers ont fini par clore cette porte.

(E) Les ouvriers ont fini par clore cette porte. Désormais, les voleurs ne pourront plus s'introduire dans notre maison.

Question 66. « bordure » est à « tissu » ce que :

(A) « littoral » est à « continent ».

(B) « capitale » est à « ville ».

(C) « assise » est à « mur ».

(D) « colline » est à « montagne ».

(E) « sable » est à « mer ».

Question 67. Parmi les propositions ci-dessous, laquelle résume le mieux le texte suivant, extrait des *Mémoires d'Hadrien* de Marguerite Yourcenar :

L'empereur Hadrien (IIe siècle) écrit ses mémoires pour Marc Aurèle, futur héritier de l'Empire romain.

« Nous sommes des fonctionnaires de l'Etat, nous ne sommes pas des Césars. Cette plaignante avait raison, que je refusais un jour d'écouter, et qui s'écria que, si le temps me manquait pour l'entendre, le temps me manquait pour régner. Les excuses que je lui fis n'étaient pas de pure forme. Et pourtant, le temps manque : plus l'empire grandit, plus les différents aspects de l'autorité tendent à se concentrer dans les mains du fonctionnaire-chef ; cet homme pressé doit nécessairement se décharger sur d'autres d'une partie de ses tâches ; son génie va consister à s'entourer de plus en plus d'un personnel sûr. »

(A) Une première idée du management
(B) Les difficultés d'exercice de la démocratie
(C) La nécessaire concentration du pouvoir
(D) Le triomphe de la liberté d'expression
(E) Le pouvoir et les moyens de l'exercer

Questions 68 et 69 : choisissez la reformulation dont le sens se rapproche le plus du (des) passage(s) souligné(s).

Question 68. Ce journaliste s'exprime avec beaucoup d'emphase.

(A) de gentillesse affectée
(B) d'aisance
(C) d'agressivité
(D) d'ennui
(E) d'exagération dans les termes employés

Question 69. Pour les fatalistes, on ne peut que subir les événements heureux ou malheureux qui affectent les moments de notre vie.

(A) caprices
(B) vicissitudes
(C) inconstances
(D) turpitudes
(E) variations

Question 70. Associer les expressions suivantes à leur définition :

1 : propos opportuns

2 : propos fabulateurs

3 : propos calomnieux

4 : propos démagogiques

A : propos mensongers qui attaquent la réputation

B : propos par lesquels on flatte et on exploite les passions des masses

C : propos qui conviennent dans un cas déterminé

D : propos imaginaires mais présentés comme réels par leur auteur

(A) 1D – 2A – 3B – 4C

(B) 1C – 2D – 3A – 4B

(C) 1C – 2B – 3A – 4D

(D) 1D – 2B – 3A – 4C

(E) 1C – 2D – 3B – 4A

Question 71. Parmi les cinq propositions ci-dessous, quel est le titre le plus approprié au texte suivant :

« Il n'y a que deux tables et six chaises, mais c'est devenu le café de la discorde à Pékin. Depuis qu'un minuscule café a été ouvert par une chaîne américaine dans l'enceinte même de la Cité interdite, l'ancienne résidence impériale située au cœur de la capitale chinoise, la polémique ne fait qu'enfler. Ce symbole d'américanisation et de mondialisation dans le lieu le plus emblématique de Pékin est très contesté : dans la presse comme sur Internet, de nombreux chinois crient au scandale et à l'infamie, à la grande surprise des administrateurs de la cité interdite, qui n'y voyait qu'une source de revenus. Le café a aussi ses défenseurs, appartenant à la petite élite chinoise mondialisée, qui se tourne vers le café, au détriment du thé, comme symbole de son nouveau statut, ouvert sur le monde ».

(A) La culture traditionnelle chinoise en voie de « macdonaldisation »

(B) Un café sacrilège dans la Cité interdite

(C) Une classe sociale privilégiée émerge à Pékin

(D) La cité interdite : entre thé et café

(E) Vivre et mourir en Chine

Question 72. (…) est à CHAUD ce que CHAUD est à (…)

(A)	BRULANT	FROID
(B)	CAFE	THE
(C)	SOLEIL	TEMPERATURE
(D)	ASTRE	ROUGE
(E)	TROPICAL	TEMPERE

Questions 73 et 74. Dans chacune des deux questions suivantes, découvrez les mots dont l'interversion pourrait rendre l'énoncé compréhensible (ne pas se soucier des modifications grammaticales que l'interversion des mots peut provoquer).

Question 73. « Les tsunamis débutent sous la forme d'éruptions à peine perceptibles à la surface de l'eau, provoquées par des séismes sous-marins ou des remous volcaniques. »

(A) tsunamis / remous
(B) perceptibles / provoqués
(C) éruptions / remous
(D) tsunamis / séismes
(E) séismes / remous

Question 74. « Avant tout travail, l'interviewer doit avoir une idée claire de ce qu'il ou elle attend du candidat en fonction des exigences de l'entretien envisagé »

(A) interviewer / candidat
(B) entretien / travail
(C) travail / idée
(D) attend / envisagé
(E) idée / exigence

Question 75. Lors d'une étude récente, on a constaté que lorsque l'enseignant (...) l'autonomie de son élève, ce dernier a tendance à perdre sa concentration durant le cours, sauf s'ils sont tous deux de même sexe. Face aux résultats de l'étude, (...) de découvrir que Dominique, (...), (...) une grande liberté, (...) de ce problème.

(A) favorise - Marie a été surprise - son étudiante - à laquelle elle accorde - ne souffre pas quant à elle

(B) favorise - Jacques n'a pas été surpris - son étudiante - à laquelle il accorde - souffre quant à elle

(C) ne favorise pas - Marie n'a pas été surprise - son étudiant - auquel elle n'accorde pas - ne souffre pas quant à lui

(D) ne favorise pas - Jacques n'a pas été surpris - son étudiant - auquel il n'accorde pas - souffre quant à lui

(E) favorise - Jacques a été surpris - son étudiante - à laquelle il accorde - souffre

Si vous avez terminé, vous n'êtes pas autorisé(e) à revenir sur une épreuve précédente.
Vous n'êtes pas non plus autorisé(e) à travailler sur une épreuve suivante avant la fin du temps imparti.

STOP !

TEST BLANC TAGE MAGE

SOUS-TEST 6 : LOGIQUE

2

15 questions / 20 minutes / Calculatrice interdite
Réponse juste : + 4 points / Réponse fausse : – 1 point
Aucune réponse : 0 point

Question 76.

			3496	
4858	5569	7747	?	9079
			2371	
			2555	
			7892	

(A) 8584 (B) 2644 (C) 8917 (D) 2229 (E) 6793

Question 77.

	VBJ			
	UAY			
	DZC			
BTY	?	DHW	FVU	CSX
	CXT			

(A) HDS (B) AEM (C) MYN (D) GDU (E) GYS

****
****

Question 78.

			21	
35	92	31	?	71
			32	
			18	
			25	

(A) 34 (B) 41 (C) 18 (D) 26 (E) 14

Question 79.

		HGC		
		KBE		
		BBN		
ROL	QNK	?	NKH	XUR
		APA		

(A) FGD (B) FKP (C) IFC (D) JEC (E) PLN

Question 80.

321	505	?	871	211
		312		
		832		
		520		
		936		

(A) 624 (B) 743 (C) 455 (D) 728 (E) 208

****
****

Question 81.

			RUW	
			GJL	
			ORT	
			NQS	
FMA	DOX	GLV	?	ARK

(A) DGI (B) ENW (C) HKM (D) PCH (E) ACE

Question 82.

352				
64				
208				
?	18	121	961	52
127				

(A) 61 (B) 103 (C) 73 (D) 144 (E) 46

Question 83.

	CY			
	RT			
	BV			
	GA			
CS	?	EP	XL	DO

(A) OQ (B) BH (C) NJ (D) NI (E) VX

****
****

Question 84.

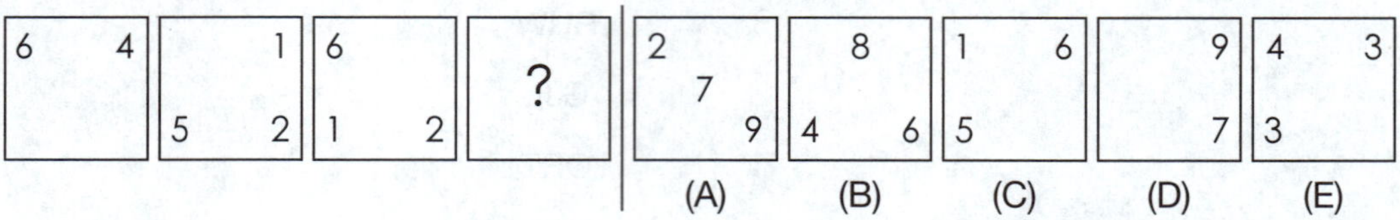

Question 85.

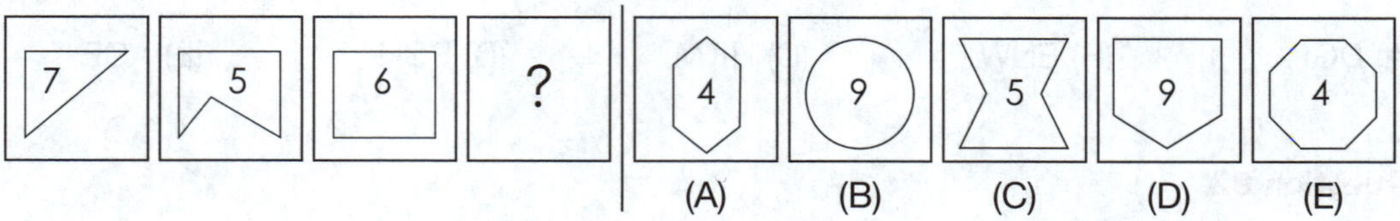

Question 86.

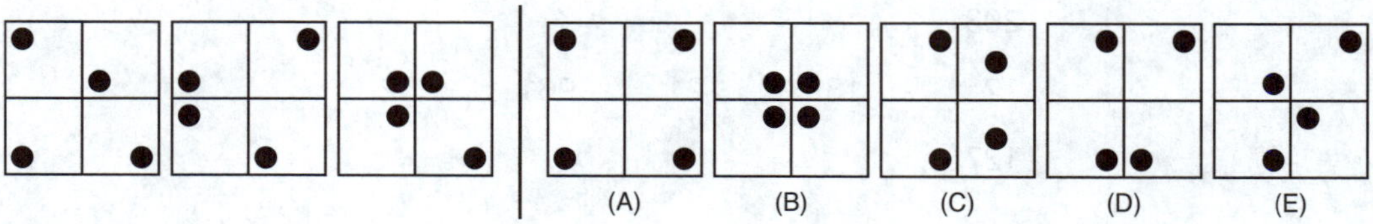

Question 87.

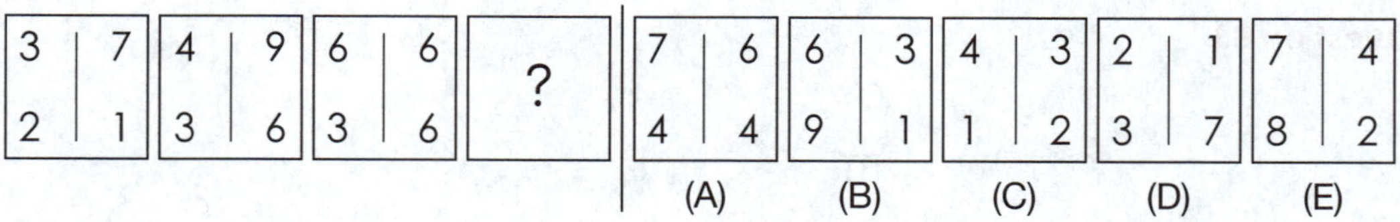

Question 88.

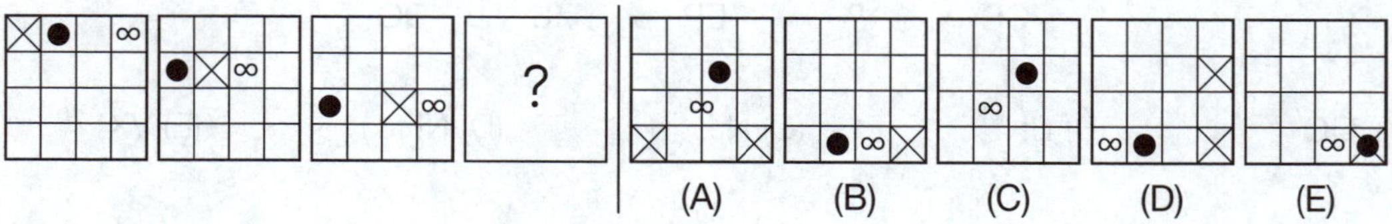

****
****

Question 89.

H8	S6	D2	?	T1	Q7	U4	T3	Q6
				(A)	(B)	(C)	(D)	(E)

Question 90.

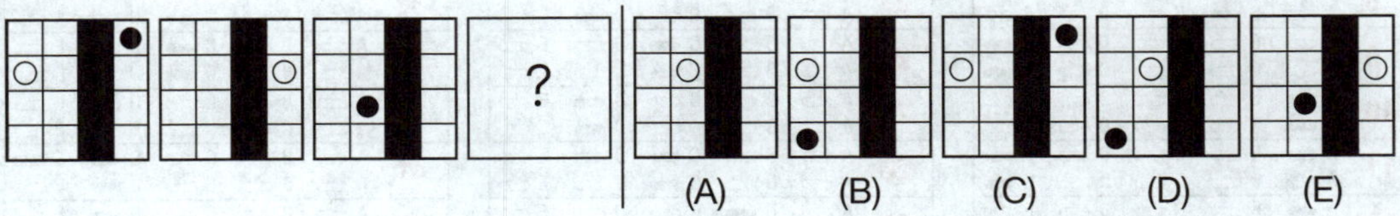

TEST TAGE MAGE 2 : VOTRE GRILLE DE REPONSES JUSTES

Sous-test 1 — Compréhension de textes

Question	Réponse
1	D
2	D
3	E
4	C
5	E
6	A
7	C
8	B
9	E
10	A
11	E
12	A
13	B
14	B
15	B

Sous-test 2 — Calcul

Question	Réponse
16	C
17	D
18	B
19	C
20	E
21	D
22	A
23	D
24	C
25	D
26	C
27	B
28	D
29	E
30	C

Sous-test 3 — Raisonnement/Argumentation

Question	Réponse
31	D
32	B
33	D
34	A
35	E
36	A
37	A
38	C
39	C
40	B
41	D
42	D
43	D
44	B
45	B

Sous-test 4 — Conditions minimales

Question	Réponse
46	B
47	B
48	D
49	D
50	D
51	E
52	B
53	D
54	B
55	B
56	C
57	E
58	C
59	E
60	C

Sous-test 5 — Expression

Question	Réponse
61	B
62	C
63	D
64	D
65	E
66	A
67	C
68	E
69	B
70	B
71	D
72	A
73	C
74	B
75	B

Sous-test 6 — Logique

Question	Réponse
76	E
77	C
78	E
79	C
80	A
81	C
82	E
83	B
84	E
85	A
86	D
87	C
88	B
89	D
90	D

CORRIGES 2

SOUS-TEST 1 : COMPREHENSION DE TEXTES

Question 1. Réponse D

Les autres techniques sont à l'état de projets : « S'il existe des projets industriels de valorisation des algues vertes, pour les transformer notamment en farines animales ou en biomatériaux, aucun n'a encore abouti. ».

Question 2. Réponse D

Les titres C et E sont trop pessimistes puisqu'ils évoquent soit une bataille « perdue » (titre C), soit un combat gagné par les algues (titre E). Le titre A n'explique pas que le phénomène revient chaque année et le titre B ne mentionne pas la Bretagne. Le titre D est donc le plus complet : il contient l'idée de lutte à l'issue incertaine, le nom de Bretagne, la périodicité du phénomène et le sujet principal : les algues vertes.

Question 3. Réponse E

Les propositions A et B sont justifiées par la phrase suivante : « leur décomposition entraîne en quelques jours la libération d'hydrogène sulfuré à l'odeur pestilentielle ». La mort du cheval (proposition D) est explicite : « il a entraîné la mort d'un cheval », ainsi que la baisse du tourisme (proposition C) : « ces marées vertes affectent le tourisme estival ».

Il est noté que les plages sont « souillées », mais il n'est pas dit qu'elles sont impropres à la baignade.

Question 4. Réponse C

La réduction des rejets (proposition 4) est un objectif, non une action.

Question 5. Réponse E

La réponse est explicite : « Quarante ans que cela dure ». Les algues vertes se sont donc développées dans les années 70.

Question 6. Réponse A

Les autres propositions contiennent le verbe « refuser » ou l'expression « ne voulait pas ». Si Madison avait refusé, la dette fédérale n'aurait pas vu le jour. Le titre A, lui, comporte le verbe « craindre », qui montre les réticences de Madison, réticences qui seront finalement levées, lors de ce souper.

Question 7. Réponse C

Le secrétaire au trésor est Hamilton et non Madison.

Question 8. Réponse B

La réponse est explicite pour la proposition 2 : « Aujourd'hui, la nation est le cœur de l'action politique, même si c'est un échelon devenu moins pertinent. Si nous ne parvenons pas à la dépasser, l'Union européenne sera condamnée à choisir entre deux voies : l'effilochage ou l'explosion ».

Pour la proposition 3, il faut comprendre les reproches formulés à l'égard des dirigeants européens actuels : « D'abord, il manque une vision. On imagine mal José Manuel Barroso recevant à dîner Hermann Van Rompuy et Jean-Claude Juncker pour prendre une telle décision, même s'ils en avaient le pouvoir, même s'ils sont tous trois présidents (Commission, Conseil, Eurogroupe) ».

Question 9. Réponse E

A et D ne reflètent pas l'esprit du texte : il ne s'agit pas, pour cet auteur, de louer le comportement des Etats-Unis, et d'abaisser les européens.

Le verbe « plaider » ne convient pas, il est beaucoup trop fort par rapport au ton du texte ; la proposition B n'est donc pas la bonne.

Le titre C n'est pas faux, mais il ne tient pas compte de la fin du texte, qui exprime les craintes de l'auteur sur l'avenir de l'Union européenne.

La proposition E est celle qui correspond le mieux au texte.

Question 10. Réponse A

La proposition 3 est fausse car l'expression « donner corps » est trop forte. Cela signifierait qu'avant la création de la dette fédérale, la constitution des Etats-Unis n'était qu'une coquille vide, ce qui est faux.

Question 11. Réponse E

La réponse est explicite : « la “culture *mainstream*” (films, livres, CD, jeux vidéo qui envahissent médias en tout genre et supermarchés) ».

Question 12. Réponse A

Toutes les autres propositions sont exactes.

B : « *Les cultures nationales se portent bien* ».

C : « Là réside l'intelligence commerciale des majors américaines : non pas vendre le même produit à travers la planète, mais le couler dans le moule de chaque pays ».

D : « La Chine ne délivrant chaque année qu'une vingtaine de visas de distribution aux films étrangers ».

E : « *la mondialisation ne s'est pas traduite par une destruction des cultures nationales* ».

Et nulle part, il est dit qu'Avatar est le symbole de l'impérialisme américain.

Question 13. Réponse B

La réponse est explicite : « 2,7 milliards de dollars de recettes ». Il ne faut pas confondre recette et bénéfice.

Question 14. Réponse B

La réponse est explicite : « *les programmes de télévision, pour l'essentiel, sont propres à chaque pays, il en va de même pour l'information, le marché publicitaire ou encore l'édition et l'industrie du disque* ».

Question 15. Réponse B

Aucun des résumés proposés n'est faux. Il faut donc trouver celui qui fournit le plus d'informations essentielles.

A est beaucoup trop partiel : il n'évoque ni les formats ni la résistance des cultures nationales. E explique que les « formats » sont créés uniquement pour contourner la censure, ce qui est entièrement exact.

C possède un champ lexical très agressif (« pernicieuse », « envahir »), qui ne reflète pas l'esprit du texte.

Le choix doit donc se faire entre B et D. Or, B est plus complet car il explique bien que les cultures nationales n'ont pas disparu. D se focalise sur le succès d'Avatar, qui n'est qu'un exemple.

SOUS-TEST 2 : CALCUL

Question 16. Réponse C

Classons les nombres du plus grand au plus petit :

$\frac{1}{2} > \frac{1}{3} > 0{,}3 \qquad \frac{1}{4} = 0{,}25 \qquad \frac{1}{5} = 0{,}2 \qquad \frac{1}{5} > \frac{1}{6} > \frac{1}{7}$

Parmi les fractions proposées, la plus proche de $\frac{1}{4}$ est $\frac{1}{5}$.

Question 17. Réponse D

Un grand classique de l'épreuve de calcul du Tage Mage qui convoque technique et bon sens.

Il faut appliquer ici le corollaire de la moyenne arithmétique formule :

Somme des termes = Moyenne × Nombre de termes.

On a donc :

- Somme des 6 nombres = 6 × 19,5 = 117
- Somme des 5 nombres = 5 × 21 = 105 (comprenez bien ici que lorsque l'on retire un des 6 nombres et bien il ne reste plus que 5 nombres dont la moyenne vaut 21).

Conclusion : la valeur du nombre que l'on a retiré est égale à :

Somme des 6 nombres – Somme des 5 nombres = 117 – 105 = 12

En effet, en soustrayant la somme des 5 nombres à la somme des 6 nombres on se retrouve bien avec le fameux nombre que l'on a retiré.

Question 18. Réponse B

Vous savez que le premier joueur n'a pas atteint l'anneau du milieu mais qu'il a tout de même marqué 43 points. Les deux autres cercles rapportent respectivement 5 et 7 points.

Aussi, si X le nombre de fléchettes lancées dans la zone 5 points et Y dans la zone 7 points alors, d'après l'énoncé : **5X + 7Y = 43.**

L'astuce ici est d'avoir recours aux critères de divisibilité. 43 n'est pas divisible par 5. Aussi, il y a au moins une fléchette dans la zone 7 points. Si tel était le cas, il resterait alors 36 points à répartir (43 – 7 = 36). Or, 36 n'étant pas non plus divisible par 5, c'est que deux flèches ont été tirées dans la zone 7 points. Reste donc 29 points à répartir. De même que précédemment, 29 n'est pas divisible par 5 et il y a donc eu au minimum 3 fléchettes tirées dans la zone 7 points. Il reste 22 points à répartir, une quatrième fléchette dans la zone 7 points est nécessaire. Les points restant à répartir sont au nombre de 15. 15 est divisible par 5, il aura donc tiré 4 fléchettes dans la zone 7 points et 3 fléchettes dans la zone 5 points (15/3 = 5). Réponse B.

Question 19. Réponse C

Ce type de question commence à gagner du terrain au Tage Mage. On vous parlera de probabilités mais il ne faudra pas vous en inquiéter plus que cela car la partie « matheuse » des probabilités ne sera pas au rendez-vous. Il sera en effet beaucoup plus question de logique et de bon sens.

Vous devez faire ici l'arbre de probabilités que voici :

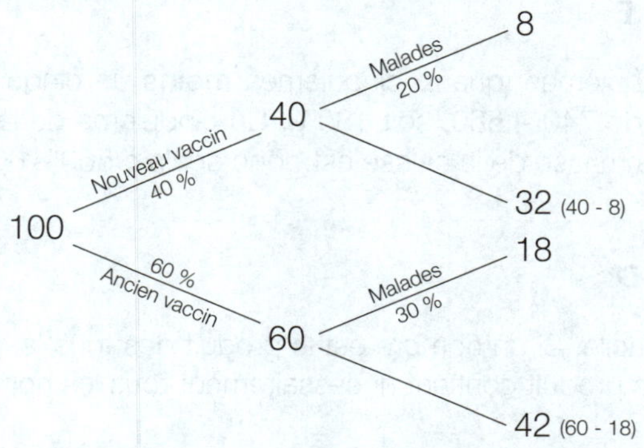

Dans un premier temps, ou bien on a reçu le nouveau vaccin, ou bien on a reçu l'ancien. Dans une seconde étape, on distingue ceux qui sont tombés malades et ceux qui ne sont pas tombés malades. Ainsi, parmi les 40 personnes (40 % de 100) qui ont reçu le nouveau vaccin, on comprend que 8 d'entre eux (20 % de 40) sont tombés malades et que, par conséquent, 32 d'entre eux (40 - 8) ne sont pas tombés malades.

L'énoncé nous dit qu'on prend une personne au hasard parmi les malades (imaginez par exemple une salle dans laquelle ils ont été isolés) et on nous demande alors de calculer la probabilité que cette personne ait reçu le nouveau vaccin. Et c'est là que ça peut se compliquer pour celles et ceux qui ne sont pas amis avec les probabilités… Ceci étant dit concentrez-vous car vous allez voir qu'il s'agit de beaucoup de bon sens.

En fait, on nous demande de calculer **un rapport** ici **entre** la probabilité de tomber sur quelqu'un qui a reçu le nouveau vaccin et qui est tombé **et** la probabilité d'être malade.

Calculer la **probabilité d'avoir reçu le nouveau vaccin puis de tomber malade** c'est plutôt facile. Il suffit de suivre l'arbre et de voir qu'il y en a **8 sur 100**, soit $\frac{8}{100}$ ou encore $\frac{4}{50}$ ou encore $\frac{2}{25}$ ou encore 0,08 peu importe (travaillez avec ce qui vous plaît - décimaux ou fractions).

Calculer la probabilité d'être malade peut constituer un piège pour certains d'entre vous. En effet, il faut comprendre ici qu'il y a deux façons d'être tombé malade : OU BIEN en ayant reçu le nouveau vaccin OU BIEN en ayant reçu l'ancien vaccin. En suivant l'arbre, cela nous donne : 8 sur 100 + 18 sur 100 soit 26 sur 100, soit 0,26 ou $\frac{13}{50}$ comme vous voulez.

En conclusion :

$$P = \frac{P_{\text{nouveau vaccin}} \times P_{\text{malade}}}{P_{\text{nouveau vaccin}} \times P_{\text{malade}} + P_{\text{ancien vaccin}} \times P_{\text{malade}}}$$

$$\text{Soit : } P = \frac{0{,}4 \times 0{,}2}{0{,}4 \times 0{,}2 + 0{,}6 \times 0{,}3} = \frac{0{,}08}{0{,}08 + 0{,}18} = \frac{0{,}08}{0{,}26} = \frac{8}{26} = \frac{4}{13}$$

Question 20. Réponse E

En ajoutant trois cinquièmes (quatre cinquièmes **moins** un cinquième) de la contenance, la masse augmente de 740 – 560, soit 180 g. Un cinquième de la contenance pèse donc 180/3 soit 60 g. Et la masse de la caisse est donc égale à 560 – 60, soit 500 g.

Question 21. Réponse D

C'est une question facile. Si un nombre est le produit des tous les entiers naturels compris entre 1 et 15 alors ce produit contient nécessairement tous les nombres premiers suivants : 2, 3, 5, 7, 11 et 13.

Testons les réponses.

- 84 est égal à 2 × 42 = 2 × 2 × 21 = **2 × 2 × 3 × 7**. Le produit **peut donc** être un multiple de 84.
- 65 est égal à 5 × 13. Pareil : le produit **peut être** un multiple de 65.
- 72 est égal à 2 × 36 = 2 × 2 × 18 = **2 × 2 × 2 × 3 × 3**. Pareil encore : le produit **peut être** un multiple de 72.
- 57 est égal à 3 × 19. Or comme 19 est un nombre premier qui n'appartient pas à la liste des nombres premiers compris entre 1 et 15, **il est impossible que** le produit soit un multiple de 57. Réponse D.

Question 22. Réponse A

Soit L le nombre de litres d'alcool que je dois ajouter afin d'obtenir une solution qui contient 30 % d'alcool.

- **Avant ajout d'alcool,** il y a 15 litres (15 % de 100) d'alcool dans la solution de 100 litres.
- **Après ajout de L litres d'alcool,** il y aura dans la nouvelle solution (15 + L) litres d'alcool dans une solution concentrée à 30 % d'alcool. On a donc l'égalité suivante : 15 + L = 0,3 × (100 + L) qui équivaut - en multipliant par 10 des deux côtés de l'équation - à l'égalité : 150 + 10L = 3 × (100 + L), soit après simplification : 7L = 150 et $L = \frac{150}{7}$ litres.

Question 23. Réponse D

Voici une bien jolie question. Il faut bien lire l'énoncé. Évidemment, que l'on se serre la main, qu'on s'embrasse ou qu'on se salue d'un simple bonjour, tout cela revient au même : il s'agit à chaque fois de *salutations*.

- On compte d'abord les salutations que les hommes se font entre eux. Si h est le nombre d'hommes, alors on a : $\frac{h \times (h - 1)}{2}$ salutations.
- On compte ensuite les salutations que les femmes se font entre elles. Si f est le nombre d'hommes, alors on a : $\frac{f \times (f - 1)}{2}$ salutations.
- On compte enfin les salutations que les hommes et les femmes se font entre eux et, là, il y en a : $\boldsymbol{h \times f}$ (en effet, s'il y a par exemple 4 hommes et 2 femmes, les 4 hommes saluent chacun 2 femmes ce qui nous fait bien $h \times f = 4 \times 2 = 8$ salutations). Sachez toutefois que cette information ne nous servira à rien ici. Il arrive parfois au Tage Mage que les concepteurs glissent une information qui n'est pas utile mais c'est quand même assez rare.
- Et on sait aussi qu'il y a deux fois plus d'hommes que de femmes, ce qui nous donne : $\boldsymbol{h = 2f}$

Il ne nous reste plus qu'à tester nos réponses.

Si c'est la réponse C, alors on a 6 personnes et plus précisément : 4 hommes et 2 femmes puisque l'on sait que $h = 2f$. Or, si $h = 4$, alors on a $\frac{4 \times 3}{2} = 6$ salutations entre les hommes et $\frac{2 \times 1}{2} = 2$ salutations entre les femmes. **Ce qui ne nous donne pas** 18 marques de salutations. Ce n'est donc pas la bonne réponse et il nous faut plus de personnes.

Conclusion, c'est la réponse D : 9 personnes ($h = 6$ et $f = 3$), car la réponse E est tout bonnement impossible. On ne peut en effet avoir 11 personnes sachant que les hommes sont deux fois plus nombreux que les femmes...

Question 24. Réponse C

C'est une question difficile et toute la difficulté ici est de bien choisir l'inconnue.

Soit X le nombre de femmes présentes à la soirée dansante.

- La première femme, Shayna, a dansé avec **7**, soit **6 + 1** hommes
- La seconde femme, Gaëlle a dansé avec **8**, soit **6 + 2** hommes.
- La troisième femme, Danielle a dansé avec **9**, soit **6 + 3** hommes.
- ...
- La Xe fille, Nathalie, a dansé quant à elle avec **6 + X** hommes.

Sachant qu'il y a X femmes et 6 + X hommes, nous avons donc l'équation :
X + (6 + X) = 20 ; soit 2X + 6 = 20, soit encore 2X = 14, soit X + 7.

Conclusion : il y a **7 femmes et 13** (20 - 7) **hommes**.

Bon, bon, bon, c'est bien joli cette résolution mathématique à force de X et d'équations. Mais de vous à nous, n'y avait-il pas moyen d'aller beaucoup plus vite en testant les solutions ? La réponse est oui bien sûr !

Regardez. Si on teste la réponse C, cela veut dire qu'il y 13 hommes et donc 20 - 13 = 7 femmes.

Et maintenant on vérifie.

- La première femme a dansé avec 7 hommes
- La deuxième a dansé avec 8 hommes
- La troisième a dansé avec 9 hommes
- La quatrième a dansé avec 10 hommes
- La cinquième a dansé avec 11 hommes
- La sixième a dansé avec 12 hommes
- La **septième** a dansé avec **13** hommes… CQFD :) 7 femmes, 13 hommes ! La réponse C est donc la bonne réponse.

Retenez donc bien que la méthode qui consiste à tester les solutions est toujours très efficace pour venir à bout des questions qui sont à première vue les plus délicates.

Question 25. Réponse D

Soit X la part de Jean et Y la part de Jacques. À leur majorité, Jean et Jacques vont percevoir, chacun, une somme identique. La part de Jean va être capitalisée pendant deux ans, et celle de Jacques pendant un an :

$(1 + 20\ \%)^2$ X = (1 + 20 %) Y ⇔ (1,2)2 X = 1,2 Y ⇔ **1,2 X = Y** (on a simplifié par 1,2 à gauche comme à droite de l'équation).

Or comme les deux parts sont issues du partage des 44 000 €, on a donc aussi l'équation : **X + Y = 44 000**.

On a donc deux équations :

(1) 1,2 X = Y

(2) X + Y = 44 000

On remplace Y par 1,2 X dans la deuxième équation, ce qui nous donne :

X + 1,2 X = 44 000, soit 2,2 X = 44 000, soit 22 X = 440 000, soit encore : $X = \frac{440\ 000}{22} =$ 20 000 €.

En conclusion : X = 20 000 € et Y = 24 000 €. La différence entre la part de Jacques et celle de Jean est donc égale à 4 000 €.

Question 26. Réponse C

Faisons un arbre de probabilités !

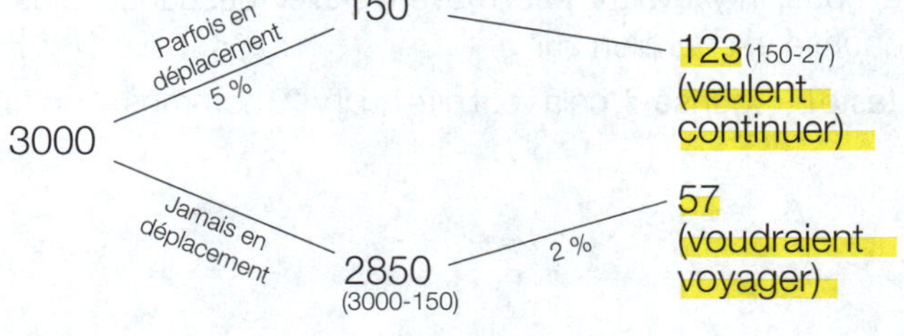

Comme vous le voyez tout y est bien résumé. Ainsi, si l'on choisit un employé au hasard, et bien la probabilité qu'il veuille faire des déplacements est égale à $\frac{(123 + 57)}{3000}$ soit $\frac{180}{3000}$ soit $\frac{18}{300}$ soit encore $\frac{6}{100}$ (on a divisé le numérateur et le dénominateur par 3), soit enfin… 0,06. Réponse C.

Question 27. Réponse B

On teste les réponses. Et on commence comme d'habitude par la C.

Si j'ai 7 chats, alors j'ai 7 × 4 = 28 pattes et 7 langues et j'ai donc 21 (28 - 7) pattes de plus que de langues. C'est trop !

Je teste donc une réponse plus petite - disons la B - et j'ai alors 6 chats. Cela me donne : 6 × 4 = 24 pattes et 6 langues et j'ai bien 18 pattes de plus que de langues :) La réponse B est donc la bonne réponse.

Question 28. Réponse D

Une question facile… Comme il y en a toujours au Tage Mage ne l'oubliez pas !

Le triathlon est composé de trois étapes.

1 → $\frac{3}{4}$

1 → $\frac{1}{5}$

1 → $1 - \frac{3}{4} - \frac{1}{5} = \frac{1}{20}$ (2 km)

La dernière étape, la nage, représente $\frac{1}{20}$ du parcours. Or on sait que ces $\frac{1}{20}$ représentent 2 kilomètres. En conclusion, le nombre total de kilomètres de ce triathlon est égal à 2 km × 20 = 40 kilomètres.

Question 29. Réponse E

Soit X l'âge des triplés. L'âge des jumeaux est donc égal à X - 3.
Aussi, la somme des âges des 5 frères est égale à : 3X + 2(X - 3) soit 3X + 2X - 6, soit **5X - 6**.
Si on teste les réponses à présent, on comprend assez vite que l'on est face à une question qui convoque les inconnues entières. En effet, si la bonne réponse est la A par exemple, 88, alors cela signifierait que 5X - 6 = 88, soit 5X = 94, soit X = 94/5 : un nombre qui n'est pas un entier naturel. Or il est indispensable que X, qui représente un âge, soit un nombre entier !

En testant les réponses une à une et dans l'ordre - oui dans l'ordre car le concepteur a eu la bonne idée de ne pas classer les réponses dans l'ordre mais bon ce n'est pas ça qui va nous effrayer - on conclut que la bonne réponse est la E : 89. En effet, 5X - 6 = 89 donne 5X = 95, soit X = $\frac{95}{5}$, un nombre qui est bien un entier naturel !

Question 30. Réponse C

Une question plutôt difficile pour terminer.

Au centre de l'étoile, les 5 angles (1, 2, 3, 4 et 5) totalisent 360° (vous savez en effet que si l'on fait le tour complet d'un cercle, on obtient 360°).

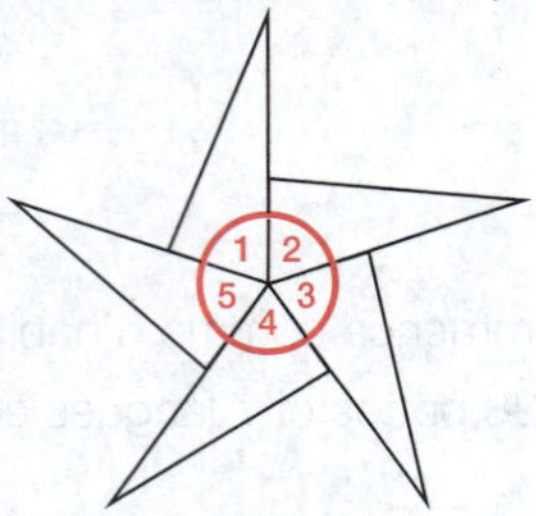

Ainsi comme tous ces angles sont égaux, l'angle d'un triangle au centre de l'étoile mesure $\frac{360°}{5} = 72°$. Et comme on sait que la somme des angles d'un triangle vaut 180° et que nous avons des triangles rectangles, on en déduit que le plus petit des angles d'un des triangles qui forme l'étoile vaut **180° - 90° - 72° = 18°**.

En conclusion, il est possible de juxtaposer $\frac{360°}{18°} = 20$ triangles en réunissant les sommets des plus petits angles. Et cela nous donne d'ailleurs la jolie figure suivante :

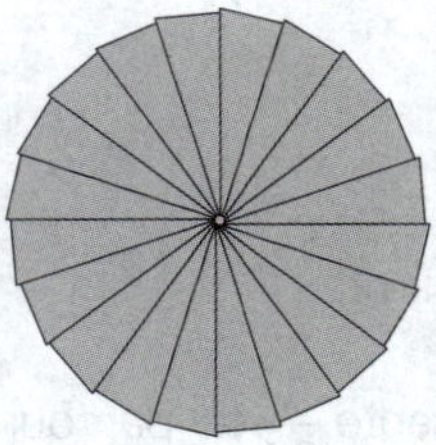

SOUS-TEST 3 : RAISONNEMENT – ARGUMENTATION

Question 31. Réponse D

L'hypothèse des psychologues est que « le délinquant juvénile est plus susceptible que les jeunes de la population générale de devenir un sociopathe diagnostiqué à l'âge adulte ». La raison donnée pour soutenir l'hypothèse des psychologues est que «la punition à un jeune âge favorise le comportement antisocial».

Une façon de renforcer un argument est de montrer que les prémisses sur lesquelles l'argument est fondé sont en effet valables. Le choix de la réponse D fait cela en suggérant que la durée du séjour d'un mineur en prison est liée à la probabilité qu'un mineur délinquant devienne un sociopathe diagnostiqué plus tard dans sa vie.

Si vous avez choisi la réponse A : ce choix fournit des statistiques qui suggèrent que parmi les adultes diagnostiqués comme sociopathes, ceux qui étaient des délinquants juvéniles sont beaucoup plus nombreux que ceux qui n'étaient pas des délinquants juvéniles. Ce choix de réponse ne fait que confirmer ce que les psychologues ont déjà déclaré. Il n'appuie pas la relation causale que l'auteur suggère qui existe entre la délinquance juvénile / la punition et le comportement antisocial plus tard dans la vie.

Si vous avez choisi la réponse B, n'oubliez pas que la simple existence d'une corrélation similaire ne renforce pas la corrélation originale.

Si vous avez choisi la réponse C, vous manquez le fait que la portée de la conclusion ici se rapporte au diagnostic de sociopathie plus tard dans la vie. Le choix de la réponse C suggère simplement qu'il y a une corrélation entre la détention dans une prison de mineurs pendant qu'on est jeune et le comportement antisocial plus tard dans la vie. Le seul fait que les deux facteurs soient en corrélation ne signifie pas pour autant que l'un est la cause de l'autre. Un autre facteur pourrait avoir été responsable du comportement antisocial exposé plus tard dans la vie. Le choix de la réponse D est donc le meilleur.

Question 32. **Réponse B**

Stéphane fait du vélo à un niveau amateur, et il ne fait pas de natation puisqu'il a horreur de l'eau. Comme il ne sait pas servir au tennis, il ne pratique pas non plus ce sport à un niveau compétition. On en déduit que Stéphane fait du ski alpin au niveau compétition.

Question 33. **Réponse D**

Avec ce que dit Vera, on comprend que le nombre d'enfants dans sa famille est pair. En effet si $\mathbf{S_v}$ est le nombre de sœurs de Vera, alors il y a $\mathbf{S_v + 1}$ filles et $\mathbf{S_v + 1}$ garçons soit $\mathbf{2S_v + 2}$ enfants. Ainsi, il ne peut y avoir 13 enfants dans la famille de Pierre et Vera et on élimine la réponse C.

Soit $\mathbf{S_m}$ le nombre de sœurs de Manon et $\mathbf{F_m}$ le nombre de frères de Manon.

Alors : $\mathbf{F_m = S_m - 2}$. On sait en outre que Léo a $S_m + 1$ sœurs et $F_m - 1$ frères.

Avec ce qu'il dit, on en déduit que $\mathbf{S_m + 1 = 2(F_m - 1)}$. Après résolution de ce petit système d'équations soulignés de rien du tout, on trouve : $\mathbf{S_m = 7}$ **et** $\mathbf{F_m = 5}$.

On élimine les réponses A et B.

Enfin, soit $\mathbf{S_p}$ et $\mathbf{F_p}$ les nombres respectifs de sœurs et de frères de Pierre.

On a : $\mathbf{S_p + F_p = 13}$ et $\mathbf{F_p + 1 = (S_p' - 1) + 1}$, ce qui nous donne : $\mathbf{S_p = 7}$ **et** $\mathbf{F_p = 6}$.
D'où la réponse D.

Question 34. **Réponse A**

L'énoncé nous dit que Charles est moins intelligent que Bastien qui est lui-même moins intelligent qu'Armand : ce dernier est donc le plus intelligent. De même, on sait qu'Armand est plus ennuyeux que Charles et que Bastien, donc on devine qu'Armand est le conférencier le plus ennuyeux. Ainsi Armand est à la fois le plus ennuyeux et le plus intelligent.

Question 35. Réponse E

« **Bien qu**'il connaisse parfaitement… » nous oblige ici à retenir la réponse E comme supposition **sous-entendue**.

Question 36. Réponse A

– Supposons qu'Alexandre joue de la guitare.

Dans ce cas Charles joue du piano, ce qui implique que Bruno joue de la guitare ce qui déclenche que Charles joue de la guitare. Cette situation est impossible car il n'y a que 2 guitares. On conclut qu'Alexandre ne joue pas de guitare. **La I est vraie.**

– Supposons que Bruno ne joue pas de guitare.

Dans ce cas Alexandre ne joue pas de piano et Charles ne joue pas de piano. Or si Charles ne joue pas de piano, alors Alexandre ne joue ni de la batterie ni de la guitare. Comme on sait déjà qu'Alexandre ne joue pas de piano, cela signifie qu'Alexandre ne jouerait pas. Cette supposition est donc fausse donc Bruno joue de la guitare. **La II est vraie.**

– Supposons que Charles joue du piano.

Alors Bruno joue de la guitare. Alors Charles joue de la guitare. Contradiction. Donc Charles ne joue pas du piano. **La III est vraie.**

– Supposons que Charles ne joue pas de guitare.

Dans ce cas, Bruno ne joue pas de guitare donc Charles ne joue pas de piano et donc enfin Alexandre ne joue pas de guitare. Cette sitation est impossible car il doit y avoir au moins 1 joueur de guitare au vu du nombre d'instruments disponibles. Donc Charles joue de la guitare. **La IV est fausse.**

Rappel : $A \Rightarrow B \equiv \overline{B} \Rightarrow \overline{A}$

Question 37. Réponse A

La face blanche partage une arête commune avec la bleue et la jaune (c'est Paul qui l'a dit.) La seule face avec laquelle la blanche ne partage pas d'arête commune (autrement dit la face opposée à la blanche) est la rouge.

Question 38. Réponse C

Nous sommes face ici à une question longue et nul doute que certains d'entre vous ont baissé les bras et renoncé à la traiter. C'est dommage car il s'agissait pourtant d'une question assez facile vu que l'on vous demandait l'affirmation qui *reflétait* la position du philosophe Levinas… On vous demandait autrement dit de paraphraser en quelque sorte ce qui était dit dans le texte. La réponse C apparaissait alors comme **la meilleure des réponses** proposées. Et je dis bien la meilleure des réponses car elle n'était à l'évidence pas parfaite dans sa formulation mais elle n'en demeurait pas moins la meilleure par comparaison avec les quatre autres réponses proposées.

Ceux qui ont répondu ici la réponse B ont été vite en besogne. Si la première partie de la réponse était acceptable – quoique biaisée avec le terme *persuadé* – la seconde partie de la réponse (*peu importe la réponse qu'on donne à ses questions*) était en contradiction avec le texte.

N'oubliez jamais que ce qui compte en argumentation, c'est de trouver la meilleure réponse… pas la réponse parfaite.

Question 39. **Réponse C**

Nous cherchons ici la seule affirmation qui puisse être vraie, ce qui peut également revenir à **montrer que les 4 autres affirmations sont fausses**. Souvenez-vous que le Tage Mage est un QCM et qu'une seule et unique est juste, et que par conséquent toutes les autres sont forcément fausses.

La première affirmation est fausse, puisque l'énoncé précise que Clotaire est le neveu de Gérard.

D'après l'énoncé, Charles qui est le cousin de Clotaire est donc soit le fils soit le neveu de Gérard. Or Clotaire est également le cousin de Paulette, donc celle-ci ne peut être que la fille ou la nièce de Gérard, mais en aucun cas sa cousine. La deuxième affirmation est également erronée.

Charles est le cousin de Clotaire et de Paulette, donc celle-ci peut être la sœur de Clotaire (elle a un frère d'après l'énoncé). La troisième affirmation **peut donc être vraie**.

Question 40. **Réponse B**

Vous remarquez déjà que les couples de mots de la série proposée dans l'énoncé contiennent à chaque fois le même nombre de lettres.

Ensuite, vous remarquez que dans chaque couple, les premières et dernières lettres des premiers mots sont les mêmes que les dernières et premières lettres des deuxièmes mots.

Enfin, et c'est cela qui était remarquable ici, les première et dernière lettres des mots se suivent avec saut d'une lettre :

NOUVEL – LARCIN ⇒ **N______L – L______N** (LmN / NmL)

Question 41. **Réponse D**

La théorie de l'escalade obligatoire exprime l'aggravation d'une situation personnelle.

Dans les réponses A et E, ce sont des populations qui voient leur situation empirer, et non des individus. Les réponses B et C expriment une conséquence directe liée à un acte. En revanche, la réponse D traduit une situation personnelle qui empire. C'est donc la bonne réponse.

Question 42. Réponse D

Partons des solutions. Si Pierre-Michel attrape 8 chaussures, il n'est pas sûr qu'il puisse chausser deux chaussures symétriques. En effet, **dans le pire des cas**, il attrape 8 chaussures gauches ou 8 chaussures droites. On élimine donc les réponses A et B. On comprend alors que s'il prend 9 chaussures, il est sûr qu'il pourra chausser deux chaussures symétriques : la 9e chaussure attrapée trouvera toujours une chaussure avec laquelle elle pourra se marier.

Ensuite, concernant le nombre de chaussettes, là encore dans le pire des cas, s'il prend 3 chaussettes, celles-ci peuvent être : 1 chaussette noire, 1 chaussette grise et 1 chaussette bleue marine. En en prenant 4, Pierre-Michel est en revanche sûr de se retrouver avec une paire de même couleur.

Conclusion : Pierre-Michel doit prendre au minimum 9 chaussures et 4 chaussettes s'il souhaite chausser deux chaussures symétriques et deux chaussettes de même couleur.

Question 43. Réponse D

Vous conviendrez **qu'un dimanche « pair » est forcément suivi d'un dimanche « impair »** (si l'on est dimanche 14 février (PAIR) alors le dimanche suivant est le 21 (IMPAIR) février (+7 jours)) et qu'un dimanche « impair » est forcément suivi d'un dimanche « pair ».

Si un mois a comporté **3 dimanches « pair »**, cela implique qu'il a comporté **5 dimanches en tout**. Or ceci n'est possible que si le premier dimanche était le 2 du mois, et les dimanches suivants les 9, 16, 23 et 30. Le 20 du même mois était donc un **jeudi** !

Question 44. Réponse B

Le texte tend à montrer que la proportion de décès en randonnée, bien que moindre comparée à celle relevée en haute montagne, reste importante. La randonnée serait donc dangereuse (dans une certaine mesure). La réponse B va dans ce sens, en mettant en exergue le risque **potentiel** qui existe lors d'une randonnée.

Question 45. Réponse B

La combinaison de l'affirmation 1 et 2 permet de dire ceci : si tu bois de l'eau, tu ne recevras pas de cadeaux.

L'utilisation du « seul » dans le troisième postulat indique que pour être joyeux, il faut obligatoirement recevoir des cadeaux. Et inversement, on ne peut être joyeux sans recevoir de cadeaux.

Si je bois de l'eau, je ne serai pas joyeux.

SOUS-TEST 4 : CONDITIONS MINIMALES

Question 46. Réponse B

L'information (1) est insuffisante : il arrive parfois qu'un fils décède avant son père. Savoir que Jean meurt en premier n'indique donc pas forcément qu'il est le père. Il est impossible de répondre de façon ferme à la question.

L'information (2), en revanche, est suffisante : Jean était déjà en France quand Arthur est né, il est donc né avant Arthur, et est par conséquent son père ! L'information permet donc de répondre de façon ferme à la question. Réponse B.

Question 47. Réponse B

L'énoncé introduit deux inconnues : G et F, représentant respectivement le nombre de garçons et de filles dans la classe. G et F sont donc des nombres entiers compris entre 0 et 40. On vous donne également une équation liant ces deux inconnues : G + F = 400.

Information (1) : tout ce que nous dit cette information est que G > F, ce qui est clairement insuffisant. On peut par exemple avoir G = 21 et F = 19 ou G = 39 et F = 1. Donc vous pouvez éliminer les réponses A et D et garder les réponses B, C et E.

Information (2) : ici on vous introduit une nouvelle équation liant F et G. Ecrivons-la pour vérifier qu'elle est bien indépendante de celle de l'énoncé : G – 4 = F.

On est bien face à une nouvelle équation, indépendante de la première et on peut donc trouver la valeur de F : l'information (2) est suffisante. On garde la réponse B.

Question 48. Réponse D

Avant augmentation : le produit A vaut A €.
Après augmentation : le produit A vaut 1,2 × A €.

Avant baisse : le produit B vaut B €.
Après baisse : le produit B vaut 0,95 × B.

On sait en outre qu'avant variation de prix, A € = B € (lisez bien votre énoncé !).

On cherche 0,95 × B €.

Information (1) : suffisante.
Comme A = B, on peut écrire que 1,2 × A – 0,95 × B = 1,2 × A – 0,95 × A = 0,25 × A.
L'information nous dit ensuite que 0,25 × A = 30. On peut donc trouver A et par conséquent B et finalement 0,95 × B.

Information (2) : suffisante également.
Si on sait que 1,2 A = 144 alors on trouve A et si on trouve A, on trouve B (qui vaut A) et on trouve donc aussi 0,95 × B.

Question 49. Réponse D

L'énoncé nous permet d'écrire (avec A le nombre de voitures A vendues et B le nombre de voitures B vendues) que A + B = 25.

Information (1) : cette information nous permet de trouver le nombre de voitures de modèle A vendues par le garage ce mois-ci. En effet, en utilisant la technique du barycentre, on sait premièrement que le nombre de voitures A vendues est supérieur au nombre de voitures B vendues (la moyenne étant plus proche de 6 000 que de 11 000) et on sait aussi que l'écart entre 8 000 et 11 000 est de 3 000 et que l'écart entre 8 000 et 6 000 est de 2 000. Autrement dit, il y a une tension de 3 000 pour 2 000 entre le nombre de voitures vendues, soit encore une tension (ou un rapport) de 3 pour 2. Il y a donc 15 voitures de modèle A qui ont été vendues et 10 voitures de modèle B. On garde les réponses A et D.

Information (2) : cette information nous permet d'écrire que :
6 000 × A + 11 000 × B = 200 000

Si on associe cette équation à celle fournie par l'énoncé (A + B = 25), on se retrouve avec un système de deux équations à deux inconnues et on trouve donc sans souci les valeurs respectives de A et de B. Réponse D.

Question 50. Réponse D

Le code de mon appartement est constitué de quatre chiffres distincts qui forment une série croissante (a, b, c, d). Quel est ce code ?

(1) La somme des quatre chiffres est égale à 11.

(2) Le produit des quatre chiffres est égal à 30.

Information (1) : ici, une série croissante signifie simplement que $a < b < c < d$.
Si la somme $a + b + c + d$ vaut 11, alors on ne peut avoir que 1 + 2 + 3 + 5 = 11. Toute autre combinaison est impossible car, souvenez-vous, les quatre chiffres sont distincts.
L'information (1) est donc suffisante. Le code est (1, 2, 3, 5). On garde les réponses A et D.

L'information (2) est également suffisante. On sait que 30 = 2 × 15 = 2 × 3 × 5 = 1 × 2 × 3 × 5. Le seul code possible est donc là aussi (1, 2, 3, 5). Réponse D.

Question 51. Réponse E

L'énoncé nous dit que Z = 3 × 5 × 11 × N = 165 × N. Aussi, comme Z est un nombre à trois chiffres, on a forcément N = 1, 2, 3, 4, 5 ou 6 et c'est tout.
Autrement dit Z = 165, 330, 495, 660, 825 ou 990. Et comme on sait en outre que le chiffre des dizaines de Z est égal à la somme des centaines et des unités de Z, on en déduit que Z ne peut plus valoir que 1**6**5, 3**3**0 4**9**5 ou 9**9**0.

Information (1) : insuffisante. On retient en effet Z = 165 ou 495 et on ne peut donc fournir une réponse unique à la question posée. On garde les réponses B, C et E.

Information (2) : insuffisante. Deux valeurs de Z conviennent en effet : **16**5 et **49**5. On garde les réponses C et E.

Ensemble, on a encore deux réponses possibles : 165 et 495. Réponse E.

CORRIGÉS TEST BLANC 2

Question 52. Réponse B

L'information (1) n'est pas suffisante.

- Si N = 17 alors N – 1 = 16 est pair et N est premier.
- Si N = 21 alors N – 1 = 20 est pair mais N n'est pas premier.

L'information (2) est en revanche suffisante. Dire que N n'admet que deux diviseurs est précisément la définition d'un nombre premier. Un nombre premier est en effet un entier naturel qui admet seulement deux diviseurs distincts entiers et positifs : 1 et lui-même.

On garde la réponse B.

Question 53. Réponse D

S et T sont des entiers naturels différents de 0. Est-ce que S = T ?

(1) $ST = T^2$

(2) $S^2 = T^2$

Information (1). Comme T est différent de 0, on peut diviser par T à gauche et à droite du signe égal de l'équation. Cela nous donne : S = T et on peut donc répondre oui à la question posée. On garde les réponses A et D.

Information (2) : suffisante également. Comme S et T sont des entiers naturels, ils sont donc positifs. Ainsi si $S^2 = T^2$ alors on a S = T ou - S = - T et dans les deux cas, S = T bien sûr.

Réponse D.

Question 54. Réponse B

Information (1) : Insuffisant. Alain peut avoir doublé Jacques plus de fois que Paul, ce dernier peut néanmoins lui avoir passé devant peu avant la fin de la course : on ne peut rien conclure.

Information (2) : Suffisant. Si en doublant Alain, Jacques double Paul dans le même temps, c'est donc qu'Alain est devant Paul. La tournure de la phrase (Jacques aurait fini) indique que cette situation ne s'est pas produite : Alain est devant Paul, lui-même immédiatement suivi par Jacques.

Question 55. Réponse B

A et B sont des entiers non nuls et A et B sont pairs.

Nous cherchons ici à vérifier si le produit A × B est divisible par 24, c'est-à-dire s'il existe un entier R tel que : A × B = **R** × 24.

Avant de passer à l'étape suivante, pensez bien à exploiter au maximum les informations fournies par l'énoncé. Ici on vous dit que A et B sont pairs. Autrement dit, A et B sont tous deux divisibles par 2. Or nous vous rappelons que si A et B sont divisibles respectivement par C et D, alors le produit A × B est divisible par C × D. Dans notre cas on sait donc à présent que le produit A × B est divisible par 2 × 2 = 4.

Tout cela pour dire que la seule chose qu'il reste à vérifier est que le produit A × B est aussi (ou non) divisible par 6 : car s'il l'est, alors il sera bien divisible par 4 × 6, autrement dit par 24.

Information (1) : attention à ne pas vous laisser tromper par le nombre 24 ! Ici, tout ce que vous dit cette information est que : $\frac{(A + B)}{2} = 24$ soit A + B = 48.

Cas 1 : A = 2 et B = 46. On vérifie bien que A + B = 48. En revanche A × B = 92 n'est pas divisible par 24. On répond non à la question.

Cas 2 : A = 24 et B = 24. On a bien là aussi A + B = 48. Et on a A × B = 24 × 24 qui est bien sûr divisible par 24. On répond donc oui à la question. L'information (1) est par conséquent insuffisante car nous ne sommes pas en mesure de fournir une réponse ferme à la question qui nous est posée. On garde les réponses B, C et E.

Information (2) : on peut traduire cette information en disant qu'elle signifie exactement que B est divisible par 12. Or A est pair et est donc divisible par 2. Ainsi, d'après ce qui a été, vous en déduisez aisément que le produit A × B est divisible par 2 × 12, autrement dit par 24. L'information (2) est donc suffisante et on garde la réponse B.

Question 56. Réponse C

L'information (1) nous dit que $100 \times P_v + 100 \times P_w = 2{,}2$ millions avec P_v le prix moyen de production de V et P_w le prix moyen de production de W. Cette information est bien sûr insuffisante.

L'information (2) nous dit que $P_v = P_w + 2\ 000$. Seule, cette information est également insuffisante pour trouver P_v.

En revanche, ensemble, nous obtenons deux équations à deux inconnues que l'on peut résoudre pour trouver les valeurs uniques et respectives de P_v et P_w. Réponse C.

Question 57. Réponse E

Information (1) : Insuffisant. On ne connaît pas la taille des garçons.

Information (2) : Insuffisant. Jonas peut avoir sa mère, des frères ou des sœurs plus grands que lui.

Ensemble : Insuffisant. Si toutes les filles et le père sont plus petits que Jonas, il peut néanmoins avoir d'autres frères plus grands que lui. Sans détails supplémentaires sur la famille Didier, on ne peut rien répondre.

Question 58. Réponse C

Information (1) : insuffisante.
Le fait que B est divisible par 5 *et* par 2 ne nous assure pas la divisibilité de B par 70. Cela nous assure en revanche que B est divisible par 10 (5 × 2).
Ainsi B = 100 est divisible par 5 *et* par 2 mais n'est pas divisible par 70 et B = 70 est divisible par 10 et par 70.

Information (2) : insuffisante.
Le fait que B est divisible par 2 *et* 7 ne nous assure pas la divisibilité de B par 70. Cela nous assure en revanche que B est divisible par 14 (2 × 7). Ainsi B = 28 est divisible par 2 *et* 7 mais pas par 70, alors que B = 70 est divisible par 14 et par 70.

Considérées ensemble, les deux informations nous permettent de répondre à la question. En effet, si B est à la fois divisible par 2, 5 et 7, alors B est nécessairement divisible par 70 (2 × 5 × 7).

Question 59. Réponse E

Vous êtes ici en présence de trois inconnues : P, B et M, représentant les poids respectifs (en kg) de pamplemousses, bananes et mangues achetées par la cliente. On cherche la valeur de M.

Ayant les prix au kg de chaque fruit, notez que vous pourrez ensuite calculer la valeur demandée en trouvant la valeur de M que vous multiplierez par 2,1.

On vous donne également une équation liant les trois inconnues :

$1{,}6 \times P + 1{,}4 \times B + 2{,}1 \times M = 11{,}5$

Information (1) : l'information donne une équation liant P et M : $1{,}6 \times P + 2{,}1 \times M = 8{,}7$. Difficile avec cette seule information de conclure quant à la valeur de M : même combinée avec l'équation de l'énoncé, elle ne peut que nous permettre de trouver la valeur de B. Elle est donc insuffisante et les réponses A et D doivent être écartées.

Information (2) : cette information est beaucoup trop imprécise et elle est donc insuffisante car elle ne nous permet en rien. De trouver le montant consacré aux mangues. On garde les réponses C et E.

Ensemble, nous ne sommes pas mieux avancés et on garde donc la réponse E.

Question 60. Réponse C

Soit x : la somme d'argent en euros que possède Aram.
Soit y : la somme d'argent en euros que possède Franck.

Nous cherchons la valeur de $x + y$.

Information (1) : insuffisante.
$x = 2y$: une équation… deux inconnues. On garde B, C et E.

Information (2) : insuffisante.
$x = y + 200$: là encore, une équation… deux inconnues. On garde C et E.

Ensemble, les deux informations nous invitent alors à considérer le système de deux équations à deux inconnues suivant :

$$\begin{cases} x = 2y \\ x = y + 200 \end{cases}$$

que l'on peut résoudre et trouver alors les valeurs de x et y. Réponse C.

CORRIGÉS TEST BLANC 2

On pouvait résoudre le système en utilisant la méthode par comparaison :

$$\begin{cases} x = 2y \\ x = y + 200 \end{cases} \Leftrightarrow \begin{cases} x = 2y \\ 2y = y + 200 \end{cases} \Leftrightarrow \begin{cases} x = 2y \\ y = 200 \end{cases} \Leftrightarrow \begin{cases} x = 400 \\ y = 200 \end{cases}$$

SOUS-TEST 5 : EXPRESSION

Question 61. Réponse B

Complexe

Qui contient plusieurs parties ou plusieurs éléments combinés d'une manière qui n'est pas immédiatement claire pour l'esprit ; compliqué, difficile à comprendre. Antonymie : Brut, clair, incomplexe, rudimentaire, simple, sommaire, élémentaire. Lexicographie : Question complexe, personnalité complexe.

Tumultueux

Qui est marqué par l'impétuosité, le bouillonnement / Qui est marqué par les passions, les désordres. Synonymie : Agité, troublé. Antonymie : Calme, silencieux, tranquille. Lexicographie : Les flots tumultueux, une vie tumultueuse.

Question 62. Réponse C

Itinérant

Qui n'est pas sédentaire, qui exige des déplacements, des voyages. Synonymie : Ambulant. Antonymie : Sédentaire. Lexicographie : exposition itinérante, camping itinérant.

Sédentariser

Rendre sédentaire, fixer en un lieu une population nomade. Synonymie : Fixer, installer. Lexicographie : vie sédentaire.

Notoirement

D'une façon notoire [Notoire : Qui est connu d'un très grand nombre de personnes et qui n'est pas contesté / Connu comme possédant telle qualité ou tel défaut : Un criminel notoire]. Synonymie : Indiscutablement, indéniablement, manifestement.

Question 63. Réponse D

> Les travaux de Mathieu ont **conforté** l'hypothèse selon laquelle l'espérance de vie des espèces biologiques **diminue** selon qu'elles se meuvent plus rapidement. Par conséquent, **je ne serai pas étonné** qu'il publie ses résultats sous le titre : *Qui marche **vite** meurt jeune*.

Cette question était somme toute assez facile car vous pouviez éliminer sans prendre trop de risques les réponses A, C et E. Il s'agit en effet d'un texte au style soutenu qui aborde des travaux de recherche scientifique. Aussi, des termes comme détruit ou anéanti, de nature hyperbolique, n'étaient pas du tout adaptés ici.

Question 64. Réponse D

> Demain, le temps sera plus **mauvais** qu'il ne l'était hier, **mais il s'améliorera dans deux jours**. Toutefois, les conditions météorologiques prévues **seront alors encore mauvaises** pour une sortie en pleine nature, c'est pourquoi **il est recommandé de ne pas faire** le pique-nique après-demain.

Question 65. Réponse E

La bonne réponse est bien la E. En effet, **« ont fini par clore »** est meilleur que **« ont finalement clôturé »**. « Clore » signifie « fermer, boucher, mettre un terme à » tandis que « clôturer » signifie « entourer d'une clôture ». Aussi, « clore » est vraisemblablement plus juste que « clôturer » ici. Surtout, il faut préférer « désormais » à « dorénavant ». La nuance entre ces deux adverbes est ténue (très mince) : on utilisera en effet « désormais » pour une situation d'avenir *a priori* positive, rétablie et « dorénavant » dans un contexte de menaces ou de mesures comminatoires (exemple : « dorénavant, suivez scrupuleusement le règlement »). Vous noterez pour terminer qu'il n'y a aucun glissement de sens lorsque l'on remplace dans la proposition E « ont fini par » par « ont finalement » et « ne seront plus en mesure » par « ne pourront plus ». Le sens et le style de la phrase sont ainsi préservés.

Question 66. Réponse A

Une question classique d'analogie.

A savoir : une analogie est une ressemblance établie par l'imagination entre deux ou plusieurs objets de pensée essentiellement différents. Le raisonnement par analogie consiste à raisonner de telle sorte que l'on trouve un lien, une correspondance, un rapport de sens entre deux ou plusieurs objets. Ici, il fallait trouver un lien entre BORDURE et TISSU et identifier ensuite parmi les 5 propositions de réponses, celle qui entretenait le même lien.

Question 67. Réponse C

Avant de regarder les différentes réponses, il est important de **résumer soi-même le texte en une ou deux phrases** afin de bien comprendre l'idée véhiculée.

Au fur et à mesure que l'empire grandit, l'empereur a de plus grandes responsabilités et il ne peut assurer à lui seul l'exercice du pouvoir. Il doit confier une partie de son autorité aux personnes qui l'entourent afin de répondre à l'ensemble des tâches qui lui sont confiées.

Les réponses B et D sont incomplètes, elles ne ciblent que la première partie du texte. La A est trop large, il n'est pas question dans l'extrait du management à proprement parler, même si la répartition des tâches en fait partie.

La réponse E pourrait convenir, mais elle n'insiste pas assez sur la façon dont le pouvoir se répartit entre le chef et ses subordonnés. En ce sens, la **réponse C** est la plus appropriée.

Question 68. Réponse E

Emphase

Exagération pompeuse dans le ton, le geste, dans les termes employés ; enflure, grandiloquence. Synonymie : Enflure, affectation. Antonymie : Discrétion, naturel, réserve, simplicité. Lexicographie : Parler avec emphase.

Question 69. Réponse B

Vicissitude

Changement qui s'effectue sous forme d'une succession d'événements généralement très différents les uns des autres / Succession d'événements heureux et malheureux qui alternent au cours d'une vie. Synonymie : Accident. Lexicographie : Vicissitudes de la fortune.

Caprice

Volonté soudaine, irréfléchie et changeante de quelqu'un, parfois d'un animal ; lubie : Il obéit au moindre de ses caprices / Amour soudain et passager, engouement pour quelqu'un ou quelque chose, objet de cet amour. Synonymie : Toquade. Antonymie : Constance, déterminisme, entêtement, sagesse. Lexicographie : Caprices de la mode.

Turpitude

Laideur morale, ignominie qui résulte d'un comportement honteux / Action, parole, pensée honteuse, infamie. Synonymie : Débauche. Antonymie : Gloire, honneur, honnêteté, pureté. Lexicographie : Turpitudes politiques, accuser quelqu'un de mille turpitudes

Question 70. Réponse B

Propos opportuns : propos qui conviennent dans un cas déterminé.

Propos fabulateurs : propos imaginaires mais présentés comme réels par leur auteur.

Propos calomnieux : propos mensongers qui attaquent la réputation.

Propos démagogiques : propos par lesquels on flatte et on exploite les passions des masses.

Question 71. Réponse D

La cité interdite entre thé et café. C'est-à-dire entre tradition et ouverture vers l'occident.

Question 72. Réponse A

L'expression « … est à … ce que … est à … » permet de comparer des termes entre eux. Il s'agit ici d'introduire une gradation dans laquelle le mot « chaud » est un juste milieu. Avec la **réponse A**, on a bien une comparaison entre augmenter la température pour passer de l'eau froide à l'eau chaude et augmenter la température pour passer du chaud au brûlant.

Question 73. Réponse C

« Les tsunamis débutent sous la forme de remous à peine perceptibles à la surface de l'eau, provoqués par des séismes sous-marins ou des éruptions volcaniques. »

Question 74. Réponse B

« Avant tout entretien, l'interviewer doit avoir une idée claire de ce qu'il ou elle attend du candidat en fonction des exigences de l'entretien envisagé. »

Question 75. Réponse B

Cette première phrase était une phrase de cohérence globale, il vous fallait donc faire en sorte que les différentes informations se coordonnent bien sans créer de contresens. Ce type de questions est assez facile puisque, comme la bonne réponse est absolue, il suffit de tester les réponses et, dès qu'une fonctionne, vous pouvez arrêter les vérifications.

Nous testons donc les réponses :

- Réponse A : si Dominique et Marie sont du même sexe, il est normal que Dominique n'ait pas de problème. Marie ne devrait donc pas être surprise. Il y a une incohérence.
- **Réponse B : cette phrase est parfaitement cohérente puisque Jacques et Dominique ne sont pas du même sexe.**
- Réponse C : Marie, qui ne favorise pas l'autonomie de son élève devrait être surprise des résultats de cette dernière. Il y a une incohérence.
- Réponse D : puisque Jacques et Dominique sont du même sexe, Jacques aurait dû être surpris. Il y a une incohérence.
- Réponse E : puisque Jacques et Dominique ne sont pas du même sexe, il n'aurait pas dû être surpris. Il y a une incohérence.

Attention, il y avait une difficulté dans cette question, le fait que le prénom Dominique soit épicène.

SOUS-TEST 6 : LOGIQUE

Question 76. Réponse E

4 × 9 = 36

3496

4 + 8 + 5 + 8 = 25

4858	5569	7747	6793	9079

2371

2555

7892

Série horizontale : la somme des chiffres des nombres de cette série est toujours égale à 25. On garde les réponses A (8584), C (8917) et E (6793).

Série verticale : il faut utiliser le critère de séparation ici. Si vous faites le produit des deux chiffres intérieurs (les deuxièmes et troisièmes) et bien vous obtenez le nombre composé des chiffres extérieurs (les premiers et quatrièmes). Ainsi par exemple, dans le nombre 7892 on a bien : 8 × 9 = 72. On garde donc la réponse E qui est la seule parmi celles que l'on avait retenues à respecter ce critère.

Question 77. Réponse C

VBJ

UAY

DZC

BTY MYN DHW FVU CSX

CXT

Série verticale : INTER sur la seconde colonne en partant du bas. On a : X, Y, Z, A et B. Vous aurez noté un retour dans l'alphabet.
On garde donc les réponses C (MYN) et E (GYS).

Série horizontale : transformons cette série en nombres afin d'y voir bien clair.

2	20	25
X	X	X
4	8	23
6	22	21
3	19	24

Bon, cela ne saute pas aux yeux à première vue, mais si on fait bien les sommes de rangs deux à deux on trouve quand même assez vite que la somme des rangs des premiers et troisièmes chiffres est toujours égale à 27. On garde donc la réponse C (**MYN**).

Question 78. Réponse E

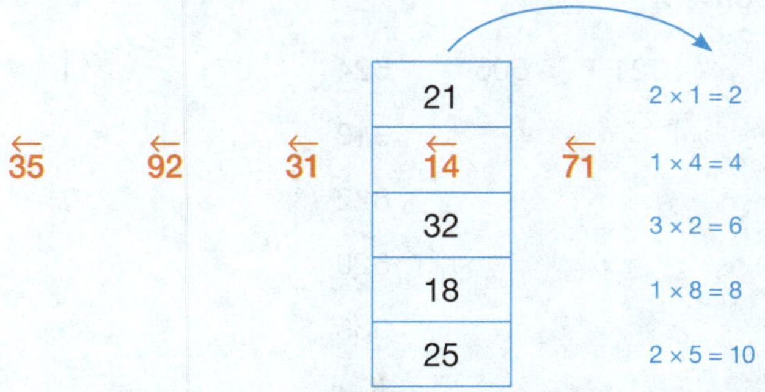

Les séries composées de nombres à deux chiffres ne sont pas toujours aussi faciles que ce que l'on pourrait imaginer.

À l'horizontale, nous avons des nombres premiers écrits à l'envers : **53** pour **35**, **29** pour **92**, **13** pour **31** et **17** pour **71**. On garde les réponses A (34) et E (14) qui s'écrivent respectivement à l'envers **43** et **41** tous deux premiers.

À la verticale, le produit des chiffres progresse de 2 d'un nombre à l'autre en commençant par le premier de la série, **21**. On a en effet pour **21** : 2 × 1 = **2**, pour **32** : 3 × 2 = **6**, pour **18** : 1 × 8 = **8** et pour **25** : 2 × 5 = **10**. Il nous faut donc une réponse dont le produit des chiffres est égal à 4 et ce nombre est… roulement de tambours… **14** ! Réponse E.

N'oubliez pas d'apprendre vos nombres premiers par cœur jusqu'à 101. Vous n'avez pas le choix en fait.

Question 79. Réponse C

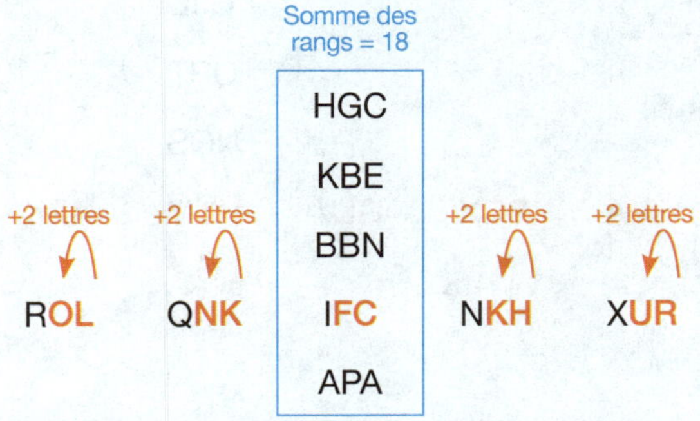

Série horizontale : INTRA entre les troisièmes et deuxièmes lettres avec un saut de 2 lettres. On garde les réponses A (**FGD**) et C (**IFC**).

Série verticale : la somme des rangs des lettres de chacun des éléments est toujours égale à 18. On garde donc **IFC** puisque **I** + **F** + **C** = 9 + 6 + 3 = 18.

Hey ?!! Ce n'est pas parce qu'on ne transforme pas les séries doubles de lettres en séries de nombres dans tous les corrigés que vous ne devez pas le faire hein ? Vous devez faire preuve d'une rigueur extrême et appliquer scrupuleusement tous nos conseils si vous voulez vraiment décrocher les meilleurs scores !

Question 80. Réponse A

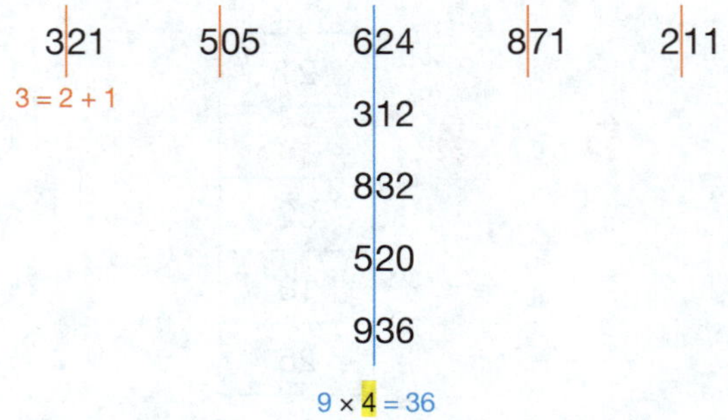

À l'horizontale : critère de **séparation**. Pour chacun des nombres de la série, le premier chiffre est égal à la somme des deuxième et troisième chiffres.

À la verticale : encore un critère de **séparation**, mais cette fois-ci, le premier chiffre multiplié par 4 donne le nombre composé des deuxième et troisième chiffres.

On garde la réponse A : 624 car avec le nombre <u>624</u> on a bien 6 = 2 + 4 et 6 × 4 = 24.

Question 81. Réponse C

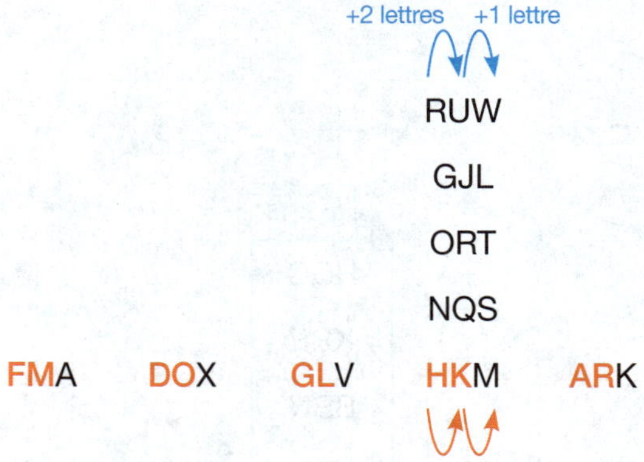

On transforme !

Série verticale :

18	**21**	23
7	**10**	12
15	**18**	20
14	**11**	13
X	X	X

Les INTRA sautent aux yeux ! Vous avez d'abord un INTRA avec saut de deux lettres entre les premières et deuxièmes lettres mais aussi un INTRA avec saut d'une lettre entre les deuxièmes et troisièmes lettres. On garde les réponses A (**DGI**) et C (**HKM**).

Série horizontale :

6	**13**	1
4	**15**	24
7	**12**	22
X	X	X
1	**18**	11

Dans cette série, la somme des rangs des deux premières lettres est toujours égale à 19. On garde la réponse C : **HKM**.

Question 82. Réponse E

La somme des chiffres est toujours égale à 10

352
64
208
← **46** ← **18** ← **121** ← **961** ← **52**
127

Série verticale : la somme des chiffres des nombres de cette série est toujours égale à 10. On garde les réponses C (73) et E (46).

Série horizontale : quand on lit les nombres à l'envers, on reconnaît des carrés entiers. On garde donc la réponse E, qui lue à l'envers donne 64, le carré de 8.

Question 83. Réponse B

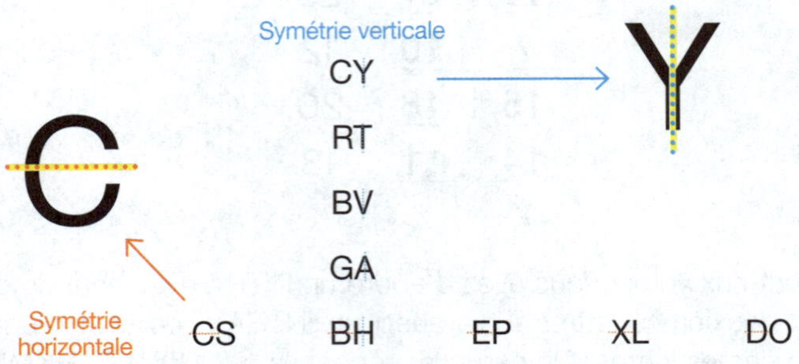

Point de méthode avant de commencer.

On commence toujours par regarder s'il y a des voyelles dans tous les éléments d'une série. Si vous n'en voyez pas, ne perdez pas de temps et transformez vos séries de lettres en séries de nombres. Si après les avoir transformées et après avoir bien cherché vous ne voyez toujours rien, alors essayez d'identifier des critères graphiques (**symétries, barres, courbes, extrémités**).

Dans la série horizontale, toutes les premières lettres peuvent accueillir une symétrie horizontale. Et dans la série verticale, toutes les deuxièmes lettres peuvent accueillir une symétrie verticale. On garde par conséquent la réponse B (**BH**) qui satisfait aux critères des deux séries.

Question 84. Réponse E

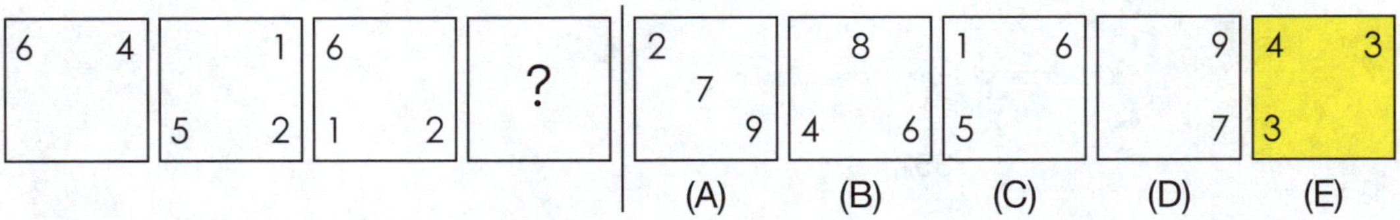

Commençons les séries graphiques avec une question plutôt facile.

Vous devez lire vos chiffres de façon rassemblée (ce n'est pas la première fois que vous rencontrez ce type de série !). Dans le premier cadre, **6 et 4 donnent 64** qui n'est autre que le cube de **4**. Ensuite on a **1**, **2** et **5** qui donnent 125, le cube de **5**. Nous avons enfin **2**, **1** et **6** qui forment le nombre 216, le cube de **6**. On cherche une réponse avec des chiffres qui forment le cube de **7** : **343**. C'est donc la réponse E.

Vous aurez remarqué en outre que le premier chiffre de ces cubes avance dans le sens des aiguilles d'une montre.

Question 85. **Réponse A**

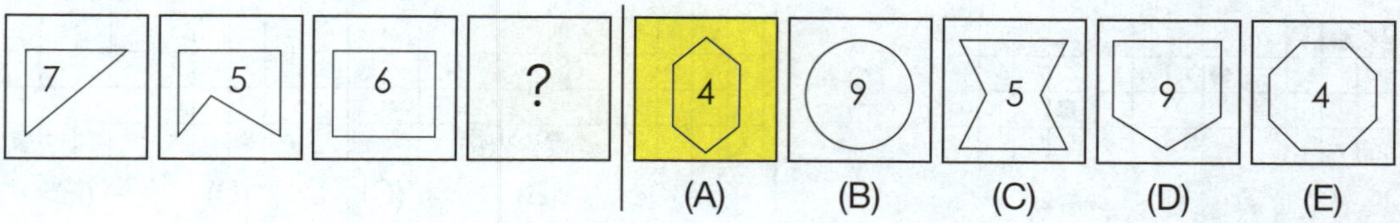

	Cadre 1	Cadre 2	Cadre 3
Nombre de côtés de la figure	3	5	4
Nombre à l'intérieur de la figure	7	5	6
Somme	**10**	**10**	**10**

Vous l'avez compris, il suffisait ici de faire la somme du nombre de côtés des figures et des nombres qui s'y trouvaient à l'intérieur. Cette fois-ci on a fait la somme mais sachez que vous pourrez aussi tomber sur des questions où vous devrez faire une soustraction ou un produit.

On garde la réponse A (figure : 6 côtés ; nombre à l'intérieur : 4 et 6 + 4 = 10).

Question 86. **Réponse D**

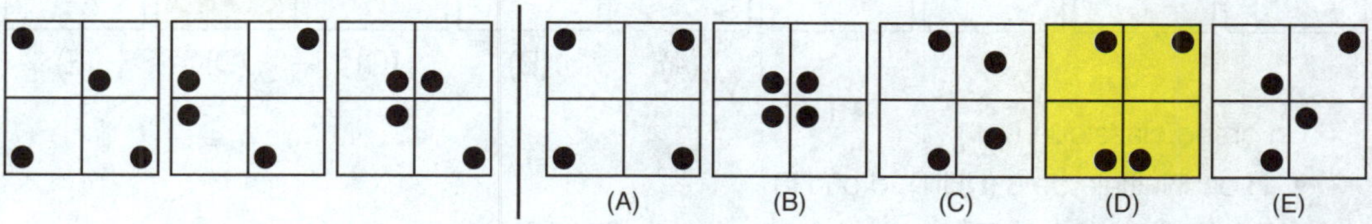

Suivez les points indépendamment. Le point en haut à gauche se déplace dans le sens antihoraire ; celui en haut à droite, en diagonale ; celui en bas à gauche, dans le sens horaire ; celui en bas à droite, de droite à gauche.

Question 87. **Réponse C**

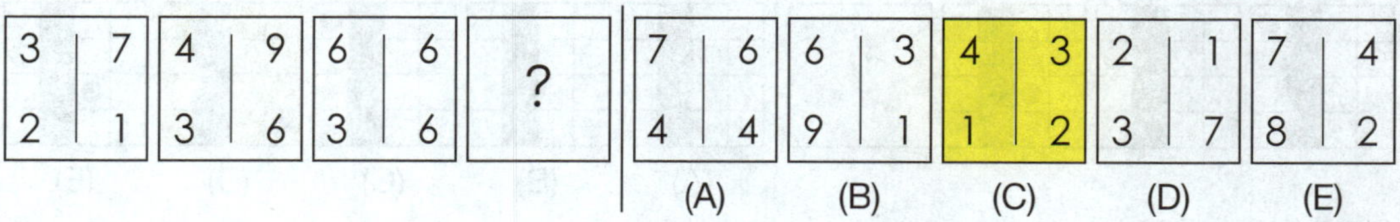

Une série difficile.

Le produit des chiffres de la première ligne est égal au nombre formé par les deux chiffres de la seconde ligne. Ainsi dans le premier cadre, nous avons bien : 3 × 7 = 21. Dans le deuxième cadre nous avons bien également : 4 × 9 = 36 et ainsi de suite. On garde donc la réponse C où l'on a bien : 4 × 3 = 12.

Question 88. Réponse B

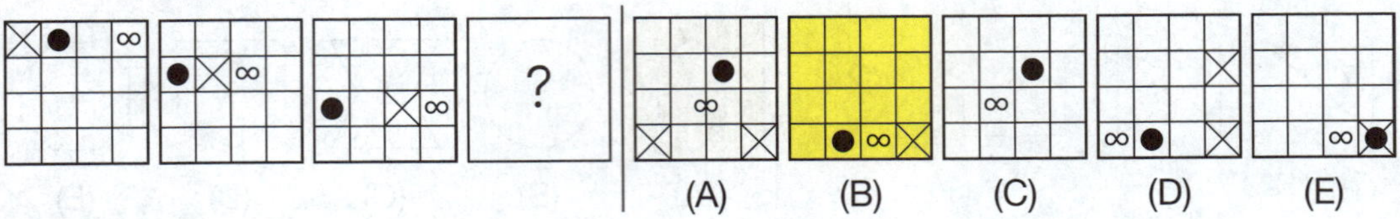

Commençons avec le **rond noir**. Ce rond zigzague entre les première et deuxième colonnes. Il se trouvera donc dans la deuxième case de la dernière ligne. On garde donc pour le moment les réponses B et D.

La croix, elle, se déplace sur la diagonale en descendant et doit donc se trouver tout en bas à droite.

Quant au **signe infini**, il avance, comme le rond noir, en zigzaguant mais entre les troisième et quatrième colonne. On retient *in fine* réponse B !

Question 89. Réponse D

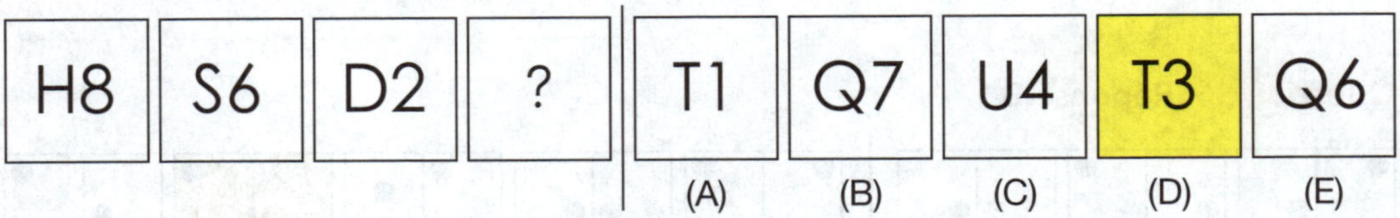

Un grand classique !

- **H** est l'initiale de 8 (**H**UIT), d'où H8
- **S** est l'initiale de 6 (**S**IX)
- **D** est l'initiale de 2 (**D**EUX)

On garde la réponse D car **T** est bien l'initiale de 3 (**T**ROIS).

Question 90. Réponse D

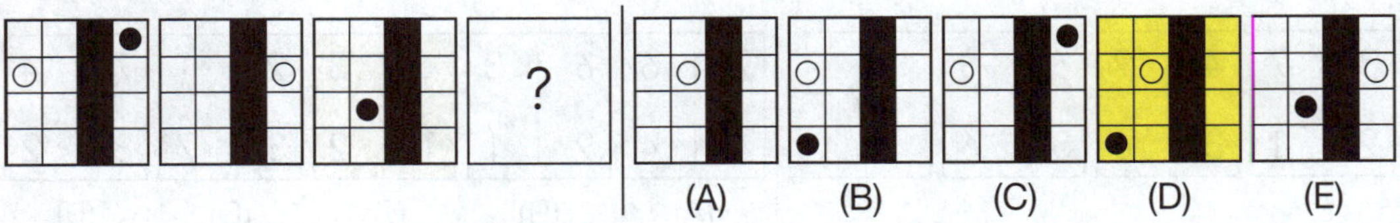

- Le **rond blanc** se déplace sur la deuxième ligne vers la gauche. C'est pour cette raison qu'on le retrouve, dans le deuxième cadre, dans la quatrième case de la deuxième ligne.
- Le **rond noir** se déplace sur la diagonale en descendant.
- La **barre noire** a pour but de masquer les ronds à certaines étapes de leur déplacement.

On garde donc la réponse D.

N'OUBLIEZ PAS DE REMPLIR VOTRE FICHE BILAN EN FIN D'OUVRAGE

TEST BLANC TAGE MAGE 3

TEST TAGE MAGE 3 : VOTRE GRILLE DE REPONSES

Sous-test 1
Compréhension de textes

1	A	B	C	D	E
	A	B	C	D	E
2	A	B	C	D	E
	A	B	C	D	E
3	A	B	C	D	E
	A	B	C	D	E
4	A	B	C	D	E
	A	B	C	D	E
5	A	B	C	D	E
	A	B	C	D	E
6	A	B	C	D	E
	A	B	C	D	E
7	A	B	C	D	E
	A	B	C	D	E
8	A	B	C	D	E
	A	B	C	D	E
9	A	B	C	D	E
	A	B	C	D	E
10	A	B	C	D	E
	A	B	C	D	E
11	A	B	C	D	E
	A	B	C	D	E
12	A	B	C	D	E
	A	B	C	D	E
13	A	B	C	D	E
	A	B	C	D	E
14	A	B	C	D	E
	A	B	C	D	E
15	A	B	C	D	E
	A	B	C	D	E

Sous-test 2
Calcul

16	A	B	C	D	E
	A	B	C	D	E
17	A	B	C	D	E
	A	B	C	D	E
18	A	B	C	D	E
	A	B	C	D	E
19	A	B	C	D	E
	A	B	C	D	E
20	A	B	C	D	E
	A	B	C	D	E
21	A	B	C	D	E
	A	B	C	D	E
22	A	B	C	D	E
	A	B	C	D	E
23	A	B	C	D	E
	A	B	C	D	E
24	A	B	C	D	E
	A	B	C	D	E
25	A	B	C	D	E
	A	B	C	D	E
26	A	B	C	D	E
	A	B	C	D	E
27	A	B	C	D	E
	A	B	C	D	E
28	A	B	C	D	E
	A	B	C	D	E
29	A	B	C	D	E
	A	B	C	D	E
30	A	B	C	D	E
	A	B	C	D	E

Sous-test 3
Raisonnement/Argumentation

31	A	B	C	D	E
	A	B	C	D	E
32	A	B	C	D	E
	A	B	C	D	E
33	A	B	C	D	E
	A	B	C	D	E
34	A	B	C	D	E
	A	B	C	D	E
35	A	B	C	D	E
	A	B	C	D	E
36	A	B	C	D	E
	A	B	C	D	E
37	A	B	C	D	E
	A	B	C	D	E
38	A	B	C	D	E
	A	B	C	D	E
39	A	B	C	D	E
	A	B	C	D	E
40	A	B	C	D	E
	A	B	C	D	E
41	A	B	C	D	E
	A	B	C	D	E
42	A	B	C	D	E
	A	B	C	D	E
43	A	B	C	D	E
	A	B	C	D	E
44	A	B	C	D	E
	A	B	C	D	E
45	A	B	C	D	E
	A	B	C	D	E

Sous-test 4
Conditions minimales

46	A	B	C	D	E
	A	B	C	D	E
47	A	B	C	D	E
	A	B	C	D	E
48	A	B	C	D	E
	A	B	C	D	E
49	A	B	C	D	E
	A	B	C	D	E
50	A	B	C	D	E
	A	B	C	D	E
51	A	B	C	D	E
	A	B	C	D	E
52	A	B	C	D	E
	A	B	C	D	E
53	A	B	C	D	E
	A	B	C	D	E
54	A	B	C	D	E
	A	B	C	D	E
55	A	B	C	D	E
	A	B	C	D	E
56	A	B	C	D	E
	A	B	C	D	E
57	A	B	C	D	E
	A	B	C	D	E
58	A	B	C	D	E
	A	B	C	D	E
59	A	B	C	D	E
	A	B	C	D	E
60	A	B	C	D	E
	A	B	C	D	E

Sous-test 5
Expression

61	A	B	C	D	E
	A	B	C	D	E
62	A	B	C	D	E
	A	B	C	D	E
63	A	B	C	D	E
	A	B	C	D	E
64	A	B	C	D	E
	A	B	C	D	E
65	A	B	C	D	E
	A	B	C	D	E
66	A	B	C	D	E
	A	B	C	D	E
67	A	B	C	D	E
	A	B	C	D	E
68	A	B	C	D	E
	A	B	C	D	E
69	A	B	C	D	E
	A	B	C	D	E
70	A	B	C	D	E
	A	B	C	D	E
71	A	B	C	D	E
	A	B	C	D	E
72	A	B	C	D	E
	A	B	C	D	E
73	A	B	C	D	E
	A	B	C	D	E
74	A	B	C	D	E
	A	B	C	D	E
75	A	B	C	D	E
	A	B	C	D	E

Sous-test 6
Logique

76	A	B	C	D	E
	A	B	C	D	E
77	A	B	C	D	E
	A	B	C	D	E
78	A	B	C	D	E
	A	B	C	D	E
79	A	B	C	D	E
	A	B	C	D	E
80	A	B	C	D	E
	A	B	C	D	E
81	A	B	C	D	E
	A	B	C	D	E
82	A	B	C	D	E
	A	B	C	D	E
83	A	B	C	D	E
	A	B	C	D	E
84	A	B	C	D	E
	A	B	C	D	E
85	A	B	C	D	E
	A	B	C	D	E
86	A	B	C	D	E
	A	B	C	D	E
87	A	B	C	D	E
	A	B	C	D	E
88	A	B	C	D	E
	A	B	C	D	E
89	A	B	C	D	E
	A	B	C	D	E
90	A	B	C	D	E
	A	B	C	D	E

REPONSES EN PAGE 660

TEST BLANC TAGE MAGE 3

SOUS-TEST 1 : COMPREHENSION DE TEXTES

15 questions / 20 minutes / Calculatrice interdite
Réponse juste : + 4 points / Réponse fausse : – 1 point
Aucune réponse : 0 point

TEXTE 1

L'impact du Néolithique sur l'environnement a été radical. Même si les sociétés postérieures ont marqué de plus en plus leur empreinte dans le paysage – le « forçage » disent les environnementalistes – celle du Néolithique a été irrémédiable. Il s'agit en particulier des premiers déboisements, par la hache et par le feu, qui font qu'il n'y a pratiquement plus de forêts primaires dans le monde, en tout cas pas en Europe. Si la forêt tempérée a réussi à s'y reproduire au fil du temps, même sous une forme dégradée, la forêt méditerranéenne originelle a presque entièrement disparu – il n'en subsiste en France que le parc naturel de l'île de Port-Cros. Les paysages de garrigues, de maquis, ou même complètement dénudés que nous contemplons sur les bords de la Méditerranée, de l'Espagne à la Grèce, sont donc artificiels, dus à l'effet des déboisements intensifs commencés au Néolithique. En outre, l'élevage de chèvres et de moutons a accéléré le processus, ces animaux broutant au fur et à mesure les jeunes repousses des arbres, tandis que les régimes de pluie méditerranéens lessivaient les sols.

De fait, l'archéologie retrouve bien, même en dehors des habitats, les traces de ces incendies volontaires, tout comme celles des ravinements des sols. Ces ravinements et les alluvions ainsi entraînés par les précipitations et les cours d'eau vont parfois permettre d'occuper des zones jusque-là marécageuses, qui vont peu à peu être comblées puis exploitées et habitées. La pratique d'une agriculture irriguée introduit aussi des modifications dans le paysage. Mais les régions aux sols les plus fragiles doivent être régulièrement abandonnées.

La domestication des animaux et des plantes constitue aussi les premières manipulations sur le vivant. Les animaux parqués puis sélectionnés, en privilégiant à chaque génération les plus dociles et en modifiant leur mode de vie et leur alimentation, se transforment physiquement. L'effet le plus visible est la réduction progressive de leur taille, les races animales que nous connaissons datent cependant pour l'essentiel du XIXe siècle. La castration des bœufs, dès le Néolithique, est une autre invention majeure. Les animaux domestiques vont croître indéfiniment en nombre, posant de nouveaux problèmes, depuis les maladies transmissibles à l'homme (dès le Néolithique) jusqu'aux fameuses émissions de méthane. Les animaux restés sauvages vont connaître une réduction drastique de leur biodiversité. Ainsi, les aurochs, qui pullulaient dans la forêt primaire européenne, disparaissent définitivement au XVIIe siècle,

××××××××××××××××××××××××××××××××××××××
××××××××××××××××××××××××××××××××××××××

malgré des tentatives actuelles de reconstitution, ou encore les grands carnivores (il existait au Néolithique un lion d'Europe).

Ces transformations environnementales vont affecter les humains eux-mêmes, avec un mode de vie de plus en plus sédentaire (le fameux mal de dos moderne) et une alimentation transformée. Les nourritures moins solides et plus sucrées, issues de la transformation des céréales, provoquent entre autre une augmentation spectaculaire des caries. Mais une meilleure alimentation a eu pour effet, du moins au cours des deux derniers siècles et dans les pays industrialisés, une importante croissance de la stature humaine.

Question 1. Quelles sont les conséquences sur l'homme des changements environnementaux initiés au Néolithique ?

1. Le mal de dos.
2. L'augmentation des caries.
3. L'augmentation du poids.
4. L'accroissement de la taille.

(A) 1 + 2 + 3 + 4
(B) 1 + 2 + 3
(C) 1 + 2 + 4
(D) 2 + 3 + 4
(E) 1 + 2

Question 2. Quel est le meilleur résumé pour cet article ?

(A) L'homme a modifié son environnement dès le Néolithique. Les paysages ont été modifiés, les animaux domestiqués et maintenant l'homme est en danger car il a détruit une grande partie de la biodiversité.

(B) Le Néolithique a modifié de façon irréversible les paysages, notamment en raison de la déforestation. La culture, l'élevage ont aussi interféré avec la nature et, au final, l'homme subit les effets des modifications de son environnement.

(C) C'est au Néolithique que les dégâts sur la nature ont commencé : déboisement, modification des paysages, domestication des animaux… Au final, l'homme paie les conséquences de ses actes.

××××××××××××××××××××××××××××××××××××××
××××××××××××××××××××××××××××××××××××××

(D) Les transformations environnementales ont débuté au Néolithique : la forêt primaire a ainsi disparu pour laisser place aux zones cultivées. Les animaux (et l'être humain, aussi) en ont été transformés.

(E) Le maquis méditerranéen n'est pas naturel : il est la conséquence de la déforestation commise au Néolithique. De même, la taille actuelle des animaux résulte de leur domestication. Enfin, si nous souffrons du mal de dos, c'est à cause de notre mode de vie, plus sédentaire.

Question 3. Les paysages méditerranéens actuels résultent :

1. de la disparition du maquis.
2. de l'irrigation.
3. du déboisement.
4. du lessivage des sols par les pluies.

(A) 1 + 3 + 4
(B) 1 + 4
(C) 2 + 3 + 4
(D) 1 + 2 + 3 + 4
(E) 3 + 4

Question 4. Le forçage du Néolithique est la conséquence de quelle action ?

1. Du déboisement par la hache et le feu.
2. De la disparition des aurochs.
3. De l'irrigation des cultures.
4. De l'élevage de chèvres.
5. Du labourage des champs.

(A) 1
(B) 2
(C) 3
(D) 5
(E) 4

××××××××××××××××××××××××××××××××××××××
××××××××××××××××××××××××××××××××××××××

Question 5. Pourquoi les animaux se transforment-ils grâce à la domestication ?

(A) Parce qu'ils sont parqués : ils bougent moins et engraissent.

(B) Parce qu'ils sont parqués : ils deviennent moins agressifs.

(C) Parce qu'ils sont sélectionnés : on choisit les plus gras.

(D) Parce qu'ils sont sélectionnés : on choisit les plus obéissants.

(E) Parce que leur alimentation est modifiée : ils deviennent ainsi de plus en plus petits.

TEXTE 2

Le mot est à la mode. Il est brandi en étendard par un candidat à la primaire socialiste, niché dans des écrits de penseurs de droite, en couverture d'un mensuel très à gauche et au cœur du programme du Front national, approuvé dans les sondages… Les gouvernements veulent l'appliquer aux hommes, en réécrivant les accords de Schengen pour limiter leur liberté de circulation, et aux idées, en filtrant Internet.

Démondialisation ! Cette expression nouvelle qui recouvre un vieux concept provoque un tel engouement qu'elle mérite un examen attentif.

D'abord, qu'est-ce que la démondialisation ? Comme son étymologie l'indique, c'est l'action de ne plus rendre mondial, de faire redevenir national ou local. Qu'est-ce qui doit redevenir local ? Comme nous parlons économie, il s'agit de la production et de ses « facteurs » qui jouent à saute-mouton avec les frontières : marchandises, hommes, capitaux et idées. Ce qui débouche sur un premier paradoxe. Le mot a été forgé il y a un peu moins d'une décennie par Walden Bello, un sociologue philippin formé aux Etats-Unis très cité en France (sa bio sur Wikipédia est plus longue en français qu'en anglais), autrement dit… par un symbole de la mondialisation qui entend la dénoncer ! Nombre de militants de la démondialisation des marchandises et des capitaux sont d'ailleurs d'ardents défenseurs de la liberté de circulation des hommes et des idées. Seule l'extrême droite va jusqu'au bout de la logique, prônant un repli généralisé sur le pays.

Pourquoi faudrait-il une démondialisation ? En centrant le propos désormais sur les marchandises, la réponse est simple : l'emploi mal payé des pays pauvres tue l'emploi mieux payé des pays riches. L'ouverture des pays longtemps plongés dans la glace communiste, Chine en tête, a fait débouler des centaines de millions d'hommes et de femmes prêts à travailler pour trois fois rien. C'est un vieil argument, que l'on trouvait déjà dans le livre « *Le Péril jaune* » paru en… 1901. Ici vient le deuxième paradoxe : la plupart de ceux qui prônent la démondialisation des marchandises le font au nom de la solidarité. Mais la solidarité devrait au contraire nous amener à aller plus loin encore dans l'ouverture. Soyons ici pragmatiques, en

××××××××××××××××××××××××××××××××××××××
××××××××××××××××××××××××××××××××××××××

laissant de côté les économistes incapables de donner un message clair sur la question. Tous les pays qui ont émergé ces dernières décennies ont fait jouer le levier de la mondialisation, de la Corée du Sud au Brésil en passant par la Chine. Aucun de ceux qui sont restés submergés par la pauvreté n'a su ou pu le faire. Et dans les pays émergents, même si les inégalités explosent, le pouvoir d'achat d'une large partie de la population augmente. Jamais 600 millions de Chinois n'auraient pu s'acheter un téléphone mobile du temps de Mao. La solidarité, c'est l'ouverture des frontières. Sauf à limiter son champ à l'intérieur des frontières, ce que seul le Front national, à nouveau, ose faire ouvertement. (...)

Question 6. Comment comprenez-vous « la solidarité, c'est l'ouverture des frontières » ?

(A) Par solidarité, il faut accueillir tous les migrants qui le désirent.

(B) Consommer des produits fabriqués à bas coût, c'est être solidaire de tous les travailleurs.

(C) Ouvrir les frontières aux produits fabriqués dans les pays émergeants, c'est favoriser la croissance de ces pays, donc améliorer le sort des travailleurs : c'est ça la solidarité.

(D) En consommant des biens produits dans les pays en voie de développement, nous pratiquons la solidarité car l'enrichissement de ces pays profite aussi aux plus pauvres.

(E) Etre solidaire, c'est vouloir que tous les travailleurs profitent de la mondialisation des marchandises : c'est possible si les barrières douanières sont abolies.

Question 7. Les gouvernements veulent appliquer la démondialisation :

1. aux hommes.
2. à Internet.
3. aux idées.
4. aux marchandises.

(A) 1 + 3

(B) 1 + 4

(C) 2 + 3

(D) 2 + 4

(E) 1 + 2

××
××

Question 8. Comment reformuler le premier paradoxe de la démondialisation pointé du doigt par l'auteur ?

(A) Les personnes favorables à la démondialisation ne veulent surtout pas démondialiser les idées.

(B) La démondialisation ne pourrait exister sans la mondialisation qu'elle veut détruire.

(C) Le mot démondialisaton a été créé pour une personne qui n'aurait jamais pu avoir un tel auditoire si la société n'était pas mondialisée.

(D) Le créateur de la démondialisation est un enfant de la mondialisation.

(E) Paradoxalement, seule l'extrême droite a une attitude logique face à la démondialisation.

Question 9. En quoi la position de l'extrême droite diffère-t-elle de celle des autres partis ?

1. Restreindre la liberté de circulation des hommes.
2. Restreindre la liberté de circulation des idées.
3. Replier le pays sur lui-même.
4. Rétablir les frontières.

(A) 3 + 4

(B) 1 + 2 + 3 + 4

(C) 1 + 2 + 3

(D) Uniquement 4

(E) Uniquement 3

Question 10. Quel texte résume le mieux l'article ?

(A) La démondialisation est à la mode chez les politiques de tous bords. Mais ils ne désirent appliquer ce processus qu'aux marchandises et aux capitaux, laissant les hommes et les idées circuler librement. Pour beaucoup, c'est au nom de la solidarité entre les peuples que ce processus doit être mis en œuvre.

(B) Démondialiser, c'est produire et consommer local. Le concept est à la mode car il est symbole de solidarité entre les peuples, mais l'auteur pense que la solidarité s'exercera mieux en favorisant les échanges.

××××××××××××××××××××××××××××××××××××××
××××××××××××××××××××××××××××××××××××××

(C) Le mot démondialisation est récent : il s'agirait de favoriser le local, le national, au détriment des échanges internationaux. Ce processus permettrait au pays riches de préserver leurs emplois et éviterait l'exploitation des travailleurs dans les pays émergeants : une nouvelle forme de solidarité en quelque sorte. L'auteur s'élève en faux contre ce phénomène et plaide au contraire pour plus de mondialisation qui élève le niveau de vie de tous les travailleurs.

(D) La démondialisation, c'est le contraire de la mondialisation : il faut produire et consommer localement, voire nationalement. L'idée est à la mode d'autant plus que l'excuse de la solidarité envers les pauvres exploités dans les usines des pays émergeants fait recette. En fait, c'est la mondialisation qui a nettement amélioré le niveau de vie de ces pays, et c'est ce que démontre l'auteur de ce texte, même s'il reconnaît que la mondialisation comporte quelques excès.

(E) Face aux excès de la mondialisation, les politiques de toutes tendances prônent la démondialisation, c'est-à-dire le fait de consommer et de produire si possible au niveau local. L'idée séduit le public car il y voit une manifestation de solidarité envers les pays en voie de développement et la préservation des emplois dans les pays riches. Mais, l'auteur prouve que, au contraire, la démondialisation a permis au pays pauvres de devenir des pays émergeants, et par contre coup, d'augmenter leur niveau de vie.

TEXTE 3

(…) Comment, ensuite, mettre en œuvre cette démondialisation ? La réponse, à nouveau, est simple : le gouvernement doit installer des « écluses » à l'entrée du pays ou plutôt de l'Union européenne. Le mot qui revient à droite comme à gauche est plus joli que les anciennes barrières douanières, tout comme la logique « réciprocité » sonne mieux que le rébarbatif « protectionnisme ». La contradiction, ici, ressort magnifiquement dans le livre du socialiste Arnaud Montebourg : il faut *« obliger le consommateur à acheter plus cher pour soutenir le pouvoir d'achat ».* Chacun sait pourtant que c'est la baisse des prix qui augmente le pouvoir d'achat ! Pour être juste, Arnaud Montebourg précise qu'il s'agit du pouvoir d'achat des salariés producteurs. Mais si le but est d'organiser un transfert de ressources entre salariés et inactifs (retraités, chômeurs…), il y a d'autres moyens plus efficaces que les écluses, comme la TVA sociale. Et moins coûteux.

Car c'est l'angle mort des militants de la démondialisation : ce retour en arrière coûterait très, très cher. D'abord parce que les pays visés réagiraient à leur tour. La Chine pourrait par exemple décider de ne plus acheter à Airbus, à Areva et à PSA. Ensuite parce que les chaînes de production sont désormais éclatées aux quatre coins du monde. Selon les calculs de l'OCDE, les exportations françaises sont composées pour plus du quart de produits auparavant importés. Dans ces conditions, la pose des écluses relèverait d'une incroyable

××××××××××××××××××××××××××××××××××××××
××××××××××××××××××××××××××××××××××××××

mécanique de précision pour faire le tri, sauf à tout taxer et à provoquer une énorme flambée des prix. On ne fabrique par exemple plus de téléviseurs en Europe. Enfin, les entreprises soumises à une concurrence moins forte seraient moins efficaces.

Et pourtant… la démondialisation est promise à un bel avenir. Quand il faut envoyer un e-mail en Inde pour faire baisser la climatisation dans une salle de réunion londonienne d'une grande banque anglaise, on est allé trop loin dans la mondialisation, pour reprendre l'expression de Valéry Giscard d'Estaing. Ce retour vers le national et le local ne doit pas passer par des écluses gouvernementales, mais par des décisions d'entreprise, prises pour au moins trois raisons. *Primo*, les chaînes de production de plus en plus longues sont aussi de plus en plus fragiles, comme l'ont montré des événements récents aussi différents que le tsunami japonais, les explosions de Fukushima, le printemps arabe, l'éruption du volcan islandais Eyjafjallajökull, l'épidémie de grippe A (H1N1) ou la faillite de la banque Lehman Brothers. *Secundo*, les écarts de salaire se réduisent. Au rythme actuel, les pays émergents auront perdu

l'atout des bas salaires en 2017, selon les calculs de Patrick Artus, l'économiste en chef de la banque Natixis. *Tertio*, les coûts du transport vont fatalement augmenter avec l'inéluctable hausse des coûts de l'énergie. Les gouvernements pourraient aussi finir par prendre des mesures pour protéger l'environnement, comme un bannissement du fret aérien. Effet massif garanti ! Le retour au local, oui. Mais au nom de l'efficacité et de la solidarité mondiale.

Question 11. Pourquoi la démondialisation coûterait-elle chère ?

1. Parce qu'il faudrait indemniser les Chinois.
2. Parce le coût du travail dans les pays occidentaux est très cher.
3. Parce que, sans concurrence, les entreprises sont moins efficaces.

(A) 1 + 2 + 3
(B) Uniquement 2
(C) 2 + 3
(D) 1 + 3
(E) Uniquement 3

××××××××××××××××××××××××××××××××××××××
××××××××××××××××××××××××××××××××××××××

Question 12. Ce texte évoque, sur le fond et dans la forme, le discours :

(A) d'un militant pro-mondialisation.

(B) d'un économiste, prisonnier de ses schémas de pensées.

(C) d'un homme ou une femme politique qui teste ses idées pour sa future campagne électorale.

(D) d'un journaliste économique qui doit faire un papier sur un concept à la mode auquel il ne croit pas.

(E) d'un militant UMP qui flingue le programme d'Arnaud Montebourg.

Question 13. Quelle affirmation est fausse ?

(A) Arnaud Montebourg ne souhaite pas nous obliger à payer plus cher les produits locaux.

(B) L'éruption de l'Eyjafjallajökull et la grippe A sont des arguments en faveur de la démondialisation.

(C) La Chine pourrait réagir aux mesures protectionnistes en cessant d'acheter nos biens manufacturés.

(D) La démondialisation ne doit pas être le fait des états.

(E) Le coût de l'énergie va augmenter entraînant une hausse du prix des transports.

Question 14. Combien « écluses » a-t-il de synonyme(s) dans le texte ?

1. Douane.
2. Protectionnisme.
3. Barrières douanières.
4. Frais de douane.

(A) 4

(B) 3

(C) 2

(D) 1

(E) Aucun

××××××××××××××××××××××××××××××××××××××
××××××××××××××××××××××××××××××××××××××

Question 15. Finalement, la démondialisation doit être initiée par les entreprises car :

1. le coût du transport va augmenter.
2. les écarts entre les salaires vont augmenter.
3. les chaines de production sont trop fragiles car trop longues.
4. les régimes politiques de certains pays sont trop instables.
5. pour des raisons écologiques, les pays vont interdire le transport de marchandise par avion.

(A) 1 + 3 + 4 + 5

(B) 2 + 4

(C) 1 + 2 + 4

(D) 2 + 3 + 4 + 5

(E) 1 + 2 + 3 + 4 + 5

Si vous avez terminé, vous n'êtes pas autorisé(e) à revenir sur une épreuve précédente.
Vous n'êtes pas non plus autorisé(e) à travailler sur une épreuve suivante avant la fin du temps imparti.

STOP !

TEST BLANC TAGE MAGE

SOUS-TEST 2 : CALCUL

3

15 questions / 20 minutes / Calculatrice interdite
Réponse juste : + 4 points / Réponse fausse : – 1 point
Aucune réponse : 0 point

Question 16. Anne porte 5 bagues aux doigts chaque jour sauf les jours où elle travaille. Elle en porte alors 10. En 9 jours, elle a porté 60 bagues. Combien de jours a-t-elle travaillé ?

(A) 1
(B) 2
(C) 3
(D) 6
(E) 9

Question 17. Lors d'une escale, une compagnie aérienne emploie 14 personnes pour nettoyer un avion en 5 minutes. Deux d'entre elles sont les managers qui s'occupent juste de distribuer les tâches, et donc sans participer directement au nettoyage. En sachant qu'un manager ne peut pas s'occuper de plus de 6 personnes, combien la compagnie doit-elle employer de personnes pour réduire ce temps de 40 % ?

(A) 24
(B) 22
(C) 26
(D) 20
(E) 23

Question 18. Un test sanguin est réalisé sur un groupe de 24 personnes. Les résultats sont les suivants : A, B, B, AB, AB, B, O, O, AB, O, B, A, AB, A, O, O, AB, B, O, A, AB, O, B, O. Si on prend une personne au hasard dans ce groupe, quelle est la probabilité que son groupe sanguin ne soit pas O ?

(A) 33,33 %
(B) 40 %
(C) 45 %
(D) 55 %
(E) 66,66 %

//
//

Question 19. On dispose d'une corde et de quatre piquets pour délimiter un terrain rectangulaire. Après avoir délimité le terrain avec toute la corde, on remarque qu'en délimitant un terrain de forme carrée en utilisant toute la corde, la superficie du terrain augmenterait de 9 m^2, soit 12,5 % de superficie en plus. Quelle est la longueur du terrain rectangulaire ainsi formé ?

(A) 9 mètres

(B) 10 mètres

(C) 11 mètres

(D) 12 mètres

(E) 13 mètres

Question 20. La production mondiale d'ananas est assurée à 36 % par l'Inde. La Chine est, à égalité avec les Philippines, le deuxième plus gros producteur avec une production quatre fois moindre que celle de l'Inde. Les autres gros producteurs sont l'Équateur, le Brésil et l'Indonésie avec chacun une production représentant 7 % de la production mondiale. Le reste du monde se partage 4 millions de tonnes de production. Quelle est la production d'ananas de la Chine, en tonnes ?

(A) 1 120 000 tonnes

(B) 1 440 000 tonnes

(C) 1 750 000 tonnes

(D) 2 400 000 tonnes

(E) 2 800 000 tonnes

Question 21. Le salaire mensuel moyen dans une petite PME est 1 800 €.
Cette PME est composée de 12 employés et de 3 managers. L'un des managers, qui gagnait 2 600 €, quitte la société et est remplacé par un nouveau manager. Sachant que le nouveau salaire mensuel moyen est de 1 770 €, quel est le salaire du nouveau manager ?

(A) 2 150 €

(B) 2 175 €

(C) 2 200 €

(D) 2 350 €

(E) 2 375 €

//
//

Question 22. Un professeur décide de noter ses étudiants en lançant deux dés équilibrés à 20 faces numérotées de 1 à 20. La note de l'étudiant est alors le plus grand des deux nombres obtenus (20 étant la note maximale de l'examen). Quelle est la probabilité qu'un étudiant choisi au hasard obtienne au moins la moyenne à l'examen ?

(A) $\frac{1}{2}$

(B) $\frac{3}{4}$

(C) $\frac{29}{40}$

(D) $\frac{157}{200}$

(E) $\frac{319}{400}$

Question 23. Si Adrien joue au basket et qu'il enregistre une moyenne de points par partie de 29 après 100 parties, combien de points a-t-il besoin de marquer au cours des 50 parties restantes pour finir l'année avec une moyenne de 30 points par partie ?

(A) 800
(B) 1 000
(C) 1 500
(D) 1 600
(E) 3 000

Question 24. On a divisé un carré de côté 3 en 9 carrés de côté 1. Deux cercles sont inscrits dans deux des carrés. Quelle est la distance entre les deux cercles ?

(A) 2
(B) $2\sqrt{2} - 1$
(C) $\sqrt{2} + 1$
(D) $\sqrt{2}$
(E) 3

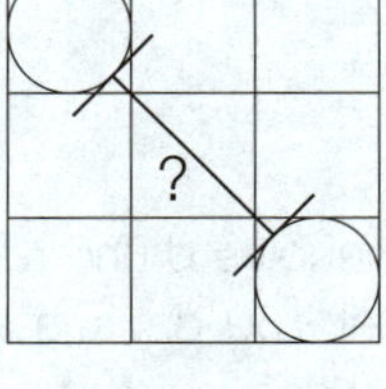

//
//

Question 25. Pour financer votre projet, vous souhaitez mettre en place une vente de gâteaux auprès des autres étudiants. Vous réalisez les achats nécessaires pour faire les gâteaux. Vous savez que si vous coupez vos gâteaux en 8 parts et que vous vendez toutes les parts de gâteaux à 2 euros, vous ferez 270 euros de bénéfice. Si vous coupez en 10 parts, et, que vous vendez le même nombre de parts que précédemment mais cette fois à 1,50 euro chacune, vous ferez alors un bénéfice de 220 euros. Combien de parts allez-vous vendre ?

(A) 75
(B) 90
(C) 95
(D) 100
(E) 125

Question 26. Jean-David note ses heures de coucher, et quelques jours avant de passer un concours.

Il fait la moyenne de toutes les heures notées. Il transmet cette heure en donnant les indices suivants :

- les heures et les minutes ont chacune deux chiffres et ne contiennent aucun zéro ;
- les minutes font le double des heures ;
- les quatre chiffres sont différents ;
- le premier chiffre des heures fait la moitié du premier chiffre des minutes.

Quelle est donc son heure moyenne de coucher ?

(A) 19 h 28
(B) 20 h 40
(C) 21 h 42
(D) 22 h 44
(E) 23 h 46

Question 27. Deux immeubles d'une rue sont situés à 250 m l'un de l'autre. 100 étudiants vivent dans le premier, et 150 dans le second. Où faut-il placer l'arrêt de bus pour que la somme des trajets à pied des résidents des deux immeubles, pour aller prendre leur bus, soit la plus petite possible ?

(A) Devant le premier immeuble
(B) À 100 m du premier immeuble
(C) À 100 m du deuxième immeuble
(D) Devant le deuxième immeuble
(E) N'importe où entre les deux immeubles

//
//

Question 28. Deux coureurs courent sur une piste circulaire de 720 mètres de long. Ils vont dans des directions opposées. Chacun court à vitesse constante. Le premier fait un tour complet en quatre minutes et le second en cinq. Combien de mètres parcourt le second coureur entre deux croisements consécutifs avec le premier ?

(A) 320 mètres
(B) 330 mètres
(C) 350 mètres
(D) 355 mètres
(E) 360 mètres

Question 29. Anaïs, Bertrand et Chloé font leurs courses. La dépense de Bertrand est seulement 15 % de celle de Chloé, alors qu'Anaïs a dépensé 60 % de plus que Chloé. Tous ensemble, ils ont dépensé 55 euros. Combien d'euros Anaïs a-t-elle dépensé ?

(A) 3
(B) 20
(C) 25
(D) 26
(E) 32

Question 30. Une assemblée comprend 2/3 d'Européens, 1/4 d'Américains et le reste d'Asiatiques. Sachant que 3/4 des Asiatiques sont des femmes, quelle est la proportion d'hommes asiatiques dans cette assemblée ?

(A) $\frac{1}{48}$
(B) $\frac{1}{16}$
(C) $\frac{1}{12}$
(D) $\frac{3}{16}$
(E) $\frac{2}{45}$

Si vous avez terminé, vous n'êtes pas autorisé(e) à revenir sur une épreuve précédente.
Vous n'êtes pas non plus autorisé(e) à travailler sur une épreuve suivante avant la fin du temps imparti.

STOP !

TEST BLANC TAGE MAGE 3

SOUS-TEST 3 : RAISONNEMENT & ARGUMENTATION

15 questions / 20 minutes / Calculatrice interdite
Réponse juste : + 4 points / Réponse fausse : – 1 point
Aucune réponse : 0 point

Question 31. Une vieille dame a été cambriolée hier après-midi, forcément par au moins un des trois visiteurs qu'elle a reçu, à savoir son petit fils, son neveu, et sa voisine. L'enquête démontre que : si le neveu est innocent, la voisine l'est aussi. Si la voisine est innocente, le neveu l'est aussi. Si le petit fils est coupable, il avait forcément un seul complice.

Quelle est la proposition exacte ?

(A) Les 3 étaient complices.
(B) Le cambriolage a été commis par une seule personne.
(C) Le petit fils avait pour complice la voisine.
(D) Le neveu avait pour complice le petit fils.
(E) Le neveu et la voisine sont coupables.

Question 32. Quand après-demain sera hier, il nous faudra autant de jours pour atteindre dimanche qu'il nous en a fallu quand avant-hier était demain, pour que nous soyons aujourd'hui.

Quel jour sommes-nous ?

(A) Lundi.
(B) Mardi.
(C) Mercredi.
(D) Jeudi.
(E) Vendredi.

Question 33. Des informations concernant les cinémas de la ville de Gap ont été publiées dans les deux journaux locaux de la ville. L'un annonçait que « le cinéma de la Mairie ne projette que des films d'action », l'autre annonçait que « des films américains ne sont projetés dans aucun cinéma local, excepté au cinéma Alphaplex ». Si chacun des habitants de la ville de Gap lit régulièrement un seul des deux journaux locaux, que peut-on conclure sur ce que savent tous les habitants de la ville ?

(A) Que le cinéma Alphaplex ne projette pas de films d'aventures, sauf s'ils sont britanniques.

(B) Que le cinéma de la Mairie projette des films d'aventures qui ne sont pas américains.

(C) Que le cinéma de la Gare ne projette pas de films américains.

(D) Que le cinéma de la Mairie ne projette pas de films documentaires américains.

(E) Que le cinéma de la Gare ne projette que des films américains.

Question 34. On sait que Sylvain et Franck sont des frères. Sylvain dit toujours la vérité tandis que Franck ment toujours. Candace a posé la même question à Sylvain et à Franck et tous deux y ont répondu par « oui ». Quelle peut être la question posée par Candace ?

(A) Est-ce que tu mens toujours ?

(B) Est-ce que ton frère ment toujours ?

(C) Est-ce que seul l'un de vous dit toujours la vérité ?

(D) Est-ce que seul l'un de vous ment toujours ?

(E) Est-ce que ton frère dit la vérité ?

Question 35. Un journal universitaire a publié une étude traitant de l'influence du végétalisme sur la qualité de la vue. Les conclusions de l'étude montrent que le taux de porteurs de lunettes de vue parmi les végétaliens examinés au cours de l'étude est plus élevé que le taux de porteurs de lunettes de vue dans la population générale. Isaac a lu cette étude et en a conclu que le végétalisme nuisait à la vue. Lequel des faits suivants est susceptible d'affaiblir la conclusion d'Isaac ?

(A) Hormis les problèmes de vue, on n'a découvert aucun autre facteur différenciant le groupe de végétaliens du groupe des non végétaliens.

(B) L'étude a été effectuée au Mexique, pays dans lequel le taux de porteurs de lunettes de vue est traditionnellement très élevé.

>>

(C) Tous les végétaliens porteurs de lunettes de vue qui ont été examinés dans le cadre de l'étude étaient des danseurs de salsa, et l'on sait que tout type de danse nuit à la vue.

(D) Les végétaliens examinés dans le cadre de l'étude étaient pour la plupart des adolescents, et l'on sait que la vue a tendance à s'affaiblir avec l'âge.

(E) Les non végétaliens ne portent jamais de lunettes de vue, excepté dans le cas où ils sont myopes.

Question 36. Dans un article écrit par un économiste américain on lit : « la thèse selon laquelle la situation économique de la classe moyenne aux Etats-Unis s'est considérablement détériorée au cours des dernières années par rapport à celle de la classe supérieure résulte de la focalisation sur l'écart de salaire grandissant entre les deux classes. Toutefois, pour déterminer à quel point la situation de la classe moyenne s'est détériorée, il faut prendre en compte non seulement les salaires mais également la consommation. Un sondage ayant examiné les dépenses des consommateurs aux Etats-Unis au cours des dernières années révèle qu'en ce qui concerne la consommation, l'écart entre les deux classes n'a que légèrement augmenté. »

En ce qui concerne la classe moyenne aux Etats-Unis, quelle est l'affirmation principale découlant du passage ?

(A) En réalité, l'écart des salaires entre elle et la classe supérieure n'a que légèrement augmenté au cours des dernières années.

(B) Au cours des dernières années, sa situation économique par rapport à la classe supérieure ne s'est pas détériorée autant qu'on a tendance à le croire.

(C) Pour examiner sa situation économique, il faut accorder plus de poids à la consommation qu'aux salaires.

(D) L'écart entre elle et la classe supérieure pour la consommation est plus grand que l'écart entre les deux dans le domaine du salaire.

(E) Depuis plusieurs années, son niveau de consommation dépend fortement de facteurs exogènes.

>>
>>

Question 37. Il y a des acariens qui se trouvent sous le lit de Karima. Que peut-on nécessairement en conclure ?

(A) S'il y a des acariens qui ne se trouvent pas sur des tapis, il n'y a nécessairement pas de tapis sous le lit de Karima.

(B) Si les acariens se trouvent uniquement sur un sol nu, il n'y a pas d'espace non recouvert d'un tapis sous le lit de Karima.

(C) S'il y a un tapis sous le lit de Karima, tous les acariens se trouvent uniquement sur des tapis.

(D) Si les acariens ne se trouvent pas sur des tapis, il y a nécessairement un espace non recouvert d'un tapis sous le lit de Karima.

(E) Si des acariens se trouvent dans un espace extérieur au lit de Karima, alors aucun acarien ne se trouve sous le tapis sous le lit de Karima.

Question 38. La course est extrêmement serrée. Les cinq premiers se tiennent en 3 secondes. En sachant que la voiture rouge est cinquième, qu'elle prend 43 centièmes au tour au premier et qu'il reste sept tours, à quelle position va-t-elle terminer la course ?

(A) Premier.

(B) Deuxième.

(C) Troisième.

(D) Quatrième.

(E) On ne peut pas savoir.

Question 39. Lors d'une coupe de football, 64 équipes s'affrontent jusqu'à la finale au terme de laquelle une coupe sera décernée au vainqueur. On sait pour sûr qu'il y a parmi les équipes participantes une équipe portugaise et qu'on retrouve une équipe française à chaque match joué. Quel est le nombre d'équipes françaises qui participent à cette coupe ?

(A) 16

(B) 31

(C) 32

(D) 33

(E) 63

>>
>>

Question 40. Au regard des dix dernières années, de moins en moins d'élus soutiennent les lois écologiques. Une étude portant sur trente élus interrogés a montré que seuls cinq élus conduisaient une campagne active en faveur de nouvelles lois écologiques. Tout cela s'inscrit dans une tendance où les inquiétudes et les préoccupations de la population en matière d'écologie vont grandissant.

Parmi les conclusions suivantes, laquelle est la mieux soutenue par l'argumentation ci-dessus ?

(A) Il faut plus d'élus pour soutenir les lois écologiques.

(B) Les élus ont perdu de vue les préoccupations et les inquiétudes de la population.

(C) On devrait féliciter les 5 élus qui ont conduit des campagnes actives en faveur de nouvelles lois écologiques.

(D) Si l'on veut protéger et sauver l'environnement, les élus doivent soutenir les lois écologiques.

(E) Si les élus veulent véritablement représenter leurs électeurs, un bon nombre d'entre eux doivent soutenir davantage les lois écologiques.

Question 41. Chacune des trois personnes suivantes : Ali, Bertrand et Charles, est propriétaire d'une des maisons dans une rangée de trois maisons. Voici ce que l'on sait à leur sujet :

– La maison de droite n'appartient pas à Bertrand ;

– La maison du milieu appartient à Ali ;

– La maison de gauche n'appartient pas à Bertrand.

En supposant que deux des trois assertions précédentes sont vraies, laquelle des situations suivantes n'est pas possible ?

(A) La maison du milieu appartient à Bertrand.

(B) La maison du milieu n'appartient pas à Charles.

(C) La maison de gauche appartient à Charles.

(D) La maison de droite appartient à Ali.

(E) La maison du milieu appartient à Charles.

>>>
>>>

Question 42. Parmi ces 5 proverbes, lequel à un sens opposé à « si tu veux qu'on t'épargne, épargne les autres » ?

(A) L'attaque est la meilleure défense.
(B) Il ne faut pas mesurer les autres à son aune.
(C) Ne fais pas à autrui ce que tu ne veux pas qu'il te fasse.
(D) Il faut hurler avec les loups.
(E) Il est bien sourd que celui qui ne veut pas entendre.

Question 43. Jonathan doit se présenter ce matin à un entretien important. Afin de ne rien laisser au hasard, il veut absolument porter une chemise bleue. Le problème est que l'ampoule de sa chambre est grillée : il ne peut donc distinguer les couleurs de ses chemises. Sachant qu'il possède trois chemises bleues sur les douze qui se trouvent dans sa penderie, combien de chemises au minimum doit-il prendre pour être sûr d'en avoir une bleue ?

(A) Trois.
(B) Six.
(C) Neuf.
(D) Dix.
(E) Douze.

Question 44. Dans certaines situations, les gens évaluent la fréquence d'un phénomène ou la probabilité d'un événement d'après la facilité avec laquelle exemples et incidents affleurent à leur mémoire. Par exemple, lorsqu'on demande à quelqu'un d'évaluer le risque d'infarctus chez les personnes d'âge mûr, son évaluation pourrait fort bien découler de la réponse à cette question : « A quel point m'est-il difficile de me souvenir de cas semblables parmi mes connaissances ? ».

Parmi les exemples suivants, lequel convient le mieux comme exemple supplémentaire de cette thèse ?

(A) Les médecins examinant des patients estiment généralement qu'ils sont atteints d'une maladie courante même lorsqu'ils ont personnellement été confrontés à de nombreux patients souffrant de maladies rares.
(B) Les gens estiment qu'il y a plus de mots qui commencent par la lettre « d » que de mots qui s'achèvent par cette lettre, simplement parce qu'il est plus facile de se remémorer de mots commençant par une certaine lettre que de mots s'achevant par cette lettre.

\>>
\>>

(C) Les gens estiment que les partis politiques qui obtiennent peu de voix dans les sondages pré-électoraux, recevront effectivement peu de voix lors des élections mêmes.

(D) Les gens estiment que les animaux plus répandus dans la nature ont un plus grand nombre de petits à chaque portée que les animaux moins répandus dans la nature.

(E) Ce n'est pas parce que je suis l'englobant que je ne suis pas capable d'effectuer une scission mémorielle dont le fondement serait : « A quoi bon me souvenir d'une chose qui ne me sera guère utile à court terme ? ».

Question 45. En s'échouant sur une île déserte, Robin a découvert un monde étrange. Tous les habitants y oublient tout, à commencer par les jours de la semaine. Robin rencontre deux frères, Salim et Benjamin.

L'un d'eux ment les lundis, les mardis et les mercredis mais dit la vérité tous les autres jours.

Son frère ment les jeudis, les vendredis et les samedis, mais dit la vérité les autres jours.

Robin ne sait pas qui est qui. Le premier lui dit : « Je suis Salim ». Le second lui dit : « Je suis Benjamin ». Quel jour de la semaine sommes-nous ?

(A) Lundi.

(B) Jeudi.

(C) Samedi.

(D) Dimanche.

(E) On ne peut pas savoir.

Si vous avez terminé, vous n'êtes pas autorisé(e) à revenir sur une épreuve précédente.
Vous n'êtes pas non plus autorisé(e) à travailler sur une épreuve suivante avant la fin du temps imparti.

STOP !

TEST BLANC TAGE MAGE 3

SOUS-TEST 4 : CONDITIONS MINIMALES

15 questions / 20 minutes / Calculatrice interdite
Réponse juste : + 4 points / Réponse fausse : – 1 point
Aucune réponse : 0 point

Vous répondrez :

(A) Si l'information (1) permet à elle seule de répondre à la question, et si l'information (2) à elle seule ne permet pas de répondre à la question.

(B) Si l'information (2) permet à elle seule de répondre à la question, et si l'information (1) à elle seule ne permet pas de répondre à la question.

(C) Si les deux informations (1) et (2) ensemble permettent de répondre à la question, et aucune séparément ne le peut.

(D) Si chaque information permet séparément de répondre à la question.

(E) Si les deux informations ensemble ne permettent pas de répondre à la question.

Question 46. Quelle est la valeur de *t*, sachant que *t* est un nombre de trois chiffres et qu'il est divisible par 9 ?

(1) Le chiffre des dizaines de *t* et le chiffre des centaines de *t* sont tous deux égaux à 7.

(2) Le chiffre des unités de *t* est à la fois inférieur au chiffre des dizaines de *t* et au chiffre des centaines de *t*.

Question 47. Bob, Mehdi et Sandy mettent leurs économies en commun et constatent qu'à eux trois, ils ont 330 euros. Est-ce Mehdi qui a le plus d'argent ?

(1) Mehdi a 110 euros.

(2) Bob a 60 euros.

##
##

Vous répondrez :

(A) Si l'information (1) permet à elle seule de répondre à la question, et si l'information (2) à elle seule ne permet pas de répondre à la question.

(B) Si l'information (2) permet à elle seule de répondre à la question, et si l'information (1) à elle seule ne permet pas de répondre à la question.

(C) Si les deux informations (1) et (2) ensemble permettent de répondre à la question, et aucune séparément ne le peut.

(D) Si chaque information permet séparément de répondre à la question.

(E) Si les deux informations ensemble ne permettent pas de répondre à la question.

Question 48. Dans une entreprise, quatre collègues gagnent mensuellement à eux quatre 9 800 euros. Les quatre salaires sont différents. Quel est le montant du salaire le plus bas ?

(1) La somme du salaire le plus bas et du salaire du plus élevé est égale à la somme des deux autres salaires.

(2) Si l'on ordonne les salaires, la différence entre deux salaires successifs est toujours la même.

Question 49. $\sqrt{b}$ est un entier naturel. Est-ce que $\sqrt{b}$ est un nombre premier ?

(1) b est divisible par 3 entiers naturels exactement.

(2) Tous les diviseurs de b sont impairs.

Question 50. Un nombre de deux chiffres s'écrit MN. Que vaut-il ?

(1) MN – NM est un carré parfait.

(2) $M \times N = 12$.

Question 51. Norbert tire au hasard une chaussette qui se trouve dans un tiroir à chaussettes. Quelle est la probabilité pour que la chaussette tirée soit blanche ?

(1) Le tiroir à chaussettes contient des chaussettes de couleur blanche, de couleur marron et de couleur noire.

(2) Le tiroir à chaussettes contient 3 fois plus de chaussettes non blanches cue de chaussettes blanches.

##
##

Vous répondrez :

(A) Si l'information (1) permet à elle seule de répondre à la question, et si l'information (2) à elle seule ne permet pas de répondre à la question.

(B) Si l'information (2) permet à elle seule de répondre à la question, et si l'information (1) à elle seule ne permet pas de répondre à la question.

(C) Si les deux informations (1) et (2) ensemble permettent de répondre à la question, et aucune séparément ne le peut.

(D) Si chaque information permet séparément de répondre à la question.

(E) Si les deux informations ensemble ne permettent pas de répondre à la question.

Question 52. Dans la figure ci-dessous, XYZ est un triangle et I est le milieu de YZ. XYZ est-il un triangle rectangle ?

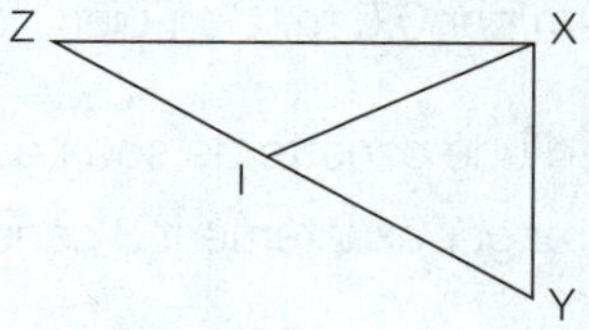

(1) XI = YI.

(2) L'angle XYZ est égal à 33°.

Question 53. Jonas, Tamar et Khadija prennent le train à Eaubonne à 16h15 pour arriver au Mans à 19h15. Quelle est la distance parcourue par le train entre Eaubonne et Le Mans ?

(1) Durant le premier tiers du voyage, le TGV se déplace à 250 km/h, durant le deuxième tiers, il roule à 275 km/h et la fin du trajet se fait à la vitesse de 225 km/h.

(2) Une voiture roulant deux fois moins vite que le train mettrait 6 heures pour parcourir la distance.

Question 54. Dora et Sarah vivent dans une tour composée de plusieurs étages. Combien d'étages la tour comporte-t-elle ?

(1) Les appartements de Dora et de Sara sont séparés de 3 étages.

(2) Il y a 12 étages au-dessus de l'étage de Dora et 12 étages en dessous de l'étage de Sarah.

Question 55. Que vaut le nombre de trois chiffres N ?

(1) N est divisible par 17.

(2) N est divisible par 31.

##
##

Vous répondrez :

(A) Si l'information (1) permet à elle seule de répondre à la question, et si l'information (2) à elle seule ne permet pas de répondre à la question.

(B) Si l'information (2) permet à elle seule de répondre à la question, et si l'information (1) à elle seule ne permet pas de répondre à la question.

(C) Si les deux informations (1) et (2) ensemble permettent de répondre à la question, et aucune séparément ne le peut.

(D) Si chaque information permet séparément de répondre à la question.

(E) Si les deux informations ensemble ne permettent pas de répondre à la question.

Question 56. Des canettes de soda de forme parfaitement cylindrique sont conditionnées en cartons de 0,3 m par 0,5 m. Combien de canettes contient un carton ?

(1) Le rayon d'une canette de soda est de 0,05 m.

(2) On peut ranger exactement 3 canettes de soda le long du plus petit côté.

Question 57. 1/1/2021 : Anne fait ses comptes. Elle a investi la somme totale de 10 000 € sur l'année 2020. Une partie de l'argent a été investie dans une SICAV W qui a réalisé une plus-value de 6 % en 2020 et le reste a été investie dans une SICAV Z qui a réalisé une plus-value de 8 % en 2020. Quel est le montant de la somme investie dans la SICAV W ?

(1) La somme totale des intérêts perçus sur l'investissement des 10 000 € s'élève à 640 €.

(2) La valeur en euros de l'investissement qui a réalisé une plus-value de 8 % ne représentait qu'un quart de la valeur en euros de l'investissement qui a réalisé une plus-value de 6 %.

Question 58. Simon est âgé de 30 ans. Dans combien d'années son âge sera-t-il égal au double de celui de son fils unique ?

(1) Simon a 20 ans d'écart avec son fils.

(2) Dans 30 ans, Simon sera une fois et demie plus âgé que son fils.

Question 59. Que vaut X ?

(1) $X^2 + 2 = 3X$.

(2) $(X - 1)(X - 2) = 0$.

##
##

Vous répondrez :

(A) Si l'information (1) permet à elle seule de répondre à la question, et si l'information (2) à elle seule ne permet pas de répondre à la question.

(B) Si l'information (2) permet à elle seule de répondre à la question, et si l'information (1) à elle seule ne permet pas de répondre à la question.

(C) Si les deux informations (1) et (2) ensemble permettent de répondre à la question, et aucune séparément ne le peut.

(D) Si chaque information permet séparément de répondre à la question.

(E) Si les deux informations ensemble ne permettent pas de répondre à la question.

Question 60. On considère deux piles de livres. Combien y a-t-il de livres dans la 1re pile ?

(1) Il y a 300 livres de moins dans la première pile que dans la deuxième.

(2) Si je retire 100 livres de la deuxième pile, il y a deux fois plus de livres dans la deuxième pile que la première.

Si vous avez terminé, vous n'êtes pas autorisé(e) à revenir sur une épreuve précédente.
Vous n'êtes pas non plus autorisé(e) à travailler sur une épreuve suivante avant la fin du temps imparti.

STOP !

TEST BLANC TAGE MAGE 3

SOUS-TEST 5 : EXPRESSION

15 questions / 20 minutes / Calculatrice interdite
Réponse juste : + 4 points / Réponse fausse : – 1 point
Aucune réponse : 0 point

Questions 61 à 64 : choisissez la reformulation dont le sens se rapproche le plus du (des) passage(s) souligné(s).

Question 61. La politique a toujours été un sujet important pour lui et il considère la participation au débat politique comme un devoir citoyen. C'est d'ailleurs pour cela qu'il est adhérent à un parti politique depuis plusieurs années.

(A) militant
(B) partisan
(C) cotisant
(D) sympathisant
(E) soutien actif

Question 62. C'est toujours comme cela et l'on ne peut rien y faire ! Dès l'arrivée de la saison hivernale, Léa ne peut s'empêcher de jouer les Cassandre.

(A) d'entrer en dépression
(B) prophétiser des malheurs
(C) se lancer dans des tirades lyriques
(D) se plaindre
(E) de s'énerver pour un oui ou pour un non

Question 63. Depuis le 27 janvier dernier, Jean est <u>infirme</u>. Dorénavant, il ne pourra plus travailler comme ouvrier dans l'usine où il a passé la moitié de sa vie.

(A) ingambe
(B) handicapé
(C) éclopé
(D) invalide
(E) impotent

Question 64. Adam a toujours été très doué en affaires. Il a connu le succès dès l'âge de quinze ans et n'a pas tardé à devenir dans les Années folles la fierté <u>de l'Angleterre</u>.

(A) du Royaume Uni
(B) de la Grande Nation
(C) de la perfide Albion
(D) du pays à la fleur de lys
(E) de la douce Sterling

Questions 65 à 70 : complétez en choisissant la solution optimale.

Question 65. (…) traduit souvent l'embarras, le refus d'aborder directement un sujet ou encore le souci d'atténuer l'idée qu'on souhaite exprimer.

(A) La modestie
(B) La circonlocution
(C) La timidité
(D) L'humilité
(E) L'ingénuité

Question 66. Le monde actuel est celui où l'entreprise n'est pas seulement possédée par des investisseurs individuels, mais de plus en plus par des investisseurs (…). Ces derniers prennent en considération le long terme et s'ouvrent à des objectifs plus généraux.

(A) généraux
(B) orthodoxes
(C) institutionnels
(D) groupés
(E) conventionnels

Question 67. Pour les français, le japonais est quelqu'un qui se lève tôt et qui dès six heures du matin suit des cours de recyclage à la télévision tout en effectuant un sprint sur vélo fixe histoire de se mettre (…) en forme et à niveau.

(A) conjointement
(B) alternativement
(C) successivement
(D) nommément
(E) indistinctement

Question 68. La civilisation occidentale a pour base historique (…) de la confrontation ; la culture japonaise fonde la sienne sur (…) de l'harmonie.

(A)	un dialogue	l'imminence
(B)	un dialecte	la proéminence
(C)	une dialectologie	l'imminence
(D)	une dialectique	la prééminence
(E)	un discours	la préséance

Question 69. (…) l'augmentation du nombre de naissances effectuées à l'aide d'une césarienne a amené (…) de la mortalité des bébés et des mères. (…) diminuer le nombre de naissances réalisées (…).

(A) Il est clair que / une baisse / C'est pourquoi il faut / par césarienne
(B) Il n'est pas encore clair si / une hausse / La conclusion est qu'il faut / aux forceps
(C) Il n'y a pas de doute que / une hausse / C'est pourquoi il faut / de façon naturelle
(D) Des recherches montrent que / une baisse / C'est pourquoi il ne faut pas / par intervention chirurgicale
(E) Il est clair que / une hausse / C'est ainsi qu'il convient souvent de / par césarienne

Question 70. La plupart des critiques de poésie du pays (…) poète Didier Bertrand. (…) une critique norvégienne, qui attribue à sa poésie (…) de valeur que ces derniers et renforce ses propos en citant (…) à l'étranger.

(A) n'estiment pas à sa juste valeur le / Une opinion contraire a été émise par / moins / les sévères commentaires dont il a également été l'objet

(B) surestiment le / Une opinion contraire a été émise par / moins / les sévères commentaires dont il a été l'objet

(C) n'ont aucune estime pour le / Une expression de cette tendance se retrouve dans les propos d' / encore moins / des témoignages du vif succès qu'il remporte

(D) accordent leurs louanges au / Une expression de cette tendance se retrouve dans les commentaires de / plus / le fait qu'il n'est pas estimé

(E) sous-estiment le / Un avis contraire a été émise par / plus / les commentaires dont il a été victime

Question 71. Parmi les cinq phrases suivantes, repérez celles qui sont fausses :

1. J'aimerais que tu viennes le voir.
2. Il faut que tu lui répondes.
3. Marie s'est offerte une jupe.
4. J'ai compris les choses que tu m'as dit de faire.
5. Elle s'est lavée les mains.

(A) 3 et 5

(B) 2 et 3

(C) 3 et 4

(D) 4 et 5

(E) 1, 4 et 5

Question 72. Complétez en choisissant la solution optimale

Le philosophe avait face à la civilisation une attitude (...) ; il (...) comme une chose indispensable, (...) une entrave pesante qui (...) l'homme d'accéder au bonheur.

(A) essentiellement négative / ne la considérait pas / mais comme / permet à

(B) positive / la considérait / devenant graduellement / permet à

(C) faite de réserves / la considérait certes / mais également comme / empêche

(D) ambivalente / ne la considérait pas / affirmant qu'elle est / empêche

(E) démoniaque / la considérait / affirmant qu'elle est / permet à

Question 73. Parmi les cinq expressions suivantes, une seule n'existe pas. Laquelle ?

(A) « Ça ne casse pas trois pattes à un canard. »

(B) « Ça glisse sur moi comme sur les plumes d'un canard. »

(C) « Il ne faut pas prendre les enfants du bon Dieu pour des canards sauvages. »

(D) « Les canards boiteux ne vont pas par deux. »

(E) « Faire un canard. »

Question 74. Parmi les couples de mots suivants, lequel ne forme pas un couple de synonymes ?

(A) Hermétique – Impénétrable

(B) Majestueux – Grandiose

(C) Nonchalant – Indolent

(D) Omnipotent – Universel

(E) Morigéner – Sermonner

Question 75. « Tout d'abord, cette mesure a le plus <u>touchée</u> les catégories qui visitent traditionnellement les musées, même si le taux de fréquentation de ceux qu'on peut <u>qualifier</u> de socialement <u>exclu</u> a augmenté. Les titulaires d'un diplôme ont quatre fois plus de chances que les personnes non <u>qualifiées</u> de <u>déclarer</u> qu'ils sont au courant de la gratuité et qu'elles les a <u>motiver</u> à se rendre plus souvent dans les musées. Le choix <u>auquelle</u> ces établissements continuent d'être <u>confronté</u> est de savoir s'ils doivent en priorité <u>essayé</u> d'attirer le public qui <u>continue</u> de ne pas <u>fréquenté</u> ou se <u>concentrer</u> sur celui qui <u>leurs</u> est déjà fidèle. »

Dans le texte ci-dessus, quel est le nombre total de mots soulignés correctement orthographiés ?

(A) trois.

(B) quatre.

(C) cinq.

(D) six.

(E) sept.

Si vous avez terminé, vous n'êtes pas autorisé(e) à revenir sur une épreuve précédente.
Vous n'êtes pas non plus autorisé(e) à travailler sur une épreuve suivante avant la fin du temps imparti.

STOP !

TEST BLANC TAGE MAGE

SOUS-TEST 6 : LOGIQUE

3

15 questions / 20 minutes / Calculatrice interdite
Réponse juste : + 4 points / Réponse fausse : – 1 point
Aucune réponse : 0 point

Question 76.

			97	
			35	
16	53	81	?	47
			13	
			42	

(A) 64 (B) 73 (C) 55 (D) 20 (E) 86

Question 77.

BUD				
ASC				
DQH				
?	JSK	KTH	LMD	MZA
RML				

(A) IKE (B) KOE (C) ELH (D) IOE (E) FZM

****
****

Question 78.

52

215 72 343 ? 80

691

94

652

(A) 18 (B) 521 (C) 12 (D) 46 (E) 927

Question 79.

LPZEM

ZPJKE

NHINJ

JOWLC MXFSE PAXVG ? BSZDK

EAWSD

(A) OPZJH (B) WGINJ (C) LNLMI (D) FSREP (E) HGUZI

Question 80.

796

398 932 ? 610 187

560

364

321

(A) 243 (B) 476 (C) 206 (D) 444 (E) 481

****
****

Question 81.

			OQV	
			QSX	
NAT	OXO	GUW	?	AOL
			YAF	
			RTY	

(A) SRZ (B) KMX (C) PRW (D) SNU (E) IKP

Question 82.

		102		
		547		
762	294	?	717	591
		766		
		323		

(A) 456 (B) 437 (C) 851 (D) 870 (E) 465

Question 83.

	AR			
NP	?	ZO	FQ	KL
	WZ			
	PU			
	SV			

(A) HX (B) EY (C) BZ (D) GB (E) AY

****
****

Question 84.

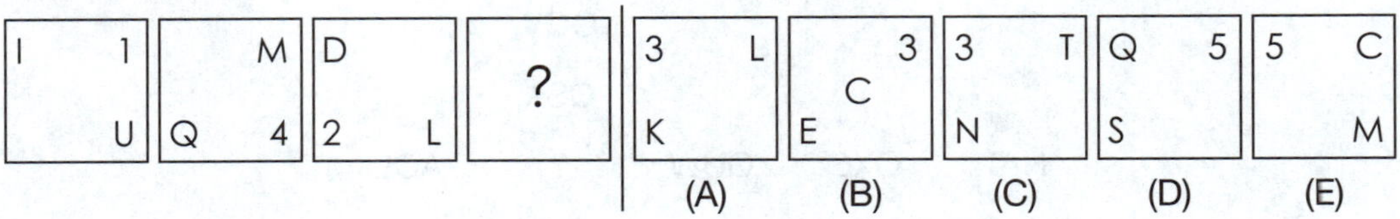

Question 85.

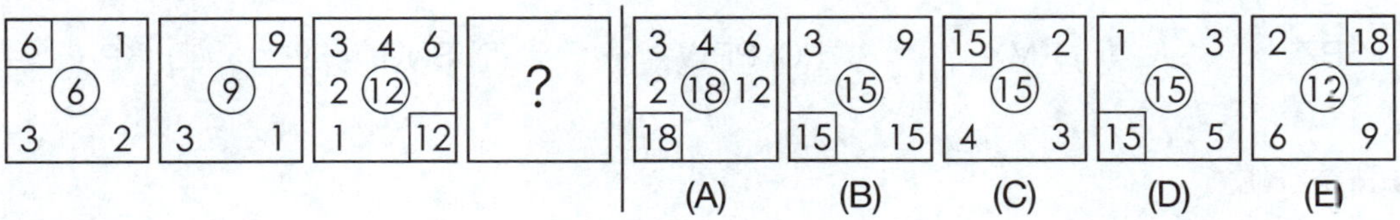

Question 86.

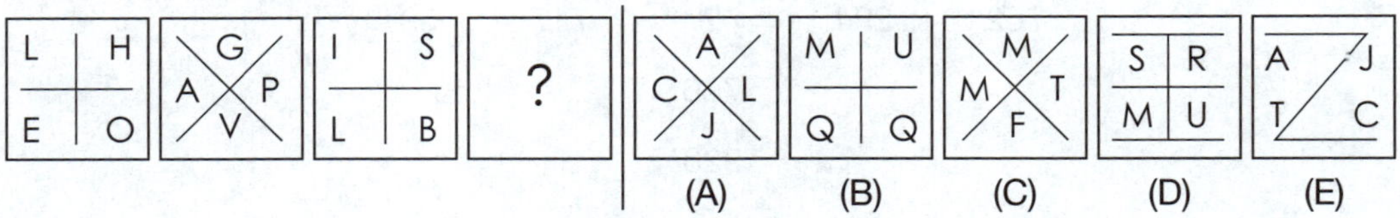

Question 87.

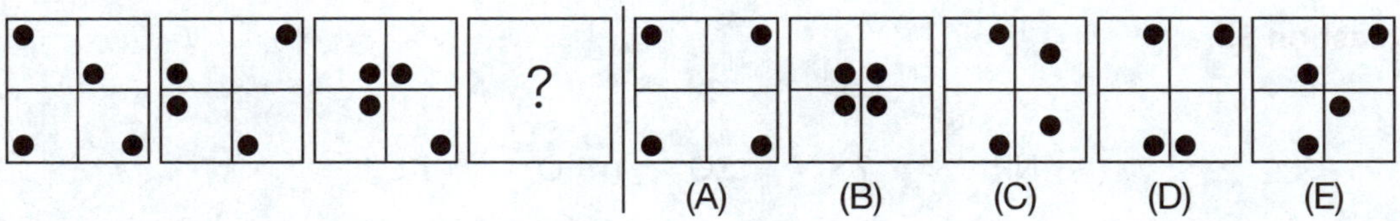

Question 88.

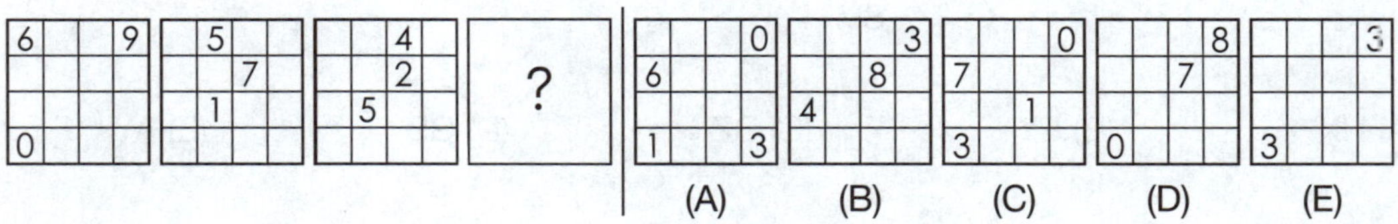

****
****

Question 89.

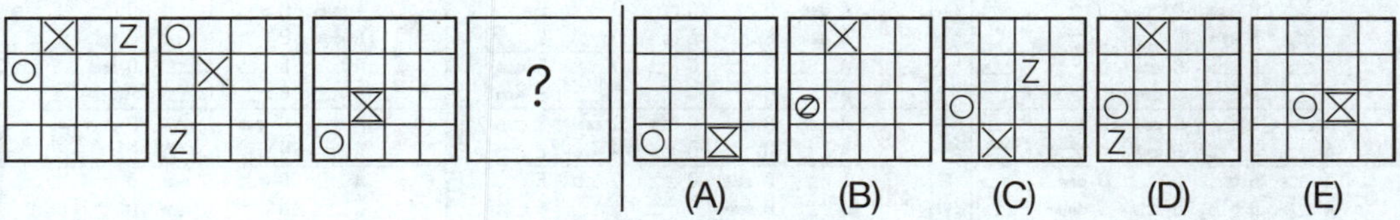

Question 90.

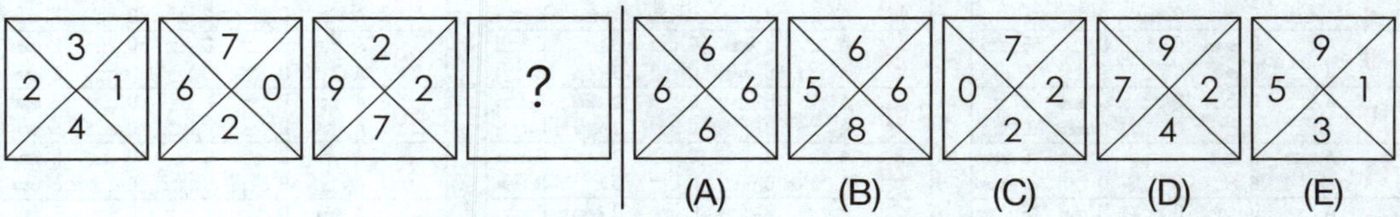

TEST TAGE MAGE 3 : VOTRE GRILLE DE REPONSES JUSTES

Sous-test 1
Compréhension de textes

Question	Réponse
1	C
2	B
3	C
4	C
5	D
6	D
7	A
8	C
9	B
10	D
11	E
12	D
13	A
14	D
15	A

Sous-test 2
Calcul

Question	Réponse
16	C
17	A
18	E
19	D
20	B
21	A
22	E
23	D
24	B
25	D
26	E
27	D
28	A
29	E
30	A

Sous-test 3
Raisonnement/Argumentation

Question	Réponse
31	E
32	A
33	D
34	B
35	C
36	B
37	D
38	E
39	E
40	E
41	E
42	A
43	D
44	B
45	D

Sous-test 4
Conditions minimales

Question	Réponse
46	A
47	A
48	E
49	A
50	E
51	B
52	A
53	A
54	E
55	C
56	D
57	D
58	D
59	E
60	C

Sous-test 5
Expression

Question	Réponse
61	C
62	B
63	D
64	C
65	B
66	C
67	A
68	D
69	D
70	B
71	A
72	C
73	D
74	D
75	C

Sous-test 6
Logique

Question	Réponse
76	A
77	D
78	D
79	E
80	B
81	C
82	D
83	E
84	C
85	D
86	C
87	D
88	E
89	C
90	B

3

CORRIGES

SOUS-TEST 1 : COMPREHENSION DE TEXTES

Question 1. Réponse C

Les propositions 1, 2 et 4 sont exactes. Les conséquences des transformations sur l'homme sont toutes évoquées dans le dernier paragraphe et l'augmentation de la masse n'est pas évoquée.

Question 2. Réponse B

La formule « l'homme est en danger » présente dans le résumé A est excessive.

Le résumé C trahit le texte car il est trop virulent lorsqu'il évoque les « dégâts », par exemple.

Rien n'est faux dans le résumé E, mais il ne présente que 3 exemples, sans donner l'idée principale.

Le résumé D est exact, mais il donne moins d'informations que le C.

Le B, plus complet, plus précis, apparaît comme le meilleur.

Question 3. Réponse C

La proposition 1 est fausse : c'est la forêt primaire qui a disparu pour être remplacée par le maquis.

Question 4. Réponse C

Le déboisement, l'irrigation et l'élevage des chèvres sont bien des causes du forçage. En revanche, les aurochs ont disparu au xviie siècle et le labourage n'est jamais évoqué.

Question 5. Réponse D

La réponse est explicite : « Les animaux parqués puis sélectionnés, en privilégiant à chaque génération les plus dociles ».

Question 6. Réponse D

Les réponses A, B et E sont très éloignées du texte.

La réponse C peut sembler très proche, mais l'expression « ouvrir les frontières » n'est pas exacte car les frontières sont déjà ouvertes.

La réponse D est donc la plus complète.

Question 7. Réponse A

La réponse est explicite : « Les gouvernements veulent l'appliquer aux hommes, en réécrivant les accords de Schengen pour limiter leur liberté de circulation, et aux idées, en filtrant Internet ».

Question 8. Réponse C

Toutes ces propositions sont exactes, mais l'auteur nomme comme premier paradoxe : «… Le mot a été forgé il y a un peu moins d'une décennie par Walden Bello, (…), autrement dit… par un symbole de la mondialisation qui entend la dénoncer ! ».

Question 9. Réponse B

Les propositions 1 et 2 sont justes car lorsque l'auteur juxtapose ces deux phrases : « Nombre de militants de la démondialisation des marchandises et des capitaux sont d'ailleurs d'ardents défenseurs de la liberté de circulation des hommes et des idées. Seule l'extrême droite va jusqu'au bout de la logique, prônant un repli généralisé sur le pays », il oppose les idées de l'extrême droite à celles des autres militants de la démondialisation. Cela signifie donc que l'extrême droite s'oppose, elle seule, à la liberté de circulation des hommes et des idées.

Ce passage valide aussi la proposition 3. Enfin, la proposition 4 est précisée dans la dernière phrase du texte : « Sauf à limiter son champ à l'intérieur des frontières – ce que seul le Front national, à nouveau, ose faire ouvertement ».

Question 10. Réponse D

Les résumés A et B, sans être inexacts, ne sont pas assez précis. Le résumé C parle d'une élévation du niveau de vie de **tous** les travailleurs, ce qui est faux et dans le résumé E le terme « démondialisation » est utilisé dans la dernière phrase à la place de « mondialisation ».

Le résumé D est donc le plus complet.

Question 11. Réponse E

C'est le dernier argument du troisième paragraphe : « Enfin, les entreprises soumises à une concurrence moins forte seraient moins efficaces ».

Question 12. Réponse D

L'auteur défend nettement une position : il est contre l'idée de démondialisation et argumente pour démontrer combien cette idée est, selon lui, mauvaise pour l'économie mondiale et inapplicable. Mais, le ton employé, le fait qu'il reconnaisse les excès de la mondialisation, font que nous pouvons exclure le discours d'un militant (réponses A, C et E).
La façon dont l'article est illustré d'exemples plaisants prouve que l'on est plutôt en présence d'un texte destiné au grand public, donc écrit par un journaliste.

Question 13. Réponse A

La réponse est explicite : « dans le livre du socialiste Arnaud Montebourg : il faut « *obliger le consommateur à acheter plus cher pour soutenir le pouvoir d'achat* ».

Question 14. Réponse D

Idem : « le gouvernement doit installer des "écluses" à l'entrée du pays ou plutôt de l'Union européenne. Le mot qui revient à droite comme à gauche est plus joli que les anciennes barrières douanières ». Dans la suite du texte, il continue à utiliser le mot « écluse ».

Question 15. Réponse A

La proposition 2 est fausse : « Secundo, les écarts de salaire se réduisent. Au rythme actuel, les pays émergents auront perdu l'atout des bas salaires en 2017 ».

La proposition 1 est exacte : « les coûts du transport vont fatalement augmenter avec l'inéluctable hausse des coûts de l'énergie ».

La proposition 3 est exacte : « les chaînes de production de plus en plus longues sont aussi de plus en plus fragiles ».

La proposition 4 est exacte : « certains régimes politiques sont instables à cause du "printemps arabe", évoqué dans la liste des événements récents qui perturbent les chaînes de production ».

La proposition 5 est exacte : « Les gouvernements pourraient aussi finir par prendre des mesures pour protéger l'environnement, comme un bannissement du fret aérien.

SOUS-TEST 2 : CALCUL

Question 16. Réponse C

Une question plutôt facile pour commencer ce sous-test de calcul.
Chaque jour où elle travaille, Anne porte 5 bagues de plus. Si elle n'avait jamais travaillé, elle aurait donc porté 9 × 5 = 45 bagues. Or elle en a porté 15 de plus (60 – 45). Elle a donc travaillé 3 jours.

Question 17. Réponse A

En réduisant le temps de nettoyage de 40 %, celui-ci passera à 3 minutes (5 minutes – 5 × 40 % minutes est en effet égal à 5 minutes – 2 minutes, soit 3 minutes).

Il y a donc 12 agents pour nettoyer l'avion en 5 minutes.

Si la compagnie emploie 5 fois plus de personnes, l'avion sera nettoyé en 1 minute, donc pour le nettoyer en 3 minutes, il faut employer 12 × 5/3 soit 20 personnes, auxquelles il faut ajouter 4 managers (20 = 3 × 6 + 2), soit au total 24 personnes.

Question 18. Réponse E

Sur les 24 personnes que compte ce groupe, 16 ont un groupe sanguin différent de O.

Aussi, si P est la probabilité qu'une personne prise au hasard dans le groupe a un groupe sanguin différent de O :

$$P = \frac{\text{Nombre de personnes ayant un groupe sanguin différent de O}}{\text{Nombre de personnes dans le groupe}}$$

Soit $P = \frac{16}{24} = \frac{2}{3} = 66{,}66\ \%$ (environ)

Question 19. Réponse D

Soit L la longueur du terrain, l sa largeur, C la longueur du terrain carré et A l'aire du terrain rectangulaire. D'après l'énoncé, on sait que 12,5 % de A, soit 1/8 de A, vaut précisément 9 m^2.

On en déduit donc que : $\frac{A}{8} = 9$, soit A = 72 m^2. L'aire du carré vaut par conséquent : 72 + 9 = 81 m^2 et nous avons donc un carré de côté 9 m.

La corde mesurant le périmètre du carré, on a une corde de longueur : 4 × 9 = 36 m. Et en considérant le périmètre et l'aire du rectangle, on a au final : 2L + 2l = 36 et l × L = 72, soit l = 6 et L = 12.

Question 20. Réponse B

Les 6 gros producteurs se partagent 36 % + 2 × (36 / 4) % + 3 × 7 % = 75 % de la production mondiale.

Les 4 millions de tonnes restantes représentent par conséquent 25 % de la production mondiale qui est de 16 millions de tonnes.

Et comme la Chine produit 9 % de la production mondiale, cela donne : 9 % × 16 = 1,44 million de tonnes.

Question 21. Réponse A

La masse salariale initiale est de 1 800 € × 15 = 27 000 €.

Après le remplacement, la masse salariale est de 1 770 € × 15 = 26 550 €. Il y a donc un écart de 450 € entre les salaires des deux managers, le nouveau manager gagne donc 2 600 € – 450 € = 2 150 €.

Question 22. Réponse E

Pour que l'étudiant ait au moins la moyenne, il y a deux cas possibles :

1) Cas 1 : soit l'étudiant a une note supérieure à la moyenne dès le premier lancer de dé. Il n'y a donc plus besoin de considérer le deuxième lancer puisque la condition de l'énoncé est satisfaite.
2) Cas 2 : soit il a une note inférieure à la moyenne au premier lancer ET il parvient à obtenir une note supérieure à la moyenne au deuxième lancer.

Intéressons-nous maintenant au calcul des probabilités liées à ces deux cas :

Seules les notes de 10 à 20 permettent d'obtenir une note au moins égale à la moyenne. On en dénombre 20 – 10 + 1 = 11.

Ainsi, la probabilité du 1er cas vaut :

$$P_{\text{cas 1}} = \frac{\text{nombre de cas favorables}}{\text{nombre de cas possibles}} = \frac{11}{20}$$

D'autre part, la probabilité du 2e cas vaut :

$$P_{\text{cas2}} = P(\text{inf. à la moyenne au 1}^{\text{er}}\text{ lancer}) \times P(\text{au moins égal à la moyenne au 2}^{\text{e}}\text{ lancer}) = \frac{9}{20} \times \frac{11}{20}$$

Finalement la probabilité que l'étudiant obtienne au moins la moyenne vaut :

$$P = P_{\text{cas 1}} + P_{\text{cas 2}}$$

$$P = \frac{11}{20} + \frac{9}{20} \times \frac{11}{20} = \frac{220}{400} + \frac{99}{400} = \frac{319}{400}$$

Question 23. Réponse D

S'il doit jouer encore 50 matchs, alors Adrien aura joué 150 matchs en tout dans l'année.

Or, enregistrer une moyenne de 30 points par partie sur 150 matchs, c'est avoir marqué en tout 30 × 150 = 4 500 paniers. Sachant qu'il en a déjà marqué 29 × 100 = 2 900, alors il devra en marquer encore 4 500 – 2 900 = 1 600 sur les 50 matchs restants.

Question 24. Réponse B

Rappel : la diagonale d'un carré de côté A est égale à $A \times \sqrt{2}$

Le segment dont on cherche la longueur se compose d'une diagonale du carré central (de longueur $\sqrt{2}$) et de deux petits segments de même longueur. La somme des longueurs de ces deux petits segments s'obtient en ôtant un diamètre de cercle (1) à la diagonale d'un petit carré ($\sqrt{2}$). Finalement la distance entre les deux cercles est $2\sqrt{2} - 1$.

Question 25. Réponse D

Cet énoncé comporte deux pièges qui peuvent induire en erreur le lecteur lors de la résolution de ce problème. Le premier provient de la confusion qui peut être faite entre les termes bénéfice et recettes/ventes.

Rappel : Bénéfice = recettes – coûts

Le second provient de l'introduction dans l'énoncé d'une information inutile à la résolution du problème : le nombre de parts par gâteaux ; c'est une information qui ne relève que de l'ordre du contexte.

Pour résoudre ce problème nous chercherons donc à écrire un système de deux équations faisant intervenir le nombre de parts vendues (que l'on notera *p*) ainsi que les coûts liés aux achats nécessaires (que l'on notera *c*).

L'énoncé nous indique qu'en vendant les parts à 2 euros on réalise un bénéfice de 270 €. On peut traduire cette information sous la forme de l'équation suivante :

$2p - c = 270$ (1)

De même, on sait que si l'on vend les parts à 1,5 euro, on réalise un bénéfice de 220 €.

D'où la deuxième équation : $1{,}5p - c = 220$ (2)

Résolvons donc ce système d'équation en utilisant la méthode des combinaisons linéaires :

$$\begin{cases} 2p - c = 270 \ (1) \\ 1{,}5p - c = 220 \ (2) \end{cases}$$

Soustraire la ligne (2) à la ligne (1) permet de faire disparaître l'inconnue *c* et d'obtenir la valeur de *p* :(1) – (2) $\Rightarrow 2p - c - (1{,}5p - c) = 270 - 220 \Rightarrow 0{,}5p = 50 \Rightarrow p = 100$

Le nombre de parts vendues est donc 100, Réponse D.

Question 26. Réponse E

Partons des réponses et testons-les.

Vous savez que le premier chiffre des heures fait la moitié du premier chiffre des minutes. Donc la réponse A ne convient pas. La réponse B n'est pas satisfaisante car l'heure moyenne de coucher ne contient pas de zéro. Les quatre chiffres doivent être différents, or ce n'est pas le cas dans les propositions C et D. C'est donc la réponse E.

Question 27. Réponse D

Si on place l'arrêt de bus entre les deux immeubles à X mètres du second immeuble (et donc à 250 – X du premier), la distance totale parcourue par les étudiants sera :

$150 \times X + 100 \times (250 - X) = 25\,000 + 50 \times X$.

Cette expression ($25\,000 + 50 \times X$) est **minimale** quand X est minimal, soit **X = 0**. Il faut donc placer l'arrêt devant le deuxième immeuble.

Question 28. Réponse A

Le coureur le plus rapide fait $\frac{1}{4}$ de tour par minute et le plus lent fait $\frac{1}{5}$ de tour par minute. Ils se rapprochent ainsi de $\frac{1}{4} + \frac{1}{5}$ soit 9/20 tour par minute. Entre deux croisements, la durée est donc de 20/9 minutes. Et le plus lent fait donc entre deux croisements $\frac{1}{5} \times 20/9$ tour soit $\frac{4}{9}$ tour. En mètres, cela fait $\frac{4}{9} \times 720$ soit 320 mètres.

Question 29. Réponse E

Soit C la dépense de Chloé en euros. Celle de Boubou est $\frac{15}{100} \times C$ ou $\frac{3}{20} \times C$ et celle d'Anaïs $\frac{160}{100} \times C$ ou $\frac{8}{5} \times C$.
La dépense totale, 55 €, vaut donc aussi $C + \frac{3}{20} \times C + \frac{8}{5} \times C = \frac{(20 + 3 + 32)}{20} \times C = \frac{55}{20} \times C$.

Ce qui donne au final C = 20. Et Anaïs a donc dépensé $\frac{8}{5} \times C = \frac{8}{5} \times 20$, soit 32 €.

Question 30. Réponse A

Proportion d'Asiatiques : $p = 1 - \left(\frac{2}{3} + \frac{1}{4}\right) = 1 - \frac{11}{12} = \frac{1}{12}$

La proportion d'hommes asiatiques est $1 - \frac{3}{4} = \frac{1}{4}$ de p, soit $\frac{1}{4} \times \frac{1}{12} = \frac{1}{48}$

SOUS-TEST 3 : RAISONNEMENT – ARGUMENTATION

Question 31. Réponse E

On se sert ici de la règle logique de la contraposée (si A ⇒ B, alors Non B ⇒ Non A). Ainsi, on déduit de l'énoncé que si la voisine est coupable, le neveu l'est aussi.

De même, si le neveu est coupable, la voisine l'est également, donc le neveu et la voisine sont soit tous deux coupables, soit tous deux innocents. Or, s'ils étaient tous deux innocents, le petit fils serait le seul coupable, ce qui est contradictoire avec l'énoncé (en cas de culpabilité le petit fils a un – unique – complice).

Le neveu et la voisine sont donc tous les deux coupables, et de fait on écarte les réponses B, C et D. Enfin, si les trois étaient complices, alors le petit fils aurait deux complices, ce qui est impossible : on écarte la proposition A.

Question 32. Réponse A

Une question difficile. Entre hier et après-demain, il y a 3 jours d'écart. Entre avant-hier et demain il y a également 3 jours d'écart. Conséquence : il y a 3 jours (quand avant-hier sera demain) entre le dimanche et le jour que l'on est censé atteindre entre temps. Or ce jour est atteint 3 jours (quand après-demain sera hier) après aujourd'hui.

Nous sommes donc situés à 3 + 3 = 6 jours d'un dimanche et « aujourd'hui » est donc un lundi.

Question 33. Réponse D

Pour ce genre de question, il est conseillé d'analyser les réponses une par une afin de vérifier si elles sont justes.

L'énoncé indique que les films américains sont seulement projetés au cinéma Alphaplex, la A et la E sont donc fausses. Le cinéma de la mairie ne projetant que des films d'action, la B est fausse aussi.

La C est vraie, mais les personnes qui achètent le premier journal ne peuvent faire cette déduction.

Il reste donc la **réponse D** ; le premier journal indique que le cinéma ne projette pas de films documentaires, et le deuxième que le cinéma ne projette pas de films américains.

Question 34. Réponse B

Sylvain dit vrai, Franck ment et les 2 répondent oui à la question posée.

Testez les réponses.

Les questions (A), (C), (D) et (E) impliquent que l'un des deux dise oui et l'autre non, ce qui est contraire à l'énoncé.

En testant la B,
Si Sylvain dit vrai, alors il répond oui.
Si Franck ment, alors il répond oui.

Question 35. Réponse C

On cherche la réponse qui contredit le raisonnement. Les réponses A et B sont hors sujet, la D et la E renforcent la conclusion.

La réponse C introduit une raison extérieure au problème de vue des végétaliens examinés ; en ce sens, elle affaiblit le raisonnement.

Question 36. Réponse B

Le choix de la réponse B est conforté par cette phrase extraite du texte : *Toutefois, pour déterminer à quel point la situation de la classe moyenne s'est détériorée, il faut prendre en compte non seulement les salaires mais également la consommation*. Et c'est précisément la prise en compte de la consommation qui amène à conclure qu'au cours des dernières années, la situation économique de la classe moyenne par rapport à la classe supérieure ne s'est pas détériorée autant qu'on a tendance à le croire.

Question 37. Réponse D

La (A) indique qu'il n'y a pas d'acariens sous le lit de Karima, elle est donc fausse. De même pour la (B) : les acariens vivent sur un sol nu et il y a un tapis sous le lit de Karima. La (C) ne précise pas de quels tapis il s'agit.

Seule la (D) apporte une conclusion valable : les acariens vivent sur le sol nu, il existe un espace non recouvert par un tapis, donc les acariens se trouvent sous le lit de Karima.

Question 38. Réponse E

On ne peut pas connaître la position de la voiture rouge car on ne connaît pas les temps des autres voitures. En effet, on sait seulement que la voiture rouge va plus vite que le leader, mais on ne connaît pas les allures des autres voitures de la course. La seule chose dont nous sommes sûrs, c'est que la voiture rouge va passer devant le premier avant la fin de la course ($0{,}43 \times 7 = 3{,}01 > 3$). Attention donc à ce genre de question car il est possible de perdre un temps fou en calculs et répondre quand même faux, alors qu'en réalité la question pouvait être traitée en moins de 10 secondes !

Question 39. Réponse E

Imaginez qu'il y ait 2 équipes étrangères (la portugaise et disons une allemande), alors il y a un risque que l'Allemagne et le Portugal se rencontrent en finale (par exemple). Or il nous faut une équipe française A CHAQUE MATCH JOUE. Aussi, dès lors que l'on a PLUS D'UNE EQUIPE ETRANGERE, nous ne pouvons plus nous assurer du fait que l'on retrouve une équipe française à chaque match joué. En conséquence, il faut 63 équipes françaises et 1 équipe étrangère (en l'occurrence, une équipe portugaise).

Attention ! « Une équipe française à chaque match joué » = « Une équipe française – ou deux – à chaque match joué ». A ne pas confondre avec « Une seule équipe française à chaque match joué ».

Question 40. Réponse E

On vous demande de trouver une conclusion à l'argumentation de l'auteur. On ne vous demande pas de trouver une conclusion qui soit absolument vraie, mais la conclusion qui est la mieux soutenue par l'argumentation de l'auteur. Vous savez par conséquent que vous devez conduire un raisonnement inductif.

Etant donné que la conclusion n'apparaît pas dans l'argumentation, la réponse que vous cherchez ne peut être une simple reformulation d'une phrase de l'argumentation.

Attention !
Certaines réponses seront manifestement fausses. Eliminez-les sans tarder et concentrez-vous sur celles qui restent et demandez-vous quelles sont celles qui découlent le plus logiquement des prémisses mises en avant dans l'argumentation de l'auteur.
Méfiez-vous des réponses qui dépassent le champ de l'argumentation de l'auteur et ne cherchez pas à donner/imposer votre opinion

Réponse A : cette réponse fait fi de la dernière prémisse (les inquiétudes et les préoccupations de la population en matière d'écologie vont grandissant). Une conclusion doit toujours être soutenue par *toutes* les prémisses de l'argumentation. J'élimine cette réponse.

Réponse B : c'est une conclusion qui va au-delà du champ d'argumentation de l'auteur (rien ne dit qu'il s'agit des préoccupations et des inquiétudes en matière d'écologie). En outre, cette conclusion ne prend pas en compte les deux premières prémisses qui relatent de façon expresse le déficit d'implication des élus. J'élimine cette réponse également.

Réponse C : bien que cette réponse soit cohérente avec les intentions de l'auteur, elle ne traite pas des préoccupations et des inquiétudes de la population. Je l'élimine.

Réponse D : raisonnement identique à celui conduit pour la réponse A. Je l'élimine.

Réponse E : tout y est ! Cette conclusion est soutenue par toutes les prémisses (déficit d'élus soutenant les lois écologiques existantes / peu d'élus qui soutiennent les nouvelles lois / une population (des électeurs) qui sont de plus en plus inquiets et préoccupés par la question écologique). C'est donc la bonne réponse !

Question 41. Réponse E

Faisons les tests.

Si (1) et (2) sont vraies alors : (A) est impossible, (B) est possible, (C) est impossible, (D) est impossible, (E) est impossible.

On cherche des solutions impossibles dans les 3 cas (1 et 2 vraies ; 1 et 3 vraies ; 2 et 3 vraies).

On élimine donc (B).

Si (1) et (3) sont vraies alors : (A) est possible, (C) est possible, (D) est possible, (E) est impossible.

On élimine donc (A), (C) et (D).

Si (2) et (3) sont vraies alors : (E) est impossible.

Question 42. Réponse A

La morale de ce proverbe est qu'il ne faut pas infliger aux autres ce que l'on n'aimerait pas qu'ils nous infligent. En d'autres termes, il ne faut pas être agressif envers son prochain.

Seule la **réponse A** convient ; la D et la E sont hors sujet, et la B et la C vont dans le sens de l'énoncé.

Question 43. Réponse D

Dans ce genre de questions d'optimisation, il faut impérativement utiliser la « méthode du poissard » (cf. Cours), c'est-à-dire qu'il faut considérer le cas où Jonathan a le moins de chance. Jonathan possède trois chemises bleues et neuf chemises de couleur autre que bleue. En supposant qu'il tire d'abord toutes les chemises autres que bleues (*i.e.* 9 chemises) et bien on est sûr et certain que la 10e chemise sera bleue. Réponse D.

Question 44. Réponse B

Procédez par dichotomie ! La réponse B est bien sûr la meilleure d'entre toutes ici.

Question 45. Réponse D

Il faut tout d'abord remarquer que les deux frères ne mentent jamais le même jour et que tous deux disent la vérité le dimanche. A part le dimanche, un des deux dit la vérité et l'autre ment : la configuration de l'énoncé – selon laquelle soit les deux mentent, soit les deux disent la vérité – est par conséquent impossible. Nous sommes donc forcément un dimanche.

SOUS-TEST 4 : CONDITIONS MINIMALES

Question 46. Réponse A

Analyse de l'énoncé : si t est un nombre de trois chiffres, divisible par 9, alors la somme de ses chiffres est elle-même divisible par 9. Autrement dit, la somme des chiffres de t vaut 9 (t vaut ainsi par exemple à 234), 18 (t vaut ainsi par exemple 378) ou 27 (t vaut alors 999).

Information (1) : t vaut 77X d'après cette information. Si on veut que la somme fasse 9, 18 ou 27, alors il est nécessaire que X soit égal à 4. On a alors avec 774 un nombre dont la somme des chiffres est 18. L'information (1) est suffisante. On garde les réponses A et D.

Information (2) : insuffisant. On peut avoir $t = 441$ comme $t = 531$. On garde la réponse A.

Question 47. Réponse A

{1} : contre toute attente, cette information est suffisante. En effet, quels que soient les cas envisagés, on conclut que Mehdi n'est jamais celui qui a le plus d'argent et l'on peut donc répondre de façon ferme à la question (en l'occurrence, ici, la réponse est NON, mais n'oubliez pas que peu importe que la réponse soit OUI ou NON, ce qui importe, c'est que la réponse soit TOUJOURS OUI ou TOUJOURS NON).

On garde les réponses A et D.

	Bob	Mehdi	Sandy	
1er cas	20 €	110 €	200 €	Mehdi n'est pas celui qui a le plus d'argent.
2e cas	200 €	110 €	20 €	Mehdi n'est pas celui qui a le plus d'argent.
3e cas	110 €	110 €	110 €	Mehdi n'est pas celui qui a le plus d'argent.

On garde les réponses A et D.

{2} : cette information à elle seule est insuffisante. En effet, selon les cas, Mehdi est ou n'est pas celui qui a le plus d'argent. On garde la réponse A.

	Bob	Mehdi	Sandy	
1er cas	60 €	200 €	70 €	Mehdi est celui qui a le plus d'argent.
2e cas	60 €	70 €	200 €	Mehdi n'est pas celui qui a le plus d'argent.

Question 48. Réponse E

Soit C_1, C_2, C_3 et C_4 les salaires des quatre collègues, tels que $C_1 < C_2 < C_3 < C_4$.

L'information (1) n'est pas suffisante.
Nous savons certes que $C_1 + C_2 + C_3 + C_4 = 9800$ et $C_1 + C_4 = C_2 + C_3$, mais cela nous donne beaucoup de possibilités. On peut avoir par exemple : $C_1 = 1000$ et $C_4 = 3900$ puis $C_1 = 2000$ et $C_1 = 2900$, tout comme on peut avoir : $C_1 = 800$ et $C_4 = 4100$ avec $C_1 = 2000$ et $C_1 = 2900$. Dans un cas on répond 1000 euros, dans un autre, 800 euros.

L'information (2) ne suffit pas non plus.
On peut en effet trouver des valeurs différentes de C_1, C_2, C_3 et C_4 de telle sorte que si l'on ordonne les salaires, la différence entre deux salaires successifs est toujours la même.
On trouve par exemple : $C_1 = 2435$, $C_2 = 2445$, $C_3 = 2455$ et $C_4 = 2465$ mais on peut aussi trouver : $C_1 = 2300$, $C_2 = 2400$, $C_3 = 2500$ et $C_4 = 2600$.

Ensemble, on reprend les deux scénarios suivants qui respectent les contraintes des deux informations et on conclut donc que l'on ne peut toujours pas répondre à la question.

- Scénario 1 : $C_1 = 2435$, $C_2 = 2445$, $C_3 = 2455$ et $C_4 = 2465$
- Scénario 2 : $C_1 = 2300$, $C_2 = 2400$, $C_3 = 2500$ et $C_4 = 2600$

On choisit in fine la réponse E.

Question 49. Réponse A

Information (1) : suffisante. Si b est divisible par 3 entiers naturels exactement et que $\sqrt{b}$ est un entier naturel, alors b est le carré entier d'un nombre premier et $\sqrt{b}$ est donc un nombre premier. En effet, si $b = 25$ par exemple, alors b est divisible par 1, 5 et 25… et c'est tout. De même, si $b = 49$, alors b est divisible par 1, 7, et 49. Mais si $b = 16$ (le carré d'un nombre qui n'est pas premier) par exemple, alors b n'est plus que par 3 entiers naturels exactement, car b est divisible par 1, 2, 4, 8 et 16.

Information (2) : insuffisante. Si $b = 49$ alors b est divisible par 1, 7 et 49 et $\sqrt{49}$ est bien un nombre premier. Mais si $b = 225$, alors b est divisible par 1, 3, 5, 9, 15, 25, 45, 75 et 225, autrement dit que des nombres impairs, et pourtant $\sqrt{225}$ n'est pas un nombre premier. On ne peut donc répondre de façon ferme à la question qui nous est posée. Réponse A.

Question 50. Réponse E

Information (1) : insuffisante. On a $MN - NM = (10 \times M + N) - (10 \times N + M) = 9 \times M - 9 \times N = 9 \times (M - N)$. Or si $9 \times (M - N)$ est un carré parfait, alors ce carré parfait est un multiple de 9, inférieur à 100 puisque $(M - N) < 10$. Il n'existe que 9, 36 et 81 qui répondent à ces conditions. On ne peut donc pas répondre à la question.

Information (2) : insuffisant. Il y a plusieurs couples d'entiers dont le produit donne 12 (les couples 2 et 6, ou 3 et 4). Ainsi cette information ne permet pas non plus de répondre à la question.

Ensemble, combinons les deux informations : on ne peut toujours pas répondre puisque l'on peut trouver MN = 62 ou MN = 43. Réponse E.

Question 51. Réponse B

Information (1) insuffisante.

Information (2) : suffisante. En effet la probabilité pour que la chaussette tirée soit blanche est égale à $\frac{\text{nombre de chaussettes blanches}}{\text{nombre de toutes les chaussettes}}$

Or, si le tiroir contient 3 fois plus de chaussettes non blanches que de chaussettes blanches, alors cela veut dire qu'il y a $\frac{1}{4}$ de chaussettes blanches et $\frac{3}{4}$ de chaussettes non blanches. Ainsi la probabilité pour que la chaussette tirée soit blanche est égale à $\frac{1}{4}$ et on peut donc répondre à la question posée. Réponse B.

Question 52. Réponse A

L'information (1) suffit. I est le milieu de YZ. XI est donc une médiane.

Or, dans un triangle, si la médiane relative à un côté mesure la moitié de ce côté, alors ce triangle est rectangle et ce côté devient donc l'hypoténuse du triangle. On peut donc répondre oui, XYZ est un triangle rectangle. On garde les réponses A et D.

L'information (2) est en revanche insuffisante. XYZ est à l'origine un triangle quelconque. Ne connaissant que l'angle XYZ, il nous est impossible de déterminer la valeur des deux autres. Réponse A.

Question 53. **Réponse A**

Le temps de trajet total est de 3 h.

Information (1) : suffisante. « Un tiers du voyage » signifie qu'un tiers de la distance a été parcourue. Le train effectue un tiers de la distance à 250 km/h, un tiers à 275 km/h et un tiers à 225 km/h.

Rappel de cours : on utilise la formule de la moyenne harmonique pour connaître la vitesse moyenne du train sur l'ensemble du trajet : $\dfrac{D_1 + D_2 + D_3}{\dfrac{D_1}{V_1} + \dfrac{D_2}{V_2} + \dfrac{D_3}{V_3}}$

Une fois la vitesse moyenne connue, on applique la formule $V = \dfrac{D}{T}$ pour en déduire la distance entre Eaubonne et Le Mans.

Information (2) : inutile et donc insuffisante. Une voiture roulant 2 fois moins vite que le train met 6 heures, ce qui veut dire que le train met 3 heures. Cette information ne fait que reprendre l'énoncé.

Question 54. **Réponse E**

L'information (1) est insuffisante évidemment.

L'information (2) est insuffisante aussi. On ne sait pas combien d'étages il y a entre les appartements de Dora et de Sarah.

Ensemble, on serait tentés de répondre que c'est suffisant… Le problème est que l'on ne sait pas si c'est Dora qui vit trois étages au-dessus de Sarah ou si c'est Sarah qui vit trois étages au-dessus de Dora. Dans le premier cas, la tour comporte 12 + 3 + 12 = 27 étages. Dans le second, la tour comporte 12 + 12 – 3 = 21 étages. Réponse E !

Question 55. **Réponse C**

Les informations (1) et (2) prises seules et séparément ne sont malheureusement d'aucune utilité. En effet, avec l'information (1), on trouve que N est égal à 170 ou encore 340. Et avec l'information (2), on trouve que N est égal à 310 ou encore 620. On garde donc les réponses C et E.

Si on combine à présent les deux informations, on comprend que N doit être à la fois multiple de 17 et de 31, autrement dit de 17 × 31 soit 527. N est donc égal à 527 ou 2 × 527 ou 3 × 527, etc. Mais comme N est un nombre composé de 3 chiffres, seul N = 527 convient. Toutes les autres possibilités donnent en effet des nombres composés de 4 chiffres ou plus.

En conclusion, en combinant les deux informations, on en déduit que N est unique et on peut donc répondre à la question qui nous est posée : N = 527. Réponse C.

Question 56. Réponse D

Information (1) : suffisante.
Si le rayon d'une canette est égal à 0,05 m, son diamètre est alors égal à 2 × 0,05 = 0,1 m. Aussi, le nombre de canettes que je peux disposer sur la longueur de mon carton est : $\frac{0,5}{0,1}$ = 5 canettes et sur la largeur : $\frac{0,3}{0,1}$ = 3 canettes.

Conclusion : 5 canettes le long de la longueur du carton, 3 canettes le long de la largeur du carton. Le carton peut donc contenir 5 × 3 = 15 canettes. On garde les réponses A et D.

Information (2) : suffisante.
Si on peut ranger exactement 3 canettes le long du plus petit côté (c'est-à-dire la largeur) cela implique que le diamètre d'une canette est égal à $\frac{0,3}{3}$ = 0,1 mètre. J'en déduis alors le nombre de canettes que je peux ranger en longueur soit : $\frac{0,5}{0,1}$ = 5 canettes. Au total, il y a donc 3 × 5 = 15 canettes. Réponse D

Question 57. Réponse D

Soit x : la partie de l'argent investie dans la SICAV W
Soit y : la partie de l'argent investie dans la SICAV Z
Nous savons d'après l'énoncé que $x + y = 10000$. Nous cherchons x.

Information (1) : suffisante.
Cette information nous permet d'établir la relation suivante : $0,06x + 0,08y = 640$. En couplant cette information avec celle fournie par l'énoncé, nous obtenons le système suivant de deux équations à deux inconnues :

$$\begin{cases} x + y = 10000 \\ 0,06x + 0,08y = 640 \end{cases}$$

On peut résoudre ce système, trouver x et trouver y. On garde les réponses A et D.

Pour celles et ceux que cela intéresse, la résolution du système avec la méthode par substitution donne :

$$\begin{cases} x + y = 10000 \\ 0,06x + 0,08y = 640 \end{cases} \Leftrightarrow \begin{cases} y = 10000 - x \\ 0,06x + 0,08(10000 - x) = - 0,02x + 800 = 640 \end{cases}$$

$$\Leftrightarrow \begin{cases} y = 10000 - x \\ x = \frac{160}{0,02} = 8000 \end{cases}$$

Information (2) : suffisante.
L'information (2) nous donne $x = 4y$. Couplée avec l'information fournie par l'énoncé, nous obtenons le système suivant de deux équations à deux inconnues :

$$\begin{cases} x + y = 10000 \\ x = 4y \end{cases}$$

On peut résoudre ce système, trouver x et trouver y. Réponse D.

CORRIGÉS TEST BLANC 3

Pour celles et ceux que cela intéresse, la résolution du système avec la méthode par substitution donne :

$$\begin{cases} x + y = 10000 \\ x = 4y \end{cases} \Leftrightarrow \begin{cases} 4y + y = 5y = 10000 \\ x = 4y \end{cases} \Leftrightarrow \begin{cases} y = \dfrac{10000}{5} = 2000 \\ x = 4 \times 2000 = 8000 \end{cases}$$

Question 58. Réponse D

Information (1) : suffisante. La seule solution possible est « dans 10 ans » ; son fils aura 20 ans et lui 40.

Information (2) : suffisante également. Lorsque Simon aura 60 ans, son fils en aura 40 ($\frac{2}{3}$ de 60). Ils ont donc 20 ans d'écart et la réponse est la même que celle que l'on trouve grâce à l'information (1).

Question 59. Réponse E

L'information (1) est insuffisante. Si on calcule le discriminant du trinôme : $X^2 - 3X + 2 = 0$, on obtient $\Delta = (-3)^2 - 4 \times 1 \times 2 = 1$. Le discriminant étant strictement positif, le trinôme admet deux solutions distinctes (qu'il est évidemment inutile de calculer en conditions minimales, on n'a pas le temps !). On ne peut donc répondre à la question et on garde les réponses B, C et E.

L'information (2) est également insuffisante. Un produit de facteurs est nul si l'un ou l'autre des facteurs est nul. Ainsi, $X = 1$ ou $X = 2$ et l'on peut donc répondre de façon unique à la question qui nous est posée.

Ensemble, on comprend assez vite que ça ne nous mène nulle part. En développant l'expression de l'information (2) on obtient $X^2 - 3X + 2 = 0$, autrement dit, exactement ce que l'on a déjà dans l'information (1). Réponse E.

Question 60. Réponse C

Soit x : le nombre de livres de la 1re pile.
Soit y : le nombre de livres de la 2nde pile.

Information (1) : insuffisante.
$x = y - 300$: une équation, deux inconnues… On ne peut trouver ni la valeur de x ni la valeur de y… On garde les réponses B, C et E

Information (2) : insuffisante. $y - 100 = 2x$: même conclusion que pour l'information (1).
On garde les réponses C et E.

Ensemble, les deux informations nous invitent à considérer le système de deux équations à deux inconnues suivant :

$$\begin{cases} x = y - 300 \\ y - 100 = 2x \end{cases}$$

Nous savons que nous *pouvons* résoudre ce système et que nous *pouvons* donc trouver les valeurs de x et de y. On arrête donc les calculs et on répond la réponse C.

SOUS-TEST 5 : EXPRESSION

Question 61. Réponse C

Cotisant

Personne qui verse une cotisation. Synonymie : Adhérent, affilié, membre.

Militant

Qui lutte, combat pour une idée, une opinion, un parti. Synonymie : Batailleur. Antonymie : Leader. Lexicographie : Parti militant, littérature militante.

Partisan

Personne qui est attachée à une cause, à un parti, à une doctrine, etc., dont elle prend la défense. Antonymie : Adversaire, antagoniste, contradicteur. Lexicographie : Les partisans de la république, chaud partisan. Expression : « Etre partisan d'une politique ».

Sympathisant

Qui approuve les idées d'un parti ou d'une organisation mais sans en être membre.

Question 62. Réponse B

Jouer les Cassandre : Faire des prédictions alarmistes ou dramatiques sans jamais être écouté / Oiseau de mauvaise augure.

Question 63. Réponse D

Invalide

Se dit de quelqu'un qu'une infirmité **rend incapable d'activité.** (En droit, est invalide celui dont la capacité de travail est réduite au moins des deux tiers.)

Ingambe

Qui se meut facilement, qui est alerte : Un vieillard ingambe.

Handicapé

Personne atteinte d'une infirmité ou défavorisée sur un point quelconque

Eclopé

Qui marche avec difficulté ; estropié.

Impotent

Qui est privé de l'usage d'un ou de plusieurs membres ou qui éprouve de grandes difficultés à se mouvoir : Vieillard impotent.

Infirme

Qui ne jouit pas de toutes ses facultés physiques.

Question 64. Réponse C

La perfide Albion

Expression française péjorative désignant l'Angleterre, et par extension la Grande-Bretagne et le Royaume-Uni. « Perfide » car ne respecte pas sa foi, « Albion » renverrait à la blancheur des falaises crayeuses de Douvres.

Citations : « Frémis, frémis Albion perfide » (Somin) / « La perfide Albion qui a brûlé Jeanne d'Arc sur le rocher de Sainte-Hélène. » (Christophe) / « Et la guerre ? Et les forfanteries de la perfide Albion tournant en eau de boudin ? Farce ! Farce ! » (Flaubert) / « La perfide Albion devient la chère et loyale Angleterre » (Crouzet).

Pays à la fleur de lys

La Fleur de lys est un meuble héraldique, emblème depuis le Moyen-âge de la royauté française. Le « Pays à la fleur de lys » représente donc bien la France. Les communautés francophones du Québec ont d'ailleurs choisi le lys comme symbole de leur nouveau drapeau en 1948 afin de témoigner de leur attachement à la francophonie.

Citation : « La France fut faite à coups d'épée. La fleur de lys, symbole d'unité nationale, n'est que l'image d'un javelot à trois lances » (C. de Gaulle)

Question 65. Réponse B

Circonlocution

Périphrase que l'on utilise pour éviter de dire franchement, directement ce que l'on pense.

Ingénuité

Sincérité, simplicité excessive dans sa naïveté. Une ingénuité désarmante.

Question 66. Réponse C

Le terme d'**investisseur institutionnel**, par opposition à celui d'**investisseur particulier**, désigne des personnes morales qui ont des activités d'investissement importantes sur les marchés financiers. Il s'agit par exemple d'organismes comme les assureurs ou les caisses de retraite. Ils collectent des sommes d'argent importantes auprès de leurs adhérents ou clients, mais ont en échange des obligations envers eux.

Question 67. Réponse A

Conjointement

Ensemble et en même temps. Synonymie : De concert, en même temps, simultanément, ensemble. Antonymie : Isolément, séparément, à part. Lexicographie : Agir conjointement avec.

Nommément

En désignant quelqu'un ou quelque chose spécialement par son nom. Synonymie : En particulier, nominativement, spécialement. Lexicographie : Citer quelqu'un nommément, dénoncer nommément quelqu'un.

Question 68. **Réponse D**

Dialectique

Méthode de raisonnement qui consiste à analyser la réalité en mettant en évidence les contradictions de celle-ci et à chercher à les dépasser / Suite de raisonnements rigoureux destinés à emporter l'adhésion de l'interlocuteur. Synonymie : Argument, logique, raisonnement.

Lexicographie : Subtilité dialectique, dialectique implacable.

Prééminent

Qui occupe le premier rang. Synonymie : Premier, prépondérant. Antonymie : Inférieur. Lexicographie : Qualité prééminente.

Imminent

Qui est sur le point de se produire. Synonymie : Prochain, proche. Antonymie : Lointain, éloigné. Lexicographie : Départ imminent, péril imminent.

Citation : « La première expérience de la vie, c'est l'imminence de la mort » (S. Jacob).

Dialecte

Ensemble de parlers qui présentent des particularités communes et dont les traits caractéristiques dominants sont sensibles aux usagers. Synonymie : Patois.

Proéminent

Qui est nettement en relief par rapport à ce qui l'environne, qui forme une avancée. Synonymie : Renflé, gonflé. Antonymie : Creux, rentrant. Lexicographie : Ventre proéminent.

Préséance

Rang des autorités dans la hiérarchie officielle, tel qu'il se manifeste notamment lors des cérémonies publiques / Prérogative due à la condition sociale, au rang, à l'âge, etc. Synonymie : Priorité, protocole, prépondérance, prérogative. Lexicographie : Préséance de table d'hôtes.

Question 69. **Réponse D**

> **Des recherches montrent que** l'augmentation du nombre de naissances effectuées à l'aide d'une césarienne a amené **une baisse** de la mortalité des bébés et des mères. **C'est pourquoi il ne faut pas** diminuer le nombre de naissances réalisées **par intervention chirurgicale**.

Il fallait savoir ici qu'une césarienne est effectivement une intervention chirurgicale qui permet de faire accoucher une femme en pratiquant une incision dans l'abdomen et l'utérus.

Question 70. Réponse B

La plupart des critiques de poésie du pays **surestiment le** poète Didier Bertrand. **Une opinion contraire a été émise par** une critique norvégienne, qui attribue à sa poésie **moins** de valeur que ces derniers et renforce ses propos en citant les sévères **commentaires dont il a été l'objet** à l'étranger.

Question 71. Réponse A

La proposition 3 est fausse : on dit « Marie s'est offert une jupe » : le participe passé s'accorde avec le COD uniquement si celui-ci est placé avant le verbe pronominal.

Dans la proposition 4, le participe passé « dit » ne s'accorde pas avec « les choses » mais avec « de faire ».

La proposition 5 est fausse : le complément d'objet direct suit le verbe pronominal, donc il n'y a pas d'accord.

Question 72. Réponse C

Ce texte comprend deux parties, la seconde donnant des précisions concernant la première. Le contenu de la seconde partie doit donc cadrer avec celui de la première partie.

- La réponse A n'est pas correcte. Dire que la civilisation contribue au bonheur de l'homme ne cadre pas avec l'affirmation selon laquelle elle est essentiellement négative.
- La réponse B n'est pas correcte pour deux raisons. D'abord, une attitude positive face à la civilisation n'est pas compatible avec sa conception comme entrave pesante. Ensuite concevoir la civilisation comme une entrave pesante contredit l'affirmation selon laquelle elle permet à l'homme d'accéder au bonheur.
- **La réponse C est la réponse correcte.** La civilisation est considérée comme quelque chose de positif (elle est indispensable) qui comporte également un élément négatif (elle est une entrave pesante). Cette seconde partie cadre avec la première partie de la phrase selon laquelle l'attitude du philosophe face à la civilisation est faite de réserves.
- La réponse D n'est pas correcte. La deuxième partie de la phrase décrit une attitude absolument négative face à la civilisation et non une attitude ambivalente comme on l'affirme dans la première partie.
- Quant à la réponse E, elle est complètement hors sujet du fait du terme démoniaque.

Question 73. Réponse D

La première expression signifie que « c'est tout juste moyen, à peine passable, pas terrible. » La seconde signifie « cela ne me fait ni chaud ni froid ». La troisième expression signifie qu'il ne faut pas prendre les autres pour des imbéciles. Enfin, « faire un canard » signifie « tremper un sucre dans un verre de cognac ou émettre un couac ». « Un canard boiteux » est une expression qui est usitée et qui symbolise quelqu'un qui se démarque de façon négative.

Cependant, « Les canards boiteux ne vont pas par deux » est une expression qui n'existe pas et qui n'a donc aucune signification (même si nous savons que vous êtes tenté d'en trouver une !).

Question 74. Réponse D

Indolent

Qui évite de se donner de la peine, qui agit avec mollesse. Synonymie : Mou, nonchalant. Antonymie : Accrocheur, alerte. Lexicographie : Enfant indolent, geste indolent.

Omnipotent

Qui est tout-puissant, dont l'autorité est absolue, sans limite. Synonymie : Absolu. Antonymie : Impuissant. Lexicographie : Un gouverneur omnipotent

Morigéner

Réprimander quelqu'un en lui faisant une leçon de morale ; sermonner. Synonymie : Réprimander, sermonner, tancer. Antonymie : Féliciter.

Sermonner

Faire des remontrances à quelqu'un. Synonymie : Réprimander, sermonner. Antonymie : Féliciter. Lexicographie : Sermonner son fils.

Question 75. Réponse C

Voici les 5 mots correctement orthographiés : qualifier, qualifiées, déclarer, continue, concentrer.

Attention à bien lire les consignes ! Il s'agissait ici de relever les mots qui étaient **correctement** orthographiés **et non** les morts qui étaient mal orthographiés.

SOUS-TEST 6 : LOGIQUE

Question 76. Réponse A

Écart absolu de 2

97

35

16	53	81	64	47
1 + 6 = 7	5 + 3 = 8	8 + 1 = 9	6 + 4 = 10	4 + 7 = 11

13

42

Série horizontale : la somme des chiffres des nombres de cette série vaut, en partant de la gauche d'abord 7, puis 8, puis 9, puis 10, puis 11. On garde donc les réponses A (64), B (73) et C (55).

Série verticale : il y a un écart absolu de 2 entre les deux chiffres des nombres. On garde la réponse A.

Question 77. **Réponse D**

BUD				
ASC				
DQH				
IOE	JSK	KTH	LMD	MZA
RML				

Série horizontale : INTER portant sur la première lettre avec des lettres qui se suivent : I, J, K, L et M. Il nous faut donc un I en première lettre, et on garde les réponses A (IKE) et D (IOE).

À la verticale, il s'agit d'un INTER en partant du bas qui porte sur la deuxième lettre et qui dessine la suite : **M** n **O** p **Q** r **S** t **U**. On garde donc la réponse D : IOE.

Question 78. **Réponse D**

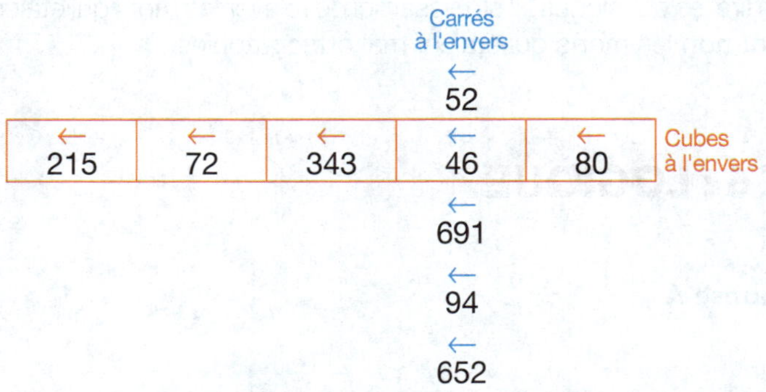

Série horizontale : cubes écrits à l'envers. On garde les réponses B (521), D (46) et E (927).

Série verticale : carrés écrits à l'envers. On garde la réponse D : 46.

Question 79. Réponse E

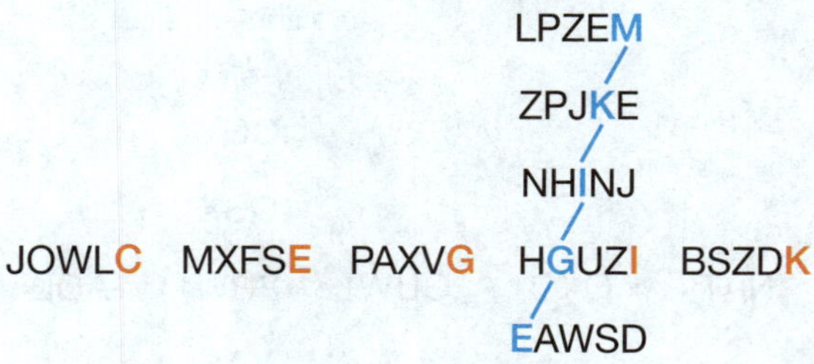

Transformons nos séries de lettres en séries de nombres.

À la verticale, cela nous donne :

12	16	26	5	<u>**13**</u>
26	16	10	<u>**11**</u>	5
14	8	<u>**9**</u>	14	10
X	<u>**7**</u>	X	X	X
<u>**5**</u>	1	23	19	4

Vous remarquez un INTER portant sur la grande diagonale ascendante en partant du bas avec saut d'une lettre : **E - G - I - K - M.** On garde les réponses B (**WGINJ**) et E (**HGUZI**).

À l'horizontale, il s'agit d'un INTER en partant du premier élément à gauche, portant sur la dernière lettre, avec là aussi un saut d'une lettre : **C - E - G - I - K.** On garde donc la réponse E : **HGUZI.**

Question 80. Réponse B

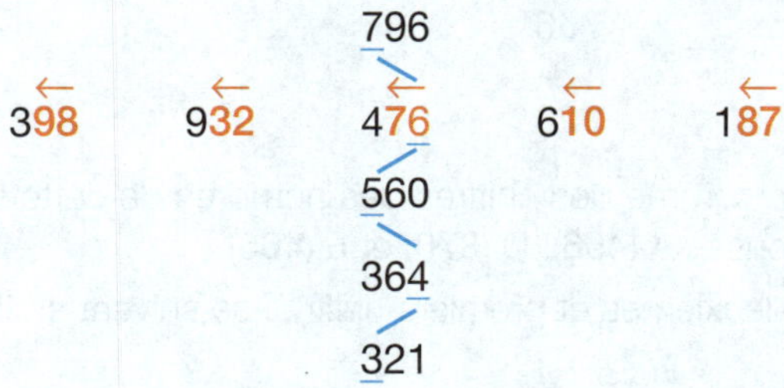

Série horizontale : les troisièmes et deuxièmes chiffres se suivent. On garde les réponses A (**243**) et B (**476**).

Série verticale : progression gauche - droite en INTER en partant du bas : **3 - 4 - 5 - 6 - 7.** Il nous faut donc un **6** comme troisième chiffre et on garde la réponse B : **476.**

Question 81. Réponse C

+1 lettre +4 lettres

OQV

QSX

NAT OXO GUW PRW AOL

YAF

RTY

Série horizontale : INTER portant sur les deuxièmes lettres avec un saut de deux lettres à chaque fois en partant de la droite. **O** pq **R** st **U** vw **X** yz **A**. On garde les réponses A (SRZ) et C (PRW).

À la verticale : deux INTRA pour le prix d'un ! Entre la première et la deuxième lettre on saute 1 lettre et entre la deuxième et la troisième lettre, on en saute 4. On garde donc la réponse C : PRW.

Question 82. Réponse D

←
102

←
547

762	294	← 870	717	591

La somme des chiffres est toujours égale à 15

←
766

←
323

Série horizontale : la somme des chiffres des nombres de cette série est toujours égale à 15. On garde les réponses A (456), D (870) et E (465).

Série verticale : les deuxièmes et premiers chiffres se suivent en INTRA. Réponse D : 870.

Question 83. Réponse E

AR

NP AY ZO FQ KL

WZ

PU

SV

Série verticale : INTER gauche - droite en partant du bas avec saut d'une lettre lorsque l'on passe d'un élément à l'autre. Cela donne la suite : **S t U v W x Y z A**. On garde les réponses B (**EY**) et E (**AY**).

Série horizontale : les premières lettres sont toutes des lettres composées de 3 barres. On garde la réponse E : **AY**.

Question 84. Réponse C

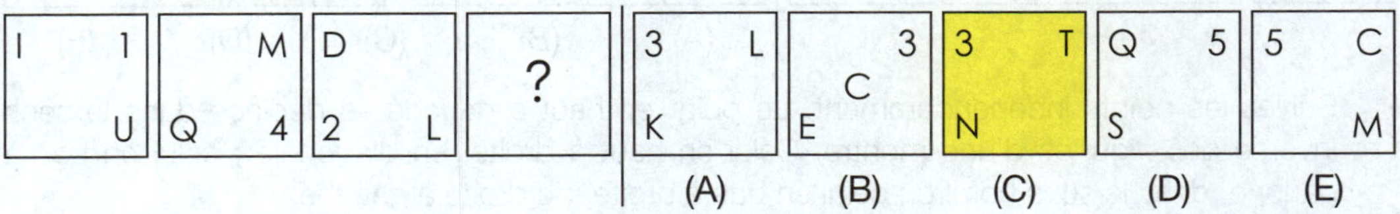

- Dans le premier cadre, la lettre **I** est composée d'**U**ne barre. **I**, **1** barre, **U**ne barre.
- Dans le deuxième cadre, la lettre **M** est composée de **Q**uatre barres. **M**, **4** barres, **Q**uatre barres.
- Dans le troisième cadre, la lettre **L** est composée de **D**eux barres. **L**, **2** barres, **D**eux.

Vous aurez remarqué par ailleurs, et accessoirement, que la lettre à barres avançait dans le sens des aiguilles d'une montre.

On garde donc la réponse C : **N**, **3** barres, **T**rois barres.

Question 85. Réponse D

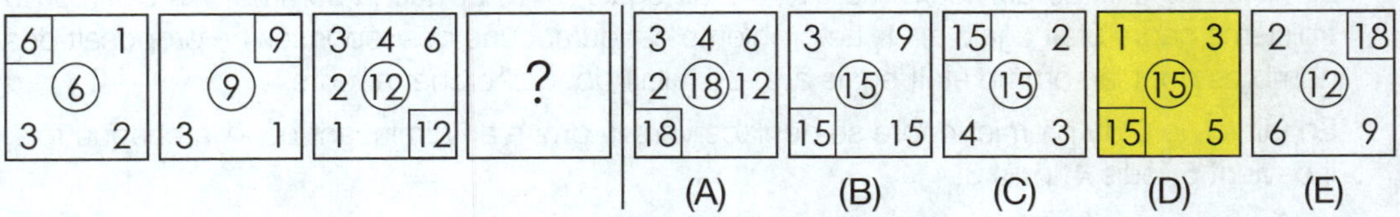

Une question difficile mais qui est déjà tombée plusieurs fois au Tage Mage !

Le chiffre du milieu entouré d'un rond au centre a pour diviseurs tous les autres nombres du cadre. Le nombre niché dans le petit carré étant simplement le plus grand diviseur du nombre entouré d'un rond.

Ainsi, par exemple dans le troisième cadre, on vérifie que **les diviseurs de 12 sont bien 1, 2, 3, 4, 6 et 12.** On garde la réponse D.

Question 86. **Réponse C**

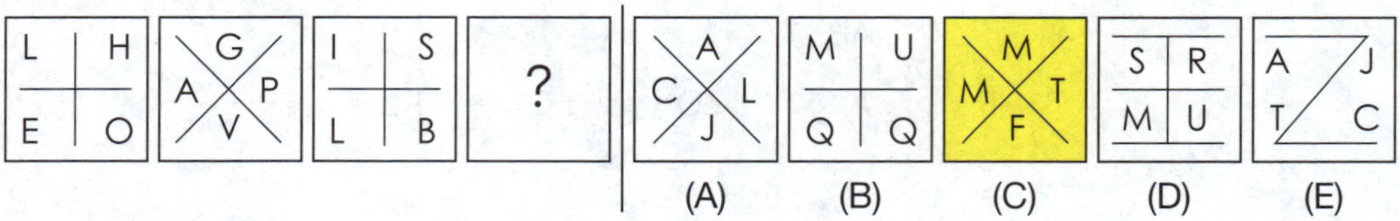

Il faut considérer vos nombres deux à deux ici. Ainsi dans le premier cadre, la somme des rangs de **L** et de **H** est égale à la somme des rangs de **E** et de **O** (12 + 8 = 5 + 15).

De même, dans le deuxième cadre : rang (G + P) = rang (A + V). Et dans le troisième cadre aussi : rang (S + B) = rang (I + L). On garde la réponse C car rang (T + F) = rang (M + M).

Question 87. **Réponse D**

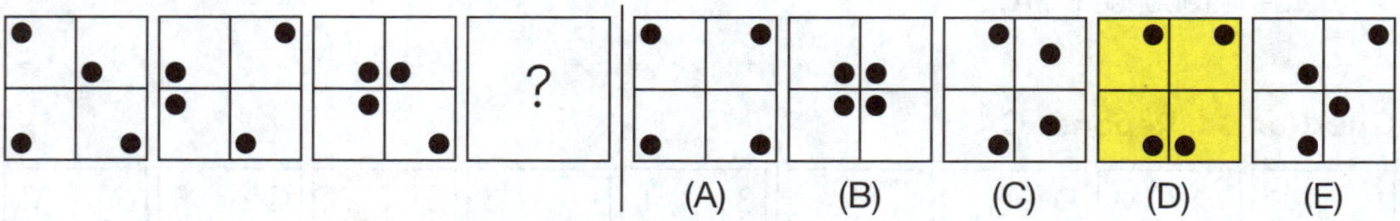

Suivez les points indépendamment. Le point en haut à gauche se déplace dans le sens inverse des aiguilles d'une montre. Celui en haut à droite, en diagonale ; celui en bas à gauche, dans le sens horaire ; celui en bas à droite, de droite à gauche.

Question 88. **Réponse E**

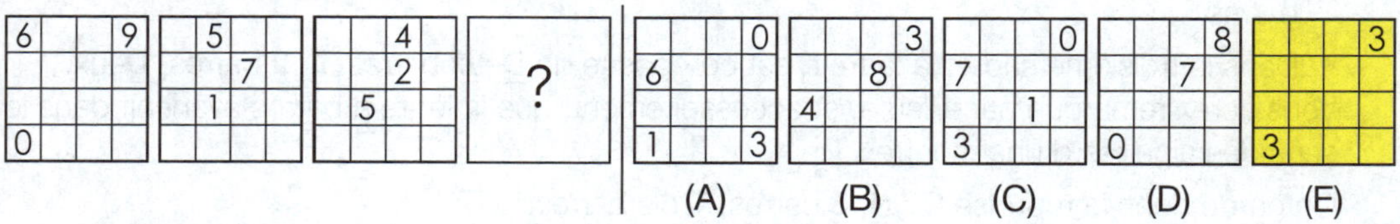

Il était tentant ici de chercher une réponse où la somme des chiffres était égale à 9. On remarquait en effet que la somme des chiffres du premier cadre était égale à 15, que la somme des chiffres du deuxième cadre était égale à 13, et que la somme des chiffres du troisième cadre était égale à 11. Le problème est qu'aucune des réponses ne proposait des nombres dont la somme était égale à 9… Il fallait donc chercher ailleurs.

En fait ici, le **6** du premier cadre se déplace vers la droite en diminuant de -1 à chaque fois. Il devient **5**, puis **4**, puis **3**.

Le **9** du premier cadre se déplace quant à lui en diagonale, en descendant et diminue de -2 à chaque fois : **9**, **7**, **5**, **3**.

Quant au **0** du premier cadre, il se déplace en diagonale vers le haut en augmentant de +1 et termine donc sa route dans la case où il y a déjà un **3**. Les deux **3** sont donc confondus. Réponse E.

Question 89. **Réponse C**

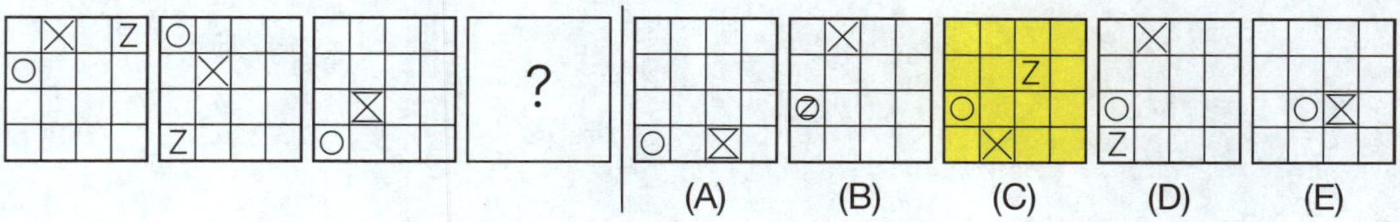

Une question facile.

Le X qui se trouve en première ligne deuxième colonne descend tranquillement d'une case. Le Z se balade en diagonale. D'abord en première ligne quatrième colonne, il se retrouve dans le deuxième cadre en quatrième ligne première colonne et continue ensuite sa progression en diagonale.

Quant au rond, il remonte simplement la première colonne. Réponse C !

Question 90. **Réponse B**

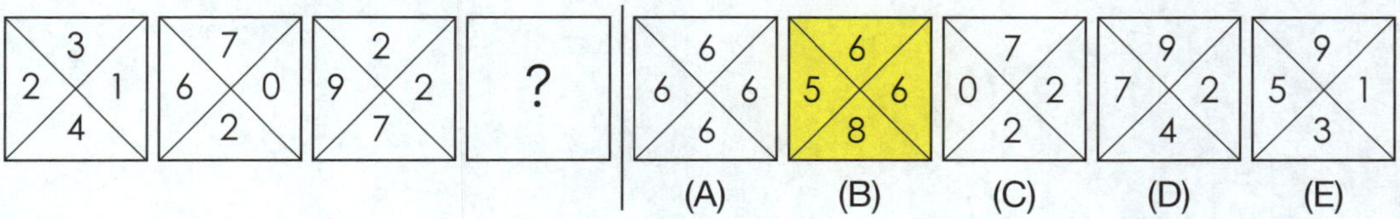

Une question classique pour terminer ce sous-test de logique.

La somme des chiffres du premier cadre vaut **10** (2 + 3 + 1 + 4), celle du deuxième cadre vaut **15** (7 + 0 + 2 + 6), celle du troisième cadre vaut **20** (2 + 2 + 7 + 9) et celle du cadre solution doit donc valoir **25**. Réponse B (**6** + **6** + 5 + **8** = 25).

N'OUBLIEZ PAS DE REMPLIR VOTRE FICHE BILAN EN FIN D'OUVRAGE

4

TEST BLANC TAGE MAGE

TEST TAGE MAGE 4 : VOTRE GRILLE DE REPONSES

Sous-test 1
Compréhension de textes

1	A	B	C	D	E
	A	B	C	D	E
2	A	B	C	D	E
	A	B	C	D	E
3	A	B	C	D	E
	A	B	C	D	E
4	A	B	C	D	E
	A	B	C	D	E
5	A	B	C	D	E
	A	B	C	D	E
6	A	B	C	D	E
	A	B	C	D	E
7	A	B	C	D	E
	A	B	C	D	E
8	A	B	C	D	E
	A	B	C	D	E
9	A	B	C	D	E
	A	B	C	D	E
10	A	B	C	D	E
	A	B	C	D	E
11	A	B	C	D	E
	A	B	C	D	E
12	A	B	C	D	E
	A	B	C	D	E
13	A	B	C	D	E
	A	B	C	D	E
14	A	B	C	D	E
	A	B	C	D	E
15	A	B	C	D	E
	A	B	C	D	E

Sous-test 2
Calcul

16	A	B	C	D	E
	A	B	C	D	E
17	A	B	C	D	E
	A	B	C	D	E
18	A	B	C	D	E
	A	B	C	D	E
19	A	B	C	D	E
	A	B	C	D	E
20	A	B	C	D	E
	A	B	C	D	E
21	A	B	C	D	E
	A	B	C	D	E
22	A	B	C	D	E
	A	B	C	D	E
23	A	B	C	D	E
	A	B	C	D	E
24	A	B	C	D	E
	A	B	C	D	E
25	A	B	C	D	E
	A	B	C	D	E
26	A	B	C	D	E
	A	B	C	D	E
27	A	B	C	D	E
	A	B	C	D	E
28	A	B	C	D	E
	A	B	C	D	E
29	A	B	C	D	E
	A	B	C	D	E
30	A	B	C	D	E
	A	B	C	D	E

Sous-test 3
Raisonnement/Argumentation

31	A	B	C	D	E
	A	B	C	D	E
32	A	B	C	D	E
	A	B	C	D	E
33	A	B	C	D	E
	A	B	C	D	E
34	A	B	C	D	E
	A	B	C	D	E
35	A	B	C	D	E
	A	B	C	D	E
36	A	B	C	D	E
	A	B	C	D	E
37	A	B	C	D	E
	A	B	C	D	E
38	A	B	C	D	E
	A	B	C	D	E
39	A	B	C	D	E
	A	B	C	D	E
40	A	B	C	D	E
	A	B	C	D	E
41	A	B	C	D	E
	A	B	C	D	E
42	A	B	C	D	E
	A	B	C	D	E
43	A	B	C	D	E
	A	B	C	D	E
44	A	B	C	D	E
	A	B	C	D	E
45	A	B	C	D	E
	A	B	C	D	E

Sous-test 4
Conditions minimales

46	A	B	C	D	E
	A	B	C	D	E
47	A	B	C	D	E
	A	B	C	D	E
48	A	B	C	D	E
	A	B	C	D	E
49	A	B	C	D	E
	A	B	C	D	E
50	A	B	C	D	E
	A	B	C	D	E
51	A	B	C	D	E
	A	B	C	D	E
52	A	B	C	D	E
	A	B	C	D	E
53	A	B	C	D	E
	A	B	C	D	E
54	A	B	C	D	E
	A	B	C	D	E
55	A	B	C	D	E
	A	B	C	D	E
56	A	B	C	D	E
	A	B	C	D	E
57	A	B	C	D	E
	A	B	C	D	E
58	A	B	C	D	E
	A	B	C	D	E
59	A	B	C	D	E
	A	B	C	D	E
60	A	B	C	D	E
	A	B	C	D	E

Sous-test 5
Expression

61	A	B	C	D	E
	A	B	C	D	E
62	A	B	C	D	E
	A	B	C	D	E
63	A	B	C	D	E
	A	B	C	D	E
64	A	B	C	D	E
	A	B	C	D	E
65	A	B	C	D	E
	A	B	C	D	E
66	A	B	C	D	E
	A	B	C	D	E
67	A	B	C	D	E
	A	B	C	D	E
68	A	B	C	D	E
	A	B	C	D	E
69	A	B	C	D	E
	A	B	C	D	E
70	A	B	C	D	E
	A	B	C	D	E
71	A	B	C	D	E
	A	B	C	D	E
72	A	B	C	D	E
	A	B	C	D	E
73	A	B	C	D	E
	A	B	C	D	E
74	A	B	C	D	E
	A	B	C	D	E
75	A	B	C	D	E
	A	B	C	D	E

Sous-test 6
Logique

76	A	B	C	D	E
	A	B	C	D	E
77	A	B	C	D	E
	A	B	C	D	E
78	A	B	C	D	E
	A	B	C	D	E
79	A	B	C	D	E
	A	B	C	D	E
80	A	B	C	D	E
	A	B	C	D	E
81	A	B	C	D	E
	A	B	C	D	E
82	A	B	C	D	E
	A	B	C	D	E
83	A	B	C	D	E
	A	B	C	D	E
84	A	B	C	D	E
	A	B	C	D	E
85	A	B	C	D	E
	A	B	C	D	E
86	A	B	C	D	E
	A	B	C	D	E
87	A	B	C	D	E
	A	B	C	D	E
88	A	B	C	D	E
	A	B	C	D	E
89	A	B	C	D	E
	A	B	C	D	E
90	A	B	C	D	E
	A	B	C	D	E

REPONSES EN PAGE 725

TEST BLANC TAGE MAGE 4

SOUS-TEST 1 : COMPREHENSION DE TEXTES

15 questions / 20 minutes / Calculatrice interdite
Réponse juste : + 4 points / Réponse fausse : – 1 point
Aucune réponse : 0 point

TEXTE 1

La taille atteinte par les très grandes entreprises va obliger à redessiner leur gouvernance. Historiquement, l'architecture dominante a été la pyramide. Comme le dirigeant était l'actionnaire, il détenait tout le pouvoir dans l'entreprise, du fait de son droit de propriété. Lui et son conseil déléguaient le pouvoir concentré au sommet, en le répartissant dans une hiérarchie descendante.

Mais dans les très grandes entreprises, les fondations de cette pyramide se fissurent. D'une part, il est rare que le dirigeant soit encore le propriétaire de ces sociétés. Pour continuer à justifier la concentration du pouvoir entre ses mains, il se présente comme le serviteur soumis de l'actionnaire, qui l'obligerait à maximiser les profits. Or le mythe de l'actionnaire s'effrite, car on constate que, dans les faits, son pouvoir effectif est bien souvent soit surestimé, soit peu efficace.

D'autre part, la gouvernance pyramidale oblige à formaliser les fonctionnements et leurs contrôles, ce qui est très coûteux dans les grandes entreprises. En normalisant le travail, la transmission descendante du pouvoir réduit les marges de créativité locale, qui est justement la source principale de la création de valeur économique par les entreprises. Se pose donc la question de l'efficacité d'un système de pouvoir s'exerçant par délégations, et de lourds contrôles bureaucratiques du haut sur le bas.

Parmi les solutions, l'une des plus prometteuses renoue avec la tradition de la subsidiarité. Celle-ci consiste à localiser la source du pouvoir au niveau le plus proche de ses effets pratiques et à ne faire remonter à un niveau plus large que les décisions qui ne peuvent être prises localement. La délégation de pouvoir se fait donc non pas du haut vers le bas, mais du bas vers le haut. Le pouvoir de proximité détient la légitimité et une grande latitude opérationnelle, parce que c'est là que se crée la valeur à partir du travail réel des salariés.

Ce niveau de base confie à un niveau plus large les décisions qu'il ne peut prendre lui-même, et ainsi de suite. La gouvernance dessine alors une cité plutôt qu'une pyramide. Au final, le dirigeant exerce son pouvoir non pas parce qu'il en est la source, mais parce que ultime

××××××××××××××××××××××××××××××××××××
××××××××××××××××××××××××××××××××××××

bénéficiaire d'une série de délégations remontantes, il est chargé collectivement d'assumer l'intérêt général de l'entreprise.

La subsidiarité était longtemps la norme en Europe et on la trouve justifiée, par exemple, par Thomas d'Aquin au XIIIe siècle. C'est le rationalisme technocratique qui l'a discréditée, au prétexte qu'un système hiérarchique descendant est plus efficace que de multiples pouvoirs de proximité. Garrett Hardin a illustré dans son article « The Tragedy of the Commons », paru dans *Science* en 1968, combien cette vue est dominante dans la pensée économique moderne, qui considère que les acteurs de terrain sont incapables de bien gérer collectivement des propriétés ou des projets.

Pourtant, des travaux scientifiques récents ont montré le contraire. Selon Elinor Ostrom, prix Nobel d'économie en 2009, l'efficacité des résultats économiques est plus grande lorsque les décisions sont prises par ceux qui en subissent immédiatement les conséquences. Elle montre, par exemple, que l'auto-organisation des projets locaux optimise l'usage des ressources rares. Dans les entreprises, un grand nombre de situations nécessitent d'adapter les décisions au terrain et aux contraintes, plutôt que de plaquer des règles générales décidées de manière globale et lointaine. Elles bénéficieraient donc d'un renversement de la délégation des pouvoirs.

Question 1. Comment définir la subsidiarité dans l'entreprise ?

(A) La décision est prise par le plus compétent.
(B) La décision est prise collégialement, après un vote.
(C) La décision est prise par la personne la plus proche du personnel.
(D) La décision est prise à l'échelon le plus proche de la mise en œuvre.
(E) La décision est prise par le niveau le plus bas.

××
××

Question 2. Pourquoi la pyramide se fissure-t-elle ?

1. C'est un système finalement assez coûteux.
2. Le dirigeant n'est que rarement le propriétaire.
3. L'actionnaire n'est pas assez représenté.

(A) 1 + 2 + 3
(B) 1 + 3
(C) Uniquement 2
(D) 1 + 2
(E) Uniquement 3

Question 3. Pourquoi l'architecture dominante des entreprises est-elle pyramidale ?

(A) C'est scientifiquement prouvé : l'efficacité des résultats économiques est plus grande dans une organisation pyramidale.
(B) C'est un mode de fonctionnement plus sûr : les fonctionnements et leurs contrôles sont obligatoirement formalisés.
(C) C'est historique : cela fonctionne comme cela depuis Thomas d'Aquin.
(D) C'est philosophique : le rationalisme technocratique.
(E) C'est une doctrine économique : les niveaux proches des conséquences d'une décision n'ont pas assez de recul pour prendre la bonne décision.

Question 4. Peut-on dire d'un dirigeant d'une société qui fonctionne selon le mode d'organisation de la cité qu'…

(A) il est la source du pouvoir.
(B) il délègue son pouvoir à ses subordonnés pour qu'ils prennent les bonnes décisions, à leur niveau.
(C) il tire son pouvoir de ses subordonnés.
(D) il conserve le pouvoir de contrôle sur la chaîne des décisions.
(E) il décide uniquement si les décisions n'ont pas pu être prises à un niveau plus bas.

××
××

Question 5. Laquelle de ces affirmations est fausse ?

(A) La transmission descendante ne permet pas aux salariés de faire preuve de créativité.

(B) Lorsque les décisions sont prises en auto organisation, c'est plus efficace.

(C) Dans une organisation pyramidale, le dirigeant exerce son pouvoir parce qu'il en est la source.

(D) La subsidiarité a longtemps été la norme aux Etats-Unis.

(E) Dans une organisation en cité, la légitimité revient aux niveaux où les conséquences des décisions seront vécues.

TEXTE 2

Une Amérique « *victime d'incontinence* » qui inonde le monde de ses « *dollars fous* »… Edouard Tétreau ne mégote pas avec les formules chocs pour fustiger le chantage monétaire auquel s'adonneraient les Etats-Unis, exportant inflation et désindustrialisation chez les autres pour mieux faire redémarrer leur propre économie.

Dans un court ouvrage rédigé d'une plume rageuse, l'ex-analyste financier, devenu conseil en stratégie et communication d'entreprise, brosse un scénario apocalyptique. Pourquoi l'écouter ? Peut-être parce qu'il est celui qui annonça, en 2000, dans une note lapidaire, le krach des valeurs Internet. Il est aussi celui qui, deux ans plus tard, prédit le débarquement du PDG de Vivendi Universal, Jean-Marie Messier.

Edouard Tétreau a eu du nez. Espérons qu'il perde un peu de ses talents divinatoires lorsqu'il prophétise le désastre auquel nous mène tout droit la politique monétaire américaine. Dans son précédent livre, *20 000 milliards de dollars* (Grasset 2010), il faisait ce pari : et si les Etats-Unis, faute de parvenir à stopper le gonflement effréné de leur dette, faisaient payer l'addition au reste du monde ?

Pari déjà presque gagné, estime-t-il quelques mois plus tard. Le trou dans les finances publiques a continué à se creuser. En 2010, le déficit du gouvernement fédéral équivalait au PIB du Canada, soit 1 400 milliards de dollars (997 milliards d'euros). Pour le financer, une astuce : la planche à billets, actionnée sans frein par la Banque centrale américaine, la Fed. Si le dollar était d'abord et seulement la monnaie des Etats-Unis, « *cette création monétaire et ces déficits se seraient soldés par une hyperinflation aux Etats-Unis, aussi violente que celles qu'ont connues l'Allemagne des années 1920, la France des assignats, ou le Zimbabwe des années 2000* ».

Mais le billet vert est la devise mondiale. Numéro un des échanges, première monnaie de réserve, il domine aussi les marchés de matières premières énergétiques et agricoles. Résultat,

XXXXXXXXXXXXXXXXXXXXXXXXXXXXXXXXXXXXXXXXXX
XXXXXXXXXXXXXXXXXXXXXXXXXXXXXXXXXXXXXXXXXX

les « *robinets percés* » de la Fed ont poussé le baril de pétrole à plus de 100 dollars, fait bondir le prix des céréales, semé la faim en Afrique du Nord, déclenché des spirales inflationnistes en Inde et au Brésil, propulsé l'euro à des niveaux insoutenables pour les industriels européens… Pendant ce temps, écrit-il, l'économie américaine, « *gavée de nouvelles dettes, est repartie de plus belle* ».

Cette belle fortune au mépris des autres pourrait ne pas durer. Ce n'est pas seulement un reproche, mais aussi un avertissement, que le financier lance à l'Amérique. A force d'être démultiplié, le dollar serait devenu caduc : ni la signature du secrétaire au Trésor ni la devise « En Dieu nous croyons », deux « *garanties* » figurant sur le dollar, ne changent la donne.

Et si la Chine, principale créancière des Etats-Unis, cessait d'investir dans la dette américaine, laissant le dollar s'effondrer et Washington s'enfoncer dans une crise financière aux répercussions planétaires ? C'est le scénario qu'imagine l'auteur, dans un avenir plus proche qu'on ne l'imagine. A l'Europe et aux autres de réagir assez tôt pour ne pas laisser un G2, Etats-Unis-Chine, dicter sa loi au reste du monde.

Question 6. Quelles sont les conséquences de l'utilisation de la planche à billets par la Fed ?

1. Une hyperinflation aux Etats-Unis.
2. Une réduction du déficit américain.
3. La reprise de l'économie américaine.

(A) 1 + 2 + 3
(B) Uniquement 1
(C) Uniquement 3
(D) 1 + 3
(E) 2 + 3

Question 7. Quelle conséquence la politique monétaire des Etats-Unis n'a-t-elle pas eue ?

(A) La hausse du prix du pétrole.
(B) La famine en Inde.
(C) L'inflation dans certains pays émergents.
(D) La hausse du prix des céréales.
(E) La hausse de l'euro.

××
××

Question 8. Pourquoi les Etats-Unis font-ils « payer l'addition » au reste du monde ?

1. Parce que le dollar est la première monnaie de réserve.
2. Parce que le dollar est la monnaie utilisée par les marchés des matières premières.
3. Parce que les Etats-Unis ont émis beaucoup de monnaie.

(A) 1 + 2 + 3
(B) 1 + 3
(C) Uniquement 1
(D) Uniquement 2
(E) 2 + 3

Question 9. Quel pourrait être le titre de cet article ?

(A) Scénario noir pour 2012
(B) Les Etats-Unis bientôt en banqueroute ?
(C) Du bon usage de la planche à billets
(D) La loi du billet vert
(E) Vive la politique monétaire des Etats-Unis !

Question 10. Quel scénario Edouard Tréteau envisage-t-il dans un avenir proche ?

(A) Le dollar s'effondre et la Chine devient la première puissance mondiale.
(B) L'économie américaine s'effondre et cela provoque des spirales inflationnistes en Inde et au Brésil.
(C) La Chine investit dans la dette américaine et le dollar devient caduc.
(D) La Chine cesse d'acheter de la dette américaine et l'économie mondiale plonge.
(E) L'Europe réagit assez tôt et empêche le G2 de dicter sa loi.

TEXTE 3

Alors que le débat reste ouvert en France sur la question du « travailler plus », comme sur celle du coût du travail, et que la chancelière allemande Angela Merkel voit dans le « travailler moins » des Européens du Sud l'une des sources de leurs difficultés économiques, Patrick Artus, économiste en chef de Natixis, a publié coup sur coup deux études qui incitent à se méfier des idées simples sur les liens entre durée du travail et compétitivité.

××
××

La première montre que les Européens du Sud travaillent nettement plus que les Allemands. La durée annuelle du travail est de 2 119 heures en Grèce, 1 654 heures en Espagne, 1 554 heures en France et seulement 1 390 heures en Allemagne.

De même, et quelles que soient les différences de législation en matière d'âge légal de la retraite, l'âge effectif moyen de départ à la retraite est quasiment le même en Allemagne (62,2 ans) qu'en Espagne (61,5), au Portugal (62,6) ou en Grèce (61,5). Seule la France (60 ans) est encore à la traîne.

Le directeur de la recherche et des études économiques de Natixis en tire la conclusion que l'avantage économique de l'Allemagne par rapport aux pays du Sud de la zone euro ne vient donc pas du temps de travail. Les Allemands, insiste-t-il, travaillent beaucoup moins, et pas plus intensément que les Latins (dont la productivité est globalement comparable à celle de leurs collègues d'outre-Rhin).

La performance allemande, analyse M. Artus, chiffres à l'appui, est à chercher ailleurs : dans son effort d'innovation et dans le taux d'épargne plus élevé de ses ménages et de ses entreprises. En revanche, le coût du travail n'est pas discriminant (sauf avec la France où le salaire horaire « chargé » dans l'industrie est de 33,7 euros, contre 30,2 en Allemagne), pas plus d'ailleurs que la qualité de la main-d'œuvre (sauf avec l'Italie et le Portugal).

Par ailleurs, dans une seconde étude, qui a été également publiée le 30 mai, l'économiste s'intéresse aux effets de la fiscalité sur le taux d'emploi et le taux de chômage. A partir d'une analyse empirique de la situation de 20 pays de l'OCDE, il montre que « *seuls deux impôts semblent avoir un effet négatif significatif sur la situation du marché du travail : les charges sociales des employeurs et le taux marginal d'impôt sur le revenu* ».

Dans une déclaration intitulée « *Compétitivité : dépasser les approches idéologiques* », rendue publique le 8 juin, trois organisations syndicales d'employeurs (CGPME, Medef, UPA) et trois organisations syndicales de salariés (CFDT, CFTC, CFE-CGC) ont reconnu ensemble pour la première fois que se posait en France « *la question de la structure des prélèvements obligatoires qui pèsent* (…) *plus qu'ailleurs sur les facteurs de production, et en particulier sur le travail* ».

« *Un vrai débat sur les modes de financement de la protection sociale est* (…) *à engager. Une réflexion approfondie et globale sur une nouvelle répartition entre ce qui doit être payé par la solidarité nationale (l'impôt) et ce qui doit être pris en charge par la solidarité professionnelle (les cotisations sociales), constituerait sans doute une méthode à explorer* », ajoutent les signataires de cette déclaration, qui se gardent bien d'agiter le chiffon rouge de la TVA sociale.

××××××××××××××××××××××××××××××××××××××
××××××××××××××××××××××××××××××××××××××

Question 11. Qui travaille le moins et part à la retraite le plus tôt ?

(A) Les Grecs.

(B) Les Allemands.

(C) Les Espagnols.

(D) Les Portugais.

(E) Il est impossible de répondre à cette question.

Question 12. Finalement, quel facteur pèse sur le marché de l'emploi ?

(A) L'épargne des ménages.

(B) L'impôt.

(C) Les charges sociales.

(D) La TVA sociale.

(E) La solidarité professionnelle.

Question 13. Pourquoi les Allemands ont-ils une économie plus performante ?

1. Ils font des efforts en matière d'innovation.
2. Ils ont un fort taux d'épargne.
3. La productivité des salariés est meilleure.

(A) 1 + 2 + 3

(B) 2 + 3

(C) Uniquement 3

(D) 1 + 2

(E) Uniquement 1

××××××××××××××××××××××××××××××××××××××
××××××××××××××××××××××××××××××××××××××

Question 14. Parmi ces 5 phrases, combien sont exactes ?

1. Les européens du sud travaillent plus que les Allemands.
2. Le coût du travail est sensiblement le même en France qu'en Allemagne.
3. La qualité de la main-d'œuvre est la même en Allemagne qu'en Espagne.
4. La productivité des travailleurs des pays du sud est la même que celle des travailleurs des autres pays.
5. L'âge de la retraite est le même en Espagne et en Grèce.

(A) 2 (B) 0
(C) 3 (D) 1
(E) 4

Question 15. Lequel de ces résumés respecte le mieux le texte ?

(A) Les salariés allemands ne travaillent ni plus ni mieux que les autres. Si les performances économiques de l'Allemagne sont bonnes, c'est grâce à la fiscalité.

(B) L'Allemagne n'est pas le modèle de vertu qu'elle voudrait nous faire croire : les salariés travaillent beaucoup moins que dans les autres pays. Ses performances économiques s'expliquent uniquement par un dumping social.

(C) Contrairement aux idées reçues, on ne travaille pas plus ni mieux en Allemagne que dans l'Europe du sud. Les différences de compétitivité proviennent essentiellement des investissements en recherche et développement et de la fiscalité qui pèse moins sur le travail.

(D) Les Allemands ne travaillent pas plus que les autres ; ils partent à la retraite sensiblement au même âge et pourtant l'économie allemande est plus performante. Les organismes paritaires en ont donc conclu qu'il fallait instaurer la TVA sociale.

(E) Le coût du travail n'est pas cause des écarts de compétitivité entre les différents pays. Si certaines économies sont plus performantes que d'autres, c'est qu'elles savent investir dans le domaine de l'innovation, que le taux d'épargne est élevé, et que la fiscalité qui pèse sur le travail est plus légère.

Si vous avez terminé, vous n'êtes pas autorisé(e) à revenir sur une épreuve précédente.
Vous n'êtes pas non plus autorisé(e) à travailler sur une épreuve suivante avant la fin du temps imparti.

STOP !

TEST BLANC TAGE MAGE 4

SOUS-TEST 2 : CALCUL

15 questions / 20 minutes / Calculatrice interdite
Réponse juste : + 4 points / Réponse fausse : – 1 point
Aucune réponse : 0 point

Question 16. Deux cyclistes quittent chacun leur village (notés A et B), distants de 120 km. Ils se croisent à 70 km de A. Quelle est l'expression de la vitesse du plus rapide des deux en fonction de la vitesse de l'autre, notée V1 ?

(A) 1,1 × V1
(B) 1,2 × V1
(C) 1,3 × V1
(D) 1,4 × V1
(E) 1,5 × V1

Question 17. La moyenne des âges des sœurs d'Alexandre est 18 ans. La sœur aînée a six ans de plus que sa cadette. Si la moyenne de l'âge d'Alexandre et de l'aînée de ses sœurs est de 21 ans, quel est alors l'âge d'Alexandre ?

(A) 20
(B) 21
(C) 22
(D) 23
(E) 24

Question 18. 50 livres de cerises coûtent 17 €. Quel est en ¥ (yen) le prix d'une tonne et demie de cerises sachant que 1 livre = 0,5 kg et que 100 ¥ = 0,85 € ?

(A) 110 000
(B) 150 000
(C) 125 000
(D) 136 000
(E) 120 000

//
//

Question 19. Un train part à 22 h et doit parcourir un trajet de 780 kilomètres. Il parcourt le premier tiers du trajet à la vitesse de 130 km/h. Puis il parcourt le reste du trajet à la vitesse de 100 km/h. A quelle heure le train arrivera-t-il ?

(A) 3 h 56.
(B) 4 h 32.
(C) 4 h 52.
(D) 5 h 12.
(E) 5 h 33.

Question 20. Charles dispose d'une somme de 215 euros, composée de 30 billets de 5 et 10 euros. Combien de billets de 10 euros a-t-il ?

(A) 11
(B) 13
(C) 14
(D) 17
(E) 21

Question 21. Un groupe d'élèves programme une sortie. Si chacun donnait 14 euros, il manquerait 4 euros. Mais si chacun donnait 16 euros, il y aurait un excédent de 6 euros. Combien y a-t-il d'élèves dans le groupe ?

(A) 4
(B) 5
(C) 6
(D) 8
(E) On ne peut pas savoir.

Question 22. Paul a rencontré Virginie durant les vacances. Ils habitent deux villes différentes distantes de 450 km. Ils décident de passer le week-end ensemble dans un petit village situé entre leurs deux villes. La voiture de Paul consomme 9 litres aux 100 et roule à 90 km/h. La voiture de Virginie consomme 6 litres aux 100 et roule à 90 km/h. A quelle distance de la ville de Paul se trouve le petit village sachant qu'en roulant à 90 km/h, ils consomment tous les deux la même quantité de carburant pour s'y rendre ?

(A) 220 km.
(B) 210 km.
(C) 200 km.
(D) 190 km.
(E) 180 km.

//
//

Question 23. On écrit sur une feuille tous les nombres de 1 à 100. Combien de chiffres a-t-on écrit sur la feuille ?

(A) 180 (B) 190
(C) 192 (D) 198
(E) 200

Question 24. On lance simultanément trois dés classiques à 6 faces, numérotées de 1 à 6. On note S la somme des faces obtenues. De combien de façons différentes peut-on obtenir une somme égale à 10 ?

(A) 4 (B) 6
(C) 8 (D) 10
(E) 12

Question 25. Deux kilos de tomates et sept kilos de navets coûtent 7,95 euros. Deux kilos et demi de tomates et un kilo et demi de navets coûtent 3,92 euros. Combien coûte un kilo de tomates ?

(A) 0,97 (B) 1,02
(C) 1,07 (D) 1,16
(E) 1,23

Question 26. La soustraction de deux nombres est égale à 42. Si l'on ajoute 8 à chacun des deux nombres, l'un des deux vaudra quatre fois la valeur de l'autre. Quelle est la valeur du plus grand ?

(A) 40 (B) 44
(C) 48 (D) 50
(E) 56

Question 27. Si $X \blacktriangle Y = X^Y - Y^X$, alors que vaut $(2 \blacktriangle 3)/(3 \blacktriangle 2)$?

(A) – 1 (B) – 4
(C) – 9 (D) 0
(E) 1

//
//

Question 28. La surface totale d'un cube est de 294 cm². Que vaut la moitié du carré de la somme des chiffres de la valeur de son volume ?

(A) 32 (B) 49

(C) 50 (D) 72

(E) 76

Question 29. Une voiture à essence s'avère consommer 60 % de carburant en plus que son modèle mixte. Quelle est la consommation du modèle mixte exprimée en pourcentage du modèle essence ?

(A) 40 %. (B) 52,5 %.

(C) 58 %. (D) 59,5 %.

(E) 62,5 %.

Question 30. On considère une baignoire dont les robinets d'eau chaude et froide ont respectivement un débit de 2 dm³/s et 2,5 dm³/s. Si l'on veut remplir la baignoire d'un mètre cube d'eau, et que l'on ouvre les robinets au maximum, en combien de temps la baignoire sera-t-elle remplie ?

(A) 3 min 12 s. (B) 3 min 22 s.

(C) 3 min 32 s. (D) 3 min 42 s.

(E) 3 min 52 s.

Si vous avez terminé, vous n'êtes pas autorisé(e) à revenir sur une épreuve précédente.
Vous n'êtes pas non plus autorisé(e) à travailler sur une épreuve suivante avant la fin du temps imparti.

STOP !

TEST BLANC TAGE MAGE 4

SOUS-TEST 3 : RAISONNEMENT & ARGUMENTATION

15 questions / 20 minutes / Calculatrice interdite
Réponse juste : + 4 points / Réponse fausse : – 1 point
Aucune réponse : 0 point

Question 31. Dans un restaurant, la cuisinière, la serveuse et la patronne se prénomment Michèle, Sandrine et Nathalie. Sandrine est célibataire, la serveuse est fille unique et la cuisinière, qui ne s'appelle pas Nathalie, a épousé le frère de Sandrine. Quels sont respectivement les métiers de Michèle, Sandrine et Nathalie ?

(A) Cuisinière, Patronne, Serveuse.
(B) Serveuse, Cuisinière, Patronne.
(C) Patronne, Cuisinière, Serveuse.
(D) Cuisinière, Serveuse, Patronne.
(E) Serveuse, Patronne, Cuisinière.

Question 32. Dans une boîte, il y a 3 boules jaunes, 4 bleues, 5 blanches et 6 vertes. Quel nombre minimum de boules faut-il tirer pour être sûr d'obtenir des boules de 4 couleurs différentes ?

(A) 4
(B) 9
(C) 13
(D) 15
(E) 16

>>>
>>>

Question 33. Dans un salon, il y a trois fauteuils. Deux d'entre eux sont des fauteuils à une place ; l'un est rouge, l'autre est bleu. Le troisième est un fauteuil à deux places. Samantha, Nathalie et David sont entrés dans le salon. On sait que Samantha ne s'assoit jamais sur un fauteuil rouge et qu'un garçon et une fille sont assis sur le fauteuil à deux places. Parmi les affirmations suivantes, laquelle est forcément exacte ?

(A) Si Nathalie est assise sur le fauteuil à deux places, Samantha est assise sur le fauteuil bleu.

(B) Si David est assis sur le fauteuil à deux places, Samantha est assise sur le fauteuil bleu.

(C) Nathalie et David ne sont pas assis sur le même fauteuil.

(D) Samantha et David sont assis sur le fauteuil à deux places.

(E) Aucune réponse ne convient.

Question 34. Pierre rencontre Alain. Pierre ment le lundi, le mardi et le mercredi mais il dit la vérité les autres jours de la semaine. Pierre dit à Alain :

« Hier j'ai menti. » et « Je mentirai encore deux jours après demain. »

Quel jour sommes-nous ?

(A) Mercredi.

(B) Lundi.

(C) Dimanche.

(D) Jeudi.

(E) Samedi.

Question 35. Sophie a neuf frères et sœurs : Alain, Martine, Karim, Victor, Claude, Hélène, Elisabeth, Mohammed et Anna. Parmi les neuf frères et sœurs de Martine, il y a des jumeaux et des triplés. Que vaut le produit du nombre de frères d'Hélène par le nombre de sœurs d'Alain ?

(A) 16

(B) 18

(C) 24

(D) 25

(E) On ne peut pas savoir.

Question 36. Dans la vitrine d'une boutique chic sont disposés sur une étagère un costume, un pull-over et une écharpe. Deux des articles sont noirs et le troisième est prune. Le costume et le pull-over sont toujours disposés l'un à coté de l'autre et l'article prune est toujours au centre. Que peut-on déduire avec certitude ?

(A) L'écharpe est au centre.
(B) Le costume est prune.
(C) L'écharpe est noire.
(D) Le pull-over se trouve à l'une des extrémités.
(E) Il est impossible de répondre à cette question.

Question 37. A une soirée, toutes les femmes se déguisent en hommes célèbres sauf si leur prénom commence par A, dans ce cas, elles se déguisent en légumes, et tous les hommes se déguisent en femmes célèbres sauf si leur prénom commence par N, dans ce cas, ils se déguisent en légume. Quelle situation est possible ?

(A) Nora s'est déguisée en concombre.
(B) Norbert s'est déguisé en Louis XIII.
(C) Aline s'est déguisée en potiron.
(D) Adèle s'est déguisée en Einstein.
(E) Bernard s'est déguisé en pomme.

Question 38. On considère la proposition suivante : « Je passerai mes vacances d'été en Bulgarie ou en Turquie ».

La négation de cette proposition est :

(A) Je ne passerai pas mes vacances d'été en Bulgarie ou en Turquie.
(B) Je ne passerai pas mes vacances d'été en Bulgarie ni en Turquie.
(C) Je ne partirai pas pendant les vacances d'été.
(D) Je ne passerai pas mes vacances d'hiver en Bulgarie ou en Turquie.
(E) Je ne passerai plus jamais mes vacances d'été en dehors de France.

>>>
>>>

Question 39. Nous sommes nombreux à être nostalgiques du passé que nous idéalisons. Il aurait été sans stress et sans pollution. Mais comment vivaient réellement nos ancêtres ? Le monde de nos ancêtres était certes naturel et sans pollution, mais il était brutal et inconfortable. Il était le contraire de notre société de consommation et l'on n'y ressentait aucun besoin. On se passait de pétrole, mais on n'y mangeait pas à sa faim. Faute de retraite, on travaillait jusqu'au trépas. Faute de médecine, on était à tout moment guetté par la maladie et la mort. Et si l'on ignorait jusqu'à l'existence du pétrole, on n'en avait pas pour autant beaucoup d'idées faute d'instruction.

Quelle est la proposition qui soutient le moins le propos ci-dessus ?

(A) Les sociétés modernes détruisent l'homme.
(B) La pollution est la conséquence du progrès.
(C) Nos ancêtres avaient une vie rude et sans désirs superflus.
(D) Progrès et nature sont complémentaires.
(E) Dans le passé, la vie était plus saine.

Question 40. Les cinq jockeys d'une course de chevaux ont été pesés avant le départ d'une course. Il s'avère que Paul est plus léger qu'Henri, que André est lui-même plus lourd que Michel et enfin que Roger est plus léger que Paul.

Que peut-on en conclure ?

(A) On ne connaît ni le jockey le plus léger ni le jockey le plus lourd.
(B) On connaît le jockey le plus léger et le jockey le plus lourd.
(C) On connaît le jockey le plus léger mais pas le jockey le plus lourd.
(D) On connaît les deux jockeys qui ont le même poids.
(E) Aucune des réponses proposées ne convient.

Question 41. Dimanche dernier, le grand prix de F1 s'est déroulé sous un soleil radieux. A mi-course, les 3 premiers du championnat, tous les trois de nationalités différentes, occupent les 3 premières places. Le commentateur à la radio rappelle que la Ferrari est rouge, que le pilote allemand conduit une BMW, que la Williams occupe la 2e position, que la voiture jaune n'est pas entre les deux autres et que le français occupe la 1re position. Parmi les conclusions suivantes, quelle est la seule qui est exacte ?

(A) L'Allemand ne pilote pas la voiture jaune.

(B) La BMW occupe la 1re position.

(C) La voiture en 3e position est rouge.

(D) Le Français pilote la Ferrari.

(E) La course se déroule en France.

Question 42. En février d'une certaine année bissextile, il y a cinq dimanches. Quel jour tombe le 1er février ?

(A) Lundi.
(B) Mardi.
(C) Mercredi.
(D) Samedi.
(E) Dimanche.

Question 43. La professeure Emily Martin attribue à la science deux caractéristiques qui sortent de ses fonctions traditionnelles : la science n'est pas une simple tentative de décrire des phénomènes et de les inscrire dans un cadre théorique délimité par les lois de la nature mais, comme les moyens de communication, elle est le reflet de la société dans laquelle elle se forme, et en même temps elle la modèle. Il y a là un système de double miroir : la science est le miroir de la société mais elle se reflète aussi en elle.

D'après la professeure Martin, quelles sont les deux caractéristiques de la science qui sortent de ses fonctions traditionnelles ?

(A) La tentative de décrire les phénomènes de la nature et en même temps de les modeler.

(B) Refléter la société dans laquelle elle opère et en même temps la forger.

(C) Décrire des phénomènes et en même temps leur attribuer un cadre théorique.

(D) Stimuler les facultés d'apprentissage de la société et en même temps les remodeler en continu.

(E) Présenter un miroir face à la société et en même temps refléter ce qui s'y produit.

>>
>>

Question 44. Dans un pays, la population consiste entièrement de mathématiciens et de vendeurs. Les mathématiciens disent toujours la vérité tandis que les vendeurs mentent toujours. Un jour, 3 personnes A, B et C se rencontrent. A murmure à B une des phrases suivantes : « je suis un mathématicien » ou « je suis vendeur ». B se tourne à C et lui dit que A prétend être un mathématicien. C, outragé, répond que A n'est pas un mathématicien et qu'il est un vendeur. Combien de mathématiciens y a-t-il ?

(A) 0
(B) 1
(C) 2
(D) 3
(E) Information insuffisante.

Question 45. Quelle est la couleur et la forme de la table du jardin sachant qu'elle est rectangulaire ou octogonale ?
– Si elle est verte alors elle est rectangulaire.
– Elle est ou verte ou rouge.
– Elle n'est pas rectangulaire.
– Si elle rouge alors elle est octogonale.

(A) Elle est rouge et octogonale.
(B) Elle est rouge et rectangulaire.
(C) Elle est verte et octogonale.
(D) Elle est verte et rectangulaire.
(E) On ne peut pas savoir.

Si vous avez terminé, vous n'êtes pas autorisé(e) à revenir sur une épreuve précédente.
Vous n'êtes pas non plus autorisé(e) à travailler sur une épreuve suivante avant la fin du temps imparti.

STOP !

TEST BLANC TAGE MAGE

SOUS-TEST 4 : CONDITIONS MINIMALES

4

15 questions / 20 minutes / Calculatrice interdite
Réponse juste : + 4 points / Réponse fausse : – 1 point
Aucune réponse : 0 point

Vous répondrez :

(A) Si l'information (1) permet à elle seule de répondre à la question, et si l'information (2) à elle seule ne permet pas de répondre à la question.

(B) Si l'information (2) permet à elle seule de répondre à la question, et si l'information (1) à elle seule ne permet pas de répondre à la question.

(C) Si les deux informations (1) et (2) ensemble permettent de répondre à la question, et aucune séparément ne le peut.

(D) Si chaque information permet séparément de répondre à la question.

(E) Si les deux informations ensemble ne permettent pas de répondre à la question.

Question 46. Z est un entier positif à trois chiffres. Le chiffre des dizaines de Z est égal à 4. Quel est le chiffre des unités de Z ?

(1) La soustraction des chiffres des unités aux chiffres des centaines est égale au chiffre des dizaines.

(2) Le chiffre des centaines est égal au double de celui des dizaines.

Question 47. Un particulier place un capital à taux fixe annuel. Quel est le montant de ce capital ?

(1) La première année, les bénéfices s'élèvent à 400 euros et la seconde année à 416 euros.

(2) Si le taux de placement était encore plus élevé, les bénéfices de la première année auraient été de 800 euros.

Question 48. Jacques et John font une course en vélo. Qui a été le plus rapide des deux ?

(1) Jacques a parcouru la distance en 48 minutes.

(2) John a roulé à la vitesse de 15,45 km/h.

##
##

Vous répondrez :

(A) Si l'information (1) permet à elle seule de répondre à la question, et si l'information (2) à elle seule ne permet pas de répondre à la question.

(B) Si l'information (2) permet à elle seule de répondre à la question, et si l'information (1) à elle seule ne permet pas de répondre à la question.

(C) Si les deux informations (1) et (2) ensemble permettent de répondre à la question, et aucune séparément ne le peut.

(D) Si chaque information permet séparément de répondre à la question.

(E) Si les deux informations ensemble ne permettent pas de répondre à la question.

Question 49. L'addition des âges de Chloé et de Peter est égale à 51. Quel est l'âge de Chloé ?

(1) Chloé est plus âgée que Peter.

(2) L'addition des âges de Chloé et de Peter est égale à trois fois l'âge de Peter.

Question 50. Que vaut le nombre de trois chiffres P ?

(1) P est divisible par 19.

(2) P est divisible par 31.

Question 51. M est un nombre de 3 chiffres. Que vaut M sachant que M est un multiple de 11 ?

(1) M est un multiple de 7.

(2) M est un multiple de 5.

Question 52. Halim et Colette sont deux amis. Qui est le plus âgé des deux ?

(1) L'addition de leurs âges est strictement inférieure à 32 ans.

(2) La soustraction de leurs âges est strictement inférieure à 4.

##

Vous répondrez :

(A) Si l'information (1) permet à elle seule de répondre à la question, et si l'information (2) à elle seule ne permet pas de répondre à la question.

(B) Si l'information (2) permet à elle seule de répondre à la question, et si l'information (1) à elle seule ne permet pas de répondre à la question.

(C) Si les deux informations (1) et (2) ensemble permettent de répondre à la question, et aucune séparément ne le peut.

(D) Si chaque information permet séparément de répondre à la question.

(E) Si les deux informations ensemble ne permettent pas de répondre à la question.

Question 53. A et B sont des entiers naturels tels que $A \times B = 40$. Que vaut $A + B$?

(1) $A^2 = 116 - B^2$

(2) $2 < \frac{A}{B} < 3$

Question 54. C est un cercle de centre D et de rayon égal à 2 cm. E est un cercle de centre F est de rayon égal à R cm. Y a-t-il des points communs aux cercles C et E ?

(1) D et F sont distants de (1 + R) cm.

(2) R = 3 cm.

Question 55. Aurélie décide de ranger sa bibliothèque et de vendre 6 000 livres dont un tiers sont en arabe et le reste en turc. A la première brocante où elle se rend, elle vend la moitié de ses livres. Quelle proportion de livres en arabe lui reste-t-il à vendre ?

(1) Le nombre restant de livres en arabe est multiple du nombre de livres en turc.

(2) Elle a vendu 70 % de livres en turc.

Question 56. Dans l'addition # + @ = & ; #, @ et & représentent trois chiffres distincts et positifs. On sait que & est pair. Que vaut # ?

(1) @ est pair et & = 6

(2) # < @

##
##

Vous répondrez :

(A) Si l'information (1) permet à elle seule de répondre à la question, et si l'information (2) à elle seule ne permet pas de répondre à la question.

(B) Si l'information (2) permet à elle seule de répondre à la question, et si l'information (1) à elle seule ne permet pas de répondre à la question.

(C) Si les deux informations (1) et (2) ensemble permettent de répondre à la question, et aucune séparément ne le peut.

(D) Si chaque information permet séparément de répondre à la question.

(E) Si les deux informations ensemble ne permettent pas de répondre à la question.

Question 57. Quelle est la valeur de K ?

(1) $0,5 \times K$ est un nombre entier.

(2) K est un nombre premier.

Question 58. Après travaux, une cuisine rectangulaire voit sa largeur augmentée de 1 mètre et sa longueur diminuée de 1 mètre. Quelles étaient la longueur et la largeur de la cuisine avant travaux ?

(1) Son périmètre est le même avant et après travaux, c'est-à-dire 20 mètres.

(2) Après les travaux, la cuisine est carrée.

Question 59. Z est un nombre entier. Z est-il un nombre premier ?

(1) $Z > 10$.

(2) La division de Z par 2 donne un reste égal à 0.

Question 60. Que vaut le nombre de trois chiffres P ?

(1) Le chiffre des dizaines de P est égal au double du chiffre des centaines de P.

(2) La somme des chiffres du nombre P est égale à 8.

Si vous avez terminé, vous n'êtes pas autorisé(e) à revenir sur une épreuve précédente.
Vous n'êtes pas non plus autorisé(e) à travailler sur une épreuve suivante avant la fin du temps imparti. **STOP !**

TEST BLANC TAGE MAGE 4

SOUS-TEST 5 : EXPRESSION

15 questions / 20 minutes / Calculatrice interdite
Réponse juste : + 4 points / Réponse fausse : – 1 point
Aucune réponse : 0 point

Questions 61 à 65 : complétez en choisissant la solution optimale

Question 61. Pour les français, les japonais sont des hommes qui se lèvent tôt, qui suivent dès 6 heures du matin des cours de recyclage à la télé tout en pédalant sur un vélo fixe pour se mettre (…) en forme.

(A) indistinctement
(B) successivement
(C) alternativement
(D) conjointement
(E) expressément

Question 62. (…) d'écrivains dont le style me plaît (…) que le style de Marc Lévy. C'est pourquoi, (…) d'apprendre (…).

(A) Il y a peu / moins / vous serez sûrement surpris / qu'il n'y a même pas un seul livre de cet auteur dans ma bibliothèque
(B) Il y a beaucoup / plus / vous ne serez sûrement pas surpris / que je n'ai jamais acquis d'autres livres que ceux de cet auteur
(C) Il y a peu / moins / vous ne serez sûrement pas surpris / que je n'ai pas du tout envisagé d'acheter son dernier livre
(D) Il y a peu / plus / vous serez sûrement surpris / que je n'ai pas hésité un seul instant avant d'acheter son dernier livre
(E) Il y a peu / plus / vous serez peut-être surpris / que je n'ai pas du tout l'intention d'acheter son dernier livre

Question 63. L'imprésario de Thibaud a tenté de le persuader de ne pas (…) le rôle dans la pièce : en effet, en dépit du cachet (…) proposé, ce rôle représentait (…) sur le plan artistique. Thibaud n'a pas suivi le conseil de son imprésario et a déclaré de surcroît que même pour un cachet (…) interprété le rôle.

(A) accepter / élevé / une régression / plus élevé, il n'aurait pas
(B) accepter / modeste / un progrès / plus modeste, il aurait
(C) refuser / modeste / une régression / plus élevé, il n'aurait pas
(D) refuser / modeste / un progrès / plus élevé, il n'aurait pas
(E) dénoncer / élevé / un progrès / moins modeste, il aurait

Question 64. Selon les violentes affirmations du critique, le talentueux jazzman Arthur Daroux (…) et ses performances devant un auditoire sont (…) que celles en studio ; c'est pourquoi le critique (…) enregistrer Daroux lorsqu'il joue en public. (…) la société de disques à enregistrer Arthur Daroux pendant sa prestation au festival de jazz d'Avignon.

(A) n'exprime pas sa virtuosité lorsqu'on l'enregistre en studio / bien meilleures / recommande de ne pas / Contrairement à cette recommandation, on s'est résolu dans
(B) n'est pas au mieux de sa forme lorsqu'il est enregistré en studio / infiniment plus réussies / recommande vivement d' / C'est cette recommandation qui a conduit
(C) ne joue pas très bien en concert / bien plus réussies / recommande vivement d' / Cette recommandation a conduit
(D) n'exploite pas ses qualités musicales en concert / moins bonnes / ne recommande pas d' / Suivant cette recommandation, on s'est résolu dans
(E) n'est pas arrivé à maturité / moins bonnes / incite les passionnés de musique à / Ceci conduit

Question 65. Sur les marchés financiers, si vos actions baissent, vous vous demanderez si vous devez vendre avec une perte ou bien attendre une remontée. C'est dans ce type de situation que l'on fait la différence entre les investisseurs (…) et les débutants.

(A) curieux
(B) amateurs
(C) chevronnés
(D) passionnés
(E) attentifs

Questions 66 à 70 : choisissez la reformulation dont le sens se rapproche le plus du (des) passage(s) souligné(s).

Question 66. L'Union européenne ne sera ni forte ni même efficace tant qu'elle ne disposera pas d'une véritable autorité nantie d'une légitimité démocratique et capable de transcender les intérêts nationaux des Etats membres.

(A) Aussi longtemps qu'elle ne reposera pas sur des décisions prises de façon démocratique qui lui permettent de dépasser les intérêts nationaux des Etats membres, l'Union européenne sera privée de force et d'efficacité.

(B) Le manque de force et d'efficacité de l'UE sera tellement grand qu'elle n'aura pas cette autorité fondée sur la démocratie, suffisante pour dépasser les intérêts nationaux des Etats membres.

(C) Dans la mesure où l'Union européenne disposera d'une législation démocratique, elle obtiendra un pouvoir fort capable de neutraliser les égoïsmes nationaux des Etats-membres.

(D) L'Union européenne n'aura ni force ni efficacité, tandis qu'avec une légitimité démocratique, elle sera capable de dépasser les intérêts nationaux.

(E) L'Union européenne n'aura ni force ni efficacité. En revanche, avec une légitimité démocratique renforcée, elle pourra toujours défendre ses propres intérêts.

Question 67. A Téhéran, les influences religieuses préislamiques ont provoqué la dissension théologique et le messianisme révolutionnaire.

(A)	les inspirations religieuses	distension
(B)	les contrepoids religieux	zizanie
(C)	les pressions exercées par les religions	guerre
(D)	l'emprise des religions	dissuasion
(E)	les forces religieuses	discorde

Question 68. Aujourd'hui, le niveau de bonheur d'un pays se calcule à l'aune du taux de croissance de son produit intérieur brut.

(A) à l'éclairage du

(B) grâce au

(C) *via* le

(D) en mesurant le

(E) par le biais du

Question 69. Lamartine était écrivain, poète et historien en même temps qu'un homme politique de premier plan. Cet auteur productif a laissé derrière lui une œuvre exceptionnelle.

(A) généreux
(B) très doué
(C) pullulant
(D) prolifique
(E) efficace

Question 70. Partout dans le monde, violences urbaines, déficit de confiance envers les institutions politiques, course sans frein à l'enrichissement perpétuel et démesuré : nos sociétés s'effritent.

(A) se désintègrent
(B) se sensibilisent
(C) se désagrègent
(D) pérorent
(E) se gâtent

Question 71. Parmi les cinq phrases suivantes, quelle est celle dont l'orthographe n'est pas correcte ?

(A) Cette année, les pantalons mi-long seront à la mode.
(B) Combien de films franco-américains ont été produits depuis 1989 ?
(C) Il y a tellement de valises jaunes sur ce tapis roulant que je ne sais plus quelle est la mienne.
(D) La proportion de garçons sourds-muets en France n'a de cesse que de croître.
(E) Les Etats-Unis ont délivré près de mille laissez-passer à leurs ressortissants en 2005.

Question 72. Parmi les propositions suivantes, laquelle est fausse d'un point de vue grammatical ?

(A) Je ne veux pas que tu le lui dises quand tu iras le voir.
(B) Il regrette que je fusse parti sans attendre.
(C) L'enfant hurle pour qu'on le laisse tranquille.
(D) Je ne pense pas qu'il ait déjà fini le déjeuner.
(E) Je souhaite qu'il vienne avec moi.

Question 73. Combien y a-t-il de fautes d'orthographes et / ou de grammaire dans le texte qui suit ?

« Avec aggressivité, Sony est bien décider à faire évoluer la culture maison. Il y a cinq ans, le PDG du groupe demandait à ses troupes de recruter les meilleurs, et ce, quelque soit leurs prix. Des cadres étrangers ont été débauchés en conséquance, au sein de grandes multinationales. Ces derniers commencent aujourd'hui à irriguer les strates supérieures du management.»

(A) 1

(B) 2

(C) 3

(D) 4

(E) 5

Question 74. Parmi les propositions suivantes, quelle est l'expression qui résume le mieux le texte ci-dessous extrait de la poésie *Le Spleen de Paris* de Charles BAUDELAIRE ?

« Celui qui regarde du dehors à travers une fenêtre ouverte ne voit jamais autant de choses que celui qui regarde une fenêtre fermée. Il n'est pas d'objet plus profond, plus mystérieux, plus fécond, plus ténébreux, plus éblouissant qu'une fenêtre éclairée d'une chandelle. Ce qu'on peut voir au soleil est toujours moins intéressant que ce qui se passe derrière une vitre. Dans ce trou noir ou lumineux vit la vie, souffre la vie. »

(A) L'ombre et la lumière

(B) La puissance de l'imagination

(C) La vérité cachée

(D) Le mystère des ténèbres

(E) La promesse de l'aube

Question 75. Parmi les quatre propositions suivantes, laquelle suit l'extrait tiré de l'œuvre d'André GIDE ?

« Nathanaël, je te parlerai des attentes. J'ai vu la plaine, pendant l'été, attendre ; attendre un peu de pluie. La poussière des routes était devenue trop légère et chaque souffle la soulevait. Ce n'était même plus un désir ; c'était une appréhension. La terre se gerçait de sécheresse comme pour plus d'accueil de l'eau. Les parfums des fleurs de la lande devenaient presque intolérables. Sous le soleil tout se pâmait »

(A) Il y avait dans ce temps-là de grands hivers, de brûlants étés. J'ai connu, depuis, des étés dont la couleur, si je ferme les yeux, est celle de la terre ocreuse, fendillée entre les tiges du blé et sous la géante ombelle du panais sauvage, celle de la mer grise ou bleue.

(B) « Trop beau », pensait Fabien. Il errait parmi les étoiles accumulées avec la densité d'un trésor, dans un monde où rien d'autre, absolument rien d'autre que lui, Fabien, et son camarade, n'était vivant.

(C) Dans ce pays, il n'y a pas de soleil, et pas de nuit. Le ciel brûle toujours, agitant ses flammes comme des draps, et le sol luit de toutes ses parcelles de mica, de tous ses cristaux de soufre. De loin en loin, tu aperçois des troncs d'arbre calcinés ; leurs branches sont noires, tordues.

(D) Nous allions chaque après-midi nous reposer sous la terrasse, abrités un peu de l'extraordinaire éclat du jour. C'était le temps où les arbres à cônes, chargés de pollen, agitent aisément leurs branches pour répandre au loin leur fécondation. Le ciel s'était chargé d'orage et toute la nature attendait.

(E) Mais à l'instant même où je rejoignais ma chambre, je tressaillis, attentif à ce qui se passait d'extraordinaire en moi. Un plaisir délicieux m'avait envahi, isolé, sans la notion de sa cause. Il m'avait aussitôt rendu les vicissitudes de la vie indifférentes, ses désastres inoffensifs, sa brièveté illusoire, de la même façon qu'opère l'amour, en me remplissant d'une essence précieuse : ou plutôt cette essence n'était pas en moi, elle était moi. J'avais cessé de me sentir médiocre, contingent, mortel.

Si vous avez terminé, vous n'êtes pas autorisé(e) à revenir sur une épreuve précédente.
Vous n'êtes pas non plus autorisé(e) à travailler sur une épreuve suivante avant la fin du temps imparti.

STOP !

TEST BLANC TAGE MAGE 4

SOUS-TEST 6 : LOGIQUE

15 questions / 20 minutes / Calculatrice interdite
Réponse juste : + 4 points / Réponse fausse : – 1 point
Aucune réponse : 0 point

Question 76.

	PIJ			
	LRS			
	ZVW			
PAC	?	RIS	SEL	TIG
	BTU			

(A) QTJ (B) QNO (C) OPQ (D) ILO (E) XST

Question 77.

	33			
85	?	170	34	102
	24			
	15			
	42			

(A) 119 (B) 13 (C) 68 (D) 51 (E) 60

****
****

Question 78.

SK				
HP				
CF				
ZY				
?	RO	FB	PK	SM

(A) TR (B) PN (C) OA (D) NQ (E) JW

Question 79.

			81	
			72	
41	82	12	**?**	36
			53	
			45	

(A) 21 (B) 64 (C) 24 (D) 65 (E) 48

Question 80.

				STZ
				XYB
YML	HRQ	EIH	DUT	**?**
				TUC
				GHA

(A) ABC (B) IOU (C) MNM (D) VHG (E) TLM

****
****

Question 81.

693

217

297 483 ? 261 650

108

940

(A) 675 (B) 465 (C) 839 (D) 615 (E) 475

Question 82.

88

286

725 379 ? 710 876

22

803

(A) 737 (B) 374 (C) 474 (D) 777 (E) 789

Question 83.

IJ

SN

UL

CW JO ? QH RU

VO

(A) AT (B) DX (C) ZE (D) HA (E) CB

Question 84.

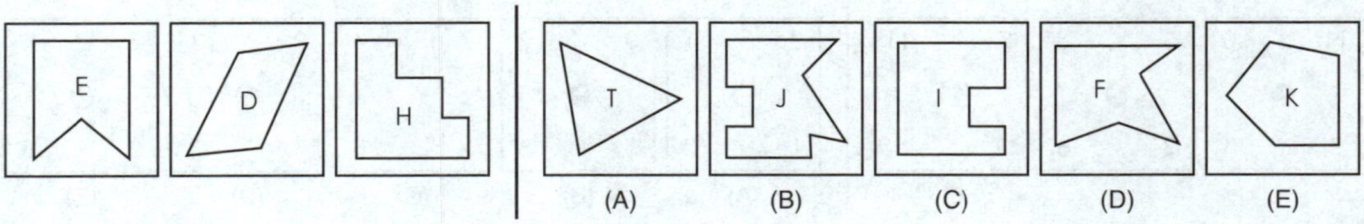

Question 85.

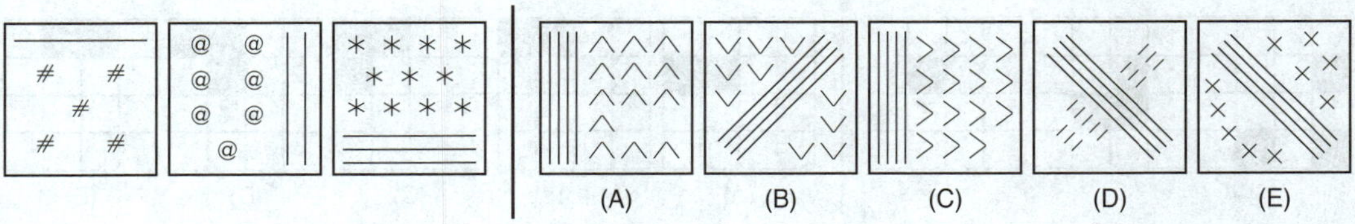

Question 86.

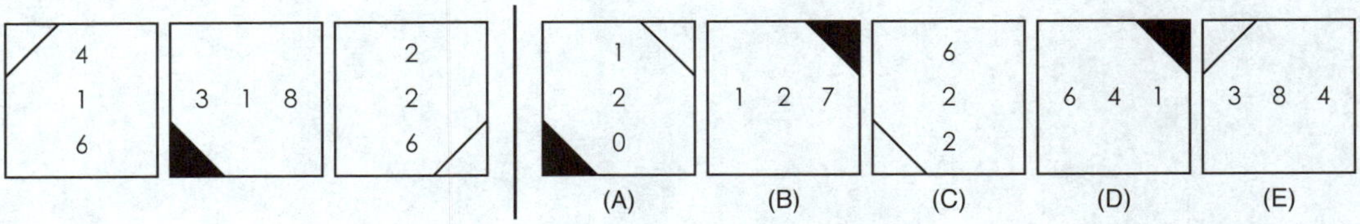

Question 87.

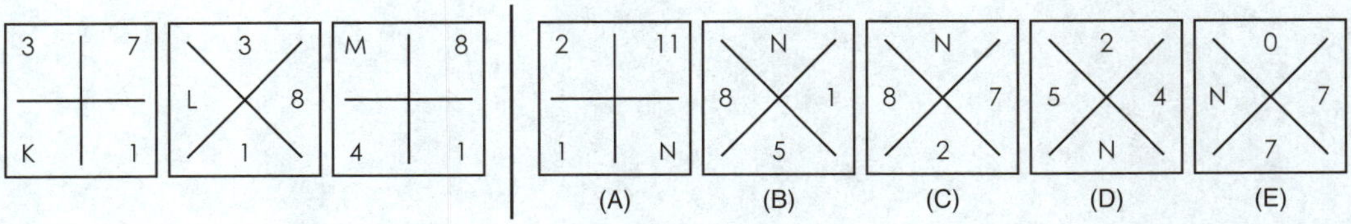

Question 88.

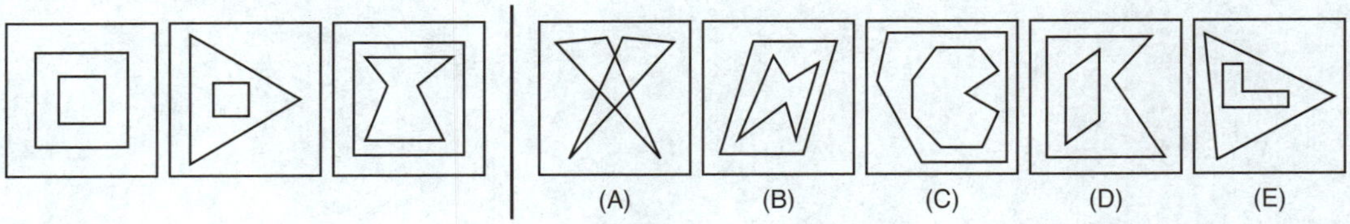

****
****

Question 89.

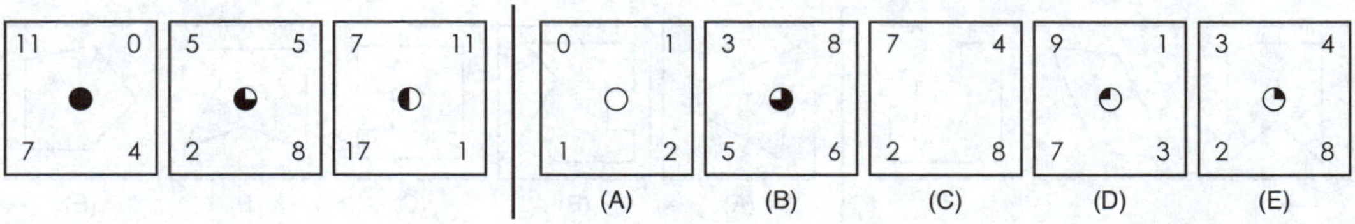

Question 90.

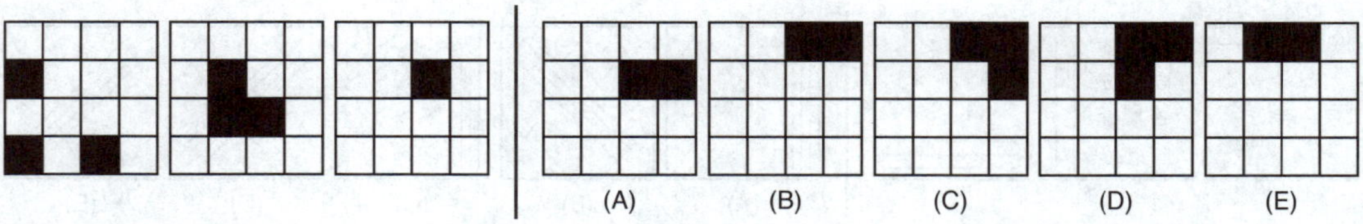

TEST TAGE MAGE 4 : VOTRE GRILLE DE REPONSES JUSTES

Sous-test 1 — Compréhension de textes

Question	Réponse
1	D
2	D
3	E
4	E
5	D
6	C
7	B
8	A
9	D
10	D
11	E
12	C
13	D
14	C
15	C

Sous-test 2 — Calcul

Question	Réponse
16	D
17	B
18	E
19	D
20	B
21	B
22	E
23	C
24	B
25	C
26	C
27	A
28	C
29	E
30	D

Sous-test 3 — Raisonnement/Argumentation

Question	Réponse
31	A
32	E
33	A
34	B
35	E
36	C
37	C
38	B
39	D
40	A
41	D
42	E
43	B
44	C
45	A

Sous-test 4 — Conditions minimales

Question	Réponse
46	C
47	A
48	E
49	B
50	C
51	E
52	E
53	D
54	C
55	B
56	C
57	C
58	C
59	C
60	E

Sous-test 5 — Expression

Question	Réponse
61	E
62	C
63	D
64	B
65	C
66	A
67	E
68	D
69	D
70	C
71	A
72	B
73	E
74	B
75	D

Sous-test 6 — Logique

Question	Réponse
76	B
77	D
78	D
79	D
80	C
81	E
82	A
83	B
84	D
85	A
86	D
87	B
88	E
89	D
90	C

CORRIGES

SOUS-TEST 1 : COMPREHENSION DE TEXTES

4

Question 1. Réponse D

La réponse est explicite : « localiser la source du pouvoir au niveau le plus proche de ses effets pratiques ».

Question 2. Réponse D

1 et 2 sont justes : « la gouvernance pyramidale oblige à formaliser les fonctionnements et leurs contrôles, ce qui est très coûteux » et « il est rare que le dirigeant soit encore le propriétaire de ces sociétés ».

Question 3. Réponse E

A est faux car le texte démontre justement le contraire. B est faux aussi car le fait que les fonctionnements et les contrôles soient formalisés ne rend pas l'entreprise plus sûre mais son fonctionnement plus coûteux (début 3e paragraphe). C'est la subsidiarité qui était le mode de fonctionnement à l'époque de Thomas d'Acquin (donc pas réponse C). Rien, dans le texte n'indique que l'on peut qualifier le rationalisme technocratique de philosophie (donc pas réponse D), mais c'est ce même rationalisme technocratique qui, pensant que les niveaux proches des conséquences d'une décision n'ont pas assez de recul pour prendre les bonnes décisions, a détrôné l'organisation en cité qui prévalait pour la remplacer par l'organisation pyramidale. La bonne réponse est donc la E.

Question 4. Réponse E

La réponse est explicite : « faire remonter à un niveau plus large que les décisions qui ne peuvent être prises localement ».

Question 5. Réponse D

La réponse est explicite : « La subsidiarité était longtemps la norme en Europe ».

Question 6. Réponse C

La reprise de l'économie américaine est mentionnée : « l'économie américaine, *"gavée de nouvelles dettes, est repartie de plus belle"* », la réponse 3 est donc juste. Mais 1 est faux : « Le trou dans les finances publiques a continué à se creuser », ainsi que 2 : « Si le dollar était d'abord et seulement la monnaie des Etats-Unis, *« cette création monétaire et ces déficits se seraient soldés par une hyperinflation aux Etats-Unis* », mais le dollar est la monnaie mondiale.

Question 7. Réponse B

La famine a touché l'Afrique du nord : « semé la faim en Afrique du Nord ».

Question 8. Réponse A

Les trois propositions sont exactes : « le billet vert est la devise mondiale », « il domine aussi les marchés de matières premières », « les *"robinets percés"* de la Fed ont poussé le baril de pétrole à plus de 100 dollars, fait bondir le prix des céréales, semé la faim en Afrique du Nord, déclenché des spirales inflationnistes en Inde et au Brésil, propulsé l'euro à des niveaux insoutenables pour les industriels européens… ».

Question 9. Réponse D

Il faut procéder par élimination.

Le terme très précis de « banqueroute » n'est pas utilisé dans ce texte (d'ailleurs un Etat peut-il faire banqueroute ?), ce qui élimine la réponse B.

Les réponses C et E qui louent l'attitude des Etats-Unis ne correspondent absolument pas au ton de ce texte, très critique envers ce pays.

La réponse A n'est pas fausse mais, par rapport à la réponse D, elle paraît trop vague.

Le choix doit donc se porter sur D, plus précis puisqu'il parle du dollar (billet vert) et plus complet puisqu'il utilise l'expression « la loi du… » qui correspond bien au phénomène décrit dans le texte.

Question 10. Réponse D

Aucune réponse n'est totalement satisfaisante ; il faut donc éliminer celles qui comportent des erreurs : B (les spirales inflationnistes se sont déjà produites) et C (cela fait longtemps que la Chine investit dans la dette américaine).

La réponse E n'est pas le scénario envisagé par l'auteur, c'est plutôt un vœu pieux.

Il n'est marqué nulle part que la Chine va devenir la première puissance mondiale, cela élimine la réponse A.

Reste donc la réponse D : « Et si la Chine, principale créancière des Etats-Unis, cessait d'investir dans la dette américaine, laissant le dollar s'effondrer et Washington s'enfoncer dans une crise financière aux répercussions planétaires ? C'est le scénario qu'imagine l'auteur, dans un avenir plus proche qu'on ne l'imagine ».

Question 11. Réponse E

La question mélange le nombre d'heures travaillées par an et l'âge moyen de départ à la retraite, or le texte ne fournit pas assez de données pour qu'une réponse soit possible.

Question 12. Réponse C

Le texte est explicite : « *seuls deux impôts semblent avoir un effet négatif significatif sur la situation du marché du travail : les charges sociales des employeurs et le taux marginal d'impôt sur le revenu* ».

Question 13. Réponse D

1 et 2 sont exactes : « La performance allemande est à chercher ailleurs : dans son effort d'innovation et dans le taux d'épargne plus élevé de ses ménages et de ses entreprises. »
L'ensemble du texte prouve que la productivité des salariés allemands n'est pas meilleure : « Les Allemands travaillent beaucoup moins, et pas plus intensément que les Latins (dont la productivité est globalement comparable à celle de leurs collègues d'outre-Rhin) ».

Question 14. Réponse C

La proposition 1 est exacte : « Les Allemands, insiste-t-il, travaillent beaucoup moins, et pas plus intensément que les Latins ».

La proposition 4 l'est aussi : « pas plus intensément que les Latins dont la productivité est globalement comparable à celle de leurs collègues d'outre-Rhin ».

Ainsi que la proposition 5 : « l'âge effectif moyen de départ à la retraite est quasiment le même en Allemagne (62,2 ans) qu'en Espagne (61,5), au Portugal (62,6) ou en Grèce (61,5).

Question 15. Réponse C

La réponse D doit être éliminée puisque le coût du travail est bien la principale cause des écarts de compétitivité.

L'expression « dumping social » n'est pas employée dans ce texte, ce qui élimine la réponse B.

Les partenaires sociaux n'ont surtout pas prononcé l'expression « TVA sociale » ; la réponse D est donc fausse.

Les réponses A et C sont toutes les deux exactes, mais la réponse C est plus détaillée. Elle apporte des nuances présentes dans le texte : « contrairement aux idées reçues » et évoque les investissements.

SOUS-TEST 2 : CALCUL

Question 16. **Réponse D**

Pour bien interpréter l'énoncé, nous vous conseillons de représenter un maximum d'informations sur un axe :

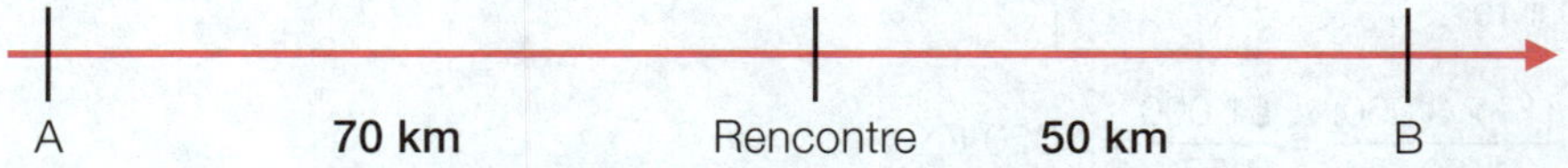

Ce qu'il faut bien comprendre ici, c'est que les deux cyclistes mettent le même temps pour arriver jusqu'au point de rencontre (ils sont en effet partis au même moment !).

Il suffit donc d'écrire que $T_1 = T_2$, soit : $\frac{D_1}{V_1} = \frac{D_2}{V_2}$, soit encore $\frac{50}{V_1} = \frac{70}{V_2}$ et de conclure que $V_2 = \frac{70}{50} \times V_1 = \frac{7}{5} \times V_1 = \mathbf{1{,}4 \times V_1}$.

On aurait pu tout aussi bien appliquer une règle de trois :

	Distance parcourue	Vitesse
Cycliste 1	50 km	V_1
Cycliste 2	70 km	V_2

Soit : $V_2 = \frac{70}{50} \times V_1 = \frac{7}{5} \times V_1 = \mathbf{1{,}4 \times V_1}$.

Question 17. **Réponse B**

La bonne réponse est la B. Il s'agit d'une question idéale pour tester le raisonnement par dichotomie, en testant les réponses, même si un bon vieux système d'équations est tout aussi efficace.

Testons les solutions et commençons par tester la réponse C. Si Alexandre a 22 ans, c'est que l'aînée de ses sœurs en a 20, ce pour que la moyenne de leurs âges $\left(\frac{(22 + 20)}{2}\right)$, soit égale à 21 ans. Alors la cadette aurait 20 – 6 = 14 ans. Mais la moyenne des âges des deux sœurs serait de $\frac{(14 + 20)}{2} = 17$ ans, ce qui est trop jeune.

La question est alors de savoir si Alexandre doit être plus vieux ou plus jeune. S'il était plus vieux, alors la sœur aînée serait plus jeune (pour conserver la moyenne à 21 ans) et par conséquent sa cadette le serait aussi (elles ont toujours 6 ans d'écart), ce qui aurait pour conséquence de faire diminuer la moyenne de leurs âges, déjà trop basse ! Mécaniquement, on en déduit qu'Alexandre doit être plus jeune et on élimine les réponses C, D et E.

Il ne nous reste plus qu'à tester une des réponses A ou B. Prenons par exemple la B : si Alexandre a 21 ans, c'est que l'aînée de ses sœurs en a 21 pour que la moyenne de leurs âges soit égale à 21 ans. Alors la cadette aurait 21 – 6 = 15 ans et la moyenne des âges des deux sœurs serait de $\frac{(15 + 21)}{2} = 18$ ans, ce qui correspond bien à ce que dit l'énoncé.

Question 18. Réponse E

Il s'agit ici de deux règles de trois successives un peu pénibles à poser mais vous devez vous habituer à poser vos multiplications et vos divisions.

Une tonne et demie = 1 500 kg = 3 000 livres

50 livres	17 €
3 000 livres	X

Soit $X = \frac{(17 \times 3\,000)}{50} = \frac{51\,000}{50} = 1020$ €

0,85 €	100 ¥
1020 €	X

Soit $X = \frac{(1\,020 \times 100)}{0{,}85} = \frac{102\,000}{0{,}85} = 120\,000$ ¥.

Question 19. Réponse D

Question classique de Vitesse/Temps/Distance où nous vous rappelons qu'il va nous falloir toutes les vitesses et distances pour trouver la durée du parcours.

Le train va parcourir 260 km à 130 km/h puis 520 km à 100 km/h. On a alors :

(1) $T1 = \frac{260}{130} = 2$ h

(2) $T2 = \frac{520}{100} = 5{,}2$ h = 5 h 12 min

Au total le train mettra donc 7 h 12 pour parcourir le trajet. Partant à 22 h, il arrivera donc à **5 h 12**.

Question 20. Réponse B

Traduisons les données de l'énoncé en notant X le nombre de billets de 5 € et Y le nombre de billets de 10 € :

(1) $X + Y = 30$ (2) $5X + 10Y = 215$

En divisant les membres de la seconde équation par 5, on obtient :

(1) $X + Y = 30$ (2) $X + 2Y = 43$

Puis, en retranchant membre à membre la première équation à la seconde, on trouve : $X + 2Y - X - Y = 43 - 30$, soit **Y = 13.**

Donc Charles possède 13 billets de 10 €.

Une autre méthode de résolution faisant appel au ***backsolving*** permettait d'arriver vite à la même réponse. En effet, en testant la C, on comprenait que Charles disposait d'une somme trop importante (220 €) et qu'il lui fallait alors moins d'argent. Pour ce faire, il devait échanger un billet de 10 € (le nombre de billets de 10 € passant alors de 14 à 13) au profit d'un billet de 5 € (le nombre de billets de 5 € passant alors de 16 à 17), perdant au passage 5 €... L'amenant par conséquent tout naturellement à détenir une somme totale de **215 €** et non plus de 220 €.

Question 21. **Réponse B**

<u>Méthode 1</u>

En notant N le nombre d'élèves et S la somme requise, on a, d'après l'énoncé :

(1) $N \times 14 = S - 4$ (2) $N \times 16 = S + 6$

En retranchant membre à membre l'équation (1) à l'équation (2) on trouve :

$N \times 16 - N \times 14 = S + 6 - (S - 4)$

Soit après calcul : $2 \times N = 10$, soit $N = 5$.

Conclusion : il y a 5 élèves dans le groupe.

<u>Méthode 2</u>

Cette seconde méthode a le mérite de nous éviter de poser des calculs car tout est faisable de tête. L'énoncé nous dit en fait qu'en donnant 2 € de plus chacun (16 € au lieu de 14 €), les élèves récoltent 10 € en plus (avant il manquait 4 €, maintenant il y a 6 € en trop donc la différence est de 6 – (–4) = 10 €). L'équation est à résoudre est donc : $2 \times N = 10$ soit $N = 5$.

Question 22. **Réponse E**

<u>Méthode 1 : *Backsolving*</u>

Comme préconisé dans la méthode, testons la réponse C. S'ils se croisent à 200 km de la ville de Paul, alors c'est que ce point de rencontre se situe à 450 – 200 = 250 km de celle de Virginie.

On peut alors calculer leurs consommations d'essence respectives CP et CV :

$$CP = \frac{9}{100} \times 200 = 18 \text{ L}$$

$$CV = \frac{\S}{100} \times 250 = 6 \times 2{,}5 = 15 \text{ L}$$

Leur consommation n'étant pas la même, C n'est pas la bonne réponse. En revanche, vous aurez noté que l'on peut déterminer s'il faut que la distance de la ville de Paul soit plus ou moins importante : si elle l'était plus, alors Paul roulerait encore plus et Virginie moins, ce qui se répercuterait sur leurs consommations qui s'éloigneraient encore un peu plus. La réponse doit donc être supérieure à 200 km, et vous pouvez éliminer les réponses A et B. En testant la D, avec un calcul similaire on trouve :

$$CP = \frac{9}{100} \times 190 = 17{,}1 \text{ L et } CV = \frac{6}{100} \times 260 = 15{,}6 \text{ L}$$

On se rapproche, mais ce n'est toujours pas ça ! Nous vous laissons le soin de vérifier (ce que vous ne ferez pas le jour de l'épreuve) que la réponse E est la bonne !

Méthode 2 : Un système d'équations

En notant P la distance séparant le village de Paul de la destination et V la distance séparant le village de Virginie de cette même destination, l'énoncé permet d'écrire les équations suivantes :

(1) $P + V = 450$ car leurs villages sont distants de 450 km

(2) $\frac{6}{100} \times V = \frac{9}{100} \times P$ car ils consomment la même quantité d'essence pour s'y rendre.

Soit, après calculs :

(1) $P + V = 450$

(2) $V = \frac{9}{6} \times P = \frac{3}{2} \times P$

En remplaçant alors V par sa valeur en fonction de P dans l'équation (1) :

(1) $\frac{3}{2} \times P + \frac{2}{2} \times P = 450$, soit encore : $P = \frac{(2 \times 450)}{5} = 2 \times 90 = 180$ km

Méthode 3 : le barycentre

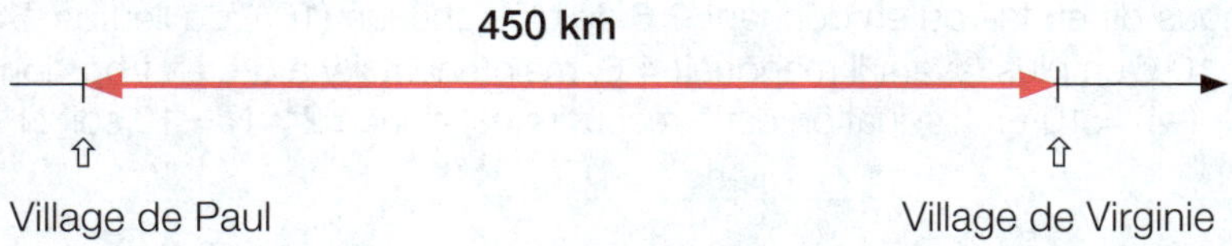

Sachant que la voiture de Paul est plus gourmande en essence que celle de Virginie et que chacun consomme la même quantité d'essence pour arriver au village, c'est donc naturellement que Virginie aura roulé plus que Paul et donc que le barycentre penchera davantage vers le village de Paul que vers celui de Virginie.

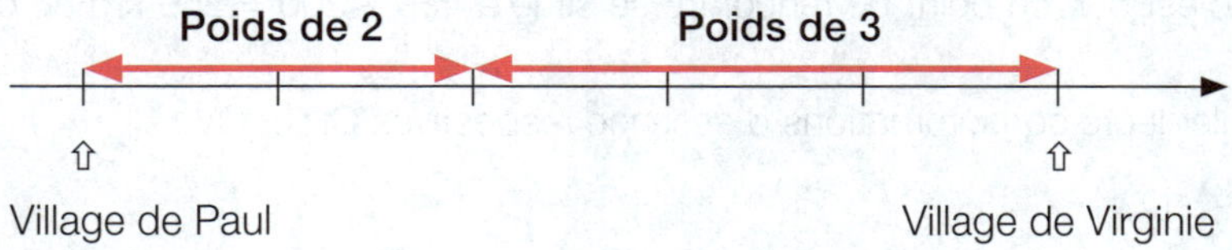

La voiture de Paul étant $\frac{9}{6} = \frac{3}{2}$ fois plus gourmande que celle de Virginie, on peut traduire cela en disant que sur un poids total de 5 (3 + 2), Paul pèse 3 et Virginie 2. Ainsi, en segmentant l'axe en 5 parties de 90 km, on trouve la position du barycentre qui se situe à 2 segments du village de Paul, soit $90 \times 2 = 180$ km.

Question 23. **Réponse C**

Nous vous invitons à bien revoir la différence entre un chiffre (entre 0 et 9) et un nombre (tous les entiers) si vous voulez que ce genre de questions ne soit plus un casse-tête.

Il vous suffit ici de classer les nombres de 1 à 100 en trois familles :

(1) Ceux qui n'ont qu'un seul chiffre : 1, 2… 9 ;

(2) Ceux qui ont deux chiffres : 10, 11… 99 ;

(3) Celui qui a trois chiffres : 100.

Il ne vous reste alors plus qu'à compter le nombre d'éléments qu'il y a dans chacune des familles :

(1) **9** nombres à 1 chiffre ;

(2) 90 nombres à 2 chiffres ;

(3) 1 nombre à **3** chiffres.

Notez bien que la méthode la plus rapide pour trouver combien il y a de nombres à 3 chiffres est de se dire qu'il y a 100 nombres entre 1 et 100 dont 9 à 1 chiffre et 1 à 3 chiffres. Il reste alors 100 – 9 – 1 = 90 nombres à 2 chiffres.

En conclusion : on a écrit **9 × 1** + **90 × 2** + **1 × 3** = 9 + 180 + 3 = **192 chiffres sur la feuille.**

Une remarque importante : il y a B – A + 1 nombres entre A et B (A et B inclus).

Exemple : entre 3 et 12 il y a 12 – 3 + 1 = **10 nombres** (3, 4, 5, 6, 7, 8, 9, 10, 11 et 12)… pas 9 !

Question 24. Réponse B

Comment composer une somme égale à 10 avec 3 dés ? Il faut avoir les tirages suivants : {6 ; 3 ; 1}, {6 ; 2 ; 2}, {5 ; 4 ; 1}, {5 ; 3 ; 2}, {4 ; 3 ; 3}, {4 ; 4 ; 2}. Attention, l'ordre ici n'a aucune importance, puisque les dés ne sont pas discernables. Il y a donc 6 façons d'avoir une somme égale à 10.

Question 25. Réponse C

Voici une question de calcul qui porte bien son nom dans le sens où nous allons être confrontés à un beau système d'équations avec de bien jolis nombres à virgule. Traduisons donc l'énoncé en notant N le prix du kilo de navets et T le prix du kilo de tomates :

(1) $2 \times T + 7 \times N = 7{,}95$

(2) $2{,}5 \times T + 1{,}5 \times N = 3{,}92$

On a donc :

(1) $N = \dfrac{7{,}95 - 2T}{7}$

(2) $2{,}5 \times T + 1{,}5 \times \dfrac{7{,}95 - 2T}{7} = 3{,}92$

Nous vous conseillons de faire les choses étape par étape pour ne pas faire d'erreur dans ce calcul. Commençons donc par ne conserver que l'équation (2), puisqu'on ne cherche que T et pas N, et mettons-y tout le monde au même dénominateur dans le membre de gauche :

$$\frac{7 \times 2{,}5 \times T + 1{,}5 \times 7{,}95 - 3 \times T}{7} = 3{,}92$$

Multiplions toute l'équation par 700 (= 7 × 100) pour se séparer à la fois des virgules et des fractions : $100 \times (7 \times 2{,}5 \times T + 1{,}5 \times 7{,}95 - 3 \times T) = 7 \times 392$

CORRIGÉS TEST BLANC 4

Développons et passons tous les T du même côté :

$700 \times 2{,}5 \times T - 300 \times T = 7 \times 392 - 1{,}5 \times 795$

Soit en factorisant par T dans le membre de gauche :

$(700 \times 2{,}5 - 300) \times T = 7 \times 392 - 1{,}5 \times 795$

Soit après calculs : $1\,450 \times T = 7 \times 392 - 1{,}5 \times 795$

Et en divisant par 1 450 on trouve : $T = \dfrac{7 \times 392 - 1{,}5 \times 795}{1\,450}$

C'est l'occasion pour nous de vous rappeler certaines techniques de calcul mental :

– Pour multiplier un nombre N par un chiffre C dont on connaît la table de multiplication, il faut ajouter P (positif ou négatif) à N afin de « tomber » sur un multiple de 10, 100, 1 000, etc., faire la multiplication puis soustraire C × P. Pour illustrer avec N = 392 et C = 7, il faut ici ajouter P = 8 à 392 pour obtenir 400. On a donc 7 × 400 = 2 800, auquel vous devez soustraire C × P = 7 × 8 = 56.

Donc 7 × 392 = 2 800 – 56 = 2 744.

– Pour multiplier un nombre par 1,5, il suffit de lui ajouter sa moitié. On a donc ici 1,5 × 795 = 795 + 347,5 = 1 192,5.

Finalement, on trouve que :

$$T = \frac{2\,744 - 1\,192{,}5}{1\,450} = \frac{1\,551{,}5}{1\,450} = \frac{15\,515}{14\,500} = 1 + \frac{1\,015}{14\,500} = 1 + \frac{7}{100} = 1{,}07$$

On est tous d'accord : cette question est un cauchemar. Si vous avez une autre méthode, je suis preneur :-)

Question 26. **Réponse C**

En notant X la valeur du plus petit des deux nombres et Y la valeur du plus grand, l'énoncé nous dit que :

(1) $Y - X = 42$ (2) $X + 8 = 4\,(Y + 8)$ **ou** $Y + 8 = 4\,(X + 8)$

En théorie on aurait donc 2 systèmes de 2 équations et 2 inconnues. Mais, en réfléchissant un petit peu, on élimine déjà rapidement une des deux possibilités. En effet, si Y est au moins égal à 40, alors en lui ajoutant 8 cela donnerait 48 et 4 × 48 = 192 ce qui est beaucoup trop grand pour être X + 8, sachant que X doit être plus petit que Y ! Tout ça pour dire que l'équation (2) est forcément $Y + 8 = 4\,(X + 8)$.

A partir de là, il suffit de remplacer X par Y – 42 dans l'équation (2) :

(1) $Y - X = 42$ (2) $Y + 8 = 4(Y - 42 + 8)$

Soit en ne conservant que l'équation (2) et en y mettant tous les Y du même côté :

$8 + 4 \times 34 = 4Y - Y \Leftrightarrow 3Y = 144 \Leftrightarrow$ $\mathbf{Y = 48.}$

Notez que la technique du *backsolving* fonctionnait très bien ici.

Question 27. **Réponse A**

Si X ▲ Y = XY – YX, alors (2 ▲ 3)/(3 ▲ 2) = $\frac{2^3 - 3^2}{3^2 - 2^3} = \frac{8-9}{9-8} = -1$

Question 28. **Réponse C**

Nous nous permettons de souligner l'importance d'une lecture lente de l'énoncé tout en traduisant les données qui y sont présentes : toute la résolution de cette question repose là-dessus. Ici on demande de trouver la moitié du carré de la somme des chiffres du volume du cube. Il va donc nous falloir trouver la longueur d'un de ses côtés.

1. Si la surface totale d'un cube (qui a 6 faces) est de 294 cm^2, c'est que chaque face a une surface de $\frac{294}{6}$ = **49 cm^2.**
2. Chaque face d'un cube étant un carré, si sa surface est de 49 cm^2 c'est que chaque côté du cube mesure **7 cm.**
3. Si chaque côté du cube mesure 7 cm, c'est que son volume est de 73 = **343 cm^3.**

On a donc trouvé un volume de 343 cm^3, et il ne nous reste plus qu'à :
– sommer les chiffres de 343, soit : 3 + 4 + 3 = 10 ;
– élever cette somme au carré : 102 = 100 ;
– calculer la moitié de ce carré : $\frac{100}{2}$ = **50.**

Question 29. **Réponse E**

Sous couvert de consommation d'essence, on est ici face à une simple question de pourcentages du type : « Si A représente … % de B, alors que représente B en fonction de A ? »

En effet, si une voiture à essence consomme 60 % de carburant en plus par rapport à son modèle mixte, alors on obtient, en notant E et M les consommations respectives des modèles essence et mixte :

E = M + 60 % M soit E = 160 % M, soit encore $E = \left(\frac{160}{100}\right) \times M$.

Arrivés là, il ne vous reste plus qu'à inverser l'équation :

$M = \left(\frac{160}{100}\right) \times E = \left(\frac{5}{8}\right) \times E = 62{,}5\ \% \times E$ car vous savez que $\frac{1}{8} = 12{,}5\ \%$ et que par conséquent $\frac{5}{8} = 5 \times 12{,}5\ \% = 62{,}5\ \%$.

Question 30. **Réponse D**

La principale difficulté de cette question réside dans la conversion des données de l'énoncé. Nous vous conseillons de toujours travailler avec la plus petite unité proposée pour éviter les nombres à virgule. Ici par exemple, on voit que l'on va devoir travailler avec des m^3 et des dm^3. Et bien ce sont les décimètres cubes que l'on va choisir, tout comme l'on choisira toujours les secondes aux dépends des minutes.

Si l'on ouvre les deux robinets en même temps au maximum, alors le débit total D sera : $D = 2 + 2,5 = 4,5\ dm^3/s$.

L'énoncé nous dit que l'on veut remplir une baignoire de 1 000 dm^3 d'eau (attention à la conversion, 1 m = 10 dm mais 1 m^2 = 100 dm^2 et 1 m^3 = 1 000 dm^3). Avec le débit obtenu, on trouve que le temps T recherché vaut :

$$T = \frac{1\,000}{4,5} = \frac{10\,000}{45} = \frac{2\,000}{9} = 222 \text{ secondes} = (3 \times 60 + 42) \text{ secondes} = 3 \text{ min } 42 \text{ s.}$$

SOUS-TEST 3 : RAISONNEMENT – ARGUMENTATION

Question 31. Réponse A

On sait que la cuisinière est mariée au frère de Sandrine et que ce n'est pas Nathalie. Sandrine étant célibataire **ne peut être la cuisinière**.

Michèle est donc la cuisinière de ce restaurant.

La serveuse est une fille unique; or Sandrine a un frère (marié à la cuisinière, qui est Michèle) : Sandrine n'est donc **pas la serveuse**.

Ainsi, si Sandrine n'est ni la cuisinière, ni la serveuse, c'est qu'elle est la patronne.

Comme Michèle est la cuisinière et Sandrine la patronne, alors Nathalie est la serveuse.

Résumons-nous : Michèle : Cuisinière | Sandrine : Patronne | Nathalie : Serveuse.

Question 32. Réponse E

En partant des solutions et en appliquant la technique du « poissard », on élimine les solutions A, B, C et D.

En effet, si je tire 15 boules (réponse D) et que je suis un grand poissard, alors je prends 6 vertes, 5 blanches et 4 bleues. Je ne prends donc pas de boule(s) de couleur(s) jaune(s).

On en déduit que l'on doit tirer **AU MOINS** 16 boules pour **ETRE SÛR** d'avoir des boules de 4 couleurs différentes.

Question 33. Réponse A

Nathalie est assise sur le fauteuil à deux places, alors David est assis à côté d'elle. Samantha, quant à elle, peut s'asseoir sur le fauteuil rouge ou bleu. Or, elle ne s'assoit jamais sur le fauteuil rouge. C'est qu'elle s'assoit donc sur le fauteuil bleu.

CORRIGÉS TEST BLANC 4

Question 34. Réponse B

Lorsque Pierre dit « Hier j'ai menti », on comprend qu'il va falloir détecter les **« Switch »** de type M-V ou V-M.

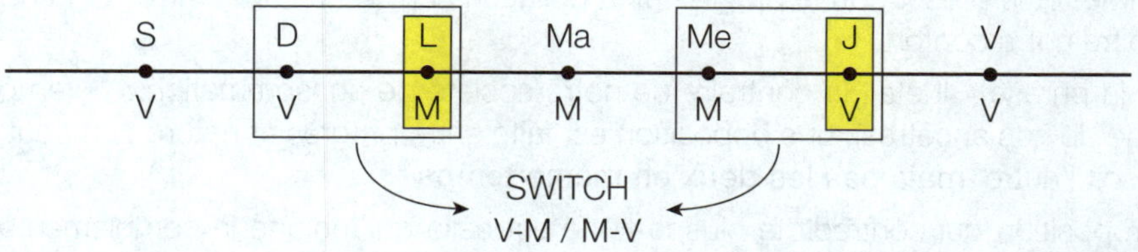

On sait grâce au schéma ci-dessus que nous sommes **ou un lundi ou un jeudi.**

Ensuite, il faut bien voir que « je mentirai encore deux jours après demain » **nous oblige à retenir lundi.** En effet, si cette phrase est prononcée un lundi, jour où je mens, il est normal que « deux jours après demain » soit un jour où je ne mens pas ! Ce qui est bien le cas ici puisque jeudi est un jour où je ne mens pas.

Question 35. Réponse E

Attention au piège des prénoms épicènes ! On ne peut savoir si Claude est une femme ou un homme et l'on ne peut donc conclure sur le produit du nombre de frères d'Hélène pas le nombre de sœurs d'Alain. Ceci étant, nous vous invitons chaudement à refaire la question en remplaçant Claude par Marc ou Sabine par exemple. Cela vous fera un bon entraînement !

Question 36. Réponse C

Le fait que le costume et le pull-over soient toujours disposés l'un à côté de l'autre implique que l'un de ces deux articles est placé au centre. L'article qui se trouve au centre est prune, donc l'écharpe est obligatoirement noire.

Question 37. Réponse C

Aline peut s'être déguisée en potiron car son prénom commence par A. Elle doit donc se déguiser en légume. Les autres réponses ne conviennent pas aux règles imposées dans l'énoncé de la question.

Question 38. Réponse B

Rappel : la négation de « A ou B » est « non A et non B » autrement dit ici : Je ne passerai pas mes vacances d'été en Bulgarie ni en Turquie.

Question 39. Réponse D

Le propos de l'auteur est de remettre en question l'idée que le passé doit être idéalisé. Il introduit une rupture entre le passé où la nature était prédominante et protégée par l'homme, et le présent où le progrès et la pollution sont venus endommager la nature mais accroître notre confort.

Avec la phrase « Il était le contraire de notre société de consommation… » (en parlant du monde de nos ancêtres), une opposition est faite entre progrès et nature ; on peut avoir soit l'un, soit l'autre, **mais pas les deux en même temps**.

La proposition qui contredit le plus le texte est celle qui indique la complémentarité entre progrès et nature.

Question 40. Réponse A

Henri est plus lourd que Paul, lui-même plus lourd que Roger.

On en déduit ainsi **par transitivité** qu'Henri est plus lourd que Roger.

D'après l'énoncé on sait également qu'André n'est pas le jockey le plus léger et que Michel n'est pas le plus lourd. Mais nous n'avons cependant aucune indication sur l'identité des jockeys les plus légers ni sur celle des jockeys les plus lourds.

Question 41. Réponse D

La Williams est en seconde position, donc la voiture en tête de la course est **soit une BMW, soit une Ferrari**.

Le pilote français est en tête de la course et pilote soit une BMW soit une Ferrari. Mais nous savons également que le pilote allemand conduit la BMW. C'est donc le pilote français qui conduit la Ferrari !

Question 42. Réponse E

Vous n'avez pas d'autre choix que d'avoir un dimanche pour 1er février – (ce qui est soit dit en passant un cas rare parce qu'il faut que le 1er février soit un dimanche **ET QUE** l'année soit bissextile !!). En fait, le raisonnement était simple à conduire ici. Il convenait de partir des solutions et de remarquer assez rapidement que l'on n'obtenait 5 dimanches dans le mois que dans le cas où **le dimanche était <u>le premier jour du mois.</u>**

On vous rappelle (ça peut toujours aider) **que dans une année bissextile, le mois de février est composé de 29 jours** (VS 28 quand l'année n'est pas bissextile).

Question 43. Réponse B

Le texte précise bien que la science … *est le **reflet** de la société dans laquelle elle se forme, et en même temps **elle la modèle**…* autrement dit elle la forge.

Question 44. Réponse C

Partons de la phrase prononcée par A. Si A murmure à B : « je suis un vendeur », alors elle ment, et est un donc un mathématicien. Mais un mathématicien dit toujours la vérité. Cette hypothèse conduit donc à une contradiction : elle est écartée.

A murmure donc à B « je suis un mathématicien », ce que B répète à C. B dit donc la vérité à C et est un mathématicien.

Si A dit vrai alors A est un mathématicien également, et C en affirmant le contraire ment et est alors un vendeur (soit 2 mathématiciens et un vendeur).

Si A ment, A est alors un vendeur, et C dit la vérité et est alors un mathématicien (soit 2 mathématiciens et un vendeur au total). Il y a donc deux mathématiciens parmi A, B et C. Réponse C !

Question 45. Réponse A

Etudions les informations une à une.

– La table est soit rectangulaire soit octogonale

– Si elle est verte alors elle est rectangulaire (1). On élimine C

– Elle n'est pas rectangulaire (3). On élimine B et D.

– Il reste A et E

– On sait que Verte ⇒ Rectangle (1)

– On sait que la table n'est pas rectangle (3)

– Verte ⇒ Rectangle ⇔ Pas rectangle ⇒ Pas verte

– On sait aussi que la table est verte ou rouge (2)

– Donc Pas verte ⇒ Rouge

– Elle est donc rouge

– Or si elle est rouge alors elle est octogonale (4)

La table est donc rouge <u>et</u> octogonale.

SOUS-TEST 4 : CONDITIONS MINIMALES

Question 46. Réponse C

{E} : Z s'écrit **C4U** avec C le chiffre des centaines et U le chiffre des unités.

{1} : on trouve par exemple Z = 541 ou Z = 945. Insuffisant !

{2} : on trouve par exemple : Z = 841 ou Z = 843. Insuffisant !

{&} : Z = 844. Et c'est tout !

Question 47. Réponse A

{1} : suffisant ! On trouve le taux d'intérêt qui vaut : $\frac{(416 - 400)}{400} = \frac{16}{400} = \frac{4}{100} = 4\ \%$ et l'on résout l'équation 4 % × K = 400 avec K le capital placé initialement.

{2} : insuffisant.

Question 48. Réponse E

Rappel : vitesse = distance divisée par temps

{1} : **Insuffisant.** Il nous manque le temps qu'a mis John.

{2} : **Insuffisant.** Il nous manque la vitesse de Jacques.

{&} : **Insuffisant. Attention à ne pas répondre trop rapidement la réponse C !** Les deux informations prises en commun ne peuvent pas être comparées. L'information {2} est une équation à deux inconnues : $\frac{D}{T} = 15{,}45$ km/h. Sans la distance parcourue par John, on ne peut connaître son temps et on ne peut pas déterminer qui des deux est le plus rapide.

Question 49. Réponse B

{E} : C + P = 51

{1} : C > P : insuffisant.

{2} : C + P = 3P : combinée avec l'équation de l'énoncé, on trouve par comparaison que 3P = 51 ; P = 17 et C = 34. Suffisant !

Question 50. Réponse C

Les informations (1) et (2) prises seules et séparément ne sont malheureusement d'aucune utilité. En effet, avec l'information (1) on trouve que P est égal à 190 ou encore 380. Et avec l'information (2), on trouve que P est égal à 310 ou encore 620. On garde donc les réponses C et E.

Si on combine à présent les deux informations, on comprend que P doit être à la fois multiple de 19 et de 31, autrement dit de 19 × 31 soit 589. P est donc égal à 589 ou 2 × 589 ou 3 × 589 etc. Mais comme P est un nombre composé de 3 chiffres, seul P = 589 convient.

En conclusion, en combinant les deux informations, on en déduit que P est unique et on peut donc répondre à la question qui nous est posée : P = 589. Réponse C.

Question 51. Réponse E

Prises séparément les deux informations permettent de trouver plusieurs valeurs possibles pour M.

Et si l'on combine les deux informations, on trouve encore deux valeurs pour M : M = 11 × 5 × 7 = 385 et M = 11 × 5 × 7 × 2 = 770. C'est donc bien la réponse E qu'il fallait répondre ici.

Prenez bien l'habitude de chercher des exemples précis et solides pour justifier votre réponse. Cela prend du temps au début mais soyez sûrs que vos efforts paieront à tous les coups !

Question 52. Réponse E

On note H l'âge de Halim et C l'âge de Colette.

{1} : **Insuffisant.** On a H + C < 32, mais on peut avoir H supérieur à C comme H inférieur à C.

{2} : **Inutile.** On a H – C < 4, mais on ne sait pas si (H – C) est positif ou négatif ; en d'autres termes, si H est plus grand ou plus petit que C.

{&} : **Insuffisant.** On ne peut rien conclure sur l'âge des deux amis. **Attention cependant : si on avait eu la soustraction de leurs âges supérieure ou inférieure à zéro, on aurait pu conclure sur qui est le plus âgé des deux.**

Question 53. Réponse D

{E} : si A et B sont des entiers naturels tels que A × B = 40, alors on sait que A et B sont respectivement égaux à : 1 et 40, 2 et 20, 4 et 10, 5 et 8 mais aussi 40 et 1, 20 et 2, 10 et 4, et 8 et 5.

{1} : suffisant ! Il suffit d'écrire en effet que $(A + B)^2 = A^2 + B^2 + 2 \times AB$ soit $(A + B)^2 = 116 + 2 \times 40 = 196$. On déduit que A + B vaut 14 et c'est tout car la solution A + B = –14 est à écarter du fait que A et B sont des entiers naturels (donc positifs).

{2} : suffisant également. Le seul couple qui vérifie cette information est A = 10 et B = 4 et de conclure que A + B = 14.

Question 54. Réponse C

{1} : **Insuffisant.** Si R est inférieur à 1, D et F seront distants de moins de 2 cm. Le cercle E sera donc inscrit dans le cercle C, et aucun des points de E ne touchera un point de C. En revanche, si R est égal à 1 ou plus, D et F sont distants d'au moins 2 cm, et il existe des poins communs aux cercles C et E. On ne peut rien répondre.

{2} : **Insuffisant.**

{&} : **Suffisant.** Si R = 3, les cercles C et E se croisent en deux points.

Question 55. Réponse B

{E} : d'après l'énoncé, nous pouvons déduire qu'Aurélie possède $\frac{1}{3} \times 6\,000 = 2\,000$ livres en arabe et le reste, soit $6\,000 - 2\,000 = 4\,000$ en turc. On sait également qu'elle vend $\frac{6\,000}{2} = 3\,000$ livres lors de sa brocante.

{1} : insuffisant ! La première information ne nous permet pas de déterminer combien il reste de livres en arabe puisqu'elle a pu vendre 500 livres en arabe et 2 500 en turc (il reste alors 1 500 livres en arabe et 1 500 en turc), comme elle a pu vendre 3 000 livres en turc et aucun en arabe (et il reste alors 2 000 livres en arabe et 1 000 en turc). On garde les réponses B, C et E.

{2} : suffisant ! La seconde information nous permet en revanche de calculer le nombre de livres en turc qui ont été vendus et de déduire ainsi le nombre de livres en arabe qui ont été vendus… Et enfin de déterminer le nombre de livres qui restent en arabe et en turc. Réponse B.

Question 56. Réponse C

{&} : le seul et unique trio qui fonctionne est : # = 2, @ = 4 et & = 6. Donc # = 2.

Question 57. Réponse C

En effet, {1} nous dit que K est pair et {2} nous dit que K est un nombre premier. Le seul nombre premier pair est 2. Donc **K = 2.** Et c'est tout.

Question 58. Réponse C

{1} : **Insuffisant.** Périmètre du rectangle : $2(l + L)$. Si on diminue la longueur de 1 m on diminuera le périmètre de 2 m, et si on augmente la largeur de 1 m on augmentera le périmètre de 2 m. En augmentant la largeur et diminuant la longueur du même montant, le périmètre restera inchangé.

{2} : **Insuffisant.** On ne dispose pas d'information précise sur la valeur du périmètre ou d'un des côtés.

{&} : **Suffisant. Un carré a ses côtés égaux.** Après avoir diminué la longueur et augmenté la largeur, on a $L = l$, avec $2(l + L) = 20$, soit $L = l = 5$. On en déduit facilement les dimensions avant travaux.

Question 59. Réponse C

{1} : insuffisant. Je peux avoir Z = 11 comme Z = 12. Je garde les réponses B, C et E.

{2} : insuffisant. Cette information signifie que Z est un nombre entier pair (en effet $Z = 2q + r$ et comme le reste r est nul, $Z = 2q$… autrement dit Z est pair). Cette information est insuffisante

CORRIGÉS TEST BLANC 4

car il se peut que Z soit égal à 2 et dans ce cas Z est premier (rappel : 2 est le seul nombre premier pair) tout comme il se peut que Z soit égal à 6 et dans ce cas Z n'est pas premier. Je garde C et E.

{&} : En combinant les deux informations, je sais que Z est à la fois strictement plus grand que 10 et que Z est pair, autrement dit Z n'est pas un nombre premier. Je peux donc répondre à la question posée, à savoir, « non » Z n'est pas un nombre premier.

Question 60. Réponse E

{1} : insuffisant. Le chiffre des dizaines de P est égal au double du chiffre des centaines de P : on trouve P = 360 ou P = 245.

{2} : insuffisant. La somme des chiffres du nombre P est égale à 8. On trouve P = 116 ou P = 521.

{&} : insuffisant. On trouve P = 125 ou P = 242.

SOUS-TEST 5 : EXPRESSION

Question 61. Réponse E

Par élimination ! On ne peut pas dire « se mettre conjointement / successivement / indistinctement / alternativement en forme ». Sinon, pour votre information, « expressément » signifie « nettement », « précisément », « clairement ».

Question 62. Réponse C

> **Il y a peu** d'écrivains dont le style me plaît **moins** que le style de Marc Lévy. C'est pourquoi, **vous ne serez sûrement pas surpris** d'apprendre **que je n'ai pas du tout envisagé d'acheter son dernier livre.**

Question 63. Réponse D

> L'imprésario de Thibaud a tenté de le persuader de ne pas **refuser** le rôle dans la pièce : en effet, en dépit du cachet **modeste** proposé, ce rôle représentait **un progrès** sur le plan artistique. Thibaud n'a pas suivi le conseil de son imprésario et a déclaré de surcroît que même pour un cachet **plus élevé, il n'aurait pas** interprété le rôle.

Question 64. Réponse B

> Selon les violentes affirmations du critique, le talentueux jazzman Arthur Daroux **n'est pas au mieux de sa forme lorsqu'il est enregistré en studio** et ses performances devant un auditoire sont **infiniment plus réussies** que celles en studio ; c'est pourquoi le critique **recommande vivement d'**enregistrer Daroux lorsqu'il joue en public. **C'est cette recommandation qui a conduit** la société de disques à enregistrer Arthur Daroux pendant sa prestation au festival de jazz d'Avignon.

Encore une fois, prenez votre temps et armez-vous de patience quand vous êtes face à ce type de questions. Je suis toujours très surpris de voir certains de mes élèves terminer le sous-test d'expression en moins de 15 ou 16 minutes alors que selon moi, les 20 minutes allouées ne sont clairement pas de trop !

Question 65. Réponse C

Chevronné signifie bien expérimenté.

Quelqu'un de chevronné, c'est quelqu'un qui est ancien dans une fonction, un métier ; qui a de l'expérience. Et pour rappel, un **chevron** est un galon en V renversé, porté sur la manche de l'uniforme militaire et indiquant l'ancienneté de service. On retrouve bien dans ce terme la notion d'expérience et d'ancienneté.

Question 66. Réponse A

Il ne fallait pas chercher bien loin ici. La réponse A, qui reprend à l'identique l'énoncé s'avérait tout à fait satisfaisante.

Question 67. Réponse E

Dans la réponse B, « zizanie » convient (même si « zizanie théologique » est un peu familier) mais « les contrepoids religieux » sont ici hors sujet.

Dissension

Opposition violente d'avis, de sentiments, d'intérêts. Synonymes : divergence, désaccord, discorde.

Discorde

Désaccord, dissentiment violent qui oppose des personnes entre elles et les dresse les unes contre les autres. Synonymie : désaccord. On dit que l'on « sème la discorde ».

Distension

Augmentation de surface ou de volume sous l'effet d'une tension en divers sens. Il est le synonyme d'augmentation et l'antonyme de compression, contraction. On parle par exemple d'une distension de l'estomac.

Zizanie

Désunion, mésintelligence qu'on fait naître dans un groupe. Synonyme de discorde. Par exemple : semer la zizanie dans un couple.

Guerre

Lutte armée entre Etats / Lutte entre des groupes, entre des pays qui ne va pas jusqu'au conflit sanglant / Lutte entre des personnes, hostilité. Synonymie : Dispute, querelle. Antonymie : Calme, concorde, détente. Expressions : Etre sur le pied de guerre ; A la guerre comme à la guerre.

Ce terme est bien sûr exagéré en ce qui nous concerne ici.

Dissuasion

Action qui vise à empêcher un ennemi potentiel d'accomplir une action hostile par crainte des conséquences / stratégie de défense qui s'appuie essentiellement sur l'arme nucléaire.

Question 68. Réponse D

« A l'aune de » signifie en « considération de », ou « en mesurant par rapport à ».

Le sens qui se rapproche le plus de l'énoncé est donc la **réponse D.**

Question 69. Réponse D

« Un auteur prolifique » est une expression consacrée qui signifie « un auteur productif / qui écrit beaucoup ».

Prolifique

Qui se multiplie rapidement / Se dit d'un écrivain, d'un artiste qui a une abondante production.

Pulluler

Se multiplier, se reproduire en grand nombre et rapidement / Exister, être en très grand nombre / Etre plein de, fourmiller d'êtres ou de choses. Synonyme de proliférer.

Lexicographie : Les insectes pullulent près de la rivière, les écrivains de ce type pullulent / La ville pullule d'espions.

Efficace

Se dit d'un produit, d'une méthode, d'un appareil, etc., qui produisent l'effet attendu ; bon pour / Qui remplit bien sa tâche, qui atteint son but, qui aboutit à des résultats utiles. Synonymie : Bon ; Antonymie : anodin, impuissant. Lexicographie : Un médicament efficace contre le rhume / Un employé efficace / Une politique efficace.

Question 70. Réponse C

Vous hésitiez ici entre « se désintègrent » et « se désagrègent ». La nuance est ténue : « se désagréger » signifie « se séparer », « s'effriter », « cesser d'être uni », « cesser d'être aggloméré » (comme de la roche qui se désagrège) ; tandis que « se désintégrer » signifie « se transformer en particules élémentaires » (comme des atomes qui se désintègrent).

Pérorer

Discourir d'une façon prolixe et prétentieuse. Synonyme de discourir. Un ton pérorant.

Question 71. Réponse A

Des pantalons mi-longs.

Question 72. Réponse B

Il faut choisir ! Ou bien on dit « Il **regrette** que je **sois** parti… » ; ou bien : « Il **regrettait** que je **fusse** parti… ». Concordance des temps oblige !

Question 73. Réponse E

Agressivité / Sony est bien décidé / Quelque fut / Leur prix / En conséquence.

Question 74. Réponse B

Quelqu'un qui regarde du dehors une fenêtre fermée ne peut discerner véritablement ce qui se trouve derrière la vitre. Ce qui se voit avec les yeux (« ce qu'on peut voir au soleil ») devient alors moins intéressant que ce qui se voit par la force de la pensée (« plus profond, plus mystérieux »). L'auteur utilise justement l'adjectif « fécond », d'ordinaire utilisé pour désigner l'esprit de quelqu'un qui a beaucoup d'imagination. Ce n'est pas tant la vérité ni le contraste entre ombre et lumière qui est mis en valeur dans l'extrait, mais plutôt la capacité humaine de se représenter par la pensée les choses qu'on ne peut voir par nous-mêmes.

Question 75. Réponse D

Ce texte est un extrait des *Nourritures terrestres* d'André GIDE. Il décrit un été très sec, presque aride (« se gerçait de sécheresse », « sous le soleil tout se pâmait »). La suite du poème doit s'inscrire dans le même contexte ; la meilleure solution sera celle qui respecte le plus le cadre donné par l'auteur.

La réponse A peut être écartée puisqu'elle mentionne de nouveau le mot « été », déjà utilisé dans l'extrait. La B utilise un style de discours narratif qui ne convient pas avec le texte. La C souligne l'absence de soleil, pourtant présent dans l'énoncé. La E pourrait convenir, mais pas directement à la suite du texte, tandis que la D peut être directement reliée à l'extrait.

SOUS-TEST 6 : LOGIQUE

Question 76. Réponse B

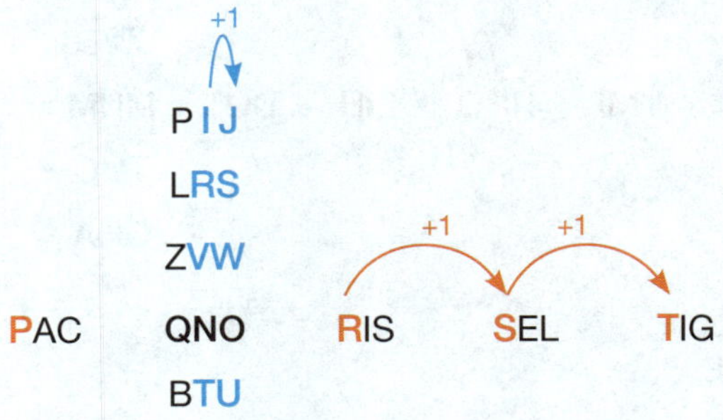

Question 77. Réponse D

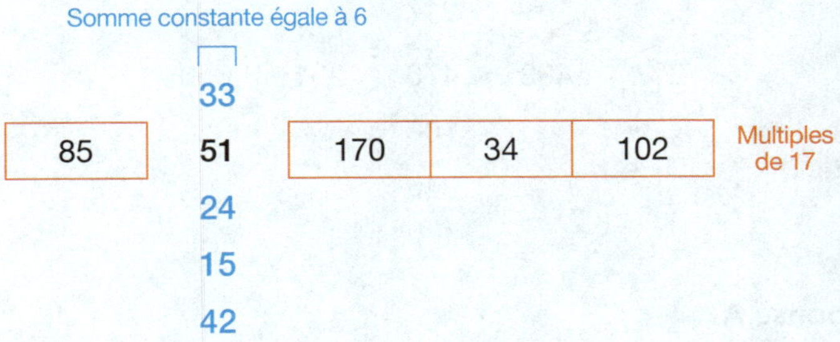

Question 78. Réponse D

A la verticale : mouvement droite gauche portant sur des lettres à 3 barres : K, H, F, Z, N

A l'horizontale : écart d'une lettre entre P et N, puis écart de deux lettres entre R et O, de trois lettres en F et B, de quatre lettres entre P et K et enfin de cinq lettres entre M et S.

Question 79. Réponse D

A la verticale : inter décroissant sur le premier chiffre (81, 72, 65, 53, 45).

A l'horizontale : en lisant les nombres à l'envers, on reconnaît des multiples de 7.

Question 80. Réponse C

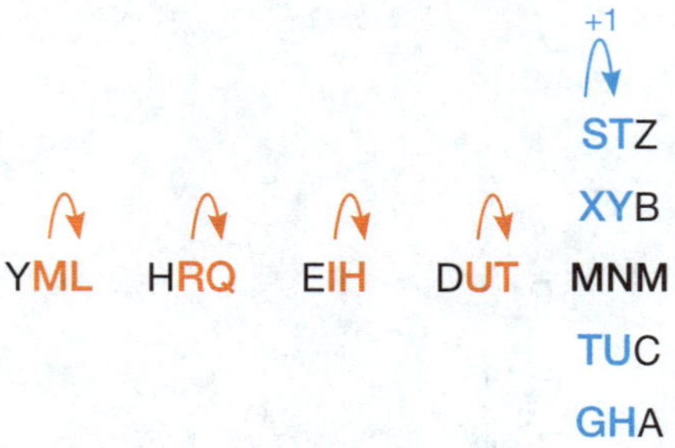

Question 81. Réponse E

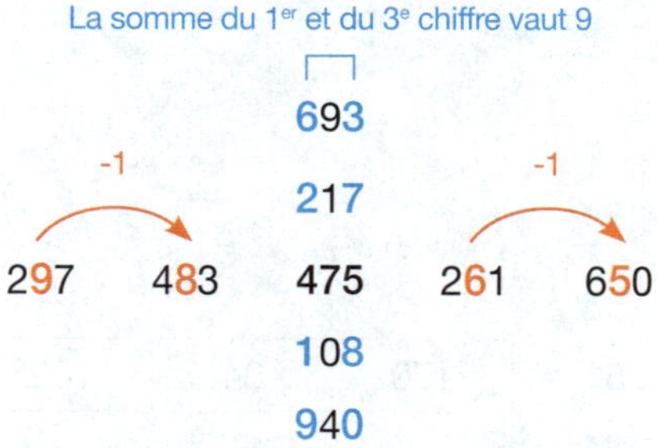

Question 82. Réponse A

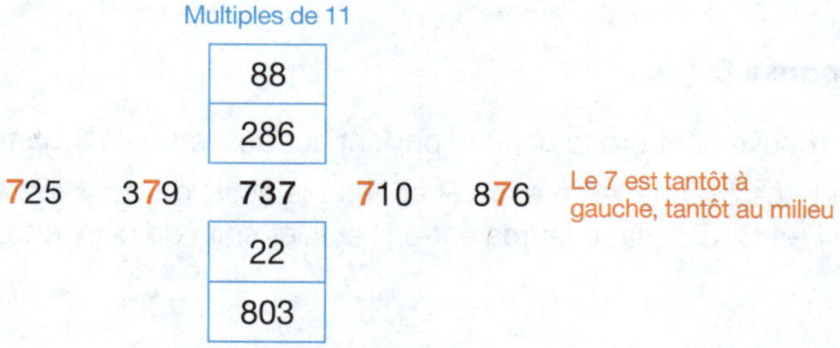

Question 83. Réponse B

A la verticale : les premières lettres sont toutes des lettres avec deux extrémités : I, S, U, A, V.

A l'horizontale : les deuxièmes lettres sont toutes des lettres sur lesquelles il est possible d'appliquer une symétrie verticale.

Question 84. Réponse D

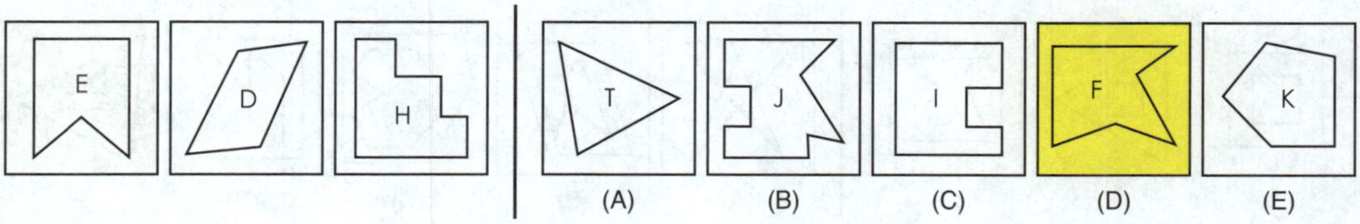

La valeur numérique de la lettre correspond au nombre de côtés de la figure (E = 5 ; D = 4…).

Question 85. Réponse A

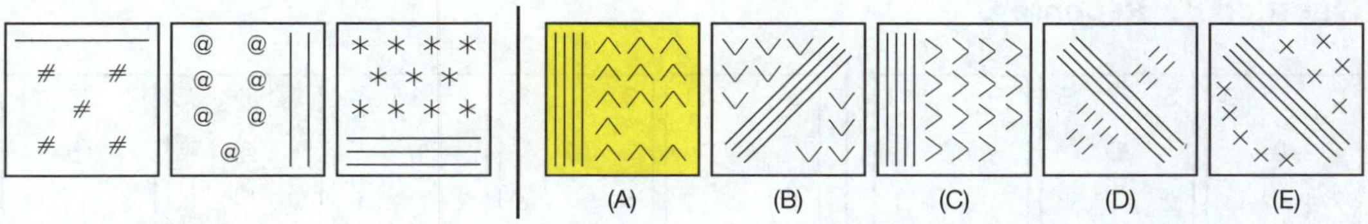

Les barres seront verticales et au nombre de 4 (1, 2, 3, 4).

Il y a d'abord 5 sigles, puis 7, puis 11 (suite de nombres premiers). Le suivant sera 13.

Question 86. Réponse D

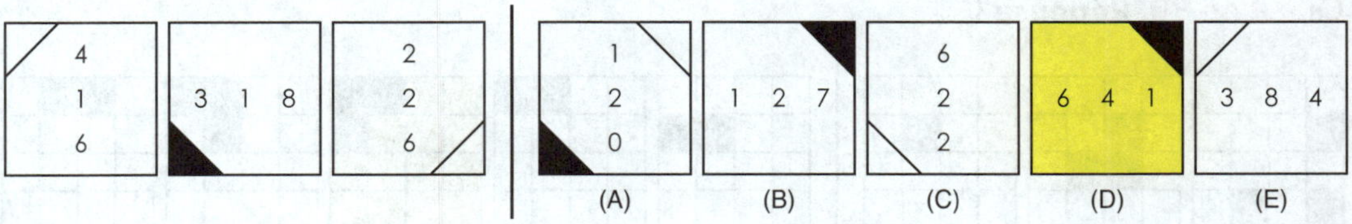

Rotation antihoraire de la figure avec changement de couleur du triangle.

Question 87. Réponse B

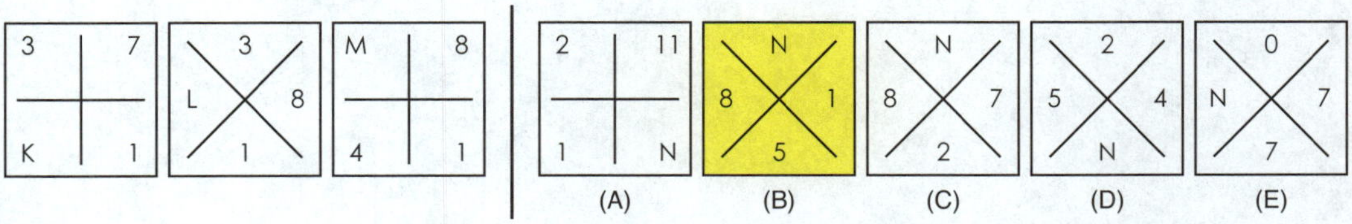

La croix sera oblique.

La somme des chiffres vaut la valeur numérique de la lettre (3 + 7 + 1 = 11 : valeur de K).

Question 88. Réponse E

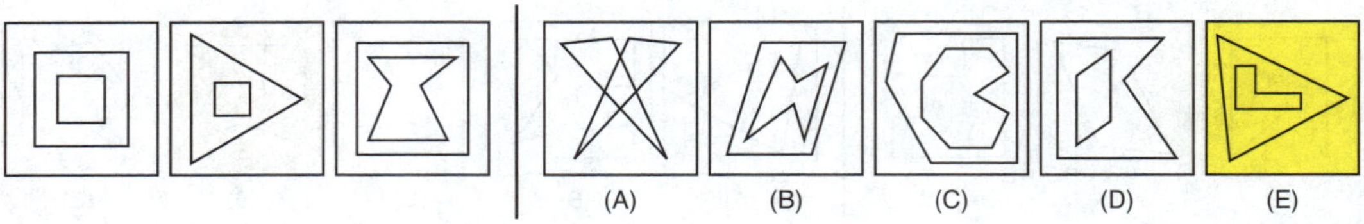

Nombre de côtés petite figure – nombre de côtés grande figure est égale à 0, puis 1, puis 2. Donc la différence sera de 3 en solution.

Question 89. Réponse D

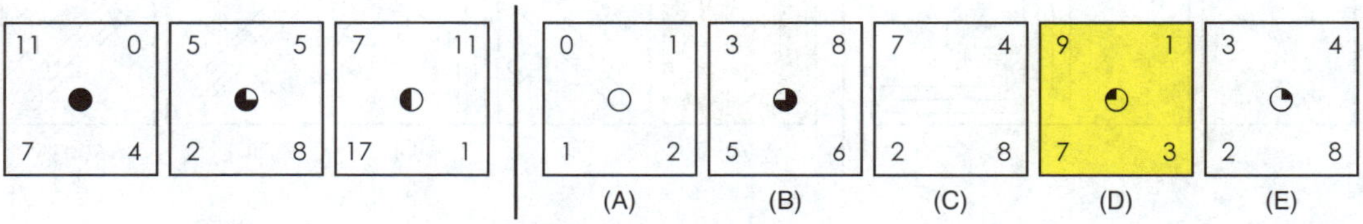

Le disque sera plein en son quart gauche haut uniquement.
De plus, la somme des chiffres du bas vaut celle des chiffres du haut.

Question 90. Réponse C

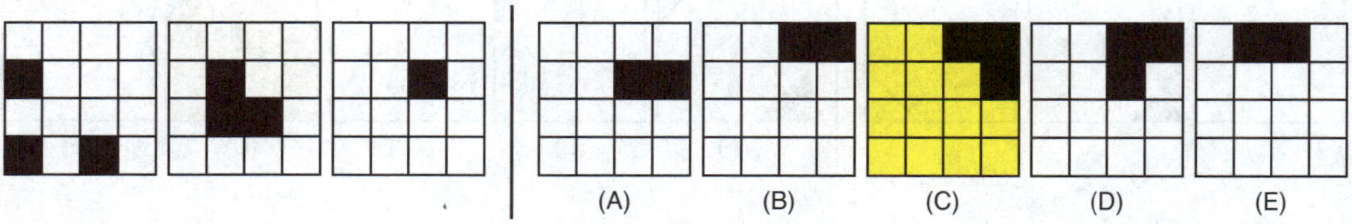

Le premier carré se déplace sur la deuxième ligne, tandis que le carré du bas de la première colonne se déplace en diagonale. Le troisième carré remonte la troisième colonne.

N'OUBLIEZ PAS DE REMPLIR VOTRE FICHE BILAN EN FIN D'OUVRAGE

TEST BLANC TAGE MAGE 5

TEST TAGE MAGE 5 : VOTRE GRILLE DE REPONSES

Sous-test 1
Compréhension de textes

1	A	B	C	D	E
	A	B	C	D	E
2	A	B	C	D	E
	A	B	C	D	E
3	A	B	C	D	E
	A	B	C	D	E
4	A	B	C	D	E
	A	B	C	D	E
5	A	B	C	D	E
	A	B	C	D	E
6	A	B	C	D	E
	A	B	C	D	E
7	A	B	C	D	E
	A	B	C	D	E
8	A	B	C	D	E
	A	B	C	D	E
9	A	B	C	D	E
	A	B	C	D	E
10	A	B	C	D	E
	A	B	C	D	E
11	A	B	C	D	E
	A	B	C	D	E
12	A	B	C	D	E
	A	B	C	D	E
13	A	B	C	D	E
	A	B	C	D	E
14	A	B	C	D	E
	A	B	C	D	E
15	A	B	C	D	E
	A	B	C	D	E

Sous-test 2
Calcul

16	A	B	C	D	E
	A	B	C	D	E
17	A	B	C	D	E
	A	B	C	D	E
18	A	B	C	D	E
	A	B	C	D	E
19	A	B	C	D	E
	A	B	C	D	E
20	A	B	C	D	E
	A	B	C	D	E
21	A	B	C	D	E
	A	B	C	D	E
22	A	B	C	D	E
	A	B	C	D	E
23	A	B	C	D	E
	A	B	C	D	E
24	A	B	C	D	E
	A	B	C	D	E
25	A	B	C	D	E
	A	B	C	D	E
26	A	B	C	D	E
	A	B	C	D	E
27	A	B	C	D	E
	A	B	C	D	E
28	A	B	C	D	E
	A	B	C	D	E
29	A	B	C	D	E
	A	B	C	D	E
30	A	B	C	D	E
	A	B	C	D	E

Sous-test 3
Raisonnement/Argumentation

31	A	B	C	D	E
	A	B	C	D	E
32	A	B	C	D	E
	A	B	C	D	E
33	A	B	C	D	E
	A	B	C	D	E
34	A	B	C	D	E
	A	B	C	D	E
35	A	B	C	D	E
	A	B	C	D	E
36	A	B	C	D	E
	A	B	C	D	E
37	A	B	C	D	E
	A	B	C	D	E
38	A	B	C	D	E
	A	B	C	D	E
39	A	B	C	D	E
	A	B	C	D	E
40	A	B	C	D	E
	A	B	C	D	E
41	A	B	C	D	E
	A	B	C	D	E
42	A	B	C	D	E
	A	B	C	D	E
43	A	B	C	D	E
	A	B	C	D	E
44	A	B	C	D	E
	A	B	C	D	E
45	A	B	C	D	E
	A	B	C	D	E

Sous-test 4
Conditions minimales

46	A	B	C	D	E
	A	B	C	D	E
47	A	B	C	D	E
	A	B	C	D	E
48	A	B	C	D	E
	A	B	C	D	E
49	A	B	C	D	E
	A	B	C	D	E
50	A	B	C	D	E
	A	B	C	D	E
51	A	B	C	D	E
	A	B	C	D	E
52	A	B	C	D	E
	A	B	C	D	E
53	A	B	C	D	E
	A	B	C	D	E
54	A	B	C	D	E
	A	B	C	D	E
55	A	B	C	D	E
	A	B	C	D	E
56	A	B	C	D	E
	A	B	C	D	E
57	A	B	C	D	E
	A	B	C	D	E
58	A	B	C	D	E
	A	B	C	D	E
59	A	B	C	D	E
	A	B	C	D	E
60	A	B	C	D	E
	A	B	C	D	E

Sous-test 5
Expression

61	A	B	C	D	E
	A	B	C	D	E
62	A	B	C	D	E
	A	B	C	D	E
63	A	B	C	D	E
	A	B	C	D	E
64	A	B	C	D	E
	A	B	C	D	E
65	A	B	C	D	E
	A	B	C	D	E
66	A	B	C	D	E
	A	B	C	D	E
67	A	B	C	D	E
	A	B	C	D	E
68	A	B	C	D	E
	A	B	C	D	E
69	A	B	C	D	E
	A	B	C	D	E
70	A	B	C	D	E
	A	B	C	D	E
71	A	B	C	D	E
	A	B	C	D	E
72	A	B	C	D	E
	A	B	C	D	E
73	A	B	C	D	E
	A	B	C	D	E
74	A	B	C	D	E
	A	B	C	D	E
75	A	B	C	D	E
	A	B	C	D	E

Sous-test 6
Logique

76	A	B	C	D	E
	A	B	C	D	E
77	A	B	C	D	E
	A	B	C	D	E
78	A	B	C	D	E
	A	B	C	D	E
79	A	B	C	D	E
	A	B	C	D	E
80	A	B	C	D	E
	A	B	C	D	E
81	A	B	C	D	E
	A	B	C	D	E
82	A	B	C	D	E
	A	B	C	D	E
83	A	B	C	D	E
	A	B	C	D	E
84	A	B	C	D	E
	A	B	C	D	E
85	A	B	C	D	E
	A	B	C	D	E
86	A	B	C	D	E
	A	B	C	D	E
87	A	B	C	D	E
	A	B	C	D	E
88	A	B	C	D	E
	A	B	C	D	E
89	A	B	C	D	E
	A	B	C	D	E
90	A	B	C	D	E
	A	B	C	D	E

REPONSES EN PAGE 788

TEST BLANC TAGE MAGE 5

SOUS-TEST 1 : COMPREHENSION DE TEXTES

15 questions / 20 minutes / Calculatrice interdite
Réponse juste : + 4 points / Réponse fausse : – 1 point
Aucune réponse : 0 point

TEXTE 1

Elle porte le nom de la nourriture mythique des dieux de l'Olympe, mais c'est un poison pour la santé. L'ambroisie, herbacée envahissante de la même famille que le tournesol ou la pâquerette, est à l'origine, chaque année en France, de graves allergies dans les zones qu'elle a progressivement infestées, suscitant l'inquiétude des pouvoirs publics.

En cause : son pollen, particulièrement allergisant. Les syndromes allergiques qu'elle provoque ressemblent à ceux du rhume des foins, entraînant rhinites, conjonctivites, et parfois de l'eczéma. Mais surtout, dans 50 % des cas, elle peut causer l'apparition d'asthme ou favoriser son aggravation.

Elle est inscrite comme risque sanitaire dans le deuxième plan national santé environnement du gouvernement.

Les solutions sont connues : entretien des bords de route avant floraison, désherbage, broutage par le bétail, mise en prairie… Mais il est impératif de les coordonner à l'échelle nationale et à long terme, pour prévenir le retour de la plante, dont les graines perdurent dans les sols.

L'ambroisie a débarqué sur le sol français au milieu du xixe siècle, probablement à la faveur d'une cargaison de graines de semences en provenance des Etats-Unis. Elle a profité des grands travaux d'aménagement des années 1950 pour se déplacer, en même temps que la terre des chantiers, et envahir champs et sols en friche. Cantonnés tout d'abord au quart sud-est du pays, les buissons d'ambroisie et leurs longs épis de fleurs verdâtres, ont ensuite colonisé les Pays de la Loire, le Poitou-Charentes et la Bourgogne.

Le pouvoir allergisant du pollen d'ambroisie est particulièrement virulent. D'août à octobre la plante disperse plusieurs millions de grains par jour ; 5 grains par mètre cube d'air suffisent pour faire apparaître les premiers syndromes.

En Rhône-Alpes, le problème sanitaire est connu des allergologues depuis les années 1980. Selon une étude de l'Observatoire de santé de la région, la plante aurait coûté, pour 2009,

×××××××××××××××××××××××××××××××××××××××
×××××××××××××××××××××××××××××××××××××××

entre 8,6 millions et 11,8 millions d'euros au régime général de santé. Hors mutuelle sociale agricole donc, alors que 80 % des surfaces infestées sont des zones d'agriculture.

Pour l'Association française d'étude des ambroisies (Afeda), l'ampleur du problème sanitaire reste largement sous-estimée. *« L'allergie due à l'ambroisie n'atteint pas seulement les gens prédisposés génétiquement, comme c'est le cas avec les autres pollens »*, explique sa présidente, Chantal Déchamp. Selon elle, 20 % de la population française vivant dans les zones infestées souffrirait de maladies liées à la plante.

L'impact de la plante pourrait être aggravé par les émissions de CO_2 : de récentes études menées aux Etats-Unis montrent qu'un doublement de la concentration en gaz carbonique entraîne une augmentation de 30 % à 50 % de la quantité de pollens produite.

Question 1. Quelles peuvent être les conséquences sur la santé des allergies à l'ambroisie ?

1. Rhume des foins
2. Conjonctivite
3. Eczéma

(A) 1 + 2 + 3
(B) 2 + 3
(C) 1 + 3
(D) Uniquement 1
(E) Uniquement 2

Question 2. Le pollen d'ambroisie disperse, par jour :

(A) plusieurs dizaines de grains.
(B) plusieurs millions de grains.
(C) 5 grains par mètre carré.
(D) 5 grains par mètre cube.
(E) près de 9 millions de grains.

××××××××××××××××××××××××××××××××××××××
××××××××××××××××××××××××××××××××××××××

Question 3. Les personnes touchées par des pathologies liées à l'ambroisie…

(A) sont génétiquement prédisposées aux allergies.
(B) sont génétiquement prédisposées à l'allergie à l'ambroisie.
(C) résident essentiellement au sud-est de la France.
(D) représentent 80 % de la population vivant dans les zones agricoles.
(E) représentent 20 % de la population vivant dans les zones infestées.

Question 4. Diriez-vous que l'ambroisie est une plante…

(A) … bénéfique et de la famille du tournesol.
(B) … de la famille de la pâquerette et qui ne fleurit pas.
(C) … qui pousse en buisson et nuisible.
(D) … d'origine grecque et dont les fleurs sont vertes.
(E) … allergisante et dont les fleurs sont roses.

Question 5. Pourquoi les travaux d'aménagement du milieu du XXe siècle ont-ils favorisé l'expansion de l'ambroisie ?

(A) De plus en plus de terres agricoles ont été laissées en friche.
(B) L'augmentation du taux de CO_2 a favorisé la croissance de la plante.
(C) Les graines ont été transportées avec la terre lors du développement des infrastructures routières.
(D) Les aménagements ont développé le réseau routier et les graines ont voyagé avec les usagers de la route.
(E) Les travaux d'aménagement ont tué le prédateur naturel de la plante.

TEXTE 2

En pénétrant dans l'immense usine en brique de DMC située à Mulhouse, ce qui saute yeux du visiteur, c'est la variété des couleurs. Ici, le fil à broder classique y est teint en 465 coloris différents. Certains sont plus difficiles à réaliser que d'autres, comme le turquoise, le fushia ou le rouge 321, le fameux « rouge du Rhin », qui existe depuis la création de l'entreprise en 1746. Les coloris étalons sont précieusement enfermés dans une grande armoire située à la fin du processus de fabrication. Chaque échevette (1,8 gramme de fil) sortie de l'usine doit être, en termes de coloration, la copie conforme de sa grande sœur.

××
××

Chaque jour, un million de ces échevettes est produit sur le site. Ainsi, 2,2 tonnes de coton d'Egypte, déjà filées, sont traitées, passées à la flamme, à la soude – pour gagner en brillance –, mises en écheveau, teintes, embobinées, passées dans des machines ultrarapides pour en faire des échevettes, avant d'être expédiés, depuis le centre logistique d'Illzach. Chaque jour, 500 à 800 colis sont destinés à 85 % à l'exportation.

En 1991, DMC, a pu s'enorgueillir d'être le leader français du textile et de compter plus de 14 000 salariés. A coup de cessions et de suppressions d'emplois, le groupe s'est peu à peu désengagé de pans entiers du textile – filature, tissage, impression sur tissu, fil à tricoter, velours… Puis il a été mis en redressement judiciaire. Son activité de fil à broder a été reprise à 100 % par Bernard Krief Consulting (BKC), fin décembre 2008. Il a divisé par deux les coûts de la masse salariale. BKC a vendu 43 % à deux fonds financiers alsaciens (Jekitimar et Financière Muller) et 10 % aux dirigeants.

Toujours numéro un mondial du fil à broder, DMC subsiste aujourd'hui avec 347 collaborateurs. *« Le fil à broder a toujours été chez DMC la seule activité historiquement bénéficiaire en termes d'exploitation »,* assure son PDG, Dominique Poile.

DMC est rentable : le groupe a annoncé, jeudi 12 mai, un résultat opérationnel courant de 9,8 millions d'euros en 2010 (+ 16,7 % par rapport à 2009) pour un chiffre d'affaires de 59,2 millions d'euros (+ 3,7 % par rapport à 2009). Sur 2009 et 2010, le groupe a versé un intéressement aux salariés – d'environ 3 000 euros par an – et a pu embaucher à nouveau 16 personnes. Il a aussi beaucoup investi : 2,9 millions d'euros.

Remettre la broderie à la mode n'est pas une petite gageure. Les merceries ferment les unes après les autres, mais M. Poile estime qu'il existe encore 1,5 million d'adeptes en France.

Les Etats-Unis – le plus important marché du groupe –, le Mexique et l'Amérique du Sud se sont avérés en 2010 les plus dynamiques. En Chine, en revanche, les ventes se sont tassées.

Question 6. En 2010, DMC a versé un intéressement net de 3000 euros à :

(A) 16 salariés.

(B) 14 000 salariés.

(C) tous les salariés.

(D) les salariés de l'usine de Mulhouse.

(E) les salariés qui travaillent à la fabrication du coton à broder.

××××××××××××××××××××××××××××××××××××××
××××××××××××××××××××××××××××××××××××××

Question 7. Quel traitement subit le coton DMC dans l'usine de Mulhouse ?

1. Filé
2. Traité
3. Passé à la flamme
4. Passé à la soude

(A) 1 + 2 + 3
(B) 1 + 2 + 4
(C) 1 + 3 + 4
(D) 2 + 3 + 4
(E) Uniquement 3

Question 8. Un fil de 1,8 gramme de coton à broder s'appelle :

(A) un écheveau.
(B) une chevrette.
(C) une échevette.
(D) une crevette.
(E) une bobinette.

Question 9. Vous diriez que, dans l'ensemble, ce texte :

(A) explique les difficultés du groupe DMC.
(B) explique comment le groupe DMC a prospéré.
(C) présente le groupe DMC comme un modèle de réussite économique.
(D) explique la stratégie du groupe DMC pour remettre la broderie à la mode.
(E) décrit l'action des dirigeants depuis 5 ans.

Question 10. En 2010, le groupe DMC n'a pas :

(A) dégagé de bénéfices.
(B) augmenté son chiffre d'affaire.
(C) investi plusieurs milliards d'euros.
(D) versé un intéressement aux salariés.
(E) embauché de nouveaux collaborateurs.

××
××

TEXTE 3

Au premier abord, le « découplage », c'est un peu comme la quadrature du cercle : un principe qui consiste à produire davantage de richesses en consommant moins de ressources naturelles. Et donc à concilier croissance et préservation de la planète. L'idée est au cœur d'un rapport publié, jeudi 12 mai, par le Programme des Nations unies pour l'environnement (PNUE) et intitulé : « Découpler l'utilisation des ressources naturelles et les impacts environnementaux de la croissance économique ».

Il établit tout d'abord un constat : au cours du XXe siècle, la quantité de minerais, combustibles fossiles, matériaux de construction et matières organiques utilisés dans le monde a été multipliée par huit, la production de biens et de services par vingt-trois. C'est donc que le *« taux de productivité des ressources »* augmente, et que le découplage est déjà en marche, mais *« à un rythme qui ne suffit pas pour satisfaire les besoins d'une société équitable et durable »*, selon le rapport.

Il faut donc passer à la vitesse supérieure, sous peine d'épuiser la planète. Les auteurs ont imaginé trois scénarios à l'horizon 2050, avec une population mondiale atteignant 9 milliards d'individus. Dans le premier, les pays riches continuent de consommer autant de ressources naturelles qu'en 2000, soit 16 tonnes par habitant et par an, et les autres les rejoignent. Cela entraîne une consommation annuelle mondiale de ressources de 140 milliards de tonnes (contre 49 milliards en 2000), une perspective *« insoutenable du point de vue de l'utilisation des ressources et des niveaux d'émissions de gaz à effet de serre »*, selon le rapport.

Le deuxième scénario prévoit une convergence mondiale à un niveau de 8 tonnes de ressources consommées par habitant, soit une diminution de moitié pour les pays industrialisés. Cela aboutirait néanmoins à une hausse de 40 % des volumes de ressources naturelles utilisés et à un doublement des émissions de CO_2, loin des objectifs recommandés par le GIEC pour maîtriser le changement climatique.

Le troisième scénario est construit sur l'hypothèse d'un maintien de la quantité de ressources consommées au niveau de 2000, ce qui impliquerait une diminution des deux tiers de la consommation dans les pays industrialisés et un *statu quo* pour les autres. Les auteurs reconnaissent qu'il *« peut être difficilement envisagé »*, car il exigerait des décisions politiques extrêmement volontaristes.

Alors quelles solutions ? *« La clé, c'est l'innovation »*, assure Mark Swilling, l'un des auteurs du rapport. Soit la confiance en la capacité de l'homme à inventer des technologies moins gourmandes en ressources naturelles. Mais aussi, surprise, l'urbanisation, qui permet la mutualisation des services et les économies d'échelle. *« C'est tout le paradoxe des villes : elles sont pour beaucoup dans l'utilisation non durable des ressources, mais ont le plus grand potentiel en matière d'innovations durables »*, estime le rapport.

××××××××××××××××××××××××××××××××××××××
××××××××××××××××××××××××××××××××××××××

Question 11. Selon le PNUE, le découplage est nécessaire car :

(A) les pays riches consomment trop de ressources.
(B) les pays pauvres consomment trop de ressources.
(C) il faut limiter les gaz à effet de serre.
(D) les ressources de la planète s'épuisent.
(E) les combustibles fossiles sont appelés à disparaître.

Question 12. Vous définiriez le découplage comme :

(A) l'action qui permet de réduire la consommation de ressources.
(B) l'action qui permet aux pays pauvres d'atteindre le même niveau de consommation de ressources que les pays riches.
(C) l'action qui permet de satisfaire les besoins d'une société équitable et durable.
(D) l'action qui permet de concilier la croissance et le développement durable.
(E) l'action qui permet de produire davantage en consommant moins de ressources.

Question 13. Dans le 1er scénario imaginé par le PNUE, la consommation mondiale de ressources en 2050 est estimée à 140 milliards de tonnes car :

1. les pays riches maintiennent leur consommation.
2. les pays pauvres augmentent leur consommation.
3. la population mondiale croît.

(A) 1 + 2 + 3
(B) 1 + 3
(C) Uniquement 1
(D) 1 + 2
(E) Uniquement 3

××××××××××××××××××××××××××××××××××××××
××××××××××××××××××××××××××××××××××××××

Question 14. En 2050, la consommation mondiale de ressources a augmenté de 40 % par rapport à 2000, et …

(A) la terre est sauvée.
(B) les émissions de CO_2 ont doublé.
(C) les objectifs du GIEC ont été atteints.
(D) les pays industrialisés ont diminué leur consommation d'un tiers.
(E) les pays en voie de développement ont réussi à allier croissance et développement durable.

Question 15. Quelle solution ne faut-il pas mettre en œuvre ?

(A) Urbaniser la planète.
(B) Inventer des technologies qui consomment moins de ressources.
(C) Diminuer la consommation de ressources des pays riches.
(D) Maintenir la quantité de ressources consommées au niveau de 2000.
(E) Augmenter la consommation de ressources des pays pauvres.

Si vous avez terminé, vous n'êtes pas autorisé(e) à revenir sur une épreuve précédente.
Vous n'êtes pas non plus autorisé(e) à travailler sur une épreuve suivante avant la fin du temps imparti.

STOP !

TEST BLANC TAGE MAGE 5

SOUS-TEST 2 : CALCUL

15 questions / 20 minutes / Calculatrice interdite
Réponse juste : + 4 points / Réponse fausse : – 1 point
Aucune réponse : 0 point

Question 16. Mamie fait des madeleines pour ses petits-enfants. Malheureusement, elle ne sait pas s'ils viendront à 3, à 5 ou à 6. Combien doit-elle en préparer, au minimum, pour pouvoir les partager équitablement dans chacun des trois cas ?

(A) 12
(B) 15
(C) 18
(D) 24
(E) 30

Question 17. Alain doit porter chaque jour un rocher en haut d'une montagne, mais une fois en haut le rocher roule de nouveau jusqu'en bas. Le premier jour, il a fallu, pour monter le rocher au sommet et pour que celui-ci redescende, en tout cinq minutes. Chacun des jours suivants, il faut deux fois plus de temps pour monter le rocher que la veille, mais le rocher redescend aussi deux fois plus vite que la veille. Si le deuxième jour, cela (montée et descente) a représenté sept minutes, combien de temps cela (montée et descente) prendra-t-il le troisième jour ?

(A) 9 minutes.
(B) 9 minutes et 30 secondes.
(C) 12 minutes.
(D) 12 minutes et 30 secondes.
(E) 16 secondes.

Question 18. Anna a choisi sept nombres entiers consécutifs. La somme des trois plus petits est 33. Quelle est la somme des trois plus grands ?

(A) 39
(B) 37
(C) 42
(D) 48
(E) 45

Question 19. Un côté d'un triangle isocèle a pour longueur 20 cm. Le rapport des longueurs des deux autres côtés est 2/5. Quel est le périmètre de ce triangle isocèle ?

(A) 36 cm
(B) 48 cm
(C) 60 cm
(D) 88 cm
(E) 90 cm

Question 20. Quel est le plus petit nombre à deux chiffres qui n'est pas la somme de trois nombres à un chiffre, tous différents ?

(A) 10
(B) 15
(C) 23
(D) 25
(E) 28

Question 21. On sait que A – 1 = B + 2 = C – 3 = D + 4 = E – 5. Des nombres A, B, C, D et E, lequel est le plus grand ?

(A) E
(B) C
(C) B
(D) D
(E) A

Question 22. La somme des longueurs des côtés d'un triangle rectangle vaut 18 cm. La somme des carrés des longueurs des côtés vaut 128 cm^2. L'aire du triangle en cm^2 est :

(A) 18
(B) 16
(C) 12
(D) 10
(E) 9

Question 23. Un étudiant d'une école de commerce a eu une moyenne de 11 sur 20 au premier semestre. Cette moyenne est calculée sur 10 matières ayant le même coefficient. La note de chaque matière est supérieure à l'autre de deux points. Quelle a été sa note la plus faible parmi les dix matières ?

(A) 5
(B) 4
(C) 3
(D) 2
(E) 1

//
//

Question 24. La figure suivante représente six cercles de même rayon, tangents aux côtés d'un rectangle. Le petit rectangle a pour sommets les centres de quatre de ces cercles et son périmètre est égal à 60 cm. Quel est le périmètre du grand rectangle ?

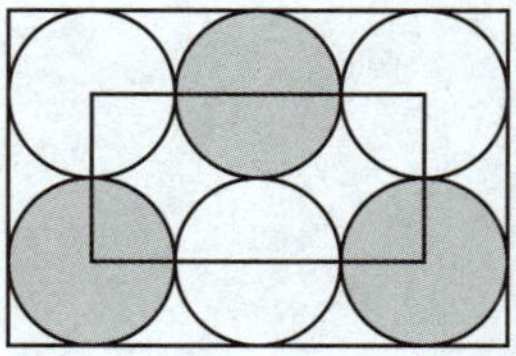

(A) 160 cm.
(B) 100 cm.
(C) 120 cm.
(D) 140 cm.
(E) 80 cm.

Question 25. Dans un triangle RST, l'angle R est le triple de l'angle S et la moitié de l'angle T. Quelle est la valeur en degrés de l'angle R ?

(A) 30 degrés.
(B) 36 degrés.
(C) 54 degrés.
(D) 60 degrés.
(E) 72 degrés.

Question 26. Vous êtes actuellement en possession d'une carte fidélité qui vous permet, pour 50 euros annuels, d'obtenir vos places de cinéma à 7 euros la séance. L'année prochaine, vous envisagez de prendre la carte de fidélité PLUS à 85 euros avec les places à 5 euros. Après l'achat de combien de places minimum dans l'année la carte PLUS sera-t-elle plus avantageuse que votre carte actuelle ?

(A) 18
(B) 17
(C) 19
(D) 16
(E) 15

Question 27. On a écrit les nombres entiers de 1 à 8, chacun sur une petite carte. Quatre personnes tirent chacun deux petites cartes au hasard. La somme tirée par chacun est : 5 pour Aurélie, 7 pour Shalom, 10 pour Sol et 14 pour Franck. Que vaut le produit des nombres tirés par Shalom ?

(A) 6
(B) 9
(C) 10
(D) 12
(E) 15

//
//

Question 28. Combien de pigeons, au minimum, doit-on amener au marché si on veut finalement repartir avec un canard, une pintade et un coq sachant que l'on peut échanger une pintade contre cinq coqs, un canard et deux pigeons contre trois coqs ; et quatre pigeons contre un canard.

(A) 18
(B) 17
(C) 16
(D) 15
(E) 14

Question 29. Pierre, Paul et Jacques découvrent un trésor d'une valeur de 1 431 € qu'ils se partagent en trois parties égales. Lors d'une partie de poker à laquelle Jacques ne participe pas, Pierre perd les trois quarts de sa part au profit de Paul. Quelle est la proportion du trésor possédée par Paul par rapport à celle de Pierre ?

(A) Trois fois plus
(B) Quatre fois plus
(C) Cinq fois plus
(D) Six fois plus
(E) Sept fois plus

Question 30. On cherche un nombre de 5 chiffres à qui, si on lui rajoute un 2 devant, il forme un nombre trois fois plus petit que celui formé si on lui rajoute un 2 à la fin. Parmi les propositions suivantes, quel est le nombre qui correspond ?

(A) 11 111
(B) 12 344
(C) 81 111
(D) 82 344
(E) 85 714

Si vous avez terminé, vous n'êtes pas autorisé(e) à revenir sur une épreuve précédente.
Vous n'êtes pas non plus autorisé(e) à travailler sur une épreuve suivante avant la fin du temps imparti.
STOP !

TEST BLANC TAGE MAGE 5

SOUS-TEST 3 : RAISONNEMENT & ARGUMENTATION

15 questions / 20 minutes / Calculatrice interdite
Réponse juste : + 4 points / Réponse fausse : – 1 point
Aucune réponse : 0 point

Question 31. On sait que :

– La tortue parle uniquement avec le chat.

– La fourmi connaît tous les animaux, excepté ceux avec lesquels la tortue parle.

– Le lapin craint tous les animaux, excepté ceux que la fourmi connaît.

Par conséquent, le lapin :

(A) craint uniquement le chat.

(B) craint tous les animaux excepté la tortue.

(C) craint tous les animaux.

(D) ne craint aucun animal.

(E) craint certains types d'animaux.

Question 32. Antoine a reçu un pot rouge contenant un cactus japonais et un pot jaune contenant un cactus chinois. On lui a dit qu'en soignant les deux cactus exactement de la même façon, ils pousseraient au même rythme. Toutefois, bien qu'il se soit conformé aux instructions, seul le cactus japonais a poussé. Au bout d'un certain temps, Antoine a retiré les deux cactus de leur pot et les a replantés, transférant chaque cactus dans le pot et la terre de l'autre. Après l'interversion, le cactus chinois est demeuré petit tandis que le cactus japonais a continué à pousser.

Laquelle des hypothèses suivantes explique toutes les données ci-dessus ?

(A) La terre du pot rouge contient un minéral essentiel à la pousse des cactus, dont la terre du pot jaune est dépourvue.

(B) La terre du pot jaune, et seulement elle, est dépourvue d'une substance nécessaire à a pousse du cactus chinois uniquement.

(C) La terre des deux pots contient une substance nuisible à la pousse des cactus, mais le cactus japonais y est résistant.

>>

(D) La terre du pot rouge, et seulement elle, contient une substance freinant la pousse des cactus chinois.

(E) La terre du pot rouge contient un minéral favorisant la pousse des cactus, dont la terre du pot jaune est dépourvue.

Question 33. ean, Laure et Yves partent en excursion, emportant une boussole, une lampe de poche et un canif. Chacun des trois amis a apporté un seul de ces objets.

On sait que :

– Jean n'a pas apporté la lampe de poche.

– Laure n'a pas apporté le canif.

Laquelle des données suivantes ne permettent pas de déterminer avec certitude qui a apporté quel objet ?

(A) Yves a apporté la boussole.

(B) Laure a apporté la lampe de poche.

(C) Jean a apporté la boussole.

(D) Yves a apporté le canif.

(E) Aucune réponse ne convient.

Question 34. Jim et Rita ont huit enfants : deux d'entre eux ont les cheveux blonds, deux ont les cheveux châtains, deux ont les cheveux noirs et deux ont les cheveux roux.

Les enfants logent dans quatre chambres.

On sait que :

– Dans chaque chambre logent deux enfants.
– Chaque couple d'enfants logeant dans une même chambre a les cheveux de couleur différente.
– Dans une des chambres logent ensemble un enfant aux cheveux roux et un enfant aux cheveux blonds.

Il en découle nécessairement que :

(A) dans plus d'une chambre logent ensemble un enfant aux cheveux roux et un enfant aux cheveux blonds.

(B) dans au moins une des chambres logent ensemble un enfant aux cheveux châtains et un enfant aux cheveux roux.

(C) dans au moins une des chambres logent ensemble un enfant aux cheveux noirs et un enfant aux cheveux châtains.

>>>
>>>

(D) dans plus d'une chambre logent ensemble un enfant aux cheveux noirs et un enfant aux cheveux châtains.

(E) dans deux chambres exactement logent ensemble un enfant aux cheveux châtains et un enfant aux cheveux roux.

Question 35. En début d'année scolaire, on a introduit dans les classes de CE2 de l'école ALPHA une nouvelle méthode d'enseignement du calcul.

Un examen administré au début de l'année a révélé que la moyenne en calcul des classes de CE2 à ALPHA était inférieure à la moyenne nationale des élèves du même âge tandis qu'un examen administré en fin d'année a révélé que la moyenne en calcul de ces classes était supérieure à la moyenne nationale des élèves du même âge.

Conclusion : c'est la nouvelle méthode d'enseignement du calcul qui a contribué à augmenter la moyenne des classes de CE2 de ALPHA dans cette matière, par rapport à la moyenne nationale.

Laquelle des propositions suivantes concernant les élèves de l'école ALPHA n'affaiblit pas la conclusion ?

(A) Les élèves les plus faibles des classes de CE2 n'ont pas participé à l'examen qui s'est déroulé en fin d'année.

(B) La méthode d'enseignement de la lecture et de l'écriture a également été modifiée mais il n'y a pas eu d'amélioration réelle des performances des élèves dans ces matières.

(C) La plupart des élèves des classes de CE2 ont reçu pendant l'année des cours particuliers en calcul.

(D) Au cours de l'année un groupe d'élèves surdoués s'est joint aux classes de CE2.

(E) Certains élèves des classes de CE2 ont pris de nombreux cours particuliers en calcul.

Question 36. Au cours d'un mois de juin comportant 5 mardis, trois mardis tombent des jours impairs. Quel jour de la semaine le 19 du mois sera-t-il ?

(A) Lundi.

(B) Mercredi.

(C) Jeudi.

(D) Vendredi.

(E) Samedi.

Question 37. Un accident de la route a malheureusement eu lieu au cours de la soirée. L'agent Smith est chargé de l'enquête. Quatre défaillances ont pu causer l'accident : les freins, les pneus, la route, et la vitesse. L'enquête de l'agent Smith mène aux conclusions suivantes :

– Si la route est une cause de l'accident, alors il y a nécessairement deux autres défaillances.

– Si la vitesse a causé l'accident, alors il y a aussi une autre cause.

– Les pneus n'ont rien à voir dans l'accident.

Quelles sont les causes de l'accident ?

(A) Les freins et les pneus.
(B) La route et les pneus.
(C) La route, la vitesse et les freins.
(D) La vitesse et les freins.
(E) Les freins et la route.

Question 38. On dispose des cartes : chacune a une lettre sur une face et un nombre sur l'autre face. Quatre cartes sont posées sur une table de telle sorte que l'on voit un M, un U, un 4 et un 7. Pierre affirme que : « Pour chacune de ces cartes, si la carte a une voyelle sur une face alors elle a un nombre pair sur l'autre face. »

Quel est le plus petit nombre de cartes qu'Héloïse doit retourner pour être certaine que Pierre a dit la vérité ?

(A) 2
(B) 3
(C) 4
(D) 1
(E) Aucune

Question 39. Annie a attribué à tous ses livres un code de trois lettres, en utilisant l'ordre alphabétique : AAA, AAB, AAC,… AAZ, ABA, ABB,… ABZ, ACZ,…, AZZ, BAA, BAB, BAC,…, BAZ, BBA, BBB, BBC,…, BBZ,…, BZZ, CAA… Jeff a 2 038 livres.

Quel est le dernier code utilisé par Annie quand elle a codé toute sa collection ?

(A) DAJ
(B) DCG
(C) CHY
(D) CVS
(E) BXP

>>>
>>>

Question 40. Ana, Bob, Carl et David décident de comparer les sommes d'argent dont chacun d'entre eux dispose. Carl et David n'ont pas ensemble plus d'argent qu'Ana, et Bob et Carl ont ensemble plus d'argent qu'Ana et David. On sait alors que :

(A) Carl est plus riche que Bob.
(B) Bob est au moins deux fois plus riche que David.
(C) David n'a pas moins d'argent qu'Ana.
(D) David est cinq fois moins riche qu'Ana.
(E) Ana et Bob ont plus d'argent que David.

Question 41. On compte dans un tiroir 6 chaussettes bleues, 4 chaussettes vertes et 8 chaussettes blanches. Combien de chaussettes doit-on tirer au minimum pour être sûr d'avoir une paire de chaussettes de même couleur ?

(A) 2
(B) 4
(C) 8
(D) 10
(E) 14

Question 42. Ari court plus vite que Jean qui va également moins vite que Samantha. Vanessa va également moins vite que Rani qui est cependant aussi rapide que Bernard. Mais ce dernier court plus vite que Sam et Huguette ensemble.
Qui est le moins rapide ?

(A) Rani
(B) Ni Samantha, ni Jean
(C) Ni Jean, ni Rani
(D) Ari
(E) Ni Ari, ni Bernard

Question 43. Six enfants sont assis autour d'une table ronde pour le repas. Il y a Kader, Benoît, Myriam, Louise, Fatima et Paul.

– Myriam n'est pas assise à côté d'un garçon.
– Benoît est assis en face de Fatima
– Benoît est assis juste à côté de Kader.

Laquelle des affirmations suivantes est vraie ?

(A) Louise est assise à droite de Myriam.
(B) Kader est assis en face de Myriam.
(C) Myriam est assise en face de Paul.
(D) Paul est assis à droite de Kader.
(E) Kader est assis en face de Louise.

Question 44. Un institut décide de lancer une vaste étude sur la perception spatiale. Pour ce faire, il réunit plus de 1000 enfants âgés de 6 à 12 ans venus des quatre coins du pays. L'expérience est simple : 3 enfants sont réunis autour d'un cube coloré contenant 1 voyelle inscrite en lettres capitales sur chaque côté et chacun doit dire ce qu'il voit. Le tout est disposé de telle sorte que chaque sujet voit exactement 3 côtés adjacents du cube. Dans la salle 314, Nathan, David et Jonathan, respectivement âgés de 7, 9 et 10 ans, se prêtent à l'expérience. Nathan dit : « Je vois les lettres U, I et Y » tandis que David dit : « Je vois les lettres Y, E et O ». Pour terminer, Jonathan dit : « Je vois les lettres A, O et I ». Quelle lettre est face au U ?

(A) A
(B) E
(C) I
(D) O
(E) Y

Question 45. Un petit garçon affirme : « j'ai autant de frères que de sœurs ». Sa sœur affirme à son tour : « j'ai deux fois plus de frères que de sœurs ». Combien y a-t-il d'enfants dans cette famille ?

(A) Six.
(B) Trois.
(C) Quatre.
(D) Cinq.
(E) Sept.

Si vous avez terminé, vous n'êtes pas autorisé(e) à revenir sur une épreuve précédente.
Vous n'êtes pas non plus autorisé(e) à travailler sur une épreuve suivante avant la fin du temps imparti.

STOP !

TEST BLANC TAGE MAGE 5

SOUS-TEST 4 : CONDITIONS MINIMALES

15 questions / 20 minutes / Calculatrice interdite
Réponse juste : + 4 points / Réponse fausse : – 1 point
Aucune réponse : 0 point

Vous répondrez :

(A) Si l'information (1) permet à elle seule de répondre à la question, et si l'information (2) à elle seule ne permet pas de répondre à la question.

(B) Si l'information (2) permet à elle seule de répondre à la question, et si l'information (1) à elle seule ne permet pas de répondre à la question.

(C) Si les deux informations (1) et (2) ensemble permettent de répondre à la question, et aucune séparément ne le peut.

(D) Si chaque information permet séparément de répondre à la question.

(E) Si les deux informations ensemble ne permettent pas de répondre à la question.

Question 46. Que vaut le nombre de trois chiffres ABC avec A, B et C des chiffres consécutifs décroissants différents de 0 ?

(1) Le chiffre des dizaines de ABC est égal au double du chiffre des unités de ABC.

(2) Le carré de la somme des chiffres de ABC est égal à 36.

Question 47. Question 47. Pierre, Paul, Jacques et Jean ont dans le désordre 32, 41, 53, 55 ans. Quel est le prénom du plus jeune ?

(1) Paul et Pierre, qui n'est pas le plus âgé, disent : Jacques a 41 ans.

(2) Pierre et Paul ne rencontrent le plus jeune que rarement.

##
##

Vous répondrez :

(A) Si l'information (1) permet à elle seule de répondre à la question, et si l'information (2) à elle seule ne permet pas de répondre à la question.

(B) Si l'information (2) permet à elle seule de répondre à la question, et si l'information (1) à elle seule ne permet pas de répondre à la question.

(C) Si les deux informations (1) et (2) ensemble permettent de répondre à la question, et aucune séparément ne le peut.

(D) Si chaque information permet séparément de répondre à la question.

(E) Si les deux informations ensemble ne permettent pas de répondre à la question.

Question 48. Une baignoire a deux robinets séparés : un robinet d'eau chaude et un robinet d'eau froide. Les deux robinets ont des vitesses de débit différentes. Si l'on ouvre les deux robinets en même temps, la baignoire se remplit entièrement en 30 minutes. En combien de temps la baignoire se remplirait-elle si l'on n'ouvrait que le robinet d'eau chaude ?

(1) Si l'on n'ouvrait que le robinet d'eau froide, la baignoire se remplirait en 45 minutes.

(2) Le robinet d'eau chaude peut débiter 50 litres en 10 minutes.

Question 49. X est un entier naturel non nul inférieur à 10. X est-il premier ?

(1) X + 3 est divisible par 5.

(2) X^2 est divisible par 4.

Question 50. Cédric a passé une épreuve de concours. A combien de questions a-t-il répondu ?

(1) Il a mis en moyenne 1 min 30 secondes pour répondre à une question.

(2) Avec 3 fois plus de temps, il aurait pu répondre à 60 questions supplémentaires.

Question 51. X est un nombre à trois chiffres. Ces trois chiffres sont-ils des nombres premiers ?

(1) La multiplication des trois chiffres de X est égale à 105.

(2) L'addition des chiffres de X est égale à 15.

##
##

Vous répondrez :

(A) Si l'information (1) permet à elle seule de répondre à la question, et si l'information (2) à elle seule ne permet pas de répondre à la question.

(B) Si l'information (2) permet à elle seule de répondre à la question, et si l'information (1) à elle seule ne permet pas de répondre à la question.

(C) Si les deux informations (1) et (2) ensemble permettent de répondre à la question, et aucune séparément ne le peut.

(D) Si chaque information permet séparément de répondre à la question.

(E) Si les deux informations ensemble ne permettent pas de répondre à la question.

Question 52. On considère un cylindre de rayon *r* et de hauteur *h*. Quel est le volume de ce cylindre ?

(1) Si l'on multiplie les dimensions du cylindre par deux, alors le volume devient égal à 16π.

(2) La longueur de la hauteur du cylindre est égale au double de la longueur de son rayon.

Question 53. On considère 5 entiers différents. Quelle est la somme de ces 5 entiers ?

(1) La somme des deux plus petits entiers est égale à 10.

(2) La somme des deux plus grands entiers est égale à 18.

Question 54. Quelle est la valeur de X ?

(1) $X^2 - 16X = 0$

(2) $X^2 - 4X = 0$

Question 55. On considère A, le cube d'un entier naturel inférieur à 1 000.
Quelle est la valeur de A ?

(1) La somme des chiffres des dizaines et des unités de A est égale à 7.

(2) La soustraction du chiffre des dizaines au chiffre des centaines de A est égale à 1.

##
##

Vous répondrez :
(A) Si l'information (1) permet à elle seule de répondre à la question, et si l'information (2) à elle seule ne permet pas de répondre à la question.
(B) Si l'information (2) permet à elle seule de répondre à la question, et si l'information (1) à elle seule ne permet pas de répondre à la question.
(C) Si les deux informations (1) et (2) ensemble permettent de répondre à la question, et aucune séparément ne le peut.
(D) Si chaque information permet séparément de répondre à la question.
(E) Si les deux informations ensemble ne permettent pas de répondre à la question.

Question 56. Qui est le plus riche parmi Alexandre, Béatrice et Carole ?

(1) La somme d'argent possédée ensemble par Alexandre et Béatrice est supérieure à celle possédée ensemble par Béatrice et Carole.
(2) La somme d'argent possédée ensemble par Carole et Béatrice est inférieure à celle possédée ensemble par Alexandre et Carole.

Question 57. Les étudiants d'une Ecole d'ingénieurs habitent soit sur le campus de l'Ecole, soit en dehors du campus. Combien de garçons habitent sur le campus de l'Ecole ?

(1) 35 % des étudiants sont des filles.
(2) 60 % des étudiants habitent sur le campus.

Question 58. Quelle est l'aire du triangle isocèle DEF ?

(1) La base DE du triangle DEF est égale à 13,5 centimètres.
(2) La somme des angles EDF et DEF est égale à quatre fois l'angle DFE.

Question 59. Quel est l'âge de François ?

(1) La somme de l'âge de sa mère et du sien fait 50.
(2) L'année dernière, sa mère avait 3 fois son âge.

##
##

Vous répondrez :

(A) Si l'information (1) permet à elle seule de répondre à la question, et si l'information (2) à elle seule ne permet pas de répondre à la question.

(B) Si l'information (2) permet à elle seule de répondre à la question, et si l'information (1) à elle seule ne permet pas de répondre à la question.

(C) Si les deux informations (1) et (2) ensemble permettent de répondre à la question, et aucune séparément ne le peut.

(D) Si chaque information permet séparément de répondre à la question.

(E) Si les deux informations ensemble ne permettent pas de répondre à la question.

Question 60. Le dénivelé d'une route pentue est évalué en pourcentage. Plus la route est pentue et plus son dénivelé est fort. Quand la route est plate, son dénivelé est de 0 %. Un cycliste vient d'effectuer l'ascension d'une route de montage dont le dénivelé est plus fort pour le dernier tiers que pour les deux premiers tiers. Quand on prend pour référence sa vitesse sur le plat, la vitesse de ce cycliste diminue de 10 % pour un 1 % d'augmentation du dénivelé de la route. Quel est en pourcentage le dénivelé du dernier tiers de l'ascension ?

(1) La vitesse du cycliste durant le dernier tiers de l'ascension est égale au 5/7 de sa vitesse durant les deux premiers tiers.

(2) La vitesse du cycliste durant le dernier tiers de l'ascension est égale à la moitié de sa vitesse sur le plat.

Si vous avez terminé, vous n'êtes pas autorisé(e) à revenir sur une épreuve précédente.
Vous n'êtes pas non plus autorisé(e) à travailler sur une épreuve suivante avant la fin du temps imparti.

STOP !

TEST BLANC TAGE MAGE 5

SOUS-TEST 5 : EXPRESSION

15 questions / 20 minutes / Calculatrice interdite
Réponse juste : + 4 points / Réponse fausse : – 1 point
Aucune réponse : 0 point

Questions 61 à 67 : chaque question présente une phrase dans laquelle manquent plusieurs parties ; cinq réponses sont proposées pour compléter la phrase. Choisissez la réponse qui convient le mieux.

Question 61. (…) le marché des capitaux en Arménie (…) de rapides transformations, (…) lieu de publier un rapport mettant la situation à jour, puisqu'un tel rapport (…).

(A) Comme / subit / il y a tout à fait / resterait d'actualité de nombreuses années
(B) Comme / subit / il n'y a pas / serait vite périmé
(C) Bien que / ne subisse pas / il n'y a pas / resterait d'actualité de nombreuses années
(D) Comme / ne subit pas / il n'y a pas / ne resterait pas longtemps d'actualité
(E) Bien que / subit / il y a lieu / ne resterait pas longtemps d'actualité

Question 62. Didier (…) l'opinion selon laquelle l'obstination est un trait de caractère (…). A son avis, (…) de susciter de la colère, (…) favoriser la réalisation des objectifs que l'individu se fixe.

(A) ne rejette pas / positif / non seulement elle ne risque pas / mais en général, elle ne peut non plus
(B) n'admet pas / négatif / bien qu'elle risque / en général, elle peut
(C) n'admet pas / positif / non seulement elle risque / mais elle peut souvent
(D) ne rejette pas / négatif / non seulement elle ne risque pas / mais en général, elle ne peut non plus
(E) rejette / positif / il convient / car elle permet de

Question 63. En observant des animaux vivant en communauté, on a constaté que très souvent un des animaux assure la garde de ses congénères face aux prédateurs. Doit-on considérer cette garde comme le sacrifice d'un individu au profit de la collectivité ? Les chercheurs qui répondent à cette question par (…) estiment que (…) posté à un endroit exposé, l'animal gardien (…) un danger accru, (…) le premier à percevoir la menace et à fuir devant elle.

(A) l'affirmative / bien qu'il soit / ne court pas / puisqu'en fait il sera

(B) la négative / bien qu'il soit / ne court pas / tout en étant

(C) l'affirmative / dans la mesure où il est / court en fait / d'autant plus qu'il sera

(D) la négative / quoiqu'il soit / ne court pas / puisqu'en fait il sera

(E) la négative / tout ce qui est / court / notamment du fait qu'il est

Question 64. Monsieur Huillier (…) l'élection de Madame Galici à la présidence du parti, (…) au programme politique de cette dernière. Cependant, comme elle a décidé de ne pas (…) ce programme après sa prise de fonctions, il a retiré (…) à sa nomination.

(A) a appuyé / en raison de son adhésion complète / poursuivre / son soutien initial

(B) n'était pas partisan de / parce qu'il s'opposait / dévier d'un pouce de / son opposition initiale

(C) n'était pas enchanté par / parce qu'il s'opposait violemment / poursuivre / son soutien initial

(D) n'a pas soutenu / malgré sa vive opposition / rester fidèle à / son opposition initiale

(E) a toujours soutenu / du fait qu'il s'opposait / compromettre / son soutien

Question 65. (…) la télévision, le cinéma américain des années cinquante était caractérisé par (…). Il semble que l'explication provient de ce que (…) des gardiens de la morale et autres censeurs tandis que (…).

(A) Comme / une véritable liberté de création / le cinéma, comme la télévision, était financé par des publicités commerciales et c'est pourquoi il était également soumis au contrôle / la télévision avait toute liberté de créer et d'innover

(B) Contrairement à / le conservatisme et le conformisme / le cinéma s'adressait à un public vaste et diversifié et était donc soumis à un strict contrôle / la télévision, qui avait alors peu de spectateurs, pouvait plus facilement braver les normes sociales

(C) Contrairement à / le conservatisme et le conformisme / la télévision jouissait d'une grande influence sociale et c'est pourquoi elle s'attirait les foudres principales / le cinéma bénéficiait d'une liberté de création sans précédent

(D) Contrairement à / le conservatisme et le conformisme / la télévision jouissait d'une grande influence sociale et c'est pourquoi elle s'attirait les foudres principales / le cinéma bénéficiait d'une liberté de création sans précédent

(E) Contrairement à / une totale liberté de création / la télévision existait dans chaque foyer et c'est pourquoi elle était soumise à un strict contrôle / le cinéma craignait d'innover et de faire preuve d'audace de peur de perdre ses rares spectateurs

Question 66. Le patron du service (...) son opposition initiale au nouveau traitement destiné à lutter contre le Covid-19 en raison (…) dans les expériences cliniques. (…) il s'en est tenu à son avis premier, selon lequel (…) généraliser l'usage du traitement à l'hôpital.

(A) a annulé / de son succès / C'est pourquoi / il fallait rapidement

(B) a annulé / de son succès / Cependant, / il ne fallait pas pour l'instant

(C) a annulé / de son échec / C'est pourquoi / il ne fallait pas pour l'instant

(D) n'a pas annulé / de son échec / Néanmoins, / il ne fallait pas

(E) n'a pas annulé / de son succès / Aussi, / il ne faudrait pas

Question 67. Il ne se déclare jamais vaincu, il se bat jusqu'à la dernière seconde et va jusqu'au bout de lui-même pour faire gagner son équipe. Il fait preuve (…).

(A) de courage

(B) de folie

(C) de persévérance

(D) d'abnégation

(E) de générosité

Question 68. Choisissez la reformulation dont le sens se rapproche le plus du passage souligné.

Je suis très attaché à mes amis, et à plus forte raison à ma famille.

(A) donc

(B) bien plus

(C) *a fortiori*

(D) *ipso facto*

(E) de fait

Question 69. Laquelle ou lesquelles de ces phrases contient ou contiennent des erreurs de grammaire ou de syntaxe ?

1. Malgré qu'il sache très bien ce qu'il risquait, il a décidé de le faire.
2. Bien qu'il est beau, il a du mal à séduire du fait de son extrême timidité.
3. Après qu'il a remporté le ballon d'or, il a tenu à remercier ses coéquipiers.
4. Il est de votre devoir de signaler ce genre d'abus car vous n'êtes pas sans ignorer les lois qui régissent ce pays.
5. S'il n'est pas d'accord, alors qu'il vienne me voir pour qu'on en discute.

(A) 1 et 3

(B) 2 et 3

(C) 1 et 2

(D) 1 et 5

(E) 4 et 5

Question 70. Parmi les propositions suivantes, laquelle fait figure d'intruse ?

(A) De vieilles mains attendent une lettre.

(B) J'aime cette voix verte presque marine.

(C) Il a obtenu un emploi et trouvé un toit.

(D) Il est difficile d'obtenir un volant en course automobile.

(E) En ce mardi ensoleillé, le Maillot jaune savoure pleinement sa victoire.

Question 71. Parmi les cinq propositions suivantes, une seule est correctement orthographiée. Laquelle ?

(A) Le prix exhorbitant de cette chaise est vraiment dissuasif. Qui voudra bien l'acheter ?

(B) Ces pneux sont magnifiques. Je les veux !

(C) Ce vendeur est un voleur. Il va avoir à faire à moi !

(D) Vendredi, nous ferons une ballade dans les bois. Je te le promets.

(E) Ecoute bien ce conseil : il ne faut jamais forcer le renard dans son repaire.

Questions 72 et 73 : indiquez la formulation orthographiquement et grammaticalement la plus correcte, la plus claire et la plus élégante pour exprimer le sens du passage souligné. Le choix A reprend la formulation initiale.

Question 72. Maussade, grande, noire, c'était une maison qui montrait fièrement dans l'ogive par dessus son portail, une croix de grès rouge, vieille, avec un peu de latin tout autour.

(A) Maussade, grande, noire, c'était une maison qui montrait fièrement dans l'ogive par dessus son portail, une croix de grès rouge, vieille, avec un peu de latin tout autour.

(B) C'était une grande maison, maussade et noire, toute fière de montrer, au-dessus de son portail en ogive, une vieille croix de grès rouge, avec un peu de latin autour.

(C) Quelle grande maison, maussade et noire ! Fière elle était, de montrer, surplombant l'ogive de son portail, les bribes de latin qui entourait une croix, vieille et en grès rouge.

(D) C'était une maison maussade grande et noire, toute fière en montrant, au-dessus de son portail en ogive, une croix de grès rouge, entourée d'un peu de latin.

(E) C'était une maussade maison, grande, noire, toute fière en montrant, au-dessus de l'ogive de son portail, le grès rouge d'une vieille croix avec un peu de latin alentour.

Question 73. Alimentant un marché international en croissance rapide, en accompagnant de nouveaux rapports au vin, de nouvelles attentes, un nouvel imaginaire, les vins des « nouveaux mondes » (Amérique, Afrique australe, Océanie) portent un marketing efficace.

(A) Alimentant un marché international en croissance rapide, en accompagnant de nouveaux rapports au vin, de nouvelles attentes, un nouvel imaginaire, les vins des « nouveaux mondes » (Amériques, Afrique australe, Océanie) portent un marketing efficace.

(B) Les vins des « nouveaux mondes » (Amérique, Afrique australe, Océanie) sont portés par un marketing efficace, en alimentant un marché international en croissance rapide, accompagnant de nouveaux rapports au vin, de nouvelles attentes, un nouvel imaginaire.

(C) Portés par un marketing efficace, les vins des « nouveaux mondes » (Amérique, Afrique australe, Océanie) alimentent un marché international en croissance rapide, accompagnant de nouveaux rapports au vin, de nouvelles attentes, un nouvel imaginaire.

(D) Un marketing efficace porte les vins des « nouveaux mondes » (Amérique, Afrique australe, Océanie), qui alimentent un marché en croissance rapide, pour accompagner de nouveaux rapports au vin, de nouvelles attentes, un nouvel imaginaire.

(E) Accompagnant de nouveaux rapports au vin, de nouvelles attentes, un nouvel imaginaire, les vins des « nouveaux mondes » (Amérique, Afrique australe, Océanie) sont portés par un marketing efficace, en alimentant un marché en croissance rapide.

Question 74 : parmi les cinq adages populaires ci-dessous, trouvez le seul dont le sens est le plus en contradiction avec l'énoncé figurant dans la question.

Question 74. Le riche ne danse jamais mal.

(A) Le fond de la pirogue ne dit pas ce qu'il y a au fond de l'eau.

(B) En pleine lagune, on ne se moque pas du crocodile.

(C) Tel vous trompe par son sourire, mais vous coupe intérieurement en morceaux.

(D) Ce qui se dit sur le cadavre du lion n'a jamais été dit de son vivant.

(E) La vérité, comme les tâches de la pintade, ne saura être dissimulée longtemps.

Question 75. Trouvez parmi les 5 phrases ci-dessous la seule qui ne comporte aucune faute d'orthographe d'usage, et/ou de grammaire.

(A) Je connais bien le quartier à la rénovation très difficile et délicate dont vous collaborez.

(B) J'insiste là-dessus parce que c'est ce qu'il faut bien faire attention.

(C) En arrivant le matin, la mer était gris vert et le soir elle était toute bleue.

(D) Ce qu'il a besoin après tout, c'est qu'on laisse travailler tranquille.

(E) Elle était de plus en plus fatiguée ; elle y était d'ailleurs depuis des années.

Si vous avez terminé, vous n'êtes pas autorisé(e) à revenir sur une épreuve précédente.
Vous n'êtes pas non plus autorisé(e) à travailler sur une épreuve suivante avant la fin du temps imparti.

STOP !

TEST BLANC TAGE MAGE 5

SOUS-TEST 6 : LOGIQUE

15 questions / 20 minutes / Calculatrice interdite
Réponse juste : + 4 points / Réponse fausse : – 1 point
Aucune réponse : 0 point

Question 76.

	91			
	26			
	35			
52	**?**	18	46	94
	73			

(A) 61 (B) 65 (C) 63 (D) 27 (E) 29

Question 77.

				LUP
SOM	LWA	QEK	JVS	**?**
				AVR
				SFJ
				BCT

(A) QVX (B) PAI (C) TAZ (D) QAI (E) GIJ

****
****

Question 78.

	432			
	658			
	980			
	327			
729	**?**	125	27	343

(A) 216 (B) 800 (C) 459 (D) 512 (E) 767

Question 79.

				HE
ND	TP	SP	CW	**?**
				CJ
				FG
				LA

(A) DI (B) RL (C) BK (D) DS (E) BL

Question 80.

		972		
		462		
		256		
		648		
716	110	**?**	423	897

(A) 130 (B) 412 (C) 312 (D) 324 (E) 536

****
****

Question 81.

BMG
VEC
DQE
RJE

SJM VKC ? VMB SNA

(A) FPC (B) MOB (C) BOC (D) FLB (E) GLR

Question 82.

844
907
556
295

114 230 ? 138 193

(A) 415 (B) 178 (C) 444 (D) 296 (E) 457

Question 83.

TE
DO

SB DE ? QK IN

SA
EU

(A) IL (B) GH (C) BL (D) IS (E) AH

****
****

Question 84.

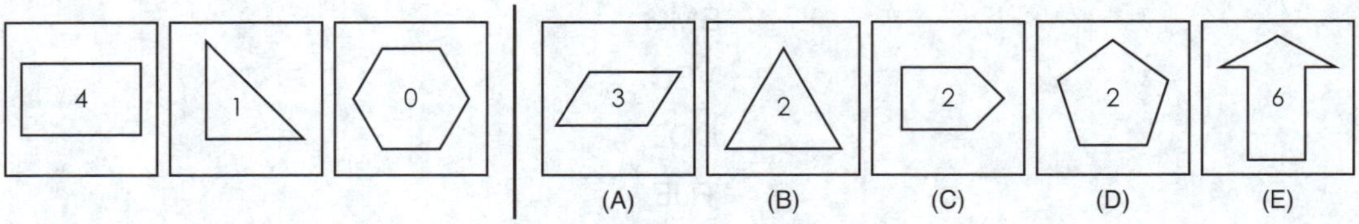

Question 85.

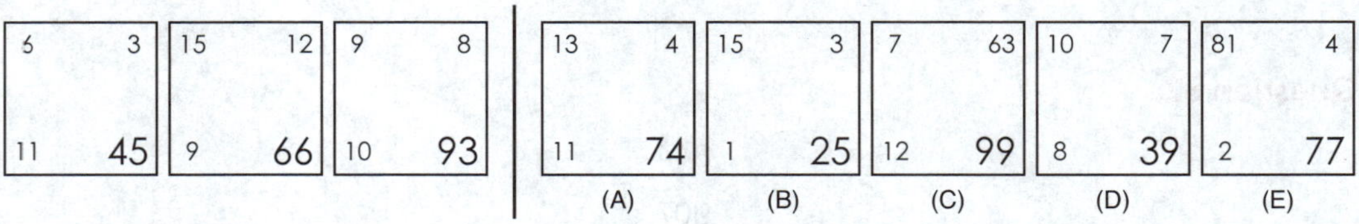

Question 86.

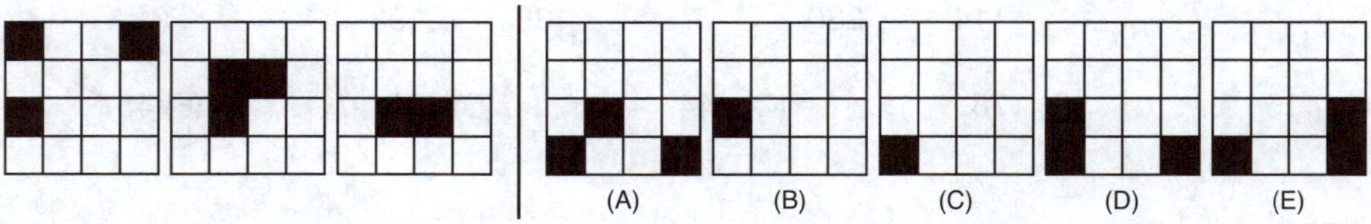

Question 87.

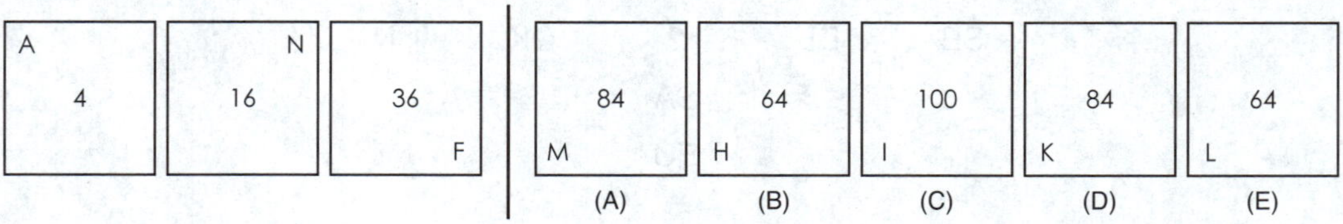

Question 88.

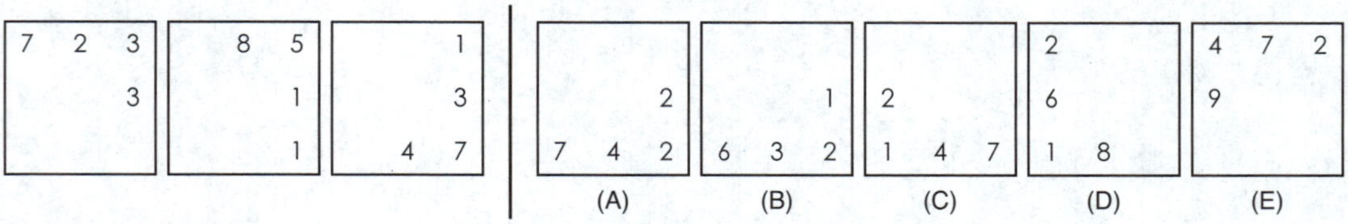

****
****

Question 89.

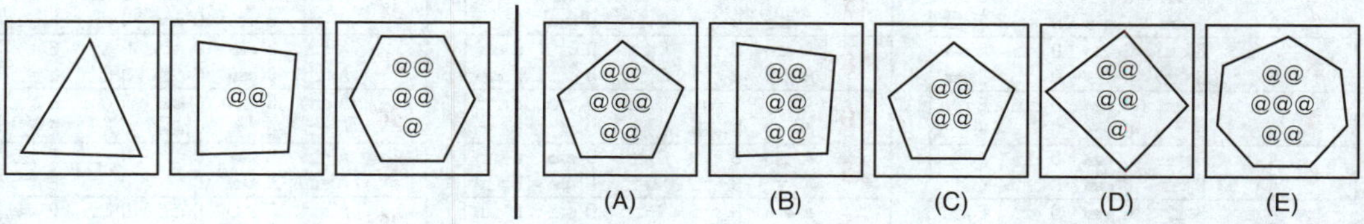

Question 90.

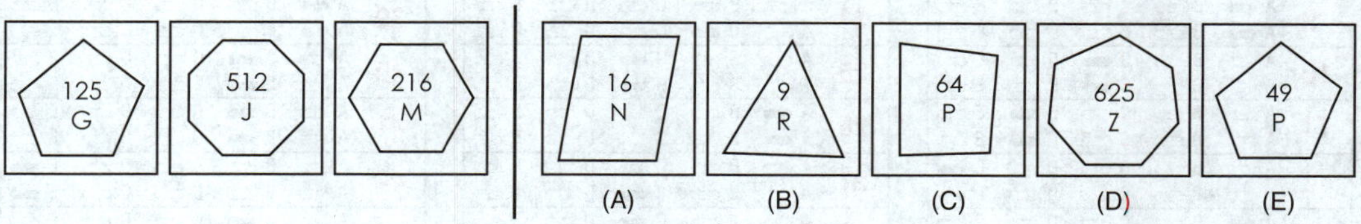

TEST TAGE MAGE 5 : VOTRE GRILLE DE REPONSES JUSTES

Sous-test 1
Compréhension de textes

N°	Réponse
1	B
2	B
3	E
4	C
5	C
6	C
7	D
8	C
9	A
10	C
11	D
12	E
13	A
14	B
15	E

Sous-test 2
Calcul

N°	Réponse
16	E
17	D
18	E
19	B
20	D
21	A
22	E
23	D
24	B
25	C
26	A
27	C
28	C
29	E
30	E

Sous-test 3
Raisonnement/Argumentation

N°	Réponse
31	A
32	C
33	B
34	C
35	B
36	E
37	D
38	A
39	A
40	B
41	B
42	E
43	B
44	D
45	E

Sous-test 4
Conditions minimales

N°	Réponse
46	D
47	C
48	A
49	A
50	B
51	A
52	A
53	C
54	C
55	B
56	C
57	E
58	C
59	C
60	B

Sous-test 5
Expression

N°	Réponse
61	B
62	B
63	D
64	A
65	B
66	B
67	D
68	C
69	C
70	B
71	E
72	A
73	C
74	E
75	C

Sous-test 6
Logique

N°	Réponse
76	C
77	D
78	A
79	C
80	A
81	D
82	B
83	E
84	C
85	A
86	E
87	B
88	A
89	E
90	C

5

CORRIGES

SOUS-TEST 1 : COMPREHENSION DE TEXTES

Question 1. Réponse B

Le rhume des foins n'est pas une conséquence de l'allergie à l'ambroisie ; mais les syndromes du rhume des foins et de l'allergie à l'ambroisie sont les mêmes : « les allergies qu'elle provoque ressemblent à ceux du rhume des foins ».

Question 2. Réponse B

Question 3. Réponse E

Idem : « 20 % de la population française vivant dans les zones infestées souffrirait de maladies liées à la plante ».

Question 4. Réponse C

Elle est nuisible, donc pas bénéfique (cela élimine A), ses fleurs (cela élimine B) sont vertes donc pas roses (cela élimine E), elle vient des Etats-Unis et non de Grèce (cela élimine D) et elle est bien sûr allergisante.

Question 5. Réponse C

La réponse est explicite : « Elle a profité des grands travaux d'aménagement des années 1950 pour se déplacer, en même temps que la terre des chantiers ».

Question 6. Réponse C

La réponse est explicite : « le groupe a versé un intéressement aux salariés d'environ 3 000 euros ».

Question 7. Réponse D

Idem : « 2,2 tonnes de coton d'Egypte, déjà filées, sont traitées, passées à la flamme, à la soude ».

Question 8. **Réponse C**

Idem : « Chaque échevette (1,8 gramme de fil) ».

Question 9. **Réponse A**

Aucune réponse n'est totalement satisfaisante, car ce texte explique que le groupe DMC a failli disparaître mais qu'il renoue actuellement avec les bénéfices. Il faut donc procéder par élimination pour trouver la réponse la moins mauvaise :

on ne peut pas dire que le groupe a prospéré ni qu'il est un modèle de réussite économique (de 14 000 à 347 salariés, redressement judiciaire…), ce qui élimine les réponses B et C.

Le groupe DMC compte effectivement remettre la broderie à la mode, mais on ne nous explique pas comment, ce n'est donc pas la réponse D.

Il n'y a pas d'explication sur les stratégies des dirigeants ; on connaît seulement les bons résultats financiers. La réponse E ne convient pas.

La réponse A apparaît comme la moins mauvaise réponse car on ne peut pas dire que ce texte ne parle pas des difficultés de DMC.

Question 10. **Réponse C**

Ce sont des millions d'euros et non des milliards qui ont été investis : « Il a aussi beaucoup investi : 2,9 millions d'euros. ».

Question 11. **Réponse D**

La réponse est explicite : « Il faut donc passer à la vitesse supérieure, sous peine d'épuiser la planète ».

Question 12. **Réponse E**

Idem : « un principe qui consiste à produire davantage de richesses en consommant moins de ressources naturelles ».

Question 13. **Réponse A**

Les 3 propositions sont exactes.

Proposition 1 : « les pays riches continuent de consommer autant de ressources naturelles qu'en 2000 ».

Proposition 2 : « et les autres (les pays pauvres) les rejoignent ».

Proposition 3 : quel que soit le scénario retenu, les auteurs tablent sur une population mondiale de 9 milliards ; il y a donc bien accroissement de la population : « Les auteurs ont imaginé trois scénarios à l'horizon 2050, avec une population mondiale atteignant 9 milliards d'individus. »

Question 14. Réponse B

La réponse est explicite : « Cela aboutirait néanmoins à une hausse de 40 % des volumes de ressources naturelles utilisés et à un doublement des émissions de CO_2 ».

Question 15. Réponse E

L'auteur préconise : « l'urbanisation, qui permet la mutualisation des services et les économies d'échelle », « la capacité de l'homme à inventer des technologies moins gourmandes en ressources naturelles », « une diminution de moitié pour les pays industrialisés », « un maintien de la quantité de ressources consommées au niveau de 2000 ».

En revanche, pour les pays en voie de développement, l'hypothèse retenue est : « un *statu quo* pour les autres ».

SOUS-TEST 2 : CALCUL

Ce sous-test était particulièrement difficile. Ne paniquez pas !

Question 16. Réponse E

Il faut un nombre de madeleines qui est divisible à la fois par 3, 5 et 6. Seul 30 répond à cette condition. C'est donc la bonne réponse.

Question 17. Réponse D

Soit TM le temps, en minutes, nécessaire pour la montée et TD le temps, en minutes, nécessaire pour la descente. On peut écrire : **TM + TD = 5** et **2TM + 0,5TD = 7**. En≈résolvant ce système, on trouve TM = 3 minutes et TD = 2 minutes. Aussi, le premier jour : TM = 3 minutes et TD = 2 minutes, le second jour : TM = 6 minutes et TD = 1 heure, le troisième : TM = 12 minutes et TD = 0,5 minutes… Soit 12,5 minutes au total, autrement dit : **12 minutes et 30 secondes**.

Question 18. Réponse E

Si la somme des 3 petits vaut 33, alors les nombres sont 10, 11 et 12. On conclut que les trois plus grands sont 14, 15 et 16 et **14 + 15 + 16 = 45**.

Question 19. Réponse B

Si le triangle isocèle n'avait qu'un côté de 20 cm, les longueurs des deux autres côtés seraient égales. Il y a donc deux côtés de longueur 20 cm et le troisième côté mesure soit 8 cm (2/5 de 20 cm) soit 50 cm (5/2 de 20 cm). Dans le deuxième cas l'inégalité triangulaire ne serait pas respectée : 50 > 20 + 20. Le périmètre du triangle isocèle est donc 20 + 20 + 8, soit 48 cm.

Question 20. Réponse D

Attention ! On vous demandait ici de trouver un nombre « **QUI N'EST PAS** la somme de trois nombres à un chiffre, tous différents ». Lisez bien l'énoncé ! 10 = 5 + 3 + 2 (par exemple), 15 = 4 + 5 + 6, 23 = 9 + 8 + 6 ; 25 en revanche ne peut s'écrire comme la somme de trois nombres à un chiffre tous différents. Et comme c'est le plus petit des deux nombres qui restent en solution, c'est la bonne réponse.

Question 21. Réponse A

Procédons étape par étape :

- $A - 1 = B + 2 \rightarrow A = B + 3 \rightarrow$ **A > B**
- $B + 2 = C - 3 \rightarrow B = C - 5 \rightarrow$ **C > B**
- $C - 3 = D + 4 \rightarrow C = D + 7 \rightarrow$ **C > D**
- $C - 3 = E - 5 \rightarrow C = E - 2 \rightarrow$ **E > C**

C'est donc E le plus grand des 5 nombres.

Question 22. Réponse E

Soit X, Y et Z les longueurs des côtés du triangle ABC rectangle en A.

On cherche l'aire du triangle soit $\frac{\text{base} \times \text{hauteur}}{2}$, soit encore $\frac{XY}{2}$.

On sait que $\mathbf{X + Y + Z = 18}$ et $\mathbf{X^2 + Y^2 + Z^2 = 128}$.

- Comme ABC est rectangle en A, on peut écrire : $\mathbf{Z^2 = X^2 + Y^2}$.
- Aussi, en remplaçant $X^2 + Y^2$ par Z^2 dans l'équation $X^2 + Y^2 + Z^2 = 128$, on obtient $2Z^2 = 128$, soit $Z^2 = 64$ soit encore $\mathbf{Z = 8}$.
- On en déduit alors grâce à l'équation $X + Y + Z = 18$ que $X + Y + 8 = 18$, soit $X + Y = 18 - 8$, soit encore $\mathbf{X + Y = 10}$.
- On sait en outre que $(X + Y)^2 = X^2 + Y^2 + 2XY$. Soit $102 = (128 - 64) + 2XY$. En effet : rappelez-vous que $X^2 + Y^2 + Z^2 = 128$ et que $X^2 + Y^2$ est donc égal à $128 - Z^2$ soit $128 - 64$. On a donc : $100 = (128 - 64) + 2XY$, soit $2XY = 100 - 64 = 36$, soit $\mathbf{XY = 18}$.
- N'oubliez pas qu'on cherche $\frac{XY}{2}$, et de conclure que $\frac{XY}{2} = \frac{18}{2} = 9$. Réponse E !

CORRIGÉS TEST BLANC 5

Question 23. Réponse D

S'il y a 10 notes et que la moyenne est égale à 11, alors la somme des 11 notes doit être égale à 11 × 10 = 110.

On nous dit ensuite que la note de chaque matière est supérieure à l'autre de deux points. Cela nous donne donc deux scénarios possibles :

- Scénario 1 : 1 - 3 - 5 - 7 - 9 - 11 - 13 - 15 - 17 - 19
- Scénario 2 : 2 - 4 - 6 - 8 - 10 - 12 - 14 - 16 - 18 - 20

Il n'y a que ces deux cas en effet car si on commence avec une plus petite note égale à 3 alors la plus grande sera égale à 21 ce qui n'est juste pas possible.

La somme des notes du cas 1 donne 100. La somme des notes du cas 2 donne 110. C'est donc le scénario 2 que l'on retient et la note la plus faible parmi les deux matières est donc égale à 2.

Important : comme toutes les notes ont le même coefficient il s'agit d'une moyenne arithmétique. Aussi devez-vous connaître absolument ces trois corollaires de la moyenne arithmétique pour venir à bout de ce type de questions au Tage Mage.

$$\textbf{Moyenne arithmétique} = \frac{\text{somme des termes}}{\text{nombre de termes}}$$

$$\textbf{Somme des termes} = \text{moyenne arithmétique} \times \text{nombre de termes}$$

$$\textbf{Nombre de termes} = \frac{\text{somme des termes}}{\text{moyenne arithmétique}}$$

Question 24. Réponse B

Il fallait voir ici que la largeur du petit rectangle était équivalente à deux rayons de cercle et que la longueur du petit rectangle était équivalente à 4 rayons de cercle. Soit Rayon d'un cercle = 5 cm et comme le périmètre du grand rectangle est équivalent à 20 rayons, on trouve **20 × 5 = 100 cm**.

Question 25. Réponse C

On teste les solutions : 54 fonctionne très bien puisque **18 + 54 + 108 = 180**.

Question 26. Réponse A

Pour cette question n'hésitez pas à poser proprement et calmement votre inéquation et prenez le temps de la résoudre afin de ne pas commettre d'erreurs d'inattention.

Soit x le nombre de places annuelles. On a l'inéquation suivante à résoudre :

$50 + 7x > 85 + 5x$, soit $2x > 35$, soit $\boldsymbol{x > 17{,}5}$

Autrement dit, 18 places au minimum est la bonne réponse.

Question 27. Réponse C

Examinons les différentes possibilités de tirages :

Franck (somme égale à 14) : Franck n'a pu tirer que (8 ; 6), car toute autre somme ne dépasse pas 13.

Sol (somme égale à 10) : Sol n'a pu tirer que (7 ; 3) puisque les chiffres 8 et 6 ont été pris par Franck et que toute somme sans le 7 ne dépasse pas 9…

Restent les nombres 1, 2, 4 et 5. **Shalom** dont la somme est 7 ne peut avoir tiré que (5 ; 2). C'est en effet la seule et unique façon de faire une somme égale à 7. En conséquence, le produit cherché est égal à $5 \times 2 = 10$.

Question 28. Réponse C

Cette question ne pose aucune difficulté. Posez calmement vos équations.

Question 29. Réponse E

Chaque joueur possède une somme X. Pierre perd $\frac{3}{4}$ de cette somme au profit de Paul. Pierre possède donc $\frac{1}{4}$ **de X**, tandis que Paul possède $X + \frac{3}{4}$ de X, soit $\frac{7}{4}$ **de X**.

Paul possède 7 fois la somme de Pierre.

Question 30. Réponse E

Testons les réponses.

Réponse 1 : 211 111 et 111 112. On voit bien que 211 111 n'est pas 3 fois plus petit que 111 112.

Réponse 2 : 212 344 et 123 442. Idem. On oublie.

Réponse 3 : 281 111 et 811 112. Comme 811 112 n'est pas un multiple de 3 (la somme de ses chiffres vaut 14 qui n'est pas divisible par 3), il ne peut être 3 fois plus grand que 281 111.

Réponse 4 : 282 344 et 823 442. Même explication que pour la réponse 3.

Réponse 5 : c'est par élimination la bonne réponse ! Mais on vérifie quand même pour le plaisir que : 285 714 est bien 3 fois plus petit que 857 142.

SOUS-TEST 3 : RAISONNEMENT – ARGUMENTATION

Question 31. Réponse A

La fourmi connaît tous les animaux sauf le chat ; le lapin ne craint donc personne à part le chat. Le lapin craint donc uniquement le chat.

Question 32. Réponse C

L'information principale qui ressort de l'énoncé est que le cactus japonais pousse dans les deux pots tandis que le cactus chinois ne pousse dans aucun des deux. La couleur du pot n'a pas d'impact sur la croissance des deux cactus.

Seule la réponse C est possible : les deux pots contiennent un produit qui empêche la croissance du cactus chinois, alors que le cactus japonais y résiste.

Question 33. Réponse B

Seule la réponse B ne nous permet pas d'indiquer clairement qui a apporté quoi. Les deux informations sont inutiles : si Laure apporte la lampe de poche, il est clair qu'elle n'apporte pas le canif. Jean ne peut alors pas non plus apporter la lampe de poche, on ne dispose pas d'indications supplémentaires sur qui de Jean ou Yves apporte le canif ou la boussole.

Question 34. Réponse C

Une chambre est déjà occupée par deux enfants aux cheveux blonds et roux. Il reste deux enfants aux cheveux noirs, deux enfants aux cheveux châtains, un enfant blond et un enfant roux à répartir.

Si une deuxième chambre est aussi occupée par un roux et un blond, les deux dernières chambres seront occupées par un châtain et un noir à chaque fois.

Si en revanche le blond restant se met dans une chambre avec un enfant aux cheveux noirs, le roux se met nécessairement avec l'enfant aux cheveux châtains (ou l'inverse). La dernière chambre restante sera alors forcément occupée par un enfant aux cheveux noirs et un enfant aux cheveux châtains.

On remarque que, dans tous les cas, un enfant aux cheveux noirs occupe au moins une chambre avec un enfant aux cheveux châtains.

Question 35. Réponse B

On cherche la proposition qui ne va pas à l'encontre de la conclusion.

Toutes les réponses sauf la B affaiblissent la conclusion en expliquant que la forte moyenne obtenue en fin d'année par ALPHA n'est pas due à la nouvelle méthode d'enseignement mais à d'autres facteurs (soutien particulier, arrivée d'élèves plus talentueux, absence des moins doués à l'examen).

La réponse B ne renforce pas la conclusion, mais ne l'affaiblit pas non plus : elle explique que si cette méthode a fait ses preuves en calcul, elle a peu d'effet dans les autres matières. On la préfère aux autres.

Question 36. Réponse E

Le mois de juin comporte 30 jours. Si 3 mardis tombent des jours impairs, la seule possibilité est que le premier mardi du mois tombe le 1. Le troisième mardi tombera le quinzième jour du mois.

Le 19 tombera 4 jours plus tard ; mercredi 16, jeudi 17, vendredi 18, **samedi 19**.

Question 37. Réponse D

La première information nous indique que si la route constitue une des raisons de l'accident, il faut deux autres défaillances. On élimine directement les réponses B et E.

Les pneus n'ont rien à voir avec l'accident : on élimine la réponse A.

Il reste les réponses C et D ; l'information 2 nous précise que si la vitesse est en cause, il existe seulement un autre facteur qui explique également l'accident. On élimine la C ; il ne reste que la réponse D.

Question 38. Réponse A

Pierre affirme que si une carte a une voyelle sur une face, un nombre pair est inscrit sur la face opposée.

Pour vérifier ses dires, Héloïse doit retourner la carte où la voyelle « U » est inscrite afin de voir si un nombre pair figure sur la face opposée. Elle doit aussi retourner le 7 pour s'assurer que la lettre n'est pas une voyelle ; si c'était le cas, une voyelle aurait pour face opposée un chiffre impair et Pierre aurait tort.

Héloïse doit donc retourner au minimum deux cartes.

Question 39. Réponse A

Le 26e livre se voit attribuer le code AAZ. Au 27e livre, le rang de la lettre du milieu augmente de 1.

Le livre avec le code AZZ sera le 26 × 26 = 676e de la bibliothèque.

676 × 3 = 2028 ; le 2 028e livre aura le code CZZ. On rajoute 10 livres à la bibliothèque, et le code du dernier livre sera donc DAJ.

Question 40. Réponse B

On a les équations suivantes : C + D > A, et B + C > A + D

Les sommes d'argent étant forcément positives, on peut ajouter D dans la première inéquation sans en changer le sens. On a donc C + 2D > A + D.

On remplace (A + D) par sa valeur en fonction de B et C : on obtient l'inéquation

B + C > C + 2D. On enlève C des deux côtés et on trouve B > 2D.

On en déduit que Bob est au moins deux fois plus riche que David.

Question 41. Réponse B

Les chaussettes peuvent être de trois couleurs possibles : bleues, vertes et blanches. Si on tire 4 chaussettes, on est sûr d'avoir deux chaussettes de même couleur.

Question 42. Réponse E

On traduit l'énoncé sous forme d'équations :

A > J et S > J   R > V et R = B   B > Sam + H

On procède par élimination : Rami est plus rapide que Vanessa, ce n'est donc pas le moins rapide. On élimine la A.

La B est fausse. Jean peut être le moins rapide, rien ne nous précise qu'il court plus vite que Sam ou Huguette. Le raisonnement est la même pour la réponse C.

Ari est plus rapide que Jean ; la D est incorrecte.

Il ne reste que la réponse E : Ari et Bernard sont respectivement plus rapides que Jean et Samantha. Ce ne sont donc pas les moins rapides.

Question 43. Réponse B

Myriam n'est pas assise à côté de Kader, Paul ou Benoît.

Benoît étant en face de Fatima avec Kader à ses côtés, on en déduit que Myriam est nécessairement proche de Fatima, et plus précisément au côté opposé de celui où est assis Kader.

Si Kader est assis à la droite de Benoît, Myriam sera assise à la gauche de Fatima et inversement.

Kader est forcément assis en face de Myriam.

Question 44. Réponse D

La réponse découle d'un principe logique : un enfant ne peut pas voir en même temps la lettre inscrite sur une face et celle inscrite sur la face opposée.

Reprenons l'énoncé : David voit les lettres Y, E, et O. La lettre opposée au O ne peut donc pas être Y ou E.

Jonathan voit les lettres A, O, et I. Les lettres A et I ne peuvent pas non plus être en face du O.

5 lettres au total peuvent être placées en face du O, dont 4 sont impossibles : il ressort nécessairement que la lettre U est en face du O.

Question 45. Réponse E

Pour gagner du temps, on peut traduire cet énoncé sous forme d'équation. Soit X le nombre de garçons dans la famille et Y le nombre de filles. Le nombre de frères que possède un garçon de la famille correspond à l'ensemble des garçons moins lui-même, qui se note en terme mathématique de cette façon : X – 1. Il en est de même pour les filles.

On traduit les affirmations des enfants :

« J'ai autant de frères que de sœurs » : **X – 1 = Y**

« J'ai deux fois plus de frères que de sœurs » : **X = 2(Y – 1)**

On résout le système et on trouve **X = 4** et **Y = 3** : il y a 7 enfants dans la famille.

SOUS-TEST 4 : CONDITIONS MINIMALES

Question 46. Réponse D

{1} : **Suffisant.** A, B et C sont des chiffres consécutifs décroissants. La seule solution possible est le nombre 321.

{2} : **Suffisant.** On a A + B + C = 6, avec A = B + 1 = C + 2. Le seul nombre possible est 321.

Question 47. Réponse C

{1} : **Insuffisant.** On ne sait pas qui est le plus jeune entre Paul et Jean.

{2} : **Insuffisant.** On ne dispose pas d'informations sur l'âge de Jacques ou de Jean.

{&} : **Suffisant.** Jacques a 41 ans, Paul et Pierre ne sont pas les plus jeunes ; c'est donc Jean qui a 32 ans.

Question 48. Réponse A

Rappel de cours : Pour connaître le temps T que vont mettre N personnes ensemble pour réaliser un travail, on utilise l'équation : $\mathbf{\frac{1}{T} = \frac{1}{T_1} + \frac{1}{T_2} + \ldots}$

Ici, $\frac{1}{T_1} + \frac{1}{T_2} = \frac{1}{30}$

{1} : **Suffisant.** Soit T_1 le temps que met le robinet d'eau froide pour remplir la baignoire. $\frac{1}{T_1} = \frac{1}{45}$, on a l'équation $\frac{1}{45} + \frac{1}{T_2} = \frac{1}{30}$. On en déduit que $\frac{1}{T_2} = \frac{1}{90}$, la baignoire se remplit en 90 min avec juste le robinet d'eau chaude.

{2} : **Insuffisant.** On ne connaît pas le volume total de la baignoire.

Question 49. Réponse A

Un entier naturel est forcément positif ou nul. Ici, 0

{1} : **Suffisant.** X peut être égal à 2 ou 7, ces deux nombres sont premiers.

{2} : **Insuffisant.** On peut avoir X = 2, 4, 6 ou 8. Si X = 2, X est un nombre premier mais dans tous les autres cas de figure, X n'est pas un nombre premier. On ne peut rien répondre.

Question 50. Réponse B

{1} : **Insuffisant.** On ne sait pas combien de temps met Cédric pour répondre à l'ensemble des questions.

{2} : **Suffisant.** Cédric peut répondre à 60 questions supplémentaires avec 3 fois plus de temps. Avec le temps dont il dispose normalement, il pourra répondre à 30 questions.

Question 51. Réponse A

{1} : **Suffisant.** Le nombre 105 peut être décomposé en produit de facteurs : 7 × 5 × 3. Ces trois chiffres sont tous des nombres premiers.

{2} : **Insuffisant.** On peut obtenir le nombre 15 en additionnant par exemple les chiffres 6 + 4 + 5, ou encore 5 + 5 + 5. On ne peut pas dire avec certitude que ces chiffres sont des nombres premiers.

Question 52. Réponse A

Rappel : le volume du cylindre est égal à $h \times \pi \times r^2$

{1} : **Suffisant.** Si l'on multiplie la hauteur et le rayon de la base par deux, on multiplie le volume total par 4. 4 × le volume initial est égal à 16π.

Le volume initial du cylindre est égal à 4π.

{2} : **Insuffisant.** Il nous manque une inconnue pour résoudre l'équation : on ne connaît pas la longueur du rayon de la base.

Question 53. Réponse C

{1} : **Insuffisant.** On ne connaît pas la valeur des 3 plus grands entiers.

{2} : **Insuffisant.** On ne connaît pas la valeur des 3 plus petits.

{&} : **Suffisant. Attention à ne pas répondre trop vite la réponse E !**

On sait que les entiers envisagés ont tous des valeurs différentes. La somme des deux plus petits est égale à 10, et celle des deux plus grands égale à 18. On a donc :

A + B = 10, D + E = 18, avec A

Prenons la première équation. L'un des deux nombres doit être positif pour que la somme soit égale à 10. Prenons maintenant la deuxième équation : les deux nombres doivent nécessairement être positifs puisque D et E > à A ou B.

Prenons un exemple intermédiaire : A = 4 et B = 6. Le nombre D est supérieur à C, lui–même supérieur à 6. Essayons par exemple avec D = 8 et C = 7. E est alors nécessairement égal à 10.

Essayons maintenant avec A = 3 et B = 7. D est au moins égal à 9, ce qui rend la deuxième équation impossible puisque E serait alors égal à 9, et D et E doivent être de valeur différente.

On comprend que la seule solution possible est la première envisagée et la somme des cinq entiers est égale à 35.

Question 54. Réponse C

{1} : **Insuffisant. X peut être égal à 0 ou 16.**

{2} : **Insuffisant. X peut être égal à 0 ou 4.**

{&} : **Suffisant.** On pose l'équation $X^2 - 16X = X^2 - 4X$

En développant, on obtient 12X = 0. La seule solution possible est X = 0.

Question 55. Réponse B

{E} : Les solutions possibles peuvent être les cubes des nombres compris entre 1 et 9 : 1, 8, 27, 64, 125, 216, 343, 512, 729.

{1} : **Insuffisant.** Les nombres 216 et 343 respectent cette condition.

{2} : **Suffisant.** Seul le nombre 216 à son chiffre des centaines moins son chiffre des dizaines égal à 1.

Rappel : soustraire le chiffre des dizaines au chiffre des centaines, c'est faire chiffre centaine – chiffre dizaine

---

Question 56. Réponse C

{1} : **Insuffisant.** On a l'équation A + B > B + C et donc A > C, mais on ne sait pas si Béatrice est plus ou moins riche qu'Alexandre.

{2} : **Insuffisant.** Même problème : C + B < A + C, soit A > B mais on ne dispose pas d'indications sur la somme possédée par Carole.

{&} : **Suffisant.** Les deux informations prises conjointement donnent A > B et A > C. C'est donc Alexandre le plus riche.

Question 57. Réponse E

{&}: **Insuffisant.** Attention à ne pas répondre trop vite la réponse C !

60 % des étudiants habitent sur le campus et les étudiants sont répartis de cette manière : 35 % de filles et 65 % de garçons.

Mais rien ne nous précise que cette répartition est vérifiée sur le campus : on peut avoir la situation où l'ensemble des filles habitent sur le campus : sur l'ensemble des étudiants habitant sur le campus, on aurait $\frac{8}{13}$ de filles et $\frac{5}{13}$ de garçons. $\left(\frac{35}{60} \text{ et } \frac{25}{60}\right)$.

On peut aussi envisager la situation où la population sur le campus est composée uniquement de garçons : sur l'ensemble des étudiants habitant le campus, on aurait alors 100 % de garçons.

Question 58. Réponse C

{1} : **Insuffisant.** On doit connaître la longueur de la hauteur partant de F pour déterminer l'aire du triangle.

{2} : **Insuffisant.** Il nous manque la longueur de la base.

{&} : **Suffisant.** Le triangle DEF étant isocèle, l'information {2} nous permet de déterminer la valeur des trois angles du triangle. On dispose de plus de la longueur de la base : DE = 13,5 cm.

Le triangle DEF étant isocèle en F, la hauteur et la médiane partant de F sont confondues. On a alors deux triangles rectangles, on peut appliquer la trigonométrie pour déterminer la longueur de la hauteur partant de F. On peut ensuite calculer l'aire du triangle.

Question 59. Réponse C

{1} : **Insuffisant.** On a une équation à deux inconnues de la forme $X + Y = 50$, avec Y l'âge de la mère et X l'âge de François.

{2} : **Insuffisant.** $Y - 1 = 3(X - 1)$

{&} : **Suffisant.** On dispose de deux équations à deux inconnues, on peut donc résoudre le système.

$Y = 3X - 2$, on remplace Y par sa valeur en fonction de X dans la première équation.

$X + 3X - 2 = 50$, on trouve $X = 13$ et $Y = 37$.

Question 60. Réponse B

{1} : **Insuffisant. Attention !** On peut calculer la baisse de vitesse du cycliste sur le dernier tiers de la route par rapport aux deux premiers tiers, mais on ne peut rien en déduire sur le dénivelé de la route. Ce dénivelé est proportionnel à la réduction de la vitesse sur le dernier tiers de la route **par rapport à la vitesse du cycliste sur le plat, et non sur les deux premiers tiers de route.**

{2} : **Suffisant.** La vitesse du cycliste sur le dernier tiers de route est 50 % moindre que sur le plat, soit un dénivelé de 5 % lors du dernier tiers de l'ascension.

SOUS-TEST 5 : EXPRESSION

Question 61. **Réponse B**

Comme le marché des capitaux en Arménie **subit** de rapides transformations, **il n'y a pas** lieu de publier un rapport mettant la situation à jour, puisqu'un tel rapport **serait vite périmé**.

Question 62. **Réponse B**

Didier **n'admet pas** l'opinion selon laquelle l'obstination est un trait de caractère **négatif**. A son avis, **bien qu'elle risque** de susciter de la colère, **en général, elle peut** favoriser la réalisation des objectifs que l'individu se fixe.

Important ! Dans ce type de questions au Tage Mage, il est courant que les concepteurs s'amusent à formuler des phrases contenant des doubles négations, souvent difficiles à comprendre du premier coup. Je vous conseille donc de les formuler positivement. Ainsi, par exemple, ici, *Didier* ***n'admet pas*** *l'opinion selon laquelle l'obstination est un trait de caractère* ***négatif*** devient *Didier* ***admet*** *l'opinion selon laquelle l'obstination est un trait de caractère* ***positif (qui n'est en tous cas pas négatif !)***.

Question 63. **Réponse D**

En observant des animaux vivant en communauté, on a constaté que très souvent un des animaux assure la garde de ses congénères face aux prédateurs. Doit-on considérer cette garde comme le sacrifice d'un individu au profit de la collectivité ? Les chercheurs qui répondent à cette question par **la négative** estiment que **quoiqu'il soit** posté à un endroit exposé, l'animal gardien **ne court pas** un danger accru, **puisqu'en fait il sera** le premier à percevoir la menace et à fuir devant elle.

Question 64. **Réponse A**

Monsieur Huillier **a appuyé** l'élection de Madame Galici à la présidence du parti, **en raison de son adhésion complète** au programme politique de cette dernière. Cependant, comme elle a décidé de ne pas **poursuivre** ce programme après sa prise de fonctions, il a retiré **son soutien initial** à sa nomination.

Question 65. **Réponse B**

Contrairement à la télévision, le cinéma américain des années cinquante était caractérisé par **le conservatisme et le conformisme**. Il semble que l'explication provient de ce que **le cinéma s'adressait à un public vaste et diversifié et était donc soumis à un strict contrôle** des gardiens de la morale et autres censeurs tandis que **la télévision, qui avait alors peu de spectateurs, pouvait plus facilement braver les normes sociales**.

Cette réponse convient parfaitement ici. Elle permet en effet d'expliquer de façon cohérente pourquoi la télévision était moins soumise au contrôle que le cinéma. Les autres réponses convoquent quant à elle des contradictions souvent accompagnées de fautes de style… Assez simples *in fine* à éliminer.

Question 66. Réponse B

Le patron du service **a annulé** son opposition initiale au nouveau traitement destiné à lutter contre le Covid-19 en raison **de son succès** dans les expériences cliniques. **Cependant** il s'en est tenu à son avis premier, selon lequel **il ne fallait pas pour l'instant** généraliser l'usage du traitement à l'hôpital.

Question 67. Réponse D

La réponse B n'est pas en accord avec le texte, et la E reste trop vague. La A et la C sont acceptables mais ne traduisent pas assez l'idée de dépassement de soi, de sacrifice pour l'équipe.

L'abnégation, ou « le sacrifice de soi pour autrui » (source : *Larousse*), est plus appropriée.

Question 68. Réponse C

A fortiori est un adverbe provenant d'une locution latine voulant dire **à plus forte raison**. Exemple : *Je n'aime pas tellement aller chez Farid et Aline,* a fortiori *quand leurs enfants sont là, car ils sont vraiment très bruyants et capricieux.*

Ipso facto, que l'on peut traduire par **par une conséquence obligée** est une expression signifiant qu'une chose s'explique et s'applique par la conséquence immédiate d'un acte ou d'une parole, et que cette conséquence ne souffre d'aucune discussion tellement cela semble naturel.

Question 69. Réponse C

1. On dit Malgré quelquechose ou malgré le fait que … mais pas malgré que. Erreur
2. On dit Bien que + Subjonctif et pas Bien que + Indicatif. Erreur
3. Après que est suivi de l'indicatif quand l'action est réalisée et du subjonctif quand l'action est à venir. En l'occurrence, l'obtention du ballon d'or est passée, on doit donc utiliser l'indicatif. La phrase est correcte.
4. Pas de problème avec cette phrase. Elle est correcte.
5. Pas de problème avec cette phrase. Elle est correcte.

Question 70. Réponse B

Il s'agit ici de distinguer deux figures de style, la métaphore et la métonymie.

Métaphore : associer un terme à un autre appartenant à un autre champ lexical (« je me suis baigné dans le poème de la mer »).

Métonymie : utiliser un terme désignant un autre concept, mais relié par une relation nécessaire au concept que l'on cherche à expliciter (« boire un verre »).

Ici, seule la réponse B est une métaphore tandis que les autres sont des métonymies ; elle fait figure d'intruse.

Question 71. Réponse E

- « Exorbitant » s'écrit sans « h ».
- On dit « avoir affaire à » et pas « avoir à faire à ».
- « balade » ne prend qu'un seul « l » lorsqu'il signifie promenade.
- « Pneus » prend un « s » et pas un « x » au pluriel.

Question 72. Réponse A

Ogive : arc diagonal sous une voûte.

On choisit la **réponse A.** En effet, les autres réponses assimilent l'ogive à un matériau du portail, alors que c'est un élément qui le surplombe.

Question 73. Réponse C

C'est le marketing qui porte les vins, et non l'inverse. La C, en n'utilisant pas le participe présent pour le verbe « accompagner », est plus directe et plus juste.

Question 74. Réponse E

La proposition initiale signifie que l'on dit toujours à une personne riche ce qu'il veut entendre.

Attention : on cherche ici une proposition **en contradiction** avec l'énoncé et pas un simple hors-sujet : on élimine la A qui a un sens trop éloigné.

Les proposition B, C et D vont dans le sens du texte : il ne faut pas contrarier les puissants, quitte à déguiser la vérité.

La réponse E explique au contraire qu'on finit toujours par dire la vérité : le riche finira par savoir qu'il danse mal. On retient cette réponse.

Question 75. Réponse C

On hésite ici entre la C et la D. La deuxième proposition comporte une faute de grammaire : on dit « ce dont il a besoin » et non « ce qu'il a besoin ».

En revanche, la réponse C est juste : « gris vert » est un état de la mer, et ne s'accorde pas.

SOUS-TEST 6 : LOGIQUE

Question 76. Réponse C

A la verticale : le produit des chiffres des nombres vaut d'abord 9 (91 : 9 × 1 = 9), puis 12 (26 : 2 × 6 = 12), puis 15, puis 18, puis 21.

A l'horizontale : carrés entiers écrits à l'envers.

Question 77. Réponse D

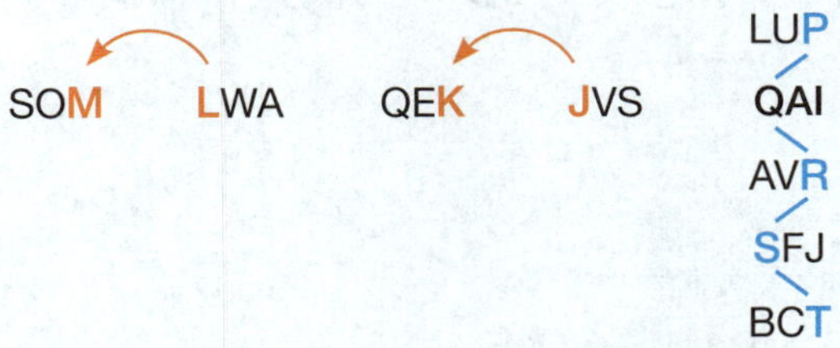

Question 78. Réponse A

Question 79. Réponse C

A la verticale : la somme des rangs des lettres est toujours égale à 13.

A l'horizontale : une série difficile. Mouvement gauche droite avec saut progressif de lettres qui se termine avec un retour dans l'alphabet ! Rien que ça…

ND – TP – SP – CW – BK.

Question 80. Réponse A

972
462
256
648

-1	-1		-1	-1
716	110	130	423	897

Question 81. Réponse D

BMG
VEC
DQE
RJE

+1			+1	
SJM	VKC	FLB	VMB	SNA

Question 82. Réponse B

La somme des chiffres vaut 16

844
907
556
295

114	230	178	138	193	Les 2 premiers chiffres forment un nombre premier

---

Question 83. Réponse E

A la verticale : ce ne sont que des mots qui font sens et qui signifient quelque chose. Rappel : DO est une note de musique.

A l'horizontale : inter sur la deuxième lettre avec saut de deux lettres. B, E, H, K, N.

Question 84. Réponse C

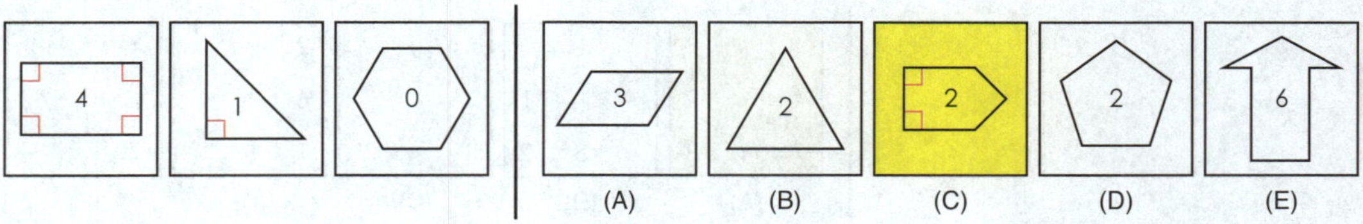

Le chiffre indique le nombre d'angles droits de la figure.

Question 85. Réponse A

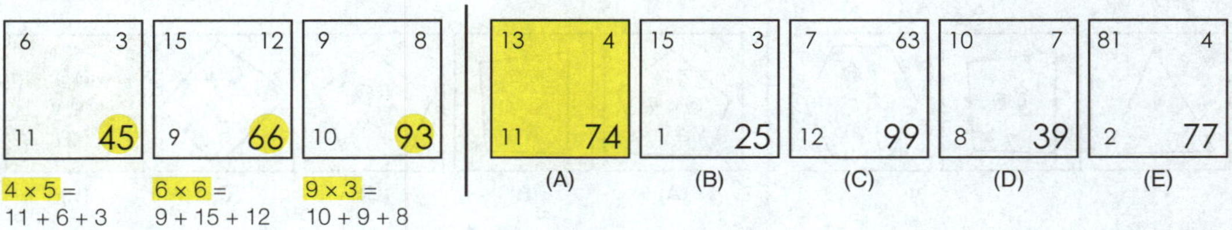

Le produit des chiffres du nombre en gros vaut la somme des 3 autres.

Question 86. Réponse E

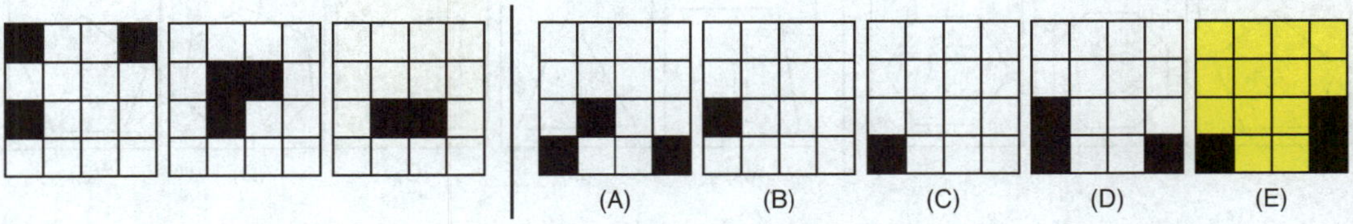

Les deux carrés supérieurs se déplacent en diagonale tandis que le troisième se déplace sur la troisième ligne.

Question 87. Réponse B

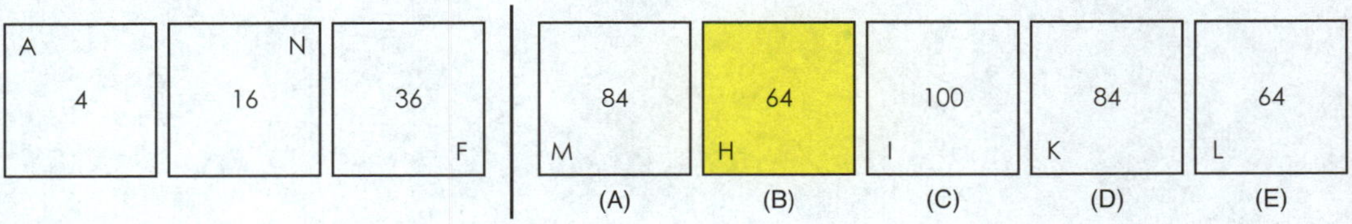

A, N et F : lettres à 3 barres

Question 88. Réponse A

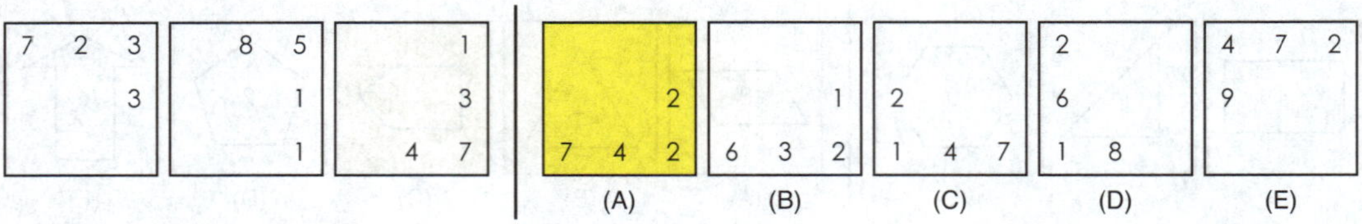

La somme des chiffres de chaque cadre est égale à 15.

Question 89. Réponse E

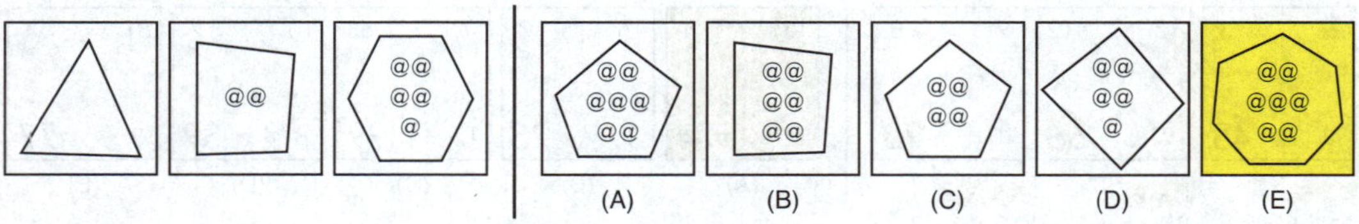

Nombre de côtés – nombre d'@ suit une progression arithmétique de –1.

Question 90. Réponse C

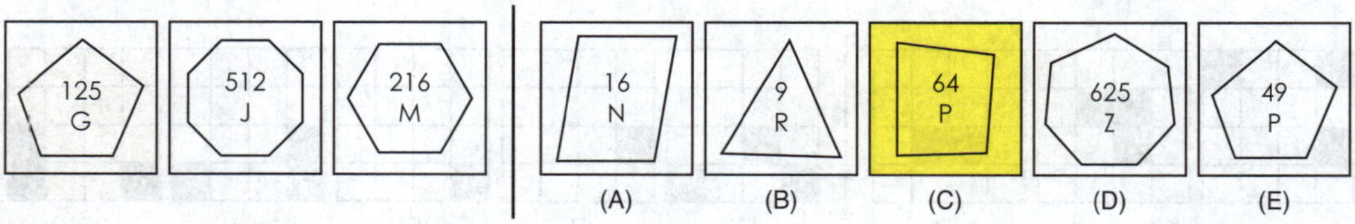

<u>G</u> hi <u>J</u> kl <u>M</u> : inter de + 3
Le nombre de côtés de la figure au cube donne le nombre central.

N'OUBLIEZ PAS DE REMPLIR VOTRE FICHE BILAN EN FIN D'OUVRAGE

TEST BLANC TAGE MAGE

6

TEST TAGE MAGE 6 : VOTRE GRILLE DE REPONSES

Sous-test 1
Compréhension de textes

1	A	B	C	D	E
	A	B	C	D	E
2	A	B	C	D	E
	A	B	C	D	E
3	A	B	C	D	E
	A	B	C	D	E
4	A	B	C	D	E
	A	B	C	D	E
5	A	B	C	D	E
	A	B	C	D	E
6	A	B	C	D	E
	A	B	C	D	E
7	A	B	C	D	E
	A	B	C	D	E
8	A	B	C	D	E
	A	B	C	D	E
9	A	B	C	D	E
	A	B	C	D	E
10	A	B	C	D	E
	A	B	C	D	E
11	A	B	C	D	E
	A	B	C	D	E
12	A	B	C	D	E
	A	B	C	D	E
13	A	B	C	D	E
	A	B	C	D	E
14	A	B	C	D	E
	A	B	C	D	E
15	A	B	C	D	E
	A	B	C	D	E

Sous-test 2
Calcul

16	A	B	C	D	E
	A	B	C	D	E
17	A	B	C	D	E
	A	B	C	D	E
18	A	B	C	D	E
	A	B	C	D	E
19	A	B	C	D	E
	A	B	C	D	E
20	A	B	C	D	E
	A	B	C	D	E
21	A	B	C	D	E
	A	B	C	D	E
22	A	B	C	D	E
	A	B	C	D	E
23	A	B	C	D	E
	A	B	C	D	E
24	A	B	C	D	E
	A	B	C	D	E
25	A	B	C	D	E
	A	B	C	D	E
26	A	B	C	D	E
	A	B	C	D	E
27	A	B	C	D	E
	A	B	C	D	E
28	A	B	C	D	E
	A	B	C	D	E
29	A	B	C	D	E
	A	B	C	D	E
30	A	B	C	D	E
	A	B	C	D	E

Sous-test 3
Raisonnement/Argumentation

31	A	B	C	D	E
	A	B	C	D	E
32	A	B	C	D	E
	A	B	C	D	E
33	A	B	C	D	E
	A	B	C	D	E
34	A	B	C	D	E
	A	B	C	D	E
35	A	B	C	D	E
	A	B	C	D	E
36	A	B	C	D	E
	A	B	C	D	E
37	A	B	C	D	E
	A	B	C	D	E
38	A	B	C	D	E
	A	B	C	D	E
39	A	B	C	D	E
	A	B	C	D	E
40	A	B	C	D	E
	A	B	C	D	E
41	A	B	C	D	E
	A	B	C	D	E
42	A	B	C	D	E
	A	B	C	D	E
43	A	B	C	D	E
	A	B	C	D	E
44	A	B	C	D	E
	A	B	C	D	E
45	A	B	C	D	E
	A	B	C	D	E

Sous-test 4
Conditions minimales

46	A	B	C	D	E
	A	B	C	D	E
47	A	B	C	D	E
	A	B	C	D	E
48	A	B	C	D	E
	A	B	C	D	E
49	A	B	C	D	E
	A	B	C	D	E
50	A	B	C	D	E
	A	B	C	D	E
51	A	B	C	D	E
	A	B	C	D	E
52	A	B	C	D	E
	A	B	C	D	E
53	A	B	C	D	E
	A	B	C	D	E
54	A	B	C	D	E
	A	B	C	D	E
55	A	B	C	D	E
	A	B	C	D	E
56	A	B	C	D	E
	A	B	C	D	E
57	A	B	C	D	E
	A	B	C	D	E
58	A	B	C	D	E
	A	B	C	D	E
59	A	B	C	D	E
	A	B	C	D	E
60	A	B	C	D	E
	A	B	C	D	E

Sous-test 5
Expression

61	A	B	C	D	E
	A	B	C	D	E
62	A	B	C	D	E
	A	B	C	D	E
63	A	B	C	D	E
	A	B	C	D	E
64	A	B	C	D	E
	A	B	C	D	E
65	A	B	C	D	E
	A	B	C	D	E
66	A	B	C	D	E
	A	B	C	D	E
67	A	B	C	D	E
	A	B	C	D	E
68	A	B	C	D	E
	A	B	C	D	E
69	A	B	C	D	E
	A	B	C	D	E
70	A	B	C	D	E
	A	B	C	D	E
71	A	B	C	D	E
	A	B	C	D	E
72	A	B	C	D	E
	A	B	C	D	E
73	A	B	C	D	E
	A	B	C	D	E
74	A	B	C	D	E
	A	B	C	D	E
75	A	B	C	D	E
	A	B	C	D	E

Sous-test 6
Logique

76	A	B	C	D	E
	A	B	C	D	E
77	A	B	C	D	E
	A	B	C	D	E
78	A	B	C	D	E
	A	B	C	D	E
79	A	B	C	D	E
	A	B	C	D	E
80	A	B	C	D	E
	A	B	C	D	E
81	A	B	C	D	E
	A	B	C	D	E
82	A	B	C	D	E
	A	B	C	D	E
83	A	B	C	D	E
	A	B	C	D	E
84	A	B	C	D	E
	A	B	C	D	E
85	A	B	C	D	E
	A	B	C	D	E
86	A	B	C	D	E
	A	B	C	D	E
87	A	B	C	D	E
	A	B	C	D	E
88	A	B	C	D	E
	A	B	C	D	E
89	A	B	C	D	E
	A	B	C	D	E
90	A	B	C	D	E
	A	B	C	D	E

REPONSES EN PAGE 844

TEST BLANC TAGE MAGE

SOUS-TEST 1 : COMPREHENSION DE TEXTES

6

15 questions / 20 minutes / Calculatrice interdite
Réponse juste : + 4 points / Réponse fausse : – 1 point
Aucune réponse : 0 point

TEXTE 1

Les pauvres sont devenus des consommateurs comme les autres… enfin pas tout à fait. Comme le montre la sociologue Jeanne Lazarus, les ménages défavorisés de ce début du XXIe siècle participent activement à la société de consommation. Téléphone portable, télévision à écran plat, chaussures de sport ou vêtements de marque…, de tels achats, souvent considérés comme « déraisonnables » par les travailleurs sociaux chargés de leur porter assistance, sont parfois pour les pauvres, le seul moyen de marquer leur appartenance à la société.

C'est une différence profonde avec les décennies d'après guerre. Etre pauvre, c'était alors être privé des ressources qui permettaient d'acheter des biens de consommation. D'une part, ce dénuement allait de pair avec un sentiment d'appartenance à un groupe social – la « classe ouvrière » – qui partageait des pratiques vestimentaires ou alimentaires (comme manger du « lourd » pour reconstituer sa force de travail). D'autre part, cet état allait de pair, pendant les trente glorieuses, avec l'espoir d'accéder pleinement à la société de consommation grâce à l'élévation du niveau de vie. Un espoir raisonnable, comme en témoigne la progression du taux d'équipement des ménages en appareils électroménagers (celui des réfrigérateurs passe ainsi de 3 % en 1949 à 91 % en 1975).

Le tournant des années 1970-1980 remet les choses à plat. La montée durable du chômage, l'essor des contrats précaires privent d'un emploi stable et rémunérateur, voire d'un emploi tout court, une fraction conséquente de la population, désormais en proie à la « désaffiliation », selon les termes de Robert Castel. Consommer de manière ostentatoire certains objets symboliques est alors tout autant une manière de compenser une condition sociale dégradée que l'ultime moyen de se raccrocher à la société.

Reste que, rappelle J. Lazarus, la carence de moyens économiques condamne souvent à une consommation dévaluée. Certains commerçants se spécialisent dans la vente aux pauvres, proposant des produits de mauvaise qualité, vendus plus cher qu'ailleurs, mais en versements mensuels très attractifs (quelques euros par mois). Et lorsque les services publics comme EDF offrent aux ménages défavorisés une prestation minimum, l'impossibilité de faire

××××××××××××××××××××××××××××××××××××××
××××××××××××××××××××××××××××××××××××××

fonctionner un fer à repasser en même temps qu'un radiateur électrique rappelle bien vite aux bénéficiaires qu'ils ne sont pas des consommateurs comme les autres.

Question 1. Pourquoi les années 70-80 ont-elles modifié le rapport qu'entretiennent les pauvres avec la consommation ?

1. Les ménages ont fini par s'équiper en biens de consommation.
2. Les emplois précaires se sont développés.
3. Le chômage a fait son apparition.

(A) 1 + 2 + 3
(B) Uniquement 3
(C) 2 + 3
(D) 1 + 3
(E) Uniquement 1

Question 2. Laquelle de ces affirmations est fausse ?

(A) Les travailleurs sociaux surveillent les dépenses des pauvres dont ils s'occupent.
(B) La classe ouvrière a une façon de se nourrir particulière.
(C) En 1975, plus de 90 % de la population possédait un réfrigérateur.
(D) Les pauvres ne consomment pas forcément les mêmes biens que les autres consommateurs.
(E) Désaffiliation peut-être synonyme d'exclusion.

Question 3. Au XXIe siècle, acheter des produits de marque c'est, pour les personnes défavorisées :

1. élever son niveau de vie.
2. appartenir à la société.
3. marquer son appartenance à un groupe social.

(A) 1 + 2 + 3
(B) 1 + 2
(C) 2 + 3
(D) Uniquement 1
(E) Uniquement 2

××××××××××××××××××××××××××××××××××××××
××××××××××××××××××××××××××××××××××××××

Question 4. Quel est le titre de cet article ?

(A) Consommer ou disparaître.

(B) Petite histoire de la consommation.

(C) Les pauvres sont des consommateurs comme les autres !

(D) Comment la société de consommation appauvrit sciemment les plus pauvres.

(E) Etre pauvre au XXIe siècle.

Question 5. Quelle phrase résume le mieux le texte ?

(A) La consommation de certains produits, inutiles, permet aux pauvres de se sentir mieux intégrés dans la société, mais on leur vend des produits bas de gamme et des prestations *a minima*.

(B) La consommation est une façon, pour les pauvres, de s'intégrer dans la société depuis la fin de la guerre, mais l'espoir d'améliorer sa condition a laissé place au désir de compenser les difficultés sociales.

(C) Les pauvres consomment car toute la société consomme, et ne pas le faire reviendrait à s'exclure : ils sont donc les victimes du système.

(D) Après guerre les pauvres étaient ceux qui ne pouvaient acheter les biens de consommation disponibles ; aujourd'hui, ils doivent les acheter sous peine d'exclusion, mais ils ne peuvent accéder qu'à des produits de mauvaise qualité qu'ils paient cher.

(E) Les personnes en difficulté veulent consommer car elles peuvent ainsi s'identifier aux consommateurs classiques et mieux s'insérer dans la société ; les choses étaient différentes après la grande guerre, car nous ne vivions pas dans une société de consommation.

TEXTE 2

Le microcrédit est, sans aucun doute, l'innovation qui a fait le plus parler d'elle dans la lutte contre la pauvreté. Il y a un peu plus de trente ans, Mohammed Yunus consentait ses premiers prêts à un groupe de femmes du Bangladesh. Il y a aujourd'hui plus de 150 millions de micro-emprunteurs à travers le monde. Le programme a essaimé jusqu'aux Etats-Unis et en France. La grande majorité de ces clients n'avaient auparavant aucun accès au crédit bancaire et étaient contraints d'avoir recours aux usuriers de village, qui pratiquent des taux faramineux (en Inde, les vendeurs de légumes qui empruntent à la journée paient jusqu'à 5 % par jour, et dans les villages, des taux de 20 % par mois ne sont pas rares).

××××××××××××××××××××××××××××××××××××××
××××××××××××××××××××××××××××××××××××××

Or, presque tous doivent bien, un jour ou l'autre, avoir recours au crédit : en effet, les pauvres vivent dangereusement… Ils sont très souvent à leur compte : au Pérou, 69 % des ménages urbains les plus pauvres ont leur propre entreprise. En Inde, au Pakistan, au Nicaragua, cette proportion se situe entre 47 % et 52 % (dans les pays de l'OCDE, la proportion d'entrepreneurs n'est que de 12 %). Dans les régions rurales, la part des ménages à leur compte est encore plus importante. Le moindre choc (une mauvaise récolte, une maladie, un vol…) les laisse extrêmement vulnérable. Les filets de sécurité auxquels nous sommes habitués, Sécurité sociale, retraite et même la possibilité de déposer le bilan, n'existent pas. Epargner est difficile et dangereux : les banques ne veulent pas gérer des petites sommes et les économies laissées sous le matelas disparaissent facilement.

C'est pourquoi rares sont les pauvres qui n'ont aucune dette. Au Pakistan, 93 % des ménages les plus pauvres sont endettés, souvent à la suite d'un choc, parfois pour financer leur activité ; au Rajasthan, ils sont plus de deux tiers et en Afrique du Sud, un tiers. Alors que ces ménages avaient auparavant forcément recours à l'usurier local ou au propriétaire terrien, ils ont aujourd'hui la possibilité d'emprunter à des institutions de microfinance. Les taux d'intérêt, bien qu'élevés si nous les comparons à ceux qui sont pratiqués dans les pays développés (de 20 % à plus de 100 % par an selon les pays), sont nettement plus faibles que ceux auxquels ils étaient habitués.

Cela représente une réussite importante, dans des pays où les services à l'intention des plus pauvres, privés ou publics, brillent par leur absence. Les essais des décennies antérieures pour distribuer des crédits subventionnés par l'intermédiaire des banques nationales se sont écroulés, sous le poids des non-remboursements et de la corruption. Les institutions de microcrédits sont dirigées par des entrepreneurs qui maîtrisent parfaitement la distribution d'un service de qualité à très grande échelle : par leur dynamisme et leur capacité d'innovation, ils ont réussi là où des tentatives bien mieux financées et soutenues par des gouvernements locaux ou étrangers avaient échoué.

(…)

××××××××××××××××××××××××××××××××××××××
××××××××××××××××××××××××××××××××××××××

Question 6. Pour quelles raisons les pauvres ont-ils des dettes ?

1. Parce qu'ils ne peuvent pas épargner.
2. Parce que les banques n'en veulent pas comme client.
3. Parce que, en ville, pour créer leur entreprise ils sont obligés de s'endetter.

(A) 1 + 2 + 3
(B) Uniquement 1
(C) 2 + 3
(D) 1 + 2
(E) Uniquement 2

Question 7. Le taux pratiqué par les usuriers indiens est de :

(A) 20 % par mois.
(B) 100 % par an.
(C) 5 % par mois.
(D) 69 % par semaine.
(E) 93 % par mois.

Question 8. Pourquoi les tentatives précédentes pour organiser la distribution des prêts ont-elles échouées ?

1. Les crédits étaient subventionnés.
2. Les prêts n'étaient pas remboursés.
3. Les prêteurs étaient corrompus.

(A) 1 + 2
(B) Uniquement 3
(C) Uniquement 1
(D) 2 + 3
(E) Uniquement 2

××
××

Question 9. Combien d'affirmations sont vraies dans cette liste ?

1. Les distributeurs de microcrédit sont dynamiques et innovants.
2. Au Nicaragua, les personnes à leur compte représentent 55 % des travailleurs.
3. Les taux d'intérêts pratiqués par les organismes qui octroient des microcrédits sont inférieurs à 20 % par an.
4. Les accidents de la vie sont à l'origine des demandes de crédit.
5. Le microcrédit s'est développé partout dans le monde.

(A) 0
(B) 1
(C) 2
(D) 3
(E) 4

Question 10. Quelle affirmation est fausse ? Le microcrédit, c'est…

(A) la possibilité de bénéficier d'un taux d'intérêt égal à celui des banques.
(B) un succès pour les pays qui ne possèdent pas de structures pérennes pour assister les plus pauvres.
(C) un moyen innovant de lutter contre la pauvreté.
(D) une idée développée par un Bengalis, Mohammed Yunus.
(E) plus de 150 millions de personnes qui utilisent cette forme de prêt.

TEXTE 3 (SUITE DU TEXTE 2)

(…)

Cet enthousiasme n'est pas sans susciter des retours de bâton. Certains sont sceptiques, voire hostiles. Ils considèrent les banquiers du microcrédit comme de nouveaux usuriers qui exploitent l'incapacité des plus pauvres à résister à la tentation de l'emprunt ; ils soulignent que les taux d'intérêt, souvent présentés de manière obscure, restent très élevés par rapport à ce que paient les plus riches. Ces critiques attribuent même au microcrédit les suicides de paysans surendettés, soumis à une pression indue exercée par les agents de prêts. En effet, ceux-ci, rémunérés en fonction du nombre de clients et de leur taux de remboursement, sont incités à pousser à l'emprunt d'abord, et à forcer au remboursement par tous les moyens ensuite.

Ces derniers temps, cette vision négative a gagné du terrain : on la voit s'exprimer dans de nombreux blogs et articles de presse, qui vont jusqu'à accuser le microcrédit de ruiner les économies locales. Le fait que le microcrédit soit souvent présenté comme l'alternative aux

××××××××××××××××××××××××××××××××××××××
××××××××××××××××××××××××××××××××××××××

programmes de redistribution traditionnels et les profits importants réalisés par certaines des institutions ne sont certainement pas étrangers à ces critiques.

Pourtant, les résultats des études sont plus nuancés : les emprunteurs acquièrent plus de biens durables (télévision, réfrigérateur, etc.) pour leur foyer. Ceux qui ont une petite entreprise investissent dans celle-ci : ils acquièrent des actifs productifs (bicyclette, machine à coudre) ou augmentent leurs stocks. En Inde, un emprunt sur huit conduit à la création d'une nouvelle activité indépendante (aux Philippines, tous les emprunteurs avaient déjà une entreprise).

Les études semblent donc nous dire que le microcrédit rend exactement les services attendus d'un bon produit financier : il permet à ses clients d'effectuer des achats importants, pour leur activité ou pour leur ménage, qu'ils n'auraient pas pu engager autrement.

Mais, dix-huit mois plus tard, on ne constate aucun signe d'une transformation profonde de la vie de ces familles : ni l'une ni l'autre de ces études ne démontre d'impact sur la santé, la scolarisation ou le pouvoir de décision des femmes. En revanche, contrairement aux prédictions pessimistes des sceptiques de la microfinance, on ne constate aucune frénésie de consommation irresponsable provoquée par l'argent facile : au contraire, en Inde, les familles abandonnent certaines des petites tentations de la vie courante (thé, snacks, noix de bétel, tabac) pour rembourser l'emprunt qui leur a permis d'acheter des biens durables.

Il ne s'agit bien sûr que d'effets à court terme. L'impact dans trois ans ou plus sera peut-être tout à fait différent. Les revenus supplémentaires de l'activité financeront-ils la scolarisation des enfants ? Ou bien le poids des remboursements hebdomadaires se fera-t-il sentir davantage ?

Le monde rêve d'une recette miracle contre la pauvreté et le microcrédit était un candidat tout à fait plausible. Ces études suggèrent qu'il est temps de revenir à une description plus nuancée de ses avantages possibles. Mais reprocher au microcrédit d'être inutile ou dangereux parce qu'il ne se révèle pas être cette recette miracle n'a pas grand sens.

Question 11. Quel effet le microcrédit n'a pas ?

(A) Il permet aux organismes préteurs de réaliser d'importants bénéfices.

(B) Il offre la possibilité d'acheter des biens utiles au travail des emprunteurs.

(C) Il a des impacts sur la santé de la famille.

(D) Il permet de créer une nouvelle activité.

(E) Il provoque une importante augmentation de la consommation.

××××××××××××××××××××××××××××××××××××××
××××××××××××××××××××××××××××××××××××××

Question 12. Quels reproches sont adressés au microcrédit ?

1. C'est une pratique proche de l'usure.
2. Cela génère des profits importants.
3. Cela pousse à l'emprunt.

(A) 1 + 2 + 3
(B) 1 + 2
(C) 2 + 3
(D) Uniquement 1
(E) Uniquement 3

Question 13. Quelle phrase résume le mieux cet article ?

(A) Le microcrédit est critiqué car il pousse les pauvres à s'endetter toujours plus ; d'ailleurs, des études prouvent qu'il n'aide pas les gens à sortir de la pauvreté.
(B) Le microcrédit n'est finalement pas la panacée attendue pour éradiquer la pauvreté : c'est juste un nouvel outil financier destiné aux pauvres et qui enrichit les riches.
(C) Des études prouvent que le microcrédit n'est ni le remède miracle contre la pauvreté, ni un nouveau moyen d'asservir les plus pauvres : bien utilisé, il rend les services attendus, sans plus.
(D) Le bilan du microcrédit est mitigé : il pousse certains au surendettement et permet à d'autres d'améliorer leurs conditions de vie ; des études supplémentaires doivent être faites sur un plus long terme afin de décider si oui ou non il faut poursuivre cette expérience.
(E) Comme tout produit financier, le microcrédit aide les emprunteurs à acquérir un bien qu'ils n'auraient pas pu financer autrement : il permet de réduire les programmes de redistribution traditionnels.

Question 14. L'objectif de l'auteur est…

(A) d'alerter sur les dérives possibles de la micro finance.
(B) de tordre le cou aux critiques adressées au micro crédit.
(C) d'expliquer que le remède miracle contre la pauvreté n'existe pas.
(D) d'attiser la polémique sur le micro crédit.
(E) de présenter objectivement le résultat des études menées.

××××××××××××××××××××××××××××××××××××××
××××××××××××××××××××××××××××××××××××××

Question 15. Quelle affirmation est absente du texte ? Le microcrédit c'est …

(A) pousser au suicide des paysans surendettés.

(B) permettre aux enfants d'aller à l'école.

(C) améliorer la vie de la famille par l'achat de biens durables.

(D) enrichir des agents de prêts.

(E) exploiter le désir de consommer des pauvres.

Si vous avez terminé, vous n'êtes pas autorisé(e) à revenir sur une épreuve précédente.
Vous n'êtes pas non plus autorisé(e) à travailler sur une épreuve suivante avant la fin du temps imparti.

STOP !

TEST BLANC TAGE MAGE 6

SOUS-TEST 2 : CALCUL

15 questions / 20 minutes / Calculatrice interdite
Réponse juste : + 4 points / Réponse fausse : – 1 point
Aucune réponse : 0 point

Question 16. Vous disposez d'un dodécaèdre (polyèdre qui a 12 faces pentagonales) parfaitement équilibré. Sur chacune des faces, vous dessinez le calendrier d'un mois de l'année. Vous lancez et faites rouler votre dodécaèdre et vous attendez qu'il s'arrête dans une position stable : posé sur une face. Quelle est la probabilité que le nom du mois que vous lisez sur la face du dessus comporte un « m » ?

(A) 1 sur 3
(B) 5 sur 12
(C) 1 sur 4
(D) 1 sur 2
(E) 2 sur 3

Question 17. Quel est le chiffre des dizaines dans le nombre $\sqrt{8\,200}$?

(A) 5
(B) 7
(C) 8
(D) 9
(E) 0

Question 18. Combien y a-t-il de nombres de trois chiffres qui ont la propriété suivante : quand on soustrait 297 de ce nombre, on obtient un nombre de trois chiffres composé des mêmes chiffres, mais dans l'ordre inverse ?

(A) 6
(B) 7
(C) 10
(D) 60
(E) 120

//
//

Question 19. Une ligue turque de football compte vingt équipes. Chaque équipe va rencontrer chacune des autres deux fois durant la saison. Combien de matchs auront alors lieu pendant la durée d'une saison ?

(A) 180
(B) 190
(C) 320
(D) 380
(E) 390

Question 20. Dans la figure ci-dessous, BCA et ADE sont des triangles équilatéraux égaux. L'angle CAD est égal à 17,5 degrés. Que vaut la moitié de l'angle BCD ?

(A) 56,125 degrés
(B) 62,25 degrés
(C) 70,625 degrés
(D) 72,75 degrés
(E) 74,725 degrés

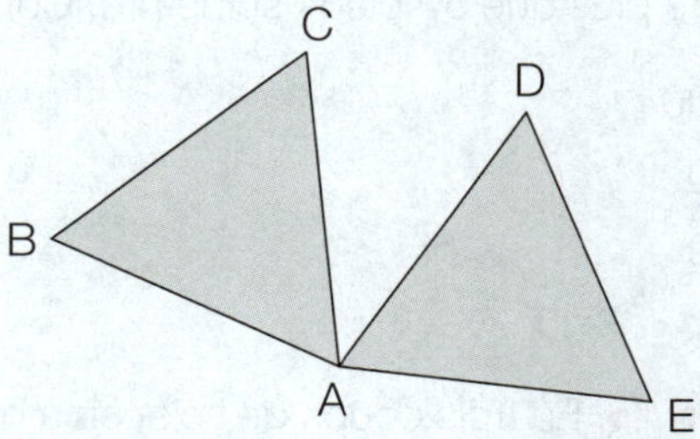

Question 21. Z est un nombre entier à un chiffre tel que Z4 × Z7 = 730Z. Que vaut Z^3 ?

(A) 729
(B) 512
(C) 343
(D) 216
(E) 125

Question 22. Mon arrière-grand-père, le jour de son anniversaire, s'est exclamé : « Comme c'est curieux, nous sommes dans l'année z^2 et j'ai z ans ! ». Sachant que mon arrière-grand-père est mort en 1899, en quelle année est-il né ?

(A) 1806.
(B) 1848.
(C) 1849.
(D) 1899.
(E) Une autre réponse.

//
//

Question 23. AA est un nombre à deux chiffres et BBC un nombre à trois chiffres. Sachant que la somme AA + AA est égale à BBC, avec B et C des chiffres compris entre 0 et 9, que vaut $(A + B + C)^2$?

(A) 25 (B) 36
(C) 64 (D) 81
(E) 121

Question 24. 15 moutons accompagnés de bergers paissent dans un pré. Les moutons ont 4 pieds et les bergers 2. La moitié des bergers ramène au bercail le tiers des moutons. Il ne reste alors plus que 50 pieds sur le pré. Combien y avait-il de pieds au début ?

(A) 100 (B) 90
(C) 80 (D) 72
(E) 60

Question 25. En trois coups de scie, on a découpé un cube en huit pavés droits. L'aire totale des huit pavés vaut :

(A) l'aire du cube de départ.
(B) le double de l'aire du cube de départ.
(C) le triple de l'aire du cube de départ.
(D) une fois et demie l'aire du cube de départ.
(E) quatre fois l'aire du cube de départ.

Question 26. Un couple a décidé de recouvrir les parois de sa piscine, y compris le fond, avec un tissu noir isolant. Les dimensions de la piscine sont les suivantes : une longueur de 22 mètres, une largeur de 15 mètres et une profondeur unique de 3 mètres. Quelle surface de tissu noir sera nécessaire pour effectuer cette tâche ?

(A) 304 m^2. (B) 360 m^2.
(C) 552 m^2. (D) 564 m^2.
(E) 584 m^2.

//
//

Question 27. Je n'ai pas assez d'argent pour faire le plein d'essence ! Pourtant, avec 6 fois plus d'argent, j'aurais pu mettre 25 litres en plus et y parvenir. Quelle est la contenance de mon réservoir ?

(A) 5 l.
(B) 25 l.
(C) 30 l.
(D) 50 l.
(E) 150 l.

Question 28. Un certain nombre d'abeilles, en nombre égal à la racine carrée de la moitié de l'essaim, se sont posées sur un arbre de jasmin, laissant derrière elles les huit neuvièmes de l'essaim en plus du roi abeille et de la reine abeille. Combien d'abeilles y a-t-il en tout ?

(A) 72
(B) 76
(C) 92
(D) 96
(E) 98

Question 29. Quelle équation de parabole passe par les trois points de coordonnées : (–1 ; 1), (0 ; –1) et (1 ; –1) ?

(A) $x^2 + x - 1$
(B) $-x^2 - x + 1$
(C) $x^2 - x + 1$
(D) $x^2 - x - 1$
(E) $-x^2 + x + 1$

Question 30. La surface totale d'un cube est de 384 cm^2. Alors, le chiffre des unités de la valeur de son volume représente environ quel pourcentage de la somme du chiffre des dizaines et du chiffre des centaines de la valeur de son volume ?

(A) 200 %.
(B) 33 %.
(C) 16,5 %.
(D) 20 %.
(E) 100 %.

Si vous avez terminé, vous n'êtes pas autorisé(e) à revenir sur une épreuve précédente.
Vous n'êtes pas non plus autorisé(e) à travailler sur une épreuve suivante avant la fin du temps imparti.

STOP !

TEST BLANC TAGE MAGE 6

SOUS-TEST 3 : RAISONNEMENT & ARGUMENTATION

15 questions / 20 minutes / Calculatrice interdite
Réponse juste : + 4 points / Réponse fausse : – 1 point
Aucune réponse : 0 point

Question 31. Vanessa habite dans un immeuble de dix étages, trois étages en dessous d'Olivier et deux étages au dessus d'Alexandre. Flavien habite sept étages plus haut qu'Alexandre, à l'avant-dernier étage. Combien le livreur doit-il monter d'étages pour livrer la pizza d'Olivier ?

(A) 1
(B) 3
(C) 4
(D) 5
(E) 7

Question 32. Chaque habitant d'un pays ou bien ment toujours, ou bien dit toujours la vérité. On interroge l'habitant X de ce pays, au sujet de l'habitant Y et de lui-même.

Il répond qu'au moins l'un d'eux, X ou Y, est menteur. Laquelle de ces phrases est vraie ?

(A) X = Y.
(B) X et Y sont des menteurs.
(C) X et Y disent toujours la vérité.
(D) X est un menteur et Y dit la vérité.
(E) Y est menteur et X dit la vérité.

>>>
>>>

Question 33. Dans une famille, il y a deux enfants, deux fils qui se prénomment Eliot et Martin. Marie-Jeanne est la cousine germaine de Maxime, Marie est la femme de Martin et la mère de Maxime, Marie-Jeanne est la fille d'Eliot qui a épousé Eliane. Quelle est la personne la plus âgée sachant que Eliot est le frère aîné de Martin ?

(A) Eliot.
(B) Martin.
(C) Jeanne.
(D) Eliane.
(E) On ne peut pas savoir.

Question 34. Maxime, Mohammed et Mamadou travaillent dans trois entreprises différentes. L'entreprise de Maxime n'a pas un nombre d'employés inférieur à celle de Mohammed et l'entreprise de Mamadou n'a pas un nombre d'employés supérieur à celle de Maxime. C'est le supermarché qui emploie le moins d'employés.

Lequel ou lesquels des trois travaillent dans le supermarché ?

(A) Mohammed.
(B) Maxime et Mohammed.
(C) On ne peut pas le savoir.
(D) Mamadou.
(E) Maxime.

Question 35. Alexandre, Daniel, Nicolas, Olivier et Thomas participent à un concours du plus grand mangeur de Crocodiles. Alexandre et Nicolas ne sont ni les plus gourmands, ni les moins gourmands. Thomas mange plus de Crocodiles qu'Alexandre, mais moins qu'Olivier. Nicolas mange plus de Crocodiles que Thomas. Quel est le classement à l'issue du concours ?

(A) Olivier, Nicolas, Thomas, Alexandre, Daniel.
(B) Thomas, Olivier, Nicolas, Alexandre, Daniel.
(C) Olivier, Alexandre, Thomas, Nicolas, Daniel.
(D) Daniel, Olivier, Nicolas, Thomas, Alexandre.
(E) Il est impossible de répondre à la question.

Question 36. On sait que :

A. les habitants de Nice sont épiciers.

B. seuls les épiciers ne jouent pas du piano.

C. à Nice, on ne joue pas du piano.

Parmi les affirmations suivantes, laquelle est forcément vraie ?

(A) L'affirmation A découle des affirmations B et C.

(B) L'affirmation B découle des affirmations A et C.

(C) L'affirmation C découle des affirmations B et A.

(D) Les affirmations A, B et C sont identiques.

(E) Aucune réponse n'est exacte.

Question 37. Une île est peuplée de « sages » qui disent toujours la vérité et de « menteurs » qui mentent tout le temps. 25 habitants de cette île forment une queue et chaque personne de cette queue hormis la première, affirme que la personne, devant elle dans la queue, est un menteur. La première personne de la queue, elle, affirme que toutes les personnes derrière elle dans la queue sont des menteurs. Combien de menteurs figurent dans cette queue ?

(A) 0

(B) 12

(C) 13

(D) 24

(E) Il est impossible de déterminer le nombre de menteurs.

Question 38. Dans une formation pour chefs débutants on apprend aux chefs à composer des menus équilibrés composés de cinq plats. L'entrée est servie juste avant le plat de viande. Il faut terminer par un dessert et boire un verre de jus de fruits juste avant l'entrée. Parmi les cinq situations suivantes, laquelle est impossible ?

(A) On ouvre le repas par un jus de fruit.

(B) On mange le plat de viande juste avant le dessert.

(C) Entre le plat de viande et le dessert, on sert un plat supplémentaire.

(D) Entre le verre de jus de fruits et la viande on sert deux plats.

(E) Le plat de viande est servi juste après l'entrée.

>>
>>

Question 39. La France après Waterloo avait une dette comparable à celle de l'Allemagne après sa défaite de 1918. La politique choisie par le gouvernement français fut celle de l'emprunt massif à partir de 1816. La dette de la France fut ainsi étalée et diluée sur plusieurs décennies et donc sur plusieurs générations, la rendant ainsi plus supportable aux Français. Par cette politique, la France a pu maintenir sa croissance économique en évitant une grave récession aux conséquences sociales dramatiques. En revanche, elle aurait probablement connu une telle récession si elle avait choisi une politique fiscale rigoureuse avec de très fortes augmentations d'impôts afin de payer sa dette au plus vite.

Quelle est la proposition qui soutient le moins le propos ci-dessus ?

(A) La dette d'un pays est toujours payée par les générations suivantes.

(B) L'emprunt permet à un pays d'avoir une politique de croissance.

(C) Il ne peut y avoir de croissance pour un pays surendetté.

(D) Comme un ménage, un pays est obligé de payer ses dettes.

(E) Un pays sans dette peut être en récession économique.

Question 40. Qui peut être la tante de l'oncle de ma sœur ?

(A) Mon grand-père.

(B) Ma grand-mère.

(C) La cousine de mon grand-père.

(D) Mon arrière-grand-mère.

(E) La sœur de ma grand-mère.

Question 41. Quelle conclusion découle obligatoirement de la combinaison des deux suppositions suivantes ?

A. Les chiens n'aiment pas ceux qui n'aiment pas les chiens.

B. Ceux qui n'aiment pas les chiens sont fidèles.

(A) Ceux qui aiment ceux qui n'aiment pas ceux qui aiment les chiens aiment les chiens qui sont fidèles.

(B) Les chiens n'aiment que ceux qui sont fidèles.

(C) Ceux qui aiment les chiens sont des chiens.

(D) Il n'y a pas de chiens qui aiment ceux qui sont fidèles.

(E) Ceux qui aiment les chiens ne sont pas seulement des gens qui sont fidèles.

>>>
>>>

Question 42. Quatre routards, Anna, Maya, Arthur et Emmanuel se sont rencontrés au cours d'un voyage en Chine et ont échangé leurs numéros de téléphone. Maya n'a pris le numéro d'aucun voyageur et n'a donné à personne son numéro. Arthur a reçu plus de numéros de téléphone qu'Emmanuel, qui a reçu au moins un numéro de téléphone. Sachant qu'un routard ne prend pas le numéro de celui qui a pris le sien, combien de numéros de téléphone Anna a-t-elle pris ?

(A) Aucun

(B) 1

(C) 2

(D) 3

(E) Il est impossible de répondre à la question.

Question 43. On s'intéresse à trois membres du personnel d'une entreprise : Arnaud, Bertrand et Charles. On sait qu'ils occupent chacun l'un des postes de directeurs des services suivants : service marketing, service des ressources humaines et service financier.

Par ailleurs on sait qu'Arnaud a des enfants à charge, que le financier est le moins ancien dans l'entreprise et qu'il n'a pas d'enfants à charge et que Bertrand est plus ancien dans l'entreprise que le directeur marketing.

A partir de ces informations, on peut conclure que :

I. Arnaud est directeur financier.

II. Bertrand est directeur des ressources humaines.

III. Charles est le moins ancien des trois.

(A) I est faux mais II et III sont vraies.

(B) I, II et III sont faux.

(C) I est vraie mais II et III sont fausses.

(D) I et III sont fausses mais II est vraie.

(E) I et II sont fausses mais III est vraie.

Question 44. Complétez la série suivante :

PRATIQUE ; PRIERE ; PLUVIEUX ; ________

(A) PARODIE
(B) PAPA
(C) PAMPA
(D) PARTICIPATION
(E) PARLEMENTAIRE

Question 45. Nous sommes le mardi 6 mars 2011. Quelle date serons-nous dans 395 jours sachant que 2012 est une année bissextile ?

(A) Jeudi 4 avril 2012.
(B) Vendredi 2 avril 2012.
(C) Jeudi 3 avril 2012.
(D) Vendredi 4 avril 2012.
(E) Lundi 3 avril 2012.

Si vous avez terminé, vous n'êtes pas autorisé(e) à revenir sur une épreuve précédente.
Vous n'êtes pas non plus autorisé(e) à travailler sur une épreuve suivante avant la fin du temps imparti.

STOP !

TEST BLANC TAGE MAGE 6

SOUS-TEST 4 : CONDITIONS MINIMALES

15 questions / 20 minutes / Calculatrice interdite
Réponse juste : + 4 points / Réponse fausse : – 1 point
Aucune réponse : 0 point

Vous répondrez :
(A) Si l'information (1) permet à elle seule de répondre à la question, et si l'information (2) à elle seule ne permet pas de répondre à la question.
(B) Si l'information (2) permet à elle seule de répondre à la question, et si l'information (1) à elle seule ne permet pas de répondre à la question.
(C) Si les deux informations (1) et (2) ensemble permettent de répondre à la question, et aucune séparément ne le peut.
(D) Si chaque information permet séparément de répondre à la question.
(E) Si les deux informations ensemble ne permettent pas de répondre à la question.

Question 46. Qui est la plus grande : Sonia, Camille ou Fatima ?

(1) La somme des tailles de Sonia et Camille est inférieure à celle des tailles de Fatima et Camille.

(2) La somme des tailles de Fatima et Sonia est inférieure à celle des tailles de Camille et Fatima.

Question 47. Soit ABC et AMN, deux triangles dits en situation de Thalès, avec A, M et B alignés et A, N et C alignés également. AM = 8 et MB = 4. Que vaut BC ?

(1) AN = 6 et NC = 3

(2) $MN^2 = 16$

Question 48. Que vaut le nombre de trois chiffres XYZ ?

(1) Le carré de la somme des chiffres de XYZ est égal à 64.

(2) XYZ est le cube d'un entier naturel.

##
##

Vous répondrez :

(A) Si l'information (1) permet à elle seule de répondre à la question, et si l'information (2) à elle seule ne permet pas de répondre à la question.

(B) Si l'information (2) permet à elle seule de répondre à la question, et si l'information (1) à elle seule ne permet pas de répondre à la question.

(C) Si les deux informations (1) et (2) ensemble permettent de répondre à la question, et aucune séparément ne le peut.

(D) Si chaque information permet séparément de répondre à la question.

(E) Si les deux informations ensemble ne permettent pas de répondre à la question.

Question 49. Pierre, Paul, Jacques et Jean ont dans le désordre 32, 41, 53, 55 ans. Quel est le prénom du plus jeune ?

(1) Paul et Pierre, qui n'est pas le plus âgé, disent : Jacques a 41 ans.

(2) Pierre et Paul ne rencontrent le plus jeune que rarement.

Question 50. Pour l'an 2000, un artiste avait construit le plus grand dé du monde.
Quel est le volume de ce dé parfaitement cubique, sachant que son arête est un entier ?

(1) La valeur du volume est strictement inférieure à 1 000 et supérieure à 511.

(2) La valeur d'une arête est paire.

Question 51. Une baignoire a deux robinets séparés : un robinet d'eau chaude et un robinet d'eau froide. Les deux robinets ont des vitesses de débit différentes. Si l'on ouvre les deux robinets en même temps, la baignoire se remplit entièrement en 30 minutes. En combien de temps la baignoire se remplirait-elle si l'on n'ouvrait que le robinet d'eau chaude ?

(1) Si l'on n'ouvrait que le robinet d'eau froide, la baignoire se remplirait en 45 minutes.

(2) Le robinet d'eau chaude peut débiter 50 litres en 10 minutes.

Question 52. Si T est multiple d'un nombre premier S, T est-il multiple de S^2 ?

(1) $S < 3$

(2) $T = 14$

##
##

Vous répondrez :

(A) Si l'information (1) permet à elle seule de répondre à la question, et si l'information (2) à elle seule ne permet pas de répondre à la question.

(B) Si l'information (2) permet à elle seule de répondre à la question, et si l'information (1) à elle seule ne permet pas de répondre à la question.

(C) Si les deux informations (1) et (2) ensemble permettent de répondre à la question, et aucune séparément ne le peut.

(D) Si chaque information permet séparément de répondre à la question.

(E) Si les deux informations ensemble ne permettent pas de répondre à la question.

Question 53. Pour une soirée, Vanessa est chargée d'acheter de quoi manger. En sortant du magasin, elle a acheté pour 15 euros de courses, sachant qu'elle a pris des chips, des pizzas et une quiche. Quel est le prix de la quiche ?

(1) Les pizzas coûtaient 6 euros.

(2) Le prix des chips était équivalent à deux tiers de celui des pizzas.

Question 54. Anne a gagné 50 000 euros en 2010. Quel est le revenu annuel moyen d'Anne entre 2009 et 2011 ?

(1) Anne a toujours obtenu une augmentation de 10 % d'une année sur l'autre.

(2) Ses revenus totaux pour les années 2009 et 2011 s'élèvent à 105 000 euros.

Question 55. Que vaut le nombre à deux chiffres AB ?

(1) AB est le carré d'un entier.

(2) Le carré de l'écart entre les chiffres du nombre AB est égal à 25.

Question 56. A 9 heures du matin, Marcel démarre un marathon au cours duquel il court à une vitesse moyenne égale à 12 km/h. Quelle est la longueur du marathon ?

(1) Marcel a passé la ligne d'arrivée à 13 heures.

(2) A 11 h 24, 3/5 de la distance totale de la course a été parcourue par Marcel.

##
##

Vous répondrez :

(A) Si l'information (1) permet à elle seule de répondre à la question, et si l'information (2) à elle seule ne permet pas de répondre à la question.

(B) Si l'information (2) permet à elle seule de répondre à la question, et si l'information (1) à elle seule ne permet pas de répondre à la question.

(C) Si les deux informations (1) et (2) ensemble permettent de répondre à la question, et aucune séparément ne le peut.

(D) Si chaque information permet séparément de répondre à la question.

(E) Si les deux informations ensemble ne permettent pas de répondre à la question.

Question 57. Simon a le même nombre de parts de deux SICAV dans son portefeuille boursier : SICAV A et SICAV B. La SICAV A produit 2 % de dividendes annuels alors que la SICAV B produit 6 % de dividendes annuels. Si Simon venait à vendre toutes ses parts de SICAV A afin d'utiliser alors tout le cash obtenu pour acheter des parts de SICAV B, de quel pourcentage ses dividendes annuels augmenteraient-ils ?

(1) Une part de SICAV A coûte deux fois plus cher à l'achat qu'une part de SICAV B.

(2) Une part de SICAV B coûte 90 euros.

Question 58. Quelle est la valeur de X ?

(1) $X = 1 - 5X + 5$

(2) $2X^2 - 4X + 2 = 0$

Question 59. Un arbre a entre 100 et 1 000 ans. Quel est son âge ?

(1) Le chiffre des centaines de son âge est égal à la somme des chiffres des dizaines et des unités de son âge.

(2) Le chiffre des dizaines de son âge est égal au double du chiffre des unités de son âge.

##
##

Vous répondrez :

(A) Si l'information (1) permet à elle seule de répondre à la question, et si l'information (2) à elle seule ne permet pas de répondre à la question.

(B) Si l'information (2) permet à elle seule de répondre à la question, et si l'information (1) à elle seule ne permet pas de répondre à la question.

(C) Si les deux informations (1) et (2) ensemble permettent de répondre à la question, et aucune séparément ne le peut.

(D) Si chaque information permet séparément de répondre à la question.

(E) Si les deux informations ensemble ne permettent pas de répondre à la question.

Question 60. Y est-il plus grand que X ?

(1) $X^4 > Y^4$

(2) $X^7 < Y^7$

Si vous avez terminé, vous n'êtes pas autorisé(e) à revenir sur une épreuve précédente.
Vous n'êtes pas non plus autorisé(e) à travailler sur une épreuve suivante avant la fin du temps imparti.

STOP !

TEST BLANC TAGE MAGE

SOUS-TEST 5 : EXPRESSION

6

15 questions / 20 minutes / Calculatrice interdite
Réponse juste : + 4 points / Réponse fausse : – 1 point
Aucune réponse : 0 point

Questions 61 à 65 : choisissez la reformulation dont le sens se rapproche le plus du (des) passage(s) souligné(s).

Question 61. Monsieur, vous devez savoir qu'à cette charge sont attachées d'importantes prérogatives.

(A) d'importantes clauses
(B) d'importantes conditions
(C) de vastes connaissances de nature générale indispensables pour mener à bien vos missions
(D) d'importants avantages et privilèges particuliers
(E) de nombreuses conditions dictées par l'autorité supérieure dont vous dépendez

Question 62. (…) Nous devons donc beaucoup à CNN, mais pour une raison paradoxale : cet étalage de la puissance de la télévision a mis en lumière sa décisive fragilité. CNN a poussé comme jamais le prestige de l'image et dans le même temps révélé son inanité.

(A) son inamovibilité
(B) son inertie
(C) son inactualité
(D) sa relative efficacité
(E) sa vanité

Question 63. Ce magnat de la finance a été lourdement condamné pour avoir incité des témoins à produire des déclarations mensongères.

(A) séduit des témoins
(B) gangréné des témoins
(C) vicié des témoins
(D) suborné des témoins
(E) débauché des témoins

Question 64. De nos jours, dans notre vie professionnelle, seuls comptent l'efficacité, la rentabilité… Les chiffres ! Nous vivons sous le règne des valeurs du matérialisme, de la compétition, de la domination, de la force, de la possession. Sur ces valeurs se fondent nos actions. Femmes et hommes s'inclinent bien bas devant la dictature de la performance. Ils s'obligent à être fidèles aux seules et uniques valeurs masculines.

(A) s'astreignent à s'assujettir définitivement
(B) font allégeance
(C) se font violence pour adhérer
(D) se forcent à se soumettre comme des vassaux
(E) s'anéantissent dans la fidélité

Question 65. En dépit des dernières prévisions communiquées aux organismes étatiques de surveillance du territoire, il semblerait qu'une catastrophe naturelle est sur le point de se produire sur le continent européen.

(A) éminente
(B) imminente
(C) rémanente
(D) immanente
(E) émergeante

Questions 66 à 71 : complétez en choisissant la solution optimale.

Question 66. Aurélie manifeste une aptitude réelle à apprécier des choses très diverses, sans aucun esprit exclusif. On dit qu'elle est (…)

(A) éclectique.
(B) dilettante.
(C) tolérante.
(D) lymphatique.
(E) ouverte.

Question 67. Viktor Novoorsk est l'un de ces milliers de touristes, venus des quatre coins du monde, qui débarquent chaque jour à l'Aéroport JFK de New York. Mais, à quelques heures de son arrivée, voilà qu'un coup d'Etat bouleverse sa petite république d'Europe Centrale, mettant celle-ci au ban des nations et faisant de Viktor un (…). Les portes de l'Amérique se ferment en effet devant lui, alors même que se bouclent les frontières de son pays.

(A) apatride
(B) rebelle
(C) orphelin
(D) apathique
(E) solitaire

Question 68. Lorsque j'ai remarqué pendant la fête du carnaval que Karim, mon ami du lycée, avait les cheveux blancs, (…) persuadé qu'ils (…) ses cheveux naturels. Mais après m'être souvenu que (…) j'ai pensé à l'éventualité que ces cheveux (…).

(A) j'étais / ne faisaient pas partie de son déguisement mais que c'étaient / nous étions à un bal costumé / n'étaient pas du tout teints
(B) j'étais / faisaient partie de son déguisement et que ce n'étaient pas / je ne l'avais pas vu depuis dix ans / étaient les siens et avaient blanchi
(C) je n'étais pas / étaient teints et que ce n'étaient pas / nous étions à un bal costumé / étaient les siens et avaient blanchi
(D) je n'étais pas / ne faisaient pas partie de son déguisement mais que c'étaient / nous n'étions plus très jeunes / n'étaient pas naturels mais teints en blanc
(E) je n'étais pas encore / ne faisaient plus partie de son déguisement mais que c'étaient / nous n'étions guère très jeunes / étaient synthétiques et teints en blanc

Question 69. (…) la technique qui consiste à insérer des textes dans différentes œuvres d'art de premier plan accentue (…) l'importance du mot écrit dans notre société, et cela (…) de l'image visuelle qui devient (…) dans l'importance de l'œuvre prise dans son intégralité.

(A) La hausse de popularité de / la diminution sensible de / grâce à la hausse de la centralisation / primordiale
(B) La diminution de l'usage de / la hausse de / parallèlement à la hausse de popularité / primordiale
(C) La diminution de l'usage de / baisse de / parallèlement à la baisse de la centralisation / primordiale
(D) L'intérêt grandissant pour / l'inflation de / parallèlement à la baisse de popularité / moins essentielle
(E) La hausse de popularité de / la hausse de / parallèlement à la baisse de popularité / mineure

Question 70. (…) cyclables réservées aux vélos et autres vélibs (…) cyclistes (…) piétons (…) se heurter aux vélos sur les trottoirs.

(A) Le fait qu'il soit impossible de rouler sur des voies / est désagréable aux / mais aide les / qui ne doivent plus

(B) Le fait de rouler sur des voies / est aussi difficile pour les / que pour les / qui doivent

(C) Le fait de rouler sur des voies / est aussi bien agréable aux / qu'aux / qui ne craignent plus de

(D) Le fait qu'il soit impossible de rouler sur des voies / est aussi bien agréable aux / qu'aux / qui doivent

(E) Rouler sur des voies / constitue un privilège réservé aussi bien aux / qu'aux / qui n'ont plus peur désormais de ne pas

Question 71. « Ventre affamé n'a point (…). »

(A) de procès

(B) d'oreilles

(C) de droit

(D) d'espoir

(E) de larmes

Question 72. Lorsque l'on parle de mécanismes du « fait du prince », à quoi fait-on référence ?

(A) A des mécanismes d'anticipation qui conduisent à répercuter immédiatement sur un prix de vente une augmentation future d'un coût de facteur de production.

(B) A des mécanismes imposés à une entreprise par une instance supérieure, qui s'opposent généralement à l'évolution naturelle de l'environnement de l'entreprise.

(C) A des mécanismes inflationnistes imposés à des sociétés cotées en bourse par la Banque Centrale Européenne en vue de contrôler en amont la hausse des prix des biens de consommation courante.

(D) A des mécanismes financiers imposés par les monarchies des pays de l'OPEP en vue de maintenir les cours nominaux du pétrole à un niveau efficient.

(E) A des mécanismes intermédiaires du modèle de croissance interne permettant d'établir un lien direct entre les taux de croissance de l'activité de l'entreprise et le taux de croissance de ses moyens financiers.

Question 73. Parmi les cinq adages populaires ci-dessous, trouvez le seul dont le sens est en contradiction avec l'énoncé suivant : « Les voyages forment la jeunesse ».

(A) Si tu trouves une route, suis-la longtemps.
(B) Quand on change le tam-tam de place, on invente un nouveau son.
(C) Traverse le lac et tu auras changé tes habitudes.
(D) Les vérités existent au-delà des montagnes.
(E) C'est la poule qui circule le plus qui mange le plus de fourmis.

Question 74. Que signifie l'expression « payer en monnaie de singe » ?

I. Payer sa dette avec de faux billets.
II. Faire du troc.
III. S'en tirer à bon compte avec quelques plaisanteries.
IV. Payer avec des billets qui ne sont plus en circulation.
V. Ne pas payer.

(A) I seulement.
(B) II seulement.
(C) I ou IV.
(D) III ou V.
(E) V seulement.

Question 75. « Un silence éloquent », « la réalité virtuelle », « une douce violence » sont des oxymores. Parmi les cinq propositions suivantes, laquelle n'est pas un oxymore ?

(A) Un monstre croquignolet.
(B) Une spontanéité rigoureuse.
(C) Un jeune centenaire.
(D) Une clarté nébuleuse.
(E) Une richesse propice.

Si vous avez terminé, vous n'êtes pas autorisé(e) à revenir sur une épreuve précédente.
Vous n'êtes pas non plus autorisé(e) à travailler sur une épreuve suivante avant la fin du temps imparti.

STOP !

TEST BLANC TAGE MAGE

SOUS-TEST 6 : LOGIQUE

6

15 questions / 20 minutes / Calculatrice interdite
Réponse juste : + 4 points / Réponse fausse : – 1 point
Aucune réponse : 0 point

Question 76.

	1607			
	6152			
	5876			
5474	**?**	9821	9191	3548
	9779			

(A) 2864 (B) 6173 (C) 7593 (D) 7535 (E) 8923

Question 77.

			EP	
			FQ	
			HG	
WY	TT	OO	**?**	CE
			OS	

(A) KJ (B) MJ (C) KC (D) DC (E) MS

Question 78.

143				
104				
?	618	26	515	824
117				
195				

(A) 412 (B) 403 (C) 39 (D) 91 (E) 231

****
****

Question 79.

QUI

FUG PNR WUZ ? HNM

TES

ETE

USA

(A) JHA (B) DPH (C) DEO (D) TRD (E) RRV

Question 80.

187

825

682

220

324 441 ? 196 289

(A) 111 (B) 121 (C) 209 (D) 144 (E) 289

Question 81.

HPL ? HUN CRO RXP

VEC

DFZ

PNE

FDR

(A) JAU (B) LNM (C) SBN (D) BNM (E) BSN

****
****

Question 82.

140 365 621 879 ?

273

455

182

819

(A) 917 (B) 728 (C) 819 (D) 546 (E) 158

Question 83.

AE

GN

NC ? MD JG OB

KK

YM

(A) HI (B) EL (C) PA (D) KI (E) HE

Question 84.

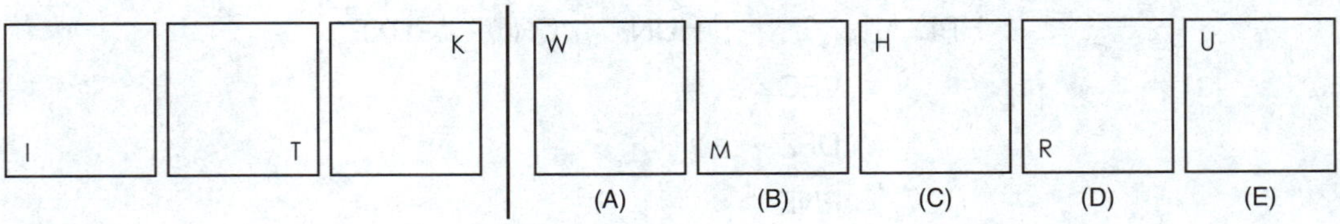

Question 85.

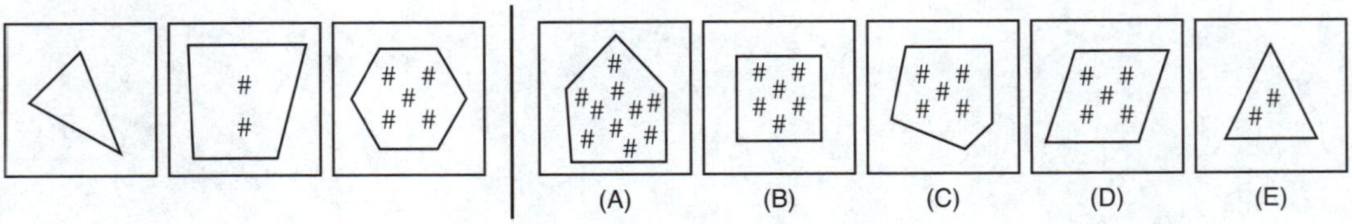

****
****

Question 86.

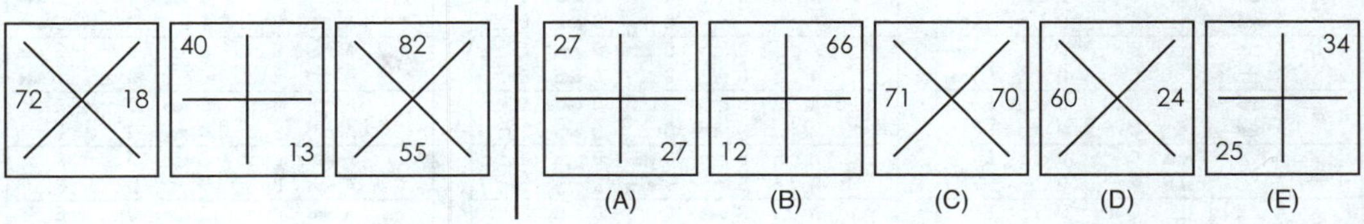

Question 87.

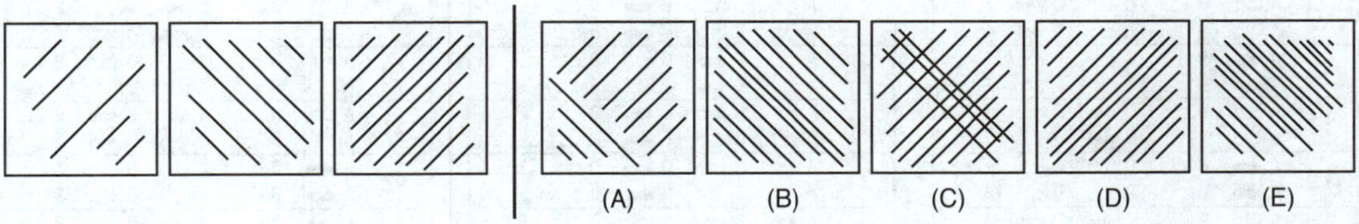

Question 88.

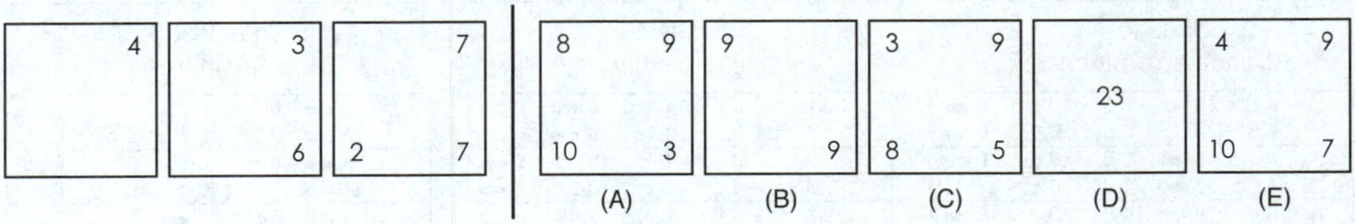

Question 89.

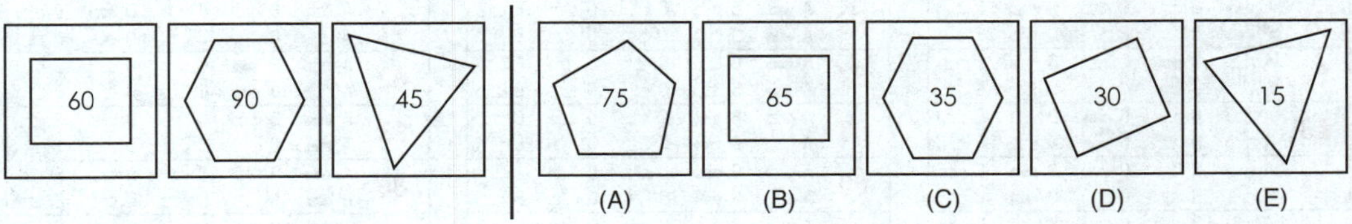

Question 90.

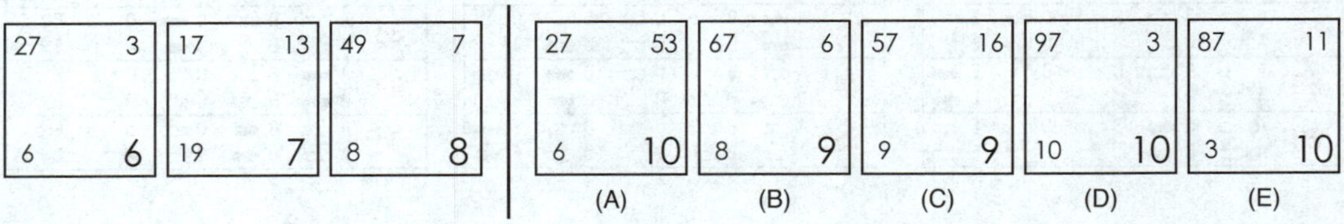

TEST TAGE MAGE 6 : VOTRE GRILLE DE REPONSES JUSTES

Sous-test 1 – Compréhension de textes

Question	Réponse
1	C
2	A
3	E
4	A
5	B
6	C
7	A
8	D
9	D
10	A
11	C
12	A
13	C
14	E
15	B

Sous-test 2 – Calcul

Question	Réponse
16	B
17	D
18	D
19	D
20	C
21	B
22	A
23	B
24	C
25	B
26	C
27	C
28	A
29	D
30	B

Sous-test 3 – Raisonnement/Argumentation

Question	Réponse
31	E
32	E
33	E
34	C
35	A
36	A
37	C
38	D
39	C
40	E
41	D
42	A
43	A
44	B
45	D

Sous-test 4 – Conditions minimales

Question	Réponse
46	E
47	B
48	E
49	C
50	C
51	A
52	B
53	C
54	D
55	E
56	A
57	A
58	D
59	E
60	B

Sous-test 5 – Expression

Question	Réponse
61	D
62	E
63	D
64	B
65	B
66	A
67	A
68	B
69	B
70	C
71	B
72	B
73	A
74	D
75	E

Sous-test 6 – Logique

Question	Réponse
76	A
77	A
78	C
79	E
80	B
81	D
82	B
83	A
84	A
85	C
86	E
87	B
88	C
89	A
90	B

CORRIGES 6

SOUS-TEST 1 : COMPREHENSION DE TEXTES

Question 1. Réponse C

La proposition est fausse car l'équipement des ménages a eu lieu durant la période précédente : « la progression du taux d'équipement des ménages en appareils électroménagers (celui des réfrigérateurs passe ainsi de 3 % en 1949 à 91 % en 1975) ».

Les propositions 2 et 3 sont vraies : « La montée durable du chômage, l'essor des contrats précaires privent d'un emploi stable et rémunérateur, voire d'un emploi tout court, une fraction conséquente de la population ».

Question 2. Réponse A

Le terme « surveiller » est trop fort : « de tels achats, souvent considérés comme "déraisonnables" par les travailleurs sociaux chargés de leur porter assistance ». Les travailleurs sociaux doivent les aider, non les surveiller.

Question 3. Réponse E

Les propositions 1 et 3 sont fausses car consommer pour « élever son niveau de vie » était valable dans l'après-guerre et consommer pour « marquer son appartenance à un groupe social » est typique des années 80. Donc ces deux explications concernent le XXe siècle.

La proposition 2 est la seule exacte : « le seul moyen de marquer leur appartenance à la société ».

Question 4. Réponse A

Il faut procéder par élimination.

D et E sont inexactes : la société n'appauvrit pas « sciemment » et le texte évoque la pauvreté depuis l'après-guerre et pas seulement au XXIe siècle.

B est beaucoup trop vague et C dit exactement le contraire de ce qui est mentionné dans la première phrase.

Le titre A reflète bien l'idée essentielle du texte : la consommation est devenue le seul moyen d'exister.

Question 5. Réponse B

E est faux car la « grande guerre » n'est pas la seconde guerre mondiale.

D n'est pas totalement exact. Dire qu'ils ne « peuvent accéder qu'à des produits de mauvaise qualité » est très exagéré. Certains commerçants se sont spécialisés dans des produits bas de gamme, mais cela ne signifie pas que les pauvres n'achètent que ce type de produit.

C n'est pas bon non plus, car le texte ne présente pas les pauvres comme « victime du système ».

A n'est pas faux, mais il ne résume que la fin du texte, ce n'est donc pas le meilleur résumé du texte.

Le résumé B, par élimination est le meilleur.

Question 6. Réponse C

2 et 3 sont exacts, mais 1 est faux. En effet, « épargner est difficile et dangereux », mais il est noté nulle part que c'est impossible.

Question 7. Réponse A

La réponse est explicite : « des taux de 20 % par mois ne sont pas rares ».

Question 8. Réponse D

La proposition 1 n'est pas une cause d'échec, contrairement à la 2 et à la 3 : « distribuer des crédits subventionnés par l'intermédiaire des banques nationales se sont écroulés, sous le poids des non-remboursements et de la corruption ».

Question 9. Réponse D

La proposition 2 est fausse, car il y a entre 47 et 52 % et non 55 %.

La proposition 3 est fausse également car les taux sont supérieurs à 20 % par an ; « Les taux d'intérêt, bien qu'élevés si nous les comparons à ceux qui sont pratiqués dans les pays développés (de 20 % à plus de 100 % par an selon les pays) ».

Il y a donc 3 propositions exactes. : 1, 4 et 5.

1 : « par leur dynamisme et leur capacité d'innovation ».

4 : « Le moindre choc (une mauvaise récolte, une maladie, un vol…) les laisse extrêmement vulnérable ».

5 : « Il y a aujourd'hui plus de 150 millions de micro-emprunteurs à travers le monde. »

Question 10. Réponse A

La proposition A est fausse car on ignore quels sont les taux pratiqués par les banques.

Question 11. **Réponse C**

La réponse est explicite : « ni l'une ni l'autre de ces études ne démontre d'impact sur la santé ».

Question 12. **Réponse A**

Les 3 propositions sont exactes car il ne s'agit pas de faits révélés par les études mais de reproches formulés : « nouveaux usuriers, qui exploitent l'incapacité des plus pauvres à résister à la tentation de l'emprunt ; ils soulignent que les taux d'intérêt, souvent présentés de manière obscure, restent très élevés par rapport à ce que paient les plus riches ».

Question 13. **Réponse C**

Le résumé A dénature le texte puisqu'il nie les effets bénéfiques du microcrédit.

Le résumé B présente le microcrédit comme un moyen d'enrichir les riches ; ce n'est pas totalement faux, mais ce n'est pas l'objectif du microcrédit.

Le résumé D est faux puisqu'il préconise des études supplémentaires, notion qui est absente du texte.

Le résumé E ne retranscrit pas les attaques portées sur le microcrédit.

La proposition C est nuancée et n'omet aucune partie du texte.

Question 14. **Réponse E**

La réponse doit être trouvée par élimination. Le ton de ce texte n'est pas celui d'une « alerte » (réponse A), n'« attise » pas une polémique (réponse D) et ne « tord pas le cou » aux critiques (réponse B). C n'est pas faux, mais c'est donner à la conclusion une importance qu'elle n'a pas puisque l'objectif de ce texte est bien de faire le point sur le microcrédit et non de réfléchir sur la façon d'éradiquer la pauvreté.

Question 15. **Réponse B**

Il ne s'agit pas de savoir si les affirmations sont vraies ou fausses, puisque les propositions de cette question 5 mélange des reproches, non vérifiés, et les faits relevés dans les études. La B est fausse car il est noté que les éventuels bénéfices du micro crédit sur la scolarisation des enfants sont au stade du questionnement dans le texte : « Les revenus supplémentaires de l'activité financeront-ils la scolarisation des enfants ? ».

SOUS-TEST 2 : CALCUL

Question 16. Réponse B

Une question franchement trop facile. C'est vraiment dommage si vous êtes passé à côté. 5 mois dans l'année s'écrivent avec une lettre « m » : **m**ars, **m**ai, septe**m**bre, nove**m**bre et déce**m**bre). Il y a donc 5 chances sur 12 de tomber sur un mois qui comporte un « m ».

Question 17. Réponse D

Il suffisait de voir ici que $\sqrt{8\,200} = \sqrt{82 \times 100} = \sqrt{82} \times \sqrt{100} \approx \sqrt{81} \times 10 \approx 90$. On voit là que $\sqrt{8\,200}$ est en fait un peu plus grand que 90.

Vous comprenez pourquoi maintenant je vous demande de connaître vos carrés et cubes par cœur ?

Autre exemple : *quel est le chiffre des centaines dans le nombre $\sqrt{1\,430\,000}$?*

$\sqrt{1\,430\,000} = \sqrt{143 \times 100 \times 100} = \sqrt{143} \times 100$ et étant donné que 144 est le carré de 12, on en déduit que $\sqrt{143}$ est égal à 11 virgule quelque chose. En conséquence, le chiffre des centaines est égal à 1.

Question 18. Réponse D

Une question particulièrement difficile.

Soient a, b et c les trois chiffres du nombre s'écrivant ***abc***. Ce nombre est égal à $(100 \times a) + (10 \times b) + c$ et doit être aussi égal à $297 + (100 \times c) + (10 \times b) + a$.

Ce qui donne $(100 \times a) + c = 297 + (100 \times c) + a$. Soit $99 \times (a - c) = 297$; soit par conséquent $\mathbf{a - c = 3}$. Les nombres s'écrivant ***abc*** et ***cba*** ayant trois chiffres, a et c ne peuvent être égaux à 0. Les différentes possibilités sont donc :

chiffre *c*	1	2	3	4	5	6
chiffre *a*	4	5	6	7	8	9

Cela fait ainsi 6 possibilités avec, pour chacune, le chiffre des dizaines ***b*** qui peut être égal à n'importe quel chiffre compris en 0 et 9 inclus (10 chiffres possibles pour ***b*** donc).

En conclusion, il y a au total **6 × 10**, soit **60 nombres** de 3 chiffres ayant la propriété voulue.

Question 19. Réponse D

Connaissant parfaitement votre cours, vous savez que $\frac{N(N-1)}{2}$ représente précisément le nombre de matchs disputés durant la saison si les deux équipes ne se rencontrent qu'une seule fois. Aussi, si les équipes se rencontrent deux fois alors cela nous donne $\frac{N(N-1)}{2} \times 2 = \mathbf{N(N-1)}$ matchs disputés.

CORRIGÉS TEST BLANC 6

Sachant qu'ici N = 20 équipes, le nombre de matchs disputés est alors égal à
20 × (20 – 1) = 20 × 19 = 380.

Question 20. Réponse C

Lorsque vous rencontrez une question de géométrie comme ici, nous vous invitons à vous servir de la figure pour appuyer votre raisonnement. Si celle-ci n'est pas dessinée, nous vous conseillons fortement de le faire. Ici, traduisons une par une sur la figure les informations données par l'énoncé.

Dans un premier temps, on vous dit que les triangles BCA et ADE sont équilatéraux et égaux, donc **tous leurs côtés sont égaux et tous leurs angles valent 60°.**

On sait de plus que **l'angle CAD est égal à 17,5°.** Ce qui donne sur notre figure :

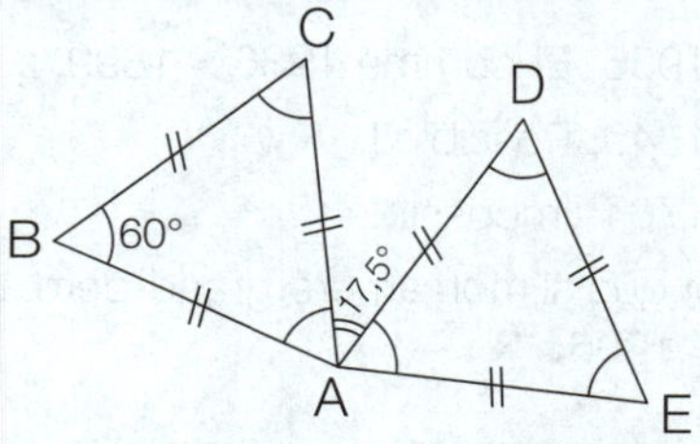

Dernière chose à indiquer : **on voit apparaître sur la figure que le triangle ACD est isocèle de base CD et de sommet A.** On en déduit donc que **les angles ACD et ADC sont égaux.**

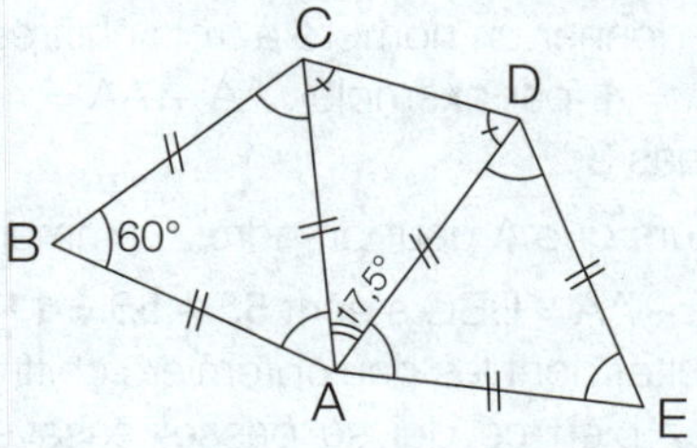

Maintenant que l'on dispose de toutes les informations sur la figure, il suffit de remarquer que l'on a : (*) BCD = BCA + ACD.

On sait que BCA = 60° et, sachant que la somme des mesures des angles d'un triangle est égale à 180° et que les angles **ACD** et **ADC** sont égaux, nous pouvons écrire :

ACD = 180° – CAD – ADC = 180° – 17,5° – ADC, soit : 2 × ACD = 162,5° ou encore : ACD = 162,5°/2 = 81,25°.

En remplaçant BCA et ACD par leurs valeurs respectives dans l'équation (*), on obtient :

BCD = 60° + 81,25° = 141,25°.

Et, puisque l'on nous demande de trouver **la moitié de cet angle,** cela donne :

BCD/2 = 141,25°/2 = **70,625°.**

Question 21. Réponse B

Attention ! Lorsque vous voyez dans un énoncé Z4 × Z7 = 730Z, vous devez bien comprendre que nous faisons le produit d'un nombre à deux chiffres Z4 (qui vaut 14 quand Z = 1 ; 24

quand Z = 2 ; 34 quand Z = 3, etc.) par un autre nombre à deux chiffres Z7 (qui vaut 17 quand Z = 1 ; 27 quand Z = 2 ; 37 quand Z = 3, etc.) et que nous obtenons alors comme résultat un nombre à 4 chiffres 730Z qui vaut donc 7 301 quand Z = 1 ; 7 302 quand Z = 2, etc.

Sachant que Z4 × Z7 = 730Z, on trouve en utilisant la technique du dernier chiffre que Z est égal au dernier chiffre du produit de **4** et de **7**. Or **4 × 7 = 28,** donc Z = 8 et $Z^3 = 8^3 =$ **512.**

Question 22. Réponse A

Vous savez que $40^2 = 1\ 600$ et que $45^2 = 2\ 025$ (souvenez-vous de l'astuce relative aux carrés des entiers dont le dernier chiffre est 5).

Ainsi, sachant que mon arrière-grand-père est mort en 1899, son âge sera nécessairement inférieur à 45 !

Si $z = 44$, alors $z^2 = 44^2 = 1936$. Et comme 1936 > 1899, z ne peut être égal à 44.

Si $z = 43$, alors $z^2 = 43^2 = 1849$. Possible !

Si $z = 42$, alors $z^2 = 42^2 = 1764$. Impossible !

On en conclut que $z = 43$ et que si mon arrière-grand-père avait 43 ans en 1849, c'est donc qu'il est né en 1849 – 43 = 1806.

Question 23. Réponse B

Sachant que AA + AA doit donner un nombre à trois chiffres, c'est forcément que **A est au moins égal à 5** car pour A = 4 (par exemple), AA + AA = 44 + 44 = 88… autrement dit un nombre à deux chiffres et pas 3 !

On teste à présent les valeurs que A peut prendre. Commençons par 5.

Si A = 5 alors l'équation AA + AA = BBC s'écrit **55 + 55 = 110,** ce qui est parfait puisque l'on doit justement avoir un résultat dont les deux premiers chiffres sont identiques (**BB**C = **11**0). Pour que vous compreniez bien ce qui se passe, essayez avec A = 6. Si A = 6 alors AA + AA = 66 + 66 = 132. Ça coince, puisque les deux premiers chiffres de **13**2, 1 et 3 ne sont pas identiques !

En conclusion : A = 5, B = 1 et C = 0.

Ainsi, $\mathbf{(A + B + C)^2 = (5 + 1 + 0)^2 = 6^2 = 36.}$

Question 24. Réponse C

Dans le pré, se trouvent au début 15 moutons à 4 pieds et B berges à deux pieds. Le nombre total de pieds P est donc égal à : $4 \times 15 + 2B = 60 + 2B$.

Lorsque la moitié des bergers a emmené le tiers des moutons, il reste :

$$\frac{B}{2} \times 2 + 10 \times 4 = 50 \text{ pieds.}$$

D'où : $B = 10$ et au début, on avait donc : $P = 4 \times 15 + 2 \times 10 = 80$ pieds.

Question 25. Réponse B

A chaque « coup de scie », on ajoute à l'aire totale des solides une aire égale à deux fois la face du cube initial. **En effet, on découvre une partie de l'intérieur du carré encore totalement masquée.** Ainsi, en trois « coups de scie », on aura rajouté une aire égale à six fois la face du cube initial, soit exactement l'aire du cube initial, qui possède en effet 6 faces comme tout bon cube qui se respecte !

En conclusion, la somme des aires des faces des pavés droits est égale au double de l'aire du cube de départ.

Question 26. Réponse C

Découpons la piscine en un patron comme indiqué dans la figure suivante :

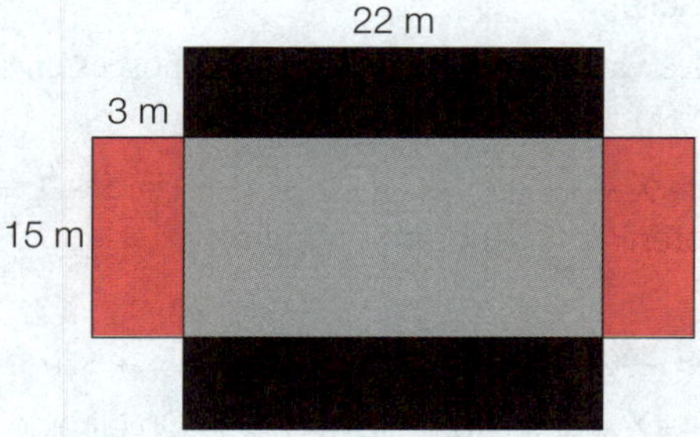

La partie grise représente le fond ; la partie noire le long côté de la piscine et enfin la partie rose le plus petit côté. Il ne vous reste plus qu'à additionner les aires de ces 5 rectangles.

$(22 \times 15) + 2 \times (15 \times 3) + 2 \times (22 \times 3) = 2 \times 11 \times 15 + 2 \times 45 + 2 \times 66$

$= 2 \times 165 + 90 + 132$

$= 330 + 222 = 552$ (m^2)

Astuce ! Pensez à la technique du dernier chiffre. En effet, lorsque vous devez calculer $2 \times 11 \times 15 + 2 \times 45 + 2 \times 66$, pensez au fait que $2 \times 11 \times 15$ se termine par 0, que 2×45 se termine également par 0, et que $2 \times (22 \times 3)$ se termine par 2 ; soit au final un nombre qui se termine par 2. Seule la réponse C se termine par 2 et c'est donc la bonne réponse.

Question 27. Réponse C

Partez des solutions ici (technique du *backsolving*). Testons la réponse C. Si la contenance de mon réservoir est de 30 litres, alors cela fonctionne très bien ! En effet, si avec 6 fois plus d'argent, je peux mettre 25 litres *en plus,* cela signifie qu'avec la somme d'argent dont je dispose, je suis en mesure de mettre 5 litres dans mon réservoir. Si avec X euros, je mets 5 litres et avec 6X j'en mets six fois plus soit 30. Autrement dit, je mets bien 30 – 5 = 25 litres de plus !

Parfois, tout devient très facile quand on teste les solutions.

Question 28. Réponse A

Dans ce type d'exercices, vous devez absolument appliquer la technique des inconnues entières.

Si l'on vous parle à un moment dans l'énoncé d'un groupe d'abeilles qui représente les **huit neuvièmes de l'essaim,** alors vous devez vous dire que **ces huit neuvièmes de l'essaim doivent représenter un nombre entier** (on ne peut avoir d'abeilles à virgules comme 12,3333333 abeilles !). Autrement dit, ici, il faut que l'essaim (le nombre total d'abeilles donc) soit divisible par 9 pour que les 8/9 de l'essaim représentent un nombre **entier** d'abeilles. Dans ces conditions, seule la réponse A fonctionne.

Question 29. Réponse D

Une question vraiment facile !

Il suffit en effet de tester les valeurs sur les équations proposées en solution.

Réponse A :

- Point (– 1 ; 1) : $Y = X^2 + X - 1 = (-1)^2 + (-1) - 1 = 1 - 1 - 1 = -1$. On élimine donc cette réponse car on doit obtenir Y = 1 comme résultat.

Réponse B :

- Point (– 1 ; 1) : $Y = -X^2 - X + 1 = -(-1)^2 - (-1) + 1 = -1 + 1 + 1 = 1$. On garde.
- Point (0 ; – 1) : $Y = -X^2 - X + 1 = -(0)^2 - (0) + 1 = 1$. On élimine car on aurait du obtenir – 1.

Réponse C :

- Point (– 1 ; 1) : $Y = X^2 - X + 1 = (-1)^2 - (-1) + 1 = 1 + 1 + 1 = 1$. On élimine.

Réponse D :

- Point (– 1 ; 1) : $Y = X^2 - X - 1 = (-1)^2 - (-1) - 1 = 1 + 1 - 1 = 1$. On garde.
- Point (0 ; – 1) : $Y = X^2 - X - 1 = (0)^2 - (0) - 1 = -1$. On garde.
- Point (1 ; – 1) : $Y = X^2 - X - 1 = (1)^2 - (1) - 1 = 1 - 1 - 1 = -1$. On garde et la réponse 4 est donc la bonne réponse !

Inutile de tester la réponse 5 ! Il n'y a qu'une seule réponse possible.

Comme vous l'avez remarqué, cette exercice est super fastidieux et cela demande d'arriver très « frais » le jour J pour être en mesure de bien se concentrer ;) Alors on se couche tôt la veille, compris ?

Question 30. Réponse B

La surface totale d'un cube est égale à six fois l'aire d'une de ses faces.

On a donc : $6A^2 = 384$ soit $A^2 = 64$ avec l'aire d'une face.

De plus, l'aire de la face d'un cube est égale au carré d'un de ses côtés de longueur A. On a donc $64 = A^2$ soit $A = 8$.

Enfin, le volume V d'un cube est égal au cube de son côté, soit :

CORRIGÉS TEST BLANC 6

$V = A^3 = 8^3 =$ **512**.

Finalement, il ne vous reste plus qu'à comparer **2** (le chiffre des unités de 512) avec **5 + 1** = **6** (la somme du chiffre des dizaines et de celui des centaines de 512). Vous trouvez alors facilement que 2 représente le tiers de 6, soit **environ 33 %.**

SOUS-TEST 3 : RAISONNEMENT – ARGUMENTATION

Question 31. **Réponse E**

9. Flavien
7. Olivier
4. Vanessa
2. Alexandre

Question 32. **Réponse E**

Deux possibilités : ou bien X ment, ou bien X dit la vérité.

Si X ment, alors sa réponse « Au moins l'un des deux, X ou Y, est menteur » **doit s'entendre comme :** « X ET Y disent la vérité », ce qui est contradictoire avec le fait que X ment !

On sait par conséquent que X dit la vérité et que dans ce cas cela veut dire que « X dit la vérité » et que « Y ment ». Réponse E !

Question 33. **Réponse E**

On commence par tracer les lignes d'un arbre généalogique comme il vous est conseillé de le faire dans le cours. Le hic, **c'est que l'on ne sait pas si les épouses sont plus âgées ou moins âgées que leurs époux.** Il est donc impossible de répondre.

Question 34. **Réponse C**

D'après l'énoncé : MAXIME > MOHAMMED et MAXIME > MAMADOU. Si l'on sait assurément que MAXIME travaille dans l'entreprise qui a le plus d'employés, on ne sait pas en revanche si MOHAMMED > MAMADOU ou MAMADOU > MOHAMMED. Autrement dit, on ne sait pas qui travaille dans l'entreprise qui emploie le moins d'employés.

Question 35. Réponse A

Olivier < Nicolas < Thomas < Alexandre < Daniel.

Question 36. Réponse A

A. (NICE) ⇒ (EPICIERS)

B. (NON PIANO) ⇒ (EPICIERS)

C. (NICE) ⇒ (NON PIANO)

Par transitivité, on comprend aisément que l'affirmation A se déduit des affirmations B et C prises ensemble.

Question 37. Réponse C

Deux cas se présentent à nous :

(1) : la première personne de la queue dit la vérité.

(2) : la première personne de la queue ment.

Le cas (1) est impossible. Regardez le schéma suivant :

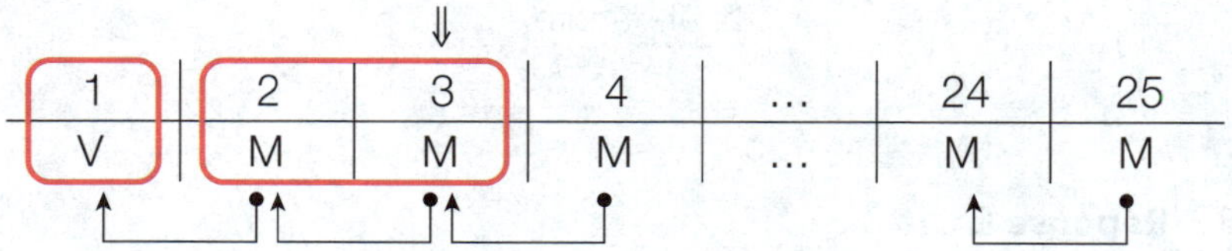

: *« La personne qui est devant moi ment. »*

Si la première personne dit la vérité, alors cela veut dire que TOUTES les personnes qui se trouvent derrière elle mentent. Or ceci est impossible. En effet, si l'on prend la 3e personne de la queue par exemple, qui ment, alors quand celle-ci dit « la personne qui est devant moi (la 2e) ment », on doit comprendre cela comme « la personne qui est devant moi (la 2e) dit la vérité »… Ce qui est contradictoire avec le fait que la personne qui est devant elle **ment** (cf. schéma).

En conclusion, c'est le second cas qui est possible. La première personne de la queue ment et quand elle dit que « toutes les personnes derrière moi mentent », on doit comprendre cela comme **« au moins une personne derrière moi dit la vérité ».** En l'occurrence ici et d'après le schéma qui suit, c'est une personne sur deux qui dit la vérité.

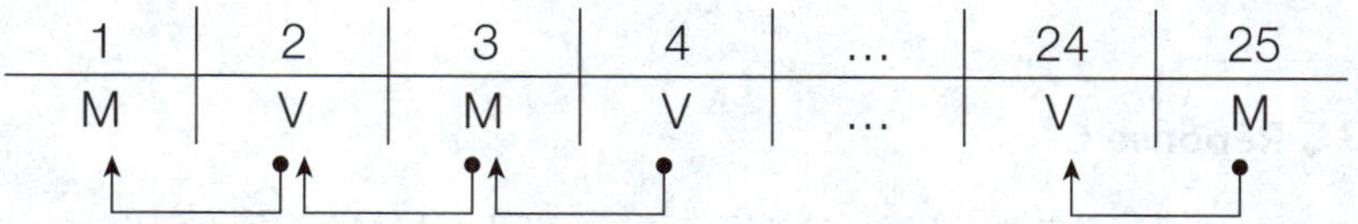

: *« La personne qui est devant moi ment. »*

En conclusion, il y a 13 personnes qui mentent et 12 personnes qui disent la vérité.

Question 38. **Réponse D**

Selon les données de la question, le jus, l'entrée et la viande sont servis immédiatement les uns après les autres. Le dessert est servi à la fin du repas. Plaçons ces données selon l'ordre dans lequel ils sont servis. Nous obtenons deux situations possibles :

1	
2	Jus
3	Entrée
4	viande
5	Dessert

ou

1	Jus
2	Entrée
3	Viande
4	
5	Dessert

Dans les deux cas, on remarque qu'il est impossible que l'on serve deux plats entre le verre de jus de fruit et la viande. La bonne réponse est donc la D.

Question 39. **Réponse C**

Lorsque l'on vous demande de choisir « la proposition qui soutient le moins le propos ci-dessus », essayez de reproduire la situation d'un débat que vous avez avec des amis à une soirée dans lequel un des participants s'oppose (autrement dit qui soutient le moins, qui joue le rôle de détracteur) aux propos que vous avancez (*i.e.* les propos de l'énoncé).

Ici, tout le propos cherche à nous expliquer que la France a fait le bon choix en contractant une dette sur plusieurs générations. En effet, c'est grâce à cette dette que la France est parvenue à maintenir sa croissance économique.

Aussi, en examinant les réponses par dichotomie (cf. Cours), on comprend que la bonne réponse est la C. Cette réponse avance en effet **qu'il ne peut y avoir de croissance pour un pays surendetté** alors même que vous soutenez précisément le contraire !

Attention ! La remarque qui suit s'adresse à celles et ceux qui ont choisi la réponse D.

Ne confondez pas : **« la proposition qui soutient le moins »** et **« la proposition la plus éloignée »**. « La proposition qui soutient le moins » le propos avancé dans l'énoncé S'INSCRIT dans le périmètre du propos précisément défendu dans l'énoncé, tandis que « la proposition la plus éloignée » est considérée comme étant HORS SUJET et n'entretient par conséquent pas ou peu de lien avec le propos défendu dans l'énoncé.

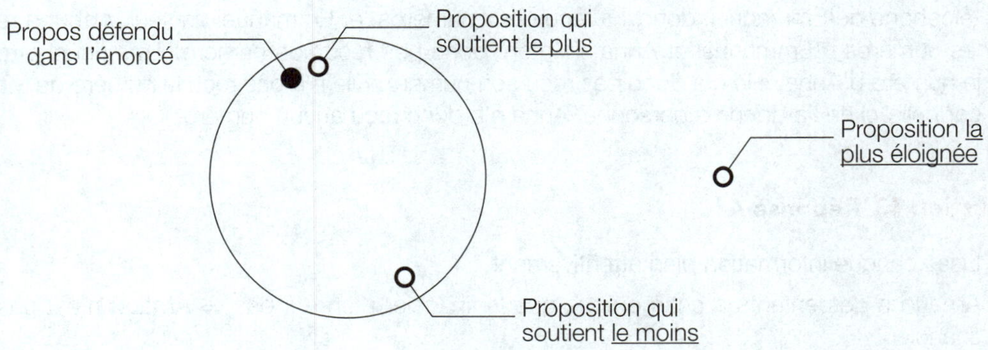

Question 40. Réponse E

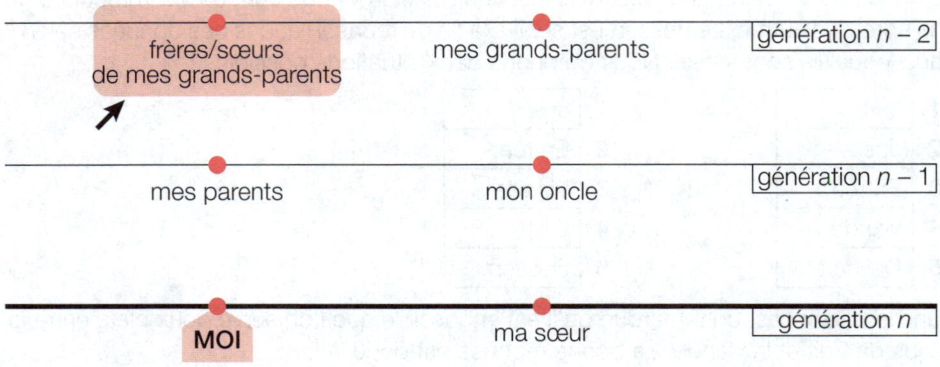

Cette question n'est pas très difficile. Si vous avez du mal avec le schéma ci-dessus, testez les solutions, c'est encore ce qu'il y a de plus sûr !

Déjà la réponse A est insolite ! Mon grand-père ne peut être une tante… (No comment!). Ensuite la réponse B pose problème. En effet, la tante de l'oncle de ma sœur n'est autre que **la tante de mon oncle.** Or *la tante* de mon oncle NE PEUT PAS ETRE EN MEME TEMPS *la mère* de mon oncle (*i.e.* ma grand-mère). La réponse C ne va pas non plus puisque la cousine de mon grand-père ne peut être la tante de mon oncle. La réponse D enfin est exclue d'office puisque mon arrière-grand-mère se situe une génération « en dessous » de celle de la tante de mon oncle. C'est donc, par élimination, la réponse E.

Question 41. Réponse D

En combinant les deux suppositions, on comprend que « les chiens n'aiment pas ceux qui sont fidèles »… Autrement dit « Il n'y a pas de chiens qui aiment ceux qui sont fidèles ».

Question 42. Réponse A

Maya n'a donné son numéro à personne. Le nombre maximal de numéros de téléphone maximal qu'une personne peut recevoir est donc deux. Arthur a reçu plus de numéros de téléphone qu'Emmanuel, donc il a reçu deux numéros, et Emmanuel un seul. Arthur a reçu les numéros d'Emmanuel et Anna, ils n'ont donc pas reçu son numéro. Emmanuel a reçu le numéro d'Anna, elle n'a donc pas reçu son numéro. Elle n'a pas reçu le numéro de Maya car celle-ci ne l'a donné à personne. Anna n'a donc reçu aucun numéro.

Question 43. Réponse A

Lisez chaque information bien attentivement…

Arnaud a des enfants à charge alors que le financier n'en n'a pas ⇒ Arnaud n'est pas le financier.

Le financier est le moins ancien dans l'entreprise alors que Bertrand ne l'est pas (on sait qu'il est au moins plus ancien que le directeur marketing) ⇒ Bertrand n'est pas le financier.

On conclut que Charles est le financier, donc le moins ancien des trois. **La 3 est vraie.**

Bertrand étant plus ancien que le directeur marketing, il ne peut pas être directeur marketing. Il est donc directeur RH. La 2 est vraie.

Arnaud est donc directeur marketing, donc la 1 est fausse.

Question 44. **Réponse B**

Tous les mots commencent par un P ! Surtout, vous remarquez qu'il y a dans chacun des mots **autant de consonnes que de voyelles.**

Question 45. **Réponse D**

Première chose à faire : trouver le jour de la semaine. Il suffit de diviser 395 par 7 et de remarquer que $395 = 7 \times 56 + 3$. Autrement dit, au bout de 56 semaines complètes et 3 jours, 395 jours se seront écoulés. Au bout de 56 semaines complètes, on retombe sur un mardi et on ajoute 3 jours : mercredi, jeudi, **vendredi**.

Une année bissextile contient 366 jours. Aussi, dans 366 jours, nous retomberons sur un 6 mars. Il nous reste alors $395 - 366 = 29$ jours à compter et de conclure que nous serons un **4 avril 2012**.

SOUS-TEST 4 : CONDITIONS MINIMALES

Question 46. **Réponse E**

{E} : une question fermée qui appelle comme toujours une réponse ferme.

{1} : **S + C < F + C.** Autrement dit, **S < F.** Où est Camille sur l'échelle des tailles ? Est-elle la plus grande ? La plus petite ? On ne peut répondre. Cette information à elle seule est insuffisante. On garde les réponses B, C et E.

{2} : **F + S < C + F.** Autrement dit **S < C.** Mais où est Fatima sur l'échelle des tailles ? Est-elle la plus grande ? La plus petite ? On ne peut répondre. Cette information est donc aussi à elle seule insuffisante. On garde les réponses C et E.

{&} : ensemble, on sait que **S < F** et que **S < C.** Alors, certes, on sait à présent que Sonia est la plus petite, mais de Fatima ou de Camille, on ne sait qui est la plus grande des deux ! Même ensemble, les informations (1) et (2) ne permettent pas de répondre à la question. Réponse E.

Question 47. Réponse B

{E} : le théorème de Thalès nous permet d'écrire : $\frac{8}{12} = \frac{6}{9} = \frac{MN}{BC}$.

{1} : cette information à elle seule est insuffisante. En effet, d'après l'énoncé, on sait que $AM = 8$, $MB = 4$ et $\boldsymbol{AB = 12}$. On sait en outre, grâce à l'information (1) que $AN = 6$, $NC = 3$ et par voie de conséquence que **AC = 9.**

On peut donc écrire : $\frac{8}{12} = \frac{6}{9} = \frac{MN}{BC}$ et l'on constate alors que l'on n'est pas capable de donner la valeur de BC. On garde donc les réponses B, C et E.

{2} : cette information à elle seule est suffisante. En effet si $MN^2 = 16$, alors $\boldsymbol{MN} = 4$ et grâce aux informations de l'énoncé, on peut écrire : $\frac{8}{12} = \frac{MN}{BC}$.

On en déduit aisément la valeur de BC.

Question 48. Réponse E

{E} : une question ouverte qui appelle une réponse ferme. La seule chose que l'énoncé nous permet d'écrire est que XYZ est compris entre 100 et 999.

{1} : cette information à elle seule est insuffisante. En effet, XYZ = **440 ou 125** puisque le carré de la somme des chiffres de X, Y et Z est, dans ces deux cas, égal à 64. On garde les réponses B, C et E.

{2} : cette information à elle seule est insuffisante. En effet XYZ peut être égal à **125, à 216, à 343, à 512 ou encore à 729.** On garde les réponses C et E.

{&} : ensemble, cela ne suffit toujours pas puisque l'on retient deux possibilités pour XYZ, à savoir : **XYZ = 125 et XYZ = 512.**

Question 49. Réponse C

{1} : cette information à elle seule est insuffisante. La première information permet seulement de savoir que Jacques n'est pas le plus jeune, ce qui n'est pas suffisant pour répondre à la question. **Attention !** Dans la phrase « Paul et Pierre, qui n'est pas le plus âgé… », on est bien d'accord que c'est Pierre et seulement Pierre qui n'est pas le plus âgé. On garde les réponses B, C et E.

{2} : cette information à elle seule est insuffisante. La seconde information permet uniquement de déduire que ni Pierre, ni Paul ne sont les plus jeunes : mais Jacques ou Jean pourraient l'être. Cette information ne permet donc pas de répondre à la question. On garde les réponses C et E.

{&} : combinons les deux informations : on sait que ni Jacques, ni Pierre, ni Paul ne sont les plus jeunes. On peut ainsi en déduire que le dernier non cité, soit **Jean, est le plus jeune.** La combinaison des deux informations a donc permis de répondre à la question : on garde la réponse C.

Question 50. Réponse C

{E} : V = a^3 avec *a* l'arête du cube.

{1} : cette information à elle seule est insuffisante. En effet, V peut être égal à **512** ou **729.** On garde les réponses B, C et E.

{2} : cette information à elle seule est insuffisante. En effet, si l'arête est paire alors on peut avoir V = 64 ou V = 126 par exemple.

{&} : suffisant ! En effet, si l'arête est paire alors il n'y a qu'une possibilité pour V, à savoir, **V = 512.**

Question 51. Réponse A

{E} : pour répondre à ce type de problèmes, il convient d'utiliser la formule :

$$\frac{1}{T_{ensemble}} = \frac{1}{T_1} + \frac{1}{T_2}$$

{1} : l'énoncé nous fournit $T_{ensemble} = 30$. La première information nous donne T_1, et l'on obtient donc une équation à une inconnue que l'on peut résoudre. Cette information est donc suffisante pour répondre à la question et l'on retient les réponses A et D.

{2} : cette information est insuffisante car elle ne nous apporte qu'un renseignement sur le débit du robinet d'eau chaude, qui nous n'est d'aucune utilité puisque l'on ne connaît pas le volume de la baignoire. Réponse A !

Question 52. Réponse B

{1} : S < 3 signifie que **S = 2.** Auquel cas, si T = 4 alors T est bien multiple de $S^2 = 4$. Mais si T = 6 alors T n'est pas multiple de $S^2 = 4$. Cette information est donc insuffisante. On garde les réponses B, C et E.

{2} : si T = 14 et que S est un nombre premier (d'après l'énoncé), alors T ne pourra jamais être multiple de S^2 (rappel : 1 n'est pas un nombre premier). En effet T = 14 n'est multiple que des deux nombres premiers 2 et 7. Aussi, si T = 14 est multiple du nombre premier 2, alors T = 14 n'est pas multiple de $S^2 = 4$. Et, si T = 14 est multiple du nombre premier 7, alors T = 14 n'est pas non plus multiple de $S^2 = 49$. Autrement dit, **dans tous les cas, on peut répondre de façon ferme à la question (ici on répond NON)** et cette seconde information permet donc à elle seule de répondre à la question. Réponse B.

Question 53. Réponse C

Trois équations pour trois inconnues lorsque l'on considère les deux informations ensemble.

Question 54. Réponse D

{E} : le revenu annuel moyen d'Anne entre 2009 et 2011 **est égal à la somme de ses revenus sur ces 3 années divisée par 3.** Autrement dit : moyenne des revenus = (revenu 2009 + revenu 2010 + revenu 2011) / 3. Nous devons donc trouver la valeur de « revenu 2009 + revenu 2010 + revenu 2011 » pour pouvoir calculer le revenu moyen d'Anne.

{1} : si Anne obtient toujours une augmentation de 10 % d'une année sur l'autre et si elle a gagné 50 000 euros net en 2010, **on n'a aucune difficulté à calculer son revenu en 2009 (50 000 ÷ 1,1) et en 2011 (50 000 × 1,1).** On peut donc trouver « revenu 2009 + revenu 2010 + revenu 2011 » et calculer alors la moyenne de ses revenus entre 2009 et 2011. Cette information est donc suffisante et on garde les réponses A et D.

{2} : cette information est également suffisante puisqu'**il suffit d'ajouter 105 000 euros à 50 000 euros pour obtenir « revenu 2009 + revenu 2010 + revenu 2011 »**. On garde finalement la réponse D.

Question 55. Réponse E

{1} : cette information est insuffisante. **AB = 16 ou 49 ou 64**... On garde les réponses B, C et E.

{2} : cette information est insuffisante. Elle nous dit simplement que l'écart entre les chiffres A et B vaut 5. On peut donc avoir **AB = 50 ou 16.** On garde les réponses C et E.

{&} : deux réponses subsistent pour AB : **AB = 16** et **AB = 49.**

Question 56. Réponse A

{E} : attention, il est question de **vitesse moyenne** ici pour Marcel !

{1} : cette information est suffisante. En effet, avec **D = V × T,** nous trouvons la longueur du marathon. Etant donné que le temps dont il est question ici couvre toute la durée du trajet, la vitesse moyenne se confond avec la vitesse constante. On garde les réponses A et D.

{2} : cette information est insuffisante. On ne connaît pas la vitesse de Marcel entre 9 h et 11 h 24 et l'on ne peut de ce fait en déduire la longueur, en kilomètres, de la distance parcourue. Réponse A.

Question 57. Réponse A

{1} : suffisant ! Cette information nous dit que A = 2B. Etant donné qu'une SICAV A coûte deux fois plus cher qu'une SICAV B, Simon peut acheter deux fois plus de SICAV B et le nombre total de SICAV B détenus est alors égal à g + 2g = 3g. Aussi la nouvelle valeur des dividendes générés par les SICAV B est égale à : 6 % × 3g (B) = 18 % g (B).

Avant de vendre ses SICAV A, la valeur des dividendes était égale à : 2 % g (A) + 6 % g (B), soit encore : 2 % × 2g (B) + 6 % g (B) = 10 % g (B). L'on peut donc calculer l'augmentation en pourcentage des dividendes annuels si Simon venait à vendre toutes ses SICAV A pour acheter des SICAV B. Cette augmentation est égale à (18 % – 10 %) / 10 %. Je garde A et D.

{2} : insuffisant ! Nous avons ici le prix d'une SICAV B mais nous ne connaissons pas le prix d'une SICAV A… On ne peut donc rien comparer.

Question 58. Réponse D

{1}: **Suffisant**. On passe – 5X de l'autre côté de l'équation et on obtient 6X = 6, soit X = 1.

{2}: **Suffisant**. Attention, il faut repérer **l'identité remarquable**. $2X^2 - 4X + 2 = 2(X^2 - 2X + 1)$.

Rappel de cours : $(a^2 - 2ab + b^2) = (a - b)^2$.

On a donc $2(X - 1)^2 = 0$, et cette équation a pour seule solution X = 1.

Question 59. Réponse E

{1} : cette information est insuffisante. **Âge = 321 ou 844.** On garde les réponses B, C et E.

{2} : cette information est insuffisante. **Âge = 342 ou 984.** On garde les réponses C et E.

{&} : insuffisant ! **Age = 321 ou 642.**

Question 60. Réponse B

{1} : cette information est insuffisante. **Si X et Y sont négatifs** et que X < Y alors $X^4 > Y^4$. **Mais si X et Y sont positifs** et que X > Y alors là encore $X^4 > Y^4$. Autrement dit $X^4 > Y^4$ s'obtient autant avec X < Y que X > Y. On ne peut donc répondre à la question.

{2} : cette information est suffisante. $X^7 < Y^7$ ne peut s'obtenir **qu'avec X < Y** (peu importe que X et Y soient négatifs ou positifs). On peut donc répondre à la question posée (et en l'occurrence ici, on répond OUI). Réponse B.

SOUS-TEST 5 : EXPRESSION

Question 61. Réponse D

Prérogative

Définition : Honneur, dignité, droit attaché à certaines fonctions, à certains titres, à certains états.

Synonymie : Privilège. Lexicographie : Prérogatives de l'âge, prérogatives de la Couronne, prérogatives parlementaires, être à cheval sur ses prérogatives

Citation : « Le vieillard perd l'une des principales prérogatives de l'homme, celle d'être jugé par ses pairs » (Goethe)

Question 62. Réponse E

Inanité

Définition : Caractère de ce qui est vide, sans contenu réel, ne présente aucun intérêt pour le cœur ou pour l'esprit. Synonymie : Futilité, vanité. Antonymie : Efficacité, importance.

Citation : « Poésie : un aboli bibelot d'inanité sonore » (Mallarmé)

Question 63. Réponse D

Suborner signifie en effet précisément : « inciter des témoins à produire des déclarations mensongères. »

Gangréner

Définition : Mortification et putréfaction des tissus de quelque partie du corps. Synonymie : Corrompre, gâter. Antonymie : Purifier. Lexicographie : Gangrène révolutionnaire ; Gangrène de l'âme.

Vicier

Définition : Entacher un acte juridique d'un défaut qui le rend nul : L'absence de date vicie le contrat. Synonymie : Corrompre, gâter. Antonymie : Amender, améliorer, amender, purifier. Lexicographie : Vicier l'atmosphère

Débaucher

Définition : Détourner quelqu'un de son travail, l'entraîner à abandonner son poste / Mettre à pied, licencier du personnel par manque de travail. Synonymie : Corrompre, perdre, séduire. Antonymie : Assagir, moraliser

---

Question 64. Réponse B

En histoire, l'allégeance est l'obligation de fidélité et d'obéissance d'un vassal à son souverain.

Question 65. Réponse B

Imminent

Qui est sur le point de se produire. Synonymie : Prochain, proche. Antonymie : Lointain, éloigné. Lexicographie : Départ imminent, péril imminent.

Citation : « La première expérience de la vie, c'est l'imminence de la mort » (S. Jacob)

Eminent

Définition : Qui est au-dessus du niveau commun ; qui se distingue par sa supériorité, ses qualités ; qui est très appréciable, qui se distingue par sa grande qualité, son très haut niveau. Synonymie : Grand, remarquable, supérieur. Antonymie : Inférieur, médiocre, nul. Lexicographie : Personnalité éminente du monde des arts ; mérite éminent

Rémanent

Définition : Qui persiste, qui continue d'exister.

Synonymie : Permanent, persistant

Immanent

Définition : Qui est contenu dans un être, qui résulte de la nature même de cet être et non pas d'une action externe : L'idée de dépassement est immanente à l'homme. Synonymie : Inhérent. Antonymie : Transcendant. Lexicographie : Justice immanente

Citation : « Le pouvoir démocratique se déploie sous le signe de l'immanence » (Gauchet)

Question 66. Réponse A

Eclectique

Définition : Qui rassemble une grande variété de tendances, qui choisit dans des catégories très diverses. Synonymie : Divers, varié. Antonymie : Absolu, exclusif, sectaire. Lexicographie : Goût éclectique, parcours éclectique, panorama éclectique

Dilettante

Définition : Personne qui s'adonne à une occupation, à un art en amateur, pour son seul plaisir. Synonymie : Amateur. Antonymie : Professionnel, spécialiste, technicien. Lexicographie : Travailler en dilettante

Citation : « Un dilettante s'amuse à découvrir ce qu'il pourrait faire s'il savait le faire »

Tolérant

Définition : Qui fait preuve d'indulgence, de compréhension. Synonymie : Indulgent. Antonymie : Borné, dogmatique, exclusif, intolérant, rigide, sectaire. Lexicographie : Tolérer la négligence.

Citation : « L'honneur défend des actes que la loi tolère » (Sénèque) ; « Au cours des siècles, l'histoire des peuples n'est qu'une leçon de mutuelle tolérance » (Zola)

Lymphatique

Définition : Se dit des vaisseaux qui véhiculent la lymphe et des ganglions qui la contiennent / (fig.) Sans vigueur, lent. Synonymie : Mou. Antonymie : Actif, bouillant, nerveux, sanguin, vif

Lexicographie : Caractère lymphatique

Question 67. Réponse A

Apatride

Définition : Se dit de quelqu'un qui, ayant perdu sa nationalité, n'en a pas légalement acquis une autre. Synonymie : Sans nationalité.

Apathique

Définition : Qui fait preuve d'apathie, qui en est la marque ; indolent, mou, passif. Synonymie : Mou. Antonymie : Actif, ardent, dynamique. Lexicographie : Une administration apathique.

Question 68. Réponse B

> Lorsque j'ai remarqué pendant la fête du carnaval que Karim, mon ami du lycée, avait les cheveux blancs, **j'étais** persuadé qu'ils **faisaient partie de son déguisement et que ce n'étaient pas** ses cheveux naturels. Mais après m'être souvenu que **je ne l'avais pas vu depuis dix ans** j'ai pensé à l'éventualité que ces cheveux **étaient les siens et avaient blanchi.**

Question 69. Réponse B

> **La diminution de l'usage de** la technique qui consiste à insérer des textes dans différentes oeuvres d'art de premier plan accentue **la hausse de** l'importance du mot écrit dans notre société, et cela **parallèlement à la hausse de popularité** de l'image visuelle qui devient **primordiale** dans l'importance de l'oeuvre prise dans son intégralité.

Question 70. Réponse C

> **Le fait de rouler sur des voies** cyclables réservées aux vélos et autres vélibs **est aussi bien agréable aux** cyclistes **qu'aux** piétons **qui ne craignent plus de** se heurter aux vélos sur les trottoirs.

Question 71. Réponse B

« Ventre affamé n'a point d'oreilles ».

Explication : Il est impossible de discuter avec quelqu'un tiraillé par la faim ou de le raisonner.

Origine : Proverbe latin répertorié sous cette forme dès le XVIe, mais il provient certainement d'un proverbe latin attribué à Caton : « Il est difficile de discuter avec le ventre, car il n'a pas d'oreille »

Question 72. Réponse B

On parle de **fait du prince** pour désigner « les mécanismes imposés à l'entreprise par une instance supérieure (généralement l'Etat) » (source : *Larousse*). Il s'agit par exemple d'une dévaluation agressive imposée par l'Etat, du système des 35 h… Ces mécanismes vont généralement à l'encontre de l'intérêt des entreprises.

Question 73. Réponse A

Attention ! On cherchait ici l'adage dont le sens était **en contradiction** avec « Les voyages forment la jeunesse ».

CORRIGÉS TEST BLANC 6

Rappel : un **adage** est une énonciation brève et frappante d'une règle de conduite, empruntée au droit coutumier ou écrit (par exemple : Nul n'est censé ignorer la loi). Synonymie : Aphorisme, maxime. Lexicographie : un adage populaire.

Question 74. **Réponse D**

« Payer en monnaie de singe » est une expression française venant du Moyen Age, lorsque les montreurs de singe pouvaient se dédouaner de certaines taxes à payer en faisant faire quelques grimaces à leur singe. Elle est maintenant aussi utilisée lorsque l'on fait défaut. Il s'agit donc des informations III et V.

Question 75. **Réponse E**

Croquignolet : mignon.

Nébuleux : obscurci par les nuages ou le brouillard. Brumeux, nuageux.

SOUS-TEST 6 : LOGIQUE

Question 76. **Réponse A**

1 + 6 = 0 + 7

	16	07			
	61	52			
	58	76			
5474	2864		9821	9191	3548
	97	79			

La somme des chiffres est égale à 20 (3 + 5 + 4 + 8 = 20)

Question 77. **Réponse A**

A la verticale : inter portant sur la première lettre avec saut progressif de lettres : E, F, H, K, O.

A l'horizontale : inter portant sur la seconde lettre avec saut de 4 lettres.

Question 78. Réponse C

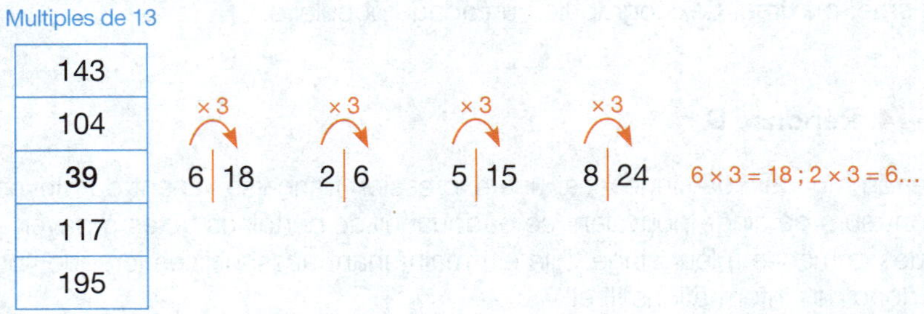

Question 79. Réponse E

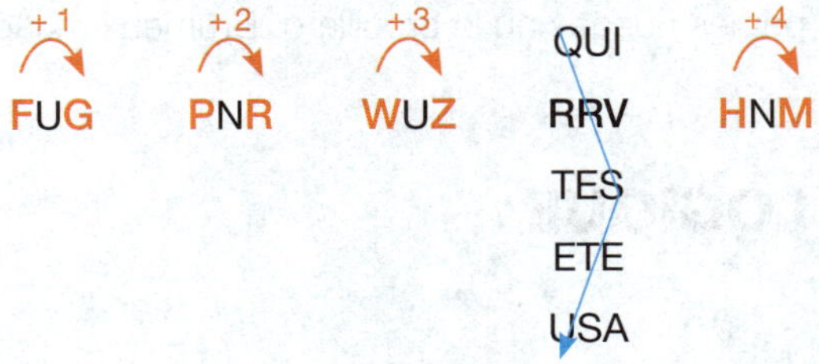

Question 80. Réponse B

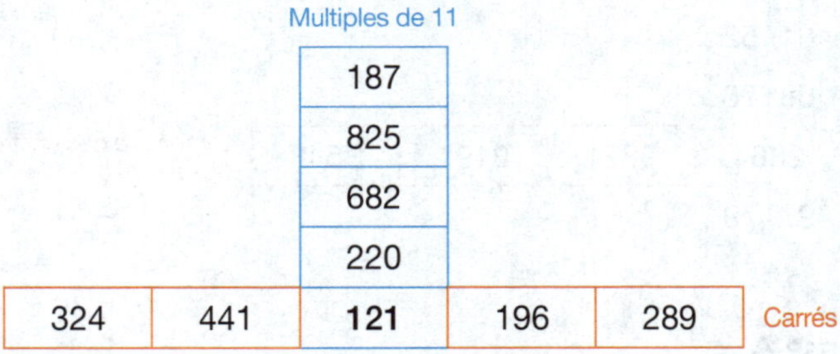

Question 81. Réponse D

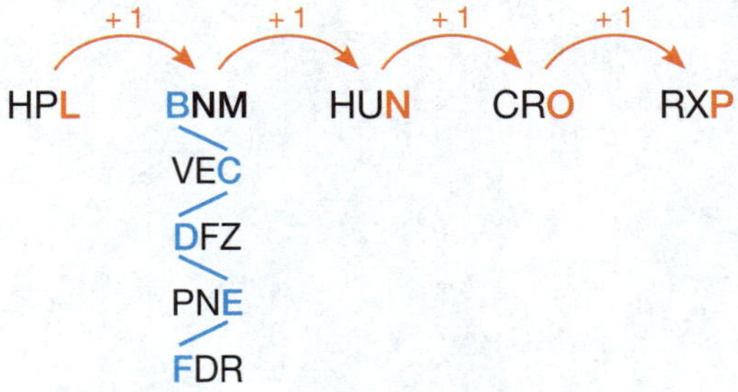

Question 82. Réponse B

A la verticale : séparation produit. Les deux premiers chiffres forment un nombre qui est égal au dernier chiffre multiplié par 9. Ainsi par exemple, dans 273 : 27 = **9** × 3.

A l'horizontale : chiffres consécutifs en inter avec mouvement (1, 2, 3, 1, 2) : 140, 365, 621, 879, 728.

Question 83. Réponse A

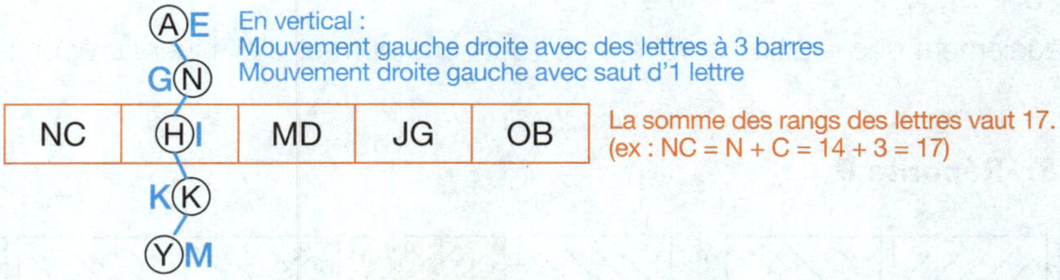

Question 84. Réponse A

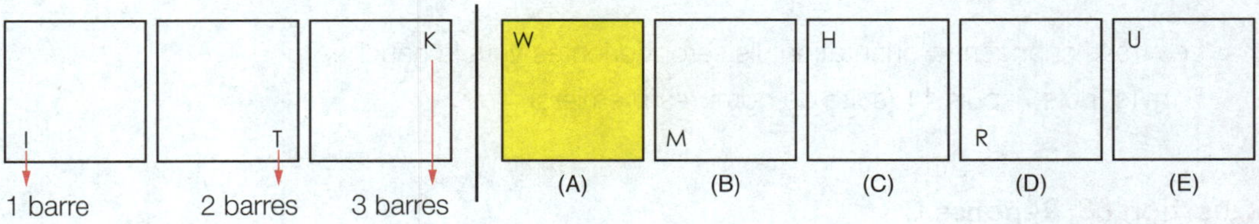

⚠ il y a également un mouvement antihoraire.

Question 85. Réponse C

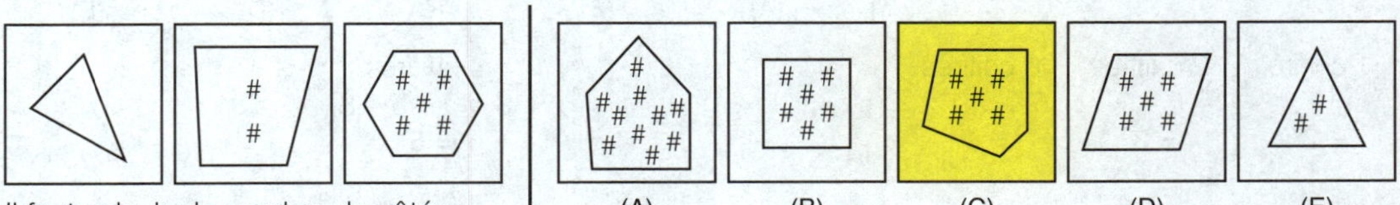

Il faut calculer le nombre de côtés moins le nombre de #

3 - 0 = **3** 4 - 2 = **2** 6 - 5 = **1** 5 - 5 = **0**

Question 86. **Réponse E**

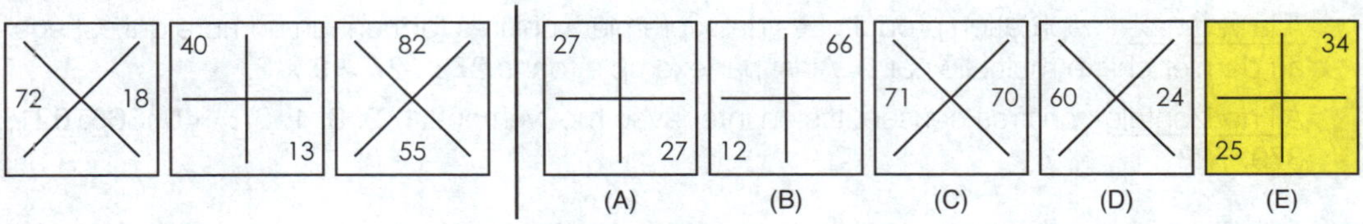

La croix est alternativement verticale et de biais. Elle devra donc être verticale.

7 + 2 = 8 + 1 ; 4 + 0 = 1 + 3 ; 8 + 2 = 5 + 5

Notez également une rotation horaire à 45° qui nous permet d'éliminer la réponse A.

Question 87. **Réponse B**

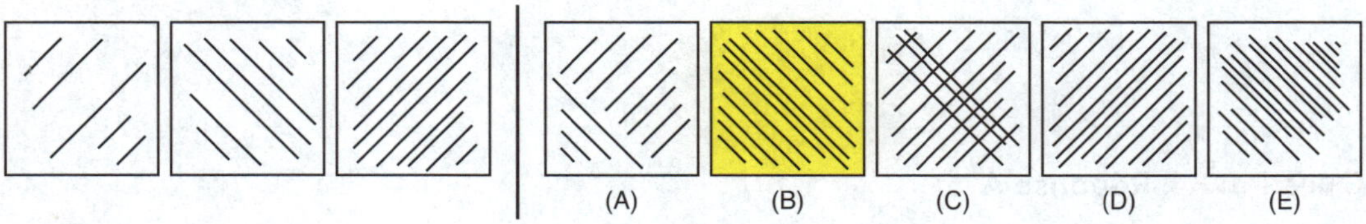

Les traits changent d'orientation. Ils seront orientés vers la gauche.

5 traits, puis 7, puis 11 (suite de nombres premiers)

Question 88. **Réponse C**

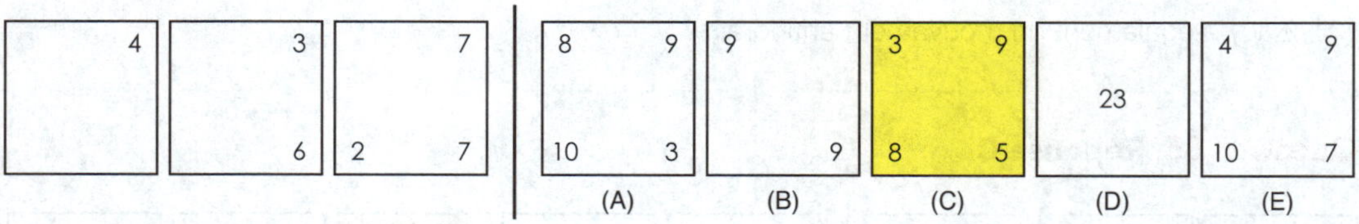

1 chiffre	2 chiffres	3 chiffres	4 chiffres
4	6 + 3	7 + 7 + 2	3 + 9 + 5 + 8
= 2^2	**= 3^2**	**= 4^2**	**= 5^2**

Question 89. **Réponse A**

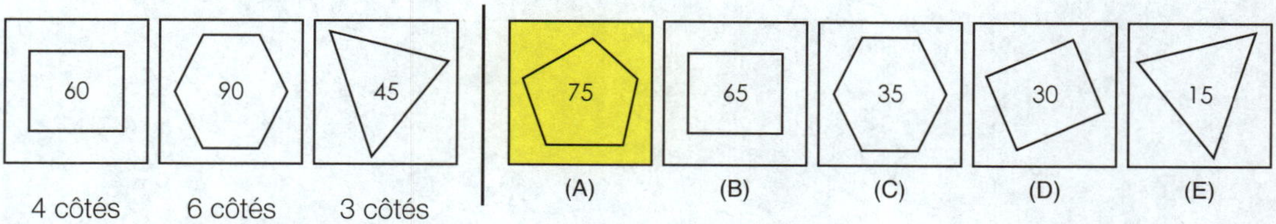

4 côtés × 15 = 60 — 6 côtés × 15 = 90 — 3 côtés × 15 = 45

Question 90. **Réponse B**

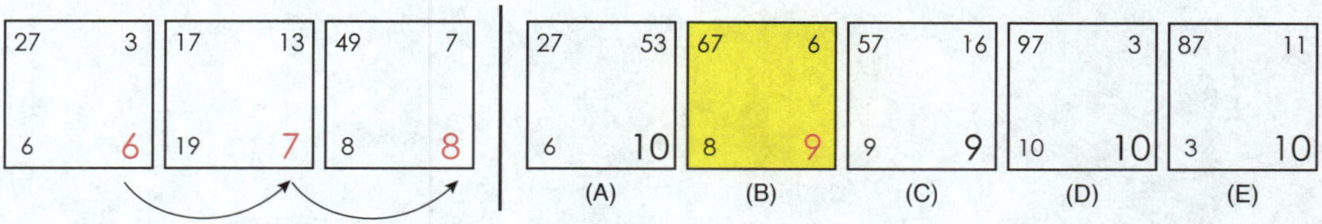

3 + 27 + 6 = 36 = $\mathbf{6}^2$ — 13 + 17 + 19 = 49 = $\mathbf{7}^2$ — 7 + 49 + 8 = 64 = $\mathbf{8}^2$

6 + 67 + 8 = 81 = $\mathbf{9}^2$

N'OUBLIEZ PAS DE REMPLIR VOTRE FICHE BILAN EN FIN D'OUVRAGE

7
TEST BLANC TAGE MAGE

TEST TAGE MAGE 7 : VOTRE GRILLE DE REPONSES

Sous-test 1
Compréhension de textes

1	A	B	C	D	E
	A	B	C	D	E
2	A	B	C	D	E
	A	B	C	D	E
3	A	B	C	D	E
	A	B	C	D	E
4	A	B	C	D	E
	A	B	C	D	E
5	A	B	C	D	E
	A	B	C	D	E
6	A	B	C	D	E
	A	B	C	D	E
7	A	B	C	D	E
	A	B	C	D	E
8	A	B	C	D	E
	A	B	C	D	E
9	A	B	C	D	E
	A	B	C	D	E
10	A	B	C	D	E
	A	B	C	D	E
11	A	B	C	D	E
	A	B	C	D	E
12	A	B	C	D	E
	A	B	C	D	E
13	A	B	C	D	E
	A	B	C	D	E
14	A	B	C	D	E
	A	B	C	D	E
15	A	B	C	D	E
	A	B	C	D	E

Sous-test 2
Calcul

16	A	B	C	D	E
	A	B	C	D	E
17	A	B	C	D	E
	A	B	C	D	E
18	A	B	C	D	E
	A	B	C	D	E
19	A	B	C	D	E
	A	B	C	D	E
20	A	B	C	D	E
	A	B	C	D	E
21	A	B	C	D	E
	A	B	C	D	E
22	A	B	C	D	E
	A	B	C	D	E
23	A	B	C	D	E
	A	B	C	D	E
24	A	B	C	D	E
	A	B	C	D	E
25	A	B	C	D	E
	A	B	C	D	E
26	A	B	C	D	E
	A	B	C	D	E
27	A	B	C	D	E
	A	B	C	D	E
28	A	B	C	D	E
	A	B	C	D	E
29	A	B	C	D	E
	A	B	C	D	E
30	A	B	C	D	E
	A	B	C	D	E

Sous-test 3
Raisonnement/Argumentation

31	A	B	C	D	E
	A	B	C	D	E
32	A	B	C	D	E
	A	B	C	D	E
33	A	B	C	D	E
	A	B	C	D	E
34	A	B	C	D	E
	A	B	C	D	E
35	A	B	C	D	E
	A	B	C	D	E
36	A	B	C	D	E
	A	B	C	D	E
37	A	B	C	D	E
	A	B	C	D	E
38	A	B	C	D	E
	A	B	C	D	E
39	A	B	C	D	E
	A	B	C	D	E
40	A	B	C	D	E
	A	B	C	D	E
41	A	B	C	D	E
	A	B	C	D	E
42	A	B	C	D	E
	A	B	C	D	E
43	A	B	C	D	E
	A	B	C	D	E
44	A	B	C	D	E
	A	B	C	D	E
45	A	B	C	D	E
	A	B	C	D	E

Sous-test 4
Conditions minimales

46	A	B	C	D	E
	A	B	C	D	E
47	A	B	C	D	E
	A	B	C	D	E
48	A	B	C	D	E
	A	B	C	D	E
49	A	B	C	D	E
	A	B	C	D	E
50	A	B	C	D	E
	A	B	C	D	E
51	A	B	C	D	E
	A	B	C	D	E
52	A	B	C	D	E
	A	B	C	D	E
53	A	B	C	D	E
	A	B	C	D	E
54	A	B	C	D	E
	A	B	C	D	E
55	A	B	C	D	E
	A	B	C	D	E
56	A	B	C	D	E
	A	B	C	D	E
57	A	B	C	D	E
	A	B	C	D	E
58	A	B	C	D	E
	A	B	C	D	E
59	A	B	C	D	E
	A	B	C	D	E
60	A	B	C	D	E
	A	B	C	D	E

Sous-test 5
Expression

61	A	B	C	D	E
	A	B	C	D	E
62	A	B	C	D	E
	A	B	C	D	E
63	A	B	C	D	E
	A	B	C	D	E
64	A	B	C	D	E
	A	B	C	D	E
65	A	B	C	D	E
	A	B	C	D	E
66	A	B	C	D	E
	A	B	C	D	E
67	A	B	C	D	E
	A	B	C	D	E
68	A	B	C	D	E
	A	B	C	D	E
69	A	B	C	D	E
	A	B	C	D	E
70	A	B	C	D	E
	A	B	C	D	E
71	A	B	C	D	E
	A	B	C	D	E
72	A	B	C	D	E
	A	B	C	D	E
73	A	B	C	D	E
	A	B	C	D	E
74	A	B	C	D	E
	A	B	C	D	E
75	A	B	C	D	E
	A	B	C	D	E

Sous-test 6
Logique

76	A	B	C	D	E
	A	B	C	D	E
77	A	B	C	D	E
	A	B	C	D	E
78	A	B	C	D	E
	A	B	C	D	E
79	A	B	C	D	E
	A	B	C	D	E
80	A	B	C	D	E
	A	B	C	D	E
81	A	B	C	D	E
	A	B	C	D	E
82	A	B	C	D	E
	A	B	C	D	E
83	A	B	C	D	E
	A	B	C	D	E
84	A	B	C	D	E
	A	B	C	D	E
85	A	B	C	D	E
	A	B	C	D	E
86	A	B	C	D	E
	A	B	C	D	E
87	A	B	C	D	E
	A	B	C	D	E
88	A	B	C	D	E
	A	B	C	D	E
89	A	B	C	D	E
	A	B	C	D	E
90	A	B	C	D	E
	A	B	C	D	E

REPONSES EN PAGE 906

TEST BLANC TAGE MAGE 7

SOUS-TEST 1 : COMPREHENSION DE TEXTES

15 questions / 20 minutes / Calculatrice interdite
Réponse juste : + 4 points / Réponse fausse : – 1 point
Aucune réponse : 0 point

TEXTE 1

Depuis le début de l'année, le chômage recule, ce qui est une excellente nouvelle après le violent choc subi en 2009. En l'espace de quelques mois seulement, la crise nous avait en effet brutalement ramenés aux pires moments des trente dernières années. Alors que la question du chômage semblait en voie de règlement progressif avec le départ en retraite des générations nombreuses du baby-boom depuis le milieu des années 2000. La reprise, pourtant enclenchée en 2010, n'avait encore apporté aucune amélioration sur ce terrain.

On aurait cependant tort de considérer que l'affaire est de nouveau sur de bons rails. Tout d'abord, le niveau élevé de l'activité du début 2011 a peu de chances de se maintenir. Les répercussions de la forte hausse des prix du pétrole et des matières premières vont bientôt se faire sentir. De même que les effets de l'austérité sévère dans laquelle tous les pays européens se sont engagés en même temps. Tandis que les entreprises, dont les marges sont encore très dégradées, vont probablement chercher à les rétablir en limitant les embauches.

Parallèlement, les mesures prises pour retarder le départ en retraite des seniors, encore accentuées par la réforme adoptée à l'automne dernier, entraînent une hausse significative du nombre de ceux qui sont présents sur le marché du travail. D'où le risque d'un coup d'arrêt prochain à la baisse du chômage.

Quant au chômage lui-même, l'examen détaillé des chiffres de Pôle emploi tempère l'optimisme. Le nombre de ceux qui, sans être considérés comme chômeurs, n'effectuent que quelques heures de travail par mois ne cesse d'augmenter, traduisant une précarisation croissante de l'emploi. Alors que le recul du chômage des jeunes, qui explique l'essentiel de la baisse d'ensemble, traduit surtout leur découragement grandissant. Parallèlement, le chômage de longue durée et celui des seniors poursuivent leur montée ininterrompue, préfigurant des problèmes majeurs au cours des prochaines années.

Au-delà, l'indigence des politiques publiques face à ce fléau n'est pas non plus pour rassurer. La baisse de l'emploi public et l'austérité budgétaire vont peser sur le marché du travail. Elles expliquent sans doute déjà la montée sensible du chômage des femmes, plus nombreuses

××

dans le secteur public et associatif. Tandis que la seule mesure du paquet fiscal de 2007 encore en vigueur est aussi la plus nocive : le subventionnement des heures supplémentaires qui dissuade les entreprises d'embaucher des jeunes et des chômeurs. Enfin, pour les emplois aidés, qui restent un des principaux outils de lutte contre l'exclusion des chômeurs de longue durée, on constate, malgré les discours inverses, un recul de leur nombre. De plus, l'instabilité des dispositifs et le *stop and go* auquel sont soumis les acteurs de l'insertion ruinent leurs efforts. Bref, le bout du tunnel est encore loin.

Question 1. Trouvez la phrase incorrecte sur les chiffres du chômage.

(A) La baisse du chômage des jeunes ne prouve pas que la situation de l'emploi s'améliore pour les jeunes.

(B) Beaucoup de personnes ne sont pas des chômeurs mais elles ne travaillent que quelques heures par mois.

(C) Le chômage des seniors va s'accroître dans les années à venir.

(D) La baisse du chômage est due à la baisse du chômage des jeunes.

(E) Le chômage de longue durée continue à croître.

Question 2. Dans les prochains mois, l'activité va baisser car…

1\. … les entreprises vont limiter les embauches.

2\. … les cours du pétrole et des matières premières vont augmenter.

3\. … l'austérité qui règne dans toute l'Europe va avoir des répercussions.

(A) 1 + 2 + 3

(B) 1 + 2

(C) 1 + 3

(D) 2 + 3

(E) Uniquement 2

××

Question 3. Quel titre donneriez-vous à ce texte ?

(A) Perspectives noires sur le front du chômage
(B) L'incapacité des autorités à résoudre le problème du chômage
(C) Chômage : pourquoi la baisse ne va pas durer
(D) Emploi en France : un avenir toujours aussi sombre
(E) Chiffres du chômage : ce qu'ils cachent

Question 4. Comment comprenez-vous ces phrases : « Les mesures prises pour retarder le départ en retraite des seniors, encore accentuées par la réforme adoptée à l'automne dernier, entraînent une hausse significative du nombre de ceux qui sont présents sur le marché du travail. D'où le risque d'un coup d'arrêt prochain à la baisse du chômage » ?

(A) Ces phrases sont incompréhensibles.
(B) Parce qu'il y a actuellement beaucoup de seniors qui travaillent, le chômage va augmenter, les jeunes ne trouvant pas d'emploi.
(C) Parce que les mesures prises, empêchant les seniors de partir à la retraite, entraînent mécaniquement une hausse des personnes présentes sur le marché du travail. Par suite, le chômage ne peut plus baisser, le nombre de travailleurs potentiels ayant augmenté alors que le volume d'emplois est resté le même.
(D) Le chômage va cesser de reculer car les seniors vont être à la retraite, suite aux mesures prises pour qu'ils conservent leur emploi le plus tard possible. Par conséquent, les jeunes ne trouveront pas d'emploi disponible et viendront grossir les rangs des chômeurs.
(E) La baisse du chômage risque de cesser avec la fin des mesures de protection de l'emploi des seniors qui font qu'ils sont toujours sur le marché du travail alors qu'ils devraient être à la retraite. Ils vont donc se retrouver au chômage en attendant la retraite.

××
××

Question 5. Combien y a-t-il de phrases exactes ?

1. La baisse de l'emploi public est préjudiciable aux femmes.
2. Grâce au baby-boom, le chômage a baissé.
3. Le plafonnement des heures supplémentaires est la dernière mesure du paquet fiscal encore en vigueur.
4. Le gouvernement augmente le nombre d'emplois aidés.
5. Les marges des entreprises se sont dégradées.

(A) 5
(B) 3
(C) 1
(D) 4
(E) 2

TEXTE 2

Il faut être de bonne composition pour ne pas céder complètement au sentiment du scandale. Portant beau, arrogants sans limites et riches au-delà de tout, les hommes de la finance, qui communient en l'idéologie du mérite individuel avec la conviction intéressée requise pour justifier leurs gains extravagants, n'ont rien de plus pressé que d'appeler à l'aide la puissance publique quand le temps se gâte, et eux, les convaincus de l'initiative privée, qui n'ont jamais de mots assez durs pour fustiger l'essence intrinsèquement stalinoïde de l'Etat, se précipitent à ses guichets pour implorer sa protection – et la remise de leurs pertes. La théorie économique, parfois capable de délicieux euphémismes, nomme ainsi délicatement « aléa de moralité » la propension d'un agent qui se sait sous la protection d'un assureur à se surexposer à des risques qu'il ne contracterait pas dans les mêmes proportions s'il se savait devoir en répondre par ses propres moyens. Passe encore qu'on parle d'aléa moral quand le contrat d'assurance est explicite et réciproquement agréé. Tout autre est la situation dans laquelle une des (futures) parties est, de force, contrainte d'endosser le rôle de l'assureur. Il n'y aurait pourtant que des avantages à appeler les choses par leur nom, c'est-à-dire à qualifier de *prise d'otage* cette situation d'« assureur forcé » dans laquelle la finance a les moyens de contraindre le pôle public à lui venir en aide, sous la menace de conséquences insupportables s'il n'obtempérait pas. Il en est ainsi parce que les structures du capitalisme veulent que la finance y occupe une place très particulière en laquelle ses déboires locaux sont voués à produire des effets globaux.

××××××××××××××××××××××××××××××××××××××
××××××××××××××××××××××××××××××××××××××

Ce devrait être une raison suffisante pour lui imposer les plus sévères contentions – au lieu de quoi on lui a accordé toutes les licences possibles. A défaut de cette élémentaire prudence, le risque systémique irradie depuis le point névralgique d'où opère la finance, dont les crises, impossibles à circonscrire, retentissent nécessairement sur l'économie entière. Il y a quelque chose d'insupportable dans cette asymétrie par laquelle la finance a les moyens de lier son sort à celui de tous les autres agents pour le pire seulement – car pour le meilleur on repassera : si elle transmet généreusement les dégâts du krach, la finance conserve soigneusement pour elle seule les profits de la bulle. Il y a de quoi s'étonner que cette combinaison de cupidité totalement déboutonnée, justifiée d'idéologie individualiste, contredite d'irresponsabilité manifeste. Avide de protection quand sont chantées les louanges du risque, accapareuse de profits et partageuse de pertes, vomissant l'Etat mais courant s'y réfugier, n'ait pas constitué un mélange politique hautement détonant, particulièrement quand on pense au prix des crises financières tel qu'il est payé par l'économie réelle, sous la forme d'éventuelles contributions fiscales, mais surtout en manque à croître et en surplus de chômage. (...)

Question 6. Comment définir correctement l'aléa de moralité ?

(A) C'est le fait de ne pas être entièrement responsable de ses actes.
(B) C'est le fait de prendre des risques que la morale réprouve.
(C) C'est le fait de prendre des risques lorsqu'on est assuré pour ces risques.
(D) C'est le fait de choisir l'assureur qui couvre les risques auxquels on s'expose.
(E) C'est le fait de toujours s'assurer, même lorsque l'on sait que l'on prend des risques inconsidérés.

Question 7. Quelle phrase choisiriez-vous pour remplacer les étoiles du texte ?

(A) Il en est ainsi depuis toujours.
(B) Cette menace est inhérente à la structure du capitalisme moderne.
(C) Nous devons remercier le gouvernement Clinton pour avoir initié la dérégularisation de la finance mondiale.
(D) C'est injuste, mais c'est comme ça.
(E) En d'autres termes, quand elle s'effondre, la finance n'est jamais seule : elle emporte tout à sa suite.

××××××××××××××××××××××××××××××××××××××
××××××××××××××××××××××××××××××××××××××

Question 8. Quel portrait de l'homme de la finance est dressé dans ce texte ?

1. Arrogant.
2. Beau garçon.
3. Riche.
4. Adepte du mérite individuel.
5. Farouche défenseur de l'initiative privée.

(A) 1 + 2 + 3 + 4 + 5
(B) 1 + 2 +4
(C) 2 + 3 + 4
(D) 1 + 3 + 4 + 5
(E) 1 + 2 + 3 + 4

Question 9. Quelles conséquences ont les crises financières ?

1. Elles affectent l'économie réelle.
2. Elles provoquent l'endettement des Etats.
3. Elles font perdre des points de croissance aux Etats.
4. Elles provoquent des hausses d'impôts.

(A) 1 + 2 + 3 + 4
(B) 1 + 2 + 3
(C) 2 + 3 + 4
(D) 1 + 3 + 4
(E) 1 + 2 + 4

Question 10. Quel antagonisme n'est pas présent dans ce texte ?

(A) Puisque les déboires locaux ont des conséquences planétaires, on aurait dû imposer de sévères règles à la finance ; or, on a dérégulé.
(B) La finance transmet les conséquences de ses krachs à l'économie réelle, pas les bénéfices.
(C) Le monde de la finance est avide de protection et valorise le risque.
(D) Les financiers refusent que l'Etat régule la finance, mais implorent la protection des états lors des crises.
(E) Les financiers justifient leurs gains importants par les risques qu'ils courent mais ils ont tous des assurances pour les préserver de ces risques.

××
××

TEXTE 3

(…) Même s'il est extrêmement pénible de se faire à cette idée, le risque systémique, qui rend haïssable la classe bancaire, certes un peu déconfite mais bien installée dans la certitude que le secours ne manquera pas de venir, est pourtant cela même qui oblige le secours à venir. Car la satisfaction immédiate de la ruine infligée à des fâcheux serait de courte durée, et vite suivie du regret autrement plus intense de se trouver à son tour emporté par le glissement de terrain général – redisons que la prise d'otage conduite par la finance n'est si réussie que parce qu'elle est soutenue par des structures objectives. La logique ne trouve donc pas parfaitement son compte si le plaisir de voir couler un banquier doit se payer du prix de le suivre aussitôt aux abysses. Or, à structures invariantes, toute bulle qui éclate en armant un risque systémique ne laisse pas d'autre choix que d'intervenir pour sauver la mise des responsables que tout porterait autrement à châtier sévèrement.

Il y a malgré tout de quoi s'étonner de cette récurrence en apparence infaillible de la prise d'otage et du sauvetage contraint, alors même que la clause qui les rend possibles est facile à identifier : elle vient d'être énoncée : « à structures invariantes ». Si la prise d'otage financière est une situation entièrement inscrite dans une certaine configuration des structures, il est également certain que la situation perdurera tant que les structures demeureront les mêmes … et, inversement, qu'on pourrait y mettre un terme en transformant celles-ci radicalement. La chose semble d'une parfaite trivialité, et pourtant il semble que la difficulté à la découvrir rende nécessaire de l'expliciter à nouveau : pour rendre impossible une situation déplaisante, il faut détruire ses conditions de possibilité !

Si c'est une question de *conditions,* l'occasion est sans doute la bonne de se souvenir d'autres situations de détresse financière en lesquelles les « sauveteurs » n'avaient pas omis de prendre les dispositions propres (en fait : qu'ils croyaient propres) à éviter leur renouvellement, ils les avaient d'ailleurs prises avec une particulière brutalité, car c'est au « sauvetage » des pays endettés du Sud qu'il est fait ici référence – où les guillemets sont de rigueur pour parler d'un « sauvetage » qui laisse les « sauvés » à moitié morts. Mais le point important est ailleurs. Il est dans le fait que, comme on le sait, les bailleurs de fonds en charge de soustraire ces Etats au défaut sur leur dette publique n'ont consenti leurs crédits de secours qu'assortis d'une liste de *conditions* – nous y voilà – longue comme le bras. La *conditionnalité* : le FMI en a même fait le cœur de sa doctrine d'intervention. Pas un sou sans transformations saignantes, comme toujours appelées « réformes ». L'« ajustement structurel » a donc été la contrepartie obligatoire, la clause *sine qua non* du concours financier. Mais il semble que le conditionnement de l'aide par une astreinte de bouleversement radical ne soit réservé qu'aux pays du Sud. La finance de Wall Street est au-dessus de ça ; qui pourrait bien avoir l'idée incongrue d'exiger d'elle quoi que ce soit ? Personne jusqu'ici visiblement, à en juger par la tranquillité préservée avec laquelle elle a traversé toutes les crises – alors même que leur récurrence prouve à quel point elle est déréglée.

××××××××××××××××××××××××××××××××××××
××××××××××××××××××××××××××××××××××××

Alors c'est entendu : cette fois encore, la bulle s'est formée, et puis a crevé ; cette fois encore, le risque systémique s'est armé et l'Etat doit se précipiter. Mais c'est la dernière ! Il faut sauver la finance ? Ce sera fait – nous n'avons guère d'autre choix… Mais ce ne sera pas pour laisser les choses en l'état, ni le manège repartir pour un tour. En d'autres termes, ce ne sera pas *sans condition.* Et la condition, c'est que maintenant on change tout.

Question 11. Quelle expression n'est pas utilisée pour décrire l'action du FMI lors des crises des pays pauvres ?

(A) Des transformations saignantes.

(B) Des réformes.

(C) Des astreintes de bouleversement.

(D) Des ajustements conjoncturels.

(E) Des modifications de structure.

Question 12. Comment comprenez-vous la phrase : « Le risque systémique qui rend haïssable la classe bancaire, certes un peu déconfite mais bien installée dans la certitude que le secours ne manquera pas de venir, est pourtant cela même qui oblige le secours à venir » ?

(A) En fait, les banques ne prennent aucun risque puisqu'elles savent que leur sauvetage est garanti : les conséquences sur l'économie réelle seraient trop importantes autrement.

(B) C'est parce que les banques sont certaines que les secours viendront quand le besoin se fera sentir qu'elles prennent autant de risques… obligeant ainsi les états à les sauver pour que la crise ne contamine pas l'économie réelle.

(C) Le monde de la finance sait qu'il ne lui arrivera jamais rien de très grave, car qui dit graves difficultés pour la finance dit ruine pour les pays.

(D) Le risque de propagation à l'économie réelle est bien trop important pour que les Etats refusent d'aider les banques en difficulté. Donc les banques sont sauvées et elles savent qu'elles sont toujours sauvées.

(E) La crise financière s'étend obligatoirement à l'ensemble du monde économique et cela oblige les Etats à secourir les établissements financiers, et ils le savent.

×××××××××××××××××××××××××××××××××××××
×××××××××××××××××××××××××××××××××××××

Question 13. Pourquoi l'auteur veut-il s'attaquer aux « structures invariantes » ?

(A) Ces structures sont les causes des dysfonctionnements ; il faut d'urgence les réformer.

(B) Les mêmes causes produisant les mêmes effets, il faut s'attaquer aux causes si on veut changer le système.

(C) Il faut pouvoir modifier les textes qui encadrent les pratiques.

(D) Les structures sont « invariantes » car elles sont valables dans tous les pays ; or, un pays ne peut se prémunir des risques que fait courir la finance internationale s'il ne peut établir que des règles nationales.

(E) Les structures des banques ne sont plus adaptées ; il faut les faire varier.

Question 14. La fin du texte est :

(A) un vœu pieux.

(B) une prière.

(C) une remarque ironique.

(D) un ordre.

(E) une menace.

Question 15. Pourquoi ne peut-on pas châtier les financiers comme ils le méritent ?

1. Parce qu'il existe un risque systémique.
2. Parce que l'on ne possède pas les outils juridiques nécessaires.
3. Parce que le FMI n'a pas assez de poids.
4. Parce que nous ne savons pas poser des conditions au sauvetage.

(A) 1 + 2 + 3 + 4

(B) 1 + 3 + 4

(C) Uniquement 1

(D) 1 + 2 + 4

(E) 1 + 4

Si vous avez terminé, vous n'êtes pas autorisé(e) à revenir sur une épreuve précédente.
Vous n'êtes pas non plus autorisé(e) à travailler sur une épreuve suivante avant la fin du temps imparti.

STOP !

TEST BLANC TAGE MAGE 7

SOUS-TEST 2 : CALCUL

15 questions / 20 minutes / Calculatrice interdite
Réponse juste : + 4 points / Réponse fausse : – 1 point
Aucune réponse : 0 point

Question 16. Un marchand de poires a vendu à son premier client la moitié de ses poires plus une demi-poire, au deuxième client la moitié du reste plus une demi-poire, au troisième client la moitié du reste plus une demi-poire, etc., jusqu'au huitième client après lequel il ne lui restait plus de poires. Combien le marchand avait-il de poires ?

(A) 254
(B) 255
(C) 256
(D) 257
(E) 258

Question 17. Léa et Sophie possèdent le même nombre de billes. Elles décident de s'affronter. Dans un premier temps, Léa gagne 20 billes, mais dans un second temps, elle perd les 2/3 de ses billes et Sophie possède alors 4 fois plus de billes que Léa. Combien de billes avaient-elles chacune avant de s'affronter ?

(A) 60
(B) 70
(C) 90
(D) 100
(E) 120

Question 18. Un rectangle est inscrit dans un cercle de rayon égal à 2,5 cm. La largeur du rectangle vaut 3 cm. Parmi ces valeurs, quelle peut être la surface du rectangle ?

(A) 12
(B) 14
(C) 18
(D) 24
(E) 65

//
//

Question 19. Une boîte contient soixante boules : des rouges, des bleues et des blanches. Si toutes les boules rouges étaient remplacées par des bleues, il y aurait alors deux fois plus de boules bleues que de boules blanches. Si toutes les boules blanches étaient remplacées par des boules bleues, alors il y aurait dans la boîte trois fois plus de boules bleues que de boules rouges. Combien de boules bleues la boîte contient-elle ?

(A) 10 (B) 15
(C) 20 (D) 25
(E) 30

Question 20. Pour organiser un mariage, Ludivine a dû faire appel à un traiteur, une serveuse, et un photographe. L'ensemble lui a coûté 1 540 euros. La rémunération du traiteur est le double de la rémunération de la serveuse et la rémunération du photographe est la moitié de celle de la serveuse. Quelle est la rémunération du traiteur ?

(A) 570 euros. (B) 690 euros.
(C) 770 euros. (D) 880 euros.
(E) 1 240 euros.

Question 21. Soit x, y et z trois nombres entiers consécutifs croissants impairs tels que : $20 < x < y < z < 30$ et tel que x est un nombre premier. Que vaut le reste de la division de $y + z$ par x ?

(A) 2 (B) 3
(C) 4 (D) 5
(E) 6

Question 22. J'ai remarqué que si j'échange les chiffres de mon âge, j'obtiens l'âge de ma fille. Quand elle est née, j'avais entre 20 et 30 ans. Quel était mon âge quand ma fille est née ?

(A) 22 (B) 25
(C) 26 (D) 27
(E) 28

//
//

Question 23. Après le 1er janvier 2013, combien d'années s'écouleront avant que l'événement suivant ne se produise pour la première fois : en multipliant les quatre chiffres de l'année, on obtient un résultat plus grand qu'en les ajoutant ?

(A) 98 (B) 101
(C) 102 (D) 104
(E) 105

Question 24. Un géranium en pot coûte 20 euros. Quel est le prix du pot en céramique sachant que la plante contenue à l'intérieur coûte 19 euros de plus que le pot en céramique ?

(A) 0,5 euro. (B) 0,75 euro.
(C) 1 euro. (D) 1,5 euro.
(E) 2 euros.

Question 25. Deux routiers doivent se rejoindre à un point de livraison. Le premier doit parcourir 80 km et le second 100 km. Ils partent en même temps. A quelle vitesse doit rouler le second pour arriver en même temps que le premier, sachant que le premier se déplace à une vitesse de 60 km/h ?

(A) 120 km/h. (B) 100 km/h.
(C) 90 km/h. (D) 80 km/h.
(E) 75 km/h.

Question 26. Dans l'addition $wx54 + 27yz = x2x0$, les chiffres manquants sont remplacés par des lettres. Quelle est la valeur de $w + x + y + z$, sachant que $wx54$, $27yz$ et $x2x0$ sont des nombres à quatre chiffres ?

(A) 12 (B) 19
(C) 22 (D) 27
(E) 29

//
//

Question 27. Si Z est égal à 150 % de T, alors 0,5 × T est égal à :

(A) 50 % de Z.
(B) 3/2 de Z.
(C) 1,5 × Z.
(D) 2 × Z.
(E) 1/3 de Z.

Question 28. A la suite d'une inondation, trois granges appartenant à trois agriculteurs différents sont endommagées. L'assurance décide d'indemniser en fonction de la surface de chacune des granges. La première a une superficie de 25 m^2, la deuxième de 18 m^2 et la troisième de 15 m^2. Quelle est la somme totale versée par l'assurance aux trois agriculteurs, sachant que celui qui possède la grange de 25 m^2 a touché la somme de 13 750 euros ?

(A) 18 150 euros.
(B) 23 650 euros.
(C) 31 900 euros.
(D) 27 550 euros.
(E) 37 800 euros.

Question 29. On forme le plus grand et le plus petit des nombres à trois chiffres différents. Quelle est la différence entre ces deux nombres ?

(A) 864
(B) 874
(C) 885
(D) 899
(E) 901

Question 30. A un marathon, il y avait à l'arrivée 2 fois plus de participants derrière Alain que devant Ben et 1,5 fois plus de participants derrière Ben que devant Alain. Sachant qu'Alain a fini 21e, combien de participants ont fini ce marathon ?

(A) 61
(B) 51
(C) 41
(D) 31
(E) 29

Si vous avez terminé, vous n'êtes pas autorisé(e) à revenir sur une épreuve précédente.
Vous n'êtes pas non plus autorisé(e) à travailler sur une épreuve suivante avant la fin du temps imparti.

STOP !

TEST BLANC TAGE MAGE 7

SOUS-TEST 3 : RAISONNEMENT & ARGUMENTATION

15 questions / 20 minutes / Calculatrice interdite
Réponse juste : + 4 points / Réponse fausse : – 1 point
Aucune réponse : 0 point

Question 31. Ralph et Ben sont deux frères. Ils mentent souvent à leurs parents mais pas tous les jours de la semaine. Ainsi, Ralph ment le lundi, le mardi et le mercredi mais il dit la vérité les autres jours de la semaine. Pour sa part, Ben, ment le jeudi, le vendredi et le samedi, mais il dit la vérité les autres jours de la semaine. Un jour, leur mère les interroge. Ralph dit « Hier, j'ai menti ». Ben répond aussi « Hier j'ai menti ». Quel jour sommes-nous ?

(A) Lundi.
(B) Mardi.
(C) Mercredi.
(D) Jeudi.
(E) Vendredi.

Question 32. Anne et Bernard ont un an d'écart. Bernard et Dan ont deux ans d'écart. Dan et Tobias ont trois ans d'écart. Tobias et Anne ont quatre ans d'écart. L'une des affirmations suivantes est sûrement fausse. Laquelle ?

(A) Anne est la plus âgée.
(B) Bernard est le plus âgé.
(C) Bernard est le plus jeune.
(D) Tobias est le plus âgé.
(E) Tobias est le plus jeune.

Question 33. Huit jetons, numérotés de 1 à 8 sont placés dans deux sacs X et Y. La somme des numéros des jetons du sac X est exactement égale à la somme de ceux du sac Y. Il n'y a que trois jetons dans le sac X. Alors, on est sûr que :

(A) trois jetons du sac Y ont un numéro impair.
(B) quatre jetons du sac Y ont un numéro pair.
(C) le jeton numéro 1 n'est pas dans le sac Y.
(D) le jeton numéro 2 est dans le sac Y.
(E) le jeton numéro 5 est dans le sac Y.

>>>
>>>

Question 34. Dans un mois de trente et un jours, on compte trois lundis dont les dates sont des nombres impairs. Quel(s) jour(s) tombe(nt) le 18 de ce mois ?

(A) Lundi.
(B) Mardi.
(C) Samedi ou dimanche.
(D) Mardi ou jeudi.
(E) Mercredi ou dimanche.

Question 35. Selon une enquête du Bureau International du Travail, plus de 70 % des Français déclarent être stressés par le travail. De plus, la moitié des salariés français entre 50 et 55 ans souhaiteraient être à la retraite........................

Quelle est la phrase représentée par les points de suspension, qui conclut ce propos ?

(A) La valeur du travail se dévalorise à travers le monde.
(B) La France devient une société de loisir.
(C) Les contraintes du travail sont jugées inconciliables avec les désirs d'épanouissement personnel.
(D) Il faut que la loi n'oblige les gens à travailler, qu'entre 25 et 50 ans.
(E) L'image du travail est très négative en France alors qu'elle est positive dans le reste de l'Europe.

Question 36. Lorsque l'on montre pour la première fois à de jeunes lycéens des peintures modernes abstraites, ils ont du mal à accueillir cette masse apparemment insignifiante de gribouillis. Ce n'est qu'après avoir étudié l'histoire de l'art qu'il est possible d'apprécier à sa juste valeur l'art moderne abstrait. Aussi, les jeunes lycéens devraient toujours commencer par étudier l'histoire de l'art avant d'étudier l'art moderne abstrait.

Quelle conclusion peut-on tirer de l'argumentation de l'auteur ?

(A) Pour comprendre l'histoire de l'art, il est nécessaire d'étudier l'art moderne abstrait.
(B) Les jeunes lycéens sont incapables d'apprécier à sa juste valeur la complexité de l'art moderne abstrait.
(C) La compréhension de l'histoire de l'art est essentielle à la compréhension de l'art moderne abstrait.
(D) L'étude de l'histoire de l'art moderne abstrait au lycée présente un intérêt limité pour des jeunes lycéens qui ont des lacunes avérées en histoire de l'art.
(E) Pour comprendre l'art moderne abstrait, les jeunes lycéens doivent d'abord étudier l'histoire de l'art.

>>>
>>>

Question 37. Voici, en désordre, les dates de naissance d'Armand, Bernard, Claude, Dan et Emile : 20 février 2001, 12 mars 2000, 20 mars 2001, 12 avril 2000 et 23 avril 2001. Armand et Emile sont nés le même mois. Bernard et Claude aussi. Armand et Claude sont nés le même jour, dans des mois différents. Dominique et Emile aussi sont nés le même jour dans des mois différents. Quel est le plus jeune des cinq ?

(A) Armand
(B) Claude
(C) Bernard
(D) Dominique
(E) Emile

Question 38. Parmi ces cinq figures de style, quelle est l'intruse ?

(A) Il y avait cent voiles dans le port.
(B) Plus de mille âmes vivent dans cette bourgade.
(C) On était à la saison des roses.
(D) Votre intelligence n'a d'égal que votre beauté.
(E) Une multitude de têtes de bétails descendaient des alpages.

Question 39. La plupart des personnes atteintes de cholestase gravidique sont nées à la fin de l'hiver. Plusieurs chercheurs émettent donc l'hypothèse que la maladie est causée par un manque de vitamines beta dans l'alimentation des mères des malades au cours des derniers mois de leur grossesse. La vitamine beta se trouve principalement dans des produits alimentaires dont le prix subit une forte hausse en hiver.

Laquelle des données suivantes peut-elle être avancée par les professeurs en médecine pour renforcer leur hypothèse ?

(A) Il y a également parmi les personnes atteintes d'autres maladies congénitales un taux élevé de personnes nées en hiver.
(B) Le développement des organes dont le fonctionnement est déficient chez les malades atteints de cholestase gravidique s'achève au quatrième mois de la grossesse de la mère.
(C) La cholestase gravidique est une maladie rare et toutes les personnes qui en sont atteintes ont des membres de la famille également atteints.
(D) La plupart des bébés atteints de cholestase gravidique sont nés de mères dont la situation économique est déplorable.
(E) La cholestase gravidique est une maladie tellement rare que les dépenses liées à cette maladie sont totalement prises en charge par les organismes de sécurité sociale.

>>
>>

Question 40. Selon le professeur Gartner, lorsque les messages éducatifs contenus dans les chansons d'enfants sont transmis de façon indirecte, ils sont mieux assimilés par les enfants de tous âges. Comme exemple d'une chanson répondant à ce critère, elle cite « La fourmi ». Le narrateur de la chanson n'affirme pas expressément que l'assiduité est une qualité remarquable mais il exprime son admiration devant la fourmi présentée comme une créature assidue ; cette admiration est censée être reportée sur la qualité de l'assiduité.

Lequel des faits suivants contredit la thèse du professeur Gartner ?

(A) Chez les enfants de l'âge de la maternelle, la mémorisation des chansons est fonction avant tout du nombre de rimes dans la chanson.

(B) L'assimilation de messages indirects exige une capacité de généralisation qui, chez la plupart des enfants, ne se développe qu'à l'âge de l'école primaire.

(C) De nombreux enfants s'opposent aux leçons éducatives directes et refusent d'écouter une seconde fois des chansons contenant de telles leçons.

(D) Les éducateurs estiment qu'inculquer l'assiduité aux enfants est dépassé et que de nos jours, il faut leur apprendre à réfléchir de façon indépendante et originale.

(E) Si dans le roman que des étudiants lisent, le narrateur admire un chien pour son caractère intuitif, alors il y a des chances pour que cette admiration soit reportée sur la qualité d'intuition.

Question 41. On sait que :

– Bernard aime toutes les personnes qui aiment Dan et uniquement celles-là ;

– Max aime toutes les personnes qui aiment Dan et uniquement celles-là ;

– Bernard n'aime pas Max.

Par conséquent, il n'est pas possible que :

(A) Max aime Bernard.

(B) Max s'aime lui-même.

(C) Max n'aime pas Dan.

(D) Dan aime Max.

(E) Aucune des réponses proposées ne convient.

>>>
>>>

Question 42. Cinq ampoules peuvent chacune être éteinte ou allumée. Chacune des ampoules est commandée par un interrupteur qui change son état ; mais chaque fois qu'un interrupteur est manœuvré, une autre lampe, au hasard, change d'état. De sorte que, en manipulant le même interrupteur deux fois de suite, on a pu changer l'état du système d'ampoules.

Si au départ, toutes les ampoules sont éteintes, quelle phrase peut-on affirmer après avoir manœuvré cinq interrupteurs ?

(A) Il est impossible que toutes les ampoules soient éteintes.

(B) Il est certain que toutes les ampoules sont allumées.

(C) Il est impossible que toutes les ampoules soient allumées.

(D) Il est certain que toutes les ampoules sont éteintes.

(E) Aucune des affirmations précédentes n'est vraie.

Question 43. Trois jeunes filles Clara, Bella et Berthe se sont donné rendez-vous dans un parc. Elles se racontent des contes merveilleux. Un passant qui les espionnait a remarqué que Clara a raconté un conte à Bella, que Bella a raconté un conte à Berthe. Berthe a raconté un conte à Clara. Quelle situation est impossible ?

(A) Chaque jeune fille a raconté un conte à sa voisine de droite.

(B) Chaque jeune fille a raconté un conte à sa voisine de gauche.

(C) Chaque jeune fille a raconté un conte à la jeune fille qui est plus âgée qu'elle.

(D) Chaque jeune fille a raconté un conte à la jeune fille qui ne lui a pas raconté de conte.

(E) Aucune des réponses proposées ne convient.

Question 44. Une classe de grande section de maternelle comporte 27 élèves. Au moins un des élèves est un garçon. La maîtresse constitue au hasard des groupes de 3 élèves. Combien y a-t-il de garçons dans cette classe sachant que dans chaque groupe de 3 élèves, il y a au moins 2 filles ?

(A) 1 (B) 5

(C) 9 (D) 26

(E) On ne peut pas savoir.

>>
>>

Question 45. Trois amies, Soumya, Thérèse et Elise volent en ligne sur des balais. Un long, un court et un moyen. Elles portent chacune un chapeau : un noir, un orange et un jaune. Soumya est devant et porte un chapeau noir, Thérèse ferme le vol et monte le balai le plus court, juste devant le balai le plus court se trouve le balai le plus long. Quelle affirmation est possible mais pas forcément exacte ?

(A) Elise monte un balai long.

(B) Elise a un chapeau orange.

(C) La sorcière au chapeau noir monte un balai moyen.

(D) Si le chapeau de Thérèse est orange, le chapeau d'Elise est jaune.

(E) Si le chapeau d'Elise est jaune, alors le chapeau de Thérèse est orange.

Si vous avez terminé, vous n'êtes pas autorisé(e) à revenir sur une épreuve précédente.
Vous n'êtes pas non plus autorisé(e) à travailler sur une épreuve suivante avant la fin du temps imparti.

STOP !

TEST BLANC TAGE MAGE 7

SOUS-TEST 4 : CONDITIONS MINIMALES

15 questions / 20 minutes / Calculatrice interdite
Réponse juste : + 4 points / Réponse fausse : – 1 point
Aucune réponse : 0 point

Vous répondrez :

(A) Si l'information (1) permet à elle seule de répondre à la question, et si l'information (2) à elle seule ne permet pas de répondre à la question.

(B) Si l'information (2) permet à elle seule de répondre à la question, et si l'information (1) à elle seule ne permet pas de répondre à la question.

(C) Si les deux informations (1) et (2) ensemble permettent de répondre à la question, et aucune séparément ne le peut.

(D) Si chaque information permet séparément de répondre à la question.

(E) Si les deux informations ensemble ne permettent pas de répondre à la question.

Question 46. H est un nombre à 3 chiffres. Que vaut H sachant que H est un multiple de 13 ?

(1) H est un multiple de 3.

(2) H est un multiple de 7.

Question 47. Le plateau d'une table est constitué d'une partie rectangulaire centrale et de deux demi-cercles égaux aux extrémités. La longueur de la partie rectangulaire est égale à 120 mètres. Quel est le périmètre de cette table ?

(1) La valeur de la surface d'un des demi-cercles est égale à 6,28 m^2.

(2) La valeur de la largeur de la partie rectangulaire est égale à 4 mètres.

Question 48. Une entreprise doit repeindre un immeuble d'habitation. Elle travaille à une cadence constante. En cas de retard, le contrat prévoit une indemnité de 80 000 euros par jour pour tout dépassement au-delà de 28 jours. Quel sera le montant des indemnités à verser ?

(1) Au bout de 12 jours, elle a peint l'immeuble jusqu'au 2e étage, ce qui correspond au tiers des travaux.

(2) Lorsqu'elle a peint les trois quarts de l'immeuble, il lui restait encore 9 jours de travail.

##
##

Vous répondrez :

(A) Si l'information (1) permet à elle seule de répondre à la question, et si l'information (2) à elle seule ne permet pas de répondre à la question.

(B) Si l'information (2) permet à elle seule de répondre à la question, et si l'information (1) à elle seule ne permet pas de répondre à la question.

(C) Si les deux informations (1) et (2) ensemble permettent de répondre à la question, et aucune séparément ne le peut.

(D) Si chaque information permet séparément de répondre à la question.

(E) Si les deux informations ensemble ne permettent pas de répondre à la question.

Question 49. Que vaut le nombre de deux chiffres *y* sachant que ce nombre est premier ?

(1) *y* est égal à la somme de deux carrés d'entiers naturels.

(2) La division de *y* par 4 donne un reste qui est égal à 1.

Question 50. Quel est le nombre de deux chiffres dont le premier chiffre est K est le second chiffre est B sachant que le nombre en question est strictement supérieur à 9 ?

(1) Le nombre de deux chiffres KB est un multiple de 7 et de 13.

(2) 12K + 11B = 13K + 2B

Question 51. Quelle est la valeur de la surface du rectangle ABCD ?

(1) Le périmètre est de 10 mètres.

(2) Si l'on multiplie par 3 la longueur du rectangle et par 3 la largeur du rectangle, on obtient une surface égale à 54.

Question 52. Si K est un entier naturel strictement inférieur à 10 et N un entier naturel égal à 4 321 + K, alors que vaut K ?

(1) N est divisible par 3.

(2) N est divisible par 7.

###
###

Vous répondrez :
(A) Si l'information (1) permet à elle seule de répondre à la question, et si l'information (2) à elle seule ne permet pas de répondre à la question.
(B) Si l'information (2) permet à elle seule de répondre à la question, et si l'information (1) à elle seule ne permet pas de répondre à la question.
(C) Si les deux informations (1) et (2) ensemble permettent de répondre à la question, et aucune séparément ne le peut.
(D) Si chaque information permet séparément de répondre à la question.
(E) Si les deux informations ensemble ne permettent pas de répondre à la question.

Question 53. Un automobiliste s'est arrêté pour faire le plein sur la Nationale N1. Quel est le prix au litre du carburant qu'il a acheté sachant qu'il a réglé la somme de 45 euros ?

(1) Le réservoir était aux trois quarts vide lorsqu'il a fait le plein.
(2) Il restait dix litres de carburant dans le réservoir et il en acheté trois fois plus.

Question 54. Une caisse contenant 2 700 canettes de bière est divisée en 5 lots. Combien de canettes le plus grand de ces lots contient-il ?

(1) Le nombre de canettes qu'il y a dans le plus grand lot est égal à la somme des canettes qu'il y a dans les quatre autres lots.
(2) Le plus petit de ces lots contient 100 canettes.

Question 55. X et Y sont deux nombres entiers naturels consécutifs strictement inférieurs à 20. Que vaut X + Y ?

(1) $35 < X + Y < 45$
(2) Le double de la moyenne de X et de Y est impair.

Question 56. Le produit des nombres A et B est égal à – 6. Que vaut $A \times B \times (A + B)$?

(1) $A = B - 5$
(2) $A \times B^2 = 18$

##
##

Vous répondrez :

(A) Si l'information (1) permet à elle seule de répondre à la question, et si l'information (2) à elle seule ne permet pas de répondre à la question.

(B) Si l'information (2) permet à elle seule de répondre à la question, et si l'information (1) à elle seule ne permet pas de répondre à la question.

(C) Si les deux informations (1) et (2) ensemble permettent de répondre à la question, et aucune séparément ne le peut.

(D) Si chaque information permet séparément de répondre à la question.

(E) Si les deux informations ensemble ne permettent pas de répondre à la question.

Question 57. Paul a 8 ans. Quel âge aura son père quand il aura le double de l'âge de Paul ?

(1) Quand Paul est né, son père avait 25 ans.

(2) Actuellement, l'addition des âges de Paul et de son père est de 41 ans.

Question 58. Une entreprise achète des imprimantes à 100 euros, 220 euros et 260 euros. La facture est de 2 580 euros. Combien l'entreprise a-t-elle acheté d'imprimantes à 220 euros ?

(1) Le total de la valeur des imprimantes à 220 euros et 260 euros est de 1 880 euros.

(2) Le total de la valeur des imprimantes à 100 euros et à 220 euros est de 1 800 euros.

Question 59. Un triangle isocèle ABC est rectangle en A. On fabrique un triangle semblable A'B'C' en augmentant la surface ABC de 44 %. Quelle est la longueur de la nouvelle hypoténuse B'C' ?

(1) La surface A'B'C' est égale à 72 m^2.

(2) La longueur de l'hypoténuse a augmenté de 20 %.

Question 60. Que vaut le nombre de trois chiffres ABC ?

(1) A + C = 11 + B

(2) ABC est multiple de 83.

Si vous avez terminé, vous n'êtes pas autorisé(e) à revenir sur une épreuve précédente.
Vous n'êtes pas non plus autorisé(e) à travailler sur une épreuve suivante avant la fin du temps imparti.

STOP !

TEST BLANC TAGE MAGE 7

SOUS-TEST 5 : EXPRESSION

15 questions / 20 minutes / Calculatrice interdite
Réponse juste : + 4 points / Réponse fausse : – 1 point
Aucune réponse : 0 point

Questions 61 à 64 : choisissez la reformulation dont le sens se rapproche le plus du (des) passage(s) souligné(s).

Question 61. La tectonique des plaques provoque une libération soudaine d'énergie qui se traduit en surface par des tremblements de terre. Ce phénomène physique peut avoir des conséquences terribles, tant matérielles qu'humaines.

(A) secousses
(B) séismes
(C) tsunamis
(D) mouvements brusques
(E) catastrophes naturelles

Question 62. Derrière le stéréotype du « pays du sourire », les Philippines demeurent un pays complexe et souvent difficile d'accès pour les européens.

(A) le pieux dicton
(B) le lieu convenu
(C) l'image d'Epinal
(D) la parfaite photographie
(E) le poncif débridé

Question 63. Le plus souvent saisie par l'esprit à travers les trois partis « trotskistes » qui la représentent, l'extrême gauche en France s'analyse aussi comme une famille politique allant chercher dans des répertoires d'action et des histoires très différents.

(A)	appréhendée	puisant dans
(B)	invoquée	pompant dans
(C)	conceptualisée	siphonnant
(D)	entrevue	empruntant
(E)	perçue	plongeant dans

Question 64. Jonathan a toujours été un élève brillant : après avoir passé avec succès les concours de la haute fonction publique, il se dirige vers une carrière de personnalité politique. Cependant, il sait que la route est encore longue et semée d'embuches avant d'atteindre son objectif.

(A) de politicien
(B) d'homme d'Etat
(C) de ministre
(D) d'homme politique
(E) de diplomate

Question 65 : choisissez la meilleure formulation pour le texte souligné, en vérifiant la correction grammaticale et en valorisant l'élégance stylistique. Le choix A reprend la formulation initiale.

Question 65. Avril 2011 : le gouvernement grec fixe au pays une nouvelle « feuille de route » de sortie de crise, durcissant et prorogeant la rigueur jusqu'en 2015. Il est question de réduire au maximum les dépenses et de prévoir à l'avance les différents projets d'avenir qui se dessinent pour le pays.

(A) Avril 2011 : le gouvernement grec fixe au pays une nouvelle « feuille de route » de sortie de crise, durcissant et prorogeant la rigueur jusqu'en 2015. Il est question de réduire au maximum les dépenses et de prévoir à l'avance les différents projets d'avenir qui se dessinent pour le pays.

(B) Le gouvernement grec fixe en avril 2011 pour le pays une nouvelle stratégie de sortie de crise, durcissant et prolongeant la rigueur jusqu'en 2015. Au programme : réduction maximale des dépenses et prévision à l'avance des différents projets d'avenir qui se dessinent pour le pays.

(C) Avril 2011 : le gouvernement grec fixe les étapes d'un nouveau plan d'actions pour sortir le pays de la crise, durcissant et prorogeant la rigueur jusqu'en 2015. Il est question de réduire au minimum les dépenses et de prévoir les différents projets d'avenir qui se dessinent pour le pays.

(D) Avril 2011 : le gouvernement grec fixe au pays une nouvelle stratégie opérationnelle de sortie de crise, radicalisant et prorogeant jusqu'en 2015 la politique de rigueur. Il est question de réduire au minimum les dépenses et de prévoir autant que possible les différents projets d'avenir qui se dessinent pour le pays.

(E) Avril 2011 : nouveau plan d'actions pour sortir la Grèce de la crise. Le gouvernement prévoit un durcissement et une prorogation de la politique de rigueur jusqu'en 2015. Il est question de réduire au mieux les dépenses et de prévoir en amont les différents projets d'avenir qui se dessinent pour la Grèce.

Questions 66 à 71 : complétez en choisissant la solution optimale.

Question 66. La maternité incarnerait un modèle supérieur de vie féminine, la vérité suprême de la féminité et ce, (…) suite aux bienfaits de la contraception, la grossesse est devenue rare, donc précieuse.

(A) il faut bien l'avouer,
(B) sans concession,
(C) malgré le fait que
(D) au demeurant,
(E) d'autant plus que

Question 67. La coutume lors des entretiens veut que le candidat se présente face au jury en costume avec une cravate. Pourtant, Olivier est arrivé avec le maillot de son équipe de foot préférée lors de son oral. (…) !

(A) Quel paradoxe
(B) Quelle dérision
(C) Quel flegme
(D) Quel conformisme
(E) Quelle extravagance

Question 68. (…) efforts du gouvernement, la vie augmente, (…) hausses saisonnières, (…) affecter sérieusement l'indice des prix.

(A)	Contrairement aux	et au vu des	il faut
(B)	En dépit des	du fait des	au point d'
(C)	A l'inverse des	compte tenu des	cela ne peut qu'
(D)	Peu importent les	à la suite des	de sorte qu'il est nécessaire d'
(E)	Avec les	avec des	car il faut

Question 69. « En Europe, la beauté a toujours eu un caractère (…). Il y a toujours eu un dessein esthétique et un plan de longue haleine, il a fallu des siècles pour édifier d'après ce plan une cathédrale gothique ou une ville de la Renaissance. La beauté de New York a une toute autre origine. C'est une beauté (…). Elle est née sans préméditation de la part de l'homme, comme une grotte de stalactites. Des formes, hideuses en elles-mêmes, se retrouvent par hasard, sans plan aucun, dans d'improbables voisinages où elles brillent tout à coup d'une poésie magique. »

(A)	volontaire	intentionnelle
(B)	rationnel	irrationnelle
(C)	fou	classique
(D)	gothique	baroque
(E)	intentionnel	non intentionnelle

Question 70. (...) pensé que Renée imputait à sa réputation de femme d'affaires fortunée le fait que de nombreux hommes (...) de la courtiser. C'est pourquoi (...) de l'entendre dire que d'après son expérience, la plupart des hommes étaient (...) par les femmes financièrement indépendantes.

(A) J'ai toujours / avaient coutume / j'ai été étonné / attirés

(B) Je n'ai jamais / s'abstenaient / je n'ai pas été étonné / rebutés

(C) J'ai toujours / s'abstenaient / j'ai été étonné / rebutés

(D) Je n'ai jamais / avaient coutume / j'ai été surpris / attirés

(E) J'ai parfois / ne pouvaient jamais s'empêcher / j'ai refusé / écoeurés

Question 71. Nestor préfère toujours acheter un produit français plutôt qu'un produit étranger, sauf si le produit étranger est moins cher (…) de meilleure qualité que le produit français. C'est pourquoi, il préféra acheter une voiture (…) plutôt qu'une (…) car (…) et (…).

(A) et / française / coréenne / la première était relativement chère / n'était pas de bonne qualité

(B) ou / espagnole / française / cette dernière était relativement bon marché / de très bonne qualité

(C) et / française / américaine / cette dernière était bon marché / n'était pas de bonne qualité

(D) ou / française / américaine / la première était très chère / n'était pas de bonne qualité

(E) quoique / française / hollandaise / la dernière était trop chère / de bonne qualité

Question 72. Que signifie l'expression « la faim fait sortir le loup du bois » ?

(A) Dans une situation difficile, on n'hésite pas à prendre les risques qui s'imposent.
(B) Il faut parfois agir contre ses propres convictions ou sa volonté.
(C) Se mettre inconsciemment dans une situation dangereuse.
(D) Avoir une sacrée fringale.
(E) Quand on a faim, on devient sans foi, ni loi !

Question 73. Combien de fautes d'orthographe et/ou de grammaire le passage suivant contient-il ?

Nous avons passé une soirée cahotique. Un soit-disant fabriquant a réussi à nous convaincre d'acheter du tissu en lain noir de jais à un prix défiant toute concurrence.

(A) Une.
(B) Deux.
(C) Trois.
(D) Quatre.
(E) Cinq.

Question 74. Parmi les cinq propositions suivantes, une seule est correctement orthographiée. Laquelle ?

(A) Le président en exercice dispose de nombreux avantages pécuniaires.
(B) Ce soit-disant médecin conventionné est un authentique trafiquant.
(C) En l'occurence, rien ne t'interdit de porter plainte.
(D) Ce porte-avion est visible à des kilomètres.
(E) Quel horrible accident ! Les dégâts y afférant sont considérables.

Question 75. Parmi les propositions suivantes, quelle est celle qui compose exactement la 3e strophe de ce poème de Charles Baudelaire, intitulé *Harmonie du soir* ?

Voici venir les temps où vibrant sur sa tige
Chaque fleur s'évapore ainsi qu'un encensoir,
Les sons et les parfums tournent dans l'air du soir,
Valse mélancolique et langoureux vertige !
Chaque fleur s'évapore ainsi qu'un encensoir ;
Le violon frémit comme un cœur qu'on afflige ;
Valse mélancolique et langoureux vertige !
Le ciel est triste et beau comme un grand reposoir.
(…)
Un cœur tendre, qui hait le néant vaste et noir,
Du passé lumineux recueille tout vestige !
Le soleil s'est noyé dans son sang qui se fige…
Ton souvenir en moi luit comme un ostensoir !

(A) Le violon frémit comme un cœur qu'on afflige ;
Un cœur tendre, qui hait le néant vaste et noir !
Le ciel est triste et beau comme un grand reposoir ;
Le soleil s'est noyé dans son sang qui se fige.

(B) Le soleil s'est noyé dans son sang qui se fige.
Le ciel est triste et beau comme un grand reposoir.
Ton souvenir en moi luit comme un ostensoir ;
Du passé lumineux recueille tout vestige !

(C) Un cœur tendre, qui hait le néant vaste et noir !
Le violon frémit comme un cœur qu'on afflige,
Le soleil s'est noyé dans son sang qui se fige.
Le ciel est triste et beau comme un grand reposoir.

(D) Le ciel est triste et beau comme un grand reposoir
Du passé lumineux recueille tout vestige !
Le soleil s'est noyé dans son sang qui se fige.
Ton souvenir en moi luit comme un ostensoir !

(E) La nature est un temple où de vivants piliers
Laissent parfois sortir de confuses paroles ;
L'homme y passe à travers des forêts de symboles
Qui l'observent avec des regards familiers.

Si vous avez terminé, vous n'êtes pas autorisé(e) à revenir sur une épreuve précédente.
Vous n'êtes pas non plus autorisé(e) à travailler sur une épreuve suivante avant la fin du temps imparti.

STOP !

TEST BLANC TAGE MAGE 7

SOUS-TEST 6 : LOGIQUE

15 questions / 20 minutes / Calculatrice interdite
Réponse juste : + 4 points / Réponse fausse : – 1 point
Aucune réponse : 0 point

Question 76.

		NLM		
		JOR		
HAI	NPO	?	DXE	RXS
		SUX		
		NXT		

(A) IRJ (B) MTN (C) SRP (D) ASE (E) RTS

Question 77.

			441	
			270	
127	780	341	?	672
			342	
			216	

(A) 123 (B) 876 (C) 450 (D) 711 (E) 235

Question 78.

HDC				
JXI				
MZP				
QHA				
?	CRM	AXD	ERP	GIF

(A) VAC (B) VZB (C) TFC (D) HTB (E) BND

****
****

Question 79.

	14			
	91			
	35			
81	**?**	65	85	44
	21			

(A) 28 (B) 77 (C) 37 (D) 42 (E) 17

Question 80.

?	JLK	NUT	PIH	NFE
MNP				
VWD				
LMR				
STT				

(A) NOY (B) LOP (C) RSR (D) TKJ (E) CVB

Question 81.

		216		
		64		
169	70	**?**	114	92
		343		
		27		

(A) 103 (B) 125 (C) 829 (D) 512 (E) 8

****
****

Question 82.

UFT
KGJ
SOR
PMO
? WEF TAW CUD SOM

(A) RIQ (B) KNJ (C) WBV (D) NIJ (E) DAE

Question 83.

536
711
618 717 ? 951 636
350
178

(A) 708 (B) 803 (C) 447 (D) 917 (E) 6

Question 84.

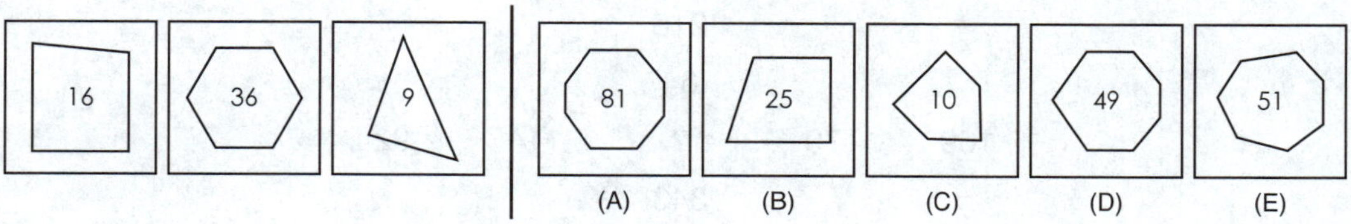

Question 85.

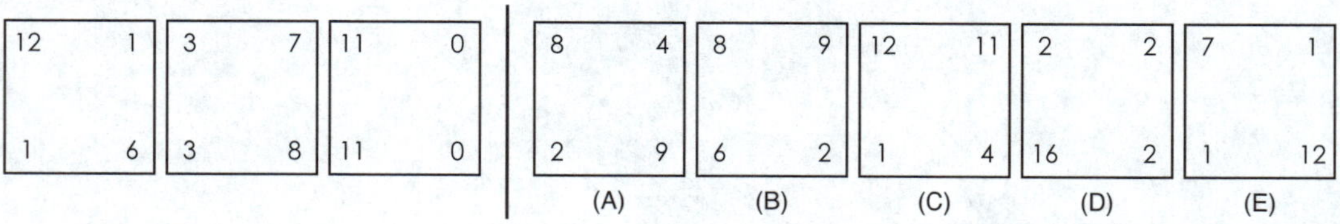

****
****

Question 86.

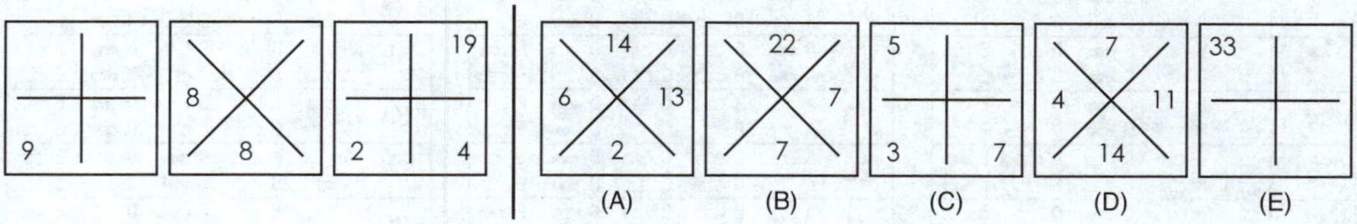

Question 87.

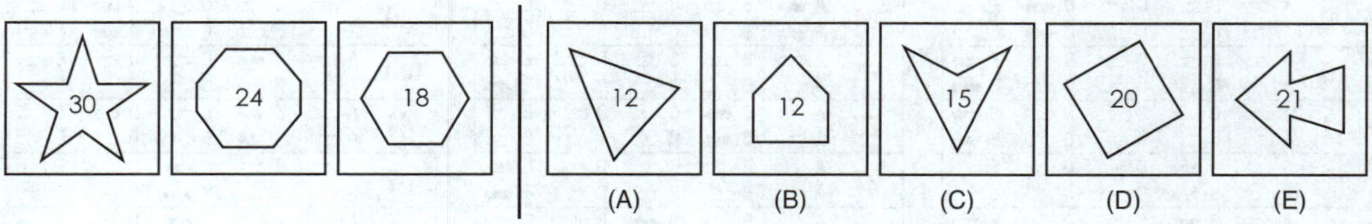

Question 88.

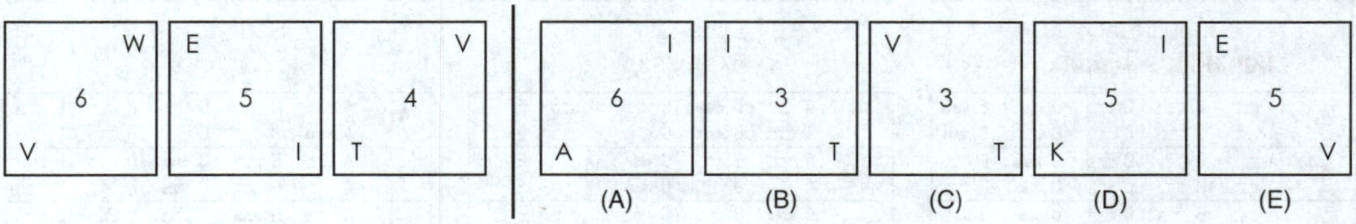

Question 89.

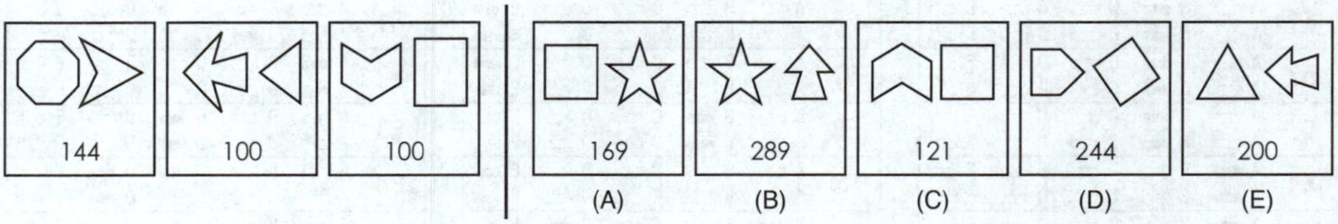

Question 90.

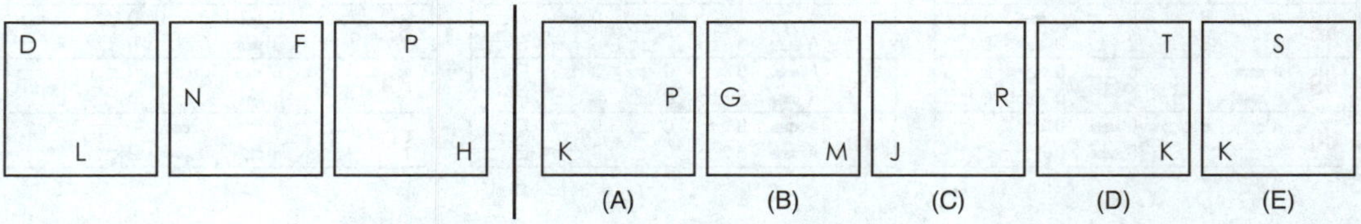

TEST TAGE MAGE 7 : VOTRE GRILLE DE REPONSES JUSTES

Sous-test 1
Compréhension de textes

Question	Réponse
1	C
2	C
3	C
4	C
5	E
6	C
7	E
8	D
9	D
10	E
11	E
12	B
13	B
14	C
15	C

Sous-test 2
Calcul

Question	Réponse
16	B
17	D
18	A
19	D
20	D
21	E
22	D
23	C
24	A
25	E
26	B
27	E
28	C
29	C
30	C

Sous-test 3
Raisonnement/Argumentation

Question	Réponse
31	D
32	A
33	D
34	D
35	C
36	E
37	C
38	D
39	D
40	B
41	B
42	C
43	C
44	A
45	B

Sous-test 4
Conditions minimales

Question	Réponse
46	E
47	D
48	D
49	E
50	D
51	B
52	B
53	B
54	A
55	A
56	B
57	D
58	D
59	A
60	C

Sous-test 5
Expression

Question	Réponse
61	B
62	C
63	A
64	D
65	C
66	E
67	E
68	B
69	E
70	D
71	C
72	B
73	D
74	A
75	A

Sous-test 6
Logique

Question	Réponse
76	A
77	C
78	B
79	B
80	C
81	B
82	A
83	C
84	D
85	A
86	D
87	E
88	B
89	B
90	C

7

CORRIGES

SOUS-TEST 1 : COMPREHENSION DE TEXTES

Question 1. Réponse C

Le texte n'est pas aussi précis sur le chômage des seniors ; l'auteur pense qu'il y aura « des problèmes majeurs au cours des prochaines années », sans plus de précision. Cette proposition apparaît donc comme la proposition fausse puisque les autres sont exactes.

A : « Alors que le recul du chômage des jeunes (…) traduit surtout leur découragement grandissant ».

B : « Le nombre de ceux qui, sans être considérés comme chômeurs, n'effectuent que quelques heures de travail par mois ne cesse d'augmenter, traduisant une précarisation croissante de l'emploi ».

D : « le recul du chômage des jeunes, qui explique l'essentiel de la baisse d'ensemble ».

E : « le chômage de longue durée et celui des seniors poursuivent leur montée ininterrompue, préfigurant des problèmes majeurs au cours des prochaines années ».

Question 2. Réponse C

La proposition 2 est fausse : les cours du pétrole et des matières premières ont **déjà** augmenté ; ce sont **les conséquences de ces hausses** qui vont se faire sentir dans un futur proche.

La proposition 1 est juste : « les entreprises (…) vont probablement chercher à les rétablir en limitant les embauches ».

La proposition 3 est juste : « les effets de l'austérité sévère dans laquelle tous les pays européens se sont engagés en même temps ».

Question 3. Réponse C

Aucun titre n'est totalement faux, il faut donc travailler par élimination.

Les titres B et E sont beaucoup trop polémiques et même si l'auteur est sévère vis-à-vis de l'action des pouvoirs publics, les termes « incapacité » ou « cachent » ne correspondent pas au ton de ce texte.

Les titres A et D reflètent le ton pessimiste du texte, mais ne reflètent pas les explications fournies.

Le titre C est donc celui qui convient le mieux.

Question 4. Réponse C

Cette phrase est assez difficile à comprendre. Elle ne peut avoir de sens que si l'on comprend que les mesures « prises pour retarder les départs en retraite » maintiennent plus de monde sur le marché du travail. Par suite, le chômage risque de cesser de baisser, le volume d'emplois restant le même alors que le nombre de travailleurs potentiels augmente.

Question 5. Réponse E

Les propositions A et E sont exactes : « La baisse de l'emploi public et l'austérité budgétaire vont peser sur le marché du travail. Elles expliquent sans doute déjà la montée sensible du chômage des femmes, plus nombreuses dans le secteur public et associatif », et « Tandis que les entreprises, dont les marges sont encore très dégradées, vont probablement chercher à les rétablir en limitant les embauches ».

La proposition B est fausse : c'est grâce au « papy-boom » et non au « baby-boom ».

La proposition C est fausse : il s'agit du subventionnement et non du plafonnement des heures supplémentaires.

La proposition D est fausse : contrairement au discours, le gouvernement baisse le nombre d'emplois aidés.

Question 6. Réponse C

Aucune des réponses proposées n'est suffisamment détaillée. La réponse C est la plus proche de la véritable définition : « la propension d'un agent qui se sait sous la protection d'un assureur à se surexposer à des risques qu'il ne contracterait pas dans les mêmes proportions s'il se savait devoir en répondre par ses propres moyens ».

Question 7. Réponse E

Pour faire le bon choix, il faut s'intéresser autant à la phrase qui précède qu'à celle qui suit. La proposition A est techniquement fausse (le capitalisme n'a pas **toujours** existé), et l'auteur n'aurait pas mis en cause l'administration Clinton, sans aucune autre explication, ce qui élimine la proposition C.

La proposition D, lapidaire, n'est pas dans l'esprit de ce texte qui veut expliquer les mécanismes.

Restent donc B ou E. Or, la E est la parfaite explication de la phrase qui précède, tout à fait dans l'esprit du texte, et peut être reprise par le « ce » de la proposition suivante.

Question 8. Réponse D

« Porter beau » est une expression (vieillotte) qui ne signifie pas que la personne est belle, mais qu'elle est élégante. La proposition 2 est donc fausse, les 4 autres sont exactes et se trouvent dans les premières lignes du texte.

Question 9. Réponse D

La proposition 2 est absente du texte ; les 3 autres sont bien présentes.

Proposition 1 : « la finance, dont les crises, impossibles à circonscrire, retentissent nécessairement sur l'économie entière. »

Proposition 3 : « qu'il est payé par l'économie réelle (…) mais surtout en manque à croître ».

Proposition 4 : « l'économie réelle, sous la forme d'éventuelles contributions fiscales ».

Question 10. Réponse E

Les financiers n'ont pas « d'assurances » au sens propre du terme. C'est une image que l'auteur a employé pour faire comprendre l'impunité du monde de la finance à ces lecteurs.

Question 11. Réponse E

La réponse est explicite : « Pas un sou sans transformations saignantes ».

Question 12. Réponse B

En fait, les états sont responsables du fait qu'ils doivent finalement secourir les banques, car sans cette certitude, les banques ne prendraient pas tant de risques.

Question 13. Réponse B

La réponse est explicite : « Si la prise d'otage financière est une situation entièrement inscrite dans une certaine configuration des structures, il est également certain que la situation perdurera tant que les structures demeureront les mêmes … et, inversement, qu'on pourrait y mettre un terme en transformant celles-ci radicalement ».

Question 14. Réponse C

C'est une interprétation qui vous est demandée, et la réponse n'est pas facile à trouver. Il faut procéder par élimination.

Cette fin de texte n'est ni un ordre (pour donner un ordre il faut être investi de l'autorité nécessaire ; rien ne dit que l'auteur soit le dépositaire de cette autorité), ni une menace (pour menacer, il faut avoir les moyens d'exécuter, par la force si besoin, la menace ; or, l'auteur ne semble pas disposer de tels moyens). On peut donc éliminer les réponses D et E.

Le ton n'est pas celui, larmoyant, de la prière, ce qui permet d'éliminer la réponse B.

Reste le vœu pieux (A) ou l'ironie (C). Puisque le texte montre qu'à chaque crise, on n'est pas capable de changer les règles (les invariants), même légèrement, il est peu probable que maintenant « on change tout ». La dernière phrase doit donc être vue comme un trait ironique, d'une personne qui sait que, au fond, rien ne changera.

Question 15. Réponse C

Le risque systémique est la seule raison qui nous oblige à sauver les banques. C'est répété tout au long du texte.

SOUS-TEST 2 : CALCUL

Question 16. Réponse B

Un grand classique du Tage Mage qu'il faut avoir vu une fois. **La clé de cette question réside dans sa résolution qui doit obligatoirement passer par le fait de tester les réponses** sous peine de devoir appliquer la formule de la somme des termes d'une suite géométrique… On va éviter.

Testons donc les réponses et éliminons sans plus attendre les réponses paires. Et oui, si le marchand vend par exemple la moitié de 254 poires + une demi poire, alors cela ne peut pas donner un nombre entier de poires. La moitié de 254 donne 127 et 127 + une demi poire donne 127,5 poires… Impossible, sinon le marchand va ensuite vendre des quarts puis des huitièmes puis des seizièmes de poires !

Testons la réponse B (255) : Au premier client, le marchand vend : $\frac{255}{2} + \frac{1}{2} = \frac{256}{2} = 128$ poires.

Il lui reste alors 127 poires (255 – 128).

Ensuite, il vend : $\frac{127}{2} + \frac{1}{2} = \frac{128}{2} = 64$. Il lui reste alors 63 poires.

Accélérons : $\frac{63}{2} + \frac{1}{2} = \frac{64}{2} = 32$ poires. Il lui reste 31 poires. $\frac{31}{2} + \frac{1}{2} = \frac{32}{2} = 16$. Il lui reste 15 poires. $\frac{15}{2} + \frac{1}{2} = \frac{16}{2} = 8$. Il lui reste 7 poires.

$\frac{7}{2} + \frac{1}{2} = 4$. Il reste 3 poires. $\frac{3}{2} + \frac{1}{2} = 2$. Il lui reste 1 poire. $\frac{1}{2} + \frac{1}{2} = 1$ poire. Et il lui reste 0 poire, autrement dit aucune poire… Exactement ce que dit l'énoncé !

La réponse B est donc la bonne réponse.

Question 17. Réponse D

En notant X le nombre de billes que possèdent Léa et Sophie au début de la partie (sachant qu'elles ont le même nombre de billes au départ), vous pouvez alors réfléchir par étape :

	Etat	Léa	Sophie
Départ	Même nombre	X	X
Etape 1	Léa gagne 20 billes	X + 20	X – 20
Etape 2	Léa perd $\frac{2}{3}$ de ses billes	$\frac{(X + 20}{3}$	$X - 20 + \frac{2(X + 20)}{3}$

Sachant qu'à la fin de l'étape 2, Sophie possède 4 fois plus de billes que Léa, vous pouvez écrire : $X - 20 + \frac{2(X + 20)}{3} = 4 \times \frac{(X + 20)}{3}$ soit $3X - 60 + 2X + 40 = 4X + 80$ soit encore $5X - 20 = 4X + 80$ et $\mathbf{X = 100}$.

Question 18. Réponse A

Soit ABCD le rectangle inscrit dans le cercle de rayon égal à 2,5 cm. Pour que ce rectangle soit effectivement INSCRIT dans le cercle, il fait que son centre – le point où ses diagonales se croisent – soit confondu avec le centre du cercle.

> **Rappel d'une propriété importante :**
> Si un triangle est inscrit dans un cercle et a pour côté un diamètre de ce cercle alors ce triangle est rectangle. Le diamètre est son hypoténuse.

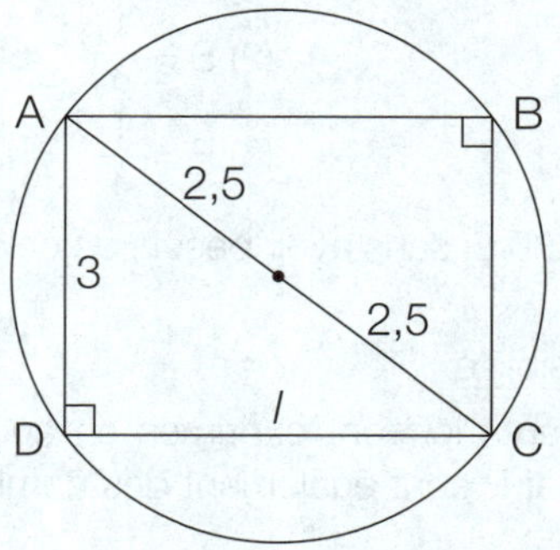

D'après ce schéma, l'aire du rectangle est égale à $3 \times l$ (largeur multipliée par longueur). Ainsi, en appliquant le théorème de Pythagore au triangle ACD rectangle en D, on trouve l. En effet : $AD^2 + DC^2 = AC^2$ soit : $3^2 + l^2 = 5^2$, soit encore $l^2 = 16$ et $l = 4$. En conclusion, l'aire du rectangle ABCD est égale à $3 \times 4 = 12$.

Question 19. Réponse D

En testant les solutions, on trouve que **le nombre de boules bleues est égal à 25.**

Bleues = 25 ; Blanches = 20 ; Rouges = 15.

Une autre méthode : « si toutes les boules rouges étaient remplacées par des bleues, il y aurait alors deux fois plus de boules bleues que de boules blanches » SIGNIFIE qu'il y a **40 boules bleues** pour **<u>20 boules blanches</u>** (« 2 fois plus »). Aussi, « si toutes les boules blanches étaient remplacées par des bleues, il y aurait alors trois fois plus de boules bleues que de boules rouges » SIGNIFIE qu'il y a **45 boules bleues** pour **<u>15 boules rouges</u>** (« 3 fois plus »). On comprend alors qu'il y a 20 boules blanches, 15 boules rouges et… (60 – 20 – 15) = **<u>25 boules bleues</u>** !

Question 20. Réponse D

La bonne réponse est la (D). Vous avez ici trois inconnues : les rémunérations respectives T, S et P du traiteur, de la serveuse et du photographe. Voici deux méthodes de résolution pour cette question.

Méthode 1 : Un calcul classique

Les équations liant ces trois inconnues données par l'énoncé sont les suivantes :

(1) $T + S + P = 1\,540$

(2) $T = 2S$, soit $S = \frac{T}{2}$

(3) $P = \frac{1}{2} \times S$, soit $P = \frac{1}{2} \times \frac{T}{2} = \frac{T}{4}$

(1) $T + \frac{T}{2} + \frac{T}{4} = 1\,540$	(1) $\frac{7T}{4} = 1\,540$ soit $T = 880$
(2) $S = \frac{T}{2}$	(2) $S = \frac{T}{2}$
(3) $P = \frac{T}{4}$	(3) $P = \frac{T}{4}$

Vous trouvez donc que T = 880 €, sans avoir besoin de calculer les autres rémunérations qui ne sont pas demandées.

Méthode 2 : Critères de divisibilité

Sachant que tous les montants ici sont exprimés en euros entiers, sans centimes, il est légitime de supposer que S et P sont également des nombres entiers. Or l'énoncé vous dit que :

$S = \frac{T}{2}$

$P = S/2 = \frac{T}{4}$

La seconde équation vous indique que T doit être un multiple de 4, ce qui n'est le cas que des solutions D et E. En testant rapidement ces deux solutions, vous trouvez que seule la D fonctionne.

Question 21. Réponse E

La bonne réponse est la E. Les seuls nombres premiers strictement compris entre 20 et 30 sont 23 et 29. Si $x = 29$, alors $y = 31$, valeur non acceptable puisque d'après l'énoncé, y est inférieur à 30. On en déduit donc que $\boldsymbol{x = 23}$**,** $\boldsymbol{y = 25}$ **et** $\boldsymbol{z = 27}$**.**

Ainsi, $y + z = 25 + 27 = 52$. Et en posant la division de 52 par 23, vous trouvez que $52 = 2 \times 23 + 6$, soit que le reste de cette division est égal à 6.

Question 22. Réponse D

En notant X le chiffre des dizaines de mon âge et Y celui des unités, j'obtiens que mon âge est égal à 10X + Y. De plus, l'âge de ma fille a pour chiffre des unités X et pour chiffre des dizaines Y, et est donc égal à 10Y + X.

Pour connaître ma différence d'âge avec ma fille, qui représente exactement l'âge que j'avais à sa naissance, il faut résoudre l'équation suivante :

$(10X + Y) - (10Y + X) = 9X - 9\,Y = \mathbf{9(X - Y)}$.

Ma différence d'âge avec ma fille est donc un multiple de 9, réponse D.

Question 23. Réponse C

Tant qu'il y a un 0 dans l'écriture de l'année, le produit de ses chiffres vaut 0 et ne peut dépasser la somme. Il faut donc attendre au moins la première année sans 0, c'est-à-dire 2111. A partir de 2111, voici la somme et le produit des chiffres de l'année :

Année	Somme	Produit
2111	5	2
2112	6	4
2113	7	6
2114	8	8
2115	9	10

Il faut attendre le 1er janvier 2115, soit 102 ans après le 1er janvier 2013.

Question 24. Réponse A

Attention à ne pas répondre 1 € sans réfléchir ! En effet, en testant les réponses (à commencer par la réponse C), vous trouvez que si le pot coûte 1 € et la plante 19 € de plus, alors le géranium en pot coûtera 1 € + 20 € soit 21 €, ce qui est trop ! En revanche, si le pot coûte 0,5 € et la plante 19,5 €, alors l'ensemble coûte bien 20 € comme l'exige l'énoncé.

Une autre méthode consistait à poser cette équation : $X + (19 + X) = 20$ avec en X le prix du pot en céramique. Soit $19 + 2X = 20$, soit $2X = 1$ et $X = 0{,}5$ €.

Question 25. Réponse E

Le deuxième routier devant parcourir davantage de distance sur le même laps de temps, il devra forcément rouler plus vite que le premier. La question est « Combien de fois plus vite ? »

Et bien, sachant qu'il doit parcourir $\frac{100}{80} = \frac{10}{8} = \frac{5}{4} = 1{,}25$ fois la distance du premier routier, c'est qu'il devra donc rouler 1,25 fois plus vite, soit à une vitesse de $60 \times 1{,}25 =$ **75 km/h.**

Question 26. Réponse B

$$\begin{array}{ccccc} & w & x & 5 & 4 \\ + & 2 & 7 & y & z \\ \hline & x & 2 & x & 0 \end{array}$$

Résolvons cette opération étape par étape :

1. La somme $4 + z$ doit se terminer par un 0. La seule possibilité est $z = 6$ et donc $4 + z = 10$: il faut penser à la retenue de 1.

2. La somme 1 (retenue) + 5 + y doit se terminer par x. Sachant que la valeur de y est comprise entre 0 et 9, cette somme vaut entre 6 et 15 donc la retenue R sera 0 ou 1.

3. La somme R (retenue) + x + 7 doit se terminer par un 2. Il faut ici distinguer deux cas :

– Si R = 0, alors $x + 7$ doit se terminer par un 2, soit forcément $x + 7 = 12$ et $x = 5$. Donc en revenant à l'étape précédente, si $x = 5$ c'est que $6 + y = 15$, ce qui est impossible car la retenue serait alors égale à 1.

– Si R = 1, alors $x + 8$ doit se terminer par un 2, soit forcément $x + 8 = 12$ et $x = 4$. Donc en revenant à l'étape précédente, si $x = 4$ c'est que $6 + y = 14$ et donc forcément que $y = 8$.

Vous en déduisez donc que $x = 4$ et $y = 8$, et que la retenue sera de nouveau 1.

4. La somme 1 (retenue) + w + 2 doit se terminer par 4, soit vous avez $w + 3 = 4$ et donc $w = 1$. Finalement, $w + x + y + z = 1 + 4 + 8 + 6 = 19$.

Question 27. Réponse E

Si $Z = 150\ \% \times T = \frac{3}{2} \times T$ **alors** $T = \frac{2}{3} \times Z$ et $0{,}5 \times T = 0{,}5 \times \frac{2}{3} \times Z = \frac{1}{3} \times Z$.

Question 28. Réponse C

Il s'agit ici d'appliquer une simple règle de trois. En effet, un agriculteur est indemnisé à hauteur de 13 750 € pour une surface de 25 m² et il vous faut trouver combien les trois agriculteurs sont indemnisés pour une surface totale de 25 + 18 + 15 = 58 m². Résumons cela dans un tableau :

Surface	Indemnisation
25 m²	13 750 €
58 m²	X

Ainsi, en appliquant le produit en croix, vous trouvez que :

$X = 13\,750 \times \frac{58}{25}$.

Vous pouvez résoudre la multiplication ou remarquer simplement que les valeurs proposées en solutions sont relativement éloignées les unes des autres et qu'une approximation peut suffire. En effet, si 25 m² permet de toucher une indemnisation égale à 13 750 €, alors $25 \times 2 = 50$ m² permettront de toucher une indemnisation égale à $13\,750 \times 2 = 27\,500$ €.

De plus, 8 m² représentent environ $\frac{1}{3}$ de 25 m² donc l'indemnisation pour cette surface sera d'environ $\frac{1}{3}$ de 13 750 € soit moins de 5 000 €. La somme totale sera donc strictement comprise entre 27 500 € et 32 500 € : seule la somme de **31 900 €** fonctionne.

Question 29. Réponse C

Les nombres à trois chiffres sont compris entre 100 et 999. Les nombres à trois chiffres les plus petits sont dans l'ordre 100, 101, 102, 103, etc. D'où le nombre le plus petit à trois chiffres différents est égal à 102. En raisonnant de manière analogue, le plus grand nombre à trois chiffres différents est égal à 987.

Attention à l'erreur classique qui consiste à dire que le plus petit nombre à trois chiffres différents est 123. Pour éviter ce genre d'erreurs, listez vraiment les nombres dans l'ordre croissant.

La différence de ces deux nombres est égale à 987 – 102, soit 885.

Question 30. Réponse C

Alain a fini 21e ; il y a 20 participants avant lui. Il y a donc $1{,}5 \times 20$, soit 30 participants derrière Ben à l'arrivée. Si on appelle n le nombre de participants devant Ben à l'arrivée, alors il y en a $2n$ derrière Alain à l'arrivée. En écrivant de deux manières le nombre de participants à l'arrivée, on obtient : $30 + 1 + n = 2n + 1 + 20$. D'où $n = 10$. Il y a donc **41 participants** à l'arrivée de ce marathon. On peut vérifier qu'il y a 20 participants devant Alain et 20 derrière ; et 10 participants devant Ben et 20 derrière.

SOUS-TEST 3 : RAISONNEMENT – ARGUMENTATION

Question 31. Réponse D

Jour	Ralph	Ben
Lundi	**M**	**V**
Mardi	**M**	**V**
Mercredi	***M***	***V***
Jeudi	***V***	***M***
Vendredi	**V**	**M**
Samedi	**V**	**M**
Dimanche	**V**	**V**

C'est ici que s'opère le SWITCH

Question 32. **Réponse A**

Testons les réponses. Commençons par la réponse A et imaginons par exemple qu'Anne a 100 ans.

Si **Anne a 100 ans** et qu'elle est la plus âgée, alors **Bernard a 99 ans** (il ne peut pas avoir 101 car c'est Anne la plus âgée). On sait ensuite que **Dan a 97 ans** (il ne peut avoir 101 ans car il serait plus âgé qu'Anne). Ensuite **Tobias a 94 ans** (il ne peut avoir 100 ans car il ne peut avoir le même âge qu'Anne). Enfin, il faut vérifier que Tobias et Anne ont quatre ans d'écart, ce qui n'est pas le cas ! Conclusion : l'affirmation **« Anne est la plus âgée »** est fausse.

Question 33. **Réponse D**

La somme des numéros des jetons est égale à : $36 \times (1 + 2 + 3 + \ldots + 8) = \frac{1}{2} \times (8 \times 9)$.

Aussi, chacun des sacs X et Y contient des jetons dont la somme des numéros est égale à 18.

En testant les solutions une à une on se rend compte que le jeton numéro 2 se trouve **nécessairement** dans le sac Y (réponse D). En effet, si le jeton numéro 2 se trouve dans le sac Y, c'est qu'il ne se trouve pas dans le sac X. S'il se trouvait dans le sac X, on aurait 2 + ? + ? = 18 soit ? + ? = 16 et pour faire 16, il faudrait 8 + 8… ce qui est impossible ! Le jeton ne se trouve pas dans le sac X et il se trouve par conséquent dans le sac Y.

Question 34. **Réponse D**

Ces trois lundis « impairs » sont **: Lundi 1, Lundi 15 et Lundi 29 OU Lundi 3, Lundi 17 et Lundi 31.** Ainsi, le 18 de ce mois est **un jeudi OU un mardi.**

Question 35. **Réponse C**

N'oubliez pas de procéder par dichotomie !

Question 36. **Réponse E**

L'argumentation de l'auteur se décompose comme suit :

– Les jeunes lycéens ne comprennent l'art moderne abstrait **(prémisse)**

– Pour comprendre l'art moderne abstrait, il est nécessaire d'étudier l'histoire de l'art **(prémisse)**

– Aussi, les jeunes lycéens qui étudient l'art moderne abstrait devraient d'abord étudier l'histoire de l'art **(conclusion)**

On nous demande de trouver la conclusion qui reformule au mieux celle de l'auteur.

Réponse A : cette réponse est une inversion logique de la seconde prémisse. Ce n'est donc pas une conclusion de l'argumentation de l'auteur. Ce n'est d'ailleurs même pas une prémisse. On l'élimine.

Réponse B : c'est précisément la première prémisse. On l'élimine aussi.

Réponse C : c'est une reformulation de la deuxième prémisse. Ce n'est donc toujours pas une conclusion de l'argumentation de l'auteur.

Réponse D : il était tentant de choisir cette réponse. Cependant, cette réponse ne reformule pas exactement la conclusion de l'auteur et extrapole ce qui est dit. En effet, cette réponse explique *pourquoi* les jeunes lycéens ont besoin d'étudier l'histoire de l'art.

Réponse E : il s'agit là d'une reformulation de la conclusion qui clôt l'argumentation de l'auteur. C'est exactement ce que nous cherchons et c'est donc la bonne réponse.

Question 37. **Réponse C**

Armand et Emile sont nés le même mois, donc en mars ou en avril. Même chose pour Bernard et Claude. Armand et Claude sont nés le même jour dans des mois différents. Etant tous les deux nés en mars ou avril, leurs dates de naissance sont le 12 mars 2000 et le 12 avril 2000. Dominique est forcément né le 20 février 2001 (les 4 autres sont nés en mars et avril). Donc Emile est né le 20 mars 2001. **On en déduit que Bernard est né le 23 avril 2001 et que c'est donc le plus jeune des cinq.**

Question 38. **Réponse D**

Les propositions A, B, C et E sont toutes des synecdoques. La D en revanche n'en est pas une.

> **Rappel :**
> Une synecdoque est une variété de métonymie qui consiste à donner à un mot un sens plus large ou plus restreint qu'il ne comporte habituellement ; la métonymie étant une figure de style qui consiste à désigner un objet ou une idée par un autre terme que celui qui convient.

Question 39. **Réponse D**

On cherche la proposition qui va dans le sens de l'énoncé. On peut reformuler l'hypothèse : la maladie se produit en hiver, est liée à un manque de vitamine beta qui se trouve dans des produits coûteux. Le pourcentage d'être atteint de cette maladie congénitale est donc indirectement corrélé avec le revenu économique de la mère.

Les réponses A et C n'expliquent pas pourquoi les chances d'attraper cette maladie augmentent en hiver. La réponse B vient au contraire réfuter l'hypothèse initiale. La réponse E est hors sujet.

Seule la **réponse D** fait le lien entre la maladie et la situation économique de la mère.

Question 40. Réponse B

Une question somme toute assez facile. La réponse B contredit en effet la thèse du professeur Gartner car elle affirme que l'assimilation de messages indirects exige une capacité de généralisation qui, chez la plupart des enfants, **ne se développe qu'à l'âge de l'école primaire**. Or le texte affirme bien que lorsque les messages éducatifs contenus dans les chansons d'enfants sont transmis de façon indirecte, ils sont mieux assimilés **par les enfants de tous âges**.

Question 41. Réponse B

(1) Bernard aime ceux qui aiment Dan.

(2) Max aime ceux qui aiment Dan.

(3) Bernard n'aime pas Max.

Testons les solutions.

Si Max aime Bernard, alors cela veut dire que Bernard aime Dan ce qui n'est pas incompatible avec (1), (2) ou (3).

Si Max s'aime lui-même, c'est-à-dire si Max aime Max alors Max aime Dan (2). Or Bernard n'aime pas Max (3) (ce qui signifie que Max n'aime pas Dan) (1).

Il y a une contradiction.

Question 42. Réponse C

On modifie à chaque fois deux interrupteurs, donc soit on allume deux interrupteurs, soit on en éteint deux, soit on en allume un on en éteint un. Donc comme on commence avec tous les interrupteurs éteints on fait toujours soit +2, soit -2, soit +0, donc il ne peut y avoir 5 interrupteurs allumés.

Ici il y a trop de cas pour les étudier. Il faut donc trouver un principe plus général, en ayant éventuellement fait quelques tests empiriques avant, pour voir laquelle des propositions on va essayer de prouver.

Question 43. Réponse C

Pour les questions de positionnement comme ici, il est conseillé de **faire un schéma** pour mieux visualiser la scène. Un simple triangle suffit ; on s'aperçoit qu'il est possible que chaque fille raconte un conte à sa voisine de droite ou sa voisine de gauche (mais pas les deux en même temps). L'énoncé indique également que chaque fille raconte un conte à la fille qui ne lui en a pas raconté.

Cependant, au regard de la réponse C, Clara raconte un conte à Bella, Bella est donc plus âgée que Clara. Bella raconte un conte à Berthe, on a donc Berthe > Bella > Clara en terme d'âge. Il est alors impossible que Berthe raconte un conte à Clara.

Question 44. Réponse A

Le fait que la maîtresse constitue ses groupes **au hasard** est un détail important. En effet, si elle veut être sûre qu'il y a au moins 2 filles dans chaque groupe de 3 élèves, alors elle ne peut avoir plus d'un garçon dans sa classe. Imaginez en effet qu'il y a 2 garçons dans la classe, alors il y a un risque pour qu'un des groupes qu'elle constitue au hasard soit composé de 2 garçons et d'1 fille, ce qui n'est pas autorisé puisque chaque groupe doit nécessairement contenir au moins 2 filles !

Question 45. Réponse B

Prénom	Soumya	Elise	Thérèse
Balai	moyen	long	court
Chapeau	noir	orange ou jaune	orange ou jaune

Comme vous voyez dans ce tableau, l'ordre dans lequel les amies volent est fixe ainsi que la longueur de leurs balais. La seule information qui n'est pas certaine est la couleur des chapeaux de Thérèse et d'Elise. La réponse D est forcément vraie et donc est éliminée. La réponse B est quant à elle possible mais pas forcément exacte. C'est donc la bonne réponse.

SOUS-TEST 4 : CONDITIONS MINIMALES

Question 46. Réponse E

{1} : cette information est insuffisante. On trouve H = 13 × 3 × 5 = 195 ou encore H = 13 × 3 × 10 = 390. On garde les réponses B, C et E.

{2} : cette information est insuffisante. On trouve H = 13 × 7 × 10 = 910 ou encore H = 13 × 7 × 5 = 455.

{&} : ensemble, les deux informations sont encore insuffisantes puisque l'on trouve par exemple : H = 13 × 3 × 7 × 1 = 273 ou encore H = 13 × 3 × 7 × 2 = 546. Réponse E.

Question 47. Réponse D

Rappel de cours : périmètre d'un rectangle = 2(L + l). De plus, la largeur du rectangle est égale au diamètre de chaque demi-cercle.

{1} : **Suffisant.** L'aire d'un demi-cercle est égale à $\frac{1}{2}$ de πr^2, avec π environ égal à 3,14. On trouve $r = 2$, ce qui nous donne la largeur du rectangle, on peut en déduire le périmètre.

{2}: **Suffisant.** On connaît la largeur de la partie rectangulaire, ce qui nous donne le diamètre et donc le rayon du demi-cercle. **Périmètre du cercle = 2πr.**

Question 48. Réponse D

{1} : **Suffisant.** L'entreprise a effectué le tiers en douze jours, elle aura fini les travaux au bout de 36 jours et aura donc 8 jours de retard à payer. On connaît le montant des indemnités.

{2}: **Suffisant.** L'entreprise met 9 jours à faire un quart de l'immeuble, soit 36 jours pour le finir. Le montant à payer sera le même qu'avec l'information 1.

Question 49. Réponse E

{1} : cette information est insuffisante puisque l'on ne trouve pas LA valeur UNIQUE de y. En effet, sachant que y est un **nombre premier** on peut avoir $y = 13 = 3^2 + 2^2$ ou encore $y = 61 = 6^2 + 5^2$. On garde les réponses B, C et E.

{2} : cette information est insuffisante. Il y a plusieurs possibilités pour y. Citons-en deux : $y = 17$ et $y = 13$.

{&} : combinons à présent les deux informations : on trouve au moins deux valeurs possibles pour y à savoir $y = 17$ ($1^2 + 4^2$) et $y = 13$ ($3^2 + 2^2$). Réponse E.

Question 50. Réponse D

{1} : cette information est suffisante. Si KB est multiple de 13 et de 7 alors KB est multiple de 7 × 13 = **91.** Or 91 est le seul multiple de 91 de deux chiffres. On a donc **KB = 91.** On garde A et D.

{2} : 11B – 2B = 13K – 12K soit K = 9B. Or étant donné que K et B sont deux **CHIFFRES,** pour que K = 9B, on doit absolument avoir **K = 9 et B = 1.** On trouve donc de nouveau **KB = 91.** Cette information est donc également suffisante. Réponse D.

Question 51. Réponse B

{E} : nous devons trouver ici la valeur de la surface du rectangle ABCD, soit **Longueur × Largeur.**

{1} : cette information est insuffisante. En effet, cette information nous dit que 2 × Longueur + 2 × Largeur = 10. Or il s'agit ici d'une équation à deux inconnues et il nous est donc impossible de trouver ces deux valeurs que sont la longueur et la largeur. Nous gardons donc les réponses B, C et E.

{2} : cette information est bien entendu suffisante. La traduction de cette information donne en effet : **(3 × Longueur) × (3 × Largeur) = 54** ; ce qui nous donne 9 × (Longueur × Largeur) = 54, soit encore Longueur × Largeur = Surface = 54/9 = 6 mètres carrés. Conclusion : on garde la réponse B.

Nota bene **:** il est intéressant de noter ici que l'on ne connaît toujours pas les valeurs respectives de la longueur ou de la largeur. Nous cherchions la valeur de **Longueur × Largeur** et nous l'avons trouvée !

Question 52. Réponse B

{1} : cette information est insuffisante. 4 321 divisé par 3 donne un quotient égal à 1 440 et un reste égal à 1. On en déduit que **N = 4 321 + K est divisible par 3 si K = 2, 5 ou encore 8** (auxquels cas, N = 4 323, 4 326 ou encore 4 329.) On garde les réponses B, C et E.

{2} : 4 321 divisé par 7 donne un quotient égal à 617 et un reste égal à 2. On en déduit alors que **N = 4321 + K est divisible par 7 si K = 5…** Et c'est tout ! La seule valeur possible pour K est donc 5 si l'on souhaite effectivement que N soit divisible par 7. En conclusion : on garde la réponse B puisque l'information (2) permet à elle seule de répondre à la question, et que l'information (1) à elle seule ne permet pas de répondre à la question.

Question 53. Réponse B

{1} : cette première information est insuffisante pour répondre à la question puisqu'il nous faut connaître la quantité exacte de carburant **et non une proportion.** On garde les réponses B, C et E.

{2} : cette information est suffisante. Cette information permet en effet de déterminer le **nombre de litres de carburant achetés** et de calculer alors d'après le montant payé le prix au litre de ce carburant. Réponse B.

Question 54. Réponse A

{1} : cette information est suffisante. Si le nombre de canettes qu'il y a dans le plus grand lot est égal à la somme des canettes qu'il y a dans les 4 autres lots, **alors on peut être sûr que le plus grand lot contient $\frac{2\,700}{2}$ = 1 350 canettes et que ce lot EST BIEN le plus grand.** On garde les réponses A et D.

{2} : cette information est insuffisante. On ne peut en effet trouver la valeur du plus grand des 5 lots, celui-ci pouvant être égal à 2 000 comme à 2 500 canettes.

Question 55. Réponse A

{1} : cette information est suffisante. X et Y étant consécutifs, on peut écrire que Y = X + 1. Ainsi, cette information nous permet de dire que **35 < X + X + 1 < 45,** soit **34 < 2X < 44,** soit encore **17 < X < 22.** On a donc : **X = 18** ou **X = 19** (car X est strictement inférieur à 20 d'après l'énoncé). On trouve alors **Y = X + 1 = 19** ou **Y = 20.** Mais là encore, Y = 20 est impossible d'après l'énoncé. Il ne nous reste donc qu'une possibilité pour Y, à savoir **Y = 19** et par conséquent **X = 18.** On vous laisse deviner la somme X + Y ! On garde les réponses A et D.

{2} : cette information est insuffisante. Cette seconde information n'apporte aucune indication, puisqu'elle précise que le double de la moyenne de X et Y, **autrement dit la somme X + Y, est impaire,** ce qui est une lapalissade étant donné que la somme de deux nombres consécutifs est toujours impaire ! On garde la réponse A.

Question 56. Réponse B

{E} : A × B = –6 et la question étant « Que vaut A × B × (A + B) ? », la question devient alors « Que vaut –6 **× (A + B) ? »**

{1} : cette information est insuffisante. En effet si A = B – 5 alors en multipliant à gauche et à droite de l'équation par B, on a A × B = B^2 – 5 × B soit encore, sachant que A × B = –6, $B^2 - 5B + 6 = 0$. Le discriminant de ce trinôme étant strictement positif (il vaut en effet $(-5)^2 - 4 \times 1 \times 6 = 25 - 24 = 1$), on en déduit qu'il existe **2 valeurs possibles pour B et par conséquent 2 valeurs possibles pour A également.** En clair, impossible de trouver LA valeur unique de –6 × (A + B).

{2} : cette information est suffisante. Si $A \times B^2 = A \times B \times B = -6 \times B = 18$ alors $B = -\frac{18}{6} = -3$.

Et si B = –3 alors A vaut 2 et –6 × (A + B) vaut par conséquent –6 × (2 – 3). En conclusion : nous avons trouvé la valeur (unique) de –6 × (A + B) grâce à l'information (2) uniquement. Réponse B !

Question 57. Réponse D

Ces deux informations permettent, chacune, de répondre à la question. En effet, avec l'information {1} : si Paul = 8 et que Père = Paul + 25, alors nous avons l'âge du père et on peut donc répondre à la question. De même avec l'information {2}, si Père + Paul = 41, alors on en déduit encore l'âge du père puisque l'on sait que Paul a 8 ans !

Question 58. Réponse D

{E}: **Toujours penser à traduire l'énoncé sous forme d'équation pour gagner du temps.** Soit X le nombre d'imprimantes à 100 euros, Y pour celles de 220 et Z pour celles de 260 euros. On a 100X + 220Y + 260Z = 2 580

{1} : **Suffisant. Attention à ne pas tomber dans le piège !** On est tenté de choisir la réponse C puisque nous avons 3 inconnues dans notre équation. Cependant, il faut tester les différentes possibilités et s'apercevoir qu'un seul cas de figure est possible : l'entreprise achète 5 imprimantes à 220 euros et 3 à 260, pour un montant total de 2 580 euros.

{2} : **Suffisant. Même piège**, la seule solution possible est que l'entreprise achète 7 imprimantes à 100 euros et 5 à 220.

Dans des questions en apparence simples comme celle-ci, prenez (si le temps vous le permet) toujours quelques instants pour tester les combinaisons possibles. Bien souvent, vous vous apercevrez qu'il s'agit d'un piège et qu'il n'y a qu'une réponse valable.

Question 59. Réponse A

{1} : cette information est suffisante. En effet, l'aire du triangle rectangle en A' est égale à 72 m^2 = A'B' × A'C' / 2. Or comme le triangle A'B'C' est également isocèle en A', alors on a A'B' = A'C', soit A'B' × A'B' = 72 × 2 = 144 m^2, et on en déduit A'B' = 12 m = A'C'. **En appliquant**

CORRIGÉS TEST BLANC 7

alors le théorème de Pythagore, il est possible de trouver la distance B'C'. On garde les réponses A et D.

{2} : d'après la seconde information, on peut déduire que B'C' = 1,2 × BC, mais l'on ne connaît ni la valeur de BC, ni celle de AC ou AB, et il est donc impossible de déterminer B'C' à l'aide de cette information étudiée seule : on garde la réponse A.

Question 60. Réponse C

{1} : cette information est insuffisante. **A + C = 11 + B** signifie en fait que le nombre ABC est divisible par 11. On peut alors penser à 506, 924 ou encore 704. On garde les réponses B, C et E.

{2} : cette information est également insuffisante. On peut en effet penser aux nombres 166 (83 × 2) ou 415 (83 × 5).

{&} : combinons les deux informations : arrivés ici, on sait alors que ABC est à la fois multiple de 11 et de 83 (qui est, au passage, un nombre premier). ABC vaut donc 83 × 11 = 813 et il s'agit là de l'unique valeur possible pour ABC puisque les autres multiples de 11 et 83 (à savoir (11 × 83 × 2) ; (11 × 83 × 3), etc.) sont des nombres de plus de trois chiffres. On peut donc répondre à la question. Réponse C.

SOUS-TEST 5 : EXPRESSION

Question 61. Réponse B

Séisme

Mouvement brusque ou secousse de l'écorce terrestre, produit à une certaine profondeur, à partir d'un épicentre. Synonymie : Cataclysme, tremblement de terre.

Le terme « séisme » a une connotation scientifique qui le rend ici préférable à « secousse ».

Tsunami

Onde océanique superficielle engendrée par un choc tellurique, une éruption sous-marine, un glissement. Synonymie : raz de marée.

Question 62. Réponse C

Image d'Epinal

Estampe au sujet populaire et de couleurs vives. Vision emphatique, traditionnelle et naïve, qui ne montre que le bon côté des choses. Synonymie : Cliché.

Stéréotype

Expression ou opinion toute faite, sans aucune originalité, cliché / Caractérisation symbolique et schématique d'un groupe qui s'appuie sur des attentes et des jugements de routine. Synonymie : Banalité, cliché. Lexicographie : Stéréotype véhiculé par les médias, personnage stéréotypé.

Poncif

Formule rabâchée, qui a perdu toute originalité ; cliché. Synonymie : Banalité, cliché. Antonymie : Original, personnel. Lexicographie : expression poncive, style poncif, roman rempli de poncifs. Expression : « Déjouer les poncifs », « Etre chargé de poncifs ».

Débridé

Déchaîné, délirant, déréglé, effréné, endiablé, exalté.

Question 63. Réponse A

Appréhender

Arrêter quelqu'un, craindre, redouter mais aussi **saisir par l'esprit, comprendre.**
La réponse A est la meilleure ici puisque l'on retrouve non seulement un synonyme parfait de *saisir par l'esprit* mais on a également une illustration très satisfaisante d'*aller chercher dans* (*puiser dans*) avec l'idée de remonter à la surface (comme lorsque l'on puise de l'eau dans un puits pour la ramener à la surface).

Siphonner

Transvaser un liquide à l'aide d'un siphon / Vider un réservoir de son contenu à l'aide d'un siphon. Lexicographie : Siphonner de l'essence

---

Question 64. Réponse D

La proposition D est ici la meilleure car elle traduit bien le caractère neutre de *personnalité politique*. En effet, *politicien* présente une connotation péjorative et doit être écarté. *Homme d'Etat* et *ministre* sur-interprètent *personnalité politique. Diplomate* est hors sujet.

Question 65. Réponse C

La réponse C est la meilleure ici :

- « Les étapes d'un nouveau plan d'actions » peut raisonnablement être considéré ici comme un bon synonyme de « feuille de route ».
- La réponse C conserve « prorogeant » qui est le bon terme ici. « Proroger » signifie en effet « prolonger la validité d'une convention, d'un contrat, d'une loi, d'une feuille de route, etc. en reporter l'échéance. »
- Il faut dire « réduire au minimum » au lieu de « réduire au maximum ». « Réduire » a en effet le sens de « ramener au point le plus bas » et il faut donc dire « réduire les dépenses au minimum » et « augmenter les dépenses au maximum ».
- La réponse C améliore le style de la phrase initiale en gommant le pléonasme « à l'avance » dans « prévoir à l'avance ».

Question 66. Réponse E

> La maternité incarnerait un modèle supérieur de vie féminine, la vérité suprême de la féminité et ce, **d'autant plus que** suite aux bienfaits de la contraception, la grossesse est devenue rare, donc précieuse.

Question 67. Réponse E

Extravagant

Qui choque et surprend par son caractère singulier, déraisonnable.

Flegme

Attitude de quelqu'un qui garde son sang-froid, son calme dans toutes les situations. Synonymie : Calme, impassibilité, indifférence. Antonymie : Emportement, enthousiasme, exaltation. Lexicographie : Répondre avec flegme à des injures, flegme imperturbable.

Citation : « Ce qui sauve les Anglais, c'est le flegme avec lequel ils savent appréhender n'importe quelle situation » (F. Dard)

Question 68. Réponse B

> **En dépit des** efforts du gouvernement, la vie augmente, **du fait des** hausses saisonnières, **au point** d'affecter sérieusement l'indice des prix.

Question 69. Réponse E

> « En Europe, la beauté a toujours eu un caractère **intentionnel.** Il y a toujours eu un dessein esthétique et un plan de longue haleine, il a fallu des siècles pour édifier d'après ce plan une cathédrale gothique ou une ville de la Renaissance. La beauté de New York a une toute autre origine. C'est une beauté **non intentionnelle.** Elle est née sans préméditation de la part de l'homme, comme une grotte de stalactites. Des formes, hideuses en elles-mêmes, se retrouvent par hasard, sans plan aucun, dans d'improbables voisinages où elles brillent tout à coup d'une poésie magique. »

Question 70. Réponse D

> **Je n'ai jamais** pensé que Renée imputait à sa réputation de femme d'affaires fortunée le fait que de nombreux hommes **avaient coutume** de la courtiser. C'est pourquoi **j'ai été surpris** de l'entendre dire que d'après son expérience, la plupart des hommes étaient **attirés** par les femmes financièrement indépendantes.

Question 71. Réponse C

Cette expression signifie que des circonstances extérieures nous poussent à agir et à transgresser certaines règles. Le loup n'aime pas sortir du bois, mais il le fait pour chasser lorsqu'il ne peut faire autrement. La réponse C est fausse dans le sens où ce choix est réfléchi, mesuré. La A est trop spécifique à une situation dangereuse qui imposerait une prise de risque. La D et la E ne conviennent pas.

Question 72. Réponse B

Cette expression signifie que des circonstances extérieures nous poussent à agir et à transgresser certaines règles. Le loup n'aime pas sortir du bois, mais il le fait pour chasser lorsqu'il ne peut faire autrement. La réponse C est fausse dans le sens où ce choix est réfléchi, mesuré. La A est trop spécifique à une situation dangereuse qui imposerait une prise de risque. La D et la E ne conviennent pas.

Question 73. Réponse D

Il y a quatre fautes : CAHOTIQUE ⇒ CHAOTIQUE, SOIT-DISANT ⇒ SOI-DISANT, FABRIQUANT ⇒ FABRICANT, LAIN ⇒ LIN.

- Il ne faut pas confondre « cahotique » et « chaotique ». L'adjectif « cahotique » n'existe pas. On parle en revanche de véhicules cahotants ou de chemins cahoteux, un cahot étant un saut que fait un véhicule roulant sur un sol inégal. Cahot est donc aussi synonyme de « secousse » et au sens figuré, ce mot signifie « malheurs » comme dans « il n'a pas été épargné par les cahots de la vie ».
- Il ne faut pas non plus confondre « soit-disant » et « soi-disant ». « Soit-disant » n'existe pas. « Soi-disant » signifie « qui se dit tel(le) », « qui se prétend » et ne peut donc, en toute logique, se rapporter **qu'à des personnes**. Pour des objets ou des notions abstraites, il conviendra de remplacer « soi-disant » par d'autres mots tels que « prétendu » ou « supposé » (exemple : une prétendue arnaque, une horloge prétendument Louis XIV, etc.)
- « Fabriquant » est le participe présent de « fabriquer » tandis qu'un « fabricant » est un nom commun. On dira « un fabricant de meubles » mais « c'est en fabriquant du tissu noir qu'il… ». Attention à « trafiquant » dont l'orthographe est la même pour le participe présente et le nom commun ! On dira ainsi « en trafiquant ses comptes… » et « un trafiquant de drogue ».

Voici une petite liste de couples qui présentent des différences orthographiques entre participes présents et noms communs :

Participe présent	Nom commun / adjectif verbal
Fabriquant	Fabricant
Adhérant	Adhérent (de fidèles adhérents)
Présidant	Président
Fatiguant	Fatigant (un enfant fatigant)
Négligeant	Négligent

Enfin, on écrit LIN et non LAIN. Le LIN est d'origine végétale tandis que la LAINE est d'origine animale.

Question 74. Réponse A

(seule proposition correctement orthographiée).

- « Pécunier » et « pécunière » n'existent pas. « Pécuniaire » est de la famille de « pécune », une somme d'argent amassée grâce au travail ou des économies.
- « Soi-disant » et non « soit-disant ».
- Occurrence avec deux « r » !
- Un porte-avion**s** (logique ! Un porte-avions est construit pour accueillir plusieurs avions.)
- On écrira toujours « y afférents » et non « y afférant ».

Question 75. Réponse A

Ce poème est construit sous la forme d'une **suite logique** (encore !). En effet, la deuxième phrase de chaque strophe sera la première phrase de la suivante, et la quatrième sera la troisième de la suivante. On en déduit que la deuxième et quatrième phrase de la troisième strophe sera : « un cœur tendre, qui hait le néant vaste et noir ! » et « le soleil s'est noyé dans son sang qui se fige. ».

SOUS-TEST 6 : LOGIQUE

Question 76. Réponse A

Question 77. Réponse C

Somme des chiffres égale à 9 :
4 + 4 + 1 = 9 ; 2 + 7 + 0 = 9 ...

441
270
450
342
216

+1 +1 +1 +1

127 780 341 672

Question 78. Réponse B

HDC
JXI
MZP
QHA
VZB

Inter progressif (+1 ; +2 ; +3 ; +4)

CRM +1 AXD +1 ERP +1 GIF

Inter grande diagonale droite de +1

Question 79. Réponse B

A la verticale : multiples de 7.

A l'horizontale : mouvement droite-gauche. 81 – 77 – 65 – 85 – 44

Question 80. Réponse C

RSR JLK NUT PIH NFE

Intra de –1 entre 2e et 3e lettre

MNP
VWD
LMR
STT

Intra de +1 entre 1re et 2e lettre

Question 81. Réponse B

A la verticale : des cubes ! Tout simplement…

A l'horizontale : écarts constants de 7. Dans 169 : 16 – 9 = 7. Dans 70 : 7 – 0 = 7.

Dans 125 : 12 – 5 = 7…

Question 82. Réponse A

UFT
KGJ
SOR
PMO
RIQ WEF TAW CUD SOM

La 2e lettre est une voyelle.

Question 83. Réponse C

La somme des 2 premiers chiffres vaut toujours 8.

536
711

618	717	447	951	636

La somme des chiffres vaut toujours 15.

350
178

Question 84. Réponse D

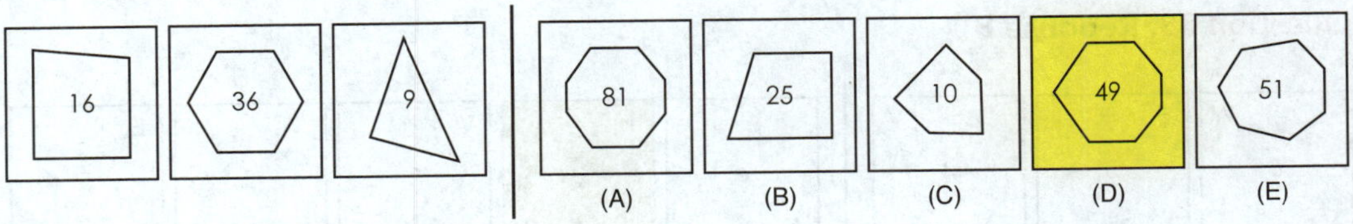

4 côtés : $4^2 = 16$

6 côtés : $6^2 = 36$

3 côtés : $3^2 = 9$

Le nombre de côtés au carré = le nombre dans la figure.

Question 85. **Réponse A**

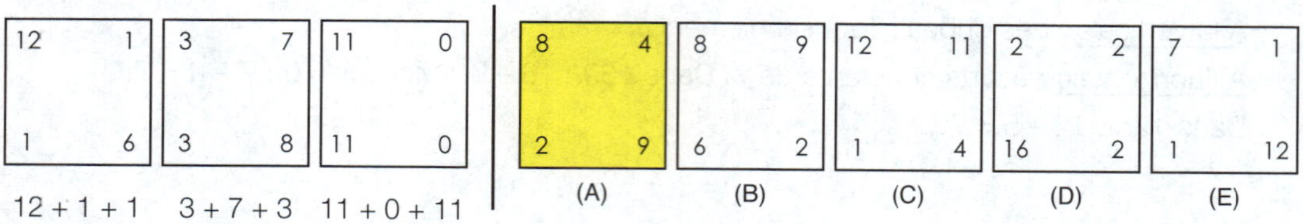

12 + 1 + 1 + 6 = **20** — 3 + 7 + 3 + 8 = **21** — 11 + 0 + 11 + 0 = **22**

La somme des chiffres dans la figure augmente de 1.

Question 86. **Réponse D**

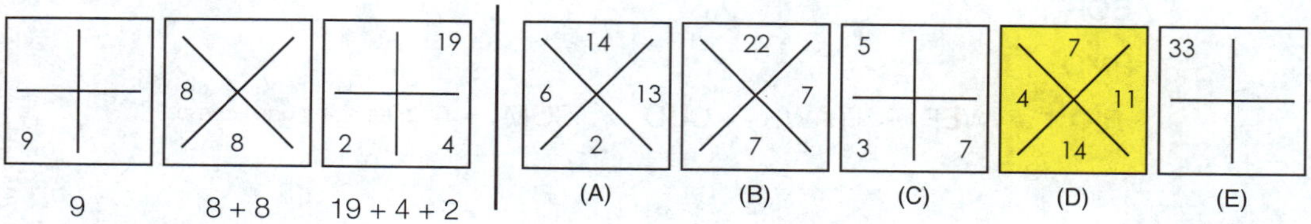

9 = **3^2** — 8 + 8 = **4^2** — 19 + 4 + 2 = **5^2**

Question 87. **Réponse E**

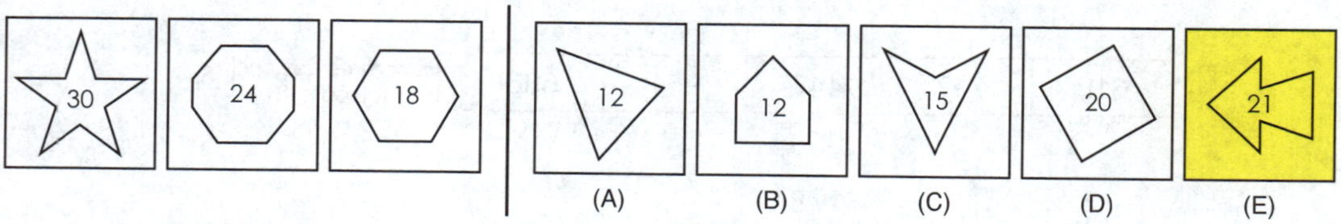

Nombre de côtés × 3 = nombre dans la figure

Question 88. **Réponse B**

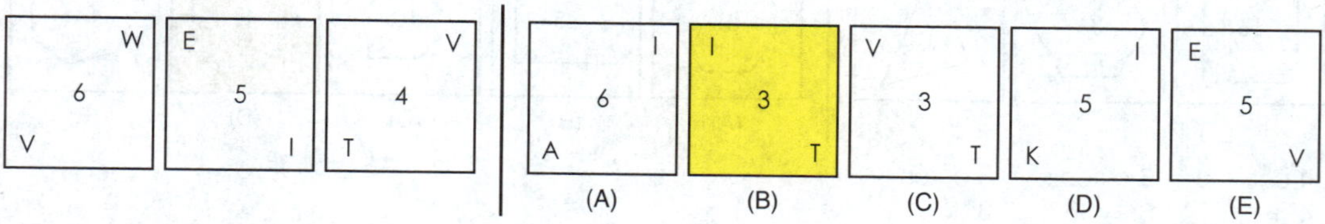

L'axe des lettres suit une rotation antihoraire. Il y aura une lettre en haut à gauche et une en bas à droite. La somme des barres des lettres est égale au chiffre du milieu et diminue de 1 à chaque fois (6, puis 5, puis 4).

CORRIGÉS TEST BLANC 7

Question 89. Réponse B

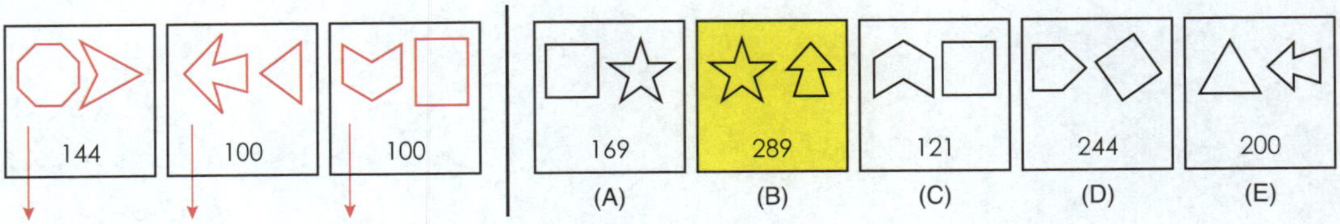

12 côtés : $12^2 = 144$ — 10 côtés : $10^2 = 100$ — 10 côtés : $10^2 = 100$

17 côtés : $17^2 = 289$

Question 90. Réponse C

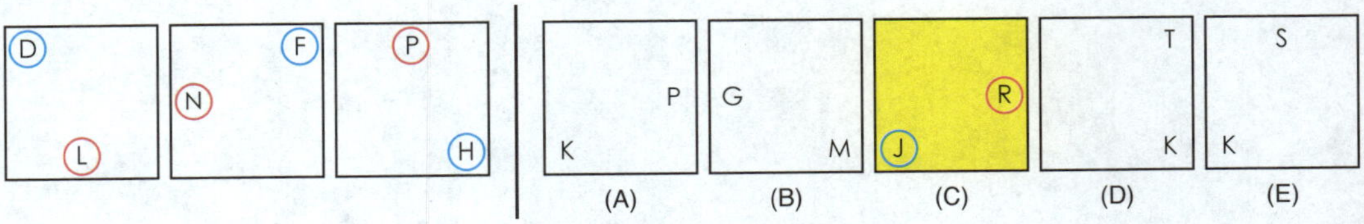

Il y a 2 suites distinctes (arithmétiques de +2) :

– la suite L – N – P

– la suite D – F – H

Les lettres seront donc J et R.

N'OUBLIEZ PAS DE REMPLIR VOTRE FICHE BILAN EN FIN D'OUVRAGE

TEST BLANC TAGE MAGE

8

TEST TAGE MAGE 8 : VOTRE GRILLE DE REPONSES

Sous-test 1
Compréhension de textes

1	A B C D E A B C D E
2	A B C D E A B C D E
3	A B C D E A B C D E
4	A B C D E A B C D E
5	A B C D E A B C D E
6	A B C D E A B C D E
7	A B C D E A B C D E
8	A B C D E A B C D E
9	A B C D E A B C D E
10	A B C D E A B C D E
11	A B C D E A B C D E
12	A B C D E A B C D E
13	A B C D E A B C D E
14	A B C D E A B C D E
15	A B C D E A B C D E

Sous-test 2
Calcul

16	A B C D E A B C D E
17	A B C D E A B C D E
18	A B C D E A B C D E
19	A B C D E A B C D E
20	A B C D E A B C D E
21	A B C D E A B C D E
22	A B C D E A B C D E
23	A B C D E A B C D E
24	A B C D E A B C D E
25	A B C D E A B C D E
26	A B C D E A B C D E
27	A B C D E A B C D E
28	A B C D E A B C D E
29	A B C D E A B C D E
30	A B C D E A B C D E

Sous-test 3
Raisonnement/Argumentation

31	A B C D E A B C D E
32	A B C D E A B C D E
33	A B C D E A B C D E
34	A B C D E A B C D E
35	A B C D E A B C D E
36	A B C D E A B C D E
37	A B C D E A B C D E
38	A B C D E A B C D E
39	A B C D E A B C D E
40	A B C D E A B C D E
41	A B C D E A B C D E
42	A B C D E A B C D E
43	A B C D E A B C D E
44	A B C D E A B C D E
45	A B C D E A B C D E

Sous-test 4
Conditions minimales

46	A B C D E A B C D E
47	A B C D E A B C D E
48	A B C D E A B C D E
49	A B C D E A B C D E
50	A B C D E A B C D E
51	A B C D E A B C D E
52	A B C D E A B C D E
53	A B C D E A B C D E
54	A B C D E A B C D E
55	A B C D E A B C D E
56	A B C D E A B C D E
57	A B C D E A B C D E
58	A B C D E A B C D E
59	A B C D E A B C D E
60	A B C D E A B C D E

Sous-test 5
Expression

61	A B C D E A B C D E
62	A B C D E A B C D E
63	A B C D E A B C D E
64	A B C D E A B C D E
65	A B C D E A B C D E
66	A B C D E A B C D E
67	A B C D E A B C D E
68	A B C D E A B C D E
69	A B C D E A B C D E
70	A B C D E A B C D E
71	A B C D E A B C D E
72	A B C D E A B C D E
73	A B C D E A B C D E
74	A B C D E A B C D E
75	A B C D E A B C D E

Sous-test 6
Logique

76	A B C D E A B C D E
77	A B C D E A B C D E
78	A B C D E A B C D E
79	A B C D E A B C D E
80	A B C D E A B C D E
81	A B C D E A B C D E
82	A B C D E A B C D E
83	A B C D E A B C D E
84	A B C D E A B C D E
85	A B C D E A B C D E
86	A B C D E A B C D E
87	A B C D E A B C D E
88	A B C D E A B C D E
89	A B C D E A B C D E
90	A B C D E A B C D E

REPONSES EN PAGE 966

TEST BLANC TAGE MAGE 8

SOUS-TEST 1 : COMPREHENSION DE TEXTES

15 questions / 20 minutes / Calculatrice interdite
Réponse juste : + 4 points / Réponse fausse : – 1 point
Aucune réponse : 0 point

TEXTE 1

Les moyennes de la classe de 6e A dont je suis cette année le professeur principal reflètent l'une des failles de notre système scolaire. En effet, les moyennes trimestrielles du groupe réduit des « bons » élèves se sont toujours maintenues au-dessus de 17 sur 20, tandis qu'avec 7,5 puis 7 et enfin 6,5 au dernier trimestre, les élèves « faibles » ont décroché au lieu de progresser. L'établissement, malgré les outils destinés à la remédiation, n'a pas été en mesure de briser le déterminisme socioculturel à l'œuvre. L'origine des raisons de ce genre d'échec tient en premier lieu à l'essence administrative de notre système éducatif. Celui-ci apportant aux problèmes des réponses de nature quantitative, il fait généralement d'une bonne décision une ineptie. Ainsi un élève en difficulté, ou lent, supportant moins bien que les autres la lourdeur de son emploi du temps, et par conséquent la charge du travail en classe et à la maison qui en découle, se voit attribuer pour être aidé plusieurs heures de soutien supplémentaires et les exercices et leçons afférents. Cet exemple donne la mesure de la distance sidérale qui sépare l'institution de l'élève n'entrant pas dans les schémas préconçus. Pour tenter de corriger cela, la nécessité d'un effort de réflexion et d'engagement pédagogiques est évoquée. Mais le vieux professeur que je suis a le droit malheureusement d'être sceptique sur sa concrétisation. Car au-delà de l'impressionnant conformisme des membres post-soixante-huitards de l'éducation nationale, le fait qu'ils soient juridiquement et culturellement – cela par l'histoire et sa nature étatique – essentiellement au service de l'Etat, et non des élèves, mènera nécessairement vers l'échec les réformes à venir. C'est là qu'il faut porter le fer !

××

Question 1. Qu'est ce qui n'est pas critiqué dans ce texte ?

(A) Le conformisme des professeurs.

(B) Le fait que les enseignants soient au service de l'Etat.

(C) La forme adoptée par le soutien scolaire.

(D) Le fait d'utiliser un système de notation avec des chiffres.

(E) La nature administrative de l'Education nationale.

Question 2. Pourquoi les élèves faibles de la classe de 6e A ont-ils décroché ?

1. Parce que l'Education nationale manque de moyens.
2. Parce que les enseignants ne s'investissent pas assez.
3. Parce que les réponses apportées pour lutter contre l'échec scolaire ne sont pas les bonnes.
4. Parce que leur emploi du temps est trop lourd.

(A) 1 + 2 (B) 1 + 3

(C) 2 + 3 (D) 2 + 4

(E) 3 + 4

Question 3. Pour quelle(s) raison(s) ce professeur est-il pessimiste ?

1. Le conformisme règne à l'Education nationale.
2. Les professeurs sont des post-soixante-huitards.
3. Les professeurs sont au service de l'Etat.
4. Les professeurs ne sont pas au service des élèves.

(A) 1 + 2 + 3

(B) Uniquement 3

(C) 1 + 3 + 4

(D) 2 + 3 + 4

(E) Uniquement 1

××
××

Question 4. Quel serait le plus mauvais titre pour cet article ?

(A) Un système à bout de souffle
(B) Au service des élèves
(C) De l'impossibilité de réformer l'école
(D) Pour une réforme du soutien scolaire
(E) Plaidoyer pour une réforme de l'Education nationale

Question 5. Comment comprenez-vous l'expression : « le fait qu'ils (les professeurs) soient juridiquement et culturellement au service de l'Etat, et non des élèves, mènera nécessairement vers l'échec des réformes à venir » ?

(A) Les professeurs sont payés par l'Etat et se positionnent comme des serviteurs de l'Etat, pour le bien de la collectivité ; ils ne peuvent donc participer à sa réforme : ce serait scier la branche sur laquelle ils sont assis.
(B) Les professeurs sont rémunérés par l'Etat et possèdent la culture du service public ; or, pour que l'Education nationale fonctionne mieux, il faut mettre l'élève au cœur de l'enseignement. Cette modification de perspective ne peut venir de personnes internes au système.
(C) Les professeurs, payés par l'Etat, ont une culture particulière. Ils se sentent avant tout les serviteurs de l'Etat plus que des élèves. Puisque dans leur esprit, l'Etat a la primauté sur les élèves, les réformes sont vouées à l'échec.
(D) Les professeurs, parce qu'ils sont payés par l'Etat, sont asservis à la puissance publique. Les réformes proposées viennent donc toutes du ministère ; or, une bonne réforme serait une réforme qui partirait de la base, du vécu des élèves. Elle est impossible dans le système actuel.
(E) Il faut mettre les professeurs au service des élèves. Leur rémunération doit donc être directement effectuée par les parents, contrairement aux pratiques actuelles qui font que les professeurs sont au service de l'Etat, parce qu'ils sont payés par les impôts.

TEXTE 2

Quel est le point commun entre plus de 100 millions de Chinois et 55 000 Français, souvent salariés ? Le qi gong. Contrairement au tai-chi-chuan, le qi gong, qui signifie « travail de l'énergie », n'est pas un art martial mais un « art énergétique » issu de la médecine chinoise, fondé sur la maîtrise de l'énergie vitale. Ses exercices se basent sur l'exécution souple et

××
××

lente de mouvements, le maintien de positions, le travail de respiration et la concentration. Or, cet éloge de la lenteur, à l'ère des risques psychosociaux, attire de plus en plus de salariés. A l'instar de Céline Vieira da Silva, trésorier à la Société Générale : « *Mon emploi nécessite une grande réactivité et génère souvent du stress. Après la pratique du qi gong, je me sens apaisée, la communication avec les collègues est facilitée, et face à une situation conflictuelle, je suis plus disposée à aplanir les choses qu'à les laisser s'envenimer* », raconte-t-elle. La banque a d'ailleurs mis à sa disposition une salle de réunion deux fois par jour pour ses exercices. Même engouement de Solange Dessimouli : créatrice et ambassadrice des cosmétiques Decléor, elle éduque ses formatrices à cette pratique, « *qu'elles transmettent à tous nos dépositaires. Nos esthéticiennes améliorent leur calme intérieur, leur capacité de concentration et de confiance en elles.* »

Ainsi, le qi gong se développe dans les hôpitaux, les écoles et même en milieu carcéral. Et, d'EDF à Auchan qui y forme ses managers, un nombre croissant de grands groupes l'intègrent dans leurs méthodes de management. Selon ses adeptes, cet art n'est pas sans vertus professionnelles. « *Il permet une optimisation des performances et de la créativité, une diminution de la saturation intellectuelle et physique, ainsi qu'une chute de l'absentéisme, détaille le docteur Yves Réquéna, directeur de l'Institut européen de qi gong. Il y a une action physique incontestable de réduction du stress et des tensions. Il y a aussi, par exemple, une hausse de l'adaptabilité pour les cadres, et sa pratique prévient les TMS (troubles musculo-squelettiques) pour les emplois de manutention* », estime ce médecin, qui préconise de faire 2 à 3 minutes de qi gong toutes les deux heures, quand on travaille sur écran. « *En Allemagne, des études démontrent que les adeptes sont plus concentrés, plus autonomes et consomment moins de médicaments* », complète Dominique Casaÿs, président de la Fédération des enseignants de qi gong, art énergétique (FEQGAE), à l'origine des Journées nationales du qi gong, qui ont démarré, hier, dans 100 villes de France. D'ailleurs, outre-Rhin, les cours de qi gong sont remboursés par l'AOK, la caisse de Sécurité sociale, tout comme en Suisse alémanique. Le qi gong serait donc la panacée ? Guy Laplatine, délégué syndical central CFDT chez Auchan, est plus nuancé. « *Former nos managers au qi gong, pourquoi pas ? Mais, pour aller vers la quiétude, ne serait-il pas plus efficace de ralentir les cadences de travail ?* »

Question 6. Quel avantage n'a pas le qi gong ?

(A) Il favorise la concentration.
(B) Il permet d'augmenter les cadences.
(C) Il permet de mieux gérer le stress.
(D) Il rend les employés plus adaptables.
(E) Il favorise la confiance en soi.

××××××××××××××××××××××××××××××××××××××
××××××××××××××××××××××××××××××××××××××

Question 7. Le qi gong est :

(A) un art énergétique issu de la médecine traditionnelle.
(B) un art martial qui vient de Chine.
(C) un art énergétique qui vient de Chine.
(D) un sport fondé sur la maîtrise de l'énergie vitale.
(E) un art martial issu de la médecine chinoise.

Question 8. Si je suis une esthéticienne, adepte du qi gong, cette pratique me permet :

1. d'améliorer mon calme intérieur.
2. d'aplanir les tentions avec les collègues.
3. de m'apporter plus de confiance en moi.

(A) 1 + 2 + 3
(B) Uniquement 1
(C) Uniquement 3
(D) 1 + 2
(E) 1 + 3

Question 9. A la lecture de cet article, avec quelle périodicité faut-il pratiquer le qi gong ?

(A) 2 fois par semaine.
(B) Quand le besoin se fait sentir.
(C) 2 fois par jour.
(D) Il est impossible de le savoir.
(E) Toutes les 2 heures.

xxxxxxxxxxxxxxxxxxxxxxxxxxxxxxxxxxxxxxxxx
xxxxxxxxxxxxxxxxxxxxxxxxxxxxxxxxxxxxxxxxx

Question 10. Combien d'affirmations sont exactes dans cette liste ?

1. Auchan ne forme pas ses managers à la pratique du qi gong.
2. La pratique du qi gong se développe dans les prisons.
3. Le tai-chi-chuan n'est pas un art martial.
4. Guy Laplatine pense qu'il faut réduire les cadences de travail.
5. Le qi gong est remboursé par la sécurité sociale allemande.

(A) 3 (B) 4
(C) 0 (D) 1
(E) 5

TEXTE 3

Le *boycott*, tout le monde sait ce que c'est. Mais le *buycott*, cela vous dit quelque chose ? Rien ? Pourtant, s'il vous arrive d'acheter des produits écologiques ou équitables, vous êtes au moins un « buycotteur » occasionnel. Le *boycott* (ne pas acheter un bien pour protester contre les pratiques de l'entreprise ou du pays qui le produit) et le *buycott* (acheter un bien plutôt qu'un autre pour promouvoir une cause) sont les deux fers de lance de la consommation engagée. Deux pratiques devenues incontournables puisque, selon l'enquête *European Social Survey* de 2002-2003, 17,4 % des Européens ont boycotté des produits et 24,3 % en ont acheté pour des raisons politiques, morales ou environnementales (les pourcentages sont respectivement de 27 % et 28 % pour la France). Le politologue Jean-Paul Bozonnet se fonde sur les données de ladite enquête pour dresser un portrait-robot du consommateur engagé. On s'attend à voir apparaître les traits du bobo, aisé, bien éduqué et gentiment à gauche. C'est bien ce qui se passe. Cependant, J.-P. Bozonnet invite à affiner l'analyse. Ainsi plus que la sensibilité, c'est l'intérêt pour la politique en général qui inspire le consommateur engagé (69 % des buycotteurs et des boycotteurs se déclarent assez ou très intéressés par la politique), sans pour autant qu'il soit affilié à une organisation, partisane ou associative. De même, plus que le niveau de revenu, c'est le niveau d'études qui importe : les enquêtés ayant fait des études supérieures ont 2,5 fois plus de chances de pratiquer *buycott* ou *boycott*. Ces résultats invitent à voir dans la consommation engagée une forme de participation politique individualiste qui trouve son ressort dans l'adhésion à des valeurs. Les consommateurs engagés s'inscrivent, selon le chercheur, dans le registre d'un « *libéralisme culturel* » : refusant d'indexer leur conduite sur des directives d'un parti politique ou d'une Eglise, ils puisent leur activisme dans un sentiment de responsabilité individuelle à l'égard du monde ainsi que dans une confiance dans les conduites d'autrui. Ils se sentent responsables de buycotter et boycotter et font confiance aux autres pour faire de même, sans quoi leur action serait vaine.

××××××××××××××××××××××××××××××××××××××
××××××××××××××××××××××××××××××××××××××

Question 11. Quel titre donneriez-vous à ce texte ?

(A) Mieux que le boycott, le buycott

(B) Boycott, buycott, la consommation engagée

(C) Le buycott : la nouvelle façon de consommer des bobos

(D) Boycottez, buycottez, il en restera toujours quelque chose

(E) Pour aller plus loin dans la consommation responsable : le buycott

Question 12. L'enquête menée par *European Social Survey* de 2002-2003, indique que la personne type qui pratique le buycott…

1. … est aisée.
2. … est engagée dans la vie associative.
3. … a fait des études supérieures.
4. … vote à gauche.

(A) 1 + 2 + 3 + 4

(B) 2 + 4

(C) Uniquement 1

(D) 1 + 3 + 4

(E) Uniquement 3

Question 13. Finalement, après avoir lu le texte, vous diriez du buycott…

(A) … que c'est une pratique qui engage l'ensemble de la société.

(B) … que c'est une façon de vivre son engagement en faveur de l'écologie.

(C) … que c'est un choix de société.

(D) … que c'est une action vaine si elle n'est pas partagée.

(E) … que c'est plus efficace que le boycott.

××××××××××××××××××××××××××××××××××××××
××××××××××××××××××××××××××××××××××××××

Question 14. Laquelle de ces affirmations est fausse ?

(A) 27 % des Français pratiquent le boycott.

(B) Le portrait-robot du buycotteur-type a été réalisé par Jean-Paul Bozonnet suite à une enquête réalisée en 2002 et 2003.

(C) Jean-Paul Bozonnet est un chercheur.

(D) Les personnes qui pratiquent le boycott et le buycott respectent les consignes données.

(E) La consommation engagée demande l'adhésion à des valeurs.

Question 15. Pour quelle(s) raison(s) certaines personnes pratiquent-elles le buycott ?

1. Parce qu'elles veulent défendre une cause.
2. Parce qu'elles pensent qu'il faut agir pour la planète.
3. Parce qu'elles désirent lutter contre la surconsommation.

(A) 1 + 2 + 3

(B) Uniquement 2

(C) 2 + 3

(D) Uniquement 1

(E) 1 + 2

Si vous avez terminé, vous n'êtes pas autorisé(e) à revenir sur une épreuve précédente.
Vous n'êtes pas non plus autorisé(e) à travailler sur une épreuve suivante avant la fin du temps imparti.

STOP !

TEST BLANC TAGE MAGE 8

SOUS-TEST 2 : CALCUL

15 questions / 20 minutes / Calculatrice interdite
Réponse juste : + 4 points / Réponse fausse : – 1 point
Aucune réponse : 0 point

Question 16. Une somme d'argent placée à taux d'intérêt fixe rapporte successivement 12 dollars et 12,48 dollars la première et la deuxième année. Quelle est la somme qui a été initialement placée ?

(A) 200 dollars.
(B) 220 dollars.
(C) 250 dollars.
(D) 300 dollars.
(E) 330 dollars.

Question 17. Jonas tire sur une cible. Il gagne le nombre de points indiqués dans la zone atteinte. Il a marqué 99 points et toutes ses flèches ont atteint le 5, le 8 ou le 10. Il a atteint autant de fois le 8 que le 10. Combien de flèches Jonas a-t-il tirées ?

(A) 10
(B) 12
(C) 13
(D) 15
(E) 18

Question 18. Dans une petite ville du Cambodge vivent 3 333 familles qui ont chacune au moins une bicyclette. Aucune famille ne possède plus de 3 bicyclettes. Il y a autant de familles propriétaires de 3 bicyclettes que de familles qui n'en ont qu'une, et le nombre de familles qui possèdent 2 bicyclettes est 9 fois plus grand que le nombre de celles qui en possèdent 3. Combien y a-t-il de bicyclettes dans cette ville ?

(A) 5 555
(B) 6 666
(C) 7 777
(D) 8 888
(E) 9 999

Question 19. Dora est trois fois plus âgée que son fils et onze fois plus vieille que son petit fils. Quel âge a Dora ?

(A) 99 ans.
(B) 88 ans.
(C) 93 ans.
(D) 72 ans.
(E) 110 ans.

Question 20. Nous sommes sur une ligne de métro circulaire. 24 trains également espacés s'y déplacent dans la même direction et roulant tous à la même vitesse. Demain, on doit rajouter des trains afin de diminuer de 20 % les intervalles entre deux trains. Combien y aura-t-il de trains supplémentaires demain sur la ligne ?

(A) 12
(B) 6
(C) 5
(D) 3
(E) 2

Question 21. Quatorze personnes se partagent un gros gâteau. La première en prend un cinquième, la deuxième en prend un sixième du reste. Ces deux personnes s'effacent alors et les autres décident de se partager le reste équitablement. Quelle fraction du gâteau chacune des personnes qui restent obtient-elle ?

(A) Un quinzième.
(B) Un demi.
(C) Un douzième.
(D) Un dix-huitième.
(E) Un tiers.

Question 22. Une mère offre des bonbons à ses enfants. « Combien pouvons-nous en avoir ? » demandent les petits. « Je vous en donnerai une certaine quantité, mais seulement si vous la devinez : sachez qu'en multipliant la moitié de cette quantité par son tiers, on obtient 2 400. » Alors, à combien de bonbons ces petits ont-ils droit ?

(A) 60
(B) 80
(C) 120
(D) 180
(E) 200

//
//

Question 23. Il faut 1 minute et 30 secondes à Aurélie pour monter entièrement le long d'un escalator en panne. En revanche, lorsque l'escalator fonctionne et qu'Aurélie est parfaitement immobile, il lui faut 60 secondes. Combien de temps faudra-t-il à Aurélie, en marchant toujours à la même vitesse, pour monter lorsque l'escalator fonctionne ?

(A) 36 secondes.
(B) 75 secondes.
(C) 45 secondes.
(D) 30 secondes.
(E) 20 secondes.

Question 24. ACDB est un carré. Les triangles CDE et DFB sont équilatéraux. Si CD = 1, combien vaut EF ?

(A) $\sqrt{2}$
(B) $\frac{\sqrt{3}}{2}$
(C) $\sqrt{3}$
(D) $\sqrt{5} - 1$
(E) $\sqrt{6} - 1$

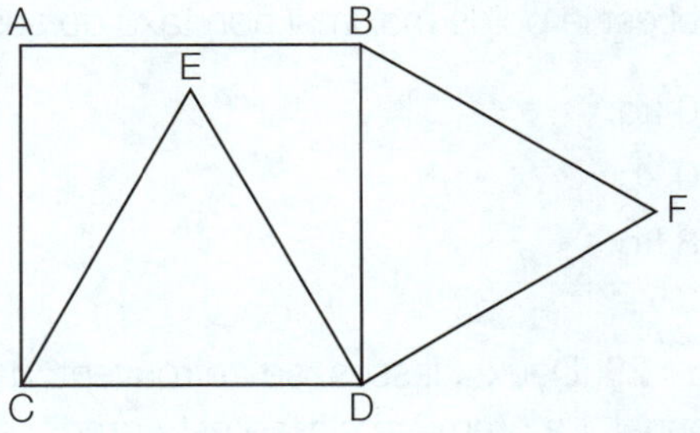

Question 25. Dans une brasserie, un fût de bière de 91 litres de contenance, est rempli au 5/7. Combien de chopes de 65 cl peut-on remplir avec le contenu de ce fût ?

(A) 75
(B) 90
(C) 100
(D) 110
(E) 135

Question 26. Un navire de guerre a 1 200 jours de vivres le matin où il recueille en mer 600 naufragés. Le responsable des vivres annonce alors au commandant que les vivres suffiront pour 1 000 jours seulement. Combien y avait-il de personnes à bord avant que les naufragés soient recueillis ?

(A) 100
(B) 200
(C) 300
(D) 300
(E) 3 000

//
//

Question 27. Bassem est deux fois plus riche que son ami René et la fortune de Bassem représente 70 % de celle de David. Que vaut la fortune de David en fonction de celle de René ?

(A) 143 %.
(B) 130 %.
(C) 2,7 fois plus.
(D) 200 %.
(E) 286 %.

Question 28. La compagnie AFT ne facture aucun frais supplémentaire pour les bagages s'ils ne dépassent pas un certain poids. Par contre, tout kilogramme supplémentaire au-dessus de ce poids est lourdement taxé. Les bagages de Monsieur et Madame Sosten pèsent 60 kg et ils ont à régler une taxe d'un montant égal à 300 euros. Les bagages d'Hélène pèsent aussi 60 kg, mais elle a eu à régler une taxe d'un montant égal à 1050 euros. Pour un passager seul, quel est le poids maximal non taxé de ses bagages ?

(A) 10 kg.
(B) 18 kg.
(C) 20 kg.
(D) 25 kg.
(E) 28 kg.

Question 29. Deux classes se retrouvent dans la même salle pour un cours magistral exceptionnel. La première classe est composée de 20 % de filles. La seconde classe, 50 % plus grande que la première, est composée de 75 % de garçons.
Quel est le pourcentage de filles présentes dans cette salle ?

(A) 18 %.
(B) 20 %.
(C) 23 %.
(D) 25 %.
(E) 27 %.

Question 30. En vous appuyant sur les données de la figure ci-dessous, combien devrait valoir le point d'interrogation ?

(A) 10°.
(B) 20°.
(C) 30°.
(D) 40°.
(E) 50°.

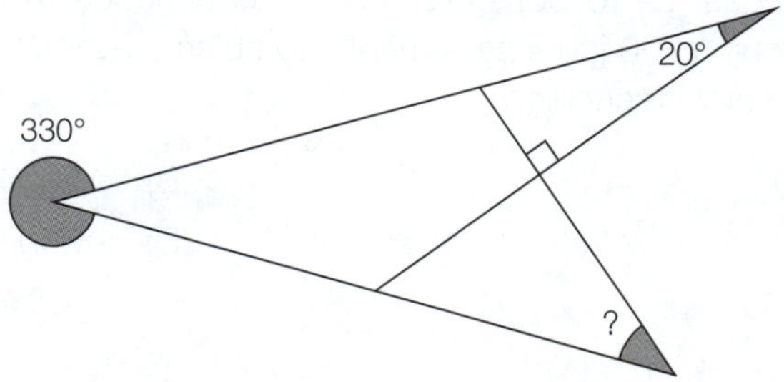

Si vous avez terminé, vous n'êtes pas autorisé(e) à revenir sur une épreuve précédente.
Vous n'êtes pas non plus autorisé(e) à travailler sur une épreuve suivante avant la fin du temps imparti.

STOP !

TEST BLANC TAGE MAGE 8

SOUS-TEST 3 : RAISONNEMENT & ARGUMENTATION

15 questions / 20 minutes / Calculatrice interdite
Réponse juste : + 4 points / Réponse fausse : – 1 point
Aucune réponse : 0 point

Question 31. Lors d'un marathon, Stéphane dépasse Alain, qui lui même venait de dépasser William alors en cinquième position.

En quelle position se trouve désormais Alain ?

(A) Troisième
(B) Quatrième
(C) Cinquième
(D) Sixième
(E) Septième

Question 32. John a dans sa poche trois billets de 1 $, cinq billets de 5 $, deux billets de 10 $ et un billet de 100 $. Ces billets sont indiscernables au toucher.

Combien de billets doit-il sortir au minimum de sa poche pour être sûr de pouvoir régler son nouveau chapeau qui coûte 18,99 $?

(A) 4
(B) 7
(C) 8
(D) 9
(E) 11

Question 33. Durant le mois de Janvier 1889, trois lundis tombaient des jours impairs.

Quel jour s'est terminé le mois de décembre 1888 ?

(A) Dimanche.
(B) Vendredi.
(C) Samedi ou Dimanche.
(D) Samedi.
(E) Vendredi ou Dimanche.

\>>>
\>>>

Question 34. J'ai toujours su que j'étais plus rapide que les autres. Dès le primaire, j'arrivais à battre des camarades pourtant plus âgés. J'avais un avenir tout tracé : je devais être le nouveau Carl Lewis. Mais un accident de moto en a décidé autrement. J'ai dû dire temporairement adieu aux sirènes du 100 mètres. Mais ma passion pour la course est restée intacte.

Quel avenir se dessine pour moi ?

(A) Je vais devenir le nouveau Carl Lewis.
(B) Je vais courir le 100 m aux prochains Jeux olympiques.
(C) Je vais me reconvertir dans une toute autre activité.
(D) Je vais certainement reprendre l'entraînement une fois ma blessure guérie.
(E) Je vais réussir ma vie.

Question 35. Qui est la mère du père du frère de l'oncle de ma sœur ?

(A) Mon arrière grand-mère.
(B) Ma grand-mère.
(C) Ma tante.
(D) Ma mère.
(E) Ma belle mère.

Question 36. Quatre amis d'enfance se retrouvent autour d'une table ronde. Georges est placé entre Arthur et Laurent alors que Pascal est à droite d'Arthur.

Parmi les 5 propositions suivantes, laquelle est vraie ?

(A) Arthur est assis à gauche de Georges.
(B) Pascal est assis en bout de table.
(C) Pascal est assis à gauche de Laurent.
(D) Georges est assis à droite d'Arthur.
(E) Pascal est assis à coté de Georges.

Question 37. Dans les années soixante-dix, les pays pauvres étaient les débiteurs et les pays riches étaient leurs créanciers. En 2014, ce sont les pays riches qui sont débiteurs et les pays émergents achètent quant à eux leur dette.

Quelle est la proposition qui correspond le moins au propos ci-dessus ?

(A) Les dettes maintiennent les niveaux économiques des pays riches de façon artificielle.

(B) Les pays riches sont moins riches qu'il n'y paraît.

(C) Seul un pays émergent peut être créancier.

(D) Le déséquilibre financier entre pays riches et pays pauvres va finir par provoquer de graves grises sociales.

(E) Les pays émergents d'aujourd'hui sont les pays riches de demain.

Question 38. La densité d'une population animale en tout lieu est déterminée par de nombreux facteurs environnementaux. Chacun de ces facteurs est appelé facteur limitant dans la mesure où il limite la taille de la population. Certains d'entre eux sont également des facteurs de régulation, c'est-à-dire des facteurs qui non seulement contribuent à réduire la population lorsque sa densité s'élève au-dessus d'un certain seuil, mais qui stimulent aussi la croissance de la population lorsque sa densité baisse en-dessous d'un certain seuil. Etant donné que l'influence des facteurs de régulation (positifs ou négatifs) dépend de la taille de la population, ils sont également appelés facteurs dépendants de la densité.

Quelle affirmation découle du passage ?

(A) Un facteur limitant qui n'est pas un facteur de régulation ne stimulera pas la croissance de la population lorsque sa densité est basse.

(B) Il existe des facteurs limitants qui sont dépendants de la densité et il existe des facteurs de régulation qui ne sont pas dépendants de la densité.

(C) L'influence des facteurs limitants sur la taille de la population ne peut pas être à tendance positive.

(D) Lorsque la densité d'une population s'élève au-dessus d'un certain seuil, seul un facteur dépendant de la densité est susceptible de la réduire.

(E) L'influence des facteurs limitants est dépendante de facteurs de régulation négatifs.

Question 39. Igor est un petit chat bien connu de mon quartier. Nous avons les informations suivantes sur les chats de mon quartier :

– Les chats de mon quartier n'apprécient pas les chiens.

– Les chats roux apprécient les chiens.

– Les chats qui ont un beau panier ont un maître fortuné.

– Les chats qui n'ont pas de beau panier sont roux.

– Les chats non rusés n'ont pas de maître fortuné.

A partir de ces informations, on peut conclure que :

I. Les chats qui ont un beau panier sont rusés.

II. Igor est un chat roux.

III. Igor n'est pas rusé.

IV. Les chats non rusés sont roux.

(A) Seules II et III sont vraies.

(B) Seules I et III sont vraies.

(C) Seules II et IV sont vraies.

(D) Seules I et IV sont vraies.

(E) Seules III et IV sont vraies.

Question 40. Un meurtre a été commis. Les commissaires sont sûrs que l'arme du crime est un revolver ; que si Aurélie a menti, alors Sam a tué Vincent ; que si Aurélie dit la vérité alors l'arme du crime n'était pas un revolver et que Sam n'a pas tué Vincent ou alors c'est que Sandy est complice. Quelle affirmation est vraie ?

(A) Sam n'a pas tué Vincent.

(B) Aurélie dit la vérité.

(C) Si Sandy est complice alors Aurélie dit la vérité.

(D) Sandy est complice.

(E) Sandy n'est pas complice.

>>
>>

Question 41. Elise dit : « Emilie ment ». Emilie dit : « Eléonore ment ». Eléonore dit : « Elise et Emilie mentent toutes les deux ». Parmi les propositions suivantes, laquelle est vraie ?

(A) Elise dit la vérité.

(B) Elise ment et est la seule à mentir.

(C) Elise et Emilie mentent toutes les deux.

(D) Elise et Eléonore mentent toutes les deux et Emilie dit la vérité.

(E) Emilie et Eléonore mentent toutes les deux et Elise dit la vérité.

Question 42. Anna, Benjamin et Charlie sont les trois premiers d'un rallye pédestre organisé par une Ecole supérieure de gestion. Ils pratiquent des sports différents (athlétisme, tennis et football) et sont originaires de trois villes différentes (Angers, Lille et Lyon). Nous savons que Charlie qui pratique le tennis précède immédiatement Benjamin, que l'amateur de football qui n'est pas lyonnais précède immédiatement celui qui pratique l'athlétisme et Anna est lilloise. Parmi les propositions suivantes, laquelle est vraie ?

(A) Benjamin est angevin.

(B) Anna est arrivée première.

(C) Charlie est angevin.

(D) Celui qui pratique l'athlétisme est second.

(E) Benjamin et Charlie sont en fait ex-æquo.

Question 43. Cinq suspects sont interrogés par la police. Voici leurs déclarations :

– Suspect A : Il y a seulement 1 menteur parmi nous.

– Suspect B : Il n'y a pas plus de 2 personnes en train de mentir parmi nous !

– Suspect C : 3 personnes sont en train de mentir !

– Suspect D : Il y a 4 menteurs parmi nous !

– Suspect E : Nous mentons tous !

La police souhaite relâcher ceux qui disent la vérité. Combien de personnes doit-elle alors relâcher ?

(A) Une.
(B) Deux.
(C) Trois.
(D) Quatre.
(E) Cinq.

>>>
>>>

Question 44. On interroge un étudiant au hasard et on lui demande son opinion (oui ou non) sur trois questions. Nous ne connaissons pas les réponses mais nous savons que :

– si la première réponse est négative alors la seconde est positive ;

– si la première réponse est positive alors l'une au moins des deux autres est positive ;

– il n'est pas possible qu'exactement deux réponses soient positives.

A partir de ces informations, Jonas conclut que :

I. La deuxième réponse est positive.

II. Si la première réponse est positive, la dernière est positive.

III. Toutes les réponses sont obligatoirement positives.

IV. On ne peut pas savoir si la première réponse est négative.

Parmi les conclusions de Jonas, lesquelles sont vraies et lesquelles sont fausses ?

(A) I et II sont vraies tandis que III et IV sont fausses.

(B) I et III sont vraies tandis que II et IV sont fausses.

(C) Toutes les conclusions de Jonas sont vraies.

(D) I, II et IV sont vraies tandis que III est fausse.

(E) Toutes les conclusions de Jonas sont fausses.

Question 45. Un musicologue a déclaré dans un enregistrement la chose suivante :
« Tous les grands créateurs sont fous, pourtant Jean Sébastien Bach est totalement normal ».
Parmi ces 5 argumentations, laquelle correspond à cette déclaration ?

(A) X est à Y ce que Z est à W.

(B) Si X alors Y, pas Y alors.

(C) X est plus grand que Y et Y plus petit que Z.

(D) Tous les X appartiennent à la catégorie X, X appartient à la catégorie X.

(E) Tous les X sont des Y, il existe des X qui ne sont pas des Y.

Si vous avez terminé, vous n'êtes pas autorisé(e) à revenir sur une épreuve précédente.
Vous n'êtes pas non plus autorisé(e) à travailler sur une épreuve suivante avant la fin du temps imparti.

STOP !

TEST BLANC TAGE MAGE

SOUS-TEST 4 : CONDITIONS MINIMALES

8

15 questions / 20 minutes / Calculatrice interdite
Réponse juste : + 4 points / Réponse fausse : – 1 point
Aucune réponse : 0 point

Vous répondrez :

(A) Si l'information (1) permet à elle seule de répondre à la question, et si l'information (2) à elle seule ne permet pas de répondre à la question.

(B) Si l'information (2) permet à elle seule de répondre à la question, et si l'information (1) à elle seule ne permet pas de répondre à la question.

(C) Si les deux informations (1) et (2) ensemble permettent de répondre à la question, et aucune séparément ne le peut.

(D) Si chaque information permet séparément de répondre à la question.

(E) Si les deux informations ensemble ne permettent pas de répondre à la question.

Question 46. Quel âge a papi André ?

(1) Papi André est 7 fois plus âgé que Benjamin et 17 fois plus âgé que Ahmed.

(2) Papi André a moins de 120 ans.

Question 47. Soient X et Y deux nombres entiers. Le produit XY est-il pair ?

(1) X et Y sont consécutifs.

(2) X est impair.

Question 48. Qui est le plus riche : Henri, Louis ou Patrick ?

(1) Patrick est 30 % plus riche que Louis.

(2) Louis est 20 % plus pauvre que Henri.

Question 49. Je porte un béret. Suis-je Français ?

(1) Tous les Français portent des bérets.

(2) Aucun Français ne porte de bérets.

###
###

Vous répondrez :

(A) Si l'information (1) permet à elle seule de répondre à la question, et si l'information (2) à elle seule ne permet pas de répondre à la question.

(B) Si l'information (2) permet à elle seule de répondre à la question, et si l'information (1) à elle seule ne permet pas de répondre à la question.

(C) Si les deux informations (1) et (2) ensemble permettent de répondre à la question, et aucune séparément ne le peut.

(D) Si chaque information permet séparément de répondre à la question.

(E) Si les deux informations ensemble ne permettent pas de répondre à la question.

Question 50. M est un entier relatif. Que vaut M ?

(1) $409 < M^3 < 716$

(2) $M^2 = 64$

Question 51. David est né au XXe siècle. Quelle est l'année de sa naissance ?

(1) La somme des chiffres de l'année de naissance de David est égale à 19.

(2) L'année de naissance de David est le carré d'un nombre.

Question 52. Pierre aime les blondes. Aime-t-il les brunes ?

(1) Tous les hommes qui aiment les brunes aiment les blondes.

(2) La grande majorité des hommes qui aiment les blondes aiment les brunes.

Question 53. Que vaut X ?

(1) $X^5 = 1$.

(2) $X^2 - 1 = 0$

Question 54. M et N sont deux entiers naturels consécutifs croissants. Que vaut M ?

(1) $M^3 + N^3 = 559$

(2) $M \times N = 42$

##
##

Vous répondrez :

(A) Si l'information (1) permet à elle seule de répondre à la question, et si l'information (2) à elle seule ne permet pas de répondre à la question.

(B) Si l'information (2) permet à elle seule de répondre à la question, et si l'information (1) à elle seule ne permet pas de répondre à la question.

(C) Si les deux informations (1) et (2) ensemble permettent de répondre à la question, et aucune séparément ne le peut.

(D) Si chaque information permet séparément de répondre à la question.

(E) Si les deux informations ensemble ne permettent pas de répondre à la question.

Question 55. Quelle est la valeur de la largeur du pavé droit ABCDEFGH ?

(1) Si on augmente la hauteur de 2, on augmente le volume de 20.

(2) Sa longueur est de 5.

Question 56. Le triangle ABC est-il équilatéral ?

(1) L'angle ABC vaut 60 degrés.

(2) Le triangle ABC est isocèle.

Question 57. Serge, Patrick et Eddy découvrent un trésor qu'ils se partagent en trois parts. Quelle proportion du trésor Serge possède-t-il ?

(1) Patrick s'est accaparé 90 % du trésor.

(2) La part de Serge vaut 7 000 €.

Question 58. Soit X un entier naturel. Est-il premier ?

(1) $X + 1$ est pair.

(2) X^2 est divisible par 5.

##
##

Vous répondrez :

(A) Si l'information (1) permet à elle seule de répondre à la question, et si l'information (2) à elle seule ne permet pas de répondre à la question.

(B) Si l'information (2) permet à elle seule de répondre à la question, et si l'information (1) à elle seule ne permet pas de répondre à la question.

(C) Si les deux informations (1) et (2) ensemble permettent de répondre à la question, et aucune séparément ne le peut.

(D) Si chaque information permet séparément de répondre à la question.

(E) Si les deux informations ensemble ne permettent pas de répondre à la question.

Question 59. Dans une classe, on forme 3 groupes de travail de tailles différentes. De combien d'élèves est composé le plus petit groupe ?

(1) Le plus grand groupe possède neuf élèves de plus que le plus petit groupe.

(2) La classe est composée de 15 élèves.

Question 60. Michelle va acheter des pommes au marché. Quel est le prix d'un kilo de pommes ?

(1) Michelle a acheté pour 12,52 € de pommes.

(2) Elle a acheté 18 pommes.

Si vous avez terminé, vous n'êtes pas autorisé(e) à revenir sur une épreuve précédente.
Vous n'êtes pas non plus autorisé(e) à travailler sur une épreuve suivante avant la fin du temps imparti. **STOP !**

TEST BLANC TAGE MAGE

SOUS-TEST 5 : EXPRESSION

8

15 questions / 20 minutes / Calculatrice interdite
Réponse juste : + 4 points / Réponse fausse : – 1 point
Aucune réponse : 0 point

Question 61. Gary est un adversaire farouche, ce qui lui vaut d'ailleurs une réputation de compétiteur acharné.

(A) belliqueux
(B) grégaire
(C) craintif
(D) lâche
(E) tenace

Question 62. Le parachutage du fils du Maire à un tel poste me scandalise. C'est un exemple type de (…). Placer son fils à un poste à responsabilité alors qu'il n'a absolument pas les compétences requises est vraiment irresponsable !

(A) népotisme
(B) despotisme
(C) théocratie
(D) méritocratie
(E) sophisme

Question 63. Il est désormais interdit de porter des signes religieux de manière (…) au sein d'un établissement scolaire. On peut néanmoins porter un signe religieux autour du cou, à condition qu'il ne soit pas mis en évidence.

(A) visible
(B) ostensible
(C) cachée
(D) arrogante
(E) ostentatoire

Question 64. Les chats sont capables de voir dans la pénombre car leurs yeux possèdent des adaptations spécifiques.

(A) noctambules
(B) nyctalopes
(C) nocturnes
(D) hypermétropes
(E) myopes

Question 65. Mon bon Monsieur, apprenez que tout flatteur vit (…) de celui qui l'écoute.

(A) au dépend
(B) aux dépends
(C) au dépens
(D) aux dépens
(E) aux dépands

Question 66. Combien de fautes d'orthographe et de grammaire le texte ci-après contient-il ?

Après avoir fini de préparé le souper, il parti chercher de l'eau au puit. Sur son chemin, il rencontra la femme du boulanger, qui était enveloppé dans une magnifique robe en soit.

(A) Cinq
(B) Trois
(C) Quatre
(D) Deux
(E) Six

Question 67. La politique énergétique des Etats-Unis est étroitement liée à leur doctrine de sécurité et influence de façon déterminante la géopolitique mondiale des hydrocarbures. (…) et (…) le secteur de l'énergie soit considéré comme une composante de la stabilité régionale, celle-ci n'a pas fait l'objet d'une réflexion approfondie au sein des Etats latino-américains jusqu'à une période récente.

(A)	Or	parce que
(B)	Désormais	après que
(C)	Par contre	sachant que
(D)	En revanche	bien que
(E)	Toutefois	du fait que

Question 68. (…) atteindre le public vaste que méritaient son érudition, sa précision scrupuleuse, son affabilité devant les gens et les choses.

(A) ses qualités de fiabilité
(B) son pouvoir de fabulation
(C) sa politesse et amabilité
(D) sa faiblesse constante
(E) sa gentillesse naturelle

Question 69. Le portable est exaspérant pour qui doit subir sa sonnerie ou, pis encore, pour qui est contraint de supporter la vacuité des conversations qu'il permet n'importe où et en toutes circonstances.

(A) la bêtise, le ridicule
(B) la vanité, l'orgueil
(C) la rapidité, l'efficacité
(D) la facilité, la simplicité
(E) le vide, l'absence de valeur

Question 70. Trouvez la formulation la plus claire et la plus soignée pour exprimer le sens du passage souligné. La réponse A reprend la formulation initiale.

Il détestait les hommes politiques plus que tout au monde. Leur bêtise n'avait d'égal, à ses yeux, que leur arrogance. A partir de dorénavant, il avait décidé de ne plus voter.

(A) Il détestait les hommes politiques plus que tout au monde. Leur bêtise n'avait d'égal, à ses yeux, que leur arrogance. A partir de dorénavant, il avait décidé de ne plus voter.
(B) Il n'aimait vraiment pas les politiciens. Ils étaient bêtes et arrogants selon lui. Au jour d'aujourd'hui, il avait pris la décision de ne plus aller voter.
(C) Il haïssait les hommes politiques. Aussi bêtes qu'arrogants, ils avaient réussi à l'écœurer de la politique au point de ne plus daigner aller voter.
(D) Il détestait les hommes politiques plus que tout au monde. Leur bêtise n'avait d'égal, à ses yeux, que leur arrogance. Ainsi c'est pourquoi il avait décidé de ne plus aller aux urnes.
(E) Il n'aimait pas les politiques. Leur bêtise ainsi que leur arrogance l'avaient fait se jurer de ne plus daigner vouloir se déplacer jusqu'aux urnes.

Question 71. Parmi les propositions suivantes, laquelle fait figure d'intruse ?

(A) Une clarté blafarde et sombre fait voir l'une et l'autre à nos yeux.
(B) Le soleil rayonne sur ton visage scintillant.
(C) Les vaches se déplaçaient avec lenteur dans un silencieux tintement de clochettes.
(D) L'amour est un effroi voluptueux.
(E) Cette petite grande âme venait de s'envoler.

Question 72. L'inscription sur la tombe de Voltaire porte ces mots : « Il combattit les athées et les fanatiques. Il inspira la tolérance, il réclama les droits de l'homme contre la servitude de la féodalité. Poète, historien, philosophe, il agrandit l'esprit humain, et lui apprit à être libre. »

(A) L'épigraphe
(B) L'autodafé
(C) La devise
(D) L'apocryphe
(E) L'épitaphe

Question 73. Après avoir ravagé l'Amérique du nord, la grippe espagnole atteint l'Europe et se propage dès 1918. Il est difficile de déterminer précisément ses origines. Quoiqu'il en soit, la grippe espagnole est une véritable (…) et sera terriblement virulente jusqu'en 1919, faisant entre 20 et 40 millions de victimes selon les sources disponibles.

(A) pandémie
(B) endémie
(C) épidémie
(D) infection
(E) pathologie

Questions 74 et 75 : chaque question présente une phrase dans laquelle manquent plusieurs parties ; cinq réponses sont proposées pour compléter la phrase. Choisissez la réponse qui convient le mieux.

Question 74. Dans cette tribu, on perçoit la réincarnation, c'est-à-dire la migration de l'âme des morts dans le corps de nouveau-nés, comme (…). (…), la tribu voisine considère ce phénomène comme (…), puisque de cette façon l'âme (…).

(A) un rare privilège dont peu d'êtres sont dignes / En revanche / un sort réservé à quelques élus / béneficie d'une occasion supplémentaire de s'améliorer
(B) un phénomène destiné à nuire à l'enfant / De même / une malédiction / permet au nouveau-né d'éviter les dangers auxquels le défunt a échappé par le passé
(C) un châtiment pour les péchés du défunt / En revanche / étant justement une manifestation de la bonté des dieux / reçoit l'occasion de jouir d'un cycle de vie supplémentaire

(D) un danger dont il faut se préserver / En revanche / une récompense convoitée / est condamnée au tourment de l'errance éternelle

(E) un châtiment pour les péchés du défunt / Ainsi / étant une manifestation fallacieuse de la bonté des dieux / se perd

Question 75. Certains critiques affirment qu'ils (…) exécuter les œuvres musicales de la Renaissance avec (…). Selon eux, l'exécution avec un instrument de la Renaissance (…), et ce bien (…).

(A) ne faut pas / des instruments contemporains / est la seule permettant une interprétation correcte de l'œuvre / que l'instrument d'origine ne soit pas toujours adapté à l'acoustique des salles de concert modernes

(B) vaut mieux / les instruments d'époque pour lesquels elles furent composées / assure à l'œuvre le son particulier recherché par le compositeur / qu'elle permette une interprétation géniale

(C) ne faut pas nécessairement / les instruments d'époque pour lesquels elles furent composées / est la seule permettant une interprétation correcte de l'œuvre / qu'elle exige une virtuosité exceptionnelle

(D) vaut mieux / des instruments contemporains / est plus limitée / qu'elle ne permette pas de tirer le meilleur de l'œuvre

(E) faudrait / des instruments contemporains / est l'unique permettant une interprétation acceptable de l'œuvre / que l'instrument d'origine ne soit pas toujours adapté à l'acoustique des salles de concert classiques

Si vous avez terminé, vous n'êtes pas autorisé(e) à revenir sur une épreuve précédente.
Vous n'êtes pas non plus autorisé(e) à travailler sur une épreuve suivante avant la fin du temps imparti.

STOP !

TEST BLANC TAGE MAGE 8

SOUS-TEST 6 : LOGIQUE

15 questions / 20 minutes / Calculatrice interdite
Réponse juste : + 4 points / Réponse fausse : – 1 point
Aucune réponse : 0 point

Question 76.

19				
37				
55				
?	21	84	49	77
64				

(A) 91 (B) 54 (C) 82 (D) 81 (E) 14

Question 77.

BSG	UBZ	ANF	KFP	**?**
				EFX
				GHB
				PQS
				YZT

(A) DEI (B) CBG (C) KLQ (D) TVY (E) SEP

Question 78.

		90		
		52		
		18		
28	91	**?**	37	55
		61		

(A) 82 (B) 76 (C) 94 (D) 46 (E) 73

****
****

Question 79.

AHB	DJF	**?**	NSR	KXP
		SFS		
		DHA		
		QJX		
		WLB		

(A) SDT (B) UEX (C) NDP (D) PSG (E) GDJ

Question 80.

729	819	**?**	426	112
		789		
		345		
		234		
		456		

(A) 678 (B) 213 (C) 718 (D) 123 (E) 234

Question 81.

BUD				
ASC				
DQH				
?	JSX	KTH	LSS	MZA
FMK				

(A) IKE (B) KOE (C) ELH (D) IOE (E) EKA

****
****

Question 82.

332

26 39 104 52 ?

55

317

84

(A) 117 (B) 241 (C) 130 (D) 72 (E) 91

Question 83.

AE DH ? NR KO

CF

DH

EJ

FB

(A) ST (B) EI (C) BE (D) GJ (E) BF

Question 84.

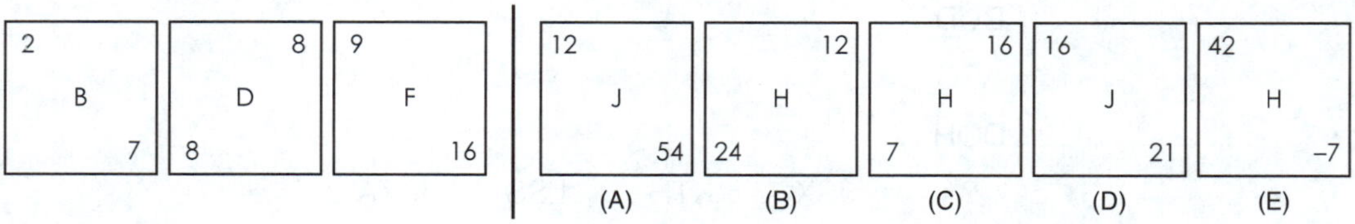

Question 85.

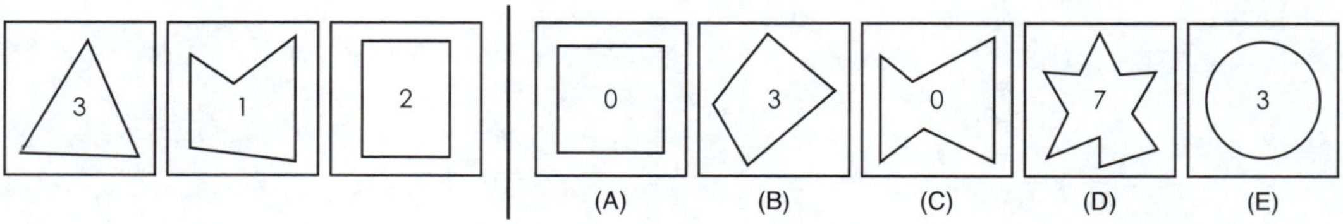

****
****

Question 86.

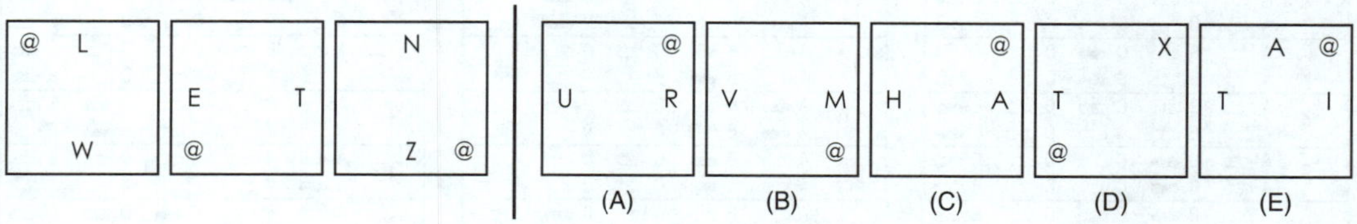

Question 87.

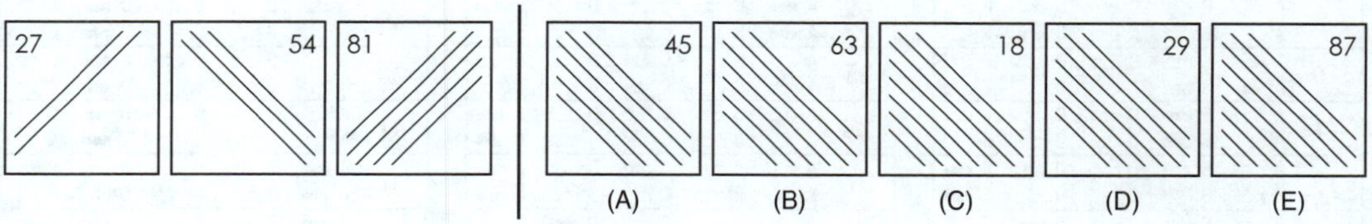

Question 88.

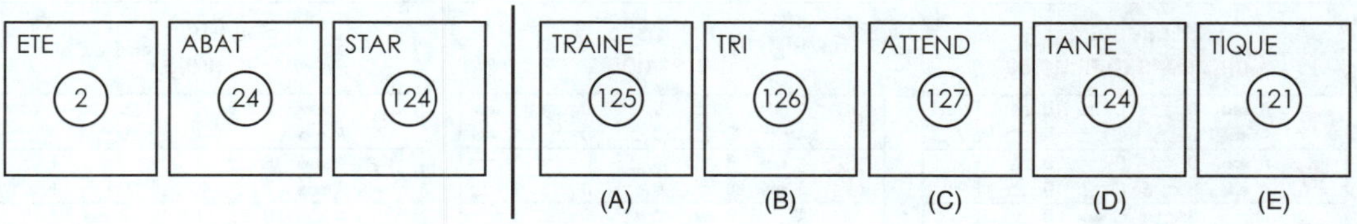

Question 89.

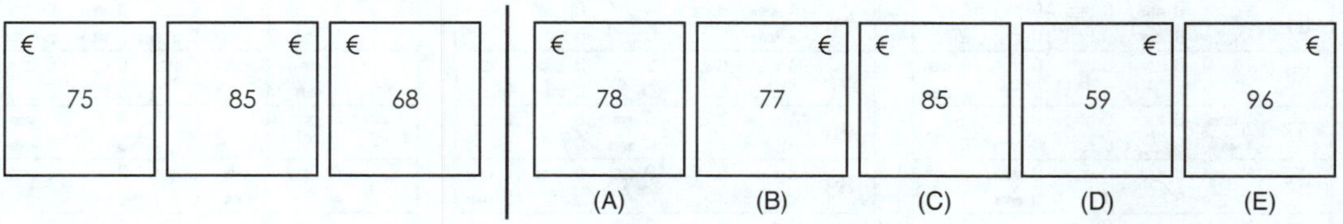

Question 90.

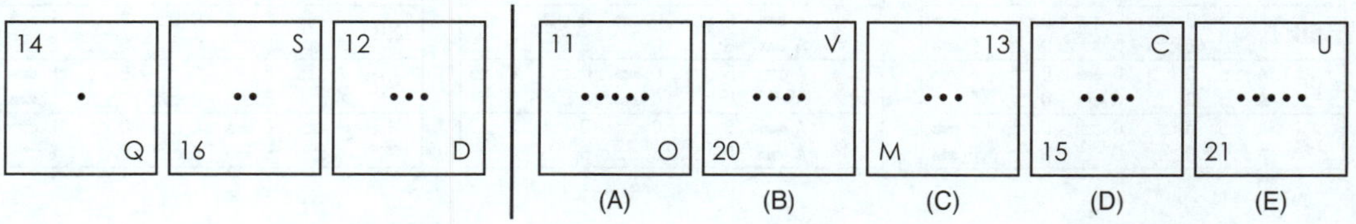

TEST TAGE MAGE 8 : VOTRE GRILLE DE REPONSES JUSTES

Sous-test 1 – Compréhension de textes

Question	Réponse
1	D
2	E
3	C
4	E
5	B
6	B
7	C
8	E
9	D
10	A
11	B
12	E
13	D
14	D
15	E

Sous-test 2 – Calcul

Question	Réponse
16	D
17	D
18	B
19	A
20	B
21	D
22	C
23	A
24	A
25	C
26	E
27	E
28	D
29	C
30	D

Sous-test 3 – Raisonnement/Argumentation

Question	Réponse
31	D
32	B
33	E
34	D
35	A
36	C
37	D
38	A
39	D
40	D
41	D
42	A
43	A
44	D
45	E

Sous-test 4 – Conditions minimales

Question	Réponse
46	A
47	A
48	C
49	B
50	A
51	B
52	E
53	A
54	D
55	C
56	C
57	E
58	E
59	C
60	E

Sous-test 5 – Expression

Question	Réponse
61	E
62	A
63	B
64	B
65	D
66	A
67	D
68	C
69	E
70	C
71	B
72	E
73	A
74	C
75	A

Sous-test 6 – Logique

Question	Réponse
76	A
77	A
78	D
79	E
80	D
81	D
82	A
83	E
84	B
85	C
86	C
87	B
88	A
89	E
90	B

8

CORRIGES

SOUS-TEST 1 : COMPREHENSION DE TEXTES

Question 1. Réponse D

A aucun moment le texte ne met en cause l'existence d'un système de notation ; au contraire, l'auteur utilise les notes, en début de texte, pour illustrer son propos.

Question 2. Réponse E

Les propositions 3 et 4 sont exactes : « Ainsi un élève en difficulté, ou lent, supportant moins bien que les autres la lourdeur de son emploi du temps, et par conséquent la charge du travail en classe et à la maison qui en découle, se voit attribuer pour être aidé plusieurs heures de soutien supplémentaires et les exercices et leçons afférents ».

Les moyens de l'Education nationale ou l'investissement des professeurs ne sont pas mis en cause.

Question 3. Réponse C

La proposition 2 n'est pas une des causes du pessimisme de ce professeur. En effet, que les professeurs soient des post-soixante-huitards n'est pas le problème. Ce qu'il pointe, c'est le fait qu'ils soient conformistes bien que post-soixante-huitards.

Question 4. Réponse E

Ce texte n'est absolument pas un plaidoyer. Il explique même que toute réforme est impossible.

Question 5. Réponse B

Cette réponse est la meilleure car ce résumé utilise l'expression « placer les élèves au cœur de l'enseignement » ; or c'est justement la non-adaptation du système aux élèves qui est la cause de l'échec scolaire.

La réponse A n'est pas bonne car nulle part il n'est évoqué la notion de « scier la branche sur laquelle ils sont assis ».

Le résumé C est trop manichéen : dans l'esprit des professeurs, l'Etat n'a pas la primauté sur les élèves.

Le résumé D trahit le texte, puisqu'il évoque des professeurs « asservis » à la puissance publique.

Le résumé E évoque la rémunération des professeurs par les parents, idée absente du texte.

Question 6. **Réponse B**

Les cadences de travail ne sont évoquées qu'à la fin du texte, mais elles ne sont pas un avantage du qi gong : « *Mais, pour aller vers la quiétude, ne serait-il pas plus efficace de ralentir les cadences de travail ? ».*

Question 7. **Réponse C**

Le texte est explicite : « le qi gong, qui signifie "travail de l'énergie", n'est pas un art martial mais un "art énergétique" issu de la médecine chinoise ».

Question 8. **Réponse E**

Les propositions 1 et 3 sont exactes : « *Nos esthéticiennes améliorent leur calme intérieur, leur capacité de concentration et de confiance en elles ».* En revanche, les tensions avec les collègues ne concernent pas les esthéticiennes.

Question 9. **Réponse D**

Il est impossible de répondre à cette question car les indications données dans le texte sur la fréquence ne concernent que des cas particuliers, tous différents (2 fois par jour à la Société générale ; toutes les deux heures quand on travaille sur écran...). Il n'y a aucune recommandation globale.

Question 10. **Réponse A**

Les propositions 2, 4 et 5 sont exactes.

La phrase 1 est fausse. Et la phrase 3 est fausse également. En effet, affirmer que « Contrairement au tai-chi-chuan, le qi gong, qui signifie "travail de l'énergie", n'est pas un art martial », signifie que le tai-chi-chuan est un art martial.

Question 11. **Réponse B**

Tous les titres qui laissent entendre que le buycott est supérieur au boycott trahissent le texte (A et E). Le titre C ne correspond qu'à une facette du texte et D semble mettre en doute le bien fondé de ces actions de boycott et de buycott.

Le titre B est donc celui qui respecte le mieux le texte : il présente le buycott comme le pendant du boycott et indique le but de ces formes de consommation : l'engagement.

Question 12. **Réponse E**

C'est uniquement sur le fait que les consommateurs engagés ont fait des études supérieures que l'enquête confirme les *a priori* : « De même, plus que le niveau de revenu, c'est le niveau d'études qui importe ».

Question 13. **Réponse D**

Le texte est explicite : « …font confiance aux autres pour faire de même, sans quoi leur action serait vaine ».

Question 14. **Réponse D**

Au contraire, ils sont très indépendants : « refusant d'indexer leur conduite sur des directives d'un parti politique ou d'une Eglise, ils puisent leur activisme dans un sentiment de responsabilité individuelle ».

Les autres affirmations sont exactes, y compris la proposition C puisque l'auteur utilise l'expression « ce chercheur » pour désigner Jean-Paul Bozonnet.

Question 15. **Réponse E**

Les propositions 1 et 2 sont exactes ; la préoccupation écologique est présente dans la deuxième phrase du texte : « il vous arrive d'acheter des produits écologiques… ».

En revanche la surconsommation n'est jamais évoquée.

SOUS-TEST 2 : CALCUL

Question 16. **Réponse D**

La deuxième année, le placement rapporte 12,48 dollars. Cette somme correspond d'une part aux intérêts de la somme initiale (12 dollars) et d'autre part à ceux qu'a rapporté la somme placée à la fin de la première année (48 centimes).

Les 12 dollars gagnés à la fin de la première année, placés à un taux X, rapportent 48 centimes.

On a donc l'équation : $12X = 0{,}48$, on trouve $X = 4\ \%$.

On cherche maintenant la somme initiale : une somme Y a été placée au taux de 4 % pour rapporter 12 dollars d'intérêts. On a l'équation : $4\ \%\ Y = 12$, on trouve **Y = 300 dollars**.

Question 17. Réponse D

On pose les équations suivantes : soit X le nombre de flèches qui ont atteint le 5, Y celles qui ont atteint le 8, et Z celles qui ont atteint le 10.

Jonas a marqué 99 points : **5X + 8Y + 10Z = 99.**

Il a atteint autant de fois le 8 que le 10 : Y = Z. On remplace Z par sa valeur en fonction de X dans la première équation, on obtient 5X + 18Y = 99.

Prenons un moment pour analyser cette équation. Le nombre 5X est multiple de 5, son dernier chiffre est donc forcément 5 ou 0. Le nombre 18Y ne peut pas être impair : 99 étant un nombre impair, il ne peut pas être égal à une somme de deux nombres pairs.

Le nombre 5X finit donc forcément par 5. Il en découle que le dernier chiffre du nombre 18Y est un 4 (4 + 5 = 9, le dernier chiffre du nombre 99).

Il n'y a qu'une combinaison possible : 18Y = 54 et 5X = 45.

On trouve X = 9, Y = 3, Z = 3 soit un nombre total de flèches tirées de 15.

Question 18. Réponse B

Là encore, la difficulté de la question vient de la mise en équation de l'énoncé.

Soit X le nombre de familles qui possèdent une bicyclette, Y celles qui en ont deux, et Z celles qui en ont trois.

On a les équations suivantes : Z = X, Y = 9Z, X + Y + Z = 3 333.

On remplace Z et Y par leurs valeurs en fonction de X. On obtient X + 9X + X = 3 333, X = 303.

On trouve X = 303, Y = 2 727, et Z = 303.

Le nombre de bicyclettes dans cette ville est donc de :

303 × 1 + 2 727 × 2 + 303 × 3 = **6 666 bicyclettes**.

Question 19. Réponse A

Dora est trois fois plus vieille que son fils et 11 fois plus vieille que son petit-fils. Son âge est donc à la fois un multiple de 3 et de 11.

La seule réponse possible est la A : $\frac{99}{3} = 33$ et $\frac{99}{11} = 9$.

Question 20. Réponse B

Cette question est un problème classique de calcul de pourcentages.

Rappel : lorsqu'on diminue une valeur d'un certain pourcentage $\frac{1}{N}$, pour retrouver la valeur initiale, on augmente la nouvelle valeur du pourcentage $\frac{1}{(N-1)}$.

CORRIGÉS TEST BLANC 8

Les intervalles entre les trains ont diminué de 20 %, soit $\frac{1}{5}$. Il faut donc augmenter le nombre de trains non pas de 20 %, mais de $\frac{1}{(5 - 1)} = 25$ %.

25 % × 24 = 6 : il y aura 6 trains supplémentaires demain sur la ligne.

Question 21. **Réponse D**

La première personne prend $\frac{1}{5}$ du gâteau, la deuxième du reste. A elles deux, ces personnes consomment $\frac{1}{5} + \left(\frac{1}{6} \times \frac{4}{5}\right) = \frac{1}{3}$ du gâteau.

Il y avait 14 personnes au début, il n'en reste plus que 12 pour se partager les $\frac{2}{3}$ restants du gâteau.

Les parts sont équitables, chaque personne reçoit $\frac{1}{12} \times \frac{2}{3} = \frac{1}{18}$.

Question 22. **Réponse C**

Soit X la quantité de bonbons donnée aux petits. On a $\frac{X}{2} \times \frac{X}{3} = 2\,400$. On développe : $X^2 = 14\,400$

La racine carrée de 14 400 étant égale à 120, les petits ont droit à 120 bonbons.

Question 23. **Réponse A**

Rappel de cours : $\frac{1}{T} = \frac{1}{T_1} + \frac{1}{T_2} + \ldots$

Soit T_1 le temps mis par Aurélie seule et T_2 le temps mis par l'escalator lorsque Aurélie est immobile.

On a $T_1 = 90$ secondes et $T_2 = 60$ secondes.

Le temps T mis par l'escalator lorsqu'Aurélie marche s'obtient par cette équation :

$$\frac{1}{T} = \frac{1}{90} + \frac{1}{60}$$

On trouve T = 36 secondes.

Question 24. **Réponse A**

Le triangle CDE étant équilatéral, l'angle CDE vaut 60 degrés. ABCD est un carré, chaque angle vaut 90 degrés. On en déduit que l'angle EDB est égal à l'angle BDC moins l'angle CDE :

EDB = 90° – 60° = 30°.

Le triangle DFB est aussi équilatéral : l'angle BDF est égal à 60°. L'angle EDF correspond à l'angle EDB + BDF, soit 30° + 60° = 90°.

Le triangle EDF est donc rectangle en D. Le théorème de Pythagore nous dit que $EF^2 = ED^2 + DF^2$, soit $EF^2 = 1 + 1$ comme toutes les longueurs valent 1.

On trouve $EF^2 = 2$, soit la distance EF égale à $\sqrt{2}$.

Question 25. Réponse C

Un fût de bière est rempli au $\frac{5}{7}$ et sa contenance totale est de 91 litres. Il y a donc $\frac{5}{7} \times 91 = 65$ litres dans ce fût.

Un litre = 100 cl : avec 65 litres de bière, on peut remplir **100 chopes de 65 cl**.

Question 26. Réponse E

Sans les 600 naufragés à bord, le navire avait 1 200 jours de vivres pour l'ensemble de l'équipage noté X. La quantité de vivres permettait de nourrir tous les jours X pendant 1 200 jours, on pose donc l'équation : Vivres totales = 1 200X

Une fois les naufragés accueillis, la quantité de vivres ne peut plus nourrir la totalité de l'équipage notée X + 600 que pendant 1 000 jours. Cependant, la quantité de vivres totale est la même. On a maintenant l'équation Vivres totales = 1 000 × (X + 600).

On a donc l'égalité 1 200X = 1 000(X + 600). On développe, et on trouve 0,2X = 600 soit X = 3 000.

Avant que les naufragés soient recueillis, il y avait **3 000 personnes à bord**.

Question 27. Réponse E

On note B = 2R et B = 0,7D.

On cherche la fortune de David en fonction de celle de René, soit une équation comportant les inconnues D et R : on remplace B dans la première équation par sa valeur en fonction de D.

On obtient : 0,7D = 2R, soit $D = \frac{20}{7}R$.

$\frac{1}{7}$ est environ égal à 0,142, $\frac{20}{7}$ environ égal à 2,85.

Attention à ne pas répondre la réponse C : elle est moins proche de la solution exacte que la E. En effet, 2,85 = 285 %.

Question 28. Réponse D

Soit X le poids maximal autorisé pour une personne, et Y le prix que doit payer le passager pour chaque kilo dépassant la limite.

On a les deux équations suivantes :

- (60 – 2X) × Y = 300 : les deux époux ont chacun droit au poids maximal X, et ils payent 300 euros.
- (60 – X) × Y = 1 050 : Hélène prend aussi 60 kg de bagages, et doit payer 1 050 euros de taxe.

Soit $Y = \frac{300}{(60 - 2X)}$ et $Y = \frac{1\ 050}{(60 - X)}$

Soit $\frac{300}{(60 - 2X)} = \frac{1\ 050}{(60 - X)} \Leftrightarrow 300 \times (60 - X) = 1\ 050 \times (60 - 2X)$

On teste les réponses et X = 25 convient !

Question 29. Réponse C

Il s'agit ici d'établir une moyenne entre les pourcentages de filles dans les deux classes.

La première classe est composée à 20 % de filles, la deuxième à 25 %. Attention, la deuxième classe est 1,5 fois plus grande que la première. Il s'agit ici d'une **moyenne pondérée, où les effectifs sont multipliés par leur ordre de grandeur.**

Si on considère que la taille de la première classe est de 1, alors la taille de la deuxième classe est de 1,5 :

$$\frac{(20\ \% \times 1 + 25\ \% \times 1,5)}{(1 + 1,5)} = 23\ \%$$

Question 30. Réponse D

Gardez ces notions en tête :

1) quand vous faites le tour complet d'un cercle, vous parcourez 360° ;

2) un angle plat est égal à 180°.

On part de l'extrémité droite de la figure : la somme des angles d'un triangle étant égale à 180°, l'angle restant vaut 70°. **L'angle adjacent vaut donc 110°.**

La somme des angles d'un quadrilatère est de 360° : le dernier angle vaut donc 130°, et son angle adjacent 50.

Regardons maintenant le triangle du bas : il est rectangle, l'angle à déterminer est donc égal à **180 – 50 – 90 = 40°.**

SOUS-TEST 3 : RAISONNEMENT – ARGUMENTATION

Question 31. Réponse D

William était en cinquième position. Il s'est fait dépasser par Alain, qui est alors passé en cinquième position.

Stéphane a ensuite dépassé Alain : il est passé en cinquième position tandis qu'Alain a rétrogradé d'une place, sixième de la course.

Question 32. Réponse B

Lorsqu'on cherche le minimum de tirages à effectuer, il faut envisager le « pire » scénario possible : en l'occurrence, celui où John ne tire que les billets de la plus faible valeur.

Il commence par tirer 3 billets de 1 $, il dispose donc de 3 $. Il tire ensuite 3 billets de 5 ; il possède alors 18 $.

On en déduit qu'au septième tirage, il possédera au moins 19 $, soit plus que la somme exigée. John doit donc tirer au minimum 7 billets pour payer son chapeau.

Question 33. Réponse E

Ne vous laissez pas impressionner par les dates. Le mois de janvier comporte 31 jours ; si trois lundis tombent des jours impairs, les deux seules possibilités sont que le premier lundi du mois tombe le premier janvier ou le trois janvier.

Le dernier jour du mois de décembre de l'année précédente précède le premier jour du mois de janvier. Si le premier lundi tombe le 1, le jour précédent sera un dimanche. Si le premier lundi tombe le 3, le 31 décembre sera un vendredi.

Question 34. Réponse D

La réponse A ne prend pas en compte la blessure qui a mis fin à mon avenir dans le 100 m, de même que la réponse B.

On élimine la C : le mot « temporairement » indique que mon arrêt n'est pas définitif : je pourrai recommencer le 100 m une fois ma blessure guérie.

La E est trop vague : rien n'indique qu'il existe un lien entre le fait de reprendre la course et le fait de réussir sa vie.

Question 35. Réponse A

L'oncle de ma sœur est aussi mon oncle. Le frère de mon oncle peut être mon père, ou un de ses autres frères ; il est en tout cas de la même génération et ont le même père, qui pour moi est mon grand-père.

La mère de mon grand-père est mon arrière grand-mère.

Question 36. Réponse C

On nous indique que Georges est à coté d'Arthur et de Laurent. Pascal étant à droite d'Arthur, Georges est à la gauche d'Arthur et à la droite de Laurent. De gauche à droite, on a donc : Laurent – Georges – Arthur – Pascal.

La table est ronde, Pascal est forcément à la gauche de Laurent.

Question 37. Réponse D

Attention, on vous demande de trouver <u>celle qui correspond le moins</u>.

Seule la phrase D fait le lien entre l'économique et le social alors que le texte ne parle que d'économie. Elle est donc celle qui correspond le moins au texte.

Question 38. Réponse A

On retrouve bien dans cette réponse tous les éléments mentionnés dans le texte : *un **facteur limitant** qui <u>n'est pas</u> un facteur de **régulation** <u>ne stimulera pas</u> la croissance de la population lorsque sa **densité** est basse.*

Question 39. Réponse D

Traduisez vos hypothèses !

– Chats quartier ⇒ n'aiment pas les chiens (1)
– Chats roux ⇒ aiment les chiens (2)
– Beau panier ⇒ maître riche (3)
– Pas beau panier ⇒ roux (4)
– Pas rusé ⇒ maître pauvre (5)

Testons la I.

Beau panier ⇒ maître riche ⇒ rusé (intéressez-vous à la contraposée de la (5))
La I est vraie.

II. Igor est du quartier. Igor n'aime pas les chiens. Igor n'est donc pas roux (contraposée de la (2)).
La II est fausse.

Testons la III.

Igor est du quartier donc Igor n'aime pas les chiens donc Igor n'est pas roux donc Igor a un beau panier donc Igor a un maître riche donc Igor est rusé.
La III est fausse.

Testons la IV.

Un chat non rusé est pauvre donc il n'a pas un beau panier donc il est roux.
Donc la IV est vraie.

Question 40. Réponse D

L'arme du crime étant un revolver, Aurélie ment forcément. La deuxième information indique que si Aurélie ment, c'est Sam qui a tué Vincent.

Les commissaires sont également sûrs d'une des deux propositions suivantes : Sam n'a pas tué Vincent ou Sandy est complice.

On en déduit que Sandy est forcément complice.

Question 41. Réponse D

Partons du postulat suivant : Elise dit la vérité. Emilie est donc une menteuse, Eléonore dit alors la vérité. Cette dernière annonce qu'Elise est également une menteuse. Il y a contradiction et ce postulat est donc impossible.

Si Elise ment, Emilie dit la vérité. Eléonore est alors une menteuse, ce qui est bien vérifié par sa proposition : Elise et Emilie ne peuvent mentir toutes les deux puisqu'Emilie dit la vérité. On en déduit que Elise et Eléonore mentent, tandis qu'Emilie dit la vérité.

Question 42. Réponse A

On dispose de trois renseignements différents sur chacune des trois personnes : leur classement final au rallye, le sport qu'ils pratiquent ainsi que leur lieu de résidence.

Observons d'abord le placement de chacun au rallye : Charlie pratique le tennis, il n'est donc pas amateur de football. On en déduit que Charlie arrive avant Benjamin, qui lui-même arrive avant Anna : Charlie – Benjamin – Anna dans l'ordre d'arrivée.

Benjamin est donc l'amateur de football qui n'est pas lyonnais. On nous précise également qu'Anna est lilloise : Benjamin ne pouvant venir que d'Angers, de Lille ou de Lyon, il réside à coup sûr à Angers.

Question 43. Réponse A

Selon le suspect A, seul un des cinq suspects est un menteur. Analysons ce que disent les autres suspects de son point de vue : le suspect B affirme que deux personnes maximum mentent, ce qui n'entre pas en contradiction avec l'affirmation précédente.

Le suspect C annonce que trois personnes mentent : du point de vue du suspect A, c'est donc un menteur. Il en est de même pour le suspect D : il contredit son affirmation en disant qu'il n'y a pas un mais quatre menteurs.

Les suspects C et D affirment quelque chose de différent du suspect A, et sont donc à ses yeux des menteurs. Mais la proposition initiale du suspect A est justement qu'il existe un seul menteur parmi les cinq suspects, ce qui fait de lui aussi un menteur. Il y a alors trois personnes qui mentent, ce qui rend également l'affirmation du suspect B incorrecte.

On comprend que pour chaque affirmation énoncée par un suspect, au moins 3 autres affirmations énoncent une vérité différente. La seule possibilité est la quatrième affirmation : il y a quatre menteurs et le seul qui dit la vérité est le suspect D.

La police doit alors relâcher un seul suspect.

Question 44. Réponse D

Au vu des informations de l'énoncé, on peut envisager deux solutions possibles :

– la première et la dernière réponse sont négatives tandis que la deuxième est positive,

– les trois réponses sont positives.

La troisième conclusion de Jonas est donc fausse : toutes les réponses ne sont pas obligatoirement positives, et on ne peut pas non plus déterminer si la première réponse est positive ou négative.

Les conclusions I, II, IV sont vraies et la conclusion III est fausse.

Question 45. Réponse E

On reformule la déclaration initiale : tous les grands créateurs sont fous, mais un grand créateur n'est pas fou.

Si on remplace les grands créateurs par X et fou par Y, on retrouve la dernière solution : tous les X sont Y, mais un certain X n'est pas Y.

SOUS-TEST 4 : CONDITIONS MINIMALES

Question 46. Réponse A

{1} : **Suffisant.** 7 et 17 étant des nombres premiers, leur premier multiple commun est le produit de l'un par l'autre. On trouve 7 × 17 = 119.

On s'arrête ici : le deuxième multiple commun de 7 et 17 est 238 ; papy André ne peut pas avoir un âge de 238 ans. Lorsqu'on doit calculer l'âge d'une personne au Tage Mage, gardez à l'esprit que les solutions retenues doivent être sensées : il n'y a donc bien ici qu'une seule réponse possible.

{2} : **Insuffisant.** On ne dispose pas d'informations supplémentaires sur l'âge de papy André.

Question 47. Réponse A

{1} : **Suffisant. Attention : le produit de deux nombres consécutifs est toujours pair.**

{2} : **Insuffisant.** On ne connaît pas la parité de Y.

Question 48. Réponse C

{1} : **Insuffisant.** On ne dispose pas d'informations concernant Henry. On a l'équation P = 1,3L

{2} : **Insuffisant.** L = 0,8H ou H = 1,25L

{&} : **Suffisant.** On peut déterminer qui de Henri ou Patrick est le plus riche. On a les deux équations P = 1,3L et H = 1,25L, on en déduit que Patrick est plus riche qu' Henry et Louis.

Question 49. Réponse B

{1} : **Insuffisant. Attention : « tous les Français portent des bérets » ne signifie pas l'inverse : on peut porter un béret sans forcément être Français.**

{2} : **Suffisant.** Si aucun Français ne porte de béret alors que j'en porte un, alors je ne peux pas être Français.

Question 50. Réponse A

{1} : **Suffisant.** Un entier relatif peut être positif ou négatif, mais ne peut pas être décimal. M étant un nombre au cube, la seule solution possible est M = 8, avec $8^3 = 512$.

{2} : **Insuffisant.** M pouvant être un nombre positif ou négatif, on peut avoir M = 8 ou M = – 8.

Question 51. Réponse B

{1} : **Insuffisant.** L'année de naissance de David peut être 1954 ou encore 1945.

{2} : **Suffisant.** On a $45^2 = 2025$ et $43^2 = 1849$. La seule solution possible est $44^2 = 1936$.

Question 52. Réponse E

{&} : **Insuffisant.** La deuxième information est inutile puisqu'on ne dispose pas d'informations sur Pierre en particulier, tandis que la première ne nous aide pas plus : tous ceux qui aiment les blondes n'aiment pas forcément les brunes.

Question 53. Réponse A

{1} : **Suffisant. Lorsque la puissance est impaire, le nombre conserve son signe d'origine.** X^3 ou X^5 est du même signe que X, tandis que X^2 est forcément pair. X est donc égal à 1.

{2} : **Insuffisant.** On a $X^2 = 1$, avec X qui peut être égal à 1 ou – 1.

Question 54. Réponse D

{1} : **Suffisant. Il est important de bien connaître la valeur des cubes de 1 à 10.**

$6^3 = 216$ et $7^3 = 343$.

216 + 343 = 559, on trouve nécessairement M = 6 et N = 7.

{2} : **Suffisant.** M et N sont deux entiers naturels consécutifs croissants, ils sont donc tous deux positifs. On en déduit que M = 6 et N = 7.

Question 55. **Réponse C**

{E} : **Le volume d'un pavé droit est égal à hauteur × largeur × longueur.**

{1} : **Insuffisant.** On traduit cette information sous forme d'équation :

$L \times l \times (h + 2) = V + 20$, soit $2 \times L \times l = 20$ et $L \times l = 10$.

{2} : **Insuffisant.** Sans autre information, on ne peut rien conclure.

{&} : **Suffisant.** On a les deux équations $l \times L = 10$ et $L = 5$. **Attention, on ne cherche pas ici le volume du pavé mais bien la largeur.** On trouve $l = 2$, mais on ne pourra rien dire de plus sur le volume de la figure.

Question 56. **Réponse C**

{&} : **Suffisant.** La somme des angles d'un triangle vaut 180°, et lorsque le triangle est isocèle, deux des trois angles sont de même mesure. Prises séparément, les informations ne permettent pas d'affirmer que le triangle ABC est équilatéral.

Prises communément, chacun des trois angles vaut 60° : l'égalité des angles est une condition suffisante pour affirmer que le triangle ABC est équilatéral.

Question 57. **Réponse E**

{1} : **Insuffisant.** On ne dispose pas d'information sur la proportion dont dispose Serge ou Eddy.

{2} : **Insuffisant.** On ne connaît pas la valeur totale du trésor.

{&} : **Insuffisant.** La deuxième information est inutile au regard de la première, puisqu'on ne peut pas chiffrer la valeur du trésor.

Question 58. **Réponse E**

{1} : **Insuffisant.** On peut avoir $X = 5$ ou $X = 15$. Dans les deux cas, $X + 1$ est pair mais X n'est pas forcément premier.

{2} : **Insuffisant.** Prenons toujours $X = 5$ ou $X = 15$: les deux nombres mis au carré sont bien divisibles par 5, sans qu'on puisse déterminer si X est premier ou non.

Question 59. **Réponse C**

{&} : **Suffisant.** Prises séparément, ces informations ne permettent pas de déterminer la répartition des trois groupes de travail. Ensemble, on a les équations suivantes (avec G_1, G_2 et G_3 respectivement le petit, moyen et grand groupe) :

$G_3 = 9 + G_1$ et $G_1 + G_2 + G_3 = 15$

En replaçant G_3 par sa valeur en fonction de G_1, on trouve $2G_1 + G_2 = 6$.

Le plus petit groupe est composé d'au moins une personne : prenons le cas où $G_1 = 1$. On a $G_1 = 1$, $G_2 = 4$ et $G_3 = 10$. Cette solution est possible.

Si $G_1 = 2$, on trouve nécessairement G_2 aussi égal à 2. Or, les groupes doivent être de tailles différentes.

Il n'y a qu'une seule solution possible.

Question 60. Réponse E

{&} : **Insuffisant.** Michelle a acheté 18 pommes pour 12,52 €. **Attention à bien lire l'énoncé :** on ne cherche pas le prix d'une pomme mais d'un kilo de pommes. Comme on ne connaît pas le poids spécifique de chaque pomme, on ne peut rien conclure.

SOUS-TEST 5 : EXPRESSION

Question 61. Réponse E

Si le mot farouche, pris dans son sens premier, désigne quelqu'un de peu sociable qui fuit lorsqu'on l'approche, il peut également décrire un adversaire redoutable, qui ne lâche rien. Les solutions possibles sont donc la C et la E.

Le contexte de la phrase laisse penser que c'est le deuxième sens du mot qui est employé (« une réputation de compétiteur acharné ») : on préfère alors le synonyme tenace qui exprime la même idée.

Question 62. Réponse A

Le **népotisme** est la tendance de certains papes, et par extension de certains dirigeants, à favoriser l'ascension de leur famille ou de leur entourage dans la hiérarchie dont ils sont au sommet. (source : Wikipédia).

La réponse E n'a pas de sens, tandis que la B, C et D sont des types de régime différents qui ne conviennent pas avec l'énoncé : on répond sans hésitation la réponse A.

Question 63. Réponse B

On hésite légitimement entre la réponse B et la E.

Ostentatoire : qui montre quelque qualité ou quelque avantage dont on veut faire parade.

Ostensible : qui peut être montré, qui est fait pour être montré.

On préférera ici le terme « ostensible » : en effet, qu'on souhaite parader avec ou non, les signes religieux portés de manière évidente sont de toute manière interdits dans les établissements scolaires.

Question 64. Réponse B

La nyctalopie est la faculté de pouvoir voir dans la pénombre. Cette définition correspond parfaitement au sens recherché dans l'énoncé.

« Hypermétrope » et « myope » sont des problèmes de vue qui n'ont rien à voir avec la luminosité. Un noctambule est un fêtard.

Question 65. Réponse D

Le nom « dépens » appartient à la famille du verbe dépenser et non à celle du verbe dépendre. C'est pourquoi il n'y a pas de « d » à la fin du mot. De plus, il ne s'emploie qu'au pluriel ; on choisit donc la réponse D.

Question 66. Réponse A

- « Finir de » est toujours suivi d'un verbe à l'indicatif : on dit donc « préparer » et non « préparé ».
- La troisième personne du verbe partir au passé simple donne « il partit » avec un « t ».
- Le mot « puits » prend un « s ».
- Le participe passé « enveloppée » prend un « e », puisqu'il s'accord avec le nom féminin « la femme du boulanger ».
- Le mot « soie » désigne un tissu : il s'écrit avec un « e » à la fin.

Il y a cinq fautes au total.

Question 67. Réponse D

> La politique énergétique des Etats-Unis est étroitement liée à leur doctrine de sécurité et influence de façon déterminante la géopolitique mondiale des hydrocarbures. **En revanche** et **bien que** le secteur de l'énergie soit considéré comme une composante de la stabilité régionale, celle-ci n'a pas fait l'objet d'une réflexion approfondie au sein des Etats latino-américains jusqu'à une période récente.

Question 68. Réponse C

Affable : personne aimable et bienveillante à qui on peut parler.

La réponse E pourrait convenir, mais rien n'indique que l'affabilité du sujet est naturelle ou seulement temporaire.

Question 69. Réponse E

Le terme « vacuité » désigne l'état de ce qui est vide : la meilleure solution est la réponse E.

Question 70. **Réponse C**

Dorénavant veut dire : « à partir de maintenant ». « A partir de dorénavant » est donc un pléonasme, de même que « au jour d'aujourd'hui ». On élimine les réponses A et B.

La réponse D contient aussi une répétition : « ainsi » et « c'est pourquoi » veulent dire la même chose et ne peuvent pas être utilisés en même temps.

Daigner est un synonyme du verbe « vouloir » : là encore, « daigner vouloir » est une répétition et la réponse E doit être écartée.

Il ne reste que la troisième proposition.

Question 71. **Réponse B**

Un oxymore est une figure de style visant à rapprocher deux termes que leur sens devraient éloigner, dans une formule apparemment contradictoire. Par exemple, une « clarté sombre », un « silencieux tintement » ou encore une « petite grande âme ».

Seule la deuxième solution ne comporte pas d'oxymore. Elle fait donc figure d'intruse.

Question 72. **Réponse E**

Un **autodafé** désigne la destruction publique de livres et manuscrits en les brûlant, et un apocryphe un écrit qui n'est pas authentique. Ces deux propositions peuvent être éliminées, elles n'ont pas de rapport avec l'extrait.

Une **épigraphe** est une phrase inscrite sur un bâtiment, mais il ne s'agit pas forcément d'un monument funéraire. Les réponses A et C peuvent aussi être écartées puisqu'elles ne concernent pas spécifiquement une pierre tombale.

Une **épitaphe** est une inscription funéraire placée sur une pierre tombale. C'est la réponse qui convient le mieux.

Question 73. **Réponse A**

On hésite entre la réponse A et la réponse C. Une pandémie est une épidémie présente sur une large zone géographique et touche une partie particulièrement importante de la population.

La grippe espagnole a fait entre 20 et 40 millions de victimes sur deux continents : en l'occurrence, c'est le terme de pandémie qui convient le mieux.

Question 74. **Réponse C**

> Dans cette tribu, on perçoit la réincarnation, c'est-à-dire la migration de l'âme des morts dans le corps de nouveau-nés, comme **un châtiment pour les péchés du défunt. En revanche,** la tribu voisine considère ce phénomène **comme étant justement une manifestation de la bonté des dieux**, puisque de cette façon l'âme **reçoit l'occasion de jouir d'un cycle de vie supplémentaire**.

Question 75. Réponse A

> Certains critiques affirment qu'ils **ne faut pas** exécuter les oeuvres musicales de la Renaissance avec **des instruments contemporains**. Selon eux, l'exécution avec un instrument de la Renaissance **est la seule permettant une interprétation correcte de l'œuvre**, et ce bien **que l'instrument d'origine ne soit pas toujours adapté à l'acoustique des salles de concert modernes.**

SOUS-TEST 6 : LOGIQUE

Question 76. Réponse A

La somme des chiffres vaut 10.

19

37

55

91	21	84	49	77	Multiples de 7

64

Question 77. Réponse A

Saut de 4 lettres

+4	+4	+4	+4	
BSG	UBZ	ANF	KFP	DEI

EFX

GHB

PQS

YZT

→

Question 78. Réponse D

A la verticale : carrés écrits à l'envers. Notez bien que 90 se lit 09 à l'envers et que 09 est bien-sûr égal à 9.

A l'horizontale : la somme des chiffres des éléments est toujours égale à 10.

Question 79. Réponse E

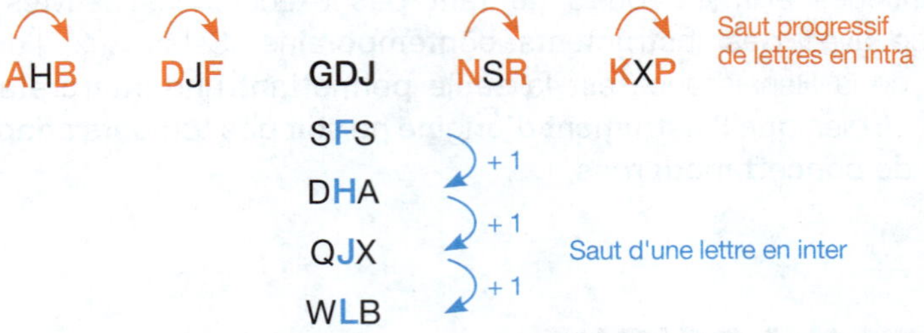

Question 80. Réponse D

Question 81. Réponse D

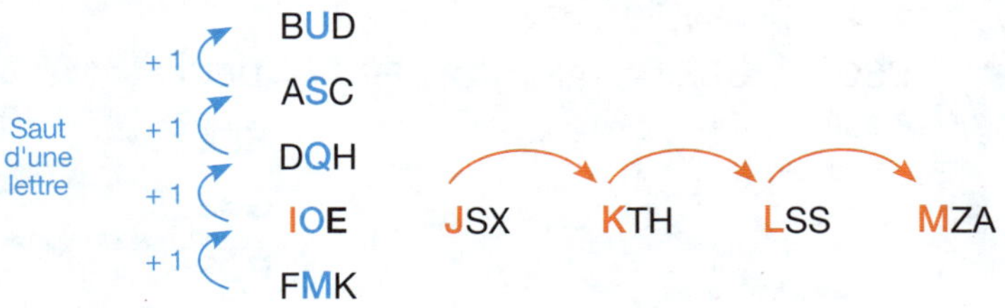

Question 82. Réponse A

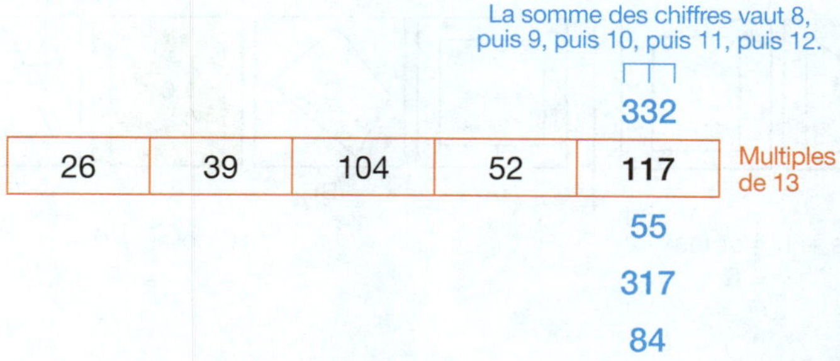

Question 83. Réponse E

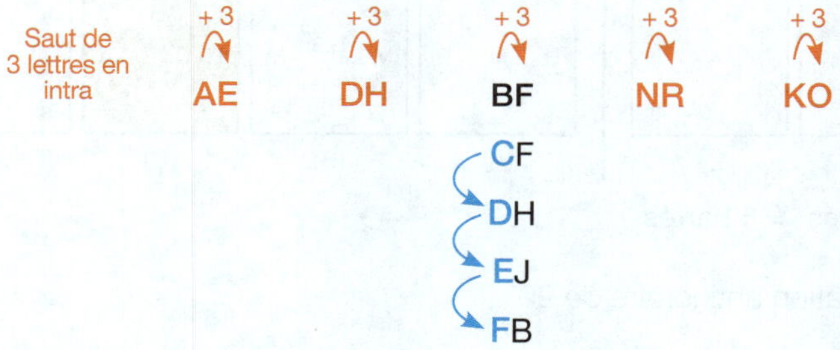

Question 84. Réponse B

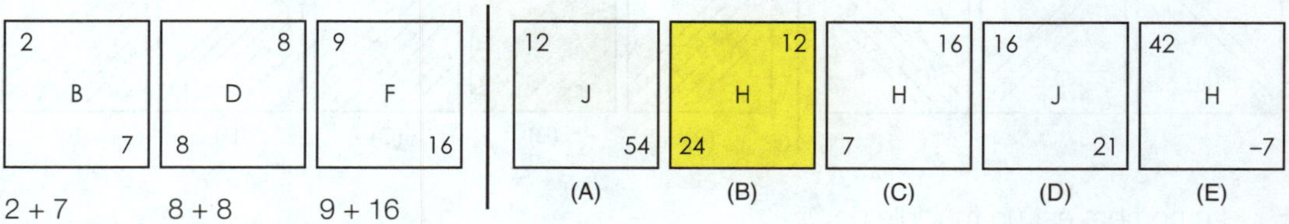

2 + 7 = 9 = $\mathbf{3}^2$

8 + 8 = 16 = $\mathbf{4}^2$

9 + 16 = 25 = $\mathbf{5}^2$

B c **D** e **F** g **H**

La somme des nombres de la solution doit être égale à 36, le carré de 6.

Question 85. **Réponse C**

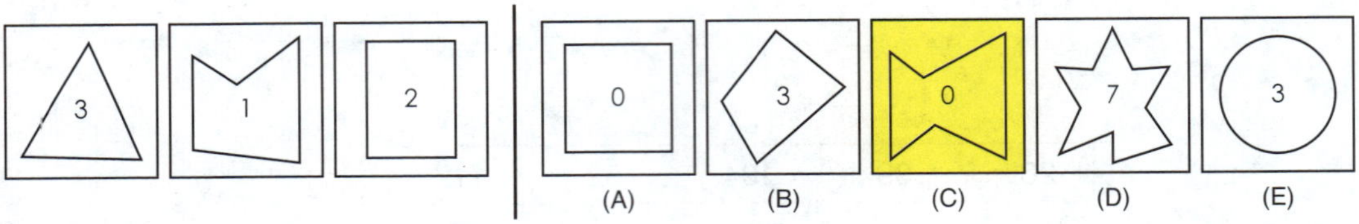

3 côtés + 3 **= 6** 5 côtés + 1 **= 6** 4 côtés + 2 **= 6**

6 côtés + 0 **= 6**

Question 86. **Réponse C**

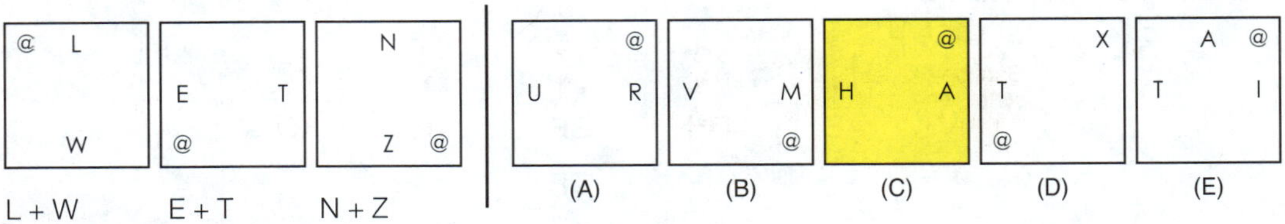

L + W **= 6 barres** E + T **= 6 barres** N + Z **= 6 barres**

L'@ suit une rotation antihoraire de 90°.

Question 87. **Réponse B**

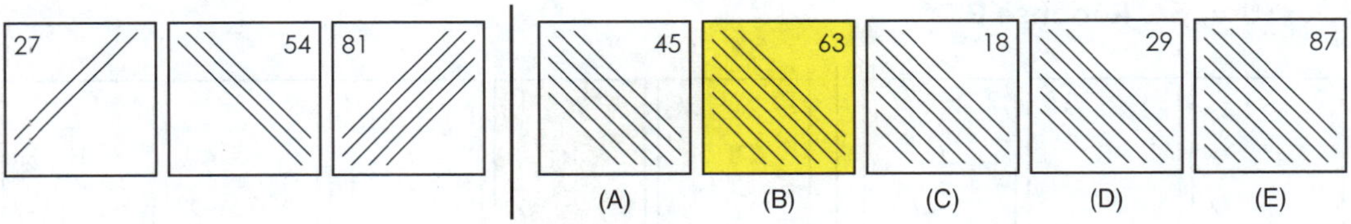

Le nombre est un multiple de 9.

Le nombre de barres correspond à une suite de nombres premiers (2, 3, 5, 7).

Question 88. **Réponse A**

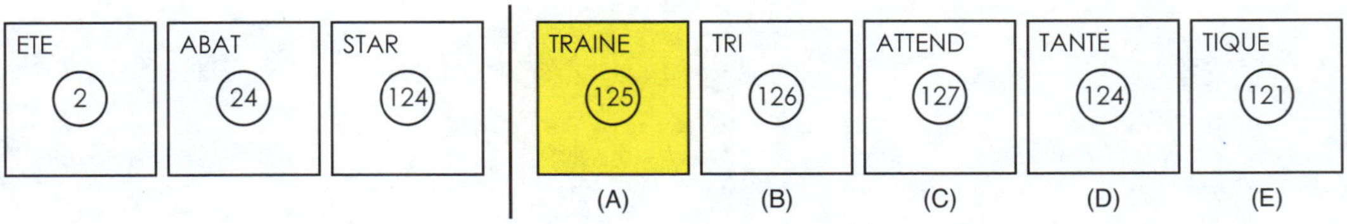

Les nombres représentent les **positions** des consonnes dans le mot.

(ETE : 2 ; ABAT : 2 et 4 : 24…)

Question 89. Réponse E

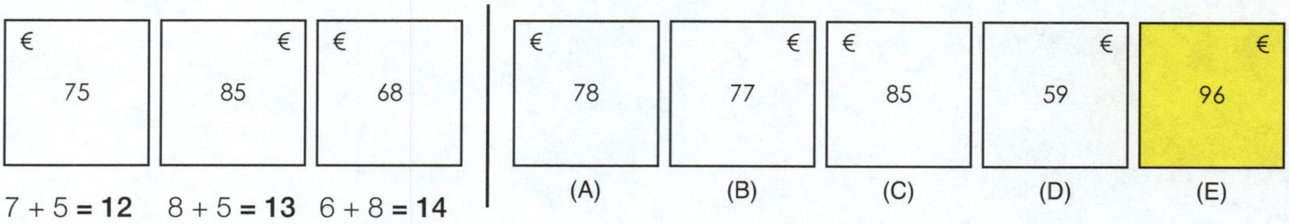

Le € sera en haut, à droite.

La somme des chiffres augmente de 1 à chaque fois.

Question 90. Réponse B

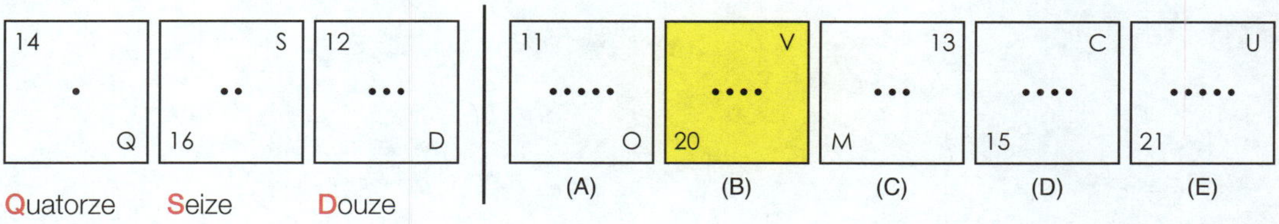

Il y a un • de plus à chaque fois.

La lettre est l'initiale de la forme littérale du nombre. Ex : Q est l'initiale de Quatorze.

N'OUBLIEZ PAS DE REMPLIR VOTRE FICHE BILAN EN FIN D'OUVRAGE

9

TEST BLANC TAGE MAGE

TEST TAGE MAGE 9 : VOTRE GRILLE DE REPONSES

Sous-test 1
Compréhension de textes

1	A	B	C	D	E
	A	B	C	D	E
2	A	B	C	D	E
	A	B	C	D	E
3	A	B	C	D	E
	A	B	C	D	E
4	A	B	C	D	E
	A	B	C	D	E
5	A	B	C	D	E
	A	B	C	D	E
6	A	B	C	D	E
	A	B	C	D	E
7	A	B	C	D	E
	A	B	C	D	E
8	A	B	C	D	E
	A	B	C	D	E
9	A	B	C	D	E
	A	B	C	D	E
10	A	B	C	D	E
	A	B	C	D	E
11	A	B	C	D	E
	A	B	C	D	E
12	A	B	C	D	E
	A	B	C	D	E
13	A	B	C	D	E
	A	B	C	D	E
14	A	B	C	D	E
	A	B	C	D	E
15	A	B	C	D	E
	A	B	C	D	E

Sous-test 2
Calcul

16	A	B	C	D	E
	A	B	C	D	E
17	A	B	C	D	E
	A	B	C	D	E
18	A	B	C	D	E
	A	B	C	D	E
19	A	B	C	D	E
	A	B	C	D	E
20	A	B	C	D	E
	A	B	C	D	E
21	A	B	C	D	E
	A	B	C	D	E
22	A	B	C	D	E
	A	B	C	D	E
23	A	B	C	D	E
	A	B	C	D	E
24	A	B	C	D	E
	A	B	C	D	E
25	A	B	C	D	E
	A	B	C	D	E
26	A	B	C	D	E
	A	B	C	D	E
27	A	B	C	D	E
	A	B	C	D	E
28	A	B	C	D	E
	A	B	C	D	E
29	A	B	C	D	E
	A	B	C	D	E
30	A	B	C	D	E
	A	B	C	D	E

Sous-test 3
Raisonnement/Argumentation

31	A	B	C	D	E
	A	B	C	D	E
32	A	B	C	D	E
	A	B	C	D	E
33	A	B	C	D	E
	A	B	C	D	E
34	A	B	C	D	E
	A	B	C	D	E
35	A	B	C	D	E
	A	B	C	D	E
36	A	B	C	D	E
	A	B	C	D	E
37	A	B	C	D	E
	A	B	C	D	E
38	A	B	C	D	E
	A	B	C	D	E
39	A	B	C	D	E
	A	B	C	D	E
40	A	B	C	D	E
	A	B	C	D	E
41	A	B	C	D	E
	A	B	C	D	E
42	A	B	C	D	E
	A	B	C	D	E
43	A	B	C	D	E
	A	B	C	D	E
44	A	B	C	D	E
	A	B	C	D	E
45	A	B	C	D	E
	A	B	C	D	E

Sous-test 4
Conditions minimales

46	A	B	C	D	E
	A	B	C	D	E
47	A	B	C	D	E
	A	B	C	D	E
48	A	B	C	D	E
	A	B	C	D	E
49	A	B	C	D	E
	A	B	C	D	E
50	A	B	C	D	E
	A	B	C	D	E
51	A	B	C	D	E
	A	B	C	D	E
52	A	B	C	D	E
	A	B	C	D	E
53	A	B	C	D	E
	A	B	C	D	E
54	A	B	C	D	E
	A	B	C	D	E
55	A	B	C	D	E
	A	B	C	D	E
56	A	B	C	D	E
	A	B	C	D	E
57	A	B	C	D	E
	A	B	C	D	E
58	A	B	C	D	E
	A	B	C	D	E
59	A	B	C	D	E
	A	B	C	D	E
60	A	B	C	D	E
	A	B	C	D	E

Sous-test 5
Expression

61	A	B	C	D	E
	A	B	C	D	E
62	A	B	C	D	E
	A	B	C	D	E
63	A	B	C	D	E
	A	B	C	D	E
64	A	B	C	D	E
	A	B	C	D	E
65	A	B	C	D	E
	A	B	C	D	E
66	A	B	C	D	E
	A	B	C	D	E
67	A	B	C	D	E
	A	B	C	D	E
68	A	B	C	D	E
	A	B	C	D	E
69	A	B	C	D	E
	A	B	C	D	E
70	A	B	C	D	E
	A	B	C	D	E
71	A	B	C	D	E
	A	B	C	D	E
72	A	B	C	D	E
	A	B	C	D	E
73	A	B	C	D	E
	A	B	C	D	E
74	A	B	C	D	E
	A	B	C	D	E
75	A	B	C	D	E
	A	B	C	D	E

Sous-test 6
Logique

76	A	B	C	D	E
	A	B	C	D	E
77	A	B	C	D	E
	A	B	C	D	E
78	A	B	C	D	E
	A	B	C	D	E
79	A	B	C	D	E
	A	B	C	D	E
80	A	B	C	D	E
	A	B	C	D	E
81	A	B	C	D	E
	A	B	C	D	E
82	A	B	C	D	E
	A	B	C	D	E
83	A	B	C	D	E
	A	B	C	D	E
84	A	B	C	D	E
	A	B	C	D	E
85	A	B	C	D	E
	A	B	C	D	E
86	A	B	C	D	E
	A	B	C	D	E
87	A	B	C	D	E
	A	B	C	D	E
88	A	B	C	D	E
	A	B	C	D	E
89	A	B	C	D	E
	A	B	C	D	E
90	A	B	C	D	E
	A	B	C	D	E

REPONSES EN PAGE 1026

TEST BLANC TAGE MAGE 9

SOUS-TEST 1 : COMPREHENSION DE TEXTES

15 questions / 20 minutes / Calculatrice interdite
Réponse juste : + 4 points / Réponse fausse : – 1 point
Aucune réponse : 0 point

TEXTE 1

Peut-on museler les dissidents, orienter les opinions, empêcher la critique et la circulation des informations indésirables lorsqu'on vit à l'ère d'Internet ? Le Parti communiste chinois (PCC) est confronté à un défi de taille : développer sa propagande alors qu'il doit composer avec une population de 1,34 milliard de personnes, dont 500 millions d'internautes et 300 000 blogeurs.

Une police du Web, composée d'environ 40.000 personnes, contrôle en permanence les sites, médias ou blogs qui diffusent des informations jugées « néfastes », ou qui critiquent le gouvernement, et n'hésitent pas à les bloquer si besoin. Ainsi, plusieurs sites occidentaux au succès planétaires sont inaccessibles en Chine, comme Facebook, Youtube ou Twitter. Les autorités chinoises ont une peur bleue d'Internet, car c'est un outil difficilement contrôlable. Du coup, plusieurs médias étrangers, comme RFI en France, la BBC ou des médias coréens, sont inaccessibles. Des sites d'ONG comme Reporters sans frontières ou des sites ou blogs d'indépendantistes tibétains sont carrément bloqués. Si Facebook et Twitter sont inaccessibles, pas question de priver les Chinois de ces réseaux sociaux. A la place, les internautes se connectent à Renren et Weibo (les alternatives chinoises à Facebook et Twitter), qui ressemblent à s'y méprendre à leurs homologues occidentaux. Autre site de microbloging très populaire : Red Microblog. Tous sont activement contrôlés par le Parti.

Restent les forums de discussion. Depuis 2004, le PCC a embauché des milliers de « honkers », c'est-à-dire des internautes professionnels, payés 5 maos (50 centimes) par commentaire, dont la mission est de défendre et relayer le point de vue officiel. Ces « honkers » sont, pour la plupart, des étudiants rompus aux techniques du web, et membres du PCC.

Néanmoins, des parades existent. Beaucoup de Chinois, notamment des jeunes, trouvent des moyens pour avoir accès aux sites interdits. Pour contourner les pare-feux instaurés par le régime, ceux qui savent utiliser l'informatique adoptent des logiciels pour comme Little Dragon pour accéder aux sites et blogs non autorisés. Jusqu'à ce que les autorités les repèrent, et il faut en changer.

××

Le principe de la « vigilance tournante » (weiguan) tend aussi à se répandre. Le principe : tweeter un cas de violation des lois ou une information interdite en le transmettant immédiatement sur Weibo. Les « followers » font suivre le message comme une traînée de poudre.

Les internautes chinois ont également mis au point un vocabulaire spécifique pour contourner le système de censure par mots-clés : dès que certains mots apparaissent, par exemple des insultes, ils sont effacés par les autorités chinoises. Les jeunes ont donc développé un langage propre à Internet, souvent incompréhensible par leurs parents, pour partager leurs points de vue et opinions sur des sujets sensibles, comme la politique chinoise.

Concrètement, les internautes utilisent des mots en Anglais ou des homonymes en chinois pour remplacer les mots interdits. Par exemple, le mot « He Xie », qui signifie « harmonie », est censuré sur Internet, même sur les réseaux sociaux comme Renren (le facebook chinois), car ce mot fait référence à la politique du président chinois Hu Jin Tao, celle d'une « société harmonieuse » (« hexie shehui »). Ne pouvant plus utiliser les idéogrammes du mot « harmonie », les internautes utilisent alors un homonyme : le mot « crabe de rivière », qui se prononce également He Xie. Autre exemple, l'injure « cao ni ma » (« nique ta mère ») est remplacée par le « cheval de l'herbe et de la boue » qui se prononce de la même manière. Ainsi, les forums chinois sont truffés d'animaux étranges ou autres termes hors contexte, ce qui peut dérouter l'utilisateur non averti.

« Si quelqu'un veut vraiment s'informer et sait aller à la source de l'information, il la trouvera, même si c'est difficile », explique une étudiante française qui a vécu quatre ans en Chine. La censure est également plus facile à contourner pour ceux qui maîtrisent les langues étrangères comme l'anglais ou le français, et qui ont donc accès à des pages très difficiles à contrôler pour les autorités débordées. Les jeunes et la population la plus éduquée sont donc ceux pour lesquels le gouvernement a le plus de mal à limiter l'accès à l'information. Mais pour l'immense majorité des Chinois, Internet est, comme la presse, muselé.

××××××××××××××××××××××××××××××××××××××
××××××××××××××××××××××××××××××××××××××

Question 1. Pourquoi l'idéogramme du mot « harmonie » ne peut-il plus être utilisé ?

(A) Il est devenu le symbole de la dissidence chinoise.

(B) Ce mot est censuré par les autorités chinoises.

(C) Il fait référence à la politique des autorités.

(D) Il est utilisé par les autorités pour repérer les dissidents.

(E) C'est un homonyme, utilisé pour déjouer la censure.

Question 2. Quel est le meilleur résumé de ce texte ?

(A) Le gouvernement chinois utilise plusieurs techniques pour censurer le web qui fonctionnent. Seuls les internautes avertis parviennent à surfer sans contrainte.

(B) Les internautes chinois parviennent à contourner la censure du web mise en place par les autorités en faisant preuve d'ingéniosité.

(C) La censure du web est possible en Chine mais nécessite l'emploi de nombreuses personnes. Rares sont les étudiants qui parviennent à consulter Internet.

(D) Peut-on réellement censurer le web ? Les autorités chinoises y croient ; les internautes prouvent qu'elles ont tort.

(E) La Chine vit sous le régime de la censure organisée par le parti communiste chinois. Pour la contourner, les chinois doivent faire preuve de ruse.

Question 3. Comment les Chinois peuvent-ils contourner la censure ?

1. Les Honkers.
2. La vigilance tournante.
3. La maitrise des langues étrangères.
4. Les logiciels.

(A) 1 + 2 + 3 + 4

(B) Uniquement 2

(C) 1 + 2 + 3

(D) 2 + 3 + 4

(E) 2 + 4

××××××××××××××××××××××××××××××××××××××
××××××××××××××××××××××××××××××××××××××

Question 4. Combien y a-t-il de phrases exactes ?

1. En Chine, Internet est aussi libre que la presse.
2. Renren est le Facebook chinois.
3. Les blogs sont interdits en Chine.
4. Les autorités ne parviennent pas à contrôler Red Microblog.
5. Les internautes prennent comme surnoms des noms d'animaux pour ne pas être repérés.

(A) 2
(B) 3
(C) 1
(D) 0
(E) 5

Question 5. Parmi les phrases suivantes, une seule est fausse. Laquelle ?

(A) Les honkers sont payés 5 maos.
(B) Il y a 300 000 blogueurs en Chine.
(C) La Chine comporte 500 000 internautes.
(D) La population chinoise s'élève à 1,34 milliard de personnes.
(E) La police du web chinoise comporte 40 000 personnes.

Question 6. Question 6. Quels médias sont interdits en Chine ?

1. Facebook.
2. RFI.
3. BBC.
4. Twitter.

(A) 1 + 2 + 3 + 4
(B) 1 + 2 + 3
(C) 2 + 3
(D) 3 + 4
(E) 1 + 3 + 4

××××××××××××××××××××××××××××××××××××××
××××××××××××××××××××××××××××××××××××××

Question 7. Comment peut-on définir un honker ?

1. Un internaute.
2. Un membre du PPC.
3. Un étudiant.
4. Une personne rémunérée.

(A) 1 + 2 + 3 + 4
(B) Uniquement 1
(C) 1 + 3 + 4
(D) 1 + 4
(E) Uniquement 3

TEXTE 2

Les grandes migrations déjà commencent. Tassés dans les voitures, entassés dans les trains, les citadins enfin se ruent vers les plages, le soleil, les sommets, les bosquets. Avides de jeux et de repos, d'un peu de vie rêvée. Entraînés par nombre d'illusions, d'images trompeuses et de leurres, cela va de soi. Heureux malgré tout de changer d'air, de rythme, de climat, d'aliments. Exposés par là même, on l'oublie, à des dangers insolites, des risques inhabituels. Parce que finalement - ça, on ne le dit pas -, rien n'est plus dangereux que les vacances. Dès qu'on examine froidement la situation, les périls sautent aux yeux.

Sur les rivages lointains guettent tsunamis, requins et pirates. En montagne, s'annoncent crevasses et coulées de boue. A la campagne, pesticides, « serial killers » et frelons. Choisir sa destination n'est décidément pas une sinécure. Car aux risques naturels, depuis toujours encourus par les grands aventuriers, s'ajoutent à présent, sur un rythme soutenu, les catastrophes industrielles. Il faut donc étudier la carte des centrales nucléaires, s'informer sur la maintenance des complexes pétrochimiques, regarder de près l'architectonique des plaques, les lignes de faille, les statistiques de secousses sismiques. Et ce n'est qu'un début.

Après la géographie physique et industrielle, la géopolitique s'en mêle. De plus en plus nombreuses et étendues sont les zones où le séjour risque de se prolonger excessivement pour cause de prise d'otages. On évitera le Mali, l'Afghanistan et même, par prudence, le Sofitel de New York. Mais la liste ne cesse de s'allonger. Les révolutions arabes sont loin d'être stabilisées, le Moyen-Orient regorge de tensions, la Grèce, le Portugal et quelques autres sont plus ou moins proches du chaos. Si l'on veut éviter grèves générales, gaz lacrymogènes et aéroports paralysés, les contrées « touristicables » se réduisent comme peau de chagrin. Le repli sur la France n'est même pas rassurant : Fessenheim inquiète, Feyzin panique, les

XXXXXXXXXXXXXXXXXXXXXXXXXXXXXXXXXXXXXXXX
XXXXXXXXXXXXXXXXXXXXXXXXXXXXXXXXXXXXXXXX

stades sont survoltés, les festivals inégaux et rien ne garantit que les volcans d'Auvergne, sans prévenir, le 15 août, ne vont pas se remettre en activité.

Ceux qui trouveraient que j'exagère devront pourtant reconnaître que le vacancier se trouve toujours exposé à quelque déboire. Au téléphone, une tumeur au cerveau le menace, après une explosion de forfait. Au soleil, son mélanome se prépare, après des cloques et des vertiges. S'il fait du jogging, des tueurs le guettent, après un malaise vagal et des ampoules. Sans parler des intoxications alimentaires, dont on ne sait plus comment se prémunir… Car la vieille turista, ou même les amibes sont des histoires anciennes. On se demande à présent s'il faut éviter à tout prix les graines germées, esquiver par prudence les concombres, prendre garde à la résurgence de prion dans les viandes, considérer les fast-foods comme des abattoirs. D'ailleurs, la grippe aviaire, ça ne serait pas sur le point de repartir ?

Première conclusion : renoncer à bouger. Convaincu qu'en vacances tout devient de pire en pire, mieux vaut s'abstenir. On se souvient de la franche gaieté de Schopenhauer : *« Aujourd'hui est mauvais, et chaque jour sera plus mauvais - jusqu'à ce que le pire arrive »*… Voilà qui semble s'appliquer à la trêve estivale plus qu'à tout autre moment. S'il en est bien ainsi, la conséquence inéluctable est facile à tirer : descendre à la cave, la transformer en abri, se sustenter uniquement de riz complet bien cuit et attendre la rentrée en lisant, de préférence, des traités de métaphysique et de morale.

A moins qu'on ne se ravise, en se disant qu'on n'est vraiment pas tenu aux délires du principe de précaution, que la frayeur est toujours mauvaise conseillère et l'existence, vacances incluses, n'est qu'un seul lot. Vouloir y faire le tri est une illusion vaine. Si on dit « oui » à la vie, c'est à tout ce qu'elle comprend, souffrances comme jouissances, malheurs comme bonheurs. C'est à peu près ce que Nietzsche répondit à Schopenhauer, son « éducateur ».

××
××

Question 8. Laquelle de ces idées est absente du texte ?

(A) Les viandes ne sont pas saines dans les fast-foods.

(B) Il y a un risque nucléaire à Fessenheim.

(C) La Grèce peut sombrer dans le chaos.

(D) Il existe des tensions au Moyen-Orient.

(E) La peur est mauvaise conseillère.

Question 9. Donc, pour des vacances paisibles, il est plus prudent de :

1. descendre à la cave.
2. ne manger que du riz.
3. rester chez soi.

(A) 2 + 3

(B) Ni 1 ni 2 ni 3

(C) 1 + 2 + 3

(D) 1 + 2

(E) Uniquement 1

Question 10. Combien de problèmes médicaux sont présents à la fois dans cette liste et dans le texte ?

1. Turista.
2. Grippe AH1N1.
3. Ampoule.
4. Mélanome.

(A) 0

(B) 1

(C) 2

(D) 3

(E) 4

××××××××××××××××××××××××××××××××××××××
××××××××××××××××××××××××××××××××××××××

Question 11. On part en vacances pour changer…

1. d'air.
2. de latitude.
3. de rythme.
4. d'aliments.

(A) 1 + 3 + 4
(B) 1 + 4
(C) 2 + 3 + 4
(D) 1 + 2
(E) 3 + 4

Question 12. Où évitera-t-on de partir ?

1. En Grèce.
2. En Auvergne.
3. Au Mali
4. En Italie.

(A) 1 + 2 + 3 + 4
(B) 1 + 2 + 4
(C) 1 + 3 + 4
(D) 1 + 2 + 3
(E) 2 + 3 + 4

Question 13. Quel est le meilleur titre pour ce texte ?

(A) Mieux que La Grande Motte, Schopenhauer
(B) Survivre aux vacances
(C) Les dangers des vacances
(D) Comment bien choisir sa destination en 10 questions
(E) Le guide du routard de ma cave

××××××××××××××××××××××××××××××××××××××
××××××××××××××××××××××××××××××××××××××

Question 14. Combien parmi ces animaux ne sont pas cités dans le texte ?

1. Guêpe.
2. Requin.
3. Méduse.
4. Serpent.
5. Amibe.

(A) 4
(B) 3
(C) 2
(D) 1
(E) 0

Question 15. La morale de cette histoire pourrait être :

(A) prudence est mère de sûreté.
(B) un homme averti en vaut deux.
(C) trop de précaution nuit.
(D) pierre qui roule n'amasse pas mousse.
(E) toute vérité n'est pas bonne à dire.

Si vous avez terminé, vous n'êtes pas autorisé(e) à revenir sur une épreuve précédente.
Vous n'êtes pas non plus autorisé(e) à travailler sur une épreuve suivante avant la fin du temps imparti. **STOP !**

TEST BLANC TAGE MAGE 9

SOUS-TEST 2 : CALCUL

15 questions / 20 minutes / Calculatrice interdite
Réponse juste : + 4 points / Réponse fausse : – 1 point
Aucune réponse : 0 point

Question 16. Le Championnat de France de rugby débute par une première phase pendant laquelle les 14 équipes du championnat s'affrontent toutes deux fois dans la saison, puis s'achève par une seconde phase à élimination directe qui commence aux huitièmes de finale pour aller jusqu'en finale. Combien de matchs un champion de France a-t-il joués dans la saison ?

(A) 27
(B) 29
(C) 30
(D) 31
(E) 32

Question 17. Une bombe explosera dans 2 heures 52 minutes et 13 secondes. Le compte à rebours est indiqué sur un compteur qui affiche des secondes. Que peut-on lire sur le compteur ?

(A) 10 002 secondes.
(B) 10 121 secondes.
(C) 10 333 secondes.
(D) 10 842 secondes.
(E) 10 972 secondes.

Question 18. Un réservoir contient 480 litres quand il est à moitié plein. Combien de litres d'essence doit-on ajouter de façon à ce qu'il soit rempli aux deux tiers ?

(A) 160
(B) 180
(C) 200
(D) 220
(E) 240

//
//

Question 19. Combien y a-t-il de nombres de trois chiffres dont la somme des chiffres est égale à 24 ?

(A) 1
(B) 3
(C) 6
(D) 7
(E) 10

Question 20. Monsieur Roger dispose aujourd'hui de 44 000 € qu'il désire partager entre ses deux enfants, Jean et Jacques, âgés respectivement de 16 et 17 ans. Les deux parts sont placées à intérêts composés au taux annuel de 20 %. Quelle est la différence entre la part de Jacques et celle de Jean, sachant que monsieur Roger souhaite que chacun de ses enfants reçoive la même somme d'argent à l'âge de 18 ans ?

(A) 2 600 €.
(B) 2 800 €.
(C) 3 200 €.
(D) 3 600 €.
(E) 4 000 €.

Question 21. La rentrée scolaire de Manon aura lieu précisément dans 2 semaines 3 jours 5 heures et 12 minutes. Combien d'heures de vacances reste-t-il à Manon ?

(A) 386 heures.
(B) 398 heures.
(C) 407 heures.
(D) 413 heures.
(E) 421 heures.

Question 22. Quel terme initie la suite suivante ?

? 189 214 339 964

(A) 184
(B) 164
(C) 64
(D) 36
(E) 25

//
//

Question 23. On compte dans un magasin de chaussures 330 paires de chaussures noires, 124 paires de chaussures blanches et 92 paires de chaussures bleues. On tire au hasard des chaussures. Combien de paires de chaussures doit-on tirer au minimum pour être sûr d'avoir 2 paires de chaussures de couleurs différentes ?

(A) 112
(B) 118
(C) 124
(D) 125
(E) 331

Question 24. Si 30 % du volume de la bouteille A correspond à 80 % du volume de la bouteille B, que vaut alors le volume de la bouteille B en fonction du volume de la bouteille A ?

(A) 12,5 %.
(B) 25 %.
(C) 32,5 %.
(D) 37,5 %.
(E) 45 %.

Question 25. L'escalator d'une gare permet de transporter des passagers normalement en 40 s à la vitesse de 2 m/s. Un usager emprunte l'escalator, mais à la moitié du parcours, l'escalator tombe en panne. Le passager met 15 s pour parcourir la fin de l'escalator. Quelle est la vitesse de marche de l'usager ?

(A) 2 m/s.
(B) 2,25 m/s.
(C) 2,50 m/s.
(D) 2,66 m/s.
(E) 3 m/s.

Question 26. Benjamin joue à pile ou face avec Sabrina. Il gagne chaque fois que la pièce montre pile. Quelle est la probabilité que Benjamin ait gagné exactement deux fois après trois lancers ?

(A) 1
(B) 3/8
(C) 2/3
(D) 1/3
(E) 0

Question 27. Un bateau met 5 heures pour aller sans s'arrêter d'une ville X à une ville Y située en aval du fleuve. Au retour, le bateau a mis 7 heures pour remonter le courant, également sans s'arrêter et en gardant la même vitesse constante. Combien de temps mettra un radeau pour aller de X à Y, sachant qu'il se déplace avec la vitesse du courant ?

(A) 10 heures.

(B) 14 heures.

(C) 25 heures.

(D) 32 heures.

(E) 35 heures.

Question 28. Les 14 cubes de cette pyramide sont numérotés par des entiers différents strictement positifs. La somme des numéros des 9 cubes du bas de la pyramide vaut 50. Pour chaque autre cube, son numéro est la somme des numéros des 4 cubes situés juste en dessous. Quel est le plus grand numéro possible pour le cube du haut ?

(A) 110

(B) 114

(C) 116

(D) 118

(E) 120

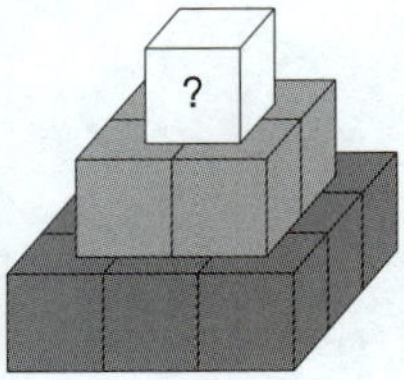

Question 29. Nous avons deux solutions d'eau oxygénée : à 30 % et à 3 %. Il nous faut les mélanger de façon à obtenir une solution à 12 %. Alors…

(A) il nous faut autant de solution à 3 % que de solution à 30 %.

(B) il nous faut deux fois plus de solution à 3 % que de solution à 30 %.

(C) il nous faut trois fois plus de solution à 3 % que de solution à 30 %.

(D) il nous faut quatre fois plus de solution à 3 % que de solution à 30 %.

(E) il nous faut cinq fois plus de solution à 3 % que de solution à 30 %.

//
//

Question 30. Un bidon plein de lait pèse 34 kg. Le même bidon quand il est à moitié plein pèse 17,5 kg. Combien pèse le bidon vide ?

(A) 1 kg.
(B) 0,5 kg.
(C) 1,25 kg.
(D) 1,5 kg.
(E) 2 kg.

Si vous avez terminé, vous n'êtes pas autorisé(e) à revenir sur une épreuve précédente.
Vous n'êtes pas non plus autorisé(e) à travailler sur une épreuve suivante avant la fin du temps imparti.

STOP !

TEST BLANC TAGE MAGE

SOUS-TEST 3 : RAISONNEMENT & ARGUMENTATION

9

15 questions / 20 minutes / Calculatrice interdite
Réponse juste : + 4 points / Réponse fausse : – 1 point
Aucune réponse : 0 point

Question 31. Trois ouvriers sont debout en rangée : Pierre, Samir et Gérard. On sait que deux d'entre eux sont heureux, deux d'entre eux sont petits, et deux d'entre eux sont rusés. Chaque ouvrier a exactement deux caractères. Deux ouvriers qui se trouvent l'un à coté de l'autre ont au moins un caractère en commun. On sait que Pierre ne se tient pas près de Samir et que Samir n'est pas heureux. Parmi les cinq propositions suivantes, laquelle est forcément exacte ?

(A) Gérard est rusé.
(B) Pierre est petit.
(C) Pierre et Samir ont un caractère en commun.
(D) Gérard est petit.
(E) Pierre est rusé.

Question 32. Robert et Yvan vont à la pêche trois jours de suite. Robert a pris plus de poissons le premier jour, Yvan en a pris plus le deuxième et ils ont pêché la même chose le troisième jour. Au total, Robert a pris 4 poissons et Yvan un seul. Que s'est-il passé le premier jour ?

(A) Robert a pris 2 poissons et Yvan 1.
(B) Robert a pris 4 poissons et Yvan 0.
(C) Robert a pris 1 poisson et Yvan 0.
(D) Robert a pris 4 poissons et Yvan 1.
(E) Robert a pris 2 poissons et Yvan 0.

>>
>>

Question 33. Le chat de Karim a disparu il y a déjà trois jours. Anxieux et impatient de le retrouver, Karim décide d'aller au poste de Police pour y signaler sa disparition. Afin d'aider les policiers dans leur travail, Karim donne les informations suivantes sur les chats de son quartier :

– les chats du quartier n'apprécient pas les chiens.

– les chats noirs apprécient les chiens.

– les chats qui ont un beau panier ont un maître fortuné.

– les chats qui n'ont pas de beau panier sont noirs.

– les chats non rusés n'ont pas de maître fortuné.

Karim dit être absolument sûr et certain de ces informations. Qu'est-ce que les policiers peuvent en conclure ?

(A) Que les chats non rusés sont noirs.

(B) Que le chat de Karim n'est pas rusé.

(C) Que le chat de Karim n'est pas noir.

(D) Que les chats qui ont un beau panier ne sont pas forcément rusés.

(E) Que les chats du quartier sont rusés.

Question 34. Yann a deux fois plus de frères que de sœurs. Sa sœur Anne a cinq fois plus de frères que de sœurs. Combien y a-t-il de garçons et de filles dans cette famille ?

(A) 4 garçons et 2 filles.

(B) 2 garçons et 5 filles.

(C) 5 garçons et 2 filles.

(D) 2 garçons et 4 filles.

(E) 3 garçons et 1 fille.

>>
>>

Question 35. Au cours d'une réunion exceptionnelle, le directeur des Ressources Humaines d'une entreprise affirme : « Pour bénéficier de la prime de fin d'année, il faut avoir participé au salon de l'été dernier ! ». Aline déduit de ces propos que tous ceux qui bénéficieront de la prime de fin d'année ont participé au salon de l'été dernier. Bertrand quant à lui pense que tous ceux qui ont participé au salon de l'été dernier, bénéficieront de la prime de fin d'année. Céline est pour sa part persuadée que, comme elle n'a pas participé au salon de l'été dernier, elle ne recevra pas de prime de fin d'année. Enfin, Dominique conclut qu'il y a des personnes qui étaient au salon de l'été dernier qui ne toucheront pas la prime de fin d'année.

Qui a raison et qui a tort ?

(A) Tous les garçons ont tort.

(B) Aline et Céline ont raison alors que Bertrand et Dominique ont tort.

(C) Toutes les filles ont raison.

(D) Tout le monde a raison.

(E) Bertrand et Céline ont tort.

Question 36. « Tous les acteurs sont beaux ». Si cette affirmation est vraie, alors Patrick déduit qu'aucun acteur n'est pas beau. De son côté, Tom conclut qu'étant beau, il pourrait devenir acteur. Julie lui répond immédiatement que tous les gens beaux ne sont pas acteurs. Enfin, Justine pense que ce n'est pas parce qu'on n'est pas acteur que l'on n'est pas beau.

Qui a raison et qui a tort ?

(A) Tous les quatre ont raison.

(B) Tom a tort alors que les trois autres ont raison.

(C) Si Tom a raison, alors Julie à tort.

(D) Les garçons ont tort.

(E) Si Justine a tort, alors Patrick a raison.

>>>
>>>

Question 37. Quatre amies sont assises sur un banc. D'abord, Mounia échange sa place avec Dora. Puis Dora échange sa place avec Lili. Après ces deux échanges, l'ordre de gauche à droite sur le banc est : Mounia, Sabrina, Dora, Lili. Dans quel ordre, de gauche à droite, étaient-elles assises au départ ?

(A) Mounia, Sabrina, Dora, Lili.
(B) Mounia, Dora, Lili, Sabrina.
(C) Dora, Sabrina, Lili, Mounia.
(D) Sabrina, Mounia, Dora, Lili.
(E) Lili, Mounia, Sabrina, Dora.

Question 38. Dans une course cycliste, les trois premiers passent la ligne d'arrivée détachés du peloton. Ils ont des dossards aux couleurs différentes : vert bleu et rouge. Le français est derrière le dossard bleu. Le dossard vert est devant le dossard bleu. Dans quelle position le dossard rouge est-il arrivé ?

(A) Il est impossible de savoir.
(B) Premier ou troisième.
(C) Premier.
(D) Deuxième.
(E) Troisième.

Question 39. Lors d'un même mois, trois lundis sont des jours pairs. Quel jour de la semaine tombe le vingt du mois ?

(A) Lundi.
(B) Mardi.
(C) Mercredi.
(D) Jeudi.
(E) Vendredi.

>>
>>

Question 40. Jonas, au désespoir de sa femme, n'est pas un homme rangé. Dans un tiroir de sa commode, se trouvent pêle-mêle deux paires de chaussettes rouges, trois paires de chaussettes noires et une paire de chaussettes bleues. Un matin en se levant, il constate qu'il a oublié de préparer ses chaussettes avant de se coucher la veille. Il ne veut pas réveiller sa femme. Il décide donc de prendre au hasard une poignée de chaussettes dans le tiroir de la commode. Combien cette poignée doit-elle contenir de chaussettes au minimum pour que Jonas soit certain de trouver deux chaussettes de même couleur ?

(A) Onze.
(B) Quatre.
(C) Dix.
(D) Trois.
(E) Cinq.

Question 41. Arthur, Sam et Martin se rencontrent au concert à Zanzibar. Ils arrivent de villes différentes : Paris, Dallas, Reykjavik et Bruxelles. On sait qu'Arthur et celui venant de Bruxelles sont arrivés à Zanzibar tôt le matin. Aucun des deux n'a jamais été à Paris ni à Reykjavik. Robin, qui ne vient pas de Bruxelles, est arrivé à Zanzibar en même temps que le Parisien. Enfin, Martin et le Parisien vont souvent au concert. D'où vient Martin ?

(A) Paris.
(B) Reykjavik.
(C) Dallas.
(D) Bruxelles.
(E) Zanzibar.

Question 42. Tous les chevaux d'un manège circulaire se suivent l'un derrière l'autre et sont numérotés dans l'ordre : 1, 2, 3, 4… Sur ce manège, Maxime est assis sur le cheval numéro 11, exactement à l'opposé de Jeanne, qui est assise sur le cheval numéro 4. Combien ce manège comporte-t-il de chevaux ?

(A) 13
(B) 14
(C) 16
(D) 17
(E) 22

>>
>>

Question 43. Dans une famille, chaque enfant a au moins un frère et une sœur. Alors, on peut être certain que, dans cette famille il y a au moins :

(A) 2 enfants.
(B) 3 enfants.
(C) 4 enfants.
(D) 5 enfants.
(E) 6 enfants.

Question 44. Un gardien de nuit travaille 4 jours de suite et se repose le 5e jour. Après un lundi de repos, il reprend son travail le mardi. Combien de jours après ce mardi lui faudra-t-il attendre avant de se reposer à nouveau un lundi ?

(A) 6
(B) 7
(C) 27
(D) 34
(E) 36

Question 45. D'après les règles de bienséance d'un pays, après avoir bu du thé, il faut s'abstenir de boire du café pendant trois heures ; de plus, on n'a le droit de manger des biscuits qu'une heure au moins après avoir mangé une salade, quelle qu'elle soit. Au début du repas servi à 19 h, les invités ont mangé une salade de crudités et ont bu une tasse de thé.

Qu'est-ce qui aurait pu être servi comme dessert à 21 h, conformément aux règles de bienséance de ce pays ?

(A) Une tasse de café.
(B) Une salade de fruits et aussitôt après des biscuits.
(C) Des biscuits et aussitôt après une tasse de café.
(D) Des biscuits et aussitôt après une tasse de thé.
(E) Une tasse de café et aussitôt après des biscuits.

Si vous avez terminé, vous n'êtes pas autorisé(e) à revenir sur une épreuve précédente.
Vous n'êtes pas non plus autorisé(e) à travailler sur une épreuve suivante avant la fin du temps imparti. **STOP !**

TEST BLANC TAGE MAGE 9

SOUS-TEST 4 : CONDITIONS MINIMALES

15 questions / 20 minutes / Calculatrice interdite
Réponse juste : + 4 points / Réponse fausse : – 1 point
Aucune réponse : 0 point

Vous répondrez :

(A) Si l'information (1) permet à elle seule de répondre à la question, et si l'information (2) à elle seule ne permet pas de répondre à la question.

(B) Si l'information (2) permet à elle seule de répondre à la question, et si l'information (1) à elle seule ne permet pas de répondre à la question.

(C) Si les deux informations (1) et (2) ensemble permettent de répondre à la question, et aucune séparément ne le peut.

(D) Si chaque information permet séparément de répondre à la question.

(E) Si les deux informations ensemble ne permettent pas de répondre à la question.

Question 46. *A, B, C* et *D* sont quatre nombre entiers : que vaut *B* ?

(1) *A, B, C* et *D* sont quatre multiples de 7 consécutifs.

(2) $200 < A + B + C + D < 230$

Question 47. Le carré ABCD et un triangle équilatéral DEG ont même périmètre. Quelle est la mesure d'un côté du triangle ?

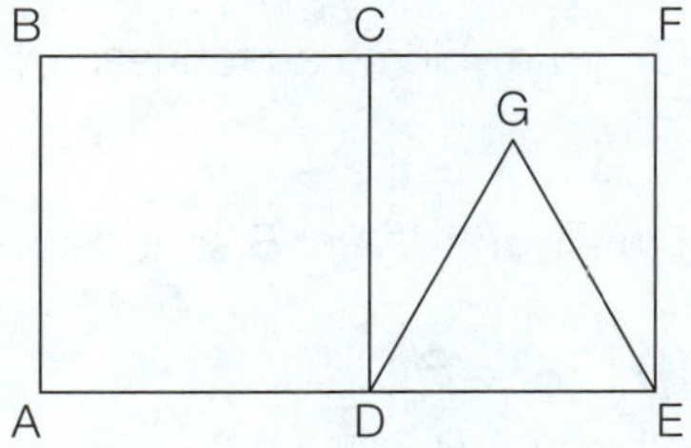

(1) Le quadruple de l'aire du carré ABDC est égal à trois fois celle du rectangle CDEF.

(2) Le côté du triangle est 0,75 fois plus petit que celui du carré.

Question 48. Le nombre *a* est solution de l'équation $20\ \% \times (a^2 - 1) = a - 1$. Que vaut *a* ?

(1) *a* est le cube d'un entier.

(2) L'inverse de *a* est entier.

##
##

Vous répondrez :

(A) Si l'information (1) permet à elle seule de répondre à la question, et si l'information (2) à elle seule ne permet pas de répondre à la question.

(B) Si l'information (2) permet à elle seule de répondre à la question, et si l'information (1) à elle seule ne permet pas de répondre à la question.

(C) Si les deux informations (1) et (2) ensemble permettent de répondre à la question, et aucune séparément ne le peut.

(D) Si chaque information permet séparément de répondre à la question.

(E) Si les deux informations ensemble ne permettent pas de répondre à la question.

Question 49. *Y* est un nombre entier à quatre chiffres inférieur à 3 000. Que vaut son chiffre des unités ?

(1) *Y* est un cube d'entier.

(2) La somme du chiffre des dizaines et des centaines de *Y* est égal à la racine carrée du quadruple du carré de 5.

Question 50. On verse de la marmelade dans un moule de forme pyramidale et de volume 125 m^3. La marmelade est versée simultanément depuis deux tonneaux : l'un de forme cylindrique de 300 m^3 de volume et l'autre de forme cubique. En combien de temps le moule sera-t-il entièrement rempli ?

(1) S'il n'y avait que le tonneau cylindrique, le moule serait rempli en 10 min.

(2) Le volume du tonneau cylindrique est égal à 200 m^3.

Question 51. *A* et *B* sont deux entiers naturels. Combien vaut $A - B$?

(1) $A^2 = B^2$

(2) $A + B = 0$

Question 52. Une voiture consomme 10 litres d'essence tous les 100 kilomètres, quelle que soit sa vitesse. Quelle distance a-t-elle parcourue ?

(1) En roulant 2 fois plus longtemps, elle aurait consommé 3 fois plus d'essence.

(2) Elle roule à 100 km/h sur l'intégralité du parcours.

##
##

Vous répondrez :

(A) Si l'information (1) permet à elle seule de répondre à la question, et si l'information (2) à elle seule ne permet pas de répondre à la question.

(B) Si l'information (2) permet à elle seule de répondre à la question, et si l'information (1) à elle seule ne permet pas de répondre à la question.

(C) Si les deux informations (1) et (2) ensemble permettent de répondre à la question, et aucune séparément ne le peut.

(D) Si chaque information permet séparément de répondre à la question.

(E) Si les deux informations ensemble ne permettent pas de répondre à la question.

Question 53. Françoise travaille dans une agence bancaire. Quel est le pourcentage de femmes parmi les salariés de cette agence ?

(1) Le nombre d'hommes correspond au 3/2 du nombre de femmes.

(2) Le nombre de femmes correspond au 2/3 du nombre d'hommes.

Question 54. David est né au XXe siècle. Quelle est l'année de sa naissance ?

(1) La somme des chiffres de l'année de naissance de David est égale à 19.

(2) L'année de naissance de David est le carré d'un nombre.

Question 55. A et B sont deux entiers naturels tels que $A - B = 45$. Que valent A et B ?

(1) Le quotient de la division du plus grand par le plus petit est 5.

(2) Le reste de la division du plus petit par le plus grand est 55.

Question 56. Alain, René, Yanis et Thomas vont au cinéma et ont réservé 4 places côte à côte. Quel est leur placement ?

(1) Yanis ne veut pas d'Alain ou de René à côté de lui et il n'y personne à sa gauche.

(2) Thomas ne veut pas s'asseoir à côté de René.

[redacted]

Vous répondrez :

(A) Si l'information (1) permet à elle seule de répondre à la question, et si l'information (2) à elle seule ne permet pas de répondre à la question.

(B) Si l'information (2) permet à elle seule de répondre à la question, et si l'information (1) à elle seule ne permet pas de répondre à la question.

(C) Si les deux informations (1) et (2) ensemble permettent de répondre à la question, et aucune séparément ne le peut.

(D) Si chaque information permet séparément de répondre à la question.

(E) Si les deux informations ensemble ne permettent pas de répondre à la question.

Question 57. On coupe une corde de 280 m de long en trois morceaux. Quelle est la longueur du morceau le plus long ?

(1) La différence de longueur entre les deux premiers morceaux est égale à 32 mètres, et le troisième et dernier morceau mesure 16 mètres.

(2) Un morceau mesure 148 mètres.

Question 58. Quel est le plus petit des trois nombres x, y et z ?

(1) Le produit de x par z est égal à 12 et celui de y par z est égal à 20.

(2) x, y, z sont des entiers positifs et le produit de x par y est égal au triple de la racine carrée de 25.

Question 59. Lors d'un vote, trois candidats A, B et C se sont présentés. Combien de votes chacun des candidats a-t-il obtenus sachant que le vote blanc était interdit ?

(1) A a obtenu 17 votes de plus que B et 103 votes de plus que C.

(2) Le total des votes comptabilisés est égal à 1 704.

##
##

Vous répondrez :

(A) Si l'information (1) permet à elle seule de répondre à la question, et si l'information (2) à elle seule ne permet pas de répondre à la question.

(B) Si l'information (2) permet à elle seule de répondre à la question, et si l'information (1) à elle seule ne permet pas de répondre à la question.

(C) Si les deux informations (1) et (2) ensemble permettent de répondre à la question, et aucune séparément ne le peut.

(D) Si chaque information permet séparément de répondre à la question.

(E) Si les deux informations ensemble ne permettent pas de répondre à la question.

Question 60. La somme de 2 006 entiers positifs non nuls est 2 010. Combien vaut leur produit ?

(1) Ce produit n'est pas divisible par 5.

(2) Ce produit est multiple de 3.

Si vous avez terminé, vous n'êtes pas autorisé(e) à revenir sur une épreuve précédente.
Vous n'êtes pas non plus autorisé(e) à travailler sur une épreuve suivante avant la fin du temps imparti.

STOP !

TEST BLANC TAGE MAGE 9

SOUS-TEST 5 : EXPRESSION

15 questions / 20 minutes / Calculatrice interdite
Réponse juste : + 4 points / Réponse fausse : – 1 point
Aucune réponse : 0 point

Question 61. Laquelle des phrases suivantes est correcte du point de vue de l'usage du vocabulaire ?

(A) Vous m'avez rendu d'imminents services et je ne sais comment vous remercier.
(B) Cette année, le prix littéraire a été discerné à un jeune romancier.
(C) Sa réaction est étonnante mais personne ne lui en veut.
(D) Ce laboratoire va commercialiser un nouvel antalgique contre les maux de tête.
(E) Nous devons aider ces illettrés qui ne savent ni lire ni écrire.

Question 62. « L'homme est sociable, parce qu'il aime le bien-être et se plaît dans un état de sécurité »
Quel mode de raisonnement est utilisé dans la phrase précédente ?

(A) déductif
(B) causal
(C) analogique
(D) inductif
(E) concessif

Question 63. Parmi les propositions suivantes, laquelle fait figure d'intruse ?

(A) Il était prêt pour le dernier voyage de sa vie.
(B) Elle travaille vingt-six heures par jour, huit jours sur sept.
(C) Ce dessert n'est pas mauvais du tout.
(D) Elle jouait souvent avec ses chats, et ses moineaux.
(E) Je l'aime un peu, beaucoup, passionnément.

Question 64. Parmi les cinq propositions suivantes, lesquelles sont incorrectes du point de vue de l'usage ?

Phrase 1. Parlons clairement, de manière à ce que nous nous comprenions.

Phrase 2. Le monopole exclusif de France Telecom dans les entreprises est remis en question.

Phrase 3. Il n'y a pas pire que les pis-aller.

Phrase 4. Causez à votre ami de cette affaire !

Phrase 5. Croyez-vous en son récit ?

(A) Phrases 1 et 2
(B) Phrases 2 et 4
(C) Phrases 2, 3 et 4
(D) Phrases 1, 3, 4 et 5
(E) Phrase 1, 2, 4 et 5

Question 65. *émoussé* est à *lame* ce que :

(A) *branlant* est à *balustrade*
(B) *chaud* est à *thermomètre*
(C) *mouillé* est à *parapluie*
(D) *blessé* est à *pansement*
(E) *utile* est à *agréable*

Questions 66 à 70 : choisissez la reformulation dont le sens se rapproche le plus du (des) passage(s) souligné(s).

Question 66. Dans son autobiographie, l'auteur décrit de façon laconique l'opulence dans laquelle il a vécu jusque sa majorité.

(A) de façon concise l'indigence
(B) de façon elliptique le luxe
(C) de façon lapidaire l'essor
(D) de façon verbeuse la richesse
(E) de façon prolixe l'abondance

Question 67. En dépit des aides financières octroyées par l'Union européenne, une partie de la population sénégalaise vit dans un paupérisme dénoncé par de nombreuses associations humanitaires.

(A) une mendicité désignée par
(B) une dèche dévoilée par
(C) un dénuement révélé par
(D) une prodigalité rapportée par
(E) une simplicité notifiée par

Question 68. Ce professeur est incapable de s'en tenir aux décisions qu'il prend à l'égard de ses élèves.

(A) adopte une attitude opiniâtre vis-à-vis de
(B) est nonchalant face à
(C) refuse de prendre des résolutions pour le bien de
(D) se comporte de façon apathique en ce qui concerne
(E) a une démarche velléitaire à l'égard de

Question 69. Quel pianiste ! A chaque fois que nous assistons à l'un de ses concerts, son talent nous stupéfait.

(A) nous prend au dépourvu
(B) nous ravit
(C) nous étonne
(D) nous surprend
(E) nous exclame

Question 70. I pardonne toujours avec magnanimité.

(A) avec largesse
(B) avec réticence
(C) avec affection
(D) avec hésitation
(E) Toutes les solutions proposées sont bonnes.

Question 71. Choisissez la meilleure formulation pour la partie soulignée en vérifiant la correction orthographique et/ou grammaticale et en valorisant l'élégance stylistique. La réponse A reprend la formulation initiale.

Les forces de police ont débuté leurs recherches trop longtemps après que les deux cyclistes aient disparu. Elles ont eu des difficultés à retrouver les deux corps et n'ont pas fait l'effort de s'excuser auprès des familles.

(A) Les forces de police ont débuté leurs recherches trop longtemps après que les deux cyclistes aient disparu. Elles ont eu des difficultés à retrouver les deux corps et n'ont pas fait l'effort de s'excuser auprès des familles.

(B) Les forces de police ont commencé leurs recherches trop longtemps après que les deux cyclistes ont disparu. Elles ont rencontré des difficultés pour retrouver les deux corps et n'ont pas fait l'effort de s'excuser auprès des familles.

(C) Les forces de police ont démarré leurs recherches trop longtemps après que les deux cyclistes aient disparu. Elles ont eu des difficultés à retrouver les deux corps et n'ont pas fait l'effort de s'excuser auprès des familles.

(D) Les forces de police ont initié leurs recherches trop longtemps après la disparition des deux cyclistes. Elles ont eu certaines difficultés pour retrouver les deux corps et ne sont même pas efforcé de s'excuser auprès des familles !

(E) Les recherches initiées par les forces de police ont malheureusement commencé trop longtemps après la disparition des deux cyclistes. Elles ont eu des difficultés à retrouver les deux corps et ne se sont même pas excusé auprès des familles.

Questions 72 à 75 : complétez en choisissant la solution optimale.

Question 72. Partout dans le monde, notamment chez ceux qu'on qualifie aussi de peuples premiers, ou (...), parce que leurs cultures sont restées proches de la nature et de leur terre d'origine, on retrouve cette fonction. Le chamane est un intermédiaire entre le monde visible et les mondes invisibles, décrits différemment selon les cultures, mais avec de nombreux points communs. Ces espaces sont accessibles par un élargissement de l'état de conscience, plus ou moins profond selon les régions du monde et les pratiques, qui permet de percevoir à travers un ou plusieurs sens ce que nous traduisons par « esprits » ou par « énergie », et d'entretenir une relation (...) avec ces dimensions. Ces mondes invisibles sont la plupart du temps divisés en trois – mais parfois plus dans certaines traditions : le monde d'en bas, celui du milieu (où nous vivons) et les mondes d'en haut. Le monde visible, la nature en sont la (...).

(A)	peuples racines	privilégiée	manifestation
(B)	peuples nomades	exceptionnelle	dénomination
(C)	peuples sources	marquée	prédisposition
(D)	peuples transcendants	magnifiée	quintessence
(E)	peuples kuba	favorisée	divination

Question 73. Il ne faut pas oublier de (…) ce vaccin au frais, sous peine qu'il perde de son efficacité.

(A) conserver
(B) garder
(C) placer
(D) mettre
(E) déposer

Question 74. Dans le contexte de la pandémie de Covid-19 et de la récession de vaste ampleur qu'elle a provoquée, il est légitime de se demander si les travaux des candidats recouvrent certaines des interrogations les plus (...) quant aux désordres du capitalisme mondial et aux reconfigurations du monde d'après-crise. La réponse est éminemment positive.

(A) sentencieuses
(B) immédiates
(C) emportées
(D) irascibles
(E) atrabilaires

Question 75. Le soleil n'était pas encore couché. Vers le sud, on apercevait (…), l'une en forme de tour, l'autre en forme de rameau Elles étaient recouvertes (…) avec (…). Au nord, (…) obstruait l'horizon. Elle était vêtue (…) et creusée de ravines profondes. La mer et la pluie conspiraient à sa ruine ; mais majestueuse encore, elle portait à sa crête, comme un cimier, (…) construit jadis par les naufrageurs et les corsaires.

(A) les ruines d'un hameau / d'herbe rase / de minuscules villages empourprés / deux belles montagnes / d'un pelage roux / un grand hameau
(B) les ruines d'un hameau / d'un pelage roux / une grande falaise d'argile / deux belles montagnes / d'herbe rase / de minuscules villages empourprés
(C) deux belles montagnes / d'herbe rase / les ruines d'un hameau / une grande falaise d'argile / d'un pelage roux / de minuscules villages empourprés
(D) deux belles montagnes / d'un pelage roux / de minuscules villages empourprés / une grande falaise d'argile / d'herbe rase / les ruines d'un hameau
(E) les ruines d'un hameau / d'un pelage brun / de grands villages d'argile / une belle falaise empourprée / d'herbe fraîche / un village.

Si vous avez terminé, vous n'êtes pas autorisé(e) à revenir sur une épreuve précédente.
Vous n'êtes pas non plus autorisé(e) à travailler sur une épreuve suivante avant la fin du temps imparti.

STOP !

TEST BLANC TAGE MAGE 9

SOUS-TEST 6 : LOGIQUE

15 questions / 20 minutes / Calculatrice interdite
Réponse juste : + 4 points / Réponse fausse : – 1 point
Aucune réponse : 0 point

Question 76.

	87			
	62			
97	**?**	20	53	31
	42			
	93			

(A) 84 (B) 72 (C) 75 (D) 42 (E) 15

Question 77.

		AME		
		LIZ		
		RFV		
		FDG		
ZRC	HHK	**?**	LEO	TRW

(A) OCR (B) OFP (C) VQR (D) TCL (E) HIK

Question 78.

		961		
		286		
		943		
		736		
963	752	**?**	853	431

(A) 565 (B) 752 (C) 844 (D) 431 (E) 637

****
****

Question 79.

	DHO			
	GZC			
	JAB			
	MPL			
ONA	?	TEE	IJK	FTD

(A) JIK (B) ERG (C) PDE (D) HDL (E) PGG

Question 80.

		326		
		919		
		428		
		122		
476	962	?	836	557

(A) 908 (B) 188 (C) 458 (D) 515 (E) 224

Question 81.

	XXW			
	ASZ			
	QNP			
	FIP			
RHW	?	ALF	OTT	MLR

(A) GDT (B) RJW (C) BJG (D) CDH (E) LAT

****
****

Question 82.

91

25 ? 49 36 16

93

61

40

(A) 92 (B) 52 (C) 64 (D) 81 (E) 60

Question 83.

CDE

OPN

JKI

XYX

DQF ? PAL BOO SDR

(A) EFI (B) EUO (C) IJH (D) EAI (E) ILM

Question 84.

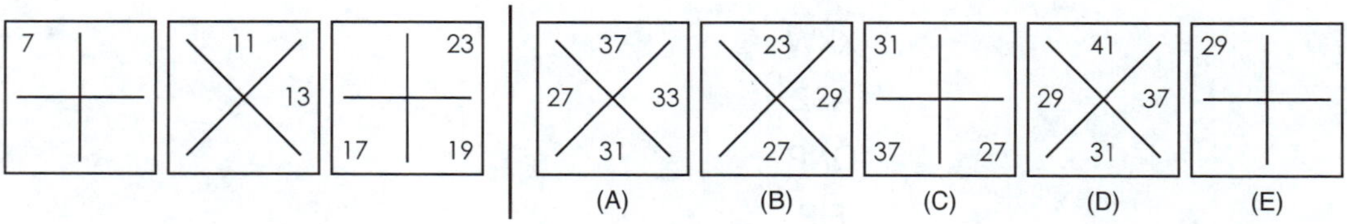

Question 85.

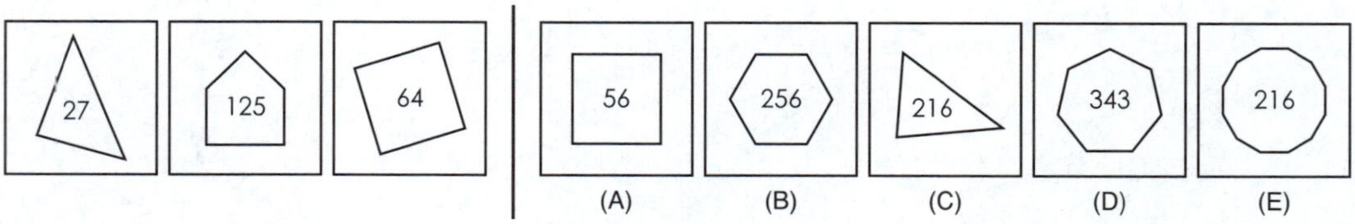

Question 86.

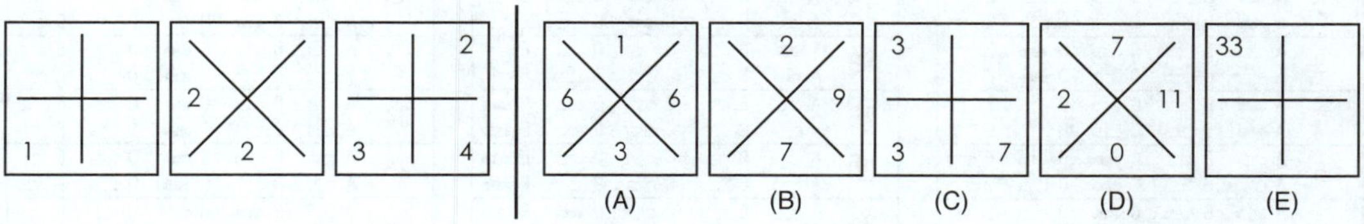

Question 87.

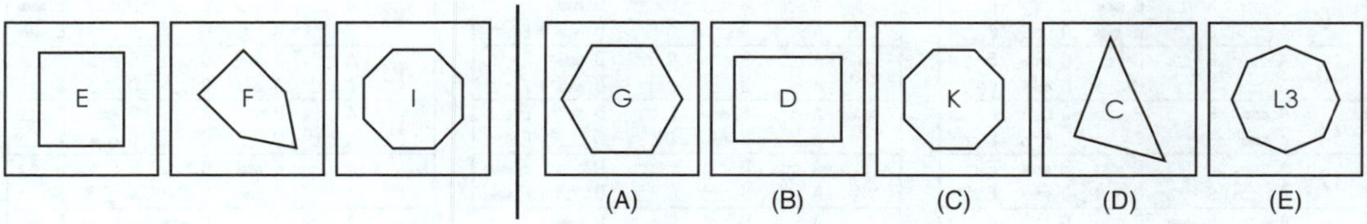

Question 88.

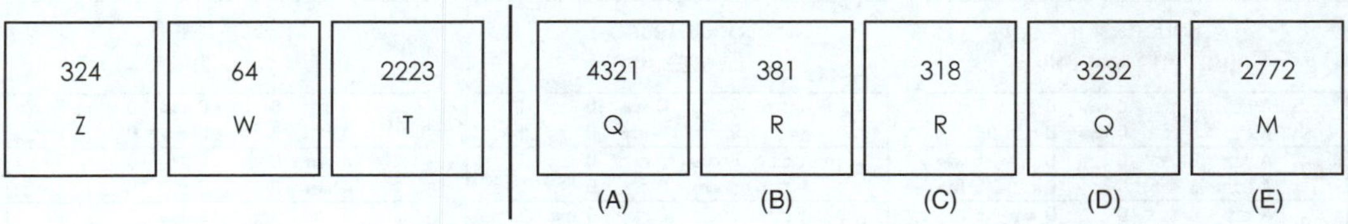

Question 89.

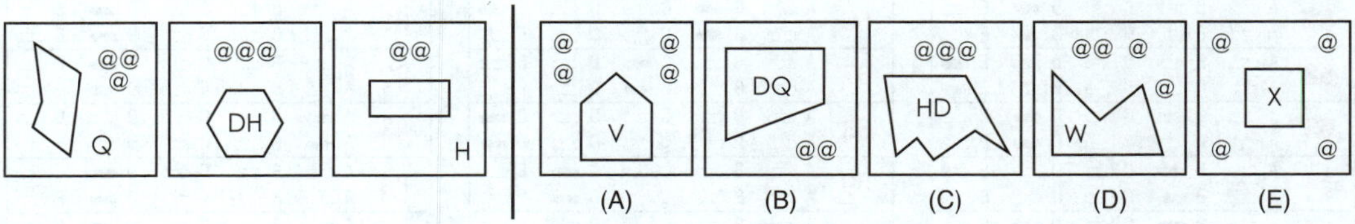

Question 90.

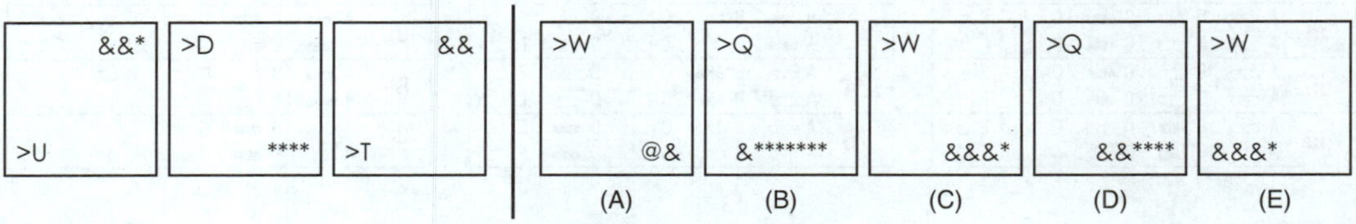

TEST TAGE MAGE 9 : VOTRE GRILLE DE REPONSES JUSTES

Sous-test 1
Compréhension de textes

1	B
2	A
3	D
4	A
5	C
6	C
7	C
8	A
9	C
10	D
11	A
12	D
13	B
14	B
15	C

Sous-test 2
Calcul

16	C
17	C
18	A
19	E
20	E
21	D
22	A
23	E
24	D
25	D
26	B
27	E
28	D
29	B
30	A

Sous-test 3
Raisonnement/Argumentation

31	C
32	B
33	C
34	C
35	C
36	B
37	C
38	A
39	E
40	B
41	D
42	B
43	C
44	D
45	D

Sous-test 4
Conditions minimales

46	C
47	E
48	D
49	C
50	E
51	D
52	E
53	D
54	B
55	B
56	C
57	D
58	C
59	C
60	B

Sous-test 5
Expression

61	C
62	B
63	D
64	E
65	A
66	B
67	C
68	E
69	D
70	A
71	B
72	A
73	A
74	B
75	D

Sous-test 6
Logique

76	C
77	A
78	C
79	E
80	B
81	D
82	D
83	A
84	D
85	D
86	A
87	A
88	A
89	A
90	B

9

CORRIGES

SOUS-TEST 1 : COMPREHENSION DE TEXTES

Question 1. Réponse B

La réponse est explicite : « le mot “He Xie”, qui signifie “harmonie”, est censuré sur Internet ».

Question 2. Réponse A

Les résumés B et D laissent à penser qu'il est facile de contourner la censure, c'est faux. Le titre C dit que seuls les étudiants contournent la censure, et le titre E est trop imprécis (« faire preuve de ruse »). Le titre A, par élimination, apparaît comme le meilleur.

Question 3. Réponse D

La proposition 1 est fausse car les Honkers sont des personnes employées par les autorités pour surveiller le web.

La proposition 2 est exacte : « Le principe de la “vigilance tournante” (weiguan) tend aussi à se répandre ».

La proposition 3 est exacte : « La censure est également plus facile à contourner pour ceux qui maîtrisent les langues étrangères ».

La proposition 4 est exacte : « Pour contourner les pare-feux instaurés par le régime, ceux qui savent utiliser l'informatique adoptent des logiciels comme Little Dragon pour accéder aux sites et blogs non autorisés. »

Question 4. Réponse A

La proposition 1 est exacte : « pour l'immense majorité des Chinois, Internet est comme la presse, muselé ». Effectivement, Internet est aussi libre que la presse l'est, c'est-à-dire pas du tout.

La proposition 2 est exacte : « Renren et Weibo (les alternatives chinoises à Facebook et Twitter) ».

Question 5. Réponse C

La réponse est explicite : « dont 500 millions d'internautes ».

Question 6. Réponse C

Facebook et Twitter ne sont pas des médias, ce sont des réseaux sociaux.

Question 7. Réponse C

La proposition 2 est fausse : c'est le PCC (Parti Communiste Chinois) et non le PPC.

Les autres sont exactes : « le PCC a embauché des milliers de “honkers”, c'est-à-dire des internautes professionnels, payés 5 maos (50 centimes) par commentaire, dont la mission est de défendre et relayer le point de vue officiel. Ces “honkers” sont, pour la plupart, des étudiants rompus aux techniques du web, et membres du PCC ».

Question 8. Réponse A

La proposition A est inexacte : les fast-foods sont traités d'abattoirs, mais rien ne dit que la viande n'est pas saine.

Question 9. Réponse C

Les trois propositions sont exactes : « Première conclusion : renoncer à bouger », « descendre à la cave », « se sustenter uniquement de riz complet bien cuit ».

Question 10. Réponse D

Les maladies 1, 3 et 4 sont présentes. En revanche, le texte mentionne la grippe aviaire et non la grippe AH1N1.

Question 11. Réponse A

La réponse est explicite : « Heureux malgré tout de changer d'air, de rythme, de climat, d'aliments. »

Question 12. Réponse D

Rien n'est dit sur l'Italie, en revanche, les autre destinations sont fortement déconseillées : « On évitera le Mali », « rien ne garantit que les volcans d'Auvergne, sans prévenir, le 15 août, ne vont pas se remettre en activité », « la Grèce, le Portugal et quelques autres sont plus ou moins proches du chaos. »

Question 13. Réponse B

Les titres A et E sont beaucoup trop anecdotiques. Le titre D évoque des questions qui n'existent pas. Le titre C n'est pas faux, mais il n'a pas l'humour du titre B. Or, il y a de l'humour dans ce texte.

Question 14. Réponse B

Les guêpes, les méduses et les serpents ne sont pas mentionnés.

Question 15. Réponse C

La morale A prend le texte à contre-pied.

La morale B, qui sonne comme un avertissement, ne tient pas compte de la fin du texte.

La morale D est hors de propos.

La morale E ne reflète pas l'optimisme de la fin du texte.

La morale C colle parfaitement au texte.

SOUS-TEST 2 : CALCUL

Question 16. Réponse C

Rappel de cours : Soit N équipes qui s'affrontent toutes une fois, alors le nombre de matchs disputés par chaque équipe est égal à **N – 1**. Ici, N = 14 et elles s'affrontent deux fois : chaque équipe dispute donc 26 matchs. (2 × (14 – 1))

Le champion de France joue en plus les huitièmes de finale, puis les quarts, puis les demis, et enfin la finale, soit 4 matchs.

Cette saison, le champion aura joué 26 + 4 = 30 matchs.

Question 17. Réponse C

Une heure = 3 600 secondes, et une minute = 60 secondes. On remplace les heures et les minutes par leur valeur en secondes :

2 heures = 7 200 secondes et 52 minutes = 3 120 secondes.

7 200 + 3 120 + 13 = 10 333 secondes.

Question 18. Réponse A

Le réservoir contient 480 litres à moitié plein : il en contient donc 960 lorsqu'il est rempli. Rempli aux deux tiers, il contient $\frac{2}{3}$ de 960, soit 640 litres. 640 – 480 = 160 ; il faut par conséquent ajouter 160 litres au réservoir pour passer aux deux tiers.

Question 19. Réponse E

On écrit tous les nombres qui respectent cette condition :

888 (8 + 8 + 8), 789 (7 + 8 + 9), 987, 879, 897, 798, 978, 996 (6 + 9 + 9), 699, 969

Il y a 10 nombres de trois chiffres dont la somme des chiffres est égale à 24.

Question 20. Réponse E

Rappel : la formule des intérêts composés s'écrit $\mathbf{X(1 + r)^n}$.
Par exemple, 100 euros placés à intérêts composés sur 2 ans à un taux de 10 % donnera donc : $100(1 + 10\ \%)^2 = 121$ euros.

Jean a 16 ans, il fera donc fructifier sa somme pendant 2 ans. Soit X la part initiale donnée à Jean et Y la part donnée à Jacques, on doit avoir l'équation :

$X(1 + 20\ \%)^2 = Y(1 + 20\ \%)$: Jacques a 17 ans, il ne fait fructifier sa somme que pendant un an.

On divise par (1 + 20 %) des deux côtés, et on trouve 1,2X = Y, on sait aussi que X + Y = 44 000.

On remplace Y dans la deuxième équation par sa valeur en fonction de X :

2,2X = 44 000, on trouve X = 20 000 et Y = 24 000.

La différence entre la part de Jean et de Jacques est donc de 4 000 euros.

Question 21. Réponse D

Il s'agit d'une question simple de conversion en heure. **Rappel : une semaine = 7 jours de 24 h, soit 168 h.**

2 semaines = 336 heures, 3 jours = 72 heures.

336 + 72 + 5 = 413 heures.

Question 22. Réponse A

Attention : il ne s'agit pas d'une question de logique mais bien d'une question de calcul. On calcule alors la différence entre les différents termes.

On trouve 214 – 189 = 25, 339 – 214 = 125, 964 – 339 = 625.

On comprend que la soustraction des différents termes entre eux est égale à 5^n :

$5^2 = 25$, $5^3 = 125$, $5^4 = 625$.

Le premier terme de la suite est donc égal à $189 - 5^1 = 184$.

CORRIGÉS TEST BLANC 9

Question 23. **Réponse E**

Raisonnons par l'absurde : combien de paires de chaussures puis-je tirer en ayant toujours des chaussures de même couleur ? La proportion de chaussures la plus importante dans le magasin est celle des chaussures noires : 330 paires.

Je peux donc théoriquement tirer 330 fois des paires de chaussures au hasard et toujours tomber sur des chaussures noires. En revanche, à mon 331e tirage, il n'y a plus de chaussures noires dans le magasin et je tombe forcément sur une paire d'une autre couleur.

Pour être sur d'avoir 2 paires de chaussures différentes, je dois donc faire 331 tirages.

Question 24. **Réponse D**

On a l'équation suivante : 0,3A = 0,8B. On cherche le volume de la bouteille B en fonction du volume de la bouteille A, soit B = x % A.

$B = \frac{0,3}{0,8}A$, soit $B = \frac{3}{8}A$.

B = 37,5 % A.

Et comme vous savez que $\frac{1}{8}$ = 12,5 %, vous en déduisez que B = 37,5 % A.

Question 25. **Réponse D**

Il s'agit d'une question de vitesse : on utilise la formule $\mathbf{V = \frac{D}{T}}$.

L'escalator transporte les passagers en 40 sec, à une vitesse de 2 m/s. La distance parcourue par l'escalator est donc de 80 m.

A la moitié du parcours, l'usager aura encore 40 m à accomplir. S'il met pour cela 15 s, la vitesse de l'usager sera donc de 2,66 m/s.

Question 26. **Réponse B**

Benjamin a, à chaque lancer, autant de chances de faire pile que de faire face.

Pour que Benjamin trouve EXACTEMENT 2 piles en 3 lancers, il a 3 possibilités :

PPF ; PFP ; FPP

Aussi, la probabilité que Benjamin trouve 2 piles exactement en 3 lancers est :

P = p(PPF) + p(PFP) + p(FPP)

P = p(P) × p(P) × p(F) + p(P) × p(F) × p(P) + p(F) × p(P) × p(P)

$P = \frac{1}{2} \times \frac{1}{2} \times \frac{1}{2} + \frac{1}{2} \times \frac{1}{2} \times \frac{1}{2} + \frac{1}{2} \times \frac{1}{2} \times \frac{1}{2}$

$P = \frac{3}{8}$

Question 27. Réponse E

Rappel de cours : lorsqu'une personne met un temps T_1 pour effectuer une tâche et qu'une autre personne met un temps T_2, alors en travaillant conjointement elles mettront un temps T avec $\frac{1}{T} = \frac{1}{T_1} + \frac{1}{T_2}$

A l'aller, le bateau met 5 heures en naviguant avec le courant, et 7 heures au retour en naviguant contre le courant. On a les équations suivantes :

$$\frac{1}{5} = \frac{1}{T_1} + \frac{1}{T_2}$$

$$\frac{1}{7} = \frac{1}{T_1} - \frac{1}{T_2}$$

En remplaçant T_1 par sa valeur dans la première équation, on obtient $-\frac{2}{35} = -\frac{2}{T_2}$ et donc, par identification, $T_2 = 35$.

Un radeau se déplaçant avec la vitesse du courant mettra donc 35 heures pour aller de X à Y.

Question 28. Réponse D

Dans le total figurant sur le cube du haut, le nombre du cube au centre du carré de base est additionné 4 fois, les nombres des cubes aux milieux des côtés du carré de base sont additionnés 2 fois et ceux des cubes aux coins une fois. Pour avoir le plus grand total sur le cube du haut, il faut que le cube central du carré de base (qui va être compté 4 fois) porte le nombre le plus grand possible, soit 14 puisque le total des 9 cubes du bas est 50 et que **50 = 1 + 2 + 3 + 4 + 5 + 6 + 7 + 8 + 14**.

Les plus grands nombres restants, 5, 6, 7 et 8, sont alors placés aux milieux des côtés et 1, 2, 3 et 4 aux coins de la base.

Le total sur le cube du haut est alors :

$(1 + 2 + 3 + 4) + 2 \times (5 + 6 + 7 + 8) + 4 \times 14 = 10 + 52 + 56 = 118$.

Question 29. Réponse B

On teste les réponses : si il y a autant de solution à 3 % que de solution à 30 %, on a l'équation : $\frac{(30\ \% + 3\ \%)}{2} = 16{,}5\ \%$ et pas 12 %. On élimine la réponse A.

On teste la réponse B : il y a deux fois plus de solution à 3 %, ce qui donne :

$$\frac{(30\ \% + 2 \times 3\ \%)}{3} = \frac{36\ \%}{3} = 12\ \%.$$

CORRIGÉS TEST BLANC 9

Question 30. Réponse A

Le bidon pèse 34 kg lorsqu'il est plein, et 17,5 kg lorsqu'il est vide. La différence de poids entre les deux bidons donne le poids du volume de lait nécessaire pour remplir un demi-bidon.

34 – 17,5 = 16,5 : la quantité de lait nécessaire pour remplir un demi-bidon pèse 16,5 kg. La quantité nécessaire pour remplir un bidon entier pèse donc 16,5 × 2 = 33 kg.

Pour connaître le poids du bidon, on soustrait au bidon entier le poids du lait nécessaire pour le remplir : 34 – 33 = 1 kg.

SOUS-TEST 3 : RAISONNEMENT – ARGUMENTATION

Question 31. Réponse C

Il n'y a pas besoin de chercher longtemps : il y a en tout 3 caractères différents (heureux, petit, rusé), et chaque ouvrier en possède deux. Tous les ouvriers ont donc au moins **un caractère en commun** : la réponse forcément exacte est la C.

Question 32. Réponse B

Yvan a pêché plus de poissons que Robert le deuxième jour, et il en a pêché 1 au total. Yvan en a donc forcément pêché un le deuxième jour, et 0 le premier et troisième jour. Le troisième jour, Robert a pris le même nombre de poissons qu'Yvan, soit 0. Le deuxième jour, il n'a rien pêché.

Robert a attrapé 4 poissons au total ; c'est le premier jour qu'il les a tous pêchés.

Question 33. Réponse C

Observons l'enchaînement des informations. Aucun chat du quartier n'aime les chiens, tandis que tous les chats noirs en général aiment les chiens. Les chats du quartier ne peuvent donc pas être noirs. Le chat de Karim était un chat du quartier, il ne peut pas être noir. On répond la réponse C.

Question 34. Réponse C

On teste les réponses : s'il y a 4 garçons dans la famille, Yann a 3 frères. 3 étant un chiffre impair, il ne peut avoir 2 fois plus de frères que de sœurs (il aurait alors une sœur et demie). On élimine donc toutes les réponses où le nombre de garçons proposé est un chiffre pair : la réponse A, B, et D.

Avec 5 garçons et deux filles dans la famille, Yann a bien deux fois plus de frères que de sœurs (4 et 2). Anne a quand à elle 5 frères et 1 sœur, soit cinq fois plus de frères. La bonne réponse est la C.

Question 35. Réponse C

Reprenons l'affirmation initiale : pour avoir la prime, il faut avoir participé au salon. **Attention, ceci n'implique pas le contraire :** on peut avoir participé au salon sans pour autant avoir la prime l'année suivante.

Bertrand est tombé dans le piège : il a tort, tandis qu'Aline, Céline et Dominique ont raison. En regardant les réponses, on remarque qu'il y a une distinction entre les filles et les garçons. **Souvenez-vous que Dominique est un prénom épicène, c'est-à-dire qu'on sait pas s'il est masculin ou féminin.** Dominique peut donc être un garçon ou une fille, c'est pourquoi on ne peut pas répondre la A. Céline et Dominique ont tous deux raison, on élimine la B, la D et la E.

On répond sans hésitation la C.

Question 36. Réponse B

Attention : « tous les acteurs sont beaux » n'implique ni l'inverse, ni son contraire : quelqu'un qui est beau ne sera pas forcément acteur, et celui qui n'est pas acteur peut néanmoins être beau.

Patrick, Julie et Justine ont raison, tandis que Tom se trompe.

Question 37. Réponse C

De gauche à droite : Mounia – Sabrina – Dora – Lili. Juste avant, Dora et Lili avaient échangé leurs places. On avait :

Mounia – Sabrina – Lili – Dora. Mounia et Dora avaient changé de place juste avant :

Dora – Sabrina – Lili – Mounia.

Question 38. Réponse A

Rien ne nous dit que le français fait partie du peloton de tête. On sait juste que le vert arrive avant le bleu, mais le rouge pourrait arriver avant ou après eux.

On ne peut rien dire de plus : réponse A.

Question 39. Réponse E

La seule combinaison possible est que le premier lundi du mois tombe le deuxième jour.

Lundi : 2 – 9 – 16 – 23 – 30.

Le 23e jour est un lundi, on recule de trois jours : dimanche 22 , samedi 21, vendredi 20.

Question 40. **Réponse B**

Les paires de chaussettes peuvent être de trois couleurs différentes : rouges, noires, ou bleues. Pour être certain d'avoir deux chaussettes de même couleur, il doit donc prendre une poignée de 4 chaussettes.

En effet, dans le pire des cas, il tire une chaussette de chaque couleur lors des trois premiers tirages. Au 4e, il en aura forcément deux de même couleur.

Question 41. **Réponse D**

La dernière information (« Martin et le Parisien vont souvent au concert ») indique que Martin ne vient pas de Paris. Deux personnes sont arrivées ensemble le matin, tandis que deux autres sont arrivées à un autre moment.

Martin n'étant pas Parisien, il n'est pas venu en même temps que Robin. Il est donc arrivé avec Arthur, on en déduit qu'il vient de Bruxelles.

Question 42. **Réponse B**

Prenez un cercle de périmètre $2\pi r$. Lorsqu'on place un point A ainsi que son opposé par rapport au milieu du cercle B, on parcourt la distance πr pour passer de A à B en restant sur le cercle, soit la moitié du périmètre.

Ici, le principe est le même : le nombre total de chevaux du manège est égal à deux fois le nombre de chevaux présents entre un cheval pris au hasard et celui à son opposé.

Le cheval 4 et le 11 sont opposés : il faut « passer » 7 chevaux pour arriver au 11e.

$7 \times 2 = 14$, le manège comporte donc 14 chevaux.

Question 43. **Réponse C**

Prenons la première fille de la famille. Elle doit avoir une sœur : il faut donc deux filles. Ces deux filles doivent avoir un frère, soit un garçon de plus. Ce garçon a lui aussi besoin d'un frère : il faut au minimum deux filles et deux garçons dans la famille, soit 4 enfants au total.

Question 44. **Réponse D**

Le lundi revient tous les sept jours, tandis que le gardien de nuit se repose tous les 5 jours. Pour que le gardien se repose de nouveau un lundi, il faut que son jour de repos tombe en même temps : en termes mathématiques, ceci revient à trouver le premier multiple entre 7 et 5.

$7 \times 5 = 35$: à partir de ce lundi, il s'écoulera 35 jours avant que le gardien se repose de nouveau un lundi. Après le mardi, il restera encore 34 jours à attendre.

Question 45. Réponse D

A 19 h, les invités ont mangé une salade et bu un thé. Ils ne peuvent donc pas manger de biscuits avant 20 h, et pas boire de café avant 22 h. A 21 h, ils ne peuvent de toute façon pas boire de café : on élimine les réponses A, C et E.

Il est mentionné qu'on ne peut manger de biscuit tout de suite après avoir mangé une salade, quelle qu'elle soit. La situation B n'est donc pas possible, il ne reste que la réponse D : il n'est pas précisé que le thé est interdit sous certaines conditions.

SOUS-TEST 4 : CONDITIONS MINIMALES

Question 46. Réponse C

{1} : **Insuffisant.** Il existe une infinité de multiples de 7 consécutifs.

{2} : **Insuffisant.** Il existe différentes combinaisons possibles. On peut avoir A = 201 et B, C et D égaux à 0, ou 1 …

{&} : **Suffisant.** La seule combinaison possible sont les nombres 42, 49, 56 et 63. On trouve B = 49.

Question 47. Réponse E

{E} : Soit X la longueur d'un côté du triangle, Y celle du carré, et Z la largeur du rectangle. Le périmètre d'un triangle équilatéral est égal à 3X, et celui du carré est égal à 3Y. On a donc l'équation 3X = 4Y.

{1} : **Insuffisant.** On dispose de deux équations à trois inconnues : nous n'avons pas d'information concernant la largeur du rectangle.

{2} : **Inutile.** Cette information reprend l'énoncé : si le côté du triangle est 0,75 fois plus petit que celui du carré, on a l'équation 0,75X = Y, soit 3X = 4Y.

Question 48. Réponse D

{E} : On développe l'équation initiale. ($a^2 - 1$) est une forme développée du produit ($a + 1$)($a - 1$). On divise des deux côtés par ($a - 1$) et on obtient 20 % ($a + 1$) = 1.

On développe encore : 0,2a = 0,8 ; a = 4.

a peut aussi être égal à 1 : on trouve alors 0 des deux côtés de l'équation.

On peut répondre à la question sans utiliser les informations.

1 est le cube de 1 : l'information (1) nous permet de trouver la réponse.

1/*a* est un entier si *a* est égal à 1 : l'information (2) suffit également.

Question 49. Réponse C

{1} : **Insuffisant.** Il existe 5 cubes d'entier de quatre chiffres inférieurs à 3 000 : 1 000, 1 331, 1 728, 2 197 et 2 744 (de 10 à 14 au cube).

{2} : **Insuffisant.** La somme du chiffre des dizaines et des centaines doit faire 10, par exemple 1 557 ou 2 648 (5 + 5 ou 6 + 4).

{&} : **Suffisant.** Seul le nombre 2 197 respecte les deux conditions. Le chiffre des unités de Y vaut 7.

Question 50. Réponse E

Dans cet exercice, deux tonneaux remplissent simultanément un moule. Pour connaître la vitesse de remplissage du moule, il nous faut des informations sur chacun des deux tonneaux. Or, rien ne nous est précisé sur le volume ou le débit du tonneau de forme cubique, que ce soit dans l'énoncé ou dans les informations. On ne peut donc rien affirmer.

Question 51. Réponse D

Rappel : un entier naturel est un nombre positif ou nul.

{1} : **Suffisant. A et B ne sont pas négatifs.** Si A et B sont du même signe et que $A^2 = B^2$, alors A = B et A – B = 0.

{2} : **Suffisant.** A et B sont supérieurs ou égaux à 0. Si A + B = 0, la seule solution possible est que A et B soient tous deux égaux à 0. La soustraction de l'un par l'autre sera elle aussi égale à 0.

Question 52. Réponse E

{1} : **Insuffisant.** On ne connaît pas la consommation totale d'essence de la voiture pour déterminer le temps total de parcours.

{2} : **Insuffisant.** $\mathbf{V = \frac{D}{T}}$ **:** il nous manque le temps total de parcours pour connaître la distance.

{&} : **Insuffisant.** La première information est inutile au regard de la deuxième : si on ne connaît pas la consommation d'essence de la voiture, on ne peut pas déterminer le temps total de parcours et on ne peut rien affirmer quant à la distance du trajet.

Question 53. Réponse D

Soit X le % d'hommes, et Y le % de femmes.

{1} : **Suffisant.** On a l'équation X = 1,5Y, avec X + Y = 100. On remplace X par sa valeur en fonction de Y, et on trouve Y = 40 % et X = 60 %.

{2} : **Suffisant.** Cette information est la même que la précédente.

Question 54. Réponse B

{1} : **Insuffisant.** David peut être né en 1945, en 1972…

{2} : **Suffisant.** Pour déterminer les carrés correspond à une année du XXe siècle, on procède par tâtonnements : 40 × 40 = 1600, et 50 × 50 = 2500. On essaye la valeur du milieu : 45 × 45 = 2025, puis celle juste avant : 44 × 44 = 1936, c'est la seule qui convient pour l'année de naissance de David.

Question 55. Réponse B

{1} : **Insuffisant. A et B sont des entier naturels supérieurs ou égaux à 0.** On a A/B = 5 + X avec X le reste de la division, et A – B = 45. On trouve deux solutions possibles : A= 55, B = 10 et X = 5, ou A = 56, B = 11 et X = 1. On ne peut rien répondre.

{2} : **Suffisant.** Si on divise B par A avec A > B, le reste de la division est égal à B et le quotient égal à 0. B est égal à 55 et A égal à 100.

Question 56. Réponse C

{1} : **Insuffisant.** Yanis est assis à la place la plus à gauche et Thomas est assis à sa droite, mais on ne connaît pas la position des deux autres.

{2} : **Insuffisant.**

{&} : **Suffisant.** Yanis est assis tout à gauche et Thomas juste à sa droite. René n'est pas à côté de Thomas, on a donc l'ordre : Yanis – Thomas – Alain – René.

Question 57. Réponse D

{1} : **Suffisant.** Soit X la longueur du morceau le plus long. X fait 32 m de plus que le deuxième morceau Y. Le troisième morceau fait 16 mètres, on a l'équation 2Y + 32 + 16 = 280. On trouve Y = 116 et X = 148.

{2} : **Suffisant.** Un morceau fait 148 mètres, soit plus de la moitié de la corde totale, c'est forcément le plus long.

Question 58. Réponse C

{1} : **Insuffisant.** On a les équations :

XZ = 12 : on peut avoir les couples de solution 1/12, 2/6, 3/4, 4/3, 6/2, 12/1

YZ = 20 : on peut avoir les couples de solution 1/20, 2/10, 4/5, 5/4, 10/2, 20/1

Z peut être égal à 1, 2, ou 4. Si Z = 1 ou 2, c'est le plus petit des trois nombres. Mais si Z = 4, c'est X le plus petit. De plus, on ne connaît pas le signe de chacun des nombres.

{2} : **Insuffisant.** Rien ne nous permet de déterminer la valeur de Z.

{&} : **Suffisant.** X, Y et Z sont positifs. On traduit l'information par l'équation XY = 15. X peut donc être égal à 1, 3, 5 ou 15.

Au vu des trois équations, la seule solution possible est X = 3, Y = 50 et Z = 4. X est le plus petit des trois nombres.

Question 59. **Réponse C**

{1} : **Insuffisant.** A = B + 17 et A = C + 103, mais on ne connaît pas le nombre total de votes comptabilisés.

{2} : **Insuffisant.**

{&} : **Suffisant.** On a trois équations à trois inconnues, on peut résoudre le système :

A = B + 17, A = C + 103, A + B+ C = 1 704

Question 60. **Réponse B**

{E} : On doit obtenir le nombre 2 010 en additionnant 2 006 entiers positifs non nuls. Il existe trois solutions possibles :

– 2 005 fois le nombre 1 et une fois le nombre 5 (2 005 × 1 + 1 × 5 = 2 010)

– 2 004 fois le nombre 1 et deux fois le nombre 3 (2 004 × 1 + 2 × 3 = 2 010)

– 2 003 fois le nombre 1, deux fois le nombre 2 et une fois le nombre 3 (2 003 × 1 + 2 × 2 + 1 × 3 = 2 010)

– 2 002 fois le nombre 1 et quatre fois le nombre 2 (2 002 × 1 + 4 × 2 = 2 010)

{1} : **Insuffisant.** Le produit des trois solutions donne respectivement 5, 9, et 16. La deuxième et troisième solution sont possibles.

{2} : **Suffisant.** Seule la deuxième solution est possible, le produit est égal à 9.

SOUS-TEST 5 : EXPRESSION

Question 61. **Réponse C**

– On emploie le mot « éminent » et non « imminent » pour qualifier un service de remarquable.

– On dit « le prix de littérature » et pas « le prix littéraire ».

– Un antalgique est prescrit pour des maux de tête, il y a une répétition.

– On préfère le terme « analphabète » à celui « d'illettré »

La réponse C est correcte.

Question 62. Réponse B

Un mode de raisonnement concessif nuance les propos, le déductif et inductif passent du particulier au général ou du général au particulier. Enfin, l'analogique établit une comparaison, par exemple en utilisant le mot « comme ».

Le raisonnement causal s'appuie sur les causes d'un fait, d'une situation pour en tirer des conséquences. « L'homme est sociable » est une conséquence directe de « parce qu'il aime le bien-être ».

Le raisonnement causal s'appuie sur les causes d'un fait pour en tirer les conséquences.

Question 63. Réponse D

Toutes les réponses sauf la D expriment l'idée d'exagération à travers des figures de style différentes (litote, gradation, amplification).

La D fait figure d'intruse : elle ne comporte pas de figure de style mais seulement une description ordinaire.

Question 64. Réponse E

« De manière à se comprendre » plutôt que « à ce que nous nous comprenions ».

La phrase 2 est incorrecte, un monopole étant forcément exclusif.

Un pis-aller désigne ce qui peut arriver de pire, mais aussi, pris dans son second sens, quelqu'un choisi faute de mieux. La phrase 3 est donc correcte.

Le verbe « causer » est familier, il faut le remplacer par « parler ». La proposition 4 est fausse.

« croire en » : avoir l'intime persuasion, avoir la foi.

« croire à » : plus incertain, est utilisé pour tester la véracité des propos. C'est cette forme qui conviendrait plutôt que la première.

Question 65. Réponse A

Emoussé est un adjectif caractérisant la lame. On élimine directement la B, la D et la E : un thermomètre ne peut être chaud, pas plus qu'un pansement ne peut être blessé.

La C pourrait convenir, mais « émoussé » exprime aussi un défaut : la lame est défectueuse puisqu'elle n'est plus tranchante. L'adjectif « mouillé » ne caractérise pas un défaut du parapluie.

On préfère la réponse A qui exprime bien l'idée que la balustrade est défectueuse.

Question 66. Réponse B

Laconique : qui s'exprime en peu de mots, de manière concise.

Opulence : ampleur, abondance de biens dont on fait l'étalage.

C'est la réponse B qui convient le mieux : elliptique est un synonyme de « succinct » et le mot « luxe » traduit bien l'abondance de biens.

Question 67. Réponse C

Paupérisme : terme qui s'applique à l'état de pauvreté d'une partie de la population. Le mot « dénuement » est celui qui convient le mieux pour reformuler le passage : il désigne l'état de celui ou celle qui est privé de certains biens.

Question 68. Réponse E

Le mot « **opiniâtre** » exprime une idée contraire à celle du passage souligné, puisqu'il désigne quelqu'un trop fermement attaché à ses opinions.

Les termes « **nonchalant** » et « **apathique** » sont trop éloignés : ils désignent quelqu'un de mou, sans ardeur dans tout ce qu'il doit faire.

Velléitaire : qui a du mal à prendre une décision, à passer à l'acte. Cet adjectif convient bien avec l'esprit du texte, on choisit la réponse E.

Question 69. Réponse D

Le premier sens de **stupéfier** est « surprendre, provoquer une grande surprise ». La B exprime l'idée de joie qui n'est pas transmise dans l'énoncé, la E une action alors justement que la stupéfaction rend immobile. La A induit l'idée que le talent du pianiste ne nous est pas agréable, on doit aussi l'éliminer.

La C pourrait convenir, mais le verbe « étonner » désigne quelque chose d'extraordinaire, de totalement inattendu. Le public ayant déjà assisté aux concerts du pianiste, il ne peut être totalement surpris par l'étendue de son talent.

Question 70. Réponse A

Derrière le terme de « **magnanimité** », il y a l'idée de clémence, de bienveillance, mais aussi de mansuétude et de miséricorde : quelqu'un de plus riche, de plus puissant, est magnanime avec les plus faibles ou les plus démunis.

Le synonyme qui convient le mieux est donc « largesse » plutôt que « affection », qui n'exprime qu'un seul sens du mot souligné.

On choisit la réponse A.

Question 71. Réponse B

On utilise toujours l'indicatif après la locution conjonctive « après que ». On élimine les réponses A et C.

La D et la E sont incorrectes : le participe passé « efforcé » n'est pas accordé avec le verbe être au pluriel « sont », de même que « se sont excusé » pour la E.

Question 72. Réponse A

> Partout dans le monde, notamment chez ceux qu'on qualifie aussi de peuples premiers, ou **peuples racines**, parce que leurs cultures sont restées proches de la nature et de leur terre d'origine, on retrouve cette fonction. Le chamane est un intermédiaire entre le monde visible et les mondes invisibles, décrits différemment selon les cultures, mais avec de nombreux points communs. Ces espaces sont accessibles par un élargissement de l'état de conscience, plus ou moins profond selon les régions du monde et les pratiques, qui permet de percevoir à travers un ou plusieurs sens ce que nous traduisons par « esprits » ou par « énergie », et d'entretenir une relation **privilégiée** avec ces dimensions. Ces mondes invisibles sont la plupart du temps divisés en trois – mais parfois plus dans certaines traditions : le monde d'en bas, celui du milieu (où nous vivons) et les mondes d'en haut. Le monde visible, la nature en sont la **manifestation**.

Question 73. Réponse A

Lorsqu'on place un objet quelque part et qu'on le garde au même endroit, on dit qu'on le conserve. Des synonymes de conserver peuvent être : maintenir en état, ne pas abandonner, faire durer. Ceci convient bien pour un vaccin.

Question 74. Réponse B

> Dans le contexte de la pandémie de Covid-19 et de la récession de vaste ampleur qu'elle a provoquée, il est légitime de se demander si les travaux des candidats recouvrent certaines des interrogations les plus **immédiates** quant aux désordres du capitalisme mondial et aux reconfigurations du monde d'après-crise. La réponse est éminemment positive.

Sentencieux : qui s'exprime souvent par sentences ou avec une solennité affectée.

Atrabilaire : qui a un caractère désagréable, aigre, irritable.

Irascible : qui est prompt à s'irriter.

Question 75. Réponse D

> Le soleil n'était pas encore couché. Vers le sud, on apercevait **deux belles montagnes**, l'une en forme de tour, l'autre en forme de rameau. Elles étaient recouvertes **d'un pelage roux** avec **de minuscules villages empourprés**. Au nord, u**ne grande falaise d'argile** obstruait l'horizon. Elle était vêtue **d'herbe rase** et creusée de ravines profondes. La mer et la pluie conspiraient à sa ruine ; mais majestueuse encore, elle portait à sa crête, comme un cimier, **les ruines d'un hameau** construit jadis par les naufrageurs et les corsaires.

SOUS-TEST 6 : LOGIQUE

Question 76. Réponse C

A la verticale : mouvement droite gauche décroissant : 7, 6, 5, 4 et 3.

A l'horizontale : écart de deux entre les chiffres de chacun des éléments.

Question 77. Réponse A

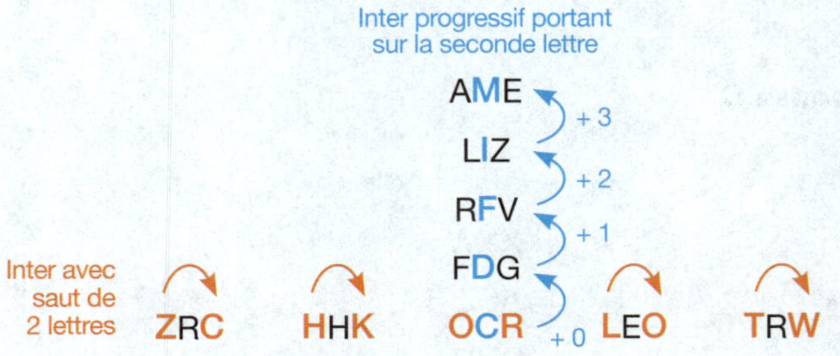

Question 78. Réponse C

Question 79. Réponse E

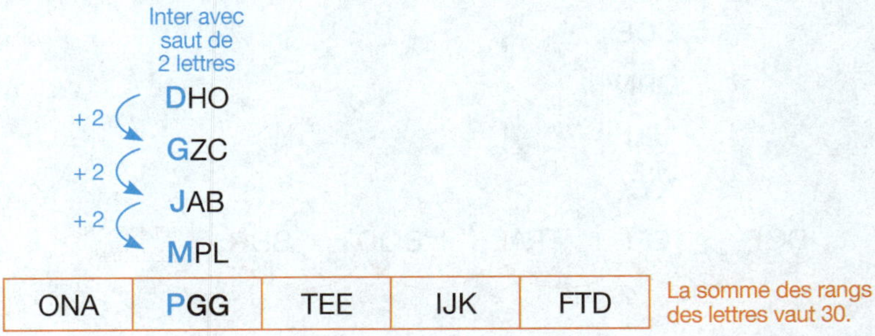

Question 80. Réponse B

Le produit des 2 premiers chiffres donne le 3e.

32|6

91|9

42|8

12|2

476	962	18|8	836	557

La somme des chiffres vaut 17.

Question 81. Réponse D

Inter avec saut de 4 lettres

XXW

ASZ

QNP

FIP

Inter avec saut de 4 lettres

RHW CDH ALF OTT MLR

Question 82. Réponse D

A la verticale : les écarts sont décroissants. Entre 9 et 1 dans 91, l'écart vaut 8. Entre 8 et 1 dans 81, la solution, l'écart vaut 7. Entre 9 et 3 dans 93 l'écart vaut 6. Entre 6 et 1 dans 61, l'écart vaut 5 et entre 4 et 0 dans 40 l'écart vaut 4.

A l'horizontale : carrés entiers. Tout simplement.

Question 83. Réponse A

CDE

OPN

JKI

XYX

DQF EFI PAL BOO SDR

Inter avec saut de 2 lettres

Question 84. Réponse D

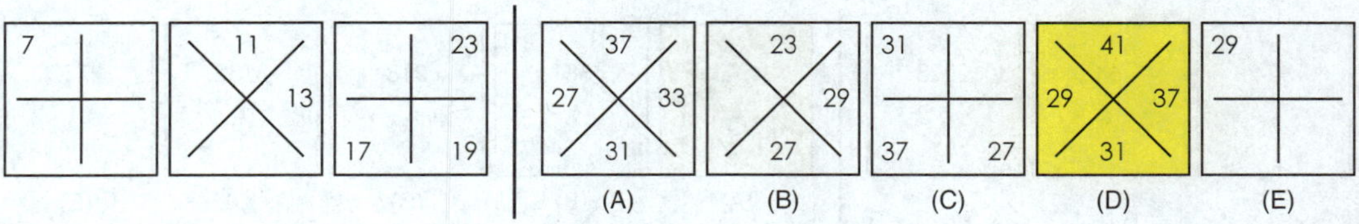

7, 11, 13, 17, 19 et 23 sont des nombres premiers.

Il faut donc 4 nombres premiers consécutifs dans la solution.

Question 85. Réponse D

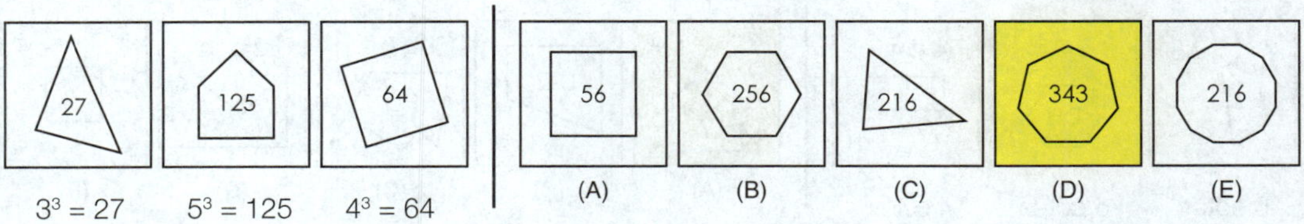

$3^3 = 27$ $5^3 = 125$ $4^3 = 64$

Le nombre de côtés au cube donne le nombre qui se trouve à l'intérieur de la figure.

Question 86. Réponse A

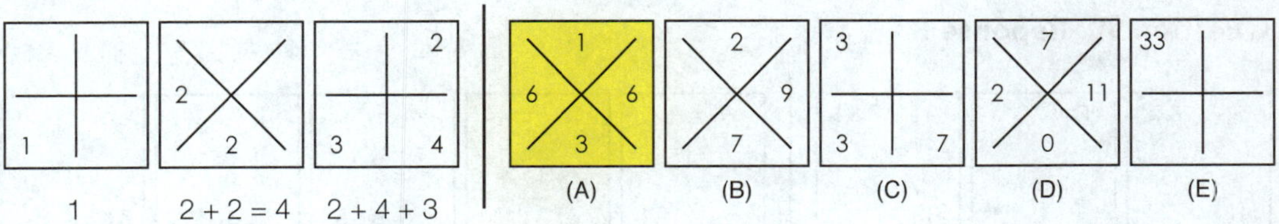

1 **= 1²**   2 + 2 = 4 **= 2²**   2 + 4 + 3 = 9 **= 3²**

La somme des chiffres donne une suite de carrés croissants. On cherche donc 16 en solution.

Question 87. Réponse A

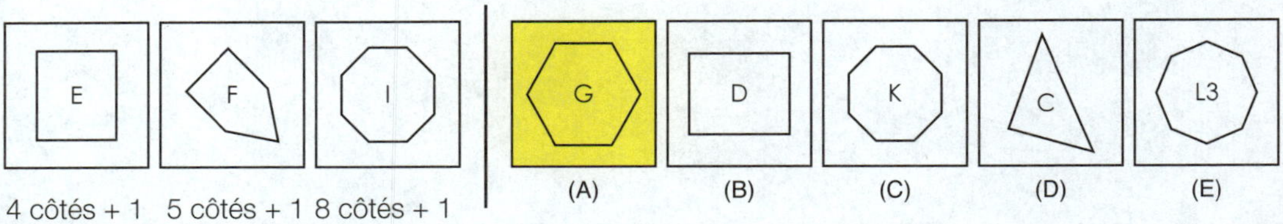

4 côtés + 1 = 5 (E)   5 côtés + 1 = 6 (F)   8 côtés + 1 = 9 (I)

Le nombre de côtés + 1 est égal au rang de la lettre.

Question 88. **Réponse A**

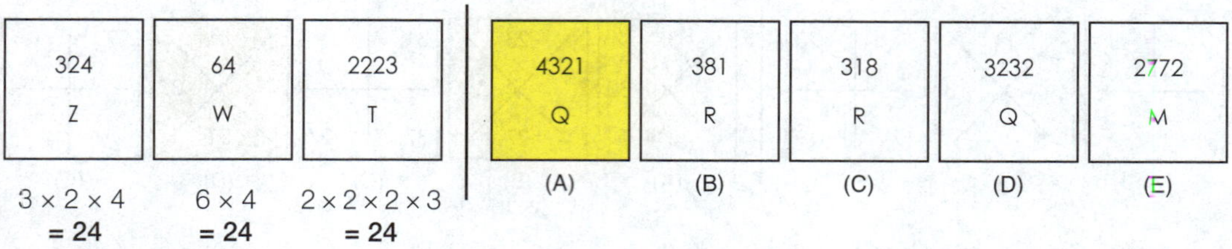

Inter avec saut de 2 lettres : **Z** y x **W** v u **T** s r **Q**

Question 89. **Réponse A**

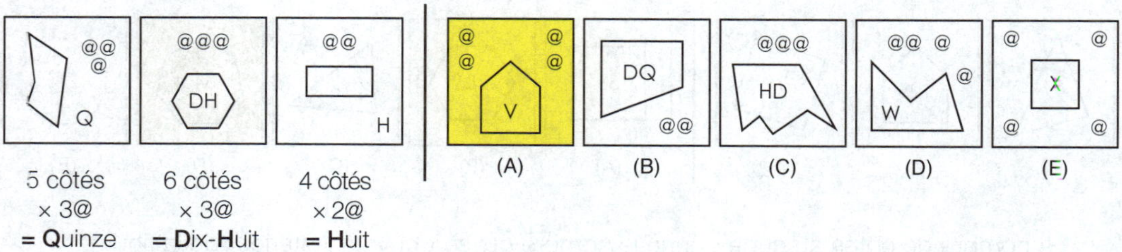

Les lettres sont les initiales du produit du nombre de côtés par le nombre d'@.

Question 90. **Réponse B**

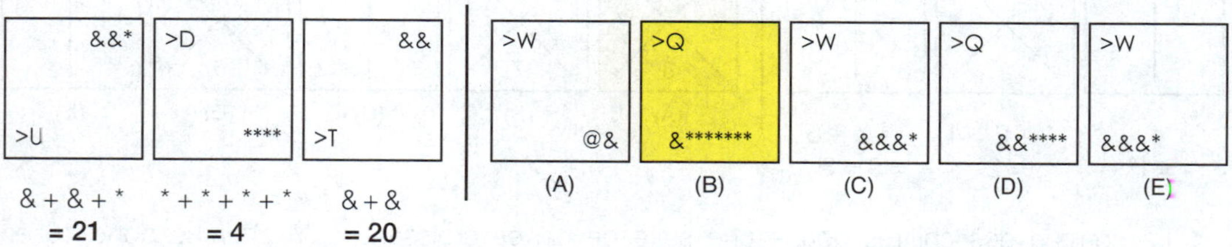

Code pour représenter le rang de la lettre (& = 10 ; * = 1)

N'OUBLIEZ PAS DE REMPLIR VOTRE FICHE BILAN EN FIN D'OUVRAGE

10

TEST BLANC TAGE MAGE

TEST TAGE MAGE 10 : VOTRE GRILLE DE REPONSES

Sous-test 1
Compréhension de textes

1	A	B	C	D	E
	A	B	C	D	E
2	A	B	C	D	E
	A	B	C	D	E
3	A	B	C	D	E
	A	B	C	D	E
4	A	B	C	D	E
	A	B	C	D	E
5	A	B	C	D	E
	A	B	C	D	E
6	A	B	C	D	E
	A	B	C	D	E
7	A	B	C	D	E
	A	B	C	D	E
8	A	B	C	D	E
	A	B	C	D	E
9	A	B	C	D	E
	A	B	C	D	E
10	A	B	C	D	E
	A	B	C	D	E
11	A	B	C	D	E
	A	B	C	D	E
12	A	B	C	D	E
	A	B	C	D	E
13	A	B	C	D	E
	A	B	C	D	E
14	A	B	C	D	E
	A	B	C	D	E
15	A	B	C	D	E
	A	B	C	D	E

Sous-test 2
Calcul

16	A	B	C	D	E
	A	B	C	D	E
17	A	B	C	D	E
	A	B	C	D	E
18	A	B	C	D	E
	A	B	C	D	E
19	A	B	C	D	E
	A	B	C	D	E
20	A	B	C	D	E
	A	B	C	D	E
21	A	B	C	D	E
	A	B	C	D	E
22	A	B	C	D	E
	A	B	C	D	E
23	A	B	C	D	E
	A	B	C	D	E
24	A	B	C	D	E
	A	B	C	D	E
25	A	B	C	D	E
	A	B	C	D	E
26	A	B	C	D	E
	A	B	C	D	E
27	A	B	C	D	E
	A	B	C	D	E
28	A	B	C	D	E
	A	B	C	D	E
29	A	B	C	D	E
	A	B	C	D	E
30	A	B	C	D	E
	A	B	C	D	E

Sous-test 3
Raisonnement/Argumentation

31	A	B	C	D	E
	A	B	C	D	E
32	A	B	C	D	E
	A	B	C	D	E
33	A	B	C	D	E
	A	B	C	D	E
34	A	B	C	D	E
	A	B	C	D	E
35	A	B	C	D	E
	A	B	C	D	E
36	A	B	C	D	E
	A	B	C	D	E
37	A	B	C	D	E
	A	B	C	D	E
38	A	B	C	D	E
	A	B	C	D	E
39	A	B	C	D	E
	A	B	C	D	E
40	A	B	C	D	E
	A	B	C	D	E
41	A	B	C	D	E
	A	B	C	D	E
42	A	B	C	D	E
	A	B	C	D	E
43	A	B	C	D	E
	A	B	C	D	E
44	A	B	C	D	E
	A	B	C	D	E
45	A	B	C	D	E
	A	B	C	D	E

Sous-test 4
Conditions minimales

46	A	B	C	D	E
	A	B	C	D	E
47	A	B	C	D	E
	A	B	C	D	E
48	A	B	C	D	E
	A	B	C	D	E
49	A	B	C	D	E
	A	B	C	D	E
50	A	B	C	D	E
	A	B	C	D	E
51	A	B	C	D	E
	A	B	C	D	E
52	A	B	C	D	E
	A	B	C	D	E
53	A	B	C	D	E
	A	B	C	D	E
54	A	B	C	D	E
	A	B	C	D	E
55	A	B	C	D	E
	A	B	C	D	E
56	A	B	C	D	E
	A	B	C	D	E
57	A	B	C	D	E
	A	B	C	D	E
58	A	B	C	D	E
	A	B	C	D	E
59	A	B	C	D	E
	A	B	C	D	E
60	A	B	C	D	E
	A	B	C	D	E

Sous-test 5
Expression

61	A	B	C	D	E
	A	B	C	D	E
62	A	B	C	D	E
	A	B	C	D	E
63	A	B	C	D	E
	A	B	C	D	E
64	A	B	C	D	E
	A	B	C	D	E
65	A	B	C	D	E
	A	B	C	D	E
66	A	B	C	D	E
	A	B	C	D	E
67	A	B	C	D	E
	A	B	C	D	E
68	A	B	C	D	E
	A	B	C	D	E
69	A	B	C	D	E
	A	B	C	D	E
70	A	B	C	D	E
	A	B	C	D	E
71	A	B	C	D	E
	A	B	C	D	E
72	A	B	C	D	E
	A	B	C	D	E
73	A	B	C	D	E
	A	B	C	D	E
74	A	B	C	D	E
	A	B	C	D	E
75	A	B	C	D	E
	A	B	C	D	E

Sous-test 6
Logique

76	A	B	C	D	E
	A	B	C	D	E
77	A	B	C	D	E
	A	B	C	D	E
78	A	B	C	D	E
	A	B	C	D	E
79	A	B	C	D	E
	A	B	C	D	E
80	A	B	C	D	E
	A	B	C	D	E
81	A	B	C	D	E
	A	B	C	D	E
82	A	B	C	D	E
	A	B	C	D	E
83	A	B	C	D	E
	A	B	C	D	E
84	A	B	C	D	E
	A	B	C	D	E
85	A	B	C	D	E
	A	B	C	D	E
86	A	B	C	D	E
	A	B	C	D	E
87	A	B	C	D	E
	A	B	C	D	E
88	A	B	C	D	E
	A	B	C	D	E
89	A	B	C	D	E
	A	B	C	D	E
90	A	B	C	D	E
	A	B	C	D	E

REPONSES EN PAGE 1083

TEST BLANC TAGE MAGE 10

SOUS-TEST 1 : COMPREHENSION DE TEXTES

15 questions / 20 minutes / Calculatrice interdite
Réponse juste : + 4 points / Réponse fausse : – 1 point
Aucune réponse : 0 point

TEXTE 1

Si la Belgique existe encore, c'est grâce à Bruxelles. Et s'il n'y a pas de gouvernement, un an après les élections, c'est à cause de Bruxelles. C'est elle, la capitale partagée, qui tout à la fois tient le pays ensemble et le divise.

Elle est le moteur économique du pays. C'est là où se trouve le dixième de la population, le cinquième de la richesse et le sixième de l'emploi. Les Flamands la voient comme une terre perdue – confisquée même. Pour les Wallons, elle est un allié francophone contre une majorité flamande.

Bruxelles est une ville en or, mais qui ne brille pas. L'inégalité y est manifestement plus grande qu'ailleurs. Un Bruxellois sur cinq – et surtout un jeune sur trois, voire un sur deux dans certains quartiers – est sans travail. La population explose. La ville est surpeuplée. Sa banlieue est chère et située en Flandre, où, désormais, il devient impératif de connaître le néerlandais. Contrairement aux autres villes européennes, les quartiers pauvres de Bruxelles se trouvent dans le centre. *« C'est une bombe à retardement »,* disent les chercheurs. Il faut faire quelque chose de et pour Bruxelles, tout le monde est d'accord. Mais quoi exactement ? Les Belges semblent diamétralement opposés. Les partis flamands autour de la table des négociations [pour former un gouvernement] souhaitent une forme de tutelle partagée. Les Wallons, eux, demandent l'élargissement du territoire bruxellois. Pour les uns comme pour les autres, chaque proposition est inacceptable. Aussi, personne ne bouge. Personne n'y croit encore. Cela fait un an et peut durer encore longtemps. De nouvelles élections aboutiraient au même résultat. D'ailleurs, les Belges ne s'énervent guère. Ils ne se révoltent pas parce que tout va bien, même sans gouvernement fédéral. Des gouvernements, ils en ont déjà cinq, alors… [les gouvernements de chacune des trois régions (Flandre, Bruxelles, Wallonie) et des trois communautés (flamande, française et germanophone) ; les gouvernements de la région et de la communauté flamande s'étant unis en un seul, cela fait cinq gouvernements]. Les Belges ne s'énervent guère, sauf à Bruxelles. Les Bruxellois, eux, en ont assez d'être le jouet d'un monde politique qui leur semble de plus en plus lointain. Plus de la moitié d'entre eux ont des racines étrangères. Un quart n'est pas belge. L'impasse dans laquelle ils se trouvent pourrait les forcer à prendre leur destin en main. Ce n'est pas encore le printemps bruxellois, mais, si ça continue, on ne sait jamais.

××××××××××××××××××××××××××××××××××××××
××××××××××××××××××××××××××××××××××××××

Question 1. Pourquoi les Belges ont-ils 5 gouvernements ?

(A) Ils empilent gouvernements des provinces et pouvoir central.

(B) La Belgique est une fédération, il y a donc des gouvernements dans chaque région.

(C) Régions et communautés possèdent leur gouvernement et le pouvoir central s'ajoute à ces dernières.

(D) Le périmètre des 3 communautés ne suit pas le découpage géographique des 3 régions, sauf en Flandres.

(E) Chaque communauté, chaque région possède son gouvernement.

Question 2. Laquelle de ces affirmations est fausse ?

Bruxelles :

(A) regroupe 1/10e de la population.

(B) est une terre perdue pour les Flamands.

(C) divise le pays.

(D) comprend 1/5e de l'emploi.

(E) est l'alliée des Wallons.

Question 3. Dans quelle(s) difficulté(s) Bruxelles se débat-elle ?

1. Surpopulation.
2. Problème linguistique avec la banlieue flamande.
3. Chômage.
4. 1/4 de la population est étrangère.

(A) 1 + 2 + 3 + 4

(B) 1 + 2 + 3

(C) 1 + 2

(D) 2 + 3

(E) 2 + 3 + 4

Question 4. Quelles sont les options pour sortir de cette impasse ?

1. Une tutelle partagée entre Flamands et Wallons.
2. Une révolte bruxelloise.
3. Une augmentation du territoire bruxellois.

××××××××××××××××××××××××××××××××××××××
××××××××××××××××××××××××××××××××××××××

4. De nouvelles élections.

(A) 1 + 2 + 3 + 4
(B) 1 + 2 + 3
(C) 1 + 2
(D) 2 + 3
(E) 2 + 3 + 4

Question 5. Quel texte reprend les idées essentielles de cet article ?

(A) La situation de Bruxelles et par extension celle de la Belgique toute entière, est bloquée. Flamands et Wallons ne parviennent plus à cohabiter dans la capitale fédérale. Les Bruxellois sont exaspérés par l'indifférence du reste du pays et envisagent un « printemps bruxellois » à l'image des printemps arabes.

(B) Bruxelles est à la fois le ciment et le facteur de division du pays. La ville est le moteur économique du pays mais le chômage y est important. Flamands et Wallons ne parviennent pas à y vivre ensemble, mais la capitale accueille beaucoup d'étrangers. Toutes ces contradictions conduisent à un blocage des institutions dans l'indifférence du reste du pays.

(C) L'avenir de la Belgique est suspendu à la résolution du « problème » de la capitale fédérale : Bruxelles. Situé en territoire Wallons mais habitée majoritairement par des francophones, elle accueille en outre ¼ d'étrangers. La situation est explosive, mais ni les Flamands, ni les Wallons ne veulent céder. Le reste du pays vit normalement malgré l'absence de gouvernement fédéral.

(D) Le principal problème de la Belgique, c'est Bruxelles. La capitale peuplée majoritairement de Wallons et accueillant de nombreux étrangers est située en territoire flamand : les tensions s'exacerbent et aucune des communautés ne veut céder, d'où le blocage institutionnel du pays. Les Bruxellois, exaspérés par l'indifférence du reste du pays, prendront peut-être, un jour, leur destin en main.

(E) Est-ce qu'être Belge a encore un sens ? Cette question est légitime au regard du blocage institutionnel qui touche le pays… dans l'indifférence générale. Seuls les Bruxellois, premiers concernés car la capitale est à l'origine du blocage, sont préoccupés par la crise qui touche le pays.

××××××××××××××××××××××××××××××××××××××
××××××××××××××××××××××××××××××××××××××

TEXTE 2

Spécialiste de l'Angleterre et des politiques publiques, Patrick Le Galès se penche sur le nouveau management public (NMP) tel qu'il a été développé successivement par Margaret Thatcher et Tony Blair.

L'essor du management public trouve selon vous son origine dans la révolution conservatrice menée par M. Thatcher. Quelle rupture a-t-elle introduite dans le fonctionnement de l'Etat britannique ?

Lorsqu'elle prend la direction du Parti conservateur britannique en 1977, la Grande-Bretagne traverse une crise économique, sociale et politique plus aiguë qu'ailleurs, au point que le pays était considéré comme *« l'homme malade de l'Europe »*. Au centre de cette crise, des services publics notoirement inefficaces. Influencée par Friedrich von Hayek, M. Thatcher considère que *« le gouvernement n'est pas la solution, mais le problème »*. L'une de ses priorités sera donc de revoir de fond en comble les politiques publiques et l'administration de l'Etat. Le projet de M. Thatcher n'est pas un projet libéral au sens classique du terme, qui parierait sur l'introduction de règles de marché et le laisser-faire. C'est un projet néolibéral dont l'ambition est de réformer l'Etat pour transformer la société en une « société de marché », en l'occurrence, où les principes de l'économie de marché orientent et contraignent les comportements des organisations et des individus. C'est ce qui en fait un projet révolutionnaire.

Les réformes profondes engagées ont débouché dans les années 1980 sur une forte centralisation de l'Etat, grâce au renforcement des ressources et des moyens de contrôle à la disposition du Premier ministre. Elles instaurent par ailleurs l'équivalent d'une Cour des comptes, mais fondée sur le modèle de l'audit, qui passe au peigne fin l'appareil d'Etat. Traditionnellement évaluée par les pairs, l'action publique l'est désormais par des experts extérieurs. Autre innovation, le pilotage de l'Etat s'effectue désormais par le biais d'un appareillage d'indicateurs de performance. Dernier volet, la privatisation de nombreux services publics et l'introduction de mécanismes de marché au sein de l'Etat, avec notamment la mise en concurrence des écoles ou des hôpitaux.

A vos yeux, la modernisation de l'Etat impulsée par le gouvernement de T. Blair se situe dans la continuité des gouvernements conservateurs. Quelles sont les innovations du New Labour ?

Lorsque les travaillistes se préparent à reconquérir le pouvoir, ils constatent que les *tories* (les conservateurs) sont parvenus à restaurer la capacité de l'Etat à introduire du changement. C'est ce qui les convainc d'adopter le NMP, en l'amendant cependant sur trois points. En premier lieu, ils redéfinissent les objectifs de l'action publique, en incluant notamment celui d'une redistribution des revenus. En deuxième lieu, ils accentuent fortement les contrôles et

××××××××××××××××××××××××××××××××××××××
××××××××××××××××××××××××××××××××××××××

les sanctions exercés sur les individus : ils vont dans ce domaine beaucoup plus loin que ce que les *tories* auraient imaginé de faire. En troisième lieu, ils généralisent le système de pilotage par indicateurs, en l'étendant notamment au système de santé.

A partir de son deuxième mandat, le gouvernement de T. Blair augmente considérablement l'investissement public, mais en offrant en contrepartie un audit serré des performances de l'Etat. Chaque service public est piloté grâce à une batterie d'indicateurs, tels que, dans le domaine de la santé, le temps d'attente aux urgences ou le nombre de patients attendant plus de quinze jours une consultation avec un cancérologue. Mais le développement des indicateurs a fini par se muer en fuite en avant : chaque problème constaté donne lieu à de nouveaux indicateurs. (…)

Question 6. Quelle action n'a pas été faite par les travaillistes lorsqu'ils reviennent au pouvoir ?

(A) Ils soumettent le système de santé au pilotage par indicateurs.

(B) Ils adoptent le NMP.

(C) Ils fixent comme objectif une meilleure distribution des revenus.

(D) Ils multiplient les sanctions contre les individus.

(E) Ils augmentent l'investissement public.

Question 7. A quoi sert un indicateur ?

(A) A piloter les services publics.

(B) A contrôler les dépenses.

(C) A justifier la dépense publique.

(D) A anticiper les futures dépenses.

(E) A introduire l'économie de marché dans la gestion publique.

Question 8. En 1977…

(A) le Royaume-Uni est « l'homme malade de l'Europe ».

(B) Mme Thatcher arrive au pouvoir avec un projet libéral, inspiré par Friedrich von Hayek.

(C) le parti travailliste décide de revoir le fonctionnement de l'administration.

(D) le gouvernement nouvellement élu espère pouvoir adapter l'économie de marché à l'ensemble de la société.

(E) la société britannique traverse la crise la plus grave de son histoire.

×××××××××××××××××××××××××××××××××××××
×××××××××××××××××××××××××××××××××××××

Question 9. Quel est le meilleur résumé de la réponse à la deuxième question de l'interview ?

(A) Tony Blair poursuit l'œuvre de Margaret Thatcher et va même beaucoup plus loin puisque le système de santé est aussi piloté par des indicateurs. Malgré l'augmentation de l'investissement public, le dispositif atteint ses limites.

(B) Le New labour innove, non pas en revenant en arrière par rapport à la politique des conservateurs, mais en allant plus loin dans cette même politique. Ainsi, le gouvernement renforce les contrôles et soumet le système de santé au NMP.

(C) A la surprise générale, les travaillistes vont aller plus loin que les conservateurs dans la voie du NMP : ils augmentent les contrôles et l'appliquent au système de santé. Toutefois, ils veillent à ce que la redistribution des revenus soit meilleure.

(D) Convaincus que les conservateurs avaient adopté un système efficace, les travaillistes, en arrivant au pouvoir le reprennent à leur compte en l'amendant. Mais, à terme, le système s'est autoalimenté, et a atteint ses limites.

(E) Le New Labour, en arrivant au pouvoir a poursuivi l'œuvre des conservateurs en matière de management public. Le parti de Tony Blair a même été plus loin dans l'utilisation des indicateurs de performance, l'appliquant au système de santé.

Question 10. Quelle(s) réforme(s) le gouvernement de Mme Thatcher va-t-il mettre en place ?

1. La privatisation des services publics.
2. La mise en concurrence des services publics.
3. La création d'une instance chargée d'auditer l'Etat.

(A) Uniquement 1

(B) 1 + 2

(C) Uniquement 2

(D) 1 + 2 + 3

(E) Uniquement 3

TEXTE 3

(…) ***Le NMP a-t-il permis d'améliorer les services publics britanniques ?***

Le NMP a indéniablement contribué à mettre en mouvement le système public, qui s'est amélioré lors des premières années. A long terme, l'efficacité du dispositif s'est cependant émoussée, car les administrations ont fini par ajuster leur conduite au nouveau pilotage de

××
××

l'Etat. Elles ont consacré leurs efforts à la satisfaction des indicateurs de performance définis par l'Etat, sans nécessairement améliorer la qualité générale des services. Ainsi l'amélioration constatée du temps d'attente dans les services d'urgence des hôpitaux a pu avoir pour contrepartie une augmentation en flèche du budget des ambulances : garées dans les parkings des établissements, celles-ci gardaient les malades en dehors des hôpitaux en attendant qu'une place se libère… En règle générale, le *monitoring* par indicateurs a causé d'importantes distorsions dans le système de santé, poussant les établissements à privilégier les services ou les activités qui faisaient l'objet d'une mesure, comme la chirurgie cardiaque, au détriment d'autres aspects comme l'attention aux personnes âgées ou la prise en charge de pathologies rares. On est loin d'une allocation optimale des ressources…

Ne peut-on pas parler, du coup, d'une perversion bureaucratique ?

Exactement. D'ailleurs, sous le gouvernement Blair, l'un des postes budgétaires ayant le plus augmenté dans les écoles et les hôpitaux a été celui des dépenses de management. Les managers chargés de mettre en œuvre et de contrôler les indicateurs de performance des autres fonctionnaires publics ont vu leur salaire augmenter considérablement, sans que cela se traduise par une amélioration proportionnelle des soins, des services sociaux ou de l'éducation…

Vous définissez le NMP sous M. Thatcher moins comme une conversion de l'Etat aux mécanismes du marché que comme une « révolution bureaucratique »…

Max Weber employait ce terme pour décrire les nouvelles logiques d'organisation qu'il voyait émerger simultanément dans les bureaucraties étatiques et dans les grandes entreprises privées. Il y voyait une force de transformation sociale distincte de celle qui découle du *leadership* charismatique. Si l'action d'un homme ou d'un parti peut entraîner les masses derrière elle et précipiter des changements sociaux, les bureaucraties le peuvent aussi : leurs règles, leurs hiérarchies et les comportements qu'elles induisent produisent elles aussi des changements révolutionnaires. Cette notion de « révolution bureaucratique » semble appropriée pour rendre compte des transformations contemporaines du capitalisme, telles qu'on les observe tant dans les grandes entreprises que dans les formes de l'Etat. On peut en effet y repérer des logiques analogues de pilotage de l'activité, fondées sur les indicateurs de performance, sur l'audit de l'activité et le *reporting*. Comme au temps de M. Weber, ces évolutions ont un effet révolutionnaire dans la mesure où elles transforment en profondeur la société et font émerger des comportements conformes aux exigences d'une société de marché. Au Royaume-Uni, où cette logique a été poussée le plus loin, la manière dont travaillent aujourd'hui un directeur d'université, un professeur ou un maire n'a plus grand-chose à voir avec ce qui se passait il y a trois décennies.

××××××××××××××××××××××××××××××××××××××
××××××××××××××××××××××××××××××××××××××

Quelles sont les différences entre le NMP à la française et les versions britanniques ?

Rappelons d'abord que le NMP nous arrive avec vingt ans de décalage, après plusieurs tentatives peu concluantes de réforme de l'Etat. En France, cette méthode est portée par des hauts fonctionnaires, particulièrement ceux du ministère des Finances. Selon Philippe Bezès, cette élite de la fonction publique française entend retrouver de cette manière une capacité de pilotage de l'Etat. Le NMP apparaît comme une manière de renforcer la logique aristocratique de la haute fonction publique du ministère des Finances, en retrouvant sa capacité à exercer son pouvoir sur les autres segments de l'Etat. Par ailleurs, le NMP à la française est moins un projet politique qu'un programme managérial visant à réduire les coûts et le poids de la dette publique.

Rappelons enfin que le système politique français est nettement moins centralisé que celui du Royaume-Uni. Alors que le Premier ministre britannique est parfois comparé à un « dictateur élu » lorsqu'il a une forte majorité parlementaire, les contre-pouvoirs sont beaucoup plus importants en France. Cela laisse présager que le NMP sera mis en œuvre dans l'Hexagone de manière plus partielle avec une hybridation des modèles existants.

Question 11. Laquelle de ces phrases est fausse ?

(A) Le NMP s'est d'abord révélé efficace.

(B) Au final, il est plus avantageux pour un hôpital britannique de faire de la chirurgie cardiaque que d'accueillir les personnes âgées.

(C) L'effet du NMP peut-être qualifié de « révolutionnaire » car il aboutit à une profonde mutation de la société française.

(D) Les contre-pouvoirs sont beaucoup plus nombreux en France.

(E) La dette publique devrait être réduite par le NMP français.

Question 12. En quoi le NMP appliqué en France est-il différent de celui mis en place de l'autre côté de la Manche ?

1. Il est surtout destiné à réduire les coûts.
2. Il renforcera le pouvoir des agents du ministère des finances.
3. Il sera moins radical.
4. Il tirera les conséquences des erreurs du NMP britannique.

(A) 1 + 2 + 3 + 4 (B) 2 + 3

(C) 1 + 2 + 3 (D) 3 + 4

(E) 1 + 2

××××××××××××××××××××××××××××××××××××××
××××××××××××××××××××××××××××××××××××××

Question 13. Pourquoi le budget des ambulances a-t-il augmenté ?

(A) Parce qu'il n'y avait plus assez de places dans les hôpitaux.

(B) Parce que les ambulanciers étaient rémunérés au *prorata* du temps passé par les patients dans les véhicules.

(C) Parce qu'il fallait satisfaire l'indicateur de performance qui mesurait le temps passé à l'hôpital.

(D) Parce que, pour satisfaire les indicateurs de performances, il valait mieux faire attendre le patient hors de l'hôpital.

(E) Parce que les hôpitaux refusaient de voir des patients attendre à l'intérieur de l'hôpital.

Question 14. Comment définir au mieux la « révolution bureaucratique » ?

(A) C'est organiser différemment le travail.

(B) C'est réformer le fonctionnement de l'Etat pour modifier celui de la société.

(C) C'est donner plus d'importance à la puissance publique.

(D) C'est instaurer des contrôles externes.

(E) C'est faire rentrer dans la sphère publique des méthodes de gestion qui viennent du privé.

Question 15. Quel titre peut-on donner à cet article (textes 2 et 3) ?

(A) Les effets pervers des indicateurs de performance.

(B) Le NMP, nouvelle révolution bureaucratique.

(C) NMP : le laboratoire britannique.

(D) Un bilan mitigé pour le NMP.

(E) En matière de NMP, la France s'apprête à commettre les mêmes erreurs que la Grande-Bretagne.

Si vous avez terminé, vous n'êtes pas autorisé(e) à revenir sur une épreuve précédente.
Vous n'êtes pas non plus autorisé(e) à travailler sur une épreuve suivante avant la fin du temps imparti. **STOP !**

TEST BLANC TAGE MAGE 10

SOUS-TEST 2 : CALCUL

15 questions / 20 minutes / Calculatrice interdite
Réponse juste : + 4 points / Réponse fausse : – 1 point
Aucune réponse : 0 point

Question 16. Karen prend un nombre à deux chiffres et lui soustrait la somme des chiffres. Laquelle des réponses suivantes est un résultat possible de cette opération ?

(A) 44
(B) 63
(C) 15
(D) 59
(E) 49

Question 17. Quel nombre de 3 chiffres obtient-on si l'on divise le nombre de quatre chiffres ABCD par le nombre de deux chiffres AB (A, B, C et D sont différents de 0) sachant que CD = AB × A ?

(A) 100
(B) 1A1
(C) 10A
(D) 11A
(E) 1A0

Question 18. Alors que je suis les rails du tramway, je remarque qu'un tramway me dépasse toutes les 12 minutes et que toutes les 4 minutes j'en croise un. Les tramways et moi-même nous déplaçons à vitesse constante. A quels intervalles les tramways quittent-ils leur terminus ?

(A) Toutes les 2 minutes.
(B) Toutes les 3 minutes.
(C) Toutes les 4 minutes.
(D) Toutes les 6 minutes.
(E) Toutes les 8 minutes.

//
//

Question 19. Un tavernier remplit 25 bouteilles avec un tonneau de vin et 23 verres avec 5 bouteilles. Combien de verres peut-il remplir avec 5 tonneaux ?

(A) 115
(B) 575
(C) 590
(D) 600
(E) 620

Question 20. Le produit de deux entiers naturels non divisibles par 10 est égal à 1 000. Quelle est leur somme ?

(A) 102
(B) 133
(C) 64
(D) 101
(E) 98

Question 21. Les six cercles sont identiques. Quelle aire représente la partie du carré non grisée, sachant que l'aire du carré est égale à 64 cm^2 ?

(A) $36 + 14\pi$
(B) $56 + 2\pi$
(C) 48π
(D) $64 - 8\pi^2$
(E) $64 - 14\pi$

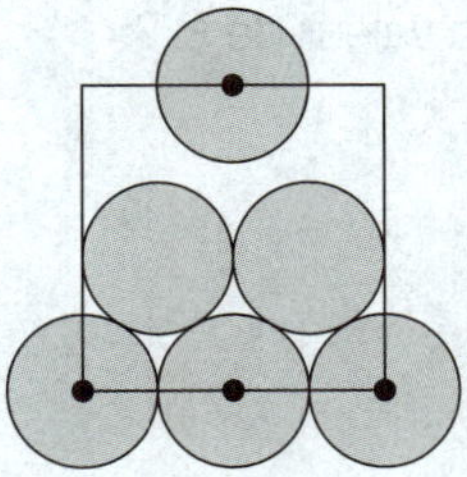

Question 22. Une compagnie aérienne dessert 15 villes. Toutes les villes sont reliées une à une entre elles. Combien de lignes aériennes existe-t-il ?

(A) 125
(B) 225
(C) 144
(D) 105
(E) 210

Question 23. Avec une grande cuve d'eau de 2 m^3, combien est-il possible de remplir de bouteilles de 50 cl ?

(A) 2 500
(B) 4 000
(C) 2 000
(D) 14 000
(E) 40 000

Question 24. Un problème d'imprimante a obligé Franck à numéroter à la main les pages de sa thèse de doctorat. Il a écrit en tout 3 773 chiffres. Combien sa thèse contient-elle de pages ?

(A) 1 090
(B) 1 112
(C) 1 178
(D) 1 220
(E) 1 227

Question 25. Un nénuphar dont la surface double tous les jours, met 400 jours pour couvrir la surface d'un lac. Combien de temps mettront 4 nénuphars pour couvrir à eux quatre la moitié de la surface de ce lac ?

(A) 100 jours.
(B) 200 jours.
(C) 396 jours.
(D) 397 jours.
(E) 398 jours.

Question 26. Quelle est la valeur de P ?

$$\begin{array}{ccccc} & & 4 & 1 & 7 \\ & \times & & P & P \\ \hline & - & - & - & - \\ - & - & 6 & - & - \\ \hline - & - & 3 & - & 8 \end{array}$$

(A) 2
(B) 3
(C) 4
(D) 6
(E) 8

Question 27. Voici une information extraite d'une étiquette d'une sauce allégée : « contient 9 % de matières grasses, soit 60 % de moins que les sauces traditionnelles ». Quel pourcentage de matières grasses contiennent les sauces traditionnelles ?

(A) 12,60 %
(B) 14,40 %
(C) 21,60 %
(D) 22,50 %
(E) 33,75 %

//
//

Question 28. Le nombre S @ T désigne le plus grand des nombres 3S ou 2S + T.
Quel est le nombre (3 @ 4) @ (5 @ 4) ?

(A) 0
(B) 25
(C) 30
(D) 35
(E) 32

Question 29. On considère la suite séquentielle informatique suivante :

[x : = –2*x]
[x : = x+y]
[y : = –6/x]
[y : = x+y]
[x : = x*y]
[x : = 2*x+12*y]

x : = a signifie que l'on affecte à x la valeur a.

y : = a signifie que l'on affecte à y la valeur a

+ est l'opération addition, – est l'opération soustraction, / est l'opération division, * est l'opération multiplication.

Au départ, on a $x = 4$ et $y = 2$. En fin de séquence, on obtient :

(A) $x = 15$ et $y = -1$.
(B) $x = 0$ et $y = -3$.
(C) $x = -5$ et $y = 0$.
(D) $x = 0$ et $y = -5$.
(E) $x = -15$ et $y = 2$.

Question 30. Dans le parking d'un supermarché, il y a 150 voitures dont 80 % de marque française. Dans le parking du stade, il y a 250 voitures dont 96 % de marque française. Quel est le pourcentage de voitures françaises garées sur les deux parkings ?

(A) 84 %.
(B) 87 %.
(C) 90 %.
(D) 94 %.
(E) 96 %.

Si vous avez terminé, vous n'êtes pas autorisé(e) à revenir sur une épreuve précédente.
Vous n'êtes pas non plus autorisé(e) à travailler sur une épreuve suivante avant la fin du temps imparti.

STOP !

TEST BLANC TAGE MAGE 10

SOUS-TEST 3 : RAISONNEMENT & ARGUMENTATION

15 questions / 20 minutes / Calculatrice interdite
Réponse juste : + 4 points / Réponse fausse : – 1 point
Aucune réponse : 0 point

Question 31. Les sondages effectués ces dernières années indiquent une augmentation constante du nombre de personnes estimant que le niveau des services de santé est en baisse. Le nombre de personnes sondées se plaignant d'une détérioration dans ce domaine augmente avec l'âge et il faut y voir un avertissement : ceux qui ont le plus souvent recours aux services de santé sont justement moins satisfaits de ces services que l'ensemble de la population.

Laquelle des affirmations suivantes découle du texte précédent ?

(A) Parmi ceux qui estiment que le niveau des services de santé est en baisse, la proportion des jeunes augmente.

(B) La proportion de personnes estimant que le niveau des services de santé baisse est plus élevée parmi les adultes que parmi les jeunes.

(C) La proportion d'adultes parmi les personnes interrogées dans les sondages est plus élevée que leur proportion dans la population.

(D) La proportion d'adultes ayant souvent recours aux services de santé a augmenté ces dernières années.

(E) Il y a moins d'adultes que de jeunes qui estiment que le niveau des services de santé est en baisse.

Question 32. Nous sommes le lundi 2 mars 2012. Quel jour de la semaine serons-nous le 10 mars 2016 ?

(A) Lundi.
(B) Mardi.
(C) Jeudi.
(D) Vendredi.
(E) Dimanche.

>>
>>

Question 33. Georges est plus grand que Baptiste et plus petit que Thibault. Denis est plus grand que Charles et plus petit que Georges. Qui est le plus grand ?

(A) Georges.

(B) Baptiste.

(C) Charles.

(D) Denis.

(E) Thibault.

Question 34. Voici la réponse apportée à une question posée par une journaliste :

« Les hommes éprouvent moins d'hésitation à nuire à quelqu'un qui se fait aimer qu'à quelqu'un qui se fait craindre, car l'amour est sous-tendu par un lien d'obligation qui du fait de la méchanceté des hommes est rompu à la moindre occasion, où ils voient leur profit personnel, tandis que la crainte est sous-tendue par une telle peur du châtiment qu'elle ne te fera jamais défaut. »

Quelle question a initialement été posée ?

(A) Les hommes ne pensent-ils qu'à leur intérêt personnel ?

(B) Peut-on être aimé et craint en même tant ?

(C) Les hommes sont-ils des lâches ?

(D) Les hommes peuvent-ils agir contre leur intérêt personnel ?

(E) Mieux vaut-il être craint ou aimé pour diriger ?

Question 35. Dans un bar où sont alignées 4 chaises hautes, numérotées de 1 à 4, quatre amis se sont rencontrés. Nicolas, Rémi, Tatiana et Sophie. Le premier arrivé s'assoit sur la chaise n° 1, le second sur la chaise n° 4, le 3e sur la chaise n° 3. Si l'on sait que Rémi est arrivé le premier, quelle situation permettra à Tatiana de s'asseoir près de Nicolas ?

(A) Tatiana est arrivée la première et Nicolas le dernier.

(B) Nicolas est arrivé le 3e.

(C) Sophie est arrivée la 3e.

(D) Tatiana est arrivée la dernière.

(E) Aucune des réponses proposées ne convient.

>>
>>

Question 36. Didier, Eric, François et Guy sont quatre frères d'âges différents : chacun d'eux dit toujours la vérité ou ment toujours. Voici l'échange de propos entendu entre les quatre frères : Didier : « Je suis l'aîné de nous quatre. » Eric : « Je suis le plus jeune de nous quatre. » François : « Eric est l'aîné de nous quatre. » Guy : « François ment. » Quel est le nombre de menteurs maximum possible parmi les frères ?

(A) Un.

(B) Deux.

(C) Trois.

(D) Quatre.

(E) Il n'y a aucun menteur.

Question 37. Joachim, lors d'un voyage aux Etats-Unis, cherche à visiter quatre villes : New York, Chicago, Dallas et Los Angeles. Pour organiser son périple, il prend en compte les affirmations suivantes :

– si il ne se rend pas à New York alors il se rend à Los Angeles.

– si il se rend à New York alors il se rend à Dallas.

– si il se rend à Los Angeles alors il se rend à Chicago.

– il ne se rend pas à Chicago.

A partir de ces informations, on peut conclure que :

(A) Joachim visite New York et Dallas.

(B) Joachim visite une ville exactement.

(C) Joachim ne visite pas New York.

(D) Joachim visite New York, Los Angeles et Dallas.

(E) Joachim visite trois villes exactement.

>>>
>>>

Question 38. Déterminer si l'homme est responsable des conséquences causées non seulement par son comportement mais également par l'effet de la chance est une question connue en philosophie de la morale. Cette question a conduit le philosophe du droit Ronald Vorken à distinguer entre deux types de chance : la chance aveugle et la chance découlant d'un choix. Selon lui, celui qui choisit consciemment de se remettre entre les mains de la chance « mérite » les conséquences bénéfiques ou préjudiciables de l'effet de la chance, contrairement à celui qui profite ou pâtit de la chance aveugle.

D'après Ronald Vorken, une personne qui a misé dans des jeux d'argent et a gagné :

(A) a réussi à échapper au préjudice de la chance aveugle.

(B) n'a pas eu de chance.

(C) a bénéficié de la chance aveugle.

(D) aurait mérité de perdre.

(E) a mérité de gagner.

Question 39. « Notre avenir est entre les mains de chacun d'entre nous qui avons en charge d'instruire, de guider, de protéger ces esprits et ces sensibilités qui ne sont pas encore complètement formés, qui n'ont pas atteint leur pleine maturité, qui se cherchent, qui sont encore fragiles, vulnérables. Nous avons la responsabilité d'accompagner l'épanouissement intellectuel de nos enfants. »

Quelle est la meilleure conclusion à ce propos ?

(A) Nos enfants constituent l'avenir de notre nation.

(B) Les enfants sont trop vulnérables pour que l'on néglige leur éducation.

(C) C'est en connaissant mieux les jeunes d'un pays que l'on peut comprendre son avenir.

(D) Une éducation réussie est le premier pas vers un épanouissement total de la jeunesse.

(E) L'éducation que nous donnons à nos enfants est la clé de notre avenir.

Question 40. Je ne suis pas plus grand que toi. Toi, tu n'es pas le plus petit de la pièce. Lui, c'est le plus grand. Enfin, elle n'est pas moins grande que toi. Sachant que nous avons tous des tailles différentes, qui est le plus petit de la pièce ?

(A) Moi.

(B) Toi.

(C) Lui.

(D) Elle.

(E) On ne peut pas savoir.

>>
>>

Question 41. Lorsque Pierre envoie des messages à Anne, il utilise le codage suivant : dans l'ordre de l'alphabet, chaque lettre correspond à un nombre : A = 01, B = 02, C = 03, …, Z = 26 ; et, pour chaque lettre, Pierre calcule le double de ce nombre et lui ajoute 9. Anne reçoit ce message de Pierre : 39 51 28. Que découvre Anne ?

(A) OUF
(B) OUI
(C) OUT
(D) Que Pierre s'est trompé.
(E) UFO

Question 42. Un certain mois il y a eu 5 samedis, 5 dimanches, mais seulement 4 vendredis et 4 lundis.
Le mois qui suivait a donc eu…

(A) 5 mercredis.
(B) 5 jeudis.
(C) 5 vendredis.
(D) 5 samedis.
(E) 5 dimanches.

Question 43. Il s'agit de colorier chaque région avec seulement 4 couleurs (Rose, Violet, Bleu et Jaune) de sorte que deux régions voisines soient de couleurs différentes. De quelle couleur sera la région marquée du point d'interrogation ?

(A) Rose.
(B) Violet.
(C) Bleu.
(D) Jaune.
(E) On ne peut pas savoir.

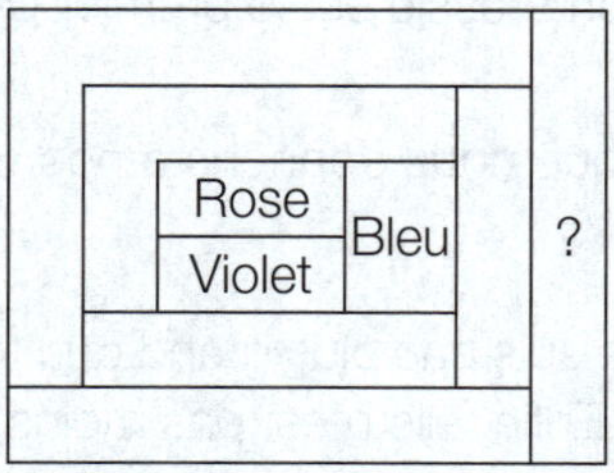

\>>>
\>>>

Question 44. Beaucoup de personnes pensent que l'or et l'argent sont les ressources qui ont le plus de valeur. Cependant, pour un entrepreneur averti, l'or et l'argent ont à ses yeux moins de valeur que les opportunités de s'enrichir davantage qui peuvent s'offrir à lui. Aussi, dans le monde de la haute finance, l'information est la ressource qui a le plus de valeur.

Quelle(s) supposition(s) l'auteur sous-entend-il dans son argumentation ?

(A) L'or et l'argent ne sont pas les ressources qui ont le plus de valeur.

(B) Les entrepreneurs sont différents de la plupart des autres gens.

(C) L'information sur les opportunités de business est riche et précise et permet d'accéder à des richesses plus importantes.

(D) La valeur de l'information est incalculable tant elle a de valeur.

(E) Seuls les entrepreneurs pensent que l'information est la ressource qui a le plus de valeur.

Question 45. Etiennette, Josette, Béatrice et Edith ont des métiers différents. Elles sont secrétaire de direction, informaticienne, directrice commerciale et professeur. Josette et Etiennette n'ont jamais touché un ordinateur. Etiennette et Béatrice n'ont jamais passé de concours et n'ont donc pu embrasser la carrière d'enseignant. Josette et Edith n'aiment pas le commerce. Béatrice et Josette auraient aimé devenir secrétaires mais elles n'ont pas trouvé d'emploi dans cette branche. Laquelle des quatre est professeur ?

(A) Béatrice.

(B) Josette.

(C) Etiennette.

(D) Edith.

(E) Il n'est pas possible de répondre.

Si vous avez terminé, vous n'êtes pas autorisé(e) à revenir sur une épreuve précédente.
Vous n'êtes pas non plus autorisé(e) à travailler sur une épreuve suivante avant la fin du temps imparti.

STOP !

TEST BLANC TAGE MAGE 10

SOUS-TEST 4 : CONDITIONS MINIMALES

15 questions / 20 minutes / Calculatrice interdite
Réponse juste : + 4 points / Réponse fausse : – 1 point
Aucune réponse : 0 point

Vous répondrez :

(A) Si l'information (1) permet à elle seule de répondre à la question, et si l'information (2) à elle seule ne permet pas de répondre à la question.

(B) Si l'information (2) permet à elle seule de répondre à la question, et si l'information (1) à elle seule ne permet pas de répondre à la question.

(C) Si les deux informations (1) et (2) ensemble permettent de répondre à la question, et aucune séparément ne le peut.

(D) Si chaque information permet séparément de répondre à la question.

(E) Si les deux informations ensemble ne permettent pas de répondre à la question.

Question 46. Pour se rendre chez Maryse, Antoine parcourt 25 % du trajet en train, les deux tiers suivants en vélo, et fait le reste du trajet à pied. Quelle est en km, la longueur totale de son trajet ?

(1) S'il ne prend ni le train, ni le vélo, alors il doit marcher 12 fois plus.

(2) Il est 20 fois plus vite en train qu'en vélo.

Question 47. Stéphanie veut acheter plusieurs livres qui coûtent tous le même prix. Quel est le prix d'un livre ?

(1) Si elle achète 4 livres, il lui reste 30 € dans son portefeuille.

(2) Il lui manque 2 € pour pouvoir acheter 6 livres.

##
##

Vous répondrez :

(A) Si l'information (1) permet à elle seule de répondre à la question, et si l'information (2) à elle seule ne permet pas de répondre à la question.

(B) Si l'information (2) permet à elle seule de répondre à la question, et si l'information (1) à elle seule ne permet pas de répondre à la question.

(C) Si les deux informations (1) et (2) ensemble permettent de répondre à la question, et aucune séparément ne le peut.

(D) Si chaque information permet séparément de répondre à la question.

(E) Si les deux informations ensemble ne permettent pas de répondre à la question.

Question 48. La moyenne des poids de mes trois enfants est égale à 36 kg. Est-ce que le poids du plus léger d'entre eux dépasse 20 kg ?

(1) Le plus lourd des enfants pèse 44 kg.

(2) L'un des enfants pèse 40 kg.

Question 49. Un club de supporters organise un déplacement. Pour couvrir certains frais liés à l'organisation, il est prévu que chaque membre participe aux frais de façon égale. Combien de supporters font le déplacement ?

(1) Avec 2 fois plus de supporters, le montant total des frais s'élève à 4 200 €.

(2) Le jour du départ, 10 membres du club sont absents et chacun des membres présents doit payer 2 € de plus que prévu initialement.

Question 50. Simon est âgé de 30 ans. Dans combien d'années son âge sera-t-il égal au double de celui de son fils unique ?

(1) Simon a 20 ans d'écart avec son fils.

(2) Dans 30 ans, Simon sera une fois et demie plus vieux que son fils.

Question 51. Henri part en vélo de Marseille à 9 h en direction de Cassis. Après s'y être promené 2 heures, il retourne à Marseille où il arrive à 19 h précises. Quelle distance sépare Marseille de Cassis ?

(1) A l'aller, Henri roule à la vitesse de 10 km/h.

(2) Au retour, Henri roule à la vitesse de 30 km/h.

##
##

Vous répondrez :

(A) Si l'information (1) permet à elle seule de répondre à la question, et si l'information (2) à elle seule ne permet pas de répondre à la question.

(B) Si l'information (2) permet à elle seule de répondre à la question, et si l'information (1) à elle seule ne permet pas de répondre à la question.

(C) Si les deux informations (1) et (2) ensemble permettent de répondre à la question, et aucune séparément ne le peut.

(D) Si chaque information permet séparément de répondre à la question.

(E) Si les deux informations ensemble ne permettent pas de répondre à la question.

Question 52. Stéphie décide de démarrer un footing. Deux heures plus tard, Joseph part en bicyclette derrière elle. Au bout de combien de temps l'aura-t-elle rattrapé ?

(1) Stéphie court à la vitesse de 10 km/h.

(2) Joseph roule trois fois plus vite que Stéphie ne court.

Question 53. Les masses, en kilogramme, de 5 pastèques sont des entiers tous différents. On pèse les pastèques deux par deux sur une balance. Les plus petites masses que l'on peut obtenir sont 16 kg et 18 kg ; les plus grandes masses que l'on peut obtenir sont 26 kg et 27 kg. Quelles sont les masses respectives des différentes pastèques ?

(1) L'une des masses est 13 kg.

(2) L'une des masses est 12 kg.

Question 54. Une feuille est rectangulaire. On découpe un carré de côté Y cm dans chaque coin. Combien vaut l'aire de la partie restante ?

(1) La surface de papier restant est le double de celle enlevée.

(2) La feuille est de dimension 20 cm × 12 cm.

##

Vous répondrez :

(A) Si l'information (1) permet à elle seule de répondre à la question, et si l'information (2) à elle seule ne permet pas de répondre à la question.

(B) Si l'information (2) permet à elle seule de répondre à la question, et si l'information (1) à elle seule ne permet pas de répondre à la question.

(C) Si les deux informations (1) et (2) ensemble permettent de répondre à la question, et aucune séparément ne le peut.

(D) Si chaque information permet séparément de répondre à la question.

(E) Si les deux informations ensemble ne permettent pas de répondre à la question.

Question 55. Lise, Léa et Lucette prennent le train à Beauvais à 14 h 25 pour arriver au Mans à 17 h 25. Quelle est la distance parcourue par le train entre Beauvais et Le Mans ?

(1) Durant le premier tiers du voyage, le TGV se déplace à 250 km/h, durant le deuxième tiers, il roule à 275 km/h et la fin du trajet se fait à la vitesse de 225 km/h.

(2) Une voiture roulant deux fois moins vite que le train mettrait 6 heures pour parcourir la distance.

Question 56. *p* est un nombre à trois chiffres divisible par 7. Que vaut *p* ?

(1) *p* est divisible par 8.

(2) *p* est divisible par 17.

Question 57. Robert a 10 ans de plus que son frère Jean-Louis qui est deux fois plus jeune que sa sœur Yvette. Quel âge a Jean-Louis ?

(1) Si Robert retranche 6 à son âge et triple le résultat, il obtient l'âge de Jean-Louis plus 30.

(2) Yvette a un an de moins que Robert.

Question 58. Un cinéma propose des places à 15 € et d'autres à 20 € pour une avant-première. Combien de places à 15 € ont été vendues ?

(1) La recette totale a été de 8 000 €.

(2) 470 spectateurs ont assisté à cette avant-première.

##
##

Vous répondrez :

(A) Si l'information (1) permet à elle seule de répondre à la question, et si l'information (2) à elle seule ne permet pas de répondre à la question.

(B) Si l'information (2) permet à elle seule de répondre à la question, et si l'information (1) à elle seule ne permet pas de répondre à la question.

(C) Si les deux informations (1) et (2) ensemble permettent de répondre à la question, et aucune séparément ne le peut.

(D) Si chaque information permet séparément de répondre à la question.

(E) Si les deux informations ensemble ne permettent pas de répondre à la question.

Question 59. Que vaut X ?

(1) $2X^2 - 7X = -6$

(2) X est un entier positif.

Question 60. Un récipient en forme de pavé fait 12 cm de longueur. On le remplit de sirop. Quelle est la hauteur de sirop dans le récipient ?

(1) Le récipient fait 1 080 cm^3.

(2) Le volume de sirop versé est de 2,7 L.

Si vous avez terminé, vous n'êtes pas autorisé(e) à revenir sur une épreuve précédente.
Vous n'êtes pas non plus autorisé(e) à travailler sur une épreuve suivante avant la fin du temps imparti.

STOP !

TEST BLANC TAGE MAGE 10

SOUS-TEST 5 : EXPRESSION

15 questions / 20 minutes / Calculatrice interdite
Réponse juste : + 4 points / Réponse fausse : – 1 point
Aucune réponse : 0 point

Questions 61 à 65 : choisissez la reformulation dont le sens se rapproche le plus du (des) passage(s) souligné(s).

Question 61. Ce sommet tombe à pic ! Nous pourrons y traiter des problèmes <u>structurels</u>, en vue de trouver des solutions concrètes.

(A) formels
(B) fondamentaux
(C) récurrents
(D) spécieux
(E) de fond

Question 62. Les Français sont marqués par une image <u>bucolique</u>, voire archaïque de l'agriculture. Or elle fait appel à des <u>compétences</u> qui se retrouvent dans la plupart des métiers.

(A) rurale qualités
(B) pastorale pratiques
(C) agreste techniques
(D) paysanne savoir-faire
(E) rustique aptitudes

Question 63. Ce nouveau parti d'extrême droite <u>exacerbe</u> les tensions politiques à Marseille.

(A) rosse
(B) émonde
(C) accroît
(D) ravive
(E) annihile

Question 64. Le joueur batave a placé un coup de tête puissant au premier poteau mais sa tentative a heurté le poteau gauche du but suédois. Ce fait de jeu marque sans aucun doute le tournant du match.

(A) belge
(B) bulgare
(C) albanais
(D) néerlandais
(E) hongrois

Question 65. Cette organisation séditieuse originaire d'Ecosse a été défaite au cours de l'été dernier.

(A) mutine — battue
(B) révolutionnaire — dissolue
(C) contestataire — arrêtée
(D) rebelle — dissoute
(E) subversive — annihilée

Questions 66 à 69 : complétez en choisissant la solution optimale.

Question 66. Beaucoup d'individus (…) qu'il ne faut pas (…) au moment de prononcer le verdict, cependant (…) sans nul doute (…).

(A) pensent / se préoccuper de l'état de santé de l'accusé / celui qui connaît le système judiciaire / renforcera son opinion
(B) prétendent / cacher au public les détails de l'affaire / s'ils savaient que ceci révélerait des secrets d'Etats / cela renforcerait leur opinion
(C) croient de tout cœur / tenir compte des caractéristiques personnelles du criminel / s'ils étaient à la place de l'accusé / leur opinion aurait été différente
(D) sont prêts à accepter le fait / se référer à des arrêts précédents / si ceux-ci n'ont pas de rapport avec le cas / il ne faut pas s'y référer
(E) croient / tenir compte des desiderata du criminel / s'ils étaient à la place du juge / leur jugement aurait été identique

Question 67. Ce chauffard, (…) du cannabis a mortellement percuté les deux personnes âgées qui attendaient à l'arrêt du bus.

(A) sous l'effet
(B) sous l'empire
(C) sous la mainmise
(D) sous l'emprise
(E) sous la puissance

Question 68. La grève des urologues s'est achevée (…) satisfait leurs revendications. Ceux qui s'imaginent que la grève actuelle des radiologues aboutira à un résultat (…) oublient que dans la mesure où les revendications des radiologues (…) justifiées que celles des urologues, (…) que le gouvernement se montre conciliant.

(A) sans qu'on ait / semblable / ne sont pas moins / il n'y a pas de raison
(B) après qu'on eut / semblable / sont moins / il est probable
(C) sans qu'on ait / différent / sont plus / il est probable
(D) après qu'on eut / différent / ne sont pas moins / il est probable
(E) sans qu'on eut / similaire / ne semblent pas plus / il est attendu

Question 69. « Le style du XVIIe siècle, celui qui a été consacré par nos classiques, n'a pas pour cela été à l'abri des (…), et la main du temps s'y est déjà tellement fait sentir qu'à bien des égards, il nous semble appartenir à une langue étrangère. » (LITTRE)

(A) variations
(B) changements
(C) conventions
(D) progrès
(E) mutations

Question 70. Dans quelle proposition suivante tous les mots sont-ils correctement accentués ?

(A) bâtiment – exprès – récession
(B) dépôt – éfficacité – éthique
(C) obsolète – énergique – correler
(D) supérieur – intéraction – différencier
(E) évènement – âpte – sévices

Question 71. Parmi les 5 phrases suivantes, lesquelles ne comportent aucune faute d'usage et/ou de style ?

1. Ce samedi, mes amis viendront tous à mon mariage à moto.
2. L'accueil des sans abri est de plus en plus difficile. Que pouvons-nous faire vis-à-vis d'eux ?
3. Six à sept personnes sont attendues par le préfet du Var.
4. Ils ont aussi peur que moi du froid et de la pluie.
5. C'est nous qui le ferons. Un point c'est tout.

(A) Phrases 1 et 2
(B) Phrases 2 et 3
(C) Phrases 1 et 5
(D) Phrases 1, 3 et 5
(E) Phrases 2, 4 et 5

Question 72. Sachant que le passé composé exprime des faits complètement achevés à un moment déterminé ou indéterminé du passé, en relation avec le présent ou dont les conséquences sont encore sensibles dans le présent, soit :

1. Le récit de ma vie peut se faire en deux mots : je (voyager) et je (travailler).
2. Les araignées du matin (tisser) leurs toiles dans tous les coins.
3. Quand il (finir) de manger, il fume une cigarette.
4. Ce petit cahier que je feuilletais, (réveiller) en moi tout un monde.

Quelle réponse ci-dessous présente une conjugaison correcte des quatre phrases 1, 2, 3, 4 ?

(A) 1. voyageai, travaillai 2. tissèrent 3. a fini 4. a réveillé
(B) 1. voyageai, travaillai 2. tissèrent 3. finit 4. a réveillé
(C) 1. ai voyagé, ai travaillé 2. ont tissé 3. a fini 4. réveilla
(D) 1. ai voyagé, ai travaillé 2. ont tissé 3. finit 4. réveilla
(E) 1. voyageai, travaillai 2. tissèrent 3. finit 4. a réveillé

Question 73. Parmi les proverbes suivants lequel est le plus proche du proverbe « *Qui bon l'achète, bon le boit* ».

(A) Qui économise sur la qualité du drap le paiera deux fois.
(B) Qui fait un panier fait une hotte.
(C) La femme et la bouilloire à thé se bonifient avec l'âge.
(D) Les vertus sans prudence sont des beautés sans yeux.
(E) Aide-toi le ciel t'aidera.

Question 74. « Le fait qui commande la condition actuelle de la femme, c'est la survivance têtue, dans la situation neuve qui est en train de s'ébaucher, des traditions les plus antiques. On ouvre aux femmes les usines, les bureaux, les facultés, mais on continue à considérer que le mariage est pour elles une carrière des plus honorables qui les dispense de toute autre participation à la vie collective ». Simone de BEAUVOIR, *Le deuxième sexe,* (1949)

Parmi les propositions ci-dessous, laquelle exprime la pensée de Simone de Beauvoir ?

(A) L'âge moderne a mis fin aux anciennes servitudes de la femme.
(B) Les mentalités traditionnelles se développent.
(C) Les traditions permettent à la femme de concilier métier et vie familiale.
(D) L'émancipation de la femme reste ambiguë.
(E) La femme n'est plus ce qu'elle était.

Question 75. *Vitesse* est à *Précipitation*…

(A) … ce que *Réflexion* est à *Idée*
(B) … ce que *Preuve* est à *Solution*
(C) … ce que *Erreur* est à *Echec*
(D) … ce que *Peine* est à *Tristesse*
(E) … ce que *Estimation* est à *Prix*

Si vous avez terminé, vous n'êtes pas autorisé(e) à revenir sur une épreuve précédente.
Vous n'êtes pas non plus autorisé(e) à travailler sur une épreuve suivante avant la fin du temps imparti. **STOP !**

TEST BLANC TAGE MAGE 10

SOUS-TEST 6 : LOGIQUE

15 questions / 20 minutes / Calculatrice interdite
Réponse juste : + 4 points / Réponse fausse : – 1 point
Aucune réponse : 0 point

Question 76.

	301			
	121			
100	?	339	428	717
	238			
	329			

(A) 101 (B) 224 (C) 213 (D) 222 (E) 326

Question 77.

		DMN		
		OPE		
		FTF		
STL	CPF	?	AHA	LDL
		HJK		

(A) ALP (B) SDF (C) ELG (D) MAK (E) RNG

****
****

Question 78.

		95		
		19		
		114		
94	571	?	814	625
		38		

(A) 85 (B) 49 (C) 57 (D) 76 (E) 94

Question 79.

		ZDB		
		RTG		
		QGL		
PQE	DFU	?	MQA	CHT
		EAV		

(A) RSU (B) ORQ (C) LMD (D) TWA (E) SAQ

Question 80.

		522		
400	36	?	64	361
		94		
		121		
		46		

(A) 636 (B) 441 (C) 327 (D) 999 (E) 828

****
****

Question 81.

		NYS		
		VUA		
		LRM		
CSZ	NBD	**?**	UIF	GVE
		AOG		

(A) EVU (B) ELS (C) XOS (D) XPS (E) EPR

Question 82.

				624
				416
				728
				208
752	651	835	413	**?**

(A) 112 (B) 321 (C) 972 (D) 936 (E) 520

Question 83.

PNU	SNV	RZW	**?**	TEY
			DXS	
			EDZ	
			FOP	
			GNB	

(A) ZCZ (B) CQW (C) ZDX (D) ZAS (E) CAX

****
****

Question 84.

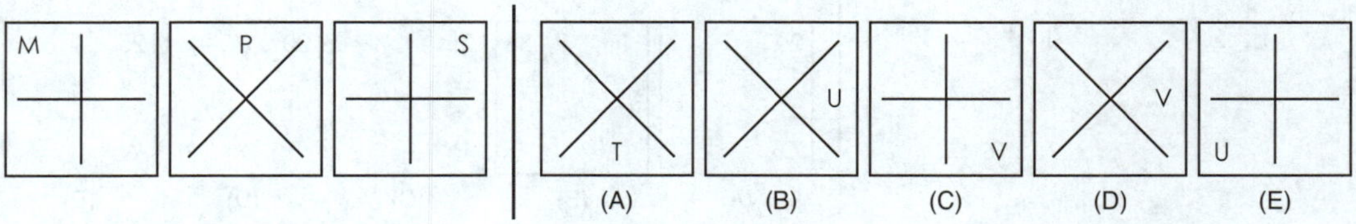

Question 85.

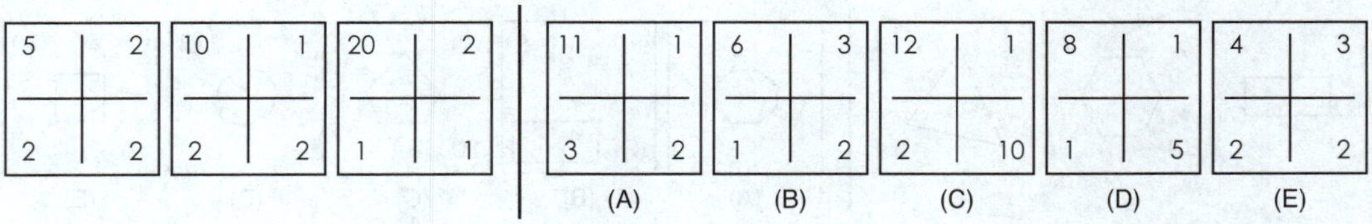

Question 86.

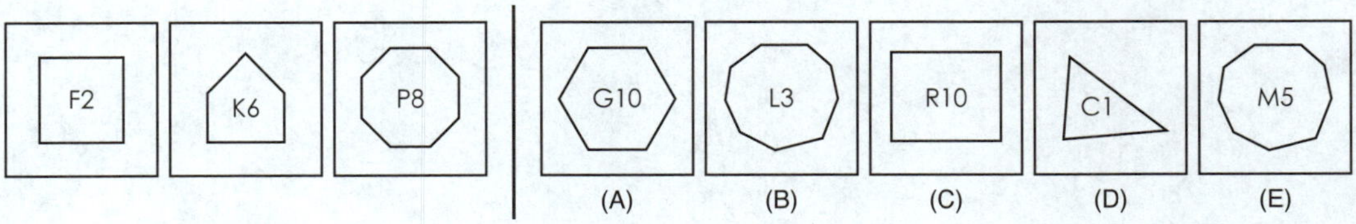

Question 87.

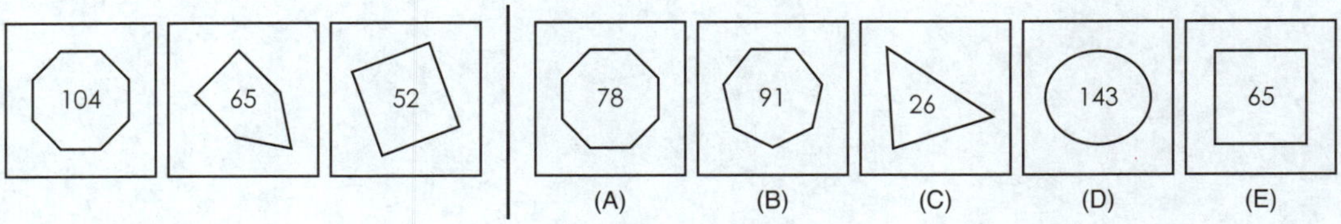

Question 88.

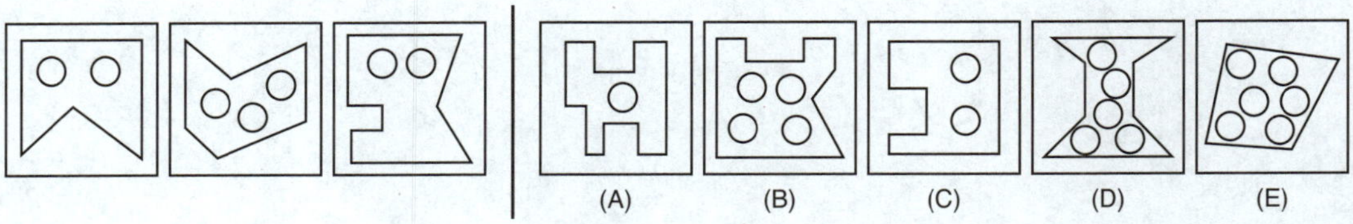

****
****

Question 89.

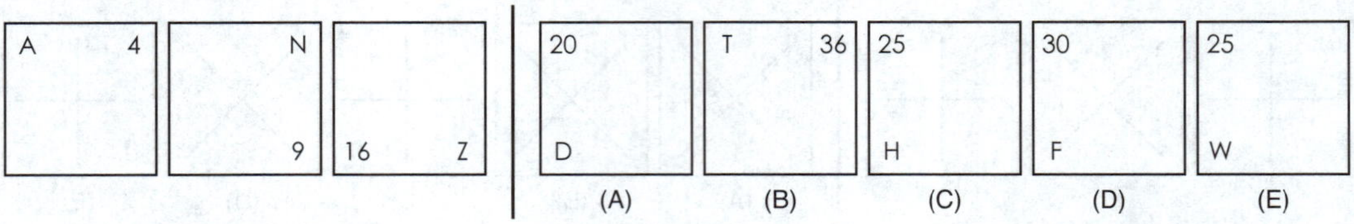

Question 90.

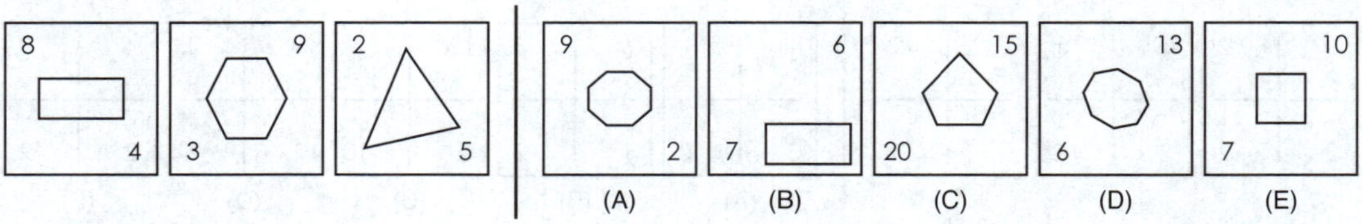

TEST TAGE MAGE 10 : VOTRE GRILLE DE REPONSES JUSTES

Sous-test 1 – Compréhension de textes

Question	Réponse
1	D
2	D
3	B
4	B
5	D
6	E
7	A
8	D
9	D
10	D
11	C
12	C
13	D
14	B
15	C

Sous-test 2 – Calcul

Question	Réponse
16	B
17	C
18	D
19	B
20	B
21	E
22	D
23	B
24	D
25	D
26	C
27	D
28	D
29	D
30	C

Sous-test 3 – Raisonnement/Argumentation

Question	Réponse
31	B
32	E
33	E
34	E
35	B
36	C
37	A
38	E
39	E
40	A
41	D
42	A
43	A
44	C
45	B

Sous-test 4 – Conditions minimales

Question	Réponse
46	E
47	C
48	A
49	C
50	D
51	C
52	B
53	A
54	C
55	A
56	C
57	D
58	C
59	C
60	E

Sous-test 5 – Expression

Question	Réponse
61	A
62	E
63	C
64	D
65	D
66	C
67	B
68	D
69	E
70	A
71	C
72	C
73	A
74	D
75	D

Sous-test 6 – Logique

Question	Réponse
76	B
77	C
78	D
79	B
80	B
81	E
82	D
83	E
84	D
85	D
86	B
87	B
88	D
89	C
90	C

CORRIGES

SOUS-TEST 1 : COMPREHENSION DE TEXTES

10

Question 1. **Réponse D**

Aucune des réponses proposées ne fournit d'explication complète. Il faut éliminer les réponses qui mentionnent le gouvernement fédéral (puisque la Belgique n'a plus de gouvernement fédéral), donc les réponses A et C.

B n'est pas faux mais très incomplet car il ne mentionne pas l'existence des communautés. E fait état des deux sortes de gouvernement (région et communauté), mais n'explique pas pourquoi il y a 5 gouvernements au lieu de 6.

D apparaît comme la moins mauvaise réponse même si elle est très incomplète.

Question 2. **Réponse D**

1/6e et non 1/5e : « C'est là où se trouve (...) le sixième de l'emploi. »

Question 3. **Réponse B**

Bruxelles a bien 1/4 de population étrangère (fin du texte) mais ce n'est pas présenté comme une difficulté pour la ville. La proposition 4 est donc fausse.

Les trois autres sont exactes : « La ville est surpeuplée », « Sa banlieue est chère et située en Flandre, où, désormais, il devient impératif de connaître le néerlandais », « Un Bruxellois sur cinq – et surtout un jeune sur trois, voire un sur deux dans certains quartiers – est sans travail ».

Question 4. **Réponse B**

De nouvelles élections ne changeraient rien au blocage institutionnel, et cette possibilité n'est pas évoquée.

En revanche, la mise sous tutelle de Bruxelles (« Les partis flamands autour de la table des négociations [pour former un gouvernement] souhaitent une forme de tutelle partagée »), l'augmentation du territoire (« Les Wallons, eux, demandent l'élargissement du territoire bruxellois ») et la révolte (« Ce n'est pas encore le printemps bruxellois, mais, si ça continue, on ne sait jamais ») sont évoquées.

Question 5. Réponse D

C'est le seul résumé qui explique à la fois les problèmes de Bruxelles, l'indifférence du reste du pays et la possibilité que les Bruxellois se « révoltent ».

Le résumé A évoque aussi ces trois idées essentielles, mais il offre moins d'informations sur les problèmes de Bruxelles.

B, C et E n'évoquent pas la possibilité d'un « printemps bruxellois ».

Question 6. Réponse E

Les travaillistes augmentent l'investissement public durant leur second mandat, et non lorsqu'ils arrivent au pouvoir.

Question 7. Réponse A

La réponse est explicite : « le pilotage de l'Etat s'effectue désormais par le biais d'un appareillage d'indicateurs de performance. »

Question 8. Réponse D

Il fallait trouver une suite à ce début de phrase qui soit exacte. Il fallait donc trouver la phrase juste, c'est-à-dire la proposition D.

Les autres propositions comportent des erreurs :

- Le **Royaume Uni** n'est pas la **Grande Bretagne** (A).
- Mme Thatcher n'a pas un projet **libéral** mais **néolibéral** (B).
- C'est le parti **conservateur** qui arrive au pouvoir, pas les **travaillistes** (C).
- Rien ne dit que cette crise est **la plus** grave (E).

Question 9. Réponse D

Les propositions B et E ne tiennent pas compte de la fin du texte, il faut donc les éliminer.

La proposition A n'explique pas comment le NMP a été modifié.

La proposition C évoque une « surprise » qui n'est pas dans le texte.

Reste la proposition D, la plus complète.

Question 10. Réponse D

Les trois réformes sont l'œuvre de Mme Thatcher : « Dernier volet, la privatisation de nombreux services publics », « avec notamment la mise en concurrence des écoles ou des hôpitaux », « Elles instaurent par ailleurs l'équivalent d'une Cour des comptes, mais fondée sur le modèle de l'audit, qui passe au peigne fin l'appareil d'Etat ».

Question 11. Réponse C

Ce n'est pas la société française qui a été changée.

Question 12. Réponse C

La proposition 1 est exacte : « le NMP à la française est moins un projet politique qu'un programme managérial visant à réduire les coûts ».

La proposition 2 est exacte : « particulièrement ceux du ministère des Finances. Selon Philippe Bezès, cette élite de la fonction publique française entend retrouver de cette manière une capacité de pilotage de l'Etat ».

La proposition 3 est exacte, il sera moins radical en raison de l'existence des contre-pouvoirs : « les contre-pouvoirs sont beaucoup plus importants en France. Cela laisse présager que le NMP sera mis en œuvre dans l'Hexagone de manière plus partielle avec une hybridation des modèles existants ».

Il n'est noté nulle part que les erreurs du NMP britannique seront exploitées.

Question 13. Réponse D

La réponse est explicite : « Ainsi l'amélioration constatée du temps d'attente dans les services d'urgence des hôpitaux a pu avoir pour contrepartie une augmentation en flèche du budget des ambulances : garées dans les parkings des établissements, celles-ci gardaient les malades en dehors des hôpitaux en attendant qu'une place se libère… ».

Question 14. Réponse B

La proposition E est attrayante mais elle définit surtout le NMP, pas la « révolution bureaucratique ».

La proposition A est trop vague.

La proposition C est une conséquence, chez nos voisins britanniques, du NMP, ce n'est pas la définition de la révolution bureaucratique.

La proposition D est un moyen mis en œuvre pour rendre efficient le NMP.

Le choix de la définition B trouve sa justification dans le début de la réponse à la 3e question.

Question 15. Réponse C

La proposition E est fausse.

Les propositions A et B ne traduisent qu'une facette des textes.

La proposition D pourrait convenir, mais la proposition C est meilleure car le mot « laboratoire » reflète bien le fait que la démarche française s'inspire en partie des réformes britanniques.

SOUS-TEST 2 : CALCUL

Question 16. **Réponse B**

Soit AB le nombre à deux chiffres que Karen prend.

AB peut aussi s'écrire : AB = 10 × A + B. Karen prend ce nombre et lui soustrait la somme de ses chiffres. En d'autres termes, elle fait : 10 × A + B – A – B = 9 × A. Elle obtient donc un nombre multiple de 9 et le seul nombre parmi les réponses proposées qui est multiple de 9, c'est 63. C'est donc la bonne réponse.

Question 17. **Réponse C**

ABCD = 100 × AB + CD. Et CD = AB × A, soit A = CD/AB.

Aussi, $\frac{ABCD}{AB} = \frac{(100 \times AB + CD)}{AB} = 100 \times \frac{AB}{AB} + \frac{CD}{AB} = 100 \times 1 + A = 100 + A = 10A$ (lire « Cent A », ainsi, si A = 5 par exemple alors 10A vaut 105).

Question 18. **Réponse D**

Cette question est complexe : la difficulté repose sur la mise en équation de l'énoncé.

Soit A la vitesse constante de la personne qui se déplace, et B la vitesse constante du tramway. La personne part d'une gare, se fait dépasser toutes les 12 minutes et croise un tramway toutes les 4 minutes.

On pose aussi X = le délai entre chaque tramway, à trouver. On a :

12 × A = B × (12 – X) : au bout de 12 minutes le tramway dépasse la personne. La vitesse A fois le nombre de minutes à marcher est donc égale à la vitesse de B fois 12 minutes moins le délai entre chaque tramway.

4 × A = –B(4 – X) : au bout de 4 minutes la personne se fait dépasser par le tramway. La vitesse A fois 4 est donc égale à la vitesse de B fois 4 minutes moins le délai entre chaque tramway, sauf qu'ici la personne croise le train : on multiplie la deuxième partie de l'équation par (–1).

Une fois qu'on dispose des deux équations, on écrit A en fonction de B :

$A = \frac{(-B(4 - X))}{4}$, on remplace ensuite dans la première équation :

$-12B + 3BX = 12B - BX$

On trouve 24B = 4BX, on divise par 4B et on trouve X = 6, soit 6 minutes de délai entre chaque tramway.

Question 19. Réponse B

Avec 5 bouteilles de vin, je peux remplir 23 verres. Donc avec 25 bouteilles (*i.e.* 1 tonneau), je peux remplir 23 × 5 = 115 verres. Et par conséquent, avec 5 tonneaux, je peux remplir 115 × 5 = 575 verres (ne posez même pas la multiplication ! Regardez le dernier chiffre et la réponse B saute alors aux yeux).

Question 20. Réponse B

Décomposons 1 000 en un produit unique de facteurs premiers et découvrons ce que ce nombre a réellement dans le ventre.

1 000 = 2 × 500 = 2 × 2 × 250 = 2 × 2 × 2 × 125 = **2 × 2 × 2 × 5 × 5 × 5.**

Cette décomposition nous permet d'écrire :

1 000 = 2 × 500	1 000 = 4 × 250
1 000 = 5 × 200	1 000 = 8 × 125
1 000 = 10 × 100	1 000 = 20 × 50
1 000 = 25 × 40	Sans oublier : 1 000 = 1 000 × 1

En conclusion : le seul produit de deux entiers naturels non divisibles par 10 qui donne 1 000 est **1 000 = 8 × 125** (en effet : ni 8 ni 125 n'est divisible par 10… tandis que dans tous les autres produits énumérés ci-dessus, il y a à chaque fois un ou deux nombres divisibles par 10)

La somme de ces deux nombres est 8 + 125 = 133.

Nota Bene : il n'était pas nécessaire d'énumérer toutes les décompositions de 1 000 en produits de deux nombres entier pour trouver le seul produit qui fonctionnait (8 × 125). En effet, la seule décomposition de 1 000 en un produit unique de facteurs premiers (1 000 = 2 × 2 × 2 × 5 × 5 × 5) permettait de voir que le « croisement » d'un 2 et d'un 5 était interdit (sinon le croisement donnait irrésistiblement un nombre divisible par 10 !!!). Il fallait donc considérer tous les « 2 » ensemble et tous les « 5 » ensemble ; soit : 1 000 = (2 × 2 × 2) × (5 × 5 × 5) = 8 × 125.

Question 21. Réponse E

Il suffit de voir que le côté d'un carré est égal à 8 cm et que ces 8 cm sont équivalents à 4 rayons de cercle. A vous de trouver la suite !

Question 22. Réponse D

$$\frac{15 \times 14}{2} = 15 \times 7 = 105$$

Question 23. Réponse B

Rappel : 1 m^3 = 1 000 litres = 100 000 cl.

Question 24. Réponse D

Astuce : pour savoir combien de pages il y a entre la page x et la page y, faites ($y - x + 1$).

Entre la page 1 et la page 9, il y a 9 chiffres. Entre la page 10 et la page 99, il y a 90 pages avec deux chiffres par page, soit 180 en tout. Entre la page 100 et la page 999, 900 × 3 = 2 700.

Entre la page 1 et la page 999, Franck a déjà écrit 9 + 180 + 2 700 = 2 889 chiffres. Il a écrit 3 773 chiffres au total, il reste donc (3 773 – 2 889) = 884 à écrire sur des pages de quatre chiffres chacune.

$\frac{884}{4}$ = 221, ces 221 pages de quatre chiffres chacune s'ajoutent aux 999 pages déjà écrites, ce qui fait un total de 999 + 221 = 1 220 pages de thèse.

Question 25. Réponse D

Prenons le cas d'**1** nénuphar.

Au terme du 400e jour, il a couvert tout le lac.

Au terme du 399e, il a couvert la moitié du lac.

Au terme du 398e jour, il a couvert la moitié de la moitié du lac, c'est-à-dire le quart du lac.

Au terme du 397e jour, il a couvert la moitié du quart du lac, c'est-à-dire le huitième du lac.

Si l'on prend 4 nénuphars à présent : arrivés au **397e jour**, chacun d'entre eux aura couvert un huitième du lac, soit à eux quatre, quatre huitièmes du lac, c'est-à-dire la moitié du lac.

Question 26. Réponse C

La cohérence et le bon sens sont indispensables à tout bon raisonnement logique ou mathématique. Il s'agit ici d'une question qui teste précisément votre capacité à conduire un raisonnement **cohérent**.

En regardant attentivement vos solutions seule la solution C (P = 4) est possible… question de cohérence : le dernier chiffre du résultat de la multiplication est 8 et parmi les solutions proposées, seule 4 multiplié par 7 donne un dernier chiffre égal à 8 (7 × 4 = 2**8.**)

Les autres solutions étaient purement et simplement incohérentes : 7 par 2 donne 1**4**, 7 par 3 donne 2**1**, 7 par 6 donne 4**2** et 7 par 8 donne 5**6**.

Question 27. Réponse D

Rappel : faire - 60 % équivaut à multiplier par 0,40 (c'est-à-dire 0,4)
Aussi, Matières grasses (sauces allégées) = 0,4 × Matières grasses (sauces traditionnelles).

Ainsi si X est le taux de MG des sauces traditionnelles, alors pour obtenir le taux de MG des sauces allégées, il a fallu multiplier X par 0,4.

On a donc X × 0,4 = 0,09, soit $X = \frac{0{,}09}{0{,}4} = \frac{9}{40} = \frac{(9 \times 2{,}5)}{(40 \times 2{,}5)} = \frac{22{,}5}{100} = 22{,}5\ \%$

Question 28. Réponse D

3 @ 4 = 3 × 3 ou 2 × 3 + 4. On garde le plus grand des deux soit 2 × 3 + 4 = 10.
5 @ 4 = 3 × 5 ou 2 × 5 + 4. On garde le plus grand des deux soit 3 × 5 = 15.
(3 @ 4) @ (5 @ 4) = 10 @ 15 = 3 × 10 ou 2 × 10 + 15. On garde le plus grand des deux soit 2 × 10 + 15 = 35.

Question 29. Réponse D

On faisant fonctionner la suite séquentielle, on obtient successivement les couples (*x* ; *y*) suivants : (4 ; 2), (–8 ; 2), (–6 ; 2), (–6 ; 1), (–6 ; –5), (30 ; –5), **(0 ; –5)**.

Question 30. Réponse C

Vous devez reconnaître immédiatement ici un problème de moyenne pondérée.
Les termes de la moyenne sont les pourcentages de voitures françaises sur chaque parking et les poids des termes sont les nombres de voitures garées sur chaque parking.
Calculons la moyenne pondérée :

(150 × 80 % + 250 × 96 %)/(150 + 250) = (120 + 240)/400 = 360/400 = 9/10 = 90 %

Par conséquent 90 % des voitures sont françaises.

SOUS-TEST 3 : RAISONNEMENT – ARGUMENTATION

Question 31. Réponse B

La réponse B est une conséquence directe du texte : *en effet, le nombre de personnes sondées se plaignant d'une détérioration dans ce domaine augmente avec l'âge et il faut y voir un avertissement.* On en déduit donc que *la proportion de personnes estimant que le niveau des services de santé baisse est plus élevée parmi les adultes que parmi les jeunes.*

CORRIGÉS TEST BLANC 10

Question 32. **Réponse E**

Dans ce genre de questions, il faut faire une division euclidienne. Ici il y a 4 ans et 8 jours d'écart entre les 2 dates. 1 an = 365 j. Or, 365 = 52 × 7 + 1. A chaque nouvelle année, la date est décalée d'un jour de semaine. Donc au bout de 4 ans, on obtient un décalage de 4 jours. ATTENTION : il ne faut pas oublier qu'il y a une année bissextile au milieu, c'est-à-dire une année à 366 jours. Donc au bout de 4 ans, on aboutit à un décalage de 5 jours. On y ajoute les 8 jours d'écart, ce qui nous donne 13 jours de décalage. Pour finir, 13 = 7 × 1 + 6. Au final, on obtient un décalage de 6 jours.

Le lundi 10 mars 2016 tombera donc un dimanche (réponse E).

Question 33. **Réponse E**

Baptiste, Denis et Charles sont plus petits que Georges. Thibault, plus grand que Georges, est le plus grand des cinq. Réponse E.

Question 34. **Réponse E**

Pour ce genre de questions, il est préférable de résumer le texte avant de regarder les réponses afin de gagner du temps.

Les hommes peuvent trahir ceux qu'ils aiment tandis qu'ils auront peur de nuire à ceux qu'ils craignent. La fin du texte : « elle ne te fera jamais défaut » indique qu'il s'agit d'une relation subordonné/dominant. On comprend qu'il s'agit d'un chef qui peut diriger ses sujets de deux manières différentes : soit par l'amour, soit par la crainte.

On répond sans hésitation la **réponse E**, l'autre réponse se rapprochant le plus du sens du texte est la B et elle contient une faute d'orthographe.

Question 35. **Réponse B**

Selon les données de la question, Rémi est assis sur la chaise n° 1. Il reste donc 3 chaises libres. Si Nicolas arrive le 3e, il s'assiéra sur la chaise n° 3, et les deux chaises libres restantes seront celles à coté de lui. Tatiana s'assiéra donc dans ce cas près de lui. La bonne réponse est B.

Question 36. **Réponse C**

Testons les réponses.

- Si Didier ment, alors il n'est pas l'aîné ; Eric et François peuvent mentir, mais pas Guy : 3 menteurs maximum.
- Si Eric ment, alors Didier et François peuvent mentir mais pas Guy : 3 menteurs maximum.
- Si François ment, alors Didier et Eric peuvent mentir mais pas Guy : 3 menteurs maximum.
- Si Guy ment, alors Didier et Eric peuvent mentir mais pas François : 3 menteurs maximum.

Question 37. Réponse A

D'après la quatrième information, on sait que Joachim ne se rend pas à Chicago. On en déduit qu'il ne se rend pas à Los Angeles, d'après la contraposée de la troisième information. Puisqu'il ne se rend pas à Los Angeles, d'après la contraposée de la première information, on trouve qu'il se rend à New York. On déduit du même coup, d'après la deuxième information, qu'il ira aussi à Dallas. Réponse A.

Question 38. Réponse E

La réponse est là, sous vos yeux ! Relisez le texte attentivement : « Selon lui, celui qui choisit consciemment de se remettre entre les mains de la chance « mérite » les conséquences ». Or on est bien dans ce cas là puisque le joueur choisit consciemment de s'en remettre à la chance.

Question 39. Réponse E

Si on paraphrase le texte, on comprend que notre avenir dépend de nos enfants, et donc indirectement de nous à travers l'éducation qu'on leur donne. La bonne réponse est celle qui retransmet le mieux l'idée que parents et enfants ont un rôle conjoint dans la détermination de l'avenir.

La meilleure conclusion à ce propos est la dernière proposition.

Question 40. Réponse A

« Lui » et « Toi » ne sont pas les plus petits, d'après le texte. Aussi, « elle » fait au moins la taille de « toi », elle est donc plus grande car chacun a une taille différente. C'est donc moi le plus petit. Réponse A.

Question 41. Réponse D

En voila une question facile… Comme il n'y en a malheureusement pas assez au Tage Mage ! Il suffit ici de retrancher 9 à 39, ce qui donne 30, puis de diviser 30 par 2, pour trouver 15 qui correspond à la lettre O. On fait de même avec 51 : 51 – 9 = 42 et 42/2 = 21 qui correspond à la lettre U. Enfin, avec 28, on voit que cela coince puisque 28 – 9 = 19 et 19/2 = 9,5… ce qui ne correspond bien sûr à aucune lettre. Réponse D.

Question 42. Réponse A

Rappel : s'il y a 5 samedis dans un mois, c'est que le premier samedi tombe le 1er, le 2e ou le 3e du mois si le mois compte 31 jours. On comprend qu'il s'agit en l'occurrence d'un mois de 30 jours : seuls le samedi et le dimanche reviennent 5 fois dans le mois tandis que le vendredi et le lundi reviennent seulement 4 fois.

On a :

Samedi : 1 – 8 – 15 – 22 – 29

Dimanche : 2 – 9 – 16 – 23 – 30

On essaye les réponses : le prochain mois comptera 31 jours, et le premier mercredi du mois suivant tombera le 3. Le mercredi tombera le 3, le 10, le 17, le 24 et le 31, soit 5 fois.

Question 43. Réponse A

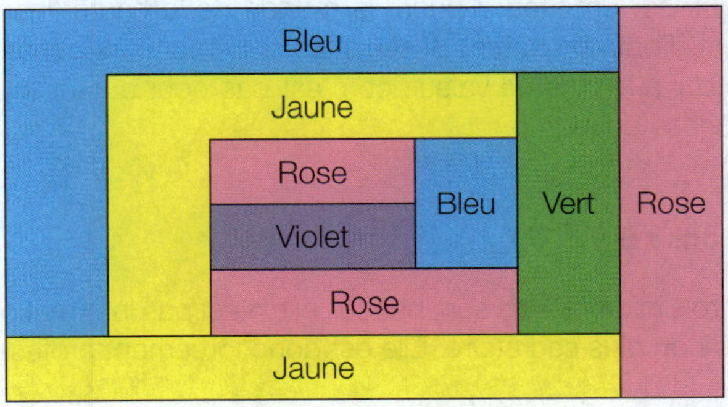

Question 44. Réponse C

Nota bene : Les suppositions ont pour but de servir la conclusion. Il convient donc dans un premier temps de clairement identifier la conclusion. Ici, la conclusion est annoncée par « aussi » : « Aussi, dans le monde de la haute finance, l'information est la ressource qui a le plus de valeur. »

Analysons les réponses une à une :

- Réponse A : l'or et l'argent ne sont pas les ressources qui ont le plus de valeur. Cette supposition sert-elle la conclusion ? D'une certaine façon, oui. Si l'information est supposée être la ressource qui a le plus de valeur, il pourrait être intéressant de savoir que l'or et l'argent ne sont pas les ressources qui ont le plus de valeur.
  Cependant, dire que l'or et l'argent ne sont pas les ressources qui ont le plus de valeur n'implique pas que l'information est la (l'unique) ressource qui a le plus de valeur.
- Réponse B : les entrepreneurs sont différents de la plupart des autres gens. Si la majorité des gens pensent que l'or et l'argent sont les ressources qui ont le plus de valeur alors que les entrepreneurs considèrent que l'information a encore plus de valeur, on pourrait en déduire que les entrepreneurs ne sont pas comme la les autres gens. Est-ce que cela sert la conclusion pour autant ? Pas vraiment…
- Réponse C : l'information sur les opportunités de business est riche et précise et permet d'accéder à des richesses plus importantes. C'est la bonne réponse ! En effet, si

l'information concernant les opportunités de business n'est ni riche ni précise elle ne peut pas avoir de valeur. Aussi cette supposition renforce (sert) parfaitement notre conclusion.

- Réponse D : la valeur de l'information est incalculable tant elle a de valeur. Cette réponse semble (en apparence) être une redite de la conclusion. Ce n'est certainement pas une supposition donc. N'oubliez pas que les suppositions n'apparaissent pas dans l'argumentation (énoncé) de l'auteur ; elles sont sous-entendues. En outre, on notera que cette réponse va au-delà du champ de l'argumentation de l'auteur (extrapolation). En effet, dire que l'information est la ressource qui a le plus de valeur ne veut pas dire que l'information est une ressource incalculable.
- Réponse E : seuls les entrepreneurs pensent que l'information est la ressource qui a le plus de valeur. Est-ce que cette phrase renforce ma conclusion. A vrai dire, il semblerait même qu'elle l'affaiblisse. En effet, a priori, le monde de la haute finance n'est pas composé exclusivement d'entrepreneurs. Si seuls les entrepreneurs pensent que l'information est la ressource qui a le plus de valeur, ce n'est pas pour autant tout le monde de la haute finance qui pense de même.

Question 45. **Réponse B**

On dispose de trois informations sur Josette : elle n'est pas informaticienne, pas commerciale et elle n'est pas non plus secrétaire. Elle est donc forcément professeur.

SOUS-TEST 4 : CONDITIONS MINIMALES

Question 46. **Réponse E**

{E} : Antoine parcourt un quart du trajet en train, la moitié en vélo et un quart à pied.

{1} : **Insuffisant.** On ne connaît pas la vitesse à pied d'Antoine.

{2} : **Insuffisant.** Même problème, il nous faut une vitesse de référence pour calculer la longueur totale du trajet.

{&} : **Insuffisant.** Même en disposant de la vitesse, on ne peut rien conclure sur la distance sans connaître le temps de parcours.

Question 47. **Réponse C**

{1} : **Insuffisant.** On ne sait pas combien Stéphanie avait dans son portefeuille au départ.

{2} : **Insuffisant.** Même problème qu'avec la {1}.

{&} : **Suffisant.** On a deux équations à deux inconnues : soit X le prix du livre et Y le montant dans le portefeuille. On a :

$4X = (Y - 30)$ et $6X = Y + 2$. On trouve X le prix du livre.

CORRIGÉS TEST BLANC 10

Question 48. Réponse A

{1} : **Suffisant.** On a $\frac{(X + Y + Z)}{3} = 36$, soit $X + Y + Z = 108$.

Si le plus lourd pèse 44 kg, $X + Y = 64$. Si le plus léger pesait moins de 20 kg, l'autre pèserait plus de 44 et serait alors le plus lourd. Le poids du plus léger dépasse donc forcément 20 kg.

{2} : **Insuffisant.** Si par exemple le 2e pèse 40 kg, on peut avoir $X = 10$ et $Z = 58$, et donc $X < 20$.

Mais on peut aussi avoir $X = 21$ et $Z = 47$, auquel cas $X > 20$. Cette information n'est pas suffisante.

Question 49. Réponse C

{1} : **Insuffisant.** On ne sait pas combien paye chaque supporter.

{2} : **Insuffisant.** Il nous manque une information.

{&} : **Suffisant.** Soient les deux inconnues X le nombre de supporters et Y le prix payé par chacun d'eux. On a le système :

$2XY = 4\,200$ (nombre supporters × prix par supporter = montant total)

$XY = (X - 10)(Y + 2)$ (le montant total est le même avec 10 absents et les restants qui payent 2 euros de plus)

2 inconnues pour deux équations : on peut résoudre le système.

Question 50. Réponse D

{1} : **Suffisant.** La seule solution possible est dans 10 ans ; son fils aura 20 ans et lui 40.

{2} : **Suffisant.** Lorsque Simon aura 60 ans, son fils en aura 40 (2/3 de 60). Ils ont donc 20 ans d'écart, la réponse est la même que la {1}.

Question 51. Réponse C

{E} : Henri revient 10 h après son départ, avec 2 h de pause. Le temps de déplacement est donc de 8 h, mais on ne sait pas combien de temps il met juste pour effectuer l'aller ou le retour.

{1} : **Insuffisant.** Pour connaître la distance parcourue, il nous manque le temps de parcours.

{2} : **Insuffisant.** Même problème que pour la {1}.

{&} : **Suffisant. Rappel : $V = \frac{D}{T}$.** Soit T_1 le temps mis à l'aller et T_2 le temps mis au retour. On a :

$10 = \frac{D}{T_1}$, $30 = \frac{D}{T_2}$, et $T_1 + T_2 = 8$. On a trois équations à trois inconnues, on peut trouver la distance Marseille-Cassis.

Question 52. Réponse B

{1} : **Insuffisant.** On ne connaît pas la vitesse de Joseph.

{2} : **Suffisant.** $V_J = 3V_S$, et $T_J = T_S - 2$ (puisque Joseph part 2 h après Stephie).

Rappel : dans les cas où X doit rattraper Y, la distance parcourue par X et Y est la même. On a donc $D_J = D_S = D$.

On remplace les vitesses par leurs valeurs en fonction de la distance et du temps, ce qui nous donne : $\frac{D}{T_J} = \frac{3D}{T_S}$, et $T_J = T_S - 2$.

On résout le système et on trouve Tj = 1 et $T_S = 3$. Joseph aura rattrapé Stéphie au bout d'une heure.

Question 53. Réponse A

{E} : On pose l'énoncé sous forme d'équations. Soit A, B, C, D et E les masses des cinq pastèques, de la moins lourde à la plus lourde. Ce sont tous des entiers différents : A

On a les équations suivantes :

(1) A + B = 16, (2) A + C = 18

(3) C + E = 26, (4) D + E = 27

{1} : **Suffisant.** Prenons le cas où la pastèque de 13 kilos est la C. On remplaçant C par 13 dans l'équation (3), on aurait alors E = 13 kilos, ce qui est impossible puisque chaque pastèque doit être d'un poids différent.

Essayons maintenant avec D = 13 : on remplace dans la (4) et on trouve E = 14.

On remplace également E par sa nouvelle valeur dans l'équation (3), puis C dans la (2) et A dans la (1) : on trouve A = 6, B = 10, C = 12, D = 13 et E = 14. Cette solution est possible.

Question 54. Réponse C

{1} : **Insuffisant.** Nous ne disposons pas de la surface initiale.

{2} : **Insuffisant.** Il faut connaître Y pour en déduire l'aire de la partie enlevée.

{&} : **Suffisant.** L'aire initiale est de 240 cm^2 (Longueur × largeur). On a surface initiale = surface restante + surface enlevée.

On sait aussi que surface enlevée = $\frac{1}{2}$ surface restante, soit surface restante = 160 cm^2.

Question 55. Réponse A

{E} : Le temps de trajet total est de 3 h.

{1} : **Suffisant.** « Un tiers du voyage » signifie qu'un tiers de la distance a été effectuée. Le train effectue un tiers de la distance à 250 km/h, un tiers à 275 km/h et un tiers à 225 km/h.

Rappel de cours : on utilise la formule de la **moyenne harmonique** pour connaître la vitesse moyenne du train sur l'ensemble du trajet : $\dfrac{D1 + D2 + D3}{\dfrac{D_1}{V_1} + \dfrac{D_2}{V_2} + \dfrac{D_3}{V_3}}$.

Une fois la vitesse moyenne connue, on applique la formule $V = \dfrac{D}{T}$ pour en déduire la distance Beauvais – Le Mans.

{2} : **Inutile.** Une voiture roulant 2 fois moins vite que le train met 6 h, ce qui veut dire que le train met 3 h. Cette information ne fait que reprendre l'énoncé.

Question 56. Réponse C

{1} : **Insuffisant.** *p* peut être égal à 168 ou encore 336 (7 × 8 × 2 ou 7 × 8 × 4).

{2} : **Insuffisant.** *p* peut être égal à 109 ou 218 (7 × 17 × 1 ou 7 × 17 × 2)

{&} : **Suffisant.** Le premier entier divisible par 7, 8 et 17 est 952, c'est le seul à trois chiffres.

Question 57. Réponse D

{E} : On traduit l'énoncé sous forme d'équation : $\mathbf{JL = \frac{1}{2}Y}$ et **R = JL + 10**

{1} : **Suffisant.** (R – 6) × 3 = JL + 30. On a deux équations à deux inconnues, on peut résoudre le système.

{2} : **Suffisant.** Y = R – 1. On remplace Y par sa valeur en fonction de R, on a $JL = \frac{1}{2} \times (R - 1)$ et R = JL + 10. On a encore deux équations à deux inconnues et l'on peut donc répondre à la question.

Question 58. Réponse C

{1} : **Insuffisant.** On ne connaît pas le nombre total de places vendues.

{2} : **Insuffisant.**

{&} : **Suffisant.** Soit X le nombre de places à 15 euros vendues et Y le nombre de places à 20 euros. On a le système suivant :

15X + 20Y = 8 000 et X + Y = 470

On trouve une seule solution possible : X = 280 et Y = 190.

Question 59. Réponse C

{1} : **Insuffisant.** On pose $2X^2 - 7X + 6 = 0$. En calculant le déterminant, on trouve deux valeurs possibles : X1 = 2 ou X2 = 3/2

{2} : **Insuffisant.**

{&} : **Suffisant.** Seule X1 = 2 est un entier positif.

Question 60. Réponse E

Rappel : formule du pavé = L × *l* × *h*

{1} : **Insuffisant.** Il nous manque la largeur pour déterminer la hauteur du pavé.

{2} : **Insuffisant.** Même problème, on ne connaît pas la largeur du pavé.

{&} : **Insuffisant.** On verse dans le récipient 2,7 L de sirop, soit 2 700 cm^3 (**rappel : 1 L = 1 dm^3 et 1 dm^3 = 1 000 cm^3**). Il y a donc plus de sirop versé que ce que le récipient peut contenir, le volume de sirop dans le pavé sera de 1 080 cm^3 au maximum. L'information {2} est inutile au regard de la {1}, on ne peut pas répondre à la question.

SOUS-TEST 5 : EXPRESSION

Question 61. Réponse A

Structurel : Qui appartient aux structures, qui en relève. Synonyme de structural, de formel. Lexicographie : Inflation structurelle.

Spécieux : Qui est susceptible de tromper, de faire illusion par son apparence de vérité, de logique. Il s'oppose au fondé.

Question 62. Réponse E

Pastorale : Relatif aux pasteurs (bergers) ; qui appartient aux pasteurs, à leur mode de vie. Synonyme de bucolique.

Agreste : Qui appartient à la campagne, qui est d'une simplicité rustique ; rustique.

Rustique : Qui appartient ou se rapporte à la campagne, aux gens ou aux choses du milieu rural. Homonyme de citadin. « J'aime mieux dire la vérité en mon langage rustique que mensonge en un langage théorique » (Palissy)

Question 63. Réponse C

Exacerber : Pousser un sentiment, un état à un très haut degré, à son paroxysme. Exacerber la colère. Concurrence exacerbée. Antonyme d'adoucir.

Rosser : Frapper violemment quelqu'un, le rouer de coups (familier) ; battre.

Emonder : Débarrasser quelque chose du superflu, l'en dépouiller. Antonyme d'amplifier.

Accroître : Amplifier un état, un sentiment, etc., l'intensifier : Accroître le désordre.

Raviver : Faire revivre un sentiment, une sensation : Nouvelle qui ravive les espoirs ; ranimer.

Question 64. **Réponse D**

Batave : Propre à la Hollande ou à ses habitants. L'actuelle région des Pays-Bas se nommait d'ailleurs République batave de Hollande entre 1795 et 1806.

Question 65. **Réponse D**

Mutine : Qui est vif, éveillé, espiègle : Un air mutin.

Dissolue : Personne vive, éveillée, malicieuse, mais sans méchanceté (se dit surtout des enfants).

Dissoudre : Mettre fin légalement à une réunion, à une association, à l'existence d'un parti, annuler un mariage.

Subversive : Qui soutient des idées menaçant l'ordre social : C'est un esprit subversif. Proche du caractère révolutionnaire.

Annihiler : Anéantir un ensemble abstrait, le détruire, le ruiner complètement.

Question 66. **Réponse C**

> Beaucoup d'individus **croient de tout cœur** qu'il ne faut pas **tenir compte des caractéristiques personnelles du criminel** au moment de prononcer le verdict, cependant **s'ils étaient à la place de l'accusé** sans nul doute **leur opinion aurait été différente**.

Question 67. **Réponse B**

Si la réponse D « **sous l'emprise** » peut paraître tentante, elle est pourtant à éviter. En effet, elle a un sens de mainmise publique sur un espace. Même logique pour les réponses C et E, on les élimine donc. Restent les réponses A et B. Pour exprimer la notion de dépendance exagérée, nocive, mieux vaut employer « **sous l'empire** ». En effet, « **sous l'effet** » atténue trop cette notion de dépendance. Réponse B.

Question 68. **Réponse D**

> La grève des urologues s'est achevée **après qu'on eut** satisfait leurs revendications. Ceux qui s'imaginent que la grève actuelle des radiologues aboutira à un résultat **différent** oublient que dans la mesure où les revendications des radiologues **ne sont pas moins** justifiées que celles des urologues, **il est probable** que le gouvernement se montre conciliant.

Question 69. **Réponse E**

La variation consiste à être tantôt d'une façon, tantôt d'une autre, mais laisse subsister beaucoup de semblable ; le changement peut être du tout au tout. Ces termes s'appliquent à ce qui altère et modifie. Changement et mutation se différencient par leur style. N'oublions pas que cet extrait est tiré du LITTRE, il convient alors d'user du langage le plus didactique (propre à l'enseignement) : réponse E « mutations ».

Question 70. Réponse A

On écrit « efficacité » sans accent sur le premier « e »

– « interaction » s'écrit sans accent aigu
– « apte » s'écrit sans accent circonflexe
– « corréler » prend un accent aigu

Question 71. Réponse C

On dit bien « à moto » et non « en moto », comme « à cheval » mais « en train », aucun puritanisme, c'est comme ça et c'est tout.

Ce n'est pas « vis-à-vis », qui suppose d'être dans une situation où l'on sait « en face de » ; mais « à leur égard », qui souligne la dimension concernée, « envers ».

On ne dit pas « six **à** sept personnes » mais « six **ou** sept personnes », « à » n'est utilisé que si plusieurs unités séparent les deux nombres cités ou si ceux-ci sont divisibles. On pourrait donc dire « six à huit personnes » ou « vingt à trente personnes », mais on utilise « ou » entre six et sept car ces deux nombres se suivent et sont indivisibles.

On ne dit pas « aussi… que » mais « autant… que » quand on a un nom ou un verbe (en l'occurrence ici un nom : peur). « aussi… que » est utilisé avec un adjectif ou un adverbe (par exemple « il est aussi bien qu'elle »).

On dit bien « c'est nous qui » et surtout pas « ce sont nous qui » comme certains d'entre vous pourraient être tentés.

Question 72. Réponse C

« Le récit de ma vie » signifie que les faits sont complètement achevés : on utilise le passé composé et écrit j'ai voyagé, j'ai travaillé. Il en est de même pour « les araignées », elles ont fini de tisser leur toile : on écrit « ont tissé ».

Dans la phrase 3, l'action de finir de manger est antérieure à l'action de fumer : on doit encore l'écrire au passé composé. On écrit donc « quand il a fini de manger ».

Question 73. Réponse A

« Qui bon l'achète, bon le boit » : le produit de qualité qu'on a payé un bon prix nous fournira un plaisir proportionnel à son coût. Dans le même sens, un mauvais achat suppose piètre satisfaction. Les Espagnols disent « Qui économise sur la qualité du drap le paiera deux fois », règle marchande sur laquelle la qualité est indexée sur le prix de vente.

Question 74. **Réponse D**

On peut résumer le texte de cette manière : même si la condition des femmes évolue et qu'elles sont plus nombreuses à travailler, les traditions antiques se perpétuent toujours. La femme ne s'est donc pas entièrement émancipée, on répond sans hésitation la réponse D.

Question 75. **Réponse D**

Cette question est tirée d'un adage connu : il ne faut pas confondre vitesse et précipitation la vitesse étant une qualité, et la précipitation un défaut.

La bonne réponse est celle qui comporte deux termes du même champ lexical, à ceci près que le deuxième mot devra également transmettre l'idée qu'il s'agit d'un écueil à éviter.

On élimine directement la A, la B et la E. La C pourrait convenir, mais le premier terme « erreur » est déjà péjoratif. On lui préfère la réponse D.

SOUS-TEST 6 : LOGIQUE

Question 76. **Réponse B**

A la verticale : séparation puissance. Le premier chiffre élevé à la puissance du deuxième donne le troisième. Ainsi par exemple, pour 301, on a bien $3^0 = 1$ et pour 238, on a bien $2^3 = 8$.

A l'horizontale : le premier chiffre multiplié par le deuxième donne le troisième.

Question 77. **Réponse C**

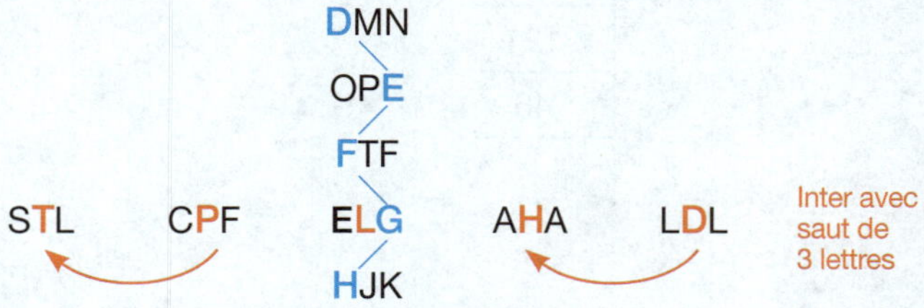

Question 78. **Réponse D**

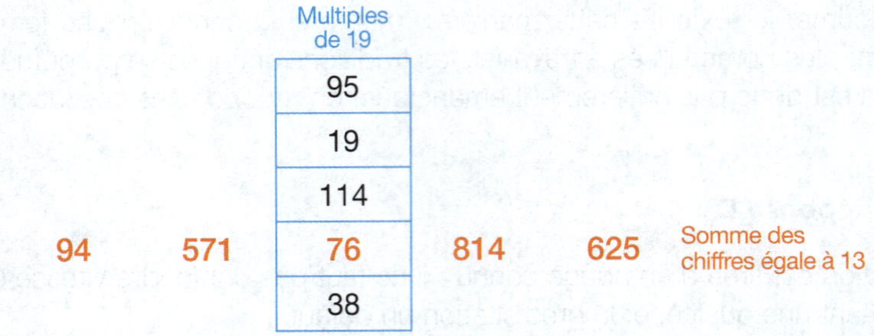

Question 79. **Réponse B**

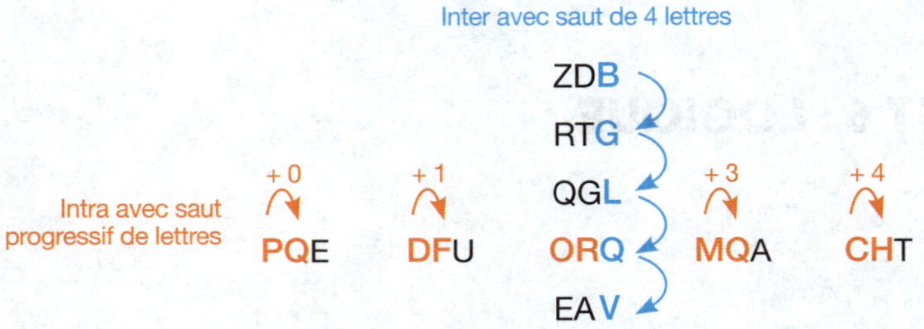

Question 80. **Réponse B**

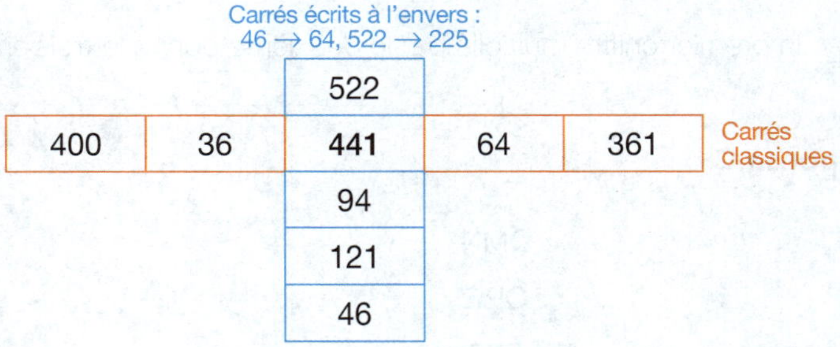

Question 81. Réponse E

Inter progressif

NYS
+ 3 lettres
VUA
+ 2
LRM
+ 1
CSZ NBD EPR UIF GVE
+ 0
AOG

Question 82. Réponse D

6|24 $6 \times 4 = 24$

4|16 $4 \times 4 = 16$

7|28

2|08

7|52 6|51 8|35 4|13 **9|36**

$7 = 5 + 2$ $6 = 5 + 1$ $8 = 3 + 5$ $4 = 1 + 3$ $9 = 3 + 6$

Question 83. Réponse E

PNU SNV RZW CAX TEY

CAX
DXS
EDZ
FOP
GNB

Question 84. Réponse D

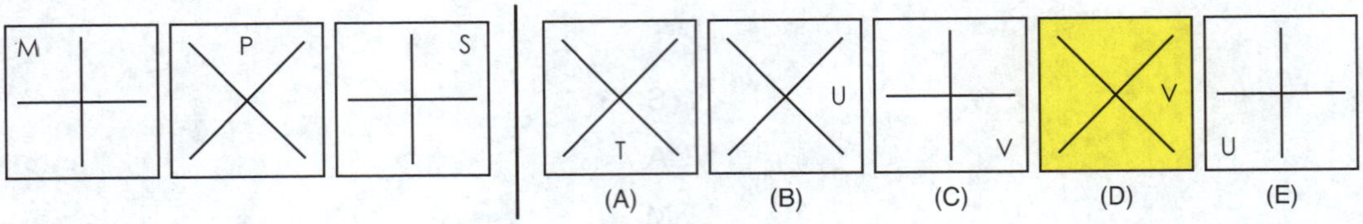

M no **P** qr **S** tu **V**

La croix doit être oblique.

Question 85. Réponse D

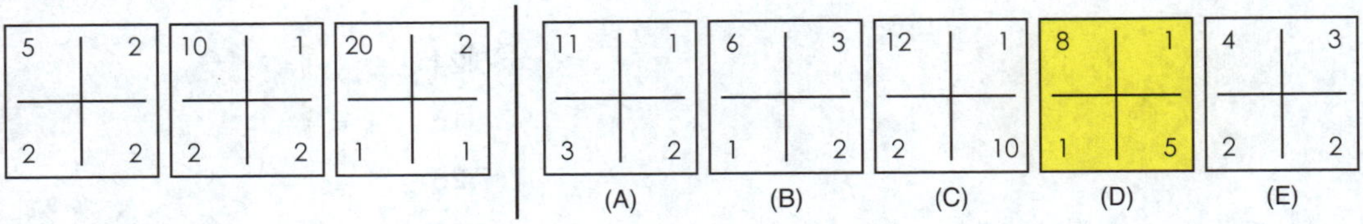

5 × 2 × 2 × 2 = **40** 10 × 1 × 2 × 2 = **40** 20 × 2 × 1 × 1 = **40**

Le produit de tous les chiffres d'un cadre vaut 40.

Question 86. Réponse B

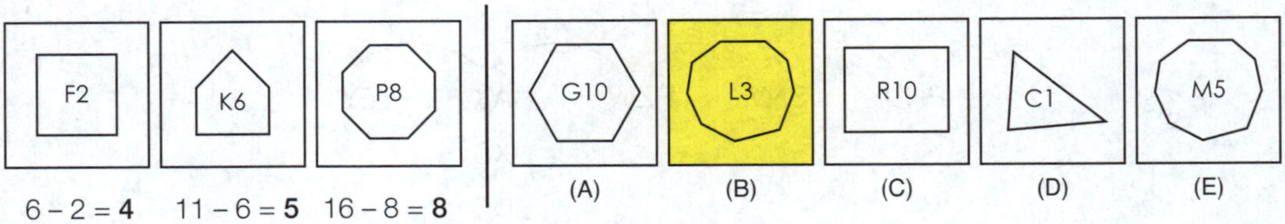

6 − 2 = **4** 11 − 6 = **5** 16 − 8 = **8**

Rang lettre − chiffre = nombre de côtés

Question 87. Réponse B

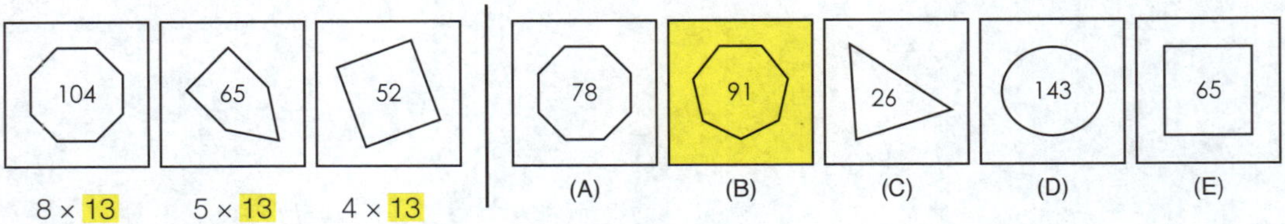

8 × 13 = 104 5 × 13 = 65 4 × 13 = 52

Nombre de côtés × 13 = nombre central

CORRIGÉS TEST BLANC 10

Question 88. Réponse D

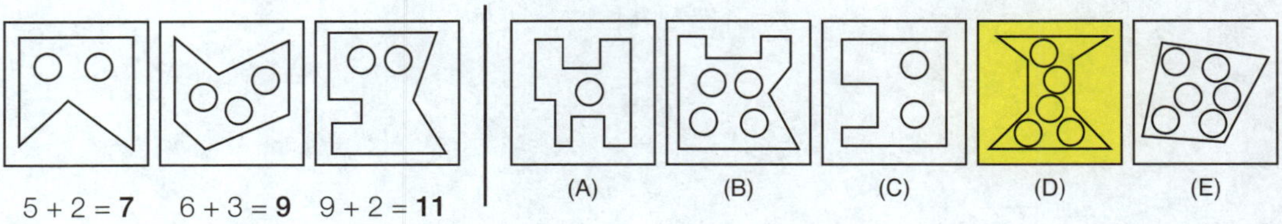

La somme des nombres de côtés et de ronds est successivement égale à 7, 9, 11 et donc 13 dans le cadre solution.

Question 89. Réponse C

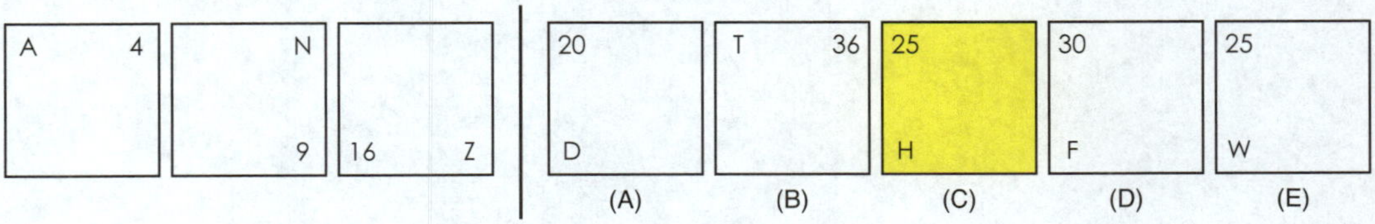

A, N, Z : 3 barres

4, 9, 16 : carrés consécutifs

Question 90. Réponse C

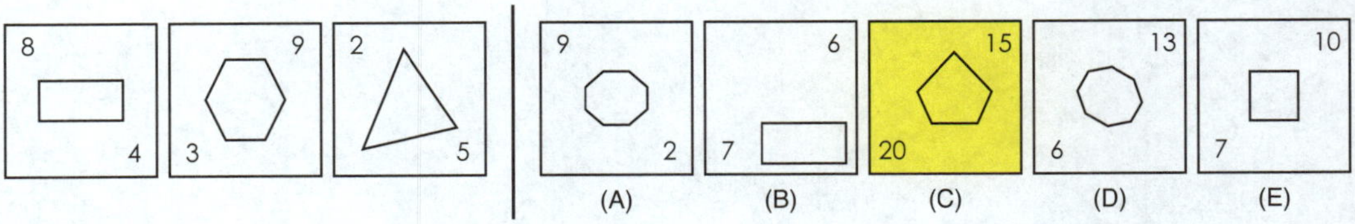

La soustraction des 2 chiffres est égale au nombre de côtés de la figure :

8 – 4 = 4, 9 – 3 = 6, 5 – 2 = 3, 20 – 15 = 5

N'OUBLIEZ PAS DE REMPLIR VOTRE FICHE BILAN EN FIN D'OUVRAGE

11

TEST BLANC TAGE MAGE

TEST TAGE MAGE 11 : VOTRE GRILLE DE REPONSES

Sous-test 1
Compréhension de textes

1	A B C D E	A B C D E
2	A B C D E	A B C D E
3	A B C D E	A B C D E
4	A B C D E	A B C D E
5	A B C D E	A B C D E
6	A B C D E	A B C D E
7	A B C D E	A B C D E
8	A B C D E	A B C D E
9	A B C D E	A B C D E
10	A B C D E	A B C D E
11	A B C D E	A B C D E
12	A B C D E	A B C D E
13	A B C D E	A B C D E
14	A B C D E	A B C D E
15	A B C D E	A B C D E

Sous-test 2
Calcul

16	A B C D E	A B C D E
17	A B C D E	A B C D E
18	A B C D E	A B C D E
19	A B C D E	A B C D E
20	A B C D E	A B C D E
21	A B C D E	A B C D E
22	A B C D E	A B C D E
23	A B C D E	A B C D E
24	A B C D E	A B C D E
25	A B C D E	A B C D E
26	A B C D E	A B C D E
27	A B C D E	A B C D E
28	A B C D E	A B C D E
29	A B C D E	A B C D E
30	A B C D E	A B C D E

Sous-test 3
Raisonnement/Argumentation

31	A B C D E	A B C D E
32	A B C D E	A B C D E
33	A B C D E	A B C D E
34	A B C D E	A B C D E
35	A B C D E	A B C D E
36	A B C D E	A B C D E
37	A B C D E	A B C D E
38	A B C D E	A B C D E
39	A B C D E	A B C D E
40	A B C D E	A B C D E
41	A B C D E	A B C D E
42	A B C D E	A B C D E
43	A B C D E	A B C D E
44	A B C D E	A B C D E
45	A B C D E	A B C D E

Sous-test 4
Conditions minimales

46	A B C D E	A B C D E
47	A B C D E	A B C D E
48	A B C D E	A B C D E
49	A B C D E	A B C D E
50	A B C D E	A B C D E
51	A B C D E	A B C D E
52	A B C D E	A B C D E
53	A B C D E	A B C D E
54	A B C D E	A B C D E
55	A B C D E	A B C D E
56	A B C D E	A B C D E
57	A B C D E	A B C D E
58	A B C D E	A B C D E
59	A B C D E	A B C D E
60	A B C D E	A B C D E

Sous-test 5
Expression

61	A B C D E	A B C D E
62	A B C D E	A B C D E
63	A B C D E	A B C D E
64	A B C D E	A B C D E
65	A B C D E	A B C D E
66	A B C D E	A B C D E
67	A B C D E	A B C D E
68	A B C D E	A B C D E
69	A B C D E	A B C D E
70	A B C D E	A B C D E
71	A B C D E	A B C D E
72	A B C D E	A B C D E
73	A B C D E	A B C D E
74	A B C D E	A B C D E
75	A B C D E	A B C D E

Sous-test 6
Logique

76	A B C D E	A B C D E
77	A B C D E	A B C D E
78	A B C D E	A B C D E
79	A B C D E	A B C D E
80	A B C D E	A B C D E
81	A B C D E	A B C D E
82	A B C D E	A B C D E
83	A B C D E	A B C D E
84	A B C D E	A B C D E
85	A B C D E	A B C D E
86	A B C D E	A B C D E
87	A B C D E	A B C D E
88	A B C D E	A B C D E
89	A B C D E	A B C D E
90	A B C D E	A B C D E

REPONSES EN PAGE 1142

TEST BLANC TAGE MAGE 11

SOUS-TEST 1 : COMPREHENSION DE TEXTES

15 questions / 20 minutes / Calculatrice interdite
Réponse juste : + 4 points / Réponse fausse : – 1 point
Aucune réponse : 0 point

TEXTE 1

« *Restez maître du jeu, fixez vos limites* » : tel est le message que les acheteurs de jeux de hasard peuvent lire depuis la fin 2006 au bas des bulletins et tickets à gratter qu'ils achètent. La Française des jeux s'est effectivement engagée dans une démarche RSE (Responsabilité Sociale de l'Entreprise) visant à promouvoir le « jeu responsable ». Parmi les actions menées : mise en place de plafonds de mise, financement de recherches sur le jeu excessif, rédaction d'une charte éthique…

Pourquoi une telle préoccupation ? Selon les sociologues Anne-Claire Mangel et Marie Trespeuch, c'est d'abord parce que le problème de l'addiction au jeu connaît une visibilité croissante, et que le rôle ambivalent de l'Etat, à la fois juge et partie (il détient 72 % de La Française des jeux), est critiqué. Il s'agissait donc de ne pas laisser cette mauvaise image prospérer.

Mais aussi parce que La Française des Jeux se voyait contester par l'Union européenne son monopole sur les jeux de hasard. Développer des actions sur le jeu responsable était donc aussi une manière de défendre ce monopole, en montrant que ce système était, davantage qu'une ouverture à la concurrence, « *à même de canaliser une activité considérée comme sensible à différents niveaux* ».

Reste que cette démarche RSE a été initialement mal acceptée. Les salariés regrettaient de voir leur activité assimilée à celle de « dealers ». Les courtiers, chargés de la distribution des jeux, craignaient une baisse de leur chiffre d'affaires. Les détaillants n'avaient guère envie, dans un contexte économique difficile, d'endosser le rôle « d'assistante sociale » auprès des joueurs. Les formations organisées par La Française des jeux développaient néanmoins un argumentaire selon lequel le joueur excessif donne une mauvaise image de l'entreprise mais aussi du point de vente. Il s'agit donc de revaloriser l'échange entre le vendeur et le joueur, « *afin de lui faire prendre conscience de son comportement* via *une autoévaluation* ».

Au final, le concept de « jeu responsable » a réussi à s'imposer et à modifier la culture de l'entreprise. Et si cette démarche n'a pas suffi à empêcher la fin du monopole (les sites de

××××××××××××××××××××××××××××××××××××××
××××××××××××××××××××××××××××××××××××××

paris en ligne ont été autorisés en 2010), elle dote La Française des Jeux d'un avantage stratégique en anticipant les exigences qui vont peser sur l'ensemble des acteurs de ce secteur en construction. D'autant plus si ces exigences s'inspirent de ce que l'entreprise a déjà mis en place…

Question 1. Quel a été l'intérêt pour la Française de jeux de développer le jeu responsable ?

1. Elle a empêché la fin du monopole.
2. Elle a anticipé les exigences futures.
3. Elle a fait prendre conscience aux joueurs des dangers de leur comportement.

(A) 1 + 2
(B) 2 + 3
(C) Uniquement 2
(D) Uniquement 1
(E) 1 + 2 + 3

Question 2. Quelle action n'a pas été mise en place dans le cadre de la démarche RSE ?

(A) Plafonner les mises.
(B) Délivrer des messages de prévention sur les dangers potentiels du jeu.
(C) Financer des recherches sur le jeu.
(D) Rédiger une charte éthique.
(E) Limiter le nombre de tickets par acheteur.

Question 3. Quel texte exprime le mieux le rejet de l'ensemble des employés ?

(A) « Nous ne sommes pas responsable de l'addiction des joueurs, et nous refusons d'être les nounous d'adultes responsables ».
(B) « Dans cette période difficile, il est idiot de donner un bâton pour se faire battre : le plus on a de joueurs, le mieux on se porte ».
(C) « Les gens sont des adultes ; ce n'est pas à nous de les materner ! ».
(D) « Ni dealers, ni assistantes sociales ; on veut juste continuer à travailler ».
(E) « Si ce qu'on fait est si néfaste, l'Etat n'a qu'à cesser de fabriquer ces jeux. On n'est pas responsable ».

××
××

Question 4. Quelles sont les raisons qui ont décidé la Française des jeux à entreprendre une démarche RSE ?

1. Lutter contre la mauvaise image de l'Etat, qui s'enrichit grâce au jeu.
2. Défendre le monopole des jeux en France.
3. Lutter contre l'addiction.

(A) 1 + 2 + 3
(B) 1 + 2
(C) Uniquement 3
(D) 2 + 3
(E) Uniquement 1

Question 5. Quel titre donneriez-vous à ce texte ?

(A) Comment se faire une virginité avec la RSE : l'exemple de la Française des jeux.
(B) La RSE redore l'image de la Française des jeux.
(C) RSE à la Française des jeux : éthique ou stratégie ?
(D) L'Etat face à ses contradictions : l'exemple de la Française des jeux.
(E) La Française des jeux et le jeu responsable.

TEXTE 2

Pas de répit sur le front des dépenses d'action sociale. Les départements, dont c'est le plus gros poste budgétaire (27,1 milliards d'euros sur près de 64,5 milliards pour 2011), leur consacreront cette année 1,22 milliard d'euros de plus. Ce chiffre représente une hausse de 4,7 %, proche de celle (5,7 %) constatée en 2010 par les experts de SFL-Forum pour la gestion des villes. La palme de la plus forte progression revient à la prestation de compensation du handicap (PCH). Au vu des 90 budgets départementaux (hors Paris) compilés par le Forum, la dépense afférente à cette allocation bondit de 7,6 % pour s'établir au total à près de 6,2 milliards d'euros. Elle évolue pratiquement au même rythme qu'en 2010 (+ 7,4 %). Cette « *stabilité dans la hausse* » s'explique par la poursuite de la montée en charge de ce dispositif, qui prend le pas sur l'ancienne allocation (ACTP).

Le revenu de solidarité active (RSA), lui, va allègrement passer cette année la barre des 7 milliards d'euros, les conseils généraux ayant dû prévoir de majorer les crédits de 6,6 %. Pourquoi cette poussée ? En grande partie parce que « *la prolongation de l'allocation de solidarité spécifique (ASS) servie par l'Etat aux chômeurs en fin de droits est en train de s'achever. Cela entraîne le basculement d'une nouvelle vague de bénéficiaires dans le RSA* », explique-t-on en substance à l'Assemblée des départements de France (ADF). Enfin, les dépenses d'aide aux personnes âgées dépendantes, troisième grande compétence sociale des départements, n'en finissent toujours pas de croître : l'allocation personnalisée d'autonomie (APA) mobilisera 7,18 milliards cette année, en hausse de 2,4 %.

Du côté des investissements, 2011 s'annonce comme une nouvelle année de reflux. A peine plus de 12 milliards de dépenses sont inscrites dans les budgets primitifs. C'est 4,6 % de moins qu'en 2010, année déjà très difficile pour l'investissement (– 9,2 %). Les crédits affectés aux routes seraient les plus touchés. « *On réduit la voilure. D'autant que beaucoup d'efforts ont été faits ces dernières années pour améliorer le réseau routier* », commente-t-on à l'ADF. En revanche, pas question de revenir ou de retarder les projets de collèges et puis, gare à ne pas trop compromettre ceux que portent les communes : les subventions d'équipement que leur versent les départements reculent « raisonnablement » de 2 % (– 11,1 % en 2010).

Le plan de relance n'est plus là pour soutenir l'effort d'investissement des départements, dont la structure financière se délabre. Du fait de l'insuffisance des compensations versées par l'Etat, leurs grandes compétences sociales représentent une charge de plus en plus écrasante qui lamine leur épargne et leur capacité à autofinancer des réalisations. Quant à la situation fiscale des départements, elle n'est plus aussi confortable : les droits de mutation se mettent à effectuer des mouvements de yo-yo et le dispositif de substitution à la taxe professionnelle n'est pas stabilisé. Dans cet environnement incertain, beaucoup de conseils généraux ont eu le plus grand mal, comme l'an dernier, à boucler leur budget.

Question 6. Quelle information concernant le RSA est vraie ?

(A) Suite à l'augmentation du coût du RSA, les conseils généraux doivent augmenter leur budget RSA de 6,6 %.

(B) C'est l'arrivée dans le champ du RSA des bénéficiaires du PHC qui provoque cette hausse du budget RSA.

(C) Le RSA est doté d'un budget de 7 milliards d'euros.

(D) Il y a une nouvelle vague de bénéficiaires du RSA suite à la prolongation de l'ASS.

(E) Le RSA est la cause des difficultés financières des conseils généraux.

××××××××××××××××××××××××××××××××××××××
××××××××××××××××××××××××××××××××××××××

Question 7. Lequel de ces phénomènes n'est pas une des causes des difficultés de financement des départements ?

(A) La taxe professionnelle a été supprimée et ce qui la remplace n'est pas au point.

(B) L'Etat ne compense pas au niveau des dépenses sociales.

(C) Le plan de relance est terminé.

(D) Les subventions d'équipement diminuent.

(E) Les droits de mutation sont très irréguliers.

Question 8. Combien de sous-parties (ou têtes de chapitre) y a-t-il dans ce texte et comment les nommer ?

(A) (2) Situation financière des départements ; causes de cette situation.

(B) (5) Budget des départements ; RSA ; dépendance ; investissements ; causes.

(C) (3) Situation des départements ; conséquences sur les investissements ; origine des déséquilibres financiers.

(D) (4) Budget des départements ; coût de l'action sociale ; conséquences sur les investissements ; causes des déséquilibres financiers.

(E) (3) Budget des départements ; réduction des investissements ; fiscalité insuffisante.

Question 9. Quel texte résume le mieux l'opinion de l'auteur ?

(A) Les conseils généraux vont devoir baisser le montant de leurs investissements car leurs finances sont déficitaires. En cause, l'Etat qui ne compense pas les sommes versées au titre de l'action sociale.

(B) L'action sociale pèse lourd dans les budgets des départements, obligeant ces derniers à réduire leurs investissements, pour équilibrer les finances.

(C) Les conseils généraux ont, pour la seconde année consécutive, des difficultés pour boucler leur budget. Les personnes handicapées et le RSA coûtent toujours plus chers et l'Etat ne compense pas assez ces dépenses.

(D) L'Etat est en faute car il ne verse pas les sommes dues aux départements au titre de l'action sociale notamment. Les administrés seront pénalisés car ils n'auront pas les investissements attendus surtout dans le domaine des routes.

(E) Les budgets des conseils généraux sont en difficulté en 2011. En effet, les dépenses sont en hausse, à cause du financement de l'action sociale (handicap, RSA, personnes âgées…), et dans le même temps, les recettes sont plus instables, ce qui met en difficulté de nombreux départements.

××××××××××××××××××××××××××××××××××××××
××××××××××××××××××××××××××××××××××××××

Question 10. Quel titre donneriez-vous à ce texte ?

(A) Les départements augmentent encore leurs dépenses sociales

(B) Les difficultés des départements

(C) La mauvaise gestion des départements

(D) A cause du désengagement de l'Etat, les départements ne parviennent pas à redresser leurs finances

(E) L'Etat lâche les départements

TEXTE 3

Avec les beaux jours, les terrasses refleurissent dans les grandes villes et, avec elles, leur lot d'animations et de nuisances, de cafetiers prospères et de riverains exaspérés. Un phénomène qui s'intensifie d'une année sur l'autre, occasionnant des problèmes de plus en plus complexes à gérer pour les municipalités. *« Avec le téléphone portable, l'interdiction de fumer, les gens occupent de plus en plus les trottoirs »*, constate Marcel Benezet, l'un des responsables du Synhorcat, principal syndicat des cafetiers et restaurateurs.

A Lyon, le nombre des terrasses a fortement augmenté, conséquence d'une volonté politique visant à donner une ambiance estivale. On en totalise 2.589, soit 10 % de plus chaque année. A Paris, les 10.000 terrasses ouvertes, qui emploient 10.000 salariés, revêtent depuis l'interdiction de fumer une importance économique stratégique pour les cafetiers (30 % de leur chiffre d'affaires selon l'UMP). Mais leur prolifération, notamment au centre de la capitale, exaspère certains. *« La privatisation de l'espace public est devenue ahurissante »*, dénonce Gilles Pourbaix du réseau Vivre Paris.

Pour les élus locaux, concilier ces intérêts antagonistes s'apparente à un numéro d'équilibriste. De nombreuses villes (Toulouse, Marseille…) ont instauré des règlements pour éviter que les terrasses ne débordent intempestivement sur la voie au détriment du passage ou ne produisent des nuisances excessives - bruits, mégots… Paris, qui traite différemment ses quartiers (chartes locales, redevances différentes…), a dû négocier ferme pendant huit mois pour produire un nouveau règlement, en vigueur depuis juin. Reste à voir s'il sera appliqué, les mairies ayant parfois du mal à faire respecter ces règles.

A Lyon, après une période jugée « *tendue* » par les restaurateurs, les contrevenants se limitent à un ou trois par quartier du fait *« d'un travail de suivi en amont de l'installation des terrasses »*. Mais, à Paris, 5 % des cafetiers-restaurateurs seraient régulièrement hors la loi de l'aveu même du Synhorcat. Et ce malgré les 3.000 contraventions délivrées chaque année. *« Le montant n'est pas assez dissuasif. Pour certains restaurateurs, il est plus rentable de payer*

×××××××××××××××××××××××××××××××××××××
×××××××××××××××××××××××××××××××××××××

une amende de 35 euros que de ranger ses tables. Je souhaite une gamme de sanctions élargie et proportionnée », indique Lyne Cohen-Solal, l'adjointe en charge du commerce. C'est dans cette optique que la députée PS de Paris, Sandrine Mazetier, va déposer une proposition de loi visant à donner plus de pouvoir aux maires, soutenue notamment par le maire de Grenoble.

Les cafetiers, eux, ne voient pas l'initiative d'un bon oeil. D'autant, disent-ils, que les villes ne se font pas prier pour mettre en place en parallèle de nouvelles taxes. *« Elles se sont aperçues que le trottoir pouvait rapporter de l'argent », explique Marcel Benezet*, évoquant la future taxe sur les « chaufferettes » à Paris. La capitale n'exclut pas non plus de taxer de nouveaux types d'usagers. Après Avignon, elle *« réfléchit »* à instaurer une redevance pour les commerces qui occupent le trottoir situé devant leur vitrine (snacks, distributeurs de billets…). Cette taxe trottoir *« serait critiquable d'autant que la ville a déjà beaucoup augmenté ses recettes de voirie »*, dénonce Jean-Pierre Lecoq, maire du 6 e arrondissement.

Question 11. Pourquoi les trottoirs des villes sont-ils de plus en plus encombrés ?

1. Parce que les gens sortent pour téléphoner avec leur portable.
2. Parce que les gens sortent fumer.
3. Parce que les municipalités favorisent l'installation des terrasses pour attirer les touristes.

(A) Uniquement 1
(B) Uniquement 2
(C) 1 + 2
(D) 1 + 3
(E) 1 + 2 + 3

Question 12. Laquelle de ces affirmations est fausse ?

(A) A Paris, à chaque terrasse correspond un emploi.
(B) A Lyon, le nombre de terrasses croît chaque année.
(C) A Avignon, il est envisagé d'installer une taxe trottoir.
(D) A Paris, 10 % des cafetiers ne respectent pas le règlement relatif à l'installation des terrasses.
(E) A Paris, l'amende pour les terrasses installées sans autorisation s'élève à 35 euros.

××××××××××××××××××××××××××××××××××××××
××××××××××××××××××××××××××××××××××××××

Question 13. Quelles sont les nuisances provoquées par l'occupation des trottoirs ?

1. Le bruit.
2. La présence de mégots.
3. La difficulté de circuler pour les voitures.
4. La saleté.
5. Une gêne pour les piétons.

(A) 1 + 3 + 5
(B) 1 + 3 + 4 + 5
(C) 2 + 3 + 4 + 5
(D) 3 + 4 + 5
(E) 1 + 2 + 5

Question 14. Quel est le moyen dont ne disposent pas les municipalités pour enrayer ce phénomène ?

(A) L'amende.
(B) Une taxe trottoir.
(C) L'instauration d'un règlement.
(D) Le paiement d'une redevance.
(E) L'élaboration de chartes.

Question 15. Comment définir la « privatisation de l'espace public » ?

(A) C'est le fait d'utiliser les trottoirs pour installer des terrasses.
(B) C'est le fait d'utiliser l'espace public.
(C) C'est le fait d'empiéter sur l'espace public.
(D) C'est le fait d'user de l'espace public comme s'il vous appartenait.
(E) C'est le fait de ne pas respecter la réglementation relative à la voirie.

Si vous avez terminé, vous n'êtes pas autorisé(e) à revenir sur une épreuve précédente.
Vous n'êtes pas non plus autorisé(e) à travailler sur une épreuve suivante avant la fin du temps imparti.

STOP !

TEST BLANC TAGE MAGE 11

SOUS-TEST 2 : CALCUL

15 questions / 20 minutes / Calculatrice interdite
Réponse juste : + 4 points / Réponse fausse : – 1 point
Aucune réponse : 0 point

Question 16. La figure ci-contre représente les six sommets d'un hexagone régulier. Parmi les cinq figures proposées, quelle est celle qu'il est impossible de réaliser en reliant plusieurs de ces six points ?

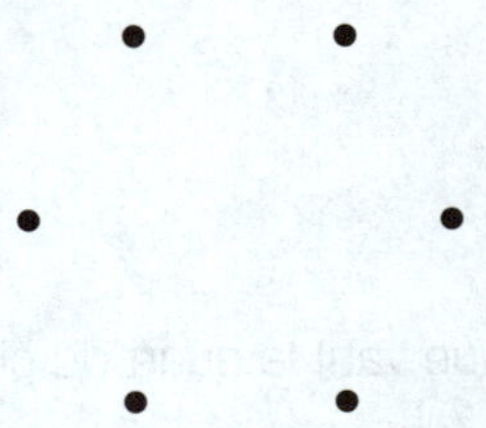

(A) Un trapèze.
(B) Un triangle rectangle.
(C) Un carré.
(D) Un triangle équilatéral.
(E) Un rectangle.

Question 17. John et Robert remplissent un sac de terre ensemble. Robert a déjà rempli un sac identique en 20 minutes. John a l'habitude de remplir tout seul un sac identique en 30 minutes. En combien de temps John et Robert rempliront-ils le sac ensemble ?

(A) 9 minutes.
(B) 12 minutes.
(C) 15 minutes.
(D) 18 minutes.
(E) 20 minutes.

Question 18. Pour se rendre dans sa résidence secondaire éloignée de Y kilomètres de sa résidence principale, Charles prend l'avion pour faire X kilomètres, puis termine le trajet en louant une voiture. Le billet d'avion coûte 3 € par kilomètre, alors que la location de voiture coûte 2 € par kilomètre parcouru. Combien d'euros Charles va-t-il dépenser pour aller jusqu'à sa résidence secondaire ?

(A) $3Y - 2X$
(B) $2X + Y$
(C) $3X + 2Y$
(D) $2Y + X$
(E) $X^2 + 2Y$

//
//

Question 19. 45 chats participent à un concours. 27 des chats sont rayés et 32 ont une oreille noire. Seuls les chats rayés avec une oreille noire sont retenus pour la finale. Combien de finalistes y a-t-il au minimum ?

(A) 5
(B) 7
(C) 13
(D) 14
(E) 27

Question 20. Une mouche a 6 pattes. Une araignée a 8 pattes. Ensemble, 2 mouches et 3 araignées ont autant de pattes que 10 oiseaux et…

(A) 2 chats.
(B) 3 chats.
(C) 4 chats.
(D) 5 chats.
(E) 6 chats.

Question 21. Que vaut le quart du cinquième du carré de 30 ?

(A) 20
(B) 25
(C) 30
(D) 40
(E) 45

Question 22. Un groupe de 9 amis décide de créer une association. Après avoir rédigé les statuts, ils doivent choisir parmi eux un président, un secrétaire et un trésorier.
De combien de manières différentes ces trois rôles peuvent-ils être distribués ?

(A) 469
(B) 482
(C) 498
(D) 504
(E) 508

Question 23. Trois nombres différents sont choisis au hasard parmi 2, 0, 1 et 9. Quelle est la probabilité d'obtenir 0 comme résultat de la multiplication des trois nombres ?

(A) 0
(B) 1/4
(C) 3/4
(D) 1/2
(E) 1

//
//

Question 24. Une équipe de mineurs s'est engagée à creuser une tranchée. Si elle avait travaillé au complet, la tranchée aurait été creusée en 24 heures. Mais en fait, un seul mineur a commencé le travail. Au bout d'un certain temps un deuxième l'a rejoint ; au bout du même temps un troisième est arrivé, puis un quatrième et ainsi de suite jusqu'au dernier. Le calcul de la paie a montré que le premier mineur avait travaillé 11 fois plus de temps que le dernier. Combien de temps a travaillé le dernier mineur ?

(A) 3
(B) 4
(C) 5
(D) 6
(E) 8

Question 25. Dix citrons coûtent autant que 8 oranges ; 16 oranges autant que 12 pamplemousses ; 4 pamplemousses autant qu'un melon ; et 6 melons autant que 48 bananes. Pour le prix de 5 citrons, combien aurez-vous de bananes ?

(A) 2
(B) 4
(C) 6
(D) 8
(E) 9

Question 26. Le jeune Philippe a maintenant 12 ans de moins que Stéphane. Dans 9 ans, Stéphane sera 2 fois plus âgé que Philippe. Quel âge aura Philippe dans 4 ans ?

(A) 3 ans.
(B) 7 ans.
(C) 15 ans.
(D) 21 ans.
(E) 22 ans.

Question 27. Annie a 3 fois plus de sucettes que Zazie. Si elle lui en donnait 15, elle en aurait 2 fois plus qu'elle. Combien devrait-elle lui en donner pour qu'elles en aient toutes les deux le même nombre ?

(A) 15
(B) 30
(C) 45
(D) 60
(E) 90

//
//

Question 28. Avec une photocopieuse, on réduit de 20 % l'aire d'un carré de 10 cm de côté. On s'aperçoit que la figure est trop petite, mais l'original a été détruit. De quel pourcentage faut-il agrandir l'aire du carré obtenu pour retrouver le carré initial ?

(A) 20 %.
(B) 25 %.
(C) 30 %.
(D) 80 %.
(E) 14,14 %.

Question 29. Aude, Carl et Elise prennent chacun deux comprimés de vitamine par jour tandis que Guillaume n'en prend qu'un seul. De cette façon, un flacon de comprimés dure 24 jours pour les 4 personnes. Si Guillaume en prenait aussi deux par jour, combien de jours durerait un flacon de comprimés ?

(A) 23
(B) 21
(C) 20
(D) 19
(E) 18

Question 30. On verse 627 litres de vin dans les tonneaux A, B et C. Le tonneau B contient 50 % de plus de vin que A, et le contenant C contient 50 % de plus de vin que B. Combien y a-t-il de litres de vin dans le tonneau B ?

(A) 120
(B) 132
(C) 180
(D) 198
(E) 297

Si vous avez terminé, vous n'êtes pas autorisé(e) à revenir sur une épreuve précédente.
Vous n'êtes pas non plus autorisé(e) à travailler sur une épreuve suivante avant la fin du temps imparti.

STOP !

TEST BLANC TAGE MAGE 11

SOUS-TEST 3 : RAISONNEMENT & ARGUMENTATION

15 questions / 20 minutes / Calculatrice interdite
Réponse juste : + 4 points / Réponse fausse : – 1 point
Aucune réponse : 0 point

Question 31. « La chance sourit aux audacieux ». Si cette hypothèse est vraie, alors Jean déduit que seul les audacieux ont de la chance. De son côté, Albert conclut que les audacieux ont plus de chance que les autres. Josette pense quant à elle que cette hypothèse induit que les audacieux sont tous chanceux. Enfin, Léa argue que chance et audace sont intimement liées. Qui a raison et qui a tort ?

(A) Les garçons ont raison.
(B) Léa, Albert et Josette ont raison et Jean a tort.
(C) Jean et Léa ont raison alors que Josette et Albert ont tort.
(D) Au moins deux personnes ont tort.
(E) Aucun n'a tort.

Question 32. Théo organise une soirée pour fêter ses vingt ans. Parmi les invités présents à la soirée, on sait que ceux qui portent une chemise blanche jouent au golf. On sait aussi que personne, en dehors des personnes qui sont barbues, ne porte de jeans bleus. On sait que tous les invités portent des chemises noires sauf s'ils sont honnêtes et que seuls les personnes qui sont barbues jouent au golf. Enfin, on sait que tous ceux qui portent des chaussettes blanches sont honnêtes. Que peut-on en conclure ?

(A) Les personnes qui portent des chemises blanches sont barbues.
(B) Les personnes qui portent des jeans bleus jouent au tennis.
(C) Les personnes qui sont barbues jouent au tennis.
(D) Les joueurs de tennis portent une chemise blanche.
(E) Ceux qui sont honnêtes portent des chaussettes blanches.

>>

Question 33. Nous sommes le 2 septembre 2014. Quel jour de la semaine sommes-nous, en sachant que le 2 mars 2014 était un jeudi ?

(A) Lundi.

(B) Mardi.

(C) Jeudi.

(D) Samedi.

(E) Dimanche.

Question 34. Paul est plus grand que Sébastien et André est plus vieux que Paul. En sachant que le plus vieux des trois est aussi le plus grand, qui est le plus petit des trois ?

(A) Paul.

(B) Sébastien.

(C) André.

(D) Paul ou André.

(E) On ne peut pas savoir.

Question 35. Messieurs Charpentier, Menuisier et Ebéniste sont trois amis qui ont chacun un métier différent parmi les suivants : charpentier, menuisier et ébéniste. Mais chacun d'eux n'exerce pas le métier correspondant à son nom. Laquelle des propositions suivantes est toujours vraie ?

(A) Monsieur Menuisier est charpentier.

(B) Monsieur Charpentier n'est pas menuisier .

(C) Monsieur Charpentier est ébéniste.

(D) Si Monsieur Ebéniste n'est pas menuisier, alors Monsieur Menuisier est charpentier.

(E) Si Monsieur Ebéniste n'est pas menuisier, alors Monsieur Charpentier n'est pas ébéniste.

>>
>>

Question 36. Un vol a été commis dans une banque et trois suspects ont été mis en garde à vue : Alain, Brice et Christian. Nous savons à leur sujet que :

1. si Alain est innocent, Christian est coupable.
2. si Alain est coupable, Brice l'est aussi.
3. si Brice est coupable, Christian est innocent.
4. si Brice est innocent, Alain est coupable.

Laquelle des propositions suivantes est vraie ?

(A) Les trois sont coupables.
(B) Brice est innocent.
(C) Christian est coupable.
(D) Il y a un seul coupable.
(E) Alain est coupable.

Question 37. Jean vient de recevoir un faire-part assez étrange : il est invité au mariage de son meilleur ami, qui lui demande de venir accompagné de la fille du frère de son oncle. Sachant que Jean n'a pas de cousine, avec qui doit-il venir ?

(A) Sa mère.
(B) Sa femme.
(C) Sa sœur.
(D) Sa belle-sœur.
(E) On ne peut pas savoir.

Question 38. On a constaté lors d'une étude que les gens enrhumés dont le nez est bouché ont du mal à distinguer les goûts. Les chercheurs en ont conclu que le sens de l'odorat agit sur la perception du goût.

Quelle affirmation affaiblit cette conclusion ?

(A) Le nez des gens enrhumés n'est pas forcément bouché.
(B) Plus le nez est bouché, plus on a de mal à distinguer les goûts.
(C) L'odorat n'est pas du tout affecté chez les gens dont le sens du goût est endommagé.
(D) La vision agit sur la perception du goût.
(E) Les gens enrhumés ont peu d'appétit, or l'on sait que l'appétit aiguise le sens du goût.

>>>
>>>

Question 39. Alice a deux amis, Laurent et Léonard, qui sont un peu spéciaux. En effet, Laurent ment le lundi, mardi, mercredi et dit la vérité le reste du temps. Léonard, quant à lui, ment le jeudi, vendredi, samedi et dit la vérité le reste du temps. A la question « quel jour sommes nous ? », Laurent et Léonard répondent : « demain je mentirai ».

Quel jour sommes-nous ?

(A) Lundi.

(B) Mardi.

(C) Mercredi.

(D) Samedi.

(E) Dimanche.

Question 40. On a envisagé un temps d'adopter une armée exclusivement composée de volontaires. Cette idée a été testée pour la première fois il y a quelques années sur un échantillon de bases militaires. Ce fut un échec retentissant : le niveau d'instruction des volontaires était très faible tandis que l'usage de drogues et les délits avaient atteint de hauts niveaux parmi ces mêmes volontaires. Aussi, à la question « Pouvons-nous passer d'une armée professionnelle à une armée de volontaires ? » la réponse est « non », sans équivoque.

Parmi les propositions suivantes, quelle est celle, si elle est vraie, qui renforce le plus la position de l'auteur concernant l'adoption d'une armée de volontaires ?

(A) Le niveau général d'instruction a augmenté depuis la première fois où l'idée d'une armée de volontaires a été testée.

(B) L'idée d'une armée de volontaires était à l'initiative d'une association connue sous le nom des « Citoyens de la Paix ».

(C) La première tentative de création d'une armée de volontaires était conduite selon un plan identique à celui qui est actuellement proposé et dans des conditions identiques à celles qui existent aujourd'hui.

(D) Une armée de volontaires coûterait moins chère qu'une armée professionnelle.

(E) La taille de l'effectif de l'armée est aujourd'hui inférieure à la taille de l'effectif de l'armée lors du test de l'idée d'une armée de volontaires il y a quelques années.

>>>
>>>

Question 41. « Notre syndicalisation est bien aujourd'hui la clé pour tout progrès de notre capacité de mobilisation et de rassemblement, la clé pour de nouvelles conquêtes sociales. Ouvrons la nouvelle année avec la syndicalisation, parallèlement à nos campagnes revendicatives. Travaillons au renforcement de notre syndicat aux côtés des salariés de tous les âges, de toutes les entreprises, de toute nationalité, de toute catégorie ». Quel proverbe illustre le mieux ce propos ?

(A) La meilleure défense, c'est l'attaque.

(B) Le mieux est l'ennemi du bien.

(C) Un tien vaut mieux que deux tu l'auras.

(D) Si jeunesse savait, si vieillesse pouvait.

(E) L'union fait la force.

Question 42. Trois amis participent à une course : Martin (M), Fred (F), et Samir (S). Juste après le départ Martin est premier, Fred deuxième et Samir troisième. Pendant la course, Martin et Fred se sont dépassés 9 fois ; Fred et Samir 10 fois et Martin et Samir 11 fois. Dans quel ordre sont-ils arrivés ?

(A) M, F, S

(B) F, S, M

(C) S, M, F

(D) S, F, M

(E) F, M, S

Question 43. Complétez la série suivante :

multimillionnaire – interpellation – héliportage – asperger – ?

(A) vouer

(B) bile

(C) orin

(D) tard

(E) dinde

>>>
>>>

Question 44. Quel mot faut-il mettre à la place du point d'interrogation pour que l'énoncé soit conforme à son contenu ?

Cette phrase contient ? fois plus de mots que la phrase suivante : « Jean joue avec tous ses enfants. »

(A) Quatre

(B) Cinq

(C) Sept

(D) Deux

(E) Trois

Question 45. La Fédération Britannique de Tennis a retenu cette année 128 joueurs de simple masculin, 128 joueurs de simple féminin, 128 joueurs de double féminin, 128 joueurs de double masculin et 128 joueurs de double mixte. Combien faudra-t-il d'arbitres en tout si chacun d'eux ne peut arbitrer plus de 5 matchs ?

(A) 79

(B) 86

(C) 89

(D) 96

(E) 100

Si vous avez terminé, vous n'êtes pas autorisé(e) à revenir sur une épreuve précédente.
Vous n'êtes pas non plus autorisé(e) à travailler sur une épreuve suivante avant la fin du temps imparti.

STOP !

TEST BLANC TAGE MAGE 11

SOUS-TEST 4 : CONDITIONS MINIMALES

15 questions / 20 minutes / Calculatrice interdite
Réponse juste : + 4 points / Réponse fausse : – 1 point
Aucune réponse : 0 point

Vous répondrez :

(A) Si l'information (1) permet à elle seule de répondre à la question, et si l'information (2) à elle seule ne permet pas de répondre à la question.

(B) Si l'information (2) permet à elle seule de répondre à la question, et si l'information (1) à elle seule ne permet pas de répondre à la question.

(C) Si les deux informations (1) et (2) ensemble permettent de répondre à la question, et aucune séparément ne le peut.

(D) Si chaque information permet séparément de répondre à la question.

(E) Si les deux informations ensemble ne permettent pas de répondre à la question.

Question 46. Qui a fini premier de la course : Pierre, Paul ou Jacques ?

(1) Pierre a plus doublé Jacques qu'il n'a doublé Paul.

(2) Jacques aurait fini devant Paul s'il avait doublé Pierre une fois de plus.

Question 47. Quel est l'âge d'Aude ?

(1) Le tiers de la différence des âges d'Aude et Marie est égal au sixième de l'âge d'Aude.

(2) Aude est deux fois plus vieille que Marie.

Question 48. Quelle est l'aire du triangle AOC ?

(1) AOC est un triangle isocèle de base OC mesurant 10 cm.

(2) L'angle OÂC vaut quatre fois l'angle AÔC.

##
##

Vous répondrez :

(A) Si l'information (1) permet à elle seule de répondre à la question, et si l'information (2) à elle seule ne permet pas de répondre à la question.

(B) Si l'information (2) permet à elle seule de répondre à la question, et si l'information (1) à elle seule ne permet pas de répondre à la question.

(C) Si les deux informations (1) et (2) ensemble permettent de répondre à la question, et aucune séparément ne le peut.

(D) Si chaque information permet séparément de répondre à la question.

(E) Si les deux informations ensemble ne permettent pas de répondre à la question.

Question 49. Que vaut x ?

(1) x divise une infinité de réels.

(2) x est un nombre premier pair.

Question 50. Qui est la plus âgée : Jeanne, Stéphie ou Marie ?

(1) Marie est la sœur aînée de Stéphie.

(2) Jeanne est la tante de Stéphie.

Question 51. Que vaut @ – # ?

(1) # et @ sont deux entiers consécutifs.

(2) $@^2 - 2@\# + 1 = 1$

Question 52. La SPA d'une ville de province répertorie les qualités des chiens présents sur son site. 130 chiens savent faire le beau et 80 savent rapporter. 55 savent faire le beau et rapporter ; 10 d'entre eux ne sautent pas dans un cerceau. 110 chiens sautent dans un cerceau et il y a deux fois plus de chiens à seulement savoir faire le beau qu'à savoir rapporter sans faire le beau. 20 chiens ne savent que rapporter. Combien de chiens ne savent rien faire ?

(1) 45 chiens ont les trois qualités.

(2) 100 chiens ne savent pas faire le beau.

Vous répondrez :

(A) Si l'information (1) permet à elle seule de répondre à la question, et si l'information (2) à elle seule ne permet pas de répondre à la question.

(B) Si l'information (2) permet à elle seule de répondre à la question, et si l'information (1) à elle seule ne permet pas de répondre à la question.

(C) Si les deux informations (1) et (2) ensemble permettent de répondre à la question, et aucune séparément ne le peut.

(D) Si chaque information permet séparément de répondre à la question.

(E) Si les deux informations ensemble ne permettent pas de répondre à la question.

Question 53. A-t-on $x < y$?

(1) $x + a = y - a$

(2) $x^2 < y^2$

Question 54. Qui est le plus grand de la famille Smith ?

(1) Les filles sont toutes plus petites que les garçons.

(2) Jonathan est plus grand que son père et que sa sœur Ella.

Question 55. Jean est sur la route en direction de Paris. Dans combien de temps arrivera-t-il à son domicile ?

(1) Le double de la distance qu'il lui reste à parcourir est égal au carré du cinquième de celle-ci.

(2) Jean roule à une vitesse de 90 km/h.

Question 56. Que vaut p ?

(1) Le double de p auquel on ajoute 3 est égal à son carré supplémenté de 4.

(2) $0 < p < 2$

##
##

Vous répondrez :

(A) Si l'information (1) permet à elle seule de répondre à la question, et si l'information (2) à elle seule ne permet pas de répondre à la question.

(B) Si l'information (2) permet à elle seule de répondre à la question, et si l'information (1) à elle seule ne permet pas de répondre à la question.

(C) Si les deux informations (1) et (2) ensemble permettent de répondre à la question, et aucune séparément ne le peut.

(D) Si chaque information permet séparément de répondre à la question.

(E) Si les deux informations ensemble ne permettent pas de répondre à la question.

Question 57. ABC est un triangle isocèle de base BC. Quelle est la longueur de la bissectrice de l'angle BAC ?

(1) La somme des angles ABC et ACB vaut 120°.

(2) AB = 5 cm.

Question 58. Soit un triangle ABC dont l'angle BAC est de 30° et l'angle ABC est de 60°. Quelle est la longueur de BC ?

(1) AC mesure 17,32 cm.

(2) Le triangle est rectangle en C.

Question 59. Stéphane achète 2 quiches et 9 éclairs au chocolat pour 28 euros. Quel est le prix d'une quiche ?

(1) Une quiche coûte cinq fois plus cher qu'un croissant.

(2) S'il avait eu deux fois plus d'argent, il aurait pu acheter 19 éclairs en plus.

Question 60. Bob, Sacha et Alice sont trois amis. Bob a trois ans de moins que Sacha et Alice est plus vieille que Sacha de deux ans. Quel âge a chacun des trois amis ?

(1) Bob a cinq ans de moins qu'Alice.

(2) La somme des âges des trois enfants vaut 44 ans.

Si vous avez terminé, vous n'êtes pas autorisé(e) à revenir sur une épreuve précédente.
Vous n'êtes pas non plus autorisé(e) à travailler sur une épreuve suivante avant la fin du temps imparti. **STOP !**

TEST BLANC TAGE MAGE

SOUS-TEST 5 : EXPRESSION

11

15 questions / 20 minutes / Calculatrice interdite
Réponse juste : + 4 points / Réponse fausse : – 1 point
Aucune réponse : 0 point

Questions 61 à 64 : choisissez la reformulation dont le sens se rapproche le plus du (des) passage(s) souligné(s).

Question 61. Comme à son habitude, il fournit une réponse élusive à toute question qu'on lui pose.

(A) inappropriée
(B) dilatoire
(C) pertinente
(D) succincte
(E) courte

Question 62. A partir de maintenant, et sous peine de sanction, il n'est plus question que vous entriez dans mon bureau sans frapper à la porte.

(A) A l'avenir
(B) Dès aujourd'hui
(C) Désormais
(D) Par la suite
(E) Dorénavant

Question 63. Le dernier essai paru sur ce grand patron français pourrait bien avoir des conséquences désastreuses sur sa carrière dans les mois qui viennent.

(A) roman polémique
(B) livre informatif
(C) pamphlet virulent
(D) texte argumentatif
(E) ouvrage controversé

Question 64. D'un point de vue culturel, la Chine est certainement le pays le plus fascinant du monde.

(A) le pays du Soleil levant
(B) l'empire du Milieu
(C) le pays des Mille collines
(D) la Chalcidique
(E) la patrie de Tiananmen

Questions 65 à 69 : complétez en choisissant la solution optimale.

Question 65. (...) le marché des capitaux en Indonésie (...) de rapides transformations, (...) lieu de publier un ouvrage mettant la situation à jour, puisqu'un tel ouvrage (...).

(A) Comme / subit / il y a tout à fait / resterait d'actualité de nombreuses années
(B) Comme / subit / il n'y a pas / serait vite périmé
(C) Bien que / ne subisse pas / il n'y a pas / resterait d'actualité de nombreuses années
(D) Comme / ne subit pas / il n'y a pas / ne resterait pas longtemps d'actualité
(E) Bien que / subit / il y a lieu / ne resterait pas longtemps d'actualité

Question 66. Les Hongkongais sont de nouveau dans la rue. (...) l'interdiction de se réunir pour éviter la propagation du Covid-19, des milliers de personnes ont manifesté, dimanche 24 mai, dans plusieurs quartiers de Hong Kong. Ils (...) la proposition de loi sur la sécurité, qui vise à interdire « la trahison, la sécession, la sédition [et] la subversion ».

(A)	Jouant de	engoucent
(B)	Défiant	flaquent
(C)	Bravant	dénoncent
(D)	Résistant à	désavouent
(E)	Narguant	ne croient pas à

Question 67. En observant des animaux vivant en communauté, on a constaté que très souvent un des animaux assure la garde de ses congénères face aux prédateurs. Doit-on considérer cette garde comme le sacrifice d'un individu au profit de la collectivité ? Les chercheurs qui répondent à cette question par (…) estiment que (…) posté à un endroit exposé, l'animal gardien (…) un danger accru, (…) le premier à percevoir la menace et à fuir devant elle.

(A) l'affirmative / bien qu'il soit / ne court pas / puisqu'en fait il sera
(B) la négative / bien qu'il soit / ne court pas / tout en étant
(C) l'affirmative / dans la mesure où il est / court en fait / d'autant plus qu'il sera
(D) la négative / quoiqu'il soit / ne court pas / puisqu'en fait il sera
(E) la négative / tout ce qui est / court / notamment du fait qu'il est

Question 68. Dupont (…) l'élection de Mme Laplanche à la présidence du parti, (…) au programme politique de cette dernière. Cependant, comme elle a décidé de ne pas (…) ce programme après sa prise de fonctions, il a retiré (…) à sa nomination.

(A) a appuyé / en raison de son adhésion complète / poursuivre / son soutien initial
(B) n'était pas partisan de / parce qu'il s'opposait / dévier d'un pouce de / son opposition initiale
(C) n'était pas enchanté par / parce qu'il s'opposait violemment / poursuivre / son soutien initial
(D) n'a pas soutenu / malgré sa vive opposition / rester fidèle à / son opposition initiale
(E) a toujours soutenu / du fait qu'il s'opposait / compromettre / son soutien

Question 69. « (…) est fait d'un observateur et d'un expérimentateur. L'observateur chez lui donne les faits tels qu'il les a observés, pose le point de départ, établit le terrain solide sur lequel vont marcher les personnages et se développer les phénomènes. Puis, l'expérimentateur paraît et institue l'expérience, je veux dire fait mouvoir les personnages dans une histoire particulière, pour y montrer que la succession des faits y sera telle que l'exige le déterminisme des phénomènes mis à l'étude. »

(A) Le chercheur
(B) Le journaliste
(C) Le poète
(D) Le romancier
(E) L'historien

Question 70. 1, 2, 3 et 4 représentent les strophes d'un poème de Pierre de RONSARD. Parmi les propositions suivantes, laquelle reprend l'ordre chronologique de ce poème ?

1. Ainsi en ta première et jeune nouveauté,
Quand la terre et le ciel honoraient ta beauté,
La Parque t'a tuée, et cendre tu reposes.
2. La grâce dans sa feuille, et l'amour se repose,
Embaumant les jardins et les arbres d'odeur ;
Mais battue ou de pluie, ou d'excessive ardeur,
Languissante elle meurt, feuille à feuille déclose.
3. Comme on voit sur la branche au mois de Mai la rose,
En sa belle jeunesse, en sa première fleur,
Rendre le ciel jaloux de sa vive couleur,
Quand l'Aube de ses pleurs au point du jour l'arrose ;
4. Pour obsèques reçois mes larmes et mes pleurs,
Ce vase plein de lait, ce panier plein de fleurs,
Afin que vif et mort ton corps ne soit que roses.

(A) 4, 2, 3, 1
(B) 2, 1, 4, 3
(C) 3, 2, 1, 4
(D) 4, 1, 2, 3
(E) 3, 1, 2, 4

Question 71. « *Mieux vaut allumer une chandelle que maudire les ténèbres.* »
Parmi les proverbes suivants lequel est le plus proche du proverbe ci-dessus ?

(A) Les malédictions comme les processions reviennent à leur point de départ.
(B) Un oiseau dans la main vaut mieux que dix qui volent.
(C) Il est difficile d'attraper un chat noir dans une pièce sombre surtout s'il n'y est pas.
(D) Dix-huit filles divinement belles ne valent pas un seul fils bossu.
(E) Tout est amer à qui du fiel dans la bouche.

Question 72. Une apocope est la chute d'un phonème, d'une une plusieurs syllabes à la fin d'un mot. Dans la liste suivante, combien de mots sont constitués par apocope ?

METRO – RECRE – BUS – PROF – CAR – STYLO

(A) Deux
(B) Trois
(C) Quatre
(D) Cinq
(E) Six

Question 73. Laquelle des ces propositions complète la phrase que voici de la manière la plus adéquate ?

« Ce type ne me paraît pas honnête. Ses manières _____ me rebutent. »

(A) Pédantes
(B) Cauteleuses
(C) Assurées
(D) Cavalières
(E) Pontifiantes

Question 74. Quel est le nombre de fautes d'orthographe et de grammaire ?

« Ensuite il s'est mis à marmotter je ne sais quoi de graines, de lambeaux de chair mis en macération dans l'eau, de différentes races d'animaux successifs qu'il voyait naître et passer. »

(A) 0 faute
(B) 1 faute
(C) 2 fautes
(D) 3 fautes
(E) 4 fautes

Question 75. *Décembre* est à *Mois*…

(A) … ce que *Bleu* est à *Couleur*.

(B) … ce que *Livre* est à *Couverture*.

(C) … ce que *Deutéronome* est à *Pentateuque*.

(D) … ce que *Minuit* est à *Journée*.

(E) … ce que *Mercredi* est à *Semaine*.

Si vous avez terminé, vous n'êtes pas autorisé(e) à revenir sur une épreuve précédente.
Vous n'êtes pas non plus autorisé(e) à travailler sur une épreuve suivante avant la fin du temps imparti.

STOP !

TEST BLANC TAGE MAGE 11

SOUS-TEST 6 : LOGIQUE

15 questions / 20 minutes / Calculatrice interdite
Réponse juste : + 4 points / Réponse fausse : – 1 point
Aucune réponse : 0 point

Question 76.

		248		
555	861	?	645	924
		212		
		326		
		428		

(A) 339 (B) 744 (C) 111 (D) 483 (E) 618

Question 77.

OPM	NJU	XSO	?	WAQ
			DRS	
			EQZ	
			FPP	
			GOB	

(A) ZSQ (B) XQP (C) WDX (D) PSZ (E) PTX

****
****

Question 78.

		606		
684	146	?	891	366
		840		
		444		
		750		

(A) 383 (B) 479 (C) 633 (D) 912 (E) 255

Question 79.

YVT	EDB	NLJ	?	QSQ
			JUR	
			QWS	
			JNP	
			OKG	

(A) SNB (B) IQP (C) SZX (D) QSP (E) DTR

Question 80.

128	734	?	956	761
		691		
		427		
		832		
		119		

(A) 843 (B) 285 (C) 145 (D) 648 (E) 135

****
****

Question 81.

LOH ? NMJ NLU OKL

BVC

GAD

BUE

NBF

(A) SNQ (B) IRR (C) SZB (D) QNB (E) DTR

Question 82.

7535 1874 ? 6725 1199

3948

6877

3324

2130

(A) 9830 (B) 5537 (C) 2240 (D) 5744 (E) 8796

Question 83.

EQA LRO ? SWX DAR

ZMU

FBV

APW

ADX

(A) STA (B) QZT (C) ORL (D) ATT (E) SZA

****
****

Question 84.

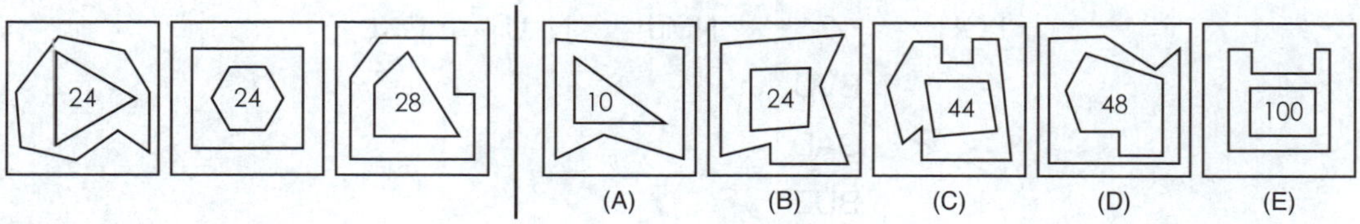

Question 85.

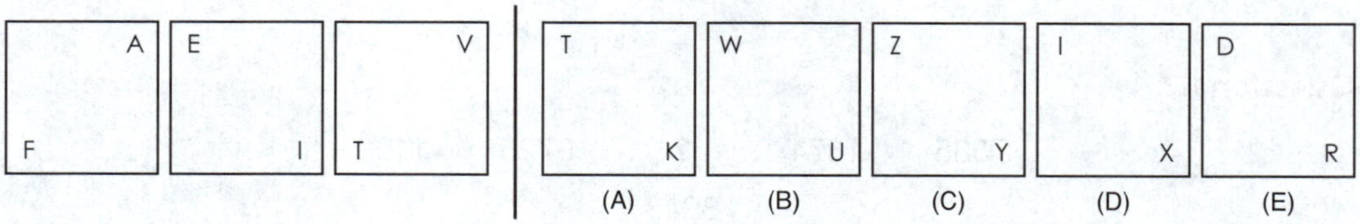

Question 86.

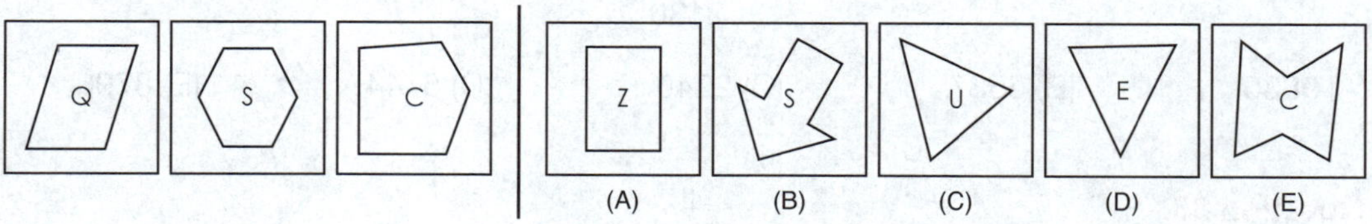

Question 87.

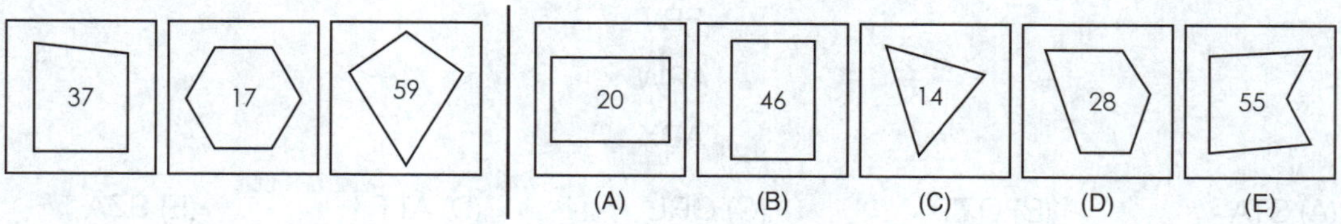

Question 88.

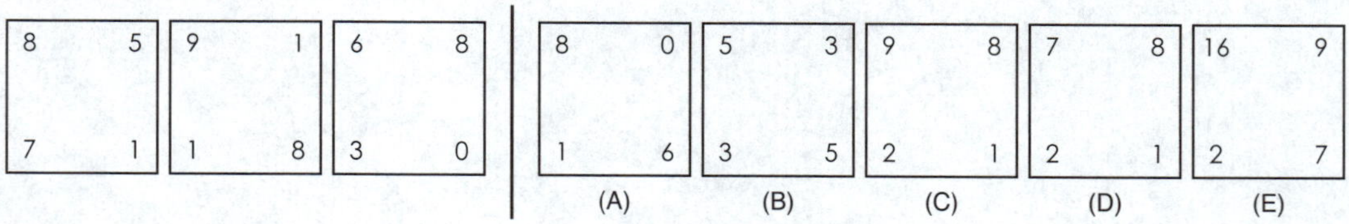

****
****

Question 89.

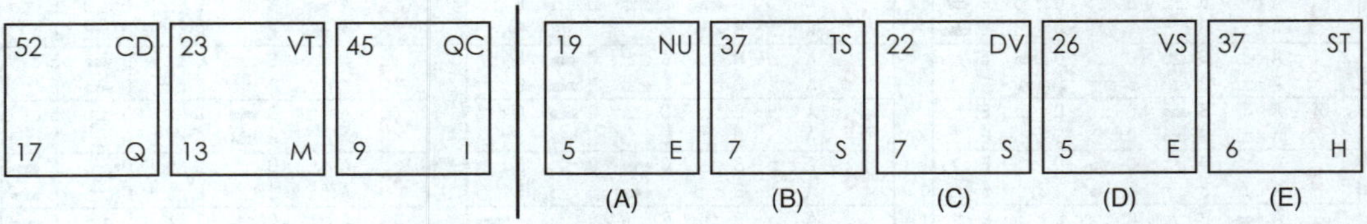

Question 90.

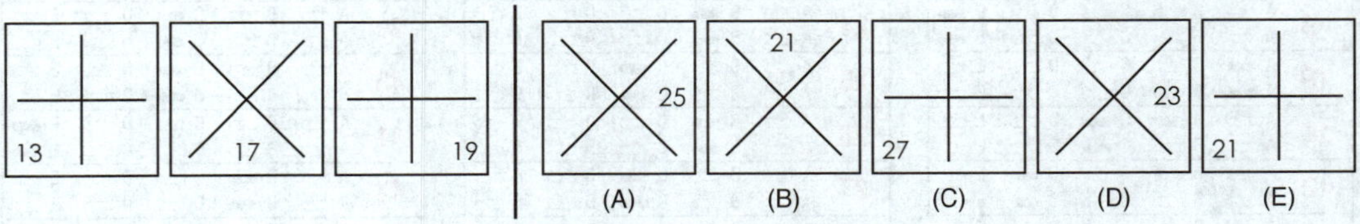

TEST TAGE MAGE 11 : VOTRE GRILLE DE REPONSES JUSTES

Sous-test 1
Compréhension de textes

Question	Réponse
1	C
2	E
3	D
4	B
5	C
6	A
7	D
8	D
9	E
10	A
11	C
12	D
13	E
14	B
15	D

Sous-test 2
Calcul

Question	Réponse
16	C
17	B
18	D
19	D
20	C
21	E
22	D
23	C
24	B
25	C
26	B
27	C
28	B
29	B
30	D

Sous-test 3
Raisonnement/Argumentation

Question	Réponse
31	D
32	A
33	D
34	B
35	E
36	E
37	C
38	C
39	C
40	C
41	E
42	B
43	E
44	E
45	C

Sous-test 4
Conditions minimales

Question	Réponse
46	B
47	E
48	C
49	B
50	E
51	E
52	B
53	E
54	E
55	C
56	A
57	C
58	A
59	E
60	B

Sous-test 5
Expression

Question	Réponse
61	B
62	E
63	D
64	B
65	B
66	C
67	D
68	A
69	D
70	C
71	A
72	C
73	B
74	A
75	C

Sous-test 6
Logique

Question	Réponse
76	A
77	D
78	E
79	C
80	C
81	D
82	B
83	D
84	C
85	D
86	B
87	C
88	A
89	D
90	D

11

CORRIGES

SOUS-TEST 1 : COMPREHENSION DE TEXTES

Question 1. Réponse C

La proposition 1 est fausse car la Française des jeux a tenté d'empêcher la fin du monopole mais n'y est pas parvenue : « cette démarche n'a pas suffi à empêcher la fin du monopole (les sites de paris en ligne ont été autorisés en 2010) ».
La proposition 3 est fausse car la prise de conscience n'est pas dans l'intérêt de la Française des jeux.

Question 2. Réponse E

A est exact : « Parmi les actions menées : mise en place de plafonds de mise ».

B est exact : « *Restez maître du jeu, fixez vos limites* » : tel est le message que les acheteurs de jeux de hasard peuvent lire depuis la fin 2006 au bas des bulletins et tickets à gratter qu'ils achètent ».

C est exact : « Parmi les actions menées : (…) financement de recherches sur le jeu excessif ».

D est exact : « Parmi les actions menées : (…) rédaction d'une charte éthique ».

Question 3. Réponse D

Il fallait que la phrase exprime les opinions des 3 catégories d'employés :

- Les salariés qui ne veulent pas être considérés comme des dealers.
- Les courtiers qui craignent pour leur chiffre d'affaire.
- Les détaillants qui refusent de devenir des « assistantes sociales ».

Le titre D reprend les expressions « dealers » et « assistantes sociales » et ajoute l'expression « on veut juste continuer à travailler » qui traduit la crainte d'une perte de revenu.

Question 4. Réponse B

La réponse est explicite : « le rôle ambivalent de l'Etat, à la fois juge et partie (…), est critiqué. Il s'agissait donc de ne pas laisser cette mauvaise image prospérer » et « développer des actions sur le jeu responsable était donc aussi une manière de défendre ce monopole ».

Question 5. Réponse C

Les propositions A et B sont beaucoup trop sévères à l'égard de la Française des jeux : les expressions « redorer l'image » ou « se faire une virginité » ne correspondent pas au champs lexical du texte.

La proposition D n'est pas assez centrée sur le sujet.

Restent donc les propositions E et C.

- La proposition E n'est pas fausse mais elle n'indique pas ce qui a été entrepris (démarche RSE).
- La proposition C apparaît comme la meilleure, tant dans le contenu, que dans la forme.

Question 6. Réponse A

B : Ce sont les bénéficiaires de l'**ASS** et non de la **PHC**.

C : Le RSA va **dépasser** les 7 milliards.

D : C'est **la fin de la prolongation** et non **la prolongation** de l'ASS qui va provoquer une nouvelle vague d'allocataires.

E : Le RSA n'est pas la **seule** cause.

Donc, seule la réponse A est exacte.

Question 7. Réponse D

Les subventions d'équipement diminuent bien, mais ces subventions sont versées par les départements aux communes. Les départements ne reçoivent pas moins d'argent, au contraire, ils en dépensent moins.

Question 8. Réponse D

Commencez par compter le nombre de paragraphes. Tentez au brouillon de leur donner un titre et ne regardez les réponses qu'après.

Question 9. Réponse E

Aucun résumé ne comporte d'informations fausses. Vous devez donc choisir le plus complet. Le résumé E est le seul qui évoque les recettes des départements autres que la compensation de l'Etat.

Question 10. Réponse A

Les dépenses sociales sont au cœur de ce texte ; il faut un titre qui les mentionne.

- Le titre B est trop vague.
- Le titre C met en cause les départements, ce qui est en contradiction avec les propos de l'auteur.
- Le titre D met en cause l'Etat de façon trop catégorique.
- Le titre E est faux sur le fond, car l'Etat, même s'il ne compense pas assez les dépenses, ne « lâche » pas les départements. De plus, sur la forme, la familiarité du verbe « lâcher » ne reflète pas le ton du texte.

Question 11. Réponse C

La proposition 3 ne concerne que Lyon, on ne peut généraliser.

Question 12. Réponse D

La réponse est explicite : « à Paris, 5 % des cafetiers-restaurateurs seraient régulièrement hors la loi ».

Question 13. Réponse E

La saleté et les difficultés de circulation pour les voitures ne sont pas mentionnées.

En revanche, le bruit, les mégots et les difficultés pour les piétons le sont : « les terrasses ne débordent intempestivement sur la voie au détriment du passage ou ne produisent des nuisances excessives – bruits, mégots… ».

Question 14. Réponse B

La taxe trottoir est à l'étude, elle n'est pas encore à disposition des maires.

Question 15. Réponse D

Les propositions A et E sont beaucoup trop restrictives.

La proposition C, par l'utilisation du verbe « empiéter » ne s'intéresse qu'à l'aspect spatial du problème.

Le fait d'utiliser l'espace public (proposition B) ne s'apparente pas à une privatisation, puisque c'est ce que nous faisons tous, chaque jour.

La meilleure définition est donc la D.

SOUS-TEST 2 : CALCUL

Question 16. Réponse C

En testant les solutions une à une, vous remarquez que vous pouvez toutes les tracer sauf le carré.

Question 17. Réponse B

En 1 minute, Robert remplit 1/20 de sac et John 1/30. Ensemble, en 1 minute, ils remplissent donc 1/20 + 1/30 = **1/12** de sac. Autrement dit, si en 1 minute, ils remplissent ensemble 1/12 de sac et bien cela veut dire qu'en 12 minutes ils auront rempli ensemble un sac en entier.

Question 18. Réponse D

Pour simplifier la résolution, calculons d'abord le coût du voyage en avion, puis le coût du voyage en voiture. Charles parcourt X kilomètres en avion au prix de 3 € le kilomètre. L'avion coûte à Charles 3X €. Charles fait le reste du parcours en voiture, soit (Y – X) kilomètres à 2 €.

En tout, le voyage coûte donc à Charles 3X € + 2(Y – X) €, soit (2Y + X) €.

Question 19. Réponse D

45 – 27 = 18 ; 18 chats ne sont donc pas rayés.

45 – 32 = 13 ; 13 chats n'ont donc pas d'oreille noire. On obtient ainsi le maximum de chats non retenus pour la finale si ces 18 + 13, soit 31 chats sont différents. Et alors les autres chats, 45 – 31, **soit 14**, représentent le nombre minimum de chats finalistes.

Question 20. Réponse C

Ensemble, 2 mouches et 3 araignées ont $2 \times 6 + 3 \times 8 = 36$ pattes.

Un oiseau a deux pattes, 10 oiseaux en ont 20. Un chat possède 4 pattes, on a donc l'équation :

36 = 20 + 4X, X étant le nombre de chats à trouver. On trouve X = 4.

Question 21. Réponse E

Le quart du cinquième c'est le vingtième. Aussi, le vingtième du carré de 30, c'est $\frac{900}{20}$ soit 45.

CORRIGÉS TEST BLANC 11

Question 22. Réponse D

9 possibilités pour le président, 8 pour le secrétaire (car le président ne peut plus être choisi) et 7 pour le trésorier (car le président comme le secrétaire ne peuvent plus être choisis).

Soit $9 \times 7 \times 8 = 63 \times 8 =$ un nombre dont le dernier chiffre est 4 !!!

Question 23. Réponse C

Choisir 3 nombres parmi 4, c'est aussi en choisir 1 parmi 4 (celui qui n'est pas pris) : il y a donc 4 choix possibles. Obtenir 0 comme produit des 3 nombres choisis, c'est avoir choisi 0 parmi les 3 nombres, ou encore de n'avoir pas choisi 2, 1 ou 9 ; soit 3 possibilités.

La probabilité cherchée est donc 3/4. Réponse C.

Question 24. Réponse B

Admettons que le dernier mineur ait travaillé x heures. Le premier a alors travaillé $11x$ heures. Si y est le nombre des mineurs de l'équipe, le nombre total d'heures de travail sera la somme des y termes d'une progression arithmétique décroissante dont le premier terme est $11x$ et le dernier x, c'est-à-dire : $\frac{y(11x + x)}{2} = 6xy$. D'autre part, nous savons que les y mineurs travaillant ensemble aurait creusé la tranché en 24 heures. Le nombre total d'heures de travail est donc aussi égal à $24y$. Par suite : $6xy = 24y$. Le nombre y étant différent de 0 ; $6x = 24$ et $x = 4$.

Le dernier mineur a donc travaillé 4 heures.

NB *:* il était impossible de déterminer combien de mineurs il y avait dans l'équipe, bien que ce nombre figure dans l'équation, désigné par y : les données du problème sont insuffisantes.

Question 25. Réponse C

Pour éviter les confusions, il est important de réécrire l'énoncé sous la forme d'un système d'équations :

- 10 C = 8 O
- 16 O = 12 P
- 4 P = 1 M
- 6 M = 48 B

Pour 5 citrons, on aura 4 oranges. On divise la deuxième équation par 4, avec 4 oranges on peut acheter 3 pamplemousses. Si avec 4 pamplemousses on achète un melon, alors avec 3 pamplemousses on achète les $\frac{3}{4}$ d'un melon.

Pour gagner du temps, simplifiez la dernière équation. On peut diviser par 6 des deux côtés de l'équation : 1 M = 8 B. On multiplie par $\frac{3}{4}$ des deux côtés, on trouve $\frac{3}{4}$M = 6 B.

Avec 5 citrons, on peut donc acheter 6 bananes.

Question 26. Réponse B

Nous pouvons déjà éliminer sans trop de sueur la réponse A. Il est en effet peu vraisemblable que Philippe soit âgé de 3 ans dans 4 ans…

Partons des solutions. Il suffit en effet de vérifier ici en partant des solutions que dans neuf ans, Stéphane sera bien deux fois plus âgé que Philippe. Partons de la solution C qui nous dit que Philippe aura 15 ans dans 4 ans. Il a donc 11ans aujourd'hui.

	Philippe	Stéphane	Rapport
Aujourd'hui	11 ans	23 ans	Dans 9 ans, Stéphane ne sera pas deux fois plus âgé que Philippe… $\left(\frac{32}{20}\right.$ donne un rapport inférieur à 2$\left.\right)$
Dans 9 ans	20 ans	32 ans	

Examinons à présent la réponse d'au-dessus. La réponse A étant comme on l'a vu absurde, il ne nous reste plus que la réponse B. Et c'est la bonne réponse.

Nota Bene : après avoir examiné dans un premier temps la réponse C et que nous sommes arrivés à la conclusion que cela ne pouvait être la bonne réponse, nous avons alors décidé de nous intéresser aux réponses (d'au dessus réponses A et B). A la question « pourquoi les réponses « d'au-dessus » et non les réponses « d'en dessous » (D et E), la réponse est la suivante :

Intuitivement, on réalise bien qu'avec le temps, les rapports d'âge entre deux personnes diminuent. Lorsque j'ai 5 ans et que ma mère en a 30, il existe un rapport de 6 entre les deux âges (ma mère est 6 fois plus âgée que moi). En revanche, lorsque j'atteins l'âge de 25 ans, ma mère a 50 ans et dans ce cas, il existe alors un rapport de 2 entre les deux âges (ma mère n'est plus que 2 fois plus âgée que moi). En appliquant cette règle pour Philippe et Stéphane, vous comprenez maintenant pourquoi nous devions nous reporter sur les réponses « d'au-dessus » : le rapport des âges étant inférieur à 2, nous devions l'augmenter et si l'on voulait augmenter ce rapport, il fallait absolument diminuer les âges (on parle de rapports inversement proportionnels.)

Question 27. Réponse C

Traduisons l'énoncé par une équation :

(1) $A = 3Z$

(2) $A - 15 = 2(Z + 15)$

On dispose de deux équations à deux inconnues : on peut résoudre le système. On remplace A par 3Z dans la deuxième équation :

$3Z - 15 = 2Z + 30$, soit $Z = 45$. $A = 3 \times 45 = 135$.

Si Annie donne 45 sucettes, elle en conservera $135 - 45 = 90$. Zazie en aura alors $45 + 45 = 90$. 45 sucettes doivent être échangées pour que les filles en aient le même nombre.

Question 28. Réponse B

Il s'agit ici d'un calcul de pourcentage. Il faut déterminer de combien augmenter l'aire afin qu'elle retrouve sa valeur initiale.

Attention : si l'aire a diminué de 20 %, il ne faut pas l'augmenter de 20 % pour qu'elle retrouve sa valeur initiale. Pour déterminer le pourcentage d'augmentation, on utilise la formule $\frac{V_{finale} - V_{initiale}}{V_{initiale}}$.

La valeur finale à obtenir est 100 %, et la valeur initiale 80 % (puisqu'on a diminué l'aire de 20 %). $\frac{100\ \% - 80\ \%}{80\ \%} = 25\ \%$.

Question 29. Réponse B

Si Aude, Carl et Elise prennent 2 comprimés par jour, ils en prendront chacun 48 en 24 jours, tandis que Guillaume en prendra 24 en 24 jours.

Si le flacon de comprimés dure 24 jours pour les 4 personnes, alors ce flacon contient $48 \times 3 + 24 = 168$ comprimés.

Si Guillaume prenait lui aussi 2 comprimés par jour, 8 comprimés seraient consommés chaque jour par les quatre personnes (2 par personne).

S'il y a 168 comprimés dans le flacon et que 8 sont consommés chaque jour, alors le flacon durerait $\frac{168}{8} = 21$ jours.

Question 30. Réponse D

Le tonneau B contient 50 % de plus de vin que A et C contient 50 % de plus que B, on a donc B = 1,5A et C = 1,5B.

Il est plus simple pour effectuer les calculs de mettre ces équations sous la forme de fractions : $A = \frac{2}{3}B$ et $C = \frac{3}{2}B$.

627 l de vin sont versés dans les tonneaux A, B et C : cela donne A + B + C = 627, on remplace A et C par leur valeur en fonction de B.

$\frac{2}{3}B + B + \frac{3}{2}B = 627$, soit $\frac{19}{6}B = 627$ et B = 198. Le tonneau B contient 198 litres de vin.

SOUS-TEST 3 : RAISONNEMENT – ARGUMENTATION

Question 31. Réponse D

L'énoncé nous dit juste qu'audace et chance sont fortement corrélées : les audacieux ont une plus grande probabilité que les autres d'avoir de la chance.

En aucun cas l'énoncé n'affirme que les chanceux sont forcément audacieux ou que les audacieux sont toujours chanceux. On déduit donc que Jean et Josette ont tort tandis qu'Albert et Léa ont raison. Au moins deux personnes ont donc tort (en l'occurrence **exactement** deux personnes). Réponse D.

Question 32. Réponse A

Il est impératif de ne pas mélanger implication et équivalence. En effet, l'information « seuls les barbus jouent au tennis » signifie que tous les joueurs de tennis sont barbus, mais il peut y avoir des barbus qui ne jouent pas au golf. En raisonnant de cette manière et avec rigueur, on trouve que ceux qui portent une chemise blanche sont barbus, car tous ceux qui portent une chemise blanche jouent au golf et que tous les golfeurs sont barbus. Réponse A.

Question 33. Réponse D

Entre le 2 mars et de 2 août, il y a 6 mois d'écart. Mais attention au nombre de jours de chaque mois ! Le mois de mars comporte 31 jours, avril en a 30, mai en a 31, juin en a 30, juillet ET août en comportent 31. Il y a donc $4 \times 31 + 2 \times 30 = 184$ jours. Or $184 = 26 \times 7 + 2$. Il y a donc un décalage de 2 jours de la semaine entre les 2 dates. Le 2 septembre 2014 est donc un **samedi**. Réponse D.

Question 34. Réponse B

Paul est plus grand que Sébastien. Il n'est donc pas le plus petit. De plus, André est plus vieux que Paul, donc plus grand. André n'est donc pas le plus petit. Par élimination, c'est donc Sébastien le plus petit des trois. Réponse B.

Question 35. Réponse E

Chacun a un métier différent de son nom. Ainsi :

– Monsieur Charpentier est soit menuisier soit ébéniste
– Monsieur Menuisier est soit ébéniste soit charpentier
– Monsieur Ebéniste est soit charpentier soit menuisier.

Cela élimine donc les réponses A, B et C.

De plus, avoir la profession d'une des trois personnes nous donne celle des deux autres. Autre implication tout aussi intéressante : le fait de savoir que Monsieur Ebéniste n'est pas menuisier nous permet de déduire que c'est Monsieur Charpentier qui est menuisier, et donc que Monsieur Ebéniste est charpentier et que Monsieur Menuisier est ébéniste. Or, si Monsieur Charpentier est menuisier, il n'est pas ébéniste ! La réponse E est donc la bonne.

Question 36. Réponse E

Si Brice est innocent, alors Alain est coupable (4e information). Or, si Alain est coupable, alors Brice est coupable (2e information) : il y a là une contradiction flagrante. On en déduit que Brice est forcément coupable et que Christian est innocent (3e information).

Enfin, si Alain est innocent alors Christian est coupable, ce qui est en contradiction avec ce que nous venons de démontrer.

Conclusion : Brice et Alain sont coupables et Christian est innocent. Réponse E.

Question 37. Réponse C

La partie de l'énoncé nous informant que Jean n'a pas de cousine est la plus importante : elle nous permet en effet de déduire que le frère de son oncle ne peut-être que son père car il est le seul à avoir eu une fille. Par conséquent, la fille de son père est sa sœur. Réponse C.

Question 38. Réponse C

Le texte affirme que l'odorat agit sur la perception du goût.

On cherche une hypothèse qui affaiblisse cela.

- La D est hors-sujet.
- La B ne contredit pas la conclusion, bien au contraire.
- La A n'affaiblit pas car elle ne parle pas de l'odorat.
- La C parle de l'impact du goût sur l'odorat alors que les chercheurs étudient l'impact de l'odorat sur le goût.

Question 39. Réponse C

En établissant un tableau résumant les jours où Laurent et Léonard mentent et disent la vérité, on se rend compte que nous sommes un mercredi. En effet, Laurent ment le mercredi et dit la vérité le jeudi et Léonard dit la vérité le mercredi et ment le jeudi: le mercredi, ils diront donc qu'ils mentiront le lendemain. Réponse C.

Question 40. Réponse C

La conclusion (ou position) de l'auteur est la suivante : *nous ne devons pas passer d'une armée professionnelle à une armée de volontaires*. Il s'agit ici d'un raisonnement inductif. Aussi convient-il de déceler le type de raisonnement adopté par l'auteur. Il s'agit d'une

CORRIGÉS TEST BLANC 11

argumentation qui s'appuie sur une analogie. En effet, d'après l'auteur, si le test d'une armée de volontaires n'a pas marché il y quelques années alors cela ne marchera pas non plus aujourd'hui.

Réponse A : cette réponse ne renforce guère la conclusion de l'auteur. Au contraire, elle semble même l'affaiblir. Si le niveau général d'instruction a augmenté, on pourrait légitimement en déduire que le niveau d'instruction des volontaires a aussi augmenté… ce qui casserait une des objections de l'auteur quant à l'adoption d'une armée de volontaires.

Réponse B : ceci n'a rien à voir avec la conclusion de l'auteur. On pourrait surtout se demander si une organisation dont le nom est « Citoyens de la Paix » est à même d'apporter quelque suggestion concernant l'avenir de l'armée.

Réponse C : l'argumentation de l'auteur a un défaut car rien ne laisse entendre que l'adoption, aujourd'hui, d'une armée de volontaires donnerait des résultats identiques à ceux obtenus lors du test. La réponse C nous dit que le plan actuel et les conditions actuelles sont identiques à ceux du test qui a été conduit il y a quelques années. Les deux situations sont donc analogues. Et cette nouvelle information renforce/sert bien la conclusion de l'auteur. C'est pourquoi c'est la bonne réponse.

Réponses D et E : ces phrases sont complètement hors du champ de l'argumentation de l'auteur.

Question 41. **Réponse E**

Le texte insiste sur l'importance de l'union des syndiqués de tous âges et origines afin d'obtenir de nouvelles avancées sociales. Cette mise en lumière de l'unité qui doit régner au sein du syndicat nous pousse à choisir la réponse E.

Question 42. **Réponse B**

Au départ on a M puis F puis S.

Martin et Fred se dépassent 9 fois (impair), donc Fred finira devant Martin.

Fred et Samir se dépassent 10 fois (pair), donc Fred finira devant Samir.

Martin et Samir se dépassent 11 fois (impair), donc Samir finira devant Martin.

A la fin on a F puis S puis M.

Question 43. **Réponse E**

Concernant les premières et dernières lettres de chacun des mots de la série, on remarque une alternance consonnes/voyelles :

multimillionnair**e** – **i**nterpellatio**n** – **h**éliportag**e** – **a**sperge**r**.

Ensuite, il fallait simplement compter le nombre de lettres de chacun des mots pour remarquer que l'on a d'abord 17 lettres, puis 14, puis 11, puis 8, puis… 5 !

Question 44. **Réponse E**

Attention !! Il y avait un gros piège dans cette question.

« Cette phrase » dont il est question ici commence par « Cette phrase… » et se termine par « … tous ses enfants ». Aussi, « Cette phrase » contient-elle en fait **18 MOTS** tandis que « la phrase suivante » contient **6 MOTS**… D'où 3 FOIS PLUS.

Question 45. **Réponse C**

Etant donné que chaque match élimine un joueur de simple ou une paire de double, il faudra arbitrer deux fois 127 matchs de simples et trois fois 63 matchs de doubles. Ce qui nous donne au total : 2 × 127 + 3 × 63 = 443. Il faut ensuite diviser ce nombre de matchs par 5 car un arbitre ne peut arbitrer plus de 5 matchs, ce qui nous donne alors : 443/5 = 88,6. Il faudra donc **89 arbitres. Réponse C.**

Cette question était très intéressante puisqu'elle faisait appel à beaucoup de bon sens. En fait, pour connaître le nombre de matchs qui se disputent avec 128 joueurs en simple, il faut se dire ici qu'**à chaque match joué, il y a un perdant** (qui ne jouera naturellement plus les prochains matchs) et un gagnant (qui lui jouera le prochain match à l'issue duquel il y aura de nouveau un gagnant et un perdant.)

Aussi, dire : *« ce soir je vais voir un match de tennis »* revient à dire d'un point de vue mathématico-logique : *« ce soir je vais voir qui va perdre. »* Autrement dit, à chaque match disputé son unique perdant *(je ne peux avoir aucun perdant ni plus d'un perdant à l'issue d'un match)* et à chaque perdant son unique match disputé *(un perdant ne peut perdre aucun match ni en perdre plus d'un)*:on dit en mathématiques qu'il y a **bijection** entre l'ensemble des matchs joués dans le tournoi et l'ensemble des perdants.

Ce qui veut dire finalement que pour connaître le nombre total de matchs joués dans le tournoi, il suffit de connaître le nombre total de perdants et que pour connaître le nombre total de perdants, il suffit de connaître le nombre total de matchs joués.

C'est donc pour cette raison qu'avec 128 joueurs de simples, il faut organiser 127 matchs et pour 128 joueurs de double, c'est-à-dire 64 paires de joueurs, il faut organiser 63 matchs.

SOUS-TEST 4 : CONDITIONS MINIMALES

Question 46. **Réponse B**

{1} : **Insuffisant.** Pierre peut avoir doublé Jacques plus de fois que Paul, ce dernier peut néanmoins lui avoir passé devant peu avant la fin de la course : on ne peut rien conclure.

{2} : **Suffisant.** Si en doublant Pierre, Jacques double Paul dans le même temps, c'est donc que Pierre est devant Paul. La tournure de la phrase (Jacques aurait fini) indique que cette situation ne s'est pas produite : Pierre est devant Paul, lui-même immédiatement suivi par Jacques.

Question 47. Réponse E

{1} : **Insuffisant.** Il s'agit d'une équation à deux inconnues : $\frac{1}{3}(A - M) = \frac{1}{6}A$, soit $\frac{1}{6}A = \frac{1}{3}M$. On trouve A = 2M, il nous manque l'âge de Marie pour connaître l'âge d'Aude.

{2} : **Insuffisant.** A = 2M, cette information est équivalente à la précédente.

{&} : **Insuffisant.** Les deux informations sont les mêmes, on ne peut pas répondre à la question.

Question 48. Réponse C

La formule de l'aire du triangle est $\frac{\text{base} \times \text{hauteur}}{2}$.

{1} : **Insuffisant.** On ne connaît pas la hauteur du triangle.

{2} : **Insuffisant. Attention !** Il faut « oublier » l'information 1, auquel cas le triangle AOC n'est pas isocèle et on ne peut pas déterminer la valeur de ses angles.

{&} : **Suffisant.** Le triangle était isocèle, la hauteur partant du sommet A est confondue avec sa bissectrice, et coupe donc l'angle du sommet en 2 parties égales.

L'information {2} permet de déterminer la valeur des angles du triangle ; on dispose des angles ainsi que de la longueur d'un côté. De plus, la hauteur H partant de A est perpendiculaire à la base OC.

Le triangle AHO est donc un triangle rectangle, on peut appliquer la trigonométrie pour calculer la distance AH.

Question 49. Réponse B

{1} : **Insuffisant.** X peut être égal à 0 ou 1.

{2} : **Suffisant.** Le seul nombre premier pair est 2.

Question 50. Réponse E

{1} : **Insuffisant.** On ne sait pas si Jeanne est plus vieille que Marie.

{2} : **Insuffisant.** On ne connaît pas l'âge de Marie (attention à bien « oublier » l'information {1} !).

{&} : **Insuffisant.** Jeanne est la tante de Stéphie, et donc de Marie puisqu'elles sont sœurs. **Mais Jeanne n'est pas forcément la plus vieille : qu'elle soit sa tante n'indique en rien qu'elle est plus âgée que Marie, la sœur aînée.**

Question 51. Réponse E

{1} : **Insuffisant. On ne sait pas si @ est supérieur ou inférieur à # : @ – # peut être égal à 1 ou – 1.**

{2} : **Insuffisant.** On peut simplifier l'équation en soustrayant des deux côtés par 1, on obtient $@^2 = 2@\#$, soit @ = 2#. On ne peut rien répondre au vu de cette information.

Question 52. Réponse B

Voici une question longue, déroutante et assez difficile. Il valait mieux la sauter…

Nous devions raisonner ici sur le schéma suivant avec :

- A Les chiens qui ne savent que faire le beau
- B Les chiens qui ne savent que faire beau et sauter
- C Les chiens qui ont les trois qualités
- D Les chiens qui ne savent que faire beau et rapporter
- E Les chiens qui ne savent que rapporter
- F Les chiens qui ne savent que rapporter et sauter
- G Les chiens qui ne savent que sauter
- H Les chiens qui ne savent rien faire

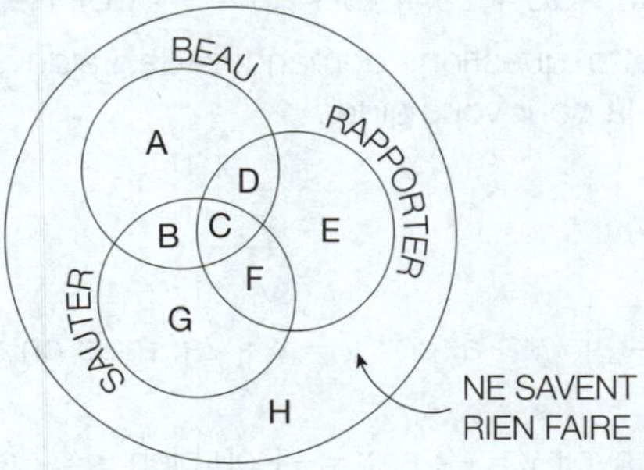

L'énoncé nous fournit beaucoup d'informations.

« 55 savent faire le beau et rapporter ; 10 d'entre eux ne sautent pas dans un cerceau » signifie que l'on a 10 chiens qui ne font que le beau et rapporter et 55 – 10 = 45 qui font les trois (beau, sauter, rapporter).

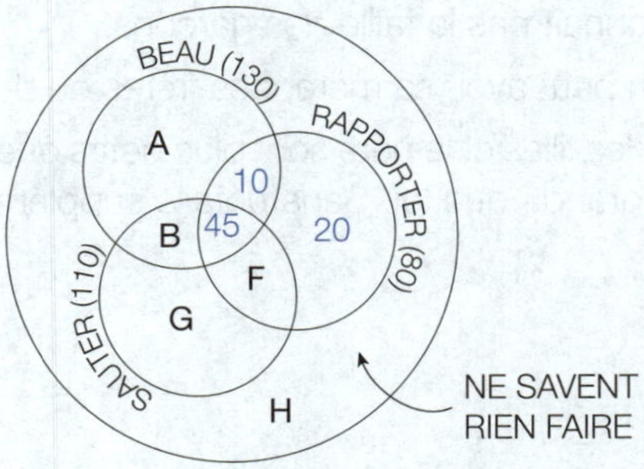

CORRIGÉS TEST BLANC 11

On trouve alors assez facilement F qui vaut 80 – 45 – 10 – 20 = 5 et grâce à l'information « il y a deux fois plus de chiens à seulement savoir faire le beau qu'à savoir rapporter sans faire le beau » on trouve A qui vaut 2 × (E + F) = 2 × (20 + 5) = 50.

On trouve enfin B et G (B = 130 – 50 – 45 – 10 et G = 110 – 25 – 45 – 5).

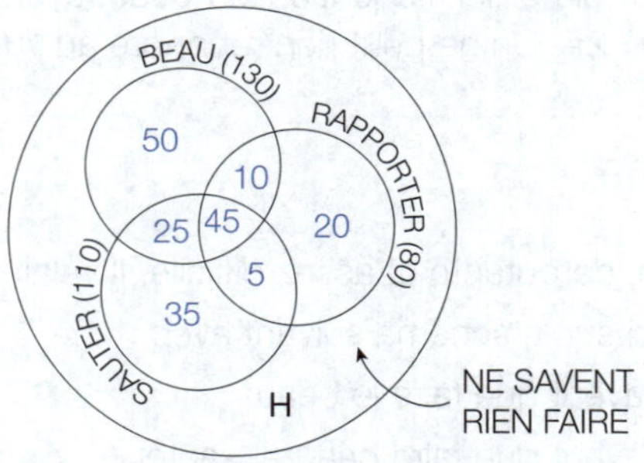

On cherche H, le. Nombre de chiens qui ne savent rien faire.

H vaut TOUS LES CHIENS moins CEUX QUI FONT QUELQUE CHOSE

Information (1) : inutile. On le sait déjà grâce à l'énoncé ! On garde les réponses B, C et E.

Information (2) : suffisante. En effet, si 100 chiens ne savent pas faire le beau alors le nombre total de chiens vaut 130 + 100 (la somme des chiens qui savent faire le beau et des chiens qui ne savent pas faire le beau donne en effet tous les chiens).

Conclusion : H = 230 – (50 + 10 + 25 + 45 + 35 + 5 + 20). Réponse B.

Si vous paniquez sur cette question, demandez de l'aide sur le groupe Facebook de TAGE MAGE 600. On est là pour vous aider.

Question 53. **Réponse E**

{1} : **Insuffisant.** On a $x + a = y - a$, soit $y = x + 2a$, mais on ne sait pas si a est positif ou négatif.

{2} : **Insuffisant.** On peut avoir $y = -2$ et $x = -1$ ou bien $y = 2$ et $x = 1$.

{&} : **Insuffisant.** L'information {1} n'est pas utile si l'on ne connaît pas le signe de a.

Question 54. **Réponse E**

{1} : **Insuffisant.** On ne connaît pas la taille des garçons.

{2} : **Insuffisant.** Jonathan peut avoir sa mère, des frères ou des sœurs plus grands que lui.

{&} : **Insuffisant.** Si toutes les filles et le père sont plus petits que Jonathan, il peut néanmoins avoir d'autres frères plus grands que lui. Sans détails supplémentaires sur la famille Smith, on ne peut rien répondre.

Question 55. **Réponse C**

{1} : **Insuffisant.** On traduit l'information par une équation : $2D = (D/5)^2$, soit D = 50. Il reste 50 km à parcourir, mais on ne connaît pas la vitesse de Jean pour calculer le temps qu'il va mettre. **(Rappel : V = D/T).**

{2} : **Insuffisant.** On ne connaît pas la distance restante à parcourir.

{&} : **Suffisant.** On dispose de la vitesse et de la distance à parcourir, on peut alors obtenir le temps que Jean va mettre pour arriver à destination en utilisant la formule ci-dessus.

Question 56. **Réponse A**

{1} : **Suffisant.** On a l'équation $2p + 3 = p^2 + 4$, ce qui nous donne $p^2 - 2p + 1 = 0$.

Attention ! Il faut repérer une identité remarquable de la forme $(a^2 - 2ab + b^2)$ avec $a = p$ et $b = 1$, qui factorisée donne $(p - 1)^2 = 0$. p est donc forcément égal à 1.

{2} : **Insuffisant.** On ne sait pas si p est un nombre entier, un décimal, un réel… On peut avoir $p = 1$ ou encore $p = \frac{3}{2}$.

Question 57. **Réponse C**

{E} : ABC est un triangle isocèle de base BC. La hauteur partant du sommet A est donc confondue avec sa médiane et sa bissectrice.

{1} : **Insuffisant.** On a l'angle ABC = ACB, et donc ABC = ACB = 60°. La somme des angles d'un triangle vaut 180°, les trois angles valent donc tous 60°.

Le triangle ABC est donc équilatéral. Cependant, il nous manque la longueur d'un côté pour appliquer la trigonométrie.

{2} : **Insuffisant**

{&} : **Suffisant.** Voir question 48. Soit H le point d'intersection entre la hauteur partant de A et la base BC. Le triangle AHB est rectangle, on connaît la valeur de ses angles et la longueur d'un côté. On peut déterminer la longueur [AH] avec la trigonométrie.

Question 58. **Réponse A**

{E} : La somme des angles d'un triangle vaut 180 degrés, ABC est donc un triangle rectangle en C (l'angle ACB vaut 90 degrés).

{1} : **Suffisant.** On connaît la valeur des angles du triangle ainsi que la longueur d'un côté, on peut utiliser la trigonométrie pour calculer BC.

{2} : **Inutile.** Cette information ne fait que répéter l'énoncé.

Question 59. Réponse E

{E} : On pose l'énoncé sous forme d'équation : $2x + 9y = 28$, avec x le prix de la quiche et y celui de l'éclair.

{1} : **Insuffisant.** On se retrouve avec deux équations à trois inconnues, on ne peut pas résoudre le système.

{2} : **Insuffisant. Attention à bien lire l'énoncé !** L'information nous indique que si Stéphane avait eu deux fois plus d'argent, il aurait pu acheter 19 éclairs de plus. **Mais on ne connaît pas la somme qu'il possédait initialement**, l'énoncé nous précise qu'il a dépensé 28 euros mais il ne s'agit pas forcément de l'ensemble de son budget.

Question 60. Réponse B

{E} : Traduisons l'énoncé sous la forme d'équations : B = S – 3, A = S + 2 ou A = B + 5

{1} : **Inutile**, l'information ne fait que reprendre l'énoncé.

{2} : **Suffisant.** On nous précise que A + B + S = 44, on remplace A et S par leur valeur en fonction de B et on trouve l'âge des enfants.

SOUS-TEST 5 : EXPRESSION

Question 61. Réponse B

<u>Dilatoire</u>

Qui diffère, retarde, suspend / Qui vise à gagner du temps, à retarder quelque chose par son caractère vague ou ambigu. C'est un synonyme d'évasif. Lexicographie : User de moyens dilatoires.

Question 62. Réponse E

Le sens premier de dorénavant est « à partir du moment actuel » (source : *Larousse*), la réponse E est donc plus précise que les autres puisqu'elle exprime non seulement l'idée qu'il faudra frapper à la porte à l'avenir, mais aussi qu'il faut le faire dés maintenant.

Question 63. Réponse D

<u>Essai</u>

Un essai n'est ni plus ni moins qu'un texte argumentatif. Les autres propositions surinterprètent l'essai et sont mal influencées par les conséquences désastreuses que ce dernier pourrait bien avoir sur la carrière du patron.

<u>Pamphlet</u> : Petit écrit en prose au ton polémique, violent et agressif ; libelle. « Le pamphlet est l'arme de ceux qui ont découvert l'erreur, pas encore la vérité » (Cesbron)

Question 64. Réponse B

Le pays du Soleil levant est le Japon. Il faut se reporter à l'étymologie du nom « Japon » pour comprendre cette appellation. Les *kanjis* (idéogrammes) qui le composent signifie « lieu l'origine du soleil ». Le drapeau Japonais (un cercle rouge sur fond blanc), adopté officiellement en 1870 même s'il préexistait sur l'étendard de certains clans, représente d'ailleurs ce soleil levant.

Le pays des Mille collines est le Rwanda. Les habitants de ce pays de la zone des Grands lacs en Afrique vivent dans les collines, référence de l'habitat.

La Chalcidique est le nom de la presqu'île de la Macédoine, en Grèce. Aristote lui-même venait de La Chalcidique.

Question 65. Réponse B

> **Comme** le marché des capitaux en Indonésie **subit** de rapides transformations, **il n'y a pas** lieu de publier un ouvrage mettant la situation à jour, puisqu'un tel ouvrage **serait vite périmé**.

Question 66. Réponse C

> Les Hongkongais sont de nouveau dans la rue. **Bravant** l'interdiction de se réunir pour éviter la propagation du Covid-19, des milliers de personnes ont manifesté, dimanche 24 mai, dans plusieurs quartiers de Hong Kong. Ils **dénoncent** la proposition de loi sur la sécurité, qui vise à interdire « la trahison, la sécession, la sédition [et] la subversion ».

Question 67. Réponse D

> En observant des animaux vivant en communauté, on a constaté que très souvent un des animaux assure la garde de ses congénères face aux prédateurs. Doit-on considérer cette garde comme le sacrifice d'un individu au profit de la collectivité ? Les chercheurs qui répondent à cette question par **la négative** estiment que **quoiqu'il soit** posté à un endroit exposé, l'animal gardien **ne court pas** un danger accru, **puisqu'en fait il sera** le premier à percevoir la menace et à fuir devant elle.

Question 68. Réponse A

> Dupont **a appuyé** l'élection de Mme Laplanche à la présidence du parti, **en raison de son adhésion complète** au programme politique de cette dernière. Cependant, comme elle a décidé de ne pas **poursuivre** ce programme après sa prise de fonctions, il a retiré **son soutien initial** à sa nomination.

Question 69. Réponse D

> « Le romancier est fait d'un observateur et d'un expérimentateur. L'observateur chez lui donne les faits tels qu'il les a observés, pose le point de départ, établit le terrain solide sur lequel vont marcher les personnages et se développer les phénomènes. Puis, l'expérimentateur paraît et institue l'expérience, je veux dire fait mouvoir les personnages dans une histoire particulière, pour y montrer que la succession des faits y sera telle que l'exige le déterminisme des phénomènes mis à l'étude. »

Question 70. Réponse C

Ces strophes relatent la vie d'une femme que le poète a aimé : il faut donc relever les termes appartenant au champ lexical de la vie pour déterminer l'ordre chronologique du poème.

Dans le troisième paragraphe, le poète parle de « jeunesse » et de « première fleur », ce qui marque le début du poème.

La première strophe se clôt avec avec la mort de la femme, elle doit donc être immédiatement suivie des « obsèques » du quatrième paragraphe, qui marque aussi la fin du poème.

L'ordre chronologique du poème est donc le suivant : 3 – 2 – 1 – 4.

Question 71. Réponse A

« Mieux vaut allumer une chandelle que maudire les ténèbres » est un proverbe chinois. Se plaindre c'est perdre son temps car aucune parole n'a le pouvoir de résoudre les problèmes imposés par la Providence. Mieux vaut chercher des solutions. La flamme de la chandelle symbolise l'effort et sa lumière le salut. « Les malédictions comme les processions reviennent à leur point de départ », proverbe italien, est celui qui le rejoint le plus.

Question 72. Réponse C

METROPOLITAIN, RECREATION, PROFESSEUR, STYLOGRAPHE.

Attention, AUTOBUS et AUTOCAR sont des aphérèses (suppression d'une ou plusieurs syllabes au début d'un mot).

Question 73. Réponse B

Cauteleux : qui manifeste de la défiance et de la ruse ; hypocrite.

Question 74. Réponse A

« Marmotter » est un synonyme de marmonner : parler entre ses dents. Il s'écrit bien avec deux « t ».

Attention : on écrit bien « lambeaux » avec un « e » et pas « lambaux ».

Il n'y a pas de fautes d'orthographe ou de grammaire dans le texte.

Question 75. Réponse C

Décembre est le dernier mois de l'année, tout comme le *Deutéronome* est le dernier tome du pentateuque.

SOUS-TEST 6 : LOGIQUE

Question 76. Réponse A

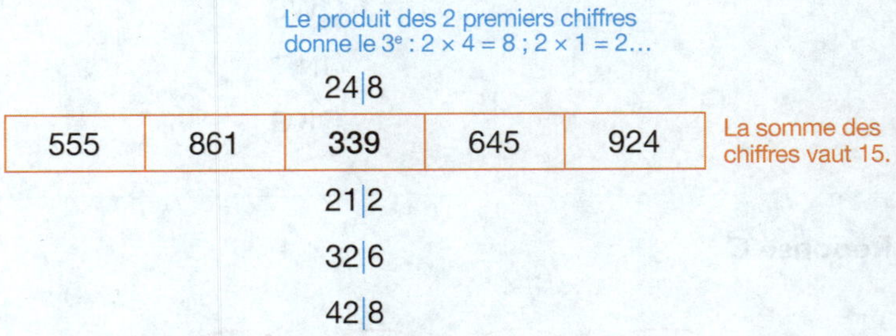

Question 77. Réponse D

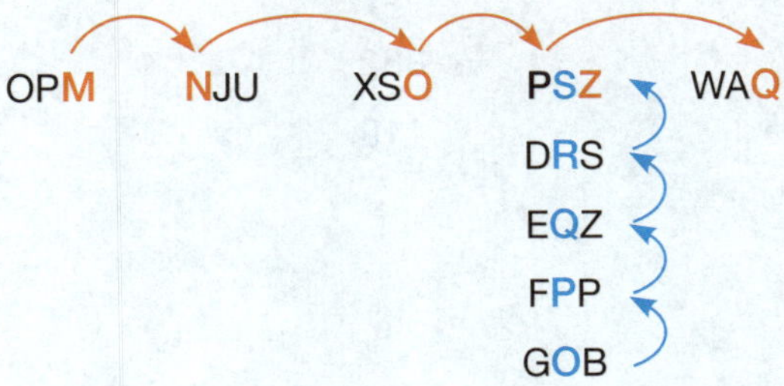

Question 78. Réponse E

Somme des chiffres égale à 12

684 146 891 366

606
255
840
444
750

Le carré du 2e chiffre donne le nombre formé par le 1er et le 3e chiffre : $8^2 = 64$; $4^2 = 16$…

Question 79. Réponse C

YVT EDB NLJ SZX QSQ

Inter avec saut d'une lettre

SZX
JUR
QWS
JNP
OKG

Question 80. Réponse C

128 734 145 956 761

145
691
427
832
119

Question 81. Réponse D

LOH QNB NMJ NLU OKL

BVC

GAD

BUE

NBF

Question 82. Réponse B

7535	1874	5537	6725	1199

La somme des chiffres vaut 20.

39|48

68|77

33|24

21|30

La somme des 2 premiers chiffres vaut celle des 2 derniers : 3 + 9 = 4 + 8 ; 6 + 8 = 7 + 7…

Question 83. Réponse D

+ 0 + 1 + 2 + 3

EQA LRO ATT SWX DAR

ZMU

FBV

APW

ADX

Inter vertical progressif sur la 2e lettre avec retour dans l'alphabet

Question 84. Réponse C

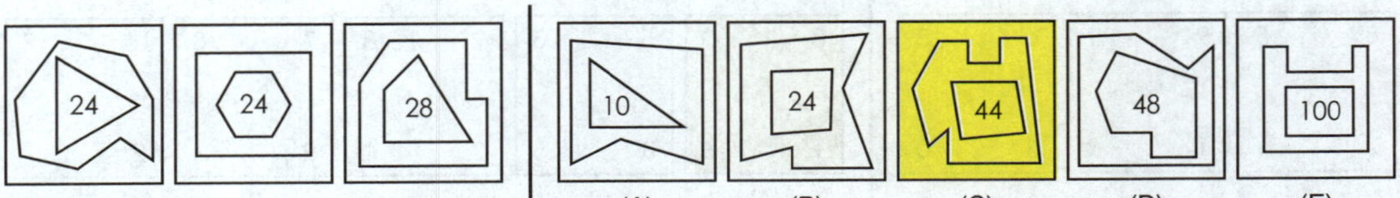

(A) (B) (C) (D) (E)

8 × 3 = 24 4 × 6 = 24 7 × 4 = 28

Le nombre dans la figure est égal au produit des nombres des côtés des 2 figures.

Question 85. **Réponse D**

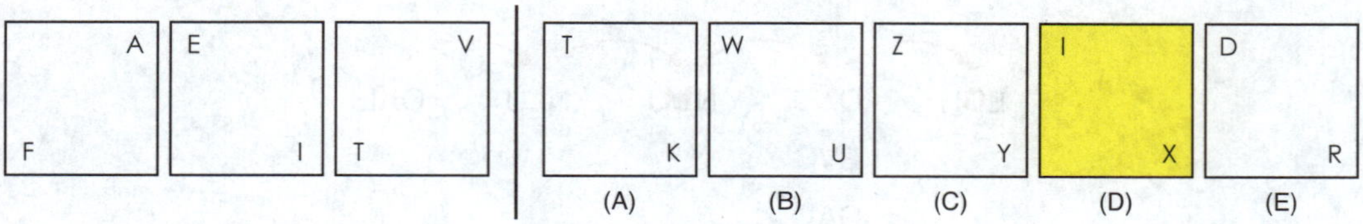

F + A = **6** barres

E + I = **5** barres

T + V = **4** barres

I + X = **3** barres

Question 86. **Réponse B**

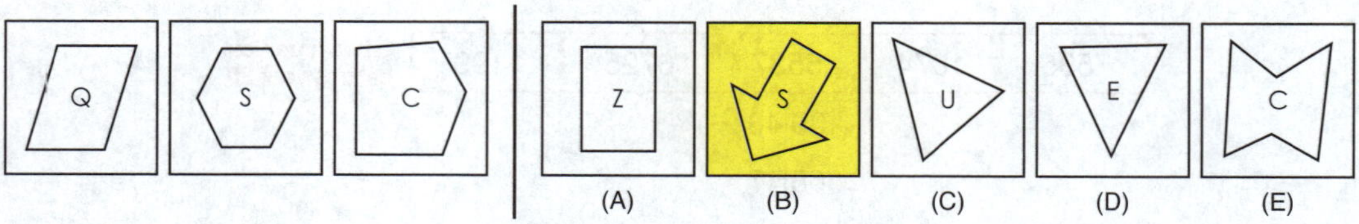

La lettre représente l'initiale du nombre de côtés de la figure.

Question 87. **Réponse C**

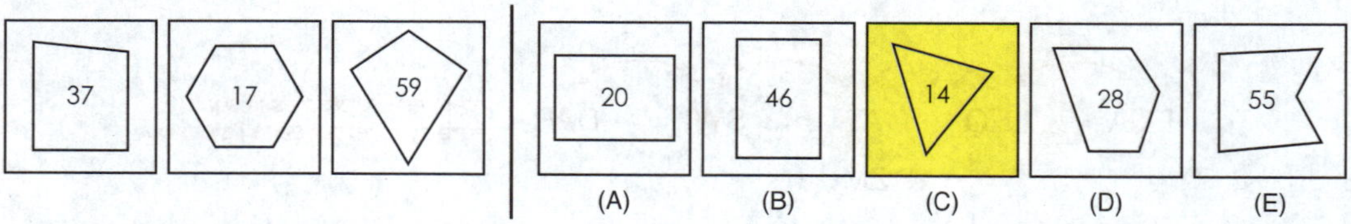

|7 – 3| = **4** côtés

|7 – 1| = **6** côtés

|9 – 5| = **4** côtés

|1 – 4| = **3** côtés

L'écart absolu entre les chiffres vaut le nombre de côtés de la figure.

Question 88. **Réponse A**

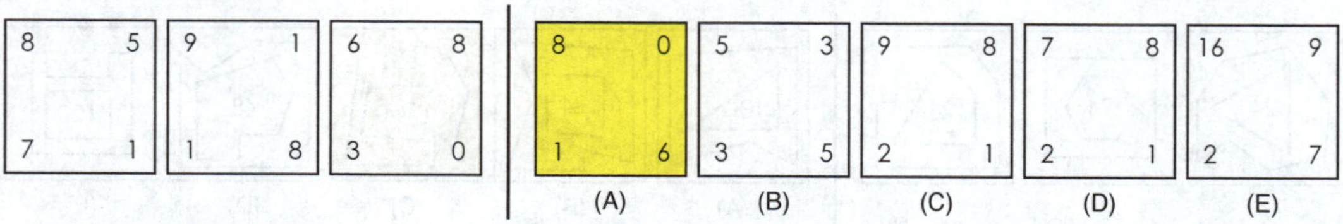

8 + 5 + 1 + 7 = **21**

9 + 1 + 8 + 1 = **19**

6 + 8 + 0 + 3 = **17**

8 + 0 + 1 + 6 = **15**

La somme des chiffres décroît d'un cadre à l'autre.

Question 89. Réponse D

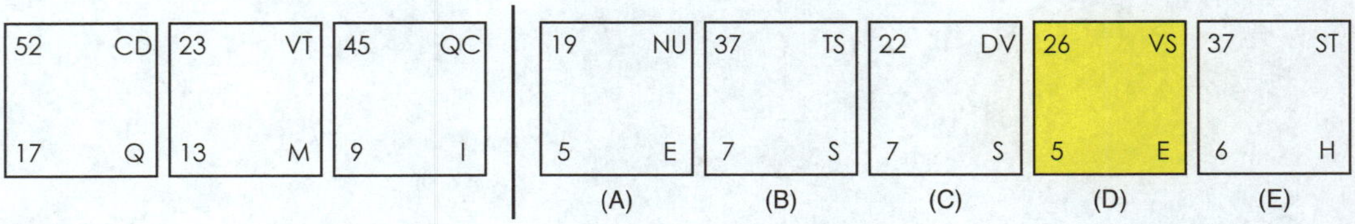

Fonctionnez par couples !

– couple du haut : les lettres sont les initiales du nombre (52 → cinquante-deux → CD).

– couple du bas : le nombre est le rang de la lettre (Q → 17e lettre).

Question 90. Réponse D

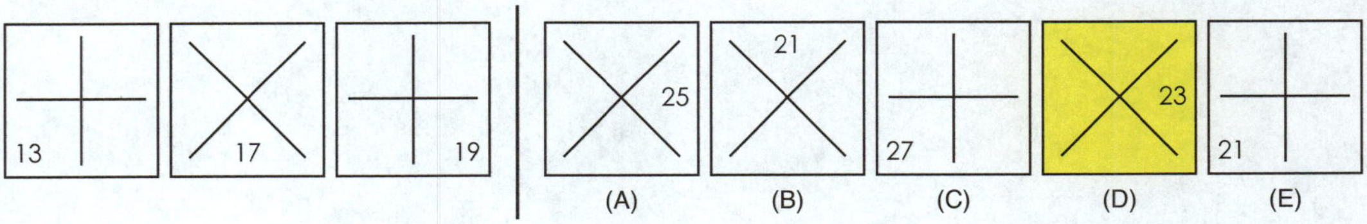

13, 17, 19 est une suite croissante de nombres premiers. Le suivant est donc 23.

N'OUBLIEZ PAS DE REMPLIR VOTRE FICHE BILAN EN FIN D'OUVRAGE

12

TEST BLANC TAGE MAGE

TEST TAGE MAGE 12 : VOTRE GRILLE DE REPONSES

Sous-test 1
Compréhension de textes

1	A	B	C	D	E
	A	B	C	D	E
2	A	B	C	D	E
	A	B	C	D	E
3	A	B	C	D	E
	A	B	C	D	E
4	A	B	C	D	E
	A	B	C	D	E
5	A	B	C	D	E
	A	B	C	D	E
6	A	B	C	D	E
	A	B	C	D	E
7	A	B	C	D	E
	A	B	C	D	E
8	A	B	C	D	E
	A	B	C	D	E
9	A	B	C	D	E
	A	B	C	D	E
10	A	B	C	D	E
	A	B	C	D	E
11	A	B	C	D	E
	A	B	C	D	E
12	A	B	C	D	E
	A	B	C	D	E
13	A	B	C	D	E
	A	B	C	D	E
14	A	B	C	D	E
	A	B	C	D	E
15	A	B	C	D	E
	A	B	C	D	E

Sous-test 2
Calcul

16	A	B	C	D	E
	A	B	C	D	E
17	A	B	C	D	E
	A	B	C	D	E
18	A	B	C	D	E
	A	B	C	D	E
19	A	B	C	D	E
	A	B	C	D	E
20	A	B	C	D	E
	A	B	C	D	E
21	A	B	C	D	E
	A	B	C	D	E
22	A	B	C	D	E
	A	B	C	D	E
23	A	B	C	D	E
	A	B	C	D	E
24	A	B	C	D	E
	A	B	C	D	E
25	A	B	C	D	E
	A	B	C	D	E
26	A	B	C	D	E
	A	B	C	D	E
27	A	B	C	D	E
	A	B	C	D	E
28	A	B	C	D	E
	A	B	C	D	E
29	A	B	C	D	E
	A	B	C	D	E
30	A	B	C	D	E
	A	B	C	D	E

Sous-test 3
Raisonnement/Argumentation

31	A	B	C	D	E
	A	B	C	D	E
32	A	B	C	D	E
	A	B	C	D	E
33	A	B	C	D	E
	A	B	C	D	E
34	A	B	C	D	E
	A	B	C	D	E
35	A	B	C	D	E
	A	B	C	D	E
36	A	B	C	D	E
	A	B	C	D	E
37	A	B	C	D	E
	A	B	C	D	E
38	A	B	C	D	E
	A	B	C	D	E
39	A	B	C	D	E
	A	B	C	D	E
40	A	B	C	D	E
	A	B	C	D	E
41	A	B	C	D	E
	A	B	C	D	E
42	A	B	C	D	E
	A	B	C	D	E
43	A	B	C	D	E
	A	B	C	D	E
44	A	B	C	D	E
	A	B	C	D	E
45	A	B	C	D	E
	A	B	C	D	E

Sous-test 4
Conditions minimales

46	A	B	C	D	E
	A	B	C	D	E
47	A	B	C	D	E
	A	B	C	D	E
48	A	B	C	D	E
	A	B	C	D	E
49	A	B	C	D	E
	A	B	C	D	E
50	A	B	C	D	E
	A	B	C	D	E
51	A	B	C	D	E
	A	B	C	D	E
52	A	B	C	D	E
	A	B	C	D	E
53	A	B	C	D	E
	A	B	C	D	E
54	A	B	C	D	E
	A	B	C	D	E
55	A	B	C	D	E
	A	B	C	D	E
56	A	B	C	D	E
	A	B	C	D	E
57	A	B	C	D	E
	A	B	C	D	E
58	A	B	C	D	E
	A	B	C	D	E
59	A	B	C	D	E
	A	B	C	D	E
60	A	B	C	D	E
	A	B	C	D	E

Sous-test 5
Expression

61	A	B	C	D	E
	A	B	C	D	E
62	A	B	C	D	E
	A	B	C	D	E
63	A	B	C	D	E
	A	B	C	D	E
64	A	B	C	D	E
	A	B	C	D	E
65	A	B	C	D	E
	A	B	C	D	E
66	A	B	C	D	E
	A	B	C	D	E
67	A	B	C	D	E
	A	B	C	D	E
68	A	B	C	D	E
	A	B	C	D	E
69	A	B	C	D	E
	A	B	C	D	E
70	A	B	C	D	E
	A	B	C	D	E
71	A	B	C	D	E
	A	B	C	D	E
72	A	B	C	D	E
	A	B	C	D	E
73	A	B	C	D	E
	A	B	C	D	E
74	A	B	C	D	E
	A	B	C	D	E
75	A	B	C	D	E
	A	B	C	D	E

Sous-test 6
Logique

76	A	B	C	D	E
	A	B	C	D	E
77	A	B	C	D	E
	A	B	C	D	E
78	A	B	C	D	E
	A	B	C	D	E
79	A	B	C	D	E
	A	B	C	D	E
80	A	B	C	D	E
	A	B	C	D	E
81	A	B	C	D	E
	A	B	C	D	E
82	A	B	C	D	E
	A	B	C	D	E
83	A	B	C	D	E
	A	B	C	D	E
84	A	B	C	D	E
	A	B	C	D	E
85	A	B	C	D	E
	A	B	C	D	E
86	A	B	C	D	E
	A	B	C	D	E
87	A	B	C	D	E
	A	B	C	D	E
88	A	B	C	D	E
	A	B	C	D	E
89	A	B	C	D	E
	A	B	C	D	E
90	A	B	C	D	E
	A	B	C	D	E

REPONSES EN PAGE 1203

TEST BLANC TAGE MAGE 12

SOUS-TEST 1 : COMPREHENSION DE TEXTES

15 questions / 20 minutes / Calculatrice interdite
Réponse juste : + 4 points / Réponse fausse : – 1 point
Aucune réponse : 0 point

TEXTE 1

L'institution du Conseil des Jedis apparaît dans l'épisode 1, à la 83e minute. Il est vraisemblablement composé de 12 membres, à en croire l'image de la 23e minute 50 secondes de l'épisode II. Il siège à Coruscant, tout comme le Sénat, ce qui révèle une importante centralisation institutionnelle. Le Conseil ne semble pas avoir de Président, sauf peut être Maître Windu ou Yoda, ce dernier pouvant dans tous les cas être qualifié de doyen.

Seuls des Maîtres siègent au Conseil, à l'exception d'Anakin Skywalker, qui tient séance en son sein sur demande du Chancelier, sans que lui soit pour autant accordé le statut de Maître (ce qui le rendra d'ailleurs furieux). Le Conseil confère le titre de Jedi et donne à celui-ci le nom de son apprenti. Les décisions du Conseil semblent devoir être conformes à un « Code ». A cet égard, deux interrogations sont permises : qui a écrit ce Code ? Est-ce un texte écrit ou une coutume normative ? Un exemple de disposition de ce Code est l'interdiction pour un Jedi de s'attacher, d'être compatissant, ou d'être propriétaire d'un bien (une déclaration de patrimoine doit-elle pour autant être effectuée par le Jedi récemment nommé ?).

Les Jedis, qui ne sont pas tous membres du Conseil, semblent représenter un ordre, autrement dit, une profession réglementée. Cet ordre est divisé entre les Maîtres Jedis et les Padawans, jeunes apprentis voués à devenir Jedi. Chaque Padawan a un Maître qui peut proposer au Conseil son élévation au titre de Jedi lorsque celui-ci est jugésuffisamment sage et puissant. Les Maîtres sont en outre des professeurs magistraux, à en croire le cours d'Amphi donné par Maître Yoda à de jeunes talents à la 34e minute de l'épisode II. Un Jedi peut faire exclure un Padawan, après validation par le Conseil.

Les attributions des Jedis sont multiples. La préface de l'épisode II nous indique que ceux-ci « maintiennent la paix et l'ordre dans la galaxie », ce qui leur confère sans aucun doute un pouvoir de police administrative générale. A ce titre, ils sont les garants de la paix et peuvent prendre des mesures de sécurité, comme protéger un sénateur. Enquêter fait également partie de leur attribution, ce qui leur confère donc également un pouvoir de police judiciaire. En outre, ils détiennent la possibilité d'effectuer des arbitrages, comme celui pour lequel Obiwan

××××××××××××××××××××××××××××××××××××××
××××××××××××××××××××××××××××××××××××××

Kenobi est envoyé pour régler une querelle de frontières. Cette attribution juridictionnelle pose des questions essentielles relatives à la séparation des pouvoirs (Administration active et autorité juridictionnelle). Les Jedis sont par ailleurs des militaires, comme le montre le titre de « Général » conféré à Obiwan Kenobi.

De façon moins primordiale, les Jedis sont responsables des archives puisqu'ils peuvent supprimer une planète d'un ordinateur de la bibliothèque centrale. « Seul un Jedi peut faire une telle chose » indiquera Maître Yoda dans l'épisode II. Les Jedis sont sages et mesurés. Lorsqu'Anakin indique que ceux qui ne sont pas avec lui sont contre lui, Obiwan rétorque que seul un Sith peut être aussi radical.

Question 1. Laquelle de ces affirmations est fausse :

(A) Yoda est le doyen du Conseil.
(B) les Jedis sont sages et mesurés.
(C) le maître Skywalker siège au Conseil.
(D) le Sénat et le Conseil siègent à Coruscant.
(E) les Jedis forment une profession réglementée.

Question 2. Le code des Jedis :

(A) est soumis au vote du Sénat.
(B) est une coutume normative.
(C) est élaboré par le Conseil à Coruscant.
(D) interdit aux Jedis de faire preuve de compassion.
(E) est un texte écrit.

××××××××××××××××××××××××××××××××××××××
××××××××××××××××××××××××××××××××××××××

Question 3. Combien d'actions un Jedi ne peut-il pas faire ?

1. Proposer son Padawan au titre de Maître Jedi.
2. Régler un conflit de frontières.
3. Supprimer une planète de l'ordinateur.
4. Enseigner.
5. Protéger un sénateur.

(A) 5

(B) 4

(C) 3

(D) 2

(E) 1

Question 4. Ce texte a été écrit par :

(A) un fan de Star Wars.

(B) un juriste.

(C) un écrivain.

(D) un journaliste scientifique.

(E) Obiwan Kenobi.

Question 5. La confusion des pouvoirs relevée par l'auteur s'appuie sur quel argument ?

(A) Etre à la fois militaire et détenteur d'un pouvoir de police judiciaire.

(B) Etre à la fois militaire et enseignant.

(C) Etre à la fois détenteur d'un pouvoir de police judiciaire et sénateur.

(D) Etre à la fois Jedi et enquêteur.

(E) Etre à la fois détenteur d'un pouvoir de police judiciaire et de police administrative.

××
××

TEXTE 2

C'est l'histoire de deux ratages. L'un est connu, l'autre beaucoup moins. Depuis le début de l'année, des régimes arabes installés au pouvoir depuis trente ans vacillent, s'effondrent parfois. En Tunisie, Egypte, Libye, à Bahreïn ou au Yémen, en Syrie… injustice et colère s'étaient accumulées depuis longtemps. Et pourtant : tous les gouvernements occidentaux ont été pris par surprise – ce qui n'est jamais très bon en géostratégie ! Dans cette affaire, les défaillances de nos diplomates sont désormais connues de tous. En revanche, on sait moins que ce manque de clairvoyance signe aussi l'échec cinglant d'un champ de recherche scientifique, disons… très discutable. Car, depuis les années 80, les modèles informatiques se font fort de prévoir les futures guerres et révolutions. Leurs résultats sont pris très au sérieux, au point qu'ils finissent souvent sur le bureau du président des Etats-Unis. Depuis les attentats du 11 septembre 2001, l'appétit pour les simulations est même devenu frénétique dans ce pays, qui a investi plus de 100 millions de dollars ces trois dernières années. Certains labos se piquent ainsi d'anticiper le prochain acte terroriste ou mouvement insurrectionnel en Afghanistan. Autant dire : un pur fantasme, porté par une poignée d'ingénieurs et de politologues américains, aussi prestigieux soient-ils.

Les résultats de ces travaux (en tout cas, ceux rendus publics) parlent d'eux-mêmes. D'après le modèle de stabilité des Etats le plus sophistiqué à ce jour, conçu par les chercheurs américains de l'université Georges-Mason (très liée à la CIA), Tunisie et Libye étaient en 2010 les pays les plus stables d'Afrique, tandis que l'Egypte ne suscitait guère plus d'inquiétude que l'Inde. Affligeant, mais très surprenant, vu la piètre qualité des paramètres qui alimentent les équations mathématiques : taux d'alphabétisation, de fécondité, de mortalité infantile, d'insécurité. Non seulement ces indicateurs nationaux ne sont pas toujours disponibles, ni justes, mais l'ordinateur leur attribue à tous le même degré d'importance. Pis encore : les spécialistes n'arrivent déjà pas à s'entendre sur la définition de… la stabilité d'un Etat !

Au final, ces travaux laissent un goût bizarre. Comme si l'on pouvait assimiler un pays entier, son histoire multiséculaire et les aspirations de ses millions d'habitants à un système mécanique ! En comparaison, la juste prévision des tremblements de terre passerait presque pour un jeu d'enfants… Totalement subjectives, lourdement biaisées, mal définies, ces simulations informatiques semblent vouées à l'échec. Sinon au ridicule ! Tout juste peut-on leur accorder d'alerter aujourd'hui sur le cas de la Somalie, de l'Afghanistan et de l'Irak… Merci pour le scoop ! Mais il y a peut-être une morale à cette histoire. Car si l'actuel « printemps arabe » a échappé aux modélisateurs, sur le terrain, les agents du renseignement en avaient, eux, signalé les prémices. Las, ils n'ont pas été écoutés. Une idée : et si les brillant cerveaux modélisaient plutôt la pertinence des prises de décision au sein de nos ministères ?

××××××××××××××××××××××××××××××××××××××
××××××××××××××××××××××××××××××××××××××

Question 6. Pourquoi les paramètres qui alimentent les équations des simulateurs ne sont-ils pas fiables ?

1. Certaines données ne sont pas disponibles.
2. Les données ne sont pas toujours exactes.
3. Tous les paramètres ont le même degré d'importance.

(A) 1 + 2
(B) 3 + 1
(C) Uniquement 3
(D) 1 + 2 + 3
(E) Ni 1, ni 2, ni 3

Question 7. D'après les simulateurs, quel pays était instable dans les prévisions 2010 ?

(A) Tunisie.
(B) Aucun pays.
(C) Egypte.
(D) Inde.
(E) Libye.

Question 8. Quel est l'objectif de ces simulateurs informatiques ?

(A) Evaluer la stabilité d'un Etat.
(B) Prévoir les tremblements de terre.
(C) Prévoir les guerres et les révolutions.
(D) Modéliser la pertinence des prises de décision de l'exécutif.
(E) Définir les critères de stabilité d'un Etat.

Question 9. Quel titre convient le mieux ?

(A) La machine à écouter les mécontentements.
(B) L'ordinateur à prédire les révolutions.
(C) Rien ne remplacera jamais l'homme.
(D) Les simulations informatiques doivent être améliorées pour gagner en fiabilité.
(E) La diplomatie n'est pas une affaire de simulation.

××××××××××××××××××××××××××××××××××××××
××××××××××××××××××××××××××××××××××××××

Question 10. Quel qualificatif l'auteur n'emploie-t-il pas pour qualifier les simulations ?

(A) Biaisées.
(B) Discutables.
(C) Ridicules.
(D) Subjectives.
(E) Pur fantasme.

TEXTE 3

Prenez un bar-restaurant d'une petite commune du Morbihan. Entre les passagers de midi et les habitués du soir, une quarantaine de repas y est servie chaque jour, avec un choix équilibré entre quelques plats de viande ou de poisson. Ajoutez-y un trio de chercheurs formés en psychologie cognitive qui, deux ou trois fois par semaine, y prennent leurs quartiers. Une petite négociation avec le patron les a autorisés à faire une expérience. Lorsqu'ils le décident, on change le décor : au lieu des habituelles fleurs coupées et serviettes blanches, la vingtaine de tables de la salle est ornée d'une figurine de bateau, les serviettes portent un motif maritime, tandis que dans un coin, une imposante statue de vieux loup de mer est installée. Pour le reste, rien n'est changé : le cuisinier prépare la même carte, et la serveuse se démène avec entrain.

Résultat : quand le décor est maritime, deux tiers des clients commandent du poisson. Les soirs où on remet les fleurs et les serviettes blanches, deux tiers commandent des plats de viande. Le patron peut rester perplexe, mais les psychologues, eux, ont de quoi se réjouir : leur but était de tester si un simple changement de décor avait un effet sur le goût des clients. Or, c'est un fait : le vieux matelot et la maquette de bateau ont visiblement eu de l'influence sur les dîneurs, qui se sont décidés plus facilement pour un produit de la mer. Pour en avoir le cœur encore plus net, ils ont posé quelques questions aux clients à la sortie. Avaient-ils un choix arrêté avant d'entrer dans le restaurant ? En majorité, non. Se souviennent-ils du décor de leur table ? Oui, plus ou moins précisément. Ont-ils ressenti une influence ? Non, aucune. Selon les chercheurs, cette recherche ajoute une brique à toutes celles qui montrent l'influence puissante de l'environnement sensoriel et visuel sur les choix des consommateurs. En langage de psychologue, cela s'appelle un « effet d'amorçage ». Une influence d'autant plus efficace qu'elle n'est pas identifiée par le sujet.

××××××××××××××××××××××××××××××××××××××
××××××××××××××××××××××××××××××××××××××

Question 11. Pour faire cette expérience, les chercheurs ont :

(A) remplacé les serviettes blanches par des serviettes en papier.
(B) placé une statue et des figurines de bateau.
(C) mis des serviettes à motif maritime et mis du loup de mer à la carte.
(D) gardé les fleurs mais placé des serviettes à motif maritime.
(E) placé des figurines de bateau sur les murs.

Question 12. Suite au changement de décor :

(A) les clients fuient le restaurant.
(B) le nombre de clients augmente.
(C) les clients consomment plus de poisson.
(D) les clients refusent les plats à base de viande.
(E) les 2/3 des clients commandent de la viande.

Question 13. Combien d'affirmations sont fausses ?

1. Les chercheurs qui ont mené cette expérience sont spécialisés en psychologie cognitive.
2. Le cuisinier n'a pas changé la carte.
3. Le restaurant sert une cinquantaine de repas par jour.
4. Les clients n'ont pas ressenti une influence.
5. Les clients avaient, en majorité, arrêté leur choix avant d'entrer au restaurant.

(A) 2
(B) 5
(C) 0
(D) 1
(E) 3

××××××××××××××××××××××××××××××××××××××
××××××××××××××××××××××××××××××××××××××

Question 14. Comment définir « l'effet d'amorçage » ?

(A) Le fait d'être influencé par l'environnement.

(B) Le fait d'être insensible à l'environnement visuel.

(C) Le fait d'être sensible aux décors marins.

(D) Le fait de comprendre son environnement sensoriel.

(E) Le fait d'être incapable de dire ce qui a influencé nos choix.

Question 15. La dernière phrase de ce texte pourrait être :

(A) vive la science !

(B) ce qui montre à quel point le cerveau humain est inconnu.

(C) ce qui montre le peu de force de caractère des consommateurs du Morbihan.

(D) ce qui montre que nous ne maîtrisons pas bien les raisons pour lesquelles nous avons soudainement envie d'une sole meunière…

(E) ce qui montre qu'il ne faut pas prendre de poisson au restaurant quant le décor est maritime : le chef veut à tout prix se débarrasser du poisson pas frais…

Si vous avez terminé, vous n'êtes pas autorisé(e) à revenir sur une épreuve précédente.
Vous n'êtes pas non plus autorisé(e) à travailler sur une épreuve suivante avant la fin du temps imparti.

STOP !

TEST BLANC TAGE MAGE 12

SOUS-TEST 2 : CALCUL

15 questions / 20 minutes / Calculatrice interdite
Réponse juste : + 4 points / Réponse fausse : – 1 point
Aucune réponse : 0 point

Question 16. Cinq problèmes sont proposés lors d'une compétition mathématique. Les problèmes étant de difficulté différente, les points accordés pour chacun d'entre eux sont des entiers différents. Alain a résolu les cinq problèmes ; il a obtenu 10 points avec les deux donnant le moins de points et 18 points avec les deux donnant le plus de points. Quelle est sa note globale ?

(A) 30
(B) 32
(C) 34
(D) 35
(E) 40

Question 17. Une moto consomme 12 litres aux 100 km quand elle roule à 100 km/h. La consommation est strictement proportionnelle à la vitesse. Quelle est la distance parcourue par cette moto sachant qu'elle a consommé 60 litres en roulant à la vitesse de 20 km/h ?

(A) 500 km.
(B) 1 000 km.
(C) 1 500 km.
(D) 2 000 km.
(E) 2 500 km.

Question 18. Le prix d'un produit dans un supermarché a baissé de 12 euros, ce qui correspond à une baisse de 18 %. Quel est le prix du produit avant la baisse ?

(A) 60 euros.
(B) 62 euros.
(C) 66,66 euros.
(D) 67,25 euros.
(E) 70 euros.

//
//

Question 19. Valérie, Yaëlle et Danielle entrent dans une bijouterie. Danielle achète 2 broches et 1 collier. Le collier coûte 520 euros. Yaëlle achète 1 broche et 1 bague. Elle a dépensé plus que Danielle. La bague coûte 1 100 euros. Valérie achète 3 broches et 1 bracelet. Valérie a dépensé plus que Danielle. Le bracelet coûte 110 euros. Sachant que toutes les broches sont au même prix, parmi les 5 propositions suivantes, quelle est la seule qui pourrait correspondre au prix d'une broche ?

(A) 570 euros.
(B) 590 euros.
(C) 610 euros.
(D) 620 euros.
(E) 650 euros.

Question 20. Le périmètre d'un carré de vingt-quatre centimètres est découpé en deux rectangles. L'un des rectangles a alors pour périmètre vingt centimètres. Quel est le périmètre du second rectangle ?

(A) 4
(B) 9
(C) 14
(D) 16
(E) 20

Question 21. Un verre gradué contient une quantité d'alcool à brûler ; un autre contient du sirop en même quantité. Pour préparer une solution, il faut commencer par verser du premier verre dans le second 200 grammes d'alcool à brûler. Puis les deux tiers de la solution obtenue dans le second verre sont versés dans le premier. Après cette opération, le premier verre gradué contient quatre fois plus de liquide que le second.
Combien d'alcool à brûler y avait-il initialement ?

(A) 500 g.
(B) 800 g.
(C) 1 000 g.
(D) 1 200 g.
(E) 1 300 g.

//
//

Question 22. Pierre, Halim et Chloé possèdent à eux trois 207 billes, chacun le même nombre. Ils s'affrontent. A la fin de la partie, Chloé possède le même nombre de billes qu'au début et Pierre a perdu les deux tiers de ses billes au profit d'Halim. Quelle est la proportion possédée par Halim en fin de partie par rapport au nombre de billes possédées par Pierre ?

(A) 4 fois plus.
(B) 5 fois plus.
(C) 6 fois plus.
(D) 7 fois plus.
(E) 8 fois plus.

Question 23. La somme de trois nombres entiers consécutifs est égale à la somme des deux nombres entiers consécutifs suivants. Que vaut le plus petit de ces cinq entiers ?

(A) 4
(B) 5
(C) 6
(D) 7
(E) 8

Question 24. Question 24. Dans la multiplication MN × ZP = 840, M, Z, N et P sont dans cet ordre des nombres consécutifs croissants. Que vaut Z ?

(A) 2
(B) 3
(C) 4
(D) 5
(E) 6

Question 25. Question 25. Un paquet de bonbons coûte 8 euros. Lors d'une promotion, on offre un paquet de bonbons gratuit pour quatre paquets de bonbons achetés. Un client achète des paquets de bonbons pour 160 euros. Combien a-t-il emporté de paquets ?

(A) 30
(B) 25
(C) 24
(D) 22
(E) 20

//
//

Question 26. Pour taper une lettre type, Annie met 1 heure et 40 minutes. Avec sa collègue Chantal elles mettent ensemble 40 minutes. Combien de temps Chantal mettrait-elle si elle tapait une lettre type toute seule ?

(A) Environ 59 minutes.
(B) Environ 67 minutes.
(C) Environ 70 minutes.
(D) Environ 74 minutes.
(E) Environ 78 minutes.

Question 27. Il y a un an, mon âge était le carré d'un nombre entier. Dans un an, mon âge sera un multiple de 17. Quel est mon âge actuel sachant que j'ai moins de 100 ans ?

(A) 33 ans.
(B) 44 ans.
(C) 50 ans.
(D) 65 ans.
(E) 80 ans.

Question 28. Les entiers A et B vérifient 2A = 5B. Un seul des nombres suivants peut être la somme A + B. Lequel ?

(A) 2007
(B) 2008
(C) 2009
(D) 2010
(E) 2011

Question 29. Que vaut la moyenne de 1 000 001 et 1 001 ?

(A) 450 001
(B) 455 551
(C) 500 001
(D) 500 501
(E) 505 501

//
//

Question 30. On pèse cinq bébés deux par deux en essayant toutes les combinaisons. On note alors que les différentes mesures obtenues sont : 9 kg, 9,2 kg, 9,3 kg, 9,4 kg, 9,5 kg, 9,6 kg, 9,7 kg, 9,8 kg, 10 kg, et 10,1 kg. Quel est le poids total des cinq bébés ?

(A) 23,9 kg.

(B) 23,1 kg.

(C) 47,5 kg.

(D) 22,6 kg.

(E) 95,6 kg.

Si vous avez terminé, vous n'êtes pas autorisé(e) à revenir sur une épreuve précédente.
Vous n'êtes pas non plus autorisé(e) à travailler sur une épreuve suivante avant la fin du temps imparti. **STOP !**

TEST BLANC TAGE MAGE 12

SOUS-TEST 3 : RAISONNEMENT & ARGUMENTATION

15 questions / 20 minutes / Calculatrice interdite
Réponse juste : + 4 points / Réponse fausse : – 1 point
Aucune réponse : 0 point

Question 31. Pierre est moins grand que Jacques, Paul est plus petit que Jacques mais plus grand que Pierre, alors qu'Arnaud est plus grand que Paul mais moins grand que Jacques. Qui est le plus grand ?

(A) Arnaud.
(B) Pierre.
(C) Paul.
(D) Jacques.
(E) Il est impossible de répondre.

Question 32. Pedro n'aime pas manger sucré ; c'est pourquoi il ne mange pas de miel. Quelle phrase parmi celles proposées en solution présente une structure semblable à ce propos ?

(A) Tarik n'aime rien, c'est pourquoi il n'aime pas les plaisanteries.
(B) Walter n'aime pas manger salé, c'est pourquoi il aime le miel.
(C) Charles n'aime pas la logique, c'est pourquoi il ne passe pas de concours.
(D) Bernard aime se plaindre, c'est pourquoi il se plaint tout le temps.
(E) Aucune des réponses proposées ne convient.

Question 33. Quel est le plus grand nombre possible de mardis dans une année civile ?

(A) 51
(B) 52
(C) 53
(D) 54
(E) 55

>>>
>>>

Question 34. Dans une ville, un barbier voit passer tous les jours beaucoup de clients. Plus précisément, il n'y a que deux catégories d'hommes dans cette ville. Dans la première, les hommes qui se rasent toujours eux-mêmes alors que dans l'autre ils se font toujours raser par ce barbier.

Parmi ces cinq affirmations, quelle est la seule qui est exacte ?

(A) Le barbier se rase toujours lui-même.

(B) Le barbier ne se rase jamais lui-même.

(C) Le barbier se rase parfois lui-même et parfois se fait raser.

(D) Dans cette ville, il ne peut pas y avoir un tel barbier.

(E) Dans cette ville tous les hommes se font raser.

Question 35. Alain et Bob disposent à eux deux d'une somme d'argent supérieure à celles dont disposent à elles deux Carole et Davy. Par ailleurs, Carole et Ella disposent à elles deux d'une somme d'argent supérieure à celle dont disposent à eux deux Faye et Bob. Quelle est parmi ces cinq propositions la seule dont on peut être certain qu'elle soit vraie ?

(A) Alain et Bob disposent à eux deux d'une somme d'argent supérieure à celle dont disposent ensemble Davy et Faye.

(B) Davy et Ella disposent à elles deux d'une somme d'argent supérieure à celle dont disposent ensemble Carole et Faye.

(C) Alain et Ella disposent à eux deux d'une somme d'argent supérieure à celle dont disposent ensemble Davy et Faye.

(D) Davy et Faye disposent à elles deux d'une somme d'argent supérieure à celle dont disposent ensemble Alain et Carole.

(E) Alain, Bob et Carole disposent à eux trois d'une somme d'argent supérieure à celle dont disposent ensemble Davy, Ella et Faye.

>>

Question 36. Sean, Yann et Nick ont des pilules vertes et rouges. S'ils avalent deux pilules vertes, alors ils deviennent géants et s'ils avalent deux pilules rouges ils deviennent nains. Avaler deux pilules de couleur différente n'a aucune influence. Sean, Yann et Nick ont avalé chacun deux pilules. 4 des pilules avalées sont vertes et 2 sont rouges. Sachant que la taille de Sean est inchangée, que peut-on forcément déduire ?

(A) Exactement un seul des deux autres est devenu nain.
(B) Les deux autres sont devenus géants.
(C) Aucun des deux autres n'est devenu géant.
(D) Les deux autres ont également une taille inchangée.
(E) Exactement un seul des deux autres est devenu géant.

Question 37. Six enfants mangent à eux tous 20 biscuits. Alain en mange 1, Bill en mange 2, Charly en mange 3. Aucun n'en a mangé plus ou autant que Davy. Combien Davy a-t-il mangé de biscuits au minimum ?

(A) 3
(B) 4
(C) 5
(D) 6
(E) 3

Question 38. Tous les oiseaux volent. Certains oiseaux sont des moineaux. Tous les pinsons chantent. Certains moineaux et les pinsons sont des oiseaux. Si toutes les propositions précédentes sont vraies, laquelle des propositions suivantes doit aussi être vraie ?

(A) Tous les oiseaux qui volent sont des pinsons.
(B) Les oiseaux qui ne chantent pas ne sont pas des pinsons.
(C) Certains moineaux ne chantent pas.
(D) Tous les moineaux qui volent chantent.
(E) Aucune d'entre elles.

>>
>>

Question 39. Trois cartes sont posées faces cachées sur une table. A gauche de la reine, il y a le valet. A la gauche d'un pique il y a un carreau. A la gauche d'un cœur, il y a un valet. A la droite d'un roi, il y a un pique. Quel est de gauche à droite l'ordre des cartes ?

(A) Roi de cœur, Valet de carreau, Reine de pique.

(B) Reine de carreau, Valet de pique, Roi de cœur.

(C) Roi de pique, Valet de carreau, Reine de cœur.

(D) Roi de carreau, Valet de pique, Reine de cœur.

(E) Roi de pique, Reine de cœur, Valet de carreau.

Question 40. Un escargot cherche à atteindre le sommet d'un poteau haut de douze mètres. Il monte de trois mètres chaque jour, mais redescend de deux mètres chaque nuit. Combien de temps lui faudra-t-il pour atteindre le haut du poteau ?

(A) 10 jours

(B) 12 jours

(C) 11 jours

(D) 13 jours

(E) 9 jours

Question 41. Un navigateur en Méditerranée ne parvient plus à placer ses escales (Alger, Barcelone, Carthagène) sur sa carte marine. Il sait pourtant que Barcelone est moins loin de Carthagène que d'Alger, qu'Alger est plus proche de Carthagène que de Barcelone, que Carthagène est moins loin d'Alger que de Barcelone. Replacez les escales dans l'ordre de navigation :

(A) A : Alger, B : Barcelone, C : Carthagène .

(B) A : Alger, B : Carthagène, C : Barcelone.

(C) A : Barcelone, B : Carthagène, C : Alger.

(D) A : Barcelone, B : Alger, C : Carthagène.

(E) Il est impossible de répondre.

>>
>>

Question 42. On a aligné trois boîtes contenant chacune un objet : une pièce, un coquillage, un dé. La boîte rouge est à droite du coquillage. La boîte verte est à gauche de la bleue. Le dé est à droite de la boîte rouge. La pièce est à gauche du dé. Où est la pièce ?

(A) Dans la boîte rouge.
(B) Dans la boîte verte.
(C) Dans la boîte bleue.
(D) On ne peut pas savoir.
(E) Les quatre conditions sont incompatibles.

Question 43. Un sac contient cinquante jetons. Les jetons sont blancs ou noirs. Il y a au moins un jeton noir dans le sac. Combien y a-t-il de jetons blancs dans le sac sachant que si l'on prend au hasard deux jetons, il y en a toujours au moins un des deux qui est blanc ?

(A) Vingt-cinq
(B) Quarante-neuf
(C) Un
(D) Vingt-quatre
(E) Cinquante

Question 44. En 1950, les parcs Walt Disney ont réalisé 1 milliard d'euros de chiffre d'affaires lié au tourisme. De 1950 à 1970, le chiffre d'affaires lié au tourisme a doublé pour atteindre 4 milliards d'euros en 1980. Chacune des propositions suivantes, si elle est vraie, permet d'expliquer la tendance suivie par le chiffre d'affaires de Walt Disney lié au tourisme, sauf une. Laquelle ?

(A) Le nombre de touristes a augmenté entre 1950 et 1980.
(B) La dépense moyenne par touriste a augmenté entre 1950 et 1980.
(C) Le temps de séjour moyen par touriste s'est rallongé entre 1950 et 1980.
(D) La construction de chambres d'hôtel à destination des touristes a augmenté 1950 et 1980.
(E) Le nombre de touristes âgés de 50 à 77 ans a triplé entre 1950 et 1980.

>>

Question 45. Jacques mesure 20 cm de plus que sa sœur. Clotilde mesure 5 cm de moins que Lucie sa cousine. Lucie a la même taille que sa tante Pascale. Pascale est la sœur de Lucette et Clotilde est la cousine de Jacques.

Parmi les propositions suivantes, quelle est la seule qui peut être vraie ?

(A) Lucie est la sœur de Jacques.

(B) Clotilde est la sœur de Pascale.

(C) Pascale est la cousine de Jacques.

(D) Lucette est la sœur de Lucie.

(E) Jacques est le père de Lucie.

Si vous avez terminé, vous n'êtes pas autorisé(e) à revenir sur une épreuve précédente.
Vous n'êtes pas non plus autorisé(e) à travailler sur une épreuve suivante avant la fin du temps imparti.

STOP !

TEST BLANC TAGE MAGE 12

SOUS-TEST 4 : CONDITIONS MINIMALES

15 questions / 20 minutes / Calculatrice interdite
Réponse juste : + 4 points / Réponse fausse : – 1 point
Aucune réponse : 0 point

Vous répondrez :

(A) Si l'information (1) permet à elle seule de répondre à la question, et si l'information (2) à elle seule ne permet pas de répondre à la question.
(B) Si l'information (2) permet à elle seule de répondre à la question, et si l'information (1) à elle seule ne permet pas de répondre à la question.
(C) Si les deux informations (1) et (2) ensemble permettent de répondre à la question, et aucune séparément ne le peut.
(D) Si chaque information permet séparément de répondre à la question.
(E) Si les deux informations ensemble ne permettent pas de répondre à la question.

Question 46. Que vaut le nombre de trois chiffres z sachant que z est un multiple de 13 compris entre 200 et 400 ?

(1) La somme des chiffres de z est égale à 10.

(2) Le reste de la division de z par 5 est égal à 0.

Question 47. Est-ce que F est plus grand que G ?

(1) F^2 est strictement supérieur à G^2.

(2) F + 3 est strictement supérieur à G + 2.

##
##

Vous répondrez :

(A) Si l'information (1) permet à elle seule de répondre à la question, et si l'information (2) à elle seule ne permet pas de répondre à la question.

(B) Si l'information (2) permet à elle seule de répondre à la question, et si l'information (1) à elle seule ne permet pas de répondre à la question.

(C) Si les deux informations (1) et (2) ensemble permettent de répondre à la question, et aucune séparément ne le peut.

(D) Si chaque information permet séparément de répondre à la question.

(E) Si les deux informations ensemble ne permettent pas de répondre à la question.

Question 48. Y est un entier naturel de trois chiffres strictement inférieur à 400. En outre, Y est le carré d'un entier. Quelle est la valeur de Y ?

(1) Y est multiple de 9.

(2) Le produit du chiffre des centaines par le chiffre des dizaines de Y est égal à une fois et demie le chiffre des unités de Y.

Question 49. Quel est le volume du cylindre C ?

(1) Si l'on multiplie les dimensions du cylindre par 4, alors le volume du cylindre est 64 fois plus grand.

(2) La surface extérieure totale du cylindre est égale à 128 cm^2.

Question 50. Si L est un entier naturel strictement compris entre 1 et 9 et M un entier naturel égal à 896 + 2L, alors que vaut L ?

(1) M est divisible par 5.

(2) M est divisible par 3.

Question 51. ABC est un nombre entier naturel de trois chiffres tel que A est différent de 0 et tel que C est le seul entier naturel impair parmi les trois chiffres A, B et C. Que vaut le nombre ABC ?

(1) La somme des 3 chiffres A, B et C est égale à 7.

(2) $A - B > 4$

##
##

Vous répondrez :

(A) Si l'information (1) permet à elle seule de répondre à la question, et si l'information (2) à elle seule ne permet pas de répondre à la question.

(B) Si l'information (2) permet à elle seule de répondre à la question, et si l'information (1) à elle seule ne permet pas de répondre à la question.

(C) Si les deux informations (1) et (2) ensemble permettent de répondre à la question, et aucune séparément ne le peut.

(D) Si chaque information permet séparément de répondre à la question.

(E) Si les deux informations ensemble ne permettent pas de répondre à la question.

Question 52. Quel pourcentage des familles françaises gagnent plus de 25 000 euros net par an et possèdent un bateau ?

(1) 28 % des familles françaises gagnent plus de 25 000 euros net par an.

(2) 40 % des familles françaises qui gagnent plus de 25 000 euros net par an possèdent un bateau.

Question 53. Une caisse contenant 176 bouteilles de vin est divisée en 7 lots. Combien de bouteilles de vin le plus grand de ces lots contient-il ?

(1) Le plus petit de ces lots contient 10 bouteilles de vin.

(2) Le nombre de bouteilles de vin qu'il y a dans le plus grand lot est égal à la somme des bouteilles de vin qu'il y a dans les 6 autres lots.

Question 54. Soit P un entier naturel, P^5 est-il impair ?

(1) $3P^2 - 4$ est pair.

(2) Le cube de P divisé par 8 est pair.

Question 55. N est un nombre à deux chiffres. Le nombre N est-il divisible par 9 ?

(1) Quand on divise N par 3, il reste 2.

(2) Quand on divise N par 7, il reste 1.

Vous répondrez :

(A) Si l'information (1) permet à elle seule de répondre à la question, et si l'information (2) à elle seule ne permet pas de répondre à la question.

(B) Si l'information (2) permet à elle seule de répondre à la question, et si l'information (1) à elle seule ne permet pas de répondre à la question.

(C) Si les deux informations (1) et (2) ensemble permettent de répondre à la question, et aucune séparément ne le peut.

(D) Si chaque information permet séparément de répondre à la question.

(E) Si les deux informations ensemble ne permettent pas de répondre à la question.

Question 56. Deux étudiants ont placé deux sommes différentes à deux taux différents T_A et T_B pendant 1 an. Ils ont gagné tous les deux 450 euros. Combien d'argent avait été placé au taux T_B ?

(1) T_A est supérieur à T_B.

(2) $T_A = 2\ T_B$.

Question 57. André, Bernard et Charles ont gagné ensemble au loto. Quel pourcentage de cette somme Charles a-t-il gagné ?

(1) Le gain de Bernard est le double de celui de Charles.

(2) Le gain d'André est la moitié de celui de Bernard et de Charles.

Question 58. Un tuyau de 360 mètres de long est coupé en 4 tronçons de longueur A, B, C et D. Quelle est la valeur de D ?

(1) A = B = C

(2) L'un des tronçons mesure 144 mètres.

Question 59. Un nombre de deux chiffres s'écrit AB. Que vaut AB ?

(1) $A \times B = 12$

(2) AB – BA est un carré parfait.

##
##

Vous répondrez :

(A) Si l'information (1) permet à elle seule de répondre à la question, et si l'information (2) à elle seule ne permet pas de répondre à la question.

(B) Si l'information (2) permet à elle seule de répondre à la question, et si l'information (1) à elle seule ne permet pas de répondre à la question.

(C) Si les deux informations (1) et (2) ensemble permettent de répondre à la question, et aucune séparément ne le peut.

(D) Si chaque information permet séparément de répondre à la question.

(E) Si les deux informations ensemble ne permettent pas de répondre à la question.

Question 60. Bernard place une somme S en 2 parties inégales. La première partie rapporte 5 % par an et la seconde partie rapporte 8 % par an. Au bout d'un an, l'ensemble lui a rapporté 19 000 euros. Que vaut S ?

(1) Le premier placement a rapporté 14 000 euros.

(2) La somme S est inférieure à 30 000 euros.

Si vous avez terminé, vous n'êtes pas autorisé(e) à revenir sur une épreuve précédente.
Vous n'êtes pas non plus autorisé(e) à travailler sur une épreuve suivante avant la fin du temps imparti.

STOP !

TEST BLANC TAGE MAGE 12

SOUS-TEST 5 : EXPRESSION

15 questions / 20 minutes / Calculatrice interdite
Réponse juste : + 4 points / Réponse fausse : – 1 point
Aucune réponse : 0 point

Questions 61 à 65 : choisissez la reformulation dont le sens se rapproche le plus du (des) passage(s) souligné(s).

Question 61. Privation de libertés, emprisonnements forcés, tortures, répression policière, brutalités… La population de ce pays est <u>persécutée</u> par le dictateur en place depuis maintenant quarante ans.

(A) oppressé
(B) malmenée
(C) opprimée
(D) importunée
(E) tyrannisée

Question 62. Pouvons-nous sans folle <u>outrecuidance</u> croire que l'avenir ne nous jugera pas ?

(A) modestie
(B) mégalomanie
(C) présomption
(D) naïveté
(E) optimisme

Question 63. L'Occupation fut une période <u>très importante</u> pour notre pays.

(A) fondamentale
(B) capitale
(C) fabuleuse
(D) cruciale
(E) décisive

Question 64. L'incendie a dévasté la commune et causé de grandes pertes. C'est un drame : on ne compte plus le nombre de morts. La population est très choquée.

(A)	une catastrophe	de cadavres
(B)	une tragédie	de dépouilles
(C)	une horreur	d'âmes perdues
(D)	une malédiction	d'âmes fauchées
(E)	un fait sans précédent	de décès

Question 65. Cette situation politique inédite entérine la rupture entre les opinions rétives et les experts paternalistes.

(A)	ratifie	les avis rebours
(B)	titularise	les jugements inexpugnables
(C)	confirme	les sentiments récalcitrants
(D)	officialise	les croyances farouches
(E)	sanctionne	les points de vue homériques

Questions 66 à 72 : complétez en choisissant la solution optimale.

Question 66. Contrairement aux publications antérieures du ministère brésilien de l'Economie, affirmant que le marché brésilien (…), le dernier rapport indique que le processus (…) et que la situation commerciale (…). Il (…) ainsi les évaluations pessimistes de divers experts sur la situation économique du Brésil.

(A) est plongé dans la dépression / de récession n'a pas été enrayé / s'améliore rapidement / corrobore

(B) se rétablit rapidement / de rétablissement n'est pas satisfaisant / est toujours très mal en point / dément

(C) se rétablit / d'assainissement s'est interrompu / a même empiré / corrobore

(D) se rétablit de la dépression où il était plongé / de récession a été enrayé / s'améliore progressivement / dément

(E) est plongé dans la récession / de récession n'a pas été enrayé / se détériore rapidement / confirme

Question 67. Je suis ta femme ! (…) mes attentes, tu dois les honorer.

(A) Quelles que soit
(B) Quelles que soient
(C) Quelque soient
(D) Quel que soient
(E) Quelque soit

Question 68. Après avoir entendu ces paroles, j'ai l'impression que le ton (…) sur lequel elles ont été prononcées (…) avec les propos (…) qui ont été entendus au cours de la dernière réunion.

(A)	doux	s'accorde	méprisants
(B)	dur	s'accorde	indulgents
(C)	sévère	ne s'accorde pas	agressifs
(D)	modéré	ne s'accorde pas	apaisants
(E)	réconciliateur	ne s'accorde pas	accusateurs

Question 69. Décrocher un premier emploi en Corée du nord ! Qui est (…) de relever ce défi ?

(A) susceptible
(B) exempt
(C) décidée
(D) à la frontière
(E) capable

Question 70. La police ne peut raisonnablement relâcher ce suspect : tous les témoignages (…).

(A) s'imbriquent dans le bon sens
(B) coïncident
(C) abondent dans le sens attendu
(D) concordent
(E) se rejoignent

Question 71. Pékin et Washington étaient déjà à (...) depuis la guerre commerciale lancée voilà deux ans par Donald Trump. Mais avec la crise du Covid-19, la tension atteint des sommets entre les deux puissances. Alors que la Maison Blanche multiplie les critiques et accusations sur la gestion de la crise par la Chine, celle-ci commence à voir rouge.

(A) chignons crêpés
(B) visages découverts
(C) volte face
(D) couteaux tirés
(E) revers de médaille

Question 72. (…) l'affirmation qui dit que regarder la télévision amène les téléspectateurs à voir la réalité comme étant (…) ce qui est montré à la télévision, (…) que les spectateurs (…) la réalité de l'image télévisée.

(A) Malgré / identique à / on sait / sont incapables de distinguer

(B) Par opposition à / différente de / il est prouvé / peuvent fort bien différencier

(C) Dans l'esprit de / différente de / les chercheurs ont prouvé / ne différencient pas

(D) Contrairement à / identique à / on a constaté / distinguent clairement

(E) Aucune réponse ne convient.

Question 73.

L'ennemi
Ma jeunesse ne fut qu'un ténébreux orage,
Traversé çà et là par de brillants soleils ;
Le tonnerre et la pluie ont fait un tel ravage,
Qu'il reste en mon jardin bien peu de fruits vermeils.
Voilà que j'ai touché l'automne des idées,
Et qu'il faut employer la pelle et les râteaux
Pour rassembler à neuf les terres inondées,
Où l'eau creuse des trous grands comme des tombeaux.
Et qui sait si les fleurs nouvelles que je rêve
Trouveront dans ce sol lavé comme une grève
Le mystique aliment qui ferait leur vigueur ?
O douleur ! O douleur ! Le temps mange la vie,
Et l'obscur ennemi qui nous ronge le cœur
Du sang que nous perdons croît et se fortifie !
Charles BAUDELAIRE, *Les fleurs du mal*, « Spleen et idéal », X.

Quel est le thème du poème ci-dessus ?

(A) la vie

(B) la mort

(C) le temps

(D) la maladie

(E) la mélancolie

Question 74. Dans l'extrait ci-après, le narrateur est un homme. Indiquez le nombre de participes passés dont l'orthographe aurait changé si le narrateur avait été une femme.

« Quand je me suis réveillé, Marie était partie. Je me suis fait cuire des œufs et je les ai mangés à même le plat, sans pain parce que je n'en avais plus et que je ne voulais pas descendre pour en acheter. Après le déjeuner, je me suis ennuyé un peu et j'ai erré dans l'appartement. Il était commode quand maman était là. Maintenant il est trop grand pour moi et j'ai dû transporter dans ma chambre la table de la salle à manger. Un peu plus tard, pour faire quelque chose, j'ai pris un vieux journal et je l'ai lu. J'y ai découpé une réclame des sels Kruscher et je l'ai collée dans un vieux cahier où je mets les choses qui m'amusent dans les journaux. Je me suis aussi lavé les mains, et pour finir, je me suis mis au balcon. »

D'après Albert CAMUS, *L'Etranger*

(A) Aucun
(B) Un
(C) Deux
(D) Trois
(E) Quatre

Question 75. Il a été universellement observé que la perception de la vitesse du temps qui passe évolue à mesure que l'on prend de l'âge. Le poète anglais PENTREATH a exprimé cette fuite du temps dans le morceau suivant :

« Quand j'étais bébé, pleurais et dormais, le temps (…) ;
quand j'étais devenu garçon, riais et bavardais, le temps (…) ;
puis quand les années firent de moi un homme, le temps (…) ;
mais quand je devins vieux, le temps (…) »

Par laquelle de ces propositions ci-dessous, doit-on remplacer les points de suspension pour reconstituer le texte de l'auteur ?

(A)	rampait	marchait	courait	filait
(B)	courait	filait	rampait	marchait
(C)	filait	rampait	marchait	courait
(D)	marchait	courait	filait	rampait
(E)	courait	marchait	filait	rampait

**Si vous avez terminé, vous n'êtes pas autorisé(e) à revenir sur une épreuve précédente.
Vous n'êtes pas non plus autorisé(e) à travailler sur une épreuve suivante avant la fin du temps imparti.**

STOP !

TEST BLANC TAGE MAGE 12

SOUS-TEST 6 : LOGIQUE

15 questions / 20 minutes / Calculatrice interdite
Réponse juste : + 4 points / Réponse fausse : – 1 point
Aucune réponse : 0 point

Question 76.

		509		
		784		
		329		
		452		
227	345	**?**	636	918

(A) 111 (B) 287 (C) 154 (D) 209 (E) 763

Question 77.

	UJP			
	FRT			
	SXE			
TRQ	**?**	FDS	IGN	XVS
	QPK			

(A) XYP (B) ZEQ (C) USR (D) LJP (E) KMR

****
****

Question 78.

	314			
	505			
	729			
	257			
749	?	207	486	215

(A) 336 (B) 348 (C) 789 (D) 261 (E) 448

Question 79.

				QSP
SXT	RDT	UPQ	XCV	?
				LTK
				GVF
				TZS

(A) WYV (B) ZEV (C) ZSY (D) IJH (E) WMR

Question 80.

35				
210				
336				
56				
?	430	254	879	193

(A) 210 (B) 420 (C) 114 (D) 140 (E) 712

****
****

Question 81.

				POU
				XWS
				ZSQ
				KLO
AZR	SAI	ZSA	AQW	?

(A) MOM (B) AMA (C) BAA (D) AUA (E) BAM

Question 82.

			347	
			658	
			260	
			879	
495	910	366	?	178

(A) 261 (B) 524 (C) 686 (D) 877 (E) 782

Question 83.

		EUV		
		FMN		
XKB	PJB	?	SHU	DGP
		HRS		
		IDE		

(A) GUN (B) GFG (C) GIJ (D) ILK (E) CIK

****
****

Question 84.

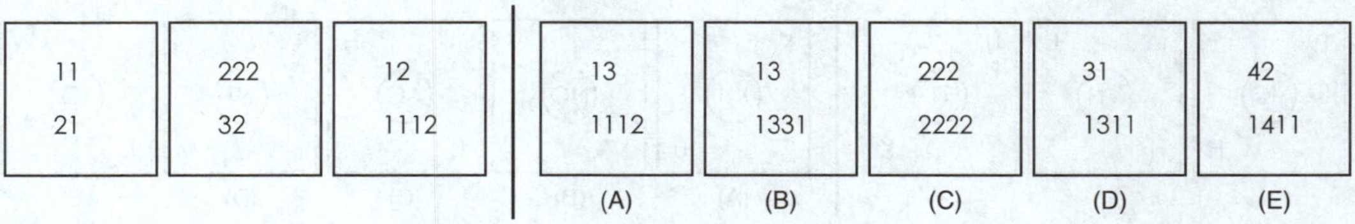

Question 85.

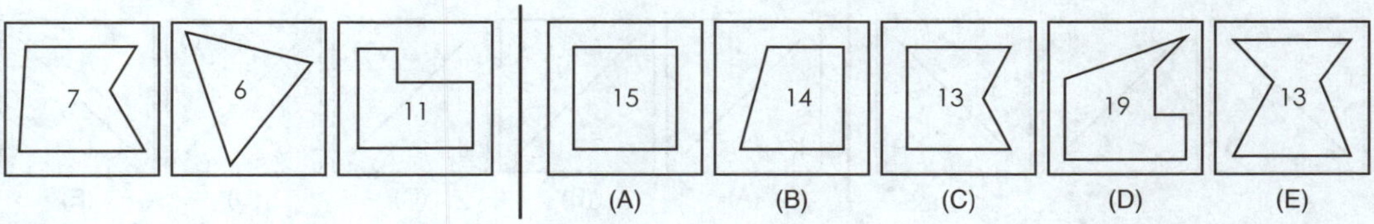

Question 86.

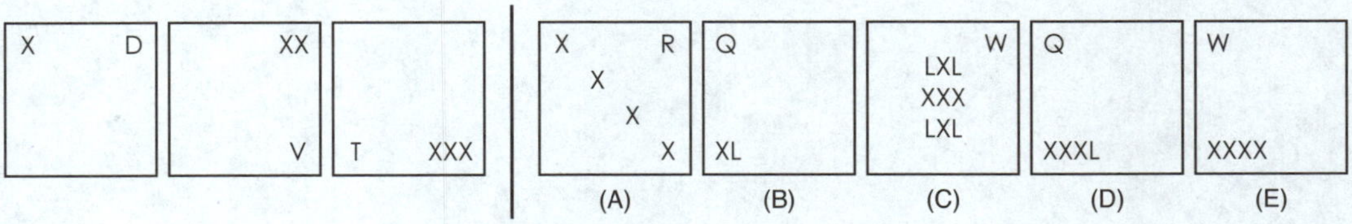

Question 87.

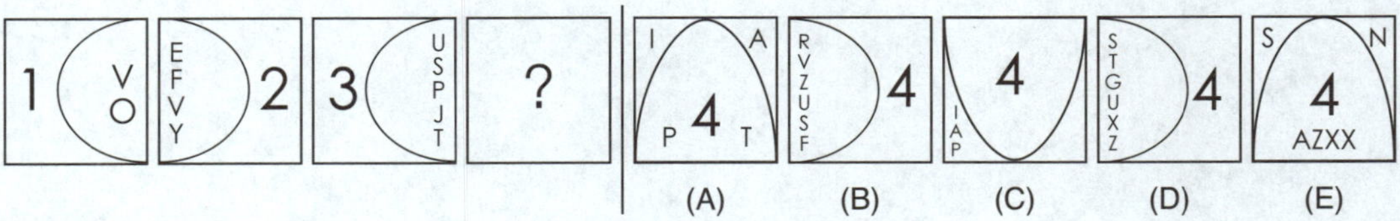

Question 88.

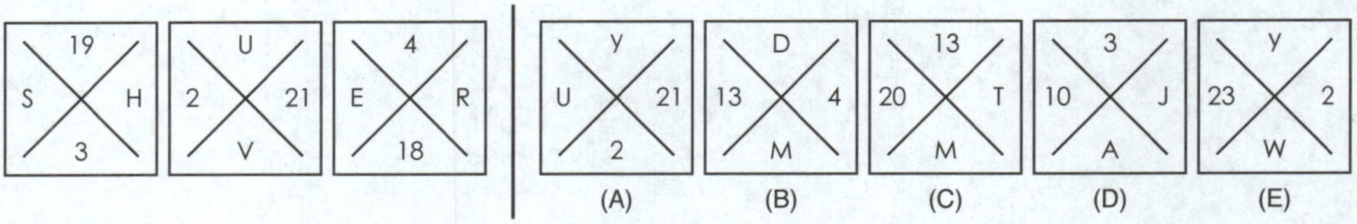

****
****

Question 89.

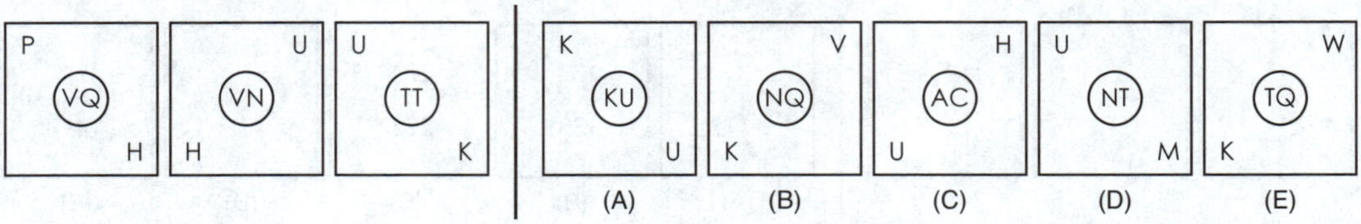

Question 90.

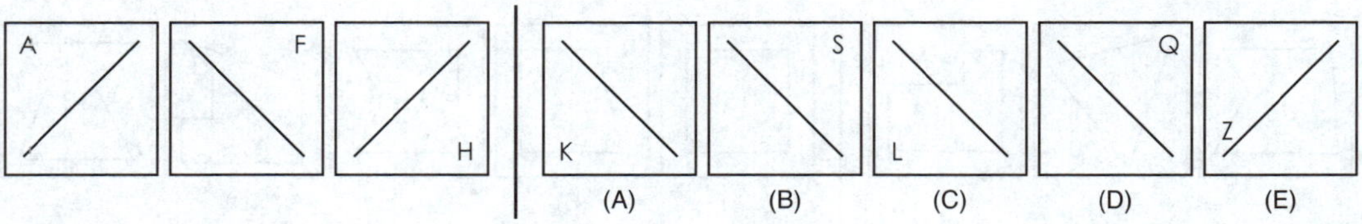

TEST TAGE MAGE 12 : VOTRE GRILLE DE REPONSES JUSTES

Sous-test 1
Compréhension de textes

Question	A	B	C	D	E
1			■		
2				■	
3					■
4		■			
5					■
6				■	
7		■			
8			■		
9					■
10		■			
11		■			
12			■		
13	■				
14	■				
15				■	

Sous-test 2
Calcul

Question	A	B	C	D	E
16				■	
17					■
18			■		
19	■				
20				■	
21			■		
22		■			
23	■				
24		■			
25		■			
26		■			
27			■		
28			■		
29				■	
30	■				

Sous-test 3
Raisonnement/Argumentation

Question	A	B	C	D	E
31				■	
32	■				
33			■		
34	■				
35			■		
36					■
37				■	
38		■			
39				■	
40	■				
41					■
42	■				
43		■			
44				■	
45	■				

Sous-test 4
Conditions minimales

Question	A	B	C	D	E
46			■		
47					■
48			■		
49					■
50			■		
51			■		
52			■		
53		■			
54				■	
55	■				
56					■
57			■		
58			■		
59					■
60	■				

Sous-test 5
Expression

Question	A	B	C	D	E
61					■
62			■		
63	■				
64	■				
65			■		
66			■		
67		■			
68					■
69					■
70				■	
71				■	
72				■	
73			■		
74				■	
75	■				

Sous-test 6
Logique

Question	A	B	C	D	E
76			■		
77			■		
78					■
79	■				
80	■				
81					■
82					■
83			■		
84				■	
85					■
86		■			
87		■			
88					■
89					■
90	■				

CORRIGES

SOUS-TEST 1 : COMPREHENSION DE TEXTES

12

Question 1. Réponse C

Skywalker n'est pas maître Jedi lorsqu'il siège au Conseil ; il est d'ailleurs furieux : « d'Anakin Skywalker, qui tient séance en son sein sur demande du Chancelier, sans que lui soit pour autant accordé le statut de Maître (ce qui le rendra d'ailleurs furieux) ».

Question 2. Réponse D

La réponse est explicite : « Un exemple de disposition de ce Code est l'interdiction pour un Jedi de s'attacher, d'être compatissant ».

Question 3. Réponse E

Une seule affirmation est fausse, la première. En effet, le maître Jedi peut proposer au conseil que son Padawan devienne Jedi et non maître Jedi : « proposer au Conseil son élévation au titre de Jedi ».

Question 4. Réponse B

Il faut aussi être fan de Star Wars pour écrire un tel texte, mais tous les fans de Star Wars ne peuvent pas écrire ce texte ; il faut à tout prix une formation de juriste si on se réfère au vocabulaire utilisé.

D'ailleurs nous en profitons pour remercier Alexis Frank *Docteur en droit, Maître de conférences à l'Université Panthéon-Assas (Paris II) Avocat à la Cour* qui nous a autorisé à utiliser un extrait de son essai sur « un système juridique d'il y a longtemps, dans une galaxie très lointaine ».

Question 5. Réponse E

La réponse est explicite : « Cette attribution juridictionnelle pose des questions essentielles relatives à la séparation des pouvoirs (Administration active et autorité juridictionnelle) ».

Question 6. Réponse D

La réponse est explicite : « Non seulement ces indicateurs nationaux ne sont pas toujours disponibles, ni justes, mais l'ordinateur leur attribue à tous le même degré d'importance. »

Question 7. Réponse B

Idem : « Tunisie et Libye étaient en 2010 les pays les plus stables d'Afrique, tandis que l'Egypte ne suscitait guère plus d'inquiétude que l'Inde. »

Question 8. Réponse C

Idem : « les modèles informatiques se font fort de prévoir les futures guerres et révolutions. »

Question 9. Réponse E

Aucun des titres proposés n'est faux, mais les titres A, B et D n'expriment pas la position très tranchée de l'auteur. Le titre C est exact, mais il est trop vague et pourrait s'appliquer à de nombreux autres textes. Reste donc le titre E.

Question 10. Réponse B

L'adjectif « discutable » est utilisé pour qualifier, au début du texte, le « champ de recherche scientifique » et non les simulations.

Question 11. Réponse B

La réponse est explicite : « la vingtaine de tables de la salle est ornée d'une figurine de bateau (…) dans un coin, une imposante statue de vieux loup de mer est installée ».

Question 12. Réponse C

Idem : « Résultat : quand le décor est maritime, deux tiers des clients commandent du poisson », alors qu'avant le changement de décor : « une quarantaine de repas y est servie chaque jour, avec un choix équilibré entre quelques plats de viande ou de poisson ».

Question 13. Réponse A

Les affirmations C et E sont fausses : « une quarantaine de repas y est servie » et « Avaient-ils un choix arrêté avant d'entrer dans le restaurant ? En majorité, non ».

Question 14. Réponse A

C'est un choix par défaut puisque les termes exacts sont « l'influence puissante de l'environnement sensoriel et visuel ». La réponse A est imprécise, mais elle n'est pas fausse contrairement aux autres.

Question 15. Réponse D

La réponse E pourrait convenir aussi mais elle en dit plus que le texte. La réponse A est trop vague ; la réponse B est fausse puisque ces expériences permettent de mieux connaître le cerveau ; la réponse C est inexacte (et désobligeante pour les consommateurs du Morbihan).

SOUS-TEST 2 : CALCUL

Question 16. Réponse D

Soit *a, b, c, d* et *e* les points accordés, dans l'ordre croissant aux 5 problèmes. On a :

$a < b < c < d < e$

$a + b = 10$

$d + e = 18$

Testons donc les réponses en commençant bien évidemment par la C.

Si Alain a obtenu 34 points au total, c'est qu'il a gagné 34 – 10 – 18 = 6 points avec le troisième problème. Mais alors *b* vaut au maximum 5 et *a* au maximum 4 (les problèmes sont de difficulté différente) donc *a* + *b* vaut au maximum 9, ce qui n'est pas possible. C'est donc que *c* doit être plus grand que 6 (*a* + *b* étant insuffisant) et que le total doit alors être supérieur à 34. On élimine donc immédiatement les réponses A, B et C, toutes inférieures ou égales à 34.

Il ne nous reste plus qu'à tester la réponse D de la même façon : si Alain a obtenu 35 points au total, c'est qu'il a gagné 35 – 10 – 18 = 7 points avec le troisième problème. On pourrait alors avoir $b = 6$ et $a = 4$ (pour avoir $a + b = 10$), ainsi que $d = 8$ et $e = 10$ (pour avoir $d + e = 18$). Nous vous laissons le soin de vérifier que ces quatre valeurs pour *a, b, d* et *e* sont les seules possibles et que la bonne réponse est bien 35.

Question 17. Réponse E

Il s'agit là d'une question classique de proportionnalité multiple (cf. cours).

Question 18. **Réponse C**

Produit en croix !

12 €	18 %
X	100 %

$X = \frac{12 \times 100\ \%}{18\ \%} = 66,66$

Question 19. **Réponse A**

L'énoncé nous dit que ce que Yaëlle dépense est supérieur à ce que Danielle dépense, soit : **1 × Broche + 1 100 > 2 × Broche + 520,** soit encore après calcul : Broche < 1 100 – 520, soit enfin : **Broche < 580 €.**

Or, comme vous gardez toujours un œil sur les réponses proposées, vous aurez remarqué que la seule réponse inférieure à 580 est la A !

Question 20. **Réponse D**

Pour cette question de géométrie, nous vous conseillons de dessiner la figure, tout sera beaucoup plus clair.

On sait tout d'abord que le périmètre du carré est de 24 cm, soit que chaque côté fait 6 cm. On découpe ce carré en 2 rectangles, dont la longueur est forcément de 6 cm également. On sait que l'un des deux rectangles a pour périmètre 20 cm. Ayant une longueur égale à 6 cm, on en déduit que sa largeur vaut 4 cm. Le côté du carré faisant toujours 6 cm, la largeur de l'autre rectangle est donc de 6 – 4 = 2 cm, et son périmètre de 2 × 6 + 2 × 2 = 16 cm.

Question 21. **Réponse C**

Au départ, chaque verre gradué contient l'un g grammes d'alcool à brûler, l'autre g grammes de sirop. Après la première opération, il reste dans le premier verre gradué $(g - 200)$ grammes d'alcool à brûler. Le second contient alors $(g + 200)$ grammes de liquide.

Ensuite, il reste après la seconde opération $\frac{1}{3}(g + 200)$ grammes de liquide dans le second verre et le premier verre contient alors : $g - 200 + \frac{2}{3}(g + 200) = \frac{5g - 200}{3}$ de liquide.

Etant donné qu'il reste quatre fois plus de liquide dans le premier verre que dans le second :

$\frac{5g - 200}{3} = \frac{4}{3}(g + 200) \Rightarrow 5g - 4g = 800 + 200 \Rightarrow g = 1\ 000$ grammes de liquide.

Question 22. Réponse B

Le nombre de billes détenu par chacun en début ou fin de partie importe peu, on ne vous demande qu'un rapport. En notant x le nombre de billes détenues par chacun en début de partie, représentons la situation par un tableau, la flèche rouge représentant le transfert de $2x/3$ de Pierre à Halim au cours de la partie :

	Pierre	Halim	Chloé
Début de partie	x	x	x
Fin de partie	$x-\frac{2}{3}x$	$x+\frac{2}{3}x$	x

On voit bien qu'en fin de partie il ne reste plus que $x-\frac{2x}{3}=\frac{x}{3}$ **billes à Pierre** et $x+\frac{2x}{3}=\frac{5x}{3}$ **billes à Halim**, soit exactement **5 fois plus.**

Question 23. Réponse A

Aucune difficulté pour cette question où il suffit de traduire l'énoncé en notant x le nombre recherché : $x + (x + 1) + (x + 2) = (x + 3) + (x + 4)$.

Soit après calculs : $3x + 3 = 2x + 7$, soit encore : $x = 7 - 3 = 4$.

La technique du *backsolving* était également bienvenue pour résoudre cette question.

Question 24. Réponse B

Attention ici à ne pas lire trop rapidement l'énoncé : ce sont M, **Z, N** et P dans cet ordre qui sont consécutifs (et non pas M, **N, Z** et P).

Après avoir noté cela, il ne reste plus qu'à utiliser la fameuse technique du dernier chiffre en remarquant que l'on souhaite que le produit N × P se termine par un 0, avec N et P consécutifs.

Détaillons les valeurs possibles du produit de chiffres consécutifs un tableau :

N	P	N × P
1	2	2
2	3	6
3	4	12
4	5	20
5	6	30
6	7	42
7	8	56
8	9	72

Vous aurez donc remarqué que les deux seules valeurs possibles pour N et P sont 4 et 5 ou 5 et 6. En utilisant le fait que M, Z, N et P sont consécutifs dans cet ordre, on en déduit que les deux seules possibilités pour M et Z sont 2 et 3 ou 3 et 4. Résumons cela dans un tableau :

M	Z	N	P	MN	ZP
2	3	4	5	24	35
3	4	5	6	35	46

Arrivés là, nous vous invitons à ne pas tester les deux produits, ce qui prendrait trop de temps, mais à simplement remarquer que 30 × 40 = 1 200 > 840, sachant que 35 > 30 et 46 > 40 !

Question 25. Réponse B

$\frac{160}{8} = 20$; $\frac{20}{4} = 5$; 20 + 5 = **25.** Cela ressemble un peu à *Des chiffres et des lettres*, mais avouez que ce n'était pas bien compliqué.

Question 26. Réponse B

En 1 minute, Annie tape $\frac{1}{100}$ de lettre.

En 1 minute, ensemble, Chantal et Annie tapent $\frac{1}{40}$ de lettre.

Par conséquent : en 1 minute, Chantal tape, seule, $\frac{1}{40} - \frac{1}{100} = \frac{3}{200}$ de lettre.

En conclusion : Chantal met $\frac{200}{3}$ **h = 66,66 soit environ 67 minutes** pour taper la totalité de la lettre.

Question 27. Réponse C

Il suffit de tester les solutions tour à tour (la A, puis la B, puis la C, etc.) pour comprendre vite que la C convient. Il y a 1 an, j'avais 49 ans (c'est bien un carré) et dans 1 an, j'aurai 51 ans (c'est bien un multiple de 17).

Question 28. Réponse C

Une question plus difficile qu'elle n'y paraît.

Si 2A = 5B, alors **2 (A + B)** = 2A + 2B = 5B + 2B = **7B.**

Autrement dit, le double de la somme A + B est un multiple de 7. **Par conséquent, la somme A + B elle-même est multiple de 7.** Et le seul multiple de 7 proposé en solution est 2 009.

Question 29. Réponse D

La moyenne de 1 000 001 et de 1 001 est égale à **500 501.**

Question 30. Réponse A

En faisant la somme des 10 poids obtenus par les pesées 2 par 2, on trouve **95,6 kg.**

Seulement, étant donné que chaque bébé a été pesé quatre fois, nos 95,6 kg représentent en fait quatre fois la somme totale des poids des 5 bébés.

Il nous faut par conséquent diviser 95,6 kg par 4 pour obtenir : $\frac{95,6}{4} = \mathbf{23,9\ kg.}$

SOUS-TEST 3 : RAISONNEMENT – ARGUMENTATION

Question 31. Réponse D

Soient Pi, Pa, J et A les tailles respectives de Pierre, Paul, Jacques et Arnaud.

D'après l'énoncé, nous savons que **Pi < J** (Pierre est moins grand que Jacques, donc sa taille est inférieure à celle de Jacques). Nous savons aussi que **Pa < J** mais que **Pa > Pi.**

On en déduit déjà l'ordre suivant : **J > Pa > Pi.**

On sait pour finir que **A > P** mais que **A < J**, d'où le classement final **J > A > Pa > Pi**, avec Jacques qui est donc le plus grand.

Question 32. Réponse A

La structure de base ici est de déduire d'un cas général (le sucre) un cas particulier (le miel).

Seule la réponse A présente une structure semblable. La réponse A déduit en effet d'un cas général (rien du tout) un cas spécifique (les plaisanteries).

Question 33. Réponse C

Une année civile est composée de 365 ou de 366 jours (366 dans le cas où il s'agit d'une année bissextile). Sachant que 52 × 7 = 364, on sait alors qu'il y a 52 semaines complètes dans une année et qu'il peut y avoir également un ou deux jours de plus dont un peut être éventuellement un mardi. **Conclusion : au maximum, il peut y avoir 52 + 1 = 53 mardis dans une année civile.**

Question 34. Réponse A

Le barbier se rase toujours lui-même : il ne peut en effet se faire raser par personne d'autre vu qu'il est le seul barbier habilité à raser dans la ville. **Il appartient donc aux deux catégories.**

A ce sujet, l'énoncé ne nous dit jamais que l'intersection « hommes qui se rasent eux-mêmes » ET « hommes qui se font toujours raser par le barbier » est vide.

Question 35. **Réponse C**

Il suffit de poser ici : **A + B > C + D** et **C + E > F + B**.

En additionnant terme à terme les membres de ces deux inégalités, on obtient :

A + ~~B~~ + ~~C~~ **+ E** > ~~C~~ + **D + F** + ~~B~~. Réponse C !

Question 36. **Réponse E**

Si la taille de Sean est inchangée, c'est qu'il a avalé une pilule verte et une pilule rouge. Ainsi, sur les 4 pilules vertes et les 2 rouges qui ont été avalées, Yann et Nick se sont partagés 3 pilules vertes et 1 pilule rouge. Donc un des deux a également avalé une pilule de chaque couleur et n'a pas vu sa taille évoluer. Le dernier garçon a lui avalé 2 pilules vertes. Or, avaler deux pilules vertes fait devenir géant. **Conclusion : soit Nick soit Yann est devenu géant.**

Question 37. **Réponse D**

Soit X le nombre de biscuits que Davy a mangé. Alors les deux autres enfants non mentionnés dans l'énoncé ont mangé, à eux deux : $20 - (1 + 2 + 3 + X) = 14 - X$. Si X valait 5 (ou moins), l'un des deux enfants devrait avoir mangé au moins 5 biscuits. $X = 6$ est donc le minimum de biscuits que Davy mange.

Question 38. **Réponse B**

Ici nous sommes face à une question de raisonnement logique où il va falloir appliquer la notion de contraposée qui dit que si A ⇒ B alors non B ⇒ non A.

D'après l'énoncé, tous les pinsons (P) sont des oiseaux (O) et tous chantent (C).

Ainsi on a : P ⇒ O, et P ⇒ C, soit non C ⇒ non P. Ceci se traduit par **tous les oiseaux qui ne chantent pas ne sont pas des pinsons.**

Question 39. **Réponse D**

La Dame est soit au milieu, soit à droite, puisqu'à sa gauche il y a le Valet. Le Pique est également soit au milieu, soit à droite, puisqu'à sa gauche il y a un Carreau. Comme à gauche d'un cœur il y a un Valet, alors le Cœur est également soit au centre, soit à droite (comme le Pique). Ainsi, le Carreau est forcément tout à gauche. On ne retient alors que les réponses B et D.

Or nous avons vu que la dame ne pouvait être à gauche… La réponse B est donc fausse. Par élimination il ne reste que la réponse D. On aurait pu continuer à déduire des données de l'énoncé le placement de toutes les cartes, mais cela aurait été plus long.

Question 40. **Réponse A**

Le 9e jour, l'escargot a monté 9 mètres (3 × 9 mètres le jour moins 2 × 9 mètres la nuit). On comprend alors que le 10e jour l'escargot aura monté 12 mètres et qu'il aura donc atteint le sommet.

Remarque : bien entendu, une fois le sommet atteint, l'escargot ne redescend plus de 2 mètres la nuit. Quand il est au sommet, il y reste !

Question 41. **Réponse E**

Soit A : Alger, B : Barcelone et C : Carthagène.
La distance entre Alger et Barcelone (soit AB) est plus importante que celle entre Barcelone et Carthagène (BC) d'après la première information donnée (AB > BC). La distance entre Alger et Carthagène est également plus faible que celle entre Barcelone et Alger (AC < AB) d'après la seconde information. Comme l'énoncé précise ensuite que la distance entre Alger et Carthagène et plus courte que celle entre Alger et Barcelone (soit AB > AC), on en déduit que AC < BC < AB, et donc que Carthagène est située entre Alger et Barcelone.

Les réponses B et C sont possibles, donc on ne peut pas répondre.

Question 42. **Réponse A**

Inutile de faire un schéma ! On raisonne ici par déduction.

Vous ferez attention pour commencer à bien comprendre que « Trois boites contiennent chacune un objet » signifie qu'il y a un seul objet dans une boite et que chaque boite contient un objet et un seul (on dit qu'il y a *bijection* entre le nombre de boites et le nombre d'objets).

Bon, c'est parti ! Si la boite rouge est à droite du coquillage, c'est que **le coquillage n'est pas dans la boite rouge.** Aussi, si le dé est à droite de la boite rouge, c'est que **le dé non plus n'est pas dans la boite rouge.** Alors… Suspens… Qui est dans la boite rouge ? La pièce bien sûr !

Une remarque importante : si l'on vous avait dit « Trois boites contiennent trois objets », vous auriez pu comprendre plusieurs choses différentes. Vous auriez pu comprendre en effet que chaque boite contient un objet mais encore qu'une boite en contient 3 quand les 2 autres n'en contiennent aucun ou encore qu'une boite contient 1 objet, une autre boite contient 2 objets et la troisième boite est vide. Soyez donc très attentif à chacun des mots de vos énoncés.

CORRIGÉS TEST BLANC 12

Question 43. Réponse B

Vous n'avez pas d'autre choix que d'avoir 49 JETONS BLANCS dans ce sac ! Si vous avez ne serait-ce que DEUX jetons NOIRS, vous courez le risque de tirer ces deux jetons noirs en même temps. Or, l'énoncé est on ne peut plus clair : il faut qu'il y ait TOUJOURS AU MOINS UN DES DEUX JETONS QUI EST BLANC lorsque vous en tirez deux en même temps !

Question 44. Réponse D

Le fait que la construction de chambres d'hôtel à destination des touristes a augmenté n'implique pas nécessairement que le chiffre d'affaires a varié. Il s'agit ici d'une SOURCE DE DEPENSE qui s'oppose frontalement aux SOURCES DE RECETTES mises en avant dans les réponses A, B, C et E.

Question 45. Réponse A

En lisant les réponses proposées, on se rend compte que seuls les liens familiaux entre les individus nous intéressent (et non les rapports de taille).

D'après l'énoncé, Clotilde est à la fois la cousine de Jacques et de Lucie. **Lucie peut donc être la sœur de Jacques**.

On peut vérifier, histoire d'en avoir le cœur net que les autres propositions sont impossibles. Pascale est la tante de Lucie, elle-même cousine de Clotilde, et ne peut donc pas être la sœur de Clotilde. Jacques est le frère ou cousin de Lucie, donc Pascale, la tante de Lucie ne peut pas être la cousine de Jacques.

Lucette est la sœur de Pascale, **donc elle peut être soit la tante, soit la mère de Clotilde**. Or Clotilde est la cousine de Lucie, donc Lucette peut être la mère ou la tante de Lucie, **mais en aucun cas sa sœur**.

SOUS-TEST 4 : CONDITIONS MINIMALES

Question 46. Réponse C

Dressons dans un premier temps la liste des multiples de 13 compris entre 200 et 400, nous y verrons bien plus clair. Cela nous donne : $z = 208$; 221 ; 234 ; 247 ; 260 ; 273 ; 286 ; 299 ; 312 ; 325 ; 338 ; 351 ; 364 ; 377 et 390.

{1} : insuffisant. Nous trouvons en effet deux valeurs pour z qui sont $z = 208$ et $z = 325$. On garde les réponses B, C et E.

{2} : insuffisant. Cette information signifie en effet que z est un multiple de 5. On trouve alors parmi les nombres listés précédemment $z = 260$, $z = 325$ ou encore $z = 390$.

{&} : combinons à présent les deux informations : la seule solution qui respecte les contraintes des informations (1) et (2) est $z = 325$. Réponse C.

Question 47. **Réponse E**

{1} : insuffisant. $F^2 > G^2 \Rightarrow F > G$ si et seulement si F et G sont positifs. En effet, si $F = -2$ et $G = -1$, alors on a $F < G$ mais $F^2 > G^2$.

{2} : insuffisant. $F + 3 > G + 2 \Rightarrow F + 1 > G$ ce qui ne nous dit pas si $F > G$.

{&} : suffisant.

Question 48. **Réponse C**

{1} : insuffisant ! En effet, si Y est un carré entier de trois chiffres strictement inférieur à 400 ET multiple de 9, alors il y a plusieurs valeurs pour Y : 144, 225 ou encore 324. On garde donc les réponses B, C et E.

{2} : insuffisant ! Il y a en effet Y = 196 qui fonctionne, mais Y = 324. On garde les réponses C et E.

{&} : lorsque l'on combine les deux informations, il ne nous reste plus que **Y = 324** qui est le seul nombre à répondre aux contraintes imposées par chacune des deux informations. Réponse C !

Question 49. **Réponse E**

Rappel de cours : volume du cylindre = hauteur × $r^2\pi$

{1} : inutile. Si l'on multiplie par 4 les dimensions du cylindre, on multiplie la hauteur par 4 et le rayon par 4. Le volume sera égal à ($4 \times$ hauteur $\times (4r)^2\pi$), soit 64 × hauteur × base. Le volume est donc forcément 64 fois plus grand.

{2} : insuffisant. **Rappel : surface latérale du cylindre = $2r\pi$ × hauteur**, mais on ne connaît pas la valeur de r pour déterminer le volume.

{&} : insuffisant, car l'information 1 est inutile.

Question 50. **Réponse C**

{1} : insuffisant. Nous trouvons en effet L = 2 et L = 7.

{2} : insuffisant. Nous trouvons en effet L = 2 et L = 5.

{&} : c'est la combinaison des deux informations qui va nous permettre de répondre à la question puisque nous trouvons LA valeur unique de L tel que M est divisible par 5 ET par 3, à savoir **L = 2.**

Question 51. **Réponse C**

{1} : insuffisant. On trouve en effet plusieurs valeurs pour ABC comme ABC = 421 ou encore ABC = 601.

{2} : insuffisant. Il y a plusieurs possibilités pour ABC. En effet, ABC peut s'écrire 60C, 80C ou encore 82C avec C qui peut être à chaque fois égal à 1, 3, 5, 7 ou 9.

{&} : la combinaison des deux informations nous permet en revanche de répondre à la question puisque le SEUL et UNIQUE nombre ABC tel que la somme de ses chiffres est égale à 7 et tel que A – B > 4 est ABC = 601.

Question 52. **Réponse C**

Pourcentage de pourcentage : « 40 % de 28 % » = 40 % × 28 %.

Question 53. **Réponse B**

{1} : insuffisante bien sûr.

{2} : le plus grand lot contient nécessairement $\frac{176}{2}$ = 88 bouteilles de vin puisque ce plus grand lot est égal à la somme des 6 autres lots (88 = 88). Cette information permet donc à elle seule de répondre à la question.

Question 54. **Réponse D**

{1} : si $3P^2 - 4$ est pair, alors comme 4 est pair, $3P^2$ est nécessairement pair. Pour que $3P^2$ soit pair, il est nécessaire que P^2 soit pair. Et pour que P^2 soit pair enfin, il est nécessaire que P soit pair. En conclusion, si P est pair, alors P^5 est pair également. On peut donc répondre à la question qui nous est posée, et on répond « non ». On garde les réponses A et D.

{2} : cette information signifie déjà que le cube de P est divisible par 8. Or un nombre divisible par 8 est un nombre triplement divisible par 2, autrement dit c'est un nombre pair. Pour que le cube de P soit pair, il est nécessaire que P lui-même soit pair. Et de conclure que P^5 est également pair.

L'information (2) nous permet donc également de répondre à la question qui nous est posée et l'on répond « non », P n'est pas impair mais pair. **Réponse D.**

Question 55. **Réponse A**

{1} : suffisant. En effet, si l'on divise N par 3 et qu'il reste 2, alors cela signifie que N n'est pas divisible par 3… Et cela signifie donc *a fortiori* que N n'est pas non plus divisible par 9 (en effet, un nombre divisible par 9 est un nombre qui est « doublement » divisible par 3… Logique, non ?).

<u>Conséquence</u> : l'on peut répondre sans problème à la question qui nous est posée – et l'on répond d'ailleurs « non », qui, nous le rappelons à nouveau, vaut autant qu'un « oui » en conditions minimales si tant est que ce « non » est une réponse « ferme, sûre et certaine ». On garde les réponses A et D.

{2} : pour trouver un nombre qui divisé par 7 donne un reste qui vaut 1, il suffit tout simplement de multiplier un nombre par 7 et de lui rajouter 1.

Ainsi $3 \times 7 + 1 = 22$ est bien un nombre qui divisé par 7 donne un reste qui vaut 1. On peut également penser à 36 qui est égal à $5 \times 7 + 1$. D'un côté 22 n'est pas divisible par 9, tandis que de l'autre 36 est bien divisible par 9.

L'on ne peut donc répondre à la question qui nous est posée avec la seule information (2). On garde la réponse A.

Question 56. Réponse E

{1} : insuffisant. La première information ne permet pas de répondre car nous ne connaissons pas précisément le rapport entre l'argent placé par l'étudiant A et celui placé par l'étudiant B. On garde les réponse B, C et E.

{2} : insuffisant. La seconde information nous permet d'obtenir une équation à deux inconnues. Cela ne suffit pas. On garde les réponses C et E.

{&} : combinons les deux informations : nous obtenons une équation à deux inconnues, ce qui ne suffit toujours pas. Réponse E !

Question 57. Réponse C

{1} : insuffisant. Soient A, B et C les sommes respectives remportées par André, Bernard et Charles. On sait qu'en proportion on a $A + B + C = 1$.

D'après la première information, on déduit l'équation suivante : $B = 2 \times C$. Mais on ne peut pas deviner la proportion du gain de Charles, puisque l'on a uniquement deux équations à trois inconnues. On retient les réponses B, C et E.

{2} : insuffisant. D'après la seconde information, on peut écrire $A = \frac{(B + C)}{2}$, ce qui ne permet toujours pas de répondre à la question (encore deux équations et trois inconnues).

{&} : combinons les deux informations : on a alors un système composé de trois équations à trois inconnues, que l'on est en mesure de résoudre. Réponse C !

Question 58. Réponse C

{1} : insuffisant. On a une équation à deux inconnues : $3A + D = 360$. D peut donc prendre des valeurs différentes.

{2} : insuffisant. Il nous manque la valeur d'au moins deux autres tronçons.

{&} : suffisant. Si $A = B = C$, on ne peut pas avoir l'un des trois égal à 144 m, car la somme des trois serait alors supérieure à 360 m, la longueur totale du tuyau. La valeur de D est donc de 144 m.

Question 59. Réponse E

{1} : insuffisant. Il y a plusieurs couples d'entiers dont le produit donne 12 (les couples 2 et 6, ou 3 et 4). Ainsi la première information ne permet pas de répondre à la question.

CORRIGÉS TEST BLANC 12

{2} : insuffisant. On a AB – BA = (10 × A + B) – (10 × B + A) = 9 × A – 9 × B = 9 × (A – B). Or si 9 × (A – B) est un carré parfait, alors ce carré parfait est un multiple de 9, inférieur à 100 puisque (A – B) < 10. Il n'existe que 9, 36 et 81 qui répondent à ces conditions. On ne peut donc toujours pas répondre à la question.

{&} : combinons les deux informations : on ne peut toujours pas répondre puisque l'on peut trouver AB = 62 ou AB = 43. Réponse E.

Question 60. Réponse A

{1} : suffisant. La première information nous permet de trouver la valeur de la somme S_1 placée dans la première partie ($S_1 = \frac{14\,000}{0{,}05}$), puis de déterminer le gain G du second placement (G = 19 000 – 14 000 = 5 000) et ainsi la somme S_2 placée dans la seconde partie ($S_2 = \frac{5\,000}{0{,}08}$). La somme de S_1 et S_2 nous donne S, autrement dit ce que l'on cherche ! On garde les réponses A et D.

{2} : insuffisant. La seconde information, prise seule, ne nous donne aucune indication nous permettant de répondre à la question, puisqu'aux taux référencés, aucune somme inférieure à 30 000 euros ne peut faire gagner 19 000 euros d'intérêts. On garde la réponse A.

SOUS-TEST 5 : EXPRESSION

Question 61. Réponse E

On hésite légitimement entre A, C et E, trois propositions aux sens très proches. Cependant, le dictateur est aussi appelé *tyran* et de ce fait la proposition E convient mieux à la phrase. De manière générale, il faut savoir repérer ce type d'indices qui permettent d'identifier la bonne réponse parmi les cinq réponses proposées.

Question 62. Réponse C

Présomption : action de présumer de ses forces, de surestimer ses capacités.

Exemple : il arriva au concours plein de présomption.

Question 63. Réponse A

Il faut en effet réserver « crucial » à des situations qui débouchent sur des choix décisifs, parfois douloureux.

Question 64. Réponse A

« Tragédie » est un bon synonyme de « drame » et « dépouilles » est également un synonyme acceptable de « morts ». Un drame est en effet un événement ou une série d'événements tragiques auxquels on attribue une importance ou une gravité excessive. **Ceci étant,** il est question ici de grandes pertes humaines et le terme « catastrophe » convient mieux. Une catastrophe est en effet un événement qui cause de graves bouleversements, des morts. « Cadavres » est quant à lui un bon synonyme de « morts ».

Question 65. Réponse C

Synonymes d'entériner : approuver, confirmer, consacrer.

Synonymes de rétives : récalcitrantes, indociles.

La A peut être éliminée : on ne « ratifie » pas une rupture. De même pour la B, « titulariser » une rupture n'a pas de sens. Le verbe sanctionner est un antonyme du verbe entériner, la E est donc fausse. La D pourrait convenir, mais dans la deuxième partie de la phrase, l'adjectif « farouche » n'est pas un synonyme de « rétive ». On lui préférera la **réponse C.**

Question 66. Réponse C

> Contrairement aux publications antérieures du ministère brésilien de l'Économie, affirmant que le marché brésilien **se rétablit**, le dernier rapport indique que le processus **d'assainissement s'est interrompu** et que la situation commerciale **a même empiré**. Il **corrobore** ainsi les évaluations pessimistes de divers experts sur la situation économique du Brésil.

A savoir : corroborer signifie confirmer, donner appui, ajouter de la force à (une idée, une opinion).

Question 67. Réponse B

Attention à bien faire la distinction entre « quelque » et « quel que ».

« Quelque » désigne une certaine quantité (« j'en prendrai quelques uns »), ou signifie environ (« il y a quelque 20 ans que je l'ai pas revu).

« Quel que » est une locution toujours suivie d'un verbe état, en l'occurrence le verbe être. On élimine donc la réponse C et E.

« Mes attentes » est un **sujet féminin pluriel**, la locution et le verbe s'accordent avec le sujet. On aura donc « quelles que soient ».

Question 68. Réponse E

> Après avoir entendu ces paroles, j'ai l'impression que le ton **réconciliateur** sur lequel elles ont été prononcées **ne s'accorde pas** avec les propos **accusateurs** qui ont été entendus au cours de la dernière réunion.

Question 69. Réponse E

On hésite entre les réponses A et E, qui expriment toutes deux la notion de possibilité. **Cependant, le mot « susceptible » exprime une possibilité passive (indépendante de la volonté de son auteur) tandis que « capable » exprime une possibilité active.** En l'occurrence, décrocher un emploi est une action que l'auteur effectue de son plein gré. On préférera la **réponse E.**

Question 70. Réponse D

Les réponses A et C sont mal écrites et peuvent être écartées. La E, bien que correcte, reste trop générale. La B pourrait convenir, mais le verbe « coïncider » ne peut s'employer seul. On dit « coïncider avec » ou bien « faire coïncider ». On garde donc la **réponse D.**

Question 71. Réponse D

A couteaux tirés : cette expression veut dire *être dans une situation de grande hostilité*. L'origine remonte aux habitudes du XVIe siècle lorsqu'une dispute éclatait entre deux personnes prêtes à tirer les armes ; on disait « en être aux épées et aux couteaux ».

Question 72. Réponse D

Contrairement à l'affirmation qui dit que regarder la télévision amène les téléspectateurs à voir la réalité comme étant **identique à** ce qui est montré à la télévision, **on a constaté** que les spectateurs **distinguent clairement** la réalité de l'image télévisée.

Question 73. Réponse C

Dans la première strophe, l'auteur décrit sa jeunesse et les souvenirs qu'il en garde. La deuxième et troisième strophes relatent le déroulement de sa vie adulte (« l'automne des idées ») et assimile l'eau à la vieillesse, qui lui fait perdre sa vigueur. La douleur évoquée dans le quatrième paragraphe est le résultat de l'action du temps sur le poète (« le temps mange la vie », « l'obscur ennemi qui nous ronge le cœur »). Le temps est donc évoqué dans les quatre strophes du poème, et initialement désigné comme « l'ennemi ». On choisit la **réponse C.**

Question 74. Réponse D

Je me suis réveill**ée** / je me suis ennuy**ée**. Attention « je me suis lavé les mains » et pas « je me suis lavée les mains ». Je me suis mis**e** au balcon.

Question 75. Réponse A

On comprend avec l'énoncé que plus on vieillit, plus le temps passe vite. On doit donc employer des verbes de mouvement de plus en plus « rapides » au fur et à mesure que l'on grandit : le temps ira lentement étant bébé, puis plus rapidement étant garçon, etc.

Il faut établir une gradation entre les verbes de mouvement évoqués : ramper – marcher – courir – filer. On choisit donc la **réponse A.**

SOUS-TEST 6 : LOGIQUE

Question 76. Réponse C

509
784
329
452

227 345 154 636 918 La somme des 2 derniers chiffres vaut 9.

Question 77. Réponse C

UJP
FRT
SXE

Inter avec saut d'une lettre TRQ USR FDS IGN XVS

QPK

Question 78. Réponse E

La somme des 2 premiers chiffres donne le 3e

31|4
50|5
72|9
25|7

749 448 207 486 215

Question 79. Réponse A

SXT RDT UPQ XCV WYV

QSP
WYV
LTK
GVF
TZS

Question 80. Réponse A

Multiples de 7
35
210
336
56
210

430 → (+ 2) → 254 → (+ 2) → 879 → (+ 2) → 193

Question 81. Réponse E

Inter avec saut d'une lettre

POU (+ 1)
XWS (+ 1)
ZSQ (+ 1)
KLO (+ 1)
BAM

La lettre A avance à chaque fois d'une position.

AZR SAI ZSA AQW BAM

Question 82. **Réponse E**

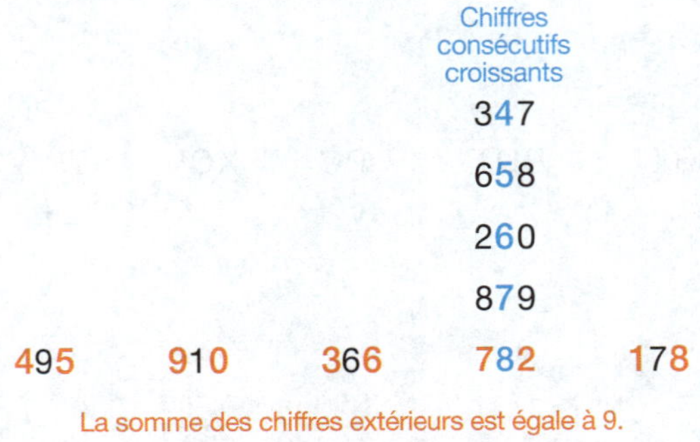

Question 83. **Réponse C**

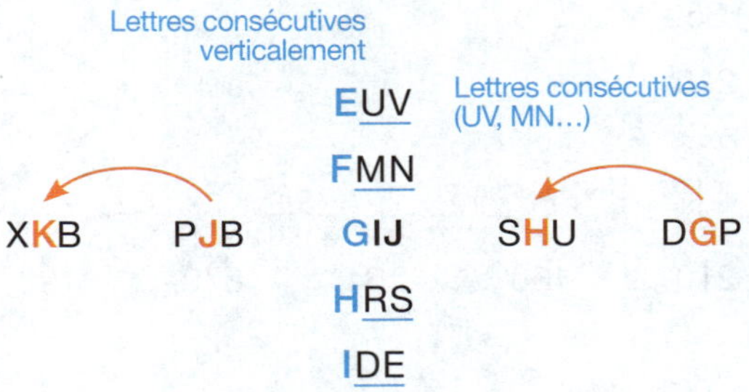

Question 84. **Réponse D**

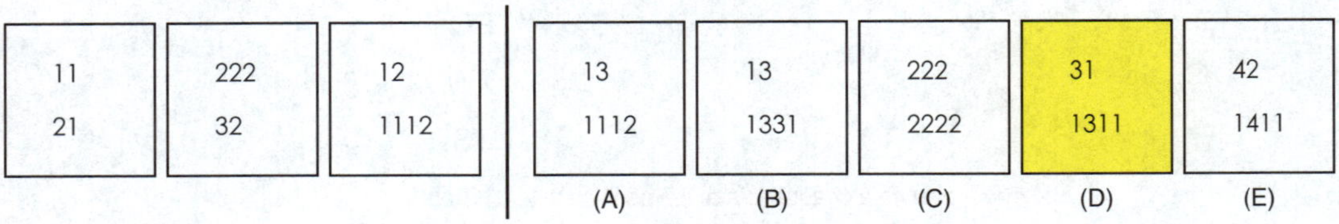

Le nombre du bas détaille la composition de celui du haut : dans 11, il y a 2 « 1 » ; dans 222, il y a 3 « 2 ». Dans 12, il y a 3 « 1 » et 1 « 2 », d'où 1112.

Question 85. **Réponse E**

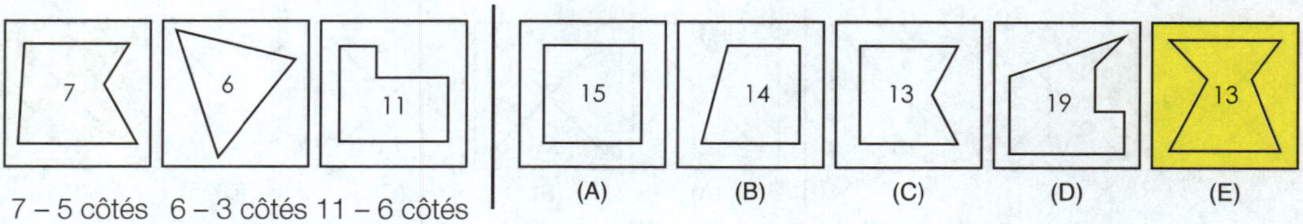

7 – 5 côtés = **2** 6 – 3 côtés = **3** 11 – 6 côtés = **5**

Les différences entre le nombre au centre et le nombre de côtés de la figure forment une suite de nombres premiers. La solution aura donc 7 pour résultat de la différence.

Question 86. **Réponse B**

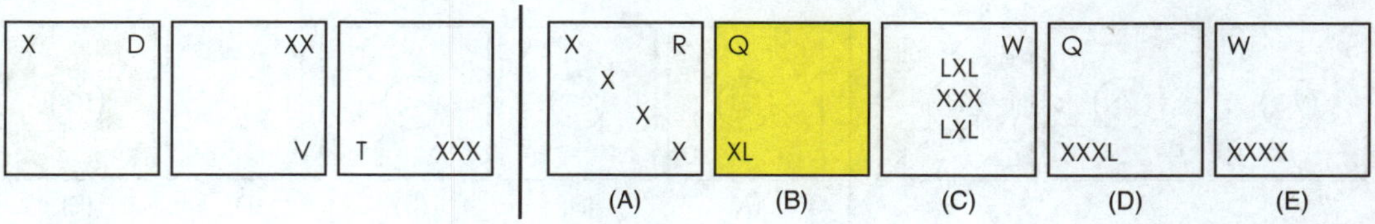

Le fait qu'il y ait des « L » en solution doit vous mettre la puce à l'oreille. En effet le premier X que l'on a dans le premier cadre est en fait un nombre premier et est égal à 10. Or l'initiale de Dix est D, d'où le D qui cohabite avec le X dans le premier cadre.

Aussi, dans le 2e cadre, XX vaut 20 et Vingt a bien un V pour initiale.

On cherche donc 40 en solution qui s'écrit XL en nombres romains et l'initiale de Quarante est Q. D'où la réponse B.

Question 87. **Réponse A**

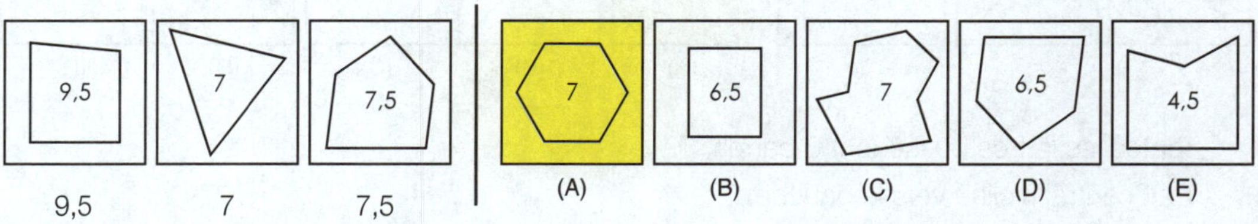

9,5 – 4 côtés = **5,5** 7 – 3 côtés = **4** 7,5 – 5 côtés = **2,5**

La solution aura donc 1 pour résultat de la différence (5,5 – 4 – 2,5 – 1 : on perd 1,5 à chaque étape).

Question 88. Réponse E

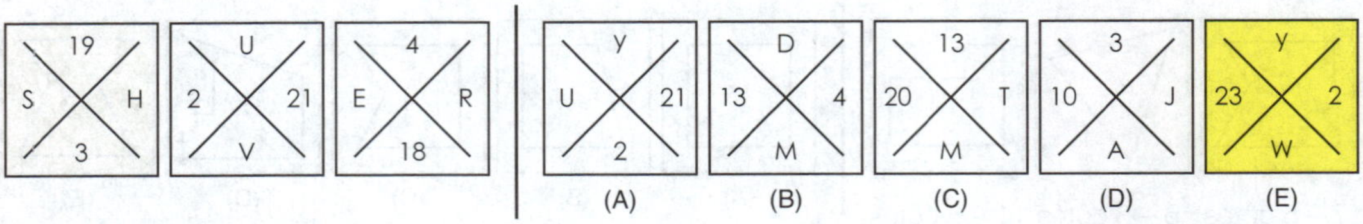

Chaque lettre forme un couple avec un nombre : (S – 19) 19 est la valeur numérique de S ; (H – 3) 3 est le nombre de barres de H.

Les lettres seront verticales, les chiffres horizontaux.

Question 89. Réponse E

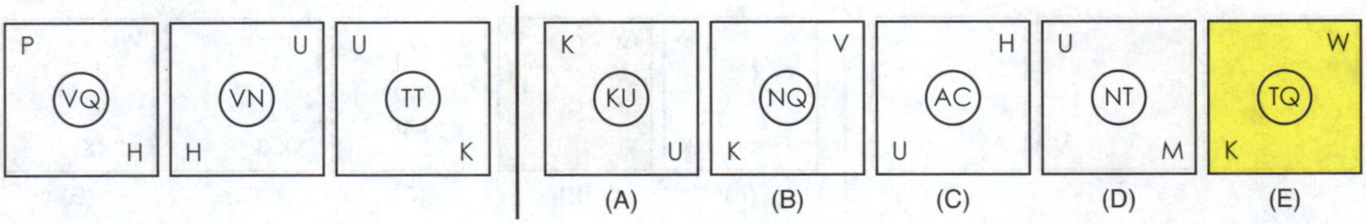

Les lettres se trouveront en haut à droite et en bas à gauche.

De plus, les lettres dans le cercle sont les initiales de la somme des valeurs numériques des lettres en dehors du cercle.

Question 90. Réponse A

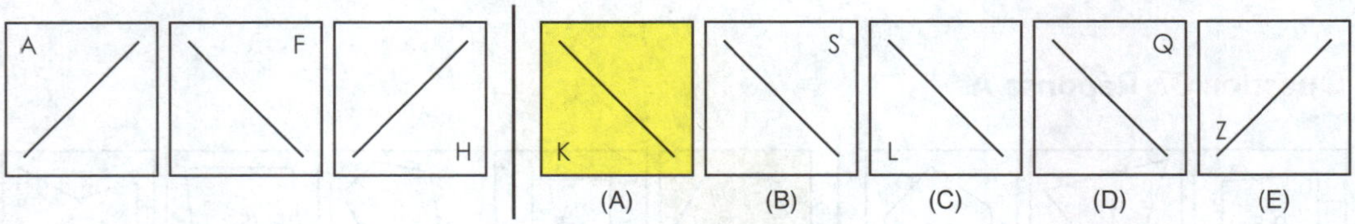

Toutes les lettres possèdent 3 barres.

Trait central incliné vers la gauche.

N'OUBLIEZ PAS DE REMPLIR VOTRE FICHE BILAN EN FIN D'OUVRAGE

13

TEST BLANC TAGE MAGE

TEST TAGE MAGE 13 : VOTRE GRILLE DE REPONSES

Sous-test 1
Compréhension de textes

1	A	B	C	D	E
	A	B	C	D	E
2	A	B	C	D	E
	A	B	C	D	E
3	A	B	C	D	E
	A	B	C	D	E
4	A	B	C	D	E
	A	B	C	D	E
5	A	B	C	D	E
	A	B	C	D	E
6	A	B	C	D	E
	A	B	C	D	E
7	A	B	C	D	E
	A	B	C	D	E
8	A	B	C	D	E
	A	B	C	D	E
9	A	B	C	D	E
	A	B	C	D	E
10	A	B	C	D	E
	A	B	C	D	E
11	A	B	C	D	E
	A	B	C	D	E
12	A	B	C	D	E
	A	B	C	D	E
13	A	B	C	D	E
	A	B	C	D	E
14	A	B	C	D	E
	A	B	C	D	E
15	A	B	C	D	E
	A	B	C	D	E

Sous-test 2
Calcul

16	A	B	C	D	E
	A	B	C	D	E
17	A	B	C	D	E
	A	B	C	D	E
18	A	B	C	D	E
	A	B	C	D	E
19	A	B	C	D	E
	A	B	C	D	E
20	A	B	C	D	E
	A	B	C	D	E
21	A	B	C	D	E
	A	B	C	D	E
22	A	B	C	D	E
	A	B	C	D	E
23	A	B	C	D	E
	A	B	C	D	E
24	A	B	C	D	E
	A	B	C	D	E
25	A	B	C	D	E
	A	B	C	D	E
26	A	B	C	D	E
	A	B	C	D	E
27	A	B	C	D	E
	A	B	C	D	E
28	A	B	C	D	E
	A	B	C	D	E
29	A	B	C	D	E
	A	B	C	D	E
30	A	B	C	D	E
	A	B	C	D	E

Sous-test 3
Raisonnement/Argumentation

31	A	B	C	D	E
	A	B	C	D	E
32	A	B	C	D	E
	A	B	C	D	E
33	A	B	C	D	E
	A	B	C	D	E
34	A	B	C	D	E
	A	B	C	D	E
35	A	B	C	D	E
	A	B	C	D	E
36	A	B	C	D	E
	A	B	C	D	E
37	A	B	C	D	E
	A	B	C	D	E
38	A	B	C	D	E
	A	B	C	D	E
39	A	B	C	D	E
	A	B	C	D	E
40	A	B	C	D	E
	A	B	C	D	E
41	A	B	C	D	E
	A	B	C	D	E
42	A	B	C	D	E
	A	B	C	D	E
43	A	B	C	D	E
	A	B	C	D	E
44	A	B	C	D	E
	A	B	C	D	E
45	A	B	C	D	E
	A	B	C	D	E

Sous-test 4
Conditions minimales

46	A	B	C	D	E
	A	B	C	D	E
47	A	B	C	D	E
	A	B	C	D	E
48	A	B	C	D	E
	A	B	C	D	E
49	A	B	C	D	E
	A	B	C	D	E
50	A	B	C	D	E
	A	B	C	D	E
51	A	B	C	D	E
	A	B	C	D	E
52	A	B	C	D	E
	A	B	C	D	E
53	A	B	C	D	E
	A	B	C	D	E
54	A	B	C	D	E
	A	B	C	D	E
55	A	B	C	D	E
	A	B	C	D	E
56	A	B	C	D	E
	A	B	C	D	E
57	A	B	C	D	E
	A	B	C	D	E
58	A	B	C	D	E
	A	B	C	D	E
59	A	B	C	D	E
	A	B	C	D	E
60	A	B	C	D	E
	A	B	C	D	E

Sous-test 5
Expression

61	A	B	C	D	E
	A	B	C	D	E
62	A	B	C	D	E
	A	B	C	D	E
63	A	B	C	D	E
	A	B	C	D	E
64	A	B	C	D	E
	A	B	C	D	E
65	A	B	C	D	E
	A	B	C	D	E
66	A	B	C	D	E
	A	B	C	D	E
67	A	B	C	D	E
	A	B	C	D	E
68	A	B	C	D	E
	A	B	C	D	E
69	A	B	C	D	E
	A	B	C	D	E
70	A	B	C	D	E
	A	B	C	D	E
71	A	B	C	D	E
	A	B	C	D	E
72	A	B	C	D	E
	A	B	C	D	E
73	A	B	C	D	E
	A	B	C	D	E
74	A	B	C	D	E
	A	B	C	D	E
75	A	B	C	D	E
	A	B	C	D	E

Sous-test 6
Logique

76	A	B	C	D	E
	A	B	C	D	E
77	A	B	C	D	E
	A	B	C	D	E
78	A	B	C	D	E
	A	B	C	D	E
79	A	B	C	D	E
	A	B	C	D	E
80	A	B	C	D	E
	A	B	C	D	E
81	A	B	C	D	E
	A	B	C	D	E
82	A	B	C	D	E
	A	B	C	D	E
83	A	B	C	D	E
	A	B	C	D	E
84	A	B	C	D	E
	A	B	C	D	E
85	A	B	C	D	E
	A	B	C	D	E
86	A	B	C	D	E
	A	B	C	D	E
87	A	B	C	D	E
	A	B	C	D	E
88	A	B	C	D	E
	A	B	C	D	E
89	A	B	C	D	E
	A	B	C	D	E
90	A	B	C	D	E
	A	B	C	D	E

REPONSES EN PAGE 1266

TEST BLANC TAGE MAGE 13

SOUS-TEST 1 : COMPREHENSION DE TEXTES

15 questions / 20 minutes / Calculatrice interdite
Réponse juste : + 4 points / Réponse fausse : – 1 point
Aucune réponse : 0 point

TEXTE 1

50,4 % des enfants nés aux Etats-Unis en 2011 n'étaient pas « blancs ». Un basculement statistique qui induit d'innombrables défis.

Ce n'est qu'un seuil statistique, mais ses conséquences sont immenses pour la société américaine : la majorité des bébés qui naissent désormais aux Etats-Unis ne sont plus « blancs ». Le Census Bureau, chargé des études démographiques, l'a révélé à la mi-mai : pour la première fois dans l'histoire du pays, les « minorités » – « hispaniques », « noirs », « asiatiques » ou de « race mêlée » selon la typologie américaine – constituent 50,4 % des naissances.

Les démographes l'ont annoncé depuis plusieurs années et l'élection de Barack Obama l'a symbolisé : ces « minorités », qui, ensemble, forment aujourd'hui un tiers de la population américaine, deviendront majoritaires avant 2050. Le basculement statistique actuel en ce qui concerne les naissances ne fait qu'anticiper cette perspective.

L'événement annonce rien de moins que le passage d'« *une culture de baby-boomers largement blanche à un pays plus multiethnique et mondialisé* », selon William Frey, démographe à la Brookings Institution (l'un des plus prestigieux groupes de réflexion américain) cité dans le *New York Times*.

Les implications de ces changements ne sont pas évidentes, vues depuis une Europe moins multicolore, où l'immigration n'est pas constitutive de l'histoire et où les statistiques raciales évoquent des épisodes sinistres. Mais pour les Américains, la perspective est celle d'une rupture historique avec la domination des populations européennes qui ont fondé le pays.

Déjà, les Blancs ne sont plus majoritaires dans quatre Etats (Californie, Texas, Nouveau-Mexique et Hawaï) et dans le district de Columbia (l'agglomération de Washington), ainsi que dans plusieurs grandes villes comme New York, Las Vegas et Memphis.

××× ×××

Cette évolution va s'accélérer en raison de l'immigration et de la fertilité plus élevée des minorités, qui alimentent 92 % de la croissance démographique. Le fossé ethnique et racial (et parallèlement social) va coïncider de plus en plus avec un impressionnant différentiel d'âge : « vieux Blancs » d'un côté, « jeunes issus des minorités » de l'autre, pour simplifier.

Si les Blancs dominent largement, tant démographiquement (ils représentent 63 % de la population) qu'économiquement, leur âge médian atteint 42 ans contre 27 ans pour les Hispaniques et 31 ans pour les Noirs.

Cet abîme, qui peut être plus profond encore localement, ouvre sur de lourdes interrogations : la population « blanche » est-elle prête à financer l'éducation, largement déficiente, de ces cohortes de jeunes qui ne lui ressemblent pas forcément ? Aujourd'hui, seuls 13 % des Hispaniques et 18 % des Noirs sont titulaires d'un diplôme universitaire, contre 31 % des Blancs.

Une autre question est celle de la charge de la dette publique faramineuse léguée par les baby-boomers blancs à des catégories de jeunes « colorés » au poids social plus faible et aux intérêts pas nécessairement convergents.

Bref, au-delà d'un glissement progressif de l'identité collective, c'est le contrat social de l'Amérique qui va être mis à l'épreuve. « *Nous changeons en tant que nation. Notre visage change,* analyse Marcelo Suarez-Orozco, professeur d'études migratoires à la New York University. *Notre pays est sans doute le seul au monde dont l'immigration est l'histoire, c'est la racine du processus par lequel nous sommes devenus le pays que nous sommes aujourd'hui, et, plus important encore, c'est notre destinée.* »

Une destinée qui induit d'innombrables défis sociaux, mais met le pays à l'abri d'un problème – qui va payer les retraites ? – qui taraude les Européens. Un destin qui porte aussi en lui une promesse de dynamisme économique et culturel renouvelé.

Question 1. Pourquoi l'Europe ne perçoit-elle pas ce qu'implique le basculement statistique qui va toucher les Etats-Unis.

1. Il n'est pas habituel de faire des statistiques ethniques en Europe.
2. En Europe, les minorités sont bien intégrées.
3. L'opposition vieux blanc/jeune issu des minorités n'existe pas en Europe.

(A) 1 + 2
(B) 2 + 3
(C) 1 + 3
(D) Uniquement 1
(E) Uniquement 2

××
××

Question 2. Quelle information n'est pas exacte ?

(A) Les minorités deviendront majoritaires en 2050.
(B) Les blancs ont actuellement 42 ans de moyenne d'âge.
(C) La croissance démographique est assurée très largement par les minorités.
(D) 13 % des hispaniques possèdent un diplôme universitaire.
(E) En Europe aussi l'immigration est constitutive de l'histoire.

Question 3. Où les blancs sont-ils majoritaires aujourd'hui ?

(A) Hawaï
(B) Las Vegas
(C) Nouveau-Mexique
(D) Los Angeles
(E) Memphis

Question 4. Quelle difficulté les Etats-Unis n'encourent-ils pas ?

(A) L'impossibilité de rembourser la dette
(B) Le paiement des retraites
(C) La mise à mal du contrat social
(D) Le financement de l'éducation
(E) La difficulté à relever les défis sociaux

Question 5. Comment qualifieriez-vous le ton de cet article ?

(A) Alarmiste
(B) Inquiétant
(C) Neutre
(D) Positif
(E) Nostalgique

××
××

TEXTE 2

Ce qui se manifeste dans l'obsession du poids est le dégoût de ne pas reconnaître ce corps qui, se transformant, modifie la donne devenue complexe avec la disparition de l'innocence et de l'insouciance enfantine, des relations de soi à soi et de soi aux autres. Une dimension plus profonde donc que les simplissimes et réducteurs souhait-vœu, volonté-désir de maigrir que serinent et exposent les médias qui inondent d'images retouchées les magazines et les panneaux publicitaires.

Et que médicalisent les nutritionnistes et psychiatres de plateau qui acceptent leurs invitations à venir vendre leurs régimes.

La nostalgie d'un corps adolescent pulsatile et désirant, source de sensations voluptueuses, mère de toutes les émotions… Voilà la source et le graal réincarné par le corps funambule et surexposé des mannequins ! Et elles sont nombreuses les « passantes » à écouter le chant des oiseaux de bon augure et à tomber dans les panneaux, en pensant pouvoir si facilement se débarrasser du « trop-plein de chair ».

Cette obsession du poids et son corollaire, la honte de l'âge, toutes deux socialement et culturellement déterminées, organisent l'existence de certains sujets-patients jusqu'à ce que l'amaigrissement devienne une fin en soi et un véritable mode de vie, puisqu'il leur semble être le seul où ils puissent exercer leur contrôle, imposer leurs propres règles afin de ne plus être possédés et violentés de l'intérieur par ce désir et persécutés de l'extérieur par un corps devenu ou éprouvé étranger au corps social idéalisé.

Ce corps insoumis qui, aux âges charnières, tangue dangereusement est sacrifié dans des purges médicamenteuses et des interventions chirurgicales avec la complicité d'un autre homme… le médecin.

Le procès du Mediator est le procès de toutes les médecines fonctionnelles.

Les médecins prescripteurs ont fait appel à leur syndicat qui se dédouane sur l'Agence française de sécurité sanitaire des produits de santé (l'Afssaps, devenue depuis le 29 avril, l'Agence nationale de sécurité du médicament et des produits de santé, ANSM), qui aurait dû être plus pharmacovigilante, et arguent que leur bible annuelle, le Vidal, ne soulignait pas la dangerosité du produit. Les pharmaciens renvoient la responsabilité aux médecins, tout en continuant, pour certains, à délivrer commercialement des pseudo-médicaments qui encombrent leurs rayonnages de produits d'appel (en particulier les laxatifs sans ordonnance) ou des solutions dites « homéopathiques », « aux plantes », « faites maison », avec des pincées d'amphétamines, de diurétiques ou d'extraits thyroïdiens extrêmement toxiques… préparées dans des arrière-boutiques.

××
××

Toutes ces prescriptions, en réponse à une demande certes toujours plus pressante des patients ou pour s'assurer une clientèle fidèle qui pratique le bouche-à-oreille, ou pour d'autres raisons encore plus complexes, ont été délivrées hors du codex des bonnes pratiques médicales qui n'ont jamais préconisé ce traitement dans les surcharges pondérales. Alors que faire ?

L'article L. 1111-7 du code de la santé publique permet aux patients l'accès aux informations médicales les concernant. Dès lors les médecins ayant prescrit du Mediator ne peuvent refuser de s'expliquer sur ce que l'histoire jugera avoir été leur faute, ou leur ignorance, et doivent leur donner copie du dossier médical et des prescriptions effectuées.

Anticipons les risques de complications à venir si la chirurgie de l'obésité déborde de ses indications et des recommandations de la Haute Autorité de santé (HAS) ! Faisons un audit sur l'efficacité et les complications de la vogue des anneaux gastriques dans la boulimie ! Redonnons confiance en la médecine en montrant qu'elle est dépositaire de la science et de la sagesse… et non aux ordres du marketing ou d'une vision naturaliste.

Alors, peut-être, pourrons-nous faire l'effort, en arrêtant de prescrire automatiquement après quinze minutes d'entretien, d'essayer de comprendre cette drôle de demande de changement adressée par une femme à celui dont elle supplie le secours et non le recours… : le médecin.

Et si les médecins prennent en compte les facteurs qui ont pu participer à un débordement, non uniquement du poids mais de leurs émotions, on pourra alors estimer qu'on a pu les entendre plutôt que de constituer une rente à partir de leur corps orgueilleux et de la misère fantasmée de leur chair.

Question 6. Quel est le but de l'auteur à travers cet article ?

(A) Placer chaque professionnel de santé devant ses responsabilités.
(B) Rappeler aux médecins leurs responsabilités de prescripteur.
(C) Dénoncer les dérives des régimes.
(D) Libérer les femmes de la dictature de la minceur.
(E) Expliquer le mécanisme psychique qui conduit à refuser son corps.

××××××××××××××××××××××××××××××××××××××
××××××××××××××××××××××××××××××××××××××

Question 7. Qui sont les « passantes » ?

(A) Les femmes qui veulent maigrir.

(B) Les personnes dépressives.

(C) Les personnes qui se laissent berner par les promesses des solutions miracles pour maigrir.

(D) Les adeptes de la chirurgie esthétique.

(E) Les femmes qui refusent de passer à l'âge adulte.

Question 8. Selon cet article, quelle est la principale raison qui pousse les femmes à vouloir maigrir ?

(A) S'identifier aux mannequins des magazines.

(B) Etre mieux dans son corps.

(C) Vouloir retrouver un corps d'adolescente.

(D) Rentrer dans les normes sociales.

(E) Ne plus avoir honte de son âge.

Question 9. Pourquoi le procès du Médiator est-il le procès de toutes les médecines fonctionnelles ?

(A) Parce qu'il est le procès de tous ceux qui ont failli dans la chaîne de la prescrip- tion : laboratoire, médecin, pharmacien, Afssaps…

(B) Parce qu'il permet de mettre les médecins devant leur responsabilité de prescripteur.

(C) Parce qu'il symbolise ce que les médecins sont devenus : des prescripteurs aux ordres du marketing.

(D) Parce qu'il montre du doigt la profonde divergence d'intérêts entre souci de santé publique et profil.

(E) Parce qu'il ouvre la voie à d'autres procès : anneaux gastriques, par exemple.

××××××××××××××××××××××××××××××××××××××
××××××××××××××××××××××××××××××××××××××

Question 10. Comment reformuler la dernière phrase du texte ?

(A) Les médecins doivent mieux écouter leurs patients et ne pas utiliser leur mal-être pour s'enrichir.

(B) Les médecins doivent faire preuve de plus de psychologie en s'attachant à chercher les causes des demandes de minceur des patients.

(C) Soigner ne signifie pas prescrire à tout prix ; il faut chercher l'origine du mal-être.

(D) Les médecins doivent écouter les malades au-delà de leurs paroles et cesser de profiter du mal-être des patients pour faire du profit.

(E) Les médecins doivent changer leurs pratiques : chercher les causes du désir de maigrir plutôt que s'enrichir en profitant du mal-être des patients.

TEXTE 3

Des classiques papillons de Laure Manaudou aux tatouages tribaux d'Alain Bernard jusqu'à celui du champion Fabien Gilot, qui a fait inscrire sur son bras, en hébreu,

« *Je ne suis rien sans vous* », rares sont les nageurs qui n'étaient pas tatoués lors des Jeux olympiques de Londres. Ils ont fait des émules, provoquant une recrudescence de l'activité des tatoueurs londoniens. Ce phénomène touche aussi la mode, le cinéma, la musique… Il suffit de se promener sur les plages pour voir que le tatouage séduit de plus en plus, même si on est loin des Etats-Unis, où les personnes tatouées avoisineraient 25 %.

En France, rares sont les données chiffrées sur le tatouage, on compterait 2 000 tatoueurs. Un sondage réalisé en 2010 par l'IFOP indique qu'un Français sur dix est tatoué, mais un jeune de 25 à 34 ans sur cinq. Cette pratique reste toutefois plus répandue chez les ouvriers (19 %) et les professions intermédiaires (14 %), plus rare chez les cadres (7 %).

« *C'est devenu un phénomène de masse* », constate le sociologue David Le Breton. Ce n'est plus l'apanage des bikers et des mauvais garçons. Le tatouage a, pour beaucoup, une dimension esthétique, c'est une façon d'attirer l'attention, de parfaire un peu plus son look.

Pour les jeunes, qui doivent avoir 18 ans pour passer à l'acte, « *c'est une façon de se réapproprier leur corps, de le signer,* souligne David Le Breton. *Comme pour le piercing – souvent sur la bouche ou le nombril –, les adolescents veulent se démarquer du corps de leurs parents.* »

Le tatouage permanent consiste en l'introduction de pigments minéraux ou végétaux à une profondeur de 0,6 à 2 mm. Une réglementation sanitaire stricte fixe depuis 2009 les conditions d'hygiène.

XXXXXXXXXXXXXXXXXXXXXXXXXXXXXXXXXXXXXXXXX
XXXXXXXXXXXXXXXXXXXXXXXXXXXXXXXXXXXXXXXXX

Malgré ces précautions, les complications cutanées existent, déclenchées par l'introduction de corps étrangers dans la peau. Une étude publiée le 22, a relancé le débat. Dix-neuf personnes tatouées, entre octobre et décembre 2011, avec une encre grise pré-mélangée ont eu une éruption de mycobactérie *chelonae* trois semaines plus tard. Ce qui a d'ailleurs conduit le fabricant à rappeler cette encre.

En France et aux Etats-Unis, depuis 2003, on rapporte des cas d'infections liées à cette mycobactérie. Des lésions cutanées limitées à une seule couleur ont ainsi été observées chez plusieurs clients d'un même studio, précise le docteur Nicolas Kluger, spécialiste du tatouage.

Des réactions allergiques aux encres peuvent survenir des années après. De plus, des composants à potentiel cancérigène avaient été trouvés dans certaines encres, leur composition n'étant pas toujours bien connue.

Entre 2004 et 2012, quinze effets indésirables consécutifs à un tatouage permanent ont été déclarés à l'Agence nationale de sécurité du médicament et des produits de santé (ANSM).

En théorie, les professionnels de santé et les personnes qui réalisent les tatouages ont l'obligation de déclarer tout effet indésirable à l'ANSM. Les industriels doivent également mentionner tout problème lié à leurs produits.

Ces complications restent rares même si elles sont sous-évaluées, car les personnes qui ont des soucis retournent plus facilement voir leurs tatoueurs – qui seraient peu enclins à signaler les problèmes – qu'un dermatologue.

« *Si le tatoueur travaille proprement, si les recommandations sont respectées, les infections sont rares* », tempère le docteur Kruger.

Leur fréquence pourrait toutefois croître à l'avenir, la jeune génération étant plus friande de cette pratique. Le risque est bien plus grand pour les tatouages faits sur la plage, ou à domicile – interdits en France –, qui se multiplient dans des conditions d'asepsie parfois douteuses. Rien de plus facile que de se procurer un kit de tatouage sur Internet. Le Syndicat national des artistes tatoueurs (SNAT) se bat contre cette pratique. Au final, le plus grand risque reste… le ratage.

Par ailleurs, les jeunes filles qui se font faire un tatouage dans la région lombaire ignorent souvent que de nombreux anesthésistes seront ensuite réticents à faire une péridurale. « *Je n'en fais pas quand la personne a le dos complètement tatoué, c'est risqué. En enfonçant l'aiguille, il peut y avoir un risque de faire entrer des pigments contenus dans l'encre et d'endommager le système nerveux* », souligne le docteur Patricia Appa Plaza, anesthésiste-réanimatrice à la maternité de l'hôpital Lariboisière, à Paris.

××××××××××××××××××××××××××××××××××××××
××××××××××××××××××××××××××××××××××××××

Question 11. Quelle complication médicale n'est pas citée dans le texte ?

(A) Allergie à l'encre

(B) Infection due à une mauvaise asepsie.

(C) Complication cutanée due à l'introduction de corps étrangers.

(D) Lésions cutanées.

(E) Mauvaise cicatrisation.

Question 12. Quel est le meilleur titre pour ce texte ?

(A) Les dangers du tatouage.

(B) Tatouer n'est pas jouer.

(C) La mode du tatouage.

(D) Le tatouage : une pratique en plein essor.

(E) Halte au tatouage.

Question 13. Pour quelle(s) raison(s) les jeunes se font-ils tatouer ?

1. pour s'opposer à leurs parents.
2. pour suivre une mode.
3. pour la dimension esthétique.

(A) 1 + 2 + 3

(B) 1 + 2

(C) 2 + 3

(D) Aucune

(E) 1 + 3

Question 14. Quelle affirmation est fausse ?

(A) Un tatouage dans la région lombaire pose problème pour faire une péridurale.

(B) 25 % des jeunes sont tatoués en France.

(C) Les pigments peuvent être enfoncés jusqu'à 2 mm de profondeur.

(D) Certaines encres comportent des produits cancérigènes.

(E) Il existe un syndicat national des artistes tatoueurs.

××××××××××××××××××××××××××××××××××××××
××××××××××××××××××××××××××××××××××××××

Question 15. Pourquoi les complications liées aux tatouages sont-elles sous-évaluées ?

(A) Car c'est de la responsabilité des tatoueurs que d'informer les autorités en cas de problème ; ce n'est donc pas de leur intérêt de le faire.

(B) Car les tatouages sont souvent effectués clandestinement, à domicile ou sur la plage, et qu'en cas de problème, il est difficile de faire un recours.

(C) Car les complications peuvent survenir plusieurs années après. Comme la mode du tatouage est assez récente, les complications restent à venir.

(D) Car il n'existe pas de données chiffrées en France qui permettent de connaître les éventuelles complications.

(E) Car les informations ne remontent pas à l'ANSM.

Si vous avez terminé, vous n'êtes pas autorisé(e) à revenir sur une épreuve précédente.
Vous n'êtes pas non plus autorisé(e) à travailler sur une épreuve suivante avant la fin du temps imparti.

STOP !

TEST BLANC TAGE MAGE 13

SOUS-TEST 2 : CALCUL

15 questions / 20 minutes / Calculatrice interdite
Réponse juste : + 4 points / Réponse fausse : – 1 point
Aucune réponse : 0 point

Question 16. Soit un cube de 4 cm de côté. On le découpe en petits cubes de 8 mm^3 de volume, puis on empile tous les petits cubes les uns sur les autres. Quelle est en centimètres la hauteur de la pile obtenue ?

(A) 16 (B) 1 200
(C) 12 (D) 1 600
(E) 16 000

Question 17. $4^3 + 64^1 + 8^2 + 2^6 = 2^n$. Que vaut n ?

(A) 4 (B) 8
(C) 12 (D) 1 200
(E) 5

Question 18. Dans un championnat à 20 équipes, chaque équipe rencontre toutes les autres deux fois, un match aller et un match retour. Les 8 meilleures équipes se rencontrent à la fin de la saison pour jouer un mini-championnat où le premier match débute en quarts de finale. Combien de matchs sont disputés au total durant la saison ?

(A) 767 (B) 763
(C) 387 (D) 383
(E) 197

//
//

Question 19. Dans une classe de 1re littéraire de 36 élèves, les garçons reçoivent en moyenne la note de 14 sur 20 à un examen d'anglais et les filles la note de 11 sur 20, sachant que la moyenne de la classe est à 12. Quel est le nombre de filles de cette classe ?

(A) 18
(B) 16
(C) 23
(D) 28
(E) 24

Question 20. Au premier janvier 2001 en France, la TVA était de 30 %. Une télévision valait alors 260 euros. Combien coûtera cette même télévision pour le consommateur en 2002 sachant que le prix hors taxe aura augmenté de 20 % et la TVA passant à 40 % ?

(A) 300
(B) 336
(C) 472
(D) 298
(E) 324

Question 21. Huit amis voyagent ensemble dans les Alpes pendant une semaine. Chacun dépense 192 euros par jour, sauf Mathilde qui dépense chaque jour 77 euros de plus que la moyenne des huit. De combien dépassera-t-elle son budget initial sachant qu'elle a économisé 1 800 euros pour le voyage ?

(A) 160
(B) 320
(C) 50
(D) elle ne dépasse pas son budget
(E) 480

Question 22. On part de deux nombres X et Y de deux chiffres chacun, avec X < Y, et on écrit la suite suivante : le prochain nombre est égal à la somme des deux nombres précédents, et ainsi de suite. Ex. : avec 1 et 2, on a ensuite 3 ; 5 ; 8 ; 13 ; 21…

Que valent X et Y sachant que le huitième nombre de cette suite est 416 ?

(A) 26 et 16
(B) 12 et 52
(C) 14 et 21
(D) 13 et 24
(E) 10 et 30

//
//

Question 23. 0 donne 0 ; 1 donne 1 ; 2 donne 2 ; 3 donne 10 ; 4 donne 11 ; 5 donne 12. Que donne 9 ?

(A) 16
(B) 100
(C) 1111
(D) 101
(E) 1011

Question 24. L'été, c'est la saison des cerises. Jean, Jeannette et Jacques en profitent et achètent un gros sac de cerises. Jeannette se lève de sa sieste et mange un tiers des cerises. Jean vient ensuite se servir, et comme il n'est pas de nature égoïste, il prend seulement un tiers des cerises restantes. Enfin, Jacques décide de manger quelques cerises mais comme il n'est pas très gourmand, il ne prend qu'un tiers des cerises restantes. Il reste 56 cerises dans le sac. Combien y en avait-il au début ?

(A) 217
(B) 189
(C) 173
(D) 162
(E) 198

Question 25. Soit un matelas gonflable de 1 m 40 de large, 2 m de long et 40 cm d'épaisseur. On utilise une pompe éléctrique envoyant de l'air à un débit de

50 centilitres par seconde, combien de temps faut-il pour que le matelas soit parfaitement rempli ?

(A) 14 min
(B) 37 min et 20 sec
(C) 29 min et 40 sec
(D) 43 min et 30 sec
(E) 30 min

Question 26. Une urne contient 10 boules numérotées de 1 à 10. La probabilité de tirer 2 boules de parité inverse en ne remettant pas dans l'urne la première boule tirée avant de tirer la deuxième est égale à…

(A) 1
(B) $\frac{9}{10}$
(C) $\frac{5}{9}$
(D) $\frac{4}{9}$
(E) $\frac{1}{2}$

//
//

Question 27. Quel est le prochain terme de cette suite : 1 – 2 – 9 – 58 – 401 – ?

(A) 2802
(B) 402
(C) 1029
(D) 889
(E) 1587

Question 28. Dans une station d'épuration, les procédés de nettoyage de l'eau sont les suivants : on dessable l'eau qui s'écoule à un débit constant de 18 L/s pour ensuite passer dans un second bac où on la décante une première fois à une vitesse de 12 L/s. Elle passe enfin dans le dernier bac où elle est décantée une seconde fois à raison de 6 L/s. En combien de temps est-il possible d'épurer 1 200 L d'eau usée ?

(A) 10 min et 20 sec
(B) 9 min et 40 sec
(C) 3 min et 40 sec
(D) 2 min
(E) 3 min et 20 sec

Question 29. Soit un carré de côté y composé de plusieurs rectangles. La somme des périmètres de ces rectangles vaut 196 cm. Quelle est l'aire de ce carré ?

(A) 169
(B) 324
(C) 196
(D) 225
(E) 81

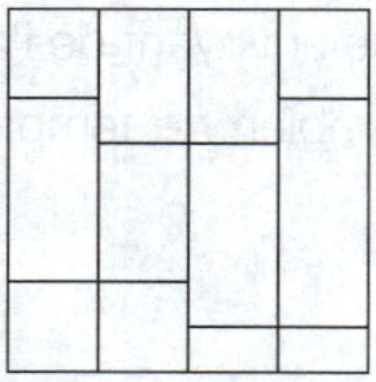

Question 30. Quel est le montant de la somme dont Cyril dispose actuellement si, après soustraction des deux septièmes au sept tiers de cette somme il se retrouve avec 860 euros ?

(A) 500
(B) 480
(C) 420
(D) 490
(E) 320

Si vous avez terminé, vous n'êtes pas autorisé(e) à revenir sur une épreuve précédente.
Vous n'êtes pas non plus autorisé(e) à travailler sur une épreuve suivante avant la fin du temps imparti.

STOP !

TEST BLANC TAGE MAGE 13

SOUS-TEST 3 : RAISONNEMENT & ARGUMENTATION

15 questions / 20 minutes / Calculatrice interdite
Réponse juste : + 4 points / Réponse fausse : – 1 point
Aucune réponse : 0 point

Question 31. Paul, Mario et Vanessa observent un cube colorié avec une couleur différente pour chaque face : du rouge, du violet, du jaune, du rose, du orange et du bleu. Mario se fait la réflexion suivante : « c'est drôle, je vois du bleu, du rouge mais aussi le mélange des deux ! ». Paul se dit « moi je ne vois que des couleurs chaudes : du rouge, de l'orange et du jaune ». Vanessa, en contemplant le cube, pense la chose suivante « du jaune avec du rose et du bleu, c'est tout de même assez moche ».

Quelle couleur est en face de la surface orange ?

(A) Bleu
(B) Rouge
(C) Rose
(D) Jaune
(E) Violet

Question 32. A Lyon, deux clubs d'échecs font une compétition en décidant de réaliser la confrontation des trois meilleurs de chaque club. Chaque joueur joue trois parties à raison d'une partie par jour les lundi, mardi et mercredi d'une même semaine. Les joueurs du premier club se somment Alexandre, Boris et Camel alors que ceux du second se nomment Alain, Bertrand et Charlotte. On sait que les parties Alexandre- Bertrand et Boris-Alain se sont tenues le même jour et qu'Alexandre a joué contre Alain mercredi et que Boris n'a pas rencontré Alain lundi. Que peut-on dire avec certitude ?

(A) Alexandre a rencontré Bertrand lundi.
(B) Boris a rencontré Alain mardi.
(C) Camel a rencontré Charlotte mercredi.
(D) Boris a rencontré Charlotte mardi.
(E) Boris a rencontré Bertrand mardi.

>>
>>

Question 33. C'est le dernier cours de logique de l'année : on dispose des informations suivantes concernant les personnes présentes au cours. Ces affirmations sont celles des élèves et du professeur.

A dit : « Je n'ai pas manqué le cours. »

B dit : « C et moi avons manqué le cours. »

C dit : « A et moi avons manqué le cours. B était présent. » D dit : « Je n'ai pas vu A au cours auquel j'ai assisté. »

E dit : « J'ai vu A en cours. »

On sait de plus que seulement trois affirmations sont vraies. Quelle est la seule combinaison possible ?

(A) A n'est pas en cours mais B est présent.

(B) A est en cours avec B mais C n'est pas là.

(C) B et C sont en cours mais A également.

(D) A et C sont en cours mais B est absent.

(E) A est en cours mais B et C sont absents.

Question 34. Complétez la suite suivante :

2345 – 030 – 115 – 200 – 245 – ?

(A) 330

(B) 245

(C) 1545

(D) 770

(E) 660

>>>
>>>

Question 35. Une enquête a été réalisée auprès de 100 foyers sur la possession des appareils ménagers suivants : lave-linge, lave-vaisselle, sèche-linge. Les résultats sont :

90 foyers possèdent un lave-linge.

50 foyers possèdent un lave-vaisselle. 30 foyers possèdent un sèche-linge.

10 foyers possèdent les trois appareils.

15 foyers possèdent un lave-linge et un sèche-linge. 50 foyers ont un lave-linge sans lave-vaisselle.

Personne n'achèterait un sèche-linge sans avoir un lave-linge ou un lave-vaisselle ! Quelle conclusion est fausse ?

(A) 5 personnes possèdent seulement un lave-vaisselle.

(B) Il y a sept fois plus de personnes qui possèdent un lave-linge que de personnes possédant un lave-vaisselle.

(C) Il y a 55 personnes possédant uniquement deux appareils.

(D) 15 personnes possèdent uniquement un lave-linge et un sèche-linge.

(E) 30 personnes possèdent uniquement un lave-linge et un lave-vaisselle.

Question 36. Aujourd'hui, nous sommes le samedi 15 juin 1997. Quel jour serons- nous dans 1127 jours ?

(A) Samedi 16 juillet 2000

(B) Mardi 17 juillet 1999

(C) Vendredi 18 juillet 2000

(D) Dimanche 15 juin 2000

(E) Samedi 18 juillet 2000

>>>
>>>

Question 37. Les maisons des familles Romain, Romulus et Rémus sont alignées dans une même rue. On dispose des informations suivantes :

Chaque famille possède un animal : chat, chien ou poisson. Chaque famille a un nombre d'enfants différents : 1, 2 ou 3.

En regardant les maisons de face, la maison de M. Romain, qui a un chien, est immédiatement à droite de celle de M. Romulus.

Il y a deux enfants dans la famille qui a un chat. Il y a trois enfants dans la maison du milieu.

M. Rémus a un enfant unique.

On aboutit aux conclusions suivantes :

1. M. Rémus a un poisson et habite dans la maison la plus à droite.
2. M. Romain habite dans la maison la plus à gauche et a un chien.
3. M. Romulus a un chat et deux enfants.
4. M. Romain a trois enfants.
5. La famille qui a un poisson compte deux enfants.

Quelles conclusions sont vraies ?

(A) 1 et 4

(B) 1, 2 et 4

(C) 1, 3 et 4

(D) 2 et 5

(E) 3, 4 et 5

>>>
>>>

Question 38. Très peu d'ingénieurs haut placés de la société X ont quitté l'entreprise pour chercher du travail autre part. Alors, à moins que la société Y augmente le salaire de ses ingénieurs au même niveau que ceux de la société X, les employés de la société Y sont fortement susceptibles de quitter l'entreprise Y pour un autre employeur.

Le raisonnement faussé de l'extrait ci-dessus est très similaire à celui de l'une de ces déclarations. Laquelle ?

(A) Robert ne parie pas, et il n'a jamais été sans le sou. Donc, si Gina se retient de parier elle évitera d'être fauchée.

(B) Si Damien lance une balle directement sur la vitre, cette dernière se brisera sûrement. La vitre n'est pas brisée, donc Damien n'a pas lancé de balle dessus.

(C) Si un piano est laissé dans une pièce humide, il faudra le réparer rapidement. Ce piano a besoin d'une réparation. Alors, il a sûrement été laissé dans une pièce humide.

(D) L'entraînement permet d'atteindre la perfection. En ne s'entraînant pas, on ne peut pas atteindre la perfection.

(E) Les voitures onéreuses sont plus souvent volées que les voitures bon marché. Logiquement, les propriétaires de voitures onéreuses devraient souscrire une assurance anti-vol, alors que les propriétaires de voitures bon marché ne devraient pas.

Question 39. Selon les statistiques des compagnies d'assurance-vie, 9 personnes sur 10 atteintes d'alcoolisme meurent avant l'âge de 75 ans, contre 7 personnes sur 10 non alcooliques. Un rapport récent de l'association pour la santé confirme ces statistiques et déclare qu'une addiction à l'alcool augmente les risques de développer des maladies graves, et donc de réduire l'espérance de vie.

Sur quel présupposé se fonde le rapport de l'association pour la santé ?

(A) Les personnes prédisposées à certaines maladies graves ont plus de chances de devenir alcooliques.

(B) Les statistiques évoquées excluent les morts liées à d'autres facteurs que l'alcool, comme les les accidentés de la route.

(C) L'alcoolisme n'augmente pas les risques de développer des maladies non mortelles.

(D) L'espérance de vie de la population non atteinte d'alcoolisme augmente chaque année.

(E) L'auteur de ce rapport est impartial.

>>
>>

Question 40. Afin de stimuler l'innovation dans l'entreprise X, un des objectifs à long- terme est d'obtenir au moins 50 % des revenus annuels via la vente de produits inventés il y a trois ans ou moins. L'année dernière, l'entreprise X a atteint cet objectif, malgré le fait qu'elle n'ait introduit aucun nouveau produit sur le marché durant l'année.

Quel argument explique le mieux ces résultats ?

(A) Aucune des firmes concurrentes n'a introduit de nouveau produit l'année der- nière.

(B) L'équipe de R&D de l'entreprise X est proche d'aboutir à plusieurs innovations pour les prochaines années.

(C) Les ventes des produits de trois ans ou plus n'ont pas été très bonnes l'année dernière pour l'entreprise X.

(D) L'entreprise X n'a pas introduit beaucoup de nouveaux produits ces trois der- nières années.

(E) Durant ces cinq dernières années, le budget accordé à la R&D a augmenté dras- tiquement.

Question 41. Les personnes qui arrêtent de pratiquer un exercice physique régulier déclarent souvent que cette pratique était une perte de temps pour eux. Mais ces personnes sont paresseuses : tout le monde sait que la pratique d'un exercice physique régulier améliore la santé.

Lequel de ces arguments remet le plus en question l'affirmation précédente ?

(A) L'exercice physique n'améliore pas seulement la santé, il augmente l'espérance de vie.

(B) Les personnes qui ont arrêté l'exercice physique utilisent maintenant ce temps libre de manière productive.

(C) Les personnes en bonne santé vont s'entraîner plus souvent que les personnes en mauvaise santé.

(D) L'exercice physique n'a pas besoin d'être quotidien pour améliorer sa santé.

(E) Les personnes en mauvaise santé s'entraînent moins souvent.

>>>
>>>

Question 42. Laquelle de ces propositions complète logiquement le passage ci- dessous ?

« De plus en plus de consommateurs sont attirés par les voitures de sport car elles sont plus sûres à conduire que les voitures habituelles, mais aussi pour la sensation de puissance qu'elles procurent à l'utilisateur. Dans sa campagne de publicité, l'entreprise Jupiter met en exergue le bas prix de sa nouvelle voiture de sport comparé à celui des voitures concurrentes. Cependant, cette stratégie marketing est maladroite parce que… »

(A) Les voitures de sport Jupiter ne sont pas aussi sûres que celles des concurrents.

(B) Si Jupiter réduisait encore plus le prix de sa voiture de sport, elle pourrait en vendre plus.

(C) Le prix de cette voiture est plus élevé que n'importe lequel des modèles haut de gamme de Jupiter.

(D) La plupart des acheteurs de voitures de sport sont aussi concernés par la fiabilité de la voiture.

(E) Les consommateurs qui achètent des voitures de sport associent abordable et manque de sécurité.

Question 43. Jean : « Si une personne est persuadée de connaître le succès un jour, alors cette personne parviendra sûrement à obtenir ce qu'elle désire. »

Jeannette : « Je ne suis pas d'accord. Selon un article récent intitulé “Les 100 femmes les plus puissantes de l'Histoire”, la plupart de ces femmes ne croyaient pas qu'elles rencontreraient le succès un jour. »

Laquelle de ces réponses de Jean serait la plus convaincante pour répondre au contre-argument avancé par Jeannette ?

(A) Quelqu'un qui ne croit pas en ses chances peut néanmoins parvenir au succès.

(B) Les personnes ayant réussi sont souvent perçues négativement par les autres.

(C) Le succès est inévitable pour certains mais pas pour d'autres.

(D) La définition du succès a beaucoup évolué ces dernières décennies.

(E) Aucune des personnes de l'article n'étaient des hommes.

>>
>>

Question 44. Au cours d'un mois d'avril comportant 5 mardis, trois mardis tombent des jours impairs. Quel jour de la semaine le 19 du mois sera-t-il ?

(A) Lundi
(B) Mercredi
(C) Jeudi
(D) Vendredi
(E) Samedi

Question 45. Tous les étudiants en université lisent de la littérature classique ou des best-sellers quotidiennement, mais certains lecteurs avides de best-sellers ne lisent pas des œuvres de littérature classique car ils n'apprécient pas ce genre de livre. Les personnes qui apprécient la musique classique ne trouvent pas les best-sellers intéressants, et n'ont donc pas pour habitude de les lire. Lucien est un étudiant universitaire qui aime la musique classique, il doit donc apprécier la littérature classique.

Laquelle de ces propositions doit être vraie pour que la conclusion ci-dessus soit correcte ?

(A) La littérature classique est plus intéressante que la plupart des best-sellers.
(B) Tous les étudiants en université qui apprécient la littérature classique en lisent fréquemment.
(C) La littérature classique est plus intéressante que la musique classique.
(D) Tous les lecteurs avides de littérature classique apprécient ce genre de livre.
(E) Tous les étudiants universitaires qui aiment la musique classique lisent aussi des best-sellers.

Si vous avez terminé, vous n'êtes pas autorisé(e) à revenir sur une épreuve précédente.
Vous n'êtes pas non plus autorisé(e) à travailler sur une épreuve suivante avant la fin du temps imparti.

STOP !

TEST BLANC TAGE MAGE 13

SOUS-TEST 4 : CONDITIONS MINIMALES

15 questions / 20 minutes / Calculatrice interdite
Réponse juste : + 4 points / Réponse fausse : – 1 point
Aucune réponse : 0 point

Vous répondrez :

(A) Si l'information (1) permet à elle seule de répondre à la question, et si l'information (2) à elle seule ne permet pas de répondre à la question.

(B) Si l'information (2) permet à elle seule de répondre à la question, et si l'information (1) à elle seule ne permet pas de répondre à la question.

(C) Si les deux informations (1) et (2) ensemble permettent de répondre à la question, et aucune séparément ne le peut.

(D) Si chaque information permet séparément de répondre à la question.

(E) Si les deux informations ensemble ne permettent pas de répondre à la question.

Question 46. Les dimensions de mon aquarium de la forme d'un pavé droit sont des nombres entiers. Que vaut sa largeur ?

(1) La longueur de l'aquarium vaut sept tiers de la largeur.

(2) En augmentant la hauteur de 3 cm, on augmente le volume total de l'aquarium de 63 cm^3.

Question 47. Au tournoi de Wimbledon, 64 joueurs se confrontent dans le tableau masculin, dans des matchs à élimination directe. Dans chaque match, tous les six jeux, on change de balles. Combien de balles au total sont utilisées pour les changements dans l'ensemble du tournoi ?

(1) Un match se joue en 42 jeux en moyenne.

(2) Lorsqu'on change de balles, on redonne huit balles neuves aux joueurs.

##
##

Vous répondrez :

(A) Si l'information (1) permet à elle seule de répondre à la question, et si l'information (2) à elle seule ne permet pas de répondre à la question.

(B) Si l'information (2) permet à elle seule de répondre à la question, et si l'information (1) à elle seule ne permet pas de répondre à la question.

(C) Si les deux informations (1) et (2) ensemble permettent de répondre à la question, et aucune séparément ne le peut.

(D) Si chaque information permet séparément de répondre à la question.

(E) Si les deux informations ensemble ne permettent pas de répondre à la question.

Question 48. 100 étudiants sont inscrits à la faculté de langues. Tous doivent apprendre au moins une langue parmi l'anglais, l'allemand et l'espagnol, mais il est impossible d'apprendre les trois langues en même temps. 30 d'entre eux ne parlent pas anglais. Combien d'entre eux apprennent uniquement l'allemand ?

(1) Les étudiants en double cursus espagnol/allemand sont sept fois moins nombreux que ceux qui apprennent l'anglais.

(2) Les personnes qui apprennent uniquement l'espagnol représentent 8 % du nombre total d'étudiants.

Question 49. 4 amis C, G, P et T vivent dans le même appartement. P est parti se coucher à 22 h en déclarant « Je ne suis pas le premier à aller me coucher ». C quand à lui se refuse à aller dormir tant que T n'est pas couché. Lequel des quatre amis a veillé le plus tard ?

(1) G et T dorment dans la même chambre et doivent donc se coucher au même moment.

(2) A 21 h 45, C faisait un cauchemar.

Question 50. Y est un entier naturel à trois chiffres tel que le chiffre des unités est le seul nombre impair parmi les trois chiffres. Que vaut Y ?

(1) La somme des chiffres du nombre vaut 5.

(2) La soustraction du chiffre des dizaines au chiffre des centaines vaut au moins 3.

##
##

Vous répondrez :

(A) Si l'information (1) permet à elle seule de répondre à la question, et si l'information (2) à elle seule ne permet pas de répondre à la question.

(B) Si l'information (2) permet à elle seule de répondre à la question, et si l'information (1) à elle seule ne permet pas de répondre à la question.

(C) Si les deux informations (1) et (2) ensemble permettent de répondre à la question, et aucune séparément ne le peut.

(D) Si chaque information permet séparément de répondre à la question.

(E) Si les deux informations ensemble ne permettent pas de répondre à la question.

Question 51. La cotisation annuelle d'un club de Jazz impose à tous les adhérents de payer une certaine somme, qui s'élèverait à 5 000 € au total avec deux fois plus de membres. Combien d'inscriptions recense-t-on dans ce club de Jazz ?

(1) Si chaque inscrit payait une avance d'un cinquième du montant de la cotisation, le club récolterait 500 €.

(2) Le jour de la cotisation, 15 inscrits sont absents et tous les autres doivent payer 3 € de plus pour compenser leur absence.

Question 52. Soit un nombre X à deux chiffres tel que le chiffre des dizaines est le même que le chiffre des unités, et Y un nombre à trois chiffres tel que le chiffre des centaines et le chiffre des dizaines sont égaux. Que vaut le carré de la somme du chiffre des dizaines de X, du chiffre des centaines de Y et du chiffre des unités de Y ?

(1) Lorsqu'on additionne le nombre X avec lui-même, on obtient le nombre Y.

(2) Les nombres X et Y sont des multiples de 5.

Question 53. Soit un nombre Z à trois chiffres, multiple de 3, 5 et 11 où le chiffre des dizaines est égal à la somme du chiffre des centaines et du chiffre des unités. Que vaut Z ?

(1) Z est un nombre impair.

(2) Le nombre composé des deux premiers chiffres du nombre Z est le carré d'un nombre premier.

##
##

Vous répondrez :

(A) Si l'information (1) permet à elle seule de répondre à la question, et si l'information (2) à elle seule ne permet pas de répondre à la question.

(B) Si l'information (2) permet à elle seule de répondre à la question, et si l'information (1) à elle seule ne permet pas de répondre à la question.

(C) Si les deux informations (1) et (2) ensemble permettent de répondre à la question, et aucune séparément ne le peut.

(D) Si chaque information permet séparément de répondre à la question.

(E) Si les deux informations ensemble ne permettent pas de répondre à la question.

Question 54. Simon fait du vélo et Johnny se déplace en roller. Simon part chercher du pain à la ville la plus proche. 30 min après son départ, Johnny décide de faire le même chemin que Simon pour acheter des patisseries. Au bout de combien de temps l'aura-t-il rattrapé ?

(1) Quand Simon fait 5 km en 15 min, Johnny parvient à en effectuer 7.

(2) Simon est deux fois plus rapide que Johnny.

Question 55. Roger a 10 ans de plus que Robert, ce dernier devant ajouter la racine cubique de 64 bougies sur son propre gâteau d'anniversaire pour obtenir l'âge de Rachida. Raymonde quant à elle souhaite remercier son oncle Rodrigue de lui avoir acheté un mixer pour son 19e anniversaire, il y a exactement 23 ans. Rodrigue, deux fois plus vieux qu'elle maintenant, n'aime pas que son frère Robert ait exactement le septième de son âge. Quel âge a Roger ?

(1) Rodrigue a 84 ans.

(2) Raymonde a exactement 30 ans de plus que Robert.

Question 56. Lorsque je fais la somme de mes pommes, de mes poires et de mes kiwis, je trouve 36. Pourtant, lorsque je suis allé acheter des fruits au marché ce matin, je n'ai pas trouvé de poires mais j'ai doublé mon nombre de kiwis. Je n'ai pas hésité au vu de cette offre promotionnelle : pour deux kiwis achetés, une pomme offerte. Combien disposais-je de pommes avant d'aller au marché ?

(1) J'ai acheté 12 kiwis au marché.

(2) Sans compter les pommes, j'avais 15 fruits dans mon panier ce matin.

##
##

Vous répondrez :

(A) Si l'information (1) permet à elle seule de répondre à la question, et si l'information (2) à elle seule ne permet pas de répondre à la question.

(B) Si l'information (2) permet à elle seule de répondre à la question, et si l'information (1) à elle seule ne permet pas de répondre à la question.

(C) Si les deux informations (1) et (2) ensemble permettent de répondre à la question, et aucune séparément ne le peut.

(D) Si chaque information permet séparément de répondre à la question.

(E) Si les deux informations ensemble ne permettent pas de répondre à la question.

Question 57. Paul, Pierre et Pauline se partagent une somme de 3 900 €. Est-ce Paul qui a le plus d'argent parmi les trois ?

(1) Pierre détient 1 700 €.

(2) Paul récupère 1 300 € de ce partage.

Question 58. Alfred place son capital à un taux fixe, qui produit des intérêts qui sont réinvestis chaque année. Quel est le montant du capital final après deux ans ?

(1) Les intérêts de la deuxième année sont de 525 €.

(2) La première année, les bénéfices s'élèvent à 500 € et la deuxième année à 525 €.

Question 59. Sur un cube blanc de 8 cm de côté, Paul colorie des petits carrés noirs sur chaque face. Quelle est l'aire totale de la partie noire ?

(1) Paul utilise les deux septièmes de la face supérieure du cube pour dessiner des carrés noirs.

(2) Après le coloriage, toutes les faces du cube sont identiques.

##
##

Vous répondrez :

(A) Si l'information (1) permet à elle seule de répondre à la question, et si l'information (2) à elle seule ne permet pas de répondre à la question.

(B) Si l'information (2) permet à elle seule de répondre à la question, et si l'information (1) à elle seule ne permet pas de répondre à la question.

(C) Si les deux informations (1) et (2) ensemble permettent de répondre à la question, et aucune séparément ne le peut.

(D) Si chaque information permet séparément de répondre à la question.

(E) Si les deux informations ensemble ne permettent pas de répondre à la question.

Question 60. Une sphère A est inscrite dans un cube B de volume égal à 216 litres. Je décide de découper la sphère pour en enlever une partie afin de diminuer son volume total. Quel sera l'angle de la partie découpée ?

(1) Le volume de la sphère initiale vaut 36 π dm^3.

(2) Après découpage, le volume de la sphère est égal à 24 π litres.

Si vous avez terminé, vous n'êtes pas autorisé(e) à revenir sur une épreuve précédente.
Vous n'êtes pas non plus autorisé(e) à travailler sur une épreuve suivante avant la fin du temps imparti. **STOP !**

TEST BLANC TAGE MAGE 13

SOUS-TEST 5 : EXPRESSION

15 questions / 20 minutes / Calculatrice interdite
Réponse juste : + 4 points / Réponse fausse : – 1 point
Aucune réponse : 0 point

Question 61. Avec lui, le combat pouvait durer des heures : c'était un adversaire farouche.

(A) tenace
(B) craintif
(C) grégaire
(D) lâche
(E) belliqueux

Question 62. Eric prétend que les dernières heures de l'après-midi sont (…) pour la navigation à la voile dans la baie de Rango, car (…) soufflent dans la baie des vents (…) forts pour faire voguer les bateaux, (…).

(A) idéales / à toute autre heure / suffisamment / rendant ainsi la navigation très agréable
(B) moins favorables / à ces heures-là / trop / rendant ainsi la navigation très agréable
(C) idéales / à ces heures-là / suffisamment / sans toutefois créer des tourbillons dangereux
(D) définitivement idéales / à ces heures-ci / assez / sans ne jamais créer quelque tourbillon homérique
(E) moins favorables / aux autres heures de la journée / trop / rendant ainsi la navigation terrifiante et dangereuse

Question 63. La violence à l'école semble augmenter. Un professeur a reçu un coup tandis que de nombreuses plaintes ont été déposées. Chaque fois, de jeunes adolescents étaient en possession d'armes. Le ministre a décidé qu'il faudrait désormais permettre (…) des élèves. Cela risque néanmoins de poser de sérieuses difficultés.

(A) le contrôle
(B) la surveillance
(C) la fouille
(D) l'écoute
(E) l'espionnage

Question 64. Quelle est la phrase qui comporte une erreur orthographique ?

(A) Il se glissa comme un voleur dans son taudis.
(B) Un soleil de plomb les étouffe.
(C) C'est le rebus d'une société plus vieille que Saturne.
(D) La porte se referma derrière un fracas de clefs.
(E) La rugosité de ce sol est étonnante.

Question 65. Quelle est la seule phrase correcte parmi ces cinq propositions ?

(A) C'était des charlatans qui faisaient ces boniments.
(B) S'il avait insisté, je le priais de sortir.
(C) Ci-jointe une lettre peu polie de votre débiteur.
(D) Passé une heure, ma porte est fermée à tout visiteur.
(E) Malgré qu'il soit arrivé en retard, il a fini son travail.

Question 66. La surpopulation inattendue des pandas dans les zoos chinois s'explique par l'usage (…) des nouvelles techniques de reproduction dans ces établissements.

(A) croissant
(B) malthusien
(C) incertain
(D) excédentaire
(E) démentiel

Question 67. (…) le prix des carburants aux Etats-Unis soit raisonnable, les Américains s'inquiètent des effets de leur dépendance pétrolière.

(A) Bien que
(B) Afin que
(C) Puisque
(D) Pourvu que
(E) Quand

Question 68. Bien que plus de 211 000 médecins exercent en France (…)

(A) les femmes sont de plus en plus nombreuses à exercer cette profession.
(B) les jeunes médecins recherchent un confort de vie plus important, ce qui pose un problème de temps de travail.
(C) le ministre de la Santé a également proposé de reculer l'âge de la retraite pour les professions médicales.
(D) d'ici quelques années, ils ne seront pas assez nombreux pour répondre aux besoins de la population.
(E) les jeunes médecins préfèrent ouvrir leur propre cabinet plutôt que de travailler à l'hôpital.

Question 69. « Nicolas part à la pêche avec son père pour la première fois. Ce dernier lui explique par conséquent tous les (…) de ce savoir-faire. Mais Nicolas ne comprenait pas comment il fallait procéder pour que les poissons mordent à (…). Son père lui expliqua plus en détail comment il fallait s'y prendre pour concocter un bon (…).

(A) maniements / l'hélice / appat
(B) condiments / l'hameçon / appa
(C) rudiments / l'hameçon / appât
(D) émoluments / l'hameau / appas
(E) secrets / l'hameçon / appat

Question 70. Parmi les couples de mots suivants, lequel ne forme pas un couple de synonymes ?

(A) Hermétique – Impénétrable
(B) Majestueux – Grandiose
(C) Nonchalant – Indolent
(D) Omnipotent – Universel
(E) Morigéner – Sermonner

Question 71. Dans le livre de Lesage, Edith est décrite comme un personnage dont le jugement moral (…) de partialité. (…) qu'elle considère l'habitude de son fils de prendre de l'argent de son sac sans permission comme (…), les vols commis par les autres sont à ses yeux des (…).

(A) est entaché / Bien / une innocente gaminerie / péchés impardonnables
(B) est entaché / Tandis / un enfantillage sans conséquence / gamineries innocentes
(C) n'est pas entaché / Bien / un enfantillage sans importance / péchés impardonnables
(D) n'est pas entaché / De même / un grave péché / enfantillages sans importance
(E) est naïf / Bien / une offense / agressions d'une rare violence

Question 72. Trouvez la meilleure formulation pour exprimer le sens du paragraphe suivant. La réponse A reprend la proposition initiale :
L'instruction bien dirigée corrige l'inégalité naturelle des facultés, au lieu de la fortifier, comme les bonnes lois remédient à l'inégalité naturelle des moyens de subsistance. Alors, l'art social aura rempli son but, celui d'assurer et d'étendre, pour tous, la jouissance des droits communs auxquels ils sont appelés par la nature.

(A) L'instruction bien dirigée corrige l'inégalité naturelle des facultés, au lieu de la fortifier, comme les bonnes lois remédient à l'inégalité naturelle des moyens de subsistance. Alors, l'art social aura rempli son but, celui d'assurer et d'étendre, pour tous, la jouissance des droits communs auxquels ils sont appelés par la nature.
(B) L'instruction et la loi ont en commun qu'elles ont une vocation sociale : corriger les inégalités naturelles entre les hommes pour permettre à tous de jouir de leurs droits communs.
(C) Si les hommes naissent naturellement inégaux, par leurs capacités ou leurs richesses, la société se doit de remédier à cette injustice en mettant tout le monde au même niveau, que ce soit à travers l'instruction ou la justice.
(D) Les hommes ne peuvent compter que sur l'instruction ou la loi pour s'élever dans la société et compenser les injustices de la naissance.
(E) Une société qui ne met pas l'instruction et la justice au cœur de ses préoccupations est une société en danger.

Question 73. Des psychologues qui ont traité des fumeurs pour les inciter à arrêter de fumer ont rendu compte d'un faible pourcentage de réussite. Une enquête du Ministère de la Santé a montré qu'un pourcentage significatif de fumeurs qui voulaient s'arrêter de fumer y est parvenu.

Comment peut-on résoudre cette apparente contradiction ?

(A) Les résultats fournis par les psychologues étaient compris dans l'enquête du ministère de la Santé.

(B) On peut surmonter l'habitude de fumer à force de volonté.

(C) Les personnes comprises dans l'enquête du ministère de la Santé ont échoué dans leur tentative d'arrêter de fumer de leur propre initiative.

(D) Les personnes qui réussissent à s'arrêter de fumer de leur propre initiative ne font pas partie du rapport des psychologues.

(E) Les psychologues n'ont pas fait leur travail.

Question 74. Bien qu'on fut déjà en hiver, / il se plaisait à porter / des chemisettes rose bonbon / et des chemisettes en toile fine. /

1. La première partie est fausse.
2. La troisième partie et la première partie sont fausses.
3. Toute la phrase est juste.
4. La première partie et la deuxième partie sont bonnes.
5. Seule la troisième partie est fausse.

(A) 1 et 2

(B) 2

(C) 1

(D) 3 et 4

(E) 5

Question 75. Affûter est à Couteau ce que :

(A) Défaire est à Aiguille à tricoter.

(B) Etaler est à Rouleau à pâtisserie.

(C) Décapsuler est à Bouchon.

(D) Gonfler est à Pneu.

(E) Planter est à Clou.

Si vous avez terminé, vous n'êtes pas autorisé(e) à revenir sur une épreuve précédente.
Vous n'êtes pas non plus autorisé(e) à travailler sur une épreuve suivante avant la fin du temps imparti.

STOP !

TEST BLANC TAGE MAGE 13

SOUS-TEST 6 : LOGIQUE

15 questions / 20 minutes / Calculatrice interdite
Réponse juste : + 4 points / Réponse fausse : – 1 point
Aucune réponse : 0 point

Question 76.

			97	
			35	
16	53	81	?	47
			13	
			42	

(A) 64 B) 73 C) 55 D) 20 E) 86

Question 77.

BUD				
ASC				
DQH				
?	JSK	KTH	LMD	MZA
RML				

(A) IKE B) KOE C) ELH D) IOE E) FZM

****
****

Question 78.

52
215 72 343 ? 80
691
94
652

(A) 18 B) 521 C) 12 D) 46 E) 927

Question 79.

LPZEM
ZPJKE
NHINJ
JOWLC MXFSE PAXVG ? BSZDK
EAWSD

(A) OPZJH B) WGINJ C) LNLMI D) FSREP E) HGUZI

Question 80.

796
398 932 ? 610 187
560
364
321

(A) 243 B) 476 C) 206 D) 444 E) 481

****
****

Question 81.

			OQV	
			QSX	
NAT	OXO	GUW	?	AOL
			YAF	
			RTY	

(A) SRZ B) KMX C) PRW D) SNU E) IKP

Question 82.

		102		
		547		
762	294	?	717	591
		766		
		323		

(A) 456 B) 437 C) 851 D) 870 E) 465

Question 83.

	AR			
NP	?	ZO	FQ	KL
	WZ			
	PU			
	SV			

(A) HX B) EY C) BZ D) GB E) AY

****
****

Question 84.

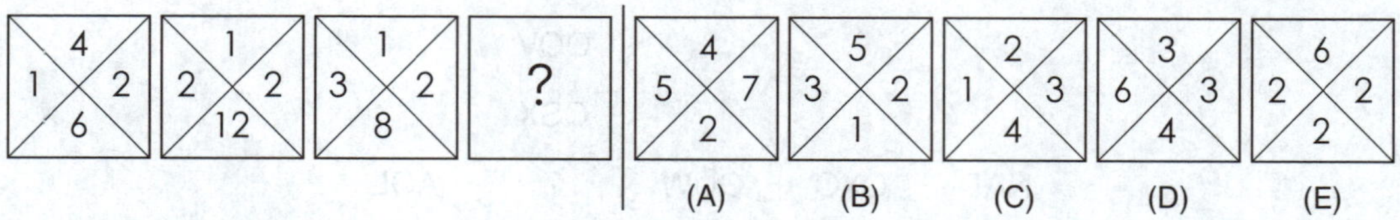

Question 85.

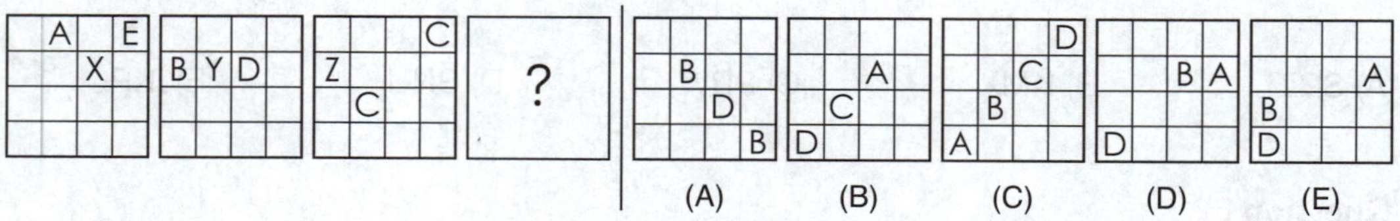

Question 86.

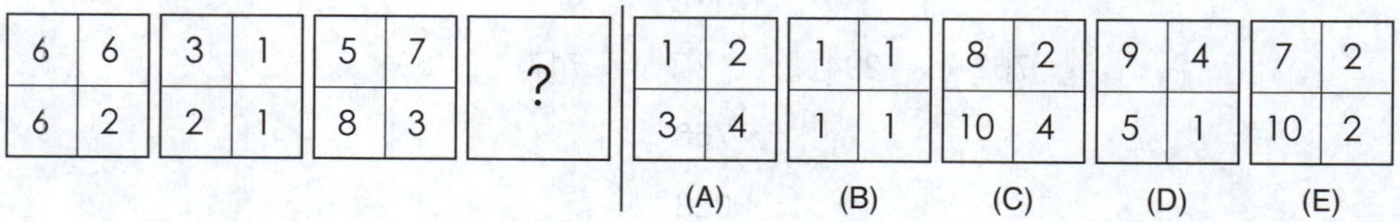

Question 87.

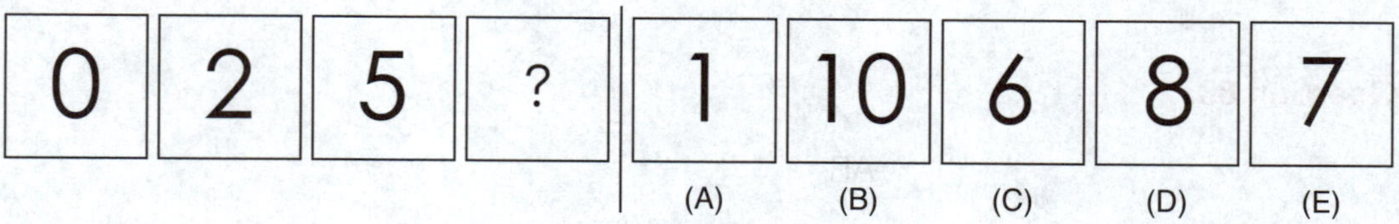

Question 88.

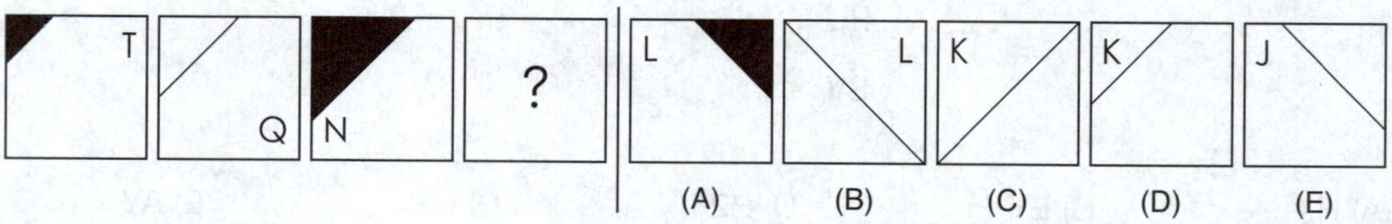

Question 89.

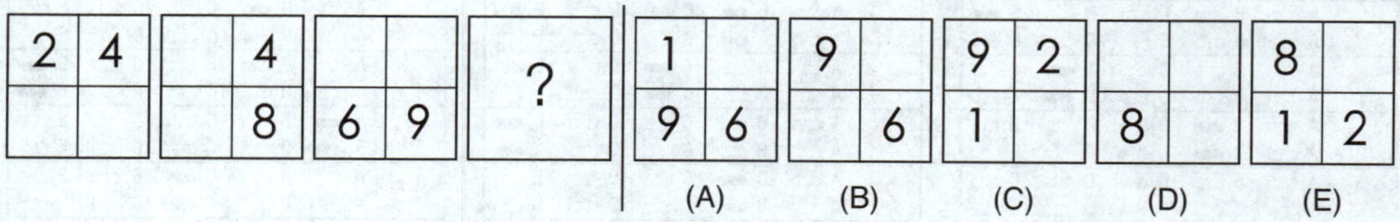

Question 90.

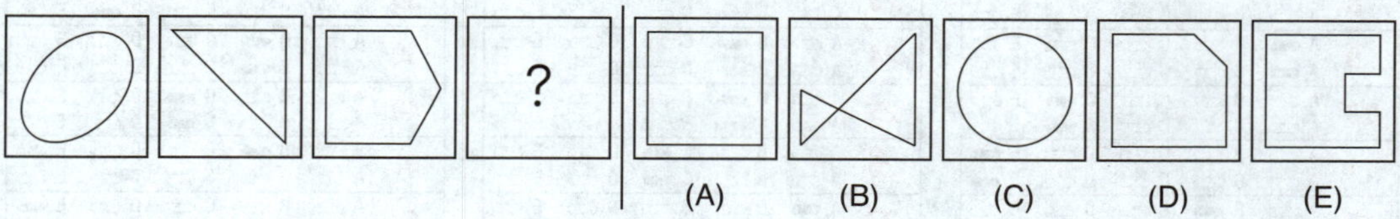

TEST TAGE MAGE 13 : VOTRE GRILLE DE REPONSES JUSTES

Sous-test 1 — Compréhension de textes

Question	Réponse
1	D
2	E
3	D
4	B
5	C
6	B
7	C
8	C
9	A
10	D
11	E
12	B
13	D
14	B
15	A

Sous-test 2 — Calcul

Question	Réponse
16	D
17	B
18	C
19	E
20	B
21	A
22	D
23	B
24	B
25	B
26	C
27	A
28	E
29	C
30	C

Sous-test 3 — Raisonnement/Argumentation

Question	Réponse
31	A
32	B
33	E
34	A
35	C
36	A
37	C
38	D
39	B
40	C
41	B
42	E
43	A
44	E
45	D

Sous-test 4 — Conditions minimales

Question	Réponse
46	C
47	C
48	C
49	C
50	C
51	B
52	A
53	B
54	D
55	D
56	C
57	B
58	B
59	C
60	B

Sous-test 5 — Expression

Question	Réponse
61	A
62	C
63	C
64	C
65	D
66	A
67	A
68	D
69	C
70	D
71	A
72	B
73	D
74	C
75	D

Sous-test 6 — Logique

Question	Réponse
76	A
77	D
78	D
79	E
80	B
81	C
82	D
83	E
84	E
85	D
86	D
87	E
88	C
89	C
90	D

CORRIGES 13

SOUS-TEST 1 : COMPREHENSION DE TEXTES

Question 1. Réponse D

La réponse est explicite : « Les implications de ces changements ne sont pas évidentes, vues depuis une Europe (…) où les statistiques raciales évoquent des épisodes sinistres ». La situation des minorités en Europe n'est jamais évoquée ; les propositions 2 et 3 sont donc fausses.

Question 2. Réponse E

La réponse est explicite : « Europe moins multicolore, où l'immigration n'est pas constitutive de l'histoire ».

Les quatre autres propositions sont exactes :

Proposition A : « ces “minorités”, qui, ensemble, forment aujourd'hui un tiers de la population américaine, deviendront majoritaires avant 2050 ».

Proposition B : « Si les Blancs dominent largement, (…) leur âge médian atteint 42 ans ».

Proposition C : « la fertilité plus élevée des minorités, qui alimentent 92 % de la croissance démographique ».

Proposition D : « Aujourd'hui, seuls 13 % des Hispaniques (…) sont titulaires d'un diplôme universitaire ».

Question 3. Réponse D

Les quatre autres villes ou Etats sont cités dans le texte comme des lieux où les blancs ne sont plus majoritaires : « les Blancs ne sont plus majoritaires dans quatre Etats (Californie, Texas, Nouveau-Mexique et Hawaï) et dans le district de Columbia (l'agglomération de Washington), ainsi que dans plusieurs grandes villes comme New York, Las Vegas et Memphis. ».

Question 4. Réponse B

Le paiement des retraites est le seul défi social que les Etats-Unis n'auront pas à relever dans le futur : « Une destinée qui induit d'innombrables défis sociaux, mais met le pays à l'abri d'un problème – qui va payer les retraites ? – qui taraude les Européens ».

Question 5. Réponse C

Le texte n'est pas nostalgique : il ne regrette pas le temps où la population était moins métissée.

Il n'est pas non plus positif : il ne s'enthousiasme pas du fait que les minorités vont devenir majoritaires.

L'auteur n'est pas alarmiste : il ne répand pas des nouvelles alarmantes.

Ce texte présente les conséquences du basculement des minorités et s'attache à expliquer les défis qui attendent ce pays.

On pourrait donc lui trouver un ton inquiétant si l'avant-dernier paragraphe n'expliquait que l'immigration est une composante du destin des Etats-Unis : son passé et son futur.

Le moins mauvais choix est donc « neutre ».

Question 6. Réponse B

Ce texte, même s'il fournit une explication sur les mécanismes psychologiques provoquant le désir d'être mince (proposition E), même s'il est très critique sur les régimes (proposition C et D), est essentiellement consacré à dénoncer la responsabilité du corps médical dans la délivrance de médicament du type Médiator.

L'auteur ne ménage pas, dans ses critiques, le rôle des divers intervenants (proposition A) mais les critiques les plus longues et les plus virulentes sont réservées aux médecins. Le dernier paragraphe est, par exemple, entièrement consacré au rôle du médecin.

Question 7. Réponse C

La proposition A n'est pas fausse mais la proposition C est plus précise car l'expression « laisser berner » reprend « tomber dans le panneau » présent dans le texte. Les propositions B, D et E sont beaucoup trop restrictives.

Question 8. Réponse C

La réponse est explicite dans la première partie du texte : « ne pas reconnaître ce corps qui, se transformant, modifie la donne devenue complexe avec la disparition de l'innocence et de l'insouciance enfantine », et « La nostalgie d'un corps adolescent pulsatile et désirant, source de sensations voluptueuses, mère de toutes les émotions ».

« Une dimension plus profonde donc que les simplissimes et réducteurs souhait-vœu, volonté-désir de maigrir que serinent et exposent les médias qui inondent d'images retouchées les magazines et les panneaux publicitaires » cette phrase explique que l'explication « maigrir pour ressembler aux mannequins » n'est pas la bonne (proposition A).

Les propositions D et E ne sont aussi que les conséquences du désir de rester adolescente. La proposition B n'est pas évoquée dans le texte.

Question 9. Réponse A

La réponse est explicite car le paragraphe qui suit l'expression « procès de toutes les médecines fonctionnelles » pointe les responsabilités de chaque acteur.

Question 10. Réponse D

Les propositions B et C n'évoquent pas l'aspect pécuniaire ; elles ne sont donc pas assez précises.

La proposition A comporte l'expression « écouter le patient » qui est trop vague.

La proposition E est exacte mais la proposition D est plus pertinente car elle utilise l'expression « écouter les patients au-delà des mots », expression qui traduit mieux le verbe « entendre » présent dans le texte d'origine.

Question 11. Réponse E

La mauvaise cicatrisation n'est pas évoquée dans ce texte. Les quatre autres propositions le sont :

Proposition A : « Des réactions allergiques aux encres peuvent survenir ».

Proposition B : « Si le tatoueur travaille proprement, si les recommandations sont respectées, les infections sont rares », cela signifie qu'a contrario si le tatoueur travaille « salement », sans respecter les règles d'asepsie, les infections surviennent.

Proposition C : « complications cutanées existent, déclenchées par l'introduction de corps étrangers dans la peau ».

Proposition D : « Des lésions cutanées limitées à une seule couleur ont ainsi été observées ».

Question 12. Réponse B

Les titres C et D n'évoquent pas les risques liés au tatouage, ils sont donc incomplets.

Le titre E est beaucoup trop négatif : le texte ne demande pas l'arrêt des tatouages, il met simplement en garde contre les risques.

Le titre A est correct sur le fond, mais le titre B claque plus.

Question 13. Réponse D

La proposition 1 est fausse car « se démarquer du corps de leurs parents » ne signifie pas « s'opposer à leurs parents ».

Les propositions 2 et 3 ne sont pas spécifiques aux jeunes.

Question 14. Réponse B

« mais un jeune de 25 à 34 ans sur cinq. » : cela fait 20 % et non 25 %.

Question 15. Réponse A

La réponse est explicite : « Ces complications restent rares même si elles sont sous- évaluées, car les personnes qui ont des soucis retournent plus facilement voir leurs tatoueurs – qui seraient peu enclins à signaler les problèmes – qu'un dermatologue ».

SOUS-TEST 2 : CALCUL

Question 16. Réponse D

Rappel : $\text{Volume}_{\text{cube}} = c^3$ et 1 cm^3 = 1 000 mm^3

Le cube fait 4 cm de côté, il a donc un volume de $4^3 = 64$ cm^3.

64 cm^3 = 64 000 mm^3 tandis qu'un petit cube fait 8 mm^3 de volume

Pour connaître le nombre de petits cubes qui compose le grand cube, **on divise simplement le volume total par le volume d'un petit cube.**

Nombre de petits cubes = $\frac{64\,000}{8}$ = 8 000 petits cubes.

Calculer la hauteur de la pile revient à superposer les 8 000 cubes l'un sur l'autre : multiplier le nombre de cubes par la hauteur de chaque cube.

Un cube de 8 mm^3 de volume fait 2 mm de côté ($2^3 = 8$). Hauteur pile = 8 000 × 2 = 16 000 mm soit 1 600 cm

Question 17. Réponse B

On commence par factoriser la partie gauche de l'équation. Tous ces nombres étant des multiples de 2, on peut les mettre sous la forme 2^p :

$(2^2)^3 + (2^6)^1 + (2^3)^2 + 2^6 = 2^n$

Rappel : $(X^a)^b = X^{a \times b}$

CORRIGÉS TEST BLANC 13

$2^{2\times3} + 2^{6\times1} + 2^{3\times2} + 2^6 = 2^n$

$2^6 + 2^6 + 2^6 + 2^6 = 2^n$

On prolonge la factorisation :

$4 \times 2^6 = 2^n$

$2^2 \times 2^6 = 2^n$

Rappel : $X^a \times X^b = X^{a+b}$

$2^8 = 2^n$ et par identification $n = 8$

Question 18. **Réponse C**

Chaque équipe rencontre chacune des 20 équipes du championnat, sauf elle-même. Chaque équipe joue donc 19 matchs aller (20 moins elle-même) et 19 matchs retour soit 38 matchs.

Le nombre total de matchs joués hors phase finale est donc $\frac{38 \times 20}{2}$: chaque équipe joue 38 matchs, il y a 20 équipes, **mais un match compte pour deux rencontres : l'équipe A qui joue l'équipe B et l'équipe B qui joue l'équipe A** : on divise donc par 2 le nombre de matchs.

$\frac{38 \times 20}{2} = 380$ matchs joués hors phase finale.

Les 8 meilleures équipes débutent en quart de finale. Soit 4 matchs joués en quart de finale, puis 2 matchs en demi-finale, et enfin le dernier match de la finale soit 7 matchs supplémentaires.

Le nombre de matchs disputés est de 380 + 7 = 387 matchs.

Question 19. **Réponse E**

Appliquons la méthode du barycentre pour la résolution de cette question.

La moyenne de la classe est de 12, celle des garçons de 14 soit 2 points de plus que la moyenne, tandis que les filles ont 11 soit un point de moins.

Rappel : le rapport des écarts à la moyenne est l'inverse du rapport des effectifs.

L'écart à la moyenne des garçons est de 2 points, celle des filles d'un point. L'écart est donc **deux fois plus grand** du côté des garçons, ce qui signifie qu'il faudra **deux fois plus de filles que de garçons** pour faire une moyenne à 12.

Soit X le nombre de garçons et Y le nombre de filles, on a : $Y = 2 \times X$ avec $X + Y = 36$

On trouve donc $Y = 24$ et $X = 12$

Question 20. Réponse B

Commençons par calculer le prix HT de la télévision.

Rappel : $Prix_{TTC} = Prix_{HT} \times (1 + T_{TVA})$

$260 = Prix_{HT} \times 1{,}3$

$Prix_{HT} = \frac{260}{1{,}3} = 200$ euros

En 2002, le prix hors taxe augmente de 20 % : la télévision coûte maintenant 240 euros en HT (200 × 1,2).

On calcule le nouveau Prix TTC :

$Prix_{TTC} = 240 \times (1{,}4) = 336$ euros

Question 21. Réponse A

L'argent dépensé quotidiennement par Mathilde dépend de la moyenne des dépenses journalières des huit, que l'on nomme M. On a donc l'équation suivante, pour une semaine de voyage soit 7 jours de dépenses :

$$M = \frac{(192 \times 7) + (M + 77)}{8}$$

$(8 \times M) - M = (192 \times 7) + 77$

On simplifie en divisant par 7 :

$M = 192 + 11$

$M = 203$

L'argent dépensé par Mathilde chaque jour est égal à 203 + 77 = 280 euros

En une semaine, elle aura dépensé 280 × 7 = 1 960 euros soit 160 euros de plus que son budget de départ.

Question 22. Réponse D

Soit X le premier nombre de la suite et Y le deuxième. Alors le troisième est égal à X + Y, et le quatrième égal à la somme du deuxième et du troisième, soit : $Y + (X + Y) = X + 2 \times Y$

3e : X + Y
4e : X + 2Y
5e : 2X + 3Y
6e : 3X + 5Y
7e : 5X + 8Y
8e : 8X + 13Y

Le huitième terme de la suite est égal à 416 : 416 = 8X + 13Y On a donc $Y = \frac{(416 - 8X)}{13}$

416 est un multiple de 13 : X doit alors lui aussi être un multiple de 13. On peut avoir X = 13, X = 26, X = 39…

CORRIGÉS TEST BLANC 13

Essayons avec X = 13 : on trouve alors Y = 24. Essayons maintenant avec X = 26 : on trouve Y = 16.

Or, X doit être inférieur à Y. Le seul couple de valeurs possible est X = 13 et Y = 24.

Question 23. Réponse B

La particularité de cet exercice est de raisonner en base 3 et non plus en base 10.

En base 3, le nombre 3 ne peut être utilisé. A la place, on augmente de 1 le rang de gauche et on réinitialise le rang de droite.

1 : 1
2 : 2
3 : 10 : on ajoute 1 à gauche du nombre et on réinitialise à droite 4 : 11
5 : 12
6 : 20 : même principe, on augmente de 1 à gauche et on réinitialise à droite 7 : 21
8 : 22
9 : 100

Question 24. Réponse B

Soit un nombre X de cerises dans le sac initialement.

Jeannette en prend un tiers; il reste donc $\frac{2}{3}$X de cerises dans le sac.

Jean vient se servir et en prend un tiers : il en prélève $\frac{1}{3} \times \frac{2}{3}X = \frac{2}{9}X$, il reste donc $\frac{4}{9}$ de cerises dans le sac.

Jacques se sert et prend encore un tiers : il prend $\frac{1}{3} \times \frac{4}{9}X = \frac{4}{27}X$, il reste donc $\frac{8}{27}$ de cerises dans le sac soit 56 cerises comme le précise l'énoncé.

On finit par une règle de trois : si $\frac{8}{27}$ correspond à 56 cerises, alors 100 % correspond à 27 × 7 = 189 cerises.

Question 25. Réponse B

Avant de calculer le volume du matelas, on commence par convertir à la même unité, le décimètre

l = 14 L = 20 *h* = 4

Soit un volume de 14 × 20 × 4 = 1 120 dm^3

1 dm^3 = 1 L : le matelas peut donc contenir 1 120 L d'air soit 1 120 × 100 cL

Pour remplir le matelas avec une pompe d'un débit de 50 centilitres par seconde, il faudra : $\frac{1\,120 \times 100}{50}$ secondes, soit 2 240 secondes.

Les réponses étant en minutes, on divise le résultat obtenu par 60 : $\frac{2\,240}{60}$ = 37,3333… soit 37 minutes et 20 secondes

CORRIGÉS TEST BLANC 13

Question 26. **Réponse C**

Si l'urne contient 10 boules numérotées de 1 à 10, il y a autant de boules portant un numéro pair que de boules portant un numéro impair : 5 de chaque.

Prenons l'exemple où l'on tire une boule de numéro impair. Comme la boule tirée ne doit pas être remise dans l'urne, il ne reste alors que 9 boules dont 5 portent le numéro pair et 4 (5 – 1) portent le numéro impair.

Il y a 9 boules au total pour le deuxième tirage, dont 5 sont de numéro pair : il y a donc une probabilité égale à $\frac{5}{9}$ de tirer 2 boules de parité inverse.

Question 27. **Réponse A**

Il ne faut pas chercher un rapport entre les termes de la suite mais plutôt comprendre comment on passe d'un terme à l'autre dans la suite.

Regardons ce qu'on obtient en soustrayant chaque terme de la suite par le terme qui le précède :

$2 - 1 = 1$

$9 - 2 = 7$

$58 - 9 = 49$

$401 - 58 = 343$

Vous aurez rapidement reconnu ces nombres : pour passer d'un terme à l'autre, on **additionne le terme par 7^n avec n qui augmente de 1 à chaque itération** : 7^0, 7^1, 7^2... On cherche maintenant le prochain terme de la suite :

$X = 401 + 7^4$ avec $7^4 = 2\,401$

Le prochain terme de la suite sera 2 802.

Question 28. **Réponse E**

Le piège est ici de calculer le temps d'écoulement des 1 200 litres d'eau dans chacun des 3 bacs et de faire la somme des 3. En effet, l'eau du premier bac commence à s'écouler dans le deuxième puis dans le troisième **avant** que la totalité des 1 200 litres soit déversée dans le bac de dessablage. Il faut en fait seulement prendre en compte le débit de déversement **le plus lent** des trois bacs.

Prenez l'exemple d'un entonnoir, où le liquide se déverse rapidement à l'entrée mais lentement à la sortie, l'orifice se réduisant petit à petit et pouvant donc contenir moins de volume. La vitesse de déversement du liquide d'un bout à l'autre de l'entonnoir **dépendra uniquement du débit de sortie**, là où il est le plus faible.

Dans notre exemple, l'eau peut s'écouler rapidement dans le bac 1 puis dans le bac 2, l'ensemble des 1 200 litres ne pourront pas s'écouler plus vite que la capacité du dernier bac.

Pour connaître le temps d'épuration (en considérant les temps de dessablage et de décantation comme nuls), il suffit de diviser le volume d'eau total par le débit d'écoulement du dernier bac.

$\frac{1\,200}{6} = 200$ secondes

On convertit en minutes, et on obtient 3 minutes et 20 secondes.

Question 29. **Réponse C**

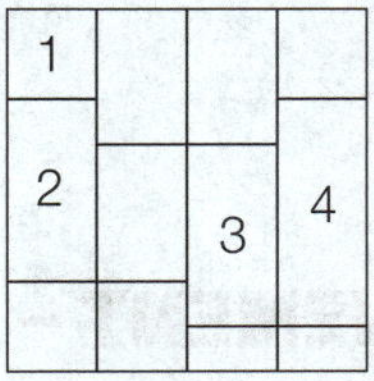

On sait que la somme des périmètres des rectangles vaut 196 cm et que les côtés du carré valent y. Pour trouver y, il faut donc chercher combien de côtés y sont requis pour tracer les périmètres de l'ensemble des rectangles. Soit z le nombre de fois que y intervient, on aura alors : $y \times z = 196$.

Pour tracer ces rectangles, il faut déjà prendre les bordures du carré qui interviennent dans les périmètres des rectangles qui « collent » le carré sur la figure. On prend 4 fois le coté y.

Regardons maintenant les segments à l'intérieur du carré. Observons les lignes horizontales.

Prenons le rectangle 1 et le rectangle 2. Le côté bas du rectangle 1 est confondu avec le côté haut du rectangle 2 : ce segment **apparaît donc deux fois dans le calcul des périmètres : une fois pour le rectangle 1 puis une deuxième fois pour le rectangle 2.**

Regardez maintenant la ligne horizontale supérieure composée du côté confondu aux rectangles 1 et 2, et allant jusqu'au côté haut du rectangle 4 : cette ligne horizontale est égale à un côté du carré et doit être prise en compte **deux fois** : une fois pour le coté inférieur des rectangles du haut, et une fois pour le côté supérieur des rectangles du milieu.

Il en va de même pour la ligne horizontale du bas.

Pour le calcul des périmètres, on doit donc ajouter $2 \times (2 \times y)$.

On continue avec les lignes verticales : le côté droit du rectangle 3 est confondu avec le côté gauche du rectangle 4. Le principe est ici le même : on prend en compte **deux fois** chaque ligne verticale, celle de droite intervenant dans le calcul des périmètres des rectangles de droite ainsi que des rectangles du milieu.

Chaque ligne verticale correspond à $2 \times y$ dans le calcul total des périmètres. Il y a en tout 3 lignes verticales, on ajoute $3 \times (2 \times y)$ dans le calcul des périmètres.

La somme des périmètres valant 196 cm, on a l'équation : $4y + 4y + 6y = 196$ soit $14y = 196$

Un côté du carré vaut donc 14 cm, et l'aire 196 cm^2.

Question 30. Réponse C

On obtient l'équation suivante :

$\left(\frac{7}{3}-\frac{2}{7}\right)\times X=860$

On simplifie en mettant au même dénominateur : $\left(\frac{49}{21}-\frac{6}{21}\right)\times X=860$

$\frac{43}{21}X=860$

$\frac{X}{21}=20$

$X=420$

SOUS-TEST 3 : RAISONNEMENT – ARGUMENTATION

Question 31. Réponse A

On applique ici le même raisonnement que dans le cours : **on ne peut pas voir en même temps une face et sa face opposée, il faut obligatoirement changer d'angle de vue.** Ainsi, si 3 couleurs sont vues simultanément par quelqu'un, c'est donc que ces trois couleurs ne correspondent pas à des faces opposées.

Mario voit du rouge, du bleu et le mélange des deux, c'est-à-dire le violet. Paul voit du rouge, de l'orange et du jaune.

Si l'on prend en considération la couleur rouge, la face rouge ne peut avoir pour face opposée la face orange, jaune, violette et bleue. Elle ne peut également pas être en face d'elle même ; il ne reste que la face rose.

On a donc la face rose à l'opposée de la face rouge.

Le jaune peut être vu avec la face bleue et la face orange. Par élimination, on a donc la face violette à l'opposée.

Il ne reste alors que deux couleurs, l'une forcément en face de l'autre : la face orange et la face bleue.

Question 32. Réponse B

La seule réponse qui se vérifie avec certitude est la B.

On nomme A, B et C les membres respectifs de la première équipe et D, E et F ceux de la deuxième équipe.

–A rencontre E le même jour que B rencontre D

–A et D se rencontrent un mercredi

–B et D ne se rencontrent pas un lundi

On se met du point de vue de D. Il a un match le lundi, le mardi et le mercredi. Il rencontre A le mercredi, et il ne rencontre pas B le lundi : il rencontre donc forcément B le mardi.

Question 33. Réponse E

Commençons par analyser les relations logiques entre les différentes affirmations. La proposition A et la proposition C sont opposées puisque dans un cas A est absent et dans l'autre il est présent. Les propositions B et C sont également opposées, dans un cas B est présent dans la salle alors que dans l'autre il est absent.

Les propositions A et D sont opposées : D a assisté au cours et si on le croit A était absent, alors que A déclare être présent.

Enfin, les propositions A et E vont dans le même sens puisque les deux déclarent la même chose.

Rappelez-vous également que seules trois affirmations sont vraies.

On envisage deux cas de figures : A est présent en cours ou A est absent.

Partons du postulat suivant : A est absent. La première proposition est donc fausse de même que la E. On ne sait pas si C et B étaient présents, mais ce qu'on peut dire avec certitude c'est que **B et C ne peuvent dire la vérité en même temps puisque les propositions sont opposées.** Il y a alors au moins 3 propositions qui sont fausses au total, **alors qu'on devrait avoir trois propositions vraies.** Ce postulat n'est donc pas valable, A était forcément présent en cours.

On envisage maintenant ce cas là : A était en cours.

La proposition A et E sont vraies, tandis que la D est fausse. La proposition C implique que A n'est pas en cours, ce qui n'est pas vrai : la proposition C est donc fausse.

Pour que la condition « trois affirmations vraies » soit vérifiée, il faut que B dise la vérité.

On a donc la situation finale suivante : A était en cours, B et C ont manqué le cours

Question 34. Réponse A

Les termes de la suite correspondent en fait à l'heure que l'on peut lire sur un réveil !

Le terme $n + 1$ se calcule en fait de la manière suivante : $n + 1 = n + 45$ min

En effet, si on rajoute 45 minutes à 23 h 45 il sera minuit 30 (030), en augmentant de 45 minutes il sera 1 h 15 du matin, puis 2 h…

La bonne réponse est donc 330 (3 h 30 du matin).

Question 35. Réponse C

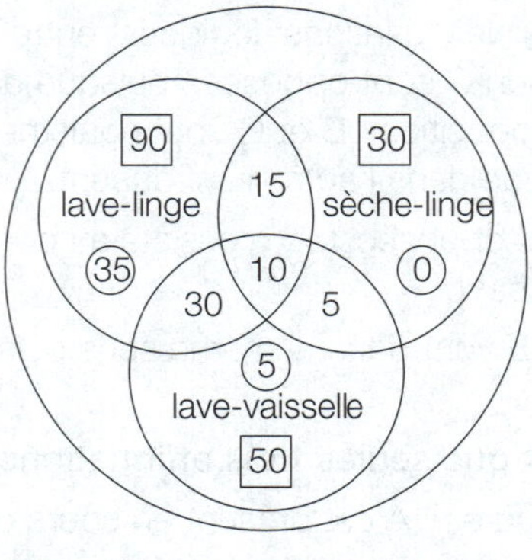

Pour cette question, représentez la question sous la forme du schéma suivant :

15 foyers possèdent un lave-linge et un sèche-linge : il n'y a donc que 5 personnes qui possèdent un sèche-linge et un lave-vaisselle uniquement.

50 personnes ont un lave-linge sans lave-vaisselle. Pour 90 personnes possédant un lave-linge, on a donc 40 personnes qui ont un lave-linge et un lave-vaisselle **dont 10 personnes qui possèdent les trois appareils. On a alors seulement 30 personnes qui possèdent uniquement un lave-linge et un lave-vaisselle.**

Si seulement 50 personnes possèdent un lave-linge, il ne reste que 5 personnes (50 – 30 – 10 – 5) à avoir seulement un lave-vaisselle. Comme il ne peut y avoir de personnes avec seulement un sèche-linge, 15 personnes exactement possèdent un lave- linge et un sèche-linge.

Le nombre de personnes possédant exactement deux appareils est le suivant : 15 + 30 + 5 = 50 personnes et pas 55 comme l'affirme la réponse C. C'est donc elle qui doit être choisie.

Question 36. Réponse A

En passant à l'année suivante, on saute 365 jours. Après 365 jours, on sera le 15 juin 1998. Au bout de 730 jours, on sera le 15 juin 1999. Au bout de 1 095 jours, on sera le **14 juin 2000.**

Attention, n'oubliez pas les années bissextiles avec un jour de plus toutes les années multiples de 4 !

Le 14 juin 2000, il reste encore 32 jours à passer (1 127 – 1 095). Le mois de juin comportant 30 jours, en sautant 30 jours on sera le 14 juillet 2000. Encore deux jours à passer, et au bout de 1 127 jours nous serons le **16 juillet 2000.**

On cherche maintenant à connaître le jour de la semaine :

Le reste de la division de 1 127 par 7 donne 0 : on restera donc un samedi.

CORRIGÉS TEST BLANC 13

Question 37. Réponse C

M. Romain a un chien, il ne peut donc avoir deux enfants. De plus, comme M. Rémus a un seul enfant, **M. Romain en a donc trois : il habite alors dans la maison du milieu.**

Comme M. Romulus habite juste à gauche de M. Romain, les Romulus sont tout à gauche et les Rémus tout à droite. La famille Romulus compte deux enfants et a donc un chat, il ne reste qu'un animal pour les Rémus, **le poisson.**

Romain	Romulus	Rémus
Chien	Chat	Poisson
Milieu	Gauche	Droite
3 enfants	2 enfants	1 enfant

Seules les informations 1, 3 et 4 sont vraies.

Question 38. Réponse D

Reprenons l'énoncé initial sous la forme d'un enchaînement logique. Les ingénieurs haut placés sont les plus susceptibles d'être bien payés.

On a donc :

– les employés bien payés de la société X ne quittent pas leur entreprise

– si les employés de la société Y ne sont pas bien payés, ils quittent leur entreprise On a donc la relation logique suivante :

employé bien payé (A) → reste dans l'entreprise (B)

employé mal payé (non A) → quitte l'entreprise (non B)

Pourtant, rien n'indique que tous les employés qui restent dans l'entreprise X sont bien payés : le raisonnement est faux puisqu'il suppose que tous les B sont des A.

Ce raisonnement erroné se retrouve dans la proposition D : entraînement (A) → perfection (B)

sans entraînement (non A) → pas de perfection (non B)

Rappel : si A implique B, on peut dire que non B implique non A mais pas que non A implique non B, ou que B implique A.

La réponse D comme la proposition initiale suppose qu'une relation d'implication entre deux propositions implique également la même relation pour les propositions contraires, ce qui est faux.

Question 39. Réponse B

L'argument de l'extrait repose sur l'assomption suivante : les personnes alcooliques meurent relativement jeunes uniquement parce que l'alcoolisme augmente les risques de développer des maladies graves, non pour une autre raison. Pour que le rapport soit crédible, il ne faut pas que des facteurs autres que l'alcoolisme soient pris en compte dans le nombre de décès des personnes alcooliques. Il faut donc exclure des statistiques du rapport toutes les morts liées à d'autres facteurs que l'alcool.

Question 40. Réponse C

On doit trouver la proposition qui explique deux résultats : d'une part, l'absence d'innovation de l'année dernière, et d'autre part l'atteinte des objectifs fixés en matière d'innovation.

La réponse A n'explique pas pourquoi l'entreprise X a néanmoins validé ses objectifs fixés en matière d'innovation. La réponse B non plus, puisque rien ne nous explique pourquoi 50 % des revenus annuels ont été réalisés avec des produits de 3 ans ou moins. Il en va de même pour les réponses D et E : rien n'explique comment l'entreprise a fait pour valider ses objectifs.

Seule la réponse C propose une réponse viable : les ventes des produits de plus de 3 ans n'ont pas été bonnes, ce qui veut dire **qu'en proportion, les ventes des produits « récents » ont été meilleures ».** C'est une des seules raisons possibles qui expliquerait pourquoi, malgré une absence totale d'innovation sur l'année, l'entreprise X est néanmoins parvenue à remplir ses objectifs.

Question 41. Réponse B

Une fois la question lue et l'énoncé étudié, essayez toujours de résumer le texte avec vos propres termes avant d'analyser les réponses.

L'argument principal de l'extrait est le suivant : les personnes qui ont arrêté de pratiquer un exercice physique régulier le font par paresse. Le meilleur moyen de contrer cet argument est justement de montrer qu'ils n'ont pas arrêté le sport pour avoir plus de temps libre, mais plutôt pour faire quelque chose d'encore plus productif : c'est bien le contraire de la paresse.

Si, avec la réponse B, les personnes concernées arrêtent le sport pour réaliser des activités plus productives, alors elles sont tout sauf paresseuses. C'est cette proposition qui réfute le plus l'argument de l'énoncé.

Question 42. Réponse E

Voici un des fondements de l'argumentation du texte : les consommateurs achètent des voitures de sport parce qu'ils pensent que ces véhicules sont sûrs. Le texte s'arrête à la conclusion suivante sans expliquer pourquoi : il est maladroit de vendre des voitures abordables au niveau du prix.

Il reste donc à établir un lien entre la sûreté des véhicules d'une part et le prix de vente de ces voitures d'autre part.

C'est la réponse E qui complète la chaîne logique :

Les consommateurs recherchent la sécurité dans ce produit. Si ce produit est vendu à bas prix, les consommateurs pensent que leur sécurité est remise en cause. Une campagne marketing insistant sur le prix relativement modéré du véhicule va donc les dissuader d'acheter la voiture.

Question 43. Réponse A

Jean avance une déduction logique : si on croit en ses chances de succès (A), alors on obtient ce que l'on désire (B).

On a la chaîne logique suivante : A implique B.

Jeannette avance l'argument suivant : on ne peut pas avoir A implique B puisque certains non A sont des B.

Jeannette commet ainsi l'erreur suivante : **elle pense que si A impliquait B, alors B devrait impliquer A ce qui est faux ! Si A implique B, on peut néanmoins avoir des B qui ne sont pas des A.**

La meilleure réponse de Jean serait la réponse A : on peut avoir quelqu'un qui connaît le succès alors qu'il ne croit pas en ses chances, c'est-à-dire : **certains B ne sont pas des A.**

Question 44. Réponse E

Le mois d'avril comporte 30 jours. Si 3 mardis tombent des jours impairs, la seule possibilité est que le premier mardi du mois tombe le 1. Le troisième mardi tombera le quinzième jour du mois.

Le 19 tombera 4 jours plus tard ; mercredi 16, jeudi 17, vendredi 18, samedi 19. Ce sera donc la réponse E.

Question 45. Réponse D

Lucien est un étudiant universitaire : il doit donc lire soit de la littérature classique, soit des best-sellers. Mais il aime aussi la musique classique. Or, les personnes qui aiment la musique classique ne trouvent pas les best-sellers intéressants, et n'ont pas pour habitude de les lire.

Lucien lit donc forcément des ouvrages de littérature classique. **Attention cependant, le fait qu'il lise beaucoup de littérature classique ne veut pas forcément dire qu'il aime ça.** Vous devez faire la distinction entre « aimer » et « avoir l'habitude d'en lire ».

Il manque l'enchaînement logique de la réponse D pour répondre à la question. En effet, on sait que Lucien a pour habitude de lire des ouvrages classiques et on veut aboutir à la conclusion qu'il aime cette littérature. Il faut donc la relation logique suivante :

« ceux qui lisent beaucoup de littérature classique apprécient la littérature classique ».

SOUS-TEST 4 : CONDITIONS MINIMALES

Question 46. Réponse C

(1) : On a une équation reliant deux inconnues, la longueur et la largeur. On ne peut rien dire de plus sans une information supplémentaire sur une des dimensions du pavé.

(2) : Rappel : un pavé droit a le volume suivant : $V = l \times L \times h$. Augmenter la hauteur de 3 pour augmenter le volume de l'aquarium de 63 revient à poser l'équation suivante :

$V + 63 = l \times L \times (h + 3)$ ou encore $3 \times l \times L = 63$.

On en déduit que $l \times L = 21$, mais on peut aussi bien avoir une largeur de 3 et une longueur de 7 qu'une largeur de 1 et une longueur de 21. On dispose de deux couples de valeurs possibles, mais pas de solution unique.

(&) : On dispose maintenant des deux équations :

$$l \times L = 21$$

$$L = \frac{7}{3} \times l$$

La seule solution possible s'obtient pour $l = 3$ et $L = 7$. On connaît maintenant les dimensions du pavé.

Question 47. Réponse C

Une information importante figure déjà dans l'énoncé : il s'agit du nombre total de matchs joués pendant la période de Wimbledon. Plutôt que de faire un calcul fastidieux, on se souviendra de la formule suivante : pour un tournoi qui accueille N joueurs où les joueurs se rencontrent dans un tableau à élimination directe, il y a exactement N – 1 matchs joués dans la totalité du tournoi.

Dans ce cas précis, il y aura exactement 63 matchs joués.

(1) : Chaque match dure en moyenne 42 jeux, et l'on change les balles tous les six jeux. Cela impose $\frac{42}{6} = 7$ changements de balles par match, soit en tout 7×63 changements de balles pour l'ensemble du tournoi. Mais le nombre de balles utilisé lors d'un changement reste inconnu, il nous manque une information.

(2) : On connaît cette fois le nombre de balles qui intervient à chaque changement, mais on ne dispose d'aucune indication concernant le nombre de jeux disputés sur l'ensemble du tournoi. L'information 2 est insuffisante.

(&) : On dispose du nombre de balles à renouveler à chaque changement, ainsi que du nombre total de changements qui ont lieu pendant l'ensemble du tournoi. Le nombre total de balles utilisées pour les changements sera : $8 \times 7 \times 63$.

Question 48. Réponse C

Parmi les 100 étudiants, il y a 6 catégories de personnes : ceux qui apprennent uniquement l'anglais, l'allemand ou l'espagnol, que l'on nommera respectivement A, B et C. Il y a ceux qui apprennent l'anglais et l'allemand, ceux qui apprennent l'anglais et l'espagnol, et enfin ceux qui apprennent l'allemand et l'espagnol. On les nommera respectivement D, E et F. Il y a seulement 6 catégories de personnes puisqu'on ne peut apprendre trois langues en même temps et qu'il faut au moins apprendre une langue. On a donc l'équation suivante :

$A + B + C + D + E + F = 100$

30 personnes ne parlent pas anglais : on a B + C + F = 30. Dans les 70 personnes restantes, certaines parlent uniquement anglais (les A), et d'autres qui parlent anglais plus une autre langue (les D et E).

(1) : Les étudiants en double cursus espagnol/allemand sont sept fois moins nombreux que ceux qui apprennent l'anglais, c'est-à-dire A, D ou E. Or, si B + C + F = 30, on déduit de la première équation que A + D + E = 70. On a donc $F = \frac{70}{7} = 10$; 10 personnes sont en double cursus espagnol/allemand.

Lorsqu'on remplace F par sa valeur dans la deuxième équation, on obtient B + C = 20 ; il y a exactement 20 personnes qui apprennent uniquement l'allemand ou uniquement l'espagnol. On ne peut rien dire de plus pour le moment, l'information 1 est insuffisante.

(2) : Les personnes qui apprennent uniquement l'espagnol comptent pour 8 % du total d'étudiants, ils sont donc 8 au total puisque la fac regroupe 100 étudiants.

(&) : Lorsqu'on prend les deux informations en commun, on a d'une part B + C = 20 et C = 8 ; on en déduit que B = 12, c'est-à-dire qu'il y a exactement 12 personnes dans la faculté qui apprennent l'allemand uniquement.

Question 49. **Réponse C**

(1) : Si G et T dorment au même moment, C veille plus tard qu'eux puisqu'il refuse de dormir avant que T ne se couche. Or, P n'est pas le premier à aller dormir. C'est donc forcément G et T qui se couchent en premier. On n'a par contre aucune indication sur l'heure à laquelle C se couche, avant ou après 22 h. On connaît ceux qui se couchent le plus tôt mais pas celui qui se couche le plus tard, on ne peut rien répondre.

(2) : Si C fait un cauchemar à 21 h 45, c'est qu'il est en train de dormir. Il ne dort pas avant T, ce dernier est donc déjà couché. Mais on ne sait pas forcément que G est lui aussi en train de dormir puisque cela fait partie de l'information 1. On ne sait pas qui de G ou P a veillé le plus tard.

(&) : Avec les deux informations en commun en revanche, G et T sont partis se coucher en premier, suivi de C qui dormait à 21 h 45. C'est donc P qui a veillé le plus tard, jusqu'à 22 h.

Question 50. **Réponse C**

(1) : On note $Y = xyz$ avec x le chiffre des centaines, y le chiffre des dizaines et z le chiffre des unités. z est impair tandis que x et y sont pairs, on a donc $z = 1, 3, 5, 7, 9$, $y = 0, 2, 4, 6, 8$ et $x = 2, 4, 6, 8$ car il doit être différent de 0.

Pour que la somme $x + y + z$ soit égale à 5, z doit être égal à 1 ou 3. Il existe en fait seulement trois combinaisons possibles :

Y = 203 ; Y = 401 ; Y = 221, le chiffre x ne pouvant être égal qu'à 2 ou 4. On dispose de trois solutions possibles, on ne peut rien répondre.

(2) : $x - y \geq 3$. Plusieurs solutions sont possibles : Y = 601 ; Y = 401 ; Y = 827…

(&) : Parmi les trois solutions de l'information 1, une seule vérifie également l'information 2 ; il s'agit du nombre Y = 401.

Question 51. Réponse B

On note X le nombre d'inscrits et Y la cotisation par personne. On traduit l'information donnée dans l'énoncé : avec deux fois plus de membres, le montant total des cotisations atteindrait 5 000 €. On a donc : 2XY = 5 000 ou encore XY = 2 500.

Pour résoudre le problème de l'énoncé, il suffit de trouver une deuxième équation : on disposera alors de deux équations pour deux inconnues et on pourra répondre à la question.

(1) : Chaque inscrit paye un cinquième de la cotisation, soit $\frac{1}{5}$ de Y. Le total fait 500 € pour tous les inscrits, on a donc l'équation : $\frac{1}{5}XY = 500$. **Attention à bien analyser les équations que vous avez sous les yeux !** $\frac{1}{5}XY = 500$, en multipliant par 5 des deux côtés de l'équation, donne XY = 2 500.

L'information 1 n'est qu'une répétition de l'énoncé en d'autres termes, elle est donc inutile.

(2) : Pour compenser les absences de 15 inscrits, chacun des membres présent paye 3 € de plus. On a donc l'équation $XY = (X - 15)(Y + 3) = 2\,500$.

On dispose ici de deux équations à deux inconnues qui ne sont pas identiques, on pourra trouver une valeur pour X et donc dire avec précision le nombre d'adhérents.

Question 52. Réponse A

On assigne des inconnues à chaque nombre pour mieux se représenter le problème de l'énoncé. $X = xy$ avec x le chiffre des dizaines et y celui des unités. $Y = abc$.

On a $x = y$ et $a = b$, on réécrit les équations X et Y avec ces conditions :

$X = xx$ et $Y = aac$. On cherche à connaître la somme suivante : $(x + a + c)^2$.

(1) : Cette information est suffisante pour répondre à la question. En additionnant le nombre X avec lui même, c'est-à-dire $xx + xx$, on trouve le nombre Y c'est-à-dire aac.

Pour x compris entre 1 et 4, en faisant la somme $xx + xx$ on ne trouverait pas un nombre à trois chiffres mais 88 au maximum (44 + 44).

Pour $x = 5$, on a 55 + 55 = 110 avec le chiffre des centaines qui est bien égal au chiffre des dizaines. On garde cette possibilité. Pour x compris entre 6 et 9, la somme $xx + xx$ donne un nombre à trois chiffre mais où le chiffre des centaines n'est pas égal au chiffre des dizaines, elle ne peut donc pas donner le nombre aac.

La seule possibilité est donc que $x = 5$, le nombre X vaut 55 et le nombre Y vaut 110. $(x + a + c)^2 = 36$, on trouve une solution unique. On garde les réponses A et D.

(2) : Si X est un multiple de 5 et que le chiffre des dizaines est égal à celui des unités, la seule possibilité est que X soit égal à 55. En revanche, si Y est un multiple de 5, on peut avoir plusieurs solutions différentes : Y = 115 ; Y = 220 ; Y = 555… L'information 2 n'est pas suffisante.

Question 53. Réponse B

Rappel : un nombre multiple de plusieurs nombres premiers est multiple du produit de ces nombres premiers.

Si Z est multiple de 3, 5 et 11 alors Z est multiple de $3 \times 5 \times 11 = 165$. On peut avoir les nombres suivants : 165 ; 330 ; 495 ; 660 ; 825 ; 990. De plus, le chiffre des dizaines de Z est égal à la somme du chiffre des centaines et des unités. On élimine le nombre 825.

(1) : On élimine tous les nombres pairs, il ne reste que les nombres suivants : 165 et 495. Deux solutions sont encore possibles, on élimine les réponses A et D.

(2) : Parmi tous ces nombres, seuls les nombres 165 et 495 ont leur deux premiers chiffres qui forment un carré : 16 pour le carré de 4 et 49 pour le carré de 7. Cependant, 7 est un nombre premier tandis que 4 ne l'est pas. Il n'y a donc qu'une seule solution possible, Z = 495.

Question 54. Réponse D

Rappel : pour les cas de rattrapage, lorsque le coureur A rattrape le coureur B, ils auront tous deux parcourus la même distance. On a donc $D_A = D_B$.

(1) : L'information 1 est suffisante. On connaît la vitesse de Simon et de Johnny : 5 km en 15 min et 7 km en 15 min, soit des vitesses respectives de 20 km/h et 28 km/h. Comme Johnny part 30 min après Simon, Simon aura roulé pendant 30 min de plus que Simon. On a donc $T_S = T_J + \frac{1}{2}$ si on convertit en heures.

On utilise la réciproque de la formule sur la vitesse : $V = \frac{D}{T}$ et donc $D = V \times T$

$V_S \times T_S = V_J \times T_J$ avec V_S et V_J connues

$T_S = T_J + \frac{1}{2}$

On a deux équations pour deux inconnues, les temps respectifs des deux coureurs. On pourra donc déduire le temps, la vitesse et la distance parcourue au moment du rattrapage. Pas besoin de détailler les calculs. On élimine les réponses B, C et E.

(2) : L'information 2 est suffisante. On a $V_S = 2V_J$, et donc $\frac{D}{T_S} = \frac{2D}{T_J}$ avec toujours $T_S = T_J + \frac{1}{2}$; on peut en déduire les inconnues T_S et T_J et répondre à la question posée.

Question 55. Réponse D

Commencez par assigner une voyelle pratique à chaque inconnue, le fait que tous les protagonistes aient un prénom commençant par la même voyelle est uniquement là pour vous déstabiliser.

On appelle A Roger, B Robert, C Rachida, D Raymonde, E Rodrigue. On dispose des équations suivantes :

A = B + 10 (Roger a 10 ans de plus que Robert)

B + 4 = C (racine cubique de 64 = 4, ce que doit ajouter Robert pour avoir l'âge de Rachida)

D = 42 (Raymonde avait 19 ans il y a 23 ans, elle en a 23 + 19 = 42 maintenant) E = 84 (Rodrigue est deux fois plus vieux que Raymonde, qui a 42 ans)

B = 12 (Robert a un septième de l'âge de Rodrigue, qui a 84 ans)

On en déduit les inconnues initiales : B = 12, on a donc C = 16 et A = 22.

Pas besoin des informations ici ! L'énoncé initial suffit à trouver l'âge de tous les protagonistes. On répond directement la réponse D, les deux informations ne faisant que reprendre une partie de l'énoncé dans d'autres termes.

Question 56. **Réponse C**

Il faut distinguer les deux situations : avant ou après être allé au marché. On appelle respectivement A_1 le nombre de pommes dont on dispose avant le marché, et A_2 le nombre de pommes **qu'on achète au marché.** B_1 et B_2 pour les poires et C_1 et C_2 pour les kiwis. Je n'ai pas acheté de poires au marché, on a donc $B_2 = 0$. J'ai doublé mon nombre de kiwis, j'ai donc $C_1 = C_2$.

(1) : $C_2 = 12$ et donc $C_1 = 12$, et $A_2 = 6$ puisque pour deux kiwis achetés j'ai une pomme offerte. Cependant, il manque des informations pour dire clairement combien de pommes je disposais avant d'aller au marché. L'information 1 est insuffisante.

(2) : $B_1 + C_1 = 15$. Cependant, je ne sais pas combien de fruits j'ai acheté au marché, il manque une information pour répondre à la question.

(&) : On a $A_1 + A_2 + B_1 + B_2 + C_1 + C_2 = 36$ avec $C_2 = 12$; $B_1 + C_1 = 15$; $A_2 = 6$; $B_2 = 0$.

On remplace toutes les inconnues dans la première équation, et on trouve $A_1 = 3$. Je dispose de trois pommes avant d'aller au marché.

Question 57. **Réponse B**

(1) : On cherche ici à savoir si c'est Paul qui a le partage le plus favorable des trois. Si Pierre détient 1 700 €, on peut très bien avoir Paul qui détient 2 000 € ou 500 € ; il peut être le plus riche des trois, mais pas forcément. On manque d'éléments pour répondre à la question.

(2) : Cette information est suffisante. Si Paul récupère 1 300 € de ce partage, deux cas de figure sont possibles. Soit Pauline ou Pierre détient plus d'argent que lui, auquel cas il n'est pas le plus riche (par exemple une situation où Paul aurait 1 300 €, Pierre 700 € et Pauline 1 900 €).

Prenons maintenant le cas « limite » : ni Pierre ni Pauline ne sont les plus riches. On a alors le cas où chacun des trois détient exactement la même somme, c'est-à-dire 1 300 €. Dans ce cas, ce n'est toujours pas Paul qui est le plus riche puisqu'il détient la même somme que les autres. Ce n'est donc de toute façon pas lui qui a le partage le plus favorable.

Question 58. **Réponse B**

(1) : Cette information est insuffisante.

(2) : Cette information est suffisante. **Le différentiel de bénéfice entre les deux périodes correspond uniquement aux intérêts de la première année qui sont réinvestis.** Cela signifie que les 25 € de différentiel (525 – 500) correspondent aux intérêts de la première période multipliés par le taux d'intérêt : $25 = r \times 500$ et donc $r = 5\ \%$.

En connaissant le taux d'intérêt ainsi que les intérêts de la première période, on en déduit le capital initial. Le capital final n'est autre que la somme du capital initial et de l'ensemble des intérêts des deux périodes, on pourra donc le déduire.

Question 59. **Réponse C**

> **Rappel :** un carré de côté c a une aire de c^2, et le cube correspondant ayant six faces, la somme des surfaces du cube est de $6c^2$.

(1) : Cette information est insuffisante. On connaît la part de la surface utilisée pour faire des carrés noirs, mais pour la face supérieure du cube uniquement. Rien ne nous est précisé pour les autres faces, on ne peut pas en déduire la somme des surfaces du cube.

(2) : Information insuffisante. On ne connaît pas la part coloriée d'une des surfaces.

(&) : Avec les deux informations prises conjointement, on peut répondre à la question. On peut calculer la somme des aires du cube : le côté fait 8, l'aire d'une surface est de 82 = 64. La somme des aires sera donc égale à $6 \times 64 = 384$ cm^2. Or, chaque face est identique et pour une face du cube, $\frac{2}{7}$ de cette surface est coloriée en noir. L'aire totale des carrés noirs vaudra donc $\frac{2}{7} \times 384$ cm^2.

Question 60. **Réponse B**

Avant de regarder les informations, cherchez toujours à dégager un maximum d'informations de l'énoncé. Une sphère est inscrite dans un cube de côté c.

Rappel : puisque le diamètre de la sphère est alors égal à l'arête du cube, on a le rayon du cercle égal à la moitié d'un côté : $r = \frac{c}{2}$.

Le cube fait 216 litres de volume, et $V_{cube} = c^3$. L'arête du cube vaut donc 6 dm, puisque 1 dm^3 = 1 L.

Si l'arête du cube vaut 6, le rayon de la sphère vaut 3 dm.

Rappel : $V_{sphère} = \frac{4}{3} \times r^3 \times \pi$

Ici, V = 36π dm^3

On regarde maintenant les informations :

(1) : Cette information est inutile puisqu'elle ne fait que reprendre l'énoncé, elle n'apporte rien à la résolution du problème. On élimine les réponses A et D.

(2) : Le volume initial de la sphère est de 36 π litres, il est après le découpage de 24π litres, soit une diminution d'un tiers du volume total. Pour obtenir un volume diminué d'un tiers par rapport au volume précédent, on a donc découpé une part correspondant à un tiers de la sphère.

Rappel : on parcourt 360° pour faire le tour d'un disque. Il faudra donc découper une part de 120° $\left(\frac{360}{3}\right)$ pour prélever un tiers du volume.

On connaît l'angle de la partie découpée uniquement avec l'information 2.

SOUS-TEST 5 : EXPRESSION

Question 61. Réponse A

Si le mot farouche, pris dans son sens premier, désigne quelqu'un de peu sociable qui fuit lorsqu'on l'approche, il peut également décrire un adversaire redoutable, qui ne lâche rien. Les solutions possibles sont donc la A et la E.

« Belliqueux » témoigne plutôt d'une volonté de combattre qui ne se retrouve pas dans l'extrait ; pour cette raison, on élimine la proposition E et on garde la A.

Question 62. Réponse C

La méthode est toujours la même : **remplacez les mots manquants avec chacune des propositions, lisez la phrase obtenue dans votre tête et résumez la avec des mots plus simples pour vérifier si l'ensemble du passage ne contient pas de contre-sens.**

« Eric prétend que les dernières heures de l'après-midi sont idéales pour la navigation à la voile dans la baie de Rango, car à ces heures-là soufflent dans la baie des vents suffisamment forts pour faire voguer les bateaux, sans toutefois créer des tourbillons dangereux. »

Les conditions de navigation sont idéales en fin d'après-midi, pour deux raisons : il y a suffisamment de vent pour faire voguer les bateaux, et ce vent n'est pas assez puissant pour créer des tourbillons.

Question 63. Réponse C

Il s'agit ici de surveiller les élèves à l'école : les propositions D et E qui suggèrent l'écoute ou l'espionnage sont beaucoup trop restrictives s'il s'agit de surveiller des adolescents, on les élimine.
Les propositions A, B et C pourraient convenir.

Rappel : lorsque vous hésitez entre plusieurs propositions, **cherchez les mots-clés du texte afin de voir si le mot manquant est un synonyme ou un antonyme de ces mots-clés.**

On comprend en lisant l'extrait que le problème principal est la **possession d'arme des adolescents.** Si c'est la **possession** qui pose problème, la meilleure solution serait donc de **fouiller** les élèves. Le mot-clé renvoie directement à la réponse C et non la A ou la B.

Question 64. Réponse C

- On écrit bien taudis avec un « s ».
- La proposition C est mal orthographiée : le rebut (avec un « t ») désigne ce qui est indésirable, ce qui est à jeter.
- Lorsqu'on parle d'un fracas, cela concerne plusieurs clefs qui s'entrechoquent : les « clefs » sont donc à écrire au pluriel. Notez que les deux orthographes sont autorisées : « clés » ou « clefs ».
- La rugosité (et non rugueusité comme on pourrait le croire) désigne le caractère rugueux d'un sol. Cette phrase est donc correctement orthographiée.

Question 65. Réponse D

- Dans la première proposition, le verbe se réfère aux charlatans : il doit donc être mis au pluriel : « c'étaient » et non « c'était ».
- La deuxième partie de la phrase doit être mise au **conditionnel passé** : on n'écrit pas « je le priais » mais bien « je l'aurais prié ».
- On écrit toujours « ci-joint », joint s'accorde avec « ci » et non avec la lettre.
- « Malgré » n'est jamais suivi de « que » ou « qu' » : il faut remplacé malgré par « bien » : Bien qu'il soit arrivé en retard, il a fini son travail. Seule la quatrième proposition est correcte.

Question 66. Réponse A

Gardez bien à l'esprit que **lorsque la tonalité du texte est neutre, la réponse juste ne peut introduire un jugement de valeur qui rendrait le texte subjectif.** En lisant l'extrait, on voit que l'auteur cherche simplement à expliquer la surpopulation des pandas par l'essor des nouvelles techniques de reproduction. Il ne précise pas en aucun cas si cette évolution est non désirée, dangereuse à long terme, etc.

On élimine donc les propositions C et E qui induisent le jugement de valeur suivant : cet essor de la population des pandas pourrait être dangereux à long terme.

On élimine également la réponse B : l'économiste Malthus prédisait que l'augmentation de la population serait à terme largement supérieure à l'évolution des capacités de production : on utilise maintenant l'adjectif « malthusien » pour désigner une personne pessimiste, ce qui est incohérent dans le texte étudié.

Enfin, la proposition D est incorrecte : on dit un usage **excessif** et non un usage **excédentaire**. La bonne réponse est donc la première proposition.

Question 67. Réponse A

Pour trouver la bonne réponse, il faut au préalable comprendre comment la phrase est construite : il faut donc **identifier la relation logique entre la première et la deuxième partie de la phrase.**

On peut d'emblée éliminer les propositions C et E puisque le verbe de la première partie de la phrase est au **subjonctif**, alors que « puisque » et « quand » **sont suivis de l'indicatif.**

La relation logique est la suivante : le prix des carburants est raisonnable, ce qui devrait **rassurer les Américains. Pourtant, ces derniers s'inquiètent de leur dépendance pétrolière.** Le mot manquant doit donc être un synonyme de « en dépit » ou « malgré » : **malgré la stabilité du prix du carburant, les Américains sont inquiets.** Le meilleur synonyme, parmi les trois propositions restantes, est « bien que ».

Question 68. Réponse D

On doit choisir la proposition qui **s'inscrit dans la logique du texte** : il est question en première partie de phrase du nombre de médecins exerçant en France. On ne cherche pas à distinguer les jeunes médecins des anciens médecins, ou encore les hommes des femmes exerçant cette profession : on élimine directement les propositions A, B et E qui s'attardent uniquement sur une catégorie spécifique de médecins, alors pourtant que la proposition initiale traite des médecins dans leur ensemble.

La proposition C traite de l'âge du départ à la retraite : il n'y a aucun lien avec le nombre de médecins exerçant cette profession, alors pourtant que c'est le propos du texte. On choisira **par élimination la réponse D** : même si le nombre de médecins en France est considérable, ils ne seront pas assez nombreux pour traiter l'ensemble de la population dans les années à venir.

Question 69. Réponse C

Rappel : lorsque vous avez plusieurs mots à remplacer dans l'extrait, commencez par regarder le premier mot manquant et **éliminez toutes les réponses qui proposent un mauvais synonyme : la bonne réponse doit avoir l'ensemble des synonymes proposés qui sont justes.**

Pour le premier mot manquant, le meilleur synonyme serait « rudiment », c'est-à-dire les connaissances générales de la pêche. On élimine les condiments puisque cela se rapporte à la nourriture, ainsi que les émoluments puisqu'il s'agit d'une somme d'argent versée. Pour le deuxième mot manquant, c'est bien évidemment le mot « hameçon » qui convient, on élimine également la réponse A puisque « hélice » ne convient pas.

Notez que le mot « appât » s'écrit avec un accent circonflexe et un « t » à la fin, on garde donc la réponse C.

Question 70. Réponse D

Indolent

Qui évite de se donner de la peine, qui agit avec mollesse. Synonymie : Mou, nonchalant. Antonymie : Accrocheur, alerte. Lexicographie : Enfant indolent, geste indolent.

Omnipotent

Qui est tout-puissant, dont l'autorité est absolue, sans limite. Synonymie : Absolu. Antonymie : Impuissant. Lexicographie : Un gouverneur omnipotent

Morigéner

Réprimander quelqu'un en lui faisant une leçon de morale ; sermonner. Synonymie : Réprimander, sermonner, tancer. Antonymie : Féliciter.

Sermonner

Faire des remontrances à quelqu'un. Synonymie : Réprimander, sermonner. Antonymie : Féliciter. Lexicographie : Sermonner son fils.

Question 71. Réponse A

Ici encore, on doit éliminer les réponses pour lesquelles on constate des incohérences logiques. La seule réponse bonne est la A :

« Dans le livre de Lesage, Edith est décrite comme un personnage dont le jugement moral est entaché de partialité. Bien qu'elle considère l'habitude de son fils de prendre de l'argent de son sac sans permission comme une innocente gaminerie, les vols commis par les autres sont à ses yeux des péchés impardonnables. »

Edith est partiale, c'est-à-dire qu'elle préfère son fils. Effectivement, elle ne le blâme pas lorsqu'il prend de l'argent dans son sac mais punit fermement les autres enfants.

Question 72. Réponse B

L'habituelle question de reformulation dans laquelle on vous demande de comprendre, vulgariser et simplifier un propos.

Ce texte compare la loi et l'instruction qui ont toutes deux la charge de compenser l'inégalité, l'instruction pour l'individu, la loi pour la société. La réponse A reprenant l'énoncé, elle est forcément juste, reste à voir si elle ne peut pas être formulée plus simplement.

- **Réponse B : cette proposition reprend bien le fond du point de vue en le simplifiant.**
- Réponse C : le texte ne dit pas de mettre tout le monde au même niveau mais que tout le monde puisse jouir de droits communs.
- Réponse D : le texte ne restreint pas à l'instruction et à la loi la capacité à combler les inégalités.
- Réponse E : le texte ne parle pas de l'éventualité d'une sous-estimation de la loi et l'instruction.

Question 73. Réponse D

Les réponses B et E sont à éliminer d'office puisqu'elles ne font pas la distinction entre le rapport des psychologues et celui du du ministère de la Santé.

Le rapport du ministère de la Santé montre que beaucoup de fumeurs **qui voulaient arrêter de fumer** y sont parvenus, tandis que les psychologues qui ont traité des fumeurs ont montré un faible taux de réussite.

Il faut ici établir une **distinction entre les fumeurs : ceux qui souhaitent arrêter de fumer et ceux qui ne le souhaitent pas.** Si le rapport du ministère de la Santé concerne les fumeurs qui **veulent arrêter de fumer** alors que celui des psychologues ne concerne que les fumeurs **qui ne le souhaitent pas**, on peut bien résoudre la contradiction. On choisit donc la réponse D.

Question 74. Réponse C

Pour cette question, vous devez repérer quelle partie de la phrase comporte des fautes de grammaire ou d'orthographe.

La troisième personne du singulier du verbe être au passé simple s'écrit avec un accent circonflexe : « bien qu'on fût ».

Lorsque la locution adjectivale de couleur est composée de plusieurs noms ou adjectifs, ces noms et adjectifs ne s'accordent ni en genre ni en nombre. On n'accorde pas « rose » et « bonbon ». Il en va de même pour « en toile » et « fine ».

Seule la première partie de la phrase est fausse.

Question 75. Réponse D

Il faut ici repérer le lien logique entre les deux mots. Avec « affûter » et « couteau », on comprend que le verbe doit être utilisé pour faire fonctionner l'objet : un couteau qui ne serait pas affûté ne pourrait pas bien couper.

C'est donc la proposition D qui convient: un pneu qui ne serait pas gonflé serait inutile.

SOUS-TEST 6 : LOGIQUE

Question 76. Réponse A

Écart absolu de 2

97

35

16	53	81	64	47
1 + 6 = 7	5 + 3 = 8	8 + 1 = 9	6 + 4 = 10	4 + 7 = 11

13

42

Série horizontale : la somme des chiffres des nombres de cette série vaut, en partant de la gauche d'abord 7, puis 8, puis 9, puis 10, puis 11. On garde donc les réponses A (64), B (73) et C (55).

Série verticale : il y a un écart absolu de 2 entre les deux chiffres des nombres. On garde la réponse A.

Question 77. Réponse D

BUD

ASC

DQH

IOE JSK KTH LMD MZA

RML

Série horizontale : INTER portant sur la première lettre avec des lettres qui se suivent : I, J, K, L et M. Il nous faut donc un I en première lettre, et on garde les réponses A (IKE) et D (IOE).

À la verticale, il s'agit d'un INTER en partant du bas qui porte sur la deuxième lettre et qui dessine la suite : **M** n **O** p **Q** r **S** t **U**. On garde donc la réponse D : IOE.

Question 78. Réponse D

Carrés à l'envers

←
52

← 215	← 72	← 343	← 46	← 80

Cubes à l'envers

←
691
←
94
←
652

Série horizontale : cubes écrits à l'envers. On garde les réponses B (521), D (46) et E (927).

Série verticale : carrés écrits à l'envers. On garde la réponse D : 46.

Question 79. Réponse E

LPZEM

ZPJKE

NHINJ

JOWLC MXFSE PAXVG HGUZI BSZDK

EAWSD

Transformons nos séries de lettres en séries de nombres.

À la verticale, cela nous donne :

12	16	26	5	13
26	16	10	11	5
14	8	9	14	10
X	7	X	X	X
5	1	23	19	4

Vous remarquez un INTER portant sur la grande diagonale ascendante en partant du bas avec saut d'une lettre : E - G - I - K - M. On garde les réponses B (WGINJ) et E (HGUZI).

À l'horizontale, il s'agit d'un INTER en partant du premier élément à gauche, portant sur la dernière lettre, avec là aussi un saut d'une lettre : C - E - G - I - K. On garde donc la réponse E : HGUZI.

Question 80. Réponse B

796

398 932 476 610 187

560

364

321

Série horizontale : les troisièmes et deuxièmes chiffres se suivent. On garde les réponses A (2**43**) et B (4**76**).

Série verticale : progression gauche - droite en INTER en partant du bas : 3 - 4 - 5 - 6 - 7. Il nous faut donc un 6 comme troisième chiffre et on garde la réponse B : 476.

Question 81. Réponse C

+1 lettre +4 lettres

OQV

QSX

NAT OXO GUW PRW AOL

YAF

RTY

Série horizontale : INTER portant sur les deuxièmes lettres avec un saut de deux lettres à chaque fois en partant de la droite. **O** pq **R** st **U** vw **X** yz **A**. On garde les réponses A (SRZ) et C (PRW).

À la verticale : deux INTRA pour le prix d'un ! Entre la première et la deuxième lettre on saute 1 lettre et entre la deuxième et la troisième lettre, on en saute 4. On garde donc la réponse C : PRW.

Question 82. Réponse D

← 102

← 547

762	294	← 870	717	591

La somme des chiffres est toujours égale à 15

← 766

← 323

Série horizontale : la somme des chiffres des nombres de cette série est toujours égale à 15. On garde les réponses A (456), D (870) et E (465).

Série verticale : les deuxièmes et premiers chiffres se suivent en INTRA. Réponse D : 870.

Question 83. Réponse E

AR

NP AY ZO FQ KL

WZ

PU

SV

Série verticale : INTER gauche - droite en partant du bas avec saut d'une lettre lorsque l'on passe d'un élément à l'autre. Cela donne la suite : S t U v W x Y z A. On garde les réponses B (EY) et E (AY).

Série horizontale : les premières lettres sont toutes des lettres composées de 3 barres. On garde la réponse E : AY.

Question 84. Réponse E

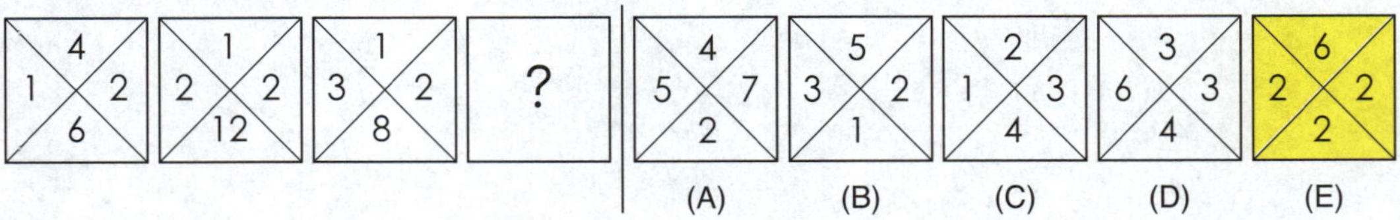

Cette première série graphique ne doit pas vous impressionner. Vous devez ici simplement faire le produit de tous les nombres d'un même cadre.

Ainsi, dans le premier cadre, le produit de tous les nombres vaut : 1 × 4 × 2 × 6 = **48**.

Dans le deuxième cadre, le produit de tous les nombres vaut aussi 48 (1 × 2 × 2 × 12 = **48**). Et dans le troisième cadre, encore 48 (3 × 1 × 2 × 8 = **48**).

On garde finalement la réponse E (6 × 2 × 2 × 2 = **48**).

Question 85. Réponse D

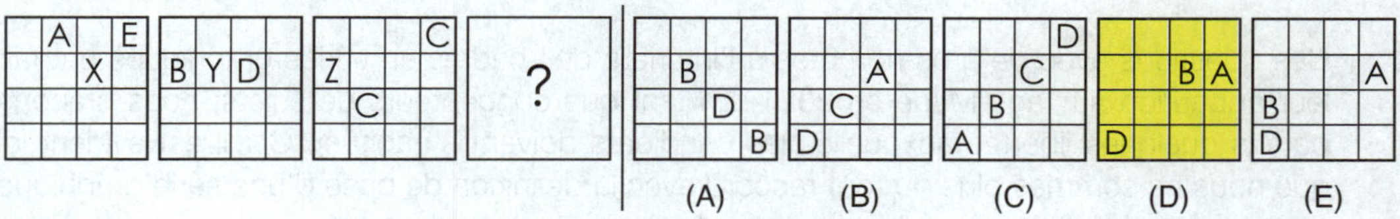

Une série originale, qui n'est pas aussi difficile que ce que l'on peut croire.

Le A du premier cadre descend en zigzaguant. Il devient B dans le deuxième cadre et C dans le troisième (le C du bas, pas celui qui est en haut à droite). On attend donc un D en bas à gauche en solution et on élimine donc les réponses A et C.

Le X du premier cadre recule sur la deuxième ligne. Il devient Y dans le deuxième cadre et Z dans le troisième. Dans le quatrième cadre (celui de la réponse), on attend donc un A en deuxième ligne tout à droite (car après le Z, on revient dans l'alphabet avec le A). On élimine la réponse B.

Pour terminer, le E du premier cadre recule en diagonale et devient D dans le deuxième cadre puis remonte dans le troisième cadre pour devenir C et recule à nouveau dans le quatrième cadre (celui de la solution) pour devenir B. **On garde donc la réponse D qui satisfait bien à toutes ces conditions.**

Quand on y regarde de plus près, cette série est effectivement plutôt simple. Le problème est que vous ne devez jamais oublier qu'au Tage Mage, **le temps vous est compté.** Aussi, le manque de temps constitue souvent une source importante de stress pour les candidats qui s'agitent dans tous les sens le jour J, qui paniquent, et qui ne parviennent malheureusement pas à venir à bout d'une telle série.

Question 86. Réponse D

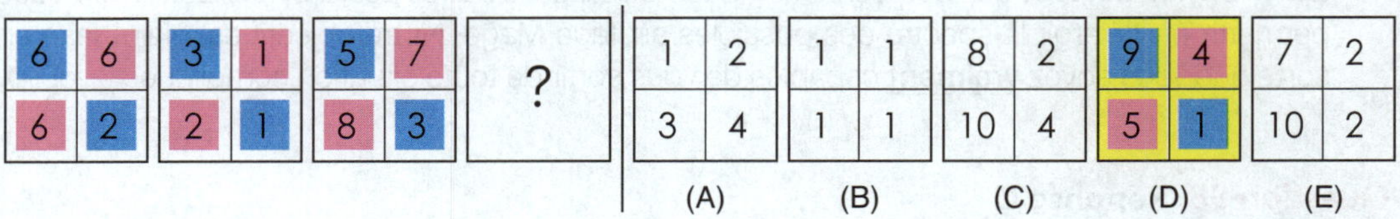

Vous devez ici considérer **des paires de nombres.**

Si vous faites **la somme** des nombres qui se trouvent dans les cases coloriées en **rose** alors vous constaterez que cette somme est égale au produit des nombres qui se trouvent dans les cases coloriées en **bleu**.

Ainsi dans le premier cadre par exemple, nous avons bien : 6 **×** 2 = 6 **+** 6

De la même façon, dans le deuxième cadre, nous avons bien : 3 **×** 1 = 2 **+** 1… Et ainsi de suite !

On garde par conséquent la réponse D qui est construite de la même façon (9 **×** 1 = 4 **+** 5).

Question 87. Réponse E

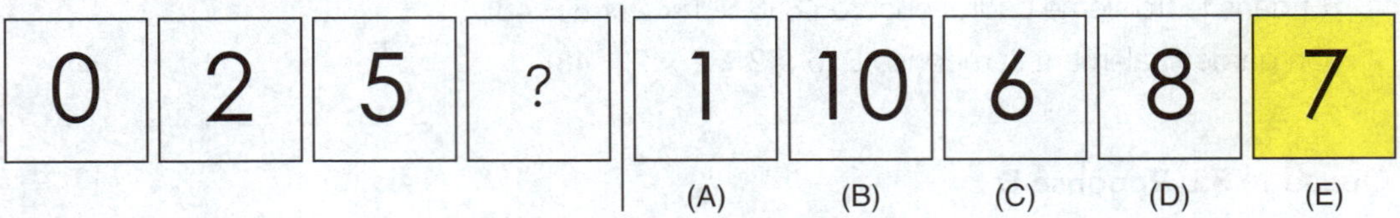

Ces questions avec de gros nombres à l'intérieur des cadres en séries graphiques ont fait leur apparition au Tage Mage en 2021. En tant que concepteurs de sujets, nous prenons parfois quelques libertés auxquelles les candidats doivent s'habituer. Car il est évident ici que nous ne sommes plus du tout raccord avec la définition de base d'une série graphique qui doit, par définition, accueillir des « graphes », autrement dit des formes, quelles qu'elles soient. Mais bon, peu importe, ce qui compte c'est que vous soyez habitués à travailler sur toutes les formes possibles de questions qui vous seront posées en logique au Tage Mage.

Alors ici, il est question de compter **le nombre de lettres des nombres** qui se trouvent dans les cadres.

- Dans le premier cadre : **0**, s'écrit **ZÉRO** et on compte donc **4 lettres**.
- Dans le deuxième cadre : **2**, s'écrit **DEUX** et on compte aussi **4 lettres**.
- Dans le troisième cadre : **5**, s'écrit **CINQ** et on compte encore **4 lettres**.

Vous l'avez compris, nos nombres (ou plutôt chiffres ici) s'écrivent tous avec 4 lettres. Mais plus encore, il s'agit des premiers nombres entiers, qui, dans cet ordre (0, 2, 5), s'écrivent avec 4 lettres. Il nous faut donc identifier le prochain nombre entier qui s'écrit avec 4 lettres et il s'agit de 7 (SEPT). Aussi, si vous avez choisi la réponse D (8 : HUIT), vous comprenez désormais pourquoi ce n'était pas la bonne réponse. Certes, 8 s'écrit bien avec 4 lettres **mais 7 vient avant 8** et c'est donc 7 qu'il faut privilégier car c'est bien le premier nombre qui s'écrit avec quatre lettres qui vient après 5.

Nous sommes conscients que vous vous inquiétez - à juste titre - de tous ces nouveaux critères qui font leur apparition en logique au Tage Mage. Compter le nombre de lettres d'un mot, compter le nombre de voyelles, de consonnes de syllabes, se concentrer sur le son produit par une lettre… Tous ces critères ont de quoi surprendre ! Mais rassurez-vous, **nous vous avons préparé quelques entraînements dans les sections POUR ALLER PLUS LOIN en fin de test** sur des séries logiques extraites d'autres tests et concours qui vous permettront d'élargir le spectre des possibles au Tage Mage. Notre objectif est clair : faire en sorte que vous soyez **vraiment** capables de vous sortir de toute situation compliquée le jour J.

Question 88. Réponse C

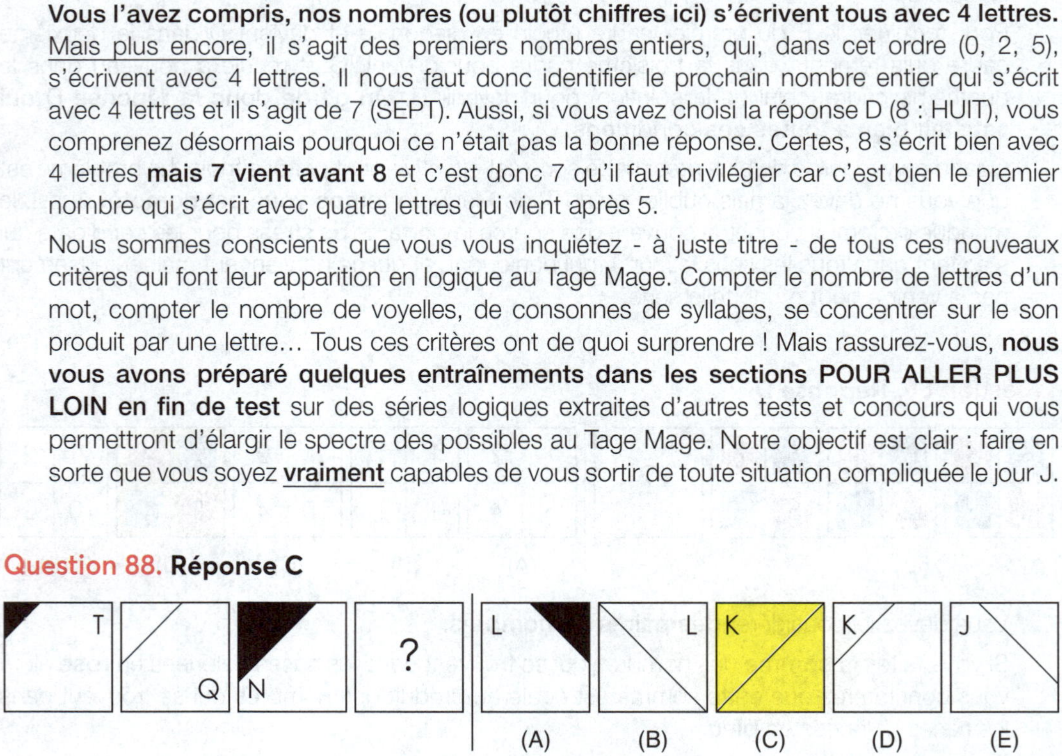

Pour ce qui est de la lettre, c'est facile. On a T (rang 20), puis Q (rang 17), puis N (rang 14). Il nous faut un K (rang 11) en haut à gauche car la lettre avance dans le sens des aiguilles d'une montre.

Pour ce qui est de la forme triangulaire, celle-ci est d'abord de couleur noire, puis blanche, puis noire. Elle doit donc être blanche en solution. Bon… cela ne nous avance pas des masses car il nous reste encore à choisir entre les réponses C et D. Ceci dit, on comprend quand même que la forme triangulaire grossit d'un cadre à l'autre et c'est pour cette raison que nous retenons la réponse C ! Cette série était plutôt facile, non ?

Question 89. **Réponse C**

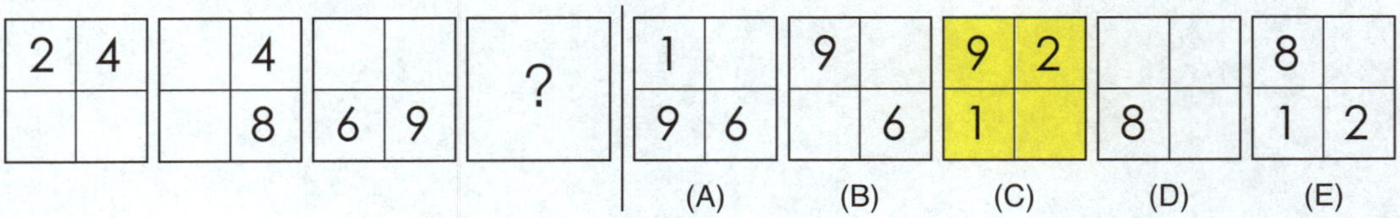

Une question relativement difficile car il faut penser à lire ici des nombres à deux chiffres et non pas des chiffres lus séparément.

Ainsi, dans le premier cadre, il faut lire **24**, dans le deuxième il faut lire **48** et dans le troisième, il faut lire **96** (oui 96 et pas 69) car comme vous le voyez, les nombres avancent cadre après cadre dans le sens des aiguilles d'une montre et il faut donc les lire dans le bon sens.

Bon, vous remarquez aussi accessoirement que les nombres sont multipliés par 2 cadre après cadre : **48** = 24 × 2, et **96** = 48 × 2. Il nous faut donc comme réponse **192** qui est bien égal à 96 x 2. On garde donc la réponse C.

Question 90. **Réponse D**

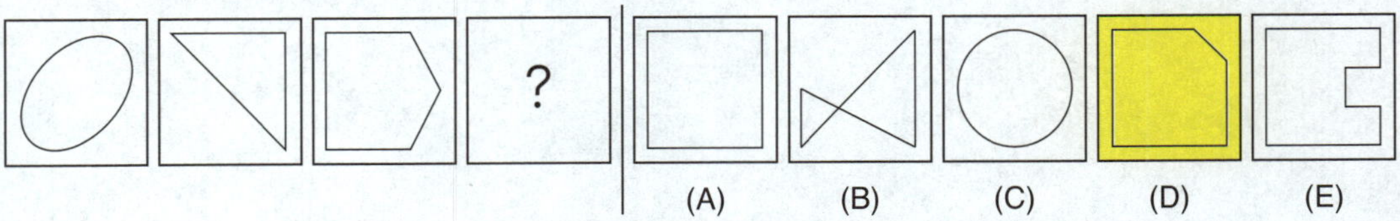

Une question classique d'**angles droits** pour finir ce test.

La première figure n'en contient aucun. La deuxième en contient un. La troisième en contient deux. On cherche donc une figure avec trois angles droits et c'est pour cela qu'on garde la réponse D.

N'OUBLIEZ PAS DE REMPLIR VOTRE FICHE BILAN EN FIN D'OUVRAGE

14

TEST BLANC TAGE MAGE

TEST TAGE MAGE 14 : VOTRE GRILLE DE REPONSES

Sous-test 1
Compréhension de textes

1	A B C D E	A B C D E
2	A B C D E	A B C D E
3	A B C D E	A B C D E
4	A B C D E	A B C D E
5	A B C D E	A B C D E
6	A B C D E	A B C D E
7	A B C D E	A B C D E
8	A B C D E	A B C D E
9	A B C D E	A B C D E
10	A B C D E	A B C D E
11	A B C D E	A B C D E
12	A B C D E	A B C D E
13	A B C D E	A B C D E
14	A B C D E	A B C D E
15	A B C D E	A B C D E

Sous-test 2
Calcul

16	A B C D E	A B C D E
17	A B C D E	A B C D E
18	A B C D E	A B C D E
19	A B C D E	A B C D E
20	A B C D E	A B C D E
21	A B C D E	A B C D E
22	A B C D E	A B C D E
23	A B C D E	A B C D E
24	A B C D E	A B C D E
25	A B C D E	A B C D E
26	A B C D E	A B C D E
27	A B C D E	A B C D E
28	A B C D E	A B C D E
29	A B C D E	A B C D E
30	A B C D E	A B C D E

Sous-test 3
Raisonnement/Argumentation

31	A B C D E	A B C D E
32	A B C D E	A B C D E
33	A B C D E	A B C D E
34	A B C D E	A B C D E
35	A B C D E	A B C D E
36	A B C D E	A B C D E
37	A B C D E	A B C D E
38	A B C D E	A B C D E
39	A B C D E	A B C D E
40	A B C D E	A B C D E
41	A B C D E	A B C D E
42	A B C D E	A B C D E
43	A B C D E	A B C D E
44	A B C D E	A B C D E
45	A B C D E	A B C D E

Sous-test 4
Conditions minimales

46	A B C D E	A B C D E
47	A B C D E	A B C D E
48	A B C D E	A B C D E
49	A B C D E	A B C D E
50	A B C D E	A B C D E
51	A B C D E	A B C D E
52	A B C D E	A B C D E
53	A B C D E	A B C D E
54	A B C D E	A B C D E
55	A B C D E	A B C D E
56	A B C D E	A B C D E
57	A B C D E	A B C D E
58	A B C D E	A B C D E
59	A B C D E	A B C D E
60	A B C D E	A B C D E

Sous-test 5
Expression

61	A B C D E	A B C D E
62	A B C D E	A B C D E
63	A B C D E	A B C D E
64	A B C D E	A B C D E
65	A B C D E	A B C D E
66	A B C D E	A B C D E
67	A B C D E	A B C D E
68	A B C D E	A B C D E
69	A B C D E	A B C D E
70	A B C D E	A B C D E
71	A B C D E	A B C D E
72	A B C D E	A B C D E
73	A B C D E	A B C D E
74	A B C D E	A B C D E
75	A B C D E	A B C D E

Sous-test 6
Logique

76	A B C D E	A B C D E
77	A B C D E	A B C D E
78	A B C D E	A B C D E
79	A B C D E	A B C D E
80	A B C D E	A B C D E
81	A B C D E	A B C D E
82	A B C D E	A B C D E
83	A B C D E	A B C D E
84	A B C D E	A B C D E
85	A B C D E	A B C D E
86	A B C D E	A B C D E
87	A B C D E	A B C D E
88	A B C D E	A B C D E
89	A B C D E	A B C D E
90	A B C D E	A B C D E

REPONSES EN PAGE 1340

TEST BLANC TAGE MAGE 14

SOUS-TEST 1 : COMPREHENSION DE TEXTES

15 questions / 20 minutes / Calculatrice interdite
Réponse juste : + 4 points / Réponse fausse : – 1 point
Aucune réponse : 0 point

TEXTE 1

En Angleterre, si vous ne voulez pas passer pour un cuistre, il vous faudra apprendre vite et beaucoup. Par exemple, on ne répond jamais « non », outre-Manche. On préférera le « je crains de ne pas pouvoir » (*"I'm afraid I can't…"*), tout aussi sans appel, mais en apparence tellement moins catégorique. Il vous faudra aussi, si vous êtes invité à dîner chez un autochtone, vous extasier sans ménagement sur les plats qu'il vous aura servis. Un simple *« c'était très bon, merci »* passera pour franchement désagréable. Au minimum, qualifiez donc le repas que l'on vous a offert de *« délicieux »*, *« brillant »*, *« merveilleux »*, voire *« fantastique »*.

On pourrait continuer cette énumération, mais comme la direction de la rédaction ne nous a commandé que 3 200 signes, il nous faut faire un choix. Et parer au plus urgent : vous éviter de commettre l'irréparable, ce que nos voisins britanniques considèrent sans doute être le comble de la grossièreté.

S'ils regardent avec une certaine tolérance ces « *Frenchies* » qui ne connaissent rien à leurs manières, il y a une faute de goût à leurs yeux rédhibitoire : doubler dans une file d'attente, ou, tout aussi impoli, y manifester son agacement, à coups de soupirs et d'yeux levés au ciel. La tentation est grande, il faut l'avouer, tout au long de la journée de se laisser aller à une certaine exaspération. Car, à Londres en tout cas, on fait la queue au moindre prétexte. Du matin au soir. Dans le métro, au Starbucks, au bureau de poste, chez le médecin, au supermarché, au pub… Partout, vous verrez cette file indienne qui ne supporte pas le désordre, où chacun attend son tour sans manifester le moindre signe d'irritation.

« Le simple fait de prendre sa place dans une queue est l'une de ces choses qui font notre identité », a expliqué Phil Woolas en 2010, lorsqu'il était secrétaire d'Etat à l'immigration du gouvernement travailliste de Gordon Brown, et qu'il préconisait très sérieusement que tout candidat à la citoyenneté britannique soit soumis au test de la file d'attente.

××

Cette obsession ne date pas d'hier. Certains invoquent les fameux bus à impériale dotés d'une seule entrée pour l'expliquer. D'autres remontent aux années d'après-guerre, quand tout était rationné.

Pour David Savage, un économiste comportemental de la Queensland University of Technology, en Australie, il s'agit là d'un phénomène plus ancien : dans une étude qu'il a réalisée en 2009 sur quatre désastres maritimes, il a observé que les passagers britanniques du *Titanic* (coulé en 1912) étaient surreprésentés parmi les 1 500 morts, et ce parce qu'ils ont poliment fait la queue pour s'embarquer sur des canots de sauvetage quand les Américains, eux, n'hésitaient pas à jouer des coudes pour sauver leur vie.

David Stewart-David, qui sévit à l'université de Northumbria, avance une autre explication : « *En Grande-Bretagne, un des fondements de notre civilisation, c'est le premier arrivé, le premier servi.* » L'universitaire a passé quatre années à pratiquer les files d'attente de plusieurs pays européens et à comparer les habitudes des uns et des autres : « *En Italie, par exemple, elles sont désordonnées, mais on laissera souvent une maman avec son enfant passer devant tout le monde.* » Au Royaume-Uni, n'y comptez pas.

Question 1. Laquelle de ces affirmations n'est pas exacte ?

(A) Le secrétaire d'Etat à l'immigration a préconisé de faire passer un test de file d'attente aux personnes qui désiraient obtenir la citoyenneté britannique.

(B) En Angleterre, on ne répond jamais « non ».

(C) Le comble de la grossièreté est de doubler dans une file d'attente.

(D) Un des fondements de la société britannique est : « Premier arrivé, premier servi ».

(E) Il est plus impoli de manifester son agacement dans une file d'attente que de doubler.

Question 2. Quel titre conviendrait le mieux à ce texte ?

(A) Faire la queue en Angleterre.

(B) Pourquoi les Londoniens sont-ils si patients dans les files d'attente ?

(C) Faire la queue en silence : une spécialité anglaise.

(D) Le stoïcisme de la file d'attente en Grande-Bretagne.

(E) Les raisons de la patience des Britanniques.

××××××××××××××××××××××××××××××××××××××
××××××××××××××××××××××××××××××××××××××

Question 3. Pourquoi les Britanniques ont-ils cette attitude dans les files d'attente ?

1. Car dans leur pays, tout est tellement mal organisé qu'il leur faut toujours faire la queue.
2. Car c'est une survivance de l'après guerre où le rationnement impliquait de longues files d'attente.
3. Car c'est un fondement de leur civilisation : « premier arrivé, premier servi ».

(A) 1 + 2 + 3

(B) 1 + 2

(C) 1 + 3

(D) 2 + 3

(E) Seulement 2

Question 4. Quelle proposition résume le mieux ce texte ?

(A) Les Britanniques sont très disciplinés dans les files d'attente et personne ne double. Ainsi, ils sont morts en plus grand nombre lors du naufrage du Titanic.

(B) Faire la queue dans le calme et le silence est une spécialité d'Outre-Manche. Les raisons de cette attitude ne sont pas exactement connues, mais les Britanniques considèrent que c'est une question de savoir-vivre.

(C) Les règles du savoir-vivre britannique sont différentes des règles françaises. Ainsi, par politesse, il ne faut jamais dire non, complimenter la maîtresse de maison pour la qualité de son repas et ne pas doubler dans les files d'attente.

(D) Les Britanniques savent rester dans une file d'attente sans manifester leur mécontentement, ni doubler. Ils ont développé cette faculté car les files d'attente sont nombreuses.

(E) Faire la queue en Grande-Bretagne est un rituel particulier : vous devez rester à votre place, sans doubler et sans manifester le moindre énervement. Si vous avez avec vous un jeune enfant, vous pourrez passer avant les autres.

××××××××××××××××××××××××××××××××××××××
××××××××××××××××××××××××××××××××××××××

Question 5. Où faites-vous la queue à Londres ?

1. Chez le médecin.
2. Au café.
3. Pour prendre le bus.

(A) 1 + 3
(B) 2 + 3
(C) Uniquement 2
(D) 1 + 2 + 3
(E) Uniquement 1

TEXTE 2

Faut-il freiner brutalement et donner un coup d'arrêt à une filière industrielle en plein essor ? Ou continuer à accélérer, en fermant les yeux sur les études qui montrent que les biocarburants actuels sont très loin de tenir leurs promesses ? Entre ces deux extrêmes, l'Union européenne (UE) qui, depuis dix ans, a fortement encouragé le développement de ces énergies alternatives – leur production et leur distribution représentaient en 2008 quelque 300 000 emplois directs ou indirects –, va devoir trouver un difficile compromis.

Une réalité s'impose : le bilan environnemental global des biocarburants de première génération – le biodiesel élaboré à partir du colza, du tournesol, du soja ou du palmier à huile, et le bioéthanol et son dérivé, l'ETBE, extraits de la betterave et de la canne à sucre, du blé ou du maïs – n'est pas bon. Car il faut corriger les performances annoncées par ce que les experts appellent « *le changement indirect d'affectation des sols* ».

Les cultures énergétiques, lorsqu'elles accaparent des terres agricoles, obligent en effet à déplacer les cultures alimentaires vers d'autres régions de la planète, à commencer par les régions tropicales. Des forêts y sont abattues, pour être transformées en terres cultivables, et cette déforestation relâche du CO_2 dans l'atmosphère.

Une étude de l'Institute for European Environmental Policy, commandée par une dizaine d'associations de défense de l'environnement, a calculé que l'objectif que s'est fixé l'UE – soit 10 % d'énergies renouvelables dans les transports en 2020, soit deux fois plus qu'aujourd'hui – « *pourrait mobiliser près de 70 000 km*^{2} – plus de deux fois la superficie de la Belgique – *de terres supplémentaires à la surface du globe* ».

Il en résulterait, à l'échelle de la planète, une « *émission de 27 millions à 56 millions de tonnes de* CO_2 *supplémentaires* ». Au final, les biocarburants consommés en Europe d'ici à la fin de la

××××××××××××××××××××××××××××××××××××
××××××××××××××××××××××××××××××××××××

décennie généreraient « *de 81 % à 167 %* » de gaz à effet de serre de plus que les carburants fossiles.

La Commission de Bruxelles n'ignore pas le problème. Elle a fait réaliser ses propres études, sans les divulguer. Moins catastrophiques, elles montrent pourtant, indique Nusa Urbancic, de l'association européenne Transport & Environnement, que, si l'on tient compte de la réaffectation mondiale des terres, le biodiesel tiré du colza (dont est issu l'essentiel de la production et de la consommation européennes) et du tournesol, mais aussi de l'huile de soja et de palme (importées) serait plus nocif que les combustibles fossiles, en rejet de gaz à effet de serre.

En revanche, le bioéthanol élaboré à partir du blé, du maïs, de la betterave et de la canne à sucre, présenterait un bilan carbone meilleur que les carburants d'origine fossile.

En décembre 2010, le commissaire européen à l'énergie, Günther Oettinger, déclarait que « *les effets potentiels des modifications indirectes dans l'affectation des sols doivent être dûment pris en considération* ». La question, qui aurait dû être examinée fin 2010, a été repoussée à juillet, puis reportée à septembre. Il faudra alors trancher, et peut-être légiférer, sur l'instauration de normes plus exigeantes.

La Commission a déjà établi des critères de « *biocarburants durables* ». Ceux-ci doivent permettre une réduction des émissions de gaz à effet de serre d'au moins 35 % par rapport aux combustibles fossiles, seuil qui sera relevé à 50 % en 2017. Et leur production ne doit pas se faire au détriment des forêts tropicales, des tourbières, des zones humides ou de terres à forte biodiversité.

Entre les impératifs économiques et écologiques, la voie est étroite. La solution pourrait être de pousser les recherches sur les nouvelles générations de biocarburants, valorisant le bois, la paille et les déchets végétaux, ou exploitant le potentiel des microalgues. Mais ces filières sont encore loin d'être opérationnelles.

Question 6. Comment l'Union européenne compte-t-elle agir pour résoudre le problème ?

(A) Elle va créer un nouveau label, plus exigeant « biocarburant durable ».

(B) Elle va exiger que les biocarburants permettent une réduction des émissions de gaz à effet de serre de 35 % par rapport aux énergies fossiles.

(C) Elle n'est pas encore fixée sur les mesures à prendre.

(D) Elle ignore quel type de mesure il faut prendre.

(E) Elle va uniquement exiger que les effets résultant de la modification d'utilisation des sols soient pris en compte.

××××××××××××××××××××××××××××××××××××××
××××××××××××××××××××××××××××××××××××××

Question 7. Laquelle de ces affirmations est exacte ?

(A) Le bioéthanol est élaboré à partir de la betterave et du soja.

(B) L'ETBE est un dérivé du biodiesel.

(C) Le biodiesel est fabriqué avec du tournesol ou du palmier à l'huile.

(D) L'ETBE et le biodiésel sont des biocarburants de 1re génération.

(E) La canne à sucre et le colza entrent dans la composition du bioéthanol.

Question 8. Quelle(s) actions(s) n'est pas (ne sont pas) la conséquence du développement des cultures énergétiques ?

1. L'abattage des forêts.
2. L'augmentation des émissions de CO_2.
3. La diminution des surfaces consacrées aux cultures alimentaires.

(A) 1 + 2

(B) Seulement 1

(C) Seulement 3

(D) 2 + 3

(E) 1 + 2 + 3

Question 9. Classez en fonction de leur bilan carbone, du plus polluant au moins polluant, les carburants suivants :

1. Bioéthanol.
2. Biodiésel.
3. Carburant fossile.

(A) Ce classement est impossible à réaliser car le texte ne fournit pas assez de précision.

(B) 2 – 3 – 1

(C) 3 – 2 – 1

(D) 2 – 1 – 3

(E) 1 – 3 – 2

××××××××××××××××××××××××××××××××××××××
××××××××××××××××××××××××××××××××××××××

Question 10. Comment définir le « changement indirect d'affectation des sols » ?

(A) C'est lorsqu'une terre arable est transformée en terre à produire des végétaux qui entrent dans la composition des biocarburants.

(B) C'est lorsque les forêts tropicales sont arrachées pour laisser place aux cultures alimentaires.

(C) C'est lorsque les cultures alimentaires doivent laisser la place aux cultures énergétiques.

(D) C'est lorsque les sols sont épuisés par les cultures énergétiques.

(E) C'est lorsque les forêts sont abattues pour être transformées en terres cultivables et que cette opération relâche du CO_2.

TEXTE 3

Le marché de l'emploi se porte mal. Si mal qu'on évoque une « ère ultraglaciaire » en la matière. Les étudiants fraîchement diplômés ont beaucoup de difficultés à trouver des débouchés. Alors que je discutais de cette situation avec un vieil ami universitaire, celui-ci m'a confié : « Lors des entretiens d'orientation, certaines de mes étudiantes ont commencé à me dire qu'elles préféraient "mener une existence tranquille". » Son établissement est une université privée prestigieuse, connue pour offrir à ses étudiants un taux d'insertion professionnel élevé. Pourtant, selon lui, le nombre d'étudiantes qui souhaitent devenir femmes au foyer est en progression constante. Cette situation le rend d'autant plus perplexe qu'auparavant la plupart des étudiantes étaient plus déterminées que leurs homologues masculins à conquérir leur indépendance.

Ce désir accru de devenir femme au foyer ressort également des statistiques. Une enquête réalisée en 2008 par l'Institut national de recherche sur la sécurité sociale et la population montre que le pourcentage de femmes favorables à l'idée que "les hommes doivent travailler et les femmes se consacrer aux tâches ménagères" est le plus faible dans la tranche des 40-50 ans, tandis qu'il s'élève d'une manière inversement proportionnelle à l'âge pour avoisiner les 50 % chez les filles de 20 ans et moins. Si d'aucuns considèrent cette tendance comme un retour au conservatisme, j'y vois quant à moi une réaction d'autodéfense. Au 1er octobre 2010, seulement 55 % des étudiantes avaient obtenu une promesse d'embauche [contre 60 % des étudiants]. Ce pourcentage, le plus bas jamais enregistré, montre que la situation est plus grave pour les femmes que pour les hommes. Il faut dire que ces jeunes femmes ont vu leurs aînées s'épuiser en voulant mener de pair leur carrière et l'éducation de leurs enfants. On peut comprendre qu'elles finissent par aspirer à devenir femmes au foyer après avoir perdu toute illusion face aux attentes déraisonnables des entreprises.

××××××××××××××××××××××××××××××××××××××
××××××××××××××××××××××××××××××××××××××

Cependant, il est bien connu que mener une existence tranquille sans souci financier est plus difficile que décrocher un emploi. Selon une étude effectuée par Masahiro Yamada, professeur de sociologie familiale à l'université Chuo, 40 % des femmes célibataires de Tokyo souhaitent que leur futur époux gagne au moins 51 000 euros par an, alors que seulement 3,5 % des hommes célibataires perçoivent un tel salaire. Que ce soit pour trouver un emploi ou un époux, les jeunes femmes doivent faire face à une vive concurrence pour éviter la précarité, et beaucoup ressortent de cette quête mentalement et physiquement épuisées.

Les choix de vie relèvent de décisions personnelles contre lesquelles nul ne peut s'élever. Mais, si les options qui s'offrent aux femmes sont limitées par un marché de l'emploi tendu et par un manque de soutien social concernant l'éducation des enfants, on ne peut que le déplorer. Dans un ouvrage intitulé *Defure no shotai* [*Le vrai visage de la déflation*, inédit en français], Kosuke Motani, économiste à la Banque japonaise de développement, pose cette question fondamentale : alors même que sa population active décline, pourquoi le Japon ne fait-il pas un meilleur usage des femmes ayant un niveau d'instruction élevé, une riche expérience professionnelle et de grandes capacités ? « Le Japon a tendance à considérer comme allant de soi que les femmes se consacrent à leur foyer. Dans les mangas publiés sur la famille depuis le premier du genre, *Sazae san*, tous les personnages féminins sont des femmes au foyer », écrit l'auteur. A la réflexion, il en va de même dans les mini-bandes dessinées qui paraissent quotidiennement dans les pages de l'*Asahi Shimbun*. La société nippone ne s'est peut-être pas encore débarrassée de la mentalité qui régnait durant l'ère Showa [1926-1989]. S'il fallait décrire en un mot la situation actuelle du Japon, qui néglige de tirer parti des capacités des femmes, ce serait mottainai ! – autrement dit : « Quel gâchis ! ».

Question 11. Laquelle de ces affirmations est fausse ?

(A) Pour trouver un époux ou un emploi, la concurrence est rude pour les femmes japonaises.

(B) Dans les mangas, les femmes sont toujours des femmes au foyer.

(C) Les femmes japonaises ont renoncé à avoir une vie professionnelle.

(D) La situation des femmes sur le marché de l'emploi se dégrade.

(E) Les femmes ont un niveau d'instruction élevé et sont pourtant sous-employées.

××××××××××××××××××××××××××××××××××××××
××××××××××××××××××××××××××××××××××××××

Question 12. A la lecture de cet article, la société japonaise apparaît comme :

(A) Traditionnelle car les femmes occupent la place qui est la leur.

(B) Rétrograde car la place de la femme au Japon n'est pas celle qu'elle occupe dans les sociétés modernes.

(C) Réaliste car lorsque le chômage est élevé, il est normal que les travailleurs les plus faibles, et notamment les femmes, soient plus touchés par le chômage.

(D) Désorganisée car cet article montre un pays qui ne sait pas tirer parti de ses ressources.

(C) Paradoxale, car pourquoi permettre aux femmes d'étudier si c'est pour ne pas leur donner les moyens d'exercer un métier ?

Question 13. Pour l'auteur, le renoncement des jeunes femmes à mener une vie professionnelle est :

1. La conséquence du manque d'emplois.
2. Un réflexe d'autodéfense.
3. Le reflet de la mentalité japonaise qui considère que la femme doit s'occuper du foyer.

(A) 1 + 2 + 3

(B) Seulement 1

(C) 1 + 3

(D) 2 + 3

(E) Seulement 2

Question 14. Les jeunes diplômées renoncent à travailler sous l'effet conjugué…

(A) de la montée du chômage et de décisions personnelles.

(B) de leur désir d'avoir une vie plus confortable en épousant un homme qui gagne 61 000 euros par an et du chômage.

(C) de la culture des Japonais qui pensent que « les hommes doivent travailler et les femmes se consacrer aux tâches ménagères » et de la tension sur l'emploi.

(D) du manque d'emploi et de soutien de la société.

(E) du fait qu'elles ont vu leurs grand-mères peiner à mener de front famille et emploi et que le marché de l'emploi se porte mal.

××××××××××××××××××××××××××××××××××××××
××××××××××××××××××××××××××××××××××××××

Question 15. Laquelle de ces affirmations est inexacte ?

(A) 55 % des étudiantes ont obtenu une promesse d'embauche en octobre 2010.

(B) L'ère Showa a duré de 1926 à 1989.

(C) 50 % des filles de 20 ans pensent que les femmes devraient rester au foyer.

(D) 3,5 % des hommes japonais gagnent plus de 51 000 euros par an.

(E) Les femmes dont l'âge se situe entre 40 et 50 ans sont les femmes les moins d'accord avec le fait que la femme doit rester au foyer.

Si vous avez terminé, vous n'êtes pas autorisé(e) à revenir sur une épreuve précédente.
Vous n'êtes pas non plus autorisé(e) à travailler sur une épreuve suivante avant la fin du temps imparti.

STOP !

TEST BLANC TAGE MAGE 14

SOUS-TEST 2 : CALCUL

15 questions / 20 minutes / Calculatrice interdite
Réponse juste : + 4 points / Réponse fausse : – 1 point
Aucune réponse : 0 point

Question 16. Lors d'une conférence, on recense les langues comprises par les participants. 60 % comprennent le français, 40 % l'allemand et 80 % l'anglais. On sait aussi que la moitié des participants ne comprend qu'une seule langue (aucun participant ne comprend aucune langue). Quelle proportion de participants comprend les trois langues ?

(A) 10 %
(B) 15 %
(C) 20 %
(D) 25 %
(E) 30 %

Question 17. Un sprinter met 15 secondes pour effectuer un 100 m. Voici comment se déroule son parcours : il accélère pendant la première partie de la course (30 m), puis il court à vitesse constante pendant la deuxième partie du parcours (40 m). Pour terminer, il ré-accélère durant la dernière partie. Comparé à la première partie du parcours, il a mis une seconde de moins pour parcourir la deuxième partie et deux secondes de moins pour parcourir la troisième.

A quelle vitesse moyenne a-t-il couru la troisième partie du parcours ?

(A) 25 km/h
(B) 26 km/h
(C) 27 km/h
(D) 28 km/h
(E) 29 km/h

Question 18. A un nombre à 5 chiffres dont la somme des chiffres est 2, on ajoute un nombre à 2 chiffres. Le résultat obtenu est un nombre dont la somme des chiffres est 2. Quel est ce résultat ?

(A) 10 001
(B) 10 010
(C) 10 100
(D) 11 000
(E) 20 000

//
//

Question 19. Un rectangle ABCD est découpé en 4 rectangles comme le montre la figure. Les périmètres de trois de ces rectangles sont 11 cm, 16 cm, 19 cm. Le quatrième rectangle n'est ni celui de plus petit périmètre, ni celui de plus grand périmètre. Quel est le périmètre de ABCD ?

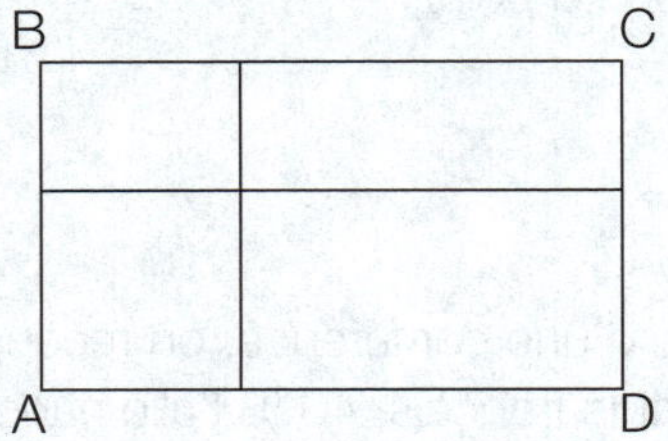

(A) 28 cm
(B) 30 cm
(C) 32 cm
(D) 38 cm
(E) 39 cm

Question 20. Cathy joue à pile ou face avec sa grand-mère. Elle gagne chaque fois que la pièce montre pile. Quelle est la probabilité que Cathy ait gagné deux fois après trois lancers ?

(A) 1
(B) $\frac{1}{2}$
(C) 0
(D) $\frac{2}{3}$
(E) $\frac{3}{8}$

Question 21. Complétez la série suivante :

0,1 0,01 0,01 0,1 10 10 000 ?

(A) 100 000
(B) 1 000 000
(C) 100 000 000
(D) 10 000 000 000
(E) 10 000 000

//
//

Question 22. On choisit au hasard et sans remise deux boules parmi 5 boules numérotées de 1 à 5. On multiplie entre elles les valeurs des deux boules. Quelle est la probabilité que le résultat soit un nombre impair ?

(A) 25 % (B) 30 %
(C) 40 % (D) 50 %
(E) 66,70 %

Question 23. L'année dernière, il y avait 30 garçons de plus que de filles dans la chorale de l'école. Cette année, le nombre des membres de la chorale a augmenté de 10 % : le nombre de filles a augmenté de 20 % et le nombre de garçons de 5 %. Combien de membres compte la chorale cette année ?

(A) 99 (B) 88
(C) 132 (D) 121
(E) 110

Question 24. Deux nombres sont donnés. La somme de leurs carrés moins deux fois leur produit est égal à 16. Alors, la différence entre le plus grand et le plus petit de ces nombres est égale à :

(A) 4 (B) 6
(C) 8 (D) 10
(E) 16

Question 25. Une classe de 42 élèves est divisée en deux groupes. La moyenne obtenue à un contrôle par le groupe le plus faible est de 8 sur 20 et la moyenne obtenue par le groupe le plus fort à ce même contrôle est de 14 sur 20. Combien d'élèves constituent le groupe le plus faible sachant que la moyenne générale obtenue par les élèves de cette classe est de 10 sur 20 ?

(A) 14 (B) 18
(C) 24 (D) 28
(E) 32

//
//

Question 26. Un livre s'est vendu à 800 exemplaires avec une marge bénéficiaire de 5 % sur son prix. Si l'on augmente le prix et donc la marge de 10 euros, on remarque que le bénéfice total reste le même car les ventes baissent de 10 %. Quel est le prix de vente initial du produit ?

(A) 60 euros
(B) 150 euros
(C) 650 euros
(D) 1 800 euros
(E) 5 500 euros

Question 27. Quelle est l'aire d'un rectangle de largeur égale à 40 cm et de longueur égale à 1,25 dam ?

(A) 4 250 mm^2
(B) 5 m^2
(C) 0,45 m^2
(D) 50 dm^2
(E) 42,5 m^2

Question 28. Thierry a deux fois l'âge que Greg avait quand il avait l'âge que Greg a. Quand Greg aura l'âge de Thierry, ensemble, ils auront 63 ans. Mais quel âge a Thierry ?

(A) 28
(B) 27
(C) 23
(D) 22
(E) 21

Question 29. Il y a 10 950 000 accidents domestiques par an en Espagne. 0,2 % de ces accidents sont mortels. La répartition des lieux de ces accidents s'établit comme suit : 24 % dans le jardin, 25 % dans la cuisine, 10 % dans le séjour, 15 % dans les escaliers, 7 % dans les chambres, 4 % dans la salle de bains, le reste ailleurs. On sait, par ailleurs, qu'il y a eu l'an passé 3 285 morts sur les routes espagnoles. Quel est le rapport entre le nombre de décès dus à un accident dans une cuisine et le nombre de morts sur la route ?

(A) 1 pour 1
(B) 2 pour 1
(C) 3 pour 2
(D) 5 pour 3
(E) 3 pour 4

//
//

Question 30. La figure montre un rectangle et une droite *d* parallèle à deux des côtés du rectangle.

K et L sont deux points de *d*. La somme des aires des 2 triangles grisés est 10 cm^2.

Quelle est l'aire du rectangle ?

(A) 18 cm^2

(B) 20 cm^2

(C) 22 cm^2

(D) 24 cm^2

(E) Cela dépend de la position des points K et L

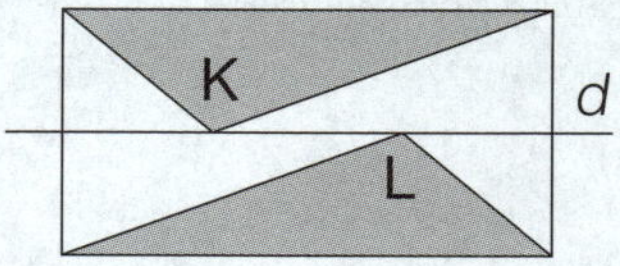

Si vous avez terminé, vous n'êtes pas autorisé(e) à revenir sur une épreuve précédente.
Vous n'êtes pas non plus autorisé(e) à travailler sur une épreuve suivante avant la fin du temps imparti.

STOP !

TEST BLANC TAGE MAGE 14

SOUS-TEST 3 : RAISONNEMENT & ARGUMENTATION

15 questions / 20 minutes / Calculatrice interdite
Réponse juste : + 4 points / Réponse fausse : – 1 point
Aucune réponse : 0 point

Question 31. Des chercheurs ont voulu vérifier si les prières exercent une influence sur la convalescence de malades et ont entrepris dans ce but de suivre des malades après une opération du cœur. A chaque malade a été attribué un groupe comprenant des milliers de personnes qui ont prié pour sa guérison. On a constaté entre autres qu'après l'opération, les malades qui savaient qu'on avait prié pour eux ont manifesté plus de troubles du rythme cardiaque que les malades qui l'ignoraient. On sait que l'angoisse cause des sécrétions élevées d'adrénaline, laquelle entraîne des troubles du rythme cardiaque : les chercheurs supposent donc que les malades ont éprouvé plus d'angoisse en pensant que leur état était à ce point grave que des milliers de personnes avaient dû prier pour eux.

Laquelle des propositions suivantes ne découle pas des propos ci-dessus ?

(A) L'angoisse est susceptible de provoquer des troubles du rythme cardiaque.

(B) Selon les chercheurs, ce ne sont pas les prières qui ont fait du tort aux malades mais le fait de savoir qu'elles étaient prononcées.

(C) Le fait de savoir que des milliers de personnes avaient prié pour sa guérison a eu des conséquences inattendues sur l'état de santé du malade.

(D) Les chercheurs n'ont pas révélé aux malades que les prières pour leur guérison faisaient partie d'une expérience.

(E) La convalescence des malades pour lesquels ont n'avait pas prié a été plus difficile que celles des malades pour lesquels on avait prié.

>>
>>

Question 32. Quelle phrase est équivalente à « s'il ne pleut pas cet après-midi, alors je vais chez mon oncle. » ?

(A) S'il pleut cet après-midi, je ne vais pas chez mon oncle.

(B) Si je vais chez mon oncle cet après-midi, alors il ne pleut pas.

(C) Si je ne vais pas chez mon oncle, alors il pleut cet après-midi.

(D) Si je ne vais pas chez mon oncle cet après-midi, alors il ne pleut pas.

(E) Si je vais chez mon oncle cet après-midi, alors il pleut.

Question 33. Les secrétaires de direction touchent un salaire beaucoup plus élevé que les infirmières. La durée des études pour les deux professions est identique. Les secrétaires de direction n'ont pas besoin d'appareils coûteux indispensables aux infirmières.

Par conséquent, celle qui a l'intention de suivre des cours pour être infirmière n'a pas fait un choix judicieux. Laquelle des phrases suivantes ne renforce ni n'affaiblit cette dernière phrase ?

(A) Les secrétaires de direction jouissent d'un plus grand prestige comparativement aux infirmières ou aux chirurgiens.

(B) Les chirurgiens gagnent bien plus que les secrétaires de direction et les infirmières.

(C) De nombreuses infirmières se recyclent et deviennent secrétaires de direction après quelques années.

(D) Les secrétaires de direction débutantes gagnent très peu comparativement aux infirmières débutantes.

(E) Le système de sécurité sociale devraient indemniser davantage les patients qui fréquentent peu leur médecin de famille.

Question 34. Deux frères, Philippe et Christophe, sont membres d'un même club d'échecs. L'un dit : « Tous les membres, sauf cinq d'entre eux, sont des garçons ». L'autre dit : « Dans chaque groupe de 6 membres, il y a toujours au moins quatre filles ». Les deux ont dit la vérité. Quel est le nombre de membres de ce club d'échecs ?

(A) 6
(B) 7
(C) 8
(D) 12
(E) 18

>>
>>

Question 35. Père est à mère ce que consanguin est à :

(A) hormonal
(B) groupe sanguin
(C) vaginal
(D) sanguin
(E) utérin

Question 36. Les 1999 habitants d'une île se répartissent en deux catégories : les « bons » qui disent toujours la vérité et les « truands » qui mentent toujours. Chaque habitant est soit un chanteur, soit un footballeur, soit un pêcheur. On pose trois questions à chaque habitant :

1. Es-tu un chanteur ?
2. Es-tu un footballeur ?
3. Es-tu un pêcheur ?

1 000 personnes répondent oui à la première question, 700 à la deuxième et 500 à la troisième. Combien y a-t-il de truands sur l'île ?

(A) 102
(B) 180
(C) 201
(D) 322
(E) 729

Question 37. Anaïs, Brigitte, Cécile et Diana pratiquent un sport différent : karaté, foot, volley et judo. Anaïs n'aime pas les jeux de ballon et la judoka Brigitte va souvent au stade regarder des matchs de foot. Quelle phrase peut être vraie ?

(A) Anaïs joue au volley.
(B) Brigitte joue au foot.
(C) Anaïs pratique le judo.
(D) Diana fait du karaté.
(E) Cécile joue au volley.

>>
>>

Question 38. Une maîtresse décide de faire une surprise à ses élèves et leur offre des sacs avec neuf gourmandises à l'intérieur : des chocolats, des sucettes et des chewing-gums. Un élève s'amuse à tirer au hasard deux gourmandises en remettant ce qu'il a tiré dans le sac avant de recommencer. Il remarque qu'il y a systématiquement un chocolat. Laquelle de ces propositions est peut être juste ?

(A) Il y a cinq chocolats dans son sachet.
(B) Il y a dans son sac autant de chocolats que de sucettes et de chewing-gums.
(C) Il y a une moitié de chocolat et uniquement des sucettes dans son sachet.
(D) Son sachet contient une seule sucette et aucun chewing-gum.
(E) Il a les trois sortes de gourmandises dans son sac.

Question 39. Voici deux assertions concernant une école privée :

A. En CE2, il n'y a pas d'élève qui ne sache lire.

B. Ce n'est qu'en CP que certains élèves ne savent pas lire.

Une des phrases suivantes est vraie. Laquelle ?

(A) S'il se trouve un enfant dont l'existence invalide l'assertion B, alors son existence invalide aussi l'assertion A.
(B) Il est impossible que se trouve un enfant dont l'existence n'invalide pas au moins une des assertions.
(C) Il est impossible que se trouve un enfant dont l'existence invalide à la fois les deux assertions.
(D) Un élève qui est au CP lit aussi bien qu'un élève qui est en CE2.
(E) S'il se trouve un enfant dont l'existence invalide l'assertion A, alors son existence invalide aussi l'assertion B.

>>>

Question 40. Alain dit : « Norbert ment ».

Norbert dit : « Daniel ment ».

Daniel dit : « Alain et Norbert mentent tous les deux ».

Parmi les propositions suivantes, laquelle est vraie ?

(A) Alain dit la vérité.

(B) Alain ment et est le seul à mentir.

(C) Alain et Norbert mentent toutes les deux.

(D) Alain et Daniel mentent toutes les deux et Norbert dit la vérité.

(E) Norbert et Daniel mentent tous les deux et Alain dit la vérité.

Question 41. Dans le village où vivent Alain, Max et Paul, on a instauré une règle pour sermonner.

Il découle de cette règle qu'Alain a le droit de sermonner Max mais pas Paul tandis que Paul a le droit de sermonner Alain mais pas Max.

Laquelle des règles suivantes peut être la règle en question ?

(A) Un villageois a le droit de sermonner tous les gens plus grands que lui, et seulement eux.

(B) Un villageois a le droit de sermonner tous les agriculteurs, et seulement eux.

(C) Un villageois a le droit de sermonner tous les habitants de son immeuble, et seulement eux.

(D) Un villageois a le droit de sermonner tous ses fils, et seulement eux.

(E) Aucune des règles proposées ne convient.

Question 42. Assertion A : Les robots bleus sont nécessairement sympathiques.

Assertion B : Seuls les robots rouges ne sont pas sympathiques.

Laquelle des propositions suivantes est vraie en ce qui concerne les assertions ?

(A) Aucune des assertions ne découle de l'autre ni ne la contredit.

(B) Les deux assertions découlent l'une de l'autre.

(C) L'assertion A découle nécessairement de l'assertion B.

(D) L'assertion B découle nécessairement de l'assertion A.

(E) Les assertions A et B sont parfaitement équivalentes.

>>>
>>>

Question 43. Le directeur des Ressources Humaines d'une entreprise affirme : « Pour bénéficier de la prime de fin d'année, il faut avoir participé au salon de l'été dernier ! »
A partir de ces informations, on peut conclure que :

1. Tous ceux qui ont participé au salon de l'été dernier, bénéficieront de la prime de fin d'année.
2. Ceux qui ne bénéficieront pas de la prime de fin d'année, n'ont pas participé au salon de l'été dernier.
3. Tous ceux qui bénéficieront de la prime de fin d'année ont participé au salon de l'été dernier.
4. Ceux qui n'ont pas participé au salon de l'été dernier ne recevront pas la prime de fin d'année.

(A) Seules 1 et 3 sont vraies.
(B) Seules 3 et 4 sont vraies.
(C) Seules 2 et 3 sont vraies.
(D) Seules 1 et 4 sont vraies.
(E) Seules 2 et 4 sont vraies.

Question 44. Directeur d'une agence de conseil en marketing, Simon Renaud doit se tenir informé des enjeux et des problématiques marketing de l'ensemble des secteurs d'activité. Pour ce faire, il assiste chaque année à de nombreux colloques et conférences. Ainsi, en avril, mai et juin prochains, Simon Renaud doit participer à trois colloques. Malheureusement, il a égaré son agenda et ne retrouve donc plus les lieux (Paris, Lyon ou Marseille), thèmes (« sponsoring », « marketing viral » ou « marketing direct ») et secteurs d'activité concernés (industrie automobile, luxe ou agroalimentaire). Il se rappelle toutefois des éléments suivants :
– Le congrès « marketing direct » ne se tient pas en juin.
– Le congrès « sponsoring » ne concerne pas les industries agroalimentaires et n'a pas lieu à Paris.
– Le congrès qui se tient à Lyon a lieu en juin.
– Le congrès qui est programmé en mai rassemble les industries du luxe.
– Ni les entreprises de l'agroalimentaire ni celles du luxe ne participent au colloque « marketing direct ».

Compte tenu de ces éléments, laquelle de ces affirmations est vraie :

(A) Le congrès « sponsoring » a lieu à Lyon, en mai, et rassemble les sociétés du luxe.
(B) Le congrès « sponsoring » a lieu à Marseille, en mai, et rassemble les sociétés du luxe.
(C) Le congrès « marketing viral » a lieu à Paris, en mai, et rassemble les sociétés du luxe.
(D) Le congrès « marketing viral » a lieu à Lyon, en juin, et concerne le secteur automobile.
(E) Le congrès « marketing direct » a lieu à Paris, en avril, et rassemble les sociétés du luxe.

>>
>>

Question 45. Louis est né le 1er janvier 2012. Il est plus vieux que Pierre d'un an moins un jour. Quel jour est né Pierre ?

(A) Le 2 janvier 2013

(B) Le 2 janvier 2011

(C) Le 31 décembre 2010

(D) Le 31 décembre 2012

(E) Le 31 décembre 2013

Si vous avez terminé, vous n'êtes pas autorisé(e) à revenir sur une épreuve précédente.
Vous n'êtes pas non plus autorisé(e) à travailler sur une épreuve suivante avant la fin du temps imparti.

STOP !

TEST BLANC TAGE MAGE 14

SOUS-TEST 4 : CONDITIONS MINIMALES

15 questions / 20 minutes / Calculatrice interdite
Réponse juste : + 4 points / Réponse fausse : – 1 point
Aucune réponse : 0 point

Vous répondrez :

(A) Si l'information (1) permet à elle seule de répondre à la question, et si l'information (2) à elle seule ne permet pas de répondre à la question.

(B) Si l'information (2) permet à elle seule de répondre à la question, et si l'information (1) à elle seule ne permet pas de répondre à la question.

(C) Si les deux informations (1) et (2) ensemble permettent de répondre à la question, et aucune séparément ne le peut.

(D) Si chaque information permet séparément de répondre à la question.

(E) Si les deux informations ensemble ne permettent pas de répondre à la question.

Question 46. A, B et C sont des entiers naturels, la somme $4^A + B^A + C$ est-elle paire ?

(1) A est pair.

(2) B est impair.

Question 47. Quelle est la distance parcourue AB ?

(1) Un cycliste parcourt le trajet AB aller retour à la vitesse de 24 km/h à l'aller et à la vitesse de 28 km/h au retour.

(2) La durée totale du parcours est de 13 heures.

Question 48. A quel étage Armand habite-t-il ?

(1) Si je multiplie la valeur de l'étage du dessus par la valeur de l'étage du dessous, j'obtiens 624.

(2) Si je somme la valeur de l'étage du dessus à la valeur de l'étage du dessous, j'obtiens 50.

##
##

Vous répondrez :

(A) Si l'information (1) permet à elle seule de répondre à la question, et si l'information (2) à elle seule ne permet pas de répondre à la question.

(B) Si l'information (2) permet à elle seule de répondre à la question, et si l'information (1) à elle seule ne permet pas de répondre à la question.

(C) Si les deux informations (1) et (2) ensemble permettent de répondre à la question, et aucune séparément ne le peut.

(D) Si chaque information permet séparément de répondre à la question.

(E) Si les deux informations ensemble ne permettent pas de répondre à la question.

Question 49. On considère un premier carré C_1 dont les diagonales concordent avec le diamètre d'un cercle C. Ce cercle est lui-même inscrit dans un carré C_2.
Quelle est l'aire du carré C_2 ?

(1) Le côté du carré C_1 mesure 3 cm.

(2) L'aire du cercle est égale à 18π cm^2.

Question 50. Un hôtel contient 600 chambres réparties en deux catégories : les chambres simples et les chambres doubles. De plus un quart des chambres sont fumeurs, le reste étant non-fumeurs.
Combien y a-t-il au minimum de chambres simples fumeurs ?

(1) Un cinquième des chambres sont des chambres doubles.

(2) Il y a trois fois plus de chambres non-fumeurs que de chambres fumeurs.

Question 51. Un vêtement en solde a été vendu moyennant une bonne réduction. Le bénéfice usuel est de 60 %. Quel est le prix de vente d'origine du vêtement ?

(1) Il s'agit d'une solde à 25 %.

(2) Le bénéfice dû à la vente a été divisé par 3, ce qui correspond à une perte de 40 euros.

##
##

Vous répondrez :

(A) Si l'information (1) permet à elle seule de répondre à la question, et si l'information (2) à elle seule ne permet pas de répondre à la question.

(B) Si l'information (2) permet à elle seule de répondre à la question, et si l'information (1) à elle seule ne permet pas de répondre à la question.

(C) Si les deux informations (1) et (2) ensemble permettent de répondre à la question, et aucune séparément ne le peut.

(D) Si chaque information permet séparément de répondre à la question.

(E) Si les deux informations ensemble ne permettent pas de répondre à la question.

Question 52. Une urne A est composée de 11 boules numérotées de 1 à 11. Une seconde urne, l'urne B est composée de 20 boules numérotées de 1 à 20. On tire une boule de chaque urne, quelle boule a-t-on tiré dans l'urne A ?

(1) Le produit des tirages est un multiple de 11.

(2) On a tiré un nombre pair dans l'urne B.

Question 53. AB représente l'écriture décimale d'un nombre à deux chiffres plus grand que 10.
Quel est ce nombre ?

(1) A et B sont deux entiers naturels consécutifs.

(2) Le produit des deux chiffres de AB est divisible par 12.

Question 54. Soit IJK un triangle. Que vaut l'angle JKI ?

(1) L'angle JIK vaut 40°.

(2) $IK^2 - KJ^2 = IJ^2$.

Question 55. Deux véhicules partent au même moment de deux villes A et B distantes de 320 km. Quelle est la distance parcourue par le véhicule parti de B au moment où il croisera le véhicule parti de A ?

(1) Le véhicule parti de B roule en moyenne 2,5 fois plus vite que celui parti de A.

(2) Le véhicule parti de A aura roulé plus de 2 heures au moment du croisement.

##
##

Vous répondrez :

(A) Si l'information (1) permet à elle seule de répondre à la question, et si l'information (2) à elle seule ne permet pas de répondre à la question.

(B) Si l'information (2) permet à elle seule de répondre à la question, et si l'information (1) à elle seule ne permet pas de répondre à la question.

(C) Si les deux informations (1) et (2) ensemble permettent de répondre à la question, et aucune séparément ne le peut.

(D) Si chaque information permet séparément de répondre à la question.

(E) Si les deux informations ensemble ne permettent pas de répondre à la question.

Question 56. La cotisation annuelle d'un club de Jazz impose à tous les adhérents de payer une certaine somme, qui s'élèverait à 5 000 € au total avec deux fois plus de membres. Combien d'inscriptions recense-t-on dans ce club de Jazz ?

(1) Si chaque inscrit payait une avance d'un cinquième du montant de la cotisation, le club récolterait 500 €.

(2) Le jour de la cotisation, 15 inscrits sont absents et tous les autres doivent payer 3 € de plus pour compenser leur absence.

Question 57. Quelle est l'aire du triangle isocèle DEF ?

(1) La base DE du triangle DEF est égale à 14 centimètres.

(2) La somme des angles EDF et DEF est égale à quatre fois l'angle DFE.

Question 58. Afin de mieux conseiller les personnes à la recherche d'un emploi, l'APEC a mené une enquête sur les pratiques des entreprises en matière de recrutement. Il apparaît que les 60 000 entreprises interrogées rencontrent les candidats au cours d'un ou plusieurs entretiens individuels ; sur ces 60 000 entreprises, les deux tiers sélectionnent le futur embauché uniquement grâce à ces entretiens.

Les autres entreprises ont recours, pour compléter ces entretiens, à une analyse graphologique ou/et à des tests de QI. Combien d'entreprises ont recours à la fois aux entretiens, aux analyses graphologiques et aux tests de QI ?

(1) 15 000 entreprises utilisent les tests de QI.

(2) 8 000 entreprises utilisent l'analyse graphologique.

##
##

Vous répondrez :

(A) Si l'information (1) permet à elle seule de répondre à la question, et si l'information (2) à elle seule ne permet pas de répondre à la question.

(B) Si l'information (2) permet à elle seule de répondre à la question, et si l'information (1) à elle seule ne permet pas de répondre à la question.

(C) Si les deux informations (1) et (2) ensemble permettent de répondre à la question, et aucune séparément ne le peut.

(D) Si chaque information permet séparément de répondre à la question.

(E) Si les deux informations ensemble ne permettent pas de répondre à la question.

Question 59. En 4e année, les élèves d'une école effectuent un stage en entreprise à l'étranger. En 2014, 5 % des élèves ont effectué ce stage aux Etats-Unis. Quel était en 2014 le nombre total d'élèves en 3e année ?

(1) En 2013, il y avait 10 élèves de moins en 3e année qu'en 2014.

(2) En 2014, 51 élèves ont effectué leur stage en Angleterre, soit 15 % de la promotion.

Question 60. Y est un entier naturel à trois chiffres tel que le chiffre des unités est le seul nombre impair parmi les trois chiffres. Que vaut Y ?

(1) La somme des chiffres du nombre vaut 5.

(2) La soustraction du chiffre des dizaines au chiffre des centaines vaut au moins 3.

Si vous avez terminé, vous n'êtes pas autorisé(e) à revenir sur une épreuve précédente.
Vous n'êtes pas non plus autorisé(e) à travailler sur une épreuve suivante avant la fin du temps imparti.

STOP !

TEST BLANC TAGE MAGE 14

SOUS-TEST 5 : EXPRESSION

15 questions / 20 minutes / Calculatrice interdite
Réponse juste : + 4 points / Réponse fausse : – 1 point
Aucune réponse : 0 point

Questions 61 à 64 : complétez en choisissant la solution optimale.

Question 61. Quelques années après son ouverture au public, il devrait être possible de dépasser les polémiques qui ont accompagné la mise en œuvre du nouveau Musée national (…) à l'art contemporain et de porter sur lui un regard dénué (…) complètement de passions, (…) de préjugés.

(A)	consacré	quand même	à défaut
(B)	voué	au demeurant	et pourquoi pas
(C)	assigné	malgré tout	à plus forte raison
(D)	dévolu	sinon	du moins
(E)	dédié	au mieux	sans parler

Question 62. La notion de luxe recouvre les objets et les images superflus qui (…) d'élégance et de raffinement (…) un groupe réduit du reste de la population.

(A)	se gloussent	pour mettre en échec
(B)	font montre	distinguant ainsi
(C)	rivalisent	avantageant ainsi
(D)	se glorifient	qui mettent soudain en lumière
(E)	surenchérissent	surévaluant du coup

Question 63. Le parent qui raconte à d'autres parents que son enfant (…) bien la nuit suscite en général une réaction (…). Puisque telle est la réaction de l'entourage, on pourrait croire que la plupart des enfants (…) bien la nuit. Or la vérité est fort différente, au point que si quelqu'un vous raconte que son enfant (…), c'est sans doute qu'il ment.

(A) dort / d'empathie / dorment / se réveille en pleurs chaque nuit

(B) ne dort pas / d'empathie / ne dorment pas / dort toujours du sommeil des justes durant toute la nuit

(C) ne dort pas / étonnée / dorment / ne se réveille jamais en pleurs la nuit

(D) dort / étonnée / ne dorment pas / dort toujours du sommeil des justes durant toute la nuit

(E) ne dort jamais / estomaquée / ne dorment pas / n'est pas autonome

Question 64. Les amis de Simon estiment que sa réputation d'homme dont les faiblesses (…) qualités (…). Par conséquent, ils pensent que la nouvelle biographie parue à son sujet, qui (…) cette réputation en soulignant le côté (…) du personnage.

(A) masquent les / est révolue / stimule / obscur de sa personnalité, trace un portrait relatif

(B) s'amenuisent face aux / est justifiée / démolit / négatif de sa personnalité trace un portrait fidèle

(C) éclipsent les / est justifiée / démolit / positif de sa personnalité, trace un portrait déformé

(D) s'amenuisent face aux / n'est pas justifiée / renforce / négatif de sa personnalité, trace un portrait déformé

(E) éclipsent les / n'est pas justifiée / démolit / négatif de sa personnalité, trace un portrait fidèle

Questions 65 à 68 : choisissez la reformulation dont le sens se rapproche le plus du (des) passage(s) soulignés.

Question 65. La poursuite de la hausse forte et soudaine du cours du blé a été alimentée par une demande insatiable de l'Inde et du Brésil.

(A)	la hausse débridée	extravagante
(B)	la surchauffe	extraordinaire
(C)	l'envolée	monstrueuse
(D)	la flambée	pantagruélique
(E)	l'explosion	tonitruante

Question 66. Bien que plus de 211 000 médecins exercent en France (...)

(A) les femmes sont de plus en plus nombreuses à exercer cette profession.

(B) les jeunes médecins recherchent un confort de vie plus important, ce qui pose un problème de temps de travail.

(C) le ministre de la Santé a également proposé de reculer l'âge de la retraite pour les professions médicales.

(D) d'ici quelques années, ils ne seront pas assez nombreux pour répondre aux besoins de la population.

(E) les jeunes médecins préfèrent ouvrir leur propre cabinet plutôt que de travailler à l'hôpital.

Question 67. Cette préférence marquée en Allemagne pour les hiérarchies rigides suscite aujourd'hui encore une forme d'organisation dans laquelle la défiance entre dirigeants et employés est particulièrement oppressante.

(A)	Cette préemption	donne naissance
(B)	Cette prédilection	engendre
(C)	Cette persistance	pérennise
(D)	Ce versant	régit
(E)	Cette inclination	génère

Question 68. L'Amour est un fleuve d'Asie qui s'étend sur 4 354 km depuis la source de l'Argoun où les eaux de deux rivières se mélangent en partie.

(A) s'imprègnent sans s'unir

(B) se brassent quasiment entièrement

(C) s'unissent avec retenue

(D) se mêlent sans se confondre

(E) se muent à demi

Question 69. Au cours d'une conversation entre Michel et Paul, Michel a dit : « Ton comportement ressemble à une assurance habitation contractée après le vol de tous les biens de valeurs. »

Michel fait allusion à une des situations suivantes. Laquelle ?

(A) Paul a décidé de démissionner après que s'être disputé avec son patron.

(B) Après l'échec de son mariage, Paul a décidé de divorcer.

(C) Après avoir échoué à plusieurs reprises dans ses études de biologie, Paul a décidé d'entreprendre des études de chimie.

(D) Après l'échec de ses tentatives de vendre sa voiture, Paul a décidé de la repeindre pour lui donner un aspect plus neuf.

(E) Après s'être vu refuser le poste d'ambassadeur au Kazakhstan, Paul a décidé d'apprendre le kazakh.

Question 70. Trouvez, parmi les cinq phrases ci-dessous les deux qui soient grammaticalement correctes.

1. Les lettres que je t'ai faites envoyer.
2. Elle m'eut souris, mais je ne l'aime plus.
3. Dès que j'eus fini mon travail, j'allai travailler.
4. Nous n'étions seulement que cinq à prendre des congés.
5. J'ai couru trois heures durant pour rejoindre le centre-ville de Perpignan.

(A) Phrases 2 et 3

(B) Phrases 2 et 4

(C) Phrases 3 et 5

(D) Phrases 1 et 5

(E) Phrases 3 et 4

Question 71. Trouvez parmi les cinq phrases ci-dessous les deux seules qui soient orthographiquement et/ou grammaticalement incorrectes.

1. C'est en communiquant qu'on devient un bon communiquant.
2. La responsable qu'ont rencontrée les commerciaux est une jeune femme fort sympathique.
3. Je fis sa connaissance et la trouvai sublime.
4. Nous retrouvons là un thème dont il s'inspire et développe avec beaucoup de vigueur.
5. Il craignait que mes remarques n'eussent été mal interprétées.

(A) Phrases 1 et 4
(B) Phrases 2 et 3
(C) Phrases 1 et 5
(D) Phrases 3 et 5
(E) Phrases 3 et 4

Question 72. *Obstruer* est à *Passer* ce que :

(A) *Considérer* est à *Décider*
(B) *Soutenir* est à *S'effondrer*
(C) *Expliquer* est à *Se laisser convaincre*
(D) *Acheter* est à *Vendre*
(E) *Presse-citron* est à *Cruche*

Question 73. Choisissez la meilleure formulation pour la partie soulignée, en vérifiant la correction grammaticale et en valorisant l'élégance stylistique. Le choix A reprend la formulation initiale.

<u>En dépit de la qualité et de la robustesse reconnue de nos produits mais à cause des insuffisances de nos services commerciaux, les clients, nombreux nous quittent pour des firmes japonaises.</u>

(A) En dépit de la qualité et de la robustesse reconnue de nos produits mais à cause des insuffisances de nos services commerciaux, les clients, nombreux nous quittent pour des firmes japonaises.
(B) Nos produits sont de bonne qualité. On apprécie leur robustesse. Mais nos circuits commerciaux sont insuffisants. Cela détourne de nous de nombreux clients. Ceux-ci se tournent vers des firmes japonaises.

(C) Nombre de clients se détournent de nous et vont vers des firmes japonaises, même si nos produits sont de bonne qualité et notoirement robustes, mais à cause de nos services commerciaux insuffisants.

(D) Nombreux sont les clients à nous quitter pour aller vers des firmes japonaises : la qualité et la robustesse de nos produits sont dépréciées par nos services commerciaux insuffisants.

(E) Malgré la qualité et la robustesse appréciée de nos produits, nos circuits commerciaux insuffisants détournent de nous de nombreux clients au profit de firmes japonaises.

Question 74. Jean n'a pas remarqué que tu ne manges jamais sans fourchette. Autrement dit :

(A) Jean n'a pas remarqué que tu manges avec autre chose qu'une fourchette.

(B) Jean n'a pas remarqué que parfois tu ne manges pas avec une fourchette.

(C) Jean a remarqué que tu ne manges pas toujours avec une fourchette.

(D) Jean n'a pas remarqué que tu ne manges pas toujours avec une fourchette.

(E) Jean n'a pas remarqué que tu manges toujours avec une fourchette.

Question 75. Quel mot complète le mieux la phrase suivante ?

Il s'aventure dans un (...) inextricable de ruelles.

(A) amas

(B) repaire

(C) défilé

(D) catalogue

(E) dédale

Si vous avez terminé, vous n'êtes pas autorisé(e) à revenir sur une épreuve précédente.
Vous n'êtes pas non plus autorisé(e) à travailler sur une épreuve suivante avant la fin du temps imparti. **STOP !**

TEST BLANC TAGE MAGE 14

SOUS-TEST 6 : LOGIQUE

15 questions / 20 minutes / Calculatrice interdite
Réponse juste : + 4 points / Réponse fausse : – 1 point
Aucune réponse : 0 point

Question 76.

19				
37				
55				
?	21	84	49	98
64				

(A) 91 (B) 82 (C) 81 (D) 14 (E) 99

Question 77.

		YZW		
		JDU		
		VOS		
		ASQ		
BDG	QTB	?	MLB	BVB

(A) AZP (B) JBO (C) BQO (D) JQQ (E) BCQ

Question 78.

128	734	?	956	761
		691		
		427		
		832		
		119		

(A) 843 (B) 285 (C) 121 (D) 145 (E) 648

****
****

Question 79.

CD
FM
KH
JR
CA DT EQ FR ?

(A) GM (B) CL (C) PC (D) OQ (E) GL

Question 80.

26
39
41 74 ? 30 96
91
13

(A) 65 (B) 48 (C) 63 (D) 72 (E) 52

Question 81.

OP
IG
NQ
KG
NZ ? HQ ON SL

(A) TP (B) TU (C) QV (D) PV (E) PU

****
****

Question 82.

18
52
61
94
55 19 28 ? 73

(A) 29 (B) 82 (C) 42 (D) 63 (E) 46

Question 83.

BJ ? JP QV HL
DH
QZ
NK
ZA

(A) GN (B) NB (C) OV (D) DF (E) PW

Question 84.

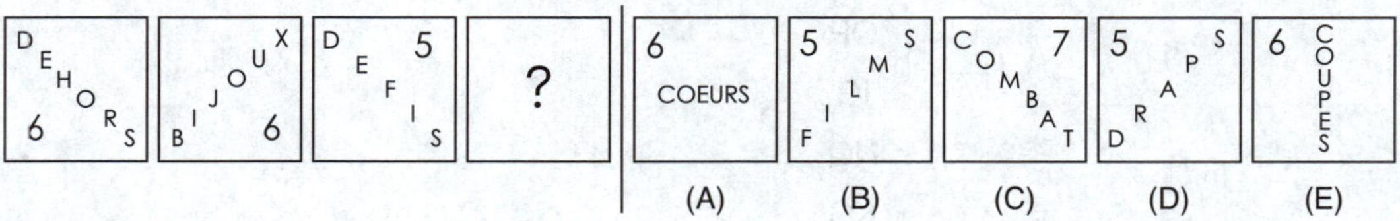

Question 85.

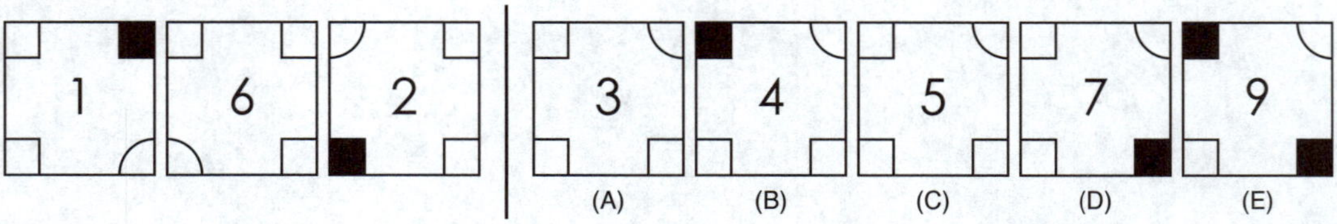

****
****

Question 86.

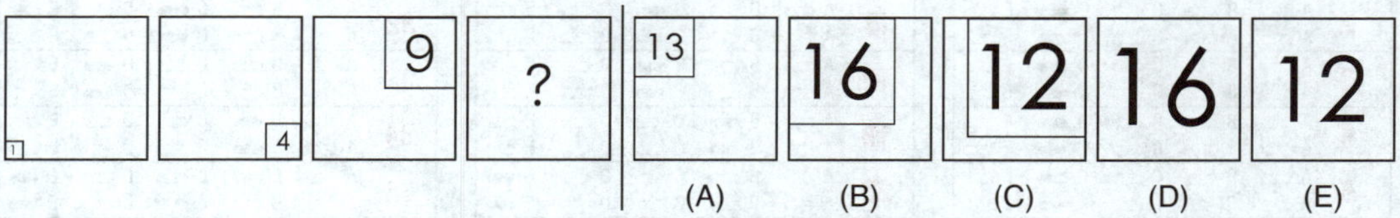

Question 87.

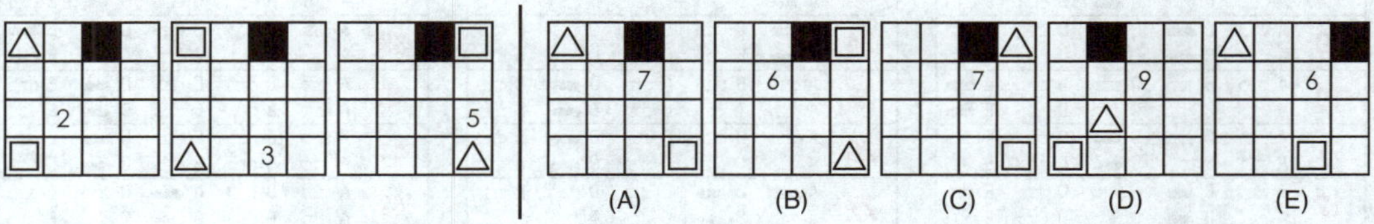

Question 88.

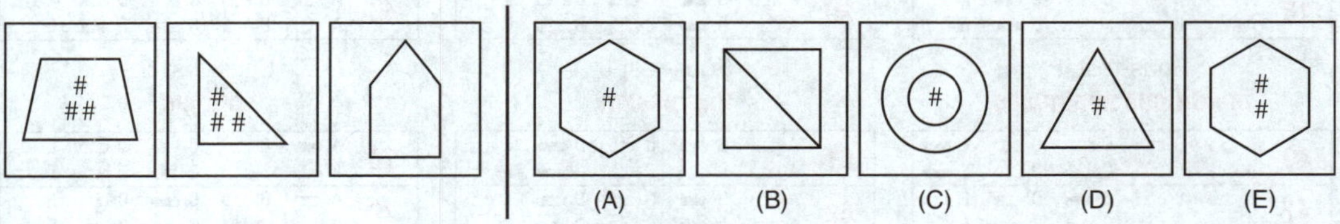

Question 89.

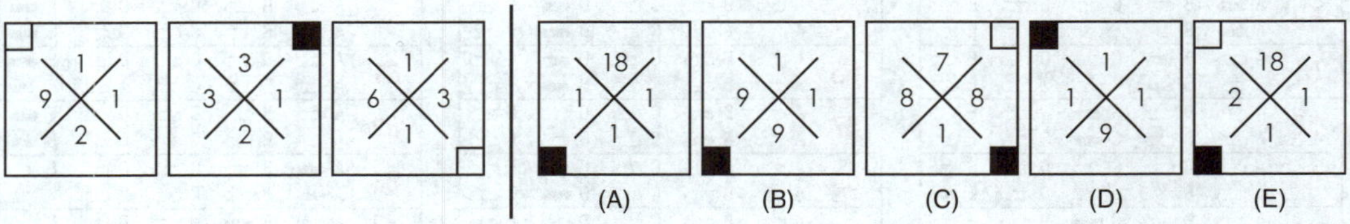

Question 90.

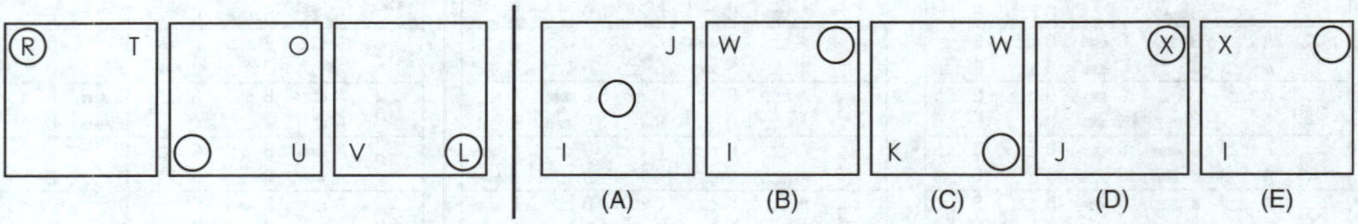

TEST TAGE MAGE 14 : VOTRE GRILLE DE REPONSES JUSTES

Sous-test 1 – Compréhension de textes

Question	Réponse
1	E
2	D
3	D
4	D
5	D
6	C
7	D
8	C
9	B
10	E
11	C
12	B
13	B
14	D
15	D

Sous-test 2 – Calcul

Question	Réponse
16	E
17	C
18	C
19	B
20	E
21	C
22	B
23	A
24	A
25	D
26	D
27	B
28	A
29	D
30	B

Sous-test 3 – Raisonnement/Argumentation

Question	Réponse
31	E
32	C
33	D
34	B
35	E
36	C
37	E
38	D
39	E
40	D
41	D
42	C
43	C
44	B
45	D

Sous-test 4 – Conditions minimales

Question	Réponse
46	E
47	C
48	D
49	C
50	A
51	B
52	C
53	E
54	C
55	A
56	B
57	C
58	C
59	B
60	C

Sous-test 5 – Expression

Question	Réponse
61	D
62	B
63	B
64	D
65	D
66	D
67	B
68	D
69	E
70	C
71	A
72	B
73	D
74	E
75	E

Sous-test 6 – Logique

Question	Réponse
76	A
77	C
78	D
79	E
80	E
81	E
82	E
83	A
84	B
85	A
86	B
87	C
88	D
89	A
90	B

14

CORRIGES

SOUS-TEST 1 : COMPREHENSION DE TEXTES

Question 1. Réponse E

Le texte est explicite : « doubler dans une file d'attente, ou, tout aussi impoli, y manifester son agacement ». Il n'est donc pas plus impoli de manifester son agacement que de doubler.

Question 2. Réponse D

Il faut éliminer les titres qui contiennent des inexactitudes. Ainsi, le titre B évoque les Londoniens, alors que le texte évoque les Britanniques en général. Le titre C indique « faire la queue en silence », or ce silence n'est jamais évoqué dans le texte.

Le titre E est incomplet puisqu'il ne parle pas des files d'attente.

Il reste donc les titres A et D. Le titre D apparaît comme plus complet que le titre A, plus descriptif.

Question 3. Réponse D

La proposition 1 est manifestement fausse ; il n'est nulle part fait mention d'une désorganisation du pays.

Les 2 autres propositions sont effectivement des hypothèses évoquées dans le texte.

Question 4. Réponse D

Il faut éliminer les résumés qui contiennent des indications fausses. Ainsi, le résumé B est faux, car personne ne dit que les Britanniques font la queue en silence. De même, la proposition E est fausse car le fait d'être accompagné par un jeune enfant ne vous permet pas de gagner des places dans la file. Enfin, le résumé C est faux à cause de la 2e phrase : « il ne faut jamais dire non, complimenter la maîtresse de maison… » signifie qu'il ne faut jamais dire non et qu'il ne faut jamais complimenter la maîtresse de maison. Ce résumé C contient donc un contresens.

Il reste donc les résumés A et D. Le résumé A, sans être inexact est lapidaire et s'autorise un raccourci qui ne résume pas correctement le texte.

Le résumé D est par conséquent, le meilleur.

Question 5. Réponse D

La réponse est explicite pour les propositions 1 et 2 : « Dans le métro, au Starbucks, au bureau de poste, chez le médecin, au supermarché, au pub… ». La proposition 3 doit être déduite de ce passage : « Certains invoquent les fameux bus à impériale dotés d'une seule entrée pour l'expliquer. »

Remarque : Ne vous étonnez pas du fait que quatre réponses « D » s'enchaînent ici… Ce cas de figure est possible au TAGE MAGE (même si 4 d'affilée ça fait un peu beaucoup !). Il n'y a en tous cas aucune règle à ce niveau là…

Question 6. Réponse C

La proposition A est fausse : le nouveau label a déjà été créé.

La proposition B est fausse : *idem*, cette proposition est déjà actée.

La proposition E est fausse : la commission n'a pas encore décidé de rendre effective cette nouvelle exigence (« En décembre 2010, le commissaire européen à l'énergie, Günther Oettinger, déclarait que « *les effets potentiels des modifications indirectes dans l'affectation des sols doivent être dûment pris en considération* ». La question, qui aurait dû être examinée fin 2010, a été repoussée à juillet, puis reportée à septembre. Il faudra alors trancher, et peut-être légiférer, sur l'instauration de normes plus exigeantes »).

Il reste donc les propositions C et D. La fin du texte prouve l'embarras de la commission européenne qui hésite sur les mesures à prendre « Entre les impératifs économiques et écologiques, la voie est étroite. »

Question 7. Réponse D

La réponse est explicite : « des biocarburants de première génération – le biodiesel élaboré à partir du colza, du tournesol, du soja ou du palmier à huile, et le bioéthanol et son dérivé, l'ETBE ».

Question 8. Réponse C

Les surfaces consacrées aux cultures alimentaires ne diminuent pas : elles se déplacent ; c'est le changement indirect d'affectation des sols.

Question 9. Réponse B

La réponse est explicite : « le biodiesel (…) serait plus nocif que les combustibles fossiles, en rejets de gaz à effet de serre. En revanche, le bioéthanol (…) présenterait un bilan carbone meilleur que les carburants d'origine fossile ».

Donc, le biodiesel a un bilan carbone moins bon que les énergies fossiles qui ont un bilan moins bon que le bioéthanol.

Question 10. Réponse E

Les propositions A et C sont fausses elles expriment le changement de fonction des terres utilisées pour des cultures alimentaires en terres utilisées pour les cultures énergétiques. Ce n'est donc pas le changement indirect.

La proposition D est fausse car il n'est nulle part évoqué l'épuisement des sols.

Restent les propositions B et E. Or, seule la proposition E évoque l'émission de CO_2.

La proposition E est donc celle qui définit le mieux le changement indirect d'affectation des sols.

Question 11. Réponse C

Les femmes japonaises n'ont pas renoncé à leur vie professionnelle. Le verbe « renoncer » est beaucoup trop fort et ne correspond pas à l'esprit du texte.

Question 12. Réponse B

C'est une question d'interprétation et il peut y avoir une touche de subjectivité.

Il faut donc éliminer les adjectifs qui ne peuvent qualifier la société japonaise telle qu'elle est décrite dans le texte… et telle que le concepteur du test l'a comprise.

Question 13. Réponse B

La réponse est explicite : « j'y vois quant à moi une réaction d'autodéfense ».

Question 14. Réponse D

La réponse est explicite : « les options qui s'offrent aux femmes sont limitées par un marché de l'emploi tendu et par un manque de soutien social ». Il faut noter que la proposition B est fausse car les hommes gagnent plus de 51 000 euros et non 61 000 euros.

La réponse E est fausse aussi car le texte n'évoque pas les grand-mères.

Question 15. Réponse D

Ce ne sont pas 3,5 % des Japonais qui gagnent plus de 51 000 euros mais 3,5 % des Japonais célibataires.

SOUS-TEST 2 : CALCUL

Question 16. Réponse E

Le nombre de langues comprises en moyenne est de 0,6 + 0,4 + 0,8 = 1,8.
Soit P la proportion de personnes qui parlent les trois langues. Le nombre de personnes parlant exactement 2 langues est donc de 1 – 0,5 – P.
Avec les deux relations précédentes, on a :
$0,5 \times 1 + (1 - 0,5 - P) \times 2 + P \times 3 = 1,8 \Leftrightarrow 0,5 + 1 + P = 1,8 \Leftrightarrow P = 0,3$.

En conclusion, 30 % des participants comprennent les trois langues.

Question 17. Réponse C

Le sprinter court le 100 mètres en 3 tronçons A, B et C. On sait qu'il met 1 seconde de moins pour courir le tronçon B que pour le A et 2 secondes de moins pour courir le tronçon C que pour le A. Son temps de course total est de 15 secondes.

Donc $3A - 2 - 1 = 15$ s soit $A = \frac{15 + 2 + 1}{3} = 6$ s. Donc B = 5 s et C = 4 s.

On sait que le tronçon C fait 30 mètres donc on calcul le ratio des 30 mètres sur les 4 secondes pour obtenir la vitesse $\left(V = \frac{D}{T}\right)$: $\frac{30 \text{ m}}{4 \text{ s}} = 7,5$ s $= 7,5 \times 3,6$ km/h $= 27$ km/h.

Question 18. Réponse C

Le nombre de départ peut être 20 000, 11 000, 10 100, 10 010 ou 10 001. Si on lui ajoute un nombre à 2 chiffres afin que le résultat de la somme de ses chiffres soit 2, les nombres de départ possibles deviennent uniquement 10 010 et 10 001. Qu'on leur ait ajouté dans le premier cas 90 et dans le second 99, le nouveau nombre obtenu est obligatoirement 10 100.

Question 19. Réponse B

Une question difficile !

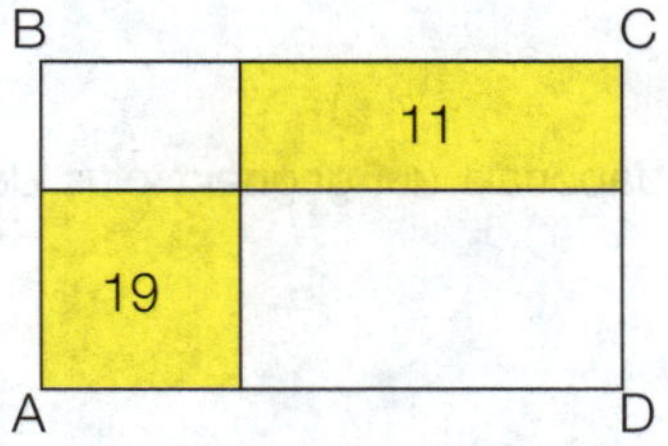

Bon, déjà, vous remarquiez qu'il était impossible d'identifier le rectangle dont le périmètre valait 16. Il fallait donc faire comme si cette information était inutile.

Ensuite, si vous preniez la longueur du rectangle de 19 cm de périmètre et que vous lui ajoutiez la longueur du rectangle de 11 cm de périmètre et bien cela donnait très exactement la longueur AB du rectangle ABCD. Vous répétiez la même opération avec « les 2 autres longueurs » pour obtenir la longueur DC. De la même façon, si vous preniez la largeur du rectangle de 19 cm de périmètre et que vous lui ajoutiez la largeur du rectangle de 11 cm de périmètre et bien cela donnait très exactement la largeur AD du rectangle ABCD. Vous répétiez la même opération avec « les 2 autres largeurs » pour obtenir la largeur BC.

En conclusion, en additionnant les longueurs et les largeurs des rectangles de périmètre 11 et 19 (autrement dit leur périmètre !) vous reconstituiez précisément le périmètre du rectangle ABCD.

En conséquence de quoi le périmètre de ABCD est égal à 11 + 19 = 30.

Question 20. **Réponse E**

Soit P : Pile et F : Face.

Voici les 8 cas possibles après 3 lancers : PPP, PPF, PFF, FFF, FPP, FPF, FPP, FFP. Pour votre information, il y a deux issues à chaque fois qu'elle lance une pièce : faire pile ou faire face. Or elle lance la pièce 3 fois, cela fait donc bien 2 × 2 × 2 = 8 résultats possibles.

Or Cathy a 3 façons de gagner : en faisant **PPF, FPP** ou encore **PFP**. En conclusion, Cathy a 3 chances sur 8 de gagner.

Autre façon de dire les choses :

Probabilité de l'événement	$\frac{1}{2}$	$\frac{1}{2}$	$\frac{1}{2}$	Probabilité de la combinaison
1re possibilité	P	P	F	$\left(\frac{1}{2}\right)^3 = \frac{1}{8}$
2e possibilité	P	F	P	$\left(\frac{1}{2}\right)^3 = \frac{1}{8}$
3e possibilité	F	P	P	$\left(\frac{1}{2}\right)^3 = \frac{1}{8}$

On a trois possibilités de combinaisons possibles donnant l'événement « Cathy gagne deux fois ». Chaque possibilité a une probabilité de $\frac{1}{8}$. La probabilité de l'événement est donc égale à $3 \times \frac{1}{8} = \frac{3}{8}$.

Question 21. **Réponse C**

Pour trouver le lien entre les différents éléments de la série, il suffit de multiplier le premier nombre par 0,1 (10^{-1}) puis le second par 1 (10^0), le troisième par 10 (10^1), le quatrième par 100 (10^2), le cinquième par 1 000 (10^3) et le dernier par 10 000 (10^4) ce qui nous donne : 100 000 000.

Question 22. Réponse B

Rappel : le produit de deux nombres ne peut être impair que s'ils sont tous les deux impairs. Ainsi si *p* un nombre pair et *i* un nombre impair :

$$p \times p = p \qquad p \times i = p \qquad i \times i = i$$

Ainsi, pour que le résultat de la multiplication soit impair il faut piocher deux boules parmi 1, 3 et 5.

La probabilité de choisir un nombre impair au premier tirage équivaut à : $\frac{3}{5}$. Dès lors, il ne reste plus que deux nombres impairs parmi les quatre boules restantes. La probabilité de choisir alors l'une de celles-ci est de $\frac{2}{4}$.

$$\frac{3}{5} \times \frac{2}{4} = \frac{6}{20} = \frac{30}{100}$$

Ainsi la probabilité que le résultat de la multiplication soit un nombre impair est de 30 %.

Question 23. Réponse A

En appelant f et g le nombre des filles et des garçons de l'année dernière, $\boldsymbol{g = f + 30}$.

Cette année : $\boldsymbol{1{,}1 \times (f + g) = 1{,}2 \times f + 1{,}05 \times g}$. Donc $0{,}05 \times g = 0{,}1 \times f$; soit $g = 0{,}1/0{,}05 \times f$, soit encore $g = 10/5 \times f$, soit encore $g = 2 \times f$.

Conclusion : $f = 30$ et $g = 60$, et il y avait par conséquent 90 choristes l'an dernier et donc 99 choristes cette année.

Question 24. Réponse A

En transformant l'énoncé sous forme d'équation, on obtient la forme suivante :

$A^2 + B^2 + 2AB = 16$.

Cela rappelle l'identité remarquable suivante: $(A - B)^2 = 16$, soit $A - B = 4$.

Question 25. Réponse D

Pour connaître la répartition d'une population en fonction de moyennes, on peut utiliser la formule suivante : $\frac{\text{MoyGénérale} - \text{MoyMini}}{\text{MoyMaxi} - \text{MoyMini}} \times$ effectif.

On fait donc ici le calcul suivant : $\frac{10 - 8}{14 - 8} \times 42 = \frac{2}{6} \times 42 = 14$.

On peut donc conclure que 14 élèves ont eu $\frac{14}{20}$ et 28 (42 – 14 = 28) ont eu $\frac{8}{20}$.

Question 26. Réponse D

Soit p le prix. Le bénéfice total est de $800 \times 0{,}05 \times p$. En changeant de prix, le bénéfice total est de $800 \times 0{,}9 \times (0{,}05 \times p + 10)$. Or ce bénéfice est stable donc : $800 \times 0{,}05 \times p = 800 \times 0{,}09 \times (0{,}05 \times p + 10)$, soit $40 \times p = 36 \times p + 7\,200$ et $4 \times p = 7\,200$. Donc $p = 1\,800$ euros.

Question 27. Réponse B

On commence par traduire les valeurs en mètres :

40 cm = 0,4 m ; 1,25 dam = 12,5 m.

On multiplie ensuite les deux valeurs pour avoir l'aire du rectangle (longueur × largeur) : $0{,}4 \times 12{,}5 = 5\text{m}^2$.

Question 28. Réponse A

Soit T l'âge de Thierry et G celui de Greg. Au cours du temps, l'écart entre les deux est le même : T – G est constant.

D'après la première phrase, on peut écrire la relation : $T = 2 \times [G - (T - G)]$ soit $3T = 4G$ (équation 1).

La seconde phrase de l'énoncé s'écrit ainsi : $T + (T - G) = 63$ soit $3T - G = 63$ (équation 2). En remplaçant (équation 1) par (équation 2), on obtient $3G = 63$ soit $G = 21$ donc $3T = 84$ soit $T = 28$. On peut vérifier que les phrases de l'énoncé sont exactes : quand Thierry avait 21 ans, Greg avait alors 14 ans (la différence entre les deux reste constante et égale à 7 ans), Thierry a donc bien 14 × 2 soit 28 ans.

Quand Greg aura l'âge de Thierry soit 28 ans, alors Thierry aura 28 + 7 soit 35 ans donc ils auront ensemble 28 + 35 soit 63 ans.

Question 29. Réponse D

0,2 % des 10 950 000 accidents sont mortels, cela donne 21 900 accidents mortels par an. Soit 60 morts par jour dans les maisons françaises. Et comme 25 % ont lieu dans une cuisine, on a donc 15 morts par jour. Pour les morts sur la route, on comptabilise 3 285 morts par an soit 9 par jour. Le rapport entre ces deux nombres est donc de $\frac{15}{6}$ ou encore 5 pour 3.

Question 30. Réponse B

Quelles que soient les positions des points K et L sur d, la somme des hauteurs des deux triangles est égale à la largeur du rectangle. La somme des aires des deux triangles est donc égale à la moitié de celle du rectangle. Le rectangle a donc une aire de 20 cm^2.

SOUS-TEST 3 : RAISONNEMENT – ARGUMENTATION

Question 31. Réponse E

Question 32. Réponse C

Rappel : si A implique B alors c'est NON B qui implique NON A.

Question 33. Réponse D

Réponse A : cette phrase renforce la conclusion parce qu'elle indique un avantage supplémentaire à la profession de secrétaire de direction sur celle d'infirmière.

Réponse B : cette phrase compare les professions de secrétaire de direction et d'infirmière à celle de chirurgien et il n'y a donc aucun rapport avec la conclusion comparant la profession de secrétaire de direction à celle d'infirmière. C'est la bonne réponse.

Réponse C : cette phrase renforce la conclusion parce qu'elle apporte une information supplémentaire qui renforce l'affirmation en faveur de la profession de secrétaire de direction par rapport à celle d'infirmière.

Réponse D : cette phrase affaiblit la conclusion puisqu'elle indique un avantage à la profession d'infirmière sur celle de secrétaire de direction.

Réponse E : hors sujet.

Question 34. Réponse B

Si tous les membres sont des garçons sauf 5 d'entre eux, c'est que le club comprend 5 filles. Et si dans chaque groupe de 6, il y a toujours au moins 4 filles, c'est qu'une seule des 5 filles peut être absente au maximum du groupe. Le club comprend donc 7 membres.

Question 35. Réponse E

Le lien qui existe entre un PERE est ses enfants est un lien de CONSANGUINITE (par le sang) tandis que le lien qui existe entre une MERE et ses enfants est un lien UTERIN (par l'utérus).

Question 36. Réponse C

Il y a au total 1 999 habitants sur l'île mais on a obtenu 2 200 réponses positives. C'est donc que 201 personnes ont répondu oui deux fois (2 200 – 1 999), ce qui est impossible car un habitant ne peut pas avoir plusieurs emplois. Il y a donc 201 personnes qui mentent systématiquement (201 truands).

Question 37. Réponse E

D'après le texte, on sait que Brigitte fait du judo et Anaïs fait du karaté. La seule réponse possible est donc « Cécile joue au volley ».

Question 38. Réponse D

Encore une fois, on adoptera la méthode du « Poissard » : pour que l'élève tire à chaque fois au moins un chocolat, il doit y avoir au maximum un bonbon qui ne soit pas un chocolat. La proposition pouvant être juste est donc la réponse « son sachet contient une seule sucette et aucun chewing-gum ».

Question 39. Réponse E

En effet s'il existe un élève de CE2 qui ne sait pas lire alors l'assertion B est invalidée.

Question 40. Réponse D

Si Alain dit la vérité, alors Norbert ment, donc Daniel dit la vérité. Cela n'est pas possible car Daniel annonce qu'Alain et Norbert mentent et nous sommes partis du postulat qu'Alain disait la vérité.

Si Norbert dit la vérité alors Alain et Daniel mentent. Ce postulat est possible.

Si Daniel dit la vérité, alors Alain et Norbert mentent, ce qui n'est pas possible car Alain dit que Norbert ment (donc il est en train de dire la vérité).

La seule possibilité est que Norbert dise la vérité et qu'Alain et Daniel mentent.

Question 41. Réponse D

Pour répondre à la question, il faut procéder par élimination et de tester les réponses.

La réponse A n'est pas possible car si Alain a le droit de sermonner Max mais pas Paul, c'est que Max est plus petit que lui et Paul plus grand. Dans ce cas, Paul devrait pouvoir sermonner les deux autres. Or ce n'est pas le cas car Paul ne peut pas sermonner Max.

La réponse B n'est pas possible car si Alain a le droit de sermonner Max mais pas Paul, c'est que Max est agriculteur et Paul non. Donc Paul ne devrait pouvoir sermonner personne, or ce n'est pas le cas.

La réponse C n'est pas possible pour la même raison que la réponse B (les réponses sont semblables).

La réponse D est possible : si Alain a le droit de sermonner Max mais pas Paul, c'est que Max est son fils. En outre, si Paul a le droit de sermonner Alain mais pas Max c'est qu'Alain est son fils. Max est le fils d'Alain et le petit-fils de Paul.

Question 42. Réponse C

Si seuls les robots rouges ne sont pas sympathiques, alors on peut en conclure que les robots d'autres couleurs sont systématiquement sympathiques. On peut donc en déduire que les robots bleus sont nécessairement sympathiques. Le postulat A découle du B.

Question 43. Réponse C

Question 44. Réponse B

Mois	Avril	Mai	Juin
Thème	Marketing direct	Sponsoring	Marketing viral
Secteur	Automobile	Luxe	Agroalimentaire
Lieu	Paris	Marseille	Lyon

Question 45. Réponse D

Si Louis était plus vieux d'un an que Pierre, alors Pierre serait né le 1er janvier 2013. Seulement, celui-ci n'est plus jeune que d'un an moins un jour. Il est donc né le 31 décembre 2012.

SOUS-TEST 4 : CONDITIONS MINIMALES

Question 46. Réponse E

Information 1 : il manque l'information sur C. On ne peut répondre.
Information 2 : *idem* que pour la Information 2.
Même ensemble, on n'y arrive toujours pas.

Question 47. Réponse C

Information 1 : insuffisante, il nous manque le temps mais on peut calculer la vitesse moyenne sur l'ensemble du trajet $\frac{2V_aV_r}{V_a + V_r}$.

Information 2 : insuffisante. Nous n'avons aucune information sur la vitesse moyenne sur le parcours.

Ensemble, on peut répondre à la question car on cumule vitesse moyenne sur l'ensemble et durée totale du trajet.

Question 48. Réponse D

Information 1 : suffisant. 624 = 24 × 26. Armand habite donc au 25e étage.

Information 2 : 50 = 24 + 26. Armand habite donc au 25e étage.

Question 49. Réponse C

Information 1 : on n'a rien sur C2.

Information 2 : on n'a rien sur C2 non plus.

Ensemble, on peut répondre à la question.

Question 50. Réponse A

Question 51. Réponse B

On cherche à connaître le prix de vente initial du vêtement.

Information 1 : cette condition ne nous permet pas de connaître le prix (prix de vente ou bénéfice).

Information 2 : grâce à cette donnée, on connaît en revanche la valeur du bénéfice. Etant donné qu'on connaît déjà la proportion du bénéfice sur le prix de vente, on peut en effet trouver le prix de vente.

Bénéfice divisé par 3 = 40 €. Bénéfice usuel : 3 × 40 = 120 €.

Prix de vente d'origine du vêtement : $\frac{120}{6} = 200$ €.

Question 52. Réponse A

On cherche à connaître la part des investissements de Manuel placée dans chaque épargne.

Information 1 : grâce à la Information 1, on connaît la fraction de l'argent de Manuel placée dans chaque épargne.

Manuel : $\frac{3}{4}X \times 0{,}06 + \frac{1}{4}X \times 0{,}035 = 0{,}045X + 0{,}00875X = 0{,}05375X = 5{,}375\ \%$ de X

Didier : $0{,}05x = 5\ \%$ de X.

Manuel a donc obtenu plus d'intérêts que Didier.

Information 2 : pris seul, le montant placé ne nous aide pas.

Question 53. Réponse C

On cherche à connaître AB.

Information 1 : le nombre peut être 12, 23, 34, 45, 56, 67, 78 ou 89.

Information 2 : le nombre peut être 17, 34, 51, 68, ou 85.

Conditions 1 & 2 : la seule possibilité complétant les deux conditions est 34.

Question 54. Réponse C

On cherche à connaître la valeur de l'angle JKI.

Information 1 : cette donnée n'est pas suffisante à elle seule pour trouver la réponse. Il nous manque la valeur de l'angle IJK.

Information 2 : $IK^2 - KJ^2 = IJ^2$ soit $IK^2 = KJ^2 + IJ^2$ on reconnaît l'expression du théorème de Pythagore. On peut en déduire l'angle IJK qui est de 90°. Cette condition ne suffit pas à elle seule à trouver la réponse car il nous manque la valeur de l'angle JIK.

Conditions 1 & 2 : en utilisant la valeur des deux angles, on peut en déduire celle du troisième (la somme des angles d'un triangle est de 180°).

JKI = 180 – 90 – 40 = 50°.

Question 55. Réponse A

On cherche à connaître la distance parcourue par B.

Information 1 : en connaissant la vitesse de B en fonction de la vitesse de A, on peut trouver l'endroit où les deux véhicules se croisent. $320 \times \frac{2,5}{3,5} = 228,57$ km.

Information 2 : cette donnée ne nous permet pas de trouver la réponse.

Question 56. Réponse B

Question 57. Réponse C

Information (1) : insuffisante. On doit connaître la longueur de la hauteur partant de F pour déterminer l'aire du triangle.

Information (2) : insuffisante. Il nous manque la longueur de la base.

Ensemble, c'est suffisant. Le triangle DEF étant isocèle, l'information Information (2) nous permet de déterminer la valeur des trois angles du triangle. On dispose de plus de la longueur de la base : DE = 14 cm.

Le triangle DEF étant isocèle en F, la hauteur et la médiane partant de F sont confondues. On a alors deux triangles rectangles, on peut appliquer la trigonométrie pour déterminer la longueur de la hauteur partant de F. On peut ensuite calculer l'aire du triangle.

Question 58. Réponse C

Information 1 : on connaît le nombre d'entreprises ayant recours à des tests de QI mais pas celui des entreprises utilisant l'analyse graphologique.

Information 2 : on connaît le nombre d'entreprises ayant recours à l'analyse graphologique mais pas celui des entreprises utilisant des tests de QI.

Conditions 1 & 2 : on sait que 20 000 entreprises utilisent plus que les entretiens pour recruter les candidats. 15 000 utilisent des tests de QI et 8 000 des analyses graphologiques. On peut donc en déduire que 300 utilisent les deux (15 000 + 8 000 – 20 000 = 3 000).

Question 59. Réponse B

Information 1 : on ne connaît pas le nombre d'élèves en 4e année en 2013, cela ne nous permet donc pas de trouver le nombre d'élèves en 2014.

Information 2 : on connaît le nombre d'élèves partis en Angleterre et le pourcentage qu'ils représentent vis-à-vis de la promotion complète, ce qui nous permet de calculer le nombre d'élèves en 4e année en 2014.

$51 = 0{,}15x$ soit $\frac{51}{0{,}15} = x$ soit $x = 340$.

Question 60. Réponse C

Information 1 : 221 ou 401

Information 2 : 841 ou 843

Ensemble les 2 conditions nous conduisent à 401.

SOUS-TEST 5 : EXPRESSION

Question 61. Réponse D

Question 62. Réponse B

Question 63. Réponse B

Question 64. Réponse D

Question 65. Réponse D

Question 66. Réponse C

Question 67. Réponse B

Question 68. Réponse D

Question 69. Réponse E

Question 70. Réponse C

1. Les fleurs que je t'ai fait envoyer.
2. Elle me sourit, mais je suis toujours en colère.
4. Nous n'étions que trois à cette réunion.

Question 71. Réponse A

1. … un bon communicant.
4. … et qu'il développe…

Question 72. Réponse B

Question 73. Réponse D

Question 74. Réponse E

Question 75. Réponse E

Si vous avez des interrogations relatives à ces quelques questions sans corrigés détaillés, écrivez-moi à l'adresse franck.attelan@aurlom.com

SOUS-TEST 6 : LOGIQUE

Question 76. Réponse A

Verticale : somme des chiffres égale à 10.
Horizontale : multiples de 7.

Question 77. Réponse C

YZW
JDU
VOS
ASQ
BDG QTB BQO MLB BVB

Verticale : inter 3e lettre. Horizontale : gauche droite portant sur la lettre B.

Question 78. Réponse D

Horizontale : inter sur le 2e chiffre : 2, 3, 4, 5, 6.
Verticale : inter gauche droite : 5, 6, 7, 8, 9.

Question 79. Réponse E

CD
FM
KH
JR
CA DT EQ FR GL

Question 80. Réponse E

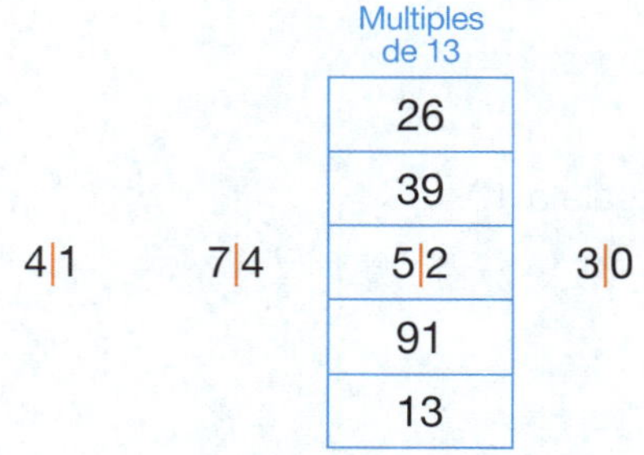

Horizontale : écart de 3 entre les deux chiffres. Verticale : multiples de 13.

Question 81. Réponse E

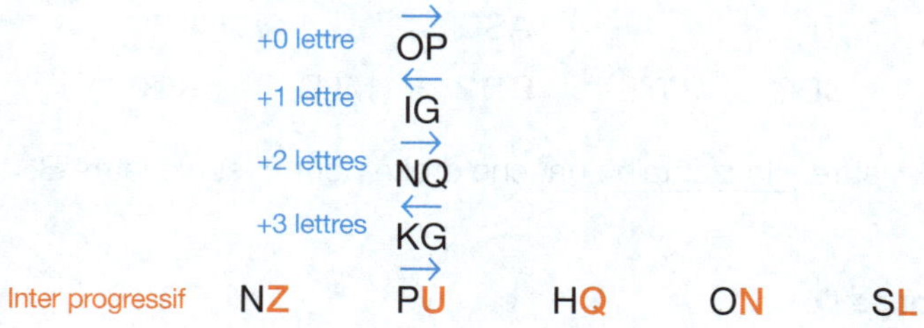

Question 82. Réponse E

Verticale : carrés écrits à l'envers : 18 ⇒ 81, 52 ⇒ 25…

Horizontale : somme des chiffres égale à 10.

Question 83. Réponse E

Verticale : la 2e lettre est une lettre à 3 barres.

Horizontale : entre H et L on saute 3 lettres. Entre Q et V on saute 4 lettres. Entre J et P : 5 lettres. Entre G et N : 6 lettres et entre B et J : 7 lettres.

Question 84. Réponse B

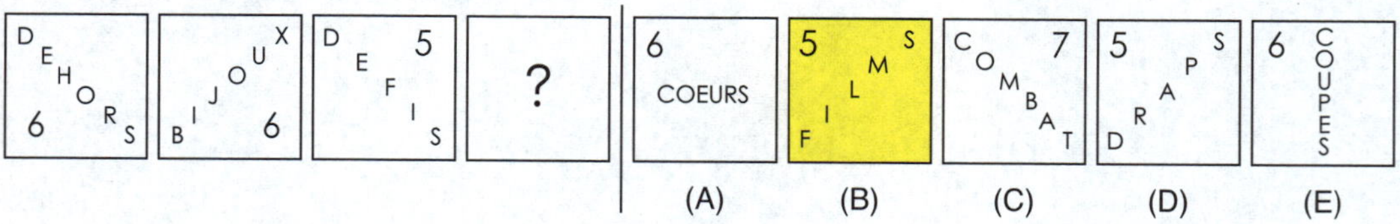

Cette question est très difficile. Au niveau des chiffres, on comprend qu'ils représentent le nombre de lettres des mots qui se trouvent dans les cadres. Le chiffre doit être en haut à gauche dans les réponses car il avance, d'un cadre à l'autre, dans le sens des aiguilles d'une montre. Le mot lui-même est tantôt écrit dans un mouvement descendant, tantôt dans un mouvement ascendant. On comprend donc que l'on doit garder la réponse B et la réponse D.

Comment choisir à présent entre ces deux réponses ?

Il fallait s'intéresser en fait ici à **l'ordre** dans lequel les lettres apparaissent dans le mot et comprendre que dans le mot **DEHORS** par exemple et bien **D < E < H < O < R < S**, ce qui signifie que les lettres de ce mot se suivent dans un ordre croissant. E vient bien après D dans l'alphabet, de même que H vient bien après E et ainsi de suite. Il en est de même pour BIJOUX (B < I < J < O < U < X) et pour DEFIS (D < E < F < I < S).

On garde par conséquent la réponse B car contrairement au mot DRAPS de la réponse D, le mot FILMS respecte bien cette contrainte (F < I < L < M < S).

Question 85. Réponse A

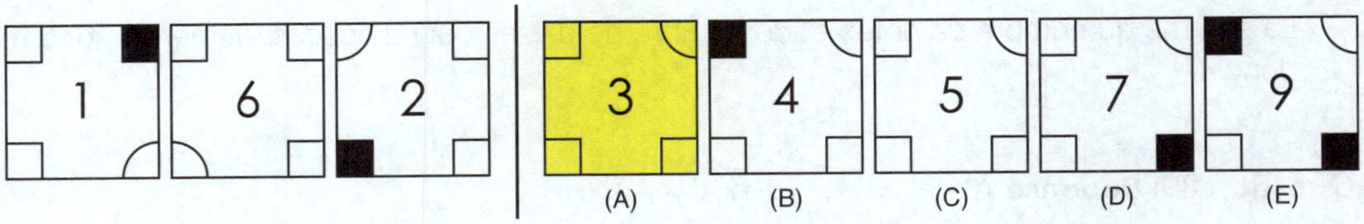

1 s'écrit UN et c'est le premier chiffre qui s'écrit avec deux lettres. 6 s'écrit SIX et c'est le premier chiffre qui s'écrit avec trois lettres. 2 s'écrit DEUX et c'est le premier chiffre qui s'écrit avec quatre lettres. 3 s'écrit TROIS et c'est le premier chiffre qui s'écrit avec cinq lettres.

Question 86. Réponse B

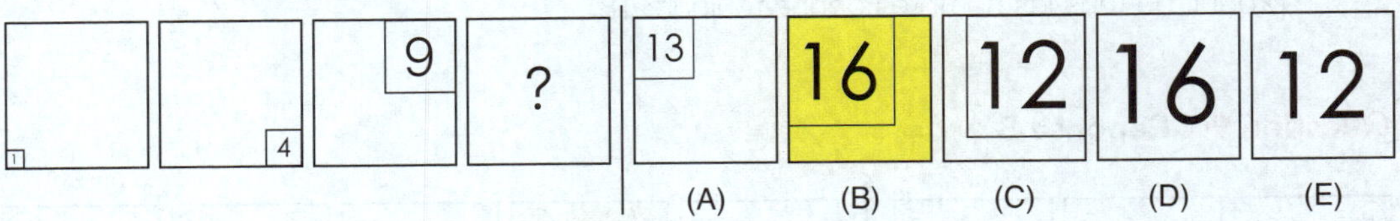

On respire avec une question plus facile. On reconnaît bien sûr une suite de carrés (1, 4, 16) inscrits dans des carrés dont la taille augmente cadre après après cadre.

Si on ajoute à cela que les nombres avancent dans le sens inverse des aiguilles d'une montre, on garde sans hésiter la réponse B.

Question 87. Réponse C

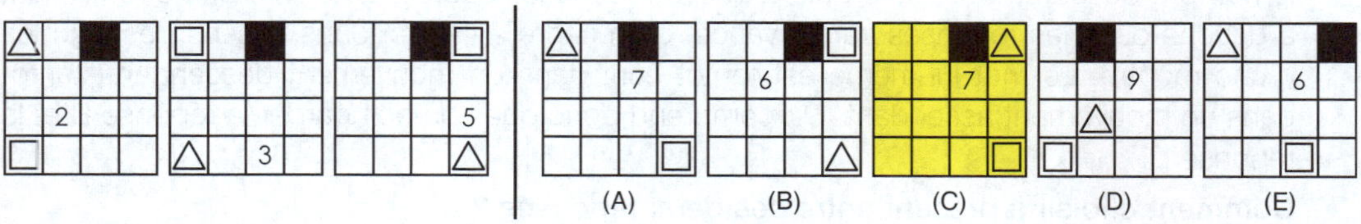

Suite de nombres premiers : 2, 3, 5, 7.

Question 88. Réponse D

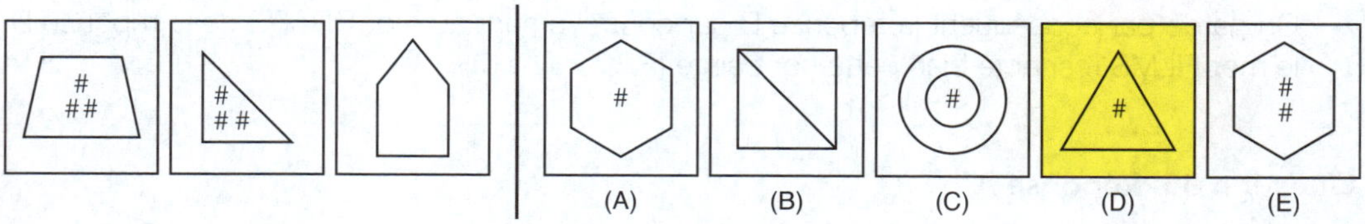

La somme du nombre de côtés et du nombre de dièses donne successivement 7, 6, 5 et donc 4.

Question 89. Réponse A

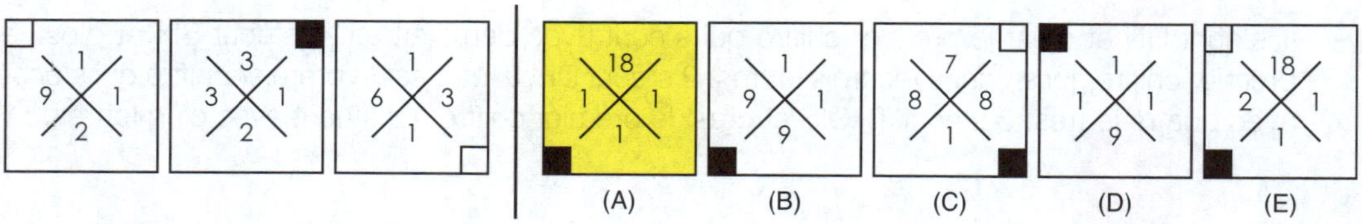

Le produit de tous les nombres donne toujours 18.

Question 90. Réponse B

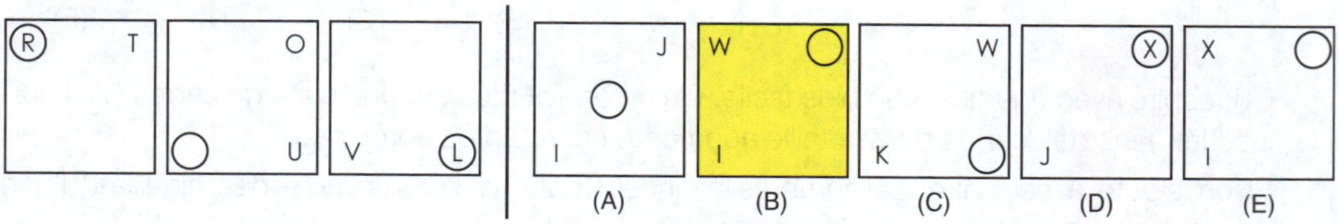

La somme des rangs des lettres donne successivement 38, 36, 34 et donc 32 en solution.

N'OUBLIEZ PAS DE REMPLIR VOTRE FICHE BILAN EN FIN D'OUVRAGE

15

TEST BLANC TAGE MAGE

TEST TAGE MAGE 15 : VOTRE GRILLE DE REPONSES

Sous-test 1
Compréhension de textes

1	A	B	C	D	E
	A	B	C	D	E
2	A	B	C	D	E
	A	B	C	D	E
3	A	B	C	D	E
	A	B	C	D	E
4	A	B	C	D	E
	A	B	C	D	E
5	A	B	C	D	E
	A	B	C	D	E
6	A	B	C	D	E
	A	B	C	D	E
7	A	B	C	D	E
	A	B	C	D	E
8	A	B	C	D	E
	A	B	C	D	E
9	A	B	C	D	E
	A	B	C	D	E
10	A	B	C	D	E
	A	B	C	D	E
11	A	B	C	D	E
	A	B	C	D	E
12	A	B	C	D	E
	A	B	C	D	E
13	A	B	C	D	E
	A	B	C	D	E
14	A	B	C	D	E
	A	B	C	D	E
15	A	B	C	D	E
	A	B	C	D	E

Sous-test 2
Calcul

16	A	B	C	D	E
	A	B	C	D	E
17	A	B	C	D	E
	A	B	C	D	E
18	A	B	C	D	E
	A	B	C	D	E
19	A	B	C	D	E
	A	B	C	D	E
20	A	B	C	D	E
	A	B	C	D	E
21	A	B	C	D	E
	A	B	C	D	E
22	A	B	C	D	E
	A	B	C	D	E
23	A	B	C	D	E
	A	B	C	D	E
24	A	B	C	D	E
	A	B	C	D	E
25	A	B	C	D	E
	A	B	C	D	E
26	A	B	C	D	E
	A	B	C	D	E
27	A	B	C	D	E
	A	B	C	D	E
28	A	B	C	D	E
	A	B	C	D	E
29	A	B	C	D	E
	A	B	C	D	E
30	A	B	C	D	E
	A	B	C	D	E

Sous-test 3
Raisonnement/Argumentation

31	A	B	C	D	E
	A	B	C	D	E
32	A	B	C	D	E
	A	B	C	D	E
33	A	B	C	D	E
	A	B	C	D	E
34	A	B	C	D	E
	A	B	C	D	E
35	A	B	C	D	E
	A	B	C	D	E
36	A	B	C	D	E
	A	B	C	D	E
37	A	B	C	D	E
	A	B	C	D	E
38	A	B	C	D	E
	A	B	C	D	E
39	A	B	C	D	E
	A	B	C	D	E
40	A	B	C	D	E
	A	B	C	D	E
41	A	B	C	D	E
	A	B	C	D	E
42	A	B	C	D	E
	A	B	C	D	E
43	A	B	C	D	E
	A	B	C	D	E
44	A	B	C	D	E
	A	B	C	D	E
45	A	B	C	D	E
	A	B	C	D	E

Sous-test 4
Conditions minimales

46	A	B	C	D	E
	A	B	C	D	E
47	A	B	C	D	E
	A	B	C	D	E
48	A	B	C	D	E
	A	B	C	D	E
49	A	B	C	D	E
	A	B	C	D	E
50	A	B	C	D	E
	A	B	C	D	E
51	A	B	C	D	E
	A	B	C	D	E
52	A	B	C	D	E
	A	B	C	D	E
53	A	B	C	D	E
	A	B	C	D	E
54	A	B	C	D	E
	A	B	C	D	E
55	A	B	C	D	E
	A	B	C	D	E
56	A	B	C	D	E
	A	B	C	D	E
57	A	B	C	D	E
	A	B	C	D	E
58	A	B	C	D	E
	A	B	C	D	E
59	A	B	C	D	E
	A	B	C	D	E
60	A	B	C	D	E
	A	B	C	D	E

Sous-test 5
Expression

61	A	B	C	D	E
	A	B	C	D	E
62	A	B	C	D	E
	A	B	C	D	E
63	A	B	C	D	E
	A	B	C	D	E
64	A	B	C	D	E
	A	B	C	D	E
65	A	B	C	D	E
	A	B	C	D	E
66	A	B	C	D	E
	A	B	C	D	E
67	A	B	C	D	E
	A	B	C	D	E
68	A	B	C	D	E
	A	B	C	D	E
69	A	B	C	D	E
	A	B	C	D	E
70	A	B	C	D	E
	A	B	C	D	E
71	A	B	C	D	E
	A	B	C	D	E
72	A	B	C	D	E
	A	B	C	D	E
73	A	B	C	D	E
	A	B	C	D	E
74	A	B	C	D	E
	A	B	C	D	E
75	A	B	C	D	E
	A	B	C	D	E

Sous-test 6
Logique

76	A	B	C	D	E
	A	B	C	D	E
77	A	B	C	D	E
	A	B	C	D	E
78	A	B	C	D	E
	A	B	C	D	E
79	A	B	C	D	E
	A	B	C	D	E
80	A	B	C	D	E
	A	B	C	D	E
81	A	B	C	D	E
	A	B	C	D	E
82	A	B	C	D	E
	A	B	C	D	E
83	A	B	C	D	E
	A	B	C	D	E
84	A	B	C	D	E
	A	B	C	D	E
85	A	B	C	D	E
	A	B	C	D	E
86	A	B	C	D	E
	A	B	C	D	E
87	A	B	C	D	E
	A	B	C	D	E
88	A	B	C	D	E
	A	B	C	D	E
89	A	B	C	D	E
	A	B	C	D	E
90	A	B	C	D	E
	A	B	C	D	E

TEST BLANC TAGE MAGE 15

SOUS-TEST 1 : COMPREHENSION DE TEXTES

15 questions / 20 minutes / Calculatrice interdite
Réponse juste : + 4 points / Réponse fausse : – 1 point
Aucune réponse : 0 point

TEXTE 1

Il y a un an, Philippe, stratège en financement et gestion des risques du bilan, disposait « *du salaire de quelqu'un qui peut faire gagner plusieurs dizaines de millions d'euros à une société, certaines années* ». Aujourd'hui, il a supprimé les sorties et voit plus petit pour la location de vacances. Ce jeune quinquagénaire lesté de diplômes (Essec et DEA d'économie et finances à Dauphine) a connu entre-temps une OPA sur son entreprise, une nouvelle équipe dirigeante qui voulait du sang neuf. Remercié. Depuis janvier 2011, il cherche du travail. « *Dans la situation actuelle, j'anticipe le fait que cela puisse durer…* »

Avec leur diplôme de Polytechnique, de l'ENA, de l'Ecole centrale, des Ponts ou des Mines, d'HEC, de l'Essec, de l'ESCP, ils se croyaient à l'abri. Erreur. Quand le chômage touche 2,8 millions de personnes, ces ingénieurs et commerciaux de haut vol, postés aux commandes des entreprises, ne sont plus totalement épargnés. On ne les dit pas « chômeurs », cela va de soi. Trop dévalorisant. Mais « hors poste », « en transition de carrière », « en évolution professionnelle », en « rebond » ou « repositionnement »… Les écoles qui ont fait d'eux l'élite économique, quand elles daignent s'exprimer sur le sujet, manient les litotes précitées. Et minimisent, histoire de défendre la valeur du diplôme. Toutes ont pourtant mis en place des ateliers de recherche d'emploi.

A Centrale-Carrières, « *le chômage n'est pas un problème en ce moment. Les postes qu'occupent nos diplômés sont très liés à l'investissement, qui n'a pas été arrêté* ». A l'association des anciens d'HEC, Alain Nebout « *communique très peu sur les services d'aide que développe l'école pour les diplômés hors poste* ». Avant de consentir : « *Je vois des gens dans ce cas… Ce n'est pas évident de rebondir dans une situation morose.* » Même l'ENA s'avoue concernée, à petite échelle. « *Les anciens élèves passés dans le secteur privé sont un peu plus nombreux qu'auparavant à être hors poste, et à venir nous voir, au Service carrière* ».

Dans ces pôles carrières des grandes écoles, comme dans les cabinets d'outplacement spécialement consacrés aux dirigeants, chacun retient son souffle. Oui, la crise affecte déjà

××××××××××××××××××××××××××××××××××××××
××××××××××××××××××××××××××××××××××××××

les ultra-diplômés - surtout dans les secteurs de la finance et des assurances. Oui, tout se fige dans l'attente de la présidentielle et des effets de la crise financière. *« Comme tous les responsables d'associations de grandes écoles*, nous confie celui d'HEC, *je suis inquiet pour 2012, après le retournement important de cet été. Il y a toujours une année de décalage avec le démarrage de la crise…* »

Combien sont-ils, ces polytechniciens, centraliens, diplômés d'HEC et consorts au chômage ? Une goutte statistique, sans doute, dans l'océan des grands diplômés. Mais le fait même qu'ils soient plusieurs centaines (selon les professionnels du reclassement), qu'ils mettent désormais 7 à 10 mois pour retrouver un emploi lorsqu'ils sont bien accompagnés, pas loin d'un an et demi sinon, est révélateur. Le cabinet d'outplacement, L'Espace dirigeants, suit actuellement 73 ultra-diplômés. Dirigeants et partenaires, un concurrent, une centaine « *dont cette année deux ou trois énarques* ». Une autre centaine fréquente le réseau d'entraide Daubigny. Dans le réseau Oudinot, ils sont plus nombreux encore.

De drôles de chômeurs aux costume et langage tirés à quatre épingles, qui citent trop de chiffres (« *On ne se refait pas* »), vous disent quoi lire ou écrire sur le sujet, auto-analysent leur situation au regard de la conjoncture financière… et requièrent l'anonymat absolu. « *Nous sommes en fragilité* », disent-ils. Hervé, 46 ans, diplôme de Polytechnique et thèse d'informatique aux Etats-Unis, sorti sur plan social après 19 ans dans le même grand groupe industriel, pensait « *retrouver immédiatement, ou au maximum en six mois* ». Il cherche très activement depuis un an. « *J'ai été surpris.* » Comme Charles, 50 ans, centralien et diplômé en management d'une université américaine, passé par « *cinq entreprises en 25 ans* ». « *Entre deux, j'ai parfois connu des trous de quelques mois, mais pas l'équivalent d'aujourd'hui.* » Nathalie, polytechnicienne de 36 ans, est « *pour la première fois en attente* », depuis mars, après une rupture conventionnelle cachant un licenciement économique. Elle œuvrait depuis onze ans dans le financement de projets. « *J'ai des inquiétudes. Depuis que je suis partie, la crise s'est aggravée.* » Christophe, 47 ans, Polytechnique et Sup-aéro, cherche depuis six mois, viré par sa société en difficulté : « *Ça secoue un peu. Je n'imaginais pas connaître le chômage.* » (…)

××××××××××××××××××××××××××××××××××××××
××××××××××××××××××××××××××××××××××××××

Question 1. Pourquoi les grandes écoles ont-elles mis en place des ateliers de recherche d'emploi ?

(A) Par solidarité envers les anciens élèves.

(B) Par habitude : elles fonctionnent toujours grâce aux réseaux.

(C) Par crainte que le nombre de diplômés de leur école au chômage augmente avec la crise économique.

(D) Par intérêt : si beaucoup d'anciens élèves sont hors poste, cela nuit à la réputation du diplôme.

(E) Par stratégie : elles veulent prouver que, même sur ce créneau, elles sont les meilleures.

Question 2. Quelles écoles sont citées dans ce texte ?

1. Sup-aéro.
2. Dauphine.
3. Sciences-Po.

(A) 1 + 2 + 3

(B) 1 + 2

(C) 2 + 3

(D) 1 + 3

(E) Seulement 1

Question 3. Quelle expression n'est pas employée pour désigner le fait qu'un diplômé des grandes écoles soit sans travail ?

(A) Out placé.

(B) En attente.

(C) En rebond.

(D) En repositionnement.

(E) En évolution de carrière.

××××××××××××××××××××××××××××××××××××××
××××××××××××××××××××××××××××××××××××××

Question 4. Comment définir le « outplacement » ?

(A) Un concurrent de pôle emploi.
(B) Un cabinet de reclassement.
(C) Une structure publique spécialisée dans le retour à l'emploi des cadres.
(D) Une émanation d'une grande école, comme Centrale-Carrières.
(E) Un réseau d'entraide comme Oudinot.

Question 5. « On ne se refait pas », cette expression signifie que le cadre au chômage…

(A) … continue à utiliser son réseau.
(B) … cite trop de chiffres.
(C) … reste tiré à 4 épingles.
(D) … transforme son licenciement économique en rupture conventionnelle.
(E) … préfère « hors poste » à chômeur.

TEXTE 2 (SUITE DU TEXTE 1)

(…)

Paradoxalement, ces têtes bien faites présentent quelques handicaps dans la position de demandeurs d'emploi. Pour la plupart, ils n'ont jamais cherché. Ne savent donc pas se « vendre » – les ingénieurs surtout. Ils ont de trop grosses prétentions salariales pour les PME. Font peur à ceux qui les embauchent (« Ne va-t-il pas m'évincer ? »). En poste, ils ont négligé d'entretenir un réseau. « *Ils sont pris au dépourvu*, résume Loïc Bertrand, à la tête de Dirigeants et partenaires. *Ils vivaient dans la croyance que leur diplôme les protégeait. Et ils sont souvent restés de longues années dans un seul grand groupe* ». « *Ils sont très peu en empathie, en écoute de l'autre, ce dont ils ont pourtant besoin dans leur recherche*, complète son confrère de L'Espace dirigeants. *En France, on dirige sans écouter ses équipes* ».

A contrario, la grande école d'origine leur apporte sur un plateau des offres d'emploi (*via* notamment le site Manageurs. Com, réservé à ces diplômés). De belles opportunités de réseautage avec d'anciens camarades haut placés. Leur milieu social leur ouvre bien d'autres réseaux : cercles, associations d'écoles privées prestigieuses, franc-maçonnerie… Surtout, l'entreprise qui les a licenciés s'est souvent dédouanée en leur offrant les services d'un cabinet d'outplacement. A voir évoluer ces « hors poste » dans les bureaux parisiens cossus de L'Espace dirigeants, échanger aimablement un café à la main, avant de s'installer dans un canapé pour lire la presse économique, on perçoit l'effet thérapeutique de ces structures

×××××××××××××××××××××××××××××××××××××××
×××××××××××××××××××××××××××××××××××××××

qui justifient à elles seules de quitter le matin la maison en costume. Bilan de compétences, construction d'un projet professionnel réaliste, coaching… Les dirigeants en quête de rebond s'y rassurent et s'y transforment en experts ès-réseautage.

Les petites annonces pour managers, les candidatures spontanées, ne donnent rien, les chasseurs de têtes préfèrent débaucher les professionnels en poste… Pour être informé le plus tôt possible d'un emploi à pourvoir, évitant ainsi la mise en concurrence, rien de tel que le réseautage. Et là, le diplôme retrouve tout son sens. Quand Hervé écrit à un « cher camarade » avec l'adresse Internet que lui fournit à vie Polytechnique, il a *« deux tiers de chances de décrocher un rendez-vous, contre un tiers habituellement »*. Impressionnants, l'énergie, le professionnalisme que ces ex-cadres dirigeants mettent dans leur recherche d'emploi. Hervé, sur son iPad, nous montre la base de données sophistiquée qu'il a développée afin d'animer son réseau, de garder mémoire de qui il a vu, quand, de ce qui s'est dit, des contacts fournis, de quand et comment il a remercié, de qui il doit relancer… *« Si je revenais à mon ancien poste, j'y serais bien meilleur qu'avant. Cette recherche m'a enrichi, m'a ouvert les yeux sur le monde de l'innovation technologique »*. Car Hervé est devenu membre d'une association de business angels, qui évaluent les projets de start-up. Il a aussi créé une société de conseil pour pouvoir présenter une carte professionnelle en entretien, question d'image, et décrocher des missions. Qui se renouvelleront peut-être, déboucheront, qui sait, sur un CDD, un temps partiel…

La « stratégie de l'escalier », comme disent les spécialistes de l'outplacement. A 50 ans et plus, le CDI devient illusoire. Il est plutôt question de dispenser du conseil en indépendant ou de se muer en « manager de transition » placé temporairement par un cabinet. Olivier de Conihout, qui a cofondé L'Espace dirigeants après avoir été un temps sur le carreau malgré son diplôme de Polytechnique, porte depuis peu aux élèves de l'école ce discours nouveau : *« Vous pouvez vous trouver au chômage, préparez-vous à changer, entretenez votre réseau »*. Le chômage comme élément constitutif de toute carrière. Y compris de polytechnicien.

Question 6. Quelle(s) action(s) un haut diplômé au chômage fait-il ?

1. Il est pris en charge par un chasseur de tête.
2. Il fait un bilan de compétence.
3. Il constitue une base de données sur son Ipad.

(A) 1 + 3

(B) 1 + 2

(C) Seulement 2

(D) 2 + 3

(E) Seulement 3

××××××××××××××××××××××××××××××××××××××
××××××××××××××××××××××××××××××××××××××

Question 7. Comment définir la stratégie de l'escalier ?

(A) A partir de 50 ans, partir peu à peu à la retraite.

(B) Se reconvertir par étape.

(C) Baisser ses prétentions salariales pour mieux intégrer l'entreprise puis gravir les échelons.

(D) Missions, CDD, temps partiel, pour atteindre enfin le CDI.

(E) Contact, courrier, entretien, emploi.

Question 8. Quel est le meilleur résumé ?

(A) Pour retrouver du travail après un licenciement, les cadres diplômés doivent entreprendre des démarches actives. Elles sont essentiellement basées sur l'activation de leurs divers réseaux. Compte tenu du contexte économique, les cadres devraient tous s'y préparer.

(B) Les recherches d'emploi des cadres dirigeants ne ressemblent pas à celles de Monsieur Tout Le Monde. Tout est fait pour qu'ils n'aient pas le sentiment d'êtres exclus du monde du travail. Finalement, leur diplôme leur est surtout utile pour se constituer un réseau.

(C) Dans la recherche d'emploi des cadres diplômés le réseau est une clé. Il permet d'obtenir des entretiens et se révèle plus efficace que les petites annonces.

(D) Réseau, milieu social, aide de l'entreprise qui a licencié… les cadres diplômés disposent de nombreux atouts pour retrouver rapidement du travail.

(E) Lorsqu'un cadre diplômé se retrouve au chômage, il a besoin d'aide car il n'avait sans doute jamais envisagé cette éventualité, persuadé qu'il était d'être à l'abri grâce à son diplôme. Mais cette aide revêt une forme particulière : activation des réseaux (familial, scolaire, professionnel…), outplacement pour haut potentiel, associations. A cela s'ajoute une démarche de recherche d'emploi active et bien préparée.

××××××××××××××××××××××××××××××××××××××
××××××××××××××××××××××××××××××××××××××

Question 9. De quels handicaps particuliers souffrent ces cadres ?

1. Ils ne savent pas se vendre.
2. Ils ont de trop grosses prétentions salariales.
3. Ils ont travaillé pour un seul employeur.

(A) 1 + 2 + 3
(B) Seulement 1
(C) 1 + 2
(D) 1 + 3
(E) Seulement 2

Question 10. Laquelle de ces propositions n'est pas exacte ?

(A) Les cadres haut-diplômés font preuve de peu d'empathie.
(B) Les candidatures spontanées ne permettent pas de retrouver un travail.
(C) Une association de business angels sert à évaluer les projets des start-up.
(D) Les cadres sortis des grandes écoles bénéficient d'offres d'emploi fournies par ces écoles.
(E) Après 50 ans, les cadres issus des grandes écoles ont peu de chance de retrouver un emploi.

TEXTE 3

Interview de Frédéric Oudéa, Président directoire général du groupe Société Générale.

En quoi est-ce tellement difficile aujourd'hui de diriger un groupe international ?

Il n'est pas simple de prendre des décisions dans un monde très globalisé et incertain, surtout quand ce dernier vient de connaître sa crise la plus grave depuis cent ans. D'une dimension principalement nationale il y a encore quinze ans, la Société Générale est aujourd'hui très internationale, présente dans 82 pays. La difficulté majeure ? Elle consiste à la fois à anticiper et à intégrer les transformations et, dans le même temps, à faire comprendre aux collaborateurs quel est leur rôle dans une entreprise qui, elle aussi, nécessairement évolue. Dans un groupe de 160 000 salariés, on ne réussit pas cet exercice sans s'appuyer sur le management intermédiaire.

××
××

Ce management de proximité dont on ne cesse de décrire le malaise ?

Toutes les grandes entreprises sont confrontées à ce sujet. C'est vrai, les managers intermédiaires sont pris entre les exigences du siège – lui-même pressé par une multitude de demandes extérieures, des obligations réglementaires notamment – et des collaborateurs en quête de sens. C'est compliqué, mais rien ne peut se faire sans agilité et flexibilité, tout en préservant une cohérence d'ensemble.

Après l'affaire Kerviel et la crise qui a entaché l'image du banquier, comment motiver les équipes ?

Cette affaire – qui remonte à trois ans et demi – est derrière nous. Plus généralement, la crise économique et financière change la donne. Nous avons tiré les leçons des crises que nous avons traversées et engagé une profonde transformation. Mais changer l'image du banquier nécessitera des preuves dans la durée et de la pédagogie. Il y a des perceptions difficiles à corriger, par exemple le fait que les banques françaises ont *in fine* rapporté de l'argent à l'Etat n'est pas admis par tous. C'est surtout l'image élitiste des institutions bancaires qui est abîmée, pas celle du professionnel d'agence, proche de son client. Comment motiver les équipes dans un tel contexte ? Par la fixation d'un cap à moyen terme déconnecté de la conjoncture immédiate et en expliquant pourquoi on a décidé de prendre telle direction et comment on va faire pour avancer, c'est la démarche de notre plan Ambition SG 2015.

Comment susciter l'adhésion de 160 000 personnes ?

De multiples façons : à travers le relais managérial de notre cercle de 1 000 ambassadeurs internes, en s'appuyant sur les remontées de notre baromètre social, aussi par le biais de notre campagne de communication qui incarne notre dynamique de transformation. Dans un monde susceptible de connaître une crise tous les trois mois, il est primordial de donner aux salariés des repères qui ne soient pas trop dépendants d'événements extérieurs. L'esprit d'équipe, la satisfaction du client, ça, c'est concret au quotidien ! La Société Générale a aussi prévu – sous réserve de l'atteinte d'objectifs collectifs – d'attribuer à chaque salarié 40 actions (avec 7 % du capital, ils sont les premiers actionnaires du groupe).

Face au changement, certains redoutent la rupture d'un contrat implicite…

Il faut, bien entendu, préserver nos valeurs communes et nos éléments intangibles de fonctionnement mais aussi, dans un monde mouvant, accepter le changement. De nombreuses réformes réglementaires affectent le secteur bancaire, notamment en matière de ressources en capital et liquidités. Elles imposent une revue stratégique du portefeuille d'activités avec une gestion plus stricte des ressources rares, une refonte du modèle opérationnel fondée sur davantage d'industrialisation et de mutualisation, de même qu'une évolution de la culture managériale ; ces nouvelles exigences ont nécessairement un impact sur les équipes. Dirigeants et salariés doivent affronter le changement ensemble.

××××××××××××××××××××××××××××××××××××××
××××××××××××××××××××××××××××××××××××××

Question 11. Laquelle de ces idées n'est pas présente dans le texte ?

(A) La Société Générale a engagé de profondes transformations.
(B) La Société Générale est présente sur les 5 continents.
(C) Les managers intermédiaires sont pris entre des exigences divergentes.
(D) La Société Générale a mis en place un réseau de 1 000 intermédiaires en interne.
(E) Frédéric Oudéa plaide pour plus de flexibilité.

Question 12. Pour l'interviewé, qu'est-ce qui est difficile ?

1. Anticiper les crises.
2. Faire comprendre aux équipes qu'elles doivent évoluer.
3. Prendre des décisions dans un monde mondialisé.

(A) 1 + 3
(B) 1 + 2
(C) 2 + 3
(D) Seulement 2
(E) Ni 1, ni 2, ni 3

Question 13. En quoi consiste le plan Ambition SG 2015 ?

(A) Fixer un cap à moyen terme et le suivre.
(B) Revaloriser l'image du banquier et motiver les équipes.
(C) Changer l'image du banquier et expliquer les décisions aux équipes.
(D) Définir un cap à moyen terme et l'expliquer aux collaborateurs.
(E) Changer la perception du métier de banquier et expliquer comment faire pour avancer.

××××××××××××××××××××××××××××××××××××××
××××××××××××××××××××××××××××××××××××××

Question 14. Comment l'interviewé compte-t-il obtenir l'adhésion des employés du groupe ?

(A) Il va baser son action sur l'actionnariat (40 actions par salarié), sans oublier de rester à l'écoute des employés.

(B) Il va mettre en place une campagne de communication pour faire accepter le changement, donner des actions aux salariés et instaurer des relais managériaux.

(C) Il va promouvoir l'esprit d'équipe et fixer des caps clairs aux équipes. De plus, il compte instaurer une nouvelle campagne d'explication à destination des employés et s'appuyer sur les cadres intermédiaires.

(D) Outre l'actionnariat, il compte mettre en place une nouvelle campagne de communication et s'appuyer sur les managers. Il va aussi mener des actions pour favoriser l'esprit d'équipe.

(E) Il compte attribuer des actions si les objectifs sont atteints, rester à l'écoute des employés, lancer une nouvelle campagne de communication et fixer des repères.

Question 15. Comment comprendre les dernières phrases de l'interview : « De nombreuses réformes réglementaires affectent le secteur bancaire, notamment en matière de ressources en capital et liquidités. Elles imposent une revue stratégique du portefeuille d'activités avec une gestion plus stricte des ressources rares, une refonte du modèle opérationnel fondée sur davantage d'industrialisation et de mutualisation, de même qu'une évolution de la culture managériale ; ces nouvelles exigences ont nécessairement un impact sur les équipes. Dirigeants et salariés doivent affronter le changement ensemble. » ?

(A) On a fait n'importe quoi. On a maintenant de nouvelles règles bancaires, plus strictes. Managers et employés vont devoir se serrer la ceinture… enfin, surtout les employés.

(B) Cette phrase signifie que l'ère du travailler plus pour gagner moins est commencée.

(C) Les règles applicables au secteur bancaire se sont durcies. Il y aura forcement des répercussions sur la façon de travailler. En clair, on va en demander plus aux équipes.

(D) Les banques doivent se recapitaliser. Le temps est venu de travailler autrement, ce qui, dans la bouche d'un directeur général est sans doute synonyme de restriction de personnel.

(E) Les banques sont soumises à de nouvelles règles concernant leur capital. En conséquence, elles doivent modifier leur façon de travailler pour faire des économies.

Si vous avez terminé, vous n'êtes pas autorisé(e) à revenir sur une épreuve précédente.
Vous n'êtes pas non plus autorisé(e) à travailler sur une épreuve suivante avant la fin du temps imparti.

STOP !

TEST BLANC TAGE MAGE 15

SOUS-TEST 2 : CALCUL

15 questions / 20 minutes / Calculatrice interdite
Réponse juste : + 4 points / Réponse fausse : – 1 point
Aucune réponse : 0 point

Question 16. La moyenne du carré de 19 et du cube de 7 est égale :

(A) Au double de 176.
(B) Au triple de 44.
(C) A la moitié de 446.
(D) A la moitié de 556.
(E) Au quadruple de 182.

Question 17. Aujourd'hui c'est l'anniversaire de Mia, Léna et Tamar. La somme de leurs âges est 44. Quelle sera la somme de leurs âges la prochaine fois qu'elle sera à nouveau un nombre de deux chiffres identiques ?

(A) 55
(B) 66
(C) 77
(D) 88
(E) 99

Question 18. Une classe de lycée comprend 60 % de filles. A une épreuve de logique, les garçons obtiennent une moyenne de 15 alors que les filles obtiennent une moyenne de 13. Quelle est la moyenne générale de cette classe à cette épreuve de logique ?

(A) 14,5
(B) 14
(C) 13,8
(D) 13,5
(E) 13,2

//
//

Question 19. Un parallélépipède a pour dimension $J \times K \times L$ avec $J < K < L$. Si l'on augmente J ou K ou L d'une quantité donnée strictement positive, le volume augmente. Pour lequel des cas suivants, l'augmentation de volume est-elle la plus grande ?

(A) On augmente J.
(B) On augmente K.
(C) On augmente L.
(D) L'augmentation est la même que l'on augmente J ou K ou L.
(E) Cela dépend des valeurs de J, K et L.

Question 20. Trois bus circulent sur le même trajet circulaire. Entre deux bus, l'attente est de 36 minutes. Combien faut-il rajouter de bus pour réduire l'attente à 27 minutes ?

(A) 1 (B) 2
(C) 3 (D) 4
(E) 5

Question 21. Les rayons des deux cercles concentriques de la figure sont dans le rapport 3. Autrement dit, le rayon du grand cercle est 3 fois plus grand que celui du petit cercle.
[KM] est un diamètre du grand cercle. [LM] est une corde du grand cercle qui est tangente au petit cercle. Si KL = 12, quel est le rayon du grand cercle ?

(A) 13
(B) 18
(C) 21
(D) 24
(E) 26

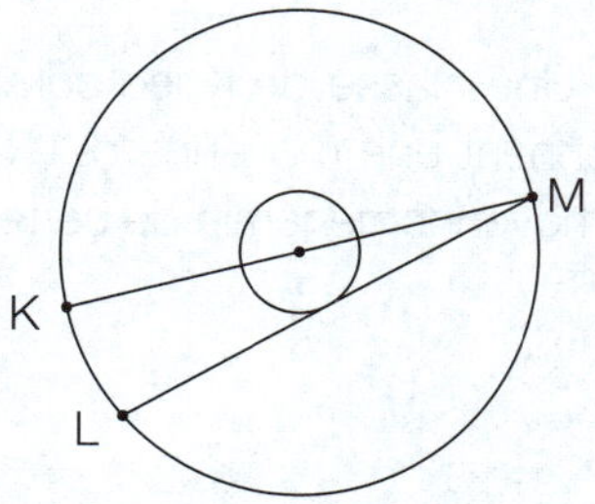

Question 22. U et V sont deux nombres réels non nuls. Si U + V = 0, combien vaut U/V ?

(A) – 2 (B) – 1
(C) 0 (D) 1
(E) 2

//
//

Question 23. Complétez la série suivante :

1 2 5 14 41 ?

(A) 68
(B) 92
(C) 10
(D) 122
(E) 174

Question 24. On lance deux dés ordinaires non truqués. Quelle est la probabilité que le nombre total de points sur les faces supérieures soit 2 ?

(A) 0
(B) $\frac{1}{6}$
(C) $\frac{2}{6}$
(D) $\frac{1}{36}$
(E) $\frac{1}{32}$

Question 25. k est une fonction affine telle que $k(2) = 4$ et $k(3) = 9$. Combien vaut $k(4)$?

(A) 14
(B) 16
(C) 20
(D) 24
(E) 26

Question 26. Six amis partagent une maison avec 2 salles de bains qu'ils utilisent chaque matin à partir de 7 heures. Il n'y a qu'une personne à la fois dans une salle de bain. Ils passent respectivement 9, 11, 13, 18, 22 et 23 minutes dans une salle de bain. A quelle heure, au plus tôt, auront-ils terminé d'utiliser les salles de bains ?

(A) 7 h 48
(B) 7 h 49
(C) 7 h 50
(D) 7 h 51
(E) 8 h 03

Question 27. Pauline a marché sur 8 km à la vitesse moyenne de 4 km/h. Elle se met alors à courir un certain temps à la vitesse de 8 km/h. Combien de temps doit-elle courir pour que sa vitesse moyenne, depuis son départ, soit de 5 km/h ?

(A) 15 min
(B) 20 min
(C) 30 min
(D) 35 min
(E) 40 min

Question 28. Un gâteau pèse 900 g. Diana le coupe en quatre morceaux inégaux. Le gros morceau pèse autant que les trois autres réunis. Combien pèse ce gros morceau ?

(A) 250 g
(B) 300 g
(C) 400 g
(D) 450 g
(E) 600 g

Question 29. Le produit de deux nombres vaut 36 et leur somme 37. Quelle est leur différence ?

(A) 1
(B) 4
(C) 10
(D) 26
(E) 35

Question 30. Une salle de concert contient 120 places. Trois prix sont proposés à chaque spectacle à savoir 90 €, 75 € et 55 €. Le nombre de places à 90 € augmenté du nombre de places à 75 € est égal au double du nombre de places à 55 €.
Lors du dernier spectacle, toutes les places ont été vendues. La recette des places à 90 € correspond au double de celle des places à 75 €. Combien y a-t-il de places à 90 € dans cette salle de concerts ?

(A) 50
(B) 60
(C) 45
(D) 40
(E) 30

Si vous avez terminé, vous n'êtes pas autorisé(e) à revenir sur une épreuve précédente.
Vous n'êtes pas non plus autorisé(e) à travailler sur une épreuve suivante avant la fin du temps imparti.

STOP !

TEST BLANC TAGE MAGE 15

SOUS-TEST 3 : RAISONNEMENT & ARGUMENTATION

15 questions / 20 minutes / Calculatrice interdite
Réponse juste : + 4 points / Réponse fausse : – 1 point
Aucune réponse : 0 point

Question 31. Dans une entreprise l'affirmation « Tous les employés ont au moins 25 ans. » s'avère fausse. Ceci signifie que :

(A) tous les employés de l'entreprise ont exactement 25 ans.
(B) tous les employés de l'entreprise ont plus de 26 ans.
(C) un employé de l'entreprise a moins de 25 ans.
(D) aucun employé de l'entreprise n'a encore 25 ans.
(E) un employé de l'entreprise a exactement 26 ans.

Question 32. Quel est le mot qu'il faut écrire à la place des pointillés pour que la phrase suivante soit vraie ?

« Le nombre de mots et le nombre de lettres de cette phrase ont pour somme … »

(A) soixante-treize
(B) quatre-vingt-dix-sept
(C) cent trois
(D) quatre-vingt-quinze
(E) quatre-vingt-neuf

Question 33. Nous sommes le lundi 15 juin 2015. Quel jour de la semaine serons-nous dans 234 jours ?

(A) Lundi
(B) Mardi
(C) Mardi ou mercredi
(D) Jeudi
(E) Jeudi ou vendredi

>>
>>

Question 34. Trois poules, Solange, Nicole et Julie, ont pondu chacune un œuf : un œuf violet, un œuf vert et un œuf jaune. Chaque œuf contient un poussin : un grand, un moyen et un petit. Les œufs sont placés sur une rangée.

On sait que :

— L'œuf violet se trouve juste à droite de l'œuf contenant le petit poussin.

— L'œuf vert, qui contient un grand poussin, se trouve juste à gauche de l'œuf pondu par Nicole.

Laquelle des situations suivantes est possible mais non nécessaire ?

(A) Le poussin de Solange est le petit poussin.

(B) Le poussin de Julie est le grand poussin.

(C) L'œuf violet contient le poussin moyen.

(D) L'œuf jaune contient le petit poussin.

(E) Il est impossible de répondre à cette question.

Question 35. On sait que tous les timides possèdent une intelligence supérieure, qu'il y a des moustachus possédant une intelligence supérieure et qu'il n'y a pas de moustachus possédant une intelligence supérieure qui soient timides.

Laquelle des conclusions suivantes découle nécessairement de ces affirmations ?

(A) Tous les individus possédant une intelligence supérieure sont moustachus.

(B) Tous les moustachus possèdent une intelligence supérieure.

(C) Il y a des timides qui sont moustachus.

(D) Il y a des moustachus qui ne sont pas timides.

(E) Il y a des individus non moustachus qui ont toute leur tête.

Question 36. Pour être admis au cours de théâtre, le candidat doit connaître l'allemand mais la connaissance de l'allemand n'est pas suffisante pour son admission.

Pour être admis au cours de sculpture, il suffit que le candidat connaisse l'allemand mais la connaissance de l'allemand n'est pas obligatoire pour son admission.

Laquelle des situations suivantes n'est pas possible ?

(A) Un candidat admis au cours de sculpture mais non au cours de théâtre.

(B) Un candidat admis au cours de théâtre mais non au cours de sculpture.

(C) Un candidat admis au cours de théâtre ainsi qu'au cours de sculpture.

(D) Un candidat n'ayant été admis à aucun des cours mentionnés.

(E) Aucune réponse ne convient.

>>

Question 37. Dans son dernier article, Kessler affirme que c'est la guerre civile qui a entraîné la sévère crise économique frappant le pays. Ezer réplique par un article où il dit : « La thèse de Kessler ressemble à la thèse selon laquelle l'augmentation de la production des berceaux provoque l'augmentation du taux de natalité. »

On peut en conclure que selon Ezer :

(A) la guerre civile est la cause de la crise économique.

(B) la guerre civile est le résultat de la crise économique.

(C) la guerre civile et la crise économique sont le résultat d'un troisième facteur.

(D) la guerre civile est à l'origine de tous les maux du monde.

(E) la guerre civile n'est pas du tout liée à la crise économique.

Question 38. Dominique raconte à Dora qu'il s'apprête à apprendre le polonais afin de pouvoir lire le célèbre ouvrage de l'historien polonais Stoly sur la guerre de Cent Ans. Là-dessus, Dora lui répond : « C'est comme si tu traversais un fleuve à la nage alors qu'il y a un pont juste au-dessus de ta tête. »

Laquelle des propositions suivantes peut-elle constituer la suite des paroles de Dora ?

(A) « En effet, l'ouvrage de Stoly est considéré comme un des livres les plus mauvais écrits sur la guerre de Cent Ans. »

(B) « En effet, la langue polonaise est une des langues les plus faciles à apprendre. »

(C) « En effet, l'ouvrage de Stoly a paru en traduction française il y a longtemps déjà. »

(D) « En effet, il y a beaucoup d'autres livres qui ont été écrits en polonais sur la guerre de Cent Ans. »

(E) « En effet, tu dois être bilingue pour saisir toutes les nuances que contient cet ouvrage. »

>>>
>>>

Question 39. Selon le professeur Dimar, lorsque les messages éducatifs contenus dans les chansons d'enfants sont transmis de façon indirecte, ils sont mieux assimilés par les enfants de tous âges. Comme exemple d'une chanson répondant à ce critère, elle cite « La fourmi ». Le narrateur de la chanson n'affirme pas expressément que l'assiduité est une qualité remarquable mais il exprime son admiration devant la fourmi présentée comme une créature assidue ; cette admiration est censée être reportée sur la qualité de l'assiduité.

Lequel des faits suivants contredit la thèse du professeur Dimar ?

(A) Chez les enfants de l'âge de la maternelle, la mémorisation des chansons est fonction avant tout du nombre de rimes dans la chanson.

(B) De nombreux enfants s'opposent aux leçons éducatives directes et refusent d'écouter une seconde fois des chansons contenant de telles leçons.

(C) Les éducateurs estiment qu'inculquer l'assiduité aux enfants est dépassé et que de nos jours, il faut leur apprendre à réfléchir de façon indépendante et originale.

(D) L'assimilation de messages indirects exige une capacité de généralisation qui, chez la plupart des enfants, ne se développe qu'à l'âge de l'école primaire.

(E) Aucune des réponses ne convient.

Question 40. Si A implique B alors :

(A) (non A) ou (non B)

(B) (non A) implique (non B)

(C) (non A) et (non B)

(D) A ou B

(E) (non A) ou B

Question 41. Beaucoup de personnes pensent que l'or et l'argent sont les ressources qui ont le plus de valeur. Cependant, pour un entrepreneur averti, l'or et l'argent ont à ses yeux moins de valeur que les opportunités de s'enrichir davantage qui peuvent s'offrir à lui. Aussi, dans le monde de la haute finance, l'information est la ressource qui a le plus de valeur.

Quelle(s) supposition(s) l'auteur sous-entend-il dans son argumentation ?

(A) L'or et l'argent ne sont pas les ressources qui ont le plus de valeur.

(B) Les entrepreneurs sont différents de la plupart des autres gens.

(C) L'information sur les opportunités de business est riche et précise et permet d'accéder à des richesses plus importantes.

(D) La valeur de l'information est incalculable tant elle a de valeur.

(E) Seuls les entrepreneurs pensent que l'information est la ressource qui a le plus de valeur.

Question 42. Si je dis A, alors je dis B. Que puis-je en conclure ?

(A) Si je ne dis pas B, alors je ne dis pas A non plus.

(B) Si je dis C, alors je dis E.

(C) Si je dis C, alors je dis D.

(D) Si je ne dis pas A, alors je ne dis pas B non plus.

(E) Aucune des réponses proposées ne convient.

Question 43. Alain et Pierre sont dans le Sahara. Ils partent du même point. Alain fait 1 km vers le Nord, 2 km vers l'Ouest, 4 km vers le Sud et enfin 1 km vers l'Ouest. Pierre parcourt 1 km vers l'Est, 4 km vers le Sud et 4 km vers l'Ouest. Quelle doit être la dernière partie de son trajet pour rejoindre Alain ?

(A) Il l'a déjà rejoint.

(B) 1 km vers l'Ouest.

(C) 1 km vers le Nord.

(D) 1 km vers le Nord-Ouest.

(E) 2 km vers le Nord-Ouest.

>>
>>

Question 44. Compléter la série :

RESSASSER – ICI – KAYAK – RADAR – ?

(A) RESTER

(B) DEVIS

(C) RETARD

(D) AIMAI

(E) ELLE

Question 45. L'étude de Bernhardt et Kavinsky, qui prévalait qu'un niveau élevé de dette était incompatible avec la croissance, s'est retrouvée mise à mal par une réplication élaborée par un jeune étudiant américain. Cette remise en cause nous rappelle que décréter qu'au-dessus d'un certain seuil de dette, la croissance ne s'appuie plus sur aucune donnée valable et que l'austérité ne peut être une recette à usage unique. Trop d'austérité, trop vite, et surtout partout en même temps ne peut avoir que des conséquences négatives sur la croissance dans une zone aussi intégrée économiquement, mais pas politiquement, que l'Union européenne.
Quelle est la meilleure conclusion à ce propos ?

(A) En définitive, l'austérité menée en même temps par tous les pays est néfaste pour réduire les déficits et retrouver la croissance.

(B) En conclusion, l'austérité doit être progressive afin de permettre le retour progressif de la croissance.

(C) En somme, trop d'austérité tue l'austérité.

(D) Ainsi, il serait préférable que les pays de l'Union européenne accroissent leur coopération des politiques économiques.

(E) Malgré ses effets néfastes sur la croissance, l'austérité est la seule option efficace pour réduire les déficits dans la mesure où l'on ne peut augmenter les recettes fiscales.

Si vous avez terminé, vous n'êtes pas autorisé(e) à revenir sur une épreuve précédente.
Vous n'êtes pas non plus autorisé(e) à travailler sur une épreuve suivante avant la fin du temps imparti. **STOP !**

TEST BLANC TAGE MAGE 15

SOUS-TEST 4 : CONDITIONS MINIMALES

15 questions / 20 minutes / Calculatrice interdite
Réponse juste : + 4 points / Réponse fausse : – 1 point
Aucune réponse : 0 point

Vous répondrez :

(A) Si l'information (1) permet à elle seule de répondre à la question, et si l'information (2) à elle seule ne permet pas de répondre à la question.

(B) Si l'information (2) permet à elle seule de répondre à la question, et si l'information (1) à elle seule ne permet pas de répondre à la question.

(C) Si les deux informations (1) et (2) ensemble permettent de répondre à la question, et aucune séparément ne le peut.

(D) Si chaque information permet séparément de répondre à la question.

(E) Si les deux informations ensemble ne permettent pas de répondre à la question.

Question 46. Quel mois Gérard est-il né ?

(1) Il est né le jour d'un changement de saison.

(2) Il est né un mois pair.

Question 47. Qui de Sacha ou de Jean a le plus d'argent ?

(1) Si Jean avait 60 € de plus, il aurait trois fois plus d'argent que Sacha.

(2) Si Jean donne 13 € à Sacha, Sacha aurait 26 € de plus que Jean.

Question 48. Dans un groupe, il y a 25 % d'Italiens, 35 % de Turcs. Quel est le pourcentage de Français ?

(1) Il n'y a que trois nationalités dans le groupe.

(2) Les français sont les plus nombreux.

##
##

Vous répondrez :

(A) Si l'information (1) permet à elle seule de répondre à la question, et si l'information (2) à elle seule ne permet pas de répondre à la question.

(B) Si l'information (2) permet à elle seule de répondre à la question, et si l'information (1) à elle seule ne permet pas de répondre à la question.

(C) Si les deux informations (1) et (2) ensemble permettent de répondre à la question, et aucune séparément ne le peut.

(D) Si chaque information permet séparément de répondre à la question.

(E) Si les deux informations ensemble ne permettent pas de répondre à la question.

Question 49. En quelle année Maria s'est-elle mariée sachant que la cérémonie s'est déroulée au XXe siècle ?

(1) Les trois derniers chiffres de l'année se suivent par ordre décroissant.

(2) Les quatre chiffres de l'année sont tous différents.

Question 50. A, B et C sont des nombres qui sont tous inférieurs à 40.
Parmi les nombres A, B et C, combien sont positifs ?

(1) $A + B = 50$

(2) $A + B + C = 81$

Question 51. ABCD est un trapèze isocèle (AD = BC) avec DC = 100 cm et AB = 40 cm.
Quelle est la valeur de son périmètre ?

(1) AB est parallèle à DC.

(2) L'angle ADC est égal à 30°.

Question 52. Quelle est la valeur de la surface d'un rectangle ABCD ?

(1) Si l'on multiplie par 6 la longueur et la largeur du rectangle on obtient une surface égale à 216.

(2) Son périmètre est de 10 mètres.

##
##

Vous répondrez :

(A) Si l'information (1) permet à elle seule de répondre à la question, et si l'information (2) à elle seule ne permet pas de répondre à la question.

(B) Si l'information (2) permet à elle seule de répondre à la question, et si l'information (1) à elle seule ne permet pas de répondre à la question.

(C) Si les deux informations (1) et (2) ensemble permettent de répondre à la question, et aucune séparément ne le peut.

(D) Si chaque information permet séparément de répondre à la question.

(E) Si les deux informations ensemble ne permettent pas de répondre à la question.

Question 53. Un distributeur achète chaque mois des téléviseurs à écran plat à un grossiste selon deux dimensions : grande et petite. Les grands écrans coûtent deux fois le prix des petits. Le mois dernier, il a acheté cinq grands écrans et trois petits. A quel prix a-t-il acheté le grand et le petit écran ?

(1) Si le grand écran était 50 % moins cher, il coûterait le même prix que le petit.

(2) S'il avait acheté trois grands écrans et cinq petits, il aurait payé 200 € de moins.

Question 54. On a coupé une paille de 26 cm en trois morceaux. Les trois morceaux ne mesurent pas la même longueur. Quelle est la longueur du morceau le plus long ?

(1) Un des morceaux mesure 13 cm.

(2) La différence de longueur entre le premier et le second morceau est de 7 cm et le troisième morceau mesure 7 cm.

Question 55. Dans la classe de Georges, avant les vacances de la Toussaint, le rapport du nombre de filles au nombre de garçons était de 3 pour 5. Quel est, après les vacances, le pourcentage de filles dans cette classe ?

(1) A la rentrée des vacances, il y a 2 garçons de plus et une fille de moins dans la classe.

(2) Avant les vacances, il y avait 12 filles dans la classe.

##
##

Vous répondrez :
(A) Si l'information (1) permet à elle seule de répondre à la question, et si l'information (2) à elle seule ne permet pas de répondre à la question.
(B) Si l'information (2) permet à elle seule de répondre à la question, et si l'information (1) à elle seule ne permet pas de répondre à la question.
(C) Si les deux informations (1) et (2) ensemble permettent de répondre à la question, et aucune séparément ne le peut.
(D) Si chaque information permet séparément de répondre à la question.
(E) Si les deux informations ensemble ne permettent pas de répondre à la question.

Question 56. Manuel dispose d'une somme X dont il a placé, pendant un an, une partie sur un livret d'épargne logement au taux annuel de 6 %, et l'autre partie sur un livret de caisse d'épargne au taux de 3,5 %. Didier a placé, pendant la même période, la même somme X sur un produit financier au taux annuel de 5 %.

Les intérêts obtenus au bout d'un an par Didier sont-ils supérieurs à ceux obtenus par Manuel ?

(1) La somme placée par Manuel sur son livret d'épargne logement est le triple de celle placée sur son livret de caisse d'épargne.
(2) X = 8 000 euros.

Question 57. Jim tire au hasard une chaussette qui se trouve dans un tiroir à chaussettes. Quelle est la probabilité pour que la chaussette tirée soit blanche ?

(1) Le tiroir à chaussettes contient 3 fois plus de chaussettes non blanches que de chaussettes blanches.
(2) Le tiroir à chaussettes contient des chaussettes de couleur blanche, de couleur marron et de couleur noire.

Question 58. Dimitri et Karim font la course. Le premier va à vitesse constante sur l'intégralité du parcours, tandis que Karim est moins rapide que Dimitri sur les deux premiers tiers du parcours et plus rapide sur le dernier tiers. Qui gagne la course ?

(1) Sur les deux premiers tiers, la vitesse de Dimitri est supérieure de 20 % à celle de Karim alors que pour le dernier, celle de Karim dépasse celle de Dimitri de 30 %.
(2) Le parcours est long de 420 km.

##
##

Vous répondrez :

(A) Si l'information (1) permet à elle seule de répondre à la question, et si l'information (2) à elle seule ne permet pas de répondre à la question.

(B) Si l'information (2) permet à elle seule de répondre à la question, et si l'information (1) à elle seule ne permet pas de répondre à la question.

(C) Si les deux informations (1) et (2) ensemble permettent de répondre à la question, et aucune séparément ne le peut.

(D) Si chaque information permet séparément de répondre à la question.

(E) Si les deux informations ensemble ne permettent pas de répondre à la question.

Question 59. P est-il pair ?

(1) P^2 est pair.

(2) La moitié de P – 4 est pair.

Question 60. Deux tuyaux A et B sont utilisés pour remplir un réservoir. Lorsque l'on utilise exclusivement le tuyau A, le réservoir est rempli en 20 min. Combien de temps faudra-t-il pour remplir le réservoir en utilisant conjointement les tuyaux A et B ?

(1) Le débit du tuyau B est égal à 10 litres/min de plus que celui de A.

(2) Le réservoir est rempli en 10 min lorsque l'on utilise exclusivement le tuyau B.

Si vous avez terminé, vous n'êtes pas autorisé(e) à revenir sur une épreuve précédente.
Vous n'êtes pas non plus autorisé(e) à travailler sur une épreuve suivante avant la fin du temps imparti. **STOP !**

TEST BLANC TAGE MAGE 15

SOUS-TEST 5 : EXPRESSION

15 questions / 20 minutes / Calculatrice interdite
Réponse juste : + 4 points / Réponse fausse : – 1 point
Aucune réponse : 0 point

Questions 61 à 63 : choisissez la reformulation dont le sens se rapproche le plus du (des) passage(s) soulignés.

Question 61. Je suis très attaché à mes amis, et à plus forte raison à ma famille.

(A) donc
(B) bien plus
(C) *a fortiori*
(D) *ipso facto*
(E) de fait

Question 62. La conservation des espèces végétales *in situ* constitue une action essentielle pour protéger la biodiversité.

(A) dans leur milieu naturel
(B) de manière méticuleuse
(C) dans des espaces clos
(D) endémiques
(E) en vrai

Question 63. On apprit qu'il y avait eu collusion entre les deux partis politiques.

(A) dispute violente
(B) bagarre
(C) entente secrète
(D) confrontation
(E) rixe

Question 64. Quelle est la figure de style présente dans la phrase suivante : « Partout l'image idée, partout la pensée fleur, partout les fruits. » ?

(A) Métaphore
(B) Anaphore
(C) Allégorie
(D) Pléonasme
(E) Oxymore

Questions 65 et 66 : correction grammaticale et lexicale / niveaux de style.

Question 65. Combien de mots sont mal orthographiés (orthographe d'usage et orthographe grammaticale) et/ou utilisés mal à propos dans le texte ci-dessous ?

L'enthousiasme n'était guère de mise à l'heure du cours d'orthographe et de grammaire françaises. « Ouvrez vos livres à la page quatre-vingt. » Et ainsi, tous les mardis, nous nous retrouvions embarqués dans les méandres de notre langue maternelle. Des préfixes par-ci, des suffixes par-là, des subordonnées relatives aux antécédents pas clairs, rien ne nous fut épargné…

(A) 6 fautes
(B) 2 fautes
(C) 4 fautes
(D) 0 faute
(E) 7 fautes

Question 66. Combien cette phrase comporte-t-elle de fautes d'orthographe ?

Quoi qu'il en soit, c'est bien à tord que la douairière, par un contresens exhorbitant, s'est laissé entraîner à prendre un râteau et qu'elle s'est crue obligé de frapper l'exigeant marguillier sur son homoplate vieillie. Deux alvéoles furent brisés, une dysanterie se déclara, suivie d'une phtisie.

(A) 7
(B) 6
(C) 5
(D) 3
(E) 2

Questions 67 à 75 : complétez en choisissant la solution optimale.

Question 67. Le président de la République François Hollande a demandé mardi que soit faite toute la lumière sur l'espionnage américain en France, (…) des représentants de l'opposition ont fustigé sa mollesse face aux Etats-Unis et réclamé l'asile pour Edward Snowden.

(A) alors que
(B) tant et si bien que
(C) afin que
(D) bien que
(E) pour que

Question 68. Au moment de la retraite, le salarié doit très souvent cesser son activité professionnelle à une date qu'il n'a pas choisie, (...) ses capacités physiques et intellectuelles.

(A) quelques soient
(B) quelques fussent
(C) quelles qu'auront été
(D) quelles que seront
(E) quelles que soient

Question 69. En Belgique, (...), on nous apprend à blâmer celui qui copie sur le travail de son voisin. Au Japon, la faute grave n'est apparemment pas de copier (...) ; ce serait de copier sur celui qui n'est pas le meilleur.

(A) au devant de l'école — au sens figuré
(B) dans les classes d'élite — sur lui
(C) déjà à la maternité — sur toi
(D) sans gage — au sens attendu
(E) à l'école maternelle — en soi

Question 70. Il est apparu récemment qu'il n'y a aucun fondement à la croyance répandue selon laquelle les enfants souffrant de troubles de l'apprentissage (...) artistes. (...) que les artistes ayant souffert de troubles de l'apprentissage dans leur enfance ne (...), tandis que d'autres adultes, au passé similaire, ont tendance à ne (...).

(A) ne peuvent devenir / Il se peut que cette croyance soit lié au fait / s'en cachent pas et en parlent abondamment / pas le raconter à qui que ce soit
(B) ne peuvent devenir / Il est difficile de comprendre d'où provient cette croyance puisqu'on sait / le publient pas et en parlent très peu / pas le cacher
(C) deviennent en grandissant des / Il se peut que l'origine de cette erreur se trouve dans le fait / tentent pas de le dissimuler et en parlent abondamment / pas le faire savoir
(D) deviennent à l'âge adulte des / Il est difficile de comprendre d'où provient cette croyance puisqu'on sait / le publient pas et évitent d'en parler / pas le raconter à qui que ce soit
(E) peuvent devenir / Il ne se peut pas que cette croyance ne soit lié au fait / s'en cacheraient pas et n'en parleraient abondamment / jamais le raconter à d'autre

Question 71. « Nicolas partit à la pêche avec son père pour la première fois. Ce dernier lui expliqua par conséquent tous les (…) de ce savoir-faire. Mais Nicolas ne comprenait pas comment il fallait procéder pour que les poissons mordent à (…). Son père lui expliqua plus en détail comment il fallait s'y prendre pour concocter un bon (…).

(A) maniements / l'hélice / appat
(B) condiments / l'hameçon / appa
(C) rudiments / l'hameçon / appât
(D) artifices / l'hameau / appas
(E) secrets / l'hameçon / appât

Question 72. Votre idée (…) il est urgent de vendre votre maison m'inquiète.

(A) après quoi
(B) au vu de quoi
(C) selon quoi
(D) suivant qui
(E) d'après qui

Question 73. Si le luxe stimule la culture tactile et olfactive des consommateurs, il (…), que ce soit par une retenue affichée ou par une (…).

(A)	lui est totalement nécessaire de se faire entendre	publicité confidentielle
(B)	doit d'abord se voir	consommation ostentatoire
(C)	lui incombe préalablement de communiquer	excentricité monstrueuse
(D)	lui faut à tout coup se faire entendre	diffusion confidentielle
(E)	lui échoit avant toute chose de se révéler	cherté scandaleuse

Question 74.

Armand : – (…)

Ali : – Non. Mes parents ne sont pas d'accord. J'ai mal travaillé ce semestre alors ils m'interdisent de sortir.

Armand : – Ce n'est pas possible que tu manques ce concert. Ce groupe ne vient jamais à Lille d'habitude. Essaye de les convaincre.

Ali : – Je vais essayer mais ne compte pas sur moi.

Quelle proposition complète la première phrase prononcée par Armand ?

(A) T'es-tu rappelé d'acheter les billets pour le concert de vendredi ?

(B) Au fait, est-ce que ton frère pourra venir avec nous au concert de vendredi ?

(C) Si tu n'as rien d'autres à faire, peux-tu venir au concert vendredi soir ?

(D) Pourquoi ne m'as-tu pas prévenu avant que tu ne pouvais pas venir au concert de vendredi ?

(E) Es-tu sûr que le concert de vendredi vaut vraiment la peine de dépenser autant pour les billets ?

Question 75. En quelques années, grâce au retour du couchage sur le dos, le nombre de morts chez les nourrissons a fortement diminué aux Philippines. (…), la cause de ces décès demeure largement incomprise, (…), dans quatre cas sur dix, le corps des nourrissons n'est pas examiné.

(A)	Sinon	étant entendu que
(B)	Néanmoins	d'autant plus que
(C)	Ceci dit	encore que
(D)	Cependant	alors que
(E)	Au demeurant	sachant que

Si vous avez terminé, vous n'êtes pas autorisé(e) à revenir sur une épreuve précédente.
Vous n'êtes pas non plus autorisé(e) à travailler sur une épreuve suivante avant la fin du temps imparti.

STOP !

TEST BLANC TAGE MAGE 15

SOUS-TEST 6 : LOGIQUE

15 questions / 20 minutes / Calculatrice interdite
Réponse juste : + 4 points / Réponse fausse : – 1 point
Aucune réponse : 0 point

Question 76.

504	419	?	148	320
		212		
		329		
		414		
		224		

(A) 231 (B) 238 (C) 515 (D) 246 (E) 339

Question 77.

		SMT		
		HCI		
		KRL		
		WYX		
AVW	AUP	?	USM	MRN

(A) ZGA (B) JTK (C) KGL (D) XTO (E) HUI

Question 78.

		401		
		255		
		603		
		417		
294	393	?	771	483

(A) 825 (B) 815 (C) 729 (D) 735 (E) 819

****
****

Question 79.

		NC		
		HE		
		?		
AQ	II	AI	HJ	ME
		FK		

(A) KG (B) ND (C) GD (D) ZG (E) MG

Question 80.

		247		
		461		
		205		
327	263	?	618	236
		843		

(A) 242 (B) 361 (C) 854 (D) 917 (E) 345

Question 81.

BUD				
ASC				
DQH				
?	JSK	KTH	LMD	MZA
FMK				

(A) IKE (B) KOE (C) ELH (D) IOE (E) FZM

****
****

Question 82.

352

64

208

? 18 121 961 52

127

(A) 61 (B) 103 (C) 73 (D) 144 (E) 46

Question 83.

SXT RMT UWQ HCV ?

QSP

LKK

GVF

TMS

(A) SYT (B) WJZ (C) ZSY (D) DXC (E) WYV

Question 84.

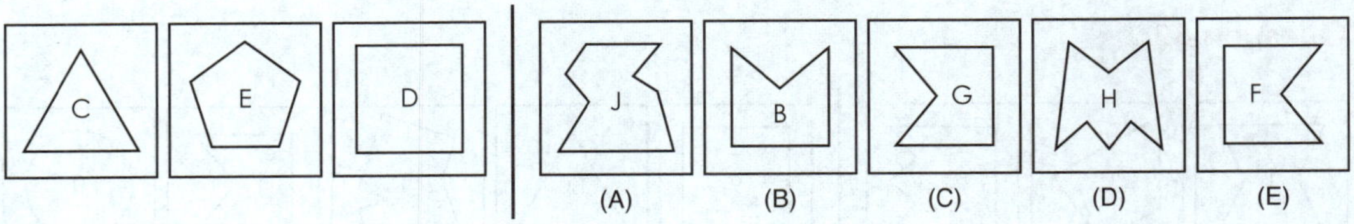

Question 85.

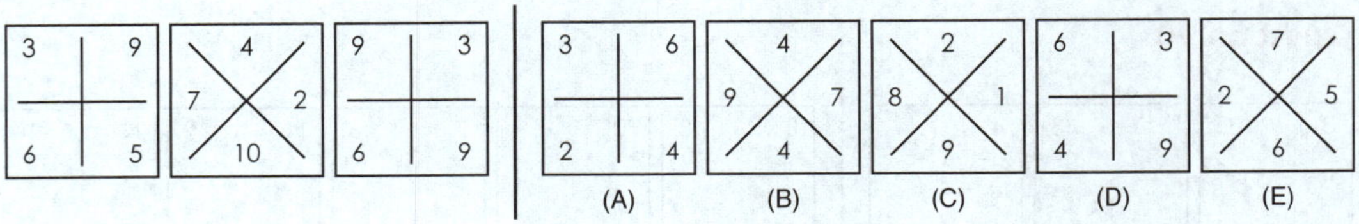

Question 86.

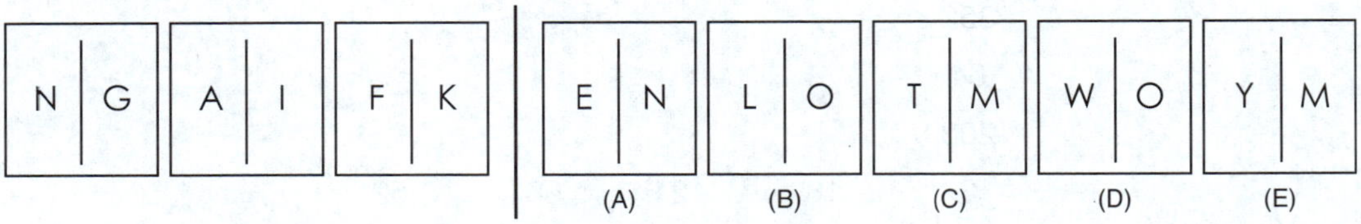

Question 87.

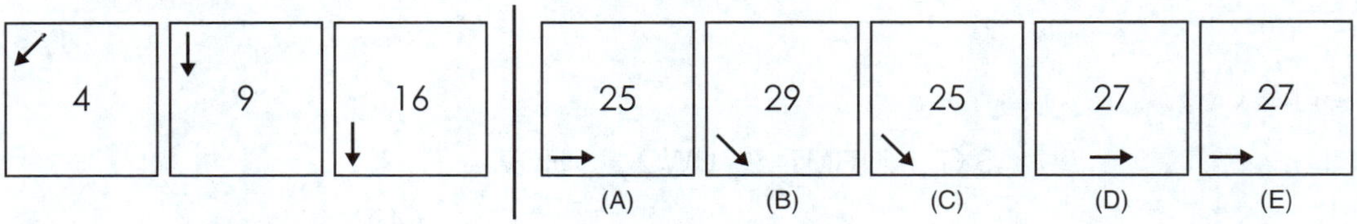

Question 88.

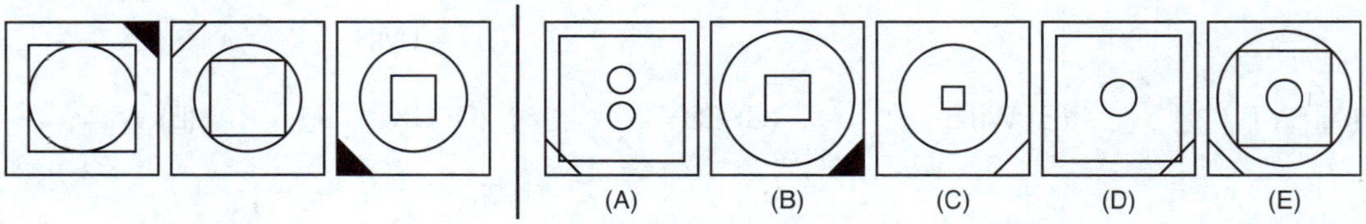

Question 89.

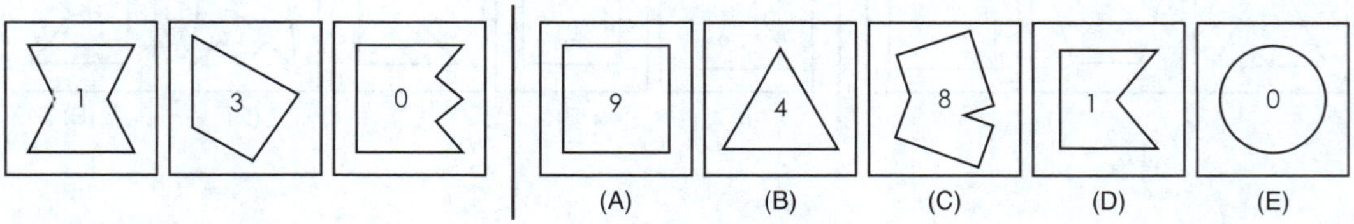

Question 90.

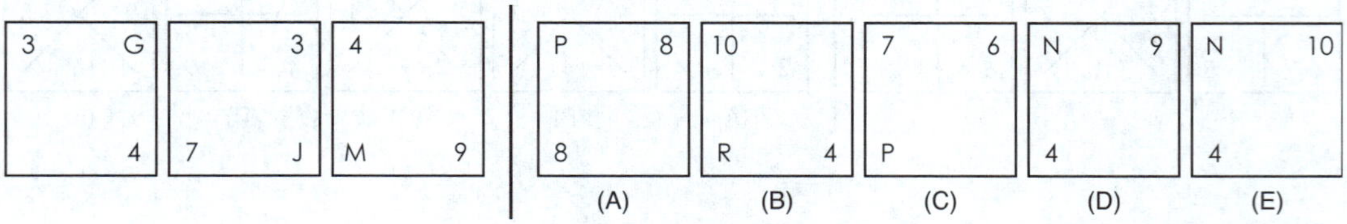

TEST TAGE MAGE 15 : VOTRE GRILLE DE REPONSES JUSTES

Sous-test 1 — Compréhension de textes

Question	Réponse
1	D
2	B
3	A
4	B
5	B
6	D
7	D
8	A
9	A
10	E
11	B
12	A
13	D
14	E
15	C

Sous-test 2 — Calcul

Question	Réponse
16	A
17	C
18	C
19	A
20	A
21	B
22	B
23	D
24	D
25	A
26	B
27	E
28	D
29	E
30	A

Sous-test 3 — Raisonnement/Argumentation

Question	Réponse
31	C
32	E
33	D
34	B
35	A
36	A
37	E
38	C
39	D
40	E
41	C
42	A
43	C
44	E
45	D

Sous-test 4 — Conditions minimales

Question	Réponse
46	E
47	E
48	A
49	A
50	B
51	B
52	A
53	B
54	D
55	C
56	A
57	A
58	A
59	D
60	B

Sous-test 5 — Expression

Question	Réponse
61	C
62	A
63	C
64	B
65	D
66	C
67	A
68	E
69	E
70	A
71	E
72	C
73	B
74	C
75	B

Sous-test 6 — Logique

Question	Réponse
76	B
77	B
78	A
79	A
80	E
81	D
82	E
83	E
84	D
85	B
86	E
87	C
88	C
89	B
90	A

CORRIGES DU TEST BLANC TAGE MAGE 15

Chers lecteurs,

Je tiens déjà à vous féliciter si vous êtes parvenus à travailler sur les 15 tests blancs de cet ouvrage. Selon une enquête conduite auprès des lecteurs des éditions précédentes, seuls 40 % d'entre eux viennent à bout des 15 tests blancs.

L'ouvrage ayant atteint le nombre maximal de pages qu'il lui est possible de contenir, **je vous invite donc à télécharger une version digitale des corrigés du test blanc numéro 15 ainsi que les énoncés et les corrigés du test numéro 16 en scannant le QR code suivant.**

Promettez de ne rien lâcher et de travailler d'arrache-pied jusqu'au jour J.

Le Tage Mage est très formateur (esprit logique, dextérité en calcul, sens de l'observation, persévérance et combativité). Votre préparation au Tage Mage vous sera certes utile pour obtenir le meilleur score possible au test et intégrer ainsi la formation de vos rêves mais sachez également qu'elle vous sera utile bien après vos études, dans le cadre de votre recherche d'emploi notamment : nombreux en effet sont les grands groupes et start-ups qui vous feront passer des tests d'aptitude pendant les process de recrutement.

Permettez-moi de vous souhaiter à toutes et à tous une bonne fin de préparation et surtout beaucoup de réussite au Tage Mage !

Franck Attelan

SCANNEZ ICI !

FICHES BILAN

A chaque fois que vous avez fini de travailler sur un test, je vous conseille vivement de remplir assidûment une fiche bilan. Certes, c'est un peu fastidieux mais soyez certains que cela vous permettra de prendre du recul sur votre travail et vos performances et de mettre en exergue toutes les notions et difficultés que vous avez rencontrées. Vous verrez également, à l'usage, que c'est aussi très stimulant de constater, au fur et à mesure de votre apprentissage, que vous progressez et que vous parvenez à réduire considérablement les points de blocage.

BILAN DE MON TEST BLANC 1

1. Ai-je bien géré mon temps ? Quelles stratégies puis-je expérimenter lors du prochain test pour améliorer mon score ?

[Exemples : répondre à moins de questions mais répondre bien ? Répondre au hasard quand j'hésite entre deux réponses ? Ne traiter que deux textes sur 3 en compréhension ?]

---

2. Liste des questions à retravailler absolument :

---

3. Quels sont les points de cours, notions, formules, cas... que j'ai rencontrés dans ce test et sur lesquels je dois encore travailler ?

➔ En calcul – conditions minimales

[Exemple : écrivez ici la formule de l'aire d'un cercle ou du théorème de Thalès ; insistez sur le fait de bien cacher l'information (2) quand vous travaillez sur l'information (1) en conditions minimales, etc.]

➔ En expression

[Notez ici par exemple les mots de vocabulaire inconnus et les règles de grammaire sur lesquelles vous rencontrez des difficultés]

➔ En logique

[Listez des cas types qui vous ont échappé. Exemple : 1**4**6 / 2**5**5 / 8**9**1]

BILAN DE MON TEST BLANC 2

1. Ai-je bien géré mon temps ? Quelles stratégies puis-je expérimenter lors du prochain test pour améliorer mon score ?

[Exemples : répondre à moins de questions mais répondre bien ? Répondre au hasard quand j'hésite entre deux réponses ? Ne traiter que deux textes sur 3 en compréhension ?]

---

2. Liste des questions à retravailler absolument :

---

3. Quels sont les points de cours, notions, formules, cas... que j'ai rencontrés dans ce test et sur lesquels je dois encore travailler ?

➔ En calcul – conditions minimales

[Exemple : écrivez ici la formule de l'aire d'un cercle ou du théorème de Thalès ; insistez sur le fait de bien cacher l'information (2) quand vous travaillez sur l'information (1) en conditions minimales, etc.]

➔ En expression

[Notez ici par exemple les mots de vocabulaire inconnus et les règles de grammaire sur lesquelles vous rencontrez des difficultés]

➔ En logique

[Listez des cas types qui vous ont échappé. Exemple : 146 / 255 / 891]

BILAN DE MON TEST BLANC 3

1. Ai-je bien géré mon temps ? Quelles stratégies puis-je expérimenter lors du prochain test pour améliorer mon score ?

[Exemples : répondre à moins de questions mais répondre bien ? Répondre au hasard quand j'hésite entre deux réponses ? Ne traiter que deux textes sur 3 en compréhension ?]

...

...

...

---

2. Liste des questions à retravailler absolument :

...

...

...

---

3. Quels sont les points de cours, notions, formules, cas... que j'ai rencontrés dans ce test et sur lesquels je dois encore travailler ?

➔ En calcul – conditions minimales

[Exemple : écrivez ici la formule de l'aire d'un cercle ou du théorème de Thalès ; insistez sur le fait de bien cacher l'information (2) quand vous travaillez sur l'information (1) en conditions minimales, etc.]

...

...

➔ En expression

[Notez ici par exemple les mots de vocabulaire inconnus et les règles de grammaire sur lesquelles vous rencontrez des difficultés]

...

...

➔ En logique

[Listez des cas types qui vous ont échappé. Exemple : 1<u>4</u>6 / 2<u>5</u>5 / 8<u>9</u>1]

...

...

BILAN DE MON TEST BLANC 4

1. Ai-je bien géré mon temps ? Quelles stratégies puis-je expérimenter lors du prochain test pour améliorer mon score ?

[Exemples : répondre à moins de questions mais répondre bien ? Répondre au hasard quand j'hésite entre deux réponses ? Ne traiter que deux textes sur 3 en compréhension ?]

2. Liste des questions à retravailler absolument :

3. Quels sont les points de cours, notions, formules, cas... que j'ai rencontrés dans ce test et sur lesquels je dois encore travailler ?

➔ En calcul – conditions minimales

[Exemple : écrivez ici la formule de l'aire d'un cercle ou du théorème de Thalès ; insistez sur le fait de bien cacher l'information (2) quand vous travaillez sur l'information (1) en conditions minimales, etc.]

➔ En expression

[Notez ici par exemple les mots de vocabulaire inconnus et les règles de grammaire sur lesquelles vous rencontrez des difficultés]

➔ En logique

[Listez des cas types qui vous ont échappé. Exemple : 146 / 255 / 891]

BILAN DE MON TEST BLANC 5

1. Ai-je bien géré mon temps ? Quelles stratégies puis-je expérimenter lors du prochain test pour améliorer mon score ?
[Exemples : répondre à moins de questions mais répondre bien ? Répondre au hasard quand j'hésite entre deux réponses ? Ne traiter que deux textes sur 3 en compréhension ?]

---

2. Liste des questions à retravailler absolument :

---

3. Quels sont les points de cours, notions, formules, cas... que j'ai rencontrés dans ce test et sur lesquels je dois encore travailler ?

➔ En calcul – conditions minimales
[Exemple : écrivez ici la formule de l'aire d'un cercle ou du théorème de Thalès ; insistez sur le fait de bien cacher l'information (2) quand vous travaillez sur l'information (1) en conditions minimales, etc.]

➔ En expression
[Notez ici par exemple les mots de vocabulaire inconnus et les règles de grammaire sur lesquelles vous rencontrez des difficultés]

➔ En logique
[Listez des cas types qui vous ont échappé. Exemple : 146 / 255 / 891]

BILAN DE MON TEST BLANC 6

1. Ai-je bien géré mon temps ? Quelles stratégies puis-je expérimenter lors du prochain test pour améliorer mon score ?
[Exemples : répondre à moins de questions mais répondre bien ? Répondre au hasard quand j'hésite entre deux réponses ? Ne traiter que deux textes sur 3 en compréhension ?]

2. Liste des questions à retravailler absolument :

3. Quels sont les points de cours, notions, formules, cas... que j'ai rencontrés dans ce test et sur lesquels je dois encore travailler ?

➔ En calcul – conditions minimales

[Exemple : écrivez ici la formule de l'aire d'un cercle ou du théorème de Thalès ; insistez sur le fait de bien cacher l'information (2) quand vous travaillez sur l'information (1) en conditions minimales, etc.]

➔ En expression

[Notez ici par exemple les mots de vocabulaire inconnus et les règles de grammaire sur lesquelles vous rencontrez des difficultés]

➔ En logique

[Listez des cas types qui vous ont échappé. Exemple : 146 / 255 / 891]

BILAN DE MON TEST BLANC 7

1. Ai-je bien géré mon temps ? Quelles stratégies puis-je expérimenter lors du prochain test pour améliorer mon score ?
[Exemples : répondre à moins de questions mais répondre bien ? Répondre au hasard quand j'hésite entre deux réponses ? Ne traiter que deux textes sur 3 en compréhension ?]

2. Liste des questions à retravailler absolument :

3. Quels sont les points de cours, notions, formules, cas... que j'ai rencontrés dans ce test et sur lesquels je dois encore travailler ?

➔ En calcul – conditions minimales
[Exemple : écrivez ici la formule de l'aire d'un cercle ou du théorème de Thalès ; insistez sur le fait de bien cacher l'information (2) quand vous travaillez sur l'information (1) en conditions minimales, etc.]

➔ En expression
[Notez ici par exemple les mots de vocabulaire inconnus et les règles de grammaire sur lesquelles vous rencontrez des difficultés]

➔ En logique
[Listez des cas types qui vous ont échappé. Exemple : 146 / 255 / 891]

BILAN DE MON TEST BLANC 8

1. Ai-je bien géré mon temps ? Quelles stratégies puis-je expérimenter lors du prochain test pour améliorer mon score ?

[Exemples : répondre à moins de questions mais répondre bien ? Répondre au hasard quand j'hésite entre deux réponses ? Ne traiter que deux textes sur 3 en compréhension ?]

2. Liste des questions à retravailler absolument :

3. Quels sont les points de cours, notions, formules, cas... que j'ai rencontrés dans ce test et sur lesquels je dois encore travailler ?

→ En calcul – conditions minimales

[Exemple : écrivez ici la formule de l'aire d'un cercle ou du théorème de Thalès ; insistez sur le fait de bien cacher l'information (2) quand vous travaillez sur l'information (1) en conditions minimales, etc.]

→ En expression

[Notez ici par exemple les mots de vocabulaire inconnus et les règles de grammaire sur lesquelles vous rencontrez des difficultés]

→ En logique

[Listez des cas types qui vous ont échappé. Exemple : 146 / 255 / 891]

BILAN DE MON TEST BLANC 9

1. Ai-je bien géré mon temps ? Quelles stratégies puis-je expérimenter lors du prochain test pour améliorer mon score ?
[Exemples : répondre à moins de questions mais répondre bien ? Répondre au hasard quand j'hésite entre deux réponses ? Ne traiter que deux textes sur 3 en compréhension ?]

2. Liste des questions à retravailler absolument :

3. Quels sont les points de cours, notions, formules, cas... que j'ai rencontrés dans ce test et sur lesquels je dois encore travailler ?

➔ En calcul – conditions minimales
[Exemple : écrivez ici la formule de l'aire d'un cercle ou du théorème de Thalès ; insistez sur le fait de bien cacher l'information (2) quand vous travaillez sur l'information (1) en conditions minimales, etc.]

➔ En expression
[Notez ici par exemple les mots de vocabulaire inconnus et les règles de grammaire sur lesquelles vous rencontrez des difficultés]

➔ En logique
[Listez des cas types qui vous ont échappé. Exemple : 146 / 255 / 891]

BILAN DE MON TEST BLANC 10

1. Ai-je bien géré mon temps ? Quelles stratégies puis-je expérimenter lors du prochain test pour améliorer mon score ?
[Exemples : répondre à moins de questions mais répondre bien ? Répondre au hasard quand j'hésite entre deux réponses ? Ne traiter que deux textes sur 3 en compréhension ?]

....

....

....

2. Liste des questions à retravailler absolument :

....

....

....

3. Quels sont les points de cours, notions, formules, cas... que j'ai rencontrés dans ce test et sur lesquels je dois encore travailler ?

→ En calcul – conditions minimales
[Exemple : écrivez ici la formule de l'aire d'un cercle ou du théorème de Thalès ; insistez sur le fait de bien cacher l'information (2) quand vous travaillez sur l'information (1) en conditions minimales, etc.]

....

....

→ En expression
[Notez ici par exemple les mots de vocabulaire inconnus et les règles de grammaire sur lesquelles vous rencontrez des difficultés]

....

....

→ En logique
[Listez des cas types qui vous ont échappé. Exemple : 1<u>4</u>6 / 2<u>5</u>5 / 8<u>9</u>1]

....

....

BILAN DE MON TEST BLANC 11

1. Ai-je bien géré mon temps ? Quelles stratégies puis-je expérimenter lors du prochain test pour améliorer mon score ?

[Exemples : répondre à moins de questions mais répondre bien ? Répondre au hasard quand j'hésite entre deux réponses ? Ne traiter que deux textes sur 3 en compréhension ?]

---

2. Liste des questions à retravailler absolument :

---

3. Quels sont les points de cours, notions, formules, cas... que j'ai rencontrés dans ce test et sur lesquels je dois encore travailler ?

➔ En calcul – conditions minimales

[Exemple : écrivez ici la formule de l'aire d'un cercle ou du théorème de Thalès ; insistez sur le fait de bien cacher l'information (2) quand vous travaillez sur l'information (1) en conditions minimales, etc.]

➔ En expression

[Notez ici par exemple les mots de vocabulaire inconnus et les règles de grammaire sur lesquelles vous rencontrez des difficultés]

➔ En logique

[Listez des cas types qui vous ont échappé. Exemple : 146 / 255 / 891]

BILAN DE MON TEST BLANC 12

1. Ai-je bien géré mon temps ? Quelles stratégies puis-je expérimenter lors du prochain test pour améliorer mon score ?

[Exemples : répondre à moins de questions mais répondre bien ? Répondre au hasard quand j'hésite entre deux réponses ? Ne traiter que deux textes sur 3 en compréhension ?]

---

2. Liste des questions à retravailler absolument :

---

3. Quels sont les points de cours, notions, formules, cas... que j'ai rencontrés dans ce test et sur lesquels je dois encore travailler ?

→ En calcul – conditions minimales

[Exemple : écrivez ici la formule de l'aire d'un cercle ou du théorème de Thalès ; insistez sur le fait de bien cacher l'information (2) quand vous travaillez sur l'information (1) en conditions minimales, etc.]

→ En expression

[Notez ici par exemple les mots de vocabulaire inconnus et les règles de grammaire sur lesquelles vous rencontrez des difficultés]

→ En logique

[Listez des cas types qui vous ont échappé. Exemple : 1**4**6 / 2**5**5 / 8**9**1]

BILAN DE MON TEST BLANC 13

1. Ai-je bien géré mon temps ? Quelles stratégies puis-je expérimenter lors du prochain test pour améliorer mon score ?
[Exemples : répondre à moins de questions mais répondre bien ? Répondre au hasard quand j'hésite entre deux réponses ? Ne traiter que deux textes sur 3 en compréhension ?]

---

2. Liste des questions à retravailler absolument :

---

3. Quels sont les points de cours, notions, formules, cas... que j'ai rencontrés dans ce test et sur lesquels je dois encore travailler ?

➔ En calcul – conditions minimales

[Exemple : écrivez ici la formule de l'aire d'un cercle ou du théorème de Thalès ; insistez sur le fait de bien cacher l'information (2) quand vous travaillez sur l'information (1) en conditions minimales, etc.]

➔ En expression

[Notez ici par exemple les mots de vocabulaire inconnus et les règles de grammaire sur lesquelles vous rencontrez des difficultés]

➔ En logique

[Listez des cas types qui vous ont échappé. Exemple : 146 / 255 / 891]

BILAN DE MON TEST BLANC 14

1. Ai-je bien géré mon temps ? Quelles stratégies puis-je expérimenter lors du prochain test pour améliorer mon score ?

[Exemples : répondre à moins de questions mais répondre bien ? Répondre au hasard quand j'hésite entre deux réponses ? Ne traiter que deux textes sur 3 en compréhension ?]

……………………………………………………………………………………………

……………………………………………………………………………………………

……………………………………………………………………………………………

2. Liste des questions à retravailler absolument :

……………………………………………………………………………………………

……………………………………………………………………………………………

……………………………………………………………………………………………

3. Quels sont les points de cours, notions, formules, cas... que j'ai rencontrés dans ce test et sur lesquels je dois encore travailler ?

→ En calcul – conditions minimales

[Exemple : écrivez ici la formule de l'aire d'un cercle ou du théorème de Thalès ; insistez sur le fait de bien cacher l'information (2) quand vous travaillez sur l'information (1) en conditions minimales, etc.]

……………………………………………………………………………………………

……………………………………………………………………………………………

→ En expression

[Notez ici par exemple les mots de vocabulaire inconnus et les règles de grammaire sur lesquelles vous rencontrez des difficultés]

……………………………………………………………………………………………

……………………………………………………………………………………………

→ En logique

[Listez des cas types qui vous ont échappé. Exemple : 146 / 255 / 891]

……………………………………………………………………………………………

……………………………………………………………………………………………

BILAN DE MON TEST BLANC 15

1. Ai-je bien géré mon temps ? Quelles stratégies puis-je expérimenter lors du prochain test pour améliorer mon score ?
[Exemples : répondre à moins de questions mais répondre bien ? Répondre au hasard quand j'hésite entre deux réponses ? Ne traiter que deux textes sur 3 en compréhension ?]

....

....

....

---

2. Liste des questions à retravailler absolument :

....

....

....

---

3. Quels sont les points de cours, notions, formules, cas... que j'ai rencontrés dans ce test et sur lesquels je dois encore travailler ?

→ En calcul – conditions minimales
[Exemple : écrivez ici la formule de l'aire d'un cercle ou du théorème de Thalès ; insistez sur le fait de bien cacher l'information (2) quand vous travaillez sur l'information (1) en conditions minimales, etc.]

....

....

→ En expression
[Notez ici par exemple les mots de vocabulaire inconnus et les règles de grammaire sur lesquelles vous rencontrez des difficultés]

....

....

→ En logique
[Listez des cas types qui vous ont échappé. Exemple : 1**4**6 / 2**5**5 / 8**9**1]

....

....

NOTES PERSONNELLES

34/38, rue Camille-Pelletan – 92309 Levallois-Perret Cedex
Imprimerie SEPEC – 01960 Péronnas - 10807230508
Imprimé en France – 3e trimestre 2023

Service éditorial : Benjamin Dias Pereira, Deborah Lopez
Conception graphique : Suzanne Grossmann

Dépôt légal à parution
ISBN 978-2-7590-5267-7

PEFC 10-31-1470 / **Certifié PEFC** / Ce produit est issu de forêts gérées durablement et de sources contrôlées. / pefc-france.org